Spiegelberger
Vermögensnachfolge

Vermögensnachfolge

Gestaltung nach Zivil- und Steuerrecht

Von

Dr. Sebastian Spiegelberger
Notar in Rosenheim a. D.

2. Auflage

Verlag C. H. Beck München 2010

Zitiervorschlag: Spiegelberger, Vermögensnachfolge 2. Aufl., § … Rdn. …

Verlag C. H. Beck im Internet:
beck.de

ISBN 978 3 406 59098 6

Wilhelmstraße 9, 80801 München
Druck: Bercker Graphischer Betrieb
Hooge Weg 100, 47623 Kevelaer

Gedruckt auf säurefreiem, alterungsbeständigem Papier
(hergestellt aus chlorfrei gebleichtem Zellstoff)

Vorwort zur 2. Auflage

Die Vermögensnachfolge hat seit der ersten Auflage 1994 derart an Bedeutung gewonnen, dass die Neuauflage auf zwei Bände verteilt werden musste. Der bereits erschienene Band Unternehmensfolge behandelt die Nachfolge mit allen in der Praxis üblichen Gestaltungen. Der vorliegende Band Vermögensnachfolge erfasst die Übertragung von steuerlichem Privatvermögen in den vielfältigen Erscheinungsformen. Das besondere Anliegen dieser Handbuchausgabe ist die dogmatische Abgrenzung und Durchleuchtung, da die Vermögensnachfolge an wirtschaftlicher Bedeutung die Nachfolge von Todes wegen bei weitem übersteigt, aber keine gesetzliche Regelung gefunden hat. Die Vermögensnachfolge ist im Wesentlichen Richterrecht und daher kasuistisch. Dennoch sind dogmatische Grundlinien zu erkennen, die in den einleitenden Kapiteln aufgezeigt werden. Die in den bisherigen Monographien vorherrschende Tendenz, isoliert das Zivilrecht und anschließend die steuerlichen Grundsätze der Vermögensnachfolge darzustellen, ist für die Beratungspraxis unbefriedigend.

Das vorliegende Werk versucht die *Verzahnung von Zivil- und Steuerrecht* bei jeder Erscheinungsform der Vermögensnachfolge aufzuzeigen und dem Leser praxiserprobte Vertragsgestaltungen an die Hand zu geben. Im Wesentlichen folgt das Werk der höchstrichterlichen Rechtsprechung des Bundesgerichtshofs und des Bundesfinanzhofs, versucht aber auch Widersprüche und Fehlentwicklungen aufzuzeigen, um die forensische Praxis zu unterstützen und zur Rechtsentwicklung beizutragen.

Die Neuauflage umfasst die Erbschaftsteuerreform 2009 und die am 1. 1. 2010 in Kraft getretenen Gesetzesänderungen, nämlich das Erbrechtsreformgesetz und das Wachstumsbeschleunigungsgesetz. Ferner wurde das BMF-Schreiben: Einkommensteuerrechtliche Behandlung von wiederkehrende Leistungen im Zusammenhang mit einer Vermögensübertragung vom 11. 3. 2010, BStBl. I 2010, 227 (sog. IV. Rentenerlass) eingehend kommentiert.

Die in diesem Werk enthaltenen Formulierungsvorschläge sind auf der beigefügten CD gespeichert.

Für Hinweise und Anregungen bin ich stets dankbar (info@spiegelberger-rosenheim.de)

Rosenheim, April 2010 *Sebastian Spiegelberger*

Das letzte Wort spricht immer
der konkrete Fall.
Er ist der größte, wenn auch
nicht der einzige Lehrmeister.
Leo Raape JW 1926, 799

Vorwort zur 1. Auflage

Während das BGB für die Rechtsfolgen des Erbfalls über 460 Paragraphen bereithält, fehlt für die vorweggenommene Erbfolge eine zusammenhängende gesetzliche Regelung. Dennoch erfolgt der Vermögensübergang meist nicht durch den Erbfall, sondern aufgrund vorsorgender Planung durch vertragliche Vereinbarung im Wege der vorweggenommenen Erbfolge, um einen reibungslosen Übergang zu gewährleisten, ein Höchstmaß an individueller Regelung zu ermöglichen und die Steuerbelastung des Nachfolgers zu minimieren.

Eine ausgewogene Gestaltung wird im allgemeinen nur erreicht, wenn sowohl das Zivil- als auch das Steuerrecht in der gegenseitigen engen Verzahnung Berücksichtigung finden. Ein besonderes Anliegen dieses Werkes ist es daher, auf die Interdependenz von Zivil- und Steuerrecht hinzuweisen. Mit den dargelegten Gestaltungsmöglichkeiten, die aus dem notariellen Alltag hervorgegangen sind, werden kautelarjuristisch erprobte Regelungen aufgezeigt. Die Darstellung orientiert sich an der Praxisrelevanz. Mein Bestreben war es, dem Leser außer der Problemdarstellung auch einen Formulierungsvorschlag anzubieten. Von dem Notar, Rechtsanwalt, Steuerberater und Wirtschaftsprüfer wird nicht nur die Beherrschung der Vertragstechnik, sondern vielmehr eine Gestaltungsberatung erwartet. Somit müssen die spezifischen zivil- und steuerrechtlichen Vorteile und Risiken, die Auswahlkriterien und die typische Interessenlage für die jeweilige Fallgestaltung analysiert werden.

Das vorliegende Werk ist eine zusammenfassende Darstellung der vorweggenommenen Erbfolge und Erbauseinandersetzung unter Berücksichtigung der BMF-Schreiben vom 11. 1. 1993 (BStBl. 1993 I S. 62 und S. 80). Vertraute Vertragsmuster sind steuerschädlich geworden, neue Gestaltungsprinzipien treten in den Vordergrund. Die BMF-Schreiben wurden kommentiert, die eingetretenen Verschärfungen kritisch untersucht und, soweit durch Rechtsprechung und Literatur nicht gesichert, in Frage gestellt. Die Rechtsentwicklung ist keinesfalls abgeschlossen.

Für Hinweise und Anregungen bin ich allen Benutzern dieses Buches stets dankbar.

Rosenheim, im Januar 1994 *Sebastian Spiegelberger*

Inhaltsübersicht

Inhaltsverzeichnis

Erster Teil. Übertragungen auf Abkömmlinge

§ 1 Dogmatik der vorweggenommenen Erbfolge

§ 2 Grundzüge des Überlassungsvertrags

Inhaltsverzeichnis

Inhaltsverzeichnis

Inhaltsverzeichnis

Inhaltsverzeichnis

§ 12 Vermögensverwaltende Familien-Kommanditgesellschaft

Dritter Teil. Sonstiger unentgeltlicher Erwerb

§ 15 Erbauseinandersetzung

Inhaltsverzeichnis

Inhaltsverzeichnis

Literaturverzeichnis

(mehrfach zitierte Werke)

Beck'sches Notarhandbuch 5. Aufl. 2009
Biergans Renten und Raten 4. Aufl. 1993
Bonefeld/Daragan/Wachter Der Fachanwalt für Erbrecht 2005
Brambring/Mutter Beck'sches Formularhandbuch Erbrecht, 2009
Buchna Gemeinnützigkeit im Steuerrecht 9. Aufl. 2008
Buyer/Klein/Müller Änderung der Unternehmensform 8. Aufl. 2010
Crezelius Unternehmenserbrecht 2. Aufl. 2009
Daumer-Lieb/Grziwotz/Homann-Dennhardt Pflichtteilsrecht 2010
Deutsche Gesellschaft für Erbrechtskunde, Deutscher Erbrechtskommentar 2003
Dittmann/Reimann/Bengel Testament und Erbvertrag 4. Aufl. 2010
Ebeling/Geck Handbuch der Erbengemeinschaft (Stand Oktober 2009)
Eccer Antizipierte Erbfolge, Berlin 1980
Esch/Baumann/Schulze zur Wiesche Handbuch der Vermögensnachfolge 7. Aufl. 2009
Fischer Wiederkehrende Bezüge und Leistungen 1994
Flick/Hannes/v. Oertzen Erben ohne Streit und Steuern 2003
Frieser Erbrecht 2. Aufl. 2008
Frieser/Sarres/Stückemann/Tschichoflos Handbuch des Fachanwalts Erbrecht 2. Aufl. 2007
Gosch/Schwedhelm/Spiegelberger GmbH Beratung, 2010
Gottwald Grunderwerbsteuer 3. Aufl. 2009
Götzenberger Die neue Erbschaftsteuer, 2009
Groll Praxis-Handbuch Erbrechtsberatung, 2001
Großfeld Recht der Unternehmensbewertung 5. Aufl. 2009
Gummert Münchner Anwaltshandbuch Personengesellschaftsrecht 2005
Halaczinsky/Riedl Das neue Erbschaftsteuerrecht 2009
Heineccius Anfangsgründe des bürgerlichen Rechts nach der Ordnung der Institutionen 1786
Hipler Vermögensübergabe gegen private Versorgungsleistungen im Einkommensteuerrecht, 2001
Hörger/Stephan/Pohl Unternehmens- und Vermögensnachfolge 2. Aufl. 2002
Hofer Vorweggenommene Erbfolgeregelungen gegen private Versorgungsleistungen 1995
Hoyenberg Vorweggenommene Erbfolge, 2010
Hübner Erbschaftsteuerreform 2009
Hüttemann Gemeinnützigkeits- und Spendenrecht 2008
IDW Praxis der Unternehmensnachfolge, 4. Aufl. 2009
Jhering Geist des Römischen Rechts II/1, 9. Aufl. Aalen 1968
Kapp/Ebeling Erbschaftsteuer- und Schenkungsteuergesetz Stand Januar 2010
Kaser/Knütel, Römisches Privatrecht, 17. Aufl. 2003
Kerscher/Riedel/Lenz Pflichtteilsrecht in der anwaltlichen Praxis, 3. Aufl. 2002
Krauß Überlassungsverträge in der Praxis, 2006
Krug/Daragan Die Immobilie im Erbrecht, 2010
Lange/Kuchinke Erbrecht 5. Aufl. 2001
Langenfeld Testamentsgestaltung 3. Aufl. 2002
Langenfeld Vertragsgestaltung 3. Aufl. 2004

Literaturverzeichnis

Langenfeld/Günther Grundstückszuwendungen zur lebzeitigen Vermögensnachfolge, 6. Aufl. 2010

Larenz Schuldrecht II 5. Aufl. München und Berlin 1962

Mayer/Süß/Tanck/Bittler/Wälzholz Handbuch Pflichtteilsrecht 2. Aufl. 2007

J. Mayer Der Übergabevertrag 2. Aufl. 2001

Medicus Abschied von der Privatautonomie?, FS der Münchener juristischen Gesellschaft 1996

Meincke Erbschaftsteuergesezt 15. Aufl. 2009

Moench/Albrecht Erbschaftsteuer 2. Aufl. 2009

Moench/Kien-Hümbert/Weinmann Erbschaft- und Schenkungsteuergesetz (Stand Dezember 2008)

Münch Ehebezogene Rechtsgeschäfte, 2. Aufl. 2008

Münchener Kommentar/*Autor* BGB 4. Aufl. 2004

Münchener Vertragshandbuch/*Autor*, 5. Aufl. Bd. 6, Bürgerliches Recht II 2003

Nieder/Kössinger Handbuch der Testamentsgestaltung 3. Aufl. 2008

Obermeier Vorweggenommene Erbfolge und Erbauseinandersetzung 1993

Olzen Vorweggenommene Erbfolge in historischer Sicht, Paderborn 1984

Palandt/Autor Bürgerliches Gesetzbuch 68. Aufl. 2009

Prütting/Wegen/Weinreich BGB 3. Aufl. 2008

Puchta Die rechtliche Natur der bäuerlichen Gutsabtretung, Giessen 1837

Radbruch Aphorismen zur Rechtsweisheit 1963

Reithmann/Albrecht/Basty Handbuch der notariellen Vertragsgestaltung, 7. Aufl. 1995

Ring/Grziwotz Systematischer Praxiskommentar GmbH-Recht für Unternehmer und Berater, 2008

Roth/Altmeppen GmbHG 6. Aufl. 2009

Runde Die Rechtslehre von der Leibzucht oder dem Altentheile auf deutschen Bauerngütern, Oldenburg 1805

Schmidt/Autor Einkommensteuergesetz Kommentar 28. Aufl. 2009

K. Schmidt Gesellschaftsrecht 4. Aufl. 2002

Schöner/Stöber Grundbuchrecht 14. Aufl. 2008

Soergel/Autor BGB 13. Aufl. 2002/2003

Spiegelberger Unternehmensnachfolge 2. Aufl. 2009

Spiegelberger/Spindler/Wälzholz Die Immobilie im Zivil- und Steuerrecht 2008

Staudinger Kommentar zum Bürgerlichen Gesetzbuch 13. Bearb.

Troll/Gebel/Jülicher Erbschaftsteuer- und Schenkungsteuergesetz Kommentar, Loseblatt, Stand 2009

Viskorf/Klier/Knobl/Schuck Erbschaftsteuer- und Schenkungsteuergesetz, Bewertungsgesetz 3. Aufl. 2009

Wachter (Hrsg.), FS für Spiegelberger, ZErb-Verlag 2009

Wachter Stiftungen 2001

Waldner Vorweggenommene Erbfolge 2003

Wegmann Grundstücksüberlassung 2. Aufl. 1999

Würzburger Notarhandbuch 2. Aufl. 2010

Abkürzungsverzeichnis

a. A.	anderer Ansicht
a. a. O.	am angegebenen Ort
Abs.	Absatz
a. E.	am Ende
Abschn.	Abschnitt
a. F.	alter Fassung
AfA	Absetzung für Abnutzung
AktG	Aktiengesetz
Anh.	Anhang
Anm.	Anmerkung
AO	Abgabenordnung
Art.	Artikel
Aufl.	Auflage
BayObLG	Bayerisches Oberstes Landesgericht
BB	Betriebs-Berater
BMF	Bundesminister der Finanzen (Bundesfinanzministerium)
Bearb.	Bearbeitung/Berater
Besch.	Beschluss
BewG	Bewertungsgesetz
BFH	Bundesfinanzhof
BFH/NV	Sammlung amtlich nicht veröffentlichter Entscheidungen des Bundesfinanzhofs
BGB	Bürgerliches Gesetzbuch
BGH	Bundesgerichtshof
BGHZ	Entscheidungen des Bundesgerichtshofes in Zivilsachen
BStBl.	Bundessteuerblatt
Buchst.	Buchstabe
BVerfG	Bundesverfassungsgericht
BWNotZ	Zeitschrift für das Notariat in Baden-Württemberg
DB	Der Betrieb (Zeitschrift)
Diss.	Dissertation
DNotI-Report	Informationsdienst des Deutschen Notarinstituts
DNotZ	Deutsche Notarzeitschrift
DStR	Deutsches Steuerrecht (Zeitschrift)
DStZ	Deutsche Steuerzeitung
EFG	Entscheidung des Finanzgerichts
Einf.	Einführung
ErbStB	Der Erbschaftsteuerberater (Zeitschrift)
ErbStG	Erbschaftsteuergesetz
ErbStRG	Erbschaftsteuerreformgesetz
EStDV	Einkommensteuer-Durchführungsverordnung
EStG	Einkommensteuergesetz
EStR	Einkommensteuer Richtlinien
EWiR	Entscheidungen zum Wirtschaftsrecht

Abkürzungsverzeichnis

f.	und die folgende Seite
FamRZ	Ehe und Familie im privaten und öffentlichen Recht (Zeitschrift für das gesamte Familienrecht)
ff.	und die folgenden Seiten
FG	Finanzgericht
FinVerw	Finanzverwaltung
FR	Finanz-Rundschau
GBO	Grundbuchordnung
gem.	gemäß
GG	Grundgesetz
ggf.	gegebenenfalls
gl. A.	gleicher Ansicht
GmbHG	GmbH-Gesetz
GmbHR	GmbH-Rundschau
GrdstVG	Grundstücksverkehrsgesetz
GrEStG	Grunderwerbsteuergesetz
Hdb.	Handbuch
HFR	Höchstrichterliche Finanzrechtsprechung
HGB	Handelsgesetzbuch
h. L.	herrschende Lehre
h. M.	herrschende Meinung
i. d. R.	in der Regel
IdW	Institut der Wirtschaftsprüfer
i. S. d.	im Sinne der/des
i. V. m.	in Verbindung mit
JuS	Juristische Schulung
JZ	Juristenzeitung
KG	Kammergericht
KÖSDI	Kölner Steuerdialog
KStG	Körperschaftsteuergesetz
MittBayNot	Mitteilungen des Bayerischen Notarvereins
MittRhNotK	Mitteilungen der Rheinischen Notarkammer
MDR	Monatsschrift für Deutsches Recht
MünchKomm	Münchener Kommentar
m. w. N.	mit weiteren Nachweisen
n. F.	neuer Fassung
NJW	Neue Juristische Wochenschrift
Nr.	Nummer
NWB	Neue Wirtschafts-Briefe
OFD	Oberfinanzdirektion
OGH	Oberster Gerichtshof für die britische Zone
OGHZ	Entscheidungssammlung des OGH in Zivilsachen
OLG	Oberlandesgericht
OLGZ	Entscheidungssammlung der OLG in Zivilsachen

Abkürzungsverzeichnis

Rn	Randnummer
Rev.	Revision
RG	Reichsgericht
RGR-Kommentar	Kommentar der Reichsgerichtsräte
RGZ	Entscheidungen des Reichsgerichts in Zivilsachen
Rechtspfl.	Der Deutsche Rechtspfleger
rkr.	rechtskräftig
Rspr.	Rechtsprechung
RStBl.	Reichssteuerblatt
Rz.	Randzahl
S.	Seite
s.	siehe
StbJb	Steuerberaterjahrbuch
StBp	Die steuerliche Betriebsprüfung
str.	streitig
StuW	Steuer und Wirtschaft
Tz.	Textziffer
u. a.	unter anderem
Urt.	Urteil
UStG	Umsatzsteuergesetz
UR	Umsatzsteuer-Rundschau
Vfg.	Verfügung
vgl.	vergleiche
Vorb	Vorbemerkung
WEG	Wohnungseigentumsgesetz
WM	Wertpapier-Mitteilungen
WPg.	Die Wirtschaftsprüfung
ZAP	Zeitschrift für die Anwaltspraxis
ZErb	Zeitschrift für die Steuer- und Erbrechtspraxis
ZEV	Zeitschrift für Erbrecht und Vermögensnachfolge
ZGR	Zeitschrift für Unternehmens- und Gesellschaftsrecht
ZIP	Zeitschrift für Wirtschaftsrecht
Ziff.	Ziffer
ZPO	Zivilprozessordnung
ZVG	Zwangsversteigerungsgesetz

Wenn Sie Ihren Kindern etwas geben wollen,
geben Sie ihnen ein gutes Beispiel
Pearl S. Buck

Erster Teil. Übertragungen auf Abkömmlinge

§ 1 Dogmatik der vorweggenommenen Erbfolge

Übersicht

Literatur: *Bydlinksi* Juristische Methodenlehre und Rechtsbegriff, 2. Aufl. 1991; *Eccer* Antizipierte Erbfolge, Berlin 1980; *Jhering* Geist des Römischen Rechts II/1, 9. Aufl. Aalen 1968; *Kaser/Knütel* Römisches Privatrecht, 17. Aufl. 2003; *Larenz* Methodenlehre der Rechtswissenschaft 1983, *ders.* Schuldrecht II 5. Aufl. München und Berlin 1962; *Olzen* Vorweggenommene Erbfolge in historischer Sicht, Paderborn 1984; *Runde* Die Rechtslehre von der Leibzucht oder dem Altentheile auf deutschen Bauerngütern, Oldenburg 1805; *Spiegelberger* in: FS 50 Jahre Deutsches Anwaltsinstitut e. V. (2003), Zur Dogmatik der vorweggenommenen Erbfolge, S. 413

1 Die Begriffe „vorweggenommene Erbfolge", „Vorwegnahme der Erbfolge" oder „Erwerb mit Rücksicht auf ein künftiges Erbrecht" werden in einzelnen Gesetzesbestimmungen ausdrücklich verwendet (§§ 7 und 17 HöfeO, § 35 Abs. 1 Nr. 2 BauGB und § 593a S. 1 BGB), in anderen Vorschriften am Rande berührt (vgl. §§ 1374 Abs. 2, 1477 Abs. 2 S. 2 und § 1478 Abs. 2 Nr. 2 BGB), ohne dass bisher eine klare Abgrenzung gelungen wäre. Das Bürgerliche Gesetzbuch kannte ursprünglich den Begriff der vorweggenommenen Erbfolge nicht, vgl. *J. Mayer* DNotZ 1996, 608. Handelt es sich um einen Sammelbegriff für verschiedene Formen der Vermögensnachfolge oder um ein Rechtsinstitut mit konkreten Rechtsfolgen? Meinen wir ein typologisches Rechtsinstitut (*Langenfeld* NJW 1996, 2601; *Strahl* Stbg 1996, 264) oder ist die vorweggenommene Erbfolge ein Synonym für Übergabe- oder Überlassungsverträge, vgl. *Weirich* DNotZ 1986, 5; *J. Mayer* a. a. O. Rn. 13.

2 Trotz zweier Habilitationen (*Eccher* und *Olzen*) ist eine Einigung im Zivilrecht bisher nicht gelungen. Ähnlich verhält es sich mit dem Steuerrecht. Nach Meinung des II. BFH-Senats BStBl. 2001 II 414 können Erwerbe im Wege der vorweggenommenen Erbfolge nur solche sein, die einem Vermögensübergang durch Erbanfall materiell vergleichbar sind. Ein Übergang durch Erbanfall werde im Wesentlichen dadurch charakterisiert, dass die Rechtsstellung … als solche auf einen oder mehrere Erben übergeht und dass die Übertragung endgültig erfolgt. Dagegen meint *P. Fischer* MittBayNot 1996, 147 Fn. 61, dass der zivilrechtliche Begriff der vorweggenommenen Erbfolge viel zu vage sei, als dass aus ihm – ohne einer unzulässigen Inversionsmethode zu verfallen – konkrete steuerrechtliche Schlussfolgerungen hergeleitet werden könnten. Das Steuerrecht habe daher „ein Sonderrecht der Vermögensnachfolge gegen Versorgungsleistungen" kreiert. Wegen der zunehmenden Bedeutung der vorweggenommenen Erbfolge – immer mehr Erblasser ziehen den Vermögenstransfer unter Lebenden vor – soll ein erneuter Deutungsversuch für die notarielle Praxis unternommen werden.

I. Rechtsgeschichtliche Betrachtung

3 Die Geschichte der Vermögensnachfolge unter Lebenden ist kaum erforscht, obwohl sie eine über 2300-jährige Tradition aufweist. Im römischen Recht bestand bereits z. Zt. der Zwölftafelerbfolge (ca. 450 v. Chr.) das Erbrecht der Familie nach Stämmen, wobei der pater familias von seinen Kindern und der Ehefrau jeweils zu gleichen Teilen beerbt wurde, vgl. *Kaser/Knütel* a. a. O. § 66 Rn. 2. Der pater familias konnte durch Akte unter Lebenden den Hausgenossen die Erbanwartschaft nehmen, wobei ihm die „Abschichtung" der Söhne durch emancipatio, bei Töchtern die Verheiratung mit conventio in manum, verbunden mit einer Dotierung, zur Verfügung stand,

vgl. *Kaser/Knütel* a. a. O. § 64 Rn. 6. Wenn sich nach römisch-rechtlicher Auffassung die Notwendigkeit der lebzeitigen Versorgung der Kinder, die nicht zur Nachfolge bestimmt waren, ergab, wurden diese rechtlich „verselbständigt" und enterbt. Die „dos" an die Tochter, die diese für den Verlust des Erbrechts entschädigen sollte, war nach *Jhering* a. a. O. S. 104 nichts anderes als der ihr voraus ausgezahlte Erbtheil.

Bereits 300 v. Chr. war der ususfructus, also der Nießbrauch, aufgekom- 4
men, um eine Versorgung erbberechtigter Familienangehöriger, z. B. der Witwe oder unverheirateter Töchter, zu ermöglichen, die enterbt und mit einem Nießbrauchsvermächtnis ausgestattet wurden, vgl. *Kaser/Knütel* a. a. O. § 29 Rn. 2. Der Nießbrauch konnte auch als Personalservitut gelegentlich der Eigentumsübertragung vorbehalten werden. Der Erwerber erwarb das Eigentum nur deducta servitute, welche dem Veräußerer verblieb. Zur Abgrenzung der lebzeitig vollzogenen Schenkung und der donatio mortis causa, vgl. *Olzen* a. a. O. S. 15 ff.

Aussagen zur vorweggenommenen Erbfolge in germanischer und fränkischer Zeit bereiten nach *Olzen* a. a. O. S. 49 besondere Schwierigkeiten. Ursprünglich fehlte es im germanischen Rechtskreis an einer gewillkürten Erbfolge. Für ein ausgebildetes Erbrecht habe kein Bedürfnis bestanden, weil Immobilien in der gemeinschaftlichen Berechtigung eines sozialen Verbandes standen, dem Einzelnen waren lediglich Nutzungsbefugnisse eingeräumt, vgl. *Planitz* Germanische Rechtsgeschichte 4. Aufl. Berlin 1944, S. 31 f. Die Mitglieder des Sippenverbandes bebauten den bewirtschafteten Boden gemeinsam.

Älteste Spuren des Altenteils (Leibzucht) unter Bauern meint *Runde* a. a. O. 5
S. 22 in dem Edictum Pistense zu erkennen, das im Jahr 862 und 863 zu Pistres in Frankreich anlässlich eines Konzils verfasst worden ist. Die darin geschilderte vorbehaltene „sella" bei dem Verkauf eines Zinsgutes sei als der freie Sitz, die freie Wohnung in dem mit dem Gut verkauften Haus zu sehen. Das Institut der Leibzucht sei wohl lange vorher durch Herkommen der Bauern eingeführt und ausgebildet worden, ehe von Seiten der gesetzgebenden Staatsgewalt etwas zur näheren Bestimmung der entstandenen Rechtsverhältnisse geschehen sei. Älteste Zeugnisse seien der Art. 106 der Gerechtigkeit des Hofes zu Stadt-Lohn (im vormaligen Hochstift Münster) aus dem Jahre 1363.

Ein Leibzuchtscontract über adeliche Güter findet sich schon im Jahr 1498 in *Kindlingers* Münsterischen Beyträgen Thl. I. Nr. 53 der Urkunden; über Stadt-Bürgerliche Grundstücke in *Klimmers* Sammlungen zum Dorf- und Baurenrecht Thl. I. Nr. 215. Dass Vermögensübergaben unter Vorbehalt des Leibzuchts auch unter Bürgern häufig seien, würden u. a. die Bambergischen, Schwarzburg-Sondershausischen und Nassauischen Verordnungen ergeben, vgl. *Runde* a. a. O. S. 6.

Die ältesten Erbverträge hatten nicht die Nachfolge nach dem Tod des Eigentümers, sondern die Übertragung unter Lebenden zur Folge. Daher würden die alten Gesetze zwischen testamentum, donatio und traditio keinen Unterschied machen (Lex Salica Tit. 49; Lex Ripuariorum Tit. 43; Lex Saxonum Tit. 14 § 2; Lex Burgund Tit. 43 § 1, Tit. 60 § 1; Lex Bajuvariorum Tit. 9 § 3.

6 Die mittelalterlichen Rechtsquellen erwähnen nur Güterverlassungen unter Lebenden, nicht hingegen einseitige letztwillige Willenserklärungen, wohl aber Erbverträge (z. B. der Sachsenspiegel und das Kaiserrecht). Leibzuchtsbestellungen seien unter den Edlen schon seit dem 12. Jahrhundert nicht ungewöhnlich, vgl. *Heineccius* elem. jur. germ. T. I § 245.

Puchta a. a. O. S. 113 berichtet über das Bambergische Landrecht von 1769, das vier verschiedene Arten von Güter- oder Vermögensübergaben an die Kinder kennt:

1. wenn die Aeltern nur einen Theil ihrer Güter, welcher den ganzen Pflichttheil der Kinder nicht ausmacht, übergeben;
2. wenn sie den Kindern den ganzen, nach dem Vermögensstand zu bestimmenden Pflichttheil vorab folgen lassen;
3. wenn sie alle ihre Habe abtreten und sich nur zu ihrem Lebensunterhalt gewisse jährliche Lebensmittel von den Kinder ausbedingen, allenfalls auch gewisse bewegliche oder unbewegliche Vermögensstücke zum Genuss vorbehalten („ausziehen"), was eben der älterliche Auszug genannt wird;
4. wenn durch die Vermögensübergabe die Aeltern von allem weiteren Erbanspruch der Kinder sich frei zu machen beabsichtigen, und die Kinder hierzu sich freiwillig verstehen.

7 Gegen Ende des 18. Jahrhunderts erhoben sich auch kritische Stimmen gegen die weit verbreitete bäuerliche Gutsübergabe, einerseits, weil der Jungbauer offensichtlich oft mit Leibgedingsleistungen überfordert wurde und wirtschaftlich zugrunde ging, andererseits galt der Rückzug des Altbauern auf sein Altenteil wie sein bürgerlicher Tod, vgl. *Runde* a. a. O. S. 293.

8 Die bäuerliche Gutsübergabe wird im älteren deutschen Recht als successio anticipata bezeichnet. Die Gutsübergabe löste allerdings keine successio universalis, sondern nur eine Spezialerbfolge hinsichtlich des Hofes aus, vgl. *Eccher* a. a. O. S. 97.

9 Bei der deutsch-rechtlichen Abschichtung (Ausstattung, Aussteuerung, Separation) galten die auf die Kinder übertragenen Vermögensobjekte als „ausgehändigter Erbtheil", die im juristischen Sinn „idem mit dem späteren Erbtheil" waren. Aus diesen beiden Rechtskreisen entstand gemischtes Kollationsrecht.

10 *Puchta* a. a. O. S. 142 weist darauf hin, dass Altenteilsbestellungen nicht auf Bauerngüter beschränkt seien, sondern auch bei städtischen Grundbesitzungen, ja sogar bei gewerblichen „Etablissements" ohne allen Landwirtschaftsbetrieb üblich seien. Der Lehre der antizipierten Erbfolge tritt *Puchta* mit der These entgegen, der Gutsabtretungsvertrag sei gewöhnlich ein Kauf; bei Veräußerung an ein Kind erfolge die Bestimmung des Veräußerungspreises nach billigem Anschlag, damit der Erwerber sich behaupten und die ihm obliegenden Leistungen erbringen könne. Teile des Kaufgeldes wende der Abtretende schon bei Lebzeiten den übrigen Kindern zur Aussteuer und zur Erleichterung der Ansässigmachung zu. Diese Zuwendungen seien aber nicht als antizipierte Erbfolge zu betrachten, da niemand bei lebendigem Leibe beerbt werden könne.

11 Im preußischen ALR I 12 § 656 wird klargestellt: „Verträge, wodurch Aeltern ihr Vermögen schon bey Lebzeiten ihren Kindern abtreten, sind blos als Verträge unter Lebenden anzusehen."

Beim Inkrafttreten des BGB wurde den Ländern in Art. 83–87 EGBGB die Gesetzgebungskompetenz für eine bäuerliche Sondererbfolge und ein Anerbenrecht zugesprochen. Nach dem Badischen Hofgütergesetz und der Hessischen Landgüterordnung geht der Hof zunächst auf die Erbengemeinschaft über, so dass eine Gesamthandsgemeinschaft entsteht. Gem. Art. 9 Württembergisches Anerbengesetzes erwirbt der Anerbe das Eigentum an dem Anerbengut mit dem Erwerb der Erbschaft, also durch Nachlassspaltung.

Die von der britischen Militärregierung erlassene Höfeordnung BGBl. 12
1976 I 1933, die in den Ländern Hamburg, Niedersachsen, Nordrhein-Westfalen und Schleswig-Holstein als partielles Bundesrecht fortgilt, bestimmt in § 4 HöfeO, dass der Hof als Teil der Erbschaft Kraft Gesetzes nur *einem* der Erben zufällt, so dass eine gesetzliche Sondererbfolge besteht. Die Hoferbenbestimmung erfolgt durch Erbvertrag, Übergabevertrag, Übertragung der Bewirtschaftung oder durch Beschäftigung auf dem Hof, vgl. § 7 Abs. 1 und 2 HöfeO. Die weichenden Miterben erhalten insoweit nur schuldrechtliche Abfindungsansprüche, vgl. BGHZ 28, 199. Wenn der Eigentümer zu Lebzeiten den Hof an einen hoferbenberechtigten Abkömmling übergibt, so gilt zu Gunsten der anderen Abkömmlinge der Erbfall hinsichtlich des Hofes mit dem Zeitpunkt der Übertragung gem. § 17 Abs. 2 HöfeO als eingetreten.

In der notariellen Praxis des 20. Jahrhunderts hat sich für die Hofübertragung der Vertragstyp des Übergabevertrages herauskristallisiert, vgl. *Jörg Mayer* a. a. O. Rn. 2.

Der Übergabevertrag ist aber seit langem auch bei gewerblichen Betrieben 13
oder städtischen Grundstücken üblich, vgl. RGZ 152, 109; BGH NJW 1952, 21; 1962, 2250; 1970, 283 und 1981, 2569, ohne dass damit auch Altenteilsverträge im eigentlichen Sinn gewollt sind. Ist Gegenstand der Übertragung nicht ein Betrieb, sondern nur ein Grundstück, wird meist der Terminus „Überlassungsvertrag" gebraucht, vgl. *Wegmann* a. a. O. Rn. 3.

II. Definitionsversuche

Nach *Coing* NJW 1967, 1777 liegt das Charakteristische der vorwegge- 16
nommenen Erbfolge darin, dass Vermögenswerte – Grundstücke, Geschäftsbeteiligungen, Wertpapiere usw. – von einer Person auf eine andere mit Rücksicht auf eine Erbberechtigung übertragen werden, die dieser (der Empfängerin) gegenüber jener (der Übertragenden) zusteht. Der Empfänger erhält etwas, was ihm voraussichtlich sonst in einem späteren Erbgange zufallen würde, schon zu Lebzeiten des Erblassers.

Nach Auffassung des BGH DNotZ 1992, 32 und 1996, 640 versteht man 17
unter vorweggenommener Erbfolge die Übertragung des Vermögens oder eines wesentlichen Teils davon durch den (künftigen) Erblasser auf einen oder mehrere als (künftige) Erben in Aussicht genommene Empfänger.

Das Oberlandesgericht Zweibrücken MittRhNotK 2000, 118 sieht im An- 18
schluss an *Olzen* a. a. O. S. 21 folgende Charakteristika der vorweggenommenen Erbfolge:

Die Übertragung erfolgt aufgrund eines Übergabevertrages zwischen den Erblassern und solchen Personen, die diese Vermögensmasse im Erbfall voraussichtlich aufgrund gesetzlicher Erbfolge oder letztwilliger Verfügung erhalten hätten. In aller Regel enthält der Vertrag neben der Übertragung des Vermögens oder eines Vermögensteils auf den begünstigten Erben Abfindungsregelungen zu Gunsten der weichenden Erben oder Erbverzichtserklärungen, eine Versorgung und Sicherstellung des Erblassers sowie die Bestimmung dessen künftiger Rechtsstellung hinsichtlich der vorzeitig übertragenen Erbmasse.

19 Nach Auffassung des BayObLG DNotZ 1965, 434 besteht die vorweggenommene Erbfolge in einem Nachrücken der folgenden Generationen in eine die Existenz – wenigstens teilweise – begründende Wirtschaftseinheit unter Abwägung der Interessen des abziehenden Altenteilers und des nachrückenden Angehörigen der nächsten Generation.

20 Der Große Senat des BFH BStBl. 1992 II 78 definiert die vorweggenommene Erbfolge als die Übertragung von Vermögen kraft einzelvertraglicher Regelung unter Lebenden mit Rücksicht auf die künftige Erbfolge, bei der sich der Vermögensübergeber in Gestalt der Versorgungsleistungen typischerweise die Erträge seines Vermögens vorbehält.

21 Der vorweggenommenen Erbfolge liegen Übertragungen auf die jüngere, nachfolgende Generation zugrunde. Auch nach Meinung des BFH BStBl. 1992 II 609 ist für die vorweggenommene Erbfolge kennzeichnend die Übertragung einer Wirtschaftseinheit auf die **nachfolgende Generation,** so dass *Fischer* in: Kirchhof/Söhn § 22 EStG Rn. B 303 und 376 zu Recht den Begriff des **Generationennachfolgevertrages** geprägt hat.

III. Unentgeltliche und teilentgeltliche Übertragungen

26 Die der vorweggenommenen Erbfolge zugrundeliegende Leistung wird zumindest teilweise unentgeltlich erbracht. Bei einer kaufmännischen Abwägung von Leistung und Gegenleistung liegt ein Kauf-, Tausch- oder Werkvertrag vor. Es liegt nahe, die im BGB geregelten Rechtsinstitute vergleichend heranzuziehen, um die gesuchten Charakterisierungsmerkmale der vorweggenommenen Erbfolge zu eruieren.

1. Reine Schenkung

27 Das Grundmuster der unentgeltlichen Zuwendung ist die reine Schenkung. Eine Zuwendung, durch die jemand aus seinem Vermögen einen anderen bereichert, ist gem. § 516 Abs. 1 BGB eine Schenkung, wenn beide Teile darüber einig sind, dass die Zuwendung unentgeltlich erfolgt. Andere Formen der unentgeltlichen Zuwendung sind der Leihvertrag und der Auftrag.

2. Auflagenschenkung

28 Die vorweggenommene Erbfolge ist regelmäßig mit Versorgungsleistungen für den Übergeber verbunden, die entweder eine Auflage oder eine Gegenleistung darstellen.

Wer eine Schenkung unter einer Auflage macht, kann die Vollziehung der Auflage verlangen, wenn er seinerseits geleistet hat, § 525 Abs. 1 BGB. Die Auflage ändert nichts daran, dass die Zuwendung eine Schenkung ist, und zwar auch insoweit, als der Gegenstand durch den Wert der Auflage aufgezehrt wird, vgl. RGZ 105, 308. Die vorweggenommene Erbfolge wird in der Zivilrechtsprechung überwiegend als Auflagenschenkung angesehen. In einer

Entscheidung des OGH BrZ NJW 1949, 260, dem eine Vermögensübertragung unter Nießbrauchvorbehalt und Zahlung von Abfindungen an die Geschwister des Übernehmenden nach dem Ableben des Übergebers zugrunde lag, wird die Auffassung vertreten, dass im Zweifel derartige Übertragungen als Schenkung unter Auflage und nicht als gemischte Schenkung anzusehen seien, wobei ausdrücklich darauf hingewiesen wird, dass die Grenzziehung zwischen gemischter Schenkung und Auflagenschenkung nicht immer zweifelsfrei sei und gerade Übertragungsverträge häufig sich nicht unter eine dieser Rechtsformen einordnen ließen. Der BGH FamRZ 1970, 185 sieht eine vorweggenommene Vermögensübertragung unter der Bedingung, dass nach Eintritt des Erbfalles Gleichstellungsgelder zu zahlen sind, als eine Schenkung unter Auflage an. Die neuere BGH-Rechtsprechung sieht in einem Übergabevertrag sowohl Elemente der Auflagenschenkung als auch der gemischten Schenkung.

3. Gemischte Schenkung

Eine gemischte Schenkung setzt sich aus einem entgeltlichen und einem unentgeltlichen Teil zusammen, vgl. *Palandt/Weidenkaff* § 525 Rn. 8. Der BGH FamRZ 1967, 215 beurteilt Übergabeverträge zwischen Eltern und Kindern, durch die wirtschaftlich die künftige Erbfolge vorweggenommen wird, als gemischte Schenkung, wenn die Kinder sich zu Unterhaltsleistungen an den Übergeber und zu Herauszahlungen an andere Erbberechtigte verpflichten. Trotz der unklaren Grenzziehung ist die Unterscheidung zwischen Auflagenschenkung und gemischter Schenkung von Bedeutung, da insbesondere bei Leistungsstörungen unterschiedliche Rechtsfolgen auftreten, vgl. MünchKomm/*Kollhosser* § 516 Rz. 32–36. **29**

4. Altenteilsvertrag gem. Art. 96 EGBGB

Gem. Art. 96 EGBGB bleiben die landesgesetzlichen Vorschriften über einen mit der Überlassung eines Grundstücks in Verbindung stehenden Leibgedings-, Leibzuchts-, Altenteils- oder Auszugsvertrag unberührt. **30**

Nach der Rechtsprechung des Reichsgerichts RGZ 118, 20 versteht man unter einem Altenteilsvertrag einen Vertrag, durch den Eltern ihr Vermögen, insbesondere ihren Grundbesitz, bei Lebzeiten mit Rücksicht auf die künftige Erbfolge an einen ihrer Abkömmlinge übergeben und dabei für sich einen ausreichenden Lebensunterhalt – Leibzucht, Leibgedinge, Altenteile, Auszug, Ausgedinge – und für die außer dem Übernehmer noch vorhandenen weiteren Abkömmlinge eine Abfindung auszubedingen.

Bei einem Altenteil handelt es sich um einen Inbegriff dinglich gesicherter Nutzungsrechte und Leistungen, die in Verbindung mit einer Grundstücksübertragung vereinbart werden, der allgemeinen leiblichen und persönlichen Versorgung des Berechtigten dienen und eine im allgemeinen lebenslängliche Verbindung des Berechtigten mit dem belasteten Grundstück bezwecken, vgl. BGH NJW 1981, 2568; DNotZ 1982, 697. Jedoch wird eine Grundstücksübertragung nicht allein durch eine Wohnrechtsgewährung mit Pflege- und Versorgungsverpflichtung zum Altenteilsvertrag. Die rechtliche Zuordnung hat sich vorrangig am Vorbild des Altenteilsvertrages auszurichten, der ein eigenständiges Rechtsgebilde darstellt und insbesondere nicht aus dem für **31**

Verkehrsgeschäfte entwickelten begrifflichen Gegensatz entgeltlich – unentgeltlich – verstanden werden kann, vgl. *MünchKomm/Habersack* Art. 96 EGBGB Rn. 7.

Altenteilsverträge weisen somit eine Reihe von Besonderheiten auf, die sich von den üblichen Fällen vorweggenommener Erbfolge abheben.

IV. Der Tatbestand der vorweggenommenen Erbfolge

1. Entgeltfremdheit

36 Vorwiegend unter dem Blickwinkel der österreichischen Rechtsordnung definiert *Eccher* Antizipierte Erbfolge, S. 200 Zuwendungen der antizipierten Erbfolge als Rechtsgeschäfte eigener Art, die sich im Spannungsfeld zwischen entgeltlichen und unentgeltlichen Geschäften bewegen, auf die aber das Merkmal der **Entgeltfremdheit** passt. Dieses Merkmal charakterisiert auch die vorweggenommene Erbfolge nach deutschem bürgerlichen Recht. Auch wenn einzelne Leistungen, wie z.B. Abstandszahlungen und Geschwistergleichstellungsgelder, durchaus Gegenleistungscharakter haben, beruhen die Vereinbarungen im Ganzen nicht auf einem kaufmännischen Abwägen von Leistung und Gegenleistung, sondern auf den gegebenen verwandtschaftlichen Beziehungen. Weder die Abwicklung noch die Rückabwicklung der vorweggenommenen Erbfolge kann daher dem Kaufvertragsrecht unterstellt werden.

37 Wenn ein Vermögensgegenstand von nicht geringem Wert oder gar eine wesentliche Existenzgrundlage übertragen wird, hat die vereinbarte Versorgungsleistung nicht die Bedeutung, dem Übergeber eine Gegenleistung zuzuführen, sondern soll vielmehr die Existenzsicherung der Übergeber in anderer Form gewährleisten. Somit sieht auch der BFH GrS 4–6/89 BStBl. 1990 II 847 in Versorgungsleistungen, die anlässlich der Übertragung von Vermögen im Wege der vorweggenommenen Erbfolge vom Übernehmer zugesagt werden, kein Veräußerungsentgelt. Dies entspricht auch dem im Einkommensteuerrecht geltenden **finalen** Anschaffungskostenbegriff, vgl. *Schmidt/Glanegger* § 6 EStG Rn. 81.

38 Die bei der vorweggenommenen Erbfolge vereinbarten **Versorgungsleistungen** stellen auch keine Unterhaltszahlungen dar. Ausbedungene Versorgungsleistungen führen zu einem ähnlichen Ergebnis wie der Vorbehalt eines Nießbrauchs durch den Übergeber. Ebenso wie bei der Übertragung unter Nießbrauchsvorbehalt nur das Nutzungsrecht entkleidete Eigentum übertragen wird, bleibt die Bestimmung des im Wege der vorweggenommenen Erbfolge übertragenen Vermögensgegenstandes zur Existenzsicherung des Übergebers aufrecht erhalten. Dabei kommt es aber nicht darauf an, ob das hingegebene Vermögen tatsächlich Erträge abwirft. Auch ein Bauplatz, der im allgemeinen als sichere Vermögensanlage gilt und jederzeit durch Verkauf verwertbar ist, kann Gegenstand einer vorweggenommenen Erbfolge sein; a.A. BMF-Schreiben II. Rentenerlass BStBl. 2002 I 893 Rn. 10.

39 Hingegen sind **einmalige** Leistungen, wie z.B. Abstandszahlungen und Geschwistergleichstellungsgelder, Gegenleistungen des Erwerbers, zumal diese Beträge regelmäßig vom Erwerber aus eigenem oder erst zu erwirtschaftendem Vermögen aufgebracht werden und im Falle der Rückabwicklung der

vorweggenommenen Erbfolge zurückzugewähren sind, vgl. BGH MittBay-Not 1989, 206.

2. Gesetzliches Erbrecht als Abkömmling oder Geschwisterkind

Der vorweggenommenen Erbfolge liegen Übertragungen auf die jüngere, nachfolgende Generation zugrunde. Auch nach Meinung des BFH BStBl. 1992 II 609 ist für die vorweggenommene Erbfolge kennzeichnend die Übertragung einer Wirtschaftseinheit auf die **nachfolgende Generation,** so dass *Fischer* in: Kirchhof/Söhn § 22 EStG Rn. B 303 und 376 zu Recht den Begriff des **Generationennachfolgevertrages** geprägt hat. Sofern eigene Abkömmlinge nicht vorhanden sind, kommen in der Regel die Kinder der Geschwister, also (Groß-)Neffen und -Nichten in Betracht – **das Gut rinnt wie das Blut** –. 40

Hingegen zählen Übertragungen unter Geschwistern und Ehegattenzuwendungen nicht zur vorweggenommenen Erbfolge. Übertragungen auf Ehegatten erfolgen in der Regel unentgeltlich. In den Monographien über Grundstückszuwendungen werden daher auch die ehebedingte Zuwendung und Ehegattenschenkungen neben den Vertragstypen der vorweggenommenen Erbfolge mitbehandelt, vgl. *Langenfeld/Günther* a. a. O. Kap 1 Rz 60; *Wegmann* a. a. O. Rn. 18f. Diese Gestaltungen sind jedoch eigenständige Vertragstypen, die mit der vorweggenommenen Erbfolge regelmäßig nur die Unentgeltlichkeit oder Teilentgeltlichkeit gemeinsam haben. Sowohl die Motive für diese Vertragstypen, nämlich die Verwirklichung der ehelichen Lebensgemeinschaft, Ermöglichung von Haftungsbegrenzungen oder der gewünschte Vermögensausgleich, als auch die durch den jeweiligen Güterstand geregelten Rechtsfolgen sind so unterschiedlich, dass diese Gestaltungen aus dem Vertragstyp der vorweggenommenen Erbfolge ausscheiden. 41

Die Rechtsprechung hat einen **Übergabevertrag** auch dann angenommen, wenn ein Begünstigter nicht zum Kreis der gesetzlichen Erben, ja nicht einmal zum Kreis der Blutsverwandten gehört, vgl. BGH Rd L 1953, 10; ebenso BFH BStBl. 1998 II 718. Für Altenteilsverträge gem. Art. 96 EGBGB, die eine detaillierte (landesrechtliche) gesetzliche Regelung erfahren haben und in die Familienfremde von der Rechtsprechung ständig einbezogen wurden (vgl. *MünchKomm/Habersack* Art. 96 Rn. 9) ist dies einleuchtend, da die Generationennachfolge nicht Begriffsmerkmal dieses Vertragstyps ist. Bereits *Runde* a. a. O. S. 4 Fn. a) hat darauf hingewiesen, dass die Übertragung eines Bauernguts auf eine fremde Person „Leibzucht" genannt werden könne, aber nicht in einer mit dem Ausdruck „Altenteil" gleichbedeutenden Sinn. Versorgungsverträge mit fremden **Dritten** müssen daher, wie alle Altenteilsverträge i. S. d. landesrechtlichen Bestimmungen, aus dem Begriff der vorweggenommenen Erbfolge ausgeklammert bleiben. Damit lässt sich als weiteres Merkmal des Rechtsinstituts der vorweggenommenen Erbfolge das **gesetzliche Erbrecht** des Erwerbers als Abkömmling oder Geschwisterkind erkennen. 42

3. Existenzbegründende Wirtschaftseinheit

Nicht einmal bei einem Altenteilsvertrag gem. Art. 96 EGBGB ist die Übertragung eines größeren, nur den Unterhalt der Familie sichernden Grundbesitzes erforderlich. Danach kann auch eine die Existenz nur **teilwei-** 43

se begründende Wirtschaftseinheit Gegenstand eines Altenteilsvertrages gem. Art. 96 EGBGB sein. Erst recht gilt dies für den Vertragstyp der vorweggenommenen Erbfolge.

Nicht jeder Vermögensgegenstand stellt eine die Existenz wenigstens teilweise begründende Wirtschaftseinheit dar. Eine vorweggenommene Erbfolge liegt danach nur vor, wenn der übergebene Gegenstand für die wirtschaftliche Sicherheit des Erwerbers von einiger Bedeutung ist. Auch das selbstbewohnte Ein- oder Zweifamilienhaus sichert ohne Zweifel die Existenz des Erwerbers im besonderen Maße. Der Große Senat des BFH erwähnt in seinem Beschluss GrS 4–6/89 BStBl. 1990 II 847 auch Wertpapiere. Auch das angesparte Barvermögen, soweit es nicht geringfügig ist, muss als existenzsichernd betrachtet werden. Hingegen scheiden Gelegenheitsschenkungen oder sonstige Aufmerksamkeiten aus dem Begriff der vorweggenommenen Erbfolge aus. Die vom X. BFH-Senat begründete und in dem Vorlagebeschluss BStBl. 2000 II 188, 196 wieder aufgegebene Differenzierung, wonach Wertpapiere und typische stille Beteiligungen keine existenzsichernde Wirtschaftseinheit darstellen sollen (ebenso Tz. 10 II. Rentenerlass BStBl. 2002 I 893) hat der Große Senat GrS 1/00 BStBl. 2004 I 95 verworfen.

4. Versorgungscharakter

44 Durch die Übertragung einer die Existenz wenigstens teilweise begründenden Wirtschaftseinheit ergibt sich auch ein Sicherungs- oder Versorgungsinteresse des Übergebers, so dass regelmäßig Regelungen über die Versorgung des Übergebers oder über die Erhaltung des Vermögens durch Vereinbarung von schuldrechtlichen Verfügungsverboten erfolgen.

45 Der Versorgungsanspruch des Übergebers darf nicht mit der **Unterhaltsberechtigung** gem. § 1602 Abs. 1 BGB verwechselt werden. In den ersten zehn Jahren nach der Vornahme der vorweggenommenen Erbfolge besteht ein Rückgabeanspruch gem. § 528 Abs. 1 Satz 1 BGB im Fall des Notbedarfs. Während dieses Zeitraums besteht kein Unterhaltsanspruch. Vielmehr ist der Übergeber aufgrund seines vermögensrechtlichen Anspruches in der Lage, seinen Unterhalt entweder durch Rückforderung des geschenkten Gegenstandes zu bestreiten oder dadurch, dass der Empfänger die Versorgungsleistungen gem. § 528 Abs. 1 Satz 2 BGB vorschüssig erbringt. Wer von der Substanz seines Vermögens leben kann, ist nicht unterhaltsbedürftig. Er muss vielmehr von den rechtlichen Möglichkeiten des § 528 BGB Gebrauch machen, vgl. MünchKomm/*Köhler* § 1602 BGB Rn. 7. Über diesen gesetzlichen Anspruch hinaus sind weitergehende vertraglich begründete Versorgungsansprüche typisch für die vorweggenommene Erbfolge, sei es durch Nießbrauch- oder Wohnungsrechtsvorbehalte, Leibrenten oder dauernde Lasten, Wart- und Pflegevereinbarungen oder sonstige Leibgedingsleistungen. Die vorweggenommene Erbfolge entpuppt sich danach als familienrechtlicher Versorgungsvertrag, der den Staat und den Sozialhilfeträger entlastet und rechtspolitisch gewünscht ist, vgl. *Spiegelberger* Stbg 1995, 481.

5. Vorweggenommene Erbfolge kein Verkehrsgeschäft

46 Die Rechtsprechung sieht schon seit langem in der vorweggenommenen Erbfolge eine Gestaltung, die unter spezifisch erbrechtlicher Betrachtung

nicht mit gewöhnlichen Verkehrsgeschäften gleichgesetzt werden könne. Deshalb kommt ein gutgläubiger Erwerb aufgrund eines Übergabevertrages nicht in Betracht, vgl. RGZ 123, 56; 136, 150; BayObLG DNotZ 1988, 782; MittBayNot 1990, 312; Palandt/*Bassenge* § 892 BGB Rn. 3; RGRK/*Augustin* 892 BGB Rn. 42; *Soergel/Stürner* § 892 BGB Rn. 20; Staudinger/*Gurski* § 892 BGB Rn. 69; a. A. LG Bielefeld Rechtspfleger 1999, 22.

V. Rechtsfolgen der vorweggenommenen Erbfolge

1. Pflichtteilsergänzung

Gem. § 2325 Abs. 1 BGB kann ein Pflichtteilsberechtigter als Ergänzung 51
des Pflichtteils den Betrag verlangen, um den sich der Pflichtteil erhöht, wenn ein verschenkter Gegenstand dem Nachlass hinzugerechnet wird. Gem. Abs. 3 dieser Bestimmung bleibt eine Schenkung unberücksichtigt, wenn zur Zeit des Erbfalls zehn Jahre seit der Leistung des verschenkten Gegenstandes verstrichen sind; ist die Schenkung an den Ehegatten des Erblassers erfolgt, so beginnt die Frist nicht vor Auflösung der Ehe. Die Zehn-Jahres-Frist beginnt bei Grundstücksschenkungen erst mit der Eigentumsumschreibung im Grundbuch, vgl. BGH DNotZ 1988, 441.

Durch das Urt. des BGH NJW 1994, 1791, wonach bei vorbehaltenen dinglichen oder schuldrechtlichen Nutzungsrechten die Zehn-Jahres-Frist nicht zu laufen beginnt, unterliegt ein großer Teil vorweggenommener Erbfolgen der Pflichtteilsergänzung. Diese Rechtsprechung wird in der Literatur zurecht kritisiert, vgl. unten § 4 B IX. *J. Mayer* a. a. O. Rn. 167 und *Kerscher/Tanck* Pflichtteilsrecht § 7 Rn. 78 meinen, dass auch die freie Widerruflichkeit einer Schenkung pflichtteilsergänzungsrechtlich bedenklich sei, enumerative Widerrufsgründe, deren Eintritt im Ermessen des Übernehmers liege, aber unschädlich seien. Ein Pflichtteilsergänzungsanspruch besteht nicht, wenn die Pflichtteilsberechtigung erst nach der Schenkung entsteht, vgl. BGH DNotZ 1998, 135.

2. Erbausgleichung gem. § 2050 BGB

Der Erbfolge unterliegt nur noch das Vermögen des Erblassers, das er nicht 52
durch vorweggenommene Erbfolge zu seinen Lebzeiten verteilt hat. Über diesen „Restnachlass“ kann der Erblasser durch Verfügung von Todes wegen verfügen. Sofern er keine letztwillige Verfügung trifft und Abkömmlinge als gesetzliche Erben zur Erbfolge gelangen, ordnet § 2050 BGB unter bestimmten Voraussetzungen eine Ausgleichungspflicht zwischen den Abkömmlingen an.

Ausstattungen gem. § 1624 BGB, und zwar sowohl angemessene als über- 53
mäßige, sind gem. § 2050 Abs. 1 BGB im Falle der gesetzlichen Erbfolge ausgleichspflichtig, sofern bei der Zuwendung nicht anderes angeordnet wird. Wird der beurkundete Vertrag als **Ausstattung** bezeichnet, ist damit gesetzlich die Ausgleichung mit den übrigen gesetzlichen Erben bei dem Versterben des Übergebers gem. § 2050 Abs. 1 BGB angeordnet. Gem. § 2050 Abs. 3 BGB sind andere Zuwendungen unter Lebenden nur zur Ausgleichung zu bringen, wenn der Erblasser bei der Zuwendung die Ausgleichung angeordnet hat.

§ 2050 Abs. 1 und 2 BGB regeln expressis verbis nicht die Zuwendung im Wege der vorweggenommenen Erbfolge als solche, sondern nur einzelne Zuwendungen wie Ausstattungen, Zuschüsse und Ausbildungsaufwendungen. Die vorweggenommene Erbfolge ist nicht erfasst, zumal der Begriff der vorweggenommenen Erbfolge zum Zeitpunkt des Inkrafttretens des BGB unbekannt war.

54 Soweit die Vertragsteile keine ausdrückliche Regelung getroffen haben, tut die Rechtsprechung gut daran, § 2050 Abs. 1 BGB **analog** auf alle Fälle der vorweggenommenen Erbfolge anzuwenden. Der Analogieschluss ist dadurch gerechtfertigt, dass gem. § 2050 Abs. 1 BGB bei Ausstattungen auch der übermäßige, also als Schenkung zu qualifizierende Anteil ausgleichspflichtig ist. Da dem Gesetzgeber des BGB der Begriff der vorweggenommenen Erbfolge nicht bekannt war, liegt wegen der Rechtsähnlichkeit zur Ausstattung eine Analogie zu Abs. 1 und nicht etwa eine Einordnung unter Abs. 3 der Erbausgleichungsregelung nahe. In der notariellen Praxis wird in aller Regel der Notar darauf drängen, dass die Eltern im Überlassungsvertrag oder durch Testament die Ausgleichung regeln oder ausschließen und es nicht auf kleinkarierte Abrechnungen unter den Abkömmlingen ankommen lassen.

VI. Leistungsstörungen

1. Altenteilsverträge gem. Art. 96 EGBGB

56 **Beispiel** (vereinfacht nach BayObLG DNotZ 1996, 647): Die 53-jährige Tante T überträgt ihrer 21-jährigen Nichte N einen Teil ihres landwirtschaftlichen Anwesens, nämlich ein Grundstück mit Wirtschaftsgebäude, Hofraum, Grünland zu 2017 qm. Im Übergabevertrag wurden unter der Bezeichnung „Gegenleistungen" folgende Vereinbarungen getroffen: Wohnungs- und Mitbenützungsrecht, Austrag, Unterhaltung der Wohnung durch den Übernehmer, Mitbenützung von Gegenständen, Wart und Pflege sowie bei Wegzug des Übergebers die Zahlung einer Rente. Grundschulden wurden in dinglicher Haftung ohne die persönliche Schuldhaft übernommen. N verpflichtet sich zur Zahlung eines Betrages in Höhe von 60000 DM an die Schwester der Übergeberin. Soweit der Wert des Vertragsbesitzes die Gegenleistungen übersteigt, erfolgt die Übergabe unentgeltlich als Ausstattung sowie als Abfindung für die bisherige Mitarbeit der Übernehmerin und etwaige Aufwendungen für das Anwesen. Etwa sechs Monate nach der Übergabe widerrief N die Schenkung wegen groben Undanks und verlangte die Rückabwicklung u. a. auch aufgrund Anfechtung wegen Irrtums und arglistiger Täuschung. Nach dem Vortrag der N wurde sie in der Ausübung ihrer vertraglichen Rechte beschränkt, insbesondere durch Ausschluss von der Wasserversorgung, der Nutzung der Kellerräume und des Gartens sowie durch Errichtung eines Zaunes. Der frühere Lebensgefährte der Übernehmerin, ihr Vater und ihr Ehemann hätten die Übergeberin angegriffen.

57 Nach Auffassung des BayObLG DNotZ 1996, 647 ist bei einem Hofübergabevertrag, der ein Leibgeding enthält, mit der Annahme einer (gemischten) Schenkung Zurückhaltung geboten. Ein Anspruch auf Rückgabe des übergebenen Anwesens nach den Vorschriften über den Schenkungswiderruf komme nur dann in Betracht, wenn unter Berücksichtigung des von den Parteien gewollten Vertragszwecks bei einem Vergleich des Wertes des übergebenen Anwesens mit dem Wert der Gegenleistungen das Merkmal der Unentgeltlichkeit überwiegt (Bestätigung und Weiterführung von BayObLGZ

1995, 186). Nach h. M. sei bei einer gemischten Schenkung ein Anspruch auf Rückübertragung dann gegeben, wenn der unentgeltliche Charakter überwiege. Überwiegt dagegen der unentgeltliche Teil nicht, so besteht unter dem Gesichtspunkt des § 531 Abs. 2 BGB nur ein Geldanspruch auf den die Leistung des Schenkers übersteigenden Mehrwert, vgl. BGH NJW 1972, 248. Darauf komme es aber nicht entscheidend an. Aus dem Wortlaut sowie aus dem gesamten Zusammenhang des Übergabevertrages ergebe sich, dass für die Parteien der Leibgedingscharakter des Übergabevertrages und somit das gemeinsame Ziel bestimmend war, die Weitergabe des Anwesens an die jüngere Generation unter Weiterversorgung der Altenteilerin im selben Anwesen sicherzustellen. Darüber hinaus ergebe sich aus der textlichen Fassung des Vertrages deutlich, dass die Parteien dem Gesichtspunkt einer etwaigen Schenkung allenfalls untergeordnete Bedeutung beigemessen hätten. Nach dem Willen der Parteien liege kein überwiegend unentgeltliches Geschäft vor. Demnach könne in keinem Fall die Herausgabe des übergebenen Grundstücks verlangt werden.

2. Anwendung von Kaufvertragsrecht?

Beispiel (nach OLG Düsseldorf MittRhNotK 2000, 208): Tante T überträgt ihrer Nichte N in einer als „Grundstückskaufvertrag" bezeichneten Vereinbarung ihr Hausgrundstück. Als „Kaufpreis" wird u. a. vereinbart, 58

1. die Übernahme einer Grundschuld von nominell 95.000 DM nebst zugrundeliegender Forderung, die mit 33.000 DM valutierte,
2. die Zahlung eines Barbetrages von 42.000 DM nach Umschreibung,
3. die Einräumung eines lebenslangen unentgeltlichen Nießbrauchs für T und deren Ehemann,
4. der Vorbehalt eines vererblichen und durch Rückauflassungsvormerkung gesicherten Rücktrittsrechts zugunsten von T und deren Ehemann für den Fall, dass N vor dem Überlebenden der Verkäufer versterben sollte. Schuldrechtlich war vereinbart, dass im Falle des Rücktritts keine Erstattungen an die Erben der N zu leisten waren.

N hat sich vorbehalten, den Grundbesitz mit Rang vor dem Nießbrauchsrecht und vor der Auflassungsvormerkung mit Grundpfandrechten bis zu 100.000 DM zu belasten. Weiter hieß es im notariellen Vertrag:

„Weitere Vereinbarungen über Gegenleistungen wollen wir nicht treffen. Der Verkehrswert des übertragenen Grundbesitzes kann mit ca. 220.000 DM angenommen werden. Soweit die oben vereinbarten Gegenleistungen den Verkehrswert des übertragenen Grundbesitzes nicht erschöpfen, wird dieser Mehrwert der Erwerberin schenkweise zugewandt. Insofern handelt es sich um eine gemischte Schenkung."

T macht die Rückübertragung wegen groben Undanks geltend. Der vom Landgericht hinzugezogene Sachverständige ermittelt als Grundstückswert 544.209,85 DM, den Wert des vorbehaltenen Nießbrauchs je nach Rechnungszins von 2,5–3,5% von etwa 423.000 DM bis ca. 373.500 DM.

Das Oberlandesgericht Düsseldorf weist die Rückgabeklage mit der Begründung ab, dass keine gemischte Schenkung, sondern ein Kaufvertrag vorliege. Grundsätzlich könnten die Vertragsparteien im Rahmen der Vertragsfreiheit den Wert der auszutauschenden Leistungen und damit auch die Größe eines evt. Leistungsüberschusses selbst bestimmen. Wenn sich der Veräußerer ein durch Vormerkung gesichertes entschädigungsloses Rücktrittsrecht vorbehalte, so sei dies als wertmindernder Umstand zu berücksichtigen. Hinzu komme, dass die Erwerberin wegen dieser Regelung das ihr 59 übertragene Grundstück bis zum Ableben der Übergeberin wirtschaftlich nicht sinnvoll verwerten oder gar veräußern konnte. Dies sei ein ganz wesentlicher Faktor bei der Gestaltung des Kaufpreises. Dem angesichts des durch diese Regelung bewirkten wirtschaftlichen Hemmnisses wäre nach Überzeugung des Senats kein anderer Erwerber in der Situation auch nur annähernd bereit gewesen, einen dem objektiven Verkehrswert des Grundstückes unter Berücksichtigung des Nießbrauchs entsprechenden Kaufpreis zu zahlen. Dieser Nachteil sei aus der Sicht des Senats zumindest in Höhe eines Betrages von etwa 10% des Verkehrswertes, also zu 55.000 DM zu veranschlagen. Insgesamt schöpften die Gegenleistungen den Wert des Grundstückes abzüglich Nießbrauch nahezu vollständig aus. Eine Differenz von weniger als 10% zwischen Leistung und Gegenleistung liege objektiv nicht eine Annahme einer gemischten Schenkung nahe.

60 Die Auslegung der notariellen Urkunde ergibt eindeutig, dass der beurkundende Notar eine vorweggenommene Erbfolge rechtsirrtümlich als Grundstückskaufvertrag tituliert hat. Den Beteiligten steht zwar ein gewisser Bewertungsspielraum hinsichtlich der auszutauschenden Leistungen zu, aber keinesfalls das Recht, einen Kaufvertrag als Schenkung oder eine Schenkung als Kaufvertrag zu vereinbaren. Unter fremden Dritten wird ein „Kaufvertrag“, der zum entschädigungslosen Rückfall des Kaufgegenstandes im Falle des Vorversterbens des Käufers führt, nicht vereinbart. Die Urkunde ist nur vor dem Hintergrund der familienrechtlichen Beziehungen der Beteiligten verständlich. Auch die im Sachverhalt geschilderte Regelung, wonach sich die „Beteiligten“ die Belastung des Grundbesitzes mit Grundpfandrechten bis zu 100.000 DM im Rang vor dem Nießbrauchsrecht und der Rückauflassungsvormerkung vorbehalten hätten, ist eine dem Kaufvertragsrecht unbekannte Vereinbarung, wobei das OLG noch der Frage hätte nachgehen müssen, ob tatsächlich „Käufer“ und „Verkäufer“ einzeln für eigene Zwecke zu dieser Valutierung berechtigt sein sollten.

3. Anwendung erbrechtlicher Vorschriften?

61 *Olzen* a. a. O. S. 171 vertritt die Auffassung, dass erbrechtliche Vorschriften auf den Übergabevertrag analog angewendet werden sollten. Bei Leistungsstörungen im entgeltlichen Teil soll danach der unentgeltliche Teil analog § 2085 BGB aufrecht erhalten werden. Gem. § 2078 Abs. 2 BGB analog solle die Anfechtung wegen jeglichen Motivirrtums zulässig sein. Der Gedanke, erbrechtliche Wertungen des BGB bei der vorweggenommenen Erbfolge zu berücksichtigen, verdient Beachtung.

Die vorweggenommene Erbfolge ist im Kern die Vorwegnahme des Erbfalls und daher auch unter den allgemeinen erbrechtlichen Grundsätzen zu würdigen. Bei der Rückabwicklung streitbefangener vorweggenommener Erbfolgen scheitert aber die Aufteilung in einen entgeltlichen und einen unentgeltlichen Teil und entspricht im übrigen auch nicht der Interessenlage.

4. Schenkungsrecht

62 Die Herausgabe des Geschenkes nach den Vorschriften über die Herausgabe einer ungerechtfertigten Bereicherung kommt in folgenden Fällen in Betracht:

- gem. § 528 BGB wegen Verarmung des Schenkers,
- gem. § 530 BGB wegen groben Undankes,
- gem. § 527 BGB bei Nichtvollziehung einer Auflage.

Diese gesetzlichen, in der Vertragspraxis regelmäßig durch vertragliche **Rückforderungsrechte** ergänzt, sichern den Übergeber, insbesondere wenn – bei Grundstücksüberlassungen – Rückauflassungsvormerkungen im Grundbuch eingetragen werden.

Besonderheiten bestehen bei gemischten Schenkungen. Eine gemischte Schenkung kann nach Auffassung des Bundesgerichtshof wegen groben Undanks gem. § 530 BGB nur widerrufen werden, wenn der **unentgeltliche Teil** des Geschäfts **überwiegt**, vgl. BGHZ 30, 122. Wenn der entgeltliche Teil überwiegt, soll **Kaufvertragsrecht** Anwendung finden. Bei einem Kaufvertrag ist das unangemessene oder gar feindselige Verhalten des Erwerbers nach Vertragsabschluss ohne rechtliche Bedeutung und führt insbesondere nicht zu einer Rückabwicklung des Vertragsverhältnisses. 63

a) Abzug von Belastungen

Dass mit dieser Abgrenzung nicht immer sachgerechte Ergebnisse erzielt werden, zeigt die Entscheidung des BGH MittBayNot 1989, 206: 54

Mutter M überträgt an ihren Sohn S Grundbesitz im Wert von insgesamt 600.000 DM. Übernommen werden die Belastungen Abt. II (ein Wohnungsrecht für eine Verwandte) und Grundpfandrechte mit einer Valutierung in Höhe von 277.000 DM. Der Sohn räumt der Mutter ein Altenteil ein, bestehend aus Wohnungsrecht, Verpflegung, Rentenzahlung und Übernahme der Beiträge zur landwirtschaftlichen Alterskasse. Wegen groben Undanks verlangte die Mutter ein halbes Jahr später die Rückgabe des übertragenen Grundbesitzes.

Aufgrund des eingeräumten Altenteils und der übernommenen Grundpfandrechte ging das Oberlandesgericht von einem überwiegend entgeltlichen Erwerb aus, so dass die Rückgabeklage abgewiesen wurde.

Um zu dem sachgerechten Ergebnis der Begründetheit des Rückgabeanspruches zu gelangen, musste der BGH den Begriff der Gegenleistung in mehrfacher Hinsicht eingrenzen. Da der Schenker das Geschenk grundsätzlich nur so schulde, wie er es selbst habe, stelle die Übernahme der Belastungen in Abt. III des Grundbuches keine Gegenleistung dar (!). Die ausdrückliche Übernahme im Vertrag habe nur klarstellende Wirkung, es sei denn, dass ein anderer Vertragswille der Beteiligten ausdrücklich festgestellt werde. Die Leitsätze der BGH-Entscheidung lauten: 65

- Die Übernahme dinglicher Belastungen bei Schenkung eines Grundstücks stellt in der Regel keine Gegenleistung des Beschenkten dar, sondern mindert lediglich den Wert des Geschenks;
- die in einem Übergabevertrag dem Übernehmer aufgelegte Versorgung des Übergebers ist in der Regel nicht Gegenleistung, sondern Auflage (Bestätigung von BGHZ 3, 206).

Hinsichtlich der Schuldübernahme hat sich der BGH auf ein Rechenexempel eingelassen, das in dem zugrundeliegenden Fall das gewünschte Ergebnis rechtfertigt, nämlich dem Rückforderungsanspruch stattzugeben, in anderen, praktisch gleich liegenden Fällen, z. B. bei der Übernahme nicht im

Grundbuch gesicherter Verbindlichkeiten im Rahmen einer betrieblichen Übergabe, genau zur gegenteiligen Rechtsfolge führen würde.

b) Saldierung

66 Den Grundsatz, wonach der Schenker den geschenkten Gegenstand nur zurückverlangen kann, wenn der unentgeltliche Charakter des Geschäfts überwiegt (vgl. BGH DNotZ 1988, 364 und 484) hält der BGH auch in seiner Entscheidung DNotZ 1996, 636 aufrecht, schränkt aber faktisch diesen Grundsatz durch die Saldierung der Belastungen mit dem Wert des übertragenen Gegenstandes in der Weise ein, dass der nach **Durchführung der Saldierung** verbleibende Schenkungsanteil zur Rückabwicklung des gesamten Vertrages führt. In dem entschiedenen Fall übertrug der Bruder ein Hausgrundstück seiner Schwester, die eingetragene Grundpfandrechte „in dinglicher und schuldrechtlicher Hinsicht" übernahm und dem Kläger auf Lebenszeit angemessene Verpflegung versprach. Da weder die Bestellung von „Essen auf Rädern" noch die Möglichkeit, sich mit Lebensmitteln aus dem Keller zu versorgen, als die im Vertrag vereinbarte angemessene Verpflegung
67 angesehen werden konnte, nahm der BGH den **Wegfall der Geschäftsgrundlage** mit der Rechtsfolge der Rückübertragung des Anwesens an. Die dem Wert des Hausgrundstückes in Höhe von 400.000 DM gegenüberstehenden Gegenleistungen in Höhe von 300.000 DM hätten den Wert des Geschenkes nur gemindert. Ein Altenteilsvertrag i. S. des § 96 EGBGB, der nach den Spezialvorschriften des Niedersächsischen AGBGB die allgemeinen schuldrechtlichen Regelungen verdrängt haben könnte, wurde vom BGH abgelehnt, da eine Grundstücksübertragung noch nicht dadurch zum Altenteilsvertrag werde, dass eine Wohnrechtsgewährung mit Versorgungsverpflichtung vereinbart wird, vgl. BGH DNotZ 1982, 698 und WM 1989, 70. Hinzutreten müsse, dass dem Übernehmer ein Gut oder Grundstück überlassen werde, aus dessen Nutzen er sich eine Lebensgrundlage schaffen und gleichzeitig den dem Altenteiler geschuldeten Unterhalt zumindest teilweise gewinnen könne, vgl. BGH DNotZ 1970, 245.

c) Entreicherung

68 Auch die Entscheidung des BGH ZEV 1999, 192 beruht auf der bisherigen Rechtsprechungslinie, wonach ein Rückgewähranspruch gem. § 531 Abs. 2 BGB bei einer gemischten Schenkung nur in Betracht komme, wenn der unentgeltliche Teil überwiegt. Der Entscheidung liegt folgender Sachverhalt zugrunde:

Eltern E überließen ihrem Sohn S ein Mehrfamilienhaus mit Nebengebäuden (Schwimmbad, Pferdestall und Waschküche) im Wert von 652.080 DM. S übernahm valutierte Grundpfandrechte in Höhe von 86.736,25 DM und verpflichtete sich zur Zahlung einer monatlichen Leibrente von 1200 DM mit einem Kapitalwert von 115.200 DM. Der Wert der übrigen vorbehaltenen Nutzungen (Schwimmbad, Pferdestall, Keller, Waschküche und Garten) betrug 30.000 DM. Als S die vorbehaltene Schwimmbadnutzung und Pferdehaltung, u. a. durch Anzeigen bei Behörden, vereitelte, kam es zu Handgreiflichkeiten und schließlich zum Widerruf wegen groben Undanks. Dem gegenüber machte S für erbrachte Arbeitsleistungen und bauliche Investitionen einen Betrag in Höhe von 1.044.243,78 DM geltend.

69 Vermögensmindernde Aufwendungen des Beschenkten vor Zugang der Widerrufserklärung auf das infolge Widerrufs der Schenkung wegen groben Undanks herauszugebende Geschenk sind nach der Entscheidung des BGH als **Entreicherung** gem. § 818 Abs. 3 BGB zu berücksichtigen. Im übrigen kommt ein eigenständiger Verwendungsersatzanspruch des Beschenkten nach § 812 Abs. 1 Satz 1 A 2 BGB unter dem Gesichtspunkt der Verwendungskondiktion in Betracht, soweit bei Rückgabe des Geschenks noch eine Wertsteigerung vorhanden ist, die auf den zu ersetzenden Verwendungen beruht.

Der BGH gab auch in diesem Fall dem Rückforderungsverlangen wegen groben Undanks statt, verwies den Rechtsschritt aber an das Berufungsgericht zurück, um die Verwendungen und sonstigen vermögensmindernden Aufwendungen des Beklagten zu ermitteln.

d) Kritik

70 Mit den vorgenannten Entscheidungen hat der BGH faktisch seine „Kaufvertragstheorie“ aufgegeben und den Fokus auf die mit der jeweiligen Übertragung verbundene Schenkung gerichtet. Mit der vorweggenommenen Erbfolge überträgt der Übergeber einen Vermögensgegenstand, den der Beschenkte im Fall der gesetzlichen Erbfolge erhalten hätte, vorzeitig unter Lebenden. Ein derartiges Rechtsgeschäft, auch wenn Versorgungsleistungen vereinbart sind, ist keine entgeltliche Übertragung und schon gar kein Kaufvertrag, *vgl. Spiegelberger* DStR 2007, 1281. Soweit mit einer unentgeltlichen Übertragung Abstandszahlungen verbunden sind, die auch im Fall der Erbauseinandersetzung als Gegenleistung für einen überproportionalen Erwerb entrichtet werden, liegt **insoweit** sowohl zivil- als auch steuerrechtlich eine entgeltliche Gegenleistung vor, die es aber nicht rechtfertigt, das gesamte Rechtsgeschäft unter „Kaufvertragsrecht“ zu subsumieren.

5. Rechtsfolgen bei Typenverschmelzungsverträgen

71 In Fällen der vorweggenommenen Erbfolge erscheint es als unsystematisch, den Anspruch auf Rückabwicklung an dem Umfang der Leistungen des Erwerbers zu messen. Bei Typenverschmelzungsverträgen, in denen Elemente der Schenkung mit denen eines Austauschvertrages und eines Dauerschuldverhältnisses gemischt sind (negotium mixtum cum donatione), muss die Vertragsauslegung ergeben, ob nicht ein Vertragsbestandteil für das gesamte Vertragsverhältnis so überwiegt, dass es sachgerecht erscheint, die anzuwendenden Normen ausschließlich seiner gesetzlichen Regelung zu entnehmen, vgl. *Larenz* a.a.O. § 43 III (S. 116). Eine Übertragung, die nicht do ut des erfolgt, sondern ihre Wurzel in den familiären Beziehungen hat, führt zu der Erkenntnis, dass eine vorweggenommene Erbfolge, die als gemischte Schenkung zu qualifizieren ist, auch dann nicht nach Kaufvertragsrecht behandelt werden kann, wenn die „Gegenleistung“ den unentgeltlichen Teil überwiegt. Selbst dann, wenn im Falle einer vorweggenommenen Erbfolge Leistung und Gegenleistung sich nach allgemeinen Grundsätzen entsprechen sollten, kann – wenn ein Dauerschuldverhältnis vorliegt – eine Leistungsstörung nicht nach Kaufvertragsrecht abgewickelt werden. Vielmehr kann das Rückabwicklungsinteresse des Übergebers damit gerechtfertigt werden, dass er sein übergebenes Anwesen wieder zurückerhalten wolle, um wenigstens so sein

Versorgungsinteresse anderweitig sicherzustellen, vgl. nur *Jörg Mayer* a.a.O. Rn. 510. Selbstverständlich kann die Vertragsanpassung nicht nur zugunsten des Leibgedingsberechtigten, sondern auch zu seinen Lasten erfolgen, vgl. RGZ 147, 99; weitere Nachweise bei MünchKomm/*Habersack* Art. 96 EGBGB Rn. 34.

6. Zweckverfehlung

72 Neben dem Widerruf einer Schenkung wegen groben Undanks kommt nach Auffassung von H.P. Westermann S. 518 eine Rückforderung im Wege eines Bereicherungsanspruches wegen Zweckverfehlung gem. § 812 Abs. 1 S. 2, 2. Alt. BGB in Betracht. Danach ist der Erwerber zur Herausgabe verpflichtet, wenn der mit einer Leistung nach dem Inhalte des Rechtsgeschäfts bezweckte Erfolg nicht eintritt. Sowohl die Rechtsprechung (BGH NJW-RR 1991, 1154; NJW 1984, 233; OLG Karlsruhe NJW 1988, 3023; OLG Hamm FamRZ 1990, 1233) als auch die herrschende Lehre im Schenkungsschrifttum (vgl. *Kollhosser* AcP 194, S. 250) erkennen das Institut der Zweckschenkung mit bereicherungsrechtlicher Relevanz der Zweckverfehlung an. Eine solche Zweckschenkung liegt vor, wenn der Schenker mit der Zuwendung einen über die Schenkung hinausgehenden und vom Beschenkten erkannten und tatsächlich gebilligten weiteren Zweck verfolgt, insbesondere wenn der Beschenkte den Schenkungsgegenstand weiterhin im **„Familienbesitz"** hält, ohne ihn aber zum Gegenstand einer rechtsverbindlichen Vereinbarung zu machen, vgl. *Kollhosser* AcP 194, S. 251. Wenn diese Zweckverfehlung eintritt, soll nach der Rechtsprechung und herrschenden Lehre im Schenkungsschrifttum der Schenker mit der condictio ob rem gem. § 812 Abs. 1 Satz 2, 2. Alt. BGB den Schenkungsgegenstand kondizieren können. *Kollhosser* a. a.O. meint, dass dieses Institut der Zweckschenkung in den Bereich der sog. Zweckstaffelungstheorien gehöre, die heute auf zunehmende Ablehnung stoßen würden. § 812 Abs. 1 S. 2., 2. Alt. BGB sei nicht für Fälle gedacht, in denen eine Leistung donandi causa erbracht werde und diesen Zweck verfehle. Für solche Fälle der Zweckverfehlung greife vorrangig bereits § 812 Abs. 1 Satz 1, 1. Alt. BGB ein. § 812 Abs. 1 Satz 2, 2. Alt. BGB sei nach seinem historischen Ursprung vielmehr nur für die Rückforderungen von fehlgeschlagenen Leistungen in den sog. Vorleistungs- und Veranlassungsfällen gedacht. Die Lehre vom Wegfall der Geschäftsgrundlage sei zwischenzeitlich so weit ausgebaut worden, dass mit ihr auch alle Fälle der Zweckverfehlung bei der Zweckschenkung erfasst und gelöst werden könnten, vgl. MünchKomm/*Lieb* § 812 Rn. 165.

7. Wegfall der Geschäftsgrundlage

73 Störungen der Geschäftsgrundlage regelt § 313 BGB. Haben sich Umstände, die zur Grundlage des Vertrages geworden sind, nach Vertragsschluss schwerwiegend verändert und hätten die Parteien den Vertrag nicht oder mit anderem Inhalt geschlossen, wenn sie diese Veränderung vorausgesehen hätten, so kann eine Anpassung des Vertrages verlangt werden, soweit einem Teil unter Berücksichtigung aller Umstände des Einzelfalls, insbesondere der vertraglichen oder gesetzlichen Risikoverteilung, das Festhalten am unveränderten Vertrag nicht zugemutet werden kann. Nach Abs. 3 dieser Bestimmung kann der

benachteiligte Teil vom Vertrag zurücktreten, wenn eine Anpassung des Vertrags nicht möglich oder ihm nicht zumutbar ist. Diesen Ansatzpunkt greift die Entscheidung des BGH DNotZ 1996, 636 auf, die einen Rückforderungsanspruch mit dem Institut des Wegfalls der Geschäftsgrundlage begründet. Während *Coing* NJW 1967, 1780 den Wegfall der Geschäftsgrundlage bei vorweggenommener Erbfolge ablehnt, sieht der BGH in einem tiefen Zerwürfnis zwischen den Beteiligten keine Rechtsgrundlage mehr für eine Aufrechterhaltung des Vertragsverhältnisses. Westermann, FS für Kellermann (1991), S. 509 weist zurecht darauf hin, dass ein vom Schenker sorgsam austariertes Gleichgewicht verloren gehen kann. Es sei fast unmöglich, solchen Entwicklungen, die oft auf einen Zerfall der Grundkonzeption der Verträge über die vorweggenommene Erbfolge hinauslaufen, mit einem lückenlosen Geflecht von Auflagen, Bedingungen und salvatorischen Klauseln zu begegnen. Im Benteler-Urteil BGH NJW 1990, 2616 hat der BGH eine feindselige Gesinnung gegen den Schenker als Widerrufsgrund gem. § 530 BGB, also wegen groben Undanks, anerkannt. Da der Nachweis der subjektiven Tatbestandsmerkmale des § 530 BGB im Einzelfall schwierig sein dürfte, stellt das Eintreten eines tiefen Zerwürfnisses als Wegfall der Geschäftsgrundlage eine breitere Grundlage für die Rückabwicklung dar. Zudem können damit auch Fallgestaltungen erfasst werden, bei denen § 530 BGB keine Anwendung findet.

8. Positive Vertragsverletzung

Nach Auffassung des BGH DNotZ 1982, 697 kommt ein Rücktritt von einem Grundstücksüberlassungsvertrag, der kein Leibgedingsvertrag ist, auch unter dem Gesichtspunkt einer positiven Forderungsverletzung in Betracht, wenn das Verhalten des Vertragspartners den Vertragszweck vereitelt oder so schwerwiegend gefährdet, dass dem Nießbrauchsberechtigten die Fortsetzung der Vertragsbeziehung nicht mehr zugemutet werden kann. 74

VII. Widerruf der Schenkungsabrede

1. Gesetzliche Rückforderungsrechte

Die vollzogene Schenkung kann sich für den Übergeber als nachteilig erweisen, so dass der Gesetzgeber dem Schenker für schwerwiegende Fehlentwicklungen Rückforderungsrechte einräumt. 75

a) Verarmung des Schenkers

Soweit der Schenker innerhalb von zehn Jahren nach der Vollziehung der Schenkung außer Stande ist, für sich selbst oder nahestehende Familienangehörige den angemessenen Unterhalt aufzubringen, kann er die Herausgabe des Geschenkes gem. § 528 Abs. 1 BGB nach den Vorschriften der ungerechtfertigten Bereicherung verlangen. Der Beschenkte kann die Herausgabe durch Zahlung des für den Unterhalt erforderlichen Betrags abwenden. 76

b) Nichtvollziehung von Auflagen

Unterbleibt die Vollziehung vereinbarter Auflagen, so kann der Schenker gem. § 527 BGB die Herausgabe des Geschenkes insoweit fordern, als das Geschenk zur Vollziehung der Auflage hätte verwendet werden müssen. 77

c) Grober Undank

78 Eine Schenkung kann gem. § 530 BGB widerrufen werden, wenn sich der Beschenkte durch eine schwere Verfehlung gegen den Schenker oder einen nahen Angehörigen des Schenkers groben Undanks schuldig macht.

2. Vertragliche Rückforderungsrechte

79 Die Praxis zeigt, dass die berechtigten Sicherungsinteressen der Übergeber durch die gesetzlichen Widerrufsrechte nicht ausreichend gewährleistet sind. In der Regel soll der Erwerber zu Lebzeiten der Übergeber nur begrenzt über den geschenkten Gegenstand verfügen dürfen. Darüber hinaus müssen auch die allgemeinen Lebensrisiken, wie Vorversterben des Erwerbers, drohende Insolvenz oder eine bevorstehende Scheidung, es ermöglichen, den geschenkten Gegenstand zurückzufordern. Die häufigsten Rückforderungsrechte sind in § 2 A VI dargestellt.

VIII. Definition der vorweggenommenen Erbfolge

1. Dogmatische Einordnung

81 Die vorweggenommene Erbfolge ist ein auf dem Schenkungsrecht basierendes, verschiedene Vertragstypen umfassendes **kautelarjuristisches Rechtsinstitut**. Die Vermögensübertragung erfolgt in Form eines

- **Generationennachfolgevertrages,**
- mit einem zur gesetzlichen Erbfolge berechtigten Abkömmling oder Geschwisterkind,
- mittels einer die Existenz wenigstens teilweise begründenden Wirtschaftseinheit,
- mit Regelungen über die Pflichtteilsanrechnung, Erbausgleichung und ggf. Geschwistergleichstellungsgeldern.
- Der Übergeber wird durch gesetzliche und regelmäßig vertraglich vereinbarte Rückforderungsrechte, bei Grundstücken durch schuldrechtliche Verfügungsverbote mit Rückauflassungsvormerkungen, gesichert; fakultativ wird
- zur Versorgung des Übergebers ein Nießbrauch oder ein Leibgeding vereinbart.
- Bei Leistungsstörungen sind ausschließlich die Regelungen des Schenkungsrechts, nicht des Kaufvertragsrechts anwendbar, soweit der Vertrag keine anderweitigen Regelungen enthält. Darüber hinaus erfolgt eine erforderliche Vertragsanpassung oder -aufhebung nach den Regeln über den Wegfall der Geschäftsgrundlage.

82 Ausstattungen, Erbschaftsverträge, Ehegattenzuwendungen, Schenkungsversprechen auf den Todesfall gem. § 2301 BGB und Familienstiftungen sind selbständige Regelungstypen, die nicht unter dem Begriff der vorweggenommenen Erbfolge zu subsumieren sind. Altenteilsverträge gem. Art. 96 EGBGB weisen zahlreiche Abweichungen vom Rechtsinstitut der vorweggenommenen Erbfolge auf, so dass ein eigenständiger, durch Landesrecht geregelter Vertragstyp vorliegt.

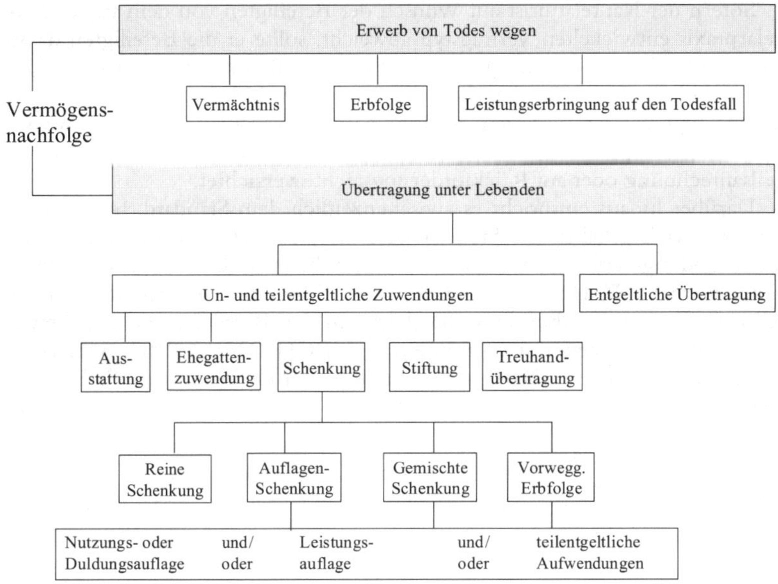

2. Vertragstypenlehre

Literatur: *Gaupp* in: FS für Spiegelberger (2009), Notar und Steuerberater, S. 1410; *Langenfeld* Vertragsgestaltung 3. Aufl. 2004

In der Methodik der notariellen Rechtsanwendung hat die **Vertragstypenlehre** eine zunehmende Bedeutung erlangt. Durch Bildung von Falltypen werden die Funktionszusammenhänge für bestimmte Lebenssachverhalte aufgedeckt und daraus kautelarjuristische Vertragstypen mit für den Regelungssachverhalt charakteristischen Rechtsfolgen entwickelt, vgl. *Langenfeld* a.a.O. S. 29 und 89. Somit stellt die Vertragstypenlehre einen Teil der Methodenlehre des Beurkundungsverfahrens dar, vgl. *Jerschke* DNotZ SoH 1989, 21. Die Orientierung an anerkannten Vertrags- und Regelungstypen vermeidet subjektive Beliebigkeit und Entscheidungszufälligkeit und schafft damit Wertungs- und Gestaltungskonkordanz. Die Vertragstypenlehre arbeitet nicht mit Subsumtionen, sondern mit Zuordnungen, vgl. *Langenfeld,* S. 33; zur typologischen Betrachtungsweise in der Methodenlehre, vgl. *Larenz* Methodenlehre der Rechtswissenschaft, S. 333; *Bydlinski* Juristische Methodenlehre und Rechtsbegriff, S. 543. Unter Anwendung komparativen Denkens ist der ermittelte Sachverhalt einer Fallgruppe zuzuordnen, die bereits bestimmte Wertungen enthält, vgl. *Langenfeld* a.a.O. Kap. 1 Rn. 48ff. Selbstverständlich darf dabei den Beteiligten nicht Zwang angetan werden. Aufgabe des Notars ist es, die Alternativen für die Gestaltung aufzuzeigen und mit seinem sachkundigen Rat dazu beizutragen, dass die Beteiligten unter Wahrung der Freiheit ihrer Willensentscheidung das „Richtigere" wählen, vgl. *Reithmann* DNotZ SoH 1965, 95; *Schollen* DNotZ SoH 1969, 52. 83

84 Sofern der Kautelarjurist auf Wunsch der Beteiligten von dem in der Kautelarpraxis entwickelten Vertragstyp abweicht, sollte er die Beteiligten darauf hinweisen. Der Notar, der gem. §§ 14 und 17 BeurkG zu Hinweisen über die rechtliche Tragweite verpflichtet ist, sollte im Urkundentext vermerken, wenn atypische Gestaltungen gewünscht werden, z.B. bei einer vorweggenommenen Erbfolge der Erblasser auf jegliche Versorgung, auf die Pflichtteilsanrechnung oder auf Rückforderungsrechte verzichtet.

85 Darüber hinaus entspricht es zwischenzeitlich dem Standard, bei steuerrelevanten Sachverhalten die Steuerberater der Beteiligten in der Weise in das Beurkundungsverfahren einzubeziehen, dass diesen Urkundenentwürfe übersandt werden. Weicht der Notar von dem Entwurf eines Steuerberaters ab, muss er die Beurkundung unterbrechen, um den Beteiligten Gelegenheit zu geben, weiteren Steuerrat einzuholen, vgl. BGH DNotZ 2003, 845. Beurkundet er ohne diese Vorsichtsmaßnahme, haftet er für die steuerlichen Folgen.

Die Erbschaftsteuer lässt sich gewiss noch anheben (bis 70/75 vom Hundert). Dass die Söhne und Töchter der Reichen, die vielleicht heillose Taugenichtse sind, ein Leben in Saus und Braus führen, dafür sehe ich keinerlei Berechtigung,

Zeidler, Präsident des Bundesverfassungsgerichts,
Spiegel-Interview 1984, Heft 50, S. 52

§ 2 Grundzüge des Überlassungsvertrags

Übersicht

A. Zivilrecht

Literatur: *Esch/Baumann/Schulze zur Wiesche* Handbuch der Vermögensnachfolge 7. Aufl. 2009; *Gaupp* in: FS für Spiegelberger, Notar- und Steuerberater, S. 1410; *J. Mayer* Der Übergabevertrag 2. Aufl. 2001; *Langenfeld/Günther* Grundstückszuwendungen zur lebzeitigen Vermögensnachfolge, 6. Aufl. 2010; Krauß Überlassungsverträge in der Praxis 2006; *H. Schmidt* in: FS für Spiegelberger, Kostenrecht ist Folgerecht des materiellen Rechts und die Vertragsgestaltung richtet sich nach dem Kostenrecht, S. 1498; *Wegmann* Grundstücksüberlassung 2. Aufl. München 1999.

I. Vertragsgegenstand

1. Frei übertragbares Vermögen

a) Immobilien

1 „Eigener Herd ist Goldes wert“ – Durch eine Immobilie als Wohneigentum oder als Kapitalanlage die eigene Familie zu sichern, steht bei den meisten Bürgern an vorderster Stelle. Die Urform der vorweggenommenen Erbfolge war die Übertragung eines landwirtschaftlichen Betriebes auf den Hofnachfolger. Durch die vorweggenommene Erbfolge soll die Existenz der nachfolgenden Generation gesichert werden, so dass Immobilienübertragungen in der Praxis eine vorrangige Rolle spielen. Das deutsche Immobilienrecht ermöglicht die generationsübergreifende Erhaltung von Immobilien. Der schuldrechtliche Vertrag bedarf gem. § 311 b Abs. 1 BGB, die Auflassung mit dem damit verbundenen dinglichen Übergang gem. § 925 BGB der notariellen Beurkundung. Der Beurkundungszwang zeigt, dass der Gesetzgeber der Sicherung des Immobilienerwerbs und der fachmännischen Beratung höchste Priorität einräumt.

b) Bewegliche Gegenstände

2 Mit dem Übergang von Grundeigentum ist häufig die Übertragung von beweglichen Sachen, nämlich von Zubehör gem. § 97 BGB und Inventar verbunden. Auch ohne Grundstücksübertragung können bewegliche Gegenstände im Wege der vorweggenommenen Erbfolge übertragen werden. Die Übergabe von Gewerbebetrieben oder von landwirtschaftlichen Anwesen ist mit der Übertragung von **Sachgesamtheiten** verbunden. Der Eigentumsübergang erfolgt gem. § 929 BGB durch Einigung und Übergabe. Die Übergabe kann auch durch ein Besitzkonstitut gem. § 930 BGB oder die Abtretung des Herausgabeanspruchs gem. § 931 BGB erfolgen.

c) Kapitalanlagen

3 In den vergangenen sechzig Friedensjahren waren viele Übergeber in der Lage, geldwertes Vermögen anzusammeln, das zur Existenzsicherung und zur Ausschöpfung schenkungsteuerlicher Freibeträge bereits zu Lebzeiten auf Abkömmlinge übertragen wird. In Betracht kommen

- Bargeld,
- Bankguthaben,
- festverzinsliche Wertpapiere,

- Aktien und
- sonstige Kapitalforderungen,

die i. d. R. formlos übertragen werden können.

Große Verwirrung hat die Rechtsprechung des X. BFH-Senats und daran anschließend der II. Rentenerlass BStBl. 2002 I 893 Tz. 10 ausgelöst, wonach Wertpapiere und typische stille Beteiligungen sowie Kunstgegenstände und unbebaute Grundstücke sowie ein Grundstück mit aufstehendem Rohbau (BFH BStBl. 1997 II 813) keine existenzsichernden Wirtschaftseinheiten darstellen sollen, so dass der Sonderausgabenabzug für derartige Übertragungen ausgeschlossen wurde. Der Große Senat des BFH GrS 1/00 und 2/00 hat diesen Einschränkungen ausdrücklich widersprochen, so dass die Finanzverwaltung im III. Rentenerlass BStBl. 2004 I 923 dieser Entscheidung weitgehend folgte, durch eine im Jahressteuergesetz 2008 enthaltene Gesetzesinitiative aber den Sonderausgabenabzug für steuerliches Privatvermögen eliminiert hat, vgl. unten § 6 B I.

d) Urheberrechte

Literatur: *Gergen* Zur Schnittmenge von Erbrecht und Urheberrecht: Die Nachfolge in die Rechte eines verstorbenen Urhebers, ZErb 2009, 42; *List* Die Verwertung von Erfindungen im Konflikt zwischen Einkommensteuerrecht und Zivilrecht, DB 2002, 65.

Die vermögens- und die persönlichkeitsrechtlichen Befugnisse des Urhe- 4
berrechts sind eine untrennbare Einheit. Wie beim allgemeinen Persönlichkeitsrecht sind die Befugnisse nicht vollständig übertragbar, vgl. § 29 Abs. 1 UrhG. Vererblich und übertragbar i. S. d. § 28 Abs. 1 UrhG ist lediglich das Urheberrecht, nicht hingegen die Urheberschaft i. S. d. § 7 UrhG. Der Urheber kann einzelne Nutzungsrechte gem. § 29 Abs. 2, 31 ff. UrhG übertragen. Auch Alleinnutzungsrechte können gem. § 29 Abs. 2 UrhG eingeräumt werden, vgl. *Gergen* ZErb 2009, 43. Auch im Wege eines Erbvertrages darf der Urheber zu Lebzeiten über sein Urheberrecht verfügen, vgl. *Rehbinder* Die Familie im Urheberrecht, ZUM 1986, 368. Das Urheberrecht überdauert den Urheber gem. § 64 UrhG um 70 Jahre. Nach § 64 Abs. 1 UrhG werden die Werke mit 70 Jahren post mortem auctoris gemeinfrei, d. h. der Allgemeinheit zur beliebigen Verwertung freigegeben.

e) Betriebsübertragung

Die Urform der vorweggenommenen Erbfolge, nämlich die Übergabe ei- 5
nes landwirtschaftlichen Anwesens auf einen Abkömmling, wird seit langem auch für Gewerbebetriebe praktiziert. Bei einem Betrieb handelt es sich um eine **Sachgesamtheit**, die aus Anlage- und Umlaufvermögen besteht, wobei auch die betrieblichen Verbindlichkeiten Bestandteil dieser Übertragung sind. Die weiteren Einzelheiten sind im Band Unternehmensnachfolge § 4 dargestellt.

f) Lebensversicherungen

Literatur: *Hetzer/Götzenberger* Absicherungs- und Gestaltungsstrategien mit Lebensversicherungen für Unternehmer, BB 2009, 2290.

6 Bei der vorweggenommenen Erbfolge in Lebensversicherungsverträgen ist zu unterscheiden zwischen der

- Einräumung einer Bezugsberechtigung an einem bestehenden Lebensversicherungsvertrag,
- Neuabschluss eines Lebensversicherungsvertrages zu Gunsten des Abkömmlings unter Übernahme der Lebensversicherungsprämien (Prämienschenkung) und
- Übertragung eines Lebensversicherungsvertrages im Ganzen.

Wegen der Einzelheiten wird auf § 8 Rn. 51 ff. verwiesen.

2. Rechtlich gebundenes Vermögen

a) Beteiligungen

7 Sofern die Eltern an einer Personen- oder Kapitalgesellschaft beteiligt sind oder anlässlich der vorweggenommenen Erbfolge eine derartige Gesellschaft errichten, werden den Abkömmlingen häufig unter Lebenden Beteiligungen eingeräumt. Diesbezüglich wird auf den Band Unternehmensnachfolge § 8 verwiesen. Aber auch im Bereich des Privatvermögens spielt die Beteiligungsübertragung eine zunehmende Bedeutung, da der Gesetzgeber durch die Handelsrechtsreform vom 1. 7. 1998 neben der immer schon gegebenen Möglichkeit der Beteiligung an einer Gesellschaft bürgerlichen Rechts die Vermögensverwaltung durch Kommanditgesellschaften erlaubt hat. Die Familien-GmbH spielt sowohl als betriebliche Rechtsform als auch als Vermögensverwaltungsgesellschaft eine zunehmende Rolle. Während die Übertragung oder Einräumung von Personengesellschaftsbeteiligungen keiner besonderen Form bedarf, hat der Gesetzgeber für die Übertragung eines GmbH-Anteils die Beurkundung gem. § 15 Abs. 3 GmbHG angeordnet. Grundsätzlich gilt für alle Personengesellschaften, dass die Ansprüche, die den Gesellschaftern aus dem Gesellschaftsverhältnis gegeneinander zustehen, nicht übertragbar sind. Zunächst muss somit der Gesellschaftsvertrag überprüft werden, ob es bei der gesetzlichen Regelung bleibt, also ohne Zustimmung der Mitgesellschafter eine Übertragung ausgeschlossen ist oder ob der Gesellschaftsvertrag diese erlaubt.

8 Die Geschäftsanteile an einer GmbH sind gem. § 15 Abs. 1 GmbHG übertragbar. Allerdings können auch diese gem. § 15 Abs. 5 GmbHG vinkuliert werden, so dass ebenfalls die Übertragung nur mit Zustimmung der Gesellschaft oder der Gesellschafter zulässig ist.

b) Nacherbschaftsgebundene Vermögensgegenstände

Literatur: *Everts* Einbringung nacherbschaftsgebundener Vermögensgegenstände, insbesondere Grundbesitz, im Personengesellschaftsrecht, ZErb 2009, 255; *Reimann* Die vorweggenommene Nacherbfolge, DNotZ 2007, 579.

9 In der Hand des Vorerben bildet der Nachlass ein von seinem eigenen Vermögen rechtlich getrenntes Sondervermögen, über das der Vorerbe nur nach Maßgabe der §§ 2112 ff. BGB verfügen kann, vgl. *Palandt/Edenhofer* Rn. 1 vor § 2100 BGB. Vermögensübertragungen auf diejenige Person, die zum gegenwärtigen Zeitpunkt Nacherbe wäre (Primär-Nacherbe) führen zu dem Ergebnis, dass bei dem Versterben des Primär-Nacherben vor dem ge-

genwärtigen Vorerben den Ersatznacherben und weiteren Nacherben eine mögliche Rechtsposition entzogen sein könnte. Die Übertragung ist aber wegen der Zustimmung des Nacherben rechtswirksam, so dass das BayObLG NJW-RR 2005, 956 in Überreinstimmung mit der Rechtsprechung des BGH die Notwendigkeit der Mitwirkung von Ersatznacherben verneint, ebenso *Staudinger/Avenarius* § 2113 BGB Rn. 70 und die h. M. Im Falle einer gestaffelten Nacherbfolge, also der Anordnung weiterer Nacherben, ist für unentgeltliche Verfügung des Vorerben auch die Zustimmung der weiteren Nacherben erforderlich, vgl. MünchKommBGB/*Grunsky* § 2113 BGB Rn. 16. Wegen der Rechtsfolgen bei der Vereinbarung von Rückfallklauseln vgl. *Reimann* DNotZ 2007, 590.

Gem. § 2111 Abs. 1 BGB gehört zur Erbschaft auch, was der Vorerbe aufgrund eines zur Erbschaft gehörenden Rechts oder als Ersatz für die Zerstörung, Beschädigung oder Entziehung eines Erbschaftsgegenstandes oder durch Rechtsgeschäft mit Mitteln der Erbschaft erwirbt, sofern nicht der Erwerb ihm als Nutzung gebührt. Erwirbt ein Vorerbe mit Mitteln des Nachlasses eine Kommanditeinlage, so gehört diese aufgrund der dinglichen Surrogation gem. § 2111 BGB zum Nachlass, vgl. BGHZ 109, 214, so dass diese Beteiligung mit dem Eintritt des Nacherbfalles dem Nacherben anfällt. Erhält der Nacherbe nicht die Zustimmung der übrigen Gesellschafter, so stehen dem Nacherben zumindest die vermögensrechtlichen Vorteile aus der gesellschaftsrechtlichen Stellung zu, insbesondere der künftige Anspruch auf das Auseinandersetzungsguthaben, die laufenden Gewinnansprüche und auch etwaige darüber hinausgehende Entnahmerechte, vgl. *Everts* ZErb 2009, 257. 10

c) Erbvertragsgebundenes Vermögen

Literatur: *Muscheler* Zur Frage der Nachlasszugehörigkeit des Anspruchs aus § 2287 BGB, FamRZ 1994, 1361; *Spellenberg* Verbotene Schenkungen gebundener Erblasser in der Rechtsprechung, NJW 1986, 2531.

Gem. § 2286 BGB wird durch den Erbvertrag das Recht des Erblassers, über sein Vermögen durch Rechtsgeschäft unter Lebenden zu verfügen, nicht beschränkt. Sofern der Erblasser aber in der Absicht, den Vertragserben zu beeinträchtigen, eine Schenkung macht, so kann der Vertragserbe, nach dem ihm die Erbschaft angefallen ist, gem. § 2287 BGB von dem Beschenkten die Herausgabe des Geschenks nach den Vorschriften über die Herausgabe einer ungerechtfertigten Bereicherung fordern. Nach Ansicht des BGH NJW 1992, 2630 kommt es darauf an, ob die unter Lebenden vorgenommene Verfügung des Erblassers eine Korrektur des Erbvertrages darstellt, was zu bejahen ist, wenn der Erblasser **ohne** ein anerkennenswertes **lebzeitiges Eigeninteresse** wesentliche Vermögensgegenstände an Stelle des durch den Erbvertrag Bedachten einem anderen zuwendet, vgl. unten § 9 A III. 11

d) Unter Betreuung stehendes Vermögen

Literatur: *Boehmer* Verfügungen des Betreuers im Rahmen der vorweggenommenen Erbfolge, MittBayNot 1996, 405; *Müller* Zur Wirksamkeit lebzeitiger und letztwilliger Zuwendungen des Betreuten an seinen Betreuer, ZEV 1998, 219.

12 Gem. § 1804 BGB kann der Vormund nicht in Vertretung des Mündels Schenkungen machen. Ausgenommen sind Schenkungen, durch die einer sittlichen Pflicht oder einer auf den Anstand zu nehmenden Rücksicht entsprochen wird. Nach Auffassung des OLG München FamRZ 1996, 1359 ist die Übertragung von Grundbesitz des Betreuten unentgeltlich auf dessen künftigen Erben (vorweggenommene Erbfolge) grundsätzlich nichtig und deshalb nicht genehmigungsfähig. Eine Ausnahme gelte nur dann, wenn mit der Übertragung einer sittlichen Pflicht genügt wird. Eine sittliche Pflicht, künftigen Erben zu Lebzeiten unentgeltlich Vermögen zu übertragen besteht auch dann nicht, wenn mit dieser Übertragung für die künftigen Erben eine Steuerersparnis erreicht werden kann.

Nach Auffassung von *Boehmer* MittBayNot 1996, 411 können zur Vermeidung einer vom OLG München als nichtig apostrophierten vorweggenommenen Erbfolge Übertragungen als Ausstattung oder als ehebedingte Zuwendungen ausgestaltet werden, ohne dabei dem Vorwurf einer unzulässigen Umgehung des Schenkungsverbotes ausgesetzt zu sein. In jedem Fall ist der Hinweis von *Boehmer* zutreffend, dass das Schenkungsverbot seinen Sinn verliert, wo eine Schenkung für den Betreuten unter Abwägung aller Umstände letztlich vorteilhaft ist. Dogmatisch führt dies zu einer teleologischen Reduktion der §§ 1908 i Abs. 2 Satz 1, 1804 Satz 1 BGB. Demgemäß hat auch das OLG Hamm FamRZ 1987, 751 einer unentgeltlichen Übertragungen aus dem Vermögen des Betreuten zugestimmt, wenn dies letztlich im Interesse des Mündels liegt.

Eltern mit behinderten Kindern wollen regelmäßig erreichen, dass die ausreichende Versorgung ihrer behinderten Kinder gewährleistet ist, aber der Sozialhilfeträger keinen Vermögenszugriff erhält. In diesen Fällen ist die Errichtung eines sog. „Behindertentestamentes" erforderlich, vgl. *Ruby* ZEV 2006, 66.

e) Zuwendungsverbot gem. § 14 HeimG

Literatur: *Karl* Auswirkungen der Länderregelungen zum Heimrecht in der erbrechtlichen Praxis, ZEV 2009, 544.

13 Das bisherige Heimgesetz des Bundes enthält in § 14 HeimG ein Zuwendungsverbot. Aufgrund der Änderung des Grundgesetzes zum 1. 9. 2006 durch die Föderalismusreform sind nunmehr die einzelnen Bundesländer in der Lage, landesrechtliche Regelungen zu treffen, wobei der Bundesgesetzgeber befugt bleibt, das von den Ländern erlassene Recht aufzuheben, um ein dauerhaftes Nebeneinander von Landes- und partiellem Bundesrecht zu vermeiden, vgl. *Karl* ZEV 2009, 544. Für die Praxis ist die Abkehr der Ländergesetze vom bisherigen Heimbegriff von Bedeutung. § 14 Abs. 1 und 5 HeimG bezieht sich auf Zuwendungen an Träger, Leiter und Beschäftigte eines Heims i. S. v. § 1 HeimG. An Stelle des Heimbegriffes wurden verschiedene Kategorien von Wohnformen legal definiert, welche sich durch den Umfang der Selbstbestimmung und durch den Grad an Schutzbedürftigkeit der Bewohner unterscheiden. Es gibt daher nunmehr die Kategorien „Stationäre Einrichtung", „Wohngemeinschaft", „Wohngruppe", „Service-Wohnen" etc. Einzelne ergangene landesrechtliche Regelungen enthalten die Möglichkeit der Befreiung vom Zuwendungsverbot, so dass im Einzelfall Ausnahme-

genehmigungen für den Träger, aber auch für Mitarbeiter bestehen. Einen Überblick über die landesrechtlichen Regelungen gibt *Karl* ZEV 2009, 544.

3. Einräumung von Nutzungsrechten

An Stelle von Vermögensgegenständen können auch Nutzungsrechte Gegenstand der Vorwegerbfolge sein. Eltern können also ihren Kindern nicht nur durch die Übertragung des Eigentums an einem Miethaus eine Einkunftsquelle begründen, sondern auch in der Weise, dass zu Gunsten der Kinder ein **Nießbrauchsrecht** gem. § 1030ff. BGB bestellt wird. Diese Gestaltung bedeutet nicht etwa, dass die Mietzinsen antizipiert an die Kinder abgetreten werden, sondern vielmehr dass die begünstigten Abkömmlinge selbständig auf dem „Mietmarkt" auftreten und durch die Teilnahme am allgemeinen wirtschaftlichen Verkehr, also durch Vermietung an Dritte, Einkünfte erzielen. 14

Auch **schuldrechtliche** Nutzungsrechte, z.B. die Gestattung, eine von den Eltern gemietete Wohnung auf eigene Rechnung unterzuvermieten, stellen inhaltlich eine Nutzungsrechtsüberlassung dar, die zu originären Einkünften bei den begünstigten Kindern führen; Voraussetzung für die steuerliche Anerkennung ist allerdings, dass das Nutzungsrecht für mindestens ein Jahr vereinbart worden ist, vgl. Tz. 7 III. Nießbraucherlass; BStBl. 1998 I 914. Bei teilweise entgeltlich bestellten Nutzungsrechten ist eine Aufteilung in den entgeltlichen und unentgeltlichen Teil vorzunehmen, vgl. Tz. 12 und 31 III. Nießbraucherlass a.a.O. 15

An Stelle eines Nießbrauches oder eines Pachtvertrages kann mit den Abkömmlingen auch ein sog. **Wirtschaftsüberlassungsvertrag** vereinbart werden. Diese Gestaltung wird in der Praxis als Vorstufe zur Hofübergabe gewählt. Die vom IV. BFH-Senat BStBl. 1993 II 546 bestätigte Gestaltung beinhaltet, dass der künftige Hofübernehmer die Bewirtschaftung – ohne Eigentumsübergang des Hofes – übernimmt und die Versorgung der Eltern z.B. durch Zahlung einer dauernden Last gewährleistet, vgl. auch *Weber-Grellet* Stbg. 1998, 22. 16

II. Erwerberkreis

Unentgeltliche und teilentgeltliche Übertragungen finden nicht nur im Familienkreis, sondern auch zu Gunsten beliebiger Dritter statt. Regelmäßig handelt es sich bei den Erwerbern jedoch um Familienangehörige. Unter vorweggenommener Erbfolge im engeren Rechtssinn ist nach den oben zu § 1 dargelegten Überlegungen nur ein **Generationennachfolgevertrag** zu verstehen, also die Übertragung auf Abkömmlinge, in Ermangelung solcher auch auf Neffen und Nichten, während Übertragungen auf Ehegatten oder unter Geschwistern einen eigenen Rechtstyp darstellen. Ausnahmsweise hat die Steuerrechtsprechung auch Übertragungen auf Dritte als Altenteilsverträge i.S.d. Art. 96 EGBGB beurteilt, vgl. BFH BStBl. 1998 II 718. 21

1. Volljährige Abkömmlinge

Unter der vorweggenommenen Erbfolge als **Generationennachfolgevertrag** ist nach den Ausführungen zu § 1 VIII die Vermögensübertragung auf 22

Abkömmlinge, also auf Kinder und Enkelkinder, zu verstehen. Bei kinderlosen Übergebern sind gesetzliche Erben gem. § 1925 BGB auch Neffen oder Nichten, so dass auch dieser Personenkreis einzubeziehen ist. Unentgeltliche Übertragungen auf andere Personen als z. B. auf Ehegatten oder Geschwister erfolgen außerhalb des Anwendungsbereiches der vorweggenommenen Erbfolge.

Die vorstehende zivilrechtliche Abgrenzung hat auch Rechtsfolgen für die steuerliche Beurteilung. Das FG München DStRE 1998, 159 hat daher auch bei einer Geschwisterübertragung den Sonderausgabenabzug für eine vereinbarte Versorgungsrente verneint. Soweit der BFH BStBl. 1998 II 718 bei einem Hofübergabevertrag an einen Dritten den Sonderausgabenabzug anerkennt, entspricht dies dem Vertragstyp des Altenteilsvertrages gem. Art. 96 EGBGB und ist auf die vorweggenommene Erbfolge nicht übertragbar, vgl. oben § 1 VIII 1.

2. Minderjährige Abkömmlinge

Besondere Schwierigkeiten ergeben sich in der Vertragspraxis bei der Vermögensübertragung auf Minderjährige. Insbesondere ist fraglich, in wie weit die Eltern von der Vertretung ausgeschlossen sind und ob der Vertrag der familiengerichtlichen Genehmigung bedarf.

a) Vertretungsverbot

Literatur: *Krüger* Grundstücksschenkungen an Minderjährige, ZNotP 2006, 202; *Stürner* Der lediglich rechtliche Vorteil, AcP 173 (1973), 402; *Weigl* Pflichtteilsanrechnung gegenüber Minderjährigen – Abschied von der bisher „herrschenden" Meinung!, MittBayNot 2008, 275.

23 Gem. § 1795 BGB i. V. m. § 1629 Abs. 2 BGB können Eltern bei einem Rechtsgeschäft ihres minderjährigen Kindes mit einem Ehegatten oder einem Verwandten in gerader Linie und dem minderjährigen Kind andererseits ihr Kind nicht vertreten, es sei denn, dass das Rechtsgeschäft ausschließlich in der Erfüllung einer Verbindlichkeit besteht. § 1795 i. V. m. § 181 BGB wird teleologisch in der Weise beschränkt, dass eine Vertretung, die lediglich einen rechtlichen Vorteil bringt, zulässig ist, vgl. *MünchKomm/Schwab* § 1795 BGB Rn. 20.

aa) Lediglich rechtlicher Vorteil

24 Seit langem wird die Überlassung eines **unvermieteten** oder **unverpachteten** Grundstücks an einen Minderjährigen als lediglich rechtlicher Vorteil gem. § 107 BGB betrachtet, so dass die Eltern nicht gem. § 1795 BGB von der Vertretung ausgeschlossen sind, vgl. BayObLG MittBayNot 1998, 431, selbst wenn der Grundbesitz mit Nießbrauchs- und Vorkaufsrechten belastet ist. Dies soll sogar dann gelten, wenn sich die Eltern ein – bereicherungsrechtlich ausgestaltetes – bedingtes Rückforderungsrecht für den Fall der Veräußerung, Belastung, Zwangsvollstreckung in den Grundbesitz und für den Fall des Vorversterbens des Minderjährigen vorbehalten und hierfür eine Rückauflassungsvormerkung bestellen, vgl. OLG Dresden MittBayNot 1996, 288. Der BGH MittBayNot 2005, 408 betont sogar, dass die dingliche Über-

tragung **(Auflassung)** eines Grundstückes an einen Minderjährigen bei isolierter Betrachtung selbst dann rechtlich vorteilhaft ist, wenn die zugrundeliegende schuldrechtliche Vereinbarung mit rechtlichen Nachteilen verbunden ist, so dass das Grundbuchamt die erklärte Auflassung in das Grundbuch einzutragen hat, selbst wenn der schuldrechtliche Vertrag der Genehmigung bedarf und diese zum Zeitpunkt der Umschreibung im Grundbuch nicht erteilt wurde.

(1) Ausschluss der Kostenhaftung. Die Übertragung eines Grundstückes mit 25 einer Nießbrauchsbelastung sei jedenfalls dann lediglich rechtlich vorteilhaft, wenn der Nießbraucher auch die Kosten außergewöhnlicher Ausbesserungen und Erneuerungen sowie die außergewöhnlichen Grundstücksbelastungen zu tragen hat, so dass der Minderjährige als Eigentümer nicht zum Aufwendungs- oder Verwendungsersatz gem. §§ 1049, 677 ff. BGB verpflichtet ist, so auch OLG Dresden MittBayNot 1996, 288; *Larenz/Wolf* Allgemeiner Teil des BGB § 25 Rn. 24. Hingegen soll die Einräumung eines **Zuwendungsnießbrauches** ohne Eigentumsübertragung keinen lediglich rechtlichen Vorteil darstellen, so dass hierfür die Mitwirkung eines Ergänzungspflegers erforderlich ist, vgl. BGH NJW 1991, 147.

(2) Vermieteter Grundbesitz. Nach der Rechtsprechung des BGH MittBay- 26 Not 2005, 413 soll ein auf den Erwerb eines **vermieteten** oder **verpachteten** Grundstücks gerichtetes Rechtsgeschäft für einen Minderjährigen nicht lediglich rechtlich vorteilhaft i. S. d. § 107 BGB sein, auch wenn sich der Veräußerer den Nießbrauch an dem zu übertragenden Grundstück vorbehalten hat, auch wenn der Nießbraucher die Kosten außergewöhnlicher Ausbesserungen und Erneuerungen sowie die außerordentlichen Lasten des Grundbesitzes zu tragen hat. Spätestens mit Beendigung des Nießbrauches, also mit dem Tod des Nießbrauchers, trete der Minderjährige in den dann noch bestehenden Miet- oder Pachtvertrag ein. Die damit begründete persönliche Haftung des Minderjährigen sei nicht etwa deshalb unbeachtlich, weil es sich, wie das OLG Celle MDR 2001, 931 meine, um einen mittelbaren Rechtsvorteil handele, der aus der Eigentümerstellung als solcher resultiere.

Die Entscheidung des BGH MittBayNot 2005, 408 wurde von *Feller* 27 MittBayNot 2005, 415 zu Recht kritisiert. Der höchstrichterlichen Rechtsprechung ist es in der Tat nicht gelungen, § 107 BGB in einer teleologischen Auslegung in der Weise zu reduzieren, dass auch die Überlassung vermieteter und verpachteter Grundstücke, und zwar gerade dieser Grundstücke, als rechtlich vorteilhaft gesehen wird, zumal ein unvermietetes und unverpachtetes Grundstück, das keine Einnahmen vermittelt und nur zu finanziellen Belastungen mit der Unterhaltsverpflichtung und der Grundsteuer führt, nicht einem vermieteten Objekt vorgezogen werden darf. Auch die unentgeltliche Überlassung von Wohnungseigen an einen Minderjährigen soll diesem nicht lediglich einen rechtlichen Vorteil bringen, wenn die vereinbarten Verpflichtungen der Wohnungseigentümer etwa im Zusammenhang mit der Wiederherstellung des zerstörten Gebäudes gegenüber der gesetzlichen Verpflichtung nicht unerheblich verschärft sind, vgl. BayObLG MittBayNot 1998, 38.

(3) Wohnungseigentum. Nach Auffassung des OLG München MittBayNot 28 2008, 389 ist der Erwerb von Wohnungseigentum durch einen über 7-jährigen Minderjährigen auch dann, wenn ein Verwalter nicht bestellt und

eine Verschärfung der dem Wohnungseigentümer kraft Gesetzes treffenden Verpflichtungen durch die Gemeinschaftsordnung nicht feststellbar ist, nicht lediglich rechtlich vorteilhaft, so dass für das dingliche Rechtsgeschäft die Einwilligung des gesetzlichen Vertreters oder eines Ergänzungspflegers notwendig ist; auch der Eintritt in den Verwaltervertrag soll einen rechtlichen Nachteil i. S. d. § 107 BGB darstellen, vgl. OLG Celle NJW 1976, 2214, ebenso, wenn die Teilungserklärung wesentlich strengere Verpflichtungen begründet als das Gesetz, vgl. BGH NJW 1981, 109.

29 Dagegen ist nach Auffassung des OLG Brandenburg MittBayNot 2009, 155 die an einen Minderjährigen erfolgte Übertragung von Eigentumswohnungen familiengerichtlich zu genehmigen, wenn dem Kind ein erheblicher Vermögensvorteil zugute kommt und sich die hiermit verbundenen Nachteile in Grenzen halten. Dies ist der Fall, wenn Mietüberschüsse ausreichen, um den Kreditbelastungen nachzukommen, keine Mietstreitigkeiten oder -rückstände bestehen, eine Sanierung in den nächsten Jahren nicht erforderlich ist und sich der Veräußerer verpflichtet, bis zum Eintritt der Volljährigkeit des Erwerbers Fehlbeträge aus eigenen Mitteln auszugleichen. Der Genehmigung steht auch nicht die Bevollmächtigung des Veräußerers, Mietüberschüsse in eine Rücklage zu stellen und zur Instandhaltung und Darlehensverpflichtung zu verwenden entgegen, wenn die Vollmacht nur bis zur Tilgung der Darlehensverpflichtungen als unwiderruflich vereinbart wird.

30 *(4) Abgrenzungskriterium: Ertrag.* Jeder wirtschaftlich Erfahrene weiß, dass unvermietete (möglicherweise sogar unvermietbare!) Immobilien ein wesentlich höheres wirtschaftliches Gefährdungspotential als vermietete Immobilien aufweisen. Die herkömmliche Interpretation des § 107 BGB, wonach unvermieteter oder wegen eines Vorbehaltsnießbrauchs ertragloser Grundbesitz lediglich rechtlich vorteilhaft ist, während die Übertragung von Eigentumswohnungen und die Einräumung eines Zuwendungsnießbrauches trotz des damit verbundenen Ertrags rechtlich einen Nachteil darstellen, erinnert an die Gesetzeskritik von *Goethe* in der Schülerszene des Faust:

> „Es erben sich Gesetz und Rechte
> wie eine ew'ge Krankheit fort."

31 *(5) Pflichtteilsanrechnung.* Auch die Anrechnung auf den Pflichtteil ist unschädlich, wenn die Anrechnung grundsätzlich zu dem Wert im Zeitpunkt der Zuwendung erfolgt, höchstens aber zu dem Wert, den der zugewendete Gegenstand zum Zeitpunkt des Todes des Übergebers noch h*at, vgl. Fembacher* MittBayNot 2004, 24. Die Pflichtteilsanrechnung muss selbstverständlich entfallen, wenn der Übergeber einen Rückübertragungsanspruch geltend macht.

bb) Wirtschaftliche Betrachtungsweise

32 *Stürner* AcP 173 (1973), 402, 447 hat nachgewiesen, dass es weder der Rechtsprechung noch der Literatur gelungen ist, das Kriterium des lediglich rechtlichen Nachteils einzugrenzen und schlägt daher vor, auch wirtschaftliche Kriterien zu berücksichtigen, kritisch auch *Fembacher* DNotZ 2005, 627; *Wilhelm* NJW 2006, 2353. Die obergerichtliche Rechtsprechung folgt dieser Empfehlung in zunehmendem Maße, allerdings nicht bei der Beurteilung des

Vertretungsverbotes gem. § 1795 BGB, sondern bei der Erteilung der familiengerichtlichen Genehmigung, in die die wirtschaftlichen und die rechtlichen Vor- und Nachteile einbezogen werden, vgl. OLG Brandenburg MittBayNot 2009, 155; BayObLG FamRZ 2003, 631; maßgeblich ist das Gesamtinteresse, vgl. OLG Hamm NJW-RR 2004, 223. Sofern somit das Familiengericht in der Lage ist, dem Vertragsabschluss eines Ergänzungspflegers die familiengerichtliche Genehmigung zu erteilen, weil die wirtschaftlichen Vorteile die rechtlichen Nachteile überwiegen, ist es nicht einzusehen, aus welchen Gründen den leiblichen Eltern diese Beurteilung vorenthalten wird. Mit Gründen der Rechtssicherheit wie dies der Bundesgerichtshof MittBayNot 2005, 408 meint, kann dies nicht gerechtfertigt werden, weil die vom BGH isoliert gesehene Auflassung dennoch wirksam erklärt ist und somit die Eigentumsumschreibung im Grundbuch selbst dann zum Eigentumswechsel führt, wenn der zugrundeliegende Überlassungsvertrag unwirksam oder schwebend unwirksam ist.

Der lediglich rechtliche Vorteil besteht bei einer wirtschaftlichen Betrachtungsweise darin, dass die wirtschaftlichen Vorteile für den Minderjährigen überwiegen, also ein Ausschluss der Eltern von dem Vertretungsrecht ihres Kindes nicht gerechtfertigt ist.

cc) Verfassungsrechtliche Bedenken

Die Bestimmungen der §§ 1629 und 1795 BGB über die elterliche Sorge stammen aus vorkonstitutioneller Zeit und bedürfen daher der richterlichen Ergänzung oder teleologischen Reduktion, wenn Kollisionen mit dem am 1. 7. 1949 in Kraft getretenen Grundgesetz sich ergeben. Das Bundesverfassungsgericht NJW 1986, 1859 hat beanstandet, dass Eltern ihre Kinder kraft ihrer gesetzlichen Vertretung bei Fortführung eines ererbten Handelsgeschäftes in ungeteilter Erbengemeinschaft finanziell unbegrenzt verpflichten können. Daraufhin hat der Gesetzgeber nicht den Katalog familiengerichtlich genehmigungsbedürftiger Rechtsgeschäfte erweitert, sondern die Haftungsbeschränkung des § 1629a BGB eingeführt, wonach sich die Haftung für Verbindlichkeiten, die die Eltern im Rahmen ihrer gesetzlichen Vertretungsmacht begründet haben, sich auf den Bestand des bei Eintritt der Volljährigkeit vorhandenen Vermögens des Kindes beschränken. 33

Darüber hinaus hat der Gesetzgeber mit dem Minderjährigenhaftungsbegrenzungsgesetz durch die Ergänzung des § 723 Abs. 1 Satz 3 Nr. 2 BGB ein außerordentliches Kündigungsrecht des Minderjährigen bei Erreichung der Volljährigkeit angeordnet. Art. 6 GG schützt in besonderer Weise die Familie. Eingriffe in die Elternrechte sind nur zulässig, soweit dies nicht durch das staatliche Wächteramt gedeckt ist, vgl. *Palandt/Diederichsen* Einf. Rn. 3a vor § 1626 BGB. Aus diesem Grund ist die staatliche Bevormundung, die sich aus der bisherigen Rechtsprechung zum Vertretungsausschluss der Eltern ergibt, nicht nachvollziehbar. § 1629 und § 1795 BGB, ihrer Rechtsnatur nach vorkonstitutionelles Recht, müssen unter dem grundgesetzlichen Aspekt des Art. 6 GG in der Weise teleologisch reduziert werden, dass Eltern ihre minderjährigen Kinder auch bei Rechtsgeschäften vertreten können, bei denen die wirtschaftlichen Vorteile die rechtlichen Nachteile überwiegen. Aus verfassungsrechtlicher Sicht ist es nicht zulässig, den Eltern ein generelles 34

Vertretungsverbot auch für den Fall aufzuerlegen, dass ein Rechtsgeschäft wirtschaftlich vorteilhaft für die Abkömmlinge ist und, wenn eine familiengerichtliche Zuständigkeit gem. §§ 1821 und 1822 BGB bestünde, die Genehmigung des Familiengerichts erteilt werden müsste.

35 Ein Generalverdacht, dass Eltern bei Vermögensübertragungen auf ihre Kinder diese benachteiligen, ist ebenso unzulässig wie die staatliche Bevormundung einer intakten Familie. Die gegenwärtige Praxis führt darüber hinaus zu erheblichen Kostenbelastungen durch die Bestellung von Verfahrens- und Ergänzungspflegern und durch die Durchsetzung des Vertragsvollzuges mittels Anrufung der Instanzgerichte, obwohl die Eltern von vorne herein ersichtlich im Interesse ihrer Kinder gehandelt haben. Die Auffassung des Familiengerichts Ebersberg, eine bereits zu Lebzeiten der Eltern erfolgende Übertragung des Grundbesitzes stelle auch deshalb keinen rechtlichen Vorteil dar, weil davon auszugehen sei, dass der Minderjährige den Grundbesitz später ohnehin erben werde, hat das LG München II AZ. 6 T 17.029/09 n. v., zu Recht zurückgewiesen. Der Überlassungsvertrag ist grundsätzlich vorteilhaft, weil ohne die Überlassung die Kinder nichts erhalten und somit ihre Vermögenssituation sich nicht aktuell verbessern würde, vgl. OLG München MittBayNot 2008, 299.

36 Das Familiengericht kann eine familiengerichtliche Genehmigung auch nicht mit der Begründung verweigern, dass die Eltern oder Großeltern zur Geschäftsführung einer Gesellschaft aufgrund ihres Alters als Geschäftsführer ungeeignet seien, wie folgender – vom OLG München aufgehobener – Beschluss des LG München I v. 25. 7. 1994, AZ. 75 VIII 5495/93, zeigt:

„Die beiden Geschäftsführerinnen sind Hausfrauen, wobei eine bereits 65 Jahre alt sei. Die Eignung der beiden Mitgesellschafterinnen zur Führung … der Gesellschaft wecke Bedenken. Denn zur Führung einer Grundstücksverwaltungsgesellschaft seien nach Auffassung der Kammer umfassende Kenntnisse im Immobilienrecht und Mietrecht erforderlich. Beide Gesellschafterinnen seien – abgesehen von dem eingebrachten Grundbesitz – ohne nennenswertes Vermögen. Das Risiko einer persönlichen Haftungsinanspruchnahme der Betroffenen erscheine daher nicht eingrenzbar."

Zum Tatbestand: Die Großmutter und Mutter der Minderjährigen brachten in eine Grundstücksgesellschaft mit den minderjährigen Kindern bzw. Enkelkindern Grundstücke im Wert von ca. 9,5 Mio. DM ein, wobei der Grundbesitz mit ca. 2,3 Mio. DM belastet war.

b) Auswahl des Ergänzungspflegers

37 Gem. § 1909 Abs. 1 Satz 1 BGB erhält ein Minderjähriger, der unter elterlicher Sorge steht, für Angelegenheiten, an deren Besorgung die Eltern verhindert sind, einen Pfleger. Über § 1915 BGB findet § 1779 Abs. 2 BGB Anwendung. Danach soll das Vormundschaftsgericht eine Person auswählen, die nach ihrem persönlichen Verhältnis und ihrer Vermögenslage sowie nach den sonstigen Umständen zur Führung der Vormundschaft geeignet ist. Bei der Auswahl unter mehreren geeigneten Personen sind der mutmaßliche Wille der Eltern, die persönlichen Bindungen des Mündels, die Verwandtschaft oder Schwägerschaft mit dem Mündel sowie das religiöse Bekenntnis des Mündels zu berücksichtigen. Gem. Abs. 3 dieser Vorschrift soll das Vormundschaftsgericht bei der Auswahl des Ergänzungspflegers Verwandte oder Ver-

schwägerte des Minderjährigen hören, wenn dies ohne erhebliche Verzögerung und ohne unverhältnismäßige Kosten geschehen kann.

Die vormundschaftsgerichtliche Praxis weicht von diesen Bestimmungen regelmäßig ab. Häufig erfolgt die Bestellung eines Ergänzungspflegers durch das Vormundschaftsgericht, ohne auf die Wünsche der Eltern Rücksicht zu nehmen, häufig mit der Begründung, dass ein „Berufsbetreuer" den von den Eltern vorgeschlagenen Personen ohne juristische Ausbildung vorzuziehen sei. *Soergel/Zimmermann* Rn. 21 zu § 1909 BGB meinen, dass nächste Verwandte, u. U. auch Bekannte oder Freunde des Sorgeberechtigten, von der Vertretung des Kindes fernzuhalten seien, wenn erhebliche Interessensgegensätze bestünden. Das OLG München hat mit Beschluss vom 20. 8. 2003 AZ 26 WF 12.069/03 n. v., darauf hingewiesen, dass letztlich der Wille der Sorgeberechtigten Ausschlag dafür geben müsse, welche Person zum Betreuer bestellt wird. Das OLG München schließt Interessenkollisionen im Regelfall aus, wenn Schenkungsgegenstand die Übertragung eines voll einbezahlten Kommanditanteils ist. M. E. ist bei der Abwägung auch zu berücksichtigen, dass die berufsmäßige Vertretung mit erheblichen Kosten verbunden ist, während die der Familie nahestehenden Personen regelmäßig ohne Entgelt die Vertretung erledigen. Sofern eine familiengerichtliche Genehmigung erforderlich ist, wird ohnehin die Wahrung des Mündelinteresses von dem Familiengericht überwacht. 38

c) Familiengerichtliche Genehmigung

Bei der Vertragsgestaltung ist nicht nur das Vertretungsverbot der Eltern gem. § 1795 BGB, sondern auch das Erfordernis der familiengerichtlichen Genehmigung zu beachten, wobei seit dem Inkrafttreten der Handelsrechtsreform zum 1. 7. 1998 die Beurteilung der seitdem zulässigen vermögensverwaltenden Familiengesellschaften im Fokus steht. 39

aa) Gesellschaft bürgerlichen Rechts

Literatur: *Dümig* Die Beteiligung Minderjähriger an einer rechtsfähigen Gesellschaft bürgerlichen Rechts aus familien- bzw. vormundschaftsgerichtlicher Sicht, FamRZ 2003, 1; *Kirnberger* Vermögensnachfolge durch Familien-GbRs, ErbStB 2007, 56; *Langenfeld* Stufenweise vorweggenommene Erbfolge in ein Grundstück durch Gründung einer Familiengesellschaft bürgerlichen Rechts, ZEV 1995, 157; *Lautner* Gerichtliche Kontrolle der Beteiligung Minderjähriger an Grundstücksverwaltungsgesellschaften bürgerlichen Rechts, MittBayNot 2002, 256; *Lohse/Triebel* Vermögensverwaltende Gesellschaft bürgerlichen Rechts mit minderjährigen Gesellschaftern und gerichtliche Genehmigungspraxis, ZEV 2000, 337; *Spiegelberger* Die vermögensverwaltende GbR bei der vorweggenommenen Erbfolge, Harzburger Steuerprotokoll 1996, 131.

Lohse ZEV 2000, 343 entnimmt den §§ 112 und 723 Abs. 1 Satz 3 Ziff. 2 BGB, dass der Gesetzgeber grundsätzlich eine GbR als Gestaltung mit Minderjährigen vorgesehen habe. *Klüsener* Rpfleger 1990, 330 schließt aus der gesamtschuldnerischen Haftung eines Minderjährigen, dass eine familiengerichtliche Genehmigung der Beteiligung eines Minderjährigen an einer OHG oder GbR von vorne herein ausgeschlossen sei. Insbesondere seit der vom Gesetzgeber geschaffenen Möglichkeit, durch das am 1. 7. 1998 in Kraft ge- 40 tretene Handelsrechtsreformgesetz sehen die Familiengerichte in der Rechtsform einer Familien-KG die adäquate Möglichkeit, die Haftung Minderjähriger von vorne herein auszuschließen, so dass eine familiengerichtliche Genehmigung gem. § 1822 Nr. 3 BGB für Erwerbsgeschäfte mit persönlicher oder gar gesamtschuldnerischer Haftung generell nicht mehr erteilt wird. In der Tat hat die verschärfte Haftungsrechtsprechung des BGH DNotZ 2000, 135 mit der automatischen gesamtschuldnerischen Haftung aller Gesellschafter einer Gesellschaft bürgerlichen Rechts dazu beigetragen, eine Beteiligung von Minderjährigen an einer derartigen Gesellschaft unter Hinweis auf § 1823 Nr. 10 BGB regelmäßig nicht zu genehmigen. Nach Auffassung des LG München ZEV 2000, 370 können sich die Regelungen des Minderjährigenhaftungsbeschränkungsgesetzes nicht zu Gunsten der Genehmigung einer Familien-GbR auswirken, jedenfalls dann, wenn die Minderjährigen – angesichts der Kündigungsfrist für den Gesellschaftsvertrag – frühestmöglich nach Erreichung der Volljährigkeit in die Lage versetzt werden, das Für und Wider eines Verbleibs in der Gesellschaft abzuwägen.

bb) Kommanditgesellschaften

Literatur: *Damrau* Kein Erfordernis der gerichtlichen Genehmigung bei Schenkungen von Gesellschaftsbeteiligungen an Minderjährige, ZEV 2000, 209; *Fuhrmann/Demuth* Vermögensverwaltende Personengesellschaft als Mittel der Nachfolgeplanung, ErbStB 2006, 127; *Hohaus/Eickmann* Die Beteiligung Minderjähriger an vermögensverwaltenden Familienkommanditgesellschaften – Anforderungen für die steuerliche Anerkennung, BB 2004, 1707; *Ivo* Die Übertragung von Kommanditanteilen an minderjährige Kinder, ZEV 2005, 193; *ders.* Der Minderjährige Gesellschafter, ZNotP 2007, 210; *ders.* Die Beteiligung Minderjähriger an Personengesellschaften, NWB Fach 18, S. 4497 (Stand August 2007); *Rust* Die Beteiligung von Minderjährigen im Gesellschaftsrecht – Vertretung, familien-/vormundschaftsgerichtliche Genehmigung und Haftung des Minderjährigen, DStR 2005, 1942 und 1992; *Schön* Die vermögensverwaltende Personenhandelsgesellschaft – ein Kind der HGB-Form, DB 1998, 1169; *Steiner* Familiengesellschaften mit Immobiliarvermögen, ErbStB 2006, 31; *Thonemann* Ergänzungspflegschaft und familien-/vormundschaftsgerichtliche Genehmigung bei vorweggenommener Erbfolge, ErbStB 2007, 390 und 2008, 29.

41 Gem. § 1822 Nr. 3 BGB ist zu einem Vertrag, der auf den entgeltlichen Erwerb oder die Veräußerung eines Erwerbsgeschäfts gerichtet ist sowie zu einem Gesellschaftsvertrag, der zu dem Betrieb eines Erwerbsgeschäfts eingegangen wird, die familiengerichtliche Genehmigung erforderlich. Zu vorstehend aa) wurde dargelegt, dass die Beteiligung eines Minderjährigen an einer Gesellschaft, die mit einer unbeschränkten Haftung verbunden ist, regelmäßig nicht genehmigt wird. Nach dem Haftungssystem der Kommanditgesellschaft ist wegen der Beschränkung der Haftung auf die Einlage eine Inanspruchnahme des Minderjährigen grundsätzlich ausgeschlossen, wenn die Hafteinlage erbracht ist. Der Umstand, dass jeder Gesellschafter einer gesellschaftsvertraglichen Treuepflicht unterliegt, der auch ein Kommanditist unterworfen ist, kann schon deswegen nicht ins Feld geführt werden, weil auch eine – genehmigungsfreie – Grundstücksschenkung mit nachbarrechtlichen Treuepflichten verbunden ist. Somit stehen der Beteiligung eines Minderjährigen an einer gewerblich tätigen Kommanditgesellschaft keine Bedenken entgegen, wenn die Einlage erbracht ist und Haftungsgefahren aus § 176 HGB dadurch ausgeschlossen sind, dass der Minderjährige erst mit Eintragung im Handelsregister beteiligt wird. Soweit die Kommanditgesellschaft nur vermögensverwaltend tätig wird, ist nach dem zutreffenden Beschluss des Landgerichts Münster FamRZ 1997, 842 sowie des OLG Bremen ZEV 2008, 608 das Erfordernis einer vormundschaftsgerichtlichen Genehmigung gem. § 1822 Nr. 3 BGB von vorne herein zu verneinen, vgl. unten § 12 B II.

cc) GmbH-Geschäftsanteil

Bei der Übertragung auf Minderjährige können die Eltern das Schenkungsversprechen und den Vollzug der Schenkung unmittelbar ohne Pflegerbestellung abwickeln, wenn das Kind 7 Jahre alt ist und die Schenkung bei der gebotenen Gesamtbetrachtung (BGH NJW 1981, 109) nur rechtlich vorteilhaft ist. Die §§ 107, 1629 Abs. 2 und 1795 Abs. 1 Nr. 1 BGB stehen in diesem Fall nicht entgegen, jedenfalls dann, wenn die Eltern den GmbH-Vertrag ohne Beteiligung des Minderjährigen vereinbaren, die Stammeinlage in voller Höhe rechtswirksam erbringen und anschließend im Wege des derivativen Erwerbs einen GmbH-Anteil auf das minderjährige Kind übertragen, vgl. BGH GmbHR 1989, 327. **42**

dd) Aktien und Wertpapiere

Die Übertragung von voll einbezahlten Aktien oder Wertpapieren ist lediglich rechtlich vorteilhaft, vgl. *Palandt/Heinrichs* § 107 BGB Rn. 4; *Maier-Reimer* NJW 2005, 3025. **43**

III. Übernahmen von Belastungen

1. Dingliche Haftung

Grundstücke sind häufig mit Dienstbarkeiten, die mit Duldungs- oder Unterlassungsverpflichtungen verbunden sind oder mit Nutzungsrechten wie z. B. Wohnungs- und Nießbrauchsrechten, belastet. Eine Lastenfreistellung ist meist ausgeschlossen, da die berechtigten Dritten ein Interesse am Fortbestand ihrer Rechte haben. Im Überlassungsvertrag wird somit die Duldung derartiger Belastungen vereinbart. Soweit mit den in Abt. II eingetragenen Rechten, z. B. Reallasten, auch persönliche Verpflichtungen verbunden sind, z. B. die persönliche Haftung des Grundstückseigentümers gem. § 1108 BGB, muss in dem Überlassungsvertrag ausdrücklich geklärt werden, ob der Übergeber den Erwerber im Innenverhältnis von diesen Belastungen freistellt. **46**

Die Grundstücksübertragung ist ohne Zustimmung der Berechtigten in Abt. II möglich, da die Grundbucheintragung den dinglich Berechtigten automatisch schützt. Sofern das Bestehenbleiben von nicht valutierten Grundpfandrechten vereinbart wird, sind die nachrangig im Übergabevertrag vereinbarten Versorgungsrechte des Übergebers im Falle der Zwangsversteigerung gefährdet, so dass der Notar nach der Rechtsprechung des BGH NJW 1996, 522 die Übergeber über dieses Risiko belehren muss. Eine Absicherung kann in der Weise erfolgen, dass die Neuvalutierung der Zustimmung des Übergebers bedarf, eine Löschungsvormerkung gem. § 1179 BGB im **47**

Grundbuch eingetragen wird und die Grundpfandrechtsgläubiger durch eine Übersendung einer Abschrift des Überlassungsvertrages durch den amtierenden Notar informiert werden.

2. Schuldübernahme

48 Während die Übernahme der dinglichen Haftung für eingetragene Grundpfandrechte nicht eine persönliche Schuld, sondern nur die Duldung der Zwangsvollstreckung mit sich bringt, führt die **befreiende Schuldübernahme**, die gem. § 415 f. BGB der Zustimmung des Grundpfandrechtsgläubigers bedarf, zum Schuldnertausch. Denkbar ist auch der Schuldbeitritt, der eine gesamtschuldnerische Haftung des Übergebers und des Erwerbers beinhaltet, wobei eine zusätzliche Regelung für das Innenverhältnis, also für den Umfang der Zahlungsverpflichtung gegenüber dem Übergeber, erforderlich ist. Da die Schuldübernahmegenehmigung gem. § 415 f. BGB nicht erzwungen werden kann, muss **vor** der Grundstücksübertragung die Zusage der Schuldübernahmegenehmigung eingeholt werden, weil andernfalls sowohl der Übergeber als der Erwerber für die durch Grundpfandrechte gesicherten Verbindlichkeiten **unbefristet** haften und die Grundpfandrechtsgläubiger die lachenden Dritten sind.

49 Nicht endgültig geklärt ist, ob bei einer Schuldübernahme zwischen zwei Verbrauchern die aus dem früheren Verbraucherkreditgesetz übernommene Bestimmungen der §§ 491 und 492 BGB Anwendung finden. Das OLG Düsseldorf MittBayNot 2001, 313 hat die Anwendbarkeit dieser Bestimmungen, die für Darlehensverträge mit einem Unternehmer geschaffen wurden, wonach gem. § 492 Abs. 1 Nr. 5 BGB z. B. die Angabe des effektiven Jahreszinses und eine Änderung des Zinssatzes erforderlich sind, zu Recht verneint. Für einen Schuldbeitritt finden jedoch diese Vorschriften Anwendung, vgl. BGH NJW 2006, 431; *Brambring* in: Beck'sches Notarhandbuch A I Rn. 340.

3. Abstandszahlungen und Geschwistergleichstellungsgelder

50 Bestandteil eines Überlassungsvertrages kann auch die Verpflichtung des Erwerbers sein, an den Übergeber eine Abstandssumme zu zahlen oder die „weichenden“ Geschwister mit Zahlungen gleichzustellen. Insbesondere wird häufig eine **Nachabfindung** der Geschwister für den Fall vereinbart, dass der Erwerber innerhalb einer bestimmten Frist ein erworbenes Grundstück weiterveräußert, ebenso § 13 HöfeO.

IV. Versorgung des Übergebers

51 Nicht notwendig, aber häufig ist der Überlassungsvertrag mit Versorgungsrechten des Übergebers verbunden. Im Einzelnen kommen in Betracht:

- Nießbrauch
- Wohnungsrecht
- lebenslange Versorgungsrechte
- Wart und Pflege.

Wegen der im Einzelnen zu treffenden Regelung wird auf die nachfolgenden Ausführungen in §§ 4–6 verwiesen.

V. Pflichtteil und Erbausgleichung

Definiert man die vorweggenommene Erbfolge als „lebzeitige Realisierung der Erbfolge in den zugewendeten Vermögensgegenstand" (*Langenfeld*), ergibt sich automatisch die Frage, welche Rechtsfolgen die lebzeitige Zuwendung auf den Pflichtteil und den Erbteil des begünstigten Abkömmlings und der übrigen Miterben und Pflichtteilsberechtigten hat. Da die vorweggenommene Erbfolge in aller Regel nicht das Vermögen des Übergebers im Ganzen erfasst, ergibt sich aus der Vorwegnahme der Erbfolge hinsichtlich einzelner Vermögensgegenstände des Übergebers geradezu zwangsläufig die Frage, wie der restliche Nachlass des Übergebers verteilt wird, ob also – im Falle der Pflichtteilsberechtigung des Erwerbers – der unter Lebenden übertragene Vermögensgegenstand auf den Pflichtteil angerechnet wird oder überhaupt den gesamten Pflichtteil darstellt und ob der Erwerber mit seiner gesetzlichen Erbquote am restlichen Nachlass teilnimmt oder sich den Vorwegempfang an dem Restnachlass anrechnen lassen muss. 56

1. Pflichtteilsanrechnung

a) Rechtliche Bedeutung

Mit der vorweggenommenen Erbfolge verwirklicht der Schenker die für den Fall seines Ablebens geplante Vermögensverteilung bereits zu Lebzeiten. Die Praxis zeigt, dass lebzeitige Zuwendungen in aller Regel in Anrechnung auf das Pflichtteilsrecht des Empfängers erfolgen. Durch die Pflichtteilsanrechnung erweitert der Schenker seinen Verteilungsspielraum hinsichtlich seines restlichen Vermögens. Eltern, die sich z. B. in einem Berliner Testament gegenseitig zum Erben eingesetzt haben, so dass der Überlebende Pflichtteilsansprüchen der Kinder ausgesetzt ist, sichern sich vor derartigen Ansprüchen durch lebzeitige Zuwendungen unter Pflichtteilsanrechnung, häufig sogar unter Vereinbarung eines Pflichtteilsverzichts oder einer Pflichtteilsstundung nach dem erstversterbenden Elternteil, vgl. hierzu unten § 9 Rn. 33. 57

Im Ergebnis zeigt die Praxis, dass die Pflichtteilsanrechnung als automatische Folge verstanden wird. Die Belehrung durch den Notar, dass bei Schenkungen die Pflichtteilsanrechnung nicht nachholbar ist, auch nicht durch testamentarische Anordnungen, stößt meist auf Unverständnis bei rechtsunkundigen Beteiligten. Um so wichtiger ist es, dass der Notar die Frage der Pflichtteilsanrechnung ausdrücklich in der Übergabeurkunde regelt.

b) Rechtsfolgen

Gem. § 2315 Abs. 1 BGB hat der Pflichtteilsberechtigte sich auf den Pflichtteil anrechnen zu lassen, was ihm von dem Erblasser durch Rechtsgeschäft unter Lebenden mit der Bestimmung zugewendet worden ist, dass es auf den Pflichtteil angerechnet werden soll. Da die Anrechnungsbestimmung ohne Zustimmung des Empfängers nicht nachgeholt werden kann, auch nicht durch letztwillige Verfügung (vgl. *Palandt/Edenhofer* § 2315 BGB Rn. 3), sollte die Anrechnung regelmäßig vorsorglich erklärt werden. Sofern die Anrechnungsbestimmung keine Bewertung enthält, ist der Verkehrswert 58 maßgebend. Bei dem Eintritt des Erbfalles erfolgt die angeordnete Pflichtteilsanrechnung in der Weise, dass der vereinbarte Wert, ersatzweise der Verkehrswert, unter Berücksichtigung der zwischen dem Zuwendungszeitpunkt und dem Erbfall eingetretenen Inflationsquote angesetzt wird, so dass folgende Berechnung durchzuführen ist, vgl. BGH NJW 1983, 1486:

$$\frac{\textit{Ursprünglicher Anrechnungswert} \times \textit{Index-Todesmonat}}{\textit{Index-Zuwendungsmonat}} = \textit{Bereinigter Anwendungswert}$$

59 Der inflationsbereinigte Anrechnungswert wird dem Nachlasswert hinzugerechnet. Aus diesem Gesamtwert sind die Pflichtteilsansprüche zu berechnen, es sei denn, dass die für die Pflichtteilsergänzung geltende Zehn-Jahres-Frist des § 2325 Abs. 3 BGB verstrichen ist. Von dem aus dem Gesamtwert errechneten Pflichtteil ist der inflationsbereinigte Anrechnungswert abzuziehen, so dass der durch die vorweggenommene Erbfolge vorwegbedachte Pflichtteilsberechtigte nur noch eine etwaige Differenz als Pflichtteil geltend machen kann; zur Pflichtteilsergänzung vgl. oben § 1 V 1 und unten § 4 B IX 2.

c) Ausschluss der Pflichtteilsanrechnung

60 Nur dann, wenn der Empfänger gegenüber anderen Pflichtteilsberechtigten deutlich bevorzugt werden soll und der Schenker das bewusste Risiko eingeht, dass der Beschenkte Pflichtteilsansprüche geltend machen kann als ob er noch keine Zuwendungen erhalten hätte, wird die Pflichtteilsanrechnung bei Übertragungen unter Lebenden ausgeschlossen. Diese Fallgestaltung ist jedoch außerordentlich selten. **Zu Gunsten** des Pflichtteilsberechtigten kann die vereinbarte Anrechnung auch nachträglich, z.B. durch letztwillige Verfügung oder einen Erlassvertrag aufgehoben werden, vgl. *J. Mayer* ZEV 1996, 446.

2. Erbausgleichung

a) Gesetzliche Ausgleichungspflicht gem. § 2050 BGB

61 Während die Pflichtteilsanrechnung die Frage behandelt, ob und inwieweit der geschenkte Gegenstand dem Pflichtteilsanspruch des Beschenkten entspricht, regelt § 2050 BGB die Frage, wie der (restliche) Nachlass unter den **gesetzlichen Erben** verteilt wird, d.h. ob der Nachlass gleichmäßig nach Maßgabe der gesetzlichen Erbteile verteilt wird oder ob der bereits durch Vorempfänge bereicherte Miterbe einen entsprechenden Abzug von seinem Erbteil hinnehmen muss. Die Frage der Ausgleichung stellt sich nur, wenn der Erblasser keine letztwillige Verfügung hinterlässt, die dem Erblasser dringend anzuraten ist, da die gesetzliche Ausgleichsregelung sehr streitanfällig ist.

62 Sofern der durch Vorempfänge begünstigte gesetzliche Erbe ausgleichspflichtig wird, beschränkt sich die Ausgleichspflicht auf den ihm zugefallenen Erbteil, so dass er wegen § 2056 BGB bei einem Mehrempfang nicht etwa den Mehrbetrag auszahlen muss; vielmehr wird bei der Auseinandersetzung des Nachlasses jedem Miterben der Wert der Zuwendung, die er zur Ausgleichung zu bringen hat, auf seinen Erbteil gem. § 2055 Abs. 1 Satz 1 BGB angerechnet. Gem. Satz 2 dieser Bestimmung wird der Nachlass unter den übrigen Erben in der Weise geteilt, dass der Wert der Zuwendungen, die zur

Ausgleichung zu bringen sind, dem Nachlass hinzugerechnet wird, soweit dieser den Miterben zukommt, unter denen die Ausgleichung stattfindet. Auf einem anderen Blatt steht freilich, ob der Vorempfang so umfangreich war, dass die Pflichtteilsrechte der übrigen Miterben tangiert wurden, also eine **Pflichtteilsergänzung** gem. § 2325 BGB durchzuführen ist. Die Ausgleichungspflicht für Abkömmlinge, die als gesetzliche Erben zur Erbfolge gelangen, ist in § 2050 BGB nur lückenhaft und unbefriedigend geregelt.

b) Ausgleichung von Ausstattungen

Gem. § 2050 Abs. 1 BGB sind Ausstattungen, und zwar sowohl angemessene als übermäßige, ausgleichspflichtig, soweit der Erblasser nichts anderes bei der Zuwendung angeordnet hat. **63**

c) Zuschüsse und Berufsausbildungsaufwendungen

Zuschüsse sowie Aufwendungen für die Vorbildung zu einem Beruf sind gem. Abs. 2 dieser Bestimmung insoweit ausgleichspflichtig, als sie das den Vermögensverhältnissen des Erblassers entsprechende Maß überstiegen haben. **64**

d) Andere Zuwendungen

Andere Zuwendungen unter Lebenden sind gem. Abs. 3 zur Ausgleichung zu bringen, wenn der Erblasser bei der Zuwendung die Ausgleichung angeordnet hat. Dieser Bestimmung liegt die Vermutung zugrunde, dass der Erblasser die sich aus § 1924 BGB ergebende Stammeserbfolge durch bestimmte lebzeitige Zuwendungen, z.B. durch eine Ausstattung oder einen Zuschuss gem. § 2050 Abs. 1 und 2 BGB, nicht durchbrechen, sondern dass er sein Vermögen gleichmäßig unter seinen Abkömmlingen verteilen will. Deswegen sind die genannten Zuwendungen nur als Vorempfang auf das künftige Erbe zu verstehen, vgl. Mot. V S. 702; *BGH* NJW 1975, 1832; MünchKomm/*Dütz* § 2050 BGB Rn. 1; *Staudinger/Werner* § 2050 BGB Anm. 1. **65**

e) Ausgleichsregelung durch den Übergeber

Zur Streitvermeidung wird in der notariellen Praxis eine Ausgleichung mit den übrigen Abkömmlingen in der Überlassungsurkunde häufig ausgeschlossen, insbesondere wenn die übrigen Abkömmlinge ebenfalls bereits unter Lebenden entsprechende Zuwendungen erhalten haben oder wenn in einer letztwilligen Verfügung die Frage der Nachlassverteilung einschließlich aller Zuwendungen unter Lebenden geregelt wird. Belässt man es bei der Ausgleichungspflicht gem. § 2050 Abs. 1 und 2 BGB, wonach selbst Zuschüsse für die (häufig unterschiedliche) Berufsausbildung ausgleichungspflichtig sein können, führt dies leicht zu Auseinandersetzungen unter den Abkömmlingen. Die Ausgleichung durch letztwillige Verfügung besteht darin, dass der Erblasser den Abkömmlingen, die nach seiner Auffassung durch die erhaltenen Vorwegempfänge „zu kurz" gekommen sind, Vermächtnisse erhalten. Kann sich der Übergeber nicht zu einer gleichzeitigen letztwilligen Verfügung entschließen, ist der sofort angeordneten Ausgleichungsverpflichtung im Zweifel der Vorzug zu geben, so zutreffend *J. Mayer* ZEV 1996, 443. Selbst wenn der durch die Zuwendung begünstigte Abkömmlinge ausgleichungspflichtig wird, hat er gem. § 2056 Satz 1 BGB den Mehrbetrag nicht auszu- **66** zahlen. Vielmehr wird gem. Satz 2 dieser Bestimmung der Nachlass unter den übrigen Erben in der Weise geteilt, dass der Wert der Zuwendung und der Erbteil des durch die vorweggenommene Erbfolge (begünstigten) Miterben außer Ansatz bleiben.

f) Gesetzliche Ausgleichung der vorweggenommenen Erbfolge?

aa) Analoge Anwendung von § 2050 Abs. 1 BGB

67 § 2050 BGB regelt nicht die Zuwendung im Wege der vorweggenommenen Erbfolge als solche, sondern nur einzelne Zuwendungen wie Ausstattungen, Zuschüsse und Ausbildungsaufwendungen. Der Hauptfall der vorweggenommenen Erbfolge, nämlich die lebzeitige Zuwendung nachdem die Abkömmlinge die Ausbildung und Existenzgründung hinter sich haben, ist nicht erfasst, zumal der Begriff der vorweggenommenen Erbfolge zum Zeitpunkt des Inkrafttretens des BGB unbekannt war.

Sofern die Urkunde über die vorweggenommene Erbfolge keine ausdrückliche Ausgleichungsanordnung enthält, ist im Wege der Auslegung zu ermitteln, ob diese vom Erblasser gewollt war. Werden z.B. Grundstücke zu Lebzeiten des Erblassers von diesem an Abkömmlinge unentgeltlich mit der Bestimmung übereignet, dass die Übertragung „in Vorwegnahme der zukünftigen Erbregelung“ erfolgt, ist damit nach Ansicht des BGH NJW-RR 1989, 259 auch eine Ausgleichung angeordnet; ebenso *Palandt/Edenhofer* § 2050 BGB Rn. 11.

Enthält die Überlassungsurkunde keine (auslegungsfähige) Ausgleichsanordnung und hat der Erblasser auch durch Verfügung von Todes wegen keinen Ausgleich durch Beschwerung des Bedachten mit einem Vermächtnis zu Gunsten der gesetzlichen Erben hinterlassen (vgl. *Staudinger/Werner* § 2050 BGB Rn. 33), tut die Rechtsprechung gut daran, § 2050 Abs. 1 BGB analog auf alle Fälle der vorweggenommenen Erbfolge anzuwenden. Der Analogieschluss ist dadurch gerechtfertigt, dass gem. § 2050 Abs. 1 BGB bei Ausstattungen auch der übermäßige, also als Schenkung zu qualifizierende Anteil ausgleichspflichtig ist. Damit sind auch andere Formen der Schenkung wie die vorweggenommene Erbfolge gem. § 2050 Abs. 3 BGB auszugleichen. In der notariellen Praxis wird der Notar in aller Regel drängen darauf, dass die Eltern im Überlassungsvertrag oder durch Testament die Ausgleichung regeln oder ausschließen und es nicht auf kleinkarierte Abrechnungen unter den Abkömmlingen ankommen lassen. Zur Vermeidung von Streitigkeiten über den **Wert** der Zuwendung und den im Übergabevertrag vereinbarten Leistungen des Erwerbers empfiehlt *Mohr* ZEV 1999, 262 folgende **Formulierung**:

68 Die heutige Zuwendung ist mit einem Wert von … € zur Ausgleichung zu bringen. Die Parteien legen hierbei nicht den vollen Verkehrswert zugrunde, sondern berücksichtigen insbesondere die vom Übernehmer noch zu erbringenden Leistungen, vor allem etwaige Pflegeleistungen und das vorbehaltene Wohnungsrecht.

bb) Ausgleichung nach beiden Elternteilen

69 Besondere Schwierigkeiten können sich ergeben, wenn bei der Übertragung durch einen Elternteil auf ein Kind die Anrechnung und Ausgleichung

mit Wirkung für den Nachlass **beider** Elternteile gewollt ist, ohne dass dies klar zum Ausdruck kommt.

Beispiel: V überträgt sein Betriebsgrundstück mit Installationsgeschäft seinem Sohn S. In einem gemeinschaftlichen Testament setzen sich die Eltern gegenseitig zu Alleinerben und ihre beiden Kinder zu gleichen Teilen als Schlusserben ein. Ihren Sohn, der das Installationsgeschäft des Vaters erhalten hat, erklären sie im Hinblick auf diese Übertragung ausdrücklich für abgefunden. Nach dem Tod des Vaters überträgt die Mutter ihren beiden anderen Kindern das noch verbliebene Hausanwesen. Der vom Vater mit dem Installationsgeschäfte bedachte Sohn klagt den Pflichtteil nach dem Tod der Mutter ein.

Nach der Rechtsprechung des Bundesgerichtshofs BGHZ 88, 102 ist entgegen der in der Literatur zu § 2052 BGB vertretenen h. M. (*Staudinger/Werner* BGB § 2052 Rn. 6; *Palandt/Edenhofer* § 2052 BGB Rn. 2) eine Anrechnung nur dann möglich, wenn Schenker und Erblasser identisch sind. Das Gesetz gehe eindeutig von zwei Pflichtteilsansprüchen eines enterbten Kindes aus und zwar von je einem beim Tode eines Elternteils. Daran ändere auch die Errichtung eines gemeinschaftlichen Testamentes nichts. Eltern, die ihr Vermögen über ihren Tod hinaus als Einheit behandelt wissen wollten, könnten die dadurch verbundenen Schwierigkeiten bedenken und durch testamentarische oder vertragliche Regelungen ausräumen. **70**

cc) Ausgleichungsanordnung

Hinsichtlich der Ausgleichung empfiehlt *Mohr* ZEV 1999, 258:

Die heutige Zuwendung ist auch dann in voller Höhe auszugleichen, wenn der zuerstversterbende Übergeber vom Überlebenden allein beerbt werden sollte. In diesem Fall erfolgt die Ausgleichung nach dem Ableben des Überlebenden. Die Zuwendung gilt i. S. des § 2052 BGB als von ihm allein erfolgt. Diese Bestimmung gilt entsprechend, wenn die Eheleute gleichzeitig versterben oder als zur gleichen Zeit verstorben gelten. **71**

Sofern der Übergeber hinsichtlich seines restlichen Nachlasses gleichzeitig mit dem Übergabevertrag ein Testament errichtet, erübrigt sich eine Ausgleichungsregelung.

dd) Pflichtteilsansprüche

Hinsichtlich der Pflichtteils- und Pflichtteilsergänzungsansprüche empfiehlt Mohr ZEV 1999, 259 folgende Regelung:

Die heutige Zuwendung ist im Erbfall auf jegliche Pflichtteils- und Pflichtteilsergänzungsansprüche des Übernehmers anzurechnen, gleichgültig, ob der Übergeber vor oder nach seinem Ehegatten versterben sollte. Zusätzlich verzichtet der Übernehmer gegenüber dem Ehegatten des Übergebers für sich und seine Abkömmlinge auf jegliche Pflichtteils- und Pflichtteilsergänzungsansprüche in Höhe der heutigen Zuwendung, so dass dem Übernehmer auch nach dem Ableben seiner beiden Elternteile in dieser Höhe keine derartigen Ansprüche zustehen. Sollte der Ehegatte des Übergebers diesen überleben, gilt der Verzicht jedoch nur insoweit, als dies zur Gleichstellung der Geschwister des Übernehmers erforderlich ist. Der Verzicht wird angenommen. **72**

3. Erb- oder Pflichtteilsverzicht

73 Häufig wird eine vorweggenommene Erbfolge auch mit einem Pflichtteilsverzicht des Erwerbers, seltener mit einem Erbverzicht verbunden. Sofern der Vorwegempfang den präsumtiven Erb- oder Pflichtteil des Erwerbers übersteigt, oder wenn der Erwerber zu Gunsten seiner Geschwister auf weitergehende Ansprüche am Nachlass der Eltern verzichten will, um z.B. dem Hofübernehmer ein ungestörtes Wirtschaften zu ermöglichen, wird die Übertragung mit einem Pflichtteilsverzicht verbunden, der auch Pflichtteilsergänzungsansprüche des Erwerbers und seiner Abkömmlinge gem. § 2349 BGB ausschließt. Vereinbarungen über eine Pflichtteilsanrechnung sind in diesem Fall nicht mehr erforderlich. Der weitergehende Erbverzicht führt, wie unten zu § 9 C II dargelegt, zu einer Pflichtteilserhöhung der übrigen Pflichtteilsberechtigten, so dass diese Gestaltung seltener gewählt wird.

4. Ergebnis

74 Pflichtteilsanrechnung und Anordnungen zur Erbausgleichung sind regelmäßig Bestandteil einer vorweggenommenen Erbfolge und bestimmen mit anderen Merkmalen den Typus dieses Vertrages.

VI. Vertragliche Rückforderungsrechte

Literatur: *Demuth/Schreiber* Nochmals: Widerrufs- und Rücktrittsklauseln für den Fall der Insolvenz, ErbStB 2010, 77; *Ellenbeck* Die Vereinbarung von Rückforderungsrechten in Grundstücksübertragungsverträgen, MittRhNotK 1997, 41; *Jülicher* Vertragliche Rückfallklauseln, Widerrufsvorbehalte, auflösende Bedingungen und Weiterleitungsklauseln in Schenkungsverträgen, ZEV 1998, 201; *Schippers* Der verlängerte Rückforderungsvorbehalt, MittRhNotK 1997, 69; *Spiegelberger* Die Rückabwicklung der vorweggenommenen Erbfolge, MittBayNot 2000, 1; *Weser* Rücknahmevorbehalte bei Grundstücksschenkungen im Wege vorweggenommener Erbfolge aus zivilrechtlicher Sicht, ZEV 1995, 353.

1. Die Risiken der Vorwegerbfolge

81 Die Vorwegerbfolge bringt Risiken mit sich, die bei einem Vermögensübergang durch Erbanfall nicht bestehen. Gravierende, später eintretende Veränderungen der Lebensverhältnisse, wie

- Verarmung des Schenkers und
- grober Undank des Beschenkten

hat bereits der Gesetzgeber erkannt und durch die Bestimmungen im Schenkungsrecht gem. § 528 und 530 BGB geregelt. Die Übergeber wünschen in aller Regel eine weitergehende Risikovorsorge, insbesondere für folgende Fälle

- Veräußerung oder Belastung des Schenkungsgegenstandes ohne ihre Zustimmung,
- Vorversterben des Erwerbers, ohne dass der Vertragsgegenstand auf die Abkömmlinge (Enkel) übergeht,
- Insolvenz des Erwerbers,
- Scheidung der Ehe des Erwerbers mit der Folge von Zugewinnausgleichs- und Unterhaltsansprüchen aus dem Schenkungsgegenstand oder
- Nichterfüllung von Auflagen und Gegenleistungen.

Bei der Übertragung auf Kinder oder Heranwachsende wird ferner eine Absicherung für folgende Fälle gewünscht:
- Abbruch der Berufsausbildung,
- Spiel-, Trunk- oder Drogensucht oder
- Zugehörigkeit zu einer Sekte oder einer unter der Beobachtung des Verfassungsschutzes stehenden Vereinigung.

2. Sicherungskonzeptionen

Das Interesse des Übergebers, weiterhin eine gewisse Kontrolle über den Schenkungsgegenstand auszuüben, kann durch folgende Konstruktionen Berücksichtigung finden: 82
- auflösend bedingte Schenkung,
- gesellschaftsvertragliche Kündigungs- und Ausschlussrechte,
- Angebot auf Rückübertragung,
- eigenständiges Rückforderungsrecht,
- vertragliches Rücktrittsrecht gem. § 346 BGB.

a) Auflösend bedingte Schenkung

Soweit bewegliche Gegenstände, Wertpapiere oder Forderungen Gegenstand der vorweggenommenen Erbfolge sind, kann durch eine auflösend bedingte Schenkung der Übergeber gesichert werden. Der mit einer auflösenden Bedingung eintretende **automatische** Rückfall des Vermögens ist häufig nicht gewünscht, da der Übergeber sich meist überlegen will, ob er von dem Rückforderungsrecht Gebrauch machen will. Hingegen sind bei Ehegattenzuwendungen auflösend bedingte Grundstücksschenkungen vorteilhaft, vgl. unten § 16 C III. Bei Grundstücksgeschäften kann lediglich der schuldrechtliche Schenkungsvertrag einer Bedingung unterworfen werden. Die Auflassung des Grundbesitzes muss gem. § 925 Abs. 2 BGB unbedingt erklärt werden. 83

b) Angebot auf Rückübertragung

Insbesondere im Hinblick auf den Insolvenzschutz des übertragenen Vermögensgegenstandes kann ein zeitlich bis zum Ableben des Schenkers unwiderrufliches Angebot auf Rückübertragung des geschenkten Gegenstandes sinnvoll sein. Der aufschiebend bedingte Rückforderungsanspruch kann ohne weiteres durch eine Auflassungsvormerkung gem. § 883 BGB gesichert werden. In der Praxis hat sich diese Gestaltungsmöglichkeit nicht durchgesetzt, da die Gestaltung schenkungsteuerlich ungünstig wäre. Gem. § 29 Abs. 1 Nr. 1 ErbStG erlischt die Schenkungsteuer mit Wirkung für die Vergangenheit nur, wenn das Geschenk wegen eines Rückforderungsrechtes herausgegeben werden musste. Das Schenkungsteuerrecht verlangt für den rückwirkenden Wegfall der Steuerpflicht eine **ernsthafte Rückgängigmachung** des Erwerbsvorganges, vgl. *Kapp/Gebel/Geck* § 29 ErbStG Rn. 7. 84

c) Außerordentliche Kündigung und Ausschließung bei Personengesellschaftsverträgen

Beispiel: Vater V hatte seinen Sohn S im Wege der vorweggenommenen Erbfolge als Kommanditisten in sein Unternehmen aufgenommen. Wegen groben Undanks 85 fordert V die Kommanditistenbeteiligung zurück, vgl. BGH NJW 1990, 2616 (Benteler-Entscheidung).

aa) Schenkungs- und gesellschaftsrechtliche Rückübertragungsregelungen

86 Über die gesetzlichen Bestimmungen der §§ 528 und 530 BGB hinaus besteht im Fall der vorweggenommenen Erbfolge ein anerkennenswertes Bedürfnis des Schenkers, die Erhaltung des Schenkungsgegenstandes im Familienvermögen durch besondere Auflagen abzusichern, vgl. *K. Schmidt* BB 1990, 1992. Bei der Schenkung eines Personengesellschaftsanteils kommt neben der Rückgängigmachung der Schenkungsvereinbarung durch Rücktritt oder Widerruf (BGH DNotZ 1991, 819) eine Beendigung der Gesellschafterstellung aufgrund gesellschaftsrechtlicher Maßnahmen in Betracht, nämlich durch außerordentliche Kündigung oder Ausschließung. Der Unterschied in der Rechtsfolge besteht darin, dass der Wegfall der Schenkungsabrede grundsätzlich zu einer unentgeltlichen Rückübertragung führt, während gesellschaftsrechtliche Maßnahmen regelmäßig einen **Abfindungsanspruch** des betroffenen Gesellschafters auslösen.

bb) Beschränkungen im Gesellschaftsrecht

87 Nach der Rechtsprechung des BGH DB 1977, 1132; 1981, 1974; BB 1985, 1558 ist eine auf das **freie Ermessen** abstellende Ausschlussklausel nichtig, soweit nicht eine solche Regelung wegen außergewöhnlicher Umstände sachlich gerechtfertigt ist, ebenso *Ulmer* NJW 1979, 81; a. A. *Flume* NJW 1979, 902. Nach h. M. soll hingegen ein freies Rückforderungsrecht – in den Grenzen des § 138 BGB – uneingeschränkt zulässig sein, vgl. MünchKomm/*Kollhosser* § 517 BGB Rn. 6; *D. Mayer* ZGR 1995, 103; *Klumpp* ZEV 1995, 388. Bei Gesellschaftsverträgen muss vor freien Widerrufsrechten gewarnt werden, da die einkommensteuerlichen Grenzen hinsichtlich der Zulässigkeit von Widerrufs- und Ausschlussmöglichkeiten wesentlich enger sind als die zivilrechtlichen. Wenn der Beschenkte bei den nichtigsten Anlässen, insbesondere bei der Ausübung seiner gesellschaftsvertraglichen Informations-, Kontroll- und Widerspruchsrechte mit einem sofortigen Schenkungswiderruf oder Ausschluss rechnen muss, kann er tatsächlich diese Rechte nicht wahrnehmen. Somit ist bei den betrieblichen Einkunftsarten seine **Mitunternehmerinitiative** ausgeschlossen. Nach der Rechtsprechung des BFH BStBl. 1981 II 683 führt eine jederzeitige Ausschlussmöglichkeit zum Buchwert dazu, dass die Mitunternehmerschaft nicht anerkannt wird. In der Vertragspraxis kommen somit bei gewerblich tätigen Gesellschaften nur **enumerative** Widerrufs- und Ausschlussmöglichkeiten in Betracht, insbesondere für den Fall des Vorversterbens, der Insolvenz des betroffenen Gesellschafters oder bei einem sonstigen wichtigen Grund.

88 Bei Immobilienübertragungen auf **vermögensverwaltende Gesellschaften** mit Vereinbarung eines Vorbehaltsnießbrauches zu Gunsten des einbringenden Gesellschafters ist ein freies Widerrufsrecht und auch eine auf das freie Ermessen abstellende Ausschlussklausel schenkung- und einkommensteuerlich unschädlich, da mit dem dinglichen Vollzug die Schenkung vollzogen ist; daran ändert auch das freie Widerrufsrecht, das zum wirtschaftlichen Eigentum des Übertragenden führt, nichts, vgl. BFH BStBl. 1989 II

1034. Auch in einkommensteuerlicher Hinsicht bestehen keine Bedenken, da das Einkommen weiterhin dem Übergeber aufgrund des Nießbrauches zugerechnet wird und die mit der Widerruflichkeit der Schenkung verbundene Verbesserung seiner Rechtsstellung unschädlich ist.

d) Vertragliches eigenständiges Rückforderungsrecht

Der Übergeber kann auch in der Weise gesichert werden, dass durch ein eigenständiges vertragliches Rückforderungsrecht (*Langenfeld/Günther* Kap. 3 Rn. 93ff.; *J. Mayer* a. a. O. Rn. 232 und *Ellenbeck* MittRhNotK 1997, 44) vereinbart wird. Dieses eigenständige vertragliche Rückforderungsrecht wird mit redaktionellen Varianten so formuliert, dass der Erwerber verpflichtet ist, das zugewendete Grundstück rückzuübereignen, wenn ein näher bezeichneter Auslösetatbestand eintritt. Auch die Modalitäten der Rückabwicklung werden vertraglich geregelt. Dieses vertragliche Rückforderungsrecht wird von *Langenfeld* Vertragsgestaltung 2. Aufl. 1997 Rz. 90 als eigenständiger komplexer kautelarjuristischer Regelungstypus bezeichnet; ebenso *Schippers* MittRhNotK 1998, 70. 89

M. E. sind die Argumente für einen eigenständigen Rückforderungsanspruch nicht überzeugend, da ein vom Gesetz losgelöster Rückforderungsanspruch eine umfangreiche vertragliche Regelung erfordert, die die Gefahr der Lückenhaftigkeit mit sich bringt. Eine vertragliche Vereinbarung, die die gesetzliche Regelungsdichte erreicht, ist nicht denkbar. Darüber hinaus liegt ein reicher Schatz an Judikaten über die gesetzliche Rücktrittsregelung vor, während bei einem eigenständigen vertraglichen Rückforderungsrecht jeder Einzelfall neu beurteilt werden müsste. In der Tat bilden *Langenfeld/Günther* Kap. 3 Rn. 110ff. verschiedene Fallgruppen mit den jeweiligen Gestaltungsinstrumenten. *Weser* ZEV 1995, 360 mahnt zurecht eine möglichst einfache Ausgestaltung der Rechtsverhältnisse an, die von den Beteiligten auch nachvollzogen werden kann.

e) Rücktrittsrecht gem. § 346ff. BGB

Jülicher ZEV 1998, 203 weist zurecht darauf hin, dass für die Durchführung und Rechtsfolgen eines – eigenständigen – Widerrufs das Schenkungsrecht keine unmittelbare Anordnung enthält und plädiert dafür, sowohl ein Rücktrittsrecht nach § 446ff. BGB als auch einen Widerrufsvorbehalt mit der unterschiedlichen Rechtsfolge der §§ 812ff. BGB zuzulassen. M. E. ist der Vereinbarung eines vertraglichen Rücktrittsrechtes gem. § 346 BGB der Vorzug zu geben. Dieses Rechtsinstitut enthält detaillierte Regelungen über die Ausübung und über die Folgen des Rücktritts. Bei der Vermögensübertragung unter Nießbrauchsvorbehalt sind die gesetzlichen Rücktrittsregelungen ohne Einschränkung anwendbar. Sofern vom Erwerber Nutzungen gezogen wurden und/oder eine Leibrente gezahlt wurde, muss die Rechtsfolge des § 346 Abs. 1 BGB, wonach gezogene Nutzungen herauszugeben sind, mit den Beteiligten diskutiert und ggf. abbedungen werden. Sowohl bei dem eigenständigen Rückforderungsanspruch als auch bei der Verweisung auf das gesetzlich geregelte Rücktrittsrecht sind Regelungen über erbrachte Aufwendungen und Zins- und Tilgungszahlungen erforderlich. 90

f) Einzelne Rücktrittsgründe

aa) Veräußerung und Belastung des Schenkungsgegenstandes durch den Erwerber

91 Die vorweggenommene Erbfolge dient in aller Regel der Erhaltung des Vertragsgegenstandes als Familiengut, soll also nicht dazu führen, dass der Beschenkte den Schenkungsgegenstand sofort veräußert oder belastet. Erfolgt zu Lebzeiten des Schenkers ohne dessen Zustimmung eine Belastung oder Veräußerung, soll der Übergeber zum Widerruf oder Rücktritt berechtigt sein.

92 Um den aufschiebend bedingten Rückübertragungsanspruch zu sichern, wird regelmäßig bei Grundstücksschenkungen eine **Rückauflassungsvormerkung** im Grundbuch eingetragen. Dies führt im Endergebnis dazu, dass der Erwerber faktisch von Verfügungen über den Vermögensgegenstand zu Lebzeiten des Übergebers ohne dessen Zustimmung ausgeschlossen ist.

93 Gem. § 137 Satz 1 BGB kann die Befugnis zur Verfügung über ein veräußerliches Recht nicht durch Rechtsgeschäft ausgeschlossen oder beschränkt werden. Die Wirksamkeit einer Verpflichtung, über ein solches Recht nicht zu verfügen, wird gem. Satz 2 dieser Vorschrift nicht berührt; zur Zulässigkeit einer **Verfügungsunterlassungsverpflichtung,** die durch Auflassungsvormerkung gesichert werden kann, vgl. auch BayObLG DNotZ 1979, 27. Um das berechtigte Interesse des Übergebers an der Erhaltung des Vertragsgegenstandes als Familiengut zu sichern, lässt die ganz h. M. eine Vormerkung zum Schutz des durch verfügungsverbotswidrige Veräußerung bedingten Rückauflassungsanspruches zu, vgl. *Kohler* DNotZ 1989, 343 m. w. Nachw. Nur dann, wenn die Beteiligten einen gläubigerbenachteiligenden Effekt erzielen wollen oder eine Knebelung des Erwerbers in der wirtschaftlichen Bewegungsfreiheit eintritt, kommt die Nichtigkeit dieser Vereinbarung gem. § 137 Satz 1 oder § 138 Abs. 1 BGB in Betracht.

bb) Vorversterben des Erwerbers

94 Vermögensgegenstände, die Eltern oder Voreltern ihren Abkömmlingen durch Schenkung oder Übergabevertrag zugewandet hatten und die an diese Personen von Todes wegen zurückfallen, bleiben gem. § 13 Abs. 1 Nr. 10 ErbStG steuerfrei. Durch eine vertraglich vereinbarte Rückfallklausel entfällt darüber hinaus die Steuerpflicht des ursprünglichen Erwerbs, vgl. *Felix* NJW 1994, 2334; *Kapp/Ebeling/Geck* § 13 ErbStG Rn. 85. Das von dem Gesetzgeber mit Steuerfreiheit privilegierte Rückforderungsrecht entspricht der allgemeinen Interessenlage, bei dem unvermuteten Versterben eines beschenkten Kindes die Vermögensverteilung nochmals überlegen und gestalten zu können. Insbesondere wird mit dem zunächst bereicherten Schwiegerkind ein Interessenausgleich versucht werden, um den geschenkten Vermögensgegenstand als Familiengut, also als künftiges Vermögen der Enkelkinder, zu erhalten. Meist wird das Rückerwerbsrecht nicht ausgeübt, wenn durch entsprechende ehe- und erbrechtliche Regelungen, durch eine Übergabeverpflichtung des begünstigten Schwiegerkindes oder durch sonstige Vereinbarungen die Weiterleitung an die Enkelkinder gesichert ist.

cc) Rückforderungsrecht im Insolvenzfall

(1) Rücktrittsrecht nach Eintritt der Insolvenz. Es ist zweifelhaft, ob der Rückforderungsanspruch im Fall der Insolvenz die erwirkten Vollstreckungsmaßnahmen der Gläubiger noch abwehren kann, ob also das Rückforderungsrecht nicht erst im Rang nach den Gläubigeransprüchen entsteht. Insbesondere bei einem eigenständigen Rückforderungsrecht, wonach der Anspruch erst mit der Geltendmachung entsteht und somit zeitlich erst nach dem unerwünschten Ereignis zur Entstehung gelangt, ohne dass – wie bei dem Rücktrittsrecht gem. § 346 BGB – ein gesetzliches Rückgewährschuldverhältnis entsteht, kann den Anspruch auf Rückgewähr gefährden. Entscheidend ist zunächst, dass das Rückgewährschuldverhältnis in der Weise vereinbart wird, dass in Verbindung mit der regelmäßig bestellten Rückauflassungsvormerkung das Rückforderungsrecht durch zwischenzeitliche Dispositionen des Erwerbers oder Maßnahmen Dritter nicht beeinträchtigt wird. 95

Das gesamte Kautelarsystem dinglicher Sicherheiten dient letztlich dem Zweck, vermögensrechtliche Ansprüche des Gläubigers gegen seinen Schuldner für den Insolvenzfall sicherzustellen, vgl. *Uhlenbruck,* FS für Rheinisches Notariat S. 126. Gem. § 103 InsO kann der Insolvenzverwalter und gem. § 279 InsO kann der Schuldner bei Eigenverwaltung die Erfüllung gegenseitiger und beiderseitig noch nicht vollständig erfüllter Verträge verlangen. Gem. § 119 InsO sind Vereinbarungen, durch die im Voraus die Anwendung der §§ 103–118 InsO ausgeschlossen oder beschränkt wird, unwirksam. Wie nach dem früheren Insolvenzrecht stellt sich somit die Frage, ob Lösungsklauseln für den Insolvenzfall zulässig oder ob derartige Vereinbarungen nach § 134 BGB nichtig sind.

Die Zulässigkeit sämtlicher bedingungsabhängiger Rückfallformen, gesichert durch konkursfeste Vormerkung gem. § 24 KO, war bis zum Inkrafttreten der InsO bestritten, vgl. *Uhlenbruck* Fn. 14. Der BGH DNotZ 2008, 518 m. Anm. *Amann* hat die Streitfrage dahin entschieden, dass ein Schenkungsvertrag über ein Grundstück, in dem zugleich ein durch Vormerkung gesicherter Rückübertragungsanspruch für den Fall des Vermögensverfalls oder der Insolvenz des Begünstigten vereinbart wird, im Insolvenzfall über das Vermögen des Begünstigten mangels objektiver Gläubigerbenachteiligung nicht anfechtbar ist.

(2) Rücktritt bei drohender Insolvenz. Uhlenbruck a. a. O. S. 133 hält Lösungsklauseln für unbedenklich, die auf **Verzug, Krise** oder **Lieferunfähigkeit** abstellen. Wird durch Rücktritt, Widerruf oder Kündigung die Leistungspflicht der Vertragspartei **vor** Eröffnung des Insolvenzverfahrens zum Erlöschen gebracht, so ist für ein Wahlrecht des Insolvenzverwalters nach § 103 InsO kein Raum mehr. *Jülicher* ZEV 1998, 372 meint, dass eine Einmalschenkung nicht in den Anwendungsbereich des § 105 InsO, der Nachfolgevorschrift des § 26 Satz 1 KO, falle, da diese Vorschrift nur bei teilbaren Leistungen eine Rückgabepflicht des Insolvenzverwalters verneint. M. E. weisen Fälle vorweggenommener Erbfolge regelmäßig, insbesondere aber bei der Vereinbarung von Rückübertragungsklauseln, die Besonderheit auf, dass die Erhaltung des übergebenen Gegenstandes Vertragsinhalt ist, da der Vermö- 96

gensgegenstand in vielen Fällen die Existenzgrundlage des Übergebers darstellt und darüber hinaus die Erhaltung als Familiengut gewollt ist. Schon die wesentliche **Verschlechterung** der Vermögensverhältnisse des Erwerbers, wodurch die Erhaltung des Vermögensgegenstandes im Familienvermögen gefährdet wird, sollte somit ein Rückübertragungsgrund sein. Durch diese **Vorverlagerung** wird in jedem Fall verhindert, dass die Zulässigkeit der Klausel in Frage gezogen wird oder dass dem Übergeber wegen verspäteter Ausübung (nach Eröffnung des Insolvenzverfahrens!) nur noch eine gewöhnliche Insolvenzforderung verbleibt. Der Anspruch auf die Rückerstattung sollte in Anlehnung an die Bestimmung des § 610 BGB geregelt werden, wonach ein Darlehensversprechen widerrufen werden kann, wenn in den Vermögensverhältnissen des anderen Teils eine **wesentliche** Verschlechterung eintritt. In der Vertragspraxis wurde die vom Verfasser in MittBayNot 2000, 1 vorgeschlagene Regelung übernommen, vgl. *Schöner/Stöber* Rn. 917, Muster § 3c. Auch eine Auflassungsvormerkung mit diesem Inhalt kann im Grundbuch eingetragen werden, vgl. BayObLG MittBayNot 2008, 50 m. Anm. *Wartenburger.*

97 *(3) Rückforderung bei Scheidung oder Vereinbarung der Gütergemeinschaft.* Ein Rückforderungsrecht wird regelmäßig auch für den Fall vereinbart, dass die Ehe des Erwerbers geschieden wird und Zugewinnausgleichsansprüche unter Einbeziehung des geschenkten Gegenstandes geltend gemacht werden. Zwar wird Vermögen, das ein Ehegatte nach Eintritt des Güterstandes mit Rücksicht auf ein künftiges Erbrecht, durch Schenkung oder als Ausstattung erwirbt, gem. § 1374 Abs. 2 BGB dem Anfangsvermögen hinzugerechnet, ist also insoweit nicht ausgleichspflichtig. Inflationsbereinigte Wertmehrungen während der Dauer der Ehe unterliegen aber der Ausgleichung, vgl. *Palandt/Diederichsen* § 1374 BGB Rn. 13.

Aus Sicherheitsgründen wird in der Praxis zur Vermeidung der Zugewinnausgleichspflicht von dem beschenkten Kind verlangt, während der Dauer einer Ehe eine ehevertragliche Vereinbarung aufrecht zu erhalten, die jeglichen **Zugewinnausgleich ausschließt**. Das Verlangen bei Eingehung der Ehe Gütertrennung zu vereinbaren, schießt über dieses berechtigte Verlangen weit hinaus und ist gem. § 138 BGB unter dem Gesichtspunkt der Drittwirkung der Grundrechte (vgl. MünchKomm/*Mayer-Maly* § 138 BGB Rn. 16) äußerst bedenklich. Hingegen ist die Verpflichtung, eine modifizierte Zugewinngemeinschaft mit der Maßgabe aufrecht zu erhalten, dass – mit Rücksicht auf ein Erbrecht, durch Schenkung, Ausstattung oder vorweggenommene Erbfolge – erworbene Gegenstände sowohl aus dem Anfangs- als auch aus dem Endvermögen mit den damit in Zusammenhang stehenden Verbindlichkeiten ausscheiden, gerechtfertigt. Darüber hinaus wird dem beschenkten Kind regelmäßig die Verpflichtung auferlegt, mit seinem Ehegatten einen beschränkten Pflichtteilsverzicht für die im Wege der vorweggenommenen Erbfolge übertragenen Vermögensgegenstände zu vereinbaren. Aus den genannten Gründen kann der Erwerber auch verpflichtet werden, keine Gütergemeinschaft zu vereinbaren, es sei denn, dass die Zuwendung zum Vorbehaltsgut erklärt wird, vgl. *Langenfeld/Günther* Kap. 3 Rn. 99.

dd) Freies Widerrufsrecht

Gegen ein freies Widerrufsrecht bestehen nach h. M. keine grundsätzlichen zivilrechtlichen Bedenken, obwohl diese Regelung ohne Zweifel eine Grenzgestaltung darstellt; kritisch *Langenfeld/Günther* Kap. 3 Rn. 99; *Weser* ZEV 1995, 354. Danach kann der Übergeber ohne Angabe von Gründen jederzeit von dem schuldrechtlichen Vertrag zurücktreten, die Rückauflassung verlangen und, soweit vereinbart, aufgrund einer unwiderruflichen Rückauflassungsvollmacht die sofortige Rückübertragung bewirken, wobei der aufschiebend bedingte Anspruch durch eine Vormerkung gem. § 883 BGB gesichert sein kann. Bei der Vereinbarung eines freien Widerrufsrechtes ist zu bedenken, dass dieses jederzeit, auch vor der Ausübung, pfändbar ist, da nur zweckgebundene Ansprüche gem. § 851 Abs. 1 ZPO unpfändbar sind, zutreffend *J. Mayer* Rn. 140; *Wegmann* Rn. 183. 98

(1) Wirtschaftliches Eigentum? Fraglich kann sein, ob ein freies Widerrufsrecht mit Eintragung einer Rückauflassungsvormerkung im Grundbuch von einkommensteuerlicher Relevanz in der Weise ist, dass das wirtschaftliches Eigentum beim Übergeber verbleibt oder jedenfalls keine Einkunftsquelle auf den Erwerber übergeht. Übt ein anderer als der (bürgerlich-rechtliche) Eigentümer die tatsächliche Herrschaft über ein Wirtschaftsgut in der Weise aus, dass er den Eigentümer im Regelfall für die gewöhnliche Nutzungsdauer von der Einwirkung auf das Wirtschaftsgut wirtschaftlich ausschließen kann, so ist ihm gem. § 39 Abs. 2 Nr. 1 AO das Wirtschaftsgut zuzurechnen. 99

Klein/Prockmeyer AO § 39 Anm. 4 nehmen unter Bezugnahme auf das Urteil des Niedersächsischen Finanzgerichts EFG 1989, S. 263 an, dass im Falle einer Rückauflassungsvormerkung für den Alteigentümer kein wirtschaftliches Eigentum auf den Übernehmer übergeht. Nach BFH BStBl. 1998 II 542 führen schuldrechtliche Veräußerungsverbote für sich genommen nicht dazu, dass das betroffene Wirtschaftsgut nicht dem rechtlichen Eigentümer zuzurechnen wäre. Ein freies Widerrufsrecht des Übergebers geht über ein schuldrechtliches, dem Erwerber auferlegtes Veräußerungsverbot weit hinaus. Entscheidend ist, dass der Erwerber in beiden Fällen die Nutzung des Gegenstandes inne hat und den Eigenbesitz ausübt, so dass ihm das wirtschaftliche Eigentum gem. § 39 Abs. 2 Nr. 1 Satz 2 AO zuzurechnen ist. Nur wenn sich der Übergeber **zusätzlich** den **lebenslangen Nießbrauch** vorbehält, ist zweifellos das wirtschaftliche Eigentum beim Übergeber verblieben. In Fällen der Übergabe von steuerlichem Privatvermögen mit Nießbrauchsvorbehalt ist dies einkommensteuerlich unschädlich, da die Einkommenszurechnung ohnehin beim Nießbraucher (= Übergeber) erfolgt. Bei anderen Vertragstypen, z. B. bei betrieblichen Einkunftsarten und beim Münchner Modell (vgl. unten § 10 D), ist ein freies Widerrufsrecht steuerschädlich, da der Beschenkte keine Mitunternehmer(Vermieter)-Initiative ergreifen kann, so dass die Einkunftsquelle nicht verlagert wird, vgl. *Jülicher* DStR 1998, 1978.

Wenn aufgrund eines freien Widerrufsrechtes eine Mitunternehmerschaft des Erwerbers nicht entsteht, geht damit auch die Steuervergünstigung des § 13 a ErbStG verloren, da dieses schenkungsteuerliche Privileg an die einkommensteuerliche Betriebsvermögenseigenschaft anknüpft.

100 *(2) Schenkungsteuerlicher Vollzug.* Mit dem bürgerlich-rechtlichen Eigentumsübergang durch Grundbucheintragung ist auch die Schenkung gem. § 9 ErbStG vollzogen, so dass die Zurückbehaltung des wirtschaftlichen Eigentums schenkungsteuerlich unbeachtlich ist, vgl. BFH BStBl. 1983 II 179 und 1989 II 1034. Auch vor der Grundbucheintragung kann der schenkungsteuerliche Vollzug vorliegen. Der II. BFH-Senat hat die Entstehung des Schenkungsteueranspruches vorverlagert. Ein Schenkungsversprechen über ein Grundstück gilt unabhängig von der Einräumung des unmittelbaren Besitzes als ausgeführt, wenn der Beschenkte aufgrund der mitbeurkundeten Auflassung in der Lage ist, die Eigentumsumschreibung zu beantragen, vgl. BFH BStBl. 1979 II 642; dabei ist es nicht erforderlich, dass der Beschenkte den Antrag auf Eintragung der Rechtsänderung beim Grundbuchamt gestellt hat, vgl. BFH BStBl. 1991 II 320. Eine Schenkung ist auch dann bereits ausgeführt, wenn mit der Auflassung auch die Besitzverschaffung des Grundstücks erfolgt, Nutzen und Lasten auf den Beschenkten übergehen und die Vertragspartner einen Dritten bevollmächtigt haben, die für die Rechtsänderung erforderlichen Erklärungen abzugeben und entgegenzunehmen, vgl. auch FinMin Saarland DB 1990, 1944; *Spiegelberger* DStR 1995, 1702.

ee) Zeitliche Begrenzung des Rückforderungsrechtes

101 *(1) Präklusion von Rücktrittsgründen? K. Schmidt* BB 1990, 1997 und *D. Mayer* ZGR 1995, 105 meinen, dass bei Schenkung von Gesellschaftsanteilen eine **zeitliche Begrenzung** für die Widerrufbarkeit bestehen müsse. Während diese einen Widerrufszeitraum bis längstens fünfzehn Jahre annehmen, meint *Klumpp* ZEV 1995, 389, dass diese Frist für den Beschenkten unzumutbar lange sei. Tatsächlich besteht nach den gesetzlichen Bestimmungen keine zeitliche Schranke, von den allgemeinen gesetzlichen Grundsätzen der Sittenwidrigkeit (§ 138 BGB), unzulässigen Rechtsausübung (§ 242 BGB) und der Verwirkung abgesehen. Es mag zutreffen, dass der Widerruf einer Schenkung nach langer Zeit mit der Folge der Rückübertragung des geschenkten Gegenstandes oder Gesellschaftsanteiles einschließlich der zwischenzeitlichen Wertmehrung unangemessen ist, insbesondere wenn der Beschenkte selbst zur Wertmehrung beigetragen hat. Ein Widerruf nach langer Frist muss daher hinsichtlich der Rechtsfolgen die zwischenzeitlichen Aufwendungen des Beschenkten angemessen berücksichtigen. Dennoch besteht insbesondere bei Familiengut ein über den genannten Fünfzehnjahreszeitraum hinausgehendes Interesse an der Widerruflichkeit einer Schenkung. Soll der mit einem Gesellschaftsanteil beschenkte Schwiegersohn in dem vom Schwiegervater gegründeten Unternehmen verbleiben dürfen, wenn er die Ehescheidung betreibt und seinen Gesellschaftsanteil den Kindern aus zweiter Ehe zuführen will? Soll eine Schenkung nicht auch nach fünfzehn Jahren widerrufen werden dürfen, wenn der Beschenkte nach diesem Zeitraum insolvent wird und damit die Gesellschaft in seine Insolvenz hineinzieht? Bei einer Schenkung besteht keine Gleichgewichtslage der Beteiligten, die es rechtfertigt, die Privatautonomie noch mehr einzuschränken; zur Kritik der Lehre von der Gleichgewichtslage vgl. *Medicus* S. 9.

102 *(2) Befristung der Ausübungserklärung?* Zahlreiche Autoren (*Langenfeld/Günther* Kap. 3 Rn. 105; Beck'sches Notarhandbuch/*Jerschke* A V Rn. 225;

Wegmann Rn. 187; *Ellenbeck* MittRhNotK 1997, 47; *J. Mayer* Rn. 143; *Schippers* MittRhNotK 1998, 72) sehen eine Befristung der Ausübungserklärung nach Eintritt des Rücktrittsgrundes vor. Die überwiegend vorgeschlagene Frist von sechs Monaten erscheint als zu kurz bemessen. Die von der Rechtsprechung bisher entschiedenen Fälle groben Undanks zeigen, dass selbst die in § 532 Satz 1 BGB vorgesehene Ein-Jahres-Frist problematisch ist. M. E. kann es der richterlichen Entscheidung überlassen werden, ab welchem Zeitpunkt die Berufung auf ein Rückforderungsrecht verwirkt ist. Die gesetzlichen Vorschriften der § 346 ff. BGB enthalten keine Befristung. Da selbst ein freies Widerrufsrecht für zulässig erachtet wird, besteht auch kein zwingender Grund, die Ausübung enumerativ vereinbarter Rücktrittsrechte zeitlich zu begrenzen.

g) Eintragung der Rückauflassungsvormerkung im Grundbuch

Literatur: *Amann* Auf der Suche nach einem interessengerechten und grundbuchtauglichen Gemeinschaftsverhältnis, DNotZ 2008, 324.

aa) Mehrere Vormerkungsberechtigte

Der durch die Ausübung des Rücktrittsrechtes entstehende Rückauflassungsanspruch kann durch die Eintragung einer Rückauflassungsvormerkung gem. § 883 BGB gesichert werden. 103

Nach Auffassung des BayObLG DNotZ 1996, 366 liegt ein einziger Anspruch vor, der durch eine einzige Vormerkung gesichert werden kann, wenn Eltern im Wege der vorweggenommenen Erbfolge zu ihren Lebzeiten ein Grundstück auf ihre Abkömmlinge übertragen und sich für bestimmte Fälle einen Anspruch auf Rückübertragung vorbehalten, der zunächst ihnen gemeinsam und nach dem Tod des Erstversterbenden dem Überlebenden allein zustehen soll. Nach Auffassung des BayObLG soll bei Eintragung in der geschilderten Art die Sicherungswirkung der Vormerkung für den Anspruch des Überlebenden nicht gefährdet werden. Für die grundbuchmäßige Buchung sei es nicht von ausschlaggebender Bedeutung, ob es sich nur um einen oder um mehrere Ansprüche handle. Auch wenn mehrere Ansprüche angenommen würden, sei eine Sicherung der mehreren Ansprüche entweder durch eine einzige Vormerkung oder durch mehrere unter einer Nummer gebuchte Vormerkungen jedenfalls wie in dem entschiedenen Fall nicht völlig ausgeschlossen. Unverzichtbar sei, dass bei der Eintragung der Vormerkung im Grundbuch selbst die vom Tod des erstversterbenden Ehegatten abhängige Erweiterung der Berechtigung auf den Überlebenden zum Ausdruck komme. Der zitierten Entscheidung des BayObLG kann nicht entnommen werden, ob eine Gesamtgläubigerschaft i. S. d. § 428 BGB auch dann angenommen werden kann, wenn ein Elternteil als Alleineigentümer übergibt und der Rückübertragungsanspruch zunächst ihm allein und nach seinem Vorversterben dem Ehegatten zustehen soll, vgl. *Lichtenberger* ZEV 1995, 296.

Lichtenberger a. a. O. und wohl auch *Langenfeld/Günther* Kap. 3 Rn. 121 und 126 vertreten die Auffassung, dass auch bei der geschilderten **Sukzessivberechtigung** der zunächst nicht Berechtigte in die Gesamtberechtigung nach § 428 BGB einbezogen werden kann mit der Ausübungsregelung, dass zu Lebzeiten des Übergebers dessen Rückforderungsanspruch vorrangig ist.

Diese Auffassung ist m. E. zutreffend, da diese Gestaltung bei einer partiellen Sukzessivberechtigung, wenn also zunächst beide Ehegatten berechtigt sind und anschließend der Überlebende allein, an der Eintragungsfähigkeit gem. § 428 BGB nicht gezweifelt wird. Für den Fall der Mitgläubigerschaft mit dem Übergang der Berechtigung auf den Überlebenden allein hat *Amann* DNotZ 2008, 346 zutreffend auch das Gemeinschaftsverhältnis gem. § 432 BGB empfohlen. Eine Sukzessivberechtigung eines bisherigen nicht Berechtigten lehnt *Amann* hingegen ab.

bb) Löschungserleichterung

104 Die Eintragung einer Löschungserleichterung im Grundbuch gem. § 23 Abs. 2 GBO ist seit der Entscheidung des BGH NJW 1992, 1683 nicht mehr möglich, da der Anspruch bei dem Tod des Berechtigten keinen „Rückstand" i. S. dieser Vorschrift darstellt. Die Beurkundungspraxis behilft sich regelmäßig mit der Regelung, dass die bestellte Vormerkung auf die Lebenszeit des Übergebers beschränkt ist, vgl. *Demharter* § 23 GBO Rn. 6.

h) Heilung nicht beurkundeter Rückübertragungsverpflichtungen

105 Nach der Rechtsprechung des BGH DNotI-Report 2009, 163 wird der Formmangel einer nicht beurkundeten Rückübertragungsverpflichtung als Teil der Gesamtabrede dadurch geheilt, dass die Auflassung des Grundstücks an den Erwerber und dessen Eintragung als Eigentümer in das Grundbuch wirksam geworden ist. Diese Heilung gilt grundsätzlich auch für die steuerliche Beurteilung, so dass im Fall des Rücktritts die Schenkungsteuer gem. § 29 Abs. 1 Nr. 1 ErbStG mit Wirkung für die Vergangenheit erlischt.

VII. Sozialrechtlicher Regress

1. Sozialrechtlicher Regress nach SGB XII

Literatur: statt aller: *Vaupel* Der Sozialhilferegress in der notariellen Praxis, RNotZ 2009, 497.

111 Sofern der Übergeber Leistungen der Sozialhilfe nach dem SGB XII in Anspruch nimmt, ist zwischen den Leistungen der Hilfe zum Lebensunterhalt (§§ 27–40 SGB XII), der Grundsicherung im Alter und bei Erwerbsminderung (§§ 41–46 SGB XII) und den weiteren Hilfearten der §§ 47–74 SGB XII zu unterscheiden. Soweit Leistungen der Grundsicherung im Alter und bei Erwerbsminderung gem. § 43 Abs. 2 SGB XII erbracht werden, bestehen Regressansprüche gegenüber Kindern und Eltern nur, sofern deren jeweiliges jährliches Gesamteinkommen i. S. d. § 16 SGB IV den Betrag von 100.000 € übersteigt. Sofern der Übergeber z. B. bei der Übersiedelung in ein Alters- oder Pflegeheim Hilfe zum Lebensunterhalt nach den §§ 27 ff. SGB XII oder Hilfe zur Pflege gem. §§ 61–66 SGB XII in Anspruch nimmt, kann der Sozialhilfeträger Unterhaltsansprüche gem. § 1601 BGB oder Ansprüche gem. § 528 BGB wegen Verarmung des Schenkers auf sich gem. § 94 SGB XII überleiten und damit den Erwerber in Anspruch nehmen.

112 Das selbstbewohnte **Familienwohnheim** (Eigentumswohnung) gehört regelmäßig zum **Schonvermögen** gem. § 90 Abs. 2 Nr. 8 SGB XII. Der Umzug des Übergebers in ein Alten- oder Pflegeheim führt grundsätzlich zur Aufhebung der Schonvermögenseigenschaft, es sei denn, die Immobilie wird weiterhin von einem zur Einsatzgemeinschaft gehörenden Familienangehörigen bewohnt. *Vaupel* RNotZ 2009, 497, 521 rät, bei einer drohenden Inanspruchnahme die Immobilie rechtzeitig dem Schenker zurück zu übertragen, damit es wieder Schonvermögen wird. Ein Zugriff des Sozialleistungsträgers ist damit zwar nicht auf Dauer ausgeschlossen, da nach dem Ableben des Schenkers der Sozialleistungsträger auf die Immobilie wieder zurückgreifen kann.

Die in der notariellen Praxis üblichen **Wegzugklauseln** können weiterhin verwendet werden, vgl. *Rosendorfer* MittBayNot 2005, 10 und unten § 5 B I 9 ebenso wegen der Höhe des Elternunterhalts. In jedem Fall müssen ungewollte Verlagerungen auf die Geschwister des Erwerbers durch eine **Freistellungsverpflichtung** vermieden werden, a. A. *J. Mayer* ZEV 2007, 145. Der Bayerische Bauernverband lehnt Freistellungsklauseln grundsätzlich ab und verlagert damit das Regressrisiko einseitig auf die von der Hofübergabe ausgeschlossenen Abkömmlinge. 113

2. Regress sozialstaatlicher Hilfe gem. SGB II

Die Leistungen der Grundsicherung für Arbeitsuchende nach dem SGB II bestehen vor allem gem. §§ 19–35 SGB II in dem Arbeitslosengeld II für erwerbsfähige Hilfsbedürftige und dem Sozialgeld für nicht erwerbsfähige Hilfsbedürftige. Die finanziellen Regelleistungen basieren auf den Regelsätzen der Sozialhilfe des SGB XII. Im Bereich des SGB II ist ein Übergang von sämtlichen Unterhaltsansprüchen gegen Verwandte ausgeschlossen. Soweit überleitungsfähige Ansprüche bestehen, z. B. wenn der Übergeber nach der Immobilienübertragung arbeitslos wird und Arbeitslosengeld II in Anspruch nimmt, vollzieht sich im Bereich des SGB II der Anspruchsübergang generell und unabhängig von der Rechtsnatur des Anspruches kraft Gesetzes, wohingegen es im Bereich des SGB XII für den Anspruchsübergang grundsätzlich einer schriftlichen Überleitungsanzeige des Sozialleistungsträgers bedarf, vgl. *Vaupel* RNotZ 2009, 497, 516. 114

B. Einkommensteuer

Literatur: *Geck* Beratungsrelevante Hinweise zur Vermögensübergabe gegen Versorgungsleistungen im Ertrag- und Erbschaftsteuerrecht mit zivilrechtlichen Bezügen, KÖSDI 2009, 16.444; *ders.* in: FS für Spiegelberger, Versteckte Gefahren bei der vorweggenommenen Erbfolge aufgrund nachgelagerter Besteuerungstatbestände, S. 128; *Wälzholz* in: FS für Spiegelberger, Versorgungsleistungen nach dem JStG 2008: Aktuelle Problemfälle der Gestaltungspraxis, insbesondere zur Übergangsregelung, S. 556; *Werz* in: FS für Spiegelberger, Gestaltungsmöglichkeiten bei beschränkter Erbschaftsteuerpflicht, S. 584.

I. Einkommensteuerliche Ziele

1. Verlagerung von Einkunftsquellen

Die Überlassung ertragbringender Wirtschaftseinheiten ermöglicht regelmäßig die Verlagerung der Einkunftsquelle, so dass die Erträge nicht mehr 121

dem bisherigen Eigentümer, sondern dem Erwerber zugerechnet werden. Eine eigene Einkunftsquelle des Kindes kann
- durch Vermögensübertragung,
- durch die Gründung einer Familiengesellschaft oder
- durch Einräumung eines Zuwendungsnießbrauches

begründet werden.

Bei Vermietungseinkünften sollten Nießbrauchsrechte zugunsten der Abkömmlinge bestellt werden, da die Einräumung einer **Unterbeteiligung** grundsätzlich keine steuerliche Anerkennung findet, vgl. *Weigl* Stille Gesellschaft und Unterbeteiligung, 2. Aufl. 2004, S. 20. Bei Kapitaleinkünften wird die Einräumung eines Zuwendungsnießbrauches von der Finanzverwaltung gem. Tz. 55f. I. Nießbraucherlass BStBl. 1983 I 508 nicht anerkannt.

Zinsen aus Kapitalvermögen werden weiter den Eltern zugerechnet, wenn diese bei der Verwaltung die Vermögensbereiche der Kinder vermischen, insbesondere wenn sie die Erträge nicht für jedes Kind entsprechend seinen Einkünften verwenden, vgl. *BFH* DStRE 1999, 905.

2. Nutzung von Freibeträgen

122 Durch die Verlagerung von Einkunftsquellen ergibt sich die Chance, die einkommensteuerlichen Freibeträge der Abkömmlinge auszuschöpfen, insbesondere
- den Grundfreibetrag von 8004 €,
- den Sparerpauschbetrag in Höhe von 801 € gem. § 20 Abs. 9 EStG und
- Vorsorgeaufwendungen gem. § 10 Abs. 3 EStG.

Allerdings wird gem. § 32 Abs. 4 Satz 2 ein Kind, das das 18. Lebensjahr vollendet hat, nur berücksichtigt, wenn es Einkünfte und Bezüge, die zur Bestreitung des Unterhalts oder der Berufsausbildung bestimmt oder geeignet sind, von nicht mehr als 8004 € im Kalenderjahr hat, so dass bei höheren Einkünften und Bezügen der Kinderfreibetrag entfällt.

3. Progressionsminderung

123 Die Verlagerung von Einkunftsquellen führt im allgemeinen zu einer Progressionsminderung, bezogen auf das Familieneinkommen, so dass faktisch eine Art **Familiensplitting** erreicht wird.

4. AfA-Erhöhung

124 Der Erbe, der Pflichtteilszahlungen an die weichenden Erben zu entrichten hat, kann hierfür keine Anschaffungskosten geltend machen, da derartige Auflagen nur die Bereicherung mindern, aber keine Gegenleistung darstellen, vgl. Tz. 60 BMF-Schreiben Erbauseinandersetzungserlass BStBl. 2006 I 253. Der Erbe ist an die Buch- und Steuerwerte gem. § 6 Abs. 3 EStG und § 11 d Abs. 1 EStDV gebunden, auch wenn ihm die Erfüllung von Vermächtnissen auferlegt wird. Auch die mit einer Finanzierung dieser Aufwendungen verbundenen Schuldzinsen können nicht als Werbungskosten geltend gemacht werden, vgl. Tz. 63 BMF-Schreiben Erbauseinandersetzungserlass BStBl. 2006 I 253. Ein Vermächtnis führt ausnahmsweise dann zu einem Veräußerungserlös des beschwerten Erben oder der beschwerten Miterben und zu Anschaffungskosten des Vermächtnisnehmers, wenn der Vermächtnisnehmer

für den Erwerb des vermachten Gegenstandes eine Gegenleistung zu erbringen hat. Hingegen ist bei einer **Vorwegerbfolge** die Übernahme von Abstandszahlungen, Geschwistergleichstellungsgeldern und Schuldübernahmen mit einer entsprechenden **AfA-Erhöhung** verbunden.

5. Erhöhung des Schuldzinsenabzuges

Alle durch die Vorwegerbfolge veranlassten Finanzierungskosten führen bei einer Nutzung des erworbenen Gegenstandes zur Erzielung von Einkünften zum Werbungskostenabzug, soweit diese Aufwendungen finanziert werden. Dies gilt sogar für bisherige der privaten Lebenshaltung zuzuordnende Verbindlichkeiten, z. B. für die Anschaffung einer Yacht, vgl. Tz. 22 BMF-Schreiben Vorweggenommene Erbfolge BStBl. 1993 I 80. **125**

6. Steuerfreies Anwachsen stiller Reserven

Die frühzeitige Vorwegerbfolge führt dazu, dass der Wertzuwachs bereits bei der jüngeren Generation eintritt und somit nicht mehr einkommensteuerlich erfasst werden kann. Bei Betriebsvermögen spielt die Überleitung stiller Reserven ohne Gewinnrealisierung gem. § 6 Abs. 3 EStG eine Rolle. **126**

7. Sonderausgabenabzug

Durch das Jahressteuergesetz 2008 wurde der Sonderausgabenabzug gem. § 10 Abs. 1 Nr. 1 a EStG für den gesamten Bereich des steuerlichen Privatvermögens gestrichen. Lediglich für mindestens 50%-ige GmbH-Anteile im steuerlichen Privatvermögen ist für den Fall der Übernahme der Geschäftsführung durch den Erwerber der Sonderausgabenabzug gem. § 10 Abs. 1 Nr. 1 a Buchst. c) EStG geblieben. Für Vermögensübertragungen, die bis einschließlich 31. 12. 2007 vereinbart wurden, ist gem. § 52 Abs. 23 g) EStG die Fortführung des Sonderausgabenabzugs zugelassen, vgl. unten § 6 B I 3 und 4. **127**

8. Vermeidung eines gewerblichen Grundstückshandels

Die rechtzeitige Übertragung von Immobilien auf Abkömmlinge kann die Begründung eines gewerblichen Grundstückshandels verhindern. Errichtet eine Ehegatten GbR innerhalb von fünf Jahren ein Mehrfamilienhaus, teilt sie dies in fünf Eigentumswohnungen auf, verkauft drei Wohnungen an fremde Dritte und überträgt eine Wohnung teilentgeltlich an den Sohn, liegt kein gewerblicher Grundstückshandel vor. Die teilentgeltliche Übertragung an den Sohn stellt kein Objekt i. S. d. Drei-Objekt-Grenze dar, vgl. FG Nürnberg, DStRE 2001, 1028, AZ. BFH/NV 2002, 817. Die Verteilung der Grundstücksaktivitäten auf mehrere Familienangehörige verhindert wegen der getrennten steuerlichen Erfassung einen gewerblichen Grundstückshandel, während die Abschirmwirkung gewerblicher Tätigkeiten durch Einschaltung einer GmbH bestritten ist, vgl. *Spiegelberger/Spindler/Wälzholz* Kap. 2 Rn. 94 ff. **128**

II. Einkommensteuerliche Systematik

Eccher S. 200 definiert Zuwendungen der antizipierten Erbfolge als **131**
Rechtsgeschäfte eigener Art, die sich im Spannungsfeld zwischen entgeltli-

chen und unentgeltlichen Geschäften bewegen, auf die aber das Merkmal der Entgeltfremdheit passt. Einkommensteuerlich besteht bei Rechtsgeschäften zwischen nahestehenden Personen die Vermutung der Unentgeltlichkeit. Überträgt ein Vermögensinhaber der Einkünfteerzielung dienendes Privatvermögen im Wege der vorweggenommenen Erbfolge, so stellen vom Vermögensübernehmer zugesagte Versorgungsleistungen weder Veräußerungsentgelt noch Anschaffungskosten dar. Sagt jedoch der Vermögensübernehmer im Hinblick auf die Vermögensübergabe Gleichstellungsgelder an Angehörige zu, führt dies zu einem Veräußerungsentgelt des Übergebers und zu Anschaffungskosten des Übernehmers. Zum Veräußerungsentgelt und zu den Anschaffungskosten gehören auch die Übernahme von Verbindlichkeiten und die Zusage einer Abstandszahlung, vgl. BFH GrS 4–6/89 BStBl. 1990 II 847. Einen Übergabevertrag, in dem Versorgungsleistungen bedungen sind, hat die Rechtsprechung seit jeher nicht als entgeltliches Veräußerungsgeschäft betrachtet.

1. Dogmatische Einordnung

132 Versorgungsleistungen stellen dann kein Entgelt für das im Gegenzug überlassene Vermögen dar, wenn die erzielten Nettoerträge des überlassenen Wirtschaftsgutes im konkreten Fall – soweit bei überschlägiger Berechnung vorhersehbar – ausreichen, um die Versorgungsleistungen abzudecken. Während der Große Senat in den genannten Entscheidungen im Übergabevertrag eine Vermögensübertragen im Wege der vorweggenommenen Erbfolge sieht, spricht der X. Senat von einem privilegierten Sonderrecht der Vermögensübertragung gegen Versorgungsleistungen. Der X. Senat geht dabei von der Auffassung aus, dass zivilrechtliche Begriffe keinerlei Indizwirkung für das Steuerrecht hätten, zumal der Begriff der vorweggenommenen Erbfolge viel zu vage sei, konkrete steuerliche Schlussfolgerungen herzuleiten, vgl. Fischer MittBayNot 1996, 147, Fn. 61. Im Sonderrecht der Vermögensübertragung gegen Versorgungsleistungen sieht Fischer eine Ausnahme von den Grundsätzen des § 12 Nr. 2 EStG, so dass nur ausnahmsweise die bei Vermögensübertragungen vereinbarten Versorgungsleistungen nicht dem Abzugsverbot für Unterhaltsleistungen unterliegen.

Dieser Auffassung ist der Große Senat in allen Entscheidungen entgegen getreten. Nach der Entscheidung des Großen Senats BStBl. 1992 II 78, 84, ist der Vermögensübergabevertrag gegen Versorgungsleistungen dadurch charakterisiert, dass

- die einkommensteuerrechtliche Behandlung der familien- und erbrechtlichen Natur des Vertragstypus folge,
- die Vermögensübertragung die Vorwegnahme der künftigen Erbregelung und die wirtschaftliche Sicherung der alternden Eltern bezwecke,
- die Rente nicht nach dem Wert der Gegenleistung, sondern nach dem Versorgungsbedürfnis des Berechtigten und nach der wirtschaftlichen Leistungsfähigkeit des Verpflichteten bemessen werde und
- die Beteiligten sich von dem Gedanken leiten lassen, das übertragene Vermögen der Familie zu erhalten.

In den Beschlüssen GrS 1/00 und GrS 2/00 BStBl. 2004 II 95 und 100 hat der Große Senat das Rechtsinstitut der Vermögensübergabe zur vorweggenommenen Erbfolge ausdrücklich bestätigt und den Abzug von Versorgungsleistungen als Sonderausgabe gem. § 10 Abs. 1 Nr. 1a EStG dahingehend eingeschränkt, dass sie aus den erzielbaren laufenden Nettoerträgen des übergebenen Vermögens gezahlt werden können. Diese Beschlüsse des Großen Senats wurden von der Steuerliteratur fast ausnahmslos begrüßt, vgl. *Kempermann* DStR 2003, 1736; *Grune* AktStR 2003, 683; *Reich* DNotZ 2004, 6; *Daragan* ZErb 2003, 359; *Dhonau* ZEV 2004, 22; *Crezelius* ZEV 2004, 52. Lediglich aus der Finanzverwaltung wurde Kritik laut, vgl. *Risthaus* DB 2003, 2197; *Paus* EStB 2004, 118. Selbst Mitglieder der BFH-Senate, deren widersprüchliche Rechtsprechung Gegenstand der Verfahren vor dem Großen Senat war, haben sich zustimmend geäußert, vgl. *Fischer* NWB Fach 3 S. 12.655 und *Weber-Grellet* FR 2003, 1092. Auch die Praxis war mit dem Ergebnis hoch zufrieden, vgl. *Fleischer* ZEV 2003, 427; *Geck* ZEV 2003, 441; *Hipler* FR 2003, 1162. Mit den Beschlüssen GrS 1/00 und 2/00 sind dem Großen Senat in der Tat salomonische Entscheidungen gelungen, die eine über 100-jährige Rechtsprechung ohne Brüche fortführte.

2. Die Irrfahrt der privaten Versorgungsrente

Literatur: *Demuth* in: FS für Spiegelberger, Vermögensübergabe gegen Versorgungsleistungen nach dem Jahressteuergesetz S. 73; *Fleischer* in: FS für Spiegelberger, Vermögensübergabe gegen private Versorgungsleistungen: Steuersystem, steuerliche Änderung und Steuerplanungssicherheit, S. 120; *Geck* in: FS für Spiegelberger, Versteckte Gefahren bei der vorweggenommenen Erbfolge aufgrund nachgelagerter Besteuerungstatbestände, S. 128; *Spiegelberger* Die Irrfahrt der privaten Versorgungsrente DB 2008, 1063.

Mit der Änderung des § 10 Abs. 1 Nr. 1a EStG durch das Jahressteuerge- 133
setz 2008 wurde ein Pfeiler der vorweggenommenen Erbfolge eingerissen. Während der Große Senat durch seine Beschlüsse BStBl. 2004 II 95 und 100 eine über 100-jährige Rechtsprechung bestätigt und präzisiert hat, der die Finanzverwaltung mit dem III. Rentenerlass BStBl. 2004 I 922 zunächst weitestgehend folgte, hat die Ministerialbürokratie handstreichartig in einzelnen versteckten Vorschriften im Jahressteuergesetz 2008 den Sonderausgabenabzug bei Übertragung von steuerlichem Privatvermögen gestrichen. Die weiteren Einzelheiten sind in § 6 B näher dargelegt. Mit der Differenzierung, dass der Sonderausgabenabzug für Mitunternehmeranteile, Betriebe und mindestens 50%-ige GmbH-Anteile weiterhin bestehen blieb, während Otto-Normal-Verbraucher vom Sonderausgabenabzug ausgeschlossen wurde, wurde nicht nur unerwünschtes Richterrecht eliminiert, sondern auch eine verfassungswidrige Differenzierung geschaffen, die das Bundesverfassungsgericht noch auf den Plan rufen wird, vgl. *Spiegelberger* DB 2008, 1063; *Fleischer* in: FS für Spiegelberger (2009) S. 120.

Die – grundgesetzwidrige – Differenzierung wirft neue, bisher von der 134
Rechtsprechung nicht beantwortete Fragen auf. *Risthaus* ZErb 2007, 314 meint, dass die nicht mehr unter die Sonderregelung des § 10 Abs. 1 Nr. 1a fallenden Vermögensübertragungen gegen wiederkehrende Leistungen als entgeltliche/teilentgeltliche Rechtsgeschäfte zu beurteilen seien; ebenso *Röder* DB 2008, 146; *Wälzholz* DStR 2008, 273. Die im IV. Rentenerlass BStBl. I 2010 S. 227 enthaltene Regelung ist unten zu § 6 B II dargestellt. Nach der

hier vertretenen Auffassung (ebenso *Fleischer* ZEV 2007, 475; *Strahl* KÖSDI 2008, 15.903 verbleibt es bei der jahrzehntelangen BFH-Rechtsprechung, wonach lebenslange Versorgungszahlungen, die aus dem Ertrag des übergebenen Vermögens erbracht werden können, keine Gegenleistung darstellen, vgl. GrS 1/00 BStBl. 2004 II 95.

135 Allerdings gilt diese Beurteilung nur für lebenslange Versorgungsrenten. Sofern der Übergeber von dem Übernehmer weitere Leistungen fordert, insbesondere

- die Übernahme privater Schulden,
- Erbringung einer Abstandszahlung,
- Geschwistergleichstellungsgelder,

liegt ein **teilentgeltliches** Rechtsgeschäft vor, das in einen entgeltlichen und in einen unentgeltlichen Teil aufgespaltet werden muss, vgl. BFH BStBl. 2006 II 9; BMF-Schreiben v. 26. 7. 2007 DStR 2007, 487.

3. Verlustabzug gem. § 10 d EStG

136 Gem. § 10d Abs. 1 Satz 1 EStG sind negative Einkünfte, die bei der Ermittlung des Gesamtbetrags der Einkünfte nicht ausgeglichen werden, bis zu einem Betrag von 511.500 € vom Gesamtbetrag der Einkünfte des unmittelbar vorangegangenen Veranlagungszeitraums vorrangig vor Sonderausgaben, außergewöhnlichen Belastungen und sonstigen Abzugsbeträgen abzuziehen (Verlustrücktrag).

Der Verlustabzug steht demjenigen Steuerpflichtigen zu, der den Verlust erlitten hat. Mit Ausnahme der gesetzlich geregelten Fälle kann die Möglichkeit zum Verlustabzug durch Rechtsgeschäfte unter Lebenden, z. B. durch vorweggenommene Erbfolge, nicht übertragen werden, vgl. BFH BStBl. 1991 II 899. Einen in der Person des Erblassers entstandenen Verlust kann der Erbe aufgrund der Entscheidung des BFH GrS 2/04 BStBl. 2008 II 608 für Todesfälle ab dem 13. 3. 2008 nicht mehr geltend machen. Die Finanzverwaltung hat die erstmalige Anwendung auf Todesfälle zum Zeitpunkt der amtlichen Veröffentlichung des BFH-Beschlusses im Bundessteuerblatt am 18. 8. 2008 hinausgeschoben, vgl. *Schmidt/Heinecke* § 10 d EStG Rn. 14; zu Gestaltungsmöglichkeiten vgl. *Wälzholz* DStR 2008, 769.

4. Verrechenbare Verluste gem. § 15 a Abs. 2 EStG

137 Auch im Bereich des steuerlichen Privatvermögens, z. B. bei vermögensverwaltenden Kommanditgesellschaften, können bei dem Übergeber nicht ausgeglichene und abgezogene Verluste, die erst in späteren Wirtschaftsjahren verrechenbar sind, entstanden sein. Im Unterschied zum Verlustabzug gem. § 10d EStG ist bei nur verrechenbaren Verlusten i. S. des § 15a Abs. 2 EStG eine wirtschaftliche Belastung bei dem Übergeber nicht eingetreten. Vielmehr entsteht die wirtschaftliche Belastung erst dadurch, dass das handelsrechtlich übergegangene negative Kapitalkonto bei späteren Gewinnen dazu führt, dass eine Gewinnzurechnung bei dem Beschenkten erfolgt, ohne dass er diese Gewinne entnehmen darf, da er die Kommanditeinlage gem. § 176 Abs. 4 HGB wieder auffüllen muss. Bei einer unentgeltlichen Übertragung eines Kommanditanteils unter Lebenden entsteht beim bisherigen Kommanditisten kein Gewinn; der Rechtsnachfolger hat die anteiligen Buchwerte

einschließlich negativem Kapitalkonto fortzuführen. Er hat weder zusätzliche Anschaffungskosten noch einen Verlust. Künftige Gewinnanteile, durch die das negative Kapitalkonto aufgefüllt wird, muss er versteuern, vgl. *Schmidt/Wacker* § 15a EStG Rn. 230.

5. Außergewöhnliche Belastungen

Erwachsen einem Steuerpflichtigen zwangsläufig größere Aufwendungen **138**
als der überwiegenden Mehrzahl der Steuerpflichtigen gleicher Einkommensverhältnisse, gleicher Vermögensverhältnisse und gleichen Familienstands, kann gem. § 33 Abs. 1 EStG der Teil der Aufwendungen, die dem Steuerpflichtigen zumutbare Belastung übersteigt, vom Gesamtbetrag der Einkünfte abgezogen werden. § 33 EStG beruht auf dem Grundsatz, dass Aufwendungen im Bereich der privaten Lebensführung grundsätzlich steuerlich nicht berücksichtigt werden. Im Zusammenhang mit der vorweggenommenen Erbfolge entstehende Belastungen sind daher grundsätzlich nicht abzugsfähig. Dies gilt auch für die Unterbringungskosten der Übergeber in einem Altenheim bei Pflegebedürftigkeit, vgl. BFH BStBl. 1990 II 418.

Der Steuerpflichtige kann **Unterhaltsaufwendungen** gem. § 33a Abs. 1 **139**
EStG bis zu einem Betrag in Höhe von 8004 € geltend machen. Voraussetzung ist, dass weder der unterstützende Steuerpflichtige noch eine andere Person Anspruch auf einen Freibetrag nach § 32 Abs. 6 EStG oder auf Kindergeld haben.

III. Mehrere Leistungsempfänger

Verheiratete Übergeber wünschen regelmäßig, dass die vereinbarten Ver- **141**
sorgungsleistungen auch ihrem Ehegatten zugute kommen. Regelmäßig ist dabei sowohl aus zivilrechtlichen als auch aus steuerlichen Gründen eine Sukzessivberechtigung zu empfehlen. Der zivilrechtliche Grund liegt darin, dass im Falle einer Scheidung der Übergeber die vereinbarten Versorgungsleistungen nur noch für seine Person wünscht. Schenkungsteuerlich führt die Sukzessivberechtigung des Ehegatten erst bei dem Versterben des Übergebers zu einer Bereicherung des überlebenden Ehegatten mit dem zu diesem Zeitpunkt niedrigeren Bewertungsfaktor. Im Falle eines Nießbrauchsvorbehaltes würde die sofortige Mitberechtigung des Ehegatten insoweit zu einem Zuwendungsnießbrauch und damit zum AfA-Verlust führen, vgl. unten § 4 B XI 5c.

C. Erbschaft- und Schenkungsteuer

Literatur: *Crezelius* Das neue Erbschaft- und Schenkungsteuerrecht im Rechtssystem, ZEV 2009, 1; *Eckert* in: FS für Spiegelberger, Darf der Gesetzgeber die Erbschaftsteuer abschaffen?, Überlegungen zur systematischen Stellung der Erbschaftsteuer im Deutschen Steuerrecht, S. 79; *Escher* Schenkung unter Vorbehalt – einkommen- und schenkungsteuerliche Konsequenzen, FR 2008, 985; *Gerken* in: FS für Spiegelberger, Die Schiffsbeteiligung in der Erbschaft- und Schenkungsteuer, S. 138; *Hohl* Überblick zum und Würdigung des vereinfachten Ertragswertverfahrens nach dem neuen Bewertungsrecht, ZEV 2009, 554; *Korezkij* Überlegungen zur Reinvestitionsklausel nach § 13a Abs. 5 ErbStG, DStR 2009, 2412; *Langenfeld* Gestaltungen zur Vermeidung des Entfallens einer Poolvereinbarung nach § 13b Abs. 1 ErbStG, ZEV 2009, 596; *Lüdicke/Fürwentsches* Das neue Erbschaftsteuerrecht, DB 2009, 12; *Mannek/Höne* Anzeigepflichten und Anzeigefristen für Erwerber nach der Erbschaftsteuerreform, ZEV 2009, 329; *Melchior* Das Wachstumsbeschleunigungsgesetz im Überblick, DStR 2009, 2630; *Moog/Schweizer* Abfindungsregelung in Gesellschaftsverträgen und das Ende des Stuttgarter Verfahrens, GmbHR 2009, 1198; *Müller/Fröhlich* Erbschaft steuerliche Nachfolgeplanung für Immobilienunternehmen, ErbStB 2010, 14; *Pach-Hanssenheimb* Der Verschonungsabschlag bei gemischten Schenkungen, DStR 2009, 466; *Müller/Tomhave* Erbrechtsreform verabschiedet, ErbStB 2009, 244; OFD Koblenz: Berücksichtigung eines unentgeltlichen Nutzungsrechtes beim Nachweis eines niedrigeren gemeinen Werts, DB 2009, 1098; *Richter/S. Viskorf/Philipp* Reform der Erbschaftsteuer zum 1. 1. 2009, DB 2009, Beil. 2, S. 1; *Rohde/Gemeinhardt* Betriebsvermögen nach neuem Erbschaftsteuerrecht – Erbschaftsteuererlass v. 25. 6. 2009, StuB 2009, 709; *Schuck* in: FS für Spiegelberger (2009), Berücksichtigung von Pflichtteilsansprüchen als Nachlassverbindlichkeiten i. S. v. § 10 Abs. 5 ErbStG und „wirtschaftliche Belastung", S. 409; *Scholten/Korezkij* Begünstigungen für Betriebsvermögen nach der Erbschaftsteuerreform – Verwaltungsvermögen, DStR 2009, 147; *dies.* Begünstigungen für Betriebsvermögen nach der Erbschaftsteuerreform – Lohnsummenprüfung, DStR 2009, 253; *dies.* Begünstigungen für Betriebsvermögen nach der Erbschaftsteuerreform – Behaltensregelungen und Nachversteuerung, DStR 2009, 304; *Schütte* Nachversteuerung bei „Überentnahmen" nach § 13a Abs. 5 Nr. 3 ErbStG, DStR 2009, 2256; *Seifried* Bindungsfristen nach dem neuen Erbschaftsteuerrecht: Herausforderung für Rechnungswesen und Controlling in Familienunternehmen, ZEV 2009, 614; *Siebing* in: FS für Spiegelberger, Zur Frage des Besteuerungszeitpunktes bei der vorweggenommenen Erbfolge, S. 415; *M. Söffing* Erbschaftsteuerreform – Neuregelungen des ErbStG, ErbStB 2009, 48; *M. Söffing/Thonemann* Anwendung der geänderten Vorschriften des Erbschaftsteuer- und Schenkungsteuergesetzes – eine Besprechung der Gleichlautenden Ländererlasse v. 25. 6. 2009, ErbStG 2009, 325; *Wälzholz* Erbauseinandersetzung und Teilungsanordnung nach der Erbschaftsteuerreform, ZEV 2009, 113, *Werz* in: FS für Spiegelberger, Gestaltungsmöglichkeiten bei beschränkter Erbschaftsteuerpflicht, S. 584.

151 Das Bürgerliche Gesetzbuch kannte ursprünglich den Begriff der vorweggenommenen Erbfolge nicht, vgl. *J. Mayer* DNotZ 1996, 608. Die bürgerlichen Strukturen um die vorletzte Jahrhundertwende haben den Gesetzgeber veranlasst, eine umfangreiche Kodifizierung des Erbrechts mit über 460 Paragraphen vorzunehmen, wobei die Hypertrophie dieser Regelung besonders ins Auge sticht, wenn man bedenkt, dass das Dienstvertragsrecht das BGB nur 20 Paragraphen enthält. Die Ausstattung mit Elternvermögen ist nur in § 1624 BGB geregelt, wobei bereits § 1625 BGB die Einschränkung enthält, dass im Zweifel anzunehmen ist, dass die Ausstattung aus dem Kindesvermögen gewährt wird, wenn ein solches vorhanden ist.

Bei der Vertragsgestaltung spielten ursprünglich steuerliche Überlegungen keine Rolle. Um die vorletzte Jahrhundertwende betrug die höchste Einkommensteuerbelastung 4% (in Preußen). Das Steueraufkommen des Deutschen Reichs bestand lediglich aus den vereinnahmten Zöllen und den Überschüssen (!) der Deutschen Reichsbahn. Erst die über 60-jährige Friedensphase seit dem Ende des zweiten Weltkriegs hat zu einer Prosperität in Westdeutschland geführt, die eine generationsübergreifende Erhaltung des Familienvermögens ermöglicht.

Der Trend zur vorweggenommenen Erbfolge beruht auf der 1974 durch die erste Erbschaftsteuerreform ausgelösten sprunghaft angestiegenen Steuerbelastung, wozu der Vorschlag des damaligen Präsidenten des Bundesverfassungsgerichts *Zeidler*, die Erbschaftsteuer noch bis zu 75% anzuheben, in besonderem Maße beitrug. Die vorweggenommene Erbfolge enthält ein erhebliches Steuersparpotential, das der Gesetzgeber der Erbschaftsteuerreform 2009 erheblich erhöht hat. *Crezelius* ZEV 2009, 2 schätzt, dass nach neuem Recht nur ca. 3–4% der grundsätzlich steuerbaren Lebenssachverhalte zum Erbschaftsteueraufkommen beitragen werden. Ein besonderer Übertragungsschub wird sich aus den paradiesischen Verschonungsregelungen für Betriebsvermögen gem. §§ 13a und b ErbStG ergeben, wobei diesen Vorschriften wegen der evidenten Verfassungswidrigkeit nur eine kurze Geltungsdauer zu prognostizieren ist.

I. Schenkungsteuerliche Ziele

1. Ausschöpfung der Freibeträge im Zehn-Jahres-Turnus

Gem. § 14 Abs. 1 Satz 1 ErbStG werden mehrere innerhalb von zehn Jahren von der selben Person anfallende Vermögensvorteile zusammengerechnet. Nach Ablauf von zehn Jahren können somit die Freibeträge des § 16 ErbStG erneut in Anspruch genommen werden. 152

2. Verminderung der Bemessungsgrundlage durch Gegenleistungen

Gem. § 10 Abs. 1 Satz 1 ErbStG gilt als steuerpflichtiger Erwerb die **Bereicherung** des Erwerbers. Auflagen und Gegenleistungen führen somit zur Verminderung der Bemessungsgrundlage. Der Umstand, dass durch die Erbschaftsteuerreform 2009 die Bestimmung des § 25 ErbStG entfallen ist, so dass der Nießbrauchsvorbehalt nicht zu einer Steuerstundung, sondern zu einer erheblichen Steuerentlastung führt, wird den Trend zur vorweggenommenen Erbfolge nochmals verstärken. 153

Die **Minderung** der **Erbschaftsteuerbelastung** kann auch in der Weise erreicht werden, dass Ehegatten unmittelbar ihre Kinder zum Erben berufen, dem überlebenden Ehegatten aber den **Nießbrauch** auf dessen Lebensdauer bestellen, so dass sowohl der Ehegattenfreibetrag gem. § 16 Abs. 1 Nr. 1 ErbStG in Höhe von 500.000 €, als auch die Kinderfreibeträge gem. § 16 Abs. 1 Nr. 2 ErbStG in Höhe von je 400.000 € genutzt werden können, wobei durch die Einbeziehung der Enkelkinder sogar noch die weiteren Freibeträge gem. § 16 Abs. 1 Nr. 3 ErbStG in Höhe von je 200.000 € ausgeschöpft werden können. Der überlebende Ehegatte und die Kinder können durch die Gründung einer vermögensverwaltenden Familiengesellschaft vor dem Übermut der Enkelkinder geschützt werden, vgl. § 11–14. 154

3. Progressionsminderung durch mehrere Schenkungsfälle

Während die Kumulierung des Vermögens, z. B. durch gegenseitige Alleinerbeinsetzung der Eltern, zu einer Erhöhung der Erbschaftsteuer bei dem Alleinerben des überlebenden Elternteils führt, kann durch eine Aufteilung auf mehrere Schenkungsfälle eine Progressionsminderung erzielt werden. Aus diesem Grunde ist es auch sinnvoll, wenn sich Ehegatten im Rahmen des 155 gesetzlichen Freibetrages des § 16 Abs. 1 Nr. 1 ErbStG beschenken, damit Abkömmlinge den Freibetrag nach beiden Elternteilen nutzen können.

4. Steuersaldierung von Negativ- mit Positivschenkungen

156 Bei einer einheitlichen Schenkung können positive und negative Schenkungen miteinander verrechnet werden, vgl. *Petzoldt* § 7 Rn. 67. Wegen der Orientierung des neuen Bewertungsrechtes am Verkehrswert kommt eine Negativschenkung regelmäßig nur bei einem ertraglosen und überschuldeten Betrieb in Betracht, der in Verbindung mit positiven Vermögenswerten übertragen werden kann. Eine Saldierung der Positiv- und Negativschenkungen setzt jedoch voraus, dass der **Vollzug** der Schenkungen (und damit das Entstehen der Steuerpflicht gem. § 9 ErbStG) gleichzeitig erfolgen. Die gleichzeitige Vereinbarung ist nicht ausreichend, wenn der Vollzug einer Schenkung, z. B. wegen einer noch erforderlichen Vermessung oder einer familiengerichtlichen Genehmigung erst zu einem späteren Zeitpunkt eintritt.

5. Mittelbare Grundstücksschenkung

157 Die Schenkung eines Geldbetrages unter der Bedingung, ein bebautes, zu Wohnzwecken vermietetes Grundstück zu erwerben, wird schenkungsteuerlich als mittelbare Grundstücksschenkung mit der Rechtsfolge bewertet, dass der Besteuerung nicht der geschenkte Geldbetrag, sondern nur der Wert der Immobilie zugrunde gelegt wird, so dass der ermäßigte Ansatz von 90% des Wertes bei zu Wohnzwecken vermieteten Grundstücken gem. § 13 c Abs. 1 ErbStG in Anspruch genommen werden kann, vgl. unten § 7 A.

6. Generationensprung

158 Interessant ist diese Gestaltung insbesondere, wenn die Großeltern Vermögensgegenstände unmittelbar den Enkelkindern überlassen und den Nießbrauch ihren Kindern zuwenden. Die den Enkeln zugewendete Schenkung wird um den Wert der Nießbrauchsrechte gemindert; die Nießbrauchsberechtigten können ihre hohen Steuerfreibeträge in Höhe von je 400.000 € und die Enkelkinder in Höhe von je 200.000 € gem. § 16 Abs. 1 Nr. 2 und 3 ErbStG ausschöpfen. Der Generationensprung, also die gleichzeitige Bedenkung der nächsten und der übernächsten Generation ist schenkungsteuerlich zu empfehlen. Einkommensteuerlich ist zu beachten, dass die Nießbrauchzuwendung einen Zuwendungsnießbrauch beinhaltet, also mit dem AfA-Verlust verbunden ist.

7. Schenkung von Betriebsvermögen gem. § 13 a und b ErbStG

159 Die durch die Erbschaftsteuerreform 2009 geschaffenen Verschonungsregelungen für Betriebsvermögen in Höhe von 85% gem. § 13 b Abs. 4 ErbStG und die totale Erbschaftsteuerbefreiung gem. § 13 a Abs. 8 ErbStG beinhalten nahezu einen Zwang zur vorweggenommenen Erbfolge, zumal die Laufzeit dieser Vorschriften wegen der evidenten Verfassungswidrigkeit nur sehr gering sein wird.

8. Steuerfreie Rückabwicklung

§ 29 ErbStG erlaubt die Rückübertragung des Schenkungsgegenstandes mit der Rechtsfolge, dass die ursprünglich festgesetzte Steuer erstattet und für die Rückübertragung keine Schenkungsteuer erhoben wird, wenn eine entsprechende vertragliche Vorsorge getroffen wird, vgl. oben A VI. Darüber hinaus ist die Anfechtung des Rechtsgeschäftes wegen Irrtums über die Höhe der Steuerlast mit der Rechtsfolge des Wegfalls der Geschäftsgrundlage möglich, vgl. FG Rheinland-Pfalz DStRE 2001, 765; ebenso *Moench* § 29 ErbStG Rn. 9; *Jülicher* in: Troll/Gebel/Jülicher § 29 ErbStG Rn. 21 ff. **160**

II. Wichtige Neuregelungen

1. Steuersätze

a) Erbschaftsteuerreform 2009

Durch die Erbschaftsteuerreform 2009 wurden die Steuersätze bei der Steuerklasse II und III geändert. Bei der Steuerklasse I wurden die bisherigen Steuersätze beibehalten. Sowohl bei der Steuerklasse II als auch bei der Steuerklasse III wurde der Eingangssteuerbetrag ursprünglich auf 30% erhöht und der Tarifsprung auf 50% gleichförmig gestaltet. Damit wurde das Verwandtschaftsverhältnis praktisch negiert. Der Eingangssteuersatz von 30% für Neffen und Nichten ließ jedes Augenmaß vermissen. Durch das Wachstumsbeschleunigungsgesetz wurde mit Wirkung ab 1. 1. 2010 dieser Missgriff für die Steuerklasse II beseitigt. **166**

b) Erwachsenenadoption

Finanzminister *Steinbrück* hat offensichtlich das geschilderte Missverhältnis selbst empfunden, da er den Steuerpflichtigen bei der Vorstellung der Eckpunkte Neffen und Nichten die Erwachsenenadoption durch den Erblasser empfohlen hat. Tatsächlich kann gem. § 1767 Abs. 1 BGB ein Volljähriger als Kind angenommen werden, wenn die Annahme sittlich gerechtfertigt ist; dies ist insbesondere anzunehmen, wenn zwischen dem Annehmenden und dem Anzunehmenden ein Eltern-Kind-Verhältnis bereits entstanden ist. **167**

Gem. § 1770 Abs. 2 BGB werden die Rechte und Pflichten aus dem Verwandtschaftsverhältnis des Angenommenen und seiner Abkömmlinge zu ihren Verwandten durch die Annahme nicht berührt, so dass der Anzunehmende die rechtlichen Bindungen zu seinen Eltern nicht verliert, im Endergebnis also eine **Verdoppelung** der Schenkungsteuerfreibeträge eintritt. Die Standesbeamten haben bereits Alarm geschlagen, da im Jahr 2008 bereits 10.000 Erwachsenenadoptionen durchgeführt wurden, während in den Jahren zuvor durchschnittlich nur 1000 Erwachsenenadoptionen anfielen.

c) Steuersatzänderung durch das Wachstumsbeschleunigungsgesetz

Literatur: Wachter Wachstumsbeschleunigungsgesetz: Erneute Reform der Erbschaft- und Schenkungsteuer, DB 2010, 74.

Aufgrund der erheblichen Kritik in der Literatur, offensichtlich auch wegen des beim BFH unter dem AZ. II B 168/09 anhängigen Beschwerdeverfahrens mit der Begründung der Verfassungswidrigkeit der Steuersätze in der **168**

Steuerklasse II, wurden durch das am 1. 1. 2010 in Kraft getretene Wachstumsbeschleunigungsgesetz BStBl. 2010 I 2 die Tarife der Steuerklasse II ermäßigt. Die nunmehr geltenden Tarife sind nachstehend aufgeführt.

Wert des steuerpflichtigen Erwerbs (§ 10) bis einschließlich … Euro	Prozentsatz in der Steuerklasse		
	I	II	III
75.000	7	15	30
300.000	11	20	30
600.000	15	25	30
6.000.000	19	30	30
13.000.000	23	35	50
26.000.000	27	40	50
über 26.000.000	30	43	50

Die Steuersatzänderung ist erst mit Wirkung zum 1. 1. 2010 in Kraft getreten, so dass es bei Übertragungen und Erbfällen im Jahr 2009 bei dem hohen Eingangssatz von 30% für die Steuerklasse II bleibt.

2. Freibeträge

169 Die neuen Freibeträge gem. § 16 Abs. 1 Nr. 1–3 ErbStG in Höhe von 500.000 € für Ehegatten, 400.000 € für Kinder und 200.000 € für Enkelkinder und für die übrigen Personen der Steuerklasse I in Höhe von 100.000 € haben allgemein Zustimmung ausgelöst. Der Freibetrag in Höhe von 20.000 € für die Personen der Steuerklasse II, also insbesondere für Geschwister sowie für Neffen und Nichten, wird teilweise als ungenügend kritisiert. Eine Auflistung der wichtigsten Freibeträge enthält die nachfolgende Übersicht.

Ehegatten und Lebenspartner	500.000 €
Versorgungsfreibetrag für Ehegatten und Lebenspartner	256.000 €
Kinder und Kinder verstorbener Kinder	400.000 €
Enkelkinder	200.000 €
übrige Personen der Steuerklasse I	100.000 €
Hausrat bei Personen der Steuerklasse I	41.000 €
Neffen + Nichten	20.000 €
übrige Personen der Steuerklasse III	20.000 €
Pflegefreibetrag gem. § 10 Nr. 9 EStG	20.000 €
Inlandsvermögen für beschränkt Steuerpflichtige	2.000 €
Gleitender betrieblicher Abzugsbetrag	150.000 €

Zum gleitenden Abzugsbetrag gem. § 13a Abs. 2 ErbStG in Höhe von maximal 150.000 € vgl. unten IV 6a.

3. Wiederkehrende Nutzungen und Leistungen

a) Bewertungsgesetz

Durch die Erbschaftsteuerreform wurde auch die Bewertung der wiederkehrenden Nutzungen und Leistungen gem. §§ 13–16 BewG neu geregelt.

aa) Wiederkehrende Nutzungen und Leistungen gem. § 13 BewG

Der Kapitalwert wiederkehrender, zeitlich beschränkter Nutzungen und Leistungen wird gem. § 13 Abs. 1 BewG mit dem aus der Anlage 9 a zu ermittelnden Vielfachen des Jahreswertes ermittelt. **170**

Immerwährende Nutzungen und Leistungen sind mit dem 18,6-fachen des Jahreswertes, Nutzungen oder Leistungen von **unbestimmter** Dauer vorbehaltlich des § 14 mit dem 9,3-fachen des Jahreswertes zu bewerten.

bb) Lebenslange Nutzungen und Leistungen

Bisher wurden lebenslängliche Nutzungen und Leistungen mit dem aus der Anlage 9 des Bewertungsgesetzes entnommenen Vielfachen des Jahreswertes angesetzt. Der Steuerpflichtige war bereits bisher berechtigt, an Stelle der auf der Jahressterbetafel 1990 beruhenden Multiplikatoren die auf den aktuellen Sterbetafeln beruhenden Vervielfältiger anzusetzen. Nunmehr wurde Anlage 9 des Bewertungsgesetzes aufgehoben. Gem. § 14 Abs. 1 Satz 2 BewG sind die Vervielfältiger nach der Sterbetafel des Statistischen Bundesamtes zu ermitteln und ab 1. 1. des auf die Veröffentlichung der Sterbetafel durch das Statistische Bundesamt folgenden Kalenderjahres anzuwenden. Das Bundesfinanzministerium wird jährlich im Bundessteuerblatt die entsprechenden Tabellen veröffentlichen; für 2009 errechnet sich der Kapitalwert nach der im BStBl. 2009 I 271 und der Kapitalwert für 2010 nach der im BStBl. 2009 I 1168 veröffentlichten Tabelle. **171**

b) Aufhebung des § 25 ErbStG

Die erst bei der Erbschaftsteuerreform 1974 eingefügte und bisher – entgegen dem Gesetzeswortlaut – nur für vorbehaltene Nutzungen, nicht jedoch für vereinbarte wiederkehrende Leistungen angewendete Vorschrift des § 25 ErbStG ist völlig entfallen. H 163 ErbStH und H 177 ErbStH haben bereits bisher eine Minderung durch Verkehrswertgutachten erlaubt, wobei die Finanzverwaltung diese Vergünstigung widerrufen hat. Durch eine vorweggenommene Erbfolge sind nunmehr erhebliche Erbschaftsteuerminderungen zu erreichen. **172**

Beispiel: Die 50-jährige Ehefrau F errichtet im Jahr 2009 mit ihrem Ehemann M und ihrer Tochter T eine vermögensverwaltende KG, in die sie ihr Mietshaus im Steuerwert (= Verkehrswert) von 3 Mio. € einbringt. Alle drei Gesellschafter sind nach der Einbringung mit je $^1/_3$ beteiligt. Die Nettomieteinnahme beträgt jährlich 165.000 €.

Gem. BStBl. 2009 I 271 ergibt sich für eine 50-jährige Frau ein Faktor 15,591. Gem. § 16 BewG beträgt der Wert des zurückbehaltenen Nießbrauches

$$\frac{15{,}591}{18{,}6} \approx 83{,}8\ \%$$

Die Bemessungsgrundlage für die Schenkung beträgt 16,2% aus 3 Mio. € = 486.000 €. Auf den Ehemann und den Sohn entfallen je 1/3 von 486.000 €, also je 162.000 €. Die Schenkung bleibt aufgrund der Schenkungsteuerfreibeträge von 500.000 € bzw. 400.000 € schenkungsteuerfrei. Selbst bei der Einbringung eines Objektes im Wert von 6 Mio. € bliebe die Schenkung an den Ehemann und das Kind schenkungsteuerfrei; zur nachträglichen Berichtigung beim frühzeitigen Versterben des Nießbrauchers vgl. § 14 Abs. 2 BewG.

Hinweis: Der kapitalisierte Nießbrauch stellt eine grunderwerbsteuerliche Gegenleistung dar, vgl. FinMin Baden-Württemberg DStR 2009, 856.

4. Betrieblich genutzte Ehegattengrundstücke

173 Bisher enthielt § 99 Abs. 2 BewG die – unverständliche – Regelung, dass nur ein Grundstück, das zu mehr als der Hälfte seines Wertes dem Gewerbebetrieb dient, insgesamt als Betriebsgrundstück galt. Bei dem häufig verbreiteten Fall, dass Ehegatten je hälftig das Eigentum an einem Grundstück innehatten, das dem Betrieb eines Ehegatten zur Nutzung überlassen war, wurde das gesamte Grundstück bewertungsrechtlich (nicht einkommensteuerlich!) als Grundvermögen, also nicht als Betriebsvermögen bewertet. § 99 Abs. 2 BewG ist ersatzlos entfallen, so dass die einkommensteuerliche Beurteilung auch für die erbschaftsteuerliche Betrachtung gilt.

5. Ergänzung von § 6 Abs. 4 ErbStG hinsichtlich letztwilligen Verfügungen mit Auflagen

174 Gem. § 1940 BGB i.V.m. § 2192ff. BGB kann der Erblasser durch Testament den Erben oder einen Vermächtnisnehmer zu einer Leistung verpflichten, ohne einem anderen ein Recht auf die Leistung zuzuwenden. Die Auflage betrifft regelmäßig nicht Vermögenszuwendungen, sondern sonstige Verpflichtungen, z.B. über die Art und Weise der Bestattung, vgl. *Palandt/Edenhofer* BGB § 2192 Rn. 3. *Daragan* DStR 1999, 393 hatte vorgeschlagen, den mit Nachvermächtnissen verbundenen Nachteilen gem. § 6 Abs. 4 ErbStG durch die Anordnung einer Auflage auszuweichen. Der Gesetzgeber hat aber durch eine entsprechende Ergänzung des § 6 Abs. 4 ErbStG reagiert, so dass erbschaftsteuerliche Vorteile mit einer Auflage nicht mehr erzielbar sind. § 6 Abs. 4 ErbStG findet beim Berliner Testament gem. § 2269 BGB Anwendung, wenn Vermächtnisse, Pflichtteilsansprüche oder Auflagen erst beim Tod des längstlebenden Ehegatten zu erfüllen sind. Zu beachten ist, dass ein Abzug von Verbindlichkeiten von der Bemessungsgrundlage nur zulässig ist, wenn der überlebende Ehegatte wirtschaftlich beschwert ist, also vor seinem Versterben zur Erfüllung verpflichtet ist, vgl. *Meincke* § 6 ErbStG Rn. 24.

6. Rückkaufwert bei Ansprüchen aus Lebensversicherungen

175 Die bisherige Bewertung von 2/3 der eingezahlten Prämien entfiel, so dass künftig Lebensversicherungsansprüche immer mit dem Rückkaufwert angesetzt werden. § 12 Abs. 4 BewG wurde in der Weise geändert, dass noch nicht fällige Ansprüche aus Lebens-, Kapital- oder Rentenversicherungen mit dem Rückkaufswert bewertet werden.

III. Grundstücksbewertung

Literatur: *Drosdzol* Erbschaftsteuerreform: Bewertung des Grundvermögens, ZEV 2008, 10; *ders.* Erbschaftsteuerreform – die Bewertung des Grundvermögens nach den gleich lautenden Ländererlassen v. 5. 5. 2009, DStR 2009, 1405; *Eisele* Erbschaftsteuerliche Immobilienbewertung: Verkehrswertnachweis nach dem ErbStRG, ZEV 2009, 451; *Fürwentsches* Übertragung von Privatvermögen nach neuem Erbschaftsteuerrecht, NWB 2009, 1098; *Halaczinsky* in: FS für Spiegelberger (2009), Grundstücksbewertung im Erbschaftsteuerrecht, S. 187; *ders.* Grundstücksbewertung und Feststellungsverfahren nach der Erbschaftsteuerreform – Erläuterung von Grundfragen und Einzelheiten anhand der Ländererlasse, ErbStB 2009, 303; *Siegmund/Zipfel* Ermittlung der Grundvermögenswerte nach den Ländererlassen vom 5. 5. 2009, BB 2009, 2454; *Tremel* Die neue Erlasslage zur Bewertung des Grundvermögens, ZEV 2009, 445; *Wachter* in: FS für Spiegelberger (2009), Die Immobilie im neuen Erbschaft- und Schenkungsteuerrecht, S. 524.

1. Unbebaute Grundstücke

Gem. § 179 BewG bestimmt sich der Wert unbebauter Grundstücke nach dem Bodenrichtwert gem. § 196 BauGB. 181

Die Gutachterausschüsse sind aufgrund der Änderung des § 196 BauGB verpflichtet, **flächendeckend** Bodenrichtwerte auch für

- baureifes Land,
- Bauerwartungsland,
- Rohbauland und
- and- und forstwirtschaftlich genutzte Flächen

zu ermitteln.

Es sind **Richtwertzonen** zu bilden. Ferner müssen die beeinflussenden Merkmale des Bodenrichtwert-Grundstücks und Umrechnungskoeffizienten, z. B. bei einem unterschiedlichen Maß der baulichen Nutzung, ermittelt und veröffentlicht werden. 182

Der Bodenrichtwert ist durch Zu- oder Abschläge anzupassen, wenn lagetypische Merkmale des Bewertungsobjektes von dem Bodenrichtwertgrundstück abweichen, also insbesondere bei

- abweichender Geschossflächenzahl,
- abweichender Grundstücksgröße oder -tiefe,
- Frei- und Verkehrsflächen und
- abweichendem erschließungsbeitragsrechtlichen Zustand.

Andere wertbeeinflussende Faktoren, wie z. B. Lärm-, Staub- oder Geruchsbelästigung bleiben außer Ansatz. Damit weicht der Gesetzgeber von der bisherigen Handhabung in § 145 Abs. 3 BewG ab, wonach pauschal für diese Wertbeeinträchtigungen ein Abschlag von 20% vom Bodenrichtwert vorgenommen wurde. Da die von den Gutachterausschüssen ermittelten Bodenrichtwerte nur **Durchschnittswerte** darstellen, also innerhalb der jeweiligen Richtwertzone unterschiedliche Verkehrswerte bestehen, ist die einheitliche Fixierung auf den Bodenrichtwert ohne jeden Abschlag eine gesetzgeberische Fehlleistung, die regelmäßig zu Auseinandersetzungen führen wird. Der Steuerpflichtige kann zwar gem. § 198 BewG den niedrigeren gemeinen Wert nachweisen, muss aber die Gutachterkosten selbst tragen, so dass in vielen Fällen die Duldung eines überhöhten Bodenrichtwertes das geringere Übel darstellt. 183

2. Bebaute Grundstücke

184 Gem. § 182 Abs. 1 BewG ist der Wert der bebauten Grundstücke nach dem Vergleichs-, dem Ertrags- oder dem Sachwertverfahren zu ermitteln. Grundlage ist insoweit die WertV, vgl. *Tremel* ZEV 2007, 365.

a) Vergleichswertverfahren

185 Gem. § 182 Abs. 2 BewG sind Wohnungseigentum, Teileigentum sowie Ein- und Zweifamilienhäuser grundsätzlich mit dem Vergleichswertverfahren zu bewerten. Gem. § 183 Abs. 1 BewG sind Kaufpreise von Grundstücken heranzuziehen, die hinsichtlich der ihren Wert beeinflussenden Merkmale mit dem zu bewertenden Grundstück hinreichend übereinstimmen.

Anstelle von Preisen für Vergleichsgrundstücke können gem. § 183 Abs. 2 BewG von den Gutachterausschüssen zu ermittelnde Vergleichsfaktoren herangezogen werden. Im Vergleichswertverfahren sind nach den Abs. 1 und 2 den Wert beeinflussende Belastungen privatrechtlicher und öffentlich-rechtlicher Art nicht zu berücksichtigen, so dass der Steuerpflichtige den niedrigeren Verkehrswert gem. § 198 BewG wiederum nur auf eigene Kosten nachweisen kann.

b) Ertragswertverfahren

186 Im Ertragswertverfahren sind Mietwohngrundstücke zu bewerten, ferner Geschäftsgrundstücke und gemischt genutzte Grundstücke, für die sich auf dem örtlichen Grundstücksmarkt eine übliche Miete ermitteln lässt. Der Bodenwert ist der Wert der unbebauten Grundstücke nach § 179 BewG. Der Bodenwert und der Gebäudeertragswert ergeben den Ertragswert des Grundstücks. Bei der Ermittlung des Gebäudeertragswertes ist von dem Reinertrag des Grundstückes auszugehen, wobei die übliche Miete anzusetzen ist, wenn die tatsächlichen Erträge davon um mehr als 20% zurückbleiben.

187 Von dem Rohertrag sind die **Bewirtschaftungskosten** abzuziehen, wobei nicht die tatsächlich anfallenden Kosten, sondern die von den Gutachterausschüssen zur Verfügung gestellten Erfahrungssätze Anwendung finden. Andernfalls ist von pauschalierten Bewirtschaftungskosten nach Anlage 23 zum Bewertungsgesetz auszugehen. Der verbleibende Betrag ist der Reinertrag des Grundstücks.

188 Von diesem Reinertrag ist eine angemessene **Bodenwertverzinsung** abzuziehen. Der Liegenschaftszinssatz ist der von den Gutachterausschüssen zu ermittelnde örtliche Liegenschaftszins. Soweit dieser nicht zur Verfügung steht, gelten gem. § 188 Abs. 2 Satz 2 BewG folgende Zinssätze:

- 5% für Mietwohngrundstücke,
- 5,5% für gemischt genutzte Grundstücke mit einem gewerblichen Anteil von bis zu 50%, berechnet nach der Wohn- und Nutzfläche,
- 6% für gemischt genutzte Grundstücke mit einem gewerblichen Anteil von mehr als 50%, berechnet nach der Wohn- und Nutzfläche und
- 6,5% für Geschäftsgrundstücke.

189 Der **Gebäudereinertrag** ist gem. § 185 Abs. 3 BewG mit dem sich aus der Anlage 21 zum Bewertungsgesetz ergebenden Vervielfältiger zu kapitalisieren, wobei sich der Vervielfältiger aus der Restnutzungsdauer des Gebäudes

ergibt. Die Restnutzungsdauer wird grundsätzlich aus dem Unterschiedsbetrag zwischen der wirtschaftlichen Gesamtnutzungsdauer, die sich aus der Anlage 22 zum Bewertungsgesetz ergibt, und dem Alter des Gebäudes am Bewertungsstichtag ermittelt.

Die **Summe** des so ermittelten Gebäudeertragswertes und des Bodenwer- 190
tes ergibt den Grundstückswert.

Bewertungsschema: Ertragswertverfahren

Jahresmiete bzw. übliche Miete
./.
Bewirtschaftungskosten
=
Reinertrag des Grundstücks
./.
Bodenwertverzinsung
(Bodenwert x Liegenschaftszinssatz)
=
Gebäudereinertrag
x
Vervielfältiger
=
Gebäudeertragswert

Bodenrichtwert (ggf. angepasster Bodenrichtwert)
x
Grundstücksfläche
=
Bodenwert

Grundstückswert
(ggf. Nachweis des niedrigeren gemeinen Werts, § 198 BewG)

c) Sachwertverfahren

Gem. § 182 Abs. 4 Satz 1 BewG sind Wohnungseigentum, Teileigentum, 191
Ein- und Zweifamilienhäuser, wenn ein Vergleichswert nicht vorliegt, mit dem Sachwertverfahren zu bewerten, ebenso Geschäftsgrundstücke und gemischt genutzte Grundstücke, für die sich auf dem örtlichen Grundstücksmarkt keine übliche Miete ermitteln lässt, sowie sonstige bebaute Grundstücke.

aa) Wertermittlung

Nach § 189 BewG sind bei diesen Verfahren der Wert der baulichen und 192
der Wert der sonstigen Anlagen getrennt vom Bodenwert nach **Herstellungswerten** zu ermitteln, der Bodenwert ist der Wert des unbebauten Grundstücks nach § 198 BewG.

Die Regelung ist im Wesentlichen dem Sachwertverfahren nach § 21 WertV nachgebildet. Im Wesentlichen ergeben sich folgende Rechenschritte:
- Die maßgeblichen Regelherstellungskosten sind der Anlage 24 zum Bewertungsgesetz zu entnehmen.
- Der Gebäuderegelherstellungswert ergibt sich durch Multiplikation der Regelherstellungskosten mit der Bruttogrundfläche des Gebäudes.
- Vom Gebäuderegelherstellungswert ist die Alterswertminderung gem. § 190 Abs. 2 BewG abzuziehen.
- Die Alterswertminderung wird nach dem Verhältnis des Alters des Gebäudes am Bewertungsstichtag zur wirtschaftlichen Gesamtnutzungsdauer nach Anlage 22 zum Bewertungsgesetz bestimmt.
- Der nach Abzug der Alterswertminderung verbleibende Gebäudewert ist regelmäßig mit mindestens 40% des Gebäuderegelherstellungswerts anzusetzen.

- Bodenwert und Gebäudesachwert ergeben gem. § 189 Abs. 3 BewG den vorläufigen Sachwert des Grundstücks.
- Dieser ist zur Anpassung an den gemeinen Wert mit einer Wertzahl nach § 191 BewG gem. Anlage 25 zum Bewertungsgesetz zu multiplizieren.

193 **Bewertungsschema: Ertragswertverfahren**

Bodenrichtwert (ggf. angepasster Bodenrichtwert) x Grundstücksfläche = Bodenwert	Gebäudenormalherstellungskosten x Flächen- oder Raumeinheiten des Gebäudes = Gebäudenormalherstellungswert ./. Alterswertminderung = Gebäudewert

vorläufiger Sachwert
x
Wertzahl
=
Grundstückswert
(ggf. Nachweis des niedrigeren gemeinen Werts, § 198 BewG)

Beispiel nach *Drosdzol* ZEV 2008, 10, 15: Bewertung eines Einfamilienhauses in Berlin mit folgenden Merkmalen: Grundstücksfläche 468 qm, Bodenrichtwert 260 €/qm, Gebäude mit Erdgeschoss, Obergeschoss, Dachgeschoss (nicht ausgebaut), voll unterkellert, Baujahr 1925, überbaute Fläche 8 x 9 m, mittlere Ausstattung. Das Haus ist laufend instand gehalten, befindet sich – abgesehen von der eingebauten Gaszentralheizung und den zwei modernen Bädern – im Originalzustand. Es liegt ein Verkehrswertgutachten vor (Verkehrswert 230.000 €). Der Steuerwert wird wie folgt berechnet:

Bodenrichtwert	260 €/qm x 468 qm =	121.680 €
Gebäudewert	Gebäudenormalherstellungswert = 550 €/qm x BGF = 550 €/qm x 288 qm = 158.400 € ./. Alterswertminderung = 60% von 158.400 € (Restwertregelung) = 95.040 € = Gebäudesachwert =	63.360 €
vorläufiger Sachwert		185.040 €
Marktanpassungsfaktor x 1,1		
Steuerwert		203.544 €

bb) Kritik

194 Anlage 24 zum Bewertungsgesetz unterscheidet für die einzelnen Gebäudearten nach der Ausstattungsqualifikation „einfach", „mittel" und „gehoben". Diese Merkmale sind in der Anlage 24 Teil III des Bewertungsgesetzes näher definiert. Damit sind die Abgrenzungsmerkmale konkretisiert, erfordern aber einerseits einen hypertrophen Feststellungsbedarf und führen in vielen Fällen zu einem über den Wiederverkaufswert liegenden Wertansatz, was der Steuerpflichtige spätestens bei einem berufsbedingten Wohnortwech-

sel feststellen wird. Insbesondere fehlt bei der gesetzlichen Regelung die in den Wertermittlungsrichtlinien Tz. 3.6.1.1.1 WertR 2006 verlangte Gewichtung der einzelnen Kostengruppen, so dass bei einem Streit mit dem Finanzamt der Weg an einem kostspieligen **Sachverständigengutachten** zur Feststellung des niedrigeren gemeinen Werts gem. § 198 BewG nicht vorbeiführt. Bei der Beratung muss abgewogen werden, ob die Kosten des Sachverständigen (evt. mehrerer!) die aus der unberechtigten Höherbewertung folgende Steuerbelastung nicht übersteigen.

Ein weiterer Mangel besteht darin, dass bei der Wertermittlung durch Grundstückssachverständige nach der WertV ein **Mittelwert** zwischen dem Ertragswert und dem Sachwert gebildet wird. Die einseitige Berücksichtigung des Sachwertes geht über den Marktwert der bewerteten Immobilie hinaus.

Den bei Sachverständigengutachten nach der WertV üblichen Mittelwert zwischen Sachwert- und Ertragswertverfahren hat der BFH ZEV 2009, 260 für § 138 Abs. 1 Satz 2 BewG a. F. mit folgendem Leitsatz abgelehnt:

1. Legt der Steuerpflichtige zum Nachweis eines niedrigeren gemeinen Werts das Gutachten eines Sachverständigen für Grundstücksbewertung vor und gelangt der Gutachter nach einer Wertermittlung sowohl im Sachwert- als auch im Ertragswertverfahren mit zutreffender Begründung dazu, dass das Grundstück ausschließlich im Ertragswertverfahren zu bewerten ist, handelt das FA rechtswidrig, wenn es den Grundstückswert ohne weitere Begründung auf den Mittelwert beider Werte feststellt.
2. Fehlt als letzter Schritt einer Grundstücksbewertung nach der WertV die Anpassung an die Marktverhältnisse gemäß § 7 Abs. 1 Satz 2 WertV, ist der Nachweis eines niedrigeren gemeinen Werts (noch) nicht geführt. Die Preisbildung am Grundstücksmarkt richtet sich nicht nur nach den Ertragserwartungen der Nachfrager.
3. Beim Nachweis eines niedrigeren gemeinen Werts gemäß § 146 Abs. 7 BewG i. d. F. vor 2007 war auf die Wertverhältnisse vom Bewertungsstichtag abzustellen.

Praxishinweis: Die Bewertung nach dem Sachwertverfahren kann vermieden werden, wenn das zu bewertende Wohnhaus zwei oder mehrere abgeschlossene Wohnungen aufweist. Bei der Aufteilung in Wohnungseigentum kommt die Bewertung nach dem Vergleichswertverfahren mit den üblichen Quadratmeterwerten, die vom Gutachterausschuss zur Verfügung gestellt werden, in Betracht. 195

d) Bewertung von Erbbaurechten

aa) Gesetzliche Regelung

Sofern gem. § 193 BewG keine Vergleichswerte für den Wert des Erbbaurechts vorliegen, ist gem. Abs. 3 dieser Bestimmung der Bodenwertanteil und gem. Abs. 5 der Gebäudewertanteil zu ermitteln. 196

(1) Bodenwertanteil. Der Bodenwertanteil ergibt sich aus der Differenz zwischen 197

- dem angemessenen Verzinsungsbetrag des Bodenwerts des unbelasteten Grundstücks nach Abs. 4 und
- dem vertraglich vereinbarten jährlichen Erbbauzins.

Der so ermittelte Unterschiedsbetrag ist über die Restlaufzeit des Erbbaurechts mit dem Vervielfältiger gem. Anl. 21 zum Bewertungsgesetz zu kapitalisieren. Sofern kein vom Gutachterausschuss ermittelter Liegenschaftszinssatz vorliegt, gelten folgende Zinssätze:

1. für Ein- und Zweifamilienhäuser und Wohnungseigentum, das wie Ein- und Zweifamilienhäuser gestaltet ist, 3%,
2. für Mietwohngrundstücke und Wohnungseigentum, das nicht unter Nr. 1 fällt, 5%,
3. für gemischt genutzte Grundstücke mit einem gewerblichen Anteil von bis zu 50%, berechnet nach der Wohn- und Nutzfläche, sowie sonstige bebaute Grundstücke, 5,5%,
4. für gemischt genutzte Grundstücke mit einem gewerblichen Anteil von mehr als 50%, berechnet nach der Wohn- und Nutzfläche, 6%
5. und für Geschäftsgrundstücke und Teileigentum 6,5%.

198 *(2) Gebäudewertanteil.* Der Gebäudewertanteil ist gem. § 193 Abs. 5 BewG bei der Bewertung des bebauten Grundstücks im Ertragswertverfahren der Gebäudeertragswert nach § 185 BewG, bei der Bewertung im Sachwertverfahren der Gebäudesachwert nach § 190 BewG. Ist der bei Ablauf des Erbbaurechts verbleibende Gebäudewert nicht oder nur teilweise zu entschädigen, ist der Bodenwert des Erbbaurechts um den Gebäudewert des Erbbaugrundstücks nach § 194 Abs. 4 BewG zu erhöhen. Der Gebäudewert des Erbbaugrundstücks entspricht gem. Abs. 4 dieser Bestimmung dem Gebäudewert oder dem anteiligen Gebäudewert, der dem Eigentümer des Erbbaugrundstücks bei Beendigung des Erbbaurechts durch Zeitablauf entschädigungslos zufällt; er ist auf den Bewertungsstichtag nach Anlage 26 zum Bewertungsgesetz abzuzinsen.

bb) Berechnung

199 Zu unterscheiden ist zwischen dem Wert des **Erbbaurechts**, das aus einem

- Bodenwertanteil und
- Gebäudewertanteil

besteht und – davon getrennt – dem Wert des mit dem Erbbaurecht belasteten **Grundstücks**.

Beispiel

Geschäftsgrundstück 1000 qm/255 €	255.000 €
vereinbarter Erbbauzins jährlich	12.750 €
Restlaufzeit 21 Jahre	

(1) Bodenwertanteil

angemessener Erbbauzins	
6,5% × 255.000 = 16.575 €	
kapitalisiert gem. Anlage 21:	
16.575 × 11,28 =	86.966 €
./. kapitalisierter tatsächlicher Erbbauzins (Anlage 21)	
12.750 × 12,82 =	163.455 €
Bodenwertanteil (Differenz) =	23.511 €

(Der Bodenwertanteil ist nur dann mit Null anzusetzen, wenn der tatsächliche Erbbauzins dem gesetzlich „vorgeschriebenen" Erbbauzins von 6,5% entspricht.)

(2) Grundstückswert

abgezinster Grundstückswert (Anlage 26)	
255.000 × 0,2665 =	67.957,50 €
Barwert Erbbauzins (Anlage 21)	
12.750 × 12,82 =	163.455,00 €
Summe	231.412,50 €
./. Bodenwertanteil Erbbaurecht	23.511,00 €
Grundstückswert	**207.901,50 €**

200 **Weiteres Beispiel** nach *Halaczinsky,* ZErb 2009, 21, 27:

(1) Wert des Erbbaurechts

- **Bodenwertanteil**

Sofern der Bodenwert 100.000 beträgt, ergäbe sich bei einem Einfamilienhaus gem. § 193 Abs. 4 Nr. 1 BewG eine Verzinsung von 3000 € (3%). Davon ist der Jahreswert des vereinbarten jährlichen Erbbauzinses von angenommen 2400 € abzuziehen, so dass sich eine zu kapitalisierende Differenz von 600 € ergibt (entspricht der vereinbarte jährliche Erbbauzins der vom Gesetzgeber angenommenen angemessenen Bewertung mit 3%, wäre der Wert des Bodenwertanteils Null €. Liegt der vereinbarte jährliche Erbbauzins höher als die angemessene Verzinsung, ergibt sich ein negativer Betrag, der den Gebäudewertanteil teilweise kompensiert).

- **Gebäudewertanteil**

Der Gebäudewertanteil ist nicht nach dem Vergleichswertverfahren, sondern nach dem Ertragswert- oder Sachwertverfahren zu ermitteln. Der Gebäudewertanteil ist zu mindern, wenn das Bauwerk mit Zeitablauf des Erbbaurechtes ohne oder nur mit einer teilweisen Entschädigung auf den Grundeigentümer übergeht und zwar um den Gebäudewertanteil des Erbbaurechtsgrundstücks i. S. d. § 194 Abs. 4 BewG.

(2) Wert des mit dem Erbbaurecht belasteten Grundstücks

Für das mit einem Erbbaurecht belastete Grundstück ist vorrangig eine Bewertung nach dem Vergleichswertverfahren durchzuführen, andernfalls ist der Wert aus dem Bodenwertanteil und ggf. nach einem Gebäudewertanteil zu errechnen (§ 194 Abs. 2–4 BewG).

Beträgt der Bodenwert 100.000 € und ergäbe sich ein abgezinster Wert von z. B. 25.000 €, muss zu diesem Wert der Kapitalwert des Erbbauzinsanspruches, z. B. angenommen mit 20.000 € addiert werden, so dass der Wert des Erbbaurechtsgrundstückes 45.000 € betragen würde.

Korrekturen für den Fall, dass das Erbbaurecht unentgeltlich oder zu relativ günstigen Erbbauzinsen vergeben wurde, sind nicht vorgesehen.

e) Gebäude auf fremdem Grund und Boden und Grundstücke im Zustand der Bebauung

Für diese – im Falle der vorweggenommenen Erbfolge seltenen – Fälle ist die Bewertung in §§ 195 und 196 BewG geregelt, wobei grundsätzlich die oben dargestellten Bewertungsfaktoren zugrunde gelegt werden. 201

f) Kritik

Der Anwendungsbereich für das Sachwertverfahren ist nach der Gesetzesbegründung dann vorgesehen, wenn es für die Werteinschätzung am Grundstücksmarkt nicht in erster Linie auf den Ertrag ankommt, sondern die Herstellungskosten im gewöhnlichen Geschäftsverkehr wertbestimmend seien. Mit dem Sachwertverfahren wird individuelles Wohnen extrem besteuert. Die noch von Finanzminister Eichel eingesetzte Kommission (vgl. *Spiegel-* 202 *berger* Stbg 2003, S. 116) hat generell eine Rückkehr zu einem Sachwertverfahren abgelehnt, da dieses jedenfalls zum Teil zu erheblichen Überbewertungen führen würde. Bereits während der Geltungsdauer des Einheitswerts für die Erbschaftsteuer bis zum 31. 12. 1995 führte das Sachwertverfahren zu weit über den Einheitswert hinausgehenden Bewertungen und löste damit immer wieder Rechtsmittel bis hin zu Verfassungsbeschwerden aus. Im Endergebnis wird bei der Anwendung des Sachwertverfahrens nicht der eigentliche Marktwert, sondern der mit dem individuellen Wohnen vermutete „Luxus" besteuert. Maßgebend für die Besteuerung – vgl. § 7 Abs. 1 Nr. 1 ErbStG – ist aber die Bereicherung!

Bei den zahlreichen **Zwangsversteigerungsverfahren** in den letzten Jahren ist ersichtlich, dass der Zuschlag regelmäßig unter dem Schätzwert erfolgt.

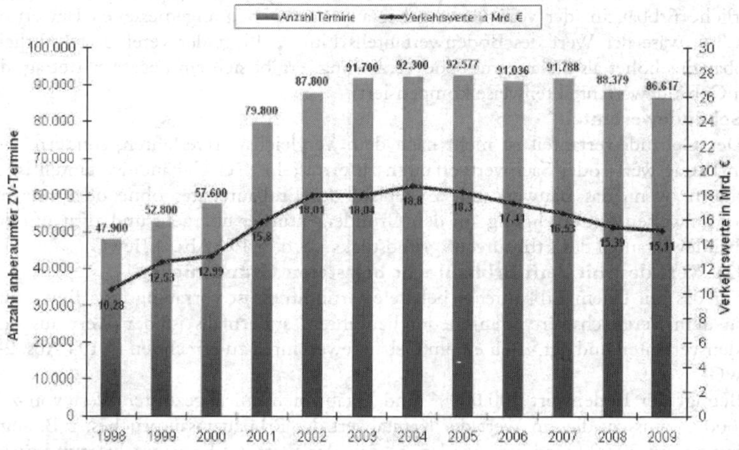

Quelle Argetra GmbH, Ratingen

203 Im Rahmen der zu erwartenden erneuten Richterklage gegen das Erbschaftsteuerreformgesetz sollte das Bundesverfassungsgericht erwägen, ob der Gesetzgeber nicht verpflichtet ist, einen **generellen Risikoabschlag** für alle Bewertungen vorzunehmen. Mit Ausnahme von Bargeld und Festgeldkonten unterliegen alle Wirtschaftsgüter einschließlich von Aktien und Edelmetallbeständen dem ständigen Auf und Ab der wirtschaftlichen Gesamtsituation.

204 Die nachfolgende **Grafik** zeigt, dass ein einheitliches Bewertungsschema für die gesamte Bundesrepublik nicht gefunden werden kann, so dass die Besteuerung den einzelnen Bundesländern zugewiesen werden sollte, zumal das Erbschaftsteueraufkommen ausschließlich dem jeweiligen Bundesland zufließt.

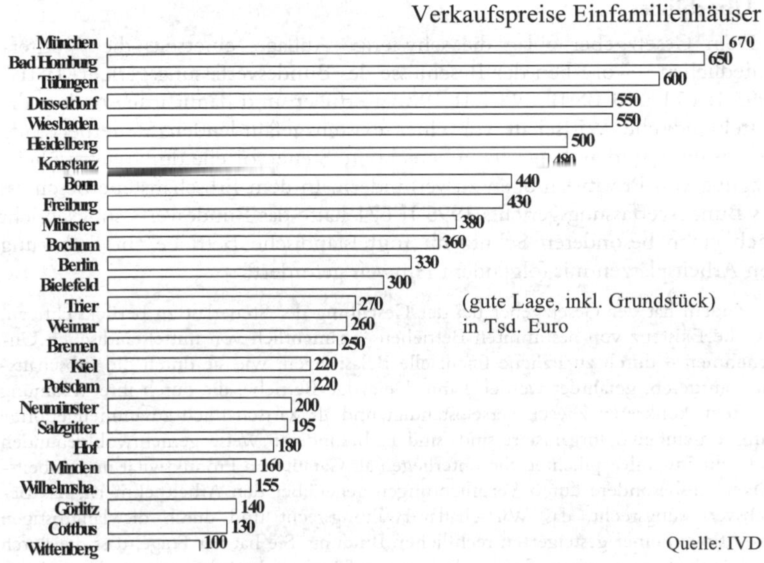

IV. Verschonungsregelungen für Betriebsvermögen gem. §§ 13 a und b i. V. m. 19 a ErbStG

Literatur: *Corsten/Dreßler* Die Bedeutung der Finanzierung für die Unternehmensnachfolge, DStR 2009, 2115; *Dillberger/Fest* Der Verschonungsabschlag des § 13 a ErbStG n. F. als Motiv für einen Personalabbau bei Betriebsübergaben, DStR 2009, 671; *Fraedrich* Das neue Erbschaftsteuerrecht aus Sicht der GmbH, GmbH-Stb 2009, 45; *Gluth* Neue Begünstigungen für Unternehmensvermögen, ErbStB 2009, 89; *Hannes/Steger* Gestaltungsmaßnahmen nach der Erbschaftsteuerreform, ErbStB 2009, 113; *Hübner* Das Erbschaftsteuerreformgesetz – ein erster Überblick, Ubg 2009, 1; *Kamps* Erbschaftsteuer: Begünstigtes Vermögen und Verwaltungsvermögen i. S. d. neuen §§ 13 a, 13 b ErbStG, FR 2009, 353; *Landsittel* Auswirkungen des Erbschaftsteuerreformgesetzes auf die Unternehmensnachfolge, ZErb 2009, 11; *Onderka* Die Gestaltung der Unternehmensnachfolge nach der Erbschaftsteuerreform, NZG 2009, 521; *Schäffler* Einfluss der Rechtsform eines Unternehmens auf die Erbschaftsteuerbelastung, BB 2009, 2469; *Schmidt/Schwind* Das neue Begünstigungssystem für Betriebsvermögen, NWB 2009, 1654, 1816, 2151 und 2410; *Schwind/Schmidt* Verwaltungsvermögen – neuer Stolperstein im Erbschaftsteuergesetz, NWB 2009, 609; *Scholten/Korezkij* Begünstigungen für Betriebsvermögen nach der Erbschaftsteuerreform – begünstigte Erwerbe und begünstigtes Vermögen, DStR 2009, 73; *dies.* Nachversteuerung nach §§ 13 a und 19 a ErbStG als Risiko- und Entscheidungsfaktor, DStR 2009, 991; *D. Schulze zur Wiesche* Die betrieblichen Erbauseinandersetzungen und ihr Einfluss auf die neuen Verschonungsregelungen, BB 2009, 1391; *R. Schulze zur Wiesch* Sonderbetriebsvermögen und Verwaltungsvermögen Test nach § 13 a und § 13 b ErbStG, DStR 2009, 732; *M. Söffing* Nachfolgeklauseln und Weiterübertragungsverpflichtungen i. S. d. § 13 a Abs. 3 ErbStG, ErbStB 2009, 271; *Stahl/Fuhrmann* Beratungskonsequenzen nach Umsetzung der Erbschaftsteuerreform, KÖSDI 2009, 16.402; *S. Viskorf/Philipp* Sonderbetriebsvermögen als Begünstigungshindernis?, ZEV 2009, 230; *Wälzholz* Die Vererbung und Übertragung von Betrieben nach den Gleichlautenden Ländererlassen zum ErbStRG, DStR 2009, 1605; *Wälzholz* Die Optimierung des Schuldenabzugs und Schuldenzusammenhangs nach der Erbschaftsteuerreform, ZEV 2009, 435.

1. Überblick

211 Dem Gesetzgeber oblag die schwierige Auflage, einerseits die – unterschiedlichen – Vorgaben der Beschlüsse des Bundesverfassungsgerichts BStBl. 1995 II 671 und BStBl. 2007 II 192 zu erfüllen und damit insbesondere die mittelständische Wirtschaft vor einer existenzgefährdenden Steuerbelastung zu bewahren und andererseits unberechtigte Steuervorteile durch gewerbliche Prägung von Privatvermögen zu verhindern. In dem Erbschaftsteuerbeschluss des Bundesverfassungsgerichts 1995 II 671 hatte das Bundesverfassungsgericht noch einen besonderen Schutz für mittelständische Betriebe zur Sicherung von Arbeitsplätzen mit folgendem Hinweis gefordert:

> „Zudem hat der Gesetzgeber bei der Gestaltung der Steuerlast zu berücksichtigen, dass die Existenz von bestimmten Betrieben – namentlich von mittelständischen Unternehmen – durch zusätzliche finanzielle Belastungen, wie sie durch die Erbschaftsteuer auftreten, gefährdet werden kann. Derartige Betriebe, die durch ihre Widmung für einen konkreten Zweck verselbständigt und als wirtschaftlich zusammengehörige Funktionseinheiten organisiert sind, sind in besonderer Weise gemeinwohlgebunden und gemeinwohlverpflichtet: Sie unterliegen als Garant von Produktivität und Arbeitsplätzen, insbesondere durch Verpflichtungen gegenüber den Arbeitnehmern, das Betriebsverfassungsrecht, das Wirtschaftsverwaltungsrecht und durch die langfristigen Investitionen einer gesteigerten rechtlichen Bindung. Sie hat zur Folge, dass die durch die Erbschaftsteuer erfasste finanzielle Leistungsfähigkeit des Erben nicht seinem durch den Erbfall erworbenen Vermögenszuwachs voll entspricht. Die Verfügbarkeit über den Betrieb und einzelne den Betrieb zugehörige Wirtschaftsgüter ist beschränkter, als bei betrieblich ungebundenem Vermögen."

Bereits Art. 164 der Weimarer Reichsverfassung enthielt folgenden Gesetzgebungsauftrag:

> „Der selbständige Mittelstand in Landwirtschaft, Gewerbe und Handel ist in Gesetzgebung und Verwaltung zu fördern und gegen Überlastung und Aufsaugung zu schützen."

In dem Beschluss des Bundesverfassungsgerichts 2007 II 192 wird die pauschale Vergünstigung von Betriebsvermögen mit 35% beanstandet, ohne dass das Bundesverfassungsgericht darauf eingegangen ist, ob es bei dem besonderen Schutz des Mittelstandes verbleibt. In der zu erwartenden Entscheidung über die Verfassungsgemäßheit der Erbschaftsteuerreform 2009 wird das Bundesverfassungsgericht seine pauschale Beurteilung von Betriebsvermögen korrigieren und hinsichtlich der einzelnen landwirtschaftlichen, gewerblichen und freiberuflichen Betätigungen differenzieren müssen.

Die Beratungskanzlei, die mit dem jeweiligen Berufsträger steht und fällt, kann nicht mit einem börsennotierten Unternehmen, der nicht übertragbare Personengesellschaftsanteil nicht mit einer frei veräußerlichen Kapitalbeteiligung oder gar mit anonymen Geld- und Edelmetallbeständen verglichen werden. Die Geschichte des Bewertungsrechtes zeigt, dass nicht alles über einen Leisten geschlagen werden kann. Nicht die seit 1935 festgesetzten Einheitswerte waren verfassungswidrig, sondern nur die Untätigkeit des Gesetzgebers, jahrzehntelang zurückliegende Einheitswerte nicht mehr anzupassen.

Ein am jeweiligen Verkehrswert orientiertes Bewertungsrecht ist zugleich dessen Tod, da in dem bewertungsrechtlichen Massenverfahren die individuelle Beschaffenheit der einzelnen Wirtschaftsgüter nicht erfasst werden kann. Bereits der Umstand, dass ein Grundstückssachverständiger für die Bewertung einer einzelnen Eigentumswohnung mehrere 1000 € in Rechnung stellt, beweist, dass ein am Verkehrswert orientiertes Bewertungsverfahren zu mehr Kosten als Ertrag führt. Jean-Baptiste Colbert, der Finanzminister König Ludwig XIV. hat schon damals angemahnt:

„Steuern erheben heißt, die Gans so zu rupfen, dass man möglichst viel Federn mit möglichst wenig Geschrei bekommt!"

Das Erbschaftsteuerreformgesetz bewirkt das Gegenteil. 212

Die betrieblichen Steuerbegünstigungen bestehen darin, dass gem. § 13a Abs. 1 Satz 1 ErbStG ein **Verschonungsabschlag** in Höhe von 85% und gem. Abs. 2 Satz 1 dieser Bestimmung ein gleitender **Abzugsbetrag** von höchstens 150.000 € gewährt wird. Unter den Voraussetzungen des § 13a Abs. 8 ErbStG beträgt der Verschonungsabschlag sogar 100%, so dass eine totale Erbschaft- und Schenkungsteuerbefreiung eintritt. Die Begünstigung von Betriebsvermögen mit 85% oder sogar mit 100% Steuerbefreiung wird zurecht als überzogen beurteilt, vgl. *Crezelius* ZEV 2009, 1; *Seer* GmbHR 2009, 225; *Spiegelberger/Wartenburger* ErbStB 2009, 98; *H. U. Viskorf* FR 2007, 624.

2. Wachstumsbeschleunigungsgesetz

Durch Art. 6 Wachstumsbeschleunigungsgesetz wurden die betrieblichen Begünstigungen nochmals verbessert.

a) Verschonungsabschlag für Betriebsvermögen

Die Laufzeit der 85%-igen bzw. 100%-igen Erbschaft- und Schenkungsteuerbefreiung für Betriebsvermögen wurde in der Weise verkürzt, dass für 213

- die bisher 7-jährige Betriebsfortführung nur noch eine Dauer von 5 Jahren mit einer Lohnsumme von 400% und
- die 100%-ige Befreiung eine Laufzeit von 7 Jahren mit einer Lohnsumme von 700% gefordert wird.

b) Beschäftigtenzahl

Die Beschäftigtenzahl in § 13a Abs. 1 Satz 4 ErbStG wurde von bisher 10 Beschäftigten auf 20 Beschäftigte erhöht, so dass der Begünstigungsbereich erheblich erweitert wurde. 214

c) Tarifbegrenzung

Die Tarifbegrenzung gem. § 19a ErbStG, wonach natürlichen Personen der Steuerklasse II oder III ein Entlastungsbetrag für Betriebsvermögen gewährt wird, wurde den vorstehenden Laufzeit- und Lohnsummenänderungen angepasst. Redaktionell wurde in § 19a Abs. 3 klargestellt, dass bei dem Wert des gesamten Vermögensanfalls die mit diesem Vermögen im wirtschaftlichen Zusammenhang stehenden abzugsfähigen Schulden und Lasten gem. § 10 Abs. 5 und 6 ErbStG zu berücksichtigen sind. 215

d) Anwendungsregelung

216 Die betrieblichen Vergünstigungen gelten rückwirkend für alle Erwerbsvorgänge, bei denen die Steuer nach dem 31. 12. 2008 entstanden ist (§ 37 Abs. 3 S. 1 ErbStG) mit einer Option für Erbfälle in 2007 und 2008.

3. Verwaltungsvermögen

221 Das bisher als „unproduktiv" apostrophierte Betriebsvermögen wird nunmehr als „Verwaltungsvermögen" bezeichnet und wird in § 13b Abs. 2 Satz 2 ErbStG definiert. Gem. § 13b Abs. 2 ErbStG wird der Verschonungsabschlag nicht gewährt, wenn das Betriebsvermögen zu mehr als 50% aus Verwaltungsvermögen besteht. Bei der Option zur Erbschaftsteuerfreiheit wegen zehnjähriger Betriebsfortführung darf das Betriebsvermögen nicht mehr als 10% aus Verwaltungsvermögen bestehen. Zum Verwaltungsvermögen gehören gem. § 13b Abs. 2 Satz 2 ErbStG die schlagwortartig aufgeführten Vermögensgegenstände, wobei das Gesetz jeweils umfangreiche Einschränkungen enthält:

- Dritten zur Nutzung überlassene Immobilien
- Kapitalgesellschaftsanteile bis zu 25%
- Personengesellschaftsanteile und Kapitalgesellschaftsanteile, bei denen das Verwaltungsvermögen mehr als 50% beträgt
- Wertpapiere sowie vergleichbare Forderungen
- Kunstgegenstände und andere Wertgegenstände
- junges Verwaltungsvermögen, das dem Betrieb im Besteuerungszeitpunkt weniger als zwei Jahre zuzurechnen war.

222 In der Literatur wird geraten, Privatvermögen in Betriebsvermögen durch **Willküren, Infizieren** gem. § 15 Abs. 2 Nr. 1 EStG und **gewerbliche Prägung** gem. § 15 Abs. 3 Nr. 2 EStG bis zur 50%-Grenze umzuqualifizieren, um auch für Privatvermögen die Begünstigung für Betriebsvermögen in Anspruch nehmen zu können. Allerdings ist zu beachten, dass die Einbringung von Vermögensgegenständen in das Betriebsvermögen sowie die Qualifizierung als Sonderbetriebsvermögen innerhalb von zwei Jahren zu jungem Verwaltungsvermögen i. S. v. § 200 Abs. 4 BewG führt. Überwiegt das Verwaltungsvermögen, ist eine rechtzeitige Ausgliederung zum Buchwert gem. § 6 Abs. 5 EStG anzuraten, um wieder unter die 50%-Grenze zu fallen, vgl. *Spiegelberger* Band Unternehmensnachfolge § 1 Rn. 79.

Die Quote des Verwaltungsvermögens wird bei Kapitalgesellschaftsanteilen durch Vergleich des Ertragswerts der Gesellschaft (nicht des Vermögens!) abzüglich der Schulden mit dem Verwaltungsvermögen *ohne* Abzug der mit dem Verwaltungsvermögen zusammenhängenden Schulden ermittelt. Das selbe gilt bei der Übertragung eines (Teil-)Betriebs und bei der Übertragung eines Anteils an einer Personengesellschaft. Sofern zusätzlich Sonderbetriebsvermögen übertragen wird, ist der Gesamtbetrag aus Verwaltungsvermögen im Sonderbetriebsvermögen und dem anteiligen Verwaltungsvermögen im Gesamthandsanteil durch den Gesamtwert des übertragenen Anteils einschließlich des mit übertragenen Sonderbetriebsvermögens zu dividieren, vgl. *Viskorf/Philipp* ZEV 2009, 230.

Diese Regelung führt zu überraschenden Ergebnissen. Da das **Verwaltungsvermögen nur** als **Aktivposten**, also ohne Abzug der mit ihm zusammenhängenden Schulden, dem gemeinen Wert des ganzen Unternehmens gegenübergestellt wird, hat das Verwaltungsvermögen einen überproportionalen Anteil bei der Quotenermittlung. 223

Beispiel (nach *Piltz* ErbStB 2008, 232): Eine Personengesellschaft hat ein Aktivvermögen von 250 und Schulden von 200, einen Ertrag von 25 und Aufwand (Zins) von 15, mithin 10 Gewinn. Ihr Ertragswert ist (bei Zinsfuß 10%) 100. Von dem Aktivvermögen sind 60 Verwaltungsvermögen, z. B. Wertpapiere. Obwohl das Verwaltungsvermögen nur 24% des Aktivvermögens beträgt, macht es 60% des Unternehmensgesamtwertes aus. Das ganze Unternehmen ist nicht begünstigt.

Anlagevermögen	250	Eigenkapital	50
davon		Schulden	200
Verwaltungsvermögen	60		

Ertragswertberechnung nach Piltz:
10 × 10.000 = 100.000
Alternative:
Das Finanzamt besteht auf dem vereinfachten Ertragswertverfahren, wonach für 2009 der Kapitalisierungsfaktor 12,33 beträgt und somit sich der Ertragswert des Unternehmens auf 123.300 € beläuft.

Ergebnis:
Das Verwaltungsvermögen i. H. v. 60 ist weniger als die Hälfte von 123,30, so dass das Unternehmen insgesamt begünstigt ist.

Das Beispiel zeigt, dass die Gesetzessystematik verfehlt ist. Geringe Schwankungen bei der Bewertung des Betriebsvermögens oder des Verwaltungsvermögens ergeben konträre Ergebnisse. Eine verfassungskonforme Lösung der Problematik wäre die anteilige Befreiung eines Betriebs im Verhältnis des Gesamtvermögens zum Verwaltungsvermögen!

Beispiel für eine günstigere Verteilung überwiegenden Verwaltungsvermögens nach *Hannes/Steeger* ErbStB 2009, 119: Eine GmbH (Gesamtwert 20 Mio. €) hat Verwaltungsvermögen von 12 Mio. € und zwei Teilbetriebe zu je 4 Mio. € gemeinen Werts. Die GmbH wäre in dieser Struktur insgesamt nicht begünstigungsfähig. Gliedert sie nun die Teilbetriebe in selbständige Tochter-GmbHs aus (aufgrund der Teilbetriebseigenschaft ertragsteuerneutral zu Buchwerten möglich) und überträgt sie jeweils 3 Mio. € Verwaltungsvermögen auf die Tochtergesellschaft, besteht jede der beiden Tochtergesellschaften den Verwaltungsvermögenstest (da das aktive Vermögen von 4 Mio. € jeweils überwiegt). Auf der Ebene der Muttergesellschaft zählen demnach die beiden Beteiligungen von gesamt je 7 Mio. € als unschädliches Vermögen, so dass das bei der Mutter verbleibende Verwaltungsvermögen von 6 Mio. € ebenfalls unschädlich ist, da insgesamt der 50%-Test auf der Ebene der Holding-GmbH bestanden wird. 224

Ausgliederung
GmbH

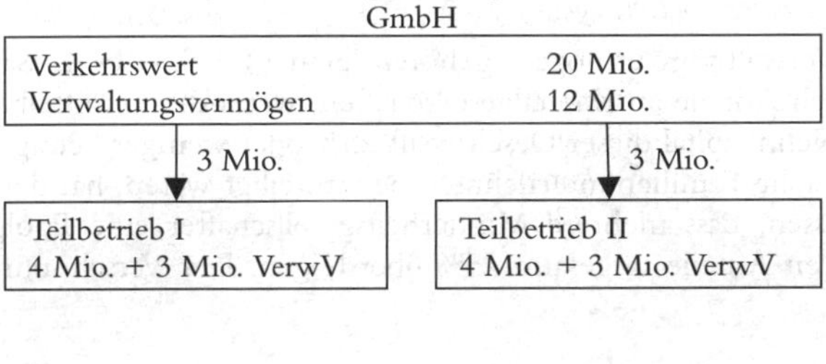

a) Unschädliche Nutzungsüberlassungen

225 Gem. § 13b Abs. 2 Nr. 1a ErbStG ist eine schädliche Nutzungsüberlassung nicht anzunehmen, wenn der Erblasser oder Schenker sowohl im überlassenden Betrieb als auch im nutzenden Betrieb allein oder zusammen mit anderen Gesellschaftern einen einheitlichen geschäftlichen Betätigungswillen durchsetzen konnte, so dass **Betriebsaufspaltungen** und die Nutzungsüberlassung von **Sonderbetriebsvermögen** unschädlich sind; allerdings darf der verpachtete Grundbesitz nicht an Dritte weiterverpachtet werden.

Gem. § 13b Abs. 2 Nr. 1b ErbStG sind ferner folgende Nutzungsüberlassungen unschädlich:

- betriebliche Nutzungsüberlassung im Rahmen der Verpachtung eines ganzen Betriebes wenn
  - bei einer unbefristeten Verpachtung der Pächter als Erbe berufen ist oder
  - die Verpachtung an einen Dritten auf maximal 10 Jahre erfolgt und der Beschenkte den Betrieb noch nicht selbst führen kann; Fristbeginn mit Vollendung des 18. Lebensjahres. Ausgenommen sind verpachtete Betriebe mit dem Hauptzweck in der Überlassung von Grundstücken, es sei denn, es handelt sich um Wohnungsunternehmen gem. § 13b Abs 2 Satz 2 Nr. 1d ErbStG;
- Konzernsachverhalte gem. § 4h EStG ohne Weiterverpachtung an Dritte;
- Nutzungsüberlassung durch Wohnungsunternehmen gem. § 13b Abs 2 Satz 2 Nr. 1d ErbStG in der Rechtsform einer Personen- oder Kapitalgesellschaft, für die ein wirtschaftlicher Geschäftsbetrieb gem. § 14 AO erforderlich ist, und
- Grundstücke, Grundstücksteile, grundstücksgleiche Rechte und Bauten, die an Dritte zur land- und forstwirtschaftlichen Nutzung überlassen werden.

b) Anteile an Kapitalgesellschaften bis zu 25%

Literatur: *Balmes/Felten* Erbschaftsteuer: Gestaltungsmöglichkeiten für Familienkapitalgesellschaften nur für gleichgepo(o)lte Gesellschafter?, FR 2009, 1077; *Elicker/Zillmer* Böses Erwachen beim Körperschaftsteuerbescheid – was tun, wenn Poolverträge vermeintlich Verlust- und Zinsvorträge zerstört haben?, BB 2009, 2620; *Feick/Nordmeier* Der Abschluss von Poolvereinbarungen nach dem neuen Erbschaftsteuerrecht – Empfehlungen und erste Erfahrungen aus der Praxis, DStR 2009, 893; *Kreklau* Die Poolvereinbarung im Lichte des neuen Erbschaftsteuergesetzes, BB 2009, 748; *Wälzholz* Die Vererbung und Übertragung von Betriebsvermögen nach den Gleichlautenden Ländererlassen zum ErbStRG, DStR 2009, 1605; *Weber/Schwind* Vertragliche Ausgestaltung von Poolvereinbarungen unter Berücksichtigung des neuen Erbschaftsteuerrechts, ZEV 2009, 16.

aa) Abschluss eines Poolvertrages

226 Zum Verwaltungsvermögen gehören gem. § 13b Abs. 2 Satz 2 Nr. 2 ErbStG auch Anteile an Kapitalgesellschaften, wenn die unmittelbare Beteiligung am Nennkapital dieser Gesellschaft 25% oder weniger beträgt. Da damit auch zahlreiche Familienunternehmen benachteiligt wären, hat der Gesetzgeber zugelassen, dass mehrere Minderheitsgesellschafter eine Poolgesellschaft bilden, deren Anteile insgesamt 25% übersteigen. Der Verschonungsabschlag

wird gem. Satz 2 dieser Bestimmung bei der Errichtung einer Poolgesellschaft gewährt, die die Gesellschafter verpflichtet, über die Anteile nur einheitlich zu verfügen oder sie ausschließlich auf andere Poolmitglieder zu übertragen und das Stimmrecht gegenüber nicht gebundenen Gesellschaftern nur einheitlich auszuüben.

Um unerwarteten Erbfällen vorzubeugen, sollte die Poolvereinbarung **unverzüglich** getroffen werden. Die Finanzverwaltung hat klargestellt, dass die Poolbildung auch unmittelbar durch den Gesellschaftsvertrag erfolgen kann (Abschnitt 21 Abs. 5 Gleichlautende Erlasse BStBl. 2009 I 713), wobei diese Gestaltung schon deswegen besonders vorteilhaft ist, weil sie nur mit einer satzungsändernden Mehrheit, in der Regel somit mit 75% der Stimmen, geändert werden kann. Sofern Poolmitglieder entgegen der eingegangenen Verpflichtung ihre Anteile vertragswidrig veräußern, knüpft die Finanzverwaltung an diese Maßnahme nur eine Versteuerung bei diesen Gesellschaftern, nicht bei den verbleibenden Poolmitgliedern. 227

Fraglich ist, ob der Begriff der **einheitlichen Verfügung** nur Veräuße- 228 rungsfälle oder auch sonstige Maßnahmen erfasst. *Wehage* ErbStB 2009, 148 meint, dass sowohl entgeltliche als auch unentgeltliche Abtretungen die Vergünstigung beeinträchtigen, ebenso wie die Bestellung eines Nießbrauches.

Die einheitliche Verfügung geht nicht schon dann verloren, wenn ein Gesellschafter seinen Anteil verpfändet, vgl. Ländererlasse Abschn. 14 Abs. 1 Satz 1 BStBl. 2009 I 713. Die Übertragung eines Gesellschaftsanteiles auf Poolmitglieder verletzt die Poolvereinbarung nicht. Der übertragende Gesellschafter kann aber gegen die Behaltensregelung gem. § 13a Abs. 5 Nr. 5 ErbStG verstoßen. Verbleibende Poolmitglieder verlieren ihre bisher gewährte Begünstigung weder aufgrund der Verpfändung noch der Übertragung durch übertragende Gesellschafter, vgl. Ländererlasse Abschn. 14 Abs. 1 Satz 5 BStBl. 2009 I 713.

Unschädlich ist in jedem Fall eine typische **Unterbeteiligung**, da sie mit 229 keiner Übertragung verbunden ist. Sofern eine atypische Unterbeteiligung eingeräumt wird, ist fraglich, ob das hiermit übergehende wirtschaftliche Eigentum i. S. d. § 39 Abs. 2 Nr. 1 AO (vgl. BFH BStBl. 2005 II 857) begünstigungsschädlich ist.

M. E. ist die Bestellung eines Nießbrauchs keine steuerschädliche Verfügung, da damit keine Gesellschaftsanteilsübertragung verbunden ist; freilich muss weiterhin die Stimmrechtsbindung gesichert sein.

Satzungsbestandteil kann die Poolvereinbarung nur durch notariell zu beurkundende Satzungsänderung gem. § 53 Abs. 2 GmbHG werden. Ob die außerhalb der Satzung getroffene Poolvereinbarung der notariellen Beurkundung bedarf, ist noch nicht geklärt, vgl. *Stahl/Fuhrmann* KÖSDI 2008, 16.066. Die Finanzverwaltung verlangt nur eine schriftliche Vereinbarung, die im Besteuerungszeitpunkt vorliegen muss, vgl. Abschn. 21 Abs. 5 BStBl. 2009 I 713.

Formulierungsvorschlag: „Die Unterfertigten bilden zur Erreichung des Ver- 230 schonungsabschlages gem. § 13b Abs. 2 Satz 2 Nr. 2 Satz 2 ErbStG einen Pool für ihre GmbH-Anteile Nr. …, ohne dass dies mit Bildung von Gesamthandseigentum verbunden ist. Die Poolmitglieder verpflichten sich innerhalb einer Frist von fünf Jahren ab heute nur einheitlich über ihre Anteile Nr. ... zu verfügen oder derartige Anteile nur auf Poolmitglieder zu übertragen und das Stimmrecht gegenüber nicht gebundenen Gesellschaftern nur einheitlich auszuüben. Sobald den Poolmitgliedern die Einladung zu einer Gesellschafterversammlung zugeht, verpflichten sich diese, acht Tage vor dem Stattfinden dieser Gesellschafterversammlung zu einer internen Versammlung zusammenzutreten, um über die Abstimmung in der Gesellschafterversammlung eine Vereinbarung zu treffen. In dieser Versammlung wird mit der einfachen Mehrheit der an der Abstimmung teilnehmenden Gesellschafter beschlossen, wobei das Stimmrecht sich nach der Höhe des Gesellschaftsanteiles bemisst. Zur einheitlichen Stimmabgabe in der Gesellschafterversammlung wird ein Gesellschafter unwiderruflich für alle Poolteilnehmer beauftragt. Wird bei der Abstimmung keine Mehrheit erzielt, wird in einer erneuten Poolversammlung, die eine Stunde vor der Gesellschafterversammlung stattfindet, erneut über die Stimmabgabe beschlossen. Sofern wiederum keine Mehrheit erzielt wird, sind alle Poolmitglieder verpflichtet, sich in der Gesellschafterversammlung der Stimme zu enthalten.

Ferner sind alle Poolmitglieder verpflichtet, über ihre Gesellschaftsanteile nur einheitlich zu verfügen. Für die Beschlussfassung zu der von einem Poolmitglied beantragten Verfügung finden die vorstehenden Vorschriften entsprechend Anwendung, wobei die beantragte Verfügung nur zulässig ist, wenn alle Poolmitglieder in der selben Weise über ihre Gesellschaftsanteile verfügen.

Gegen Gesellschafter, die gegen die Poolvereinbarung verstoßen, kann neben der Verpflichtung zum Schadensersatz eine Vertragsstrafe in Höhe von ... für jeden Einzelfall beschlossen werden."

bb) Konzernsachverhalte

231 Besondere Schwierigkeiten ergeben sich bei Konzernsachverhalten, da stets die Höhe der im Betriebsvermögen der Gesellschaft insgesamt gehaltenen Beteiligung an einer Kapitalgesellschaft, nicht etwa die durchgerechnete mittelbare Beteiligungsquote des Obergesellschafters, dessen Anteil übertragen wird, maßgebend ist, vgl. *Piltz* ZEV 2008, 229.

Beispiel: Im Betriebsvermögen eines Einzelunternehmens befindet sich eine 20%-ige Beteiligung an einer Tochter-GmbH. Das Einzelunternehmen wie auch die GmbH sind in vollem Umfang operativ tätig. Das Einzelunternehmen hat einen Wert von 5 Mio. € (ohne Berücksichtigung der Erträge der GmbH), die Beteiligung selbst einen Wert von 6 Mio. €.

Da die Beteiligung aufgrund der zu geringen Quote als Verwaltungsvermögen gilt, überwiegt das Verwaltungsvermögen (Relation 6 Mio. € zu 11 Mio. €), so dass der Test nicht bestanden wird, obwohl sowohl beim Einzelbetrieb als auch bei der Beteiligung lediglich produktives Vermögen vorhanden ist.

232 Bei Konzernsachverhalten kann sich sogar eine mehrstufige **Infizierung** ergeben, so dass gesunde Beteiligungen zu Verwaltungsvermögen werden.

Beispiel (nach *Scholten/Korezkij* DStR 2009, 152): Übertragen wird die gesamte Beteiligung an der O-GmbH. Diese ist zu 100% an der M-GmbH beteiligt, die M-GmbH zu 100% an der T-GmbH und diese jeweils zu 100% an der E1-GmbH und E2-GmbH. Alle Konzerngesellschaften sind operativ tätig. Die Werte der Gesellschaften (jeweils ohne Berücksichtigung der Tochtergesellschaften!) sind in der folgenden Abbildung angegeben. Die E2-GmbH soll – als einzige – Verwaltungsvermögen im Wert von 6 Mio. € besitzen.

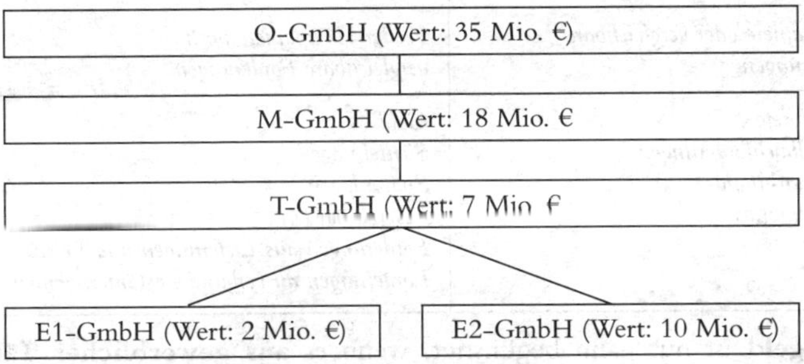

Die rechnerische Prüfung fängt unten an. Die E2-GmbH stellt aus der Sicht der T-GmbH Verwaltungsvermögen dar, da bei der E2-GmbH das Verwaltungsvermögen überwiegt (6 Mio. €/10 Mio. € = 60%). Damit wird bei der T-GmbH Verwaltungsvermögen im Wert von 10 Mio. € fingiert (Wert der Beteiligung an der E2-GmbH). Die T-GmbH hat einen eigenen Wert von 7 Mio. € und Beteiligungen im Wert von 12 Mio. € – insgesamt also 19 Mio. €. Das Verwaltungsvermögen beträgt dabei mehr als 50% des Unternehmenswertes (10 Mio. €/19 Mio. € > 50%). Damit zählt auch die gesamte Beteiligung an der T-GmbH im Wert von 19 Mio. € bei der M-GmbH zum Verwaltungsvermögen. Auf der Ebene der M-GmbH übersteigt der Wert des Verwaltungsvermögens (19 Mio. €) 50% des Unternehmenswertes (18 Mio. € + 19 Mio. € = 37 Mio. €). Damit zählt die Beteiligung an der M-GmbH bei der O-GmbH zum Verwaltungsvermögen. Aber auch dort wird der Verwaltungsvermögenstest nicht bestanden, da das Verwaltungsvermögen (37 Mio. €) die Hälfte des Unternehmenswertes (35 Mio. € + 37 Mio. € = 72 Mio. €) überwiegt. Im Ergebnis sind die Anteile an der O-GmbH nicht begünstigt, obwohl bei der konsolidierten Betrachtung nur rd. 8% des Vermögens Verwaltungsvermögen darstellen.

c) Einbringung von Minikapitalgesellschaftsanteilen in eine gewerblich geprägte Personengesellschaft?

Zutreffend weist *Wälzholz* DStR 2009, 1609 darauf hin, dass sich das Erfor- 233
dernis der Poolabrede durch Einbringung der Anteile an der Kapitalgesellschaft in eine gewerblich geprägte GmbH & Co. KG vermeiden lässt, da für diese Gesellschaft § 13b Abs. 1 Nr. 2 ErbStG und nicht Abs. 2 Nr. 2 dieser Bestimmung einschlägig ist. Unstreitig ist die Einbringung in eine Gesellschaft bürgerlichen Rechts nicht geeignet, da trotz der steuerlichen Transparenz nach § 39 Abs. 2 Nr. 2 AO es an der vom Gesetz geforderten unmittelbaren Beteiligung an einer Kapitalgesellschaft fehlt, vgl. *Weber/Schwind* ZEV 2009, 18. Eine gewerblich geprägte GmbH & Co. KG ist in der Tat Betriebsvermögen gem. § 13b Abs. 1 Nr. 2 ErbStG, ist aber nicht gewerblich tätig, da sie nur Anteile an einer Kapitalgesellschaft hält. § 13b Abs. 1 Nr. 3 Satz 2 ErbStG setzt wiederum eine unmittelbare Beteiligung von mehr als 25% voraus.

d) Wertpapiere sowie vergleichbare Forderungen

In den Gleichlautenden Erlassen BStBl. 2009 I 713 Abschnitt 32 wurde 234
versucht, den Begriff der „vergleichbaren Forderungen" einzugrenzen.

Hinsichtlich von Wertpapieren und vergleichbaren Forderungen enthält H 32 folgende Beispiele:

Wertpapiere oder vergleichbare Forderungen	*Weder Wertpapiere noch vergleichbare Forderungen*
Pfandbriefe *Schuldbuchforderungen* *Geldmarktfonds* *Festgeldfonds*	*Geld* *Sichteinlagen* *Sparanlagen* *Festgeldkonten* *Forderungen aus Lieferungen und Leistungen* *Forderungen an verbundene Unternehmen*

Bargeld ist nur dann begünstigt, wenn es **aus gewerblicher Tätigkeit** resultiert, vgl. Ländererlasse Abschn. 9 Abs. 3 Satz 5 BStBl. 2009 I 698.

Die gesetzliche Regelung ergibt viele Problemfälle.

1. Beispiel: Ein Dienstleistungsunternehmen (mit geringem Anlagevermögen) hat hohe Pensionsrückstellungen gebildet und hierfür in den vergangenen Jahrzehnten erhebliche Festgelder angesammelt.

Nach dem Gesetzeswortlaut in § 13b Abs. 2 Nr. 4 ErbStG könnte das Festgeldkonto Verwaltungsvermögen darstellen, da Wertpapiere sowie vergleichbare Forderungen steuerschädlich sind. Die Hinweise H 32 BStBl. 2009 I 713 enthalten den Hinweis, dass Festgeldkonten nicht als Wertpapiere oder vergleichbare Forderungen zu bewerten sind. Dies gilt erst recht, wenn es sich um Bargeld und Bankguthaben handelt, die aus gewerblichen Tätigkeiten herrühren, vgl. Ländererlasse Abschn. 9 Abs. 3 Satz 5 BStBl. 2009 I 698. Darüber hinaus hat das BilMoG eine brauchbare Lösung gebracht, wonach die Saldierung von Rückdeckungsvermögen und Schulden zulässig ist, vgl. *Heger/Weppler* DStR 2009, 239.

2. Beispiel: Eine Druckerei will die bisherige Druckmaschine durch eine große Druckmaschine ersetzen und hat hierfür hohe Eigenmittel zurückgelegt.

Das angesammelte Bargeld ist aus der gewerblichen Tätigkeit entstanden und damit nach Auffassung der Verwaltung zu Recht kein Verwaltungsvermögen, vgl. Ländererlasse Abschn. 9 Abs. 3 Satz 5 BStBl. 2009 I 698.

3. Beispiel: Ein Handwerker ist Inhaber eines gemischt genutzten Grundstückes. Im Erdgeschoss befindet sich der Betrieb, die darüber liegenden Mietwohnungen im gewillkürten Betriebsvermögen.

Um die 50%-Grenze beim Verwaltungsvermögen nicht zu überschreiten, sollte der Grundbesitz in Teil- und Wohnungseigentum aufgeteilt werden, um die gebildeten Eigentumswohnungen gem. § 6 Abs. 5 Satz 3 EStG in eine GmbH & Co. KG einzubringen. Mit einem zeitlichen Abstand (Gesamtplanrechtsprechung!) kann jedenfalls der Betrieb mit dem Erdgeschoss der Verschonungsregelung gem. § 13a Abs. 1 ErbStG zugeführt werden.

e) Junges Verwaltungsvermögen

Literatur: *Scharfenberg/Müller* Junges Vermögen? – Aufstockung einer Kapitalgesellschaftsbeteiligung im neuen Erbschaft- und Schenkungsteuerrecht, DB 2009, 2681.

235 „Junge Wirtschaftsgüter", nämlich Wirtschaftsgüter, die innerhalb von zwei Jahren gem. § 200 Abs. 4 BewG in das Betriebsvermögen eingelegt

wurden, sind hinsichtlich ihrer Erträge und Aufwendungen besonders zu erfassen, da sie in den letzten zwei Jahren vor dem Bewertungsstichtag nicht dazu beitragen konnten, den Jahresertrag nachhaltig zu beeinflussen. Junge Wirtschaftsgüter ebenso wie Wirtschaftsgüter des nicht betriebsnotwendigen Vermögens sind mit dem eigenständig zu ermittelnden gemeinen Wert dem Ertragswert hinzuzurechnen.

4. Schulden und Lasten

Gem. § 10 Abs. 6 Satz 4 ErbStG sind Schulden und Lasten, die mit nach 236
§ 13a befreitem Vermögen in wirtschaftlichem Zusammenhang stehen, nur mit dem Betrag abzugsfähig, der dem Verhältnis des nach Anwendung des § 13a anzusetzenden Wertes dieses Vermögens zu dem Wert vor Anwendung des § 13a entspricht. Das selbe gilt gem. Satz 5 dieser Bestimmung für zu Wohnzwecken vermietete Grundstücke gem. § 13c ErbStG. Haben sich Nutzungsrechte als Grundstücksbelastungen bei der Ermittlung des gemeinen Werts eines Grundstücks ausgewirkt, ist deren nochmalige Berücksichtigung bei der Bemessung der Erbschaftsteuer ausgeschlossen. Ein überschuldetes Unternehmen, das aber aufgrund der hohen Erträge in den letzten drei Jahren einen über die betrieblichen Schulden hinausgehenden Ertragswert aufweist, wird steuerpflichtig, da die Schulden nur mit dem Betrag abzugsfähig sind, der dem Verhältnis des nach Anwendung des § 13a ErbStG anzusetzenden Wertes dieses Vermögens zu dem Wert vor Anwendung des § 13a ErbStG entspricht.

5. Berücksichtigung von Teilungsanordnungen

Gem. R 5 ErbStR 2003 waren Teilungsanordnungen für die Besteuerung 237
bisher ohne Bedeutung. Der Reinwert des Nachlasses wurde nach den Erbquoten *allen* Erben quotal zugerechnet. Für Betriebsvermögen enthält § 13a Abs. 3 ErbStG nunmehr folgende Regelung:

> „Ein Erwerber kann den Verschonungsabschlag (Abs. 1) und den Abzugsbetrag (Abs. 2) nicht in Anspruch nehmen, soweit er Vermögen i. S. d. § 13b Abs. 1 aufgrund einer letztwilligen Verfügung des Erblassers oder einer rechtsgeschäftlichen Verfügung des Erblassers oder Schenkers auf einen Dritten übertragen muss. Gleiches gilt, wenn ein Erbe im Rahmen der Teilung des Nachlasses Vermögen i. S. d. § 13b Abs. 1 auf einen Miterben überträgt."

Mit dieser Regelung verfolgt der Gesetzgeber das Ziel, den Fortbestand des Betriebs zu gewährleisten. Deshalb ist der vom Erblasser vorgesehene Nachfolger im Betriebsvermögen so zu stellen, als habe er von Anfang an begünstigtes Betriebsvermögen erhalten. Damit soll derjenige, der die Unternehmensfortführung tatsächlich gewährleistet, und nicht derjenige, der aufgrund zivilrechtlicher Universalsukzession zunächst Eigentümer bzw. Miteigentümer geworden war, entlastet werden, vgl. *Hübner* Erbschaftsteuerreform 2009, 208.

Die vorstehende Regelung findet auch bei der **Realteilung einer Erben-** 238
gemeinschaft und bei der qualifizierten Nachfolgeklausel Anwendung. Während bisher die Vorteile der §§ 13a und 19a ErbStG a. F. allen Miterben im Verhältnis der Erbquote zugute kamen, gebühren diese Vorteile nunmehr

allein dem aufgrund der qualifizierten Nachfolgeklausel begünstigten Erben. Dies gilt nicht, wenn die Betriebsnachfolge aufgrund einer entgeltlichen Erbauseinandersetzung erfolgt, vgl. *Wälzholz* ZEV 2009, 119; *Landsittel* ZErb 2009, 15. *Jülicher* in: Troll/Gebel/Jülicher § 13a ErbStG Rn. 61 meint sogar, dass einkommensteuerrechtlich entgeltlich erworbenes Vermögen mit dem dadurch geschaffenen AfA-Volumen zugleich die Entlastungen der §§ 13a und 13b ErbStG erhält.

6. Lohnsummenkriterium

239 Offensichtlich um die weit über die früheren Vergünstigungen für Betriebsvermögen hinausgehende Verschonungsregelung mit Ermäßigungssätzen von 85 bzw. 100% zu rechtfertigen hat der Gesetzgeber in § 13a Abs. 1 Satz 2 ErbStG ein Lohnsummenerfordernis mit Lohnsummenfristen aufgenommen. Diese Fristen wurden durch das Wachstumsbeschleunigungsgesetz verringert, so dass sich nunmehr folgende Situation ergibt: Bei einer Ermäßigung um 85% gem. § 13b Abs. 4 ErbStG beträgt die Lohnsummenfrist gem. § 13a Abs. 1 Satz 2 ErbStG fünf Jahre mit einer Lohnsumme von 400%, bei der Freistellung zu 100% gem. § 13a Abs. 8 ErbStG sieben Jahre mit einer Lohnsumme von 700%.

Die Lohnsumme umfasst gem. § 13a Abs. 4 ErbStG alle Vergütungen (Löhne und Gehälter und andere Bezüge und Vorteile), die im maßgebenden Wirtschaftsjahr an die auf den Lohn- und Gehaltslisten erfassten Beschäftigten gezahlt werden; außer Ansatz bleiben Vergütungen an solche Arbeitnehmer, die nicht ausschließlich oder überwiegend in dem Betrieb tätig sind. Zu den Vergütungen zählen alle Geld- oder Sachleistungen für die von den Beschäftigten erbrachte Arbeit, unabhängig davon, wie diese Leistungen bezeichnet werden und ob es sich um regelmäßige oder unregelmäßige Zahlungen handelt. Zu den Löhnen und Gehältern gehören auch alle von den Beschäftigten zu entrichtenden Sozialbeiträge, Einkommensteuern und Zuschlagsteuern auch dann, wenn sie vom Arbeitgeber einbehalten und von ihm im Namen des Beschäftigten direkt an den Sozialversicherungsträger und die Steuerbehörde abgeführt werden. Zu den Löhnen und Gehältern zählen alle von Beschäftigten empfangenen Sondervergütungen, Prämien, Gratifikationen, Abfindungen, Zuschüsse zu Lebenshaltungskosten, Familienzulagen, Provisionen, Teilnehmergebühren und vergleichbare Vergütungen. Bei Beteiligungen an Personen- oder Kapitalgesellschaften mit einer unmittelbaren oder mittelbaren Beteiligung von **mehr als 25%,** sind die Lohnsummen dieser Gesellschaften anteilig einzubeziehen.

240 Die **Finanzverwaltung** hat zu den vielen Zweifelsfragen in dem Ländererlass BStBl. 2009 I 713 Abschn. 8 zur Lohnsummenregelung Stellung genommen. Das FinMin Baden-Württemberg ZEV 2009, 584 hat sogar angeordnet, dass das von der Bundesagentur für Arbeit ausbezahlte Kurzarbeitergeld von der maßgeblichen Lohnsumme nicht abzuziehen ist.

7. Sieben-Jahresoption gem. § 13b Abs. 8 ErbStG

Beispiel: Bei dem Einzelunternehmer U sind 18 Arbeitnehmer tätig. Er erkundigt sich bei seinem Steuerberater S, ob er wegen der Wirtschaftskrise die an sich beabsichtigte Beteiligung seines Sohnes S zurückstellen oder durchführen soll.

Ursprünglich sah das Erbschaftsteuerreformgesetz in § 13a Abs. 8 eine völlige Befreiung von der Erbschaft- und Schenkungsteuer vor, wenn der Erwerber unwiderruflich erklärt, dass die Summe der maßgebenden jährlichen Lohnsummen des Betriebs, bei Beteiligungen an einer Personengesellschaft oder Anteilen an einer Kapitalgesellschaft des Betriebs der jeweiligen Gesellschaft, innerhalb von zehn Jahren insgesamt 1000% der Ausgangslohnsumme nicht unterschreitet (Mindestlohnsumme) und eine Behaltensfrist von zehn Jahren einhält. 241

Durch Art. 6 des am 1. 1. 2010 insoweit rückwirkend zum 1. 1. 2009 in Kraft getretene **Wachstumsbeschleunigungsgesetz** wurden die Befreiungsvoraussetzungen nochmals verbessert:

Dem Erwerber von Betriebsvermögen, Betrieben der Land- und Forstwirtschaft sowie von Anteilen an Kapitalgesellschaften gem. § 13b Abs. 1 Nr. 3 ErbStG wird das **unwiderrufliche** Wahlrecht eingeräumt, gem. § 13a Abs. 8 Nr. 4 ErbStG die **völlige Erbschaftsteuerfreiheit** zu erlangen, wenn 242

- eine Behaltensfrist von sieben Jahren,
- ein Prozentsatz von maximal 10% Verwaltungsvermögen und
- eine Lohnsumme von 700%

eingehalten wird, wobei das Lohnsummenkriterium entfällt, wenn die Ausgangslohnsumme Null Euro beträgt oder der Betrieb nicht mehr als zwanzig Beschäftigte hat. Die Option ist einmalig und unwiderruflich und kann bis zur Bestandskraft des Steuerbescheides ausgeübt werden, so dass von einer Aufnahme der Option in die notarielle Urkunde dringend abzuraten ist. Für kleinere und mittlere Betriebe mit einer Beschäftigtenzahl bis zu zwanzig Arbeitnehmern ist aufgrund dieser außerordentlich großzügigen gesetzlichen Regelung vorrangig die vorweggenommene Erbfolge zu empfehlen.

Um sich vor der subsidiären Steuerhaftung für den Fall des Scheiterns der Betriebsfortführung im Sieben-Jahres-Zeitraum zu sichern, ist die Vereinbarung eines Rückübertragungsrechtes für den Fall zu empfehlen, dass der Betrieb innerhalb von sieben Jahren eingestellt wird oder eine steuerschädliche Veräußerung stattfindet. 243

Prüfungsschema bei 7-jähriger Betriebsfortführung

- unwiderrufliche Option
- Verwaltungsvermögen nicht mehr als 10%
- Lohnsummenkriterium
  - bis 20 Arbeitnehmer ohne Bedeutung
  - bei mehr als 20 Arbeitnehmern nicht weniger als 700% der Lohnsumme innerhalb von 7 Jahren
- Ergebnis: Erbschaftsteuerfreiheit

8. Fünfjährige Betriebsfortführung

Beispiel: Einzelunternehmer U beteiligt seinen Sohn S an seinem Einzelunternehmen unter Errichtung einer GmbH & Co. KG. Nach drei Jahren ergibt sich wegen der erheblichen wirtschaftlichen Verschlechterung die Notwendigkeit, den gesamten Betrieb zu verkaufen. 244

a) Wachstumsbeschleunigungsgesetz

245 Rückwirkend zum 1. 1. 2009 mit der Option für Erbfälle in 2007 und 2008 wurde durch das Wachstumsbeschleunigungsgesetz § 13a Abs. 1 Satz 2 ErbStG in der Weise korrigiert, dass nicht eine 7-jährige, sondern nur eine 5-jährige Betriebsfortführung zur Erlangung der Steuerermäßigung und an Stelle der Lohnsumme von 450%, nur eine Lohnsumme von 400% erforderlich ist. Das Lohnsummenkriterium ist wieder unbeachtlich, wenn der Betrieb nicht mehr als zwanzig Beschäftigte aufweist.

b) Gleitender Abzugsbetrag

246 Das nach Abzug des Verschonungsabschlags verbleibende Vermögen bleibt gem. § 13a Abs. 2 ErbStG außer Ansatz, soweit der Wert dieses Vermögens insgesamt 150.000 € nicht übersteigt. Dieser Abzugsbetrag verringert sich, wenn der Wert dieses Vermögens insgesamt die Wertgrenze von 150.000 € übersteigt, um 50% des diese Wertgrenze übersteigenden Betrags, so dass der Abzugsbetrag insgesamt entfällt, wenn das nach Abzug des Verschonungsabschlages verbleibende Vermögen mehr als 450.000 € beträgt. Bei einem Betriebsvermögen bis zu 1 Mio. € und einem Verschonungsabschlag von 850.000 € führt der Abzugsbetrag in Höhe von 150.000 € somit zur Erbschaftsteuerfreiheit.

Beispiel:

Gleitender Abzugsbetrag		
Unternehmenswert		1.100.000 €
– Verschonungsabschlag (85%)		935.000 €
= nicht begünstigtes Betriebsvermögen		165.000 €
– Abzugsbetrag		142.500 €
– maximal **150.000 €** des nicht begünstigten Vermögens		↑
– verringert sich, wenn nicht begünstigtes Vermögen > 150.000 €, um 50% des die Wertgrenze von 150.000 € übersteigenden Betrags		
Abschmelzung Abzugsbetrag		
→ 165.000 € – 150.000 €	15.000 €	
davon 50%	7.500 €	
Verbleibender Abzugsbetrag		
→ 150.000 € – 7500 €	142.500 €	………
= **zu versteuernder Wert des Betriebsvermögens**		**22.500 €**
sofort zu entrichtende Steuer daraus in Höhe von 7%		1.575 €

Wegen des zusätzlichen persönlichen Freibetrags i. H. v. 400.000 € für Abkömmlinge gem. § 16 Abs. 1 Nr. 2 ErbStG bleibt in dem vorstehenden Beispiel der gesamte Erwerb steuerfrei.

9. Zusammenfassung

a) Voraussetzungen für die Begünstigung

Zusammenfassung der Begünstigungsregelungen und Voraussetzungen für deren Gewährung			247
Gesetzliche Regelung	Regelverschonung (Grundmodell)	Optionsverschonung (Optionsmodell)	
1. Verschonungsabschlag	85%	100%	
2. Verwaltungsvermögens-grenze	≤ 50%	≤ 10%	
3. Lohnsumme	400% in 5 Jahren	700% in 7 Jahren	
4. Behaltensfrist	5 Jahre	7 Jahre	
Überprüfung der Fälle 3 und 4 Grundsätzlich:	nach 5 Jahren	nach 7 Jahren	
Ausnahme	– bei Verstoß –		
Zulässige Entnahmen	erwirtschaftete – Gewinne und Einlagen in der Behaltensfrist + zusätzlich € 150.000	erwirtschaftete – Gewinne und Einlagen in der Behaltensfrist + zusätzlich € 150.000	

Jordan Kölner Tage der Unternehmensnachfolge 2010

b) Widerrufliche Beteiligung

Bei allen Übertragungen ist den Beteiligten der Vorbehalt des Widerrufs 248
der Vermögens- oder Anteilsübertragung für den Fall anzuraten, dass die Erbschaftsteuerbefreiungs- oder -ermäßigungsvoraussetzungen nicht mehr erfüllt werden, also z. B. für den Fall der wesentlichen Verschlechterung der wirtschaftlichen Verhältnisse und/oder eines steuerschädlichen Rückgangs der Lohnsumme. Sofern die Lohnsumme erheblich sinkt oder aus wirtschaftlichen Gründen der Betrieb veräußert oder gar eingestellt werden muss, kann der Rücktritt steuerfrei gem. § 29 Abs. 1 Nr. 1 ErbStG ausgeübt werden, so dass der Übergeber jedenfalls die (Nach-)Erhebung von Erbschaftsteuer vermeiden kann. Besonders Weitblickende können bei der nur 85%-igen Steuerermäßigung durch ein Rücktrittsrecht von der Vermögensübertragung die gesamte Erbschaftsbesteuerung offenhalten, bis das Bundesverfassungsgericht über die Erbschaftsteuerreform 2009 geurteilt hat. Allerdings nimmt das FG München DStR 2009, 2420 an, dass auch im Falle der Verfassungswidrigkeit eine Weitergeltungsanordnung ergeht.

c) Wiederholte Anteilsschenkungen

Da die Verschonungsregelung der §§ 13a und b ErbStG keine zeitliche 249
Begrenzung beinhaltet, kommen auch kurz- oder mittelfristig wiederholte

Anteilsschenkungen in Betracht, wobei die vorstehend genannten 7- bzw. 5-jährigen Betriebsfortführungsregelungen jeweils wieder erneut zu Laufen beginnen. Insbesondere kommt nach Ablauf der ersten Fünf-Jahres-Frist eine wiederholte Anteilsschenkung in Betracht. Sofern die Verschonungsregelung, z.B. für das fünfte Jahr, entfällt, sind immerhin 4/5 des Betriebsvermögens steuerlich begünstigt übergegangen. Zudem kann das Nachversteuerungsrisiko in der Weise verringert werden, dass alle Übertragungen nur unter **Nießbrauchsvorbehalt** stattfinden und somit die Bemessungsgrundlage erheblich mindern. Eine begünstigte Zuwendung innerhalb der letzten zehn Jahre aufgrund des § 13a Abs. 1 ErbStG a.F. schließt die Gewährung des Abzugsbetrages gem. § 13a Abs. 2 ErbStG n.F. nicht aus, vgl. Abschn. IV Abs. 2 Satz 4 BStBl. 2009 I 713.

d) Atypische Unterbeteiligung

250 Sofern aus Altersgründen eine Anteilsübertragung auf Abkömmlinge noch nicht in Betracht kommt, sollte die Einräumung atypischer Unterbeteiligungen erwogen werden, da für diese ebenfalls die aufgezeigte Verschonungsregelung in Betracht kommt. Die zwischenzeitlich ergangene Verfügung, wonach atypische Unterbeteiligungen von § 13a ErbStG ausgeschlossen waren, hat die Finanzverwaltung wieder außer Kraft gesetzt. Das Bayerische Finanzministerium und das Baden-Württembergische Finanzministerium DStR 2009, 908 erkennen nunmehr atypische stille Beteiligungen und atypische Unterbeteiligungen als Mitunternehmerschaft mit der Folge des § 13a ErbStG an.

10. Behaltenskontrolle gem. § 13a Abs. 5 ErbStG

Literatur: *Korezkij* Überlegungen zur Reinvestitionsklausel nach § 13a Abs. 5 ErbStG, DStR 2009, 2412; *Siegmund/Zipfel* Die Nachversteuerung nach dem neuen Erbschaftsteuergesetz, BB 2009, 641 und 804.

a) Erbschaftsteuernacherhebung

251 Der Verschonungsabschlag und der Abzugsbetrag fallen mit Wirkung für die Vergangenheit weg, soweit der Erwerber innerhalb von sieben bzw. fünf Jahren (Behaltensfrist) folgende steuerschädliche Maßnahmen trifft:

- **Veräußerung** oder Aufgabe des **Betriebs**, Teilbetriebs oder Mitunternehmeranteils sowie des land- und forstwirtschaftlichen Vermögens; die Weiterübertragung aufgrund vorweggenommener Erbfolge ist unschädlich, wobei sich der Weiterübertragende nur ein Nießbrauchsrecht, aber keine Leibrente vorbehalten darf, da diese erbschaftsteuerlich eine Gegenleistung darstellt, vgl. Abschn. IX Abs. 2 Nr. 2 BStBl. 2009 I 713;
- **Veräußerung** oder Entnahme **wesentlicher Betriebsgrundlagen**, es sei denn, die Veräußerung zielt nicht auf die Einschränkung des Betriebs ab und der Veräußerungserlös wird im betrieblichen Interesse verwendet;
- **Veräußerung** von **Anteilen** an einer **Kapitalgesellschaft**, die der Veräußerer durch Einbringung eines begünstigten Betriebs, Teilbetriebs oder Mitunternehmeranteils (§ 20 UmwStG) erworben hat; gleiches gilt für An-

teile an einer **Personengesellschaft**, die der Veräußerer zur Betriebseinbringung gem. § 24 UmwStG erhalten hat;

- **Überentnahmen**, d.h. wenn die Entnahmen die Summe der Einlagen und Gewinne im Behaltenszeitraum mehr als 150.000 € betragen; bei Ausschüttungen an Gesellschafter einer Kapitalgesellschaft ist sinngemäß zu verfahren. Somit können erzielte Gewinne ggf. erhöht um verdeckte Gewinnausschüttungen und getätigte offene und verdeckte Einlagen ohne Verstoß gegen die Behaltensvorschriften ausgeschüttet werden. Eine Einlage gegen Ende der Behaltensfrist um die Entnahmen auf 150.000 € zu begrenzen, ist grundsätzlich kein Gestaltungsmissbrauch, vgl. Abschn. XII Abs. 4 BStBl. 2009 I 713;
- **Veräußerung** oder **verdeckte Einlage** von Anteilen an Kapitalgesellschaften i.S.d. **§ 13b ErbStG** (mehr als 25% Beteiligung am Nennkapital) gem. § 13a Abs. 5 Nr. 4 ErbStG;
- **Aufhebung der Poolregelung**; bei der vertragswidrigen Veräußerung durch Poolmitglieder verlieren die übrigen Poolmitglieder nicht die gewährte Begünstigung, vgl. Abschn. XIV Abs. 1 Satz 5 BStBl. 2009 I 713.

b) Anteilige Nacherhebung

Der Wegfall des Verschonungsabschlags beschränkt sich in den Fällen des § 13a Abs. 1 Satz 1 Nr. 1, 2, 4 und 5 ErbStG auf den Teil, der dem Verhältnis der im Zeitpunkt der schädlichen Verfügung verbleibenden Behaltensfrist einschließlich des Jahres, in dem die Verfügung erfolgt, zur gesamten Behaltensfrist entspricht. Demnach ist die ursprünglich vorgesehene „Fallbeillösung" entfallen, so dass erst ab dem Zeitpunkt des Verstoßes gegen die Behaltens- und/oder Lohnsummenregelung die Erbschaftsteuer anteilig für den restlichen Zeitraum nachzuerheben ist. Dagegen entfällt die Verschonungsregelung des § 13a ErbStG im ganzen Umfang, wenn gegen die Überentnahmeregelung gem. Abs. 5 Nr. 3 dieser Bestimmung verstoßen wird. Der Wegfall der Steuervergünstigung greift auch bei Überentnahmen zur Schenkungsteuertilgung, vgl. BFH GmbHR 2010, 333. 252

c) Reinvestition

In den Fällen des Satzes 1 Nr. 1, 2 und 4 ist von einer Nachversteuerung abzusehen, wenn der Veräußerungserlös innerhalb der nach § 13b Abs. 1 ErbStG begünstigten Vermögensart verbleibt. Hiervon ist auszugehen, wenn der Veräußerungserlös innerhalb von sechs Monaten in entsprechendes Vermögen investiert wird, das nicht zum Verwaltungsvermögen i.S.d. § 13b Abs. 2 ErbStG gehört. 253

d) Anzeigepflicht gem. Abschn. 44 Ländererlasse BStBl. 2009 I 713

In dem Steuerbescheid wird der Steuerpflichtige darauf hingewiesen, dass Verstöße gegen die Behaltensregelungen nach §§ 153 Abs. 2 AO anzeigepflichtig sind. 254

11. Partielle Verringerung der Doppelbelastung mit ESt und ErbSt

Literatur: *Bron/Seidel* Doppelbelastung mit Erbschaftsteuer und Einkommensteuer, ErbStB 2010, 48 und 81; *Gauß/Schwarz* Doppelbelastung von Einkommensteuer und Erbschaftsteuer im Rahmen der Abgeltungssteuer, BB 2009, 1387; *Herzig/Joisten/Vossel* Die Vermeidung der Doppelbelastung mit ESt und ErbSt nach Einführung des § 35 b EStG, DB 2009, 584; *Seifried* Steuerermäßigung bei Zusammentreffen von Erbschaftsteuer und Einkommensteuer nach § 35 b EStG, ZEV 2009, 285.

255 Der durch Art. 5 ErbStRG eingeführte § 35 b EStG, der dem bis 1998 geltenden § 35 EStG nachgebildet ist, enthält folgenden Wortlaut:

§ 35 b Steuerermäßigung bei Belastung mit Erbschaftsteuer

Sind bei der Ermittlung des Einkommens Einkünfte berücksichtigt worden, die im Veranlagungszeitraum oder in den vorangegangenen vier Veranlagungszeiträumen als Erwerb von Todes wegen der Erbschaftsteuer unterlegen haben, so wird auf Antrag die um sonstige Steuerermäßigungen gekürzte tarifliche Einkommensteuer, die auf diese Einkünfte entfällt, um den in Satz 2 bestimmten Prozentsatz ermäßigt. Der Prozentsatz bestimmt sich nach dem Verhältnis, in dem die festgesetzte Erbschaftsteuer zu dem Betrag steht, der sich ergibt, wenn dem steuerpflichtigen Erwerb (§ 10 Abs. 1 des Erbschaftsteuer- und Schenkungsteuergesetzes) die Freibeträge nach §§ 16 und 17 und der steuerfreie Betrag nach § 5 des Erbschaftsteuer- und Schenkungsteuergesetzes hinzugerechnet werden.

Auch Einkünfte aus Kapitalvermögen i. S. d. § 20 Abs. 2 Nr. 1 EStG, die der pauschalen Einkommensteuer unterliegen, sind nach Auffassung von *Gaus/Schwarz* BB 2009, 1387 nicht per se von der Steuerermäßigung nach § 35 b EStG ausgeschlossen. Die Erbschaftsteuer kann unter den gesetzlichen Voraussetzungen auf die pauschale Einkommensteuer angerechnet werden, wenn die Kapitaleinkünfte veranlagt werden, also entweder keine Kapitalertragsteuer einbehalten wurde oder ein Antrag auf Veranlagung gestellt wird. Die Steuerermäßigung entfällt, wenn seit dem Veranlagungszeitraum mehr als vier Jahre vergangen sind.

V. Unternehmensbewertung

Literatur: *Broekelschen/Kohlmann* Steuerliche Folgen und steueroptimale Gestaltung von Betriebsveräußerungen nach der Unternehmensteuerreform, DStR 2009, 1161; *Broekelschen/Maiterth* Funktionsweise und Verfassungskonformität der neuen Grundstücksbewertung, DStR 2009, 833; *Creutzmann* Unternehmensbewertung im Steuerrecht – Neuregelungen des Bewertungsgesetzes ab 1. 1. 2009, DB 2008, 2784; *Flöter/Matern* Erbschaftsteuerreform: Fehlbewertung von Betriebsvermögen, NWB 2008, 1727; *Halaczinsky* Bewertung des Betriebsvermögens für erb- und schenkungsteuerliche Zwecke, ErbStB 2009, 79; *Hannes/Onderka* Bewertung und Verschonung des Betriebsvermögens: Erste Erkenntnisse aus den Erlassen der Finanzverwaltung, ZEV 2009, 421; *Hübner/Maurer* Erbschaft- und schenkungsteuerliche Folgen gesellschaftsvertraglicher Abfindungsbeschränkungen für die verbleibenden Gesellschafter, ZEV 2009, 361 und 428; *Manneck* Vereinfachtes Ertragswertverfahren zur Bewertung des betrieblichen Vermögens – Darstellung unter Berücksichtigung der Ländererlasse v. 25. 6. 2009, ErbStB 2009, 312; *Schwind/Schmidt* Gesellschaftsvertragliche Abfindungsklauseln NWB 2009 Nr. 5 S. 297; *Schulte/Birnbaum/Hinkers* Unternehmensvermögen im neuen Erbschaftsteuer- und Bewertungsrecht – Zweifelsfragen und Gestaltungsansätze, BB 2009, 300; *Stamm/Blum* Die Bewertung von Betriebsvermögen nach dem neuen Erbschaftsteuerrecht StuB 2009, 763; *Tiltz* Erbschaftsteuer-Bewertungserlass: Allgemeines und Teil A (Anteile an Kapitalgesellschaften), DStR 2009, 1829; *Riedel* Bewertung von Kapitalgesellschaftsanteilen für Zwecke der Erbschaft- und Schenkungsteuer, GmbHR 2009, 743; *H. U. Viskorf* Das Rechtsstaatsprinzip unter Wettstreit um den „richtigen" gemeinen Wert beim Betriebsvermögen, ZEV 2009, 591; *Wangler* Einfluss des neuen Bewertungs- und Erbschaftsteuerrechts auf Abfindungsregelungen in Gesellschaftsverträgen, DStR 2009, 1501; *Wiese/Lukas* Erbschaftsteuerreform 2009 und Unternehmensnachfolge – ein Überblick, GmbHR 2009, 57.

1. Neue Bewertungsvorschriften

a) Vereinfachtes Ertragswertverfahren

Gem. § 199 Abs. 2 BewG kann zur Ermittlung des gemeinen Werts des Betriebsvermögens das **vereinfachte Ertragswertverfahren** gem. §§ 200 ff. BewG angewendet werden, wenn dieses nicht zu offensichtlich unzutreffenden Ergebnissen führt. Das selbe gilt gem. § 199 Abs. 1 BewG für Anteile an einer Kapitalgesellschaft. 261

Bei dem nunmehr gesetzlich in den §§ 200 ff. BewG geregelten vereinfachten Ertragswertverfahren ist der zukünftig nachhaltig erzielbare Jahresertrag mit einem Kapitalisierungsfaktor zu multiplizieren. Für die Ermittlung dieses Jahresertrags bietet der in der Vergangenheit tatsächlich erzielte Durchschnittsertrag eine Beurteilungsgrundlage. Gem. § 201 Abs. 2 BewG ist das arithmetische Mittel der Betriebsergebnisse der letzten drei vor dem Besteuerungszeitpunkt abgelaufenen Wirtschaftsjahre maßgebend. Das gesamte Betriebsergebnis eines am Bewertungsstichtag noch nicht abgelaufenen Wirtschaftsjahres ist an Stelle des drittletzten abgelaufenen Wirtschaftsjahres einzubeziehen, wenn es für die Herleitung des künftig zu erzielenden Jahresertrags von Bedeutung ist. Eine Gewichtung der Jahresergebnisse wie bei dem Stuttgarter Verfahren findet nicht mehr statt.

Gem. § 200 Abs. 2 BewG sind bei der Ermittlung des Ertragswerts folgende **Korrekturen** erforderlich:

- nicht betriebsnotwendiges Vermögen ist mit den im wirtschaftlichen Zusammenhang stehende Schulden sind aus dem zu bewertenden Unternehmen herauszulösen;
- Beteiligungen an anderen Gesellschaften, die nicht zum betriebsnotwendigen Vermögen zählen, werden mit dem eigenständig zu ermittelnden gemeinen Wert angesetzt und
- „junge Wirtschaftsgüter", also innerhalb von zwei Jahren vor dem Bewertungsstichtag eingelegte Wirtschaftsgüter, die die eigentliche Unternehmenstätigkeit nicht beeinflusst haben, werden mit dem eigenständig zu ermittelnden gemeinen Wert angesetzt.

Erträge und Aufwendungen dieser Wirtschaftsgüter müssen also eliminiert werden.

Hat sich im Drei-Jahres-Zeitraum der Charakter des Unternehmens nach dem Gesamtbild der Verhältnisse nachhaltig verändert oder ist das Unternehmen neu entstanden, ist von einem entsprechend verkürzten Ermittlungszeitraum auszugehen. Soweit sich die Änderung der Rechtsform auf den Jahresertrag ausgewirkt hat, sind die früheren Betriebsergebnisse entsprechend zu korrigieren.

b) Kapitalisierungszinssatz

Literatur: *Gerber/König*, ErbStRG: Auswirkungen eines einheitlichen Kapitalisierungszinssatzes auf die Bewertung von Unternehmen unterschiedlicher Risikoklassen, BB 2009, 1268.

262 Der Kapitalisierungszinssatz besteht aus den Komponenten

- variabler Basiszinssatz und
- pauschaler Zuschlag von 4,5%.

Für das Jahr 2009 betrug der im Bundessteuerblatt veröffentlichte variable Basiszinssatz 3,61%, so dass der Ertragswert des Unternehmens das 12,33-fache ($\frac{100}{8,11}$) des bereinigten Jahresertrages betrug. Für das Jahr 2010 wurde mit BMF-Schreiben BStBl. 2010 I 14 ein Vervielfältigungsfaktor von 11,79 angeordnet, der einem Renditezinssatz von 3,98% entspricht. Die generelle Fixierung des Zinssatzes für alle Branchen wird in der Literatur zurecht als verfassungswidrig angesehen, vgl. *H. U. Viskorf* FR 2007, 626. Gerügt wird zurecht, dass der niedrige Basiszinssatz in Zeiten schlechter Konjunktur widersinniger Weise zu einem höheren Unternehmenswert führt und umgekehrt ein höherer Basiszinssatz in Zeiten guter Konjunktur den Unternehmenswert sinken lässt, vgl. *Crezelius* ZEV 2009, 6.

c) Wertuntergrenze

263 Gem. § 11 Abs. 2 BewG entspricht der mindestens anzusetzende Unternehmenswert der Summe der gemeinen Werte der einzelnen Wirtschaftsgüter abzüglich der Schulden. Diese Definition entspricht nicht dem **Liquidationswert**, der vom Unternehmer selbst dann noch am Markt erzielt werden könnte, wenn der Betrieb nicht fortgeführt wird. Der Ermittlungsaufwand für die Liquidationskosten ist nach Meinung von *Mannek* DB 2008, 423 aus verwaltungsökonomischer Sicht kaum vertretbar. Dennoch ist der Liquidationswert in den Fällen der feststehenden Liquidation als besondere Ausprägung des Substanzwertes nicht ausgeschlossen, vgl. *Landsittel* ZErb 2009, 11, 14 unter Berufung auf *Großfeld* Rn. 1097 ff.

d) Beispiel nach Mannek DB 2008, 428

264 **Beispiel:** Der Einzelunternehmer U verstirbt am 1. 1. 2009. Sein Alleinerbe ist der Sohn S. Dieser führt den Betrieb zunächst fort, veräußert aber den Betrieb zum 1. 1. 2010.

(1) Vermögensaufstellung und Substanzwert nach dem BewG

	Steuerbilanz in €	Vermögens-aufstellung 2007 in €	Mindestsatz mit dem Substanzwert 2008 in €
GruBo Fabrik	200.000	1.000.000	1.400.000
Gebäude Fabrik	900.000		
GruBo Mietwohngrundstück für Arbeitnehmer	100.000	500.000	800.000
Gebäude Mietwohngrundstück für Arbeitnehmer	150.000		
Außenanlagen	5.000		
Betriebsvorrichtungen	40.000	40.000	40.000
Geschäftsausstattung	100.000	100.000	100.000
Aktien	50.000	80.000	80.000
Fuhrpark	120.000	120.000	220.000
Waren	200.000	200.000	200.000
Forderungen	320.000	320.000	320.000
Kasse, Bank	30.000	30.000	30.000
Roh-Betriebsvermögen	2.215.000	2.390.000	3.190.000
Kapital	1.345.000		
Hypothek Fabrik	500.000	500.000	500.000
Hypothek MWG	200.000	200.000	200.000
Verbindlichkeiten Aktien	10.000	10.000	10.000
Verbindlichkeiten	90.000	90.000	90.000
Rückstellungen	70.000	70.000	70.000
Schulden (Summe)	870.000	870.000	870.000
Wert des Betriebsvermögens **bzw. Substanzwert**		**1.520.000**	**2.320.000**

(2) Jahresertrag

	2006 in €	2007 in €	2008 in €
Gewinn	460.000	450.000	420.000
Ertragsteueraufwand	35.000	34.000	32.000
Aufwendungen Mietwohngrundstück	34.500	26.500	33.500
Unternehmerlohn	- 50.000	- 50.000	- 50.000
Mieterträge	- 40000	- 44.000	- 49.000
Ertrag, der auf Aktien entfällt	- 5.000	- 2.000	- 6.000
Betriebsergebnis	434.500	414.500	380.500
30 % Abschlag für Ertragsteueraufwand	- 130.350	- 124.350	- 114.150
Jahresertrag	304.150	290.150	266.350
		860.650	
nachhaltig erzielbarer Jahresertrag		**x 1/3 =**	**286.883**

(3) Verwaltungsvermögen

Ertragswert des Betriebsvermögens (12,33 x 286.883 =)	3.537.267	
Mietwohngrundstück		+ 800.000
Aktien		+ 80.000
Schuld Mietwohngrundstück	- 200.000	
Gemeiner Wert des Betriebsvermögens	4.217.267	

Verhältnis Verwaltungsvermögen i. S. des § 13 b Abs. 2 ErbStG zum Unternehmenswert:

Anzusetzender Unternehmenswert	4.217.267		100 %	
davon 50 %		2.108.633		50 %
Verwaltungsvermögen		880.000	20,9 %	

Das Verwaltungsvermögen überwiegt nicht. Der gesamte Unternehmenswert bildet somit begünstigtes Vermögen i. S. des § 13 b Abs. 4 ErbStG

(4) Erbschaftsteuer

Betriebsvermögen	4.217.267
Verschonungsabschlag § 13 b Abs. 4 ErbStG (85 %)	- 3.584.677
steuerpflichtiges Betriebsvermögen	632.590
persönlicher Freibetrag	- 400.000
Steuerpflichtiger Erwerb	232.590
Steuer 11 %	**25.585**

(5) Veräußerung

Betriebsvermögen	4.217.267
persönlicher Freibetrag	- 400.000
Steuerpflichtiger Erwerb	3.817.267
Steuersatz	19 %
Steuer	**725.280**

Gem. § 13a Abs. 5 Satz 1 ErbStG entfällt der Verschonungsabschlag (Abs. 1) und der Abzugsbetrag (Abs. 2), wenn innerhalb der 5-jährigen Behaltensfrist die einzelnen in § 13a Abs. 5 Nr. 1–5 aufgeführten Tatbestände verwirklicht werden. Gem. § 13a Abs. 5 Satz 2 ErbStG beschränkt sich der Wegfall des Verschonungsabschlags in den Fällen des Satzes 1 Nr. 1, 2, 4 und 5 auf den Teil, der dem Verhältnis der im Zeitpunkt der schädlichen Verfügung verbleibenden Behaltensfrist einschließlich des Jahres, in dem die Verfügung erfolgt, zur gesamten Behaltensfrist ergibt. Somit bleibt der Verschonungsabschlag zeitanteilig erhalten, vgl. oben IV 9b und c.

2. Alternative Bewertungsmethoden

Literatur: *Riedel* Bewertung von Kapitalgesellschaftsanteilen für Zwecke der Erbschaft- und Schenkungsteuer, GmbHR 2009, 743.

Gem. § 11 Abs. 2 Satz 2 BewG soll der Wert von Anteilen an Kapitalgesellschaften vorrangig aus **Verkäufen an fremde Dritte** abgeleitet werden, die weniger als ein Jahr zurückliegen. Die Empfehlung, z. B. an leitende Angestellte vorab einen geringen Bruchteil des Unternehmens zu günstigen Bedingungen zu veräußern, um dadurch eine Bewertungsbezugnahme zu schaffen, ist zweischneidig, da die Finanzverwaltung dann eine lohnsteuerpflichtige Sachzuwendung sehen könnte. **265**

Lässt sich der gemeine Wert nicht aus Verkäufen unter fremden Dritten ableiten, ist gem. § 11 Abs. 2 Satz 2 BewG der Wert unter Berücksichtigung des Vermögens und der Ertragsaussichten zu schätzen. Wenn das vereinfachte Ertragswertverfahren (§ 200 BewG) zu offensichtlich unzutreffenden Ergebnissen führt, kann der Wert nach einer anderen anerkannten, auch im gewöhnlichen Geschäftsverkehr für nicht steuerliche Zwecke üblichen Methode ermittelt werden; dabei ist die Methode anzuwenden, die ein Erwerber der Bemessung des Kaufpreises zugrunde legen würde.

§ 199 Abs. 1 und 2 BewG lassen den Einwand des Steuerpflichtigen zu, dass für die einschlägige Branche ein anderes Bewertungsverfahren besteht, da letztlich der Markt die Bewertungsmethode bestimmt, vgl. *Barthel* DB 1990, 1145; a. A. ist *H. U. Viskorf* ZEV 2009, 591, wonach von dem Regelbewertungsverfahren nur abgewichen werden kann, wenn sich eine Abweichung durch das alternative Verfahren von mehr als 30% ergibt.

Die für Anteile an Kapitalgesellschaften geltende Regelung ist gem. § 157 Abs. 5 Satz 2 BewG auch bei der Bewertung von Betriebsvermögen anzuwenden.

3. Land- und forstwirtschaftliches Betriebsvermögen

Literatur: *Bruschke* Die Bewertung des LuF-Vermögens für die Erbschaft- und Schenkungsteuer – Überblick und Einzelheiten der Ländererlasse, ErbStB 2009, 320; *Halaczinsky* Bewertung land- und forstwirtschaftlicher Betriebe, ErbStB 2009, 130; *Hutmacher* Die Bewertung des Wirtschaftsteils eines Betriebs der Land- und Forstwirtschaft nach der „LuFBewV", ZEV 2008, 182; *ders.* Erbschaftsteuerreform: Einzelheiten zur Bewertung und Verschonung des land- und forstwirtschaftlichen Vermögens, ZNotP 2008, 218; *Stahl* Bewertung nach dem Erbschaft- und Schenkungsteuerrecht – Reform-Entwurf 2008, KÖSDI 2008, 16.069.

a) Betrieb der Land- und Forstwirtschaft

Durch das Gesetz zur Reform des Erbschaftsteuer- und Bewertungsrechts wurde ein 6. Abschnitt in das Bewertungsgesetz eingefügt, der die Vorschriften für die Bewertung von Grundbesitz, von nicht börsennotierten Anteilen an Kapitalgesellschaften und von Betriebsvermögen für die Erbschaftsteuer enthält. Diese Regelung gilt auch für land- und forstwirtschaftliches Vermögen. **266**

Gem. § 160 BewG umfasst der Betrieb der Land- und Forstwirtschaft

- den **Wirtschaftsteil,**
- die **Betriebswohnungen** und
- den **Wohnteil.**

Dies entspricht auch der früheren Betrachtung. Zu beachten ist, dass damit der bewertungsrechtliche Begriff von der einkommensteuerlichen Beurtei- **267** lung abweicht: Während der Wohnteil des Landwirts spätestens seit 31. 12. 1998 einkommensteuerlich **notwendiges Privatvermögen** darstellt, zählt der Wohnteil bewertungsrechtlich zum Betrieb der Land- und Forstwirtschaft. Wie bisher sind die Betriebswohnung und auch der Wohnteil des Betriebsinhabers nach den Grundsätzen des Grundvermögens zu bewerten. Bei einer engen räumlichen Verbindung von Wohnraum mit dem Betrieb ist der Wert des Wohnteils und der Wert der Betriebswohnungen um 15% gem. § 167 Abs. 3 BewG zu ermäßigen.

268 Gem. § 160 Abs. 7 BewG gehören auch **Stückländereien**, die als gesonderte wirtschaftliche Einheit zu bewerten sind, zum Betrieb einer Land- und Forstwirtschaft. Stückländereien sind einzelne land- und forstwirtschaftlich genutzte Flächen, bei denen die Wirtschaftsgebäude oder die Betriebsmittel oder beide Arten von Wirtschaftsgütern nicht dem Eigentümer des Grund und Bodens gehören, sondern am Bewertungsstichtag für mindestens fünfzehn Jahre einem anderen Betrieb der Land- und Forstwirtschaft zu dienen bestimmt sind.

269 **Nicht zum land- und forstwirtschaftlichen Vermögen** gehören gem. § 158 Abs. 4 BewG:

- Grund und Boden sowie Gebäude- und Gebäudeteile, die nicht land- und forstwirtschaftlichen Zwecken dienen;
- Kleingartenland und Dauerkleingartenland;
- Geschäftsguthaben, Wertpapiere und Beteiligungen;
- über den normalen Bestand hinausgehende Bestände an umlaufenden Betriebsmitteln;
- Tierbestände und damit zusammenhängende Wirtschaftsgüter, wenn die Tiere weder zur landwirtschaftlichen noch zur forstwirtschaftlichen Nutzung gehören;
- Geldforderungen und Zahlungsmittel;
- Pensionsverpflichtungen.

Diese nicht zum land- und forstwirtschaftlichen Vermögen zählenden Wirtschaftsgüter werden mit dem gemeinen Wert bewertet.

b) Wirtschaftswert

270 Bei der Ermittlung der jeweiligen Wirtschaftswerte ist von der nachhaltigen Ertragsfähigkeit land- und forstwirtschaftlicher Betriebe auszugehen. Ertragsfähigkeit ist der bei ordnungsmäßiger Bewirtschaftung gemeinhin und nachhaltig erzielbare Reingewinn. Gem. § 163 Abs. 3 BewG bestimmt sich der Reingewinn für die landwirtschaftliche Nutzung nach der Region, der maßgeblichen Nutzungsart (Betriebsform) und der Betriebsgröße nach der europäischen Größeneinheit (EGE). Danach ergeben sich folgende Betriebsgrößenklassen:

- Kleinbetriebe von Null bis unter 40 EGE,
- Mittelbetriebe von 40–100 EGE,
- Großbetriebe über 100 EGE.

Der Reingewinn umfasst das ordentliche Ergebnis abzüglich eines angemessenen Lohnansatzes für die Arbeitsleistung des Betriebsinhabers und der nicht entlohnten Arbeitskräfte. Mittels eines typisierenden Reinertragswertverfahrens mit festen Ertragswerten auf der Basis agrarstatistischer Daten für die wichtigsten land- und forstwirtschaftlichen Nutzungen wird der Reingewinn ermittelt.

c) Mindestwert

Der Mindestwert des Wirtschaftsteils setzt sich aus dem Wert für den Grund und Boden sowie dem Wert der übrigen Wirtschaftsgüter gem. § 164 Abs. 1 BewG zusammen. Der für den Wert des Grund und Bodens zu ermittelnde Pachtpreis pro Hektar (ha) bestimmt sich nach der Nutzung, dem Nutzungsteil und der Nutzungsart des Grund und Bodens. Der Kapitalisierungszinssatz für die übrigen Wirtschaftsgüter (§ 158 Abs. 3 Satz 1 Nr. 2–5 BewG) beträgt 5,5% und der Kapitalisierungsfaktor 18,6. Der Mindestwert berücksichtigt, dass die kleineren und mittleren Betriebe im Durchschnitt nur einen geringen oder sogar nur einen negativen Reinertrag erwirtschaften (!), vgl. *Hutmacher* ZNotP 2008, 226. **271**

d) Ergebnis

Nach *Hutmacher* ZNotP 2008, 228 sind bei den landwirtschaftlichen Betrieben durchgängig für sämtliche Regionen und alle Betriebsformen bei den kleineren und mittleren Betriebsgrößen die Werte **negativ**. Nur bei den größeren Betrieben der Landwirtschaft werden positive Reingewinne ausgewiesen. Pachtpreis und Wert des Besatzkapitals hingegen sind sämtlich positiv. Die **Mindestbewertung** ist die **Regelbewertung**. **272**

e) Verschonungsabschlag und Abzugsbetrag

Wie bei dem übrigen Betriebsvermögen wird ein Verschonungsabschlag von 85% gewährt. Bei einem land- und forstwirtschaftlichen Vermögen von 1 Mio. € verbleibt somit nach Anwendung des Verschonungsabschlages ein Wert von 150.000 €, so dass bei Anwendung des Abzugsbetrages von 150.000 € gem. § 13a Abs. 2 ErbStG das zu berücksichtigende land- und forstwirtschaftliche Vermögen Null beträgt. **273**

f) Veräußerung

Wird ein Betrieb der Land- und Forstwirtschaft oder ein Anteil i.S. des § 158 Abs. 2 Satz 2 BewG innerhalb eines Zeitraums von fünfzehn Jahren nach dem Bewertungsstichtag veräußert, erfolgt die Bewertung der wirtschaftlichen Einheit abweichend von § 163 und 164 BewG mit dem **Liquidationswert** gem. § 166 BewG. Dies gilt nicht, wenn der Veräußerungserlös innerhalb von sechs Monaten ausschließlich zum Erwerb eines anderen Betriebs der Land- und Forstwirtschaft oder eines Anteils i.S. des § 158 Abs. 2 Satz 2 BewG verwendet wird, vgl. § 162 Abs. 3 BewG. Eine entsprechende Regelung gilt gem. § 163 Abs. 4 Satz 2 BewG bei der Veräußerung wesentlicher Wirtschaftsgüter. **274**

g) Ertragswertverfahren und Mindestbewertung in Beispielsfällen nach Hutmacher ZNotP 2008, 218, 229

275

Beispiele zur Ertrags- und Mindestbewertung des landwirtschaftlichen Vermögens				
Sachverhalte:	Beispiel 1	Beispiel 2	Beispiel 3	Beispiel 4
Bundesland	Bayern	NRW	Niedersachsen	Brandenburg
Region	Oberbayern	Köln	Hannover	Brandenburg
Betriebsform	Milchvieh	Ackerbau	Veredlung	Pflanzen- und Viehverbund
Selbstbewirtschaftete Fläche	80 ha	180 ha	60 ha	1000 ha
davon Eigentum	50 ha	120 ha	50 ha	800 ha
davon Pacht	30 ha	60 ha	10 ha	200 ha
Europäische Größeneinheiten (EGE)	> 100 EGE	> 100 EGE	> 100 EGE	> 100 EGE
Reingewinn/ha LF (Anl. 1 Spalte 4)	144	127	205	63
Pachtpreis/ha LF (Anl. 1 Spalte 5)	215	264	336	221
Besatzkapital/ha LF (Anl. 1 Spalte 6)	229	101	317	161
gemeiner Wert immaterielle Wirtschaftsgüter	–	–	–	–
betriebliche Verbindlichkeiten	200.000 €	300.000 €	400.000 €	1.000.000 €

Ermittlung des Ertragswerts nach § 163 BewO				
Eigentumsfläche	50 ha	120 ha	50 ha	800 ha
Reingewinn/ha LF	144 €	127 €	205 €	63 €
Reingewinn	7.200 €	15.240 €	10.250 €	50.400 €
Kapitalisierung mit Faktor	18,6	18,6	18,6	18,6
Wert Grund und Boden	133.920 €	283.464 €	190.650 €	937.440 €
Ermittlung des Mindestwerts nach § 164 BewG				
Eigentumsfläche	50 ha	120 ha	50 ha	800 ha
Pachtpreis/ha LF	215 €	264 €	336 €	221 €
Pachtwert	10.750 €	31.680 €	16.800 €	176.800 €
Kapitalisierung mit Faktor	18,6	18,6	18,6	18,6
Wert Grund und Boden	199.950 €	589.248 €	312.480 €	3.288.480 €
selbstbewirtschaftete Fläche	80 ha	180 ha	60 ha	1000 ha

Besatzkapital/ha LF	229 €	101 €	317 €	161 €
Kapitalisierung mit Faktor	18,6	18,6	18,6	18,6
Wert Besatzkapital	340.752 €	338.148 €	353.772 €	2.994.600 €
Zwischensumme	540.701 €	927.396 €	666.252 €	6.283.080 €
+ Wert der übrigen immateriellen Wirtschaftsgüter	–	–	–	–
– Verbindlichkeiten	200.000 €	300.000 €	400.000 €	1.000.000 €
Mindestwert	340.702 €	627.396 €	266.252 €	5.283.080 €

VI. Verfassungswidrigkeit der Erbschaftsteuerreform 2009

Literatur: *Crezelius* Das neue Erbschaft- und Schenkungsteuerrecht im Rechtssystem, ZEV 2009, 1; *Lang* Gleichheitswidrigkeit und gleichheitsrechtliche Ausgestaltung der erbschaftsteuerlichen Verschonung, FR 2010, 49; *Seer* Die Erbschaft- und Schenkungsteuer im System der Besteuerung nach wirtschaftlicher Leistungsfähigkeit, GmbHR 2009, 225; *Spiegelberger/Wartenburger* Die Erbschaftsteuerreform aus verfassungsrechtlicher Sicht, ErbStB 2009, 98; *H. U. Viskorf* Verfassungsrechtliche Fragen der Erbschaftsteuer und der geplanten gesetzgeberischen Neuregelung, FR 2007, 624.

Nach der Pressemitteilung des Bundesministeriums der Justiz vom 27. 10. **281**
2008 ist „made in Germany" auch ein Qualitätsmerkmal für das deutsche Recht: Es ist vorhersehbar, bezahlbar und durchsetzbar. Es sorgt für einen fairen Interessenausgleich und eine angemessene Verteilung von Risiken.

Es bestehen höchste Zweifel, ob die Erbschaftsteuerreform zum 1. 1. 2009 diesen Qualitätsanforderungen entspricht. Bereits die Tatsache, dass in der letzten Phase des Gesetzgebungsverfahrens noch umfangreiche Änderungen am ursprünglichen Regierungsentwurf vorgenommen wurden, verheißt für den Rechtsanwender nichts Gutes. Formelkompromisse, die in nächtlichen Sitzungen errungen werden, können kaum den hohen Ansprüchen gerecht werden, die wir an unser Rechtssystem stellen. Darüber hinaus ist es verfassungsrechtlich zweifelhaft und liegt als Rechtsfrage dem Bundesverfassungsgericht vor, ob überhaupt wesentliche Änderungen an Gesetzesvorlagen, die nur im Vermittlungsausschuss diskutiert und beschlossen werden, dem **Parlamentsvorbehalt** entsprechen, ob also insoweit überhaupt dem Rechtsstaatsprinzip Rechnung getragen wird. *Lang* StuW 2008, 189 kritisiert die Erbschaftsteuerreform wie folgt:

„Die Regelungen der erbschaftsteuerlichen Verschonung sind gleichheitswidrig, hoch kompliziert und praxisuntauglich ausgestaltet ... Die Erbschaftsteuer ist mit der Erbrechtsgarantie (Art. 14 Abs. 1 Satz 1 GG) unvereinbar. Sie erzeugt konfiskatorisch Belastungen ... und Übermaßbelastungen durch Bewertung und Verwaltungsaufwand ... Sie ist für die Deckung des staatlichen Finanzbedarfs weder geeignet noch erforderlich ..."

1. Bewertungsrecht

a) Mehrere Bewertungsverfahren

Die verfassungsrechtlichen Zweifel verstärken sich, wenn man bedenkt, **282**
dass sowohl die vom Bundesverfassungsgericht für verfassungswidrig erklärten

Einheitswerte und ebenso die jüngst vom Bundesverfassungsgericht für verfassungswidrig erklärten Grundbesitzwerte weiterhin im Bewertungsgesetz unverändert enthalten sind und für die Steuerberechnung Anwendung finden.

Durch einen neuen 6. Abschnitt des Bewertungsgesetzes werden besondere Bewertungsvorschriften für die Erbschaft- und Schenkungsteuer normiert, so dass für die Grunderwerbsteuer weiterhin die bisherigen Grundbesitzwerte nach dem 4. Abschnitt gelten.

Im Endergebnis leistet sich der Gesetzgeber den Luxus, dass in der Praxis **fünf (!)** verschiedene Grundstückswerte zu beachten sind:

- allgemeiner Verkehrswert
- einkommensteuerlicher Wert (Buchwert) (aufzuteilen in Grundstücks- und Gebäudewert)
- Einheitswert gem. § 19 BewG (maßgebend für die Grundsteuer)
- Bedarfswert gem. §§ 145 und 146 BewG (maßgeblich für die Bemessung der Grunderwerbsteuer gem. § 8 Abs. 2 GrEStG)
- gemeiner Wert gem. § 177 BewG, maßgebend für die Erbschaft- und Schenkungsteuer; weiterhin ist der Nachweis des niedrigeren gemeinen Wertes gem. § 198 BewG durch Bewertungsgutachten zulässig.

Für die Grundbucheintragung ist zur Gebührenbewertung noch zusätzlich der Brandversicherungswert nach der KostO zu ermitteln.

b) Einheits- und Grundbesitzwerte

283 Der Bundesfinanzhof hat die Fortgeltung der **Grundbesitzwerte** für die Grunderwerbsteuer bereits in Frage gestellt und das Bundesministerium der Finanzen aufgefordert, einem anhängigen Verfahren beizutreten, um die im Bewertungsgesetz enthaltenen Bewertungsvorschriften rechtfertigen zu können, vgl. DStR 2009, 1474. Es bedarf keiner seherischen Gabe, dass das Bundesverfassungsgericht die Grundbesitzwerte, die für die Erbschaftsteuer verworfen wurden, auch für die Grunderwerbsteuer aufhebt. Überraschenderweise hat der II. BFH-Senat mit Entscheidung v. 22. 7. 2005 – II B 121/04, n. v. – die alten Einheitswerte als Rechtsgrundlage für die Grundsteuer als tragbar bezeichnet, da die Wertverzerrungen wegen der geringeren steuerlichen Belastungswirkung verfassungsrechtlich in höherem Ausmaß hinnehmbar sind, als bei der Vermögensteuer und der Erbschaftsteuer. Dennoch mehrt sich die Kritik an der Grundsteuererhebung, vgl. *Spiegelberger/Spindler/Wälzholz* Kap. 2 Rn. 414.

c) Erbschaftsteuerliche Bewertung

284 Die für die Erbschaft- und Schenkungsteuerbemessung gefundenen Bewertungsvorschriften werden den Vorgaben des Verfassungsgerichts, alle Vermögenswerte am Verkehrswert zu messen, weitgehend gerecht, sind aber in der Praxis nur umsetzbar, wenn die Bewertungsstellen der Finanzämter und die Gutachterausschüsse bei den Landratsämtern personell erheblich aufgestockt werden. *Wolf* DStR 1993, 541 hat als damaliger Leiter des Bewertungsreferats im Bayerischen Justizministerium bei der damaligen Diskussion über die Anpassung der Einheitswerte an Verkehrswerte darauf hingewiesen, dass an Stelle der damals bundesweit ca. 4000 an den Bewertungsstellen eingesetzter Mitarbeiter ein Personalaufwand von ca. 15.000 Mitarbeitern ent-

stehen würde; zum geschätzten Bürokratieaufwand vgl. KÖSDI 2008, 15.921.

Die vom Bundesverfassungsgericht ohne Differenzierung für alle Vermögensgegenstände sowie für Personen- und Kapitalgesellschaften erstmalig differenzierungslos geforderte Bewertung nach einem tatsächlich mathematisch nicht feststellbaren Verkehrswert wird das Bewertungsverfahren völlig ad absurdum führen. Da auch die Gutachterausschüsse wegen der flächendeckenden Neubewertung personell aufgestockt werden müssen, ergibt sich tatsächlich ein noch größerer Personalaufwand. Sofern sich der Gesetzgeber überhaupt für die Erhaltung der Erbschaft- und Schenkungsteuer nach der erneuten Überprüfung durch das Bundesverfassungsgericht aussprechen sollte, ist nur ein **vereinfachtes Ertragswertverfahren** mit erheblichen Risikoabschlägen dem Steuerpflichtigen zu vermitteln, so dass auch die entsprechende Gesetzesakzeptanz erreicht wird. Ein pauschalierter Ertragswert lässt sich aus den Einkommensteuerunterlagen des Steuerpflichtigen schnell ermitteln. Wenn ein entsprechender Risikoabschlag berücksichtigt wird, lassen sich auch die besonderen und allgemeinen wirtschaftlichen Risiken erfassen. 285

H. U. Viskorf FR 2007, 624 hat ein am Grunderwerbsteuerrecht orientiertes Gewerbesteuererhebungsverfahren mit geringen Steuersätzen und geringen Freibeträgen vorgeschlagen. Dieser Vorschlag ist aber nur bei einfachen Bewertungsvorschriften gangbar, da am Sachwert orientierte Verkehrswertermittlungen einen Personalaufwand auf Seiten der Finanzverwaltung und auch der Steuerberatung erfordern, der weit über den Ertrag der Erbschaftsteuer hinausgehen würde. Bei einer Immobilie im Wert von 200.000 € ergäbe eine 2%-ige Erbschaftsteuer eine Steuer in Höhe von 4000 €, mit der gerade ein Sachverständigengutachten für diese Immobilie bezahlt werden könnte!

2. Steuerermäßigungs- und Befreiungsvorschriften durch die Erbschaftsteuerreform

a) *Wohnungsunternehmen*

Die für Wohnungsunternehmen in letzter Sekunde aufgenommene und vom Parlament nie diskutierte 85%-ige oder gar 100%-ige Befreiung für kraft Rechtsform, also durch gewerbliche Prägung (!) gem. § 13b Abs. 2 Satz 2 Nr. 1d ErbStG erreichbare Steuerermäßigung für Betriebe ohne Konjunkturrisiken – die Mietverträge sind meist langfristig konzipiert oder gar aus sozialen Gründen unkündbar –, ist ein verfassungswidriger Fehlgriff, der keine – auch keine befristete – Fortgeltungsanordnung erlaubt. Millionenvermögen steuerfrei zu stellen und die Eigentumswohnung, die ein Geschwisterteil dem anderen von Todeswegen überlässt, hoch in der Steuerklasse II zu besteuern, ist rechts- und sozialstaatlich nicht zu verantworten. Die Gemeinnützigkeit wurde gemeinnützig agierenden Wohnungsgenossenschaften vor Jahren aberkannt, nunmehr wurde die völlige Erbschaftsteuerbefreiung für kapitalistisch strukturierte Wohnungsunternehmen wieder eingeführt. 286

b) *Gewerblich tätige Unternehmen*

Die Erhaltung von Arbeitsplätzen, die der Lohnsummenregelung in § 13a Abs. 1 Satz 2 ErbStG zugrunde liegt, ist eines der hochrangigsten Ziele des 287

Gesetzgebers und verdient grundsätzliche Anerkennung. Bereits bei der Beendigung der Vermögensteuerpflicht aufgrund der Einheitswertentscheidung des Bundesverfassungsgerichts BStBl. 1995 II 655 bestand eine weitgehende Übereinstimmung, die Vermögenssteuer allenfalls für steuerliches Privatvermögen wieder einzuführen, um die Wettbewerbsfähigkeit der deutschen Betriebe nicht zu beeinträchtigen. Gerade die gegenwärtige Arbeitsplatz- und Kurzarbeiterfinanzierung mit jährlich zweistelligen Milliardenbeträgen zeigt den Wert von Arbeitsplätzen.

Andererseits sind auch Unternehmer, wie die Beratungspraxis zeigt, mit einer linearen Steuerbelastung wie etwa bei der Grunderwerbsteuer (3,5%, in Berlin und Hamburg 4,5%) einverstanden. Eine derartige Substanzsteuer kann auch aus den Erträgen finanziert werden. Befreiungsvorschriften für Betriebsvermögen sind bei niedrigen Erbschaftsteuersätzen nicht erforderlich. Die Arbeitsplatzförderung kann der Staat dann gezielt durch sonstige Zuwendungen betreiben.

3. Praxisempfehlungen

288 Trotz der Bewertungserhöhung auf den Verkehrswert hat die Erbschaftsteuerreform erhebliche Anreize zur vorweggenommenen Erbfolge mit sich gebracht. Nicht nur die im Zehn-Jahres-Zyklus ausschöpfbaren höheren Freibeträge, sondern auch der Wegfall des § 25 ErbStG ermöglicht es, Familiengut innerhalb der Familie generationsübergreifend ohne oder nur mit einer geringen Schenkungsteuerbelastung zu erhalten, wobei Vermögensverwaltungsgesellschaften, die in §§ 11–14 dargestellt sind, von besonderem Interesse sind. In Betracht kommen auch die in § 17 behandelten Stiftungskonzeptionen.

Geradezu paradiesische Verhältnisse hat die Steuerreform für kleinere und mittlere Gewerbebetriebe mit einer – bei verantwortungsvoller Gestaltung – völligen Steuerbefreiung mit sich gebracht. Die Übertragung unter Nießbrauchsvorbehalt und den oben zu A VI dargestellten Rückforderungsrechten ist eine Option, die – ohne hellseherische Fähigkeiten zu bemühen – nur für einen kurzen Zeitraum wahrgenommen werden kann. Die Befürchtung, dass das Bundesverfassungsgericht die Erbschaftsteuerreform rückwirkend aufhebt, ist wohl unbegründet, da der damit verbundene Steuerausfall für die ohnehin angespannten Finanzen der Länder nicht tragbar wäre.

289 Vorsorglich sollte bei allen Erbschaft- und Schenkungsteuerbescheiden, die auf dem Erbschaftsteuerreformgesetz beruhen, **Einspruch** erhoben werden. Allerdings kann derzeit eine Aussetzung der Vollziehung nicht erreicht werden. Nach Auffassung des FG München DStR 2009, 2420 ist ein Schenkungsteuerbescheid nicht wegen der geltend gemachten Verfassungswidrigkeit einer durch die Neuregelung des Erbschaftsteuergesetzes bewirkten Ungleichbehandlung unterschiedlicher Arten von Vermögensgegenständen und unterschiedlicher Erwerbergruppen von der Vollziehung auszusetzen. Bei der insoweit im Verfahren der Aussetzung der Vollziehung vorzunehmenden Interessenabwägung überwiegt das durch die hauswirtschaftliche Bedeutung der in § 19 Abs. 1 ErbStG n. F. enthaltenen zentralen Tarifvorschrift begründete öffentliche Vollzugsinteresse das individuelle Aussetzungsinteresse. Im Falle einer möglichen Entscheidung des Bundesverfassungsgerichts zur Verfassungsmäßigkeit des § 19 Abs. 1 ErbStG n. F. ist – nach Auffassung des FG München – keine rückwirkende Nichtigerklärung, sondern nur eine Unvereinbarkeitserklärung nebst befristeter Weitergeltung des verfassungswidrigen Gesetzes zu erwarten. Die Beschwerde gegen diese Entscheidung liegt dem Bundesfinanzhof unter dem AZ. II B 168/09 vor.

VII. Auslandssachverhalte

Beispiel: V hat sich nach seiner Pensionierung nach Gran Canaria zurückgezogen, hat aber den deutschen Wohnsitz nicht aufgegeben. Er will Grundbesitz auf Gran Canaria und in Deutschland im Wege der vorweggenommenen Erbfolge auf seine Kinder übertragen und sich den Nießbrauch vorbehalten.

1. Unbeschränkte Steuerpflicht gem. § 2 Abs. 1 Nr. 1 ErbStG

a) Wohnsitz und Aufenthaltsort

Wenn der Erblasser z. Zt. seines Todes, der Schenker z. Zt. der Ausführung der Schenkung ein Inländer ist, unterliegt der gesamte Vermögensanfall der Erbschaft- und Schenkungsteuer. Die Staatsangehörigkeit ist für die Einordnung als Inländer unerheblich, vgl. *Troll/Gebel/Jülicher* § 2 Rn. 17. Als Inländer i. S. d. § 2 Abs. 1 Nr. 1 a ErbStG gelten natürliche Personen, die im Inland einen Wohnsitz oder ihren gewöhnlichen Aufenthalt haben. Grundsätzlich können zwei Wohnsitze nebeneinander bestehen, wenn der Steuerpflichtige zwei Schwerpunkte der Lebensverhältnisse gebildet hat, vgl. BFH BStBl. 2001 II 294. Für die Anknüpfung der Besteuerung reicht der inländische Wohnsitz aus. 291

Gem. § 9 AO hat jemand seinen **gewöhnlichen Aufenthalt** dort, wo er sich unter Umständen aufhält oder erkennen lässt, dass er an diesem Ort oder in diesem Gebiet nicht nur vorübergehend verweilt. Ein gewöhnlicher Aufenthalt im Inland ist stets anzunehmen, wenn der Inlandsaufenthalt zeitlich zusammenhängend länger als sechs Monate dauert, vgl. § 9 Satz 2 AO, wobei kurzfristige Unterbrechungen unberücksichtigt bleiben. Der gewöhnliche Aufenthalt ist neben dem Wohnsitz ein alternatives Anknüpfungsmerkmal für die unbeschränkte Steuerpflicht. Die unbeschränkte Steuerpflicht umfasst das gesamte Weltvermögen. Bei dem Vorliegen der unbeschränkten Steuerpflicht werden die Erbschaft- und Schenkungsteuerfreibeträge gem. § 16 Abs. 1 ErbStG gewährt, während bei beschränkter Steuerpflicht nur ein Freibetrag i. H. v. 2000 € gem. § 16 Abs. 2 ErbStG besteht.

b) Vermeidung des Doppelbesteuerung

Bei Erwerbern, die in einem ausländischen Staat mit ihrem Auslandsvermögen zu einer der deutschen Erbschaftsteuer entsprechenden Steuer – Ausländische Steuer – herangezogen werden, ist zunächst zu prüfen, ob ein Abkommen zur Vermeidung der Doppelbesteuerung besteht. Derartige staatsrechtliche Verträge existieren allerdings nur mit der Türkei, dem Iran und der ehemaligen UDSSR. 292

In den Fällen des § 2 Abs. 1 Nr. 1 ErbStG ist gem. § 21 Abs. 1 ErbStG auf Antrag die festgesetzte ausländische Steuer insoweit auf die deutsche Erbschaftsteuer anzurechnen, als das Auslandsvermögen auch der deutschen Erbschaftsteuer unterliegt. Allerdings ist die Anrechnung ausländischer Erbschaftsteuer keineswegs durchgehend gesichert. Auslandsvermögen, das von der ausländischen Steuer betroffen sein muss, ist bei einem inländischen Erblasser oder Schenker nur das Vermögen, das bei Belegenheit im Inland Inlandsvermögen i.S.d. § 121 BewG wäre. Das bedeutet, dass in diesen Fällen zwar eine ausländische Steuer auf im Ausland belegenen Grundbesitz anzurechnen ist, nicht aber z.B. eine ausländische Steuer auf Kontenguthaben. Wenn ein potentieller Erblasser oder Schenker Auslandskonten hält, sollten diese entweder in Staaten belegen sein, die von vorne herein innerstaatlich keine beschränkte Steuerpflicht für Konten kennen (z.B. Schweiz, Luxemburg, Liechtenstein) oder in Staaten, mit denen Deutschland ein „modernes“ DBA mit Ausschluss der Kontenbesteuerung abgeschlossen hat (USA, Dänemark und Schweden, Frankreich), keinesfalls aber in Staaten, die Konten besteuern und mit denen kein DBA besteht (Großbritannien, Irland, Spanien, Italien, Griechenland), vgl. *Jülicher* Kölner Tage der Unternehmensnachfolge, 2010 S. 379. Der EUGH (Margarete Block) BFH/NV 2009, 433 hat eine Verpflichtung, wonach die Mitgliedstaaten ihre Steuersysteme aufeinander abzustimmen haben, verneint.

2. Beschränkte Steuerpflicht gem. § 2 Abs. 1 Nr. 3 ErbStG

293 Sofern keine unbeschränkte Steuerpflicht besteht, ist § 2 Abs. 1 Nr. 3 ErbStG maßgebend. Danach besteht eine Steuerpflicht für den Vermögensanfall, der aus Inlandsvermögen i.S.d. § 121 BewG besteht. Der Katalog des § 121 BewG umfasst insbesondere das gesamte inländische Grund- und Betriebsvermögen sowie gem. Ziff. 4 Anteile an einer Kapitalgesellschaft, wenn die Gesellschaft Sitz oder Geschäftsleitung im Inland hat und der Gesellschafter entweder allein oder zusammen mit anderen ihm nahestehenden Personen i.S.d. § 1 Abs. 2 AStG am Grund- oder Stammkapital der Gesellschaft mindestens zu 1/10 unmittelbar oder mittelbar beteiligt ist.

3. Erweiterte beschränkte Steuerpflicht gem. § 4 AStG

294 Nach § 4 AStG wird die sich aus § 2 Abs. 1 Nr. 3 ErbStG ergebende beschränkte Steuerpflicht über das Inlandsvermögen des § 121 BewG hinaus auf weitere Vermögensposten erstreckt, z.B. Kapitalforderungen gegen Schuldner im Inland, Spareinlagen und Bankguthaben bei Geldinstituten im Inland, Aktien und Anteile an Kapitalgesellschaften, vgl. *Meincke* § 2 Rn. 12.

Die persönlichen Freibeträge für Kinder gelten bei der beschränkten Steuerpflicht nicht. Im Einzelfall kann es danach sinnvoll sein, vor der Schenkung einen inländischen Wohnsitz zu begründen. Im Eingangsbeispiel besteht unbeschränkte Steuerpflicht mit dem gesamten Weltvermögen. Die spanische Steuer ist gem. § 21 ErbStG anzurechnen. Eine Übersicht zum Erbschaftsteuerrecht in Spanien enthält *Troll/Gebel/Jülicher* § 21 Rn. 130.

Besteht der Erwerb zum Teil aus Auslandsvermögen, ist gem. § 21 Abs. 1 Satz 2 ErbStG der darauf entfallende Teilbetrag der deutschen Erbschaftsteuer in der Weise zu ermitteln, dass die für das steuerpflichtige Gesamtvermögen einschließlich des steuerpflichtigen Auslandsvermögens sich ergebende Erbschaftsteuer im Verhältnis des steuerpflichtigen Auslandsvermögens zum steuerpflichtigen Gesamtvermögen aufgeteilt wird. Ist das Auslandsvermögen in verschiedenen ausländischen Staaten belegen, ist dieser Teil für jeden einzelnen ausländischen Staat gesondert zu berechnen.

Beispiel (Steuerberaterkammer Stuttgart): Der Erblasser E mit Wohnsitz im Inland wird von seinem im Ausland lebenden Sohn S beerbt. Das steuerpflichtige Gesamtvermögen beträgt 2.750.000 €, das Auslandsvermögen (Grundvermögen) beträgt 1.150.000 € und teilt sich auf die Staaten A und B jeweils zur Hälfte auf. Die im Staat A entrichtete Steuer beträgt 50.000 €, die im Staat B entrichtete Steuer 172.500 €. Es ergibt sich damit ein steuerpflichtiges Gesamtvermögen von 2.750.000 €, so dass die Erbschaftsteuer 522.500 € beträgt. 295

Der Höchstbetrag errechnet sich wie folgt:

$$\frac{522.5000\ € \times 575.000\ €}{2.750.000\ €} = 109.250\ €$$

Die im Staat A gezahlte Steuer in Höhe von 50.000 € ist damit voll anrechnungsfähig, die im Staat B bezahlte Erbschaftsteuer in Höhe von 172.500 € nur bis zu einem Betrag von 109.250 €. Damit sind 63.250 € nicht anrechnungsfähig. Es ergibt sich damit eine Steuerbelastung in Deutschland in Höhe von (522.500 € – 50.000 € – 109.250 € =) 363.250 €. Die Gesamtbelastung beträgt somit (363.250 € + 50.000 € + 172.500 € =) 585.750 €.

D. Grunderwerbsteuer

Literatur: *Gottwald* Erbschaft- und grunderwerbsteuerliche Folgen beim Erwerb eines Grundstücks aufgrund eines geltend gemachten Pflichtteilsanspruchs, ZErb 2005, 317; *ders.* Mögliche Verfassungswidrigkeit der in den Fällen des § 8 Abs. 2 GrEStG als Bemessungsgrundlage anzusetzenden Grundbesitzwerte, DStR 2009, 1947; *Halaczinsky* Ist eine Doppelbelastung mit Erbschaft- und Grunderwerbsteuer möglich?, ZEV 2003, 97; *Hey* Grunderwerbsteuer und Umstrukturierungen – einige Überlegungen zum Reformbedarf aus steuersystematischer Sicht, FS für Spiegelberger (2009) S. 225; *H. U. Viskorf* Neueste Rechtsentwicklungen an der Grenzlinie zwischen Erbschaftsteuer und Grunderwerbsteuer (§ 3 Nr. 2 GrEStG), FS für Spiegelberger (2009) S. 518.

Beispiel: Die 50-jährige Erbtante T schenkt ihrer Nichte ein unbebautes, aber baureifes Grundstück, das nach der Richtwerttabelle des Landratsamtes einen Verkehrswert von 200.000 DM aufweist. Dieses Wiesengrundstück ist an einen Landwirt verpachtet, der hierfür eine Jahrespacht in Höhe von 1000 € entrichtet. Tante T fragt ihren Steuerberater nach den steuerlichen Auswirkungen, wenn sie von ihrer Nichte 301

- eine Leibrente in Höhe von monatlich 200 € fordert oder
- sich den Nießbrauch auf Lebensdauer vorbehält.

1. Abgrenzung von der Schenkungsteuer

Gem. § 3 Nr. 2 GrEStG sind der Grundstückserwerb von Todes wegen und Grundstücksschenkungen unter Lebenden i. S. d. Erbschaftsteuer- und Schenkungsteuergesetzes ausgenommen. Schenkungen unter einer Auflage unterliegen der Besteuerung jedoch hinsichtlich des Werts solcher Auflagen, die bei der Schenkungsteuer abziehbar sind. Sofern eine Immobilie **von Todes wegen** mit der Beschwerung zugewendet wird, einem Dritten hierfür eine geldwerte Leistung zu entrichten, ist somit die Erhebung von Grunderwerbsteuer ausgeschlossen. Die beiden Begünstigten haben nur jeweils in Höhe ihrer Bereicherung Erbschaftsteuer zu entrichten. Bei Zuwendungen 302 unter Lebenden, die mit einer Gegenleistung oder einer Auflage verbunden sind, handelt es sich um grunderwerbsteuerpflichtige Erwerbsvorgänge, bei denen der nach Abzug der Gegenleistung oder Auflage verbleibende Wert der Grunderwerbsteuer unterliegt.

2. Gegenleistungen und Auflagen

303 Mit der Streichung von § 25 ErbStG ist die von der Rechtsprechung entwickelte und von der Finanzverwaltung durch Gleichlautende Erlasse BStBl. 1989 I 445 anerkannte Differenzierung in Leistungs- und Nutzungsauflagen entfallen. Damit ist faktisch auch die Wertermittlungsmethode (vgl. 1. Aufl. Rn. 61) entfallen. Leistungs- und Nutzungsauflagen mindern die Bereicherung und stellen grunderwerbsteuerlich eine Gegenleistung dar.

a) Nießbrauch

304 Die Übertragung eines Grundstückes unter Vorbehalt eines Nießbrauches sowie die Übernahme eines bereits bestehenden Nießbrauches ist ein grunderwerbsteuerbarer Vorgang. Die Steuer ist aus dem Wert der Gegenleistung zu berechnen, wobei für Nutzungsrechte nicht die Jahreshöchstbegrenzung des § 16 BewG auf $^{1}/_{18}$ des Wertes des Wirtschaftsgutes (hier: Richtwert gem. § 196 BauGB) Anwendung findet; vielmehr ist für die Besteuerung der nach den üblichen Mittelpreisen des Verbrauchsortes anzusetzende Mietwert maßgeblich, § 15 Abs. 2 BewG i. V. m. § 8 Abs. 2 Satz 1 EStG.

Gem. BStBl. 2009 I 168 beträgt der Multiplikator ab 1. 1. 2010 für eine 50-jährige Frau 15,609, so dass der kapitalisierte Nießbrauch im Eingangsbeispiel, gemessen an der ortsüblichen Fremdverpachtung, 15.609 € beträgt. Die Grunderwerbsteuer mit einem Hebesatz von 3,5% (in Berlin und Hamburg mit 4,5%) beträgt somit 546 €.

Bei Grundstücksübertragungen an in gerader Linie Verwandte greift der Befreiungstatbestand des § 3 Nr. 6 GrEStG ein, Ehegatten sind gem. § 3 Nr. 4 und 5 von der Grunderwerbsteuer befreit. Bei vereinzelten Sachverhalten ist trotz der Regelung in § 3 Nr. 2 GrEStG eine Doppelbelastung mit Erbschaft- und Grunderwerbsteuer gegeben. *Halaczinsky* ZEV 2003, 97 hat Fälle der Doppelbelastung mit Erbschaft- und Grunderwerbsteuer aufgezeigt. *H. U. Viskorf* in: FS für Spiegelberger, S. 519 hat die neueste Rechtsentwicklung an der Grenzlinie zwischen Erbschaftsteuer und Grunderwerbsteuer untersucht.

b) Leibrenten

305 Geld- oder Sachleistungen des Erwerbers sind Gegenleistungen, die die Bemessungsgrundlage für die Grunderwerbsteuer darstellen. Durch den Wegfall des § 25 ErbStG ist nicht mehr zwischen Duldungs- und Leistungsauflagen zu differenzieren. In beiden Fällen ist die kapitalisierte Gegenleistung Bemessungsgrundlage für die Grunderwerbsteuer, während der über die Gegenleistung hinausgehende Wert der Immobilie der Schenkungsteuer unterliegt.

Für den Erwerb des Grundstückes im Verkehrswert von 200.000 € unter Vereinbarung einer Leibrente in Höhe von 200 € monatlich ergibt sich somit eine Gegenleistung in Höhe von 15,609 × 2400 = 37.461,60 €.

Aus diesem Betrag wird die Grunderwerbsteuer erhoben, während der darüber hinausgehende Wert des Grundbesitzes der Schenkungsteuer unterliegt, wobei der Schenkungsteuerfreibetrag in der Steuerklasse II in Höhe von 20.000 € Anwendung findet. Während Abkömmlinge und Ehegatten gem. § 3 Nr. 4 und 6 von der Grunderwerbsteuer befreit sind, gilt das nicht für Neffen und Nichten, so dass in diesem Fall Grunderwerbsteuer erhoben wird.

3. Entstehung der Steuerschuld

Gem. § 14 Nr. 2 GrEStG entsteht die Grunderwerbsteuerschuld, wenn ein **306** Erwerbsvorgang einer Genehmigung bedarf, mit der Genehmigung. Zivilrechtlich wirkt eine erteilte Genehmigung gem. § 184 Abs. 1 BGB mit Wirkung ex tunc rückwirkend zum Zeitpunkt des Abschlusses des Rechtsgeschäftes. Dies gilt nicht für die grunderwerbsteuerliche Beurteilung. Gem. § 14 Nr. 2 GrEStG entsteht die Steuer, wenn ein Erwerbsvorgang einer Genehmigung bedarf, mit der Genehmigung. Die zivilrechtliche Rückwirkung ist für die Entstehung der Grunderwerbsteuerschuld bedeutungslos, vgl. *Boruttau/Viskorf* § 14 GrEStG Rn. 51.

4. Nacherhebung von Grunderwerbsteuer

Wenn ein Grundstück von mehreren Miteigentümern auf eine Gesamt- **307** hand übergeht, so wird gem. § 5 Abs. 1 GrEStG die Grunderwerbsteuer nicht erhoben, soweit der Anteil des Einzelnen am Vermögen der Gesamthand seinem Bruchteil am Grundstück entspricht.

Diese Befreiung ist gem. § 5 Abs. 3 GrEStG nicht anzuwenden, als sich der Anteil des Veräußerers am Vermögen der Gesamthand innerhalb von fünf Jahren nach dem Übergang des Grundstücks auf die Gesamthand vermindert.

§ 5 Abs. 3 GrEStG dient der Vermeidung von Steuerausfällen, indem durch die dort geregelte Mindestbehaltefrist verhindert werden soll, dass Grundbesitz steuerbegünstigt in eine Gesamthand eingebracht und unter bestimmten Voraussetzungen im Wege der Anteilsübertragung steuerfrei übertragen wird. § 5 Abs. 3 GrEStG ist somit eine Missbrauchverhinderungsvorschrift, vgl. *Boruttau/Viskorf* § 5 Rn. 81. Die Vorschrift ist somit nicht anzuwenden, wenn die vom Gesetz vorausgesetzte Steuerumgehung objektiv ausscheidet. In den in § 3 Nr. 2 GrEStG genannten Fällen des Grundstückserwerbs von Todes wegen bzw. der Grundstücksschenkungen unter Lebenden i. S. d. Erbschaftsteuergesetzes fehlt es regelmäßig an einer objektiven Steuerumgehungsmöglichkeit, weil der entsprechende Erwerbsvorgang bei einer unmittelbaren Grundstücksübertragung auf die Erwerber von der Grunderwerbsteuer befreit wäre. Somit sind im Wege einer **teleologischen** Reduktion der Norm Schenkungen eines Personengesellschaftsanteils aus dem Anwendungsbereich des § 5 Abs. 3 GrEStG auszuscheiden, vgl. BFH DStR 2009, 2534. Das selbe gilt, wenn Eltern ihren Kindern innerhalb der Fünf-Jahres-Frist des § 5 Abs. 3 entgeltlich eine Grundstücksbeteiligung übertragen, weil diese Übertragungen gem. § 3 Nr. 6 GrEStG ohne Zwischenschaltung einer Gesamthand steuerfrei bleiben, vgl. *Boruttau/Viskorf* § 5 GrEStG Rn. 44 a.

Selbst bei einer Übertragung auf Dritte innerhalb der Fünf-Jahres-Frist des § 5 Abs. 3 GrEStG erfolgt keine Nacherhebung von Grunderwerbsteuer, wenn die Abtretung unentgeltlich erfolgt, vgl. § 3 Nr. 2 GrEStG; BFH DStR 2009, 2534.

E. Umsatzsteuer

311 **Beispiel 1:** Mutter M vermietet an die V-GmbH, deren Gesellschaftsanteile von ihrem Ehemann gehalten werden, ein Grundstück mit einer Werkhalle, das einkommensteuerlich nach dem zugrunde liegenden Wiesbadener Modell Privatvermögen darstellt. F hat, um die mit der Errichtung der Werkhallen anfallenden Vorsteuern geltend machen zu können, für die Umsatzsteuerpflicht der Vermietung optiert. Im Wege der vorweggenommenen Erbfolge soll das Grundstück auf eine Tochter unter Nießbrauchsvorbehalt übertragen werden.

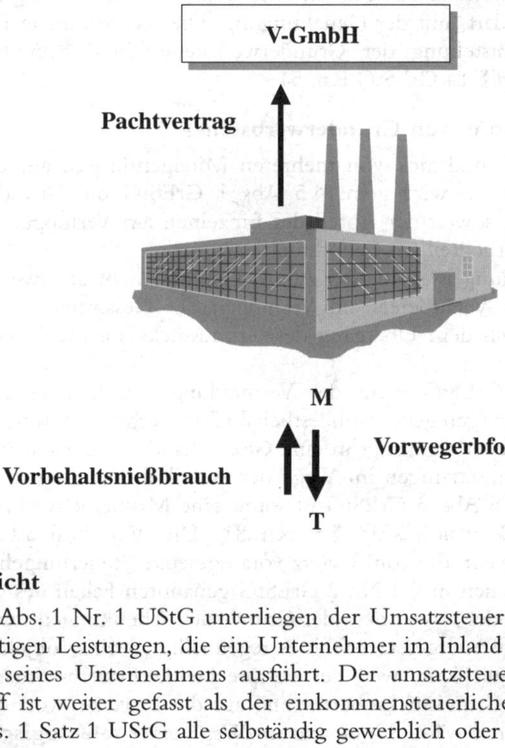

1. Steuerpflicht

312 Gem. § 1 Abs. 1 Nr. 1 UStG unterliegen der Umsatzsteuer die Lieferungen und sonstigen Leistungen, die ein Unternehmer im Inland gegen Entgelt im Rahmen seines Unternehmens ausführt. Der umsatzsteuerliche Unternehmerbegriff ist weiter gefasst als der einkommensteuerliche und umfasst gem. § 2 Abs. 1 Satz 1 UStG alle selbständig gewerblich oder beruflich ausgeübten Tätigkeiten.

2. Steuerfreiheit

313 Gem. § 4 Nr. 9 a UStG sind Umsätze, die unter das Grunderwerbsteuergesetz fallen, umsatzsteuerbefreit, ebenso gem. § 4 Nr. 12 UStG die Vermietung, Verpachtung und Überlassung von Grundstücken zur Nutzung sowie die Bestellung, Übertragung und Überlassung der Ausübung von dinglichen

Nutzungsrechten an Grundstücken. Gem. § 9 Abs. 2 UStG kann der Unternehmer auf die vorstehend bezeichneten Umsatzsteuerbefreiungen verzichten, soweit der Leistungsempfänger das Grundstück ausschließlich für Umsätze verwendet oder zu verwenden beabsichtigt, die den Vorsteuerabzug nicht ausschließen.

3. Vorsteuerberichtigung

Sofern der umsatzsteuerliche Unternehmer den Vorsteuerabzug für ein Wirtschaftsgut in Anspruch genommen hat, muss er, um den Vorsteuerabzug zu erhalten, die Übertragung des Gegenstandes ebenfalls umsatzsteuerpflichtig innerhalb des zehnjährigen Verwendungszeitraumes des § 15a Abs. 1 UStG durchführen. Wenn die Grundstücksübertragung eine Geschäftsveräußerung im Ganzen i. S. des § 1 Abs. 1a UStG darstellt, bleibt der Vorsteuerabzug auch dann erhalten, wenn die Übertragung selbst nicht der Umsatzsteuer unterworfen wird. 314

4. Grundstücksübertragung unter Vorbehaltsnießbrauch

Nach Auffassung des BFH BStBl. 1996 II 248 und der Finanzverwaltung (vgl. OFD Hannover DStR 1998, 608) entnimmt die M als umsatzsteuerliche Unternehmerin das Grundstück nicht aus ihrem Unternehmen. Sie überträgt lediglich das mit dem Nießbrauch belastete Eigentum. Die Tochter erlangt an dem Grundstück keine Verfügungsmacht i. S. des § 3 Abs. 1 UStG. Eine unentgeltliche Wertabgabe liegt nicht vor, weil die Verfügungsmacht beim Unternehmer verblieben ist, vgl. Abschn. 8 Abs. 2 UStR 1996. Eine Vorsteuerberichtigung nach § 15a UStG ist nicht durchzuführen. Erst mit Beendigung des Vorbehaltsnießbrauches liegt je nach Sachverhalt eine Lieferung, eine unentgeltliche Wertabgabe oder eine nicht steuerbare Geschäftsveräußerung im Ganzen vor, vgl. OFD Hannover DStR 1998, 608; ebenso *Jansen/Jansen* Rn. 589. 315

5. Zuwendungsnießbrauch

Beispiel 2: Der vorstehende Sachverhalt wird in der Weise abgewandelt, dass M ihrer Tochter T einen lebenslangen Nießbrauch an dem Grundstück mit der Werkhalle bestellt. 316

Gem. § 1 Abs. 1a UStG unterliegen Umsätze im Rahmen einer **Geschäftsveräußerung** an einen anderen Unternehmer für dessen Unternehmen nicht der Umsatzsteuer. Eine Geschäftsveräußerung liegt vor, wenn ein Unternehmen oder ein in der Gliederung eines Unternehmens gesondert geführter Betrieb im Ganzen entgeltlich oder unentgeltlich übereignet oder in eine Gesellschaft eingebracht wird. Der erwerbende Unternehmer tritt an die Stelle des Veräußerers.

Gem. § 2 Abs. 1 Satz 2 UStG umfasst der Begriff des Unternehmens die gesamte gewerbliche oder berufliche Tätigkeit des Unternehmers. Die Veräußerung eines Unternehmens setzt die Übertragung des gesamten lebenden Unternehmens auf einen Erwerber voraus. Auch die Vermietungstätigkeit stellt ein Unternehmen des Unternehmers i. S. des Umsatzsteuerrechts dar, unabhängig davon, ob die Mieteinnahmen als Gewinn aus Gewerbebetrieb oder als Einkünfte aus Vermietung und Verpachtung zu charakterisieren sind, vgl. BFH BStBl. 1970 II 676. Durch die Übertragung der Vermietungstätigkeit sind im vorliegenden Fall die Voraussetzungen des § 1 Abs. 1a UStG erfüllt, auch wenn M das bürgerlich rechtliche Eigentum an dem Grundstück zurückbehält. Die T ist als Erwerber in der Lage, das bisherige Vermietungsunternehmen ohne zusätzlichen finanziellen Aufwand fortzuführen, sie hat insgesamt die in dem Mietzins liegende wirtschaftliche Kraft des Unternehmens erworben, vgl. *Benkert/Menner* DB 1994, 1996; ebenso *Janssen/Nickel* S. 113.

Wenn keine Geschäftsveräußerung im Ganzen vorliegen würde, hätte M das Grundstück aus ihrem Unternehmen entnommen, vgl. BFH BStBl. 1988 II 205. Durch die Bestellung des unentgeltlichen unbefristeten Nießbrauchsrechtes wäre anzunehmen, dass M das Grundstück auf Dauer nicht mehr zur Erzielung von Einnahmen und damit nicht mehr im Rahmen ihres Unternehmens einsetzen will, vgl. OFD Hannover DStR 1998, 608. Für eine Geschäftsveräußerung gem. § 1 Abs. 1a UStG spricht auch der Umstand, dass ein gesetzlicher Übergang der Miet- und Pachtverträge stattfindet; teilweise wird auch die Mitübergabe der Akten verlangt, vgl. *Ziegler* MittBayNot 1996, 71.

6. Vorwegerbfolge mit Verpachtung

317 **Beispiel 3:** Wie Beispiel 1 mit dem Unterschied, dass die Tochter bei der Grundstücksübertragung mit der Mutter einen Pachtvertrag vereinbart und M ihrerseits das Grundstück an die V-GmbH unterverpachtet.

Nach Auffassung des OFD Hannover DStR 1998, 607 entnimmt M das Grundstück aus ihrem Unternehmen. Mit der Übertragung auf die Tochter soll danach die rechtliche Bindung des Grundstücks an das Unternehmen enden, so dass auch die Zuordnung des Grundstücks zu dem unternehmerischen Bereich endet. An dieser Beurteilung ändere nichts, dass der Unternehmer das Grundstück weiterhin für Zwecke des Unternehmens verwende. Im Endergebnis differenziert die Finanzverwaltung danach, ob ein dingliches oder schuldrechtliches Nutzungsrecht vereinbart wird. Diese Differenzierung hat der BFH für den ertragsteuerlichen Bereich längst aufgegeben, vgl. BFH BStBl. 1984 II 366. Diese Differenzierung leuchtet auch umsatzsteuerrechtlich nicht ein; a. A. *Ehlig* UR 1997, 255, wonach umsatzsteuerlich nach Schenkung ein weiterhin unternehmerisch genutztes Grundstück grundsätzlich nur dann dem Unternehmensvermögen zugeordnet bleiben kann, wenn der Unternehmer zumindest die Stellung eines wirtschaftlichen Eigentümers – vergleichbar § 39 Abs. 2 Nr. 1 AO – inne hat.

Eine Ausstattung kann der Tochter auch in der Weise gewährt werden, dass in ihrem Interesse, um den wirtschaftlichen Bestand der Ehe zu sichern, die Schulden des künftigen Ehemanns bezahlt werden,
RGJW 1912, 913

§ 3 Ausstattung

Übersicht

Literatur: *Kerscher* Zuwendungen an Kinder zur Existenzgründung: Die „Ausstattung“ als ausgleichspflichtiger Vorempfang, ZEV 1997, 354; *Sailer* Die Ausstattung als Rechtsgrund von Überlassungsverträgen, NotBZ 2002, 81; *von Oertzen* Strategien zur Minimierung des Pflichtteilsrechts, ErbStB 2005, 71; *Worm* Pflichtteilserschwerungen und Pflichtteilsstrafklauseln RNotZ 2003, 535.

I. Überblick

1. Gesetzliche Regelung

a) Vertragszweck

Was einem Kinde mit Rücksicht auf seine Verheiratung oder auf die Erlangung einer selbständigen Lebensstellung von den Eltern zugewendet wird, stellt gem. § 1624 Abs. 1 BGB eine Ausstattung dar, die nur insoweit eine Schenkung beinhaltet, als sie das die Vermögensverhältnisse der Eltern entsprechende Maß **übersteigt.** 1

§ 1624 BGB lässt die Frage, ob eine elterliche Verpflichtung zur Ausstattung besteht, ausdrücklich offen. Zum Zeitpunkt des Inkrafttretens des BGB, 2 als Töchter keine ihren Brüdern gleichwertige Ausbildung erhielten, bestand zumindest die moralische Verpflichtung, eine „Aussteuer“ zu gewähren. In der Tat befassten sich nahezu alle früheren Entscheidungen des Reichsgerichts zur Ausstattung mit der Gewährung einer Mitgift anlässlich der Eheschließung. Die Ausstattung (Mitgift) – die im weiteren Sinne auch die **Aussteuer** mit umfasst (RGRK/Wenz § 1624 Anm. 1) – ist nicht auf bewegliche Sachen beschränkt, sondern kann auch in Grundstücken und in dem Recht, die Nutzung aus einem Grundstück zu ziehen, bestehen oder darin, dem Manne der Tochter eine Rente oder ein an die Tochter zurückzahlbares Darlehen zu gewähren (RGJW 1922, 1443). Eine Ausstattung kann nach Auffassung des Reichsgerichts RGJW 1912, 913 der Tochter auch in der Weise gewährt werden, dass in ihrem Interesse, um den wirtschaftlichen Bestand der Ehe zu sichern, die Schulden des Ehemanns oder künftigen Ehemanns bezahlt werden.

3 Neben einer **Mitgift** kommt eine Ausstattung auch zur Erlangung einer selbständigen Lebensstellung in Frage. Die Aussteuer ist danach eine an den Vermögensverhältnissen der Eltern bemessene **Starthilfe**, vgl. *Jerschke* in: Beck'sches Notarhandbuch A V Rn. 36. Unter den Begriff der Ausstattung fällt aber auch, was zur Vergrößerung des Geschäfts i. S. der Hebung der wirtschaftlichen Selbständigkeit und was einem unausgestatteten oder geringer ausgestatteten Kind zur Gleichstellung mit der Ausstattung eines anderen Kindes gegeben wird, vgl. RGJW 1910, 237.

b) Ausgleichung gem. § 2050 BGB

4 Ausstattungen, und zwar sowohl angemessene als übermäßige, sind gem. § 2050 Abs. 1 BGB im Falle der gesetzlichen Erbfolge ausgleichspflichtig, sofern bei der Zuwendung nicht anderes angeordnet wird. Wird der beurkundete Vertrag als **Ausstattung** bezeichnet, ist damit gesetzlich die Ausgleichung mit den übrigen gesetzlichen Erben bei dem Versterben des Übergebers gem. § 2050 Abs. 1 BGB angeordnet. Gem. § 2050 Abs. 3 BGB sind andere Zuwendungen unter Lebenden nur zur Ausgleichung zu bringen, wenn der Erblasser bei der Zuwendung die Ausgleichung angeordnet hat.

2. Abgrenzung zur Schenkung

5 Die Angemessenheit einer Ausstattung lässt sich nicht unmittelbar anhand des Übermaßverbotes nach § 1624 BGB feststellen; insbesondere kann die Übermaßgrenze nicht mit dem fiktiven gesetzlichen Erbteil oder Bruchteil in Bezug gebracht werden, vgl. *OLG Stuttgart* BWNotZ 1997, 147. Es handelt sich vielmehr jeweils um eine Einzelfallentscheidung, die sich einer verallgemeinernden Beurteilung entzieht, vgl. *Staudinger/Coester* § 1624 Rn. 13; RGRK/*Wenz* § 1624 Rn. 7. Folgende Vorschriften des Schenkungsteuerrechts finden keine Anwendung:

- Formvorschrift gem. § 518 BGB (also formloses Ausstattungsversprechen möglich),
- die Haftungserleichterungen gem. § 521 und 522 BGB,
- die Rückgewährvorschriften der §§ 528 und 530 BGB.

6 Das Gesetz sieht in der Ausstattung einen **eigenen familienrechtlichen Vertragstyp**, den es durch die weitgehende Ausschaltung des Schenkungsteuerrechts privilegiert, so zutreffend *Langenfeld/Günther* Kap. 7 Rn. 43.

3. Gläubigeranfechtung

Da die Ausstattung keine Schenkung darstellt, könnte bei formaler Betrachtung eine Gläubigeranfechtung gem. § 4 AnfG und § 134 InsO ausscheiden (so z. B. Palandt/*Diederichsen* § 1624 Rn. 3). Da die Ausstattung aber ein unentgeltliches Verpflichtungsgeschäft beinhaltet und das Ausmaß des Gläubigerschutzes nicht an den jeweiligen Vermögensverhältnissen der Eltern ausgerichtet werden darf, ist die Schenkungsanfechtung uneingeschränkt zu bejahen, vgl. MünchKomm/*v. Sachsen-Gessaphe* § 1624 Rn. 16; *Staudinger/Coester* § 1624 Rn. 4. 7

4. Pflichtteilsergänzung

Gem. § 1624 Abs. 1 BGB gelten Ausstattungen nur hinsichtlich eines etwaigen Übermaßes als Schenkung, so dass sie nach Meinung von *Haegele* BWNotZ 1976, 29 nur insoweit Pflichtteilsergänzungsansprüche auslösen; ebenso *Worm* RNotZ 2003, 535; *Langenfeld/Günther* Kap. 7 Rn. 39 seit der ersten Auflage. Da der Bundesgerichtshof auch andere unentgeltliche Leistungen, die keine Schenkung darstellen, dem Pflichtteilsergänzungsanspruch gem. § 2325 BGB unterworfen hat, ist die Pflichtteilsfestigkeit der Ausstattung zweifelhaft. Sowohl bei Zuwendungen an Stiftungen (Dresdner Frauenkirche, ZEV 2004, 115) als auch bei ehebedingten Zuwendungen (BGH NJW 1992, 564) hat der Bundesgerichtshof dem Pflichtteilsrecht den Vorzug gegeben, vgl. *Daumer-Lieb/Grziwotz/Homann-Dennhardt* § 2325 Rn. 49 und 65. 8

II. Formulierungsvorschlag: Ausstattung

Beispiel: Die Eltern sind Eigentümer eines mit einem Einfamilienhaus bebauten Grundstückes, das Platz für einen weiteren Baukörper aufweist. Anlässlich der Verheiratung ihrer Tochter bieten sie diesen Grundstücksteil ihrer Tochter unentgeltlich an. Zur Durchführung des Bauvorhabens ist die Aufnahme erheblicher Kredite erforderlich. Hierfür wollen die Eltern in keiner Weise in Anspruch genommen werden. 9

1. Urkundengestaltung: Ausstattung 10

Beurkundet am …
in …

I. Grundbuchstand

Die Ehegatten A sind im Grundbuch des Amtsgerichts … für Adorf Blatt … an dem dort vorgetragenen Grundstück der Gemarkung Adorf

Flst.Nr. 1Wohnhaus, Nebengebäude, Hofraum, zu 0,1000 ha

als Eigentümer in Gütergemeinschaft eingetragen.

Der Grundbesitz ist lediglich in Abt. II mit einem Grenzanbaurecht zu Gunsten des Nachbargrundstückes Flst.Nr. 2 belastet.

II. Überlassung, Vermessung

Herr und Frau A – nachstehend als „Übergeber" bezeichnet –

überlassen hiermit ihrem Sohn S – nachstehend als „Erwerber" bezeichnet -

aus dem unter Abschn. I bezeichneten Grundbesitz eine Teilfläche von ca. … qm mit allen Rechten und Bestandteilen.

Die noch zu vermessende Teilfläche ist den Vertragsteilen nach Lage und Umfang genau bekannt und in dem dieser Urkunde als wesentlichen Bestandteil beigefügten Lageplan farbig gekennzeichnet.

Die Nord-, Ost- und Südgrenzen der Teilfläche sind durch die bestehenden Grenzen vorgegeben. Die Westgrenze ist parallel zur Ostgrenze in der Weise zu bilden, dass sich das angegebene Flächenmaß ergibt.

Der Vermessungsantrag soll durch den Notar gestellt werden.

Die Vermessungskosten trägt der Erwerber.

Die Vertragsteile verpflichten sich, nach dem Vorliegen des amtlichen Fortführungsnachweises ihre Erklärungen zu dem Vermessungsergebnis abzugeben und nach Anerkennung der Vermessung die Auflassung zu erklären.

III. Auflassungsvormerkung gemäß § 883 BGB

Zur Sicherung des Eigentumsverschaffungsanspruches des Erwerbers wird die Eintragung einer Auflassungsvormerkung gem. § 883 BGB an Flst.Nr. 1 bewilligt und beantragt; der Erwerber bewilligt ferner die Löschung dieser Vormerkung gleichzeitig mit der Eigentumsumschreibung, vorausgesetzt, dass keine Zwischeneintragungen ohne seine Zustimmung erfolgt oder beantragt worden sind.

IV. Besitzübergang, Lastenfreistellung, Haftung

Besitz, Nutzungen und Lasten gehen mit sofortiger Wirkung auf den Erwerber über.

Der Grundbesitz wird lastenfrei ohne Haftung für im Grundbuch eingetragene Rechte übertragen. Da das an dem Stammgrundstück eingetragene Grenzanbaurecht zu Gunsten von Flst.Nr. 2 nicht die an den Erwerber überlassene Teilfläche betrifft, wird unter Bezugnahme auf die Grundbuchakten die lastenfreie Abschreibung bewilligt. Der Antrag wird in der Nachtragsurkunde gestellt. Jegliche weitergehende Rechts- und Sachmängelhaftung wird ausgeschlossen.

V. Erschließungskosten

Alle auf den Vertragsgegenstand entfallenden Erschließungskosten nach dem BauGB sowie den Investitionsaufwand und die Anschlussgebühren oder Herstellungsbeiträge für Ver- und Entsorgungsanlagen hat der Erwerber zu tragen mit Ausnahme von den Bescheiden, die dem Übergeber zugegangen sind. Etwaige Erstattungsansprüche des Übergebers werden an den Erwerber abgetreten.

VI. Zugang und Zufahrt, Versorgungsdienstbarkeiten

Der Zugang und die Zufahrt zur Vertragsfläche erfolgen über einen 3 m breiten Grundstücksstreifen entlang der Ostgrenze des Stammgrundstückes. Der Erwerber ist berechtigt, in diesem Grundstücksstreifen auch die erforderlichen Versorgungs- und Entsorgungsleitungen zu verlegen, instand zu halten und zu erneuern. Diese Rechte sind in der Nachtragsurkunde durch Grunddienstbarkeiten zu sichern.

VII. Pflichtteilsanrechnung und Erbausgleichung

Die Überlassung erfolgt unentgeltlich als Ausstattung, jedoch in Anrechnung auf die künftigen Pflichtteilsansprüche des Erwerbers am Nachlass der Übergeber. Die Zuwendung unterliegt der Erbausgleichungspflicht gem. § 2050 BGB.

VIII. Hinweise

Die Beteiligten wurden hingewiesen:

a) auf das Erfordernis der Beurkundung aller getroffenen Vereinbarungen,
b) auf die Voraussetzungen für die Eigentumsumschreibung im Grundbuch,
c) auf die mögliche Schenkungsteuerpflicht.

IX. Kosten, Ausfertigungen, Abschriften

Die Kosten dieser Urkunde und des Vollzugs trägt der Erwerber.

Von dieser Urkunde erhalten:

AUSFERTIGUNGEN:

die Vertragsteile

BEGLAUBIGTE ABSCHRIFTEN:

das Grundbuchamt

die Finanzierungsgläubiger des Erwerbers
EINFACHE ABSCHRIFTEN:
das Finanzamt -Grunderwerbsteuerstelle-
das Finanzamt -Schenkungsteuerstelle-

2. Erläuterungen

a) Wahlrecht

Soweit die Voraussetzungen des § 1624 BGB vorliegen, also eine Übertragung mit Rücksicht auf eine Verheiratung oder zur Erlangung einer selbständigen Lebensstellung in Betracht kommt, haben die Eltern das Wahlrecht, entweder eine Ausstattung gem. § 1624 BGB zu wählen, bei der die schenkungsrechtlichen Bestimmungen, insbesondere die Rückgewährvorschriften der §§ 528 und 530 BGB ausgeschlossen sind, oder eine vorweggenommene Erbfolge durchzuführen, die auf dem Schenkungsrecht beruht, vgl. *Jerschke* in: Beck'sches Notarhandbuch A V Rn. 48; *Langenfeld/Günther* Kap. 7 Rn. 46. 11

b) Beleihung

Eine reibungslose Beleihung ist im allgemeinen nur möglich, wenn für das Bauplatzgrundstück ein eigenes Grundbuchblatt angelegt wird. Damit eröffnet sich die Möglichkeit der Eintragung von Grundpfandrechten, ohne dass die Übergeber einer Haftung ausgesetzt sind. 12

c) Ausweichgestaltungen

Aufgrund der am 20. 7. 2004 in Kraft getretenen BauGB-Novelle ist das Erfordernis der Teilungsgenehmigung durch die Gemeinde gem. § 19 BauGB entfallen, vgl. DNotI-Report 2004, 115. Geblieben ist jedoch die Bestimmung, dass durch Teilungen im Geltungsbereich eines Bebauungsplanes keine Verhältnisse entstehen dürfen, die den Festsetzungen widersprechen. M.E. kann der Erwerber einer Teilfläche durch ein Negativattest der Gemeinde gesichert werden. 13

Bei einem Verstoß gegen Bebauungsplanvorschriften kommt als Ausweichlösung die Begründung von Wohnungseigentum in Betracht, wonach das bereits bestehende Einfamilienhaus und das geplante je ein Wohnungseigentum darstellen. Eine Genehmigung ist – außer in den Fällen des § 22 I BauGB – nicht erforderlich, wohl aber die Abgeschlossenheitsbescheinigung gem. § 7 IV Nr. 2 WEG, die bei Einhaltung der baurechtlichen Normen nicht versagt werden kann, vgl. GemSOGB DNotZ 1993, 48.

Als weitere Ausweichlösung verbleibt die Begründung eines eigentumsähnlichen Dauerwohnrechts gem. § 31 I WEG, da die hierfür erforderliche Abgeschlossenheitsbescheinigung sich nur auf den Neubau bezieht, der die aktuellen baurechtlichen Bestimmungen regelmäßig erfüllt, vgl. *Spiegelberger* in: FS Bärmann und Weitnauer, 1990, S. 658; BayObLG MittBayNot 1997, 289. Bei unbelasteten Grundstücken kommt ferner auch die Bestellung eines Erbbaurechtes an einem nicht vermessenen, aber durch Beifügung einer Karte genau gekennzeichneten Grundstücksteil in Betracht, vgl. BayObLG Rpfleger 1984, 313; *Demharter* GBO, Anh. nach § 8 Rn. 5.

d) Auflassungsvormerkung

14 Eine Auflassungsvormerkung gemäß § 883 BGB ist als Sicherungsmittel im Eltern-Kind-Verhältnis im Allgemeinen nicht erforderlich. Da die Vermessung und Anlegung eines eigenen Grundbuchblattes jedoch lange Zeit in Anspruch nehmen können, ist die Verpfändung des Auflassungsanspruches und die Eintragung bei der Auflassungsvormerkung im Grundbuch oft das einzige Sicherungsmittel für Grundpfandrechtsgläubiger, so dass die Bestellung einer Auflassungsvormerkung zur Finanzierung des Bauvorhabens zweckmäßig sein kann.

e) Erschließungskosten

15 Die im Textvorschlag enthaltene Regelung dient insbesondere der Klarheit und damit dem Rechtsfrieden. Zur Vielfalt der möglichen Varianten vgl. *Kutter* in: Beck'sches Notarhandbuch A II Rn. 13.

f) Zugang und Zufahrt, Versorgungsdienstbarkeiten

16 Sowohl zur Erlangung der Baugenehmigung als auch zur langfristigen Funktionssicherung sind der Zugang und die Zufahrt sowie die Ver- und Entsorgung durch Grunddienstbarkeiten zu sichern. In den Baugenehmigungsbescheiden wird häufig auch die Bestellung von Versorgungsdienstbarkeiten zu Gunsten der jeweiligen Gemeinde als beschränkte persönliche Dienstbarkeit verlangt.

g) Pflichtteilsanrechnung, Erbausgleichung

17 Die Frage der Pflichtteilsanrechnung und der Ausgleichungspflicht gemäß § 2050 BGB sollte in jedem Fall geregelt sein.

h) Kein Widerrufsrecht

18 Da nur ein Übermaß an Ausstattung eine Schenkung darstellt, besteht bei einer regulären Ausstattung kein Widerrufsrecht gem. § 528 BGB, so dass auch eine Überleitung des Anspruches auf den Sozialhilfeträger ausscheidet.

i) Schenkungsteuer

19 Für die Schenkung gem. § 7 I Nr. 1 ErbStG besteht, bezogen auf jeden Elternteil, ein Freibetrag in Höhe von 400.000 € gem. § 16 I Nr. 2 ErbStG.

j) Grunderwerbsteuer

20 Abkömmlinge sind gemäß § 3 Nr. 6 GrEStG von der Grunderwerbsteuer befreit.

Nießbrauch:
Lautstarker Volksbrauch aus Oberbayern.
Hängt mit dem dort häufigen Genuss
des Schnupftabaks zusammen.
Stehle Juristerei (1999) S. 50

§ 4 Nießbrauchgestaltungen

Übersicht

A. Überblick

Literatur: *Amann* in: FS für Spiegelberger (2009) Entlastung des überforderten Nießbrauchers – zugleich ein Beitrag zur Substition nicht abzugsfähiger Versorgungszahlungen durch einen Quotennießbrauch, S. 1161; *Döllerer* Leitgedanken der Nießbrauchbesteuerung bei Einkünften aus Vermietung und Verpachtung und am Kapitalvermögen, StbJb 1984/85, 55; *Gebel* Nießbrauchsrechte und Nießbrauchslasten im Erbschaft- und Schenkungsteuerrecht, ZErb 2006, 122; *Gschwendtner* Nießbrauchbestellung am Anteil einer Personengesellschaft, NJW 1995, 1875 *Herff* Wirtschaftliches Eigentum im Ertrags- und Erbschaftsteuerrecht, KÖSDI 2001, 12885; *Jansen/Jansen* Der Nießbrauch im Zivil- und Steuerrecht, 8. Aufl. 2009; *Jülicher* Nießbrauch ist nicht gleich Nießbrauch – Vorbehaltsnießbrauch und Erbschaftsteuerplanung, DStR 2002, 1200; *Korn* Nießbrauchgestaltungen auf dem Prüfstand, DStR 1999, 1461 und 1512; *Korn/Carlé*, KÖSDI 2009, 16514; *Rossak* Pfändbarkeit, Pfändung und Pfandverwertung von Nießbrauch- und Wohnungsrecht, MittBayNot 2000, 383; *Schippers* Aktuelle Fragen des Grundstücksnießbrauchs in der notariellen Praxis, MittRhNotK 1996, 197; *Schön* Der Nießbrauch an Sachen, Köln 1992; *Wassermeyer* Der Nießbrauch im Einkommensteuerrecht, FR 1983, 157; *Wüst* Die persönliche Zurechnung der Einkünfte beim Nießbrauch, 1994.

Beispiel: Vater V will sein vermietetes Grundstück auf den Sohn S übertragen und 1
sich und seiner Ehefrau vorbehalten:

- den lebenslangen Nießbrauch,
- eine (Eigentümer-)Grundschuld in Höhe von 500.000 €,
- die befreiende Schuldübernahme hinsichtlich valutierter Grundpfandrechte,
- ein freies Widerrufsrecht,
- das Recht der Nießbrauchsablösung gegen Leibrente.

Kann V durch die Grundstücksübertragung auch die Pflichtteils- und Pflichtteilsergänzungsansprüche seiner Tochter T reduzieren, die sich von ihrer Familie abgewandt hat und jeglichen weiteren Kontakt ablehnt.

2 Eltern wollen häufig bereits zu ihren Lebzeiten vorhandenen Grundbesitz auf ihre Kinder übertragen. Sofern sich die Eltern auch aus der Verwaltung des Grundbesitzes zurückziehen wollen, ist eine Überlassung

- mit Vereinbarung eines Leibgedings (vgl. unten § 5) oder
- gegen Zahlung einer Versorgungsrente (vgl. unten § 6)

zu erwägen.

Wenn aber die Eltern den Grundbesitz weiterhin selbst verwalten oder vermieten wollen, also hinsichtlich der Nutzung alles beim alten bleiben soll, empfiehlt sich die Übertragung unter Vorbehalt des Nießbrauches meist in Verbindung mit weiteren Auflagen, insbesondere mit Rücktrittsrechten. Die zugrunde liegenden schuldrechtlichen Rückgabeansprüche werden regelmäßig mit Rückauflassungsvormerkungen gesichert.

I. Rechtsnatur

1. Rechtsgeschichtliche Betrachtung

3 Ususfructus est ius alienis rebus utendi fruendi salva rerum substantia.

Der Nießbrauch ist römisch-rechtlichen Ursprungs und stellte die wichtigste beschränkte persönliche Dienstbarkeit dar. Der Nießbrauch beinhaltet die Spaltung eines Vermögensgegenstandes in die Substanz und ein Nutzungsrecht. Das Nießbrauchsrecht ist im 3. Jahrhundert vor Christus aufgekommen und bezweckte eine Versorgung erbberechtigter Familienangehöriger, vgl. *Kaser/Knütel* § 29 Rn. 2. Wollte der Erblasser sein Vermögen den Kindern zuwenden, der Ehefrau jedoch eine sichere Versorgung gewähren, war hierfür der Nießbrauch (ususfructus) das geeignete Instrument. Der Versorgungscharakter erklärt sich daraus, dass der Nießbrauch im Gegensatz zu den Grunddienstbarkeiten eng mit der Person des Berechtigten verknüpft war und deshalb spätestens mit dessen Tod erlosch.

4 Gegenstand des Nießbrauchs ist die Benutzung der Sache einschließlich des Fruchtziehungsrechtes, woraus sich die Bezeichnung ususfructus ergibt. Der Nießbraucher war verpflichtet, die **Substanz** der Sache **zu erhalten**. Das Fruchtziehungsrecht erfasste nicht nur die „natürlichen" Früchte, wie die Ernte oder die Nutzung des Viehbestandes, sondern auch die „juristischen" Früchte, wie Miet- und Pachtzinsen. Eine erhebliche Ausweitung erfuhr der Anwendungsbereich des Nießbrauchs durch einen Senatsbeschluss, vermutlich unter der Zeit des Kaisers Tiberius, wonach die Bestellung des Nießbrauchs an allen Vermögensgegenständen und an einem ganzen Vermögen zugelassen wurde, vgl. *Ulpius* D 7, 5, 1; *Heineccius* S. 330. Die Begründung des Nießbrauches erfolgte entweder in juri cessio oder durch Vorbehalt bei der Übereignung der Sache (alienatio cle ducto usu fructu). Der Nießbrauch hat damit eine über 2300-jährige Rechtstradition.

5 Der Nießbrauch erlebt gegenwärtig eine Renaissance (vgl. *Korn/Carlé* KÖSDI 2009, 16514), vor allem aus folgenden Gründen:

- einfache Verlagerung der Einkunftsquelle,
- Reduzierung der Schenkungsteuerbemessungsgrundlage wegen des Wegfalls von § 25 ErbStG,
- Reduzierung von Pflichtteilsrechten,

• als Alternativgestaltung wegen der Einschränkung des Sonderausgabenabzugs gem. § 10 Abs. 1 Nr. 1 a EStG durch das Jahressteuergesetz 2008.

2. Gesetzliche Regelung im BGB

a) Vermögensgegenstände

Je nach Vermögensgegenstand unterscheidet das BGB zwischen dem Nießbrauch 6

• an beweglichen und unbeweglichen Sachen, z.B. Grundstücken (§§ 1030–1067 BGB)
• an Rechten, z.B. Gesellschaftsanteilen an Kapital- oder Personengesellschaften (§§ 1068–1084 BGB) und
• am Vermögen im Ganzen (§§ 1085–1089 BGB).

b) Nießbrauch an Sachen

Der Nießbrauch beinhaltet gem. § 1030 BGB das Recht, sämtliche Nutzungen aus dem belasteten Gegenstand zu ziehen. Damit korrespondiert die Pflicht, die bisherige wirtschaftliche Bestimmung der Sache aufrecht zu erhalten und nach den Regeln einer ordnungsgemäßen Wirtschaft zu verfahren, insbesondere gem. § 1041 BGB für die Erhaltung der Sache in ihrem wirtschaftlichen Bestand zu sorgen, wobei Ausbesserungen und Erneuerungen dem Nießbraucher nur insoweit obliegen, als sie zu der gewöhnlichen Unterhaltung der Sache gehören. Gem. § 1045 BGB hat der Nießbraucher auch die Kosten der Versicherung gegen Brandschaden aufzubringen; auch die sonstigen auf der Sache ruhenden öffentlichen sowie privatrechtlichen Lasten hat gem. § 1047 BGB der Nießbraucher zu tragen, so dass auch die Zinsen für die zur Zeit der Bestellung bestehenden Hypothekenforderungen und Grundschulden zu Lasten des Nießbrauchers gehen. 7

Der natürlichen Personen bestellte Nießbrauch ist nicht übertragbar (§ 1059 S. 1 BGB) und vererblich (§ 1061 BGB). Lediglich die Ausübung kann gem. § 1059 S. 2 BGB einem anderen überlassen werden. Mit dem Tod des Nießbrauchers erlischt der Nießbrauch, § 1061 Satz 1 BGB.

c) Nießbrauch an Rechten

Der Nießbrauch an Rechten, insbesondere an Kapital- und Personengesellschaftsanteilen sowie am Kapitalvermögen wird bei den vermögensverwaltenden Gesellschaften in §§ 11–14 behandelt. 8

d) Nießbrauch am Vermögen im Ganzen

Die im Wirtschaftsleben bedeutendste Form des Vermögensnießbrauches, nämlich der Unternehmensnießbrauch, wird im Band *Unternehmensnachfolge § 4* dargestellt. 9

II. Nießbrauchsvarianten

In der Vertragspraxis haben sich folgende Nießbrauchsvarianten gebildet: 11

• Nettonießbrauch
• Bruttonießbrauch

- Bruchteilsnießbrauch
- Quotennießbrauch
- Vorbehaltsnießbrauch
  - – Eigentümernießbrauch
  - – Dispositionsnießbrauch
- Zuwendungsnießbrauch
- Vermächtnisnießbrauch
- Unternehmens- und Nachlassnießbrauch
- Sicherungsnießbrauch
- Schuldrechtlicher Nießbrauch
- Ertragsnießbrauch

1. Nettonießbrauch

12 Der gesetzlich geregelte Normalfall des Nießbrauches wird als Nettonießbrauch bezeichnet. Im Falle der Vermietung oder Verpachtung der nießbrauchbelasteten Immobilie werden aus steuerlichen Gründen, abweichend von der gesetzlichen Regelung, die außerordentlichen öffentlichen Lasten sowie die außergewöhnlichen Ausbesserungen und Erneuerungen dem Nießbraucher auferlegt, da der Eigentümer von der Geltendmachung von Werbungskosten aufgrund des mit der unentgeltlichen Nießbrauchbestellung verbundenen Verzichts auf Einnahmen ausgeschlossen ist.

2. Bruttonießbrauch

13 Sofern die Beteiligten vereinbaren, dass der Eigentümer abweichend von der gesetzlichen Lastenregelung alle auf der Sache ruhenden öffentlichen und privaten Lasten trägt, so dass dem Nießbraucher die Bruttoeinnahmen ohne jeden Abzug verbleiben, spricht man von einem Bruttonießbrauch; zur steuerlichen Zulässigkeit vgl. BFH BStBl. 1981 II 299. Da der Werbungskostenabzug insgesamt verloren geht, ist in der Regel von einem Bruttonießbrauch abzuraten.

3. Bruchteilsnießbrauch

14 Ein Nießbrauch kann gem. § 1066 BGB auch auf einen ideellen Miteigentumsanteil am übertragenen Grundbesitz beschränkt werden, vgl. *Schöner/Stöber* Rn. 1366. Bei einem Bruchteilsnießbrauch an einem ideellen Miteigentumsanteil besteht die Gefahr des Verlustes in einer Teilungsversteigerung, so dass dem Quotennießbrauch der Vorzug zu geben ist, vgl. *Amann* in: FS für Spiegelberger, S. 1169.

4. Quotennießbrauch

15 Die h. M. hält eine Beschränkung des Nießbrauchsrechtes für zulässig, wonach der Nießbrauch dem Berechtigten zu einer bestimmten Quote, z. B. zu einem Drittel, eingeräumt wird, vgl. *Soergel/Stürner* § 1030 Rdn. 6; *Staudinger/Frank* § 1030 Rdn. 39; BayObLG DB 1973, 1546; *Schön* S. 311. Im Gegensatz zum Quotennießbrauch erzielt bei einem **Totalnießbrauch** der Nießbrauchsberechtigte alle Einkünfte aus dem belasteten Gegenstand. Der Quotennießbrauch ist insbesondere bei mitunternehmerischen Beteiligungen zu empfehlen, um die Mitunternehmerstellung des Gesellschafters und des Nießbrauchers zu sichern, vgl. unten § 13 B III 2.

5. Vorbehaltsnießbrauch

16 Der Vorbehaltsnießbrauch ist das vom Eigentümer an dem übertragenen Grundstück für sich vorbehaltene Nießbrauchsrecht (Eigentümernießbrauch), vgl. *Philipp Heck* Grundriss des Sachenrechts, § 21 8b. Darüber hinaus wird auch der vom Erwerber zugunsten des veräußernden Eigentümers bestellte Nießbrauch als Vorbehaltsnießbrauch angesehen. Bei einem Vorbehaltsnießbrauch handelt es sich regelmäßig um einen Versorgungsnießbrauch. Es entspricht einer alten deutsch-rechtlichen Tradition bei Überlassungsverträgen zwischen Verwandten, dass sich die übertragenden Altbesitzer den Versorgungsnießbrauch vorbehalten, vgl. OLG Hamm DNotZ 1970, 37; *Hornung* Rpfleger 1982, 299.

Die Nießbrauchrechtsprechung der vergangenen dreißig Jahre beruht auf den drei Urteilen des BFH BStBl. 1981 II 295, 297 und 299, wonach bei einem Grundstücksnießbrauch der Nießbraucher den Tatbestand der Erzielung von Einkünften aus Vermietung und Verpachtung erzielt und somit der Eigentümer vom Werbungskostenabzug ausgeschlossen ist. Auch die AfA gebührt dem Vorbehaltsnießbraucher. Vater dieser überzeugenden Konzeption ist der BFH-Richter *Döllerer* StbJb 1984/85, 55.

a) Dispositionsnießbrauch

17 Bei Überlassungen auf Kinder im Wege der vorweggenommenen Erbfolge unter Nießbrauchsvorbehalt wird von den Eltern häufig gewünscht, weiterhin über den Grundbesitz verfügungsberechtigt zu bleiben. Mit Ausnahme einer begrenzten Verfügungsbefugnis im Falle des Nießbrauchs an einem Grundstück hinsichtlich des Inventars (vgl. § 1048 Abs. 1 S. 1 BGB) kennt das BGB eine Verfügungsbefugnis des Nießbrauchers als Inhalt des Nießbrauchs nicht, vgl. *Staudinger/Frank* Vorbem. 20 zu § 1030; MünchKomm/*Petzoldt* Vorb. 4 vor § 1030. Derartige Verfügungsrechte können somit nicht als Nießbrauchsinhalt, sondern nur durch Erteilung einer Vollmacht eingeräumt werden.

b) Eigentümernießbrauch

18 Die Zulässigkeit eines Eigentümernießbrauchs wird in der Literatur überwiegend bejaht, wenn dafür ein schutzwürdiges Interesse vorliegt, vgl. *Palandt/Bassenge* Anm. 3 zu § 1030 und Anm. 3 zu § 1090; RGRK/*Rothe* § 1050 Rn. 5; *von Lübtow* NJW 1962, 275; *Schöner/Stöber* Rn. 1373. Der Eigentümernießbrauch ist die Vorstufe eines geplanten Vorbehaltsnießbrauches.

6. Zuwendungsnießbrauch

19 Der BFH BStBl. 1986 II 12 hat zwar dem Ehemann auch dann die gesamte AfA zugebilligt, wenn er bei der Übergabe des Grundstückes an seine Kinder für sich und seine Ehefrau einen Nießbrauch gem. § 428 BGB vorbehält, wenn nur er allein den Nießbrauch ausgeübt und den Tatbestand der Einkunftsart Vermietung und Verpachtung verwirklicht hat. Die Finanzverwaltung könnte aber unter Hinweis auf § 430 BGB, wonach die Gesamtgläubiger im Verhältnis zueinander zu gleichen Anteilen berechtigt sind, andere Schlüsse aus der gemeinschaftlichen Berechtigung ableiten. Unter einem Zu-

wendungsnießbrauch versteht man die Einräumung eines Nießbrauchsrechts zugunsten eines Dritten. In der Vertragspraxis wird dem Ehegatten des Übergebers regelmäßig ein aufschiebend bedingter Nießbrauch für den Fall des Ablebens des Übergebers und damit ein Zuwendungsnießbrauch eingeräumt. Der Zuwendungsnießbrauch ist mit dem Steuernachteil verbunden, dass bei der unentgeltlichen Bestellung der AfA-Abzug weder bei dem Eigentümer noch bei dem Nießbraucher zulässig ist. Bei betrieblichen Einkünften genießt der Zuwendungsnießbrauch nicht die Verschonung des § 13 a ErbStG.

Der Vorbehaltsnießbrauch, der nach dem Tode des Nießbrauchers dessen Ehegatten zusteht, stellt einen Zuwendungsnießbrauch dar, vgl. BFH/NV 1994, 539.

7. Vermächtnisnießbrauch

20 Ein Nießbrauchsvermächtnis beinhaltet gem. § 2174 BGB den schuldrechtlichen Anspruch des Bedachten, vom Erben die Bestellung eines Nießbrauchsrechts zu verlangen, im Falle des Vermächtnisnießbrauchs an einem Grundstück somit die Abgabe der Eintragungsbewilligung in der Form des § 29 GBO. Der Vermächtnisnießbrauch gleicht in seiner einkommensteuerlichen Beurteilung dem Zuwendungsnießbrauch (BFH BStBl. 1994 II 319/ BFH NV 1996, 22; *Schmidt/Drenseck* § 7 Rn. 58).

8. Unternehmens- und Nachlassnießbrauch

21 Den §§ 1085, 1089 BGB ist zu entnehmen, dass der Nießbrauch auch an einem Inbegriff von Sachen und Rechten bestellt werden kann, etwa an einem Unternehmen oder einem Nachlass. Dieser Nießbrauch ist nichts anderes als die Summe von Nießbrauchsrechten an den einzelnen Gegenständen, vgl. *Palandt/Bassenge* Anm. 1 zu § 1085.

9. Sicherungsnießbrauch

22 Sofern die Nießbrauchsbestellung dazu dient, dem Gläubiger des Eigentümers eine Sicherheit für eine schuldrechtliche Forderung bzw. das Befriedigungsrecht einzuräumen oder bei der Vermietung und Verpachtung eines Grundstückes dem Mieter/Pächter eine Sicherung im Fall der Zwangsversteigerung zu schaffen (vgl. *Jansen/Jansen* Rn. 245), handelt es sich um einen Sicherungsnießbrauch der steuerlich unbeachtlich ist, vgl. BFH BStBl. 1970 II 212. Der IV. Rentenerlass BStBl. I 2010 S. 227 Tz. 24 enthält eine von der Rechtsprechung nicht geforderte Verschärfung, wonach dem Eigentümer die Ausübung des Nießbrauchs gem. § 1059 BGB überlassen werden muss. Dabei muss klargestellt werden, dass das Ausübungsrecht des Eigentümers entfällt, wenn der Berechtigte aus dem Nießbrauchsrecht die materiell-rechtlichen Befugnisse des Nießbrauches geltend macht.

10. Schuldrechtlicher Nießbrauch

23 Dieser liegt vor, wenn die Vereinbarung der Nießbrauchbestellung nicht grundbuchmäßig vollzogen wird oder von vorneherein nur ein schuldrechtliches Nutzungsrecht gewollt ist. Obligatorische Nutzungsrechte werden hinsichtlich der Nutzungswertzurechnung gleichbehandelt, BFH BStBl. 1984 II 366.

11. Ertragsnießbrauch

Im Gegensatz zum Unternehmensnießbrauch beinhaltet der Ertragsnießbrauch lediglich einen schuldrechtlichen Anspruch auf Auszahlung des erwirtschafteten (anteiligen) Reingewinns, vgl. *Jansen/Jansen* Rn. 97 oder der Zinsen aus einem Abfindungsanspruch, vgl. *Staudinger/Promberger* 12. Aufl. Anh. zu §§ 1068, 1069 BGB Rn. 68. Der Ertragsnießbraucher verwirklicht nicht den Tatbestand der Einkunftserzielung, so dass die Erträge nicht dem Ertragsnießbraucher, sondern dem Eigentümer oder Gesellschafter zuzurechnen sind. Der Ertragsnießbraucher ist nicht Mitunternehmer. Er bezieht keine Gewinnanteile i. S. v. § 15 Abs. 1 Satz 1 Nr. 2 EStG, vgl. BFH BStBl. 1995 II 714; *Schön* StbJb 1996/97, 64; *Gschwendtner* DStZ 1995, 711; *Schmidt/Wacker* § 15 EStG Rn. 308. Die Wirkungen des Ertragsnießbrauches bestehen somit in einer Forderungsabtretung ohne einkommensteuerliche Relevanz, so dass der Abtretende den an den Ertragsnießbraucher abgeführten Betrag zu versteuern hat. In der Vertragspraxis ist darauf zu achten, dass eingeräumte Nießbrauchsrechte auch tatsächlich ausgeübt werden, also der Nießbraucher an Gesellschafterversammlungen teilnimmt und sein Stimmrecht ausübt, da andernfalls die Finanzverwaltung lediglich einen Ertragsnießbrauch unterstellt, vgl. FG Münster vom 23. 9. 2008 AZ. 1 K 5114/04 n. v. 24

B. Vorbehaltsnießbrauch an Immobilien

Literatur: *Geck* Die Übertragung unter Nießbrauchsvorbehalt nach Aufhebung des § 25 ErbStG durch das ErbStRG, DStR 2009, 1005; *Götz* Die Bedeutung des § 14 Abs. 2 BewG bei Zuwendungen unter Nießbrauchsvorbehalt, DStR 2009, 2233; *Korn/D. Carlé* Renaissance des Vorbehaltsnießbrauchs – zivil- und steuerrechtliche Probleme und Lösungen, KÖSDI 2009, 16514; *Moench* Der Lebenslauf eines Vorbehaltsnießbrauchs, ErbStB 2006, 97; *Theissen/Steger* Grundstücksschenkungen unter Nießbrauchsvorbehalt nach der Erbschaftsteuerreform, ErbStB 2009, 158; *Wegmann* Kein Genuss ohne Reue?, MittBayNot 1994, 307; *Worm* Pflichtteilserschwerungen und Pflichtteilsstrafklauseln, RNotZ 2003, 535.

I. Belastungsgegenstand

Gegenstand eines Immobiliennießbrauchs kann außer einem Grundstück auch ein Miteigentumsanteil sowie ein grundstücksgleiches Recht, z. B. ein Erbbaurecht sei, ebenso auch eine Eigentumswohnung, vgl. *Staudinger/Frank* § 1030 Rz. 12. Die Auswirkungen der Nießbrauchsbestellung an einer Eigentumswohnung auf das Stimmrecht sind streitig, vgl. Rn. 36. Gelegentlich wird in der Praxis die Einschränkung des Nießbrauchsrechtes auf Gebäude- oder Grundstücksteile gewünscht. Da die Gebäude als Grundstücksbestandteile gem. § 93 BGB nicht Gegenstand besonderer Rechte sein können, vgl. BGH NJW 2006, 1881, kann die Einschränkung des **Ausübungsbereiches** regelmäßig nur mit schuldrechtlicher Wirkung vereinbart werden. Allerdings ist die Eintragung eines vorrangigen Wohnungsrechtes vor dem Nießbrauchsrecht am Grundstück denkbar, so dass der Nießbrauch auch mit dinglicher Wirkung nur an dem vom Wohnungsrecht nicht erfassten Gebäudeteil ausgeübt werden kann, vgl. BayObLG DNotZ 1980, 479. Für eine abgegrenzte und mit einem amtlichen Lageplan definitiv festgelegte Teilfläche ist gem. § 7 31

Abs. 2 GBO eine sog. echte Teilbelastung möglich, aber nicht empfehlenswert, vgl. *J. Mayer* Rn. 410.

II. Modifizierung der Rechtsfolgen

32 Das zwischen dem Eigentümer und dem Nießbraucher entstehende gesetzliche Schuldverhältnis kann mit dinglicher Wirkung abgeändert werden, allerdings – aufgrund des Typenzwangs im Sachenrecht – nur insoweit, als das Wesen des Nießbrauchs nicht beeinträchtigt wird. Eine unzulässige Beeinträchtigung wäre gegeben, wenn der Grundsatz der Substanzerhaltung der nießbrauchsbelasteten Sache verletzt oder wenn eine Leistungspflicht des Eigentümers zum Inhalt des dinglichen Rechts gemacht würde, vgl. *Staudinger/Frank* Vorbem. 13 vor § 1030; BayObLG Rpfleger 1985, 286; allerdings können die Beteiligten derartige Vereinbarungen mit schuldrechtlicher Wirkung treffen. Der Nießbrauch kann gem. § 1030 Abs. 2 BGB durch den Ausschluss einzelner Nutzungen beschränkt werden, allerdings ist dabei die Grenze zur beschränkten persönlichen Dienstbarkeit zu beachten, vgl. hierzu *Schöner* DNotZ 1982, 416.

33 Unzulässig ist es, Gebäude oder Gebäudeteile aus dem Nießbrauchsrecht auszunehmen, da diese gem. §§ 93, 94 Abs. 1 BGB wesentliche Bestandteile des Grundstückes sind. Somit ist es auch unzulässig, wenn sich der Eigentümer bei Bestellung des Nießbrauchs etwa die Nutzung einer bestimmten Wohnung des auf dem Grundstück errichteten Gebäudes vorbehält, vgl. BayObLG DNotZ 1980, 479; ein dingliches Nutzungsrecht des Eigentümers kann aber wohl durch Bestellung eines Eigentümerwohnrechts im Rang vor einem Nießbrauch zugunsten eines Dritten entstehen. Zulässig ist es, Teilflächen eines Grundstückes von der Nießbrauchbestellung auszunehmen, vgl. *Soergel/Stürner* § 1030 Rn. 7.

III. Ausübung des Stimmrechts bei Wohnungseigentum

1. Alleiniges Stimmrecht des Eigentümers?

36 Nach Auffassung des BayObLG DNotZ 1999, 585 steht dem Nießbraucher an einem Wohnungseigentum kein eigenes Stimmrecht und im Verfahren über die Ungültigerklärung von Eigentümerbeschlüssen auch kein eigenes Antragsrecht zu; dies gilt auch bei der Anfechtung von Beschlüssen, die die Nutzung von Sondereigentum oder gemeinschaftlichem Eigentum oder die Verwaltung des gemeinschaftlichen Eigentums betreffen. Das BayObLG meint, dass dem Nießbraucher an einer Eigentumswohnung lediglich das Recht zustehe, die Nutzungen des Wohnungseigentums zu ziehen. Dagegen stehe ihm kein Stimmrecht zu, da die Autonomie der Wohnungseigentümergemeinschaft eine entsprechende Einschränkung der auf die schlichte Bruchteilsgemeinschaft zugeschnittene Zuständigkeitsverteilung des § 1066 Abs. 1 BGB gebiete; im Ergebnis zustimmend *Röll* WE 1999, 75; *Soergel/Stürner* § 25 WEG Rn. 7; *Staudinger/Bub* § 25 Rn. 129; *Staudinger/Wenzel* § 43 WEG Rn. 15; *F. Schmidt* MittBayNot 1997, 68; *Palandt/Bassenge* § 25 WEG Rn. 2b; *Sauren* WEG § 25 Rn. 9; *Bärmann/Pick/Merle* § 25 WEG Rn. 13. *Armbrüster* DNotZ 1999, 584 meint einschränkend, dass die Wohnungseigentümer in der Teilungserklärung oder durch Vereinbarung gem. § 10 Abs. 1

Satz 2 Abs. 2 WEG vereinbaren könnten, dass dem Nießbraucher ein Stimmrecht zustehe, soweit bei der Beschlussfassung sein Nutzungsinteresse betroffen sei.

Der BGH NJW 2002, 1647 hat sich im Wesentlichen der Argumentation des BayObLG mit folgenden Leitsätzen angeschlossen: 37

- Die Belastung des Wohnungseigentums mit einem Nießbrauch lässt das Stimmrecht des Wohnungseigentümers (§ 25 II 1 WEG) unberührt. Das Stimmrecht geht auch hinsichtlich einzelner Beschlussgegenstände nicht auf den Nießbraucher über. Ferner muss der Wohnungseigentümer sein Stimmrecht weder allgemein noch in einzelnen Angelegenheiten gemeinsam mit dem Nießbraucher ausüben.
- Aus dem zwischen ihnen bestehenden (Begleit-)Schuldverhältnis kann der Wohnungseigentümer jedoch im Einzelfall gegenüber dem Nießbraucher verpflichtet sein, bei der Stimmabgabe dessen Interessen zu berücksichtigen, nach dessen Weisung zu handeln oder ihm eine Stimmrechtsvollmacht zu erteilen. Fehlt es an einer ausdrücklichen Vereinbarung, so ist für das Entstehen und den Umfang einer solchen Verpflichtung insbesondere die Regelung zur Tragung der Kosten des nießbrauchsbelasteten Wohnungseigentums maßgeblich. Durch eine solche Verpflichtung wird die Gültigkeit der Beschlussfassung jedoch nicht berührt.

2. Gemeinsames Stimmrecht

Schöner DNotZ 1975, 78 und *Weitnauer* WEG § 25 Rn. 11 gewähren dem Eigentümer und dem Nießbraucher ein gemeinsames Stimmrecht, das sie nur einheitlich und gemeinsam ausüben können, wobei sich Schöner insbesondere auf eine Analogie zu § 25 Abs. 2 Satz 2 WEG stützt. 38

3. Kritik

Die Auffassung, die den Nießbraucher generell, und zwar auch für den Fall des Vorbehaltsnießbrauches, vom Stimmrecht ausschließt und somit bei einem Nießbrauchsrecht an einer Bruchteilsgemeinschaft und einer WEG-Gemeinschaft zu diametralen Ergebnissen kommt, verkennt die Rechtsentwicklung der vergangenen Jahrzehnte. Konsequenterweise müsste bei einer Überbetonung der Autonomie der Wohnungseigentümergemeinschaft sogar die Testamentsvollstreckung an einer Eigentumswohnung in Frage gestellt werden, obwohl dies, soweit ersichtlich, von niemandem vertreten wird. Die Rechtsprechung des BGH NJW 1989, 3152 und des BFH BStBl. 1995 II 241 hat bei Personengesellschaften entschieden, dass das Abspaltungsverbot der Ausübung von Drittverwaltungsrechten nicht entgegensteht. Die vordringende, auf *Flume* Personengesellschaft § 17 VI beruhende Auffassung in der Literatur, hält eine Aufspaltung der Teilhaberrechte zwischen dem Gesellschafter und dem Nießbraucher für zulässig, vgl. *K. Schmidt* § 61 II 3. Insbesondere der BFH BStBl. 1995 II 241 hat die Aufteilung des Stimmrechts auf den Gesellschafter und den Nießbraucher bejaht, so dass ein Sonderstatus der Wohnungseigentümergemeinschaft völlig unverständlich wäre. Bei der Übertragung unter Vereinbarung eines Vorbehaltsnießbrauches wird nur eine leere Rechtshülse übertragen, da sich der Übergeber die Nutzung und Verwaltung vorbehält, vgl. *Philipp Heck* Grundriss des Sachenrechts § 21 8b (S. 83); *Flume* Allgemeiner Teil BGB 2. Bd. S. 192. Sofern sich der Übergeber zugleich ein freies Widerrufsrecht vorbehält, rechnet das Einkommensteuerrecht den Ver- 39 tragsgegenstand im vollen Umfange dem Übergeber zu. Kann dem Eigentümer, der oft über Jahrzehnte von der Verwaltung und der Nutzung der Eigentumswohnung ausgeschlossen ist, das alleinige Stimmrecht in der Wohnungseigentümerversammlung zukommen?

40 Steuerliche Bedenken kommen hinzu. Die Rechtsprechung des BGH NJW 2002, 1647, wonach das Stimmrecht ausschließlich vom Eigentümer ausgeübt wird, würde unter steuerlicher Bewertung nicht zu Einkünften aus Vermietung und Verpachtung beim Nießbraucher führen. Der Nießbraucher muss als Vermieter eine Vermieterinitiative entfalten und ein Vermieterrisiko tragen. Zur Vermieterinitiative gehört das Stimmrecht, ähnlich wie dies bei der Personengesellschaft der Fall ist.

41 Vorsorglich sollte bei der Übertragung von Wohnungseigentum, wie bei der Übertragung von Gesellschaftsanteilen, eine Stimmrechtsbindungsvereinbarung getroffen werden, wonach der Eigentümer als Stimmberechtigter das Stimmrecht nur im Einvernehmen mit dem Nießbraucher ausübt. Sofern die Gemeinschaftsordnung dies nicht gestattet, ist der Eigentümer jedenfalls im Innenverhältnis gebunden, nach Maßgabe der gemeinsamen Festlegungen in der Eigentümerversammlung abzustimmen. In der Übergabeurkunde empfiehlt sich somit folgende Regelung:

42 **Formulierungsvorschlag:**

Das Stimmrecht in der Eigentümerversammlung üben der Eigentümer und der Nießbraucher gemeinsam aus. Beide Vertragsteile bevollmächtigen sich gegenseitig zur Ausübung des Stimmrechts in der Eigentümerversammlung. Sofern der Nießbraucher durch Beschluss der Wohnungseigentümer an der Ausübung des Stimmrechts gehindert wird, verpflichtet sich der Eigentümer im Innenverhältnis, sein Stimmrecht nur auszuüben, wenn der Nießbraucher der jeweiligen Stimmabgabe ausdrücklich zustimmt.

IV. Mehrere Nießbrauchberechtigte

1. Beide Übergeber als Grundstückseigentümer

46 Als Berechtigungsverhältnis gem. § 47 GBO kommt für im gesetzlichen Güterstand oder in Gütertrennung lebende Ehegatten die Eintragung als Gesamtgläubiger gem. § 428 BGB in Betracht, vgl. BFH DNotZ 1981, 121. Die interessengerechte Mitberechtigung gem. § 432 BGB hat das OLG München mit Beschl. v. 25. 6. 2009 34 Wx 040/09 abgelehnt. An Stelle einer Gesamtberechtigung kommt die Eintragung mehrerer gleichrangiger Rechte in Betracht, die sich gem. §§ 1024, 1060 BGB gegenseitig in der Ausübung beschränken. Bei dem Versterben eines Berechtigten bleibt das Nießbrauchsrecht des Überlebenden uneingeschränkt im vollen Umfang bestehen; allerdings verdoppeln sich bei diesem Verfahren die Eintragungsgebühren. Leben die Übergeber in Gütergemeinschaft, sind die Übergeber als Nießbrauchsberechtigte in Gütergemeinschaft einzutragen.

47 Zur Erleichterung der Löschung eines Nießbrauchs nach dem Versterben des Berechtigten empfiehlt es sich, bereits bei der Bestellung des Rechts eine Löschungsklausel des Inhalts zu vereinbaren, dass zur Löschung des Rechts der Nachweis des Todes des Berechtigten (durch Sterbeurkunde) genügen soll. Da es sich bei dem Nießbrauch um ein Recht handelt, bei dem Rückstände von Leistungen nicht ausgeschlossen sind (vgl. *Demharter* § 23 Rn. 10)

steht der Eintragung einer entsprechenden Löschungsklausel bei einer Nießbrauchsbestellung nichts im Wege. Die Bewilligung des Nießbrauchers ist nicht erforderlich, vgl. BGHZ 66, 341.

2. Ein Ehegatte ist Alleineigentümer

Sofern der Übergeber als Alleineigentümer im Grundbuch eingetragen ist 48
und auch dessen Ehegatten eine Nießbrauchsberechtigung eingeräumt werden soll, empfiehlt sich aus einkommen- und schenkungsteuerlichen Gründen die Vereinbarung eines auf den Tod des Übergebers aufschiebend bedingten Nießbrauchsrechtes, da bei einer sofortigen Mitberechtigung des Ehegatten nach Auffassung des BFH BStBl. 1984 II, 266 hinsichtlich der Mitberechtigung des Ehegatten ein **Zuwendungsnießbrauch** vorliegt, der zur AfA-Kürzung führt; darüber hinaus stellt die Nießbrauchseinräumung zu Gunsten des anderen Ehegatten eine steuerpflichtige Schenkung dar, vgl. BFH ZEV 2007, 599 m. Anm. *Götz*. Zu überlegen ist auch die Zwischenschaltung des zu begünstigenden Ehegatten als Miteigentümer vor der Durchführung der vorweggenommenen Erbfolge.

Unter rein bürgerlich-rechtlicher Betrachtung kann ein Nießbrauchsrecht 49
für mehrere Berechtigte als Gesamtberechtigte nach § 428 BGB bestellt werden, vgl. *Schöner/Stöber* Grundbuchrecht Rn. 1370; *Palandt/Bassenge* § 428 BGB Rn. 4; § 1030 BGB Rn. 4. Voraussetzung für die Vereinbarung eines Gemeinschaftsverhältnisses nach § 428 BGB ist allerdings, dass ein und das selbe Recht, das nach dem Tod eines Berechtigten dem überlebenden Berechtigten allein zustehen soll, zunächst **beiden** Berechtigten zusteht, vgl. *Amann* MittBayNot 1990, 230; DNotI-Report 1996, 190. *Lichtenberger* ZEV 1995, 296 sieht aufgrund der Entscheidung des BayObLG ZEV 1995, 294 eine Gesamtgläubigerschaft i. S. d. § 428 BGB auch dann als möglich an, wenn der dem veräußernden Elternteil zustehende Anspruch nach dessen Vorversterben dem Ehegatten zustehen soll. Fraglich ist, ob das Gemeinschaftsverhältnis gem. § 428 BGB sich auch für eine **Sukzessivberechtigung** eignet, wonach das Nießbrauchsrecht nur dem überlebenden Ehegatten zustehen soll, wenn dieser den Übergeber überlebt, vgl. § 2 Rn. 103.

V. Minderjährige

Während die schenkweise Übertragung eines unvermieteten oder unver- 51
pachteten Grundstücks, das mit einem Nießbrauch belastet ist, nach Auffassung der Rechtsprechung für den Beschenkten lediglich einen rechtlichen Vorteil darstellt, so dass die Eltern bei dem Schenkungsvertrag nicht an der Vertretung ihrer minderjährigen Kinder gehindert sind, vgl. BayObLG MittBayNot 1998, 431, soll nach der Rechtsprechung des BGH MittBayNot 2005, 413 ein auf den Erwerb eines vermieteten oder verpachteten Grundstücks gerichtetes Rechtsgeschäft für einen Minderjährigen nicht lediglich rechtlich vorteilhaft i. S. d. § 107 BGB sein, auch wenn sich der Veräußerer den Nießbrauch mit der Maßgabe vorbehalten hat, dass er die Kosten außergewöhnlicher Ausbesserungen und Erneuerungen sowie die außerordentlichen Lasten des Grundbesitzes zu tragen hat. Spätestens mit Beendigung des Nießbrauchs, also mit dem Tod des Nießbrauchers, trete der Minderjährige in den dann noch bestehenden Miet- oder Pachtvertrag ein, woraus sich eine

persönliche Haftung des Minderjährigen ergebe. Diese Rechtsprechung wurde oben zu § 2 A II 2 kritisiert, weil die familiengerichtliche Rechtsprechung es zurecht darauf abstellt, ob dem Kind ein erheblicher Vermögensvorteil zugute kommt und sich die hiermit verbundenen Nachteile in Grenzen halten, vgl. OLG Brandenburg MittBayNot 2009, 155. So lange die Beteiligten einen raschen grundbuchamtlichen Vollzug wünschen und die Einholung einer oberlandesgerichtlichen Entscheidung zum Vertretungsrecht der Eltern gem. § 1795 BGB ablehnen, ist bei vermieteten oder verpachteten Immobilien die Bestellung eines Ergänzungspflegers erforderlich.

VI. Zwangsvollstreckungsschutz

52 Mit dem Nießbrauchsrecht ist auch ein Zwangsvollstreckungsschutz verbunden. Während – auch langfristige – schuldrechtliche Nutzungsrechte von dem Ersteigerer gem. § 57a ZVG mit der gesetzlichen Kündigungsfrist gekündigt werden können, genießen dingliche Nutzungsrechte einen Bestandsschutz in der Zwangsversteigerung. Sofern das Nießbrauchsrecht in das geringste Gebot einbezogen ist, also der Nießbraucher Rang vor dem die Zwangsversteigerung betreibenden Grundpfandrechtsgläubiger hat, erwirbt der Ersteigerer das mit dem Nießbrauchsrecht belastete Grundstück, so dass der Nießbraucher keinen Rechtsverlust erleidet. Der Nießbrauch hat somit immer „Sicherungscharakter". Betreibt ein vorrangiger oder gleichrangiger Pfandgläubiger das Zwangsversteigerungsverfahren in das nießbrauchsbelastete Grundstück, so erlischt der Nießbrauch mit dem Zuschlag gem. §§ 52 Abs. 1, 91 Abs. 1 ZVG, soweit die Beteiligten nicht eine Liegenbelassungsvereinbarung gem. § 91 Abs. 2 ZVG treffen. An die Stelle des weggefallenen Nießbrauches tritt der Anspruch auf Wertersatz aus dem Erlös, der durch Zahlung einer Geldrente zu leisten ist, wobei der kapitalisierte Gesamtwert einer Jahresleistung gem. § 121 Abs. 1 ZVG in den Teilungsplan aufzunehmen ist, höchstens der 25-fache Jahreswert, vgl. *Zeller/Stöber* Zwangsversteigerungsgesetz § 121 Rn. 2.

53 Nach h. M. kann in einen **Leibgedingsvertrag,** der Dienstbarkeiten und Reallasten enthält, zur dinglichen Sicherung der Einzelleistungen auch ein Nießbrauch gem. § 1030 BGB einbezogen werden, so dass Pfändungsschutz gem. § 850b Abs. 1 Nr. 3 ZPO eintritt; dagegen soll ein Leibgeding, das nur aus einem Nießbrauch besteht, unzulässig sein, vgl. BayObLG DNotZ 1975, 622; LG Oldenburg Rpfleger 1982, 298; zu Recht differenzierend: *Staudinger/Frank* Vorbem. 58 vor § 1030.

VII. Grundbucheintragung

55 Wenn die Nießbrauchsbestellung im Zusammenhang mit einer Grundstücksübertragung vereinbart wird, ergibt sich das Erfordernis der notariellen Beurkundung aus § 311b Abs. 1 BGB. Damit ist auch die für die Eintragungsbewilligung (§ 19 GBO) erforderliche Form (§ 29 GBO) gewahrt. Wegen des Berechtigungsverhältnisses mehrerer Nießbrauchsberechtigter und der Eintragung einer Löschungsvormerkung vgl. Rn. 46ff. Die Vereinbarung, dass der Nießbraucher die Kosten auch für außerordentliche Ausbesserungen und Erneuerungen des Grundstücks zu tragen hat, kann als zulässige Abände-

rung des gesetzlichen Schuldverhältnisses zwischen Eigentümer und Nießbraucher in das Grundbuch eingetragen werden, vgl. BayObLG MittBayNot 1985, 70.

VIII. Rückabwicklung

Da die gesetzlichen Widerrufsgründe wegen Verarmung des Schenkers gem. § 528 Abs. 1 BGB und aufgrund groben Undanks gem. § 530 BGB in der Praxis als unzureichend empfunden werden, treffen die Beteiligten häufig zusätzliche vertragliche Widerrufs- und Rücktrittsvereinbarungen. Regelmäßig werden Rückforderungsrechte für folgende Fälle vereinbart: 56

- Vorversterben des Beschenkten
- Veräußerung oder Belastung des übertragenen Gegenstandes ohne Zustimmung des Übergebers
- wesentliche Verschlechterung der Vermögensverhältnisse des Erwerbers
- Scheidung des Erwerbers mit der Folge von Zugewinnausgleichs- oder Unterhaltsansprüchen aus dem Schenkungsgegenstand.

Beim Vorbehaltsnießbrauch an Grundstücken im steuerlichen Privatvermögen ist darüber hinaus ein **freies Widerrufsrecht** möglich, gegen das zivilrechtlich grundsätzlich keine Bedenken bestehen, vgl. *Spiegelberger* MittBayNot 2000, 9. Auch einkommensteuerliche Bedenken bestehen nicht. Zwar ist bei einem freien Widerrufsrecht davon auszugehen, dass das **wirtschaftliche** Eigentum beim Übergeber verbleibt, vgl. *Korn* DStR 1999, 1468. Da dieser aber nach wie vor allein die Einkünfte erzielt und die einkommensteuerliche Erfassung somit beim Übergeber verbleibt, besteht insoweit eine unbeschränkte Gestaltungsfreiheit. 57

Wegen der erklärten Auflassung und der Eintragungsbewilligung tritt bereits vor Grundbucheintragung der schenkungsteuerliche Vollzug ein, so dass die Zehn-Jahres-Frist des § 14 ErbStG für die Ausübung eines weiteren Schenkungsteuerfreibetrages zum Laufen beginnt. 58

Um den aufschiebend bedingten Rückübertragungsanspruch zu sichern, wird regelmäßig bei Grundstücksschenkungen eine Rückauflassungsvormerkung im Grundbuch eingetragen. Dies führt im Endergebnis dazu, dass der Erwerber faktisch von Verfügungen über den Vermögensgegenstand zu Lebzeiten des Übergebers ohne dessen Zustimmung ausgeschlossen ist. – Zu den grundsätzlichen Fragen der Rückabwicklung vgl. § 2 Rn. 81 ff.

IX. Pflichtteilskürzung und Pflichtteilsergänzung

Literatur: *Behmer* Neues zur Zehn-Jahres-Frist beim Pflichtteilsergänzungsanspruch?, FamRZ 1999, 1254; *Blum/Melwitz* Der nachträgliche Verzicht des Schenkenden auf den vorbehaltenen Nießbrauch bei der Berechnung des Pflichtteilsergänzungsanspruchs nach § 2325 BGB, ZEV 2010, 77; *Gehse* Grundstücksübergabe und Pflichtteilsergänzungsanspüche bei vorbehaltenen Rechten des Übergebers, RNotZ 2009, 361; *N. Mayer* Fragen der Pflichtteilsergänzung bei vorweggenommener Erbfolge – Gestaltungsmöglichkeiten nach der neuesten Rechtsprechung, ZEV 1994, 325; *Scherer/Pawlytta* Der Beginn der Zehn-Jahres-Frist, Jubiläumsschrift zehn Jahre DVEV, 1995–2005; *Schindler* Fristlauf bei pflichtteilsergänzungsrechtlichen Schenkungen, ZEV 2005, 290.

1. Pflichtteilskürzung

61 **Beispiel:** Aufgrund eines neuen Geschäftsmodells erwirbt eine deutsche Bausparkasse zum Schätzpreis Einfamilienhäuser, die von den Verkäufern auf deren Lebenszeit aufgrund eines vorbehaltenen Nießbrauches bewohnt werden. Vom ortsüblichen Kaufpreis wird der kapitalisierte Wert des Nießbrauchs, berechnet gem. § 14 BewG unter Zugrundelegung der aktuellen Bundessterbetabelle, vom Kaufpreis in Abzug gebracht. Der verbleibende Barkaufpreis wird dem Verkäufer überwiesen. In der Folgezeit treten bis zum Versterben des Verkäufers bei dem erworbenen Grundbesitz Wertminderungen ein. Bei dem Versterben des Verkäufers verlangt ein Pflichtteilsberechtigter von der Bausparkasse eine Pflichtteilsergänzung, ohne Berücksichtigung des kapitalisierten Nießbrauchsrechtes unter Berufung auf die Rechtsprechung des BGH zu un- und teilentgeltlichen Übertragungen unter Nießbrauchsvorbehalt.

62 Bei Schenkungen wird gem. § 2325 Abs. 2 Satz 2 BGB der Wert des geschenkten Gegenstandes zur Zeit der Schenkung mit dem Wert zur Zeit des Erbfalls verglichen (**Niederstwertprinzip**). Dabei wird die inflationsbedingte Wertsteigerung bis zum Erbfall von vorne herein in Abzug gebracht, vgl. BGHZ 1965, 75. Der Nießbrauch bleibt bei diesem Wertvergleich zunächst außer Betracht, vgl. BGH ZEV 1996, 186. Ist der Wert zwischen der Schenkung und dem Erbfall – inflationsbereinigt – gesunken, lässt der BGH den Nießbrauch völlig unberücksichtigt. Ist der Wert zwischen der Schenkung und dem Erbfall gestiegen, wie das lange Jahrzehnte – mit Ausnahme der letzten Jahre – ständig der Fall war, wird der Wert zum Zeitpunkt der Schenkung abzüglich des kapitalisierten Nießbrauchwertes für die Pflichtteilsberechnung zugrunde gelegt. Diese Rechtsprechung ist umstritten. Zuzustimmen ist Link ZEV 2005, 285, wonach im Rahmen der Pflichtteilsergänzung der vorbehaltene Nießbrauch immer mit dem kapitalisierten Nießbrauchswert (nicht nach der tatsächlichen Laufzeit) abzuziehen ist. Der vom Schenker zurückbehaltene Wertanteil war nie geschenkt und minderte den Wert des Geschenkes. Die Übernahme eines lebenslangen Nießbrauchsrechtes stellt zudem ein Wagnis dar, da dem Eigentümer gem. § 1041 Satz 2 BGB die außergewöhnlichen Ausbesserungen und Erneuerungen, also alle Großreparaturen, obliegen. Für einen generellen Abzug plädieren: *N. Mayer* FamRZ 1994, 739; *Heinrich* MittRhNotK 1995, 157; *Siegmann* DNotZ 1994, 787; *Brambring* ZEV 1996, 248; zum Streitstand umfassend vgl. *Gehse* RNotZ 2009, 361.

63 Trotz der erheblichen Kritik in der Literatur (vgl. *Palandt/Edenhofer* § 2325 BGB Rn. 20) hält der BGH ZEV 2003, 416 und NJW-RR 1996, 705 an dieser in sich widersprüchlichen Rechtsprechung fest. Der aus dem Eingangsbeispiel sich ergebende Vergleich mit **entgeltlichen** Übertragungen ergibt, dass der kapitalisierte Nießbrauchswert auch dann wertmindernd zu berücksichtigen ist, wenn die Grundstückspreise fallen. Der Eigentümer, der durch das Nießbrauchsrecht von dem Grundstücksertrag ausgeschlossen ist, muss die außerordentlichen Ausbesserungen und Erneuerungen tragen, da der Nießbraucher gem. § 1041 Satz 2 BGB nur für die Kosten des gewöhnlichen Unterhalts aufkommt.

64 Nach der allgemeinen Verkehrsanschauung, der auch das Schenkungsteuerrecht folgt (vgl. unten C III), stellt ein Nießbrauch immer und ausnahmslos einen wertmindernden Faktor für den Eigentümer dar. Der Vergleich mit

Kaufverträgen unter Nießbrauchsvorbehalt und mit gemischten Schenkungen zeigt, dass auch der unentgeltlich unter Nießbrauchsvorbehalt erwerbende Eigentümer einen Anspruch auf Berücksichtigung der von ihm erbrachten Aufwendungen und der Nießbrauchslast insgesamt hat. Das pflichtteilsrechtliche Niederstwertprinzip des § 23 Abs. 2 Satz 2 BGB besagt nur, dass bei fallenden Grundstückspreisen dem Pflichtteilsergänzungsanspruch nur der beim Erbfall bestehende Grundstückspreis zugrunde zu legen ist. Keinesfalls dürfen aber bei dieser Berechnung die Lasten, die der Eigentümer seit der Schenkung getragen hat, unberücksichtigt bleiben.

Hinweis: Im Einleitungsbeispiel besteht kein Pflichtteilsergänzungsanspruch, da die Vereinbarung einen Kaufvertrag darstellt. Bei einer 50-jährigen Verkäuferin beträgt der versicherungsmathematisch errechnete kapitalisierte Nießbrauchswert 83,8%, so dass die erwerbende Bank nur einen Barkaufpreis in Höhe von 16,2% des Schätzwertes entrichtet. Der unter fremden Dritten vereinbarte Leistungsaustausch muss unverändert auch bei der Übertragung unter Familienangehörigen anerkannt werden, so dass bei einer Barleistung des Erwerbers an den Übergeber in Höhe von 16,2% des Immobilienwertes eine entgeltliche Vereinbarung ohne Anwendung des § 2325 BGB vorliegt! Nachträgliche Wertveränderungen haben für die Bewertung des Nießbrauchsrechtes und die erbrachte Barleistung keine rechtserhebliche Bedeutung. 65

2. Pflichtteilsergänzung

Beispiel: Der mit 85 Jahren verstorbene Fotoreporter H. P. hinterlässt insgesamt fünf eheliche und uneheliche Kinder, die seit Jahrzehnten keinerlei Kontakt mehr zu ihrem Vater suchen. 30 Jahre vor seinem Tod hat H. P. einem Kind 100.000 DM zur Begründung einer Existenz in den Vereinigten Staaten geschenkt. Nach der Veröffentlichung der Sterbeanzeige melden sich vier Kinder bei der als Erbin berufenen dritten Ehefrau zur Geltendmachung von Pflichtteils- und Pflichtteilsergänzungsansprüchen. 66

Gem. § 2325 Abs. 3 BGB bleibt eine Schenkung unberücksichtigt, wenn z. Zt. des Erbfalls zehn Jahre seit der Leistung des verschenkten Gegenstandes verstrichen sind; ist die Schenkung an den Ehegatten des Erblassers erfolgt, beginnt die Frist nicht vor Auflösung der Ehe. 67

a) Entwicklung der Rechtsprechung

Ursprünglich vertrat der BGH NJW 1970, 1638 die Auffassung, dass die Frist des § 2325 Abs. 3 BGB schon von dem Augenblick an zu laufen beginne, in dem der Schenker alles getan habe, was von seiner Seite für den Erwerb des Leistungsgegenstandes durch den Beschenkten erforderlich sei. Nach BGHZ 98, 226 beginnt die Frist des § 2325 Abs. 3 BGB erst dann, wenn der Erblasser einen Zustand geschaffen hat, dessen Folgen er selbst noch zehn Jahre lang zu tragen hat und der schon im Hinblick auf diese Folgen von einer „böslichen“ Schenkung abhalten kann. Bei dieser Entscheidung ging es um den Zeitpunkt des schenkweisen Erlasses einer Geldforderung innerhalb oder außerhalb der Zehn-Jahres-Frist des § 2325 Abs. 3 BGB. In der Berufungsinstanz hatte das OLG bei einem Verzicht auf eine Leibrente angenommen, dass es auf den Zeitpunkt des Verzichtsvertrages nicht ankomme, weil er keinen Zustand schaffe, dessen Folgen der Erblasser selbst noch zehn Jahre lang zu tragen habe und der schon im Hinblick auf diese Folge von einer böslichen Schenkung abhalten könne. Nach Auffassung des Oberlandesge- 68 richts tritt trotz des Verzichtsvertrages die Wirkung des Verzichtes jeweils nur Monat für Monat bei der Fälligkeit der jeweiligen Leibrentenrate ein. Bei dem schenkweisen Erlass eines Anspruchs auf laufende Rentenbeträge trete die wirtschaftliche Folge nicht sogleich, sondern erst nach und nach mit jeder Rate fortschreitend ein. Deshalb müssten die erlassenen Rentenbeträge, die innerhalb der Frist des § 2325 Abs. 3 BGB fällig geworden wären, in die Pflichtteilsergänzung auch dann einbezogen werden, wenn der Erlass vorher stattgefunden habe.

69 Dem gegenüber stellt der IV a-Senat in dem Leitsatz b ausdrücklich fest:

„Erlässt der Erblasser schenkweise einen Anspruch auf eine ihm zustehende Rente für die Zukunft uneingeschränkt, dann beginnt damit die Frist des § 2325 Abs. 3 BGB."

Der IV a-Senat stellt in seiner Entscheidung auf den Zweck von § 2325 Abs. 3 BGB ab. Für den Beginn der Frist des § 2325 Abs. 3 BGB reicht des demgemäß nicht schon aus, wenn der Erblasser alles getan hat, was von seiner Seite für den Erwerb durch den Beschenkten erforderlich ist. Vielmehr bedarf es einer **wirtschaftlichen Ausgliederung** des Geschenks aus dem Vermögen des Erblassers. Als Beispiel hierfür nennt der IV a-Senat den in Erläuterungsbüchern (*Wieser* MittBayNot 1970, 135) offen ausgewiesenen Weg planmäßig z.B. durch **Schenkung von Todes wegen** in erheblichem Umfang am Nachlass vorbei Vermögen ohne fühlbares eigenes Vermögensopfer weiterzuleiten. Im Endergebnis ist nach Auffassung des IV a-Senats bereits der **Verzichtsvertrag** das fühlbare Vermögensopfer, nicht etwa der Monat für Monat schwindende Rentenanspruch des Erblassers.

70 Überträgt man die Rechtsprechung des IV a-Senats auf den Vorbehaltsnießbrauch, so steht eindeutig fest, dass der Erblasser mit der unwiderruflichen Eigentumsübertragung ein Vermögensopfer bringt, das ihn vor einer böslichen Schenkung automatisch abhält, da er für den Rest seines Lebens nicht mehr über den Vermögensgegenstand verfügen kann, also ihn weder veräußern noch z.B. durch Kreditaufnahme belasten kann. Mit der Vermögensübertragung unter Nießbrauchsvorbehalt tritt, wie *Flume* Allgemeiner Teil BGB 2. Bd. 3. Aufl. S. 192 zurecht ausführt, eine Spaltung des Vermögensgegenstandes in die Substanz und den Ertragsgenuss ein. Den Genuss des Ertrags behält der Nießbraucher zurück, die Substanz gibt er unwiderruflich weg.

71 Selbst wenn enumerative Widerrufsrechte vereinbart werden, die vom Übergeber nicht beeinflussbar sind (z.B. Veräußerung des Vermögensgegenstandes durch den Erwerber), ist dennoch ein unwiderrufliches Vermögensopfer des Übergebers eingetreten, da er selbst den Rückfall des Eigentums nicht mehr herbeiführen kann. Nur ein **freies Widerrufsrecht** ohne Angabe von Gründen stellt in Verbindung mit dem Nießbrauch wirtschaftliches Eigentum des Übergebers dar, das den Lauf der Zehn-Jahres-Frist nicht in Gang setzt. Der Pflichtteilsergänzungsanspruch des Pflichtteilsberechtigten beschränkt sich somit auf den Wert des Vermögensgegenstandes, den dieser nach Abzug der Nießbrauchslast darstellt. Somit ist Bemessungsgrundlage für den Pflichtteilsergänzungsanspruch der Verkehrswert zum Zeitpunkt der Schenkung abzüglich des kapitalisierten Nießbrauchwertes. Wenn der Erblasser vor seinem Ableben auf das Nießbrauchsrecht verzichtet, findet eine – erneute – Schenkung statt, nämlich die Übertragung des Nutzungsrechtes für die restliche Lebenszeit des Erblassers. Aus diesem kapitalisierten Nutzungsrecht kann der Pflichtteilsberechtigte wiederum seinen Pflichtteilsanspruch geltend machen, wobei mit dem Zeitpunkt des Verzichts auf den Nießbrauch der erneute Lauf einer Zehn-Jahres-Frist beginnt, die den kapitalisierten Nießbrauch als Bemessungsgrundlage hat. Wenn der Erblasser den Nießbrauchsverzicht zehn Jahre überlebt, hat der Pflichtteilsberechtigte keinen Ergänzungsanspruch.

Der Bundesgerichtshof BGHZ 125, 395 hat zu dem Vorbehalt von Nutzungsrechten entschieden: 72

1. Eine Leistung i.S.v. § 2325 Abs. 3 Halbs. 1 BGB liegt vor, wenn der Erblasser nicht nur seine Rechtsstellung als Eigentümer endgültig aufgibt, sondern auch darauf verzichtet, den verschenkten Gegenstand – sei es aufgrund vorbehaltener dinglicher Rechte oder durch Vereinbarung schuldrechtlicher Ansprüche – im wesentlichen weiterhin zu nutzen.
2. Behält sich der Erblasser bei der Schenkung eines Grundstücks den Nießbrauch uneingeschränkt vor, gibt er den „Genuss" des verschenkten Gegenstandes nicht auf; eine Leistung des verschenkten Gegenstandes i.S.v. § 2325 Abs. 3 Halbs. 1 BGB liegt daher (trotz Umschreibung im Grundbuch) nicht vor.

Zur **Auslegung des § 2325** BGB enthalten die Protokolle folgende Ausführungen: 73

Für die Aufnahme einer Frist, über welche hinaus die weiter zurückliegenden Schenkungen dem Angriffe der Pflichtteilsberechtigten entzogen sein sollten, spreche schon die billige Rücksicht auf den Beschenkten, dessen Recht nicht zu lange im Schwebezustand gehalten werden dürfe. Es bestehe aber auch ein innerer Grund für die Fristbestimmung darin, dass während einer längeren Zwischenzeit zwischen der Vornahme der Schenkung und dem Tode des Erblassers nicht nur der Letztere selbst, sondern auch seine pflichtteilsberechtigten Angehörigen sich in den durch die eingetretene Vermögensminderung geschaffenen Zustand eingewöhnt hätten. Die ganze Lebenshaltung der Familie habe sich inzwischen den veränderten Verhältnissen angepasst, die pflichtteilsberechtigten Abkömmlinge würden andere Verhältnisse vielleicht gar nicht gekannt haben. Sie würden daher auf die eine weit zurückliegende Schenkung zurückzuführende Verringerung ihres Pflichtteilsrechts nicht als Schädigung empfinden. Der Umstand, dass bei solchen Schenkungen der Erblasser selbst noch längere Zeit hindurch deren Folgen zu tragen habe, biete zugleich eine Sicherheit dafür, dass der Erblasser bei der Vornahme der Schenkung sich von guten Gründen und nicht von der Absicht habe leiten lassen, die Pflichtteilsberechtigten zu benachteiligen… Hinsichtlich des Beginns der Frist erscheine die Bestimmung gerechtfertigt, dass bei Schenkungen an den Ehegatten des Erblassers die Frist erst von der Auflösung der Ehe an laufen solle. Bei Schenkungen unter Ehegatten bleibe der verschenkte Gegenstand tatsächlich gemeinschaftliches Vermögen, der Schenker habe also während der Ehe auch nach der Schenkung den Genuss desselben nicht zu entbehren (Protokolle V 587, 588)

Somit ist nicht nur fraglich, wie der Zuwendungs-, Bruchteils- und Quotennießbrauch zu behandeln ist, sondern auch ob ein vorbehaltenes **Wohnungsrecht** dem Fristbeginn entgegensteht. Aber auch außerhalb der vorbehaltenen Wohnungs- und Nießbrauchsrechte wird die wirtschaftliche Ausgliederung diskutiert, vgl. *Gehse* RNotZ 2009, 361 und *Schindler* ZEV

2005, 293. Somit wurde in der Literatur auch in Zweifel gestellt, ob das Stuttgarter Modell mit der Vermietung der übergebenen Wohnung an den Übergeber zum Anlaufen der Frist führt, vgl. *Mayer/Süß/Tanck/Bittler/Wälzholz* § 8 Rn. 127 und § 11 Rn. 122.

74 Auch umfassende **Rücktrittsrechte** werden wegen des „Summationseffekts" als Fristhindernis angesehen, vgl. OLG München ZEV 2008, 480 mit ablehnender Anmerkung *Herrler* S. 461 und OLG Düsseldorf FamRZ 1999, 1547.

75 Darüber hinaus wird sogar bei der Errichtung einer **Familienstiftung** angenommen, dass bei einem Einfluss des Übergebers als Stiftungsvorstand die Frist des § 2325 BGB nicht zu Laufen beginnt. Selbst die Übertragung der BGH-Rechtsprechung auf den Rückforderungsanspruch gem. § 528 Abs. 1 Satz 1 BGB (*J. Mayer* § 1 Rn. 44) und auf einen Quotennießbrauch, wenn dem Übergeber ein Ertragsanteil von mehr als 20% verbleibt (*Kerscher/Tanck* Pflichtteilsrecht § 7 Rn. 75) wird diskutiert.

76 Die **„Genuss"-Rechtsprechung** des BGH im Rahmen des § 2325 Abs. 3 BGB wird in der Literatur kritisiert, vgl. *Frank* JR 1987, 243; *Lange/Kuchinke* S. 441; *J. Mayer* in: Handbuch Pflichtteilsrecht (2003) § 8 Rn. 120; *N. Mayer* ZEV 1994, 325; *Meyding* ZEV 1994, 205; MünchKomm/*Lange* § 2325 Rn. 38; *Nieder* DNotZ 1987, 320; *Reiff* ZEV 1998, 246; *Scherer/Pawlytta* Jubiläumsschrift 10 Jahre DVEV, S. 127; *Staudinger/Olshausen* (Neubearb. 2006) § 2325 Rn. 58. *Behmer* FamRZ 1999, 1254 sieht in der BGH-Rechtsprechung eine unzulässige Rechtsfortbildung contra legem.

b) Kritik

77 Insgesamt ist gegen die BGH-Rechtsprechung einzuwenden:

aa) Bei der Bewertungsvorschrift des § 2325 Abs. 2 BGB ist nach Auffassung des BGH zutreffend eine wirtschaftliche Betrachtungsweise geboten; diese Grundsätze lassen sich nach Auffassung des BGH nicht auf den Abs. 3 dieser Vorschrift übertragen. Unterschiedliche Auslegungsmethoden innerhalb einer vom Gesetzgeber geschaffenen Vorschrift sind nicht nachvollziehbar.

bb) Die Eigentumsübertragung, die im Grundbuch vollzogen ist, führt zu einem endgültigen Verlust des Eigentums und ist für jeden Grundstückseigentümer eine wesentliche Schranke, da er die Disposition über das Eigentum verliert. Gerade dieser Eigentumsverlust ist geeignet, den Erblasser von „böslichen" Eigentumsübertragungen abzuhalten.

cc) Bei der Übertragung unter Vorbehalt des Nießbrauchs tritt eine **Spaltung** des übertragenen Vermögensgegenstandes in die Substanz und in das Nutzungsrecht ein, vgl. *Flume* Allgemeiner Teil BGB, 2. Bd. 3. Aufl. S. 192. Bei wirtschaftlicher Betrachtung tritt eine wesentliche Minderung des Grundstückswertes ein, die dem Wert des Nutzungsrechtes entspricht. Der neue Eigentümer muss nicht nur alle außergewöhnlichen Aufwendungen tragen, sondern erleidet auch einen Wertverlust, den das Einkommensteuerrecht gem. § 7 Abs. 5 EStG mit jährlich 2% taxiert. Auch ein fremder Dritter, der ein Grundstück unter Vorbehalt des Nießbrauches von dem Eigentümer **entgeltlich** erwirbt, wird von dem geschätzten Verkehrswert den Nutzungswert in Abzug bringen.

dd) Den vom Übergeber zurückbehaltenen Genuss wertmäßig dem Erwerber zuzurechnen, ist eine gegen jede wirtschaftliche Vernunft gerichtete Fiktion.

ee) Der zurückbehaltene Nießbrauch führt für sich allein nicht zum wirtschaftlichen Eigentum, so dass auch bewertungsrechtlich die **Zurechnungsfortschreibung** beim Erwerber stattfindet.

ff) Das Bundesverfassungsgericht verlangt eine möglichst einheitliche und widerspruchsfreie Auslegung der Rechtsbegriffe, vgl. BVerfGE 98, 93 und 106; 108, 169. Die h. M. in der juristische Methodenlehre betrachtet eine Gesetzeslücke als Voraussetzung für eine legitime gesetzesergänzende Rechtsfortbildung, vgl. *Bydlinski* S. 472; *Larenz* S. 244.

gg) Der Gesetzgeber hat ausdrücklich nur Ehegattenübertragungen vom Fristanlauf ausgenommen und im übrigen den Rechtsfrieden als vorrangig erachtet. *Radbruch* S. 23 Nr. 77 hält die Rechtssicherheit für den wichtigsten Rechtsgrundsatz, von dem nur abgewichen werden darf, wenn eine unerträgliche Ungerechtigkeit dies verlangt.

hh) Nach der „Genuss-Rechtsprechung" des BGH wird die Grundstücksübertragung unter Nießbrauchsvorbehalt dem Erbfall gleichgestellt und damit eine jahrzehntelange dauernde Rechtsunsicherheit geschaffen. Zudem hat die Rechtsprechung einen pflichtteilsrechtlichen Leistungsbegriff entwickelt, der das **Rechtsinstitut der Verjährung aushebelt.**

ii) Selbst wenn man die Entscheidung BGHZ 125, 395 für zutreffend erachten würde, wäre diese Rechtsprechung aus folgenden Gründen obsolet:

(1) Gem. § 8 Abs. 2 des zum 1. 1. 1999 in Kraft getretenen Anfechtungsgesetz gilt bei Grundstücksübertragungen das Rechtsgeschäft als vorgenommen, wenn die **Eigentumsumschreibung** beim Grundbuch beantragt wurde. Der Gesetzgeber hat damit verbindlich für alle Leistungen den Fristbeginn definiert. Die Zehn-Jahres-Frist des § 3 Abs. 1 AnfG wird mit dem Grundbucheintragungsantrag in Gang gesetzt. Sollen die Fristen des Anfechtungsgesetzes bis zum Tod des Übergebers gehemmt sein?

(2) Durch das Gesetz zur Modernisierung des Schuldrechts wurden die **Verjährungsfristen neu geregelt**. Wichtiger als die Gerechtigkeit ist der Gedanke des Rechtsfriedens und der Rechtssicherheit, vgl. BGHZ 59, 74. Aus ihm ergibt sich, dass die Verjährung zugleich auch dem Schutz öffentlicher Interessen dient. Tatsächliche Zustände, die längere Zeit unangefochten bestanden haben, müssen im Interesse des Rechtsfriedens und der Rechtssicherheit als zurecht bestehend anerkannt werden, vgl. BGH NJW-RR 1993, 159; *Palandt/Heinrichs* Überbl. vor § 194 Rn. 9. Auch wenn der Gläubiger von der Existenz eines Anspruches nichts wusste und auch nichts wissen konnte, greift das Institut der Verjährung, vgl. BGH NJW-RR 2006, 384. Diese Intentionen des Gesetzgebers konnten in den Urteilen des BGH BGHZ 98, 232 und 125, 397 keine Berücksichtigung finden. Es ist nicht einzusehen, dass derjenige, der bereits einen entstandenen und titulierten Pflichtteilsanspruch hat, gegen eine Vermögensübertragung zur Vereitelung seines Zugriffs weniger lang geschützt wird als derjenige, der

allenfalls einen künftigen Pflichtteilsanspruch nach einer noch lebenden Person zu erhoffen hat, vgl. *Behmer* FamRZ 1999, 1255.

(3) Die am 1. 1. 2010 in Kraft getretene **Erbrechtsreform** hat eine Änderung des § 2325 Abs. 3 BGB mit sich gebracht, wonach der Pflichtteilsergänzungsanspruch einer **Abschmelzung** im Zehn-Jahres-Zeitraum in der Weise unterliegt, dass Jahr für Jahr eine 10%-ige Reduzierung eintritt. Die dem Gesetzgeber bekannte Rechtsprechung des BGH, wonach die 10-jährige Ergänzungsfrist des § 2325 Abs. 3 BGB bei Vermögensübertragungen unter Nießbrauchsvorbehalt nicht zu laufen beginnt, hat keinen Eingang in die gesetzliche Regelung gefunden. Wenn der Gesetzgeber Laufzeit und Abschmelzung des Pflichtteilsergänzungsanspruches neu regelt, kann ihm nicht eine konterkarierende Fristanlaufhemmung bis zum Tod des Übergebers unterstellt werden.

c) Ergebnis

79 Der historische Gesetzgeber (Protokolle V 5 187) war der Auffassung, dass die Zehn-Jahres-Frist des § 2325 Abs. 3 BGB aufgrund einer billigen Rücksicht auf den Beschenkten, dessen Recht nicht zu lange im Schwebezustand gehalten werden dürfe, erforderlich sei. Die Ausführungen in BGHZ 125, 395, wonach der Gesetzgeber Grundstücksübertragungen unter Nießbrauchsvorbehalt von der Zehn-Jahres-Frist des § 2325 Abs. 3 BGB ausnehmen wollte, ist unzutreffend. Auch bei einer derartigen Schenkung „gewöhnen" sich die Beteiligten und die pflichtteilsberechtigten Angehörigen an den durch die eingetretene Vermögensminderung geschaffenen Zustand. Die ganze Lebenshaltung der Familie passt sich den veränderten Verhältnissen an. Die Pflichtteilsberechtigten würden nach der Meinung des historischen Gesetzgebers auf die eine weit zurückliegende Schenkung zurückführende Verringerung ihres Pflichtteilsrechts nicht als Schädigung empfinden.

80 Die Eigentumsumschreibung im Grundbuch ist ein gravierender Einschnitt in die Vermögensverhältnisse des Übergebers, der den Grundbesitz ab diesem Zeitpunkt weder veräußern noch belasten kann. Zutreffend führt der Bundesgerichtshof in BGHZ 98, 226 aus, dass eine **Schenkung auf den Todesfall** keine wirtschaftliche Ausgliederung darstellt, so dass die Zehn-Jahres-Frist des § 2325 Abs. 3 BGB erst mit dem Tod des Erblassers beginnt. Auch die Grundstücksübertragung mit einem **freien Widerrufsrecht** und Eintragung einer Rückauflassungsvormerkung im Grundbuch führt zu keiner definitiven Ausgliederung aus dem Vermögen des Übergebers, so dass auch bei dieser Gestaltung die Zehn-Jahres-Frist des § 2325 Abs. 3 BGB nicht zu laufen beginnt, ähnlich *Kerscher/Riedel/Lenz* § 9 Rn. 107. In allen anderen Fällen findet eine wirtschaftliche Ausgliederung statt. Der Bundesfinanzhof differenziert bei zeitlich hinausgeschobenen Belastungen danach, ob eine **wirtschaftliche Belastung** eingetreten ist. Die Eigentumsübertragung unter Vorbehaltsnießbrauch stellt ohne Zweifel eine wirtschaftliche Belastung des Übergebers dar und führt daher zu einer wirtschaftlichen Ausgliederung.

Der Gesetzgeber der am 1. 1. 2010 in Kraft getretenen Erbrechtsreform hat die bisher dem § 197 Abs. 1 Nr. 2 BGB unterliegende 30-jährige Verjährungsvorschrift für familien- und erbrechtliche Ansprüche als unbefriedigend und wertungswidersprüchlich empfunden (BR-Drs. 96/08, S. 19) und die Regelverjährung von drei Jahren gem. § 195 BGB angeordnet.

Die generelle Vermutung der BGH-Rechtsprechung, die Eigentumsübertragung unter Nießbrauchsvorbehalt sei eine „bösliche" Schenkung, widerspricht der Lebenserfahrung. Das 2300-jährige Rechtsinstitut des Nießbrauchsvorbehalts ist die traditionelle Übergaberegelung, die zu einer interessengerechten Vermögensteilung im Generationennachfolgevertrag führt. Nach dem gesetzlichen Leitbild trägt der erwerbende Abkömmling den außerordentlichen Erhaltungsaufwand, während dem Übergeber als Nießbraucher nur noch die Schönheitsreparaturen obliegen.

Selbst bei einer Bindung des Erblassers durch einen **Erbvertrag** entstehen 81
schuldrechtliche Ansprüche des vertraglich vereinbarten Erben nur dann, wenn es sich tatsächlich um eine **bösliche Schenkung** handelt, wobei die Beweislast dem Pflichtteilsberechtigten obliegt. Mit dem Leistungsbegriff i. S. d. § 2325 Abs. 3 BGB, wonach generell eine bösliche Schenkung bei der Vereinbarung eines Vorbehaltsnießbrauches ohne Prüfung der Motive des Übergebers unterstellt wird, geht der Bundesgerichtshof weit über den Schutz hinaus, den er dem vertraglich gesicherten Erben zuerkennt.

Die Vertragspraxis zeigt, dass der Übergeber die lebzeitige Schenkung unter Vorbehaltsnießbrauch nicht vornimmt, um Pflichtteilsberechtigte zu „schädigen". Vielmehr nimmt der Übergeber das Vermögensopfer der Vermögensübertragung aus lebzeitigem Eigeninteresse in Kauf, weil er in der Person des Erwerbers einen Vermögensnachfolger gefunden hat, der sich in besonderer Weise um den Übergeber kümmert. In der Mehrzahl der Fälle entwickeln nicht alle Abkömmlinge die gleiche Bindung an das Elternhaus. Die Praxis ist oft davon gekennzeichnet, dass aus Geschwisterrivalität insbesondere auch wegen des Einflusses von Schwiegerkindern, der Kontakt zum Elternhaus abgebrochen wird, oft sogar mit der Folge, dass den Großeltern der Kontakt mit den Enkelkindern untersagt wird. In all diesen Fällen muss der Richter durch Beweisaufnahme klären, ob eine „bösliche" Motivation des Übergebers vorlag, so dass grundsätzlich von dem Anlauf der Zehn-Jahres-Frist des § 2325 Abs. 3 BGB auszugehen ist.

Sofern der Bundesgerichtshof einen Schutz der Pflichtteilsberechtigten bei Übertragungen unter Vereinbarung eines Vorbehaltsnießbrauches für erforderlich erachtet, kommt allenfalls eine **Analogie** zu § 2287 BGB in Betracht, wonach die Absicht, den Pflichtteilsberechtigten zu beeinträchtigen, der Pflichtteilsberechtigte selbst nachzuweisen hat, so auch *Scherer/Pawlytta* S. 151.

d) Gestaltungsempfehlung

Trotz der aufgezeigten, von der Rechtsprechung des Bundesgerichtshofs 82
verursachten Rechtsunsicherheit ist die Übertragung unter Nießbrauchsvorbehalt empfehlenswert. Regelmäßig – bei konstanten oder steigenden Grundstückspreisen – führt der Nießbrauchsvorbehalt gem. § 2325 Abs. 2 Satz 2 BGB zu einer Minderung der Bemessung für die Pflichtteilsergänzungsansprüche.

Spielt der Fristanlauf gem. § 2325 Abs. 3 BGB für Pflichtteilsergänzungsansprüche eine entscheidende Rolle, ist auf **entgeltliche** Gestaltungen auszuweichen, wonach der nach Abzug des kapitalisierten Nießbrauchs verbleibende Grundstückswert durch eine Gegenleistung des Erwerbers abgegolten wird. Da nach der neueren BGH-Rechtsprechung DNotZ 2007, 698 die Gegenleistungsvereinbarung sogar nachgeholt werden kann, besteht eine Reparaturmöglichkeit für unentgeltliche Übertragungen, so auch *Gehse* S. 379.

Eine weitere Ausweichgestaltung besteht darin, dem Erwerber eine Weitergabeverpflichtung aufzuerlegen, wonach er den Vertragsgegenstand zu einem bestimmten Zeitpunkt (z. B. bei Erreichung des 65. Lebensjahres) an einen Abkömmling des Übergebers nach seiner Wahl übertragen muss, wobei sich der Erwerber den lebenslangen Nießbrauch vorbehalten kann. Sofern die Weitergabeverpflichtung nicht bis zum Ableben des Erwerbers erfüllt wurde, ist diese aus dem Nachlass des Erwerbers zu erfüllen, so dass der übergebene Vertragsgegenstand aus der Bemessungsgrundlage für Pflichtteilsergänzungsansprüche ausscheidet, vgl. hierzu § 7 B II mit einem Formulierungsvorschlag für die Weitergabeverpflichtung.

X. Einkommensteuer

1. Vorbehaltsnießbrauch

91 Die in der Zivilistik vereinzelt vertretene (vgl. *Heck* Grundriss des Sachenrechts § 21 8 b, S. 83; *Flume* Allgemeiner Teil BGB, 2. Bd., 3. Aufl., S. 192; BGHZ 24, 374), aber nicht unbestrittene (vgl. *Staudinger/Dilcher* § 107 Rn. 16) Lehre vom Vorbehaltsnießbrauch besagt, dass der Eigentümer, der bei der Veräußerung seines Grundstückes sich den Nießbrauch vorbehält, dem Wortsinne nach das aus dem Eigentumsrecht fließende Nutzungsrecht zurückbehält und somit nur das um die Nutzungsmöglichkeit entkleidete Eigentum veräußert. Dabei soll es keinen Unterschied machen, ob rechtstechnisch noch der Veräußerer das Recht als Eigentümernießbrauch bestellt oder die Rechtseinräumung bereits durch den Erwerber erfolgt. Ähnlich wie ein wirtschaftlicher Eigentümer übt der Vorbehaltsnießbraucher weiterhin ein nicht von der Rechtsmacht des Erwerbers abgeleitetes Nutzungsrecht aus; dies rechtfertigt es, den Nutzungswert weiterhin dem Nutzungsberechtigten zuzurechnen und diesem auch alle Werbungskosten einschließlich der AfA zu gewähren, vgl. BFH BStBl. 1983 II, 627. Im Endergebnis bleibt somit einkommensteuerlich alles beim alten.

2. Sonderausgaben

92 Nach der Entscheidung des Großen Senats des BFH GrS 1/00 BStBl. 2004 II 95 sind im Zusammenhang mit einer Vermögensübergabe zur Vorwegnahme der Erbfolge vereinbarte abänderbare Versorgungsleistungen nicht als dauernde Last (Sonderausgabe nach § 10 Abs. 1 Nr. 1 a Satz 1 EStG) abziehbar, wenn sie nicht aus den erzielbaren laufenden Nettoerträgen des übergebenen Vermögens gezahlt werden können. Somit konnten bereits vor der Eliminierung des Sonderausgabenabzugs bei Privatvermögen durch das Jahressteuergesetz 2008 bei einer Vermögensübergabe mit einem Total-Nießbrauch keinerlei als Sonderausgaben abzugsfähige Versorgungsleistungen, insbesondere Leibrenten oder dauernde Lasten, vereinbart werden.

Der Sonderausgabenabzug für vereinbarte Versorgungsleistungen kam nur bei folgenden Ausweichgestaltungen in Betracht:
- Sicherungsnießbrauch,
- aufschiebend bedingter Nießbrauch,
- Quotennießbrauch, BGH DNotZ 2004, 140,
- Überlassung der Ausübung des Nießbrauchs an den Erwerber,
- entgeltlich bestellter Nießbrauch.

Für seit dem 1. 1. 2008 vereinbarte Vermögensübertragungen von Privatvermögen ist der Sonderausgabenabzug gem. § 10 Abs. 1 Nr. 1a EStG generell ausgeschlossen.

3. Mehrere Nießbrauchsberechtigte

93 Sofern der Übergeber als Alleineigentümer im Grundbuch eingetragen ist und auch dessen Ehegatte ein Nießbrauchsrecht erhalten soll, stellt eine Mitberechtigung des Ehegatten gemäß § 428 BGB nach Auffassung des BFH BStBl. 1982 II 380 ein Zuwendungsnießbrauchsrecht dar, das zur hälftigen AfA-Kürzung führt; nach BFH DB 1986, 23 soll hingegen der Übergeber die Gebäude-AfA in voller Höhe geltend machen können, wenn er allein den Nießbrauch ausübt und den Tatbestand der Einkunftsart, Vermietung und Verpachtung verwirklicht.

Eine steuerschädliche AfA-Kürzung kann vermieden werden, wenn der Ehegatte des Übergebers das Nießbrauchsrecht nur aufschiebend bedingt für den Fall des Vorablebens des Übergebers erhält. Allerdings stellt das vom überlebenden Ehegatten ausgeübte Nießbrauchsrecht einen AfA-schädlichen Zuwendungsnießbrauch dar, so dass die Zwischenschaltung des Ehegatten als Miteigentümer vor der Durchführung der vorweggenommenen Erbfolge günstiger ist. Diese Art einer „Kettenschenkung" stellt nach L. Schmidt FR 1983, 354 keinen Gestaltungsmissbrauch dar.

XI. Schenkungsteuer

1. Schenkungsvollzug

94 Mit dem bürgerlich-rechtlichen Eigentumsübergang durch Grundbucheintragung ist die Schenkung gem. § 9 ErbStG selbst dann vollzogen, wenn das wirtschaftliche Eigentum zurückbehalten wurde, vgl. BFH BStBl. 1983 II 199 und 1989 II 1034. Das Nießbrauchsrecht mindert den Wert des übertragenen Grundstückes, vgl. § 2 Rn. 172.

2. Schenkung eines Nießbrauchsrechtes

95 Für das einem Dritten (hier der Ehefrau A im nachfolgenden Formulierungsvorschlag XII 2) eingeräumte Nießbrauchsrecht ist gem. § 3 Abs. 1 Nr. 2 ErbStG Erbschaftsteuer zu erheben, allerdings gem. § 6 Abs. 1 BewG erst nach Eintritt der aufschiebenden Bedingung, also dem Vorversterben des Ehemannes A. Gem. § 23 Abs. 1 ErbStG hat der Zuwendungsnießbraucher entweder die Steuer vom Kapitalwert oder jährlich im Voraus in Höhe des Jahreswertes zu entrichten. Auch bei der Versteuerung des jeweiligen Jahreswertes kann der Nießbrauchsberechtigte die Steuer zum nächsten Fälligkeitstermin mit ihrem Kapitalwert ablösen, vgl. § 23 Abs. 1 Satz 1 ErbStG.

XII. Vertragsgestaltung

Literatur: *Korn* in: FS für Spiegelberger, Steuergestalterische Aspekte beim Grundstücksnießbrauch, S. 309

1. Beratungssituation

96 Von entscheidender Bedeutung ist die Frage, wer für **außergewöhnliche Unterhaltungsmaßnahmen** (Generalrenovierung, Sanierung, Austausch von Fenstern und Türen, Dacherneuerung, Austausch der Heizungsanlage usw.) aufkommen soll. Nach der dispositiven Vorschrift des § 1041 BGB trägt der Nießbraucher die Ausbesserungen und Erneuerungen, die zur gewöhnlichen Unterhaltung der Sache gehören (Schönheitsreparaturen), während der Eigentümer die außerordentlichen Aufwendungen zu tragen hat. Diese Vorschrift entspricht meist der Interessenlage: Weil die Sanierungsmaßnahmen den Wert des Gebäudes generationsübergreifend erhöhen und der Übergeber die entstehenden hohen Kosten regelmäßig nicht aus seinen Barmitteln aufbringen kann, müssen die außerordentlichen Aufwendungen dem Eigentümer aufgebürdet werden, der diese auch durch die Belastung des Grundbesitzes mit Grundpfandrechten finanzieren kann. Andererseits kann einkommensteuerlich nur derjenige Werbungskosten geltend machen, der Einkünfte erzielt. Danach ist der Eigentümer eines mit einem unentgeltlich bestellten nießbrauchsbelasteten Grundstücks vom Werbungskostenabzug ausgeschlossen. Daher wird häufig aus steuerlichen Gründen der gesamte Reparaturaufwand zur Vermeidung des Werbungskostenleerlaufs dem Nießbraucher aufgebürdet. Wenn also steuerliche Überlegungen eine Rolle spielen, somit nur in Fällen der **Vermietung**, da bei Eigennutzung durch den Übergeber ohnehin keinerlei Werbungskosten geltend gemacht werden können, sollte eine Verlagerung der Großreparaturenlast auf den Nießbraucher erwogen werden.

97 Soll die aus steuerlichen Gründen konzipierte Risikoübertragung limitiert werden, empfiehlt es sich, dem Nießbraucher das Wahlrecht einzuräumen, jederzeit an Stelle des Nießbrauches die Zahlung einer Leibrente oder dauernden Last in Höhe der durchschnittlichen Erträge der letzten Jahre verlangen zu können, so dass Zug um Zug gegen Löschung des Nießbrauches eine Reallast im Grundbuch eingetragen wird, wobei die Grundsätze der Nießbrauchablösung gem. nachfolgendem Abschn. B. zu berücksichtigen sind.

2. Formulierungsbeispiel: Vorbehaltsnießbrauch

98 Verhandelt am …
in …

§ 1 Sachverhalt

Im Grundbuch des Amtsgerichts … (Ort) für … (Gemarkung) Blatt … ist an dem dort vorgetragenen Grundbesitz der Gemarkung …

Flst.Nr. …

Herr A als Alleineigentümer eingetragen.

Der Grundbesitz ist in Abt. II unbelastet. In Abt. III ist eine Buchgrundschuld über 25.000 € zu Gunsten der … (Bank) eingetragen.

§ 2 Überlassung

Herr A

– im folgenden „Übergeber“ oder „Nießbraucher“ genannt –

überlässt hiermit unter Zustimmung seiner Ehefrau A den vorbezeichneten Grundbesitz mit allen Rechten und Pflichten, den wesentlichen Bestandteilen und dem gesetzlichen Zubehör

an seine Tochter, Frau B

– im folgenden „Erwerber" genannt –

unentgeltlich im Wege der vorweggenommenen Erbfolge

zum Alleineigentum.

§ 3 Auflassung

Die Vertragsteile sind über den Eigentumsübergang einig.

Die Beteiligten bewilligen und beantragen, den Erwerber als Alleineigentümer im Grundbuch einzutragen.

Auf die Bestellung einer Auflassungsvormerkung wird vorläufig verzichtet.

§ 4 Besitz, Nutzungen, Lasten

Der mittelbare Besitz, die Gefahr des zufälligen Untergangs und der zufälligen Verschlechterung gehen sofort auf den Erwerber über, der unmittelbare Besitz, die Nutzungen und die übrigen Lasten mit Beendigung des nachfolgend bestellten Nießbrauches.

§ 5 Gewährleistung

Der Übergeber haftet dafür, dass der Vertragsgegenstand lastenfrei mit Ausnahme der nachfolgend übernommenen und bestellten Rechte auf den Erwerber übergeht. Im übrigen leistet der Übergeber keinerlei Gewähr für Sach- oder Rechtsmängel jeder Art.

§ 6 Schuldübernahme

Der Erwerber übernimmt an Stelle des Übergebers die an dem Vertragsgegenstand in Abt. III des Grundbuchs eingetragene Grundschuld über 25.000 € samt Zinsen und Nebenleistungen in dinglicher Haftung sowie – aufschiebend bedingt zum Zeitpunkt des Erlöschens des Nießbrauchs – die zugrundeliegende Schuldverpflichtung mit dem Schuldstand, wie sich dieser zum Zeitpunkt des Erlöschens des Nießbrauches ergibt. Entstandene und bis zum Erlöschen des Nießbrauchs entstehende Eigentümerrechte und Rückgewähransprüche werden entschädigungslos auf den Erwerber übertragen; die Umschreibung im Grundbuch wird bewilligt.

– **entweder:** Zur Neuvalutierung ist der Übergeber nicht berechtigt.

Zum Zwecke der Neuvalutierung übernimmt der Erwerber für den Eingang des Grundschuldbetrages samt Zins- und Nebenleistungen die volle persönliche Haftung und unterwirft sich der sofortigen Zwangsvollstreckung in sein gesamtes Vermögen.

– **alternativ:** Zur Neuvalutierung der eingetragenen Grundschuld über 25.000 € ist der Übergeber für eigene Kreditzwecke berechtigt. Die bei Beendigung des Nießbrauchs bestehenden Eigentümerrechte und Rückgewähransprüche werden entschädigungslos auf den Erwerber übertragen; die Umschreibung im Grundbuch wird bewilligt.

§ 7 Nießbrauch

Der Übergeber behält sich auf seine Lebensdauer das unentgeltliche Nießbrauchsrecht an dem Vertragsgegenstand vor. Danach ist der Übergeber berechtigt, sämtliche Nutzungen aus dem Vertragsgegenstand zu ziehen;

– **entweder** (wenn der Übergeber den Vertragsgegenstand selbst bewohnt): für den Nießbrauch gelten im übrigen die gesetzlichen Bestimmungen

– **alternativ** (der Vertragsgegenstand ist an einen Dritten vermietet): der Nießbraucher ist verpflichtet, sämtliche auf dem Vertragsgegenstand ruhenden privaten und öffentlichen Lasten einschließlich der außerordentlichen öffentlichen Lasten zu tragen. Der Nießbraucher hat auch die nach der gesetzlichen Lastenverteilungsregelung dem Eigentümer obliegenden privaten Lasten zu tragen, insbesondere die außergewöhnlichen Ausbesserungen und Erneuerungen.

Nach dem Ableben des Übergebers steht das Nießbrauchsrecht mit demselben Inhalt dessen Ehefrau A auf deren Lebensdauer zu.

Die Vertragsteile bewilligen und beantragen die Eintragung des Nießbrauchsrechtes zugunsten des Übergebers und im Rang danach die Eintragung des aufschiebend bedingten Nießbrauchsrechtes zugunsten von Frau A im Grundbuch mit dem Vermerk, dass zur Löschung eines jeden Rechts der Nachweis des Todes des Berechtigten genügt.

§ 8 Nießbrauchablösung

Der Nießbraucher kann jederzeit gegen Löschung seines Nießbrauchsrechts die Einräumung einer Leibrente oder dauernden Last auf seine Lebensdauer in Höhe des in den letzten drei Jahren vor dem Ablösungsverlangen erzielten oder erzielbaren durchschnittlichen Jahresnettoertrages nach Steuern einschließlich der Sicherung dieses Rechts als Reallast an bereitester Rangstelle im Grundbuch verlangen und, sofern der Nießbraucher den Vertragsgegenstand selbst nutzen will, den Abschluss eines Mietvertrages auf seine Lebensdauer zu dem jeweiligen ortsüblichen Mietzins.

Die Sicherung des aufschiebend bedingten Anspruchs auf Einräumung einer Reallast durch Eintragung einer Vormerkung im Grundbuch wird von den Beteiligten nicht gewünscht.

§ 9 Pflichtteilsanrechnung und Erbausgleichung

Der Erwerber hat sich den gegenwärtigen Verkehrswert des überlassenen Anwesens abzüglich des Wertes des kapitalisierten Nießbrauchs auf seine gesetzlichen Pflichtteilsrechte am künftigen Nachlass des Übergebers anrechnen zu lassen. Eine Ausgleichungspflicht gem. § 2050 BGB wird ausgeschlossen.

§ 10 Rücktritt

1. Der Übergeber ist berechtigt, von dem schuldrechtlichen Teil dieses Vertrages zurückzutreten und die Rückauflassung des Vertragsgegenstandes zu verlangen, wenn
   a) der Erwerber den Vertragsgegenstand ohne schriftliche Zustimmung des Übergebers veräußert oder belastet,
   b) der Erwerber vor dem Übergeber verstirbt, ohne dass das Eigentum an dem Vertragsgegenstand ausschließlich auf leibliche Abkömmlinge des Übergebers übergeht,
   c) eine wesentliche Verschlechterung in den Vermögensverhältnissen des Erwerbers eintritt oder die Zwangsvollstreckung in den Vertragsgegenstand betrieben wird, ohne dass der Erwerber die Maßnahme innerhalb von drei Monaten abwendet oder
   d) der Erwerber mit seinem (künftigen) Ehegatten nicht Gütertrennung oder modifizierte Zugewinngemeinschaft mit dem Inhalt vereinbart, dass der Vertragsgegenstand im Falle des Getrenntlebens, der Scheidung oder des Güterstandswechsels aus dem Zugewinnausgleich und im Falle des Versterbens aufgrund eines beschränkten Pflichtteilsverzichts aus dem Ehegattenpflichtteilsrecht ausscheidet, wobei das Rücktrittsrecht bereits ausgeübt werden kann, wenn der Erwerber auf Verlangen nicht innerhalb eines Monats eine beglaubigte Abschrift einer notariellen Urkunde mit diesem Inhalt beibringt.
2. Werterhöhende Investitionen sind dem Erwerber zu dem im Zeitpunkt der Rückübertragung bestehenden Zeitwert zu ersetzen. Eine Ersatzpflicht scheidet aus, wenn die Investitionsmaßnahmen ohne Zustimmung des Übergebers erfolgt sind. Grundpfandrechte hat der Übergeber nur insoweit zu übernehmen, als sie gegenwärtig bestehen oder Verbindlichkeiten sichern, zu deren Übernahme der Übergeber verpflichtet ist. Im übrigen erfolgt die Rückübertragung ohne jegliche Gegenleistung. Die durch die Rückübertragung entstehenden Kosten hat der Erwerber zu tragen. Im übrigen gelten die gesetzlichen Rücktrittsbestimmungen.

3. Der Rücktritt kann nur durch schriftliche Erklärung gegenüber dem Erwerber oder durch notarielle Beurkundung ausgeübt werden. Nach dem Ableben des Übergebers steht dessen Ehefrau A ein inhaltsgleiches Rücktrittsrecht mit einem Erwerbsanspruch zu ihren Gunsten auf Lebensdauer zu. Im übrigen ist das Rücktrittsrecht weder vererblich noch übertragbar.
4. Vom Erwerber getätigte Aufwendungen sind nicht zu erstatten. Im übrigen gelten die Bestimmungen der §§ 346 ff. BGB. Mit der Ausübung des Rücktrittsrechtes erlischt die Pflichtteilsanrechnung gem. § 9.
5. Zur Sicherung der vorstehenden Rückerwerbsansprüche wird an dem Vertragsgegenstand zu Gunsten des Übergebers eine Rückauflassungsvormerkung gemäß § 883 BGB im Rang nach den in § 7 bestellten Nießbrauchsrechten und im Rang danach eine

Rückauflassungsvormerkung gemäß § 883 BGB

zugunsten der Ehefrau A bewilligt und beantragt.

Die Rechtswirkung der Vormerkungen ist auf die Lebenszeit der Berechtigten begrenzt.

§ 11 Hinweise

Die Vertragsteile wurden vom Notar hingewiesen auf:
- den Zeitpunkt und die Voraussetzungen des Eigentumsüberganges,
- das Erfordernis der vollständigen Beurkundung aller getroffenen Vereinbarungen,
- die Haftung des Grundbesitzes für öffentliche Lasten und Abgaben und
- eine etwaige Schenkungsteuer.

§ 12 Kosten

Die Kosten dieser Urkunde und des Vollzuges sowie eine etwa anfallende Schenkungsteuer trägt der Erwerber.

§ 13 Ausfertigungen und Abschriften

Von dieser Urkunde erhalten:
Ausfertigungen:
die Beteiligten nach grundbuchamtlichem Vollzug;
beglaubigte Abschriften:
das Grundbuchamt,
das Finanzamt –Schenkungsteuerstelle –
einfache Abschriften:
das Finanzamt –Grunderwerbsteuerstelle –.

3. Erläuterungen

a) Schuldübernahme

Der einkommensteuerliche Grundsatz, den Finanzierungszusammenhang zwischen einem Vermögensgegenstand und der darauf ruhenden Schuld nicht zu unterbrechen, spricht an sich für eine Schuldübernahme. Im Falle der Übertragung unter Nießbrauchsvorbehalt gelten jedoch folgende Besonderheiten: Gem. § 1047 BGB hat der Nießbraucher die privatrechtlichen Lasten zu tragen, welche schon z. Zt. der Bestellung des Nießbrauches auf der Sache ruhten, insbesondere Zinsen von eingetragenen Grundpfandrechten. Da § 1047 BGB dem Nießbraucher die Zinslast aufbürdet, auch wenn er nicht Schuldner der am übertragenen Vertragsgegenstand lastenden Verbindlichkeiten ist, können die Beteiligten unabhängig von steuerlichen Zwängen die Verbindlichkeiten bei dem Übergeber belassen. Bei einer Schuldübernahme könnte der Erwerber die Schuldzinsen nicht als Werbungskosten geltend ma- 99 chen, da er keine Einkünfte aus dem Vertragsgegenstand erzielt. Der Schuldzinsenabzug ginge auch dann verloren, wenn beim Erlöschen des Nießbrauches die Schuld beim Übergeber verblieben ist. Aus diesem Grund empfiehlt sich die vorgeschlagene **aufschiebend bedingte Schuldübernahme**.

Schenkungsteuerlich wäre es günstiger, wenn der Erwerber die Schuld mit sofortiger Wirkung übernähme. Allerdings müsste der Erwerber auch dann die Tilgungen aufbringen, obwohl die Einnahmen weiterhin dem Übergeber verblieben sind.

An Stelle einer Schuldübernahme empfiehlt Amann MittBayNot 2002, 245 die Vereinbarung einer Freistellungspflicht, um einerseits bei fehlender Schuldübernahmegenehmigung gem. § 415 BGB den Bestand des Vertrages nicht zu gefährden und andererseits etwaigen Gefahren aus §§ 491 ff. BGB (früher Verbraucherkreditgesetz) zu begegnen.

Das Recht zur Neuvalutierung eingetragener Grundpfandrechte gewährt dem Übergeber die Möglichkeit der Kreditaufnahme trotz der Eigentumsübertragung auf den Erwerber.

b) Ausgleichungspflicht und Pflichtteilsanrechnung

100 Die in § 9 des Formulierungsvorschlages vorgesehene Pflichtteilsanrechnung und der Ausschluss der Erbausgleichung beruhen auf folgenden Überlegungen: Gem. § 2050 Abs. 1 BGB haben Abkömmlinge, die als gesetzliche Erben zur Erbfolge gelangen, dasjenige was sie von dem Erblasser bei dessen Lebzeiten als **Ausstattung** erhalten haben, bei der Auseinandersetzung untereinander zur Ausgleichung zu bringen, soweit nicht der Erblasser bei der Zuwendung ein Anderes angeordnet hat. Eine Zuwendung im Wege der vorweggenommenen Erbfolge wird durch § 2050 Abs. 1 BGB nicht erfasst, so dass keine Ausgleichungspflicht besteht. Im allgemeinen verfehlt die Ausgleichungspflicht nach §§ 2050 ff. BGB den an sich gewünschten Zweck der Gleichbehandlung der Abkömmlinge beim Versterben der Eltern. Insbesondere ist ein Mehrempfang gem. § 2056 Satz 1 BGB nicht herauszugeben.

101 Die Anordnung der **Pflichtteilsanrechnung** gem. § 2315 BGB wirkt immer stärker pflichtteilsentlastend als die bloße Ausgleichsanordnung oder die Kombination beider Bestimmungen, vgl. *Nieder/Kössinger* § 2 Rn. 302. In der kautelarjuristischen Praxis ist zu empfehlen, dass die Erblasser die von ihnen gewünschte Gleichbehandlung der Kinder anlässlich einer vorweggenommenen Erbfolge in der Weise sichern, dass letztwillige Verfügungen zu Gunsten der übrigen Abkömmlinge errichtet werden oder der überlebende Ehegatte die gewollte Gleichstellung bewirkt.

c) Rücktrittsrecht

102 *Langenfeld/Günther* Kap. 3 Rn. 97 ff. und *Waldner* Rn. 103 haben sich für einen eigenständigen vertraglichen Rückforderungsanspruch unabhängig von den gesetzlichen Rücktrittsvorschriften der §§ 346 ff. BGB ausgesprochen. Die Verweisung auf gesetzliche Vorschriften hat den Vorzug, dass die Schenkungsurkunde nicht überproportional mit Rückabwicklungsregelungen überfrachtet wird, vgl. *Weser* ZEV 1995, 356. In jedem Fall sind alle mit der Rückforderung verbundenen Folgen für Gegenleistungen, Nutzungen, Verwendungen, Zins- und Tilgungsleistungen, Gleichstellungsgeldern, Pflichtteilsverzichte usw. zu regeln, soweit die Wünsche der Beteiligten nicht mit den gesetzlichen Rechtsfolgen übereinstimmen, vgl. *Schippers* MittRhNotK 1998, 70; *Spiegelberger* MittBayNot 2000, 1. Da bei dem Vorbehalt des Nießbrauches der Erwerber keine Einnahmen erzielt, ist eine Regelung über die Rückgewähr empfangener Leistungen nicht erforderlich.

XIII. Checkliste: Dinglicher Vorbehaltsnießbrauch bei vorweggenommener Erbfolge

1. Zivilrecht

- Pflichtteilskürzung um den kapitalisierten Nießbrauchswert, vgl. Rn. 62 105
- Pflichtteilsergänzung auch nach Ablauf der Zehn-Jahres-Frist des § 2325 Abs. 3 BGB, da nach BGH keine wirtschaftliche Ausgliederung
- Gesetzliche Widerrufsrechte durch vertragliche Rückforderungsrechte ergänzen
- Aufschiebend bedingte Schuldübernahme
- Pflichtteilsanrechnung

2. Einkommensteuer

- AfA-Fortführung beim Übergeber, aber AfA-Verlust bei (Mit-) Berechtigung eines Dritten
- Werbungskostenverlagerung auf Nießbraucher zur Vermeidung des Werbungskostenleerlaufs
- Schuldzinsenabzug beim Nießbraucher
- Schuldübernahme ergibt Anschaffungskosten (nach Beendigung des Nießbrauches)
- Geschwistergleichstellungsgelder führen zu Anschaffungskosten (nach Beendigung des Nießbrauches), aber Abzinsungsproblematik,
- Freies Rücktrittsrecht unschädlich

3. Bewertung

- Nießbrauch bewirkt kein wirtschaftliches Eigentum, wohl aber bei freiem Rücktrittsrecht, dann keine Zurechnungsfortschreibung

4. Schenkungsteuer

- Nießbrauch und Gegenleistungen mindern die Bereicherung

5. Grunderwerbsteuer

- Befreiung bei Ehegatten und Abkömmlingen gem. § 3 Nr. 4 und 6 GrEStG
- Keine Doppelbelastung mit Schenkungsteuer und Grunderwerbsteuer gem. § 3 Nr. 2 Satz 1 GrEStG

C. Nießbrauchablösung

Literatur: *Moench* Verzicht auf den vorbehaltenen Nießbrauch – bevor es zu spät ist, ZEV 2008, 227; *Rödl/Seifried* Unentgeltlicher Verzicht auf einen Nießbrauch, ZEV

2004, 238; *v. Oertzen/Stein* Die Ablösung eines Vorbehaltsnießbrauchs durch Versorgungsleistungen, BB 2009, 2227.

111 **Beispiel:** Herr Dürr hat seinen Bungalow an seine vier Kinder unter Nießbrauchsvorbehalt auf Lebensdauer übergeben. Da er nunmehr in ein Seniorenheim übersiedeln will, soll der Bungalow verkauft werden. Herr Dürr will den lebenslangen Nießbrauch an dem Veräußerungserlös, um die Heimkosten aufbringen zu können. Steuerberater M sieht in der Löschung des Grundstücksnießbrauches und der Neubestellung an dem Veräußerungserlös einkommensteuerliche und schenkungsteuerliche Probleme.

112 **Hinweis:** Der I. Nießbraucherlass BStBl. 1983 I 508, der hinsichtlich der Zurechnung von Einkünften aus Kapitalvermögen immer noch Anwendung findet, rechnet die Erträge aus Kapitalvermögen, das schenkweise unter Vorbehaltsnießbrauch übertragen wird, gem. Tz. 55 dem Nießbraucher zu, gem. Tz. 57 nicht hingegen Einkünfte aus einem unentgeltlich bestellten Zuwendungsnießbrauch. Fraglich ist, ob der Veräußerungserlös, also der als Kapitalvermögen angelegte Kaufpreis, Herrn Dürr – mit welchen Rechtsfolgen? – zuzurechnen ist.

I. Zivilrecht

113 Das BGB kennt im Nießbrauchsrecht **keinen** allgemeinen **Surrogationsgrundsatz**, so dass sich ein bestelltes Nießbrauchsrecht nicht auf das Surrogat erstreckt. Eine Ausnahme enthält § 1066 Abs. 3 BGB, wonach bei Aufhebung einer Bruchteilsgemeinschaft dem Nießbraucher der Nießbrauch an den Gegenständen gebührt, welche an die Stelle des Anteils treten. Sofern ein Grundstück unter Löschung des Nießbrauchsrechtes veräußert wird, erstreckt sich das Nießbrauchsrecht nicht auf den Veräußerungserlös. Vielmehr ist hierfür eine erneute Nießbrauchbestellung erforderlich.

II. Einkommensteuer

Da durch das Jahressteuergesetz 2008 der Sonderausgabenabzug für steuerliches Privatvermögen eliminiert wurde, ist je nach dem Zeitpunkt der Vermögensübertragung zu unterscheiden.

1. Ablösung durch Versorgungsrente oder Surrogatsnießbrauch

114 Die Finanzverwaltung ist im III. Rentenerlass BStBl. 2004 I 922 Rz. 31 zu der steuerbürgerfreundlichen Regelung im I. Rentenerlass zurückgekehrt, wonach bei der zeitnahen Verwendung des Veräußerungserlöses für eine existenzsichernde und ausreichend ertragbringende Wirtschaftseinheit der Sonderausgabenabzug fortgesetzt werden darf. Auch der X. Senat ZErb 2005, 58 schließt sich mit folgendem Leitsatz der Auffassung der Finanzverwaltung an:

„Wird ein anlässlich der Übergabe von Vermögen zur Vorwegnahme der Erbfolge zugunsten des Übergebers und/oder dessen Ehegatten vorbehaltener Nießbrauch später abgelöst und werden dabei zu Gunsten des bisherigen Nießbrauchers auf dessen Lebenszeit wiederkehrende Leistungen vereinbart, die aus den Erträgen des übergebenen Vermögens gezahlt werden können, ist im Zweifel davon auszugehen, dass sich der bisherige Ertragsvorbehalt fortsetzt; an die Stelle des vorbehaltenen Nießbrauches tritt die Versorgungsrente.“

Der **IV. Rentenerlass** BStBl. I 2010 S. 227 differenziert danach, ob die Ablösung des Nießbrauchsrechts gegen Versorgungsleistungen bereits im Übertragungsvertrag verbindlich vereinbart war; in diesem Fall bleiben § 10 Abs. 1 Nr. 1 a EStG in der vor dem 1. 1. 2008 geltenden Fassung und der III. Rentenerlass BStBl. I 2004 922 weiter anwendbar. Allerdings ist die in Tz. 85 des IV. Rentenerlasses (BStBl. I 2010 S. 227 enthaltene Einschränkung, dass auch der **Zeitpunkt** der Ablösung im Übertragungsvertrag vereinbart gewesen sein muss, unakzeptabel: Welcher Notar verfügt über die hellseherische Fähigkeit, von der Finanzverwaltung ausgelöste Gesetzesänderungen vorauszusehen? Darüber hinaus muss der Zeitpunkt der Ablösung variabel sein, weil der Übergeber den Ablösungszeitpunkt (häufig aus gesundheitlichen Gründen) nicht voraussehen kann. Erfolgt die Vereinbarung der Ablösung des Nießbrauchsrechts ohne vorherige Festlegung im Übergabevertrag, wendet die Finanzverwaltung § 10 Abs. 1 Nr. 1 a EStG i. d. F. des Jahressteuergesetzes 2008 an. 115

Von der gewöhnlichen Nießbrauchablösung ist der Fall zu unterscheiden, dass zugleich das übergebene Anwesen veräußert wird. Mit der Veräußerung des der Vermögensübertragung zugrundeliegenden Vermögensgegenstandes endet gem. Tz. 38 des IV. Rentenerlasses (BStBl. I 2010 S. 227) der sachliche Zusammenhang mit der Vermögensübertragung nicht, wenn der Übernehmer seinerseits das übernommene Vermögen im Wege der vorweggenommenen Erbfolge weiter überträgt oder bei einer Übertragung auf einen Dritten mit dem Erlös zeitnah anderes Vermögen i. S. d. § 10 Abs. 1 Nr. 1 a Satz 2 EStG erworben wird, so dass die Reinvestitionsmöglichkeit eingeschränkt wurde. Das bisherige Privatvermögen muss in **Betriebsvermögen** i. S. d. § 10 Abs. 1 Nr. 1 a Satz 2 EStG investiert werden, vgl. Tz. 40 IV. Rentenerlass BStBl. I 2010 S. 227. 116

2. Entgeltliche Ablösung durch Einmalzahlung

Zutreffend weist der BFH DB 1993, 816 darauf hin, dass der Verzicht auf einen Vorbehaltsnießbrauch Gegenstand eines **entgeltlichen** Vertrages und damit einer entgeltlichen Vermögensumschichtung im privaten Bereich sein kann, so dass die Ablösung eines Vorbehaltsnießbrauchs gegen Einmalzahlung im privaten Bereich beim Übergeber nicht steuerbar ist. 117

Auch Zahlungen eines Grundstückseigentümers, die dazu dienen, die Wiedereintragung eines bereits gelöschten Vorbehaltsnießbrauchs zu verhindern, stellen -wie Abfindungen zur Ablösung eines Vorbehaltsnießbrauchs-nachträgliche Anschaffungskosten dar. Dies gilt – im Anschluss an BFH BStBl. 1992 II 381 – auch dann, wenn das Grundstück an den ablösenden Eigentümer unentgeltlich übertragen oder das Nutzungsrecht – im Rahmen einer Erbauseinandersetzung – unentgeltlich eingeräumt worden ist, vgl. BFH BStBl. 1993 II 486; zustimmend *Spindler* DB 1993, 297. Aufwendungen zur Ablösung eines mangels Eintragung im Grundbuch nicht zur Entstehung gelangten Nießbrauchs sind keine Anschaffungskosten, vgl. BFH MittBayNot 2000, 66. 118

III. Schenkungsteuer

Literatur: *Moench* Der Lebenslauf eines Vorbehaltsnießbrauchs, ErbStB 2006, 97; *Rödl/Seifried* Unentgeltlicher Verzicht auf einen Nießbrauch, ZEV 2004, 238; *Werz* Vorzeitige Beendigung eines vorbehaltenen Nießbrauchs, ErbStB 2005, 286.

121 Während für vor dem 1. 1. 2009 vorgenommene Schenkungen mit Nießbrauchsvorbehalt der Nießbrauchswert – unter Einräumung einer Steuerstundung – besteuert wurde, ist diese Belastung durch die Erbschaftsteuerreform 2009 mit der Streichung des § 25 ErbStG entfallen. Somit muss nach dem Entstehungszeitpunkt des Nießbrauchsrechtes differenziert werden.

1. Vermögensübertragungen vor dem 1. 1. 2009

a) Ablösung der gestundeten Schenkungsteuer

122 Gem. § 25 Abs. 1 Satz 3 ErbStG a. F. kann die gestundete Steuer auf Antrag des Erwerbers jederzeit mit ihrem Barwert nach § 12 Abs. 3 BewG abgelöst werden. Auf dem jeweiligen Schenkungsteuerbescheid ist der Ablösungswert beziffert. Hat der Steuerpflichtige die sofort fällige Schenkungsteuerschuld unter Inanspruchnahme der Stundung für den Nießbrauchswert entrichtet, muss die abgezinste restliche Schenkungsteuerschuld bewertungsrechtlich ermittelt und anschließend beglichen werden. Damit entfällt die auf dem ursprünglichen Steuerbescheid angegebene Restschuld für den Fall der ursprünglich unterstellten Laufzeit des Nießbrauchsrechtes.

b) Nießbrauchverzicht

123 Wenn der Übergeber auf den Vorbehaltsnießbrauch verzichtet, weil er die Einkünfte dem Erwerber überlassen will oder weil er den Verkauf des übergebenen Vermögensgegenstandes ermöglichen will, ohne hierfür ein Entgelt zu fordern, ergibt sich eine doppelte Schenkungsteuerrelevanz:

- einerseits wird die im ursprünglichen Schenkungsteuerbescheid enthaltene Steuerstundung für den Nießbrauchswert beendet,
- andererseits stellt die in dem Verzicht enthaltene unentgeltliche Überlassung des Nutzungswertes für die restliche Nießbrauchsdauer die Zuwendung eines steuerpflichtigen Nutzungsrechts dar.

Der BGH BStBl. 2004 II 429 hat die Steuerpflicht für die in dem vorzeitigen Verzicht enthaltene freigebige Zuwendung bejaht, aber zugleich eine Anrechnung der Grundstückszuwendung auf die Verzichtszuwendung angeordnet, um eine doppelte Erfassung des Nießbrauchs auszuschließen. Dazu soll der Kapitalwert des Nießbrauchs z. Zt. der Grundstücksschenkung vom Kapitalwert im Jahr des Verzichts abgezogen werden; nur die Differenz löst eine zusätzliche Steuer aus, vgl. *Moench* ErbStB 2006, 97; Gleichlautende Erlasse BStBl. 2004 I 939.

c) Nießbrauchablösung gegen Einmalzahlung oder wiederkehrende Leistungen

124 In beiden Fällen erlischt die im ursprünglichen Schenkungsteuerbescheid enthaltene Steuerstundung. Sofern die Einmalzahlung für die Nießbrauchbeendigung hinter dem Nießbrauchswert zum Zeitpunkt der Ablösung zurückbleibt, stellt die Differenz eine erneute steuerpflichtige Schenkung dar, die

jedoch nur bei einer Werterhöhung gegenüber dem Nießbrauchswert bei der ursprünglichen Schenkung zu einer zusätzlichen Steuerbelastung führt. Für den Fall der Vereinbarung einer Versorgungsrente, die hinter den bisherigen Nettonießbraucherträgen zurückbleibt, ist in der Höhe des kapitalisierten Differenzbetrages von einer erneuten Schenkung des Übergebers auszugehen.

2. Nießbrauchablösung für seit dem 1. 1. 2009 vereinbarte Vermögensübertragungen mit Vorbehaltsnießbrauch

Der Vorbehaltsnießbrauch führt nicht mehr wie bisher zu einer Steuer- 125
stundung, sondern wegen des Wegfalls von § 25 ErbStG zu einer meist erheblichen Minderung der Bemessungsgrundlage, vgl. oben § 2 C II 3b. Die in der Nießbrauchsbeendigung ohne wertentsprechende Gegenleistung liegende Bereicherung des Erwerbers wird schenkungsteuerlich in der Höhe des zu diesem Zeitpunkt zu ermittelnden bewertungsrechtlichen Wertes des Nießbrauches erfasst.

IV. Urkundengestaltung: Nießbrauchablösung

Beurkundet am … 128
in …

§ 1 Sachstand

Mit Urkunde des Notars N … vom 17. 10. 2003, URNr. … hat Frau M den im Grundbuch des Amtsgerichtes A-dorf für A-dorf Band … Blatt … vorgetragenen Grundbesitz

Flst.Nr. 1 zu … qm

an ihre Tochter, Frau T, überlassen und sich den lebenslangen Nießbrauch vorbehalten. Die Nießbrauchablösung gegen wiederkehrende Leistungen war ausdrücklich vereinbart.

§ 2 Nießbrauchablösung

Frau M ist aufgrund ihres hohen Alters nicht mehr in der Lage, die Verwaltung ihres vorbezeichneten Grundbesitzes selbst in eigener Verantwortung durchzuführen und vereinbart mit ihrer Tochter, Frau T, die Ablösung des Nießbrauchsrechtes gegen Gewährung einer Versorgungsrente in der Rechtsform der dauernden Last. Die Nießbrauchablösung erfolgt im Wege der vorweggenommenen Erbfolge unter Zugrundelegung des Versorgungsbedarfes von Frau M. Die monatlichen Nettomieterträge belaufen sich auf ca. 850 € monatlich.

Frau T
– nachstehend als „Erwerber“ bezeichnet –
verpflichtet sich an ihre Mutter,
Frau M
– nachstehend als „Übergeber“ bezeichnet –
auf deren Lebensdauer als Versorgungsrente in der Rechtsform der dauernden Last monatlich einen Betrag in Höhe von 500 € – fünfhundert Euro –, erstmals für den auf die Beurkundung folgenden Monat, zu zahlen.

Sofern durch eine Änderung der wirtschaftlichen Verhältnisse der standesgemäße Unterhalt des Übergebers nicht mehr gewährleistet ist, kann der Übergeber eine Erhöhung der dauernden Last in analoger Anwendung des § 323 ZPO verlangen. Eine Abänderung kann nicht aus dem Mehrbedarf abgeleitet werden, der sich infolge dauernder Pflegebedürftigkeit des Übergebers oder aufgrund der Aufnahme in ein Alters- oder Pflegeheim ergibt. Der Übergeber kann für den Pflegeaufwand aufgrund des noch vorhandenen weiteren Grundbesitzes selbst aufkommen. Sofern sich die wirtschaftlichen Verhältnisse des Übergebers wesentlich verbessern, so dass der standesgemäße Unterhalt ganz oder teilweise durch andere als die gegenwärtigen Einkünfte gedeckt ist, kann der Erwerber in entsprechender Anwendung des § 323 ZPO eine Herabsetzung der dauernden Last verlangen. Im übrigen gelten die vorstehenden Bestimmungen entsprechend.

Zur Sicherung aller Ansprüche auf Zahlung des vorstehend vereinbarten, als dauernde Last monatlich wiederkehrend zu entrichtenden Betrages in der vereinbarten Höhe des Ausgangsbetrages – ohne Berücksichtigung der vereinbarten Anpassungsmöglichkeit gem. § 323 ZPO – bestellt der Erwerber zu Gunsten des Übergebers eine

Reallast

am vertragsgegenständlichen Grundbesitz.

Die Vertragsteile bewilligen und beantragen die vorstehend bestellte Reallast zu Gunsten von M an Flst.Nr. 1 der Gemarkung Rosenheim einzutragen mit dem Vermerk, dass zur Löschung der Nachweis des Todes der Berechtigten genügen soll.

Zug um Zug mit Eintragung der vorstehend genannten Reallast bewilligen und beantragen die Beteiligten die Löschung des Nießbrauchsrechts im Grundbuch.

Auf eine Sicherung der Erhöhungsbeträge der dauernden Last aufgrund der vereinbarten Anpassungsmöglichkeit gem. § 323 ZPO durch Eintragung einer Sicherungshypothek wird verzichtet.

§ 3 Schlussbestimmungen

Von dieser Urkunde erhalten die Beteiligten je eine Ausfertigung nach grundbuchamtlichem Vollzug;

das Grundbuchamt A-dorf und das Finanzamt A-dorf Schenkungsteuerstelle je eine beglaubigte Abschrift.

Hinweis: Die vereinbarte wiederkehrende Zahlung in Höhe von 500 € stellt nach der oben zu Abschn. III. 1. vertretenen Auffassung eine Versorgungsrente i. S. d. § 10 Abs. 1 Nr. 1 a EStG a. F. dar, die auch nach der Gesetzesänderung durch das Jahressteuergesetz 2008 als Versorgungsrente mit dem vollen Abzug als Sonderausgabe vereinbart werden kann. Der vom Steuergesetzgeber nicht verwendete Begriff der dauernden Last ist aus zivilrechtlichen Gründen wegen der Anpassungsvereinbarung in analoger Anwendung des § 323 ZPO erforderlich.

D. Zuwendungsnießbrauch

131 **Beispiel:** Großeltern E bestellen anlässlich der Geburt ihres ersten Enkelkindes zu dessen Gunsten ein Nießbrauchsrecht an ihrer Eigentumswohnung mit dem Vorbehalt

- dieses jederzeit zu kündigen,
- nach Ablauf eines Jahres mit einer Frist von einem Monat zu kündigen.

Zur Kostenersparnis wird das Nießbrauchsrecht nicht im Grundbuch eingetragen.

I. Zivilrecht

1. Zuwendungsnießbrauch

132 Im Unterschied zu einem Vorbehaltsnießbrauch, bei dem sich der Eigentümer das Nießbrauchsrecht bei einer Eigentumsübertragung vorbehält, versteht man unter einem Zuwendungsnießbrauch die Einräumung eines Nießbrauchsrechtes zu Gunsten eines Dritten. Die Errichtung erfolgt meist aus einkommensteuerlichen Gründen, nämlich um die Einkunftsquelle auf einkommenslose Abkömmlinge zu übertragen und dessen einkommensteuerlichen Grundfreibetrag auszuschöpfen, so dass beim Besteller keinerlei einkommensteuerliche Zurechnung mehr erfolgt. Allerdings ist der Zuwen-

dungsnießbrauch auch mit dem **Verlust der Abschreibungen** an dem Gebäude verbunden, so dass regelmäßig ältere Immobilien für die Gestaltung ausgewählt werden.

Für den Nießbrauch an Sachen bestehen keine Formvorschriften, während beim Nießbrauch an Rechten gem. § 1069 BGB die für die Übertragung des Rechts geltenden Vorschriften einzuhalten sind, so dass bei der Nießbrauchbestellung an einem GmbH-Anteil gem. § 15 Abs. 3 GmbHG zwingend die notarielle Beurkundung erforderlich ist.

2. Grundbucheintragung

Die sachenrechtliche Einigung über die Nießbrauchsbestellung ist gem. 133
§ 873 BGB formlos wirksam, dem Grundbuchamt ist lediglich eine Eintragungsbewilligung gem. § 19 GBO vorzulegen, für die gem. § 29 GBO die notarielle Beglaubigung der Unterschrift des Eigentümers genügt. Dennoch ist der in einigen Formularbüchern vorgesehene privatschriftliche Eintragungsantrag mit Unterschriftsbeglaubigung (§ 40 BeurkG) anstelle der Protokollform (§ 8 BeurkG) bedenklich. Selbst wenn man die unentgeltliche Zuwendung eines Nießbrauchsrechtes als formlos gültigen Leihvertrag qualifiziert (BGH NJW 1982, 820), beinhaltet die Nebenkostenregelung regelmäßig ein Schenkungsversprechen, das gem. § 518 Abs. 1 BGB der Beurkundung bedarf. Der Formmangel wird allerdings durch die Eintragung des Nießbrauchsrechtes im Grundbuch geheilt, § 518 Abs. 2 BGB.

Die Vereinbarung, dass der Nießbraucher die Kosten auch für außerordentliche Ausbesserungen und Erneuerungen des Grundstücks zu tragen hat, kann als zulässige Abänderung des gesetzlichen Schuldverhältnisses zwischen Eigentümer und Nießbraucher in das Grundbuch eingetragen werden, BayObLG MittBayNot 1985, 70.

3. Pfändung des Nießbrauchs

Gem. § 857 Abs. 3 ZPO ist der Nießbrauch insoweit der Pfändung unter- 134
worfen als die Ausübung einem anderen überlassen werden kann. Da diese Bestimmung eine Ausnahme vom Grundsatz der Unpfändbarkeit unübertragbarer Rechte darstellt, unterliegt der Nießbrauch als solcher, nicht nur die aus dem Nießbrauch fließende Ausübungsbefugnis, der Pfändung, so dass der Nießbrauch nur mit Zustimmung des Pfändungsgläubigers aufgehoben werden kann, BGHZ 62, 133; *Staudinger/Frank* § 1059 Rn. 27. Auch wenn die gem. § 1059 Satz 2 BGB zulässige Überlassung der Nießbrauchsausübung von vorneherein ausgeschlossen wird (im Grundbuch eintragungsfähige Inhaltsbestimmung, vgl. LG Mönchengladbach NJW 1969, 140) kann das Nießbrauchsrecht als solches gepfändet werden, vgl. BGH NJW 1985, 2827.

4. Minderjährige

a) Vertretung

Die Bestellung eines unentgeltlichen Zuwendungsnießbrauchs zugunsten 135
eines Minderjährigen beinhaltet nach überwiegender Auffassung in der zivilrechtlichen Literatur nicht lediglich einen rechtlichen Vorteil gem. § 107 BGB, so dass die Eltern bei der Einräumung eines Nießbrauchs an ihrem Grundbesitz

zugunsten ihrer Kinder an der Vertretung gehindert sind, vgl. Staudinger/*Knothe* § 107 Rn. 14; MünchKomm/*Schmitt* § 107 Rn. 48. Nach BFH BStBl. 1981 II 297 kann ein wirksames Nutzungsrecht nicht begründet werden, wenn Eltern ihren minderjährigen Kindern ohne Mitwirkung eines Pflegers den Nießbrauch einräumen; ebenso BGH DB 1990, 915. Obwohl die Genehmigung der Nießbrauchsbestellung durch einen später bestellten Pfleger zivilrechtlich auf den Zeitpunkt des Vertragsschlusses zurückwirkt (§ 184 Abs. 1 BGB), wird eine derartige steuerrechtliche Rückwirkung vom Bundesfinanzhof – entsprechend seiner bisherigen Rechtsprechung z. B. BStBl. 1973 II 307 – nicht anerkannt, insbesondere auch nicht im Hinblick auf § 41 Abs. 1 AO. In der Vergangenheit wurde, um die Pflegerbestellung zu vermeiden, häufig ein Bruttozuwendungsnießbrauch bestellt, da in diesem Fall nach h. M. eine Pflegerbestellung nicht erforderlich ist. Dieser Ausweg ist aber im Hinblick auf die damit verbundene steuerschädliche Lastenverteilungsregelung nicht anzuraten. Zur Kritik an der vorstehend dargestellten h. M. vgl. oben § 2 A II 2.

b) Familiengerichtliche Genehmigung

136 Eine familiengerichtliche Genehmigung des unentgeltlich bestellten Nießbrauchsrechtes ist nicht erforderlich. Hingegen bedarf bei dem **entgeltlichen** Erwerb eines dinglichen Nießbrauchsrechtes durch einen Minderjährigen das zugrundeliegende Rechtsgeschäft gem. § 1821 Abs. 1 Nr. 5 BGB der familiengerichtlichen Genehmigung. Da die dingliche Rechtsänderung in jedem Fall wirksam ist, darf das Grundbuchamt die Eintragung nicht von der Vorlage der Genehmigung abhängig machen, vgl. BayObLG MittBayNot 1990, 39. Die im Formulartext vorgesehene atypische Lastentragung, wonach der Nießbraucher auch die außerordentlichen Lasten trägt, beinhaltet keine Gegenleistung des Nießbrauchers, sondern nur eine Schenkungsauflage.

II. Einkommensteuer

1. Steuerliche Anerkennung

137 Bei Verträgen zwischen Familienangehörigen trifft den Steuerpflichtigen, der sich auf die steuerliche Wirksamkeit dieser Vereinbarungen beruft, eine erhöhte Nachweispflicht vgl. hierzu BVerfG BStBl. 1959 I 204; BFH BStBl. 1957 III 419 und 1958 III 254. Ein Nießbrauch unter nahestehenden Personen wird nur anerkannt, wenn

- der Nießbrauch bürgerlich-rechtlich wirksam bestellt wurde und die Vereinbarungen ernsthaft, klar und eindeutig sind,
- der Nießbrauch tatsächlich ausgeübt wird, also insbesondere das Grundstück vom Nießbraucher in Besitz genommen und verwaltet wird (BFH BStBl. 1976 II 613), und
- die Beteiligten aus der Nießbrauchsbestellung alle steuerrechtlichen und bürgerlich-rechtlichen Konsequenzen auf sich genommen haben (BFH BStBl. 1976 II 537).

Außer der Pflegerbestellung bei Beteiligung Minderjähriger ist bei der Fremdvermietung die Benachrichtigung der Mieter und eine entsprechende Kontenänderung durchzuführen. Bedenken hinsichtlich der steuerlichen Anerkennung bestanden früher bei Nießbrauchsrechten mit kurzer Laufzeit.

Während Tz 53 II. Nießbraucherlass BStBl. 1984 I 561 noch eine Laufzeitbegrenzung von mindestens einem Jahr enthielt, ist eine derartige Mindestlaufzeit im III. Nießbraucherlass BStBl. 1998 I 914 nicht mehr enthalten.

Gem. Tz. 17 III. Nießbraucherlass kann in der **Rückvermietung** an den **138**
Eigentümer eine Rückgängigmachung des Nießbrauches oder ein Missbrauch von rechtlichen Gestaltungsmöglichkeiten (§ 42 AO) liegen; steuerschädlich kann insbesondere eine unkündbare Rückvermietung auf Lebensdauer sein, vgl. BFH BStBl. 1968 II 265. Soweit es den Eltern nach § 1649 BGB gestattet ist, die aus dem Nießbrauch resultierenden Erträge des Kindes zum Unterhalt des Kindes, seiner Geschwister oder gar für den Unterhalt der Eltern zu verwenden, greift das Abzugsverbot des § 12 Nr. 1 und 2 EStG ein, vgl. BFH BStBl. 1989 II 137, 140. Die steuerliche Anerkennung ist in jedem Fall gewährleistet, wenn – die auf gesonderten Konten – eingehenden Mieten für die nießbrauchsberechtigten Kinder – jeweils getrennt für jedes Kind – thesauriert oder für andere als Unterhaltszwecke, z. B. für Vermögensanlagen verwendet werden.

2. Nießbraucherlasse

Der I. Nießbraucherlass BStBl. 1983 I 508 findet nur noch für Einkünfte **139**
aus Kapitalvermögen Anwendung. Der II. Nießbraucherlass BStBl. 1984 I 561, der die Einkünfte aus Vermietung und Verpachtung regelt, wurde durch den III. Nießbraucherlass BStBl. 1998 I 914 abgelöst. Ein Nießbrauch ist im Allgemeinen als entgeltlich anzusehen, wenn Leistung und Gegenleistung abgewogen sind. Sofern jedoch der Wert der Gegenleistung im Verhältnis zum Wert des Nießbrauchs so bemessen ist, dass bei Zugrundelegung einer zwischen Fremden üblichen Gestaltung nicht mehr von einer Gegenleistung ausgegangen werden kann, soll ein unentgeltlich bestellter Nießbrauch vorliegen, vgl. Tz. 13 III. Nießbraucherlass.

a) Entgeltlicher Nießbrauch

Der **Eigentümer** hat das für die Bestellung des Nießbrauchs an einem **140**
zum Privatvermögen gehörenden Grundstück empfangene Entgelt gem. § 11 Abs. 1 EStG im Jahr des Zuflusses in voller Höhe als steuerpflichtige Einnahme aus Vermietung und Verpachtung zu versteuern, BFH BStBl. 1979 II 332. Zur Vermeidung von Härten kann auf Antrag aus Billigkeitsgründen zugelassen werden, Entgelte, die für die gesamte Laufzeit oder für bestimmte Jahre vorausbezahlt wurden, auf den Vorauszahlungszeitraum, höchstens auf zehn Jahre, gleichmäßig zu verteilen, vgl. Tz. 29 III. Nießbraucherlass. Die vertraglich getragenen Aufwendungen und die Gebäude – AfA kann der Eigentümer als Werbungskosten geltend machen.

Soweit der **Nießbraucher** aufgrund seines Rechtes das Haus oder die **141**
Wohnung **selbst** zu **Wohnzwecken nutzt,** ist er einkommensteuerlich wie ein Mieter, der die Miete vorausbezahlt hat, zu behandeln, BFH BStBl. 1979 II 332. Bei dem Nießbraucher ist weder der Nutzungswert zu erfassen noch kann dieser Werbungskosten geltend machen, da der Nutzungswert selbstgenutzten Wohnraums einkommensteuerlich nicht erfasst wird.

Im Falle der Nutzung durch **Vermietung** erfolgt die Nutzungswertzu- **142**
rechnung beim Nießbraucher, der umgekehrt auch alle Werbungskosten ein-

schließlich einer AfA auf das entgeltlich erworbene Nießbrauchsrecht geltend machen kann, vgl. Tz. 26 III. Nießbraucherlass.

Zahlungen zur Ablösung des Nießbrauchs sind beim Eigentümer als negative Einnahmen zu erfassen, während die Ablösungszahlungen beim Nießbraucher der privaten Vermögensebene zuzuordnen sind, vgl. Tz 64 III. Nießbraucherlass.

b) Unentgeltlich bestellter Nießbrauch

aa) Vermietung

143 Im Falle der unentgeltlichen Nießbrauchsbestellung gibt der Eigentümer nach Auffassung des BFH seine Einnahmeerzielungsabsicht für die Dauer des Nießbrauchs auf, so dass er weder AfA noch sonstige Werbungskosten abziehen darf, vgl. BStBl. 1981 II 299 unter Bezugnahme auf BStBl. 1979 II 401. Somit führt der unentgeltliche Zuwendungsnießbrauch zum **Werbungskostenleerlauf** beim Eigentümer, d. h. dieser darf AfA, Schuldzinsen und Erhaltungsaufwendungen steuerlich nicht mehr geltend machen.

Der Nießbraucher kann die aufgrund der gesetzlichen Lastenverteilung (§§ 1041, 1045 und 1047 BGB) anfallenden oder vertraglich übernommenen Aufwendungen als Werbungskosten abziehen. Dabei soll es unschädlich sein, wenn der Eigentümer dem Nießbraucher die zur Bezahlung von Reparaturrechnungen erbrachten Beträge schenkt, vgl. *Döllerer* S. 66. Die AfA geht in jedem Fall verloren.

Zur steuerlichen Anerkennung des Zuwendungsnießbrauchs ist die Benachrichtigung der Mieter über die Nießbrauchsbestellung und die Einziehung der Mieten über ein auf den Nießbraucher lautendes Konto erforderlich; räumen Eltern ihren minderjährigen Kindern einen Zuwendungsnießbrauch an einem Grundstück ein, bedarf es der Mitwirkung eines Pflegers, vgl. BFH BStBl. 1981 II 297; BMF BStBl. 1992 I 370.

bb) Selbstnutzung als Wohnraum

144 Aufgrund des WohneigFG wird seit dem 1. 1. 1987 der Nutzungswert weder beim Eigentümer noch beim Nutzungsberechtigten erfasst, vgl. *Spiegelberger* DNotZ 1988, 220. Damit scheidet auch ein Werbungskostenabzug aus.

cc) Obligatorische Nutzungsrechte

145 Die vorstehenden Besteuerungsgrundsätze gelten entsprechend, Tz. 6 III. Nießbraucherlass.

3. Nießbrauchverzicht

146 Während der BFH BStBl. 1998 II 428 für den Fall des Verzichts negative Einnahmen aus Vermietung und Verpachtung annimmt, sieht die Finanzverwaltung gem. Tz. 61 III. Nießbraucherlass BStBl. 1998 I 914 in den Aufwendungen für die Löschung des Zuwendungsnießbrauchs eine Unterhaltszahlung gem. § 12 Nr. 2 EStG.

III. Schenkungsteuer

1. Steuerpflicht

Der unentgeltlich eingeräumte Zuwendungsnießbrauch unterliegt gem. §§ 7, 23 ErbStG der Schenkungsbesteuerung; danach hat der Nießbraucher entweder die Steuer vom Kapitalwert oder jährlich im Voraus in Höhe des Jahreswertes zu entrichten. Auch bei der Versteuerung des jeweiligen Jahreswertes kann der Nießbrauchsberechtigte die Steuer zum nächsten Fälligkeitstermin mit ihrem Kapitalwert ablösen, § 23 Abs. 2 S. 1 ErbStG. 151

2. Bewertung

Die Bewertung des Nießbrauchs ist nach den Vorschriften der §§ 13–16 BewG vorzunehmen. Der Jahreswert ist dabei gem. § 16 BewG auf den 18,6ten Teil des Grundbesitzwertes begrenzt. Dieser ist mit den in §§ 13 und 14 BewG genannten Vervielfältigern zu multiplizieren. Der Steuersatz ergibt sich aus § 19 ErbStG, wobei die Freibeträge gem. § 16 ErbStG zu berücksichtigen sind. Auch bei jederzeit kündbarer oder widerruflicher Nießbrauchbestellung liegt schenkungsteuerlich eine vollzogene Schenkung vor, vgl. *Troll/Gebel/Jülicher* ErbStG § 9 Rdn. 93; *Petzoldt* ErbStG § 7 Rn. 46; BFH BStBl. 1983 II 179. 152

3. Verzicht

Die aufgrund einer Vereinbarung erfolgende Aufhebung eines unentgeltlich bestellten Nießbrauchsrechtes ohne entsprechende Gegenleistung stellt eine steuerpflichtige Rückschenkung des Nießbrauchs an den Eigentümer dar; daher erfolgt keine Berichtigung des ursprünglichen Steuerbescheides, vgl. BFH DB 1989, 2313. 153

4. Anzeigepflicht

Gemäß § 34 ErbStG hat der Notar beurkundete Schenkungen dem Finanzamt anzuzeigen. Die Beteiligten sind auf die mögliche Schenkungsteuerpflicht hinzuweisen, § 8 Abs. 4 i. V. m. Abs. 1 Satz 6 ErbStDV. 154

IV. Umsatzsteuer

Literatur: *Hipler* in: FS für Spiegelberger, Umsatzsteuerrechtliche Geschäftsveräußerung beim Grundstückskaufvertrag, S. 232.

Beispiel: Mutter M räumt ihrer Tochter T einen Nießbrauch auf die Dauer von zehn Jahren an einer Immobilie ein, für die M zur Umsatzsteuer gem. § 9 Abs. 1 UStG optiert hat. 156

Die Nießbrauchsbestellung ist gem. § 4 Nr. 12 c UStG umsatzsteuerbefreit. Die Umsatzsteueroption gem. § 9 Abs. 1 UStG setzt nach § 9 Abs. 2 S. 1 im Falle des § 4 Nr. 12 c UStG voraus, dass der Leistungsempfänger das Grundstück ausschließlich für Umsätze verwendet, die den Vorsteuerabzug nicht ausschließen. Hat der Nießbrauchbesteller Aufwendungen für das nießbrauchsbelastete Objekt erbracht und hierfür den Vorsteuerabzug in Anspruch genommen, so tritt durch die unentgeltliche Nießbrauchsbestellung keine Nutzungsänderung gem. § 15a Abs. 5 UStG ein; a.A. *Korn* DStR 1999, 1775. Vielmehr greift § 1 Abs. 1a UStG ein, vgl. § 2 Rn. 31b.

157 Gem. § 1 Abs. 1a UStG unterliegen **Umsätze im Rahmen einer Geschäftsveräußerung** an einen anderen Unternehmer für dessen Unternehmen nicht der Umsatzsteuer. Eine Geschäftsveräußerung liegt vor, wenn ein Unternehmen oder ein in der Gliederung eines Unternehmens gesondert geführter Betrieb im Ganzen entgeltlich oder unentgeltlich übereignet oder in eine Gesellschaft eingebracht wird. Der erwerbende Unternehmer tritt an die Stelle des Veräußerers.

158 Gem. § 2 Abs. 1 Satz 2 UStG umfasst der **Begriff des Unternehmens** die gesamte gewerbliche oder berufliche Tätigkeit des Unternehmers. Die Veräußerung eines Unternehmens setzt die Übertragung des gesamten lebenden Unternehmens auf einen Erwerber voraus. Auch die Vermietungstätigkeit stellt ein Unternehmen des Unternehmers i.S. des Umsatzsteuerrechts dar, unabhängig davon, ob die Mieteinnahmen als Gewinn aus Gewerbebetrieb oder als Einkünfte aus Vermietung und Verpachtung zu charakterisieren sind, vgl. BFH BStBl. 1970 II 676.

159 Durch die Übertragung der Vermietungstätigkeit sind im vorliegenden Fall die Voraussetzungen des § 1 Abs. 1a UStG erfüllt, auch wenn M das bürgerlich-rechtliche Eigentum an dem Grundstück zurückbehält. Die T ist als Erwerber in der Lage, das bisherige Vermietungsunternehmen ohne zusätzlichen finanziellen Aufwand fortzuführen, sie hat insgesamt die in dem Mietzins liegende wirtschaftliche Kraft des Unternehmens erworben, vgl. *Benkert/Menner* DB 1994, 1996. Wenn keine Geschäftsveräußerung im Ganzen vorliegen würde, hätte M das Grundstück aus ihrem Unternehmen entnommen, vgl. BFH BStBl. 1988 II 205. Durch die Bestellung des unentgeltlichen unbefristeten Nießbrauchsrechtes wäre anzunehmen, dass M das Grundstück auf Dauer nicht mehr zur Erzielung von Einnahmen und damit nicht mehr im Rahmen ihres Unternehmens einsetzen will, vgl. OFD Hannover DStR 1998, 608. Für eine Geschäftsveräußerung gem. § 1 Abs. 1a UStG spricht auch der Umstand, dass ein gesetzlicher Übergang der Miet- und Pachtverträge stattfindet; teilweise wird auch die Mitübergabe der Akten verlangt, vgl. *Ziegler* MittBayNot 1996, 71.

V. Urkundengestaltung: Zuwendungsnießbrauch

1. Formulierungsvorschlag

160 Beurkundet am …

§ 1 Grundbuchstand

Im Grundbuch des Amtsgerichts … (Ort) für … (Gemarkung) Blatt … sind an dem dort vorgetragenen Grundbesitz der Gemarkung Flst.Nr. … die Eheleute A als Eigentümer zu gleichen Teilen eingetragen. Der Grundbesitz ist in Abt. II und III unbelastet.

§ 2 Nießbrauchbestellung

Die Eheleute A
– im folgenden „Eigentümer" genannt –
bestellen hiermit ihrem minderjährigen Sohn B
– im folgenden „Nießbraucher" genannt –
vertreten durch den gerichtlich bestellten Ergänzungspfleger C

an dem vorbezeichneten Grundbesitz ein Nießbrauchsrecht auf die Dauer von zwei Jahren, beginnend mit dem auf die Beurkundung folgenden Monatsersten. Danach ist der Nießbraucher berechtigt, sämtliche Nutzungen aus dem Vertragsgegenstand zu ziehen und verpflichtet, die auf dem Vertragsgegenstand ruhenden privaten und öffentlichen Lasten zu tragen. Abweichend von der gesetzlichen Regelung obliegen dem Nießbraucher auch die außerordentlichen öffentlichen Lasten sowie die außergewöhnlichen Ausbesserungen und Erneuerungen. Im übrigen gelten für das Nießbrauchsrecht die gesetzlichen Bestimmungen. Die Beteiligten sind sich über das Entstehen des vereinbarten Nießbrauchsrechtes einig.

Der Eigentümer bewilligt und beantragt die Eintragung eines Nießbrauchsrechtes zugunsten von B an dem Vertragsgegenstand.

§ 3 Schlussbestimmungen

Die Vertragsteile beantragen die Erteilung je einer Ausfertigung.

Das Grundbuchamt erhält eine beglaubigte Abschrift, das Zentralfinanzamt – Schenkungsteuerstelle – eine einfache Abschrift.

Die Kosten dieser Urkunde und des Vollzugs trägt der Eigentümer.

Der Jahreswert des Nießbrauchs wird mit ... € angegeben.

2. Anmerkungen zum Formulierungsvorschlag gem. V.

a) Kosten der Nießbrauchbestellung

Notar: Sofern nicht nur eine Eintragungsbewilligung beurkundet wird, **161** sondern auch das obligatorische oder dingliche Rechtsgeschäft Gegenstand der Urkunde ist, erfolgt ein Gebührenansatz gem. § 36 Abs. 2 KostO aus dem fünffachen (§ 24 Abs. 3 KostO) Jahreswert des Nießbrauchs, wobei für den Jahreswert die erzielbare Nettomiete zugrunde zu legen ist.

Grundbuch: $^1/_1$ Gebühr gem. § 62 Abs. 1 KostO; Wertberechnung wie bei Notar.

b) Verlagerung aller Werbungskosten auf den Nießbrauch

In dem Formulierungsvorschlag werden, abweichend von der gesetzlichen **162** Regelung, die außerordentlichen öffentlichen Lasten sowie die außergewöhnlichen Ausbesserungen und Erneuerungen dem Nießbraucher auferlegt, da der Eigentümer von der Geltendmachung von Werbungskosten aufgrund des mit der unentgeltlichen Nießbrauchbestellung verbundenen Verzichts auf Einnahmen ausgeschlossen ist.

c) Schuldrechtlicher Nießbrauch

Dieser liegt vor, wenn die Vereinbarung der Nießbrauchbestellung nicht **163** grundbuchmäßig vollzogen wird oder von vorneherein nur ein schuldrechtliches Nutzungsrecht gewollt ist. Obligatorische Nutzungsrechte werden hinsichtlich der Nutzungswertzurechnung gleichbehandelt, BFH BStBl. 1984 II 366.

d) Stimmrecht

Nach Auffassung des BGH DNotZ 2002, 881 steht das Stimmrecht in der **164** Eigentümerversammlung ausschließlich dem Eigentümer zu. Dieser kann aus dem Begleitschuldverhältnis verpflichtet sein, bei der Stimmabgabe die Interessen des Nießbrauchers zu berücksichtigen. Aus steuerlichen Gründen

(Vermietungsinitiative!) sollte auch dem Nießbraucher ein Stimmrecht zustehen, so dass die gemeinsame Ausübung durch Eigentümer und Nießbraucher der Idealfall ist, vgl. Rn. 36f..

e) Laufzeit

165 Bei schuldrechtlichen Nutzungsrechten sollte eine Mindestlaufzeit von einem Jahr nicht unterschritten werden, um die steuerliche Anerkennung nicht zu gefährden.

f) Familiengerichtliche Genehmigung

166 Bei der Bestellung eines Zuwendungsnießbrauchs zu Gunsten eines Minderjährigen ist die Bestellung eines Ergänzungspflegers erforderlich, vgl. BMF-Schreiben BStBl. 1992 I 370, nicht jedoch eine familiengerichtliche Genehmigung, es sei denn, dass mit der Nießbrauchsbestellung eine Schuldübernahme verbunden ist.

Mit jeder Schenkung
sinkt der Marktwert des Schenkers.
Volksmund

§ 5 Wohnungsrecht und Leibgeding

Übersicht

A. Altenteilsvertrag

Literatur: *Hiller* Beratungsempfehlungen zur Vereinbarung von Altenteilsleistungen, INF 2005, 108; *Wirich* Aktuelles zu Altenteil und Leibgeding, ZErb 2009, 229.

I. Rückblick

1. Historische Wurzeln des Leibgedings

Der Altenteilsvertrag lässt sich, wie bereits dargelegt, bis in die ältesten 1
deutschen Rechtsperioden zurückverfolgen. Die ältesten Erbverträge hatten nicht erst die Nachfolge nach dem Tod des Eigentümers, sondern eine Übertragung unter Lebenden zur Folge. Runde a. a. O. S. 13 führt aus:

> „Es war eine natürliche Folge dieser anticipirten Erbverlassung, dass der Erblasser um die Gefahr des Hungertodes abzuwenden, für den Rest seines Lebens, sich einen Vorbehalt bedingen musste. Häufig bestand derselbe in dem lebenslangen Besitze und Genusse aller übergebenen Güter oder eines Teils derselben; oft bedung sich aber der Überlebende, besonders wenn er alters- und schwachheitswegen der Verwaltung seines Vermögens unter Cultur seiner Grundstücke selbst vorzustehen untüchtig war, nur die nötigen Alimente – eine Leibzucht – von seinen Erben aus."

Auch im Mittelalter erhielten sich im Wesentlichen die altdeutschen Grundsätze der Güterverlassung unter Lebenden. Der Sachsenspiegel und das Kaiserrecht enthalten Regelungen über Erbverträge im geschilderten Sinn.

Ein zweiter Entstehungsgrund des Leibgedings ergibt sich aus der deut- 2
schen Wehrverfassung. Die Verbindlichkeit zum Kriegsdienst lastete am Besitz unbeweglicher Güter. Daher konnte nur der Wehrfähige besitzen. War der Hausvater nicht mehr im Stande, die Pflichten eines Wehrmannes zu erfüllen, so konnte er von den Wehrgenossen genötigt werden, sein Gut mit der darauf haftenden Erblast der Landesverteidigung einem wehrfähigen Nachfolger zu übertragen und sich auf das Altenteil zu setzen.

Das Institut des Altenteils ist nicht auf Bauerngüter beschränkt. Auch ein 3
freies Landgut, ja selbst ein städtisches Gewerbe konnte vom Eigentümer un-

ter Vorbehalt einer lebenslangen Versorgung einem Nachfolger übertragen werden. Dass Vermögensübergaben mit Vorbehalt der Leibzucht unter Bürgern häufig genug waren beweisen u.a. die Bambergischen, Schwarzburg-Sondershausischen, Nassauischen Versorgungen und andere, welche nicht ein besonderes Recht für Bauern enthalten, vgl. *Runde* a.a.O. S. 6.

4 An Stelle von Altenteilsvereinbarungen, die zu großen Streitigkeiten führten, wurden auch andere Versorgungssysteme diskutiert. Rettberg hat im Hannoverischen Magazin 1796, S. 97 an Stelle von Leibzuchten die Einführung von Witwenverpflegungsanstalten vorgeschlagen und deren Finanzierung aus dem Heiratsgut, den Hochzeitsgeschenken und den Besitzungen der Dorfbewohner zur Bildung eines Fonds vorgeschlagen.

2. Gesetzliche Regelung

5 Der Gesetzgeber des BGB hat die verschiedenartigen landesrechtlichen Strukturen respektiert und in Art. 96 EGBGB angeordnet, dass die landesgesetzlichen Vorschriften über einen mit der Überlassung eines Grundstücks in Verbindung stehenden Leibgedings-, Leibzuchts-, Altenteils- oder Auszugsvertrag unberührt bleiben. Die meisten deutschen Bundesländer haben von ihrer Gesetzgebungskompetenz für Altenteilsverträge Gebrauch gemacht, vgl. *Palandt/Edenhofer* Überblick Rn. 2 vor Art. 64 EGBGB.

Das Reichsgericht RGZ 118, 20 versteht unter einem Altenteilsvertrag einen Vertrag, durch den Eltern ihr Vermögen, insbesondere ihren Grundbesitz, bei Lebzeiten mit Rücksicht auf die künftige Erbfolge an einen ihrer Abkömmlinge übergeben und dabei für sich einen ausreichenden Lebensunterhalt – Leibzucht, Leibgedinge, Altenteile, Auszug, Ausgedinge – und für die außer dem Übernehmer noch vorhandenen weiteren Abkömmlinge eine Abfindung ausbedingen. Die Entscheidung des Reichsgerichts RGZ 162, 52 enthält zum Begriff des Leibgedings eine umfassende rechtsgeschichtliche Darlegung.

Nach der Definition des BGH NJW 1981, 2568 und DNotZ 1982, 697 handelt es sich bei einem Altenteil um einen Inbegriff dinglich gesicherter Nutzungsrechte und Leistungen, die in Verbindung mit einer Grundstücksübertragung vereinbart werden, der allgemeinen leiblichen und persönlichen Versorgung des Berechtigten dienen und eine im allgemeinen lebenslängliche Verbindung des Berechtigten mit dem belasteten Grundstück bezwecken. Für einen Altenteilsvertrag ist es erforderlich, dass ein Beteiligter einem Anderen nach Art einer vorweggenommenen Erbfolge seine wirtschaftliche Lebensgrundlage überträgt, um dafür in die persönliche Gebundenheit eines abhängigen Versorgungsverhältnisses einzutreten, während der Übernehmer eine wirtschaftlich selbständige Stellung erlangt, vgl. BGH WM 2000, 586 und NotBZ 2003, 117.

6 Jedoch wird eine Grundstücksübertragung nicht allein durch eine Wohnrechtsgewährung mit Pflege- und Versorgungsverpflichtung zum Altenteilsvertrag. Die rechtliche Zuordnung hat sich vorrangig am Vorbild des Altenteilsvertrages auszurichten, der ein eigenständiges Rechtsgebilde darstellt und insbesondere nicht aus dem für Verkehrsgeschäfte entwickelten begrifflichen Gegensatz entgeltlich – unentgeltlich – verstanden werden kann, vgl. *MünchKomm/Habersack* Art. 96 EGBGB Rn. 7. Altenteilsverträge weisen eine

Reihe von Besonderheiten auf, die sich von den üblichen Fällen vorweggenommener Erbfolge abheben.

3. Entwicklung der Steuerrechtsprechung

Entsprechend der damaligen gesetzlichen Regelung im PreußEStG 1891 beurteilte das Preußische OVG in den Urt. vom 17. 10. 1895 PrOVGSt 4, 165 und vom 13. 6. 1896 PrOVGSt 5, 157 ein Altenteil als eine im vollen Umfang abzugsfähige dauernde Last. In einem Urt. vom 1. 2. 1933 RStBl. 1933, 583 betont der **Reichsfinanzhof,** dass bei Gutsübergaben in der Landwirtschaft, bei Geschäftsübergaben im Gewerbe, bei Hausübergaben von Eltern an Kinder und in anderen Fällen der Vermögensübertragung von Eltern an Kinder regelmäßig nicht der Gedanke der Unterhaltspflicht, sondern der Leistung gegen Gegenleistung im Vordergrund stehe. Dabei bedürfe es nicht jedesmal genauer zahlenmäßiger Prüfung, inwieweit sich Leistung und Gegenleistung entsprechen. Bis zur Grenze des versuchten Missbrauchs müsse regelmäßig anerkannt werden, dass Sinn und Zweck die als Gegenleistung gedachte Forderung der Eltern an die Kinder ist. 7

Mit Urt. v. 12. 9. 1934 RStBl. 1935, 157 sah der Reichsfinanzhof Altenteilsleistungen aufgrund des unentgeltlichen Übergangs eines landwirtschaftlichen Betriebs als in vollem Umfang abzugsfähige **Betriebsausgaben** an.

Die Rechtsprechung des **Bundesfinanzhofs** ist vor dem Hintergrund des Steuerneuordnungsgesetzes vom 17. 12. 1954 zu sehen, vgl. *Weber-Grellet* Stbg 1998, 17. Aufgrund der Neuregelungen seien Altenteilsleistungen Sonderausgaben und könnten nur in dem für alle unentgeltlichen Leibrenten geltenden Umfang als Sonderausgaben abgezogen werden. Mit Urt. v. 23. 1. 1964 BStBl. 1964 III 422 grenzte der BFH den Sonderausgabenabzug von der steuerlich unbeachtlichen Unterhaltsleistung gem. § 12 Nr. 2 EStG ab. Danach ist eine Unterhaltsleistung erst dann gegeben, wenn der Wert des übernommenen Vermögens weniger als die Hälfte des Wertes der Vermögensleistungen ausmacht. Diese rechtliche Würdigung wurde in R 123 Satz 6 EStR 1996 übernommen. Mit Urt. v. 16. 9. 1965 BStBl. 1965 III 706 wurde der volle Abzug der dauernden Last ohne Wertverrechnung festgeschrieben. Während der IX. Senat noch mit Urt. v. 26. 11. 1985 BStBl. 1986 II 161 festgestellt hatte, dass die vorweggenommene Erbfolge – auch bei Zahlung von Gleichstellungsgeldern an die Geschwister – eine in vollem Umfang unentgeltliche Zuwendung darstelle, die beim Empfänger nicht zu Anschaffungskosten führe, stellte der IX. Senat die bisherige Rechtsprechung in Frage und beurteilte mit Vorlagebeschluss BStBl. 1989 II 778 einen im Wege der vorweggenommenen Erbfolge vorgenommenen Tauschvertrag als teilentgeltliches Rechtsgeschäft; mit Vorlagebeschluss BStBl. 1989 II 766 sah er die Entrichtung einer Abfindungszahlung an den Übergeber und eines Gleichstellungsgeldes an die Geschwister als **teilentgeltlich** an, ebenso mit Vorlagebeschluss BStBl. 1989 II 768 die Zahlung von umfangreichen, am Wert des Anwesens bemessenen Gleichstellungsgeldern an Geschwister. 8

Den Höhepunkt nahm diese Entwicklung mit dem Vorlagebeschluss des IX. Senats BStBl. 1989 II 772, wonach sogar die bei der vorweggenommenen Erbfolge vereinbarte Leibrente zu einem teilentgeltlichen Rechtsgeschäft führen sollte. Diese als Todesstoß für die vorweggenommene Erbfolge empfun- 9 dene Überspitzung des Begriffes der Teilentgeltlichkeit hat den X. Senat auf den Plan gerufen, der im dem Vorlagebeschluss BStBl. 1990 II 625 die Altenteilsleistungen beim Verpflichteten als Sonderausgabe gem. § 10 Abs. 1 Nr. 1 a EStG beurteilte und darüber hinaus – auch ohne ausdrückliche Vereinbarung der Abänderung gem. § 323 ZPO – diese Vereinbarung als dauernde Last qualifizierte.

Der Große Senat hat mit Beschluss vom 5. 7. 1990 – GrS 4–6/89 – BStBl. 1990 II S. 847 die seit über 100 Jahren bestehende, bereits vom preußischen OVG in einer Entscheidung vom 17. 10. 1895 OVGSt. 4, 165 begründete Rechtsprechung bestätigt, wonach bei der Vermögensübertragung im Wege der vorweggenommenen Erbfolge vorbehaltene Versorgungsleistungen kein Entgelt darstellen. Andere Leistungen haben jedoch Entgeltscharakter. Die wesentlichen Entscheidungsgründe lauten:

- Überträgt ein Vermögensinhaber der Einkünfteerzielung dienendes Privatvermögen im Wege der vorweggenommenen Erbfolge, so stellen vom Vermögensübernehmer zugesagte Versorgungsleistungen weder Veräußerungsentgelt noch Anschaffungskosten dar.
- Sagt der Vermögensübernehmer im Hinblick auf die Vermögensübergabe sog. Gleichstellungsgelder an Angehörige zu, führt dies zu einem Veräußerungsentgelt des Übergebers und zu Anschaffungskosten des Übernehmers.
- Zum Veräußerungsentgelt und zu den Anschaffungskosten gehören auch die Übernahme von Verbindlichkeiten und die Zusage einer Abstandszahlung.
- Die Übernahme betrieblicher Verbindlichkeiten ist kein Entgelt; der Erwerber knüpft hinsichtlich der vorhandenen positiven und negativen Wirtschaftsgüter des Betriebes an die Buchwerte seines Vorgängers gem. § 7 Abs. 1 EStDV an.

10 In einer weiteren Entscheidung – GrS 1/90 – BStBl. 1992 II 78 hat der Große Senat auf die Rechtsnatur des Übergabevertrages als **Versorgungsvertrag** abgestellt, so dass bei vereinbarten Versorgungsleistungen die Abänderbarkeit und damit die Einstufung als dauernde Last vermutet wird, es sei denn, durch ausdrückliche Vereinbarung in der Urkunde wird die Abänderbarkeit, insbesondere gem. § 323 ZPO, ausgeschlossen.

Die Rechtsprechung hat ihren Abschluss mit dem Beschluss des Großen Senats v. 12. 5. 2003 GrS 1/00 BStBl. 2004 II 95 gefunden, wonach im Zusammenhang mit einer Vermögensübergabe zur Vorwegnahme der Erbfolge vereinbarte abänderbare Versorgungsleistungen dann nicht als dauernde Last (Sonderausgabe nach § 10 Abs. 1 Nr. 1 a Satz 1 EStG) abziehbar sind, wenn sie nicht aus den erzielbaren laufenden Nettoerträgen des übergebenen Vermögens gezahlt werden können.

II. Tatbestand

1. Gesetzliche Erbberechtigung?

11 Wie in den übrigen Fällen vorweggenommener Erbfolge wird auch beim Altenteilsvertrag regelmäßig das Vermögen auf einen gesetzlichen Erben übertragen. Dennoch ist ein gesetzliches Erbrecht des Übernehmers keine unbedingte Voraussetzung eines Altenteilsvertrags. Nicht nur unter Geschwistern (BGH DNotZ 1996, 636), sondern selbst unter Lebensgefährten (BGH MDR

1964, 741) kann ein Altenteilsvertrag vereinbart werden, so auch OLG Köln DNotZ 1990, 513, MünchKomm/*Habersack* Art. 96 Rn. 9 m. w. N. *Runde* S. 4 Fn. a differenziert zwischen Leibzuchtverträgen, die zwischen fremden Dritten geschlossen werden und Altenteilsverträgen i. S. eines Generationennachfolgevertrages (zwischen Personen, „die durch Geburt oder Auffahrt bereits in gewisse rechtliche Verhältnisse zu dem Bauerngute gekommen sind").

2. Subjektive Äquivalenz

Ein weiterer erheblicher Unterschied zu anderen Fällen vorweggenommener Erbfolge liegt darin, dass bei Altenteilsverträgen die gegenseitig versprochenen Leistungen im Einzelfall als gleichwertig empfunden werden, vgl. BGH DNotZ 1970, 245 und BGH DNotZ 1982, 697, also äquivalente Gegenleistungen vorliegen können, während Kaufvertrag und vorweggenommene Erbfolge sich gegenseitig ausschließen, vgl. *Olzen* S. 40; *J. Mayer* DNotZ 1996, 612. Andererseits meint der BGH NJW-RR 1989, 451, dass im Allgemeinen keine Altenteilsvereinbarung angenommen werden könne, wenn in einer schuldrechtlichen Vereinbarung der Charakter eines gegenseitigen Vertrages mit beiderseits gleichwertigen Leistungen in den Vordergrund trete; zum Streitstand vgl. *Lange/Kuchinke* § 25 XI 1 a Fn. 370. 12

3. Keine Rückabwicklung

Ein dritter Unterschied liegt darin, dass in Fällen vorweggenommener Erbfolge im Allgemeinen gesetzliche Rückforderungsrechte, insbesondere gem. §§ 528 und 530 BGB bestehen, während beim Altenteilsvertrag die gesetzlichen Rücktrittsrechte nach §§ 325, 326 BGB ausgeschlossen sind. Kommt es bei einem Altenteilsvertrag zu Auseinandersetzungen zwischen dem Übergeber und Erwerber, so bleibt dem Übergeber nach den jeweiligen landesrechtlichen Bestimmungen, z. B. nach Art. 18 BayAGBGB nur das Recht des Wegzugs und des Verlangens einer Wegzugrente. Diese Geldrente kann nach § 33 SGB II bzw. § 93 SGB XII auf den Sozialleistungsträger übergeleitet werden, vgl. *Vaupel* RNotZ 2009, 497, 516. 13

Davon abweichend meint der BGH DNotZ 1952, 399 und 1965, 353, dass neben den landesrechtlichen Vorschriften gem. Art. 96 EGBGB auch die Vorschriften des Bundesrechts über den Widerruf von Schenkungen grundsätzlich anwendbar seien; einschränkend MünchKomm/*Habersack* Art. 96 EGBGB Rn. 30; BGB-RGRK/*Mezger* Rn. 1 zu 530 BGB. Nach Auffassung des BayObLG DNotZ 1996, 647 ist bei einem Hofübergabevertrag, der ein Leibgeding enthält, mit der Annahme einer (gemischten) Schenkung Zurückhaltung geboten. Ein Anspruch auf Rückgewähr des übergebenen Anwesens nach den Vorschriften über den Schenkungswiderruf kommt daher nur dann in Betracht, wenn unter Berücksichtigung des von den Parteien gewollten Vertragszwecks bei einem Vergleich des Wertes des übergebenen Anwesens mit dem Wert der Gegenleistung das Merkmal der Unentgeltlichkeit überwiegt.

4. Zwangsvollstreckungsprivilegien

Zum Schutz des Altenteilers vor seinen eigenen Gläubigern sowie vor den Gläubigern des Übernehmers bestehen die Zwangsvollstreckungsprivilegien 14 des § 9 EGZVG und die Vollstreckungsschutzvorschrift des § 850b Abs. 1 Nr. 3 ZPO. Der BGH ZNotP 2007, 477 gewährt die Zwangsvollstreckungsprivilegien nur einem Altenteilsvertrag i. S. d. Art. 96 EGBGB. Es bestehe keine Veranlassung, § 850b Abs. 1 Nr. 3 ZPO dahin auszulegen, dass jede vertragliche Zuwendung von Versorgungsleistungen als Altenteil unpfändbar ist, vgl. *Otto* NotBZ 2008, 27.

III. Existenzsichernde Wirtschaftseinheit?

16 Der BGH MDR 1964, 741 sieht in einem Altenteilsvertrag eine „eigenartige, aus dem bäuerlichen Wirtschaftsleben hervorgegangene und davon geprägte **Sonderrechtsnachfolge**. Ausgehend vom Urbild dieses Altenteilsvertrags, wie er sich heute noch in den landwirtschaftlichen Übergaben darstellt, kommen nur besonders qualifizierte Übergabeobjekte als Gegenstand eines Altenteilsvertrags in Betracht: Stets muss es sich um eine „die Existenz – wenigstens teilweise – begründende Wirtschaftseinheit handeln", BGH MDR 1964, 741; NJW 1981, 2568; DNotZ 1982, 698; WM 1989, 70. Nach dieser – engen – von den Instanzgerichten angegriffenen Auffassung soll danach ein Siedlungshaus (*OLG Hamm* MDR 1979, 401) und ein selbstgenutztes Einfamilienhaus (OLG Köln MittBayNot 1994, 134) nicht Gegenstand eines Altenteilsvertrages sein können. Auch dann, wenn sich der Übergeber den Totalnießbrauch für längere Zeit vorbehält, soll kein Altenteilsvertrag vorliegen, vgl. BGH DNotZ 1970, 245; DNotZ 1982, 687.

17 Das BayObLGZ 1964, 347 und 1993, 192 sieht hingegen das Vorliegen einer die Existenz begründenden Wirtschaftseinheit nicht als wesentlich an. Die Übergabe kann auch zunächst unter Vorbehalt eines Totalnießbrauchs erfolgen, wenn erst später unter Verzicht auf den Nießbrauch ein Altenteil eingeräumt wird, vgl. MünchKomm/*Habersack* Art. 95, 96 Rn. 16. Die **Rheinische Hofübergabe** erfolgt in der Weise, dass ein Eigentumsübergang unter Vorbehalt des Totalnießbrauchs stattfindet und der Hof an den Übernehmer verpachtet wird, vgl. OLG Hamm AgrarR 1982, 164; *Fassbender* DNotZ 1986, 73.

18 Für die Auffassung des BayObLG spricht insbesondere auch die historische Interpretation des Begriffs des Altenteilsvertrages. Die II. Kommission ersetzte das dort zunächst vorgesehene Wort „Gut" durch „Grundstück", um dadurch nicht das Missverständnis aufkommen zu lassen, dass darunter nur die Übertragung eines größeren, nur den Unterhalt der Familie sichernden Grundbesitzes zu verstehen sei, vgl. Prot VI 419; *Staudinger/Kriegbaum* Art. 96 Rn. 1; *J. Mayer* DNotZ 1996, 625. Das BayObLG stellt zu Recht darauf ab, dass der **Versorgungscharakter** im Vordergrund stehen müsse, vgl. BayObLGZ 1993, 194. Berücksichtigt man auch die in den letzten Jahrzehnten eingetretenen wirtschaftlichen Veränderungen, kommt man zu dem Ergebnis, dass ein Einfamilienhaus die Existenz des Erwerbers in ganz besonderer Weise sichert, vgl. *G. Wolf* MittBayNot 1994, 118; *J. Mayer* DNotZ 1996, 625; *Weber-Grellet* Stbg 1998, 14.

IV. Dualistischer Leibgedingsbegriff

19 Da die Grundbuchämter nicht in der Lage sind, die engen Voraussetzungen des Altenteilsvertrages zu überprüfen, hat der BGH DNotZ 1994, 881 für das Grundbucheintragungsverfahren einen weiten Spielraum zugelassen. Da die Eintragung als Leibgeding gem. § 49 GBO im Grundbuch der Vereinfachung der Grundbucheintragung diene, setze eine derartige Eintragung – anders als die Altenteilsverträge des Art. 96 EGBGB – nicht voraus, dass das Grundstück dem Übernehmer auch zu Zwecken des wirtschaftlichen Erwerbs dient.

Der typische Altenteilsvertrag i. S. d. Art. 96 EGBGB ist die bäuerliche Hofübergabe an einen zur Bewirtschaftung fähigen und bereiten Abkömmling unter Vereinbarung eines Leibgedings. Dieser Vertragstyp ist im Band *Unternehmensnachfolge* § 5 eingehend dargestellt. Die nachfolgende Darstellung klammert die Überlassung von bäuerlichen Anwesen aus.

B. Überlassungsvertrag mit Leibgeding

Literatur: *Adam* Anmerkung zum Urt. d. OLG Frankfurt am Main v. 26. 7. 2006, MittBayNot 2007, 402; *Amann* Das gemeinschaftliche Recht, das dem überlebenden Berechtigten allein zusteht, MittBayNot 1990, 225; *ders.* Auf der Suche nach einem interessengerechten und grundbuchtauglichen Gemeinschaftsverhältnis, DNotZ 2008, 324; *Benzler* Neuerungen bei der einkommensteuerrechtlichen Behandlung von Pflegeentgelten; *Berger* Zur Zulässigkeit von Wegzugklauseln in Überlassungsverträgen, ZNotP 2009, 263; *Dammertz* Wohnungsrecht und Dauerwohnrecht, 1970; *Frings* Das Wohnungsrecht, NWB 2009, 2253; *Günther* Grundstücksübertragung gegen Wohnungsrechtsvorbehalt, EStB 2005, 117; *Herrler* Anlauf der Frist nach § 2325 Abs. 3 Halbs. 1 BGB bei Rückbehalt eines teilweisen Wohnungsrechts verbunden mit einem dinglich gesicherten Rückerwerbsrecht?, ZEV 2008, 461; *Krüger* Hausübergabe gegen Versorgung, ZNotP 2010, 2; *Weyland* Pflegeverpflichtung in Übergabeverträgen, MittRhNotK 1997, 55.

I. Wohnungsrecht

Beispiel: Die verwitwete Frau W ist nicht mehr in der Lage, ihr Zweifamilienhaus, 21
das sie mit ihrer Tochter bewohnt, selbst instand zu halten. In Vorwegnahme der Erbfolge will Frau W das Anwesen ihrer im Anwesen wohnenden Tochter T übertragen, die die Geschwister abfinden und der Mutter einen sorgenfreien Lebensabend, insbesondere ein kostenfreies Wohnungsrecht und Wart und Pflege für den Fall der Gebrechlichkeit, gewähren soll.

1. Begriff

Das dingliche Wohnungsrecht gemäß § 1093 BGB stellt eine besondere 22
Form der beschränkten persönlichen Dienstbarkeit dar und beinhaltet das Recht, ein Gebäude oder einen Gebäudeteil unter Ausschluss des Eigentümers als Wohnung zu benutzen. Gegenüber dem Nießbrauch besteht der Unterschied zunächst darin, dass der Nutzungsinhalt auf Wohnzwecke beschränkt ist und nur ein Gebäude oder Gebäudeteil, nicht jedoch ein Miteigentumsanteil, Belastungsgegenstand sein kann und schließlich in der Lastentragung: Die laufenden Aufwendungen für die Unterhaltung des Gebäudes hat nicht der Wohnungsberechtigte, sondern der Eigentümer zu tragen.

2. Belastungsgegenstand

An einer Eigentumswohnung kann nach Auffassung des BayObLG (NJW 23
1965, 1484) ein Wohnungsrecht als beschränkte persönliche Dienstbarkeit

nur bestellt werden, wenn nicht sämtliche im Sondereigentum stehenden Räume vom Wohnungsrecht erfasst werden; die Nutzung der gesamten Eigentumswohnung sei dem Wesen nach nicht mehr Dienstbarkeit, sondern ein Nießbrauch. Diese Auffassung ist aber unzutreffend, da bei der Bestellung eines Wohnungsrechtes an der gesamten Eigentumswohnung der Eigentümer immerhin noch die Gemeinschaftsräume sowie Hof und Garten nutzen kann; differenzierend *Staudinger/Mayer* § 1048 Rn. 94ff.

3. Abgrenzung zum Mietvertrag, entgeltliche Wohnungsrechte

a) Abgrenzung

24 Auf ein Wohnungsrecht finden mietrechtliche Vorschriften keine Anwendung, vgl. OLG Hamburg ZMR 1983, 60; sollen also bei einer Nutzungsüberlassung von Wohnraum die mietgesetzlichen Einschränkungen vermieden werden, kommt ein zeitlich befristetes Wohnungsrecht, dessen Ausübung an periodische Geldzahlungen geknüpft wird, in Betracht; eingehend zur Anwendbarkeit von Mieterschutzvorschriften *Staudinger/Mayer* § 1093 Rn. 15ff.

b) Gegenleistung

25 Einmalige oder periodische Geldzahlungen durch den Wohnungsberechtigten, also entgeltliche Wohnungsrechte, können nicht dinglich, sondern nur schuldrechtlich vereinbart werden, vgl. *Schöner/Stöber* Rn. 1279ff.; BayObLG DNotZ 1989, 569. Als **Bedingung der Ausübung** des Wohnungsrechtes kann eine (periodisch) zu entrichtende Gegenleistung vereinbart werden. Die Einräumung eines lebenslangen unentgeltlichen Wohnungsrechtes und die Bewilligung der Eintragung im Grundbuch sind so auszulegen, dass sich die Unentgeltlichkeit nicht auf den Inhalt des dinglichen Rechts bezieht, sondern das Verhältnis von Leistung und Gegenleistung aufgrund des schuldrechtlichen Bestellungsvertrages betrifft; ein Eintragungshindernis besteht nicht, vgl. OLG Köln MittRhNotK 1974, 409; BayObLG MittBayNot 1993, 17; OLG Hamm MittBayNot 1997, 230.

c) Kosten und Lasten

26 Der wichtigste Unterschied zum Nießbrauch besteht in der Kosten- und Lastentragung, da beim Wohnungsrecht der Eigentümer für die auf dem Grundbesitz ruhenden privaten und öffentlichen Lasten aufzukommen hat. Lediglich die Ausbesserungen und Erneuerungen im Rahmen der gewöhnlichen Unterhaltung (§ 1041 BGB) treffen den Wohnungsberechtigten, im Normalfall somit die Schönheitsreparaturen innerhalb der Wohnung. Ob der Grundstückseigentümer das Gebäude zur Ausübung des Wohnungsrechtes instand halten muss, ist streitig, vgl. *Palandt/Bassenge* § 1093 Rn. 10; da dies meist dem Parteiwillen entspricht, empfiehlt sich eine entsprechende Regelung.

4. Mitbenutzungsrechte

27 Wenn das Wohnungsrecht auf einen Gebäudeteil beschränkt ist, darf der Wohnungsberechtigte auch die zum gemeinschaftlichen Gebrauch der Be-

wohner bestimmten Anlagen und Einrichtungen mitbenützen, zum Beispiel Keller, Speicher, Bad, WC, Treppen, Hof und Garten. Sofern sich allerdings das Mitbenützungsrecht auf ein Nachbargrundstück erstrecken soll, kann dies nicht mehr Inhalt des Wohnungsrechtes sein. Für die Mitbenützung am Nachbargrundstück ist eine gesonderte Dienstbarkeit nach § 1090 BGB zu bestellen, vgl. BayObLGZ 1976, 14; *Staudinger/Mayer* § 1093 Anm. 18. Sofern dem Eigentümer ein Mitbenützungsrecht an der Wohnung zustehen soll, kommt nicht die Bestellung eines Wohnungsrechtes gemäß § 1093 BGB, sondern eine Dienstbarkeit gemäß § 1090 BGB in Betracht, vgl. Mot. III, 570f.

5. Nebenkosten

Als Inhalt eines Wohnungsrechtes kann dem jeweiligen Eigentümer die Kostentragung für Strom, Wasser, Abwasser, Heizung, Müllabfuhr und für die gewöhnliche und außergewöhnliche Instandhaltung auferlegt werden, vgl. *Amann* DNotZ 1982, 411. Inhalt des Wohnungsrechtes kann auch – im Unterschied zum Nießbrauch – sein, dass der Eigentümer nicht nur die Kosten trägt, sondern die genannten Leistungen selbst erbringt. Dinglichen Charakter erhalten diese Vereinbarungen durch die Eintragung im Grundbuch, wobei die Eintragung durch die Bezugnahme auf die Eintragungsbewilligung als bewirkt gilt. Die Nebenleistungspflichten des Eigentümers können grundsätzlich auch durch die Bestellung einer gesonderten Reallast gesichert werden; allerdings gelten im Geltungsbereich des Art. 30 PreußAGBGB, also zum Beispiel in Nordrhein-Westfalen, in Teilen des Saarlandes und in Schleswig-Holstein, vgl. *Staudinger/Amann* Vorbem. 11, 13 und 14 zu §§ 1105 bis 1112 BGB, Beschränkungen hinsichtlich der Zulässigkeit von subjektiv-dinglichen Reallasten. Sofern keine abweichenden Regelungen getroffen sind, gehen die Nebenkosten für Heizung, Strom, Wasser, Müllabfuhr zu Lasten des Wohnungsberechtigten, vgl. *Palandt/Bassenge* § 1093 Rn. 10. 28

6. Pflichtteilsergänzungsansprüche

a) Literaturmeinungen

Gem. § 2325 Abs. 3, 1. Halbs. BGB kann ein Pflichtteilsberechtigter nicht die Ergänzung seines Pflichtteils wegen Schenkungen verlangen, wenn z. Zt. des Erbfalls zehn Jahre seit der Leistung des verschenkten Gegenstandes verstrichen sind. Bei einem vorbehaltenen Nießbrauchsrecht hat der BFH DNotZ 1994, 784 entschieden, dass eine Leistung des verschenkten Gegenstandes i. S. von § 2325 Abs. 3, 1. Halbs. BGB nicht vorliegt. Dies gilt auch, wenn schuldrechtliche Nutzungsrechte vorbehalten bleiben. In dem Einleitungsfall behält sich die Übergeberin das lebenslange Wohnungsrecht an einer Wohnung vor, so dass fraglich ist, ob die Zehn-Jahres-Frist des § 2325 Abs. 3, 1. Halbs. BGB zu laufen beginnt. *N. Mayer* ZEV 1994, 329 meint, dass mangels klarer Abgrenzung für das ganze Objekt die Frist nicht zu laufen beginnt und schlägt daher die Aufteilung in Wohnungseigentum vor, um bezüglich der fremdgenutzten Wohnung den Fristbeginn zu sichern. *Wegmann* Rn. 337 will nach der jeweiligen Ausgestaltung des Wohnungsrechtes differenzieren und für den Fall, dass die Ausübung des Wohnungsrechtes nicht Dritten über- 29 lassen werden kann und getrennte, abgeschlossene Wohnungen vorhanden sind, die Ingangsetzung der Zehn-Jahres-Frist bejahen.

b) Rechtsprechung

30 Nach Auffassung des OLG Düsseldorf FamRZ 1999, 1546 liegt keine Leistung i. S. d. § 2325 Abs. 3 BGB vor, wenn ein Erblasser das mit einem Einfamilienhaus bebaute Grundstück an den späteren Erben überträgt, sich ein lebenslanges Wohnungsrecht vorbehält und eine weitere Vorsorge trifft, dass er wesentlichen Einfluss auf die weitere Verwendung des Hausgrundstücks hat. Ebenso will das OLG München ZEV 2008, 480 den Beginn des Fristlaufes verneinen, wenn das Wohnungsrecht am gesamten Haus mit Ausnahme einer Souterrainwohnung vorbehalten wird und enumerative Rückforderungsrechte bestehen. Mit der Eigentumsumschreibung im Grundbuch sei ein „spürbares" Vermögensopfer nicht verbunden.

Hingegen soll ein Wohnungsrecht am Erdgeschoss in einem Mehrfamilienhaus den Fristlauf nicht hemmen, vgl. OLG Oldenburg, ZEV 2006, 80 und OLG Karlsruhe, RNotZ 2008, 231. Das Landgericht Münster MittBayNot 1997, 113 meint, dass die Vereinbarung eines Wohnungsrechts an einzelnen Zimmern (ca. 33 qm) mit Mitbenützung von Küche und Bad im Rahmen eines üblichen Leibgedings dem Fristbeginn nicht entgegenstehe, da der Schenker sich gerade die „wesentliche Nutzung" i. S. d. BGH-Entscheidung nicht vorbehalten habe; ähnlich OLG Bremen ZEV 2005, 312 bei dem Wohnungsrechtsvorbehalt an zwei Zimmern.

c) Kritik

31 M. E. müsste, wenn man der BGH-Meinung folgen würde, nach Nutzungsquoten, gemessen an der Gesamtnutzfläche, differenziert werden. Die Frist beginnt hinsichtlich der vorbehaltenen Nutzungsquote nicht zu laufen, hinsichtlich der freien Nutzungsquote beginnt der Fristlauf. Diese Differenzierung entspricht auch der einkommensteuerlichen Betrachtung, die in einem Wohnungsrecht einen auf diese Gebäudeteile beschränkten Nießbrauch sieht, vgl. III. Nießbraucherlass BStBl. 1998 II 914, TZ. 50.

Zu § 4 Rn. 79 wurde dargelegt, dass das Nießbrauchurteil des BGH DNotZ 1994, 784 aufgrund der zwischenzeitlichen Gesetzesänderungen zum Anfechtungsgesetz, aufgrund der Modernisierung des Schuldrechts und der Erbrechtsreform obsolet geworden ist, da der Gesetzgeber sowohl die erbrechtlichen Verjährungsvorschriften als auch die Höhe des Pflichtteilsergänzungsanspruches neu geregelt hat und dabei die von den Intensionen des Gesetzgebers abweichende Rechtsprechung des Bundesgerichtshofs keine Beachtung gefunden hat. Dem Gesetzgeber, der mit der Abschmelzung der Pflichtteilsergänzungsansprüche die **Rechtssicherheit** fördern wollte, kann nicht unterstellt werden, dass er den Anlauf der Pflichtteilsergänzungsfrist auf den Sankt Nimmerleinstag, nämlich auf das Ableben des Erblassers, hinausschieben wollte.

7. Rücktritt wegen Verstoßes gegen Pflegeverpflichtung

32 In dem Übergabevertrag übernahm die Erwerberin die Verpflichtung, die Übergeber „in gesunden und kranken Tagen zu pflegen und zu betreuen

bzw. kostenlos pflegen und betreuen zu lassen“. Die Erwerberin zog nach dem Scheitern ihrer Ehe aus dem Haus aus und erbrachte keinerlei Pflegeleistungen für die Übergeberin, die einen Schlaganfall erlitten hatte. Lediglich die Brüder der Erwerberin und deren Ehefrauen erbrachten Pflegeleistungen. Der BGH ZEV 2001, 31 sah in dem Verhalten der Erwerberin ein Verhalten, das die Voraussetzungen eines wirksamen Rücktritts gem. § 326 Abs. 1 BGB erfüllte (nunmehr § 323 Abs. 1 BGB).

8. Grundbucheintragung

a) Beschränkte persönliche Dienstbarkeit

Für ein Wohnungsrecht kommt als dingliche Sicherung 33

- eine beschränkte persönliche Dienstbarkeit gem. § 1093 BGB in Betracht, wenn die Nutzung unter **Ausschluss des Grundstückseigentümers** erfolgt und
- eine beschränkte persönliche Dienstbarkeit gem. § 1090–1092 BGB, wenn die Berechtigung durch eine Mitbenützung des Grundstückseigentümers eingeschränkt ist, vgl. *Staudinger/Amann* Einleitung zu §§ 1105ff. BGB Rn. 34; Pfälz. OLG Zweibrücken MittBayNot 1996, 212.

Ein Wohnungsrecht des Inhalts, dass der Begünstigte berechtigt ist, ein Gebäude mit dem derzeitigen Eigentümer gemeinsam, im Falle dessen Vorversterbens vom Zeitpunkt des Todes an allein unter Ausschluss des neuen Eigentümers zu bewohnen, kann nicht als einheitliches Recht (beschränkte persönliche Dienstbarkeit) in das Grundbuch eingetragen werden, vgl. OLG Düsseldorf DNotI-Report 1997, 206.

b) Mehrere Berechtigte

Bei der Bestellung von Wohnungsrechten zugunsten mehrerer Personen ist gem. § 47 GBO die Angabe des Berechtigungsverhältnisses erforderlich. Soweit ein Wohnungsrecht für Ehegatten bestellt wird und diese im Güterstand der Zugewinngemeinschaft oder im Güterstand der Gütertrennung leben, kann ihnen das Wohnungsrecht als Gesamtgläubiger gem. § 428 BGB eingeräumt werden, vgl. BGH DNotZ 1981, 121. Danach kann jeder der Gesamtgläubiger den Anspruch geltend machen. Anstelle einer Gesamtberechtigung gem. § 428 BGB ist die Eintragung mehrerer gleichrangiger Rechte möglich. Die nebeneinander bestehenden Rechte beschränken sich gegenseitig in der Ausübung, § 1024 BGB analog. Bei dem Versterben eines der Berechtigten bleibt das Wohnungsrecht des Überlebenden uneingeschränkt in vollem Umfang bestehen. Die Mitberechtigung nach § 432 BGB ist interessengerechter als die Gesamtgläubigerschaft nach § 428 BGB, vgl. *Amann* DNotZ 2008, 324, wird aber vom OLG München ZEV 2009, 576 – zu unrecht – abgelehnt. In jedem Fall sollte die **Sukzessivberechtigung** des Überlebenden ausdrücklich geregelt werden. Die Einräumung eines Wohnungsrechtes nach Bruchteilen ist unzulässig, vgl. *Bader* DNotZ 1965, 682. 34

Sofern zwischen Ehegatten Gütergemeinschaft besteht, fällt das zu ihren Gunsten bestellte Wohnungsrecht in das Gesamtgut, so dass die Eintragung 35 der Ehegatten als Berechtigte in Gütergemeinschaft erfolgt, vgl. *Palandt/Bassenge* § 1093 Rz. 7; die gleichzeitige Zuordnung des Rechts als Gesamtgläubiger nach § 428 BGB ist unzulässig, vgl. BayObLGZ 67, 480.

36 Die Bestellung aufschiebend oder auflösend bedingter Wohnungsrechte ist zulässig, wobei das Erlöschen eines Wohnungsrechtes Bedingung für das Entstehen eines anderen Wohnungsrechtes sein kann, vgl. *Dammertz* S. 36. Ein Wohnungsrecht kann auch unter der auflösenden Bedingung begründet werden, dass der Berechtigte das Anwesen nicht nur vorübergehend verlässt, vgl. BayObLG MittRhNotK 1997, 391.

9. Auszug des Wohnungsberechtigten

Literatur: *Müller v. Münchow* Löschung eines Wohnungsrechts bei Wegzugklausel, ZEV 2009, 549; *Zimmer* Wohnungsrecht und Heimunterbringung, ZEV 2009, 382.

a) Vertragsauslegung

37 Sofern der Überlassungsvertrag keine Regelung enthält, führt ein bloß subjektives, in der Person des Berechtigten liegendes Ausübungshindernis (stationäre Pflegebedürftigkeit) nach Auffassung des OLG Köln MittBayNot 1996, 40 nicht zum Erlöschen eines Wohnungsrechtes gem. § 1093 BGB. Die Geschäftsgrundlage für die Beschränkung auf eine höchstpersönliche Nutzung kann je nach den Umständen bei Existenzgefährdung des Berechtigten wegfallen. Die Anpassung kann es dann gebieten, dem Berechtigten bei notwendiger auswärtiger Pflegeunterbringung die durch Vermietung oder sonstige Nutzung zu erzielenden Erträge zukommen zu lassen.

38 Auch nach Auffassung des OLG Celle DNotI-Report 1999, 104 stehen bei unvorhergesehener persönlicher Verhinderung des Wohnungsberechtigten, insbesondere im Fall des Umzugs in ein Pflegeheim, die durch Vermietung oder sonstige Nutzung zu erzielenden Erträge nach § 242 BGB dem Wohnungsberechtigten zu, wenn sich dieser in einer existenzbedrohenden Notlage befindet und nach Lage und Art der Räume eine Nutzung durch andere Personen ohne Beeinträchtigung des Verpflichteten möglich ist. Enthält die schuldrechtliche Vereinbarung über die Bestellung eines Wohnungsrechts keine Regelung, wie die Wohnung genutzt werden soll, wenn der Wohnungsberechtigte sein Recht wegen Umzugs in ein Pflegeheim nicht mehr ausüben kann, kommt eine ergänzende Vertragsauslegung in Betracht.

Eine Verpflichtung des Eigentümers, die Wohnung zu vermieten oder deren Vermietung durch den Wohnungsberechtigten zu gestatten, wird dem hypothetischen Parteiwillen im Zweifel allerdings nicht entsprechen, vgl. BGH ZEV 2009, 252.

39 Zu beachten ist, dass auch nach dem jeweiligen Landesrecht eine Verpflichtung des Übernehmers bestehen kann, an Stelle des nicht mehr in Anspruch genommenen Wohnungsrechtes eine Geldrente zu entrichten; mangels Absicherung durch eine Reallast kann diese Zahlungspflicht jedoch nicht gegenüber einem Dritterwerber geltend gemacht werden, vgl. OLG Karlsruhe DNotI-Report 1999, 105.

b) Wegzugklausel

Vaupel RNotZ 2009, 297, 511 empfiehlt folgende vorsorgende Vertragsgestaltung:

Formulierungsvorschlag: 40

„Das Wohnungsrecht/die Pflegeverpflichtung/die Rentenzahlung ruht für die Dauer einer auswärtigen Unterbringung in einem Krankenhaus, Alten- oder Pflegeheim und lebt bei einer Rückkehr wieder auf; in diesem Fall ist für ersparte Aufwendungen während der auswärtigen Unterbringung kein Ersatz zu leisten. Bei einer dauerhaften auswärtigen Unterbringung erlischt das Wohnungsrecht/die Pflegeverpflichtung/die Rentenzahlung ersatzlos."

Wegzugklauseln galten immer schon als guter notarieller Standard, wurden 41
vom BGH jedoch ursprünglich einschränkend dahingehend ausgelegt, dass ein völliger Leistungsausschluss im Falle der Heimunterbringung von den Vertragsparteien nicht gewollt sei, vgl. BGH RNotZ 2002, 279 und 2003, 450. Aufgrund dieser Rechtsprechung bestand die Gefahr, dass der Sozialleistungsträger den Erwerber in Regress nehmen konnte. Der BGH DNotZ 2009, 441 hat nunmehr klargestellt, dass eine Wegzugklausel nicht als sittenwidrig zu beurteilen sei. Bei einer leistungsausschließenden Wegzugklausel würden es die Parteien lediglich unterlassen, für den Fall der Bedürftigkeit des Übergebers vertragliche Versorgungsansprüche zu begründen. Dadurch werde nicht in ein gesetzliches Konzept zum Nachteil des Sozialleistungsträgers, nämlich dem Nachrang von Sozialleistungsansprüchen (§ 32 SGB I), eingegriffen.

10. Zwangsvollstreckung

a) Pfändung des Wohnungsrechtes

Wohnungsrechte sind wegen ihrer mangelnden Übertragbarkeit unpfänd- 42
bar, §§ 1092, 1274 Abs. 2 BGB; ausnahmsweise ist die Pfändbarkeit gem. § 857 Abs. 3 ZPO gegeben, wenn ausdrücklich die Überlassung der Ausübung des Wohnungsrechtes an Dritte vereinbart wurde und diese Gestattung durch Eintragung im Grundbuch zum Inhalt des Rechtsgeschäftes gemacht wurde, vgl. *Haegele* DNotZ 1976, 8. Die vorstehenden Grundsätze geltend auch für den Sozialhilfeträger, so dass eine Überleitung nach § 94 Abs. 1 Satz 1 SGB XII nur möglich ist, wenn die Überlassung der Ausübung des Wohnungsrechtes vereinbart wurde. Allerdings können die Nebenleistungspflichten für die Tragung der Betriebskosten (Strom, Wasser, Heizung) gepfändet und übergeleitet werden, ebenso die kraft landesrechtlicher Regelungen an die Stelle des Wohnungsrechtes tretenden Geldleistungen, z. B. gem. Art. 18–20 BayAGBGB, vgl. *Schwarz* ZEV 1997, 314, wenn die Bestellungsurkunde keine Ausschlussklausel enthält.

Wird gegen den Inhaber eines dinglichen Wohnungsrecht rechtskräftig auf 43
Räumung erkannt, so steht der Geltendmachung auf Wiedereinräumung des Besitzes der Räumungstitel nicht entgegen, wenn sich die tatsächlichen Verhältnisse geändert haben, vgl. BGH MittRhNotK 1999, 107.

b) Versteigerung des belasteten Grundstücks

Betreibt ein vor- oder gleichrangiger Pfandgläubiger das Zwangsversteige- 44
rungsverfahren, so erlischt das Wohnungsrecht mit dem Zuschlag, §§ 52

Abs. 1, 91 Abs. 1 ZVG, soweit die Beteiligten nicht eine Liegenbelassungsvereinbarung gem. § 91 Abs. 2 ZVG treffen. An die Stelle des weggefallenen Wohnungsrechtes tritt der Anspruch auf Wertersatz aus dem Erlös, der durch Zahlung einer Geldrente zu leisten ist, wobei der kapitalisierte Gesamtwert der Rente gem. § 121 Abs. 1 ZVG in den Teilungsplan aufzunehmen ist, höchstens der 25-fache Jahreswert.

11. Wohnungsreallast

45 Bei Zerstörung des Gebäudes erlischt das Wohnungsrecht, ohne dass es bei Wiederaufbau neu entstünde, vgl. *Staudinger/Mayer* § 1093 Rn. 57. Da die Wohnungsberechtigten i.d.R. eine generelle Absicherung wünschen, empfiehlt sich zusätzlich zur Wohnungsrechtsbestellung die Eintragung einer **Wohnungsreallast**. Gem. § 1105 BGB kann ein Grundstück mit einer Reallast in der Weise belastet werden, dass an den Berechtigten wiederkehrende Leistungen aus dem Grundstück zu entrichten sind. Sofern nur allgemein die Gewährung von Wohnung als dingliche Verpflichtung vereinbart wird, insbesondere dem Berechtigten die Auswahl der Räume, die von ihm benutzt werden, vorbehalten bleibt, liegt kein Wohnungsrecht, sondern eine (Wohnungs)-Reallast vor, vgl. BGH DNotZ 1972, 498; BayObLG Rpfleger 1981, 353; OLG Hamm DNotZ 1976, 230; *Staudinger/Amann* Vorbem. 29 zu § 1105.

46 Aus landesrechtlichen Bestimmungen, z.B. Art. 12 Abs. 2 BayAGBGB (vgl. *Staudinger/Mayer* § 1093 Rn. 57) kann sich im Einzelfall eine **Wiederaufbauverpflichtung** ergeben, die auch gesondert vereinbart und durch eine sog. „Brandvormerkung" gesichert werden kann, vgl. *Langenfeld/Günther* Kap. 4 Rn. 53. Die Vereinbarung einer Wohnungsreallast hat den Vorzug, dass die **ununterbrochene** Versorgung des Wohnungsberechtigten mit Wohnraum dinglich gesichert ist.

II. Wartung und Pflege, Verköstigung

Literatur: *J. Mayer* Die Pflicht zur Pflege, ZEV 1995, 269; *Weyland* Pflegeverpflichtung in Übergabeverträgen, MittRhNotK 1997, 55.

1. Gesetzliche Unterhaltungsverpflichtung

51 Der gesetzliche Unterhalt gem. §§ 1601 und 1610 Abs. 2 BGB umfasst den gesamten Lebensbedarf. Gem. § 1612 Abs. 1 Satz 1 BGB ist der Unterhalt durch Entrichtung einer Geldrente zu gewähren. Gem. Satz 2 dieser Bestimmung kann der Verpflichtete verlangen, dass ihm die Gewährung des Unterhalts in anderer Weise gestattet wird. Die Vereinbarung von Wart und Pflege sowie Verköstigung im Fall der Krankheit oder Gebrechlichkeit stellt eine Modifizierung der gesetzlichen Unterhaltsverpflichtung des Abkömmlings gegenüber seinen Eltern dar. Die von den Eltern gewünschte Wart und Pflege wird regelmäßig dem Kind auferlegt, das das elterliche Anwesen übernimmt und somit jederzeit zur Hilfeleistung zur Verfügung steht. Aufgrund dieser Verpflichtung wird das die Pflegeleistung übernehmende Kind auch in der Regel vermögensmäßig gegenüber seinen Geschwistern bevorzugt. Die übrigen Geschwister werden aufgrund der Wart- und Pflegevereinbarung mit dem Anwesens-

übernehmer nicht von ihrer gesetzlichen Unterhaltsverpflichtung gem. § 1602 BGB befreit, vgl. § 1606 Abs. 3 Satz 1 BGB; vgl. *Weyland* MittRhNotK 1997, 71. Allerdings wird eine derartige Befreiungsverpflichtung häufig in Übergabeverträgen vereinbart, wobei klarzustellen ist, ob es sich insoweit um einen echten Vertrag zu Gunsten Dritter gem. § 328 BGB handelt.

2. Leistungsumfang

Seit dem Inkrafttreten des Pflegeversicherungsgesetzes bestehen gesetzliche Leistungsdefinitionen mit Pflegestufen, die in die Kautelarjurisprudenz Eingang gefunden haben. Im Allgemeinen werden medizinisch nicht vorgebildete Kinder die Pflege bis zur Pflegestufe I mit dem Inhalt übernehmen, dass bei einem darüber hinausgehenden Pflegezustand in der Pflegestufe II oder III jegliche Wart- und Pflegeverpflichtung entfällt. Pflegebedürftigkeit in der Pflegestufe I ist gegeben, wenn der Berechtigte bei der Körperpflege, der Ernährung oder der Mobilität für wenigstens zwei Verrichtungen aus einem oder mehreren Bereichen mindestens einmal täglich für ca. 1,5 Stunden der Hilfe bedarf und zusätzlich mehrfach in der Woche Hilfe bei der hauswirtschaftlichen Versorgung benötigt. Sofern auch die Pflicht zur Verpflegung übernommen wird, verlängert sich die Zeit der Hilfeleistung entsprechend. **52**

Sofern der Erwerber und dessen Ehegatte berufstätig sind, wird der Umfang der Pflegeverpflichtung im Allgemeinen auch in der Weise begrenzt, dass diese unter Berücksichtigung der beruflichen und familiären Verhältnisse **zumutbar** sein muss. Enthält die Vereinbarung eines durch Reallast zu sichernden Pflegerechts den einschränkenden Zusatz, dass die Pflegeverpflichtung nur insoweit besteht, als die Pflege dem Verpflichteten zumutbar ist, bedarf es für die Eintragungsfähigkeit der Reallast nicht der Angabe von Anknüpfungsumständen für die Zumutbarkeit, vgl. OLG Stuttgart DNotZ 1995, 317. **53**

Bedenken gegen eine Pflegereallast im Hinblick auf den sachenrechtlichen Bestimmtheitsgrundsatz bestehen nicht. Die diesbezüglichen Einwendungen des BayObLG DNotZ 1994, 180 hat der BGH DNotZ 1996, 93 mit folgendem Leitsatz entkräftet:

„Bei der Übernahme einer persönlichen Pflegepflicht liegt eine bestimmbare Leistung vor, „soweit sie den Übernehmern unter Berücksichtigung ihrer beruflichen und familiären Verhältnisse, insbesondere unter Berücksichtigung der Betreuung von Kindern der Übernehmer und nach deren körperlichen Fähigkeiten und ihrem Vermögen zur Pflege nach ihrer Ausbildung und ihren Kenntnissen zumutbar ist".

Eine besonders detaillierte Pflegeverpflichtung hat *Weyland* MittRhNotK 1997, 74 ff erstellt. Danach sind die einzelnen Pflegeleistungen bis hin zur Darm- und Blasenentleerung geschildert. *J. Mayer* ZEV 1995, 274 hat einen ausführlichen Formulierungsvorschlag unterbreitet, der in die notarielle Praxis Eingang gefunden hat. **54**

3. Leistungsort

Eingeschränkt werden die Wart- und Pflegeleistungen regelmäßig hinsichtlich des Leistungsortes, so dass sie nur „im Anwesen" zu erbringen sind. Wart- und Pflegeleistungen sollen allgemein entfallen, wenn der Berechtigte vom Anwesen wegzieht oder in ein Alters – oder Pflegeheim aufgenommen wird. **55**

4. Pflegeversicherung

56 Durch das Pflegeversicherungsgesetz und auch durch die zum 1. 7. 1996 eingetretene zweite Stufe der Pflegeversicherung (BGBl. 1996 I 718) hat sich die Bereitschaft zur Übernahme von Wart- und Pflegeleistungen erhöht. Die ursprüngliche Befürchtung, dass vertragliche Pflegeleistungen zu einem Wegfall oder Minderung des Pflegegeldes nach dem PflegeVG führen (vgl. DNotI-Report 1995, 8) war unbegründet, da die Leistungen des Pflegegesetzes als Sozialversicherungsleistungen aufgrund der eigenen Beitragszahlung entstehen, also ein unentziehbarer Anspruch entsteht, der keiner Subsidiaritätsklausel unterliegt, vgl. *J. Mayer* ZEV 1995, 270.

57 *J. Mayer* Rn. 101 ff. meint, dass die Verpflichtung zur **Aushändigung des Pflegegeldes** an den pflegeverpflichteten Abkömmling zu erheblichen Abgrenzungsschwierigkeiten führt und hat vorgeschlagen, im Allgemeinen das Pflegegeld dem Pflegeberechtigten zu belassen, zumal dieser häufig teilweise auch ausgebildete Pflegekräfte (z. B. Verabreichung von Spritzen!) und andere Familienangehörige zur Pflege heranziehen wird und auch diese ggf. entlohnen will. Es kann durchaus der Billigkeit entsprechen, dass das Pflegegeld beim Pflegeberechtigten verbleibt, der dann zur Verteilung und Aufteilung berechtigt ist. U. U. kann ein Leistungsverweigerungsrecht des Pflegeverpflichteten für den Fall sinnvoll sein, dass er tatsächlich alle Pflegeleistungen in der Pflegestufe I gem. § 15 SGB XI erbringt.

5. Zwangsversteigerungsprivileg des § 9 EGZVG

58 Gem. § 9 EGZVG i. V. m. den landesrechtlichen Ausführungsgesetzen findet auf Antrag des Inhabers eines Rechts, das dem Altenteil vorgeht oder gleichsteht, ein Doppelausgebot gem. § 59 ZVG statt. Danach ist das Grundstück unter der Bedingung auszubieten, dass das Altenteil bestehen bleibt und alternativ, dass das Altenteil erlischt. Das Altenteil bleibt bestehen, wenn genug geboten wird, um das Recht des beantragenden Gläubigers einschließlich der Verfahrenskosten und Zins- und Nebenleistungen zu decken. Nur wenn bevorrechtigte Ansprüche in einem geringeren Maße befriedigt würden, als dies beim Wegfall des Altenteils der Fall wäre, wird das Grundstück unter Wegfall des Altenteils zugeschlagen.

Der dualistische Leibgedingsbegriff gilt auch für § 9 EGZVG, so dass es nicht darauf ankommt, ob das zu versteigernde Grundstück die Existenzgrundlage des Leibgedingsberechtigten darstellt, vgl. RGZ 162, 52. Da der BGH NotBZ 2008, 25 bei der Vollstreckung in bewegliches Vermögen des Leibgedingsberechtigten das Vollstreckungsprivileg von der Übertragung einer existenzsichernden Wirtschaftseinheit abhängig gemacht hat, ist streitig, ob dies auch bei der Vollstreckung in unbewegliches Vermögen gilt; zweifelnd *Otto* NotBZ 2008, 27.

III. Einkommensteuer

1. Wohnungsrecht

61 Aufgrund der sog. „Konsumgutlösung" wird der Nutzungsvorteil des Wohnens im eigenen Haus einkommensteuerlich nicht mehr erfasst, vgl.

Spiegelberger DNotZ 1988, 214. Dies gilt auch für die Altenteilerwohnung, vgl. unten Rn. 73.

2. Wart und Pflege als Gegenleistung?

Die Klausel 62

„die Übernehmer übernehmen die Hege und Pflege der Überlasserin in kranken und alten Tagen, soweit zumutbar und persönlich in natura möglich, soweit Pflegestufe 1 nicht überschritten wird; unberührt hiervon bleiben etwaige Ansprüche auf Hege- und Pflegeleistungen gegenüber Dritten, insbesondere der öffentlichen Hand“

sah das Sächsische FG DStRE 2005, 456 nicht als Gegenleistung an, soweit es sich um aufschiebend bedingte Leistungen handelt.

Pflegebedürftigkeit liegt nach dieser Auffassung nur vor, wenn der Betroffene bereits zum Zeitpunkt der Übergabe auf Dauer auf fremde Hilfe angewiesen ist. Die Bewertung als Gegenleistung kommt erst in Betracht, wenn eine ständige Pflegebedürftigkeit gegeben ist und eine Dauerpflege geleistet wird.

3. Instandhaltungsaufwendungen als dauernde Last

Für bis zum 31. 12. 2007 beurkundete Überlassungsverträge sind die ge- 63
wöhnlichen Instandhaltungsaufwendungen, zu denen der Übernehmer verpflichtet ist, als dauernde Last abziehbar. Hierzu zählen die Kosten für die regelmäßige Wartung, Pflege oder Ausbesserung des Gebäudes sowie die Vornahme üblicher Schönheitsreparaturen.

Hingegen sind außergewöhnliche Instandhaltungsaufwendungen (z.B. Austausch von Fenstern, Erneuerung der Heizung, Dacherneuerung) nur dann als dauernde Last abziehbar, wenn die durchgeführten Maßnahmen zur Erhaltung des im Zeitpunkt der Übergabe vertragsgemäßen Zustands, also des baulichen Zustands der Wohnung im Zeitpunkt der Übergabe, erforderlich waren. Aufwendungen für eine Generalsanierung des übergebenen Vermögensgegenstandes sind danach nicht als dauernde Last abziehbar, weil diese Leistungen im überwiegenden Interesse des Vermögensübernehmers an der Werterhaltung und Werterhöhung seines Eigentums erbracht werden, vgl. BMF BStBl. 2003 I 405.

4. Außergewöhnliche Belastung

Nach BFH BStBl. 2000 II 294 stellen Aufwendungen, die einem Steuer- 64
pflichtigen für die krankheitsbedingte Unterbringung eines Angehörigen in einem Altenpflegeheim entstehen, als Krankheitskosten eine außergewöhnliche Belastung i.S.d. § 33 EStG dar. Abziehbar sind neben den Pflegekosten auch die Kosten, die auf die Unterbringung und Verpflegung entfallen, soweit es sich hierbei um gegenüber der normalen Lebensführung entstehende ***Mehrkosten*** handelt. Der BFH BStBl. 2003 II 655 hat die Anerkennung einer außergewöhnlichen Belastung gem. § 33a EStG abgelehnt, wenn Unterhaltszahlungen gegenüber einer Mutter ohne eigenes Einkommen erbracht werden, die in dem ihr gehörenden Dreifamilienhaus mit einem Wert von 570.000 € eine Wohnung selbst bewohnt, eine Wohnung dem Sohn zur Nutzung überlässt und die dritte Wohnung (Dachgeschoss mit 42 qm) nicht vermietet.

5. Beerdigungskosten

65 Nach der Entscheidung des FG Münster EFG 2009, 1377 gehören Beerdigungskosten für den letztverstorbenen Altenteilsberechtigten, die der Altenteilsverpflichtete nach einem Altenteilsvertrag zu tragen hat, zum Inbegriff typischerweise Versorgungsleistungen. Sie können beim Altenteilsverpflichteten als dauernde Last berücksichtigt werden (Rev. eingelegt: AZ des BFH: X R 32/09).

Nach BFH DStR 2006, 697 sind Grabmalkosten, die sich der Vermögensübernehmer eines land- und forstwirtschaftlichen Betriebes gegenüber den Vermögensübergebern (Eltern) in einem Altenteilsvertrag vorbehalten hat, als dauernde Last i. S. v. § 10 Abs. 1 Nr. 1 a EStG abziehbar, soweit sie angemessen sind.

Eine weitere Entscheidung des BFH DStR 2010, 593 enthält eine Differenzierung hinsichtlich der Kostentragung. Der Leitsatz lautet:

„Hat sich der Vermögensübernehmer gegenüber den Vermögensübergebern (Eltern) in einem Vermögensübergabevertrag verpflichtet, die Kosten einer standesgemäßen Beerdigung zu tragen, so sind die dadurch nach dem Tod des Letztverstorbenen entstandenen angemessenen Aufwendungen als dauernde Last i. S. von § 10 Abs. 1 Nr. 1 a EStG abziehbar, soweit nicht der Vermögensübernehmer, sondern ein Dritter Erbe ist."

IV. Sozialhilferecht

Literatur: *Berger* Zur Zulässigkeit von Wegzugklauseln in Überlassungsverträgen, ZNotP 2009, 263; *Herr* Elternunterhalt, FamRZ 2005, 1021; *Krauß* Elternunterhalt, DNotZ 2004, 502; *Vaupel* Der Sozialhilferegress in der notariellen Praxis, RNotZ 2009, 497; *Zimmer* Wohnungsrecht und Heimunterbringung, ZEV 2009, 382.

1. Erlöschen der Leibgedingsverpflichtung

66 Für die Kosten der dauernden Pflegebedürftigkeit des Übergebers in einem Pflegeheim will der Erwerber regelmäßig nicht aufkommen, zumal die Pflegeheimkosten eine wesentlich höhere Belastung des Erwerbers darstellen als die Gewährung des Leibgedings im übernommenen Anwesen. Landesrechtliche Vorschriften, z. B. § 18 BayAGBGB, sehen eine Geldrente zu Gunsten des Übergebers vor, die dem Wert der Befreiung von den Verpflichtungen nach billigem Ermessen entspricht. Da diese Regelung einen Altenteilsvertrag i. S. d. Art. 96 EGBGB voraussetzt und zudem dispositiv ist, kann der nachfolgend gem. Abschn. V vorgeschlagene **entschädigungslose Wegfall der Leibgedingsverpflichtung** vereinbart werden, vgl. DNotI-Gutachten vom 16. 8. 2002, Dokumenten-Nr. 11303; BGH ZEV 2009, 254. Leistungseinschränkende Klauseln für den Pflegefall müssen in jedem Fall so formuliert werden, dass sie keine Nachrangsvereinbarung darstellen, da diese Regelungen von den Sozialhilfeträgern angefochten werden; gegen einen schrankenlosen Zugriff des Sozialhilfeträgers auch *Kornexl* ZEV 2002, 118.

2. Sozialrechtlicher Regress

a) Überleitung der Rückgewähransprüche gem. § 528 BGB i. V. m. § 94 SGB XII

67 Der sozialrechtliche Regress in die vom Übergeber übertragenen Vermögensgegenstände wurde oben zu § 2 B VII 2 dargestellt.

b) Überleitung von Unterhaltsansprüchen

Auch Unterhaltsansprüche gem. § 1601 BGB können auf den Sozialleistungsträger übergeleitet werden. Gem. § 1601 BGB sind Verwandte in gerader Linie einander zur Unterhaltsgewährung verpflichtet. Unterhaltspflichtig ist nicht, wer bei Berücksichtigung seiner sonstigen Verpflichtungen außer Stande ist, ohne Gefährdung seines angemessenen Unterhalts den Unterhalt zu gewähren, vgl. § 1603 BGB. Grundsätzlich gilt, dass alle Einkünfte und das gesamte Vermögen des Unterhaltsverpflichteten für die Beurteilung seiner Leistungsfähigkeit von Bedeutung sind, ggf. muss er auch die Substanz seines Vermögens zum Unterhalt heranziehen, vgl. *Palandt/Diederichsen* § 1603 BGB Rn. 3; OLG Karlsruhe NJW 2004, 296. 68

Gegenüber dem Ehegatten- und Minderjährigenunterhalt schränkt der Bundesgerichtshof den Elternunterhalt allerdings ein. Nach der Rechtsprechung des BGH NJW 2003, 128 muss das unterhaltspflichtige Kind bis zur Grenze von unangemessenem Aufwand oder Luxusleben keine spürbare oder dauerhafte Senkung seines Lebenszuschnittes hinnehmen. Das OLG Hamm FamRZ 2002, 124 befürwortet, Elternunterhalt nur in Höhe der **Hälfte** des Betrags zuzubilligen, um den das anrechenbare Einkommen des Unterhaltspflichtigen den ihm zu belassenden Selbstbehalt übersteigt. In einer weiteren Entscheidung bestätigt der BGH NJW 2004, 769, dass bei der Ermittlung des für den Elternunterhalt einzusetzenden bereinigten Einkommens allein auf einen etwaigen hälftigen Anteil des Betrags abgestellt wird, der den an sich vorgesehenen Mindestselbstbehalt übersteigt. 69

Darüber hinaus hat der BGH FamRZ 2003, 860 als angemessene zusätzliche Vorsorge für den Ausbau der eigenen Alterssicherung 20% des Bruttoeinkommens angesehen. Die Höhe des Selbstbehaltes ist gesetzlich nicht geregelt. Nach den aktuellen Leitlinien des OLG Düsseldorf im Bereich des Elternunterhalts wird ein Selbstbehalt in Höhe von mindestens 1400 € zzgl. der Hälfte des darüber hinaus gehenden Einkommens gewährt. U. U. kann das Einkommen des mitverdienenden Schwiegerkindes über den Familienunterhalt zu einer indirekten Beteiligung des mitverdienenden Schwiegerkindes am Elternunterhalt kommen (sog. verdeckte Schwiegerkinderhaftung), vgl. *Vaupel* RNotZ 2009, 497, 525.

V. Urkundengestaltung

1. Formulierungsbeispiel: Überlassung mit Leibgeding 71

Beurkundet am …

§ 1 Grundbuchstand

Im Grundbuch des Amtsgerichts … (Ort) für … (Gemarkung) Blatt … ist an dem dort unbelastet vorgetragenen Grundbesitz der Gemarkung …

Flst.Nr. …

Frau W als Alleineigentümerin eingetragen.

§ 2 Überlassung und Auflassung

Frau W

– im folgenden „Übergeber“ genannt –

überlässt hiermit unentgeltlich im Wege der vorweggenommenen Erbfolge den vorbezeichneten Grundbesitz mit allen Rechten und Pflichten, den wesentlichen Bestandteilen und dem gesetzlichen Zubehör

an ihre Tochter, Frau T
– im folgenden „Erwerber" genannt –
zum Alleineigentum.

Die Vertragsteile sind über den Eigentumsübergang auf Frau T als Alleineigentümerin einig und bewilligen und beantragen die Eintragung im Grundbuch.

§ 3 Besitzübergang, Gewährleistung

Besitz, Nutzungen und Lasten sowie die Gefahr des zufälligen Untergangs und der zufälligen Verschlechterung gehen sofort auf den Erwerber über. Der Übergeber haftet dafür, dass der Vertragsgegenstand lastenfrei mit Ausnahme der nachfolgend bestellten Rechte auf den Erwerber übergeht. Im übrigen wird jegliche Rechts- und Sachmängelhaftung ausgeschlossen.

§ 4 Wohnungsrecht

Frau W behält sich auf ihre Lebensdauer das in der Ausübung unentgeltliche Wohnungsrecht an der gesamten Parterrewohnung des Anwesens vor. Danach ist Frau W berechtigt, unter Ausschluss des Eigentümers auf ihre Lebensdauer die abgeschlossene Obergeschosswohnung zu bewohnen. Damit verbunden ist das Recht auf Mitbenützung der zum gemeinschaftlichen Gebrauch der Hausbewohner bestimmten Anlagen und Einrichtungen, insbesondere des Kellers und des Speichers sowie von Hof und Garten. Der Eigentümer hat das Gebäude zur Gewährung des Wohnungsrechtes instand zu halten.

Die Überlassung der Ausübung des Wohnungsrechtes an Dritte ist nicht gestattet.

Die Eintragung des vorstehend bestellten Wohnungsrechtes als

beschränkte persönliche Dienstbarkeit

an Flst. Nr. ... zugunsten von Frau W wird bewilligt.

§ 5 Reallast

Der jeweilige Eigentümer hat auch die auf die Obergeschosswohnung entfallenden Kosten für Schönheitsreparaturen, Modernisierungsaufwendungen, Strom, Wasser, Heizung, Kanal und Müllabfuhr zu tragen. Zur Sicherung bestellt der Eigentümer zugunsten von Frau W eine

Reallast

an Flst. Nr. ... und bewilligt die Eintragung im Grundbuch.

Auch im Fall der Zerstörung des Wohngebäudes hat der Eigentümer Frau W eine standesgemäße Wohnung auf dem Anwesen zu gewähren. Zur Sicherung dieses Rechts wird die Eintragung einer

Reallast

an Flst. Nr. ... für Frau W bewilligt.

§ 6 Wart(ung) und Pflege

Der Erwerber verpflichtet sich, den Übergeber bei Krankheit und Gebrechlichkeit zu warten und zu pflegen und ihm die täglichen Mahlzeiten, erforderlichenfalls Diätkost, zuzubereiten, solange dies im übergebenen Anwesen durchgeführt werden kann und dem Erwerber zumutbar ist.

Zumutbar ist die Wart- und Pflegeleistung, wenn der gesundheitliche Zustand des Berechtigten Pflege- und Betreuungsleistungen im Rahmen der Pflegestufe I gem. § 15 Abs. 1 Ziff. 1 des PflegeVG erfordert. Danach liegt Pflegebedürftigkeit in der Stufe I vor, wenn der Übergeber bei der Körperpflege, der Ernährung oder der Mobilität für wenigstens zwei Verrichtungen aus einem oder mehreren Bereichen mindestens einmal täglich der Hilfe bedarf und zusätzlich mehrfach in der Woche Hilfe bei der hauswirtschaftlichen Versorgung benötigt.

Soweit der Übergeber einen Anspruch auf Pflegegeld hat, ist der Erwerber zu den Wart- und Pflegeleistungen nur verpflichtet, wenn das Pflegegeld an ihn ausbezahlt wird.

Alle Leibgedingsverpflichtungen gem. §§ 4-6 erlöschen ersatzlos, ohne dass der Erwerber eine Entschädigung hierfür zu entrichten hat, wenn die dauernde Pflegebedürftigkeit des Übergebers in einem Pflegeheim eintritt. Die Entscheidung hierüber obliegt dem Hausarzt des Übergebers als Schiedsgutachter gem. § 317 BGB.

§ 7 Leibgeding

Es wird bewilligt und beantragt, die in §§ 4, 5 und 6 bestellten Rechte als Leibgeding gem. § 49 GBO zugunsten von Frau W im Grundbuch einzutragen mit dem Vermerk, dass zur Löschung der Nachweis des Todes der Berechtigten genügt.

§ 8 Geschwisterabfindung

Der Übernehmer verpflichtet sich, an seine Schwestern, Frau C und Frau D, je 100.000 € Geschwisterabfindung auszuzahlen, fällig ohne Beilage von Zinsen innerhalb von drei Jahren ab heute. Die Eintragung je einer Sicherungshypothek an dem Vertragsgegenstand zugunsten von Frau C und Frau D, im Gleichrang untereinander und im Rang nach dem vorbestellten Leibgeding, wird bewilligt und beantragt.

§ 9 Pflichtteilsverzicht

Sämtliche Geschwister sollen durch diese Überlassung gleichgestellt sein. Sie verzichten – Frau C und Frau D aufschiebend bedingt zum Zeitpunkt der Auszahlung der Geschwisterabfindung – für sich und ihre Abkömmlinge auf ihr gesetzliches Pflichtteilsrecht am künftigen Nachlass ihrer Mutter, einschließlich etwaiger Pflichtteilsergänzungsansprüche. Frau W nimmt diese Verzichte hiermit an.

Eine Erbausgleichung gem. § 2050 BGB wird ausgeschlossen.

§ 10 Rücktritt

1. Der Übergeber ist berechtigt, von dem schuldrechtlichen Teil dieses Vertrages zurückzutreten und die Rückauflassung des Vertragsgegenstandes zu verlangen, wenn
   a) der Erwerber den Vertragsgegenstand ohne schriftliche Zustimmung des Übergebers veräußert oder belastet,
   b) der Erwerber vor dem Übergeber verstirbt, ohne dass das Eigentum an dem Vertragsgegenstand ausschließlich auf leibliche Abkömmlinge des Übergebers übergeht,
   c) eine wesentliche Verschlechterung in den Vermögensverhältnissen des Erwerbers eintritt oder die Zwangsvollstreckung in den Vertragsgegenstand betrieben wird, ohne dass der Erwerber die Maßnahme innerhalb von drei Monaten abwendet oder
   d) der Erwerber mit seinem (künftigen) Ehegatten nicht Gütertrennung oder modifizierte Zugewinngemeinschaft mit dem Inhalt vereinbart, dass der Vertragsgegenstand im Falle des Getrenntlebens, der Scheidung oder des Güterstandswechsels aus dem Zugewinnausgleich und im Falle des Versterbens aufgrund eines beschränkten Pflichtteilsverzichts aus dem Ehegattenpflichtteilsrecht ausscheidet, wobei das Rücktrittsrecht bereits ausgeübt werden kann, wenn der Erwerber auf Verlangen nicht innerhalb eines Monats eine beglaubigte Abschrift einer notariellen Urkunde mit diesem Inhalt beibringt.
2. Abweichend von § 346 Abs. 1 BGB sind gezogene Nutzungen sowie erbrachte Zahlungen und Aufwendungen nicht zu erstatten. Werterhöhende Investitionen sind dem Erwerber zu dem im Zeitpunkt der Rückübertragung bestehenden Zeitwert zu ersetzen. Eine Ersatzpflicht scheidet aus, wenn die Investitionsmaßnahmen ohne Zustimmung des Übergebers erfolgt sind. Grundpfandrechte hat der Übergeber nur insoweit zu übernehmen, als sie gegenwärtig bestehen oder Verbindlichkeiten sichern, zu deren Übernahme der Übergeber verpflichtet ist. Im übrigen erfolgt die Rückübertragung ohne jegliche Gegenleistung. Die durch die Rückübertragung entstehenden Kosten hat der Erwerber zu tragen. Im übrigen gelten die gesetzlichen Rücktrittsbestimmungen.
3. Der Rücktritt kann nur durch schriftliche Erklärung gegenüber dem Erwerber ausgeübt werden. Das Rücktrittsrecht ist weder vererblich noch übertragbar.

4. Zur Sicherung der vorstehenden Rückerwerbsansprüche wird an dem Vertragsgegenstand zu Gunsten des Übergebers eine Rückauflassungsvormerkung gemäß § 883 BGB im Rang nach dem gem. § 7 bestellten Leibgeding eine

Rückauflassungsvormerkung gemäß § 883 BGB

zugunsten von Frau W bewilligt und beantragt.

Die Rechtswirkung der Vormerkung ist auf die Lebenszeit der Berechtigten begrenzt.

§ 11 Hinweise, Schlussbestimmungen

Die Vertragsteile wurden vom Notar hingewiesen auf:

- den Zeitpunkt und die Voraussetzungen des Eigentumsüberganges,
- das Erfordernis der vollständigen Beurkundung aller getroffenen Vereinbarungen,
- die Haftung des Grundbesitzes für öffentliche Lasten und Abgaben und
- eine etwaige Schenkungsteuer.

§ 12 Schlussbestimmungen

1. Die Kosten dieser Urkunde und des Vollzuges sowie eine etwa anfallende Schenkungsteuer trägt der Erwerber.
2. Von dieser Urkunde erhalten:
   Ausfertigungen:
   die Vertragsteile nach grundbuchamtlichem Vollzug,
   beglaubigte Abschriften:
   das Grundbuchamt und die Beteiligten sofort
   das Finanzamt – Schenkungsteuerstelle –
   unbeglaubigte Abschriften:
   das Finanzamt – Grunderwerbsteuerstelle –.

2. Anmerkungen zum Überlassungsvertrag

a) Einkommensteuer vor dem 1. 1. 2008 errichtete Überlassungsverträge

72 Die Überlassung eines Zweifamilienhauses, das vom Übergeber und vom Erwerber bewohnt wird, stellt eine ertragbringende Wirtschaftseinheit dar, da auch ein Nutzungsvorteil in Gestalt ersparter Aufwendungen einen Ertrag darstellt, vgl. BFH GrS 1/00 BStBl. 2004 II 100. Demnach können bei vor dem 1. 1. 2008 vereinbarten Vermögensübertragungen wiederkehrende Leistungen des Erwerbers an den Übergeber bis zur Höhe des Nutzungsvorteils als Sonderausgaben gem. § 10 Abs. 1 Nr. 1a EStG geltend gemacht werden.

aa) Altenteilerwohnung

73 Dem bürgerlich-rechtlichen Eigentümer sind weder Einnahmen zuzurechnen noch kann dieser Aufwendungen für das Gebäude als Werbungskosten geltend machen, soweit es die wohnungsrechtsbelasteten Gebäudeteile betrifft, vgl. III. Nießbraucherlass BStBl. 1998 I 914, Tz. 50. Die ausdrücklich vereinbarte Verpflichtung, die Wohnung instand zu halten, kann nach Auffassung des BFH/NV 1998, 1467 eine dauernde Last begründen.

Die Bewirtschaftungskosten der Altenteilerwohnung können für vor dem 1. 1. 2008 vereinbarte Vermögensübertragungen als dauernde Last vom Erwerber geltend gemacht werden, wenn sich dieser im Überlassungsvertrag zur Kostentragung verpflichtet hat. Die Verpflichtung zur Übernahme außergewöhnlicher Verbesserungsmaßnahmen muss ausdrücklich vereinbart sein, vgl. BFH DStR 1999, 2113.

bb) Vom Erwerber bewohnte Wohnung

Nach der einkommensteuerlichen Systematik unterliegt der Mietwert der vom Erwerber genutzten Wohnung keiner Einkommensteuer; umgekehrt dürfen auch keinerlei Werbungskosten geltend gemacht werden, vgl. *Spiegelberger* DNotZ 1988, 214. **74**

cc) Geschwistergleichstellungsgelder

Gem. Tz. 11 und 20 BMF-Schreiben BStBl. 1993 I 80 liegen bei der Vereinbarung von Geschwistergleichstellungsgeldern, die nach mehr als einem Jahr zur Zahlung fällig werden, Anschaffungskosten nicht in der Höhe des Nennbetrages, sondern in der Höhe des nach den Vorschriften des Bewertungsgesetzes abgezinsten Gegenwartswertes vor, vgl. BFH BStBl. 1981 II 160. Danach ergibt sich für das in drei Jahren fällig werdende Geschwistergleichstellungsgeld in Höhe von 100.000 € ein Gegenwartswert von lediglich 85.200 €, so dass der Differenzbetrag in Höhe von 14.800 € einen Zinsanteil darstellt, den der Empfänger im Jahr der Vereinnahmung gem. § 20 I Nr. 7 EStG zu versteuern hat. Der Zahlende kann einen entsprechenden Werbungskostenabzug nur vornehmen, wenn er die erworbene Immobilie zur Erzielung von Einkünften verwendet. Nach Auffassung des FG Münster ErbStB 2009, 209 ist es ernstlich zweifelhaft, ob eine mehr als ein Jahr nach dem Zeitpunkt der Vereinbarung fällig werdende unverzinsliche Forderung gem. § 12 Abs. 3 BewG für Zwecke der Einkommensbesteuerung abzuzinsen ist und der Zinsanteil bei Zahlung der Forderung zu Einkünften aus Kapitalvermögen führt. **75**

Die Verzinsung der Geschwistergleichstellungsgelder kann dann vermieden werden, wenn die Entstehung der Leistungsverpflichtung von einem **ungewissen Ereignis** abhängig gemacht wird. Wenn somit die Gleichstellungsgelder erst zum Zeitpunkt des Ablebens des Übergebers vereinbart werden, sind diese erst Veräußerungsentgelt und Abschaffungskosten mit dem Eintritt des Ereignisses, vgl. Rn. 21 BMF-Schreiben Vorweggenommene Erbfolge BStBl. 1993 I 80. Die **Verzinsung** kann somit nicht vor diesem Zeitpunkt beginnen. **76**

b) Rechtslage für ab dem 1. 1. 2008 errichtete Überlassungsverträge

Der durch das Jahressteuergesetz 2008 eliminierte Sonderausgabenabzug berührt nicht die Rechtsnatur des Überlassungsvertrages als unentgeltliches Rechtsgeschäft, so dass die vom Erwerber zu erbringenden Leistungen keine Anschaffungskosten darstellen, a. A. *Risthaus* ZErb 2007, 314. **77**

VI. Checkliste: Übergabe mit Leibgeding

1. Zivilrecht

- Leibgeding, bestehend aus **78**
  - Wohnungsrecht als beschränkte persönliche Dienstbarkeit gem. § 1093 BGB,
  - Reallast und
  - Wohnungsreallast

- Zwangsversteigerungsprivileg gem. § 9 Abs. 1 EGZVG und Pfändungsschutz gem. § 850b Abs. 1 Nr. 3 ZPO nur bei Altenteilsvertrag gem. Art. 96 EGBGB

2. Einkommensteuer

a) für vor dem 1. 1. 2008 vereinbarte Vermögensübertragungen

- Wohnungsrecht führt zu (anteiligem) Werbungskostenleerlauf
- Erhaltungsaufwendungen, Bewirtschaftungskosten und Sachaufwand für Wart und Pflege führen zum Sonderausgabenabzug, für nicht vom Wohnungsrecht erfasste und auch nicht vom Erwerber bewohnte Räume

b) für ab dem 1. 1. 2008 vereinbarte Vermögensübertragungen

- eigengenutzte Wohnung und Altenteilerwohnung werden einkommensteuerlich nicht erfasst
- Geschwistergleichstellungsgelder und Schuldübernahmen ergeben Anschaffungskosten, aber Abzinsungsproblematik!
- Ablösung möglich, vgl. § 4 Rn. 114f.

3. Schenkungsteuer

- Wohnungsrecht, Reallast und Geschwistergleichstellungsgelder ergeben Minderung der Bemessungsgrundlage, ebenso Schuldübernahme

4. Grunderwerbsteuer

- Befreiung bei Ehegatten und Abkömmlingen gemäß § 3 Nr. 4 und 6 GrEStG

VII. Wohnungsrechtsablösung

79 Zahlungen zur Ablösung eines dinglichen Wohnungsrechte stellen grundsätzlich – nachträgliche – Anschaffungskosten des Grundstückseigentümers dar, vgl. BFH BStBl. 1993 II 488. Gem. Tz. 49 III. Nießbraucherlass BStBl. 1998 I 914 sind die für den Vorbehaltsnießbrauch geltenden Vorschriften entsprechend anzuwenden.

C. Dauerwohnrecht

Literatur: *Dammertz* Wohnungsrecht und Dauerwohnrecht, MittRhNotK 1970, 73; *Lotter* Aktuelle Fragen des Dauerwohnrechts, MittBayNot 1999, 355; *Maaß-Oprée* Die dingliche Sicherung des Mieters, ZNotP 1997, 8; *J. Mayer* Zur Störfallvorsorge beim Dauerwohnrecht: Heimfallanspruch bei Tod des Berechtigten oder Veräußerung des Rechts, DNotZ 2003, 908; *U. Mayer* Dauerwohnrecht statt Wohnungsrecht – unentdeckte Gestaltungsmöglichkeiten beim Übergabevertrag, ZNotP 2000, 354; *Spiegelberger* Der aktuelle Anwendungsbereich des Dauerwohn- und Dauernutzungsrechts in: FS Bärmann und Weitnauer 1990, 647; *ders.* Der Anwendungsbereich des Dauernutzungsrechts in: FS für Merle 2000, 301; weitere Fundstellen vgl. *Spiegelberger/Spindler/Wälzholz* Kap. 9.

I. Anwendungsbereich des Dauerwohnrechts

1. Das Dauerwohnrecht als übertragbares und vererbliches Nutzungsrecht

Während die beschränkte persönliche Dienstbarkeit, also z.B. ein Wohnungsrecht gem. § 1093 BGB, mit dem Versterben des Berechtigten erlischt, geht beim Dauerwohnrecht die Berechtigung gem. § 33 Abs. 1 Satz 1 WEG auf den Gesamtrechtsnachfolger über. Somit sind die von dem Berechtigten erbrachten Investitionen unabhängig von dessen Lebensdauer dinglich gesichert; zudem kann die Nutzung des mit diesen Investitionsmitteln geschaffenen Gebäudes auf die gewöhnliche Nutzungsdauer – und darüber hinaus – gewährleistet werden. 81

Da das Dauerwohnrecht seiner Rechtsnatur nach veräußerlich ist, kommt ihm – wiederum im Unterschied zur gewöhnlichen beschränkten persönlichen Dienstbarkeit – ein Substanz- und Verkehrswert zu, aus dem sich auch die **Beleihbarkeit** ergibt. Da für das Dauerwohnrecht kein eigenes Grundbuchblatt gebildet wird, scheidet zwar die Eintragung eines Grundpfandrechts an dem Dauerwohnrecht aus (dies könnte nur mit Zustimmung des Grundstückseigentümers an dem Grundstück selbst erfolgen); im Grundbuch kann aber die Verpfändung an das finanzierende Kreditinstitut eingetragen werden. Allerdings verlangen die finanzierenden Banken häufig als Sicherung für die dem Dauerwohnberechtigten gewährten Kredite die Eintragung von Grundschulden durch den Grundstückseigentümer, der bei dem Heimfall eine angemessene Entschädigung zu gewähren hat. 82

Als selbständiges dingliches Recht bietet das Dauerwohnrecht – im Unterschied zu schuldrechtlichen Nutzungsrechten wie Miete oder Pacht – auch Schutz bei einer **Insolvenz des Grundstückseigentümers**, insbesondere im Falle der Versteigerung des Grundstücks, wenn der betreibende Gläubiger dem Dauerwohnrecht im Rang nachgeht oder wenn mit Zustimmung des vorrangig eingetragenen Gläubigers eine Vereinbarung über das Fortbestehen gem. § 39 Abs. 1 getroffen wird; zur dinglichen Sicherung des Mieters vgl. *Maaß-Oprée* ZNotP 1997, 8. 83

2. Mietähnliche und eigentumsähnliche Dauerwohnrechte

a) Das **mietähnliche** Dauerwohnrecht wird kurz- oder mittelfristig bestellt; das Entgelt für die Einräumung des Dauerwohnrechts wird nach den Grundsätzen der Miete berechnet und entweder in einem einmalig zu entrichtenden Baukostenzuschuss durch den Berechtigten an den Grundstückseigentümer gezahlt und dann in der vorher bestimmten Zeit „abgewohnt" oder durch wiederkehrende Bezüge während der Laufzeit des Dauerwohnrechts abgegolten, vgl. *Weitnauer-Mansel* WEG Rn. 6 und 7 vor § 31. 84

b) Bei besonders **langfristigen** oder gar zeitlich **unbefristeten** Dauerwohnrechten entsteht ein dem Grundstückseigentum angenähertes Recht, also ein **eigentumsähnliches** Dauerwohnrecht, das immer dort Anwendung finden kann, wo der an sich erstrebte Eigentumserwerb aus formell- oder materiell-rechtlichen Gründen nicht möglich ist, vgl. *Spiegelberger* in: FS Bärmann und Weitnauer 647. Wer ein an sich gewolltes Erbbaurecht nicht 85 bestellen kann, weil die erste Rangstelle des zu belastenden Grundstückes wegen eines eingetragenen Rechts in Abt II oder III des Grundbuches blockiert ist, sollte erwägen, ein Dauerwohn- oder Dauernutzungsrecht zu bestellen, das ohnehin in der gesetzlichen Ausgestaltung dem Erbbaurecht stark angenähert ist.

86 Auch die Aufteilung in Wohnungseigentum scheitert häufig in der Praxis an Formalien, so dass ebenfalls als Ausweichlösung die Bestellung eines Dauerwohnrechts in Betracht kommt; zur Umdeutung eines im Hinblick auf § 311b Abs. 1 Satz 1 BGB formnichtigen Versprechens auf Einräumung von Wohnungseigentum in einen Anspruch auf Verschaffung eines Dauerwohnrechts vgl. BGH NJW 1963, 339.

Sofern ein Kind im elterlichen Anwesen einen Gebäudeteil ausbauen will und hierfür eine rechtlich gesicherte Position erhalten soll, kommt es in der Praxis häufig vor, dass zwar die neu zu errichtende Wohneinheit i. S. des § 3 Abs. 2 WEG abgeschlossen ist, dies aber nicht für die restlichen Wohneinheiten zutrifft (vgl. die von *Lotter* MittBayNot 1999, 355 geschilderten **Dachbodenfälle**) oder dass überhaupt Pläne für das gesamte Anwesen fehlen und ein umfangreicher Bautenbestand mit erheblichen Kosten planmäßig neu aufgenommen werden müsste. In all diesen Fällen kommt die Bestellung eines eigentumsähnlichen Dauerwohnrechts für die geplante Neubauwohnung in Betracht.

87 Auch aus sonstigen familiären Gründen, z. B. für den Fall der Teilung unter Geschwistern oder Miterben, werden zur Vermeidung der „Aufteilung" des Familienbesitzes Dauerwohnrechte vereinbart (*Bärmann-Pick-Merle* vor § 31 Rz 19). *U. Mayer* ZNotP 2000, 354 sieht im Dauerwohnrecht eine unentdeckte Gestaltungsmöglichkeit beim Übergabevertrag. *J. Mayer* DNotZ 2003, 909 empfiehlt das Dauerwohnrecht als Vorstufe einer **gleitenden Übergabe.**

3. Dauerwohnrechtsbestellung wegen baurechtlicher Beschränkungen

88 Im Zusammenhang mit der Hofübergabe wird gelegentlich beabsichtigt, für den übergebenden Landwirt ein Austragshaus oder für die „weichenden Erben" neuen Wohnraum zu schaffen. Eine Wegmessung einer Bauparzelle wird häufig vermieden, um Ausgleichsansprüche nach § 13 HöfeO oder Pflichtteilsergänzungsansprüche nicht entstehen zu lassen. Zudem wird eine Baugenehmigung für derartige Baumaßnahmen häufig nur erteilt, wenn eine Abtrennung des Neubaues von der Hofstelle ausgeschlossen ist.

Eine ähnliche Problematik ergibt sich bei gewerblichen Grundstücken. Hier wird die Baugenehmigung für die Errichtung eine Wohnbaues nur erteilt, wenn gem. § 8 BauNVO die dem Gewerbebetrieb dienenden Wohnräume nicht rechtlich verselbständigt werden können. Auch in diesen Fällen kann sich die Bestellung eines Dauerwohnrechts empfehlen, da die Erteilung der Abgeschlossenheitsbescheinigung in diesen Fällen nicht verweigert werden kann. In durch Bebauungsplan oder sonstige Satzung ausgewiesenen Fremdenverkehrsgebieten kann allerdings § 22 BauGB eine unüberwindbare Hürde darstellen.

89 Aufgrund der Rechtsprechung des BVerwG DNotZ 1990, 249 scheiterte die Aufteilung in Wohnungseigentum in der Vergangenheit häufig daran, dass nicht sämtliche Räume den zu diesem Zeitpunkt maßgeblichen Schall- Wärme- und Erschütterungsschutzbestimmungen entsprochen haben. Der Gemeinsame Senat der Obersten Gerichtshöfe des Bundes DNotZ 1993, 48 hat klargestellt, dass Wohnungen und sonstige Räume in bestehenden Gebäuden auch dann i. S. v. § 3 Abs. 2 S 1 in sich abgeschlossen sein können, wenn die Trennwände und Trenndecken nicht den Anforderungen entsprechen, die das Bauordnungsrecht des jeweiligen Bundeslandes aufstellt, da der zivilrechtliche Abgeschlossenheitsbegriff nicht die bauordnungsrechtlichen Bestimmungen einschließt, vgl. *Staudinger/Rapp* WEG § 3 Rz 13ff.

4. Teilzeit-Wohnrechteverträge

Aufgrund der häufigen unseriösen Vertragspraktiken verpflichtete die Time-Share-Richtlinie 94/47/EG des Europäischen Parlaments und des Rates die nationalen Gesetzgeber zum Erlass von Rechts- und Verwaltungsvorschriften über den Erwerb von Teilzeitnutzungsrechten. Der deutsche Gesetzgeber hat mit dem Teilzeit-Wohnrechte-Gesetz v 20. 12. 1996 BGBl. 1996 I 2154 die Time-Share-Richtlinie umgesetzt und im Zuge der Schuldrechtsreform in das BGB aufgenommen. Teilzeit-Wohnrechte-Verträge sind gem. § 481 Abs. 1 Satz 1 BGB Verträge, durch die ein Unternehmer einen Verbraucher gegen Zahlung eines Gesamtkaufpreises das Recht zu verschaffen verspricht, für die Dauer von mindestens drei Jahren ein Wohngebäude jeweils für einen bestimmten oder zu bestimmenden Zeitraum des Jahres zu Erholungs- oder Wohnzwecken zu nutzen. Gem. Satz 2 dieser Bestimmung kann das Nutzungsrecht ein dingliches oder anderes Recht sein und insbesondere auch durch eine Mitgliedschaft in einem Verein oder einen Anteil an einer Gesellschaft eingeräumt werden. 90

Gem. § 482 Abs. 1 BGB ist dem Interessenten ist ein Prospekt auszuhändigen. Dieser muss eine allgemeine Beschreibung des Wohngebäudes oder des Bestandes von Wohngebäuden sowie die in der Rechtsverordnung nach Art 242 EGBGB bestimmten Angaben enthalten.

Der Vertrag über die Teilzeitnutzung bedarf gem. § 484 Abs. 1 BGB der Schriftform, soweit nicht nach anderen Vorschriften eine strengere Form vorgeschrieben ist. § 485 BGB gewährt das Widerrufsrecht für Verbraucherverträge gem. § 355 BGB. § 486 BGB statuiert ein Anzahlungsverbot. Durch die geschilderte, europaweit geltende Regelung konnten die krassen Missbräuche, die die Gerichte beschäftigt hatten, weitgehend eingedämmt werden.

II. Vertragsgestaltung

Beispiel: Die Tochter T der Eheleute A hat das Dachgeschoss des elterlichen Anwesens auf eigene Kosten zu einer selbstgenutzten Wohnung ausgebaut. Die Aufteilung in Wohnungseigentum und die Übertragung des Dachgeschosses als Eigentumswohnung auf die Tochter T scheitert, da die Baubehörde die erforderliche Abgeschlossenheitsbescheinigung gem. § 7 WEG nicht erteilt. Kann T dennoch eine dingliche Berechtigung erwerben? 91

Das Dauerwohnrecht wurde durch das WEG als Instrument zur Sicherung von eigenen Aufwendungen als Alternative zur Eigentumswohnung neu geschaffen. In der aktuellen Beurkundungspraxis hat das eigentumsähnliche 92

Dauerwohnrecht eine Bedeutung, wenn der an sich erstrebte Eigentumserwerb aus formell- oder materiellrechtlichen Gründen nicht möglich ist, z.B. die Begründung von Wohnungseigentum an der Abgeschlossenheit scheitert. Insbesondere bei der Errichtung von Austragshäusern im Außenbereich spielt das Dauerwohnrecht eine Rolle, vgl. *Spiegelberger* in: FS für Bärmann und Weitnauer, S. 657.

III. Formulierungsvorschlag für eigentumsähnliches Dauerwohnrecht zur Geltendmachung der Eigenheimzulage

93 Verhandelt am …
in

§ 1 Grundbuchstand

Die Eheleute A
sind Eigentümer des im Grundbuch des Amtsgerichts (Ort) für (Gemarkung) Band … Blatt … vorgetragenen und in der Gemarkung … gelegenen Grundbesitzes
Fl. Nr. …
Der Grundbesitz ist wie folgt belastet:
Abt. II: Geh- und Fahrtrecht zugunsten des jeweiligen Eigentümers von Fl. Nr. …
Abt. III: 25.000 € Grundschuld ohne Brief zugunsten der … (Bank).

§ 2 Bestellung des Dauerwohnrechts

Die Eheleute A
– nachfolgend als „Eigentümer“ bezeichnet –
bestellen zugunsten ihrer Tochter Frau E
– nachfolgend als „Dauerwohnberechtigte“ bezeichnet –
vom Tage der Grundbucheintragung ab ein
Dauerwohnrecht gem. § 31 Abs. 1 Wohnungseigentumsgesetz (WEG).

Gegenstand des Dauerwohnrechts ist die im 1. Obergeschoss des Anwesens gelegene Wohnung mit einer Wohnfläche von 75 qm, bestehend aus Wohnzimmer, Schlafzimmer, Küche, Bad/WC und Flur. Wegen der genauen Lage wird auf den dieser Urkunde beigefügten Aufteilungsplan Bezug genommen.

Der Notar wird beauftragt und ermächtigt, die erforderliche Abgeschlossenheitsbescheinigung gem. § 7 WEG einzuholen.

§ 3 Inhalt des Dauerwohnrechts

1. Das Dauerwohnrecht wird auf die Dauer von fünfzig Jahren, beginnend mit dem Tag der Grundbucheintragung, bestellt.
2. Der Dauerwohnberechtigte hat das Recht der alleinigen Nutzung seiner Wohnung und der Mitbenützung der gemeinschaftlichen Räume, Anlagen und Einrichtungen des Gebäudes sowie des Gartens. Die Wohnung darf nur zu Wohnzwecken benutzt werden.
3. Das Dauerwohnrecht ist veräußerlich und vererblich. Die Veräußerung bedarf der Zustimmung des Eigentümers, die nur aus wichtigem Grund versagt werden darf.
4. Das Dauerwohnrecht bleibt abweichend von § 44 ZVG im Falle der Zwangsversteigerung des Grundstückes bestehen, auch wenn ein Gläubiger einer dem Dauerwohnrecht im Range vorgehenden oder gleichstehenden Hypothek-, Grundschuld, Rentenschuld oder Reallast die Zwangsversteigerung betreibt.
5. Der Dauerwohnberechtigte ist verpflichtet, sämtliche auf dem Anwesen ruhenden ordentlichen und außerordentlichen öffentlichen sowie privaten Lasten, insbesondere auch die Kosten der gewöhnlichen und außergewöhnlichen Ausbesserungen und Erneuerungen für das Anwesen anteilig im Verhältnis der Gesamtwohnfläche zur Wohnfläche des Wohnungsberechtigten zu tragen. Schönheitsreparaturen tra-

gen Eigentümer und Dauerwohnberechtigter getrennt jeweils für die ihrer Nutzung unterliegenden Räume. Zinsen für die in Abt. III eingetragenen und künftig zur Eintragung gelangende Grundpfandrechte trägt der Eigentümer allein, es sei denn, dass der Eigentümer freiwillig für Darlehen des Dauerwohnberechtigten Sicherungsgrundpfandrechte bestellt.

6. Der Eigentümer ist verpflichtet, eine Gebäudefeuerversicherung und eine Leitungswasserschadenversicherung zu unterhalten. Wird das Gebäude ganz oder teilweise zerstört, so ist der Eigentümer verpflichtet, den vor Eintritt des Schadens bestehenden Zustand wiederherzustellen, wenn die Kosten der Wiederherstellung aufgrund der Versicherung oder durch sonstige Ansprüche gegen Dritte voll gedeckt sind.
7. Die auf die Wohnung des Dauerwohnberechtigten entfallenden laufenden Betriebskosten, insbesondere für Straßenreinigung, Müllabfuhr, Kaminkehrer, Treppenhaus- und Außenbeleuchtung sowie der Warmwasser- und Heizungsversorgung hat der Dauerwohnberechtigte nach Maßgabe der jährlich vom Eigentümer zu erstellenden Abrechnung zu bezahlen. In Höhe der voraussichtlichen Kosten hat der Dauerwohnberechtigte monatliche Vorauszahlungen zu entrichten.
8. Der Eigentümer kann die Übertragung des Dauerwohnrechts auf sich oder auf einen von ihm bezeichneten Dritten verlangen, wenn
   - der Dauerwohnberechtigte die Wohnung trotz Abmahnung zu anderen als Wohnzwecken nutzt,
   - der Dauerwohnberechtigte die Wohnung und die gemeinsam benutzten Gebäude- und Grundstücksteile trotz Abmahnung nicht pfleglich behandelt,
   - über das Vermögen des Dauerwohnberechtigten das Insolvenzverfahren durchgeführt oder wegen fehlender Kostendeckung nicht eröffnet wird,
   - Zwangsvollstreckungsmaßnahmen in das Dauerwohnrecht eingeleitet und nicht innerhalb von drei Monaten aufgehoben werden.
9. Macht der Eigentümer den Heimfallanspruch gem. Ziff. 8. bei Beendigung des Dauerwohnrechts geltend, hat er dem Dauerwohnberechtigten eine angemessene Entschädigung zu zahlen, die sich nach dem Verkehrswert des Dauerwohnrechts zum Zeitpunkt der Übertragung auf den Eigentümer bemisst. Sofern sich die Beteiligten nicht innerhalb eines Monats ab Geltendmachung des Übertragungsanspruches durch den Eigentümer über die Höhe der Entschädigung einigen, entscheidet als Schiedsgutachter gem. § 317 BGB ein öffentlich bestellter und gerichtlich vereidigter Sachverständiger für das Grundstückswesen, den auf Antrag eines Beteiligten der Landgerichtspräsident bestellt. Die von diesem festgesetzte Entschädigung ist innerhalb eines Monats nach Erstellung des Schätzgutachtens Zug um Zug gegen Übertragung des Dauerwohnrechts zur Zahlung fällig.
10. Die Eintragung des Dauerwohnrechts an Fl. Nr. ... zugunsten von Frau E mit dem vorstehenden Inhalt in das Grundbuch wird bewilligt und beantragt.

§ 4 Schuldrechtliche Vereinbarungen

1. Die Dauerwohnberechtigte hat die Rechte und Pflichten eines Wohnungseigentümers in entsprechender Anwendung der §§ 10–29 WEG. Maßnahmen, für die bei Wohnungseigentümern ein Beschluss der Eigentümerversammlung erforderlich ist, dürfen nur mit Zustimmung des Dauerwohnberechtigten durchgeführt werden.
2. Für die Nutzung des mit dem Dauerwohnrecht belasteten Grundstücks hat der Dauerwohnberechtigte keine Vergütung zu erbringen.
   – **alternativ** bei betrieblichem Grundbesitz: Für die Nutzung des Grundstückes hat der Dauerwohnberechtigte ein jeweils am ersten eines Monats fälliges Nutzungsentgelt in Höhe von ... € zu entrichten.
3. Die Kosten für den Aus- und Umbau der Wohnung des Dauerwohnberechtigten nach Maßgabe des beigefügten Aufteilungsplanes trägt der Dauerwohnberechtigte selbst.

4. Sofern das Dauerwohnrecht durch Zeitablauf erlischt, hat der Eigentümer dem Dauerwohnberechtigten ebenfalls eine angemessene Entschädigung zu zahlen, für deren Festsetzung die Regelung in § 3 Nr. 8 entsprechend gilt.
5. Soweit diese schuldrechtlichen Verpflichtungen nicht kraft Gesetzes auf Sonderrechtsnachfolger übergehen, sind die Beteiligten verpflichtet, diese Verpflichtungen bei der Veräußerung ihren Sonderrechtsnachfolgern aufzuerlegen und diese in derselben Weise zur Weiterübertragung zu verpflichten.

§ 5 Steuerklausel

Durch diesen Vertrag soll der Dauerwohnberechtigte wirtschaftlich und steuerlich einem Wohnungseigentümer gleichgestellt sein. Sollte die Finanzverwaltung die durch diesen Vertrag erstrebten Wirkungen nicht oder nicht mehr anerkennen, verpflichten sich die Beteiligten eine Regelung herbeizuführen, die die erstrebten Rechtsfolgen bewirkt.

§ 6 Schlussbestimmungen

Die Kosten dieser Urkunde und des Vollzuges trägt der Dauerwohnberechtigte.
Jeder Vertragsteil erhält eine Ausfertigung dieser Urkunde.
Beglaubigte Abschriften erhalten:
das Grundbuchamt
das Zentralfinanzamt – Schenkungsteuerstelle –
Vorgelesen ...

IV. Bewertungsrecht

1. Dauerwohnrecht

96 Dauerwohnrechte weisen die Besonderheit unter den Nutzungsrechten auf, dass sie gem. § 33 Abs. 1 WEG veräußerlich und vererblich sind. Der Gesetzgeber hat damit ein Rechtsinstitut geschaffen, das dem Erbbaurecht stark angenähert ist, zumal die Ausgestaltung in vielfältiger Hinsicht dem Erbbaurecht, z. B. hinsichtlich des Heimfallanspruchs gem. § 36 WEG, gleicht. Dennoch verbleibt ein gravierender Unterschied gegenüber den Erbbaurechten, die zwar ihrer Rechtsnatur nach ebenfalls Nutzungsrechte sind, aber wie Grundstückseigentum behandelt werden. Der Erbbauberechtigte wird Eigentümer und unmittelbarer Eigenbesitzer der z. Zt. der Entstehung des Erbbaurechts vorhandenen oder von ihm aufgrund des Erbbaurechts bestimmungsgemäß errichteten Bauwerks, vgl. *v. Oefele/Winkler* Handbuch des Erbbaurechts 4. Aufl. 2007, 2. Kap., 2.42.

a) Mietähnliche Dauerwohnrechte

97 Kurzfristige Dauerwohnrechte sind bewertungsrechtlich wie gewöhnliche Nutzungsrechte zu beurteilen, so dass insoweit die allgemeinen Vorschriften des Bewertungsgesetzes gem. § 13–16 BewG Anwendung finden. Nur wenn der Dauerwohnberechtigte durch vertragliche Vereinbarung eine Stellung erlangt, die ihn wirtschaftlich einem Wohnungseigentümer gleichstellt und er deshalb als **wirtschaftlicher Eigentümer** i. S. d. § 39 Abs. 2 Nr. 1 AO anzusehen ist, ist es gerechtfertigt, das Dauerwohnrecht selbständig wie Wohnungseigentum zu bewerten, vgl. *Staudinger/Spiegelberger* Anh. zu § 42 WEG Rn. 6, so dass für den Dauerwohnberechtigten ein Einheitswertbescheid zu erlassen ist.

b) Eigentumsähnliche Dauerwohnrechte

Zeitlich unbegrenzte oder langfristige Dauerwohnrechte sind dem Eigentumsrecht so angenähert, so dass eine einem Grundstückseigentümer angenäherte Rechtsposition und damit im steuerlichen Sinn **wirtschaftliches Eigentum** begründet werden kann. Ausschlaggebende Bedeutung hat damit die Laufzeit des Dauerwohnrechts. Zeitlich unbefristete Dauerwohnrechte verleihen eine derart dominierende Herrschaft über das belastete Grundstück, dass der Eigentümer von Einwirkungen auf das Grundstück endgültig ausgeschlossen wird. Damit liegt i. S. des § 39 Abs. 2 Nr. 1 AO **wirtschaftliches Eigentum** vor. Dies ist insbesondere anzunehmen, wenn ein Dauerwohnrecht eine Laufzeit von fünfzig Jahren und mehr aufweist, vgl. *Staudinger/Spiegelberger* Anh. zu § 42 WEG Rn. 3. 98

Der BFH BStBl. 1965 III 10 hat das wirtschaftliche Eigentum des Dauerwohnberechtigten bejaht, wenn die Rechte und Pflichten des Dauerwohnberechtigten bei wirtschaftlicher Betrachtungsweise den Rechten und Pflichten eines Eigentümers einer Eigentumswohnung entsprechen und wenn er aufgrund des Dauerwohnrechtsvertrages bei dem Heimfall eine angemessene Entschädigung erhält. Nach Auffassung des BFH BStBl. 1986 II 255 kommt eine dem Wohnungseigentum ähnliche Gestaltung in Betracht, wenn das Dauerwohnrecht zeitlich unbeschränkt oder auf besonders lange Zeit bestellt wird und der Dauerwohnberechtigte sowohl die Finanzierung von Grundstückserwerb und Gebäudeerrichtung, als auch die Verzinsung und Tilgung des Fremdkapitals sowie die laufenden Bewirtschaftungskosten übernimmt, ebenso FG Düsseldorf EFG 1996, 993.

Letztlich ist aber nach der zutreffenden Auffassung des BFH DStR 2001, 2019 die Vereinbarung einer Nutzung bis zum wirtschaftlichen Verbrauch des Gebäudes nicht erforderlich, um wirtschaftliches Eigentum zu begründen. Errichten die Partner einer nichtehelichen Lebensgemeinschaft gemeinsam ein Einfamilienhaus auf einem Grundstück, das zivilrechtlich im Eigentum nur eines Partners steht, kann nach dieser Entscheidung auch der andere dessen wirtschaftlicher Miteigentümer sein, wenn ihm für den Fall des Scheiterns der Lebensgemeinschaft nach zivilrechtlichen Grundsätzen ein Ausgleichsanspruch gegen den zivilrechtlichen Eigentümer in Höhe des hälftigen Verkehrswertes des Gebäudes zusteht. Solches ist nach der Rechtsprechung des BFH i. d. R. der Fall, da in entsprechender Anwendung gesellschaftsrechtlicher Grundsätze ein Ausgleichsanspruch analog § 731 ff BGB bestehen kann, vgl. BGH NJW 1992, 906; WM 2000, 522 mwN; ebenso Fischer DStR 2001, 2014.

Die Frage, ob **wirtschaftliches Eigentum** vorliegt, kann für das Bewertungsrecht und die Einkommensteuer nur einheitlich entschieden werden, vgl. BFH BStBl. 1957 III 392. Sofern wirtschaftliches Eigentum des Nutzungsberechtigten besteht, ist ein Einheitswertbescheid hinsichtlich der vom Dauerwohnberechtigten angeschafften oder hergestellten Wohnung zu erlassen. Diese ist als Gebäude auf fremdem Grund und Boden zu bewerten. 99

2. Dauernutzungsrecht

Für Dauernutzungsrechte gelten die vorstehenden Ausführungen entsprechend. Allerdings ist zu berücksichtigen, dass die betriebsgewöhnliche Nut- 100 zungsdauer von gewerblichen Bauten sich nach der jeweiligen Branche richtet, vgl. AfA-Tabellen für allgemein verwendbare Anlagegüter für nach dem 31. 12. 2000 angeschaffte/hergestellte Wirtschaftsgüter BStBl. 2000 I 1532. Die intensivere Nutzung und der rasche Wechsel wirtschaftlicher Verhältnisse führen in der Regel zu einer kürzeren betriebsgewöhnlichen Nutzungsdauer. Beträgt die vermutliche betriebsgewöhnliche Nutzungsdauer eines gewerblich genutzten Gebäudes nur dreißig Jahre, so ist diese Zeit für die Beurteilung, ob ein eigentumsähnliches oder ein mietähnliches Dauernutzungsrecht vorliegt, maßgebend.

V. Einkommensteuer

1. Mietähnliches Dauerwohn- und -nutzungsrecht im Privatvermögen

a) Bestellung

106 Bei Laufzeiten unter der (betriebs-)gewöhnlichen Nutzungsdauer wird das Dauerwohn- und -nutzungsrecht als dingliches Nutzungsrecht behandelt, das ähnlich wie ein Nießbrauch oder Wohnungsrecht beurteilt wird, so dass es hinsichtlich der steuerlichen Beurteilung auf die Art und Weise des Entstehens des Rechts ankommt.

107 Das bei der Eigentumsübertragung vorbehaltene Nutzungsrecht ist ein **Vorbehaltsnutzungsrecht** und führt dazu, dass hinsichtlich der einkommensteuerlichen Beurteilung alles beim alten verbleibt, also der Ertrag vom bisherigen Eigentümer als nunmehrigen Nutzungsberechtigten zu versteuern ist, soweit keine Eigennutzung zu Wohnzwecken vorliegt. Wie ein Vorbehaltsnießbraucher ist der Dauerwohnberechtigte zu Abschreibungen für Abnutzung gem. § 7 EStG berechtigt, wenn er die Nutzung einem Dritten entgeltlich überlässt. Bei einem Vorbehaltsnutzungsrecht kommt es somit nicht darauf an, ob ein Dauerwohnrecht eigentumsähnlich ist oder nicht.

b) Nutzungswertzurechnung

108 Ein **Zuwendungs-Nutzungsrecht** führt bei **entgeltlicher** Bestellung zu Einkünften aus Vermietung und Verpachtung gem. § 21 EStG beim Eigentümer hinsichtlich des erhaltenen Entgelts; darüber hinaus hat auch der Nutzungsberechtigte die von ihm erzielten Einkünfte aus Vermietung und Verpachtung zu versteuern. Bei **unentgeltlicher** Bestellung werden die Erträge dem Nutzungsberechtigten zugerechnet. Der Eigentümer ist von jeglichem Werbungskostenabzug ausgeschlossen, da er keine Einkünfte erzielt.

2. Eigentumsähnliches Dauerwohn- und -nutzungsrecht

a) Abgrenzung

109 Wenn die Rechte und Pflichten des Dauerwohnberechtigten bei wirtschaftlicher Betrachtungsweise den Rechten und Pflichten eines Eigentümers einer Eigentumswohnung entsprechen und er bei der Beendigung eine **angemessene** Entschädigung erhält, ist der Dauerwohnberechtigte wie ein **Wohnungseigentümer** zu besteuern, vgl. BFH BStBl. 1965 III 10; 1986 II

258; *Drenseck* FR 1986, 185. Da § 41 Abs. 3 WEG bereits bei einer Laufzeit von mehr als zehn Jahren zwingend eine angemessene Entschädigung vorschreibt, kann bei langfristigen Dauerwohnrechten, auch wenn die Laufzeit weniger als fünfzig, aber mehr als zehn Jahre beträgt, ein eigentumsähnliches Dauerwohnrecht vorliegen.

b) Eigennutzung zu Wohnzwecken

Aufgrund des Wohnungseigentumsförderungsgesetzes wurde die Besteuerung der Wohnung im eigenen Haus letztmals für den Veranlagungszeitraum 1986 durchgeführt, es sei denn, dass die bis zum 31. 12. 1998 geltende Übergangsregelung in Anspruch genommen werden konnte, vgl. *Schmidt-Drenseck* EStG 13. Aufl. 1994 § 21 Anm. 11. Dies galt auch für entgeltlich erlangte Dauerwohnrechte. **110**

c) Vermietung

Aus den Aufwendungen für die Anschaffung oder Herstellung des eigentumsähnlichen Dauerwohnrechts kann der Dauerwohnberechtigte im Falle der Vermietung die Abschreibungen vornehmen und auch die übrigen von ihm getragenen Werbungskosten bei den Einkünften aus Vermietung und Verpachtung geltend machen. **111**

d) Dauernutzungsrechte

Der Bundesfinanzhof hatte bisher keine Gelegenheit, über eigentumsähnliche Dauernutzungsrechte zu entscheiden. Es besteht aber kein Zweifel, dass die vorstehenden Rechtsgrundsätze entsprechend gelten. **112**

3. Veräußerung eines Dauerwohnrechts

Die **erstmalige Bestellung** eines Dauerwohnrechts auf einem Grundstück des steuerlichen Privatvermögens ist in jedem Fall steuerfrei, unabhängig von der Frage, ob man das Dauerwohnrecht nur als Dienstbarkeit oder als grundstücksgleiches Recht ansehen will. Die erstmalige Einräumung stellt nämlich keine Veräußerung i. S. d. § 23 Abs. 1 Satz 1 Nr. 1 EStG dar. Die Anschaffung und Veräußerung eines Dauerwohnrechts innerhalb eines Zeitraums von zehn Jahren seit dem Inkrafttreten der Unternehmensteuerreform 2008, also bei Anschaffungen ab 1. 1. 2009, ist steuerpflichtig, da der Gesetzgeber in § 23 Abs. 1 Satz 1 Nr. 2 EStG die Frist für steuerpflichtige Veräußerungsgeschäfte mit anderen Wirtschaftsgütern als Grundstücken, die aber zumindest in einem Jahr Einkünfte abwerfen, auf zehn Jahre verlängert hat. Damit entfällt bei ertragbringenden Dauerwohn- und Dauernutzungsrechten die früher relevante Abgrenzung zwischen Grundstücken und anderen Wirtschaftsgütern, vgl. *Spiegelberger/Spindler/Wälzholz* Kap. 9 Rn. 19. **113**

4. Grundstücke im Betriebsvermögen

Die Belastung eines im Betriebsvermögen befindlichen Grundstücks mit einem Dauerwohnrecht führt nicht zu einer Entnahme des Grundstücks (-anteils), wenn der Grundstückseigentümer ein Nutzungs**entgelt** erhält oder wenn das belastete Grundstück auch nach der Dauerwohnrecht-Bestellung **114** dem gewillkürten Betriebsvermögen zugerechnet werden kann; vgl. OFD München MittBayNot 1993, 173 zur Bestellung von Erbbaurechten an landwirtschaftlichen Grundstücken.

VI. Grundsteuer

115 Bei einem eigentumsähnlichen Dauerwohn- oder -nutzungsrecht wird der Nutzungsberechtigte selbst zur Grundsteuer herangezogen. Beim gewöhnlichen Dauerwohn- oder -nutzungsrecht stellt die Übernahme der Grundsteuer gem. § 33 Abs. 4 Nr. WEG lediglich einen Schuldbeitritt dar, wonach der Nutzungsberechtigte neben dem Eigentümer gem. § 11 Abs. 1 GrStG haftet.

VII. Grunderwerbsteuer

116 Da der Grunderwerbsteuer nur Rechtsvorgänge unterliegen, die Grundstücke i. S. d. § 2 GrEStG betreffen und das Dauerwohn- und -nutzungsrecht dort nicht aufgeführt ist, unterliegt die Rechtsbestellung sowie die Übertragung nicht der Grunderwerbsteuer. Auch eine Verwertungsbefugnis hinsichtlich des Grundstücks gem. § 1 Abs. 2 GrEStG ist regelmäßig mit einem Dauerwohn- und -nutzungsrecht nicht verbunden, vgl. BFH BStBl. 1957 III 268. Nur in Extremfällen ist eine Verwertungsmöglichkeit i. S. d. § 1 Abs. 2 GrEStG anzunehmen, vgl. *Boruttau/Viskorf* GrEStG § 2 Rn. 224 a. E. Sofern sich aber der Eigentümer anlässlich der Dauerwohnrecht-Bestellung zur Einräumung von Wohnungseigentum verpflichtet, liegt ein Verpflichtungsgeschäft gem. § 1 Abs. 1 Nr. 1 GrEStG vor, vgl. BFH BStBl. 1980 II 667.

Wenn der Alleineigentümer eines unbebauten Grundstücks zusammen mit einem Angehörigen ein Gebäude errichtet und anschließend – erwartungsgemäß – ein Miteigentumsanteil an diesem Grundstück auf den Angehörigen übertragen wird, erhöht sich die Bemessungsgrundlage für die Übertragung aufgrund eines angenommenen Verzichts auf einen Aufwendungsersatzanspruch gem. § 951 Abs. 1 Satz 1 BGB nicht, da nach der Rechtsprechung des BGH ein derartiger Ausgleichsanspruch nicht besteht, vgl. BFH BStBl. 1998 II 100.

Bei dem Erwerb eines mit einem Dauerwohnrecht belasteten Grundstücks stellt das Dauerwohnrecht eine dauernde Last i. S. des § 9 Abs. 2 Nr. 2 Satz 2 GrEStG dar; somit liegt also grunderwerbsteuerlich keine Gegenleistung vor, vgl. Schuhmann BB 1977, 493; FG Hamburg EFG 1974, 31; *Boruttau-Sack* § 9 GrEStG Rn. 437.

VIII. Umsatzsteuer

117 Gem § 4 Nr. 12c UStG ist die Bestellung, Übertragung und Überlassung der Ausübung von dinglichen Nutzungsrechten an Grundstücken von der Umsatzsteuer befreit. Sowohl für die Bestellung, als auch für die Veräußerung eines Dauerwohn- und -nutzungsrechtes ist also keine Umsatzsteuer zu erheben. Die Vermietung von Plätzen für das Abstellen von Fahrzeugen ist gem. § 4 Nr. 12 Satz 2 UStG umsatzsteuerpflichtig, es sei denn, dass die Vermietung Nebenleistung zu einer steuerfreien Grundstücksvermietung gem. § 4 Nr. 12 Satz 1 UStG zählt, vgl. Abschn. 77 Abs. 3 Satz 3 UStR.

IX. Schenkung- und Erbschaftsteuer

1. Mietähnliches Dauerwohn- und -nutzungsrecht

a) Zuwendungsnutzungsrecht

Die Erbschaft- und Schenkungsteuer für ein unentgeltliches Nutzungsrecht 118
wird gem. § 23 Abs. 1 Satz 1 ErbStG nach Wahl des Erwerbers entweder vom Kapitalwert oder jährlich im Voraus von dem Jahreswert der Nutzung erhoben. Für die Bewertung gelten die Vorschriften der §§ 13 bis 16 BewG. Auszugehen ist von dem durchschnittlichen Jahresnettoertrag; höchstens darf gem. § 16 BewG als Jahreswert der 18,6-fache Teil des vom Nutzungsberechtigten genutzten Gebäudeteils angesetzt werden, d.h. der Grundbesitzwert des Grundstückes ist im Verhältnis der Gesamtnutzfläche zu der vom Dauerwohn- und -nutzungsrecht erfassten Nutzfläche aufzuteilen. Zur Ermittlung des Kapitalwerts ist der Jahreswert mit den in §§ 13 und 14 BewG genannten Vervielfältigern zu multiplizieren. Der Steuersatz ergibt sich aus § 19 ErbStG, wobei die Freibeträge gem. § 16 ErbStG zu berücksichtigen sind.

b) Vorbehaltsnutzungsrecht

Bei dem Erwerb eines mit einem Dauerwohn- und -nutzungsrecht belaste- 119
ten Grundstückes mindert das Nutzungsrecht den Grundstückswert in Höhe des kapitalisierten Werts des Nutzungsrechtes gem. § 14–16 BewG.

2. Eigentumsähnliches Dauerwohnrecht

Hat der Schenker die dem eigentumsähnlichen Dauerwohnrecht unterlie- 120
gende Wohnung selbst hergestellt oder angeschafft, handelt es sich bei dem Schenkungsgegenstand um ein **Gebäude auf fremdem Grund und Boden**, dessen Wert gem. § 195 BewG festzusetzen ist.

Es ist wohl davon auszugehen, dass man bajuwarische Rempelrhetorik nicht wörtlich nehmen darf und als genuin landsmannschaftliche Entfaltung von Charme zu bewerten hat.

Peter Fischer, Vors. Richter am BFH
zur Kritik des Autors an der
Rentenrechtsprechung des X. Senats
MittBayNot 1996, 140

§ 6 Überlassung mit wiederkehrenden Bezügen

Übersicht

A. Wiederkehrende Bezüge im Überblick

Literatur: *Amann* Entlastung des überforderten Nießbrauches – zugleich ein Beitrag zur Substitution nicht abzugsfähiger Versorgungszahlungen durch einen Quotennießbrauch, FS für Spiegelberger (2009), 1161; *Bauer/Münch* Die Verwertung von übertragenem Vermögen wegen Ansprüchen aus einer dauernden Last bei verminderter Leistungsfähigkeit des Schuldners, ZEV 2007, 6; *Carlé* Wertsicherungsklauseln in der Vertragspraxis ErbStB 2005, 195; *Demuth* in: FS für Spiegelberger, Vermögensübergabe gegen Versorgungsleistungen nach dem JStG 2008, S. 73; *Evert,* Gleitende Vermögensübergabe – Umwandlung eines Nießbrauchs in eine laufende Geldzahlung vor dem Hintergrund des JStG 2008; *Geck* Beratungsrelevante Hinweise zur Vermögensübergabe gegen Versorgungsleistungen im Ertrag- und Erbschaftsteuerrecht mit zivilrechtlichen Bezügen, KÖSDI 2009, 16444; *Fischer* Wiederkehrende Bezüge und Leistungen (1994); *ders.* Steuerrechtlicher Typus und rechtsstaatliche Bestimmtheit des Steuergesetzes, methodologische Anmerkungen zur Rechtsprechung des X. Senats des BFH, DStZ 2000, 885; *ders.* Abschied von der Vermögensübergabe gegen Versorgungsleistungen?, FR 2001, 397; *Fleischer* Vermögensübergabe gegen (private) Versorgungsleistungen nach dem JStG 2008, ZEV 2007, 475; *ders.* in: FS für Spiegelberger, Vermögensübergabe gegen private Versorgungsleistungen: Steuersystem, steuerliche Änderung und Steuerplanungssicherheit, S. 120; *Groh* Abschied von der Vermögensübergabe gegen Versorgungsleistungen?, FR 2001, 277; *Kempermann* Versorgungsleistungen bei Vermögensübergabe zur Vorwegnahme der Erbfolge: Sonderausgaben nur bei voraussichtlich ausreichenden Nettoerträgen, DStR 2003, 1736; *Meyering* Die Rente als Variante der wiederkehrenden Zahlungen, StuB 17/2008, 675; *v. Oertzen/Stein* Die Ablösung eines Vorbehaltsnießbrauchs durch Versorgungsleistungen, BB 2009, 2227; *Röder* Das Rechtsinstitut der Vermögensübertragung gegen Versorgungsleistungen nach dem JStG 2008, DB 2008, 146; *Paus* Übertragung von Betrieben und wesentlichen Beteiligungen gegen Leibrente NWB Fach 3 S. 13683 (Oktober 2005); *Risthaus* Ertragsteuerrechtlich begünstigte Vermögensübergabe gegen Versorgungsleistungen, ZErb 2007, 314; *Salzig* Der Miet- und Ratenzahlungskauf in der notariellen Praxis, MittBayNot 2008, 341; *Schwenke* Das Rechtsinstitut der Vermögensübergabe gegen Versorgungsleistungen im Wandel, DStR 2004, 1679; *Spiegelberger* Generationennachfolge- oder Altenteilvertrag? Eine grundlegende Kritik an der Rechtsprechung des X. Senats des BFH, MittBayNot 1995, 104; *ders.* Das Ende der privaten Versorgungsrente, DStR 2007, 1277, *ders.* Die Irrfahrt der privaten Versorgungsrente, DB 2008, 1063; *Wälzholz* Die Reform des Rechts der wiederkehrenden Leistungen im Rahmen der vorweggenommenen Erbfolge, MittBayNot 2008, 93; *ders.* Versorgungsleistungen nach dem Jahressteuergesetz 2008, DStR 2008, 273; *Weber-Grellet* Kommentar zu GrS 1/00 und GrS 2/00, FR 2003, 1092

I. Wiederkehrende Bezüge

1

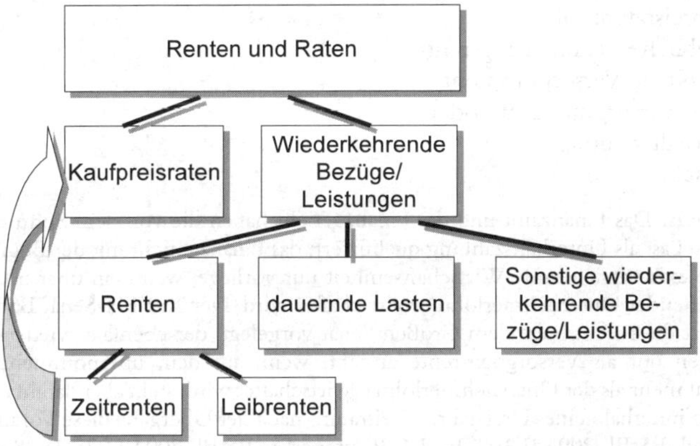

Beispiel: Die Eheleute E übertrugen mit Wirkung zum 1. 1. 1988 einen in gepachteten Räumen geführten Gaststättenbetrieb mit allen Aktiva und Passiva ihrem Sohn S. Der Sohn, der 1984–1987 mit einem Bruttogehalt von 50.400 DM angestellt war, führte die Gaststätte fort, räumte den Eltern einen Anspruch auf Entnahme von Speisen und Getränken für den persönlichen Bedarf ein, übernahm die Miete für die bisherige Wohnung im Gebäude der Gaststätte sowie die Kosten für Strom und Heizung sowie die Beiträge für private Versicherungen seiner Eltern. Der Sohn erzielte in den Jahren 1988 bis 1994 Gewinne zwischen 28.360 DM (1988) und 99.120 DM (1991). Die Bilanz für die Gaststätte wies zum 31. 12. 1987 ein negatives Kapitalkonto in Höhe von 133.246,74 DM auf. Für das Streitjahr 1989 bezifferten die Eltern die dauernde Last mit insgesamt 16.977 DM. Das Finanzamt behandelte diese Zahlungen einkommensteuerlich als nicht abziehbare Unterhaltsleistungen gem. § 12 Nr. 2 EStG. 2

Die Eltern des Klägers sind in den Jahren 1978 bis 1983 mit den folgenden Gewinnen veranlagt worden:		Der Kläger selbst erklärte für die Jahre 1988 bis 1994 folgende Gewinne:	
1978	40.439 DM	1988	28.316 DM
1979	38.524 DM	1989	57.057 DM
1980	45.157 DM	1990	87.407 DM
1981	12.865 DM	1991	99.120 DM
1982	22.435 DM	1992	63.809 DM
1983	31.625 DM	1993	91.382 DM
1984	3.105 DM	1994	91.598 DM
1985	27.497 DM		
1986	11.472 DM		
1987 (Verlustjahr)	– 23.296 DM		

3 Bei einer Vermögensübertragung gegen wiederkehrende Bezüge kommt eine **Bewertung als**
- Kaufpreisratenzahlung
- betriebliche Veräußerungsrente
- betriebliche Versorgungsrente
- private Versorgungsrente oder
- Unterhaltszahlung

in Betracht.

4 **Hinweis:** Das Finanzamt und das Finanzgericht haben die von dem Sohn erbrachte dauernde Last als Unterhaltszahlung qualifiziert, das Finanzgericht mit der Begründung, dass eine existenzsichernde Wirtschaftseinheit nur vorliege, wenn ein über 50.000 DM hinausgehender Unternehmerlohn erwirtschaftet wird. Der X. BFH-Senat BStBl. 2001 II 175 hat die Rechtsfrage dem Großen Senat vorgelegt, der ebenfalls wiederkehrende Zahlungen nur als Versorgungsrente ansieht, wenn aus dem übernommenen Wirtschaftsgut mehr als der Unternehmerlohn erwirtschaftet wird, stellt aber darauf ab, ob der Erwerber innerhalb eines Drei-Jahres-Zeitraums nach der Übergabe diese Voraussetzung erfüllt, vgl. BStBl. 2004 II 100. Im III. Rentenerlass BStBl. 2004 I 923 Tz. 8 rückt das BMF von dem Erfordernis eines Unternehmerlohns ab und gewährt den Sonderausgabenabzug, wenn der Erwerber Erträge erzielt, mit denen er die Versorgungsrente erfüllen kann; ebenso IV. Rentenerlass BStBl. 2010 I 227 Tz. 33 und 34.

1. Kaufpreisraten

5 Den Begriff der Ratenzahlung verwendet das Zivilrecht ursprünglich in § 3b Abs. 1 Nr. 2 des Gesetzes zur Regelung von Härten im Versorgungsausgleich und beim Abzahlungsgeschäft, wonach der Kaufpreis nicht in bar, sondern in Raten (Teilzahlungen) erbracht wird. Eine zivilrechtliche Abgrenzung zwischen Kaufpreisrate und Rente besteht nicht. Nach BFH BStBl. 1972 II 171 und 1974 II 474 handelt es sich bei Kaufpreisraten um einen ziffernmäßig bestimmten Betrag, der gestundet ist und in Teilbeträgen bezahlt wird.

2. Leibrente

6 Die Leibrente ist in den §§ 759–761 BGB nur lückenhaft geregelt. Das Gesetz definiert die Leibrente nicht, so dass die Rechtsprechung zur Konkretisierung des Tatbestandes berufen war. Nach RGZ 64, 134 muss das Leibrentenrecht als selbständiges Grundrecht gewährt werden, aus dem die einzelnen Rentenansprüche fließen. Die Rentenansprüche lösen sich dadurch von den Gegenleistungen des zugrunde liegenden Verpflichtungsvertrages. Über den Charakter des Leibrentenvertrages entscheidet letztlich die Verkehrsauffassung nach dem Sinn und Zweck des Vertrages.

7 Nach ständiger **Rechtsprechung** des BGH ist eine Leibrente
- ein einheitliches, auf einem Stammrecht beruhendes nutzbares Recht,
- das unabhängig losgelöst von sonstigen Beziehungen und Verhältnissen der Beteiligten,
- dem Berechtigten für die Lebensdauer eines Menschen eingeräumt ist,
- dessen Erträge aus fortlaufend wiederkehrenden gleichmäßigen Leistungen,
- in Geld oder anderen vertretbaren Sachen bestehen,

vgl. BGH WM 1966, 248; WM 1980, 594; *Palandt/Sprau* § 759 BGB Rn. 1.

8 Die **Abstraktion der Leibrente vom übrigen Vertragsinhalt** ist in jedem Fall erforderlich, wenn die Einräumung der Leibrente weder als Gegenleistung für eine einmalige geldwerte Leistung noch unentgeltlich erfolgt, z.B. bei Ruhegehältern, sonstigem Entgelt für Dienstleistungen, Schadensersatzrenten, Renten gegen andere wiederkehrende Leistungen, wie z.B. Einhaltung eines Wettbewerbsverbots, Mitarbeit in einem Geschäft, Renten aus einem Vergleich über gesellschaftsrechtliche, unterhaltsrechtliche oder erbrechtliche Rechtsverhältnisse, vgl. *Staudinger/Amann* Vorbem. 18ff. zu §§ 759–761 BGB. Nach gegenteiliger Ansicht ist ein einheitliches nutzbares „Stammrecht" nicht erforderlich; in Wirklichkeit würden damit nur die Anforderungen an die Gleichmäßigkeit der Leistungen nach Zeitabstand und Leistungsgegenstand sowie an die Bestimmtheit der Leistungshöhe umschrieben.

3. Dauernde Last

a) Rechtsnatur

9 Der Begriff „dauernde Last" wurde früher in § 10 Abs. 1 Nr. 1a EStG vom Gesetzgeber verwendet und wurde aus dem Einkommensteuerrecht in das Zivilrecht übernommen. Soweit keine gleichmäßigen Leistungen vereinbart werden, sondern die Zahlungspflicht vom Umsatz, Gewinn oder von den wirtschaftlichen Verhältnissen der Beteiligten abhängig ist (vgl. BFH BStBl. 1965 III 166), im Übrigen aber den Charakter einer Leibrente gegeben wäre, handelt es sich um sonstige wiederkehrende Bezüge in der Form einer dauernden Last. Obwohl der Gesetzgeber die Differenzierung zwischen Leibrenten und dauernden Lasten in § 10 Abs. 1 Nr. 1a EStG aufgegeben hat und nur noch von „Versorgungsleistungen" spricht, bleibt der Begriff der dauernden Last in jedem Fall für das Zivilrecht von Bedeutung. Bei der Vereinbarung wiederkehrender Bezüge muss zivilrechtlich definiert werden, ob gleich bleibende Leistungen i.S. einer Leibrente oder variable Zahlungen, die sich an den wirtschaftlichen Verhältnissen der Beteiligten orientieren, somit als dauernde Last, geschuldet sind.

10 Bei der Übertragung von Grundbesitz an fremde Dritte wird regelmäßig eine Leibrente bevorzugt, um den Leistungsumfang besser abgrenzen zu können. Beim (unentgeltlichen) **Generationennachfolgevertrag** werden **typischerweise dauernde Lasten** bevorzugt, da bei wesentlichen Veränderungen wirtschaftlicher Verhältnisse (z.B. Arbeitslosigkeit, Vermögensverfall, langjährige Krankheit, Invalidität) eine Leistungsanpassung erforderlich erscheint und ggf. über die gesetzliche Unterhaltspflicht gem. § 1601 BGB automatisch gegeben wäre.

b) Reallast

11 Die Absicherung im Grundbuch erfolgt regelmäßig durch Bestellung einer Reallast gem. § 1105 BGB, wobei die Eintragung in wertgesicherter Form erfolgen kann. Auch die Zwangsvollstreckungsunterwerfung kann sich auf die Wertsicherungsklausel erstrecken. Durch die Absicherung der Leibrente mit einer Reallast ergibt sich im Endergebnis eine dreifache Anspruchsgrundlage für den Berechtigten, nämlich

- der schuldrechtliche Anspruch aus dem Leibrentenvertrag gem. § 759 BGB,
- der dingliche Anspruch auf Entrichtung der Rente aus dem Grundstück gem. § 1105 BGB und
- ein weiterer persönlicher Anspruch gem. § 1108 BGB,

da der Eigentümer für die während der Dauer seines Eigentums fällig werdenden Leistungen auch persönlich haftet.

c) Bestimmbarkeitsgrundsatz

12 *(1) Anpassungsmaßstab.* Gem. § 1105 Abs. 1 Satz 2 BGB kann als Inhalt der Reallast auch vereinbart werden, dass die zu entrichtenden Leistungen sich ohne weiteres an veränderte Verhältnisse anpassen, wenn anhand der in der Vereinbarung festgelegten Voraussetzungen Art und Umfang der Belastung des Grundstückes bestimmt werden können.

Dem Bestimmbarkeitserfordernis entsprechen

- an die Entwicklung eines amtlichen Lebenshaltungskostenindex angepasste Leistungen, vgl. BFH BStBl. 1967 III 180,
- an das Gehalt eines Beamten einer bestimmten Besoldungsgruppe oder Dienstaltersstufe angepasste Leistungen, vgl. BFH BStBl. 1986 II 261,
- an einen Tariflohn angepasste Leistungen, vgl. LG Marburg BB 1959, 207,
- an den Durchschnittssatz des Einkommens eines Bundesbürgers, wie er im Rentengesetz bestimmt ist und jährlich neu festgesetzt wird, angepasste Leistungen, vgl. BGH DB 1965, 1812 und
- an bestimmte Sozialversicherungsrenten angepasste Leistungen auch in der Weise, dass diese auf die Leibrente anzurechnen sind, vgl. BFH NJW 1981, 944.

Dem Bestimmbarkeitsgrundsatz werden nicht gerecht Leistungen, die

- vom Ertrag oder Umsatz abhängen,
- sich nach den Bedürfnissen des Berechtigten und/oder nach der Leistungsfähigkeit des Verpflichteten richten,
- unter dem Vorbehalt gleich bleibender Verhältnisse stehen,
- einer generellen Anpassung gem. § 323 ZPO oder
- einem Leistungsvorbehalt unterliegen, vgl. *Staudinger/Amann* Vorbem. 8 und 9 zu §§ 759–761 BGB.

13 Soll an Stelle einer Leibrente eine dauernde Last vereinbart werden, muss hinsichtlich der Absicherung durch **Reallast** im Grundbuch der sachenrechtliche **Bestimmbarkeitsgrundsatz** beachtet werden. Durch eine Reallast können auch Geld- und Naturalleistungen gesichert werden, die gem. § 323 ZPO ihrer Höhe nach unter bestimmten Voraussetzungen angepasst werden können, sofern die Anpassungsmaßstäbe für die Abänderung inhaltlich ausreichend bestimmt sind, vgl. Bay0bLG MittBayNot 1987, 94; *Amann* MittBayNot 1979, 220.

14 *(2) Anpassung an den standesgemäßen Unterhalt.* Bei einer Regelung, wonach eine Anpassung der monatlichen Zahlungen gem. § 323 ZPO erfolgen soll, wenn z. B. der standesgemäße Unterhalt des Empfängers oder des Zahlenden nicht mehr gesichert ist, bestehen hinsichtlich des Bestimmbarkeitsgrundsat-

zes keine Bedenken, vgl. *Staudinger/Amann* § 1105 BGB Rn. 12; eine nur schuldrechtliche Anpassungsklausel kann nicht zum Inhalt einer Reallast gemacht werden, vgl. OLG Hamm, RPfleger 1988, 404; auch der allgemeine Hinweis auf § 323 ZPO ist nicht ausreichend, vgl. OLG Frankfurt, RPfleger 1988, 247.

Das OLG Oldenburg NJW RR 1990, 1174 und das BayObLGZ 1993 Nr. 54 verlangen **genaue Angaben über die Bemessungsgrundlagen**. Danach müssen die Einkunfts- und Vermögensverhältnisse des Übergebers und des Erwerbers im Detail in der notariellen Urkunde angegeben werden. Diese Prozedur wird von den Beteiligten regelmäßig abgelehnt, so dass in das Grundbuch nur der – wertgesicherte – Ausgangsbetrag, aber nicht die Änderungsmöglichkeit gem. § 323 ZPO eingetragen werden kann. 15

4. Sonstige wiederkehrende Zahlungen

Da zur Gültigkeit eines Vertrags, durch den eine Leibrente versprochen wird, gem. § 761 BGB die Schriftform vorgeschrieben ist, wird die Abgrenzung zu anderen wiederkehrenden Zahlungen in der zivilrechtlichen Literatur unter dem Gesichtspunkt der Formerfordernis gesehen: 16

- Rentenverpflichtungen wie Schadensersatz- und Unterhaltszahlungen sind nicht formbedürftig, vgl. *MünchKomm/Habersack* § 759 BGB Rn. 9.
- Versorgungszusagen, die als Ausstattung gem. § 1624 BGB zu beurteilen sind, sollen ebenfalls nicht als Leibrente zu qualifizieren sein, vgl. *Habersack* a.a.O. Rn. 12.
- Ruhegehälter, Betriebsrenten: Weder als Leibrente noch als Schenkung werden Versorgungszusagen gesehen, die mit einem Dienst- oder Arbeitsverhältnis im Zusammenhang stehen, vgl. BAG NJW 1959, 1746.
- Rentenvereinbarungen, die aus Anlass einer deliktsrechtlichen Schadensersatzpflicht vereinbart werden, unterliegen ebenfalls keiner Formpflicht.
- Veräußerungsrenten, die bei dem Ausscheiden aus einer Gesellschaft vereinbart werden, sollen als formlos wirksame Modalität gesellschaftsrechtlicher Auseinandersetzung wirksam sein, vgl. BGH DB 1966, 419.
- Weitere Rentenarten sind
  - Schmerzensgeldrenten
  - Öffentlich-rechtliche Leistungen
  - Versicherungsleistungen
  - Sozialversicherungsleistungen, vgl. *Biergans* S. 33ff.

5. Wertsicherungsklauseln

Literatur: *Kirchhoff* Der Umfang des Verbots von Wertsicherungsklauseln, DNotZ 2007, 11; *ders.* Das Verbot von Wertsicherungsklauseln im neuen Preisklauselgesetz, DNotZ 2007, 913; *Reul* Aufhebung der Genehmigungspflicht bei Wertsicherungsklauseln – das neue Preisklauselgesetz (PreisklauselG), MittBayNot 2007, 445.

Durch das PreisklauselG v. 7. 9. 2007 BGBl. I 2246 wurde das bisherige Genehmigungserfordernis für Ausnahmen vom gesetzlichen Verbot automatisch wirkender Wertsicherungsklauseln durch unmittelbar im Gesetz geregelte Legalausnahmen aufgehoben. Bei Wertsicherungsklauseln ist keine Genehmigung durch das Bundesamt für Wirtschaft und Ausfuhrkontrolle 17 mehr möglich. Die bisher in der PrKV enthaltenen Ausnahmeregelungen wurden weitgehend unverändert in das PreisklauselG übernommen. Die Betroffenen haben selbst zu prüfen, ob die vereinbarten Preisklauseln rechtmäßig sind. Die Unwirksamkeit einer Preisklausel wirkt prinzipiell erst vom Zeitpunkt des durch ein Gericht rechtskräftig festgestellten Verstoßes gegen die Regelungen des Preisklauselgesetzes, vgl. *Reul* MittBayNot 2007, 445, 450.

a) Schon jeher genehmigungsfreie Klauseln

18 Weiterhin zulässig sind

- Klauseln, die hinsichtlich des Ausmaßes der Änderung des geschuldeten Betrages einen Ermessensspielraum lassen, der es ermöglicht, die neue Höhe der Geldschuld nach Billigkeitsgrundsätzen zu bestimmen (**Leistungsvorbehaltsklauseln**),
- Klauseln, bei denen die in ein Verhältnis zueinander gesetzten Güter oder Leistungen im Wesentlichen gleichartig oder zumindest vergleichbar sind (**Spannungsklauseln**),
- Klauseln, nach denen der geschuldete Betrag insoweit von der Entwicklung der Preise oder Werte für Güter oder Leistungen abhängig gemacht wird, als diese die Selbstkosten des Gläubigers bei der Erbringung der Gegenleistung unmittelbar beeinflussen (**Kostenelementeklauseln**),
- Klauseln in **Erbbaurechtsbestellungsverträgen** und Erbbauzinsreallasten mit einer **Laufzeit von mindestens 30 Jahren**.

b) Automatikklauseln

19 Automatikklauseln, wonach wiederkehrende Zahlungen bei Indexveränderungen automatisch zu einer entsprechenden Erhöhung oder Ermäßigung führen, sind zulässig wenn

- unangemessene Benachteiligungen, z. B. durch
  - einseitigem Preis- oder Wertanstieg oder
  - einseitiges Anpassungsrecht,

  vermieden werden und
- bestimmte Laufzeitvoraussetzungen eingehalten werden, z. B.
  - Lebenszeit eines Beteiligten oder
  - mindestens auf zehn Jahre.

c) Einmalzahlungen

20 Auch bei Einmalzahlungen können Automatikklauseln verwendet werden

- bei einer Auseinandersetzung oder Übertragungen zwischen nahestehenden Personen oder
- bei einer Vermögensnachfolge aufgrund Verfügung von Todes wegen.

d) Wirksamkeitsprüfung

21 Da zum Bürokratieabbau die Genehmigung durch das Bundesamt für Wirtschaft und Ausfuhrkontrolle abgeschafft wurde, haben der beurkundende Notar und das Grundbuchamt die Wirksamkeit einer Wertsicherungsklausel in eigener Verantwortung zu prüfen, vgl. *Reul* MittBayNot 2007, 451.

II. Unterhaltszahlung

Literatur: *Strahl* Wider das Aufteilungs- und Abzugsverbot!, KÖSDI 2004, 14019

Aus einkommensteuerlichen Gründen ist die Abgrenzung zwischen Leibrenten und dauernden Lasten einerseits und Unterhaltszahlungen andererseits erforderlich, da Unterhaltszahlungen gem. § 12 Nr. 1 EStG einkommensteuerlich irrelevant sind, also weder beim Zahlenden noch beim Empfänger einkommensteuerlich erfasst werden. Gem. § 12 Nr. 2 EStG werden auch freiwillige Zuwendungen, Zuwendungen aufgrund einer freiwillig begründeten Rechtspflicht und Zuwendungen an eine gegenüber dem Steuerpflichtigen oder seinem Ehegatten gesetzlich unterhaltsberechtigte Person oder deren Ehegatten, auch wenn diese Zuwendungen auf einer besonderen Vereinbarung beruhen, einkommensteuerlich nicht erfasst. Unangemessene hohe Gegenleistungen sind vorab nach den Grundsätzen der Verträge zwischen nahen Angehörigen am Maßstab des Fremdvergleichs zu korrigieren, so zutreffend Fischer NWB Fach 3 S. 9431. 26

Bei einer **überhöhten Veräußerungsrente** nimmt der X. Senat DStR 1995, 408 eine Reduktion in der Weise vor, dass der **angemessene Teil** der Zahlungen, also soweit die Rentenzahlungen dem Wert des übertragenen Vermögensgegenstandes entsprechen, als **Anschaffungskosten** mit der Folge anerkannt werden, dass der Zahlende AfA geltend machen kann. 27

III. Zwangsvollstreckung

1. Vollstreckung in das Grundstück

Sofern die Zwangsvollstreckung in das Grundstück durch einen Gläubiger des Grundstückseigentümers oder durch den Reallastberechtigten aus der Reallast betrieben werden soll, kommt die Zwangsverwaltung gem. §§ 146 ff. ZVG oder die Zwangsversteigerung gem. §§ 91, 92 ZVG in den belasteten Grundbesitz in Betracht, die zum Erlöschen der Reallast führt, wenn diese nicht in das geringste Gebot fällt, vgl. §§ 44 ff., 49 ZVG. An ihre Stelle tritt ein Ersatzanspruch gem. § 92 ZVG in Höhe der Summe der Einzelleistungen, gekürzt um den Zwischenzins. Bei einer Reallast von unbestimmter Dauer (z.B. auf Lebenszeit des Gläubigers) wird gem. §§ 92 Abs. 2, 121 ZVG ein Deckungskapital gebildet, das sich aus dem Jahreswert der Rente, multipliziert mit der statistischen Lebenserfahrung, errechnet, aber nicht höher ist als 25 Jahresbeträge, vgl. *Ripfel* DNotZ 1969, 87. 28

Aus dem Deckungskapital, dessen Anlageart der Berechtigte gem. § 121 Abs. 2 ZVG bestimmt, und den Zinsen sind die einzelnen Rentenbeträge zu leisten und zwar jeweils drei Monate im Voraus gem. § 92 Abs. 2 Satz 2 ZVG. Das Risiko der Vollstreckung in den Grundbesitz besteht darin, dass der Versteigerungserlös, insbesondere bei vorrangigen Grundschulden, nicht für die monatlichen Zahlungen auf Lebenszeit der Berechtigten ausreicht.

Für die Vollstreckung in das Grundstück ist ein Vollstreckungstitel erforderlich. Da der dingliche Anspruch aus der Reallast gem. § 794 Abs. 2 ZPO unterwerfungsfähig ist (vgl. *Wolfsteiner* DNotZ 1999, 311), empfiehlt sich eine entsprechende Zwangsvollstreckungsunterwerfung in der Übergabeurkunde. Nach Auffassung des *OLG Köln* DNotZ 1991, 807 kann eine Ablösesumme als dinglicher Inhalt der Rentenreallast nicht im Grundbuch eingetragen werden, str.

2. Vollstreckung aus dem schuldrechtlichen Leibrentenrecht gem. § 759 BGB

29 Gem. § 794 Abs. 1 Nr. 5 ZPO kann eine notarielle Zwangsvollstreckungsunterwerfung in die Übergabeurkunde aufgenommen werden. Nach überwiegender Meinung (vgl. DNotI-Report 1996, 1 ff) ist eine Unterwerfung unter Berücksichtigung der Wertsicherung möglich, wenn eine Koppelung an den Lebenshaltungskostenindex vereinbart wurde, da in diesem Fall der Gerichtsvollzieher mühelos den jeweiligen wertgesicherten Betrag ermitteln kann, vgl. *Zöller/Stöber* ZPO 25. Aufl. 2005 § 794 Rn. 26b.

B. Versorgungsrente

31 **Beispiel:** Das von der Tochter in Parterre und von der 68-jährigen Mutter im Obergeschoss bewohnte Zweifamilienhaus wird auf die Tochter unter Vereinbarung eines Wohnungsrechts für die Mutter und „im Hinblick auf den Versorgungscharakter" mit einer lebenslangen Leibrente für die Mutter von monatlich 1500 EUR mit Wertsicherungsklausel übertragen.

Durch die Übertragung soll die Kürzung der Pflichtteils- und Pflichtteilsergänzungsansprüche des Sohnes S erzielt werden, der sich vom Elternhaus abgewandt hat.

32 **Hinweis:** Nach Auffassung des X. BFH-Senats stellte weder die von der Mutter aufgrund des Wohnungsrechtes genutzte Obergeschosswohnung (BStBl. 1992 II 803 und 1994 II 19) noch die von der Tochter bewohnte Parterrewohnung (ZEV 2000, 118) eine existenzsichernde Wirtschaftseinheit dar, so dass keine als Sonderausgabe abzugsfähige Versorgungsrente vorlag. Der Große Senat GrS 1/00 BStBl. 2004 I 95 sah in der von der Tochter bewohnten Parterrewohnung ein Wirtschaftsgut, mit dem sich die Tochter die Mietzahlung ersparte, so dass sie in Höhe des Mietwertes eine sonderausgabenabzugsfähige Versorgungsrente vereinbaren konnte, ebenso der III. Rentenerlass BStBl. 2004 I 922 Tz. 21. Der Gesetzgeber hat mit dem Jahressteuergesetz 2008 den Sonderausgabenabzug für die Übertragungen von steuerlichem Privatvermögen, die ab 1. 1. 2008 vereinbart werden, völlig eliminiert.

I. Einkommensteuer

33 Der erstaunte Leser konnte den einzelnen verstreuten Vorschriften des Jahressteuergesetzes 2008 entnehmen, dass der Sonderausgabenabzug gem. § 10 Abs. 1 Nr. 1a EStG bei der vorweggenommenen Erbfolge radikal auf betriebliche Überlassungen reduziert wurde. Bei GmbH-Anteilsübertragungen bis zu 50%, bei Aktiengesellschaften und bei Immobilien ist der Sonderausgabenabzug künftig völlig ausgeschlossen. Damit wurde eine über 100-jährige Rechtstradition, die mit der Rechtsprechung des Preußischen OVG v. 17. 10. 1895 PrOVGSt 4, 165 begründet wurde, im Kern getroffen. Die Vertragspraxis muss auf Neugestaltungen ausweichen.

1. Rückblick

34 Otto von Bismarcks Bemerkung „Mit Gesetzen ist es wie mit Würsten. Es ist besser, wenn man nicht sieht, wie sie gemacht werden." (vgl. Zimmermanns Zitatenlexikon für Juristen, 1998, S. 94) ist aktueller als je zuvor. Dem

für die private Versorgungsrente zuständigen X. BFH-Senat ist es gelungen, das hundert Jahre alte Rechtsinstitut der privaten Versorgungsrente so zu komplizieren, insbesondere durch die Revision von 26 Urteilen des RFH und BFH (vgl. *Stephan* DB 1994, 2307), dass die Finanzverwaltung trotz oder wegen mehrerer BMF-Schreiben mit dem Vollzug überfordert war. Jedenfalls hat der Bundesrechnungshof (BT-Drs. 16/160, S. 30 und 171ff) anlässlich einer Finanzamtsprüfung bemerkt, dass die Rechtslage bezüglich der vorweggenommenen Erbfolge selbst für Steuerrechtskundige kaum zu verstehen sei und die Finanzämter 90% der im Jahr 2004 überprüften Fälle fehlerhaft bearbeitet hätten. Bundesrechnungshof und Rechnungsprüfungsausschuss haben daher empfohlen, Versorgungsleistungen im Zusammenhang mit der vorweggenommenen Erbfolge vom Sonderausgabenabzug auszuschließen, mindestens aber den Anwendungsbereich der Norm auf die Land- und Forstwirtschaft zu beschränken. Die Beteiligten könnten mit einer Vermögensübertragung unter Nießbrauchsvorbehalt das gleiche wirtschaftliche Ergebnis wie bei einer Vermögensübergabe gegen Versorgungsleistungen erreichen. Diese Empfehlung (vgl. BT-Drs. 16/160, Tz. 38) verrät, dass der Bundesrechnungshof weder mit den Nießbrauchsvorschriften noch mit dem Institut der Versorgungsleistungen vertraut ist. Ein Einzelunternehmer, der im Wege der vorweggenommenen Erbfolge sein Unternehmen auf einen Abkömmling übertragen will, kann sich gerade nicht ein Nießbrauchsrecht vorbehalten, da die Unternehmensführung auf die jüngere Generation übergehen und nicht beim Übergeber bleiben soll. Erst recht kann der Nießbrauch nicht – wie der Bundesrechnungshof meint, vgl. BT-Drs. 16/160, S. 173 Tz. 38.4 – auf einen selbständigen Teil der übertragenen Wirtschaftseinheit, auf Rechte, Forderungen oder den Ertrag beschränkt werden. Zur Buchwertfortführung müssen gem. § 6 Abs. 3 EStG alle wesentlichen Wirtschaftsgüter auf den Erwerber übertragen werden. Die Beschränkung des Nießbrauchs auf einzelne Rechte, Forderungen oder den Ertrag wäre eine Nutzungsentnahme, die die Buchwertfortführung vereiteln und den Gestalter derartiger Konzeptionen in Haftung bringen würde, vgl. BGH DNotZ 2003, 845.

Bei der Übertragung eines Personengesellschaftsanteils – sofern die Übertragung und damit die Nießbrauchbestellung überhaupt zulässig ist – verbleibt nach der Rechtsprechung des BFH BStBl. 1995 II 241, 244 das Stimmrecht für die laufenden Geschäfte bei dem Übergeber, so dass der eigentliche Zweck der vorweggenommenen Erbfolge, nämlich der jüngeren Generation die Verantwortung für ein Unternehmen zu übertragen, vereitelt würde.

Auch die Behauptung, dass es bei einer Vermögensübertragung unter Nießbrauchsvorbehalt nicht zwingend erforderlich sei, dass der Nießbraucher aktiv am wirtschaftlichen Verkehr teilnehme, ist unrichtig. Würde man dem Bundesrechnungshof folgen, wäre insbesondere bei der mittelständischen Wirtschaft eine geordnete Betriebsfortführung nicht mehr möglich, vgl. *Spiegelberger* DStR 2007, 1279.

Ein Nießbrauchsrecht würde auch zu dem wirtschaftlich untragbaren Ergebnis führen, dass dem Übergeber als Nießbraucher in Verlustjahren keinerlei Versorgungsbezüge zur Verfügung stehen würden (wer prüft eigentlich den Bundesrechnungshof?). *Risthaus* ZErb 2007, 314, 317 weist zu Recht darauf hin, dass Betriebe häufig die einzige Existenzgrundlage, zumindest die

Haupteinkunftsquelle seien, so dass eine Beibehaltung der privaten Versorgungsrechte im betrieblichen Bereich dringend erforderlich sei.

2. Gesetzesentwurf des Finanzministeriums

35 Die vorstehend genannten Bedenken haben die Finanzverwaltung veranlasst, im Entwurf des Jahressteuergesetzes 2008 zwar die private Versorgungsrente für den betrieblichen Bereich zu erhalten, aber den Sonderausgabenabzug gem. § 10 Abs. 1 Nr. 1a EStG für Immobilien zu eliminieren. Ausdrücklich ausgeklammert wurde im Gesetzesentwurf auch die Übertragung von Anteilen an Kapitalgesellschaften im Wege der vorweggenommenen Erbfolge. In der Begründung zur vorgeschlagenen Neuregelung führt das Bundesfinanzministerium aus, vgl. BT-Drs. 16/160, S. 72:

„Anteile an einer Kapitalgesellschaft können unabhängig davon, ob der Gesellschafter als Geschäftsführer tätig ist oder nicht, künftig ebenfalls nicht mehr Gegenstand einer begünstigten unentgeltlichen Vermögensübergabe sein. Betrieblich tätig ist in diesen Fällen die Kapitalgesellschaft und nicht der Gesellschafter. Dieser gibt mit der Anteilsübertragung auf die nachfolgende Generation eine Kapitaleinkünftequelle auf, aber keine betriebliche Tätigkeit."

Der Bundesrat kritisierte in seiner Stellungnahme vom 21. 9. 2007 (vgl. BR-Drs. 544/07, S. 19) den Gesetzesentwurf der Bundesregierung als radikalen Einschnitt, der eine Schlechterstellung für mittelständische Familienunternehmen in der Rechtsform der GmbH beinhalte. Darüber hinaus würden durch den Ausschluss des Grundvermögens die steuerlichen Rahmenbedingungen für Immobilienbesitz ein weiteres mal verschlechtert. Es sei sachlich wenig einleuchtend, weshalb Grundvermögen pauschal ausgeschlossen werden soll, obwohl der Übertragung einer vermieteten Immobilie der gleiche Versorgungsgedanke zugrunde liegen könne wie einer Betriebsübertragung.

Der Bundesrat schlug daher folgende Neufassung des § 10 Abs. 1 Nr. 1a EStG vor:

„1a. auf besonderen Verpflichtungsgründen beruhende Versorgungsleistungen, die nicht mit Einkünften in wirtschaftlichem Zusammenhang stehen, die bei der Veranlagung außer Betracht bleiben, an unbeschränkt Einkommensteuerpflichtige. Nicht abziehbar sind Versorgungsleistungen im Zusammenhang mit der Übertragung von

a) Kapitalvermögen, das zu Einkünften im Sinne des § 20 führt, mit Ausnahme von Anteilen an Gesellschaften mit beschränkter Haftung, wenn der Übergeber als Geschäftsführer tätig war und der Übernehmer diese Tätigkeit nach der Übertragung übernimmt,

b) Vermögen, das entweder beim Übergeber oder beim Übernehmer nicht der Einkünfteerzielung diente oder dient;"

Die acht Spitzenorganisationen der Wirtschaft (vgl. KÖSDI 2007, 15806) haben anlässlich der öffentlichen Anhörung vor dem Finanzausschuss des Deutschen Bundestags am 10. 10. 2007 ebenfalls die Einschränkung des § 10 Abs. 1 Nr. 1a EStG kritisiert, da die Neuregelung insbesondere Familienunternehmen in der Rechtsform der Kapitalgesellschaft diskriminiere. Auch die vom Bundesfinanzministerium vorgeschlagene Übergangsfrist von lediglich fünf Jahren für Altfälle wurde beanstandet, da vereinbarte Versorgungsleistun-

In seiner Entscheidung vom 10. 2. 1987 BStBl. 1987 II 240, 245 führt das Bundesverfassungsgericht zum Gleichheitssatz des Art. 3 Abs. 1 GG aus: 42

„Voraussetzung für die Übereinstimmung einer Regelung mit dem Gleichheitssatz ist ..., dass die gewählte Differenzierung auf sachgerechten Erwägungen beruht ... Die Gestaltungsfreiheit endet erst dort, wo die gleiche oder ungleiche Behandlung der geregelten Sachverhalte nicht mehr mit einer am Gerechtigkeitsgedanken orientierten Betrachtungsweise vereinbar ist, wo also ein sachlicher Grund für die Gleichbehandlung oder Ungleichbehandlung fehlt ...“

Ähnlich urteilt das Bundesverfassungsgericht in dem Beschluss v. 7. 11. 2006 DStR 2007, 235 Tz. 97:

„Bei der Ausgestaltung des steuerrechtlichen Ausgangstatbestandes hat der Gesetzgeber die einmal getroffene Belassungsentscheidung folgerichtig i. S. dieser Belastungsgleichheit umzusetzen. Ausnahmen von einer solchen folgerichtigen Umsetzung bedürfen eines besonderen sachlichen Grundes.“

Das Bundesverfassungsgericht (vgl. BVerfGE 98, 93, 100; 98, 106, 125; 108, 169, 181) verlangt eine **widerspruchsfreie** Gesetzesgestaltung. Die Angabe des sachlichen Grundes für die vorgenommene Differenzierung ist der Gesetzgeber schuldig geblieben.

(1) Diskriminierung der Aktiengesellschaft. Die Ausklammerung von Aktiengesellschaften aus der Sonderausgabenregelung des § 10 Abs. 1 Nr. 1 a EStG ist der Höhepunkt der Ungleichbehandlung. Ein Familienbetrieb in der Rechtsform der Aktiengesellschaft ohne Börsenzulassung ist in der unternehmerischen Struktur mit einer GmbH gleichzusetzen. Nicht die Rechtsform eines Unternehmens, sondern die **Höhe der Beteiligung** ist ein Maßstab für unternehmerisches Wirken. 43

Auch wenn es kein verfassungsrechtliches Gebot der Gleichbehandlung unterschiedlicher Unternehmensformen gibt (vgl. BVerfG Beschl. v. 21. 6. 2006 – 2 BvL 2/99; FR 2006, 766), muss jedenfalls eine Diskriminierung bestimmter Unternehmensformen vermieden werden. Die von Wälzholz DStR 2008, 275 vorgeschlagene verfassungskonforme Gesetzesauslegung durch Einbeziehung von Aktiengesellschaften scheitert an der entgegenstehenden Gesetzesbegründung und dem Gesetzeswortlaut.

Jeder Praktiker weiß, dass die Umwandlung von einer Kapitalgesellschaft in ein Personenunternehmen und die umgekehrte Gestaltung nicht automatisch zu einem Gewinn oder Verlust an unternehmerischem Engagement führen. Nach der Rechtsprechung des Bundesverfassungsgerichts (Beschl. v. 21. 6. 2006 – 2 BvL 2/99, FR 2006, 766, 767) ist ein gleichheitswidriger Begünstigungsausschluss verboten, bei dem eine Begünstigung einem Personenkreis gewährt, einem anderen Personenkreis aber vorenthalten wird.

(2) Die Wohnung des Übergebers. Die Regelung, wonach auch der Teil der Versorgungsleistungen abzugsfähig ist, der auf den Wohnteil eines Betriebs der Land- und Forstwirtschaft und damit auch auf die Altenteilerwohnungen entfällt, lässt ebenfalls erkennen, dass der Gesetzgeber mit zweierlei Maß misst. Bei einer Hofübergabe wird regelmäßig, aber nicht notwendig, das im steuerlichen Privatvermögen befindliche Wohngebäude mitübertragen. Die gesetzliche Regelung stellt klar, dass die bei der Hofübergabe vereinbarte 44

Versorgungsleistung, die sich auf Betriebs- und Privatvermögen bezieht, nicht in abzugsfähige und nicht abzugsfähige Teile aufgeteilt werden darf.

Die Beschränkung dieses Grundsatzes auf die Land- und Forstwirtschaft ist diskriminierend. Auch bei Gewerbebetriebsübertragungen wird häufig die auf dem Betriebsgrundstück befindliche Wohnung des Übergebers mitübertragen, um eine unwirtschaftliche Trennung des Betriebs von dem Wohnteil zu vermeiden. Nicht nur Landwirte, sondern auch mittelständische Gewerbetreibende wohnen häufig in unmittelbarer Nähe des Betriebes, um Tag und Nacht zur Verfügung zu stehen. Die Finanzverwaltung wird aufgrund der ausdrücklichen Regelung in § 10 Abs. 1 Nr. 1a Satz 3 EStG für die Landwirtschaft im Wege eines argumentum e contrario im gewerblichen Bereich die vereinbarte Versorgungsleistung im Verhältnis des Betriebsvermögens zum übergebenen Privatvermögen kürzen.

45 Die **kautelarjuristische Vorsorge** wird in Zukunft darin bestehen müssen, ausdrücklich die vereinbarte Versorgungsleistung nur auf den Betriebsteil zu beziehen, um eine anteilige Kürzung zu vermeiden. Bei der Vereinbarung von Gegenleistungen hat der BFH das Recht der Beteiligten anerkannt, ausdrücklich zu vereinbaren, auf welche übergebenen Wirtschaftsgüter die vereinbarte Gegenleistung entfällt, vgl. BFH ZEV 2005, 539; ebenso BMF-Schreiben DStR 2007, 487.

46 *(3) Sonderausgabenabzug für Unternehmer.* Trotz einer über 100-jährigen erfolgreichen Rechtspraxis wird sowohl die vermietete Immobilie als auch der von den Beteiligten genutzte Wohnraum aus dem Sonderausgabenabzug ausgeschlossen und damit der rechtspolitisch erwünschte familiäre Versorgungsvertrag (vgl. *Spiegelberger* Stbg 1995, 481), der Staat und Sozialhilfeträger entlastet, weitgehend eliminiert. Als sachlichen Grund für diese Neuregelung kann die Finanzverwaltung nur die vom Bundesrechnungshof angeblich festgestellte Fehlerquote von 90% bei der Besteuerung von privaten Versorgungsrenten und dauernden Lasten nennen.

Behördliche Inkompetenz im Gesetzesvollzug ist ein vom Bundesverfassungsgericht bisher noch nicht geprüftes Differenzierungsmerkmal, so dass man auf die zu erwartenden Richterklagen und Verfassungsbeschwerden gespannt sein darf. So sehr man anerkennen muss, dass das Bundesfinanzministerium den vom Bundesrechnungshof vorgeschlagenen Kahlschlag bei der privaten Versorgungsrente jedenfalls für die betrieblichen Einkunftsarten verhindert hat, muss man gleichzeitig die Eliminierung der Immobilie aus dem Sonderausgabenabzug beklagen. Die Formel: „Sonderausgabenabzug nur für Unternehmer" (ebenso *Reimann* FamRZ 2008, 19, 21; *Fleischer* ZEV 2007, 475) bietet so große politische und verfassungsrechtliche Angriffspunkte, dass man um den generellen Fortbestand des Sonderausgabenabzugs bei der vorweggenommenen Erbfolge besorgt sein muss.

47 *(4) Rechtssicherheit – ein verlorenes Rechtsgut.* Die vom Bundesfinanzministerium konzipierte Einschränkung des Sonderausgabenabzugs auf betriebliche Einkunftsarten beruht insbesondere darauf, dass die Finanzverwaltung von Anfang an der Rechtsprechung des Großen Senats ablehnend gegenüberstand, insbesondere soweit die Übertragung der vom Erwerber selbst genutzten Wohnung in den Regelungsbereich der privaten Versorgungsrente einbe-

zogen wurde (*Schwenke* DStR 2004, 1684; *Risthaus* DB 2003, 2190, 2197 formuliert: „Es bleibt abzuwarten, ob und in welcher Form die Finanzverwaltung dem Großen Senat folgen wird.“).

Der Große Senat GrS 4–6/89 hielt es für notwendig, die gesetzlichen Bestimmungen unter größtmöglicher Wahrung ihres tradierten und anerkannten Regelungsgehaltes auszulegen. Bei der Auslegung älterer Gesetzesbestimmungen, die im Lauf der Zeit durch eine gefestigte Rechtsprechung ausgeformt sind, komme den Rechtswerten der Rechtssicherheit und des Vertrauensschutzes besondere Bedeutung zu. In der Tat sollten sich Gesetzgeber und Verwaltung an Gustav Radbruch orientieren:

„Die Gerechtigkeit ist die zweite große Aufgabe des Rechts, die erste aber ist die Rechtssicherheit, der Friede“, vgl. Aphorismen zur Rechtsweisheit, 1963, S. 23 Nr. 77.

Ist es nachvollziehbar, dass der seit Jahrzehnten gewährte Sonderausgabenabzug für vom Erwerber bewohnten Wohnraum 2002 abgeschafft, 2004 wieder eingeführt und ab 2008 wieder aufgehoben wurde und dass die Finanzverwaltung – Gott sei Dank vom Gesetzgeber korrigiert – auch allen Altverträgen ab 1. 1. 2013 den Vertrauensschutz entziehen wollte? Die durch das Jahressteuergesetz 2008 in Kraft getretenen 200 Steueränderungen sind ein Indiz für ein steuerliches Krebswachstum, das mit dem Siechtum des Patienten enden wird.

5. Offene Fragen: Versorgungsleistungen als Entgelt?

Fraglich ist die künftige Behandlung von Immobilien- und Kapitalgesellschaftsanteilsübertragungen, die vom Sonderausgabenabzug gem. § 10 Abs. 1 Nr. 1 a EStG ausgeschlossen sind.

a) BFH-Rechtsprechung

Das Rechtsinstitut der Vermögensübergabe gegen Versorgungsleistungen 48
stellt nach der jahrzehntelangen Rechtsprechung eine **unentgeltliche** Übertragung dar; lediglich einmalige Geldleistungen, wie die Übernahme privater Schulden und die Vereinbarung von Abstands- und Geschwistergleichstellungsgeldern, wurden als entgeltlich beurteilt (GrS 4–6/89, BStBl. 1990 II 847). In seiner Entscheidung GrS 1/00, BStBl. 2004 II 95 hat der Große Senat die steuerliche Behandlung von Versorgungsleistungen präzisiert. Danach sind im Zusammenhang mit einer Vermögensübergabe zur vorweggenommenen Erbfolge vereinbarte abänderbare Versorgungsleistungen dann nicht als dauernde Last (Sonderausgabe nach § 10 Abs. 1 Nr. 1 a Satz 1 EStG) abziehbar, wenn sie nicht aus den erzielbaren laufenden Nettoerträgen des übergebenen Vermögens gezahlt werden können.

b) Literatur

Risthaus (vgl. ZErb 2007, 314, 317; ebenso *Röder* DB 2008, 146, 151; vor- 49
sichtig zustimmend auch *Korn/Strahl* KÖSDI 2007, 15783, 15806; *Wälzholz* DStR 2008, 273, 277) meint, dass die nicht mehr unter die Sonderregelung des § 10 Abs. 1 Nr. 1 a EStG fallenden Vermögensübertragungen gegen wie-

derkehrende Leistungen nach den allgemeinen Regeln des Einkommensteuerrechts als entgeltliche/teilentgeltliche Rechtsgeschäfte zu beurteilen seien. Sie könnten daher nicht anders beurteilt werden als Gleichstellungsgelder, Schuldübernahmen oder Abstandszahlungen. Würde man dieser Auffassung folgen, müssten GmbH-Anteilsübertragungen mit einer Beteiligungsquote bis 50% sowie alle Aktienübertragungen gegen Versorgungsrente als Veräußerungsgeschäft behandelt werden!

c) Kritik

aa) Zivilrechtliche Beurteilung

50 Die Verfechter der Behauptung, Versorgungsleistungen seien begrifflich Anschaffungskosten (vgl. *Kemmer* Teilentgeltliche Rechtsgeschäfte, 1987, S. 140; *Hofer* Vorweggenommene Erbfolgeregelungen gegen private Versorgungsleistungen, 1995, S. 165), verkennen, dass kein Kaufvertrag vorliegt, wenn der Erwerber die vereinbarte Versorgung aus den Erträgen des übernommenen Vermögens aufbringt, so dass er nichts aus dem eigenen Vermögen aufwendet.

51 Zivilrechtlich liegt in diesen Fällen eine **Auflagenschenkung**, nicht einmal eine gemischte Schenkung, geschweige denn eine kaufvertragsähnliche Gestaltung vor, vgl. *Spiegelberger* DStR 2004, 1105, 1109; ähnlich auch *Geck* KÖSDI 2009, 16444 Tz. 3 und 27. Beispiele für eine Auflagenschenkung sind eine Grundstücksübereignung unter Vorbehaltsnießbrauch oder Übertragung eines Sparkontos gegen verzinsliches Darlehen aus diesem Geld (vgl. BayObLG NJW 1974, 1142; *Palandt/Weidenkaff* § 525 BGB Rn. 8; vgl. auch *Coing* NJW 1949, 261).

bb) Zurückgehaltene Erträge

52 Sofern sich der Eigentümer bei der Übertragung eines Vermögensgegenstandes den Nießbrauch vorbehält, ist die Bestellung des Nießbrauches **keine Gegenleistung** des Erwerbers, unabhängig davon, ob das Grundstück entgeltlich oder unentgeltlich übertragen wird (vgl. BFH BStBl. 1982 II 378; 1991 II 791 und 793; Tz. 40 III. Nießbraucherlass BStBl. 1998 I 914). Durch die Nießbrauchbestellung behält sich der Veräußerer die Erträge des veräußerten Gegenstandes zurück; ebenso werden Versorgungsleistungen des Erwerbers als vorbehaltene Vermögenserträge vom Bundesfinanzhof charakterisiert, vgl. GrS 4–6/89, BStBl. 1990 II 847, 852; GrS 1/00, BStBl. 2004 II 95, 98.

cc) Sonderausgaben

53 Ein Steuerrechtssatz, dass alles, was nicht zum Sonderausgabenabzug zugelassen wird, eine Gegenleistung darstellt, existiert nicht. Wenn der Gesetzgeber wiederkehrende Leistungen vom Sonderausgabenabzug ausschließt, erlaubt dies keinen Rückschluss auf die Rechtsnatur der wiederkehrenden Leistungen. Wiederkehrende Versorgungsleistungen, die aus einem 50%-igen GmbH-Anteil erbracht werden, sind ebenso ihrer Rechtsnatur unentgeltlich wie Versorgungsleistungen, die für einen 49,9%-igen GmbH-Anteil entrichtet werden. Der Sonderausgabenabzug beeinflusst nicht die Rechtsnatur einer wiederkehrenden Leistung, sondern setzt begrifflich voraus, dass sie nicht mit Einkünften in wirtschaftlichem Zusammenhang stehen, d. h. die für einen GmbH-Anteil entrichteten wiederkehrenden Leistungen stellen unabhängig von dessen Höhe nach dem Zweck der Zuwendung entweder Anschaffungskosten oder eine unentgeltliche Leistung dar. Erst danach ist zu prüfen, ob eine unentgeltliche Leistung als Sonderausgabe gem. § 10 Abs. 1 Nr. 1a EStG erfasst wird.

dd) Betriebliche Versorgungsrenten

Auch in ähnlichen Fällen hat der BFH BStBl. 1977 II 603; 1979 II 403; 1989 II 888; NV 1998, 835 die **Unentgeltlichkeit** von Versorgungsrenten anerkannt. Steht bei dem Ausscheiden eines Gesellschafters aus einer Personengesellschaft die **betriebliche** Fürsorge im Vordergrund und nicht die Entrichtung einer Gegenleistung für erworbene Wirtschaftsgüter, soll also die Versorgung des Berechtigten oder dessen Ehegatten aus betrieblichen Gründen gewährleistet werden, liegt **kein Veräußerungsgeschäft** vor. Vielmehr handelt es sich um eine **betriebliche Versorgungsrente** (vgl. BFH BStBl. 1966 III 597; 1989 II 888), die die Buchwertfortführung gem. § 6 Abs. 3 EStG zur Folge hat. 54

Der Umstand, dass der Bundesfinanzhof die betriebliche Versorgungsrente zum Betriebsausgabenabzug zulässt, ist in der korrespondierenden Erfassung des Zuflusses beim Empfänger gem. § 24 Nr. 2 EStG begründet. Nimmt ein Rechtsanwalt seinen Schwiegersohn als Sozius auf, beseitigen die nach dem Tod des Schwiegervaters erbrachten Versorgungsleistungen nicht die Unentgeltlichkeit der Einräumung einer Beteiligung, wenn und soweit der Schwiegersohn auch bei Eintritt in eine vergleichbare Praxis eines Fremden gleichartige Verpflichtungen eingegangen wäre, vgl. BFH BStBl. 1979 II 403 und BFH/NV 1998, 820; a. A. *Paus* BB 1978, 1159; *Biergans*, 223.

ee) Steuerlicher Anschaffungskostenbegriff

Welche Kosten einem Anschaffungsvorgang im Einzelfall zuzuordnen und daher zu den Anschaffungs-(Neben)Kosten zu rechnen sind, ist, wie der BFH BStBl. 2002 II 349 betont, nach **wirtschaftlichen** Gesichtspunkten zu entscheiden. Dabei ist ein bloßer kausaler oder zeitlicher Zusammenhang mit der Anschaffung nicht ausreichend, vielmehr kommt es auf die **Zweckbestimmung** der Aufwendungen an. 55

Das Einkommensteuerrecht kennt keinen kausalen, sondern nur einen **finalen** Anschaffungskostenbegriff, so dass Anschaffungskosten nur vorliegen, wenn die Aufwendungen des Erwerbes zum Zwecke der Anschaffung erfolgen. Bei der vorweggenommenen Erbfolge wird zeitlich der dem Erwerber durch das gesetzliche Erbrecht zugedachte Vermögensgegenstand bereits zu Lebzeiten übertragen und der dem Übergeber durch die frühzeitige Übertragung entgehende Ertrag durch die Versorgungsleistung ersetzt. Im gewöhnlichen Geschäftsverkehr unter fremden Dritten ist eine Vermögensübertragung, die dem Übertragenden nur den bisherigen Ertrag belässt, als Anschaffungsgeschäft nicht denkbar. Es bleibt also auch bei den nicht durch § 10 Abs. 1 Nr. 1a EStG begünstigten Vermögensübertragungen gegen Versorgungsleistungen bei **unentgeltlichen** Übertragungen, so dass für die vereinbarten 56

Versorgungszahlungen auch die Bestimmungen des § 17 und 23 EStG keine Anwendung finden.

d) IV. Rentenerlass BStBl. I 2010 S. 227

Literatur: *Seitz* Die wesentlichen Änderungen bei der Vermögensübergabe gegen Versorgungsleistungen durch den sog. 4. Rentenerlass, DStR 2010, 629.

aa) Unentgeltlichkeit

57 In Tz. 5 führt der IV. Rentenerlass BStBl. I 2010 S. 227 unter Hinweis auf die ständige Rechtsprechung des BFH BStBl. 1992 II 465; 1996 II 669; 2004 II 211 zutreffend aus, dass bei der Vermögensübertragung im Zusammenhang mit Versorgungsleistungen der Übernehmer nach dem Willen der Beteiligten wenigstens teilweise eine unentgeltliche Zuwendung erhalten soll.

„In den Fällen der Vermögensübertragung auf Angehörige spricht eine widerlegbare Vermutung dafür, dass die wiederkehrenden Leistungen unabhängig vom Wert des übertragenen Vermögens nach dem Versorgungsbedürfnis des Berechtigten und nach der wirtschaftlichen Leistungsfähigkeit des Verpflichteten bemessen worden sind. Diese Vermutung ist widerlegt, wenn die Beteiligten Leistung und Gegenleistung nach kaufmännischen Gesichtspunkten gegeneinander abgewogen haben und subjektiv von der Gleichwertigkeit der beiderseitigen Leistungen ausgehen durften, auch wenn Leistung und Gegenleistung objektiv ungleichwertig sind.“

Im diametralen Gegensatz zu dieser Bezugnahme auf die BFH-Rechtsprechung wird in Tz. 57 ausgeführt:

„Liegen die Voraussetzungen einer begünstigten unentgeltlichen Vermögensübertragung im Zusammenhang mit Versorgungsleistungen nicht vor, weil z. B. kein begünstigtes Vermögen i. S. d § 10 Abs. 1 Nr. 1 a Satz 2 EStG übertragen worden ist . . ., gelten die Grundsätze zu C (entgeltliche Vermögensübertragung gegen wiederkehrende Leistungen).“

Die Bezugnahme auf den Beschluss des Großen Senats BStBl. 2004 II 95 ist schon deswegen unzutreffend, weil der Große Senat über die Gesetzesfassung vor der Jahressteuerreform 2008 entschieden hat. Tatsächlich bricht der IV. Rentenerlass BStBl. I 2010 S. 227 mit der jahrzehntelangen Rechtsprechung, in dem er unentgeltliche Leistungen fiktiv als entgeltlich apostrophiert, weil sie durch das Jahressteuergesetz 2008 vom Sonderausgabenabzug ausgeschlossen wurden.

58 Eine unentgeltliche Leistung wird nicht durch den Ausschluss vom Sonderausgabenabzug entgeltlich, sondern behält ihren Charakter als unentgeltlich, wenn der Erwerber keine eigenen Mittel aufwendet, sondern die Versorgung des Übergebers nur aus den von diesem zurückbehaltenen Erträgen finanziert. Der von der Rechtsprechung entwickelte Grundsatz der **zurückbehaltenen Erträge** entspricht dem Rechtsgedanken des Nießbrauchs, wonach zwar der Vermögensgegenstand auf den Erwerber übertragen wird, die Erträge in erster Linie aber der Versorgung des Übergebers dienen. Die Finanzverwaltung kann sich auch nicht auf die von *Biergans* S. 223 begründete Auffassung stützen, wonach alle Rentenzahlungen entgeltlich sind, da diese – dogmatisch vertretbare, aber mit der BFH-Rechtsprechung nicht vereinbare – Auffassung konsequent **alle** Renten für entgeltlich betrachtet und nicht etwa danach differenziert, ob diese dem Sonderausgabenabzug unterliegen oder nicht.

Die Finanzverwaltung kann sich auch nicht auf die von *Fischer* MittBayNot 1996, 147 begründete und vom X. BFH-Senat übernommene Auffassung des Sonderrechts der Vermögensübertragung gegen Versorgungsleistungen stützen. Nach dieser Meinung unterliegen Vermögensübertragungen gegen Versorgungsleistungen unter nahestehenden Personen den Grundsätzen des § 12 Nr. 2 EStG und stellen somit unentgeltliche Unterhaltsleistungen dar, die ausnahmsweise vom Gesetzgeber dem Sonderausgabenabzug unterstellt wurden.

bb) GmbH-Anteile von weniger als 50%

Gem. Tz. 20 gelten bei GmbH-Anteilsübertragungen eines nicht mindestens 50% betragenden Anteils die Grundsätze über die einkommensteuerrechtliche Behandlung wiederkehrender Leistungen im Austausch mit einer Gegenleistung, so dass in den meisten Fällen künftig die kapitalisierten Versorgungsansprüche des Übergebers als entgeltlich i. S. d. § 17 EStG fingiert und damit steuerpflichtig werden. Für die im Wirtschaftsleben dominierende Rechtsform der GmbH – mehr als 1 Mio. Betriebe werden in dieser Rechtsform geführt – ergibt sich wiederum eine signifikante Einschränkung des Anwendungsbereichs der vorweggenommenen Erbfolge. Die Finanzverwaltung verschärft damit die bereits in der Gesetzgebung angelegte Diskriminierung der in der Rechtsform der GmbH betriebenen Familienunternehmen. Es bedarf keiner hellseherischen Fähigkeiten, dass gegen diese weitere Verschärfung die Finanzgerichte angerufen werden. Die Finanzverwaltung widerspricht sich selbst, wenn sie in Tz. 3 Satz 3 zu Recht betont, dass im Zusammenhang mit der Vermögensübertragung zugesagte Versorgungsleistungen weder Veräußerungsentgelt noch Anschaffungskosten sind, so auch BFH BStBl. 1990 II 847, andererseits aber die Übertragung von GmbH-Anteilen mit weniger als 50% als entgeltlich fingiert. 59

cc) Diskriminierung der Aktiengesellschaft

Die sich bereits aus dem Gesetz ergebende Ausschließung der Aktiengesellschaften aus dem Anwendungsbereich des Sonderausgabenabzugs verschärft Tz. 14, wonach die Teilbetriebsfiktion des § 16 Abs. 1 Satz 1 Nr. 1 Satz 2 EStG keine Anwendung findet. Eine das gesamte Nennkapital umfassende Beteiligung an einer Aktiengesellschaft (und auch an einer GmbH) wird nicht als Teilbetrieb i. S. d. § 10 Abs. 1 Nr. 1 a Satz 2 Buchst. b EStG beurteilt, so dass die vom BFH bisher nur im Fall der Umwandlung ausgesprochene Einschränkung zu Lasten der Steuerpflichtigen generalisiert wird. 60

dd) Betriebsaufgabe, Übertragung, Umwandlung und nachträgliche Umschichtung

Wenn der Übernehmer den Betrieb aufgibt oder das übernommene Vermögen auf einen Dritten überträgt, sind die im Zusammenhang mit der Vermögensübertragung vereinbarten wiederkehrenden Leistungen zwischen dem Übergeber und dem Übernehmer grundsätzlich nicht mehr sonderausgabenfähig. 61

Gem. Tz. 38 ist die Weiterübertragung im Wege der vorweggenommenen Erbfolge zulässig, ohne dass es zu einem Verlust des Sonderausgabenabzugs 62 kommt. Sofern die Versorgungsverpflichtung nicht mit übergeht, können die Versorgungsleistungen weiterhin abgezogen werden, wenn der Übernehmer diese aus ihm im Rahmen der weiteren Vermögensübertragung seinerseits eingeräumten Versorgungsleistungen oder aus einem an dem weiterübertragenen Vermögen vorbehaltenen Nießbrauchsrecht bewirken kann. Schenkungsteuerlich muss darauf geachtet werden, dass die Weiterübertragung **nur** unter **Nießbrauchsvorbehalt** stattfindet, da die Vereinbarung einer Versorgungsrente schenkungsteuerlich zu einer Minderung der Bereicherung führt, also insoweit als entgeltlich gilt.

ee) Umwandlung

63 Einbringungen gem. § 20 oder 24 UmwStG sowie der Anteilstausch gem. § 21 UmwStG stellen keine nachträgliche Umschichtung dar, wenn auch nach der Einbringung die übrigen Voraussetzungen der Rz. 7–11 und 15–20 erfüllt sind. Der sachliche Zusammenhang endet aber, soweit dem Vermögensübernehmer die erhaltenen GmbH-Anteile oder Mitunternehmeranteile steuerrechtlich nicht mehr zuzurechnen sind.

ff) Realteilung

64 Im Falle der Realteilung gem. § 16 Abs. 3 Satz 2–4 EStG wird gem. Tz. 43 der sachliche Zusammenhang der wiederkehrenden Leistungen mit der begünstigten Vermögensübertragung nur dann nicht beendet, wenn der Vermögensübernehmer einen Teilbetrieb oder Mitunternehmeranteil erhält und nach der Realteilung die übrigen Voraussetzungen der Rz. 7–11 oder 13 und 14 erfüllt sind.

gg) Pflegefall und Ertragsminderung

65 In Tz. 61 wird fingiert, dass vom Erwerber erbrachte Zahlungen, die nicht mehr aus dem Ertrag des übergebenen Vermögens erbracht werden können, ein neues Versorgungskonzept darstellen, die freiwillige Leistungen i. S. d. § 12 Nr. 2 EStG darstellen. Die Berufung auf das BFH-Urt. v. 13. 12. 2005 BStBl. 2008 II 16 ist zwar zutreffend, verschweigt aber, dass diese BFH-Entscheidung im Widerspruch zu der Entscheidung des Großen Senats BStBl. 2004 II 95, 100 steht, wonach für die Ertragsprognose auf die Verhältnisse bei **Vertragsabschluss** abzustellen ist, ebenso *Martin* BB 1993, 1778.

Wenn sich die im Zeitpunkt der Übergabe vorhandenen objektiven Kriterien nicht erfüllen, verbleibt es bei der steuerlichen Einordnung als Versorgungsleistungen. Sofern eine Anpassung der wiederkehrenden Leistungen für den Fall der Pflegebedürftigkeit im ursprünglichen Übertragungsvertrag ausgeschlossen war, nimmt die Finanzverwaltung zutreffend für die nunmehr übernommene Zahlung eine freiwillige Leistung i. S. d. § 12 Nr. 2 EStG an.

Bei einer Ertragsminderung infolge einer Betriebsverpachtung verlangt Tz. 62 eine Anpassung; andernfalls sind die die dauerhaften Erträge übersteigenden Zahlungen freiwillige Leistungen i. S. d. § 12 Nr. 2 EStG. Auch diese Verschärfung widerspricht der Rechtsprechung des Großen Senats.

hh) Ablösung eines Nießbrauchsrechtes

Selbst wenn die Ablösung des Nießbrauchsrechtes gegen Versorgungsleistungen im ursprünglichen Übergabevertrag vereinbart war, wird nach Tz. 85 die im Wege der Ablösung vereinbarte Versorgungsrente nur dann anerkannt, wenn der **Zeitpunkt** der Anpassung im Übertragungsvertrag verbindlich vereinbart war. Eine derartige Einschränkung stellt tatsächlich eine verklausulierte Ablehnung dar, da die Beteiligten bei Übergabeverträgen nicht den Zeitpunkt des Änderungsbedarfs, z. B. der Pflegebedürftigkeit der Übergeber, voraussehen können. 66

ii) Mischvermögen

Sofern nach § 10 Abs. 1 Nr. 1 a Satz 2 EStG begünstigtes Vermögen im Rahmen eines Übertragungsvertrages zusammen mit nicht begünstigtem Vermögen übertragen wird (z. B. Grundvermögen, Wertpapiervermögen), kann zwischen den Beteiligten die konkrete Zuordnung der Versorgungsleistungen vereinbart werden. Dabei wird es von der Finanzverwaltung grundsätzlich nicht beanstandet, wenn die wiederkehrenden Leistungen in vollem Umfang der Übertragung des begünstigten Vermögens zugeordnet werden, sofern der daraus prognostizierte Ertrag die Versorgungsleistungen deckt. Andernfalls muss eine Aufteilung anhand eines angemessenen Maßstabs, z. B. im Verhältnis der Erträge der einzelnen Vermögenswerte erfolgen, vgl. Tz. 47 IV. Rentenerlass BStBl. I 2010 S. 227. 67

6. Gestaltungswahlrecht

Beispiel: Eltern E übertragen ihrer Tochter T eine Immobilie zu Eigentum; T verpflichtet sich an die Eltern lebenslang eine Leibrente in Höhe von 1000 € zu entrichten. Welche Rechtsnatur haben diese wiederkehrenden Zahlungen? 68

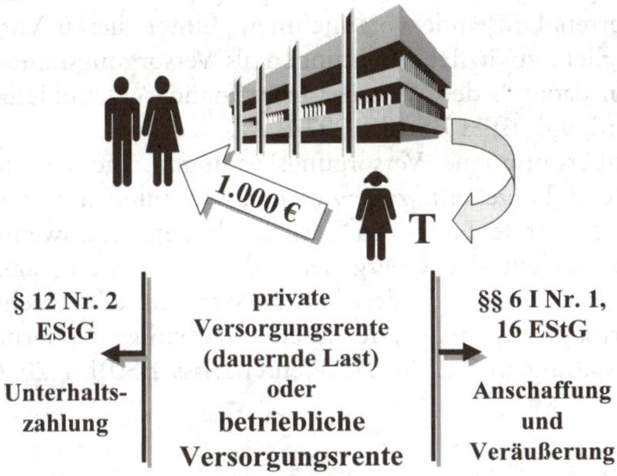

Den Beteiligten steht es frei, durch **ausdrückliche Erklärung** Vereinbarungen wie unter fremden Dritten zu treffen und die **Sonderregelungen** der **vorweggenommenen Erbfolge** (Widerruf wegen groben Undanks gem. § 530 BGB, Rückgabe wegen Notbedarfs des Schenkers gem. § 528 BGB, Pflichtteilsanrechnung gem. § 2315 BGB, Ausgleichung gem. § 2050 BGB) **auszuschließen** und ausdrücklich Kaufvertragsrecht zu vereinbaren. Auf 69 derartige Übertragungen findet dann Kaufrecht Anwendung, selbst wenn Leistung und Gegenleistung nicht kaufmännisch abgewogen wurden, also auch schenkungsteuerliche Relevanz vorliegt; im Ergebnis ähnlich *Fleischer* ZEV 2007, 475, 478. *Risthaus* ZErb 2007, 314 will der Entscheidung des BFH BStBl. 2002 II 650 zu einer vereinbarten **Zeit**rente entnehmen, dass – wenn nicht alle Voraussetzungen einer begünstigten unentgeltlichen Vermögensübergabe vorliegen – von einem (teil-)entgeltlichen Rechtsgeschäft auszugehen ist. Der BFH kommt im entschiedenen Fall zu diesem Ergebnis, weil er wiederkehrende Zahlungen, die nicht auf Lebenszeit gewährt werden, von vorne herein den Veräußerungsrenten zuordnet, also implizit das Rechtsinstitut der Vermögensübergabe gegen Versorgungsleistungen ausschließt. Diese Zuordnung ist aber nicht möglich, wenn der Versorgungscharakter der Vereinbarungen evident ist, der Gesetzgeber aber für diese Versorgungsleistungen keinen Sonderausgabenabzug gewährt.

7. Nachträgliche Erhöhung oder Reduzierung von Versorgungsleistungen

70 Die Vereinbarungen müssen zu Beginn des durch den Übertragungsvertrag begründeten Rechtsverhältnisses oder bei Änderung dieses Verhältnisses für die Zukunft getroffen werden. Änderungen der Versorgungsleistungen sind steuerrechtlich nur anzuerkennen, wenn sie durch ein in der Regel langfristig verändertes Versorgungsbedürfnis des Berechtigten und/oder die veränderte wirtschaftliche Leistungsfähigkeit des Verpflichteten veranlasst sind, vgl. BFH BStBl. 1992 II 1020; ebenso Tz. 60 IV. Rentenerlass BStBl. I 2010 S. 227.

Versorgungsverträge sind auch für die Zukunft nicht beliebig veränderbar. Der Rechtsnatur des Versorgungsvertrages entsprechend muss es jedoch zulässig sein, bei langfristig veränderten Versorgungsbedürfnissen eine Anpassung an die veränderten Umstände vorzunehmen. Unter diesen Voraussetzungen ist es auch möglich, zusätzliche Leistungen als Versorgungsrente zu vereinbaren, auch wenn dadurch der Wert der ursprünglich geschuldeten Leistungen überstiegen wird, vgl. BFH BStBl. 1997 II 47.

Zusätzlich übernommene Versorgungsleistungen, die den Mietwert der ursprünglich der Übergeberin zugewiesenen Wohnung übersteigen, können auch dann als dauernde Lasten zu berücksichtigen sein, wenn die zunehmende Gebrechlichkeit der Übergeberin die Zubereitung alters- und gesundheitsmäßiger Speisen erfordert. Diese sich aus der Rechtsnatur eines Versorgungsvertrages ergebende, rechtlich notwendige Änderung wird von der Finanzverwaltung in Tz. 61 IV. Rentenerlass BStBl. I 2010 S. 227 negiert.

8. Eingeschränkte Versorgungsleistungen

a) Ausschluss von Pflegegeldzahlungen

71 Einschränkungen, die nach Auffassung der Rechtsprechung bisher nur das Vorliegen einer dauernden Last ausschlossen, insgesamt den Charakter als Versorgungsleistung nicht beeinträchtigten, so dass statt einer dauernden Last eine private Versorgungsrente angenommen wurde, verhindern nicht mehr

die Qualifizierung als lebenslange und wiederkehrende Versorgungsleistung i. S. d. § 10 Abs. 1 Nr. 1a EStG n. F., da der Gesetzgeber selbst auf diese Differenzierung verzichtet, ebenso *Wälzholz* MittBayNot 2008, 96. Der Beschluss des BFH v. 9. 5. 2007 X B 162/06, wonach bei dem Ausschluss von Versorgungsleistungen für Pflegebedürftigkeit oder Heimunterbringung keine dauernde Last, sondern nur eine private Versorgungsrente vorliegt, stellt nunmehr die volle Abzugsfähigkeit als Sonderausgabe gem. § 10 Abs. 1 Nr. 1a EStG n. F. nicht in Frage. Die Qualifizierung als Versorgungsleistung setzt nicht eine Vollversorgung des Übergebers voraus, sondern nur die grundsätzliche Eignung zur Versorgung des Übergebers.

Bei einem Ausschluss des Pflegefallrisikos aus der Anpassung besteht die Gefahr, dass an Stelle des Vermögensübernehmers dessen Geschwister vom Sozialhilfeträger herangezogen werden, obwohl diese keine oder nur geringere Abfindungen erhalten haben. In jedem Fall sollte daher die Aufteilung des Pflegefallrisikos zwischen den einzelnen Geschwistern geregelt werden.

Die Einbeziehung des Pflegefallrisikos in die dauernde Last kann nicht nachgeholt werden, so auch Tz. 61 IV. Rentenerlass BStBl. I 2010 S. 227.

Sofern der Übergeber nach der Übergabe in einem Pflegeheim untergebracht wird und der Sozialhilfeträger den Schenkungsrückforderungsanspruch gem. § 528 BGB auf sich überleitet, kann der Erwerber die zur Abfindung der Rückübertragung geleisteten Pflegeheimkosten nicht als dauernde Last gem. § 10 Abs. 1 Nr. 1a Satz 1 EStG geltend machen, vgl. BFH FR 2001, 362. *Geck* ZEV 2001, 232 weist zu Recht darauf hin, dass das absehbare Unterhaltsversorgungsbedürfnis des Übergebers durch entsprechende Vereinbarungen im Übergabevertrag ausgestaltet werden sollte.

b) Mindestleistung

Auch die Vereinbarung einer Mindestleistung, die der BFH BStBl. 1980 II 501 und 575 insoweit als Leibrente und lediglich hinsichtlich des Schwankungsbetrages als dauernde Last behandelte, führt nunmehr insgesamt zu einer in voller Höhe abziehbaren Versorgungsleistung. 72

c) Formfreier Verzicht

aa) Wertsicherungsklauseln

Viele Leibrentenverträge enthalten **Automatikklauseln**, wonach bei bestimmten Indexveränderungen die Leibrente sich entsprechend im selben Ausmaß erhöht oder vermindert. In der Praxis werden diese Vereinbarungen häufig ignoriert, also die ursprünglich vereinbarte Leistung weiter erbracht, obwohl aufgrund der Automatikklausel eine veränderte Leibrente geschuldet wird. In der Vertragstechnik sollte überlegt werden, ob die Änderung der Leibrente bei entsprechenden Indexveränderungen **nur auf Antrag** durch eine Vertragspartei erfolgt. Die Abweichung vom Übergabevertrag kann auch darauf beruhen, dass die Beteiligten auf bestimmte Leistungen **formfrei** wirksam verzichtet haben. Bei Wertsicherungsklauseln mit automatischer Anpassung durch Zeitablauf besteht die Gefahr, dass die Finanzverwaltung darin ein Fehlen des Rechtsbindungswillens sieht, vgl. Tz. 64 IV. Rentenerlass BStBl. I 2010 S. 227. 73

bb) Zahlungseinstellung

Literatur: *Bruschke* Dauernde Lasten und Rechtsbindungswille, DStZ 2009, 781.

74 Verzichtet der Altenteilsberechtigte ganz oder teilweise auf fällige Altenteilsleistungen, so führt der Verzicht nach BFH/NV 1994, 99 nicht zu einer Zuwendung des Altenteilsberechtigten an den Altenteilsverpflichteten. Es sei vielmehr zu unterscheiden, ob der Verzicht auf Altenteilsleistungen auf eine rechtlich zulässige Anpassung auf die entfallende Leistungsfähigkeit zurückzuführen ist oder ob der Vertrag von den Parteien nicht wie vereinbart durchgeführt wird. In beiden Fällen lässt das Gesetz nicht zu, steuerbare Einnahmen des Berechtigten bzw. Aufwendungen (Sonderausgaben) des Verpflichteten zu fingieren.

d) Wiederaufnahme unterbrochener Zahlungen

75 Nach Auffassung des FG Niedersachsen, ErbStB 2009, 211 gefährdet die Wiederaufnahme der Zahlung von wiederkehrenden Leistungen nach längerer Unterbrechung wegen Liquiditätsschwierigkeiten nicht den Sonderausgabenabzug, führt jedoch zu einer Vertragsänderung. Demnach sei eine erneute Ertragsprognose erforderlich. Dies widerspricht jedoch der Entscheidung des Großen Senats BStBl. 2004 II 95 unter C II 6 c, wonach für die Ertragsprognose die Verhältnisse bei Vertragsschluss maßgebend sind und nicht etwa später eintretende Änderungen, z. B. geringere Gewinnerwartungen. Nach Auffassung der Finanzverwaltung, vgl. Tz. 63 IV. Rentenerlass BStBl. I 2010 S. 227 werden willkürlich unterlassene Versorgungsleistungen steuerrechtlich nicht mehr anerkannt, auch wenn die vereinbarten Zahlungen später wieder aufgenommen werden.

9. Zeitrenten

76 Hingegen verhindern Einschränkungen, die bereits früher zu Veräußerungsrenten führten, auch künftig die Beurteilung als Versorgungsleistungen gem. § 10 Abs. 1 Nr. 1 a EStG n. F. Dies gilt insbesondere für alle Formen von **Zeitrenten**, die also nicht die lebenslange Versorgung sicherstellen. Angesichts des nunmehrigen Wortlautes, wonach die „lebenslange“ Gewährung Tatbestandsmerkmal von Versorgungsleistungen geworden ist, fallen auch zeitlich begrenzte wiederkehrende Leistungen zur Überbrückung einer Versorgungslücke nicht mehr in den Geltungsbereich von § 10 Abs. 1 Nr. 1 a EStG. *Wälzholz* DStR 2008, 273, 277 hält auch in Zukunft abgekürzte Versorgungsleistungen, die lediglich der Schließung einer Versorgungslücke dienen, vgl. BFH BStBl. 1994 II 633; 1996 II 676, für sonderausgabenfähig. Dies widerspricht aber dem klaren Gesetzeswortlaut und Tz. 56 IV. Rentenerlass BStBl. I 2010 S. 227.

10. Vermögensumschichtungen

a) Ab dem 1. 1. 2008 errichtete Übertragungsverträge

77 Überträgt der Vermögensübernehmer das begünstigte übernommene Vermögen auf einen Dritten und erwirbt mit dem Erlös zeitnah anderes Vermögen i. S. d. § 10 Abs. 1 Nr. 1 a Satz 2 EStG, sind die nach der Übertragung an den Übergeber entrichteten wiederkehrenden Leistungen weiterhin Versorgungsleistungen, selbst dann, wenn der gesamte Erlös aus der Veräußerung zur Anschaffung dieses Vermögens nicht ausreicht, der Übernehmer bei der Umschichtung zusätzlich eigene Mittel zur Anschaffung aufwendet und der auf den reinvestierten Veräußerungserlös entfallende Anteil an den Erträgen ausreicht, um die vereinbarten wiederkehrenden Leistungen zu erbringen, vgl. Tz. 41 IV. Rentenerlass BStBl. I 2010 S. 227.

b) Übergangsregelung für Übergabeverträge vor dem 1. 1. 2008

Literatur: *Haberstock* Bayerisches Landesamt für Steuern: Leitfaden – Vermögensübergabe gegen Versorgungsleistungen (Stand Januar 2009).

Beispiel: M übertrug in 2002 ein vermietetes (ausreichend ertragbringendes) Zweifamilienhaus auf ihre Tochter T gegen die Zusage von lebenslangen Versorgungsleistungen (dauernde Lasten) i. H. v. mtl. 400 €. 78

Ende 2008 veräußert T das Zweifamilienhaus und erwirbt Anfang 2009 eine andere zur Vermietung bestimmte (und ausreichend ertragbringende) Immobilie, die ebenfalls zu ihrem Privatvermögen gehört.

Wurde die Vermögensübergabe gegen die Zusage von Versorgungsleistungen vor dem 1. 1. 2008 vereinbart, kann sich der Vermögensübernehmer auch dann auf die Übergangsregelung nach § 52 (23f) EStG und auf die Anwendung der bisher geltenden Grundsätze berufen, wenn die Umschichtung des erhaltenen Vermögens erst nach dem 31. 12. 2007 erfolgt. Daher kann der Vermögensübernehmer die Versorgungsleistungen auch dann weiterhin als Sonderausgaben abziehen (und der Übergeber muss sie gem. § 22 Nr. 1 EStG versteuern), wenn er nach dem 31. 12. 2007 mit dem Veräußerungserlös keine „unternehmerische" Wirtschaftseinheit i. S. d. § 10 Abs. 1 Nr. 1 a S. 2 EStG, sondern ausreichend ertragbringendes Vermögen erwirbt, das nach der bisherigen Rechtslage als begünstigtes Vermögen angesehen wurde. 79

11. Ablösung eines Nießbrauchs durch Versorgungsleistungen

Wird ein an begünstigtem Vermögen vorbehaltenes Nießbrauchsrecht im Zusammenhang mit wiederkehrenden Leistungen abgelöst, enthalten Tz. 25 und 85 IV. Rentenerlass BStBl. I 2010 S. 227 einander widersprechende Ausführungen. Gem. Tz. 25 können bei der sog. zeitlich gestreckten **gleitenden** Vermögensübertragung BStBl. 1993 II 23 Versorgungsleistungen für die Ablösung eines Nießbrauches vereinbart werden, wobei es nicht darauf ankommen soll, ob die wiederkehrenden Leistungen bereits im Übergabevertrag selbst vereinbart wurden oder erst im Zusammenhang mit der Ablösung des Nießbrauchs vereinbart werden. Nach Tz. 85 bleiben § 10 Abs. 1 Nr. 1 a EStG in der vor dem 1. 1. 2008 geltenden Fassung und das BMF-Schreiben BStBl. 2004 I 922 weiter anwendbar, wenn die Ablösung gegen Versorgungsleistungen **und der Zeitpunkt** bereits im Übertragungsvertrag verbindlich vereinbart waren. Dies soll nicht gelten, wenn die Vereinbarung der Ablösung des Nießbrauchsrechtes erst nach dem 31. 12. 2007 getroffen wurde, vgl. Rn. 66. 80

12. Gestaltungsempfehlungen

Die durch die Neuregelung des § 10 Abs. 1 Nr. 1 a EStG eingetretene Differenzierung in vorweggenommene Erbfolgen mit und ohne Sonderausga- 81 benabzug führt nicht zu einer Vereinfachung, sondern im Gegenteil zu erheblichen Komplizierungen. Bisher konnte mit dem Rechtsinstitut der Vermögensübertragung gegen Versorgungsleistungen die vorweggenommene Erbfolge familienintern relativ einfach in der Weise geregelt werden, dass die aus den Erträgen finanzierbare Versorgung der älteren Generation von dieser in dem Umfang zu versteuern war, in dem der Vermögensübernehmer zum Sonderausgabenabzug zugelassen wurde (**Korrespondenzprinzip**). Im wirtschaftlichen Ergebnis war nur die Progressionsdifferenz für den Fiskus von Bedeutung. Der Wegfall des Sonderausgabenabzugs bei Immobilienübertragungen wird die Bereitschaft der jüngeren Generation, Versorgungszahlungen zu übernehmen, mindern und die Belastung des Staates mit Sozialhilfeleistungen für die ältere Generation erhöhen.

a) Veräußerungsrenten

82 Aus der Sicht des Vermögensübernehmers sind nunmehr **entgeltliche** und **teilentgeltliche** Gestaltungen vorteilhaft. Bei einer vollentgeltlichen Übertragung kann der Erwerber im Falle der Vermietung **Abschreibungen** vornehmen, deren Bemessungsgrundlage sich aus dem auf das Gebäude entfallenden Rentenbarwert ergibt, wobei bezüglich des Zinsanteils auch der **Schuldzinsenabzug** zulässig ist. Bei einer teilentgeltlichen Übertragung gilt die AfA-Erhöhung für den entgeltlich erworbenen Teil, während hinsichtlich des unentgeltlich erworbenen Teils die AfA des Übergebers gem. § 11 d EStDV fortgeführt wird. Für den entgeltlich erworbenen Teil ist auch der entsprechende Schuldzinsenabzug zulässig.

83 Da die Rechtsprechung bei Rechtsgeschäften zwischen nahen Angehörigen die teilweise Unentgeltlichkeit des Geschäftes vermutet (vgl. BFH BStBl. 2004 II 211, 213; IV. Rentenerlass BStBl. I 2010 S. 227 Tz. 5), ist kautelarjuristisch zu empfehlen, die (**Teil-**)**Entgeltlichkeit** der Übertragung wie bei Vereinbarungen unter fremden Dritten expressis verbis zu vereinbaren.

b) Den Vermögensertrag übersteigende Leibrenten

84 Im Zusammenhang mit einer Vermögensübergabe zur Vorwegnahme der Erbfolge vereinbarte (abänderbare) Versorgungsleistungen waren schon nach der bisherigen Rechtsprechung des BFH (GrS 1/00, BStBl. 2004 II 95) nicht als Sonderausgabe gem. § 10 Abs. 1 Nr. 1 a EStG abziehbar, wenn sie nicht aus den erzielbaren laufenden Nettoerträgen des übergebenen Vermögens gezahlt werden können. Die steuerliche Zurechnung zu den Versorgungsleistungen beruht nach der Rechtsprechung auf dem Umstand, dass sich der Vermögensübergeber in Gestalt der Versorgungsleistungen typischerweise Erträge seines Vermögens vorbehält, die nunmehr allerdings vom Vermögensübernehmer erwirtschaftet werden müssen.

85 Sofern die vereinbarte Leibrente nicht aus den Nettoerträgen aufgebracht werden kann, muss einkommensteuerlich – unabhängig von der zivilrechtlichen Qualifizierung – von einer Gegenleistung ausgegangen werden und zwar auch dann, wenn Leistung und Gegenleistung nicht kaufmännisch abgewogen wurden. Die Leibrentenzahlung, die über die präsumtiven Nettoerträge des übergebenen Vermögens hinausgeht, ist somit in vollem Umfang eine **Veräußerungsrente**, die einen Veräußerungsvorgang auf Seiten des

Übergebers und einen Anschaffungsvorgang auf Seiten des Erwerbers darstellt, der im Falle der Vermietung Werbungskosten geltend machen kann.

c) Kreditmodell

Fleischer ZEV 2007, 475, 479 hat das Kreditmodell als Ersatzlösung ins Gespräch gebracht. Nach diesem altbekannten Modell schließen Eltern mit ihren Kindern einen Immobilienkaufvertrag über die bisher vom Übergeber selbst bewohnte Wohnung ab und vereinbaren den Kaufpreis gegen Vereinbarung üblicher Zinsen zu stunden, vgl. BFH BStBl. 2003 II 243 und § 10 A III. **86**

d) Mischfälle

Nach der Rechtsprechung des BFH BStBl. 2006 II 9 können die Vertragsteile bei der Übertragung mehrerer Funktionseinheiten vereinbaren, dass die Übertragung teilweise entgeltlich und hinsichtlich des restlichen Teils unentgeltlich erfolgt. Bei der Übertragung eines Zweifamilienhauses können somit die Beteiligten vereinbaren, dass eine vermietete Wohnung zu einem angemessenen Preis verkauft und die von den Eltern selbst genutzte Wohnung unter Vorbehalt eines Wohnungsrechtes, Wart und Pflege sowie künftige Grabpflege übertragen werden. Eine Aufteilung in zwei Eigentumswohnungen oder die Beurkundung in zwei getrennten Verträgen ist somit nicht erforderlich. **87**

e) Nießbrauchablösung

Die Ablösung eines Vorbehaltsnießbrauchs konnte nach der bisherigen Rechtsprechung eine unentgeltliche Vermögensübergabe sein mit der Folge, dass im sachlichen Zusammenhang hiermit vereinbarte – auf die Lebenszeit des Berechtigten gezahlte – abänderbare Versorgungsleistungen als sonstige Bezüge aus wiederkehrenden Leistungen gem. § 22 Nr. 1 Satz 1 EStG (nunmehr § 22 Nr. 1b EStG) steuerbar sind, vgl. BFH DB 1993, 816. Sind ebensolche Leistungen – weil „nach kaufmännischen Grundsätzen bemessen" – Gegenleistungen für den Verzicht auf den Nießbrauch, waren die wiederkehrenden Bezüge beim Berechtigten nur mit ihrem Zinsanteil steuerbar. **88**

Das von der bisherigen Rechtsprechung den Beteiligten eingeräumte Gestaltungswahlrecht, Nießbrauchsrechte an Immobilien entgeltlich oder unentgeltlich abzulösen, unterliegt nunmehr einer geänderten Beurteilung, so auch *Risthaus* ZErb 2007, 314, 325. Sofern gem. § 10 Abs. 1 Nr. 1a EStG begünstigtes Vermögen, also z.B. ein Personengesellschaftsanteil unter Nießbrauchsvorbehalt übergeben wurde, kann unter Anwendung der bisherigen Rechtsprechung das abgelöste Nießbrauchsrecht ein Vermögensgegenstand i.S.d. § 10 Abs. 1 Nr. 1a EStG sein, zustimmend *Risthaus* ZErb 2007, 314, 325. Dies soll nicht gelten, wenn die Ablösung des Nießbrauchs der lastenfreien Veräußerung des Vermögens dient, vgl. Tz. 25 IV. Rentenerlass BStBl. I 2010 S. 227. **89**

Da Immobilien im steuerlichen Privatvermögen kein begünstigtes Wirtschaftsgut mehr sind, kann grundsätzlich die Ablösung eines Nießbrauchsrechtes gegen Versorgungszahlungen, das bei einer Vermögensübertragung ab 1.1. 2008 vereinbart wurde, nicht mehr Gegenstand einer privilegierten Vermögensübertragung sein. Bei Altfällen ist m.E. zu differenzieren: **90**

- Wenn das **Recht auf Nießbrauchablösung** bereits in der vor dem 1. 1. 2008 vereinbarten Übergabeurkunde enthalten war (sog. „**gleitende Erbfolge**“), nehmen die Beteiligten einen Rechtsanspruch wahr, der sich auf eine Vermögensübertragung bis zum 31. 12. 2007 bezieht, so dass die Vorbehaltsnießbrauchablösung unter die Übergangsregelung des § 52 (23f) EStG fällt. Entgegen Tz. 85 IV. Rentenerlass BStBl. I 2010 S. 227 ist es nicht erforderlich, dass der Übergabevertrag bereits den Zeitpunkt der künftigen Ablösung enthält.
- Sofern kein Rechtsanspruch vor dem 1. 1. 2008 auf Umwandlung begründet wurde, liegt eine nicht begünstigte Ablösung gem. Tz. 85 IV. Rentenerlass BStBl. I 2010 S. 227 vor.

13. Zusammenfassung

91 • Das über 100-jährige Rechtsinstitut des familiären Versorgungsvertrages wurde handstreichartig ohne Beteiligung der Wissenschaft, der Verbände und der Vertragspraxis durch die rigorose Einschränkung des Sonderausgabenabzugs in § 10 Abs. 1 Nr. 1 a EStG schwer beschädigt.
- Die Ausklammerung von Familienaktiengesellschaften und GmbH-Minderheitsbeteiligungen sowie von Immobilien aus dem Sonderausgabenabzug entbehrt jeden sachlichen Grundes und ist damit verfassungswidrig.
- Wegen der Streichung des Sonderausgabenabzugs wird die jüngere Generation in vielen Fällen die Vereinbarung von Versorgungsleistungen ablehnen, so dass bei Pflegebedürftigkeit der Eltern vermehrt Sozialhilfefälle produziert werden.
- Für die Vertragspraxis ergibt sich der Zwang, vor einer vorweggenommenen Erbfolge für Kapitalgesellschaftsanteile, die vom Sonderausgabenabzug ausgeschlossen sind, die **Umwandlung** in ein Personenunternehmen zu prüfen.
- Beim steuerlichen Privatvermögen ist auf entgeltliche Gestaltungen auszuweichen.
- Bei Versagung des Sonderausgabenabzugs aufgrund des Jahressteuergesetzes 2008 sind Rechtsmittel einzulegen, da die Neuregelung verfassungswidrig ist.

II. Schenkungsteuer

Literatur: *Götz* Schenkungsteuerliche Fallstricke bei der Vereinbarung von Versorgungsleistungen bei vorweggenommener Erbfolge, INF 2007, 104

1. Bereicherung

96 Gem. § 7 Abs. 1 Nr. 1 ErbStG unterliegen Schenkungen unter Lebenden der Schenkungbesteuerung, soweit der Bedachte auf Kosten des Zuwendenden bereichert wird. Die Bemessungsgrundlage der Schenkung wird durch den Kapitalwert der wiederkehrenden Leistungen gemindert.

2. Wiederkehrende Bezüge zu Gunsten mehrerer Berechtigter

97 Nach dem Willen des übertragenden Ehegatten soll mit der vereinbarten Versorgungsrente auch der andere Ehegatte bedacht werden. Werden beide als Gesamtberechtigte gem. § 428 BGB rentenberechtigt, steht im Zweifel

jedem Ehegatten **die Hälfte** des Rentenanspruches zu, vgl. *Moench* § 7 Rn. 142. Das beinhaltet eine sofort zu erfassende Schenkung an den Ehegatten des Übergebers.

Aufschiebend bedingte Belastungen, also bei einer Sukzessivberechtigung, bleiben gem. § 6 BewG zunächst unberücksichtigt. Die Schenkung ist erst zu erfassen, wenn der Übergeber verstorben ist und die Rente an dessen Ehegatten entrichtet wird, siehe § 9 Abs. 1 Nr. 1a ErbStG. Maßgeblich sind der dann gegebene Jahreswert und das Lebensalter, vgl. *Korn* KÖSDI 1998, 11591. Der Rentenempfänger hat gem. § 23 ErbStG das Wahlrecht, den Jahreswert der Rente jährlich oder das kapitalisierte Rentenrecht zu versteuern.

Aufteilung bei § 428 BGB nach § 10 ErbStG 98

Beispiel: V (62 Jahre alt) schenkt Mietwohngrundstück unter Vorbehalt des Nießbrauchs (Jahreswert 36.000 €) für sich und die 58-jährige Ehefrau.

Berechtigter	Vervielfältiger lt. Anlage 9	Jahreswert	Kapitalwert	Summe	Anteil
V (62)	9,889	18.000	178.002	178.002	39,39%
E (58)	12,553	18.000	225.954		
	12,553				
	– 9,889				
	= 2,664	18.000	47.952	273.906	60,61%
Summe				451.908	100%

BMF-Schreiben ZEV 2004, 112
Die Anlage 9 zum BewG ist überholt; der Kapitalwert für Bewertungsstichtage ab 1. 1. 2010 ist im BStBl. 2009 I 1169 veröffentlicht.

Einkommensteuerlich gilt eine davon abweichende Betrachtung. Für den 99 **Rentenverpflichteten** ist die Frage der sofortigen oder aufschiebend bedingten Schenkung an den Ehegatten des Übergebers ohne Bedeutung, da es sich hinsichtlich der vereinbarten Rente um ein Rechtsgeschäft handelt, für das § 6 BewG keine Anwendung findet; vielmehr ist nach versicherungsmathematischen Grundsätzen unter Einbeziehung der aufschiebend bedingten Rente der Wert der Gesamtrentenleistung zu ermitteln. Für Berichtigungen nach § 14 Abs. 2 BewG oder § 6 Abs. 2 BewG ist kein Raum, vgl. *Korn* KÖSDI 1998, 11591.

III. Grunderwerbsteuer

Gem. § 3 Nr. 6 GrEStG ist die Überlassung an Abkömmlinge grunder- 101 werbsteuerfrei. Bei Übertragung an nicht befreite Personen, z. B. Neffen oder Nichten, fällt Grunderwerbsteuer an, da die Grunderwerbsteuerbefreiung gem. § 3 Nr. 2 nur für Auflagen gilt, die bei der Schenkungsteuer unberücksichtigt bleiben. Da wiederkehrende Leistungen den Wert der Schenkung i. S. des § 7 ErbStG mindern, also eine entsprechende Reduzierung an Schenkungsteuer eintritt, verbleibt es bei der Grunderwerbbesteuerung.

Beispiel: Tante T schenkt ihrer Nichte ein unbebautes, aber baureifes Grundstück, das 102 nach der Richtwerttabelle des Landratsamtes einen Verkehrswert von 100.000 € aufweist. Tante T will sich eine Leibrente im Rentenbarwert von 50.000 € vorbehalten.

Für die **gemischte Schenkung** berechnen sich die anfallenden Verkehrssteuern wie folgt:

1. Schenkungsteuer

103 Der Schenkungsteuerwert beträgt 50.000 €, so dass unter Berücksichtigung des Freibetrages von 20.000 € gem. § 16 Abs. 1 Nr. 4 ErbStG 30.000 € der Schenkungsteuer unterliegen. Die Schenkungsteuer in Höhe von 15% beträgt **4500 €**.

2. Grunderwerbsteuer

104 Die Grunderwerbsteuer aus der Gegenleistung in Höhe von 50.000 € mit dem Steuersatz in Höhe von 3,5% (in Berlin und Hamburg 4,5%) beträgt 1750 €, so dass die Summe von Schenkung- und Grunderwerbsteuer **6250 €** beträgt.

C. Das Amann-Modell: Quotennießbrauch und nicht abzugsfähige Versorgungszahlungen

I. Vorbehaltsnießbrauch mit Rückvermietung

Literatur: *Amann* Entlastung des überforderten Nießbrauchers; zugleich ein Beitrag zur Substitution nicht abzugsfähiger Versorgungszahlungen durch einen Quotennießbrauch, FS für Spiegelberger (2009), 1161.

106 **Beispiel** (nach *Amann* a. a. O): Ein im Privatvermögen befindliches Mietshaus mit Nettoerträgen in Höhe von 60.000 € jährlich und einer unterstellten AfA von 10.000 € soll im Wege der vorweggenommenen Erbfolge übertragen werden. Der Übergeber benötigt eine Altersversorgung vor Steuern in Höhe von jährlich 48.000 €.

107 Aufgrund des Jahressteuergesetzes 2008 kann der Erwerber wiederkehrende Leistungen, die der Übergeber zu seiner Altersversorgung benötigt, nicht mehr als Sonderausgabe abziehen. Von zahlreichen Autoren wird daher das Ausweichen auf Nießbrauchgestaltungen vorgeschlagen, vgl. *Wälzholz* MittBayNot 2008, 97; *Reimann* FamRZ 2008, 22. *Amann* a. a. O. S. 1162 weist zurecht darauf hin, dass damit ein typisches Ziel der Übergabe, den Übergeber von der Mühe und Verantwortung zu entlasten, verfehlt wird. Der Übergeber kann allerdings seinen Vorbehaltsnießbrauch in der Weise ausüben, dass er den übergebenen Grundbesitz an den Erwerber vermietet. Die aufgrund eines Vorbehaltsnießbrauches erfolgende **Rückvermietung** wird steuerlich anerkannt, vgl. BFH BStBl. 1989 II 872; III. Nießbraucherlass BStBl. 1998 I 914 Tz. 41. Sofern allerdings die Miete den Nutzungswert des vermieteten Grundbesitzes übersteigt, stellt sie insoweit eine Unterhaltszahlung dar, die gem. § 12 Nr. 2 EStG nicht mehr zum Werbungskostenabzug zugelassen wird. Der Erwerber als Mieter kann mit Zustimmung des Übergebers in seiner Funktion als Nießbraucher den Vertragsgegenstand ganz oder teilweise weitervermieten, so dass insoweit Zwischenmietverhältnisse entstehen.

II. Quotennießbrauch mit Verwaltungsvereinbarung

108 Der Nießbrauch kann auch in der Weise bestellt werden, dass der Nießbraucher gem. § 1030 Abs. 2 BGB nur zu einem rechnerischen Anteil an den Nutzungen und Lasten beteiligt ist, sog. „Quotennießbrauch“, vgl. BGH DNotZ 2004, 140.

In dem Eingangsbeispiel könnte also der Übergeber – seinem Unterhaltsbedarf entsprechend – sich einen Quotennießbrauch zu einer Quote von $^4/_5$ vorbehalten und dadurch seine Altersversorgung sichern. Der Erwerber als Eigentümer ist dann an Nutzungen und Lasten mit einer Quote von $^1/_5$ beteiligt, wobei *Amann* a.a.O. S. 1169 zurecht darauf hinweist, dass der Quotennießbraucher durch eine Vereinbarung von der gemeinschaftlichen Verwaltung gem. § 744 BGB entlastet werden kann. *Amann* a.a.O. S. 1172 empfiehlt folgende **Formulierung**:

„Der Veräußerer behält sich am überlassenen Grundbesitz einen Quotennießbrauch vor, wonach er an den Nutzungen und Lasten des Nießbrauchsgegenstands zu 80% beteiligt ist, während 20% dem Eigentümer verbleiben. Zu den vom Nießbraucher zu 80% zu tragenden Lasten zählen auch außerordentliche Lasten und solche Lasten, die als auf den Stammwert gelegt anzusehen sind, wie insbesondere Erschließungsbeiträge nach dem Baugesetzbuch und nach anderen Rechtsvorschriften und außerordentliche Instandsetzungs- und Instandhaltungsmaßnahmen. **109**

Die Beteiligten bewilligen und beantragen, diesen Quotennießbrauch am Vertragsgegenstand im Grundbuch an nächstoffener Rangstelle einzutragen mit dem Vermerk, dass zur Löschung der Nachweis des Todes des Berechtigten genügt."

III. Einkommensteuer

Infolge des Quotennießbrauches stehen dem Übergeber im Beispielsfall **110** Mieteinnahmen von $^4/_5$ aus 60.000 €, also netto 48.000 € jährlich zu, wobei dieser als Vorbehaltsnießbraucher $^4/_5$ der bisherigen AfA, also 8000 €, abziehen kann. Diese 40.000 € unterliegen der Einkommensteuer. Dem Erwerber verbleiben $^1/_5$ der Mieteinnahmen, nämlich netto 12.000 € jährlich, von denen er $^1/_5$ der AfA gem. § 11 d EStDV, also 2000 €, abziehen kann, so dass bei ihm 10.000 € der Einkommensteuer unterliegen.

Im Endergebnis sind die Beteiligten durch eine sorgfältig austarierte Nießbrauchsquote in der Lage, die einkommensteuerrechtlichen Folgen einer abzugsfähigen Versorgungszahlung, wie dies für Übertragungen bis zum 31.12.2007 möglich war, anzunähern. Auf den Umstand, dass nach BGHZ 125, 395 im Unterschied zu Rentenzahlungen bei einem Quotennießbrauch die Zehn-Jahres-Frist für die Pflichtteilsergänzung nach § 2325 Abs. 3 BGB nicht oder lediglich in Höhe der dem Erwerber zustehenden Nutzungsquote zu laufen beginnt, ist hinzuweisen.

Amann-Modell: **111**

Einkommensteuer:

Übergeber:	Quotennießbrauch von $^4/_5$ =	48.000
	./. $^4/_5$ AfA	8.000
	zu versteuern	40.000
Erwerber:	anteilige Miete	12.000
	./. $^1/_5$ AfA	2.000
	zu versteuern	10.000

Schenkungsteuer:		
Verkehrswert		1.000.000
kapitalisierter Nießbrauch bei 50-jähriger Übergeberin		
Totalnießbrauch	$\frac{15{,}609}{18{,}6} = 83{,}92\%$	= 839.300
4/5 Quotennießbrauch		671.360
Schenkung		328.640
./. Freibetrag		400.000
Schenkung		0

keine Grunderwerbsteuer bei Kindern

Auf bessere Mausefallen reagiert die
Natur mit klügeren Mäusen.
Sprichwort

§ 7 Sukzessiverwerb und Kettenschenkung

Übersicht

A. Mittelbare Grundstücksschenkung

Literatur: *Billig* Erweiterung des Anwendungsbereichs einer mittelbaren Grundstücksschenkung, UVR 2005, 210; *Bilsdorfer* Mittelbare Grundstücksschenkung bei Geldzuwendung nach Grundstückserwerb, SteuerStud 2005, 505; *D. Carlé* Die Schenkung auf den Todesfall aus rechts- und steuerpraktischer Sicht, KÖSDI 1996, 10571; *Fumi* Anmerkung zu EFG 2009, 277; *Gebel* Einsatz von Erträgen aus hingegebenen Vermögensmitteln für eine mittelbare freigebige Zuwendung – Eigenleistung oder Zusatzschenkung?, DStR 2005, 358; *Hübner* Mittelbare Schenkung, ErbStB 2003, 323; *Kanzler* Rücklagenübertragung und mittelbare Grundstücksschenkung, NWB 2009 Nr. 41 S. 3172; *van de Loo* Bemerkungen zu neueren Entwicklungen der mittelbaren Grundstücksschenkung aus schenkung- und einkommensteuerlicher Sicht, DStR 2005, 723; *Nieder* Rechtsgeschäfte unter Lebenden auf den Tod, BwNotZ 1996, 129; *Reich* Vermeidung der Erbschaftsteuer durch mittelbare Grundstücks- bzw. Gebäudeschenkung, ZEV 2003, 349; *M. Söffing* Mittelbare Schenkung im Erbschaft- und Schenkungsteuerrecht (2002); *Versin* Mittelbare Grundstücksschenkung und gemischte Schenkung im neuen Schenkungsteuerrecht, SteuerStud 2009, 532.

I. Zuwendungsgegenstand

1. Grundstücksschenkung

1 Die mittelbare Grundstücksschenkung ist nicht etwa eine Erfindung des Steuerrechts, sondern eine auf dem Zivilrecht beruhende Gestaltung. Nach der Rechtsprechung des BGH NJW 1972, 274 und BGHZ 112, 40 entscheiden die Umstände des Einzelfalls darüber, ob eine Schenkung von Geldmitteln zum Zwecke des Grundstückserwerbs eine mittelbare Grundstücksschenkung darstellt oder eine Geldschenkung. Der Schenkungsgegenstand muss nicht aus dem Vermögen des Schenkenden stammen. Vielmehr kann der Schenker Geld aufwenden und dies dem Beschenkten zukommen lassen, so dass der Beschenkte nach den zugrunde liegenden Vereinbarungen den Grundbesitz erwirbt, vgl. BFH NJW 1952, 1171; 1979, 568.

2 Die Schenkung eines **Geldbetrages** unter der Bedingung, ein Grundstück zu erwerben und/oder ein Gebäude zu errichten, kann auch schenkungsteuerlich eine mittelbare Grundstücksschenkung darstellen, vgl. BFH BStBl. 1985 II 160. Maßgebend ist, was nach der Schenkungsabrede geschenkt sein soll, insbesondere ob eine konkrete Verwendung des Geldes vereinbart wurde.

2. Grundstücksübertragung nach Gebäudeerrichtung durch Beschenkten

3 Wird ein bebautes Grundstück nach Errichtung eines Gebäudes durch den Beschenkten unentgeltlich übertragen, wird nach den bisherigen Verwaltungsanweisungen (H 17 Abs. 1 ErbStH) die Bereicherung nach den Grundsätzen der gemischten Schenkung ermittelt. Der infolge der Schenkung nicht zu leistende Aufwendungsersatzanspruch gem. § 951 Abs. 1 i. V. m. § 812 Abs. 1 BGB wird als Gegenleistung angesetzt.

4 Für den Fall einer **Vor- und Nacherbfolge** hat der BFH BStBl. 2008 II 876 entschieden, dass § 10 Abs. 1 Satz 1 ErbStG die steuerliche Erfassung von

Vermögenswerten beim Nacherben ausschließe, die er selbst durch Baumaßnahmen auf einem nachlasszugehörigen Grundstück zu Lebzeiten des Vorerben in Erwartung der Nacherbfolge geschaffen hat. Die Bereicherung des Nacherben mindert sich um den Betrag, um den die von ihm durchgeführten Baumaßnahmen den Grundbesitz erhöht haben.

Diese Auffassung übernimmt die Finanzverwaltung aufgrund einer Verfügung des FinMin NRW EStB 2009, 353 auch für Übertragungen unter Lebenden. Dementsprechend ist bei der Ermittlung der Bereicherung des Beschenkten der Grundbesitzwert des bebauten Grundstücks anzusetzen und um den Differenzbetrag zwischen diesem und dem Grundbesitzwert für das unbebaute Grundstück zu mindern. Die Berechnung des Grundbesitzwertes für das unbebaute Grundstück erfolgt – ebenso wie beim bebauten Grundstück – auf den Stichtag der Ausführung der Grundstücksschenkung.

3. Gebäudeschenkung

Literatur: *Daragan* Mittelbare Schenkung eines herzustellenden Gebäudes, ZErb 2003, 150.

Nach der Rechtsprechung des Bundesfinanzhofs kann die Hingabe von Geld auch zur Errichtung eines Gebäudes auf einem dem Beschenkten bereits gehörenden Grundstück als mittelbare Gebäudeschenkung erfolgen, vgl. BFH BStBl. 1996 II 548. Die freigebige Zuwendung setzt nicht voraus, dass das Zuwendungsobjekt als solches auch nach der Ausführung der Zuwendung rechtlich selbständig bleibt. Das Schenkungsobjekt ist **allgemein in Veränderungen eines Grundstücks** zu sehen, vgl. *Offerhaus* in: FS für Flick, S. 351; H 16 ErbStR 2003, Einzelfälle Nr. 7. Die mittelbare Gebäudeschenkung war bis zur Erbschaftsteuerreform 2009 besonders beliebt, weil nach dem früheren Bewertungsrecht in Regionen mit hohen Grundstückspreisen die Bebauung sich wertmäßig nicht mehr ausgewirkt hat. Bebaute Grundstücke hatten den selben Wert wie unbebaute, so dass die mittelbare Gebäudeschenkung unbesteuert blieb. Nach den gegenwärtigen Bewertungsgrundsätzen wird sowohl im Ertragswert- als auch im Sachwertverfahren der Grundstücks- und der Gebäudewert getrennt ermittelt, so dass insoweit die früheren Besteuerungslücken geschlossen wurden. 5

4. Geldzuwendung zur Reparatur und Renovierung von Gebäuden

Gem. H ErbStR 2003 Einzelfälle 7 will die Finanzverwaltung die Übernahme der Kosten für Maßnahmen zur Reparatur, Modernisierung, Renovierung oder andere grundstücksbezogene Verwendungen an einem Grundstück bzw. an einem Gebäude nur als mittelbare Grundstücksschenkung anerkennen, wenn diese Zuwendung im wirtschaftlichen Zusammenhang mit der Zuwendung eines bestimmten Grundstücks oder Gebäudes erfolgt und somit ein einheitliches Rechtsgeschäft angenommen werden kann, vgl. BFH BStBl. 1986 II 460. Maßgebend ist der Steuerwert des Grundstücks nach Durchführung der genannten Maßnahmen. 7

II. Schenkungsteuer

1. Schenkungsabrede

8 Eine reine Geldschenkung liegt vor, wenn die Zuwendung lediglich mit Empfehlungen oder Wünschen für ihre Verwendung verbunden war oder unter einer Auflage im Sinn des § 525 BGB erfolgt ist, aus dem Wert des Zugewendeten ein Grundstück zu erwerben. Wird eine Schenkung in der Weise ausgeführt, dass der Schenker für die Anschaffung eines genau bestimmten Grundstückes (Eigentumswohnung) den dafür erforderlichen vollen Kaufpreis zur Verfügung stellt, so ist das Grundstück (Eigentumswohnung) unter Zugrundelegung des schenkungsteuerlichen Wertes als zugewendet anzusehen. Der Schenker darf die Auswahl des Zuwendungsgegenstandes nicht dem Beschenkten überlassen.

9 Nur die grundstückszweckbezogene Zusage, nicht jedoch die Zuwendung selbst, muss *vor* dem Abschluss des Grundstückskaufvertrages durch den Beschenkten erfolgen. Bei grundstücksbezogenen Verwendungen muss die Zusage vor dem Abschluss der entsprechenden Werkverträge vorliegen, vgl. R 16 Abs. 1 Satz 4 ErbStR 2003 BStBl. 2003 I Sondernummer 1, S. 2. Will der Schenker dem Beschenkten nur einen Teil eines bestimmten Grundstückes (Eigentumswohnung) zuwenden, so gilt der Teil des Grundstückes als zugewendet, der dem Verhältnis des zugewendeten Geldbetrages zum Gesamtkaufpreis entspricht, vgl. BMF BStBl. 1989 I 443.

10 Die selben Grundsätze gelten, wenn Geldbeträge unter der Bedingung geschenkt werden, diese für die Errichtung eines Gebäudes zu verwenden. In diesem Fall ist Bemessungsgrundlage die durch die Bebauung entstehende bewertungsrechtliche Wertmehrung des Grundbesitzes. Durch die mittelbare Grundstücksschenkung konnten in der Vergangenheit erhebliche Schenkungsteuervorteile erzielt werden, weil der Gesetzgeber von vorne herein für die Bewertung von Grundstücken und insbesondere für bebaute Grundstücke eine Privilegierung im Durchschnitt von ca. 50% vorgesehen hatte und somit die gem. § 145 ff. BewG ermittelten Grundstückswerte weit hinter dem Verkehrswert zurückblieben.

2. Geldhingabe

11 Der BFH BStBl. 1985, 160 verlangt einen engen zeitlichen Zusammenhang zwischen der Geldhingabe und der Verwendung. Eine vorzeitige Geldhingabe ist nicht erforderlich. Der Zufluss von **Zinsen** in der Zeit zwischen der Geldhingabe und der Ausführung der mittelbaren Grundstücksschenkung ist als Kapitalnutzung zu versteuern, es sei denn, dass in der Schenkungsabrede vereinbart wurde, dass auch die Zinsen zum Zwecke des Grundstückserwerbs bzw. der Bebauung verwendet werden müssen, vgl. BFH BStBl. 2003 II 273.

Wenn ein Grundstück mit einem noch zu errichtenden Gebäude Gegenstand einer mittelbaren Grundstücksschenkung ist, gilt – jedenfalls in den Fällen, in denen der Schenker den zum Erwerb erforderlichen Geldbetrag bereits zur Verfügung gestellt hat – die Schenkung ausgeführt, wenn sowohl die Auflassung erklärt und die Eintragungsbewilligung erteilt, als auch das Gebäude fertig gestellt ist, vgl. BFH BStBl. 2006 II 786.

Mittelbare Grundstücksschenkung 12

gesamter Kaufpreis	Steuerwert des Grundstücks
mehr als der Kaufpreis	Ansatz des überschießenden Geldbetrags neben dem Steuerwert des Grundstücks
ein Teil des Kaufpreises (mehr als 10 v. H.)	der Anteil des Steuerwerts, der dem Anteil des Geldbetrags am Gesamtkaufpreis entspricht
Zustand der Bebauung	Ansatz des speziellen Steuerwerts nach § 12 Abs. 3 ErbStG i. V. m. § 196 BewG
Kaufpreis eines Baugrundstücks und volle Baukosten	Steuerwert des fertig bebauten Grundstücks (Annahme einer einheitlichen Schenkung)
Kaufpreis eines Baugrundstücks und Teil der Baukosten	Anteil des Steuerwerts des bebauten Grundstücks, der dem Verhältnis des zugewendeten Geldbetrags zu den Gesamtkosten für Erwerb und Bebauung des Grundstücks entspricht
Kosten eines Gebäudes auf dem Grundstück des Beschenkten	Ansatz des Teils des Steuerwerts des bebauten Grundstücks, der auf das Gebäude entfällt
Kosten eines Gebäudes auf dem Grundstück eines Ditten	Gebäudeertragswert oder Gebäudesachwert gem. § 195 Abs. 2 BewG

3. Erbschaftsteuerreform 2009

Der durch die Erbschaftsteuerreform 2009 eingeführte durchgehende Wertansatz mit dem Verkehrswert hat den Anwendungsbereich der mittelbaren Grundstücksschenkung erheblich reduziert; *Seer* in: Tipke/Lang § 13 Rn. 124, 126 regt sogar an, die Rechtsprechung zur mittelbaren Schenkung aufgrund der Vereinheitlichung des Bewertungsmaßstabes aufzugeben. *Gebel* in: Troll/Gebel/Jülicher § 7 Rn. 85 weist jedoch zurecht darauf hin, dass sowohl die Regelung in § 13c Abs. 1 ErbStG sowie die Verschonungsregelung in § 13a ErbStG weiterhin dazu führen, dass die Geldschenkung mit der Bedingung, schenkungsteuerbegünstigte Vermögensgegenstände zu erwerben, schenkungsteuerliche Vorteile mit sich bringt, ebenso *Versin* SteuerStud 2009, 532. 13

III. Einkommensteuer

Beispiel: Die verwitwete W will ihrer Tochter T, ihrem einzigen Kind, ihre gesamten Ersparnisse in Höhe von 300.000 € zweckgerichtet unter der Bedingung zukommen lassen, dass der Betrag zur Finanzierung einer bestimmten Eigentumswohnung verwendet wird und W an einem Zimmer ein Wohnungsrecht, verbunden mit der Mitbenutzung der gemeinschaftlichen Einrichtungen und Anlagen, erhält. Der zum Erwerb fehlende Restbetrag soll durch die Tochter T finanziert werden. 16

Gem. Tz. 33 Satz 3 III. Nießbraucherlass BStBl. 1998 I 914 ist der Erwerb eines Grundstückes gegen die Verpflichtung, dieses mit einem Wohnhaus zu bebauen und dem Veräußerer ein dingliches Wohnrecht an einer Wohnung zu bestellen, wie ein **entgeltlicher** Zuwendungsnießbrauch zu behandeln. 17

Der Erwerber bezog in Höhe des Kapitalwerts des Wohnungsrechts Einnahmen aus Vermietung und Verpachtung. Danach wurde bei einer mittelbaren Grundstücksschenkung, die mit der Auflage eines Nutzungsrechtes zugunsten des Schenkers verbunden war, die Vorauszahlung eines „Nutzungsentgeltes" fingiert; a. A. BFH BStBl. 1992 II 718, wonach der Erwerb eines Grundstückes gegen die Verpflichtung, dieses mit einem Wohnhaus zu bebauen und den Veräußerern ein dingliches Wohnungsrecht an einem Teil des Gebäudes auf Lebenszeit zu bestellen, als **Anschaffungsgeschäft** zu beurteilen ist, so dass keine entgeltliche Nutzungsüberlassung vorliegt. Die Finanzverwaltung hat dieses Urteil lange Zeit nicht angewandt (vgl. BMF BStBl. 1992 I 522) und an ihrer Auffassung im III. Nießbraucherlass BStBl. 1998 I 914 Tz. 33 festgehalten. Mit BMF-Schreiben BStBl. 2006 I 392 hat die Finanzverwaltung ihre ablehnende Haltung aufgegeben, so dass einkommensteuerliche Bedenken nicht mehr bestehen. Die in der Vorauflage unter Rn. 180 ff. vorgeschlagene Ausweichgestaltung, dass der Schenker die Immobilie selbst erwirbt und anschließend erst die Übertragung unter Vereinbarung eines Wohnungsrechtes vornimmt, ist somit nicht mehr erforderlich.

IV. Formulierungsvorschlag: Mittelbare Grundstücksschenkung

18 Beurkundet am …

I. Schenkungsversprechen

Unter der aufschiebenden Bedingung, dass Frau T die im Grundbuch für … eingetragene Eigentumswohnung, bestehend aus …/100 Miteigentumsanteil an Flst. Nr. …, verbunden mit dem Sondereigentum an der im Aufteilungsplan mit Nr. … bezeichneten Wohnung erwirbt, verpflichtet sich Frau W ihrer Tochter, Frau T, einen Barbetrag in Höhe von 300.000 € zu schenken. Frau T nimmt dieses Schenkungsversprechen an.

II. Fälligkeit

Frau W verpflichtet sich, den Schenkungsbetrag für die Zahlung der ersten Kaufpreisrate zu erbringen. Die für den Erwerb der Eigentumswohnung erforderlichen weiteren Mittel wird Frau T durch die Aufnahme von Darlehen finanzieren. Die Unterwerfung von Frau W unter die sofortige Zwangsvollstreckung aus dieser Urkunde wird nicht gewünscht.

III. Wohnungsrecht

Frau T verpflichtet sich, in der Erwerbsurkunde ihrer Mutter, Frau W, ein in der Ausübung unentgeltliches Wohnungsrecht an dem im beigefügten Lageplan farbig gekennzeichneten Wohnzimmer einzuräumen, wonach Frau W auf ihre Lebensdauer zur unentgeltlichen Nutzung dieses Raumes unter Ausschluss des Eigentümers und zur Mitbenützung der gemeinschaftlichen Räume der Eigentumswohnung und der Anlage berechtigt ist. Auch von allen Betriebskosten, insbesondere Strom, Wasser, Heizung, wird Frau W von ihrer Tochter, Frau T, freigestellt. Frau T ist verpflichtet, dieses Wohnungsrecht als beschränkte persönliche Dienstbarkeit zu bestellen und die Eintragung im Grundbuch zu bewilligen.

IV. Pflichtteilsanrechnung

…

V. Hinweise, Kosten, Ausfertigungen und Abschriften

…

B. Weiterschenkungsverpflichtung

Literatur: *Feick* Die Schenkung unter Auflage als Alternative, pflichtteilfeste Gestaltung zur (unzulässigen) dinglichen Weiterleitungsklausel, ZEV 2002, 85; *Höllscher* Das aufschiebend bedingte Universalherausgabevermächtnis, ZEV 2009, 213; *Jülicher* Erbschaftsteuerliche Gestaltungsüberlegungen im Vergleich: Vor- und Nacherbschaft bzw. -vermächtnis und Weiterleitungsklauseln zu Gunsten Dritter in Schenkungsverträgen, ZEV 2003, 350; *Steiner* Das aufschiebend befristete Herausgabevermächtnis, ErbStB 2004, 164.

I. Schenkungsteuer

Beispiel: Ehemann E schenkt seiner Ehefrau F ein Grundstück, wobei sich diese 21
verpflichtet, das Grundstück innerhalb von drei Jahren an die gemeinsamen Kinder schenkweise weiterzugeben, den Zeitpunkt der Schenkung aber selbst auswählen kann.

Zwischenschenkungen an den Ehegatten werden vorgenommen, um auf 22
diesem Umweg die Schenkungsteuerfreibeträge des beschenkten Ehegatten im Verhältnis zu den gemeinsamen Kindern auszuschöpfen.

Wenn der Beschenkte wirksam verpflichtet wird, den geschenkten Gegenstand weiterzuleiten, liegt zwischen dem Schenker und dem Endbegünstigten eine Schenkung gem. § 7 Abs. 1 Nr. 2 EStG vor, die auch in diesem Verhältnis besteuert wird, vgl. *Meincke* ErbStG § 7 Rn. 67. Der BFH BStBl. 1994 II 128 nahm in dem geschilderten Fall eine direkte Schenkung des Vaters an die Tochter an und ließ die zwischengeschaltete Schenkung an die Ehefrau unberücksichtigt. Im Ergebnis behandelt der Bundesgerichtshof eine Schenkung mit Weiterschenkungsverpflichtung wie eine Schenkung unter Auflage gem. § 7 Abs. 1 Nr. 2 EStG, vgl. *Piltz* ZEV 1994, 55.

Der Anfall von Erbschaftsteuer kann nicht dadurch vermieden werden, dass der Erblasser eine gemeinnützige Stiftung zum Vorerben beruft und seine Abkömmlinge zu Nacherben, wenn der Zeitpunkt des Nacherbfalles in der Person der Nacherben begründet wird (z. B. Volljährigkeit, Erreichen eines bestimmten Lebensalters, Abschluss der Ausbildung, vgl. Erlass des Bayer. Staatsministerium der Finanzen ZEV 2004, 65; kritisch hierzu *A. Söffing/Thoma* BB 2004, 855.

II. Pflichtteilfeste Weiterleitung

Durch die Anordnung einer Vor- und Nacherbschaft können Erb- oder 23
Pflichtteilsansprüche am Nachlass des Vorerben vermieden werden. Das selbe gilt, wenn der Nachlass mit einem aufschiebend bedingten Herausgabevermächtnis belastet ist, vgl. *Langenfeld* Testamentsgestaltung Rz. 2071; ebenso *Steiner* ErbStB 2004, 164.

Bei einer Vermögensübertragung unter Lebenden scheiden die bei einer Vor- und Nacherbeneinsetzung möglichen Beschränkungen aus. Fraglich ist, ob eine Schenkung mit der Auflage verbunden werden kann, dass der geschenkte Gegenstand nach dem Tod des Beschenkten einem Dritten zufällt. *Cremer* in: Staudinger 12. Aufl. § 525 Rn. 11 Fn. 6 meint, dass eine derartige Auflage weder mit dinglicher noch mit obligatorischer Wirkung zulässig ist, wobei sich *Cremer* auf die Entscheidung des OLG Stuttgart vom 20. 7. 1949 HIZ III 1 beruft, wonach eine Familientaschenuhr nicht an den jeweils ältesten Träger des Familiennamens fallen kann, falls der beschenkte Enkel ohne männliche Abkommen versterben sollte. Dieser Vermächtnisvertrag bedürfe der Form des § 2276 BGB, der aber zu einer doppelten Erbschaftsteuerbelastung führt.

Feick ZEV 2002, 84 hat vorgeschlagen, dass die Schenkung mit der Auflage erfolgt, noch zu Lebzeiten des Erstbedachten den geschenkten Gegenstand weiterzuleiten. Erbrechtliche Bestimmungen werden durch diese Gestaltung nicht umgangen, so dass zivilrechtliche Bedenken nicht bestehen. Die Erfüllung der Auflage zu Lebzeiten führt zu einer Weggabe des Vermögenswertes, so dass der Wert des im Rahmen der Auflage zu übertragenden Vermögensgegenstandes nicht zum Wert des Nachlasses des Erstbedachten gem. § 2311 BGB zählt, wohl aber der Nutzungsvorteil, so dass nur eine Minderung des Pflichtteilergänzungsanspruchs in Betracht kommt. *Feick* S. 90 empfiehlt daher folgende Vereinbarung:

Formulierungsvorschlag

24 „§ 1 Hiermit schenke ich meinem Sohn S meinen Geschäftsanteil im Nominalwert von Euro … an der im Handelsregister des Amtsgerichts … unter HRB … eingetragenen X-GmbH und trete diesen Geschäftsanteil an ihn ab.

§ 2 Die Schenkung erfolgt unter den folgenden Auflagen:

(1) Eine Verfügung über den unter Ziff. 1 genannten Geschäftsanteil ist dem S nur bei vorheriger Zustimmung des E gestattet. Im Falle der Veräußerung dieses Geschäftsanteils oder Teilen davon zu Lebzeiten des S ist der Veräußerungserlös in voller Höhe abzüglich etwa anfallender Steuern dem Sohn des S, E, auszuzahlen.

(2) S ist verpflichtet, den Geschäftsanteil zu Lebzeiten auf E unentgeltlich zu übertragen. Im Falle des Vorversterbens des E ist der Geschäftsanteil auf dessen Abkömmlinge zu gleichen Teilen zu übertragen, im Falle des Fehlens von Abkömmlingen auf die Geschwister des E bzw. deren Abkömmlinge jeweils zu gleichen Teilen.

(3) Dem S verbleiben die bis zur Veräußerung bzw. Übertragung gezogenen Nutzungen aus dem Geschäftsanteil. Aufwendungen auf den Geschäftsanteil sind ihm vom E nicht zu erstatten.

(4) Der bzw. die von der Auflage Begünstigten haben jeweils einen unmittelbaren Anspruch auf Vollziehung der Auflagen.

§ 3 S nimmt die Schenkung unter Auflage dankend an.

§ 4 Anrechnung auf Erb-/Pflichtteil, Widerrufs-/Rückfallklausel etc.“

C. Kettenschenkung

Literatur: *Fischer* Die Umgehung des Steuergesetzes, DB 1996, 644; *Fromm* Kettenschenkung statt Schenkung unter Auflage – eine steueroptimale Gestaltung, DStR 2000, 453; *Geck* Aktuelle Entwicklungen im Bereich der Erbschaft- und Schenkungsteuer, DNotZ 2007, 263; *Grziwotz* Kettenschenkung oder Gesamtplanung beim Familienwohnheim? – Schenkungsteuerpflicht ohne zivilrechtliche Grundlage, MDR 2007, 124; *Lehnen/Hanau* Optimale Nutzung der Schenkungsteuerfreibeträge, Beendigung des gesetzlichen Güterstands als Alternative zur Kettenschenkung?, ZErb 2006, 149; *Riedel* Kettenschenkung – Gestaltungsmissbrauch i. S. d. § 42 AO?, ZErb 2002, 224; *Wachter* Kettenschenkung und Gesamtplan ZErb 2008, 174; *Wenhardt* Kettenschenkungen in der Gestaltungspraxis, ErbStB 2007, 40.

26 Der **Sukzessiverwerb** ist durch mehrere aufeinanderfolgende Erwerbsvorgänge gekennzeichnet. Bürgerlich-rechtlich liegen mehrere selbständige Ver-

mögensübergänge vor. Für die steuerliche Beurteilung muss geprüft werden, ob die Erwerbsvorgänge so eng miteinander verknüpft sind, dass das Steuerrecht dem Zwischenerwerb keine Bedeutung beimisst und den Zwischenerwerb somit außer Betracht lässt.

Zur Ausschöpfung von Schenkungsteuerfreibeträgen werden Kettenschenkungen, d.h. Schenkungen mit der anschließenden Weiterschenkung, ins Auge gefasst. Nach *Crezelius* Erbschaft- und Schenkungsteuer in zivilrechtlicher Sicht, S. 147 spricht man von einer Kettenschenkung, wenn Zuwendungen über mehrere Personen als Zwischenstationen laufen. Allgemein bezeichnet man eine Kettenschenkung als Folge von zwei freigebigen Zuwendungen, bei denen der Zuwendungsgegenstand vom Schenker über eine Zwischenperson an den endgültig Bedachten geleitet wird. Dadurch kann eine **Eltern-Kind-Schenkung** zur Schenkung beider Eltern an das Kind erweitert werden, durch die der Kinderfreibetrag zweifach genutzt wird, vgl. *Moench/Albrecht* a.a.O. Rn. 503. Schenkungsteuerlich ist die Kettenschenkung begrifflich dadurch gekennzeichnet, dass auch jede Zwischenschenkung schenkungsteuerlich erfasst und schenkungsteuerlich als selbständige Schenkung anerkannt wird. 27

I. Überblick

1. Schenkung und Weiterschenkung in einer Urkunde

Beispiel 1: Schwiegermutter SM will eine Eigentumswohnung in der Weise schenken, dass ihre Tochter T und ihr Schwiegersohn SW im Grundbuch eingetragen werden. Der Notar formuliert in der Schenkungsurkunde: 28

Schwiegermutter SM übergibt

- ihrer Tochter einen Hälftemiteigentumsanteil an der Eigentumswohnung und
- auf Veranlassung ihrer Tochter T als deren ehebedingte Zuwendung deren Ehemann SW einen Hälftemiteigentumsanteil an der Eigentumswohnung.

Die Auflassung wird von SM direkt an T und SW erklärt.

Das Finanzamt nimmt eine unmittelbare Schenkung der Schwiegermutter an den Schwiegersohn an. Die Klage zum FG und zum BFH bleibt erfolglos, vgl. BFH BStBl. 2005 II 412.

Die Urkundengestaltung des Notars lässt eine schreckliche Unkenntnis des Steuerrechts erkennen und lehrt zugleich, dass angestrebte Kostenersparnisse zu erheblichen Steuernachteilen führen können. Bereits zivilrechtlich liegen nicht hintereinander gestaffelte Schenkungen, sondern gleichzeitige Schenkungen an zwei verschiedene Personen vor, da eine Notarurkunde erst mit der Unterschrift des Notars wirksam wird. Das Ergebnis, dass das Schwiegerkind in der Schenkungsteuerklasse II mit einem geringen Freibetrag im Verhältnis zu seiner Schwiegermutter erwirbt, wäre bei sachgemäßer Urkundengestaltung ohne weiteres vermeidbar gewesen. Hierzu hätte in einer Urkunde I eine Übertragung auf die Tochter zu Alleineigentum stattfinden müssen. Dann wäre die Tochter erst in der Lage gewesen, ihrerseits eine ehebedingte Zuwendung oder eine Ehegattenschenkung in der Steuerklasse I vorzunehmen. 29

Steuerschädlich ist auch die Vereinbarung einer Weiterübertragungsverpflichtung in einer Schenkungsurkunde, da in diesem Fall der Tatbestand des § 7 Abs. 1 Nr. 2 ErbStG erfüllt ist. Selbst bei einer aufschiebend bedingten 30

Verpflichtung zur Weiterübertragung bleibt nach der Rechtsprechung des BFH BStBl. 1993 II 523 die zwischengeschaltete Person außer Betracht; ebenso FG München ErbStB 2008, 257.

2. Zeitlicher Zusammenhang

31 **Beispiel 2:** Vater V ist alleiniger Eigentümer einer Immobilie im Wert von 1 Mio. €. Um auch die Schenkungsteuerfreibeträge seiner Ehefrau auszuschöpfen, schenkt er die Hälfte seines Grundstückes seiner Ehefrau, die anschließend in getrennter Urkunde ihren Miteigentumsanteil auf ihre drei Kinder zu gleichen Teilen weiter überträgt. Zusätzlich überträgt V seinen Hälftemiteigentumsanteil auf die drei Kinder, die somit vom Vater je $^1/_6$ erwerben, so dass bei Ansatz der Freibeträge gem. § 16 Abs. 1 Nr. 1 und 2 ErbStG alle Schenkungsakte steuerfrei bleiben.

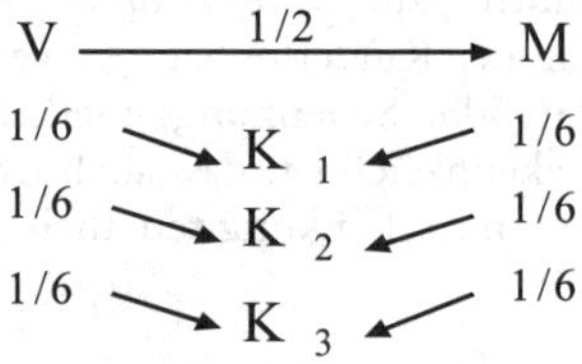

32 Sofern eine an sich angestrebte Übertragung steuerungünstige Folgen aufweist, versuchen die Beteiligten häufig, durch Zwischenschritte und stufenweise Gestaltung aufgrund eines vorgefassten Plans die gewünschten oder ähnliche Rechtsfolgen zu erreichen. Hierbei muss die Klippe des § 42 AO beachtet werden. Durch Missbrauch von Gestaltungsmöglichkeiten des bürgerlichen Rechts kann die Besteuerung nicht umgangen werden. Rechtsmissbrauch liegt vor, wenn eine Gestaltung gewählt wird, die, gemessen an dem erstrebten Ziel, unangemessen ist und wenn hierdurch ein steuerlicher Erfolg erstrebt wird, der bei sinnvoller, Zweck und Ziel der Rechtsordnung berücksichtigender Auslegung vom Gesetz missbilligt wird, vgl. BFH BStBl. 1977 II 261. Ein Gestaltungsmissbrauch gem. § 42 Abs. 2 Satz 2 AO scheidet aus, wenn der Steuerpflichtige für die gewählte Gestaltung außersteuerliche Gründe nachweist, die nach dem Gesamtbild der Verhältnisse beachtlich sind, vgl. *Spiegelberger* in: Beck'sches Notarhandbuch E Rn. 179.

33 Nach der **Gesamtplanrechtsprechung** (vgl. *Spindler* DStR 2005, 1) wird eine Mehrzahl von Rechtsgeschäften, die auf einheitlicher Planung basieren und die im engen zeitlichen und sachlichen Zusammenhang stehen, für die steuerliche Beurteilung **zu einem einheitlichen wirtschaftlichen Vorgang** zusammengefasst, welcher der Subsumtion zugrunde gelegt wird. Die Gesamtplanrechtsprechung basiert auf dem Rechtsgedanken des § 42 AO. Bei einem engen zeitlichen Zusammenhang aufeinander folgender Grundstücksübertragungen unterstellt die Finanzverwaltung, dass von Anfang an die letztbegünstigte Person Empfänger der Leistung sein sollte, ohne die Zwischenübertragungen zu berücksichtigen. *Bonefeld/Daragan/Wachter* 25. Kap. Rn. 382 (S. 1389) empfehlen daher zwischen den beiden Schenkungen eine Schamfrist einzuhalten, wobei *Knur,* der Pionier in der Öffnung des Notariats für das Steuerrecht (vgl. DNotZ 1966, 707), empfohlen hat, über eine Schenkung „Gras wachsen zu lassen", bis der Beschenkte den ge-

schenkten Gegenstand weitergibt, wobei diese Empfehlung in der Literatur teilweise als Ein-Jahres-Frist verstanden wurde.

Tatsächlich, wenn keine Weitergabevereinbarung besteht, reicht es aus, wenn die Zwischenschenkung schenkungsteuerlich vollzogen ist und der Zwischenempfänger über eine **eigene Dispositionsmöglichkeit** verfügt. Kritisch sind dabei insbesondere die Fälle, in denen beide Übertragungen am gleichen Tag mit fortlaufenden Urkundenrollennummern und inhaltlicher Abstimmung der Vertragstexte vereinbart worden sind, vgl. FG München v. 2. 4. 2008, 4 K 1272/06, n. v. 34

Nach dem rechtskräftigen Urteil des FG Rheinland-Pfalz EFG 1999, 617 kann ein Vermögensgegenstand zunächst von Eltern schenkweise ihrem Kind übertragen und anschließend von dem Kind im Wege einer „unbenannten Zuwendung" auf den Ehegatten weiterübertragen werden, ohne dass von einer unmittelbaren Schenkung der Eltern an den Ehegatten des Kindes auszugehen ist, selbst dann, wenn die Eltern ausdrücklich ihre Zustimmung zu der Weiterleitung erteilt hatten. Im Entscheidungsfall hatte der Sohn von seiner Mutter im Wege der Schenkung einen Kommanditanteil erhalten, den er noch am selben Tag auf seine Ehefrau weiterübertrug.

Nach Auffassung des Hessischen Finanzgerichts EFG 2008, 472 liegt keine schenkungsteuerlich beachtliche Kettenschenkung, sondern nur eine Zuwendung aus dem Vermögen des Zuwendenden an einen Dritten vor, wenn sich aus dem Abschluss zweier Schenkungsverträge in einem Zuge, der inhaltlichen Abstimmung der Verträge aufeinander sowie aus den sonstigen Umständen ergibt, dass die zunächst beschenkte Person das Erhaltene nach dem vom Willen aller Beteiligten getragenen Gesamtplan als bloße Durchgangs- oder Mittelsperson ohne eigene Dispositionsmöglichkeit an einen Dritten weiterzugeben hat.

Eine weitere Abgrenzung ergibt sich bei der Beurteilung eines Sachverhalts daraus, ob der ursprüngliche Schenker nach Durchführung der Zwischenschenkung noch in der Lage war, das weitere Geschehen zu beherrschen und zu steuern, vgl. *Spindler* DStR 2005, 4. Jedenfalls dann, wenn die Schenkung vollzogen, also der Beschenkte aufgrund der mitbeurkundeten Auflassung in der Lage ist, die Eigentumsumschreibung zu beantragen (vgl. BFH BStBl. 1979 II 642), ist die Zwischenschenkung anzuerkennen, weil der im Grundbuch eingetragene Eigentümer ohne jeden Zwang über den geschenkten Gegenstand verfügen kann; ebenso *Wachter* ZErb 2008, 174. Das bloße Wissen, selbst das Einverständnis des Schenkers damit, dass der Beschenkte seinerseits mit Mitteln der Schenkung eine Zuwendung ausführen wird, genügt nicht um eine schädliche Weitergabe anzunehmen, vgl. BFH BStBl. 1962 III 145. 35

3. Stufenweise Regelung

Versuchen die Beteiligten, die erstrebten Rechtsfolgen stufenweise zu erreichen, können die einzelnen Abwicklungsstufen der Besteuerung nur zugrunde gelegt werden, wenn hinsichtlich der an sich angestrebten Gesamtbereinigung keine bindende Vereinbarung getroffen wird. 36

Jedem Beteiligten muss somit ein rechtlicher Spielraum hinsichtlich der einzelnen Abwicklungsstufen verbleiben; er darf somit keiner Bindung hinsichtlich der an sich angestrebten Gesamtregelung unterliegen.

Die Frage, wann ein enger zeitlicher Zusammenhang vorliegt, muss **differenziert für die einzelnen Steuerarten** betrachtet werden.

a) Schenkungsteuer

37 Die mit einem Grundstück beschenkte Mutter kann, wenn die Vorschenkung von ihrem Ehemann vollzogen ist, sich kurzerhand entschließen, das erworbene Grundstück weiter zu schenken, ohne dass darin ein schenkungsteuerschädlicher Gesamtplan angenommen werden kann. Der vorsichtige Berater wird von sofortigen Weiterschenkungen abraten.

Ab dem Zeitpunkt, ab dem der Beschenkte unbestreitbar beliebig über den geschenkten Gegenstand verfügen kann, ist die Fiktion eines steuerlichen Gesamtplans ausgeschlossen. Die in der schenkungsteuerlichen Literatur vertretene Auffassung, dass bei einem Abstand von einem Jahr zwischen zwei Schenkungen nicht auf einen einheitlichen Plan geschlossen werden kann, ist somit ein überzogen langer Zeitraum. Anders ist zu entscheiden, wenn durch eine kunstvolle Zeitpause zwischen zwei Gestaltungen besondere Steuervorteile einkommensteuerlicher Art bezweckt werden.

b) Einkommensteuer

38 Vor der Änderung der Rechtsprechung durch den Großen Senat GrS 4–6/89 BStBl. 1990 II 847 hat die Finanzverwaltung Ausweichgestaltungen, wonach Erbengemeinschaften in Bruchteilsgemeinschaften umgewandelt und zwischen den Beteiligten innerhalb eines Zeitraums von drei Jahren entgeltliche Anschaffungsgeschäfte vereinbart wurden, als rechtliche Einheit betrachtet und insgesamt als Missbrauchgestaltung gewertet, vgl. Abschn. 44 Abs. 1 EStR 1984.

39 Bei Teilerbauseinandersetzungen mit Abfindungen in umgekehrter Richtung wird gem. Tz. 58 BMF-Schreiben Erbauseinandersetzung BStBl. 2006 I 253 sogar ein Zeitraum von fünf Jahren berücksichtigt.

Besonders kritisch ist die Rechtsprechung, wenn bei aufeinanderfolgenden Veräußerungen die Buchwertfortführung oder eine Tarif- und Steuervergünstigung gem. § 34 EStG erzielt werden soll, vgl. BFH DStR 2000, 1768; BStBl. 2001 II 26; BStBl. 2005 II 173.

40 Bei einer Betriebsaufgabe oder -veräußerung gem. § 16 ErbStG wird von der Finanzverwaltung zugunsten des Steuerpflichtigen ein Zeitraum von zwei Jahren zugrunde gelegt, um den begünstigten Steuersatz gem. § 34 EStG zu gewähren; nach BFH BStBl. 2001 II 798 ist ein Zeitraum von mehr als 36 Monaten steuerschädlich, vgl. auch *Schmidt/Wacker* § 16 EStG Rn. 192.

4. Entgeltlicher Zwischenerwerb

41 Zwei **getrennte** Erwerbsvorgänge sind anzunehmen, wenn ein Ehegatte **entgeltlich** von seinem Ehegatten erwirbt und anschließend den erworbenen Gegenstand an gemeinsame Kinder verschenkt. Wenn Ehegatten die **Zugewinngemeinschaft beenden** und den steuerfreien Zugewinnausgleich gem. § 5 Abs. 2 ErbStG durchführen, liegt einkommensteuerlich eine entgeltliche Gestaltung vor, bei der die Finanzverwaltung im Bereich des Privatvermögens den Veräußerungsgewinn gem. § 23 EStG und im Fall von Betriebsvermögen

gem. § 16 EStG versteuert. Der Ehegatte, der entgeltlich durch Einsatz seines Zugewinnausgleichsanspruches erworben hat, kann ohne Zweifel anschließend Schenkungen an die gemeinsamen Kinder vornehmen, ohne dem Vorwurf des Missbrauchs gem. § 42 AO unterworfen zu sein. Das Erfordernis eines zeitlichen Abstandes zwischen beiden Übertragungen kann dem Gesetz nicht entnommen werden.

Bei einer steuerpflichtigen Ehegattenschenkung kann sogar nach der vollzogenen Schenkung gem. § 29 Abs. 1 Nr. 3 ErbStG die entstandene Schenkungsteuer durch die Beendigung des Güterstandes der Zugewinngemeinschaft **rückwirkend** die Schenkungsteuerpflicht beseitigt und die steuerfreie Ausgleichung des Zugewinns gem. § 5 Abs. 2 ErbStG vorgenommen werden. Der somit rückwirkend eingetretene entgeltliche Erwerb verhindert die Fiktion zweier aufeinanderfolgender unentgeltlicher Übertragungen und ergibt somit eine „escape-Wirkung", so auch *Geck* DNotZ 2007, 279. *Lehnen/Hanau* ZErb 2006, 154 halten sogar die sofortige Rückkehr zur Zugewinngemeinschaft für steuerunschädlich. 42

II. Grundstücksschenkung vor geplantem Verkauf an Dritte

Beispiel: Die Eheleute E beabsichtigen, ein Baugrundstück zu veräußern, um ihren Kindern im Wege der vorweggenommenen Erbfolge Barmittel zu überlassen. Zur Vermeidung von Schenkungsteuer soll zunächst eine vorweggenommene Erbfolge und erst im Anschluss daran die Veräußerung des Baugrundstückes an den Bauträger vorgenommen werden. 46

1. Rechtslage vor der Erbschaftsteuerreform

Vor der Erbschaftsteuerreform 2009, also z. Zt. der Geltung niedriger Grundbesitz- oder Einheitswerte, war die unentgeltliche Überlassung eines Grundstückes an Abkömmlinge eine beliebte Gestaltung, um die Schenkung auf der Basis der Grundbesitzwerte durchzuführen, auch dann, wenn die sofortige entgeltliche Weiterveräußerung durch die Erwerber geplant war, selbst dann, wenn der Kaufpreis das Zwanzigfache des Einheitswertes betrug, vgl. BFH BStBl. 1974 II 521; 1991 II 320. Der Annahme einer Grundstücksschenkung steht es grundsätzlich nicht entgegen, dass der Beschenkte das Grundstück unmittelbar nach der Schenkung veräußert. 47

War der Beschenkte jedoch im Verhältnis zum Schenker rechtlich verpflichtet, das Grundstück an einen bestimmten Dritten zu veräußern oder konnte er sich der Veräußerung in Folge einer tatsächlichen Zwangssituation nicht entziehen, so kann dies die Würdigung der Schenkungsabrede dahingehend rechtfertigen, dass nicht das Grundstück, sondern der durch den Verkauf erzielte Erlös geschenkt sein sollte, vgl. BFH BStBl. 1991 II 320.

2. Vermeidung steuerpflichtiger Veräußerungsgeschäfte

Auch in Zukunft können sich Situationen ergeben, dass die Übertragung an Kinder vor einer an sich geplanten Veräußerung steuergünstig ist, z. B. zur Vermeidung der Einkommensteuerprogression für den Fall der Veräußerung durch die Eltern. 48

a) Private Veräußerungsgeschäfte

49 **Beispiel:** A hat ein Grundstück aus einer Erbauseinandersetzung im Wege der Realteilung mit Abfindungszahlung erworben. Wegen des stark gestiegenen Grundstückswertes bietet sich eine günstige Verkaufschance.

50 Der Erwerb des Grundstückes durch Realteilung mit Abfindungszahlung stellt einen teilentgeltlichen Erwerb dar, so dass hinsichtlich des unentgeltlich erworbenen Grundstücksteils die Vorbesitzzeit des Erblassers dem A angerechnet wird, hinsichtlich des entgeltlich erworbenen Grundstücksteils jedoch die Zehn-Jahres-Frist des § 23 Abs. 1 Nr. 1 EStG eingreift. Die Besteuerung kann nicht dadurch vermieden werden, dass A das Grundstück unentgeltlich im Wege der Schenkung auf einen Abkömmling überträgt und dieser das Grundstück anschließend veräußert, da gem. § 23 Abs. 1 Satz 3 EStG bei einem unentgeltlichen Erwerb dem Einzelrechtsnachfolger die Anschaffung oder die Überführung des Wirtschaftsgutes in das Privatvermögen durch den Rechtsvorgänger zugerechnet wird. In jedem Fall kann aber durch den Zwischenerwerb eine Progressionsminderung erreicht werden.

b) Gewerblicher Grundstückshandel

Literatur: *M. Söffing/Klümpen-Neusel* Unentgeltliche Grundstücksgeschäfte und gewerblicher Grundstückshandel, DStR 2000, 1753.

51 Die Übertragung von Grundbesitz auf die Kinder kommt auch zur Vermeidung eines gewerblichen Grundstückshandels in Betracht. In dem vom BFH BStBl. 2003 II 238 entschiedenen Fall hatten Eheleute fünf Eigentumswohnungen während der Bauzeit auf ihre beiden Kinder übertragen, um für die insgesamt zehn errichteten Eigentumswohnungen einen gewerblichen Grundstückshandel zu vermeiden. Nach gefestigter Rechtsprechung des Bundesfinanzhofs sind Objekte (Wohnungen), mit deren Weitergabe kein Gewinn erzielt werden soll, in die Betrachtung, ob die Drei-Objekt-Grenze überschritten ist, nicht einzubeziehen, vgl. BStBl. 1996 II 599. Es kommt also darauf an, ob bereits vor der Übertragung auf die Kinder die bedingte Absicht der Veräußerung der Wohnungen bestanden hat.

III. Vorwegerbfolge mit Weiterübertragung auf Ehegatten

Literatur: *Gebel* Zeitpunkt der Entstehung der Schenkungsteuer bei Grundstückszuwendungen, DStR 2004, 165; *Schuck* Vollzug der Grundstücksschenkung und Zwischeneintragung, DStR 2004, 1948.

56 **Beispiel:** Die Eltern sind Eigentümer eines mit einem Wohnhaus bebauten Grundstückes, dessen geräumiger Garten Platz für einen weiteren Baukörper bietet. Ihre Tochter T, die diesen Bauplatz im Wege der vorweggenommenen Erbfolge erhalten soll, will mit ihrem Ehemann M darauf ein Einfamilienhaus errichten und zur Durchführung des Bauvorhabens erhebliche Kredite aufnehmen. Hierfür wollen die Eltern in keiner Weise haften. Die Eltern verbinden die Übertragung mit keinerlei Auflagen oder Gegenleistungen, wollen aber Pflichtteilsansprüche bei dem Ableben des erstversterbenden Elternteiles nach Möglichkeit vermeiden. M soll Miteigentümer des Bauplatzes und des Einfamilienhauses werden, da die Investitionsmittel hauptsächlich aufgrund seiner Berufstätigkeit erbracht werden. Die Beteiligten erkundigen sich bei Notar Klug um den kosten -und steuergünstigsten Weg. Dieser empfiehlt zunächst eine vorweggenommene Erbfolge zwischen den Eltern und ihrer Tochter T und eine anschließende

ehebedingte Zuwendung von T an M durch Übertragung eines Hälfte-Miteigentumsanteiles. Steuerberater S sieht hierin eine steuerschädliche Kettenschenkung.

1. Schenkung Eltern-Kind

Eine Bauplatzschenkung im Eltern-Kind-Verhältnis bleibt im Allgemeinen ohne schenkungsteuerliche Belastung, da der Freibetrag pro Elternteil 400.000 € beträgt. Sofern ein Elternteil Alleineigentümer ist und der Schenkungsteuerfreibetrag in Höhe von 400.000 € zur Schenkungsteuerfreiheit nicht ausreicht, ist es sinnvoll, dass ein Elternteil einen Miteigentumsanteil an den anderen Elternteil unentgeltlich überträgt und – zur Vermeidung einer Missbrauchsgestaltung gem. § 42 AO – zeitlich versetzt der beschenkte Elternteil seinen Anteil an das gemeinsame Kind unentgeltlich weiter überträgt. 57

2. Weiterschenkung an den Ehegatten

a) Unmittelbare Schenkung an das Schwiegerkind

Sofern die Eltern das Bauplatzgrundstück unmittelbar zur Hälfte der Tochter und zur anderen Hälfte dem Schwiegersohn übertragen, liegt im Verhältnis zum Schwiegersohn eine Schenkung in der Steuerklasse II vor, so dass wegen des geringen Freibetrages von 20.000 € regelmäßig Schenkungsteuer anfallen wird. Diese Gestaltung entspricht in aller Regel auch nicht den Motiven der Eltern, die im Falle der Ehescheidung, auch sofern diese erst nach dem Ableben der Schwiegereltern erfolgen sollte, einen Rechtsanspruch auf Rückgewähr oder zumindest auf Anrechnung bei der Berechnung der Zugewinnausgleichsforderung erreichen wollen. Das Bestehen der Ehe ist nach den Vorstellungen der Eltern die Geschäftsgrundlage für die Grundstücksbeteiligung des Schwiegersohnes. Diese Vorstellung kann aber zivilrechtlich nur gesichert werden, wenn die Zuwendung über die leibliche Tochter an den Schwiegersohn erfolgt. 58

b) Schenkung und Weiterschenkung in einer Urkunde

Die Zusammenfassung von zwei Schenkungen, nämlich die der Eltern an die Tochter und die der Tochter an ihren Ehemann in einer Urkunde ist schenkungsteuerlich ungünstig, da die Schenkung an die Tochter zeitgleich mit der Weiterschenkung zusammenfällt und der BFH BStBl. 2005 II 412 annimmt, dass das Eigentum unmittelbar von den Schwiegereltern auf das Schwiegerkind übergeht, vgl. Rn. 28ff. 59

Übertragen Schwiegereltern unter Mitwirkung ihres Kindes schenkweise Grundstückseigentum unmittelbar auf ihr Schwiegerkind, kommt nach dieser Entscheidung eine Schenkung des Kindes an seinen Ehegatten auch dann nicht in Betracht, wenn die Zuwendung „auf Veranlassung des Kindes" erfolgen soll und als „ehebedingte Zuwendung" des Kindes bezeichnet wird; ebenso Fischer DB 1996, 649, der eine unmittelbare Schenkung an den Schwiegersohn annimmt, so dass eine Missbrauchsgestaltung gem. § 42 AO nur geprüft werden müsse, wenn das „transitorische Ausweichgeschäft" – die Schenkung an die Tochter – keinen außersteuerlichen wirtschaftlichen Sinn habe und gesamtplanmäßig durch die Weiterübertragung auf den Schwiegersohn bzw. Ehemann korrigiert werden solle. 60

c) Zeitlicher Abstand bei Weiterschenkung an den Ehegatten?

61 Ein zeitlicher Abstand zwischen der Schenkung der Eltern an die Tochter und der Weiterschenkung der Tochter an den Ehemann ist nur insoweit erforderlich, als die **Schenkung** an die Tochter **ausgeführt** sein muss, um eine selbständige Weiterschenkung annehmen zu können. Bei der Gestaltung, dass die Eltern auf ihre Kinder ein Grundstück im Wege der vorweggenommenen Erbfolge übertragen und diese das Grundstück nach vier Tagen an einen Bauträger weiter veräußern, hat der BFH BStBl. 1991 II 320 das Finanzgericht angewiesen festzustellen, ob bei diesem zeitlichen Ablauf die Kinder rechtlich in der Lage waren, über das von den Eltern erhaltene Grundstück zu verfügen oder ob tatsächlich den Kindern nur der Kauferlös zugeflossen ist.

62 Eine „Schamfrist" im eigentlichen Sinne ist nicht erforderlich, wenn feststeht, dass das beschenkte Kind einen tatsächlichen Dispositionsspielraum hatte, das erworbene Grundstück entweder zu behalten oder ganz oder teilweise an den Ehegatten weiterzugeben. Der gewählte Weg entspricht den bürgerlich-rechtlichen Interessen des beschenkten Kindes, da dieses im Fall des Scheiterns der Ehe unmittelbare Ansprüche gegen seinen Ehegatten entweder auf Rückgewähr oder auf Anrechnung auf die Ausgleichsforderung hat. Aus diesem Grund hält *Moench* ErbStG § 7 Rn. 11 sogar zusammengefasste Schenkungsverträge, in denen Eltern Grundbesitz auf ihre Kinder und diese zeitgleich einen Anteil davon auf ihren Ehegatten schenkweise übertragen, wobei die Auflassung unmittelbar von den Eltern auf die späteren Eigentümer erfolgt, auch für die Schenkungbesteuerung für maßgeblich, wenn die bürgerlich-rechtlichen Beweggründe glaubhaft vorgetragen werden; von der Zusammenfassung der Schenkung und Weiterschenkung in einer Urkunde ist aber aufgrund der vorstehend zitierten BFH-Entscheidung BStBl. 2005 II 412 abzuraten.

Empfehlenswert ist nie eine Schenkung unter Lebenden,
sondern nur ein Schenkungsversprechen von Todes wegen,
mit dem sie sich Wohlverhalten bis zum Grabe erhalten können,
Ernst Teubner

§ 8 Rechtsgeschäfte unter Lebenden auf den Todesfall

Übersicht

A. Schenkungsversprechen von Todes wegen gem. § 2301 BGB

Literatur: *Baumann* Grundstücksschenkungen auf den Todesfall – ein Beitrag zu § 2301 BGB, MittRhNotK 1999, 299.

1 **Beispiel** (Eisdielen-Fall): Erblasser E hat zu seinen Lebzeiten seinem Rechtsanwalt den Auftrag erteilt, nach seinem Tod seiner Lebensgefährtin das Inventar der von ihm betriebenen Eisdiele zu übereignen. Der Rechtsanwalt erfüllte nach dem Tod des E diesen Auftrag. Die Erben des Erblassers verlangten von der Lebensgefährtin das Inventar zurück.

2 Der Schenker hat oft den Wunsch, die Rechtsfolgen erst nach seinem Tod wirksam werden zu lassen. Das BGB bietet hierfür zwei völlig unterschiedliche Rechtsgestaltungen, nämlich

- ein Schenkungsversprechen von Todes wegen gem. § 2301 BGB, für das die Vorschriften über Verfügungen von Todes wegen Anwendung finden oder
- ein Schenkungsversprechen unter Lebenden gem. § 518 BGB, dessen Erfüllung zum Todeszeitpunkt des Schenkers hinausgeschoben wird (nachfolgend unter B. dargestellt).

Auf ein Schenkungsversprechen, welches unter der Bedingung erteilt wird, dass der Beschenkte den Schenker überlebt, finden gem. § 2301 BGB die Vorschriften über Verfügungen von Todes wegen Anwendung, so dass im Ergebnis in diesen Fällen der Schenker nach den allgemeinen Grundsätzen der Verfügung von Todes wegen (vgl. § 2286 BGB) verfügungsbefugt bleibt, während bei einem Rechtsgeschäft unter Lebenden gem. § 518 BGB der Schenker ohne Zustimmung des Versprechensempfängers keine anderweitigen Verfügungen mehr treffen darf, vgl. *Lange/Kuchinke* § 1 VII. 3.

I. Formpflicht

3 Die in § 2301 BGB enthaltene Verweisung auf die Vorschriften über Verfügungen von Todes wegen bedeutet, dass ein bindendes Schenkungsversprechen von Todes wegen wie ein **Erbvertrag** der notariellen Beurkundung gem. § 2276 BGB bedarf. Die von den Vertragsparteien vereinbarte Überlebensbedingung des Beschenkten besagt, dass bei einem Vorversterben des Beschenkten der Anspruch nicht auf die Erben des Beschenkten übergeht. Der Schenker kann in diesem Fall auch von Todes wegen über den betroffenen Gegenstand frei verfügen. Die erlangte Rechtsposition kann nicht durch Vormerkung im Grundbuch gesichert werden, vgl. OLG Düsseldorf vom 29. 1. 2003 DNotI-Faxabruf Nr. 10271.

II. Leistungsbewirkung zu Lebzeiten

1. Leistungsvollzug

4 Gem. § 2301 Abs. 2 BGB finden die Vorschriften über Schenkungen unter Lebenden Anwendung, wenn der Schenker die Schenkung durch Leistung des zugewendeten Gegenstandes bewirkt. Zum Leistungsvollzug i. S. des § 2301 Abs. 2 BGB hat der Schenker wie bei der Leistungsbewirkung nach § 518 Abs. 2 BGB hinsichtlich der dinglichen Erfüllung bereits so viel für die Vermögensverschiebung zu veranlassen, dass diese bei seinem Tod ohne wei-

teres Zutun eintreten kann und wobei er selbst noch zu Lebzeiten das wirtschaftliche Opfer erbracht haben muss (Erforderlichkeits- oder Erfüllungshandlungstheorie), vgl. BGH NJW 1983, 1487. Überträgt eine Erblasserin Vermögen durch eine unter Lebenden vollzogene Verfügung zu Gunsten Dritter auf den Todesfall (§§ 518 Abs. 2, 2301 Abs. 2 BGB), unterliegen die auf diese Weise begründeten Rechtsbeziehungen nicht nur im Deckungs-, sondern auch im Valutaverhältnis den allgemeinen Regeln für Rechtsgeschäfte unter Lebenden, nicht aber dem Erbrecht, vgl. BGH ZEV 2004, 168.

b) Anwartschaftsrecht

Auch hier ist wie bei § 518 Abs. 2 BGB der Leistungsvollzug i. S. v. § 2301 Abs. 2 BGB gegeben, wenn die dingliche Erfüllung des Schenkungsversprechens mit Überlebensbedingung aufschiebend bedingt oder aufschiebend befristet vorgenommen wird, da dann der Beschenkte bereits eine Anwartschaft auf Rechtserwerb zu Lebzeiten des Schenkers erhalten hat. Selbst ein Widerrufsvorbehalt ist mit dem lebzeitigen Leistungsvollzug vereinbar, vgl. *Palandt/Edenhofer* § 2301 Rn. 9; MünchKomm/*Musielak* § 2301 Rn. 22. 5

c) Vormerkung im Grundbuch?

Literatur: *Preuß* Die Vormerkungsfähigkeit von Übertragungsansprüchen auf den Todesfall, DNotZ 1998, 602.

Die sich aus einem Erbvertrag ergebende erbrechtliche Anwartschaft kann wegen des bestehen bleibenden Verfügungsrechtes des Erblassers gem. § 2286 BGB nicht mit einer Vormerkung gem. § 883 BGB im Grundbuch gesichert werden, vgl. OLG Düsseldorf Beschl. v. 29. 1. 2003, DNotI-Faxabruf Nr. 10271. 6

Kautelarjuristisch besteht jedoch die Möglichkeit, zusätzlich schuldrechtlich zu vereinbaren, dass der Erblasser nicht über den Vermögensgegenstand unter Lebenden verfügt (**Nichtverfügungsverpflichtung**). Sofern für den Fall des Verstoßes gegen diese schuldrechtliche Abrede ein Übertragungsanspruch unter Lebenden für den Zuwendungsempfänger vereinbart wird, kann diese aufschiebend bedingte Berechtigung als Vormerkung gem. § 883 BGB im Grundbuch eingetragen werden, vgl. *Nieder/Kössinger* Handbuch der Testamentsgestaltung § 13 Rn. 29ff. 7

Den Auftrag im Einleitungsbeispiel beurteilte das OLG Düsseldorf ZEV 1996, 423 als Versprechensschenkung mit einer Überlebensbedingung nach § 2301 Abs. 1 BGB, die formlos nur durch lebzeitigen Vollzug nach § 2301 Abs. 2 BGB hätte wirksam werden können. Der Rechtsanwalt konnte weder als Bevollmächtigter gem. § 164 BGB noch als Bote nach §§ 130 Abs. 2, 153 BGB das formunwirksame Schenkungsversprechen von Todes wegen heilen.

B. Überlassungsvertrag mit aufgeschobener Erfüllung

Beispiel: Witwe A wird in ihrem Einfamilienhaus von ihrer Tochter T aufopfernd gepflegt. Da sie aber ein distanziertes Verhältnis zu ihrem Schwiegersohn hat, will sie unter keinen Umständen das Eigentum an ihrem Eigenheim aufgeben. Andererseits verlangt ihre Tochter T die Zusicherung, dass sie nicht etwa ihr Einfamilienhaus gegen 11

Leibrente oder zur Beschaffung von Mitteln für die Übersiedlung in ein Seniorenheim verkauft.

I. Anwendungsbereich

12 Die Rechtsform der Schenkung unter Lebenden mit auf den Tod des Schenkers aufgeschobener Erfüllung eignet sich in allen Fällen, in denen der Schenker unwiderruflich keine anderweitige Verfügung über den Schenkungsgegenstand, sei es unter Lebenden, sei es von Todes wegen, treffen will, aber dennoch aus persönlichen Gründen der dingliche Vollzug der Schenkung hinausgeschoben werden soll.

Häufig unterbleibt der Vollzug der Schenkung auch aus steuerlichen Gründen bis eine voraussehbare Steuerbegünstigung eintritt.

II. Schenkungsteuer

13 **Beispiel 1:** Eheleute E haben ihrem Sohn S unter Ausschöpfung ihrer schenkungsteuerlichen Freibeträge vor acht Jahren eine Immobilie geschenkt. Sie wollen wiederum ihrem Sohn die Übertragung einer Immobilie im Wege der vorweggenommenen Erbfolge versprechen; dieser kann aber erst nach Ablauf der Zehn-Jahres-Frist des § 14 ErbStG die Auflassung verlangen.

14 Gem. § 14 Abs. 1 Satz 1 ErbStG werden mehrere innerhalb von zehn Jahren von der selben Person anfallende Vermögensvorteile in der Weise zusammengerechnet, dass dem letzten Erwerb die früheren Erwerbe nach ihrem früheren Wert zugerechnet werden. Da die persönlichen Freibeträge gem. § 16 Abs. 1 EStG alle zehn Jahre neu gewährt werden, wäre eine Zusammenrechnung innerhalb eines Zehn-Jahres-Zeitraums steuererhöhend.

Ein Schenkungsversprechen über ein Grundstück gilt unabhängig von der Einräumung des unmittelbaren Besitzes als ausgeführt, wenn der Beschenkte aufgrund der mitbeurkundeten Auflassung in der Lage ist, die Eigentumsumschreibung zu beantragen, vgl. BFH BStBl. 1979 II 642. Selbst wenn die Auflassung beurkundet würde, aber die Schenkungsabrede vor der Eigentumsumschreibung im Grundbuch aufgehoben wird, liegt in der Aufhebung weder eine Rückschenkung des Grundstücks noch eine anderweitige Zuwendung seitens des ursprünglich Bedachten, vgl. BFH ZEV 2002, 518. Die Rechtsprechung, wonach eine Grundstücksschenkung ausgeführt ist, sobald die Auflassung beurkundet und die Eintragungsbewilligung erteilt ist, hat also zur Voraussetzung, dass die Umschreibung nachfolgt. Die Beteiligten können somit durch die Blockade des dinglichen Vollzuges einen steuerlichen Schwebezustand schaffen, vgl. *Spiegelberger* in: Beck'sches Notarhandbuch E Rn. 258.

15 Auch aus einkommensteuerlichen Gründen kann ein Schenkungsversprechen ohne dinglichen Vollzugsakt in Betracht kommen. Wird z. B. im zeitlichen und sachlichen Zusammenhang mit der Übertragung eines Mitunternehmeranteils funktional wesentliches Sonderbetriebsvermögen entnommen, kann der Anteil am Gesamthandsvermögen nicht nach § 6 Abs. 3 EStG zum Buchwert übertragen werden. Der sich aus der Übertragung des Anteils am Gesamthandsvermögen ergebende Gewinn ist nicht nach §§ 16, 34 EStG begünstigt (Gesamtplanrechtsprechung), vgl. BFH BStBl. 2001 II 229; BMF-Schreiben BStBl. 2005 I 458 Tz. 6 und 7. Auch in diesem Fall kann sich ein

Überlassungsvertrag mit aufgeschobener Erfüllung oder, als besonders abgesicherte Vorsichtsmaßnahme, ein Schenkungsversprechen auf den Todesfall gem. § 2301 BGB empfehlen.

Beispiel 2: Der verheiratete Unternehmer U lebt seit langen Jahren in nicht ehelicher Lebensgemeinschaft mit Frau F. Er will sicherstellen, dass der gemeinsam mit seiner Lebensgefährtin F bewohnte Bungalow bei seinem Ableben in jedem Fall seiner Lebensgefährtin zu Alleineigentum zufällt. Eine sofortige Übertragung soll auch aus schenkungsteuerlichen Gründen unterbleiben, da das wertvolle Bungalowgrundstück in der Steuerklasse III eine Schenkungsteuer in Millionenhöhe auslösen würde, während bei der geplanten Eheschließung mit F das Anwesen als Familienwohnheim steuerfrei gem. § 13 Abs. 1 Nr. 4 a ErbStG übergehen kann. 16

III. Urkundengestaltung

1. Angebot auf Abschluss eines Überlassungsvertrages

Beurkundet am … 17

A. Angebot

1. Herr U und Frau F leben nach ihren Angaben seit 1999 in nichtehelicher Lebensgemeinschaft.
2. Herr U
   – nachstehend „Anbieter“ oder „Übergeber“ genannt –
   bietet hiermit
   Frau F
   – nachstehend „Angebotsempfänger“ oder „Übernehmer“ genannt –
   den Abschluss des nachfolgend in Teil B. dieser Urkunde enthaltenen Überlassungsvertrages an.
3. Dieses Angebot ist unbefristet und kann nur von Herrn U höchstpersönlich, aber nicht von einem durch Rechtsgeschäft bestellten oder gesetzlich berufenen Vertreter und auch nicht von den Erben des Anbietenden widerrufen werden.
   Dieses Angebot kann erst nach dem Ableben von Herrn U von Frau F angenommen werden, es sei denn, dass es vorher von Herrn U widerrufen wurde.
   Der Vertrag kommt zustande, wenn die Annahme zu notarieller Urkunde erklärt wird.
4. Der Angebotsempfänger nimmt von diesem Vertragsangebot Kenntnis. Eine Annahme des Angebotes ist damit ausdrücklich nicht erklärt.
   Auf die rechtlichen Wirkungen eines Vertragsangebotes wurde vom Notar hingewiesen.
5. Die Kosten dieses Vertragsangebotes trägt Herr U.
6. Herr U erteilt hiermit für den Fall seines Versterbens Frau F unter Befreiung von den Beschränkungen des § 181 BGB Vollmacht, ihn bei der Beurkundung der Auflassung des Vertragsbesitzes unter Vorlage seiner Sterbeurkunde uneingeschränkt zu vertreten, insbesondere alle Bewilligungen und Anträge abzugeben, welche zum Vollzug des Eigentumsüberganges im Grundbuche erforderlich oder zweckdienlich sind.
7. Etwa zur Wirksamkeit und zur Durchführung des Vertrages notwendige Genehmigungen sind vom Beurkundungsnotar erst mit Annahme des Vertragsangebotes einzuholen.
8. Die Eintragung der in Teil B. zu Gunsten des Erwerbers bewilligten Auflassungsvormerkung gemäß § 883 BGB soll beim Grundbuchamt … unverzüglich beantragt werden, ausdrücklich bereits vor Annahme dieses Angebotes.

B. Überlassung

I. Grundbuchstand

Laut Vortrag im Grundbuch des Amtsgerichts … für … ist Herr U Eigentümer des unbelastet vorgetragenen Grundbesitzes der Gemarkung …

Flst.Nr. 1 … Gebäude- und Freifläche, zu 0,2156 ha.

II. Überlassung

Herr U
– nachstehend als „Übergeber" bezeichnet –
überlässt zum Zeitpunkt der Annahmeerklärung an
– nachstehend als „Übernehmer" bezeichnet –
Frau F
den unter Abschnitt I. bezeichneten Grundbesitz mit allen Rechten, Bestandteilen und dem gesetzlichen Zubehör.

III. Besitzübergang

Besitz, Nutzen, Lasten und Gefahren aller Art gehen ab dem Tag der Annahme des Angebots auf den Übernehmer über.

IV. Grundbucherklärungen

1. Auflassung

Die Auflassung wird bei der Annahme des Vertragsangebotes erklärt.

2. Vormerkung

Die Vertragsteile bewilligen und beantragen vorerst die Eintragung einer Vormerkung gemäß § 883 BGB zur Sicherung des Anspruchs des Übernehmers auf Übertragung des Eigentums am Vertragsbesitz im Grundbuch mit der Maßgabe, dass diese Vormerkung Zug um Zug mit Eintragung der Auflassung wieder gelöscht wird, falls keine Zwischeneintragungen im weitesten Sinne erfolgten.

V. Erschließungskosten, Anliegerbeiträge

Alle auf den Vertragsgegenstand entfallenden Erschließungskosten im weitesten Sinne einschließlich Anlieger- und Herstellungsbeiträge nach dem Baugesetzbuch und Kommunalabgabengesetz hat ab Annahme des Angebotes ausschließlich der Übernehmer zu tragen, es sei denn, dass hierüber ein Bescheid dem Übergeber zugegangen ist.

VI. Kosten und Ausfertigungen

1. Die Kosten dieser Urkunde und des Grundbuchvollzugs trägt Herr U. Die durch die Annahme des Vertragsangebotes veranlassten Kosten, Gebühren und insbesondere die anfallende Schenkungsteuer gehen zu Lasten des Nachlasses von Herrn U.
2. Von dieser Urkunde erhält jeder Vertragsteil sofort eine beglaubigte Abschrift und nach Grundbuchvollzug eine Ausfertigung mit Vollzugsbestätigung; das Grundbuchamt, das Finanzamt (Grunderwerbsteuerstelle) sowie das Finanzamt (Schenkungsteuerstelle) je eine Abschrift.
Vorgelesen …

2. Anmerkungen zur Vertragsgestaltung

a) Auflassungsvollmacht

18 Aufgrund der Auflassungsvollmacht, von der unter Vorlage der Sterbeurkunde Gebrauch gemacht werden kann, ist die Eigentumsumschreibung sofort nach dem Ableben des U möglich, ohne dass eine Zwischeneintragung der Erben, die erst nach Erbscheinserteilung feststehen, erforderlich wäre.

b) Auflassungsvormerkung

Die Rechtsform des Überlassungsvertrages mit auf den Todesfall aufgeschobener Erfüllung ermöglicht die Eintragung einer Auflassungsvormerkung im Grundbuch, also eine Sicherung des Beschenkten schon vor dem Ableben des Schenkers. 19

C. Vertrag zu Gunsten Dritter auf den Todesfall

Literatur: *J. Mayer* Ausgewählte erbrechtliche Fragen des Vertrages zu Gunsten Dritter, DNotZ 2000, 905; *Vorwold* Der Vertrag zu Gunsten Dritter auf den Todesfall, ErbStB 2006, 22.

I. Übersicht

1. Rechtsgrundlage

Beispiel: In einem Testament vom 5. 6. 1996 hatte die Erblasserin ihr Vermögen, das im Wesentlichen in Sparkassenbriefen in Höhe von 156.953 DM bestand, der Klägerin, dem Beklagten und einem dritten Miterben zugewandt. In einer Verfügung zu Gunsten Dritter für den Todesfall vom 25. 3. 1996 hatte die Erblasserin auf einem vorgedruckten Formular der Sparkasse den Beklagten bezüglich des gesamten von den Miterben herausverlangten Guthabens begünstigt, sofern der Beklagte die Erblasserin überleben werde. 21

Vertrag zu Gunsten Dritter

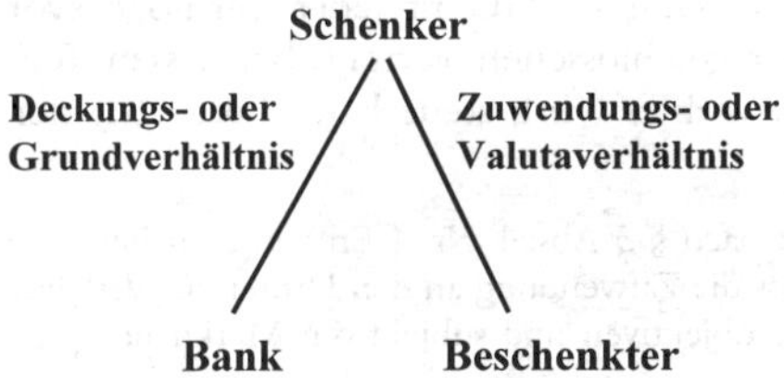

Hinweis: Überträgt eine Erblasserin Vermögen durch eine unter Lebenden vollzogene Verfügung zu Gunsten Dritter auf den Todesfall (§§ 518 Abs. 2, 2301 Abs. 2 BGB), unterliegen die auf diese Weise begründeten Rechtsbeziehungen nicht nur im Deckungs-, sondern auch im Valutaverhältnis den allgemeinen Regeln für Rechtsgeschäfte unter Lebenden, nicht aber dem Erbrecht. Dies gilt sowohl für die rechtliche Einordnung der im Valutaverhältnis begründeten Rechtsbeziehung, als auch für deren Anfechtung, vgl. BGH ZEV 2004, 118 m. Anm. *Leipold.* 22

Die Vermögensnachfolge unter Lebenden kann auch in der Weise erfolgen, dass dem Schenker durch einen Vertrag mit einem Leistungsversprechenden (Vermögensübernehmer, Bank, Versicherungsgesellschaft) einen Anspruch zu Gunsten eines begünstigen Dritten (Beschenkten) begründet wird, ohne dass der Beschenkte bei diesem Rechtsgeschäft mitwirkt. 23

In der notariellen Praxis geschieht es nicht selten, dass die Empfänger von Nutzungsrechten, z. B. von Wohn- oder Nießbrauchsrechten bei der notariel- 24 len Beurkundung zwischen dem Schenker und dem Vermögensübernehmer nicht anwesend sind, so dass durch Vertrag zu Gunsten Dritter gem. § 328 BGB ein Dritter forderungs- bzw. empfangsberechtigt wird. Nach ganz herrschender Meinung sind zwar dingliche Verträge und schuldrechtliche Verfügungsverträge zu Gunsten Dritter nicht möglich, da andernfalls eine Rechtsunsicherheit hinsichtlich der Zuordnung dinglicher Rechte entstehen würde, vgl. BGH NJW 1993, 3134; ebenso sind Verträge zu Lasten Dritter unzulässig, vgl. *Palandt/Heinrichs* Einf. vor § 328 Rn. 10. Diese Grundsätze verhindern aber nicht, dass aus einem gegenseitigen Vertrag heraus auch Dritte schuldrechtlich begünstigt werden können.

25 Bei einem **echten Vertrag** zu Gunsten Dritter erwirbt der Dritte ein eigenes unmittelbares Forderungsrecht ohne Durchgangserwerb durch das Vermögen des Versprechensempfängers, vgl. *Muscheler* WPM 1994, 921.

26 Ein **unechter Vertrag** zu Gunsten Dritter i. S. des § 328 Abs. 2 BGB liegt vor, wenn sich die Vertragsschließenden die Befugnis vorbehalten, das Recht des Dritten ohne dessen Zustimmung aufzuheben oder zu ändern.

27 **Formulierungsvorschlag: Geschwistergleichstellungsgeld**

Der Erwerber E hat an seine Schwester S bei deren Verheiratung, spätestens wenn diese das 30. Lebensjahr vollendet, einen Barbetrag in Höhe von 15.000 € ohne Beilage von Zinsen in Anrechnung auf deren Pflichtteilsansprüche am Nachlass des Übergebers auszuzahlen. S soll aufgrund dieser Vereinbarung ein eigenes unmittelbares Forderungsrecht erhalten, das durch die Vertragschließenden ohne Mitwirkung von S nicht mehr aufgehoben oder geändert werden kann.

2. Erbschaftsteuer

28 Gem. § 3 Abs. 1 Nr. 4 ErbStG ist jeder Vermögensvorteil, der aufgrund eines vom Erblasser geschlossenen Vertrags bei dessen Tode von einem Dritten unmittelbar erworben wird, steuerbar. Hierzu hat der BFH ZEV 2008, 402 entschieden:

1. Die Steuerbarkeit nach § 3 Abs. 1 Nr. 4 ErbStG setzt bei einem Vertrag zugunsten Dritter voraus, dass die Zuwendung an den Dritten im Verhältnis zum Erblasser (Valutaverhältnis) alle objektiven und subjektiven Merkmale einer freigebigen Zuwendung aufweist.
2. Geht es darum, ob dem Dritten etwas und wie viel freigebig zugewendet worden ist, ist auf das Valutaverhältnis zwischen dem Versprechensempfänger und dem Dritten abzustellen und nicht auf das Deckungsverhältnis zwischen dem Versprechenden und dem Versprechensempfänger.
3. Der Wille des Versprechensempfängers kann sich nach seinem Tod nicht nur aus überlieferten eigenen Äußerungen ergeben, sondern auch aus einem Verhalten des Dritten, das den Willen des Versprechensempfängers reflektiert.
4. Ein Indiz für den Willen des Versprechensempfängers ist die Weiterleitung des Bezogenen durch den Dritten an Personen außerhalb des engeren Familienkreises.

II. Bankvollmacht über den Tod hinaus

1. Abtretungsvertrag

Literatur: *Kuhsel* Formularmäßige „Erbeinsetzung“ durch Verwendung von Konten- bzw. Depotverträgen mit Banken, Stbg 1999, 564.

Beispiel: Der Erblasser erteilte der A hinsichtlich seines Girokontos bei der Kreissparkasse H eine über seinen Tod hinaus wirksame Bankvollmacht und erklärte ihr bei dieser Gelegenheit, nach seinem Tode gehöre das auf dem Girokonto stehende Geld ihr. Ferner ließ der Erblasser die A die Bankvollmacht mit unterzeichnen. 31

Das OLG Hamburg NJW 1963, 449 sah in dem Vorgang einen auf den Tod des Erblassers aufschiebend bedingten Abtretungsvertrag zwischen dem Erblasser und der A bezüglich des Bankguthabens und damit eine auf jeden Fall unter Lebenden vollzogene Schenkung i. S. der §§ 516 oder 2301 Abs. 2 BGB und kein der Form des § 518 Abs. 1 BGB oder 2301 Abs. 1 BGB bedürftiges Schenkungsversprechen. Das Gericht brauchte somit nicht zu entscheiden, ob die Schenkung mit oder ohne Überlebensbedingung erfolgt war. 32

2. Widerrufsrecht der Erben

Beispiel (Depot-Fall): Der Erblasser E hatte 16 Jahre mit der A zusammengelebt und ihr eine transmortale Bankvollmacht erteilt. Danach hat er vier Jahre mit der B zusammengelebt und diese in einem formgerechten Testament zu seiner Alleinerbin berufen. Die letzten drei Jahre vor seinem Tode lebte E allein. Zwei Tage nach seinem Tod ging A zur Bank und ließ sich – nach Erteilung einer von der Bank angeforderten Sterbeurkunde – aufgrund der ihr erteilten Vollmacht die Guthaben auf den Konten und den Inhalt des Depot-Kontos des Erblassers übertragen. Aufgrund der von B erhobenen Klage wurde A zur Rückübertragung verurteilt. Da bei der Vollstreckung des Urteils die B teilweise ausfiel, wollte sie insoweit die Bank wegen Schadensersatz in Anspruch nehmen. 33

Der BGH entschied, dass die Bank weder berechtigt noch verpflichtet war, die Zustimmung der Erben abzuwarten oder durch Zuwarten den Widerruf der postmortalen Vollmacht zu ermöglichen. Es bestehe auch keine Rückfragepflicht bei den Erben, vgl. BGH DNotZ 1995, 388. 34

III. Leistungserbringung auf den Todesfall

Beispiel (Kontenübertragung auf den Todesfall): Die Bank und der Kontoinhaber vereinbaren, dass alle Rechte aus seinem Konto Nr. ... bei dem Tod des Kontoinhabers unmittelbar auf seinen Sohn S übergehen. Diese Vereinbarung kann vom Kontoinhaber zu seinen Lebzeiten beliebig widerrufen und aufgehoben werden. 36

1. Deckungs- oder Grundverhältnis

Gem. § 331 Abs. 1 BGB kann insbesondere auch vereinbart werden, dass die Leistung an den Dritten erst nach dem Tod des Versprechensempfängers erfolgen soll (Vertrag zu Gunsten Dritter auf den Todesfall); der Dritte erwirbt das Recht auf die Leistung im Zweifel mit dem Tod des Versprechensempfängers. Nach der Auslegungsregel des § 331 Abs. 1 BGB kann der Versprechensempfänger zu seinen Lebzeiten beliebig über den Anspruch verfügen, ihn abtreten und verpfänden, vgl. OLG Frankfurt NJW – RR 1990, 968. Bezieht sich der Vertrag zu Gunsten Dritter auf den Todesfall auf ein Bankkonto des Versprechenden, so kann dieser über das Guthaben beliebig verfügen oder das Konto umbuchen lassen, vgl. OLG Celle WPM 1995, 1953. 37

Bei dem Vertrag zu Gunsten Dritter ist zwischen dem sog. *Deckungs- oder Grundverhältnis* zwischen dem Schuldner und dem Schenker und dem sog. 38

Valuta- oder Zuwendungsverhältnis zwischen dem Schenker und dem Beschenkten zu unterscheiden. Der Rechtsgrund für die Leistung an den Dritten beruht auf dem Deckungs- oder Grundverhältnis, so dass sich die Formvorschriften nach diesem Rechtsverhältnis richten. Sofern kein Valuta- oder Zuwendungsverhältnis zustande kommt, weil z.B. der Beschenkte das Recht gem. § 333 BGB zurückweist, entsteht ein Rückabwicklungsverhältnis aufgrund ungerechtfertigter Bereicherung gem. §§ 812 BGB.

2. Zuwendungs- oder Valutaverhältnis

39 Durch Vertrag zu Gunsten Dritter auf den Todesfall gem. § 331 BGB kann der Schenker (Erblasser) ohne Einhaltung der Formvorschriften der §§ 518 und 2301 Abs. 2 BGB und auch ohne Einhaltung erbrechtlicher Formvorschriften **Ansprüche Dritter am Nachlass vorbei** begründen. Daraus ergibt sich auch die Möglichkeit, formlos und unentgeltlich Vermögensgegenstände mit dinglicher Wirkung auf den Todesfall zu übertragen, soweit es sich bei dem Leistungsgegenstand nicht um ein Grundstück handelt, h.M. vgl. BGH NJW 1987, 3131; *Staudinger/Jagmann* § 331 Rn. 20; MünchKomm/*Gottwald* § 331 Rn. 4; *Palandt/Edenhofer* § 2301 Rn. 17.

40 Bei Schenkungen durch Verträge zu Gunsten Dritter auf den Todesfall ergibt sich jedoch ein Anspruch der Erben auf den Schenkungsgegenstand, wenn das Valutaverhältnis nicht zustande gekommen ist. War also der Dritte an dem Vertrag zu Gunsten Dritter nicht beteiligt und wurde ihm vor dem Tod des Schenkers (Erblassers) auch keine Mitteilung über diesen Vertrag gemacht, so dass eine Annahme des Schenkungsvertrages auch durch schlüssiges Verhalten gem. §§ 151 Satz 1, 145 BGB nicht zustande gekommen ist, können die Erben den Auftrag an die Bank widerrufen, solange das Schenkungsangebot dem Beschenkten nicht zugegangen ist (**Wettlaufsituation**, vgl. BGH NJW 1975, 383).

41 Anders ist zu entscheiden, wenn der Schenker selbst auf sein Widerrufsrecht durch die Abbedingung des § 130 Abs. 1 Satz 2 BGB verzichtet. Trotz dieses Verzichtes kann der Schenker weiterhin das Grund- oder Deckungsverhältnis aufheben, so dass er sein uneingeschränktes Verfügungsrecht über das Konto behält. Die unwiderrufliche Schenkungsofferte bezieht sich ohnehin nur auf das Guthaben, das am Todestag vorhanden ist, vgl. *Muscheler* WM 1994, 934.

42 **Formulierungsvorschlag für Depot-Übertragung:**

Die X-Bank und der Depotinhaber D treffen über das Depotkonto Nr.... folgende Vereinbarung:

Das Miteigentum an den Inhaber- und Orderpapieren geht zum Zeitpunkt des Todes des Depotinhabers D auf die X-Bank über. Der Begünstigte B erwirbt mit dem Tod des Depotinhabers D das Recht, von der X-Bank die Übertragung des aufgrund der obigen Vereinbarung auf sie übergegangenen Wertpapiereigentums zu fordern. Diese Vereinbarung kann von dem Depotinhaber D zu Lebzeiten nicht widerrufen werden. Die X-Bank wird den Begünstigten B erst nach dem Tod des Depotinhabers D von dieser Vereinbarung benachrichtigen. Das Recht des Depotinhabers D, das Depot aufzulösen oder über den Depotinhalt zu verfügen, wird durch die vorstehende Vereinbarung nicht berührt.

3. Sparbuch auf den Namen der Abkömmlinge

Literatur: *H. Bartsch* Das Sparbuch im Erbfall, ZErb 2001, 124; *H. Bartsch/M. Bartsch* Das verschenkte Sparbuch, ZEV 2003, 17.

Beispiel: Großvater G legte im Jahr 1985 für seine Enkelkinder E 1 und E 2 bei der Sparkasse je ein Sparbuch über 50.000 DM an und bevollmächtigte die Eltern als gesetzliche Vertreter über die Sparkonten zu verfügen. G behielt die Sparbücher bei sich, löste 1989 die Sparkonten auf und behielt das Geld für sich. Als die Eltern die Abhebung erfahren hatten, widerrufen sie die G erteilte Vollmacht und verlangten die Zahlung von je 50.000 DM. **43**

Eine beliebte Methode, die Anzeigepflicht der Banken bei dem Versterben des Geldgebers zu vermeiden, ist die Bildung von Sparbüchern auf den Namen der Abkömmlinge, wobei sich der Geldgeber die Verfügungsbefugnis und die Sparbücher zurückbehält. In dem vorstehend geschilderten Fall nahm das Landgericht an, dass Großvater G V die aus der Auflösung der Sparbücher erhaltenen 100.000 DM an die Enkelkinder herausgeben müsse. Der BGH ZErb 2005, 183 hob das landgerichtliche Urteil mit folgender Begründung auf: **44**

Der Sachverhalt lege die Frage nahe, ob der beklagte Großvater die Sparguthaben nicht etwa seinen Enkeln auf den Todesfall mit der Wirkung zuwenden wollte, dass diese im Zeitpunkt des Todes des Großvaters Inhaber der Sparguthaben werden sollten, soweit der Beklagte nicht vorher anderweitig darüber verfügt hatte.

Die Anlegung eines Sparkontos auf den Namen eines anderen allein lässt noch nicht den Schluss auf einen Vertrag zu Gunsten Dritter zu, vgl. BGHZ 21, 150; 28, 369. Entscheidend sei vielmehr, wer gemäß der Vereinbarung mit der Bank oder Sparkasse Kontoinhaber werden sollte, vgl. BGH NJW 1994, 931. Ein wesentliches Indiz kann dabei sein, wer das Sparbuch in Besitz nimmt, vgl. BGH NJW 1970, 1181, denn gem. § 808 BGB wird die Sparkasse durch die Leistung an den Inhaber des Sparbuches auf jeden Fall dem Berechtigten gegenüber frei. **45**

Typischerweise ist, wenn ein naher Angehöriger ein Sparbuch auf den Namen eines Kindes anlegt, ohne das Sparbuch aus der Hand zu geben, aus diesem Verhalten zu schließen, dass der Zuwendende sich die Verfügung über das Sparguthaben bis zu seinem Tode vorbehalten will, vgl. BGHZ 46, 203; 66, 11; MünchKomm/*Gottwald* BGB § 328 Rn. 53; *Erman/H. P. Westermann* BGB § 328 Rn. 34. Anders verhält es sich nach Auffassung des Saarländischen OLGs ZEV 2000, 240, wenn Eltern für ihre minderjährigen Kinder ein Sparbuch errichten, auf das Dritte Beträge einzahlen. In diesem Fall erwirbt das (von den Eltern vertretene) Kind unmittelbar die Forderung. **46**

IV. Lebensversicherungsverträge

Literatur: BMF-Schreiben vom 18. 11. 2004 BStBl. 2004 I 1096 und vom 22. 12. 2005, BStBl. 2006 I 92; *Elfring* Die Lebensversicherung im Erbrecht, ZEV 2004, 305; *Fiedler* Die Besteuerung der unentgeltlichen Übertragung von Lebensversicherungsverträgen, DStR 2000, 533; *Fuhrmann/Demuth* Bezugsrechte von Kapitallebensversicherungen zu Gunsten naher Angehöriger, ErbStB 2005, 355 u. 2006, 13; *Geck* Die Lebensversicherung im Zivil- und Erbschaftsteuerrecht, KÖSDI 2007, 15.584; *Halaczinsky* Lebensversicherungen im Erbschaftsteuerrecht, ZErb 2002, 306; *Hetzer/Götzenberger* Absicherungs- und Gestaltungsstrategien mit Lebensversicherungen für Unternehmer, BB 2009, 2290; *Horlemann* Vermögensübertragung mit Lebensversicherungen, DStZ 2000, 845; *Klinger* in: FS für Spiegelberger, Die Lebensversicherung im Pflichtteilsrecht, S. 1018; *Kuhn* Die Lebensversicherung im Erbrecht, ErbR 2006, 11; *Lehmann* Die Erbschaftsbesteuerung von Versicherungsverträgen, ZEV 2004, 398; *Progl* Die Reichweite des Pflichtteilsergänzungsanspruchs gem. § 2325 BGB bei Lebensversicherungszuwendungen und die Rechtsfiguren der mittelbaren Schenkung und der ehebedingten Zuwendung, ZErb 2008, 288; *Steiner* Lebensversicherungen als Gestaltungsmittel der Nachfolgeplanung – Tipps zur Steuervermeidung, ErbStB 2003, 223.

1. Bezugsberechtigung

51 Der Prototyp des Vertrages zu Gunsten Dritter ist der Lebensversicherungsvertrag, der regelmäßig – auch bei Kapitalansammlungsversicherungen – einen Dritten als Bezugsberechtigten vorsieht, wenn der Versicherungsnehmer verstirbt. Die Änderung der Bezugsberechtigung erfolgt gem. § 13 Abs. 3 ALB durch schriftliche Anzeige an die Hauptverwaltung des Versicherers, so dass der Abänderungsvorbehalt gem. § 332 BGB durch Verfügung von Todes wegen für Lebensversicherungsverträge nicht gilt, vgl. BGH NJW 1993, 3134; *Palandt/Heinrichs* § 332 Rn. 2. Eine **unwiderrufliche** Bezugsberechtigung ergibt einen sofortigen Rechtserwerb des Dritten gem. § 13 Abs. 2 ALB, vgl. *Staudinger/Jagmann* § 331 Rn. 13.

2. Pflichtteilsergänzung

52 Strittig ist die Bemessungsgrundlage für den Anspruch auf Pflichtteilsergänzung. Nach Auffassung des OLG Köln, ZErb 2008, 245 berechnet sich der Anspruch nach den tatsächlich vom Erblasser geleisteten Prämien. Die Auszahlung der Lebensversicherungsleistung an die bezugsberechtigte Person stellt keine Schenkung i. S. d. § 516 Abs. 1 BGB dar. Hingegen meint das OLG Düsseldorf, ZEV 2008, 292 dass der Schenkungsgegenstand die Versicherungsleistung sei. Nach der Revisionsentscheidung des BGH (Az. IV ZR 73/08) ist der Rückkaufswert am Todestag maßgebend.

3. Erbschaft- und Schenkungsteuer

53 Außer den wirtschaftlichen Gründen, die für eine Lebensversicherung sprechen, nämlich die Absicherung von Investitions- und Lebensrisiken, werden insbesondere auch die erbschaft- und schenkungsteuerlichen Vorteile von der Lebensversicherungsbranche angeführt.

a) Bewertung

Der früher maßgebende Zwei-Drittel-Wert ist für Erb- und Schenkungsfälle seit dem 1. 1. 2009 nicht mehr anzuwenden. Vielmehr ist gem. § 12 Abs. 4 ErbStG für noch nicht fällige Ansprüche aus Lebens-, Kapital- oder Rentenversicherungen der Rückkaufswert maßgebend. An Stelle des Rückkaufwertes ist die zur Auszahlung gelangende Versicherungsleistung Zuwendungsgegenstand, wenn ein Versicherungsnehmer einem Dritten unwiderruflich das Bezugsrecht aus einer Kapitallebensversicherung einräumt und der Begünstigte bei Eintritt des Versicherungsfalles die Versicherungsleistungen erhält. In diesem Fall ist die Einräumung des Bezugsrechtes als solche nicht der Gegenstand der Schenkungsteuer, vgl. BFH BStBl. 1999 II 742. Anders ist zu entscheiden, wenn der Erwerber an Stelle des Übergebers in das Vertragsverhältnis eintritt und selbst die künftig fällig werdenden Prämienzahlungen erbringt, vgl. *Reuter* Die Lebensversicherung im Steuerrecht Rn. 663. 54

Formulierungsvorschlag: Übertragung eines Lebensversicherungsvertrags 55

Vater V ist Inhaber folgender Lebensversicherungen …

Vater V überträgt hiermit seine gesamten Rechte aus den vorbezeichneten Lebensversicherungsverträgen auf seine Söhne J und P zu gleichen Teilen, so dass diese in die abgeschlossenen Lebensversicherungsverträge in vollem Umfang eintreten und diese fortführen, insbesondere auch die weiteren Beiträge an Stelle des Übergebers entrichten.

Die Überragung erfolgt unter der aufschiebenden Bedingung, dass das Einkommensteuerfinanzamt die Übertragung als einkommensteuerunschädlich bestätigt, also alle bisher erworbenen Rechte ungeschmälert und ohne Steuernachzahlungen auf die Erwerber übergehen.

b) Verbundene Lebensversicherungen bei Ehegatten

Bei einer sog. verbundenen Lebensversicherung, d. h. einer Lebensversicherung auf das Leben des zuerstversterbenden Mitversicherungsnehmers-Ehegatten erfolgt im Versicherungsfall die Leistung an den überlebenden Ehegatten z. T. in seiner Eigenschaft als Versicherungsnehmer und damit nicht steuerbar. Nur der andere Teil ist erbschaftsteuerrelevant. Nach dem Erlass des Finanzministeriums Nordrhein-Westfalen DB 1990, 1371 ist grundsätzlich von einer im Innenverhältnis vereinbarten hälftigen Zahlungsverpflichtung für die Prämien auszugehen, unabhängig davon, wie hoch der jeweils erbrachte Prämienanteil war. 56

c) Prämienschenkung

Sofern Eltern zugunsten ihrer Kinder Lebensversicherungen in der Weise abschließen, dass die Abkömmlinge Versicherungsnehmer und Bezugsberechtigte sind und die Eltern die Mittel für die Prämien den Kindern überlassen, unterliegen nur die Prämien, nicht aber die spätere Versicherungsleistung der Erbschaftsteuer. Damit können auch die Freibetragsgrenzen im Zehn-Jahres-Intervall gem. § 14 ErbStG ideal ausgeschöpft werden. 57

4. Einkommensteuer

a) Sonderausgaben

58 Lebensversicherungsprämien unterliegen dem **Sonderausgabenprivileg** des § 10 Abs. 1 Nr. 2b EStG, sofern die Beiträge des Steuerpflichtigen zum Aufbau einer eigenen kapitalgedeckten Altersversorgung dienen, wenn der Vertrag nur die Zahlung einer monatlichen auf das Leben des Steuerpflichtigen bezogenen lebenslangen Leibrente nicht vor Vollendung des 60. Lebensjahres (für Vertragsabschlüsse nach dem 31. 12. 2011 des 62. Lebensjahres) oder die ergänzende Absicherung des Eintritts der Berufsunfähigkeit (Berufsunfähigkeitsrente), der verminderten Erwerbsfähigkeit (Erwerbsminderungsrente) oder von Hinterbliebenen (Hinterbliebenenrente) vorsieht.

Zur steuerschädlichen Darlehensverwendung vgl. BFH DStR 2010, 542.

b) Vertragsüberleitung

59 Zur steuerunschädlichen Überleitung des Versicherungsvertrages dürfen folgende Bestandteile **nicht** geändert werden:
- Versicherungslaufzeit
- Versicherungssumme
- Versicherungsbeitrag
- Beitragszahlungsdauer

vgl. BMF-Schreiben BStBl. 2002 I 827 Tz. 33.

c) Außergewöhnliche Belastungen

60 Zuflüsse aus Lebensversicherungen sind bei der Geltendmachung außergewöhnlicher Belastungen zu berücksichtigen. Sofern der Witwe anlässlich des Ablebens ihres Ehemannes Leistungen aus einer Kapital-Lebensversicherung außerhalb des Nachlasses zufließen, sind diese auf die als außergewöhnliche Belastung anzuerkennenden Beerdigungskosten anzurechnen, vgl. BFH DStR 1996, 1122.

Einem ehrlichen Manne, der es sich
in der Welt hat sauer werden lassen,
ist die Vorstellung des Grabes nicht so marternd,
als die Vorstellung eines lachenden Erben
Gotthold Ephraim Lessing

§ 9 Erbrechtliche Rechtsgeschäfte und Verfügungen

Übersicht

A. Der entgeltliche Erbvertrag

Literatur: *Edenfeld* Lebenslange Bindungen im Erbrecht?, DNotZ 2003, 4; *Gebel* Gegenleistungen bei lebzeitigen und letztwilligen Zuwendungen, ZErb 2004, 53;

Groll/Autor Praxis-Handbuch Erbrechtsberatung (2001); *Krebber* Die Anfechtbarkeit des Erbvertrags wegen Motivirrtums, DNotZ 2003, 20; *Vollmar* Der entgeltliche Erbvertrag – Behandlung von Leistungsstörungen, ZErb 2003, 274.

I. Definition

1 Von einem entgeltlichen Erbvertrag wird gesprochen, wenn der Erblasser in einem Erbvertrag (§§ 2274 ff. BGB) eine Person entweder in Form einer Erbeinsetzung oder eines Vermächtnisses bedenkt und die bedachte Person sich im Gegenzug zu einer Leistung an den Erblasser verpflichtet oder eine solche sogleich an den Erblasser erbringt, vgl. *Vollmar* ZErb 2003, 274. Der entgeltliche Erbvertrag ist im Gesetz nicht geregelt, wird vom Gesetzgeber aber als zulässig vorausgesetzt.

Gem. § 2295 BGB kann der Erblasser von einer vertragsmäßigen Verfügung zurücktreten, wenn die Verfügung mit Rücksicht auf eine rechtsgeschäftliche Verpflichtung des Bedachten, dem Erblasser für dessen Lebenszeit wiederkehrende Leistungen zu entrichten, insbesondere Unterhalt zu gewähren, getroffen ist und die Verpflichtung vor dem Tode des Erblassers aufgehoben wird.

2 Nach h. M. handelt es sich im Falle des entgeltlichen Erbvertrages um zwei Verträge, nämlich einen Erbvertrag und einen obligatorischen Vertrag unter Lebenden, vgl. BGHZ 36, 70; *Krebber* DNotZ 2003, 30; a. A. *Vollmar* ZErb 2004, 278. Der Zweck des Erbvertrages ist erreicht, wenn der Erblasser die Leistung des Bedachten und der Bedachte die erbrechtliche Zuwendung und nicht nur die erbrechtliche Aussicht, die er aufgrund der Errichtung des Erbvertrages vor dem Erbfall inne hat, tatsächlich erlangen.

3 Sollte bei einem entgeltlichen Erbvertrag der Bedachte seiner Verpflichtung zur Leistung nicht oder nur schlecht nachkommen oder sich mit deren Erfüllung in Verzug befinden, kann der Erblasser gem. § 812 Abs. 1 Satz 2, 2. Alt. BGB die Zustimmung des Bedachten zur Aufhebung des Erbvertrages verlangen. Diese condictio ob rem gewährt im Falle der Zweckverfehlung bei allen entgeltlichen Geschäften einen Kondiktionsanspruch, bei denen die §§ 281, 283, 320–323, 325–326 (§§ 320 ff. BGB a. F.) keine Anwendung finden, vgl. *Larenz/Canaris* Schuldrecht II/2 (1994) § 68 I S. 151. Der Bedachte kann seine Leistung im Wege der condictio in debiti oder condictio ob rem zurückfordern, vgl. *Vollmar* ZErb 2004, 281.

II. Erbschaftsteuer

4 Entspricht der Wert der Gegenleistungen dem Wert der Zuwendung, kann keine Schenkung im zivilrechtlichen Sinn und auch keine freigebige Zuwendung im schenkungsteuerlichen Sinne vorliegen. Maßgeblich für die Ermittlung eines evtl. Wertunterschiedes sind die Verkehrswerte von Leistung und Gegenleistung. Ein evt. Wertunterschied ist im Wege der Saldierung zu ermitteln. Die Leistungen des bedachten Erben- oder Vermächtnisnehmers sind Nachlassverbindlichkeiten i. S. d. § 10 Abs. 5 Nr. 3 ErbStG, vgl. *Gebel* ZErb 2004, 60.

III. Erbvertragswidrige Rechtsgeschäfte

Literatur: *Ivo* Die Zustimmung zur erbvertragswidrigen lebzeitigen Verfügung, ZEV 2003, 101; *Keim* § 2287 BGB und die Beeinträchtigung des Vertragserben durch lebzeitige Zuwendungen an den anderen, ZEV 2002, 93; *Krebber* Die Anfechtbarkeit des Erbvertrages wegen Motivirrtums, DNotZ 2003, 20.

Beispiel (nach OLG Köln, ZEV 2000, 317): Erbtante T vereinbart mit ihrer Schwester S, dass nach ihrem Tod deren Sohn, der Neffe von T, ihr Erbe wird. Nach dem Tod von S wird T von einem Ehepaar gepflegt, dem sie ein Grundstück zu einem Kaufpreis von 250.000 € veräußert. Von diesem Betrag werden 200.000 € ein Jahr später an die Käufer zurückbezahlt. 6

Gem. § 2278 BGB kann in einem Erbvertrag jeder Vertragsschließende vertragsmäßige Verfügungen von Todes wegen treffen. Andere Verfügungen als Erbeinsetzungen, Vermächtnisse und Auflagen können vertragsmäßig nicht getroffen werden. Durch den Erbvertrag wird das Recht des Erblassers, über sein Vermögen durch Rechtsgeschäft unter Lebenden zu verfügen, nicht beschränkt. Dies gilt nicht für den Vertragserben gem. § 2287 BGB beeinträchtigende Schenkungen. Hat der Erblasser in der Absicht, den Vertragserben zu beeinträchtigen, eine Schenkung gemacht, so kann der Vertragserbe, nachdem ihm die Erbschaft angefallen ist, von dem Beschenkten die Herausgabe des Geschenks nach den Vorschriften über die Herausgabe einer ungerechtfertigten Bereicherung fordern. Der Anspruch verjährt in drei Jahren von dem Anfall der Erbschaft an. 7

Nach der Ansicht des BGH NJW 1992, 2630 muss die Absicht, den Bedachten die Vorteile zu entziehen oder zu schmälern, nicht der leitende Beweggrund der Schenkung gewesen sein. Es kommt vielmehr darauf an, dass sie auf eine Korrektur des Erbvertrags angelegt ist, was zu bejahen ist, wenn der **Erblasser ohne ein anerkennenswertes lebzeitiges Eigeninteresse** wesentliche Vermögenswerte an Stelle des Bedachten einem Anderen zuwendet. Ein erbvertraglich gebundener Erblasser, der zu Beginn einer im Alter von 61 Jahren geschlossenen Ehe seiner 52 Jahre alten Frau die Mitberechtigung an seinem liquiden Vermögen unentgeltlich in der Erwartung einräumt, sich dadurch ihre Betreuung und Pflege bis zum Tode zu erhalten, missbraucht sein Recht zu lebzeitigen Verfügungen nicht, vgl. BGH NJW 1992, 2630. 8

Nach der im Einleitungsbeispiel zitierten Entscheidung des OLG Köln, ZEV 2000, 317 hindert ein Erbvertrag, der eine Pflegeverpflichtung und die Erbeinsetzung des ebenfalls zur Pflege verpflichteten Sohnes der vorrangig vorgesehenen Pflegeperson enthält, den Erblasser nicht, sich (nach dem Tod dieser Pflegeperson) einer anderen Pflegeperson zu bedienen und dieser ggf. ihr Vermögen lebzeitig zu übertragen. Hat hingegen der durch Erbvertrag gebundene Erblasser an einer die Vertragserben objektiv beeinträchtigenden Schenkung kein ersichtliches lebzeitiges Eigeninteresse, so ist von seiner Absicht auszugehen, die Vertragserben zu beeinträchtigen. Der Begünstigte muss dann die Umstände im Einzelnen darlegen, die nach seiner Meinung den Erblasser zu der Verfügung bewogen haben und die ein Eigeninteresse begründen können, vgl. OLG Köln, MittRhNotK 1999, 348. 9

Gem. § 2289 Abs. 1 BGB wird eine frühere letztwillige Verfügung des Erblassers aufgehoben, soweit sie das Recht des vertragsmäßig Bedachten beeinträchtigen würde. In dem gleichen Umfang ist eine spätere Verfügung von Todes wegen unwirksam.

B. Erbschaftsvertrag

Literatur: *Damrau* Zu den Grenzen und Gestaltungsmöglichkeiten des Erbschaftsvertrags, ZErb 2004, 206; *Kues* Die vorweggenommene Ausgleichung lebzeitiger Zuwendungen unter künftigen Erben als Vertrag i. S. v. § 312 Abs. 2 BGB; *Limmer* Erbschaftsverträge nach § 312 BGB: Bestandsaufnahme und Neuorientierung, DNotZ 1998, 927; *Thode* Pflicht zur notariellen Beurkundung eines Erbschaftsvertrags auch bei Zustimmung des Erblassers, ZEV 1995, 144; *Wälzholz* Schenkungsteuerlich begünstigte Vermögensübertragungen zwischen Geschwistern, MittBayNot 2001, 361.

I. Gesetzliche Regelung

11 **Beispiel:** Im Frühjahr 2002 verstarb Hans-Heinrich von Thyssen-Bornemisza. Dieser vielfache Milliardär hatte für Rechtsstreitigkeiten mit seinen vier Kindern aus verschiedenen Ehen betreffend seinen künftigen Nachlass Millionen ausgegeben. Der spanischen Presse zufolge einigten sich die Erben schon Monate vor dem Tode des Vaters über die Hinterlassenschaft und vermieden somit einen Streit nach dem Tode.

12 Gem. § 311 b Abs. 5 BGB (§ 312 Abs. 2 BGB a. F.) können die zukünftigen gesetzlichen Erben über den gesetzlichen Erbteil oder den Pflichtteil eines von ihnen einen Vertrag abschließen, der der notariellen Beurkundung bedarf. Der Erbschaftsvertrag hat nur schuldrechtliche Wirkung und somit keine unmittelbaren Folgen für das Erb- und Pflichtteilsrecht, es sei denn, dass der Erblasser mitwirkt und der Erbschaftsvertrag einen Erb- oder Pflichtteilsverzicht enthält. Der Vollzug des Erbschaftsvertrages erfolgt z. B. durch Ausschlagung oder Erbteilsabtretung erst nach dem Erbfall aufgrund eines gesonderten Rechtsaktes oder bereits zu Lebzeiten des Erblassers. Nach BGHZ 104, 279 kann die Vereinbarung nicht nur den gesetzlichen Erbteil, sondern auch den gleich hohen Erbteil betreffen, wenn dieser durch Verfügung von Todes wegen einem Beteiligten zufällt. Nach den Motiven des BGB hatte der Gesetzgeber den Fall im Auge, dass ein Auswanderer seine Erbteile nach dem Tod der Eltern auf seine Geschwister überträgt, die ihm hierfür für die Auswanderung und den Neubeginn finanzielle Hilfe gewähren.

13 **Beispiele** aus heutiger Zeit sind (vgl. *Damrau* ZErb 2004, 206):

- Aufgrund Geschäftsunfähigkeit kann ein Elternteil keine letztwillige Verfügung mehr errichten.
- Der in einem Erbvertrag vorgesehene Unternehmensnachfolger verstirbt vor dem Erblasser.
- Die Großmutter hat dem Enkelsohn lebzeitig und von Todes wegen Vermögen zugewandt, das beim Tod des Enkelsohns nicht dem Großvater und bei dessen Vorversterben den Verwandten seiner Linie zukommen soll.
- Nachdem ein Kind mit dem Vater U einen Pflichtteilsverzicht gegen Abfindung erklärt hat und U ein anderes Kind erbvertraglich zum Alleinerben beruft, wird der Pflichtteilsverzichtsvertrag wieder aufgehoben, so dass der Alleinerbe mit Pflichtteilsansprüchen belastet ist.

14 Der Erbschaftsvertrag gem. § 311 b Abs. 5 BGB kann nur zwischen gesetzlichen Erben abgeschlossen werden. Gegenstand kann auch nur der gesetzli-

che Erbteil oder nach der BGH-Rechtsprechung der letztwillig dem gesetzlichen Erben zugeteilte Erbteil sein, ebenso die Verpflichtung, eine Erbschaft auszuschlagen, vgl. *Daniels* Verträge mit Bezug auf den Nachlass eines noch lebenden Dritten (1973, S. 94). Gegenstand eines Erbschaftsvertrages kann auch das gesetzliche Pflichtteilsrecht sein, während es bei einem Pflichtteilsanspruch als Vertragsgegenstand strittig ist, ob die Schranken der §§ 311 b Abs. 4 und 5 BGB gelten, vgl. *Palandt/Heinrichs* § 312 Rn. 7 einerseits, *Limmer* DNotZ 1998, 334 andererseits.

Der Erbschaftsvertrag hat keine dingliche Wirkung, so dass erst nach dem Tode des Dritten die Erfüllung des Erbschaftsvertrages verlangt werden kann. Wegen der Möglichkeit, dass nach Abschluss des Erbschaftsvertrages gravierende Änderungen des Nachlasses eintreten oder dass sich bei der Erfüllung des Erbschaftsvertrages andere Schwierigkeiten ergeben, warnt *Damrau* ZErb 2004, 214 vor dem Abschluss von Erbschaftsverträgen und stuft diese als Risikovertrag ein. **15**

In der steuerlichen Beratungspraxis findet der Erbschaftsvertrag auch in den Fällen Anwendung, in denen der Erblasser bereits eine vorweggenommene Erbfolge vorgenommen hat und die künftigen gesetzlichen Erben davon abweichend den bereits übertragenen Vermögensgegenstand einem anderen gesetzlichen Erben übertragen, mit der Folge, dass die Schenkungssteuerklasse I Anwendung findet, vgl. BFH BStBl. 2001 II 456. **16**

II. Erbschaftsteuer

Literatur: *Wälzholz* Schenkungsteuerlich begünstigte Vermögensübertragungen zwischen Geschwistern, MittBayNot 2001, 361.

Beispiel: Zu Lebzeiten der Eltern einigen sich die Geschwister, dass der Geschwisterteil, der bisher zu viel erhalten hat, eine Zahlung an den anderen Geschwisterteil entrichtet und der Zahlungsempfänger auf seine Pflichtteils- und Pflichtteilsergänzungsansprüche am künftigen Nachlass seiner Eltern verzichtet. **21**

Die der Entscheidung des BFH BStBl. 2001 II 456 nachgebildete Fallgestaltung wurde im Instanzenzug unterschiedlich begründet: **22**

Während das Finanzgericht München ZEV 1998, 237 wegen der Wertgleichheit der Gegenleistung und dem potentiellen zukünftigen Pflichtteils- und Pflichtteilsergänzungsanspruch eine Bereicherung aufgrund der Geldzahlung verneinte, bejahte der BFH die Schenkungsteuerpflicht gem. § 7 Abs. 1 Nr. 1 ErbStG. Der die Geldzahlung empfangende Geschwisterteil sei endgültig durch die Zahlung bereichert. Die Zahlung sei freigebig erfolgt, weil der zahlende Bruder dem anderen gegenüber rechtlich nicht zu einer Zahlung verpflichtet gewesen sei. Ein Anspruch auf den Pflichtteil oder auf Pflichtteilsergänzung habe den Bruder am maßgeblichen Stichtag der Vereinbarung nach § 312 BGB nicht zugestanden.

Dennoch verneint der BFH die Anwendung der Steuerklasse II: Die Zuwendung aufgrund eines Erbschaftsvertrages gem. § 311 d Abs. 5 BGB (§ 312 Abs. 2 BGB a. F.) unter Geschwistern falle in die Steuerklasse I. Der Verzicht auf Pflichtteils(ergänzungs)ansprüche gegenüber einem anderen gesetzlichen Erben könne hinsichtlich der Steuerklasse vor Eintritt des Erbfalles nicht anders behandelt werden, als nach Eintritt des Erbfalls. Beide Male gehe es um die wertmäßige Teilhabe des Verzichtenden am Vermögen des Erblassers. Nach Eintritt des Erbfalles ist der Verzicht auf die noch nicht geltend gemachten Pflichtteilsansprüche gegen Abfindung gem. § 3 Abs. 2 Nr. 4 ErbStG nach der Steuerklasse zu bestimmen, die im Verhältnis zum Erblasser gilt. Der Fall sei ebenso zu behandeln wie ein Erbverzicht (§ 2346 BGB) nach § 7 Abs. 1 Nr. 5 ErbStG, wenn die Abfindung für den erklärten Erbverzicht nicht von dem Erblasser selbst gezahlt wird, sondern von einem Dritten, vgl. BFH BStBl. 1977 II 733.

Der BFH hat sich nur zur Anwendung der Steuerklasse und der damit verbundenen Höhe des Steuersatzes geäußert. *Wälzholz* MittBayNot 2001, 362 meint, dass aus der Logik der Argumentation des BFH jedoch zu folgern sei, dass die gleichen Überlegungen auch für die Höhe der Freibeträge Anwendung finden müssen.

III. Vertragsgestaltung: Erbschaftsvertrag

24 Beurkundet am …

I. Sachstand

Laut Vortrag im Grundbuch des Amtsgerichts … von … Blatt … ist Frau U Miteigentümerin zu 1/2 des dort vorgetragenen Grundbesitzes der Gemarkung …

Flst.Nr. …

Dieser Grundbesitz ist wie folgt belastet:

…

II. Überlassung

Frau U

– im folgenden „Übergeber" genannt –

überlässt hiermit

ihren 1/2 Miteigentumsanteil an dem vorbezeichneten Grundbesitz mit allen Rechten und Pflichten, den wesentlichen Bestandteilen und dem gesetzlichen Zubehör an

ihren Bruder, Herrn E

– im folgenden „Erwerber" genannt –.

III. Auflassung

Die Vertragsteile sind über den Eigentumsübergang einig und bewilligen und beantragen die Eintragung dieser Auflassung und Rechtsänderung im Grundbuch.

Auf die Bestellung einer Auflassungsvormerkung wird verzichtet.

IV. Besitz, Nutzungen, Lasten

Besitz, Nutzen und Lasten sowie die Gefahr des zufälligen Untergangs und der zufälligen Verschlechterung gehen sofort auf den Erwerber über.

V. Gewährleistung

Die Übergeberin haftet dafür, dass der Vertragsgegenstand lastenfrei mit Ausnahme der nachfolgend ausdrücklich übernommenen oder bestellten Rechte auf den Erwerber übergeht. Im übrigen wird jegliche Sach- und Rechtsmängelhaftung ausgeschlossen. Der Erwerber übernimmt die in Abt. II eingetragene Belastung zur weiteren Duldung und Gewährleistung.

VI. Gegenleistung

Herr E hat zu Urkunde des amtierenden Notars vom … gegenüber seinem Vater auf sein gesetzliches Pflichtteilsrecht verzichtet.

Der vorbezeichnete Pflichtteilsverzicht begünstigt Frau U, die im Hinblick auf diese Begünstigung in den Überlassungsvertrag einwilligt. Die Beteiligten beantragen bei der Schenkungsteuerberechnung, das Rechtsverhältnis zu den gemeinsamen Eltern, also die Steuerklasse I zugrunde zu legen.

VII. Hinweise

Die Vertragsteile wurden vom Notar hingewiesen auf
- den Zeitpunkt und die Voraussetzungen des Eigentumsüberganges,
- das Erfordernis der vollständigen Beurkundung der getroffenen Verein-barungen,
- die mögliche Schenkungsteuerpflicht gem. § 7 ErbStG,
- die Haftung des Grundbesitzes für öffentliche Lasten und Abgaben,
- die gesamtschuldnerische Haftung der Beteiligten für Kosten und Steuern, unbeschadet der im Innenverhältnis getroffenen Vereinbarungen.

VIII. Notarermächtigung

Der Notar wird zur Erwirkung und Entgegennahme der erforderlichen Genehmigungen sowie zur Abgabe von Erklärungen, Stellung, Änderung und Zurücknahme von Anträgen, die zum Vollzug des Vertrages erforderlich oder zweckdienlich sind, ermächtigt.

Alle noch ausstehenden Genehmigungen sollen mit dem Eingang beim Notar den Beteiligten gegenüber als mitgeteilt gelten und rechtswirksam sein.

IX. Erschließungskosten

Alle auf den Vertragsgegenstand entfallenden Erschließungskosten im weitesten Sinne einschließlich Anlieger- und Herstellungsbeiträge nach dem Baugesetzbuch und Kommunalabgabengesetz hat ausschließlich der Erwerber zu tragen, es sei denn, dass hierüber bereits ein Bescheid der Übergeberin zugegangen ist. Diese Vereinbarung gilt unabhängig davon, zu welchem Zeitpunkt in der Natur eine zugrundeliegende kostenpflichtige Maßnahme ausgeführt wurde.

Etwaige Erstattungsansprüche werden hiermit zugleich an den Erwerber abgetreten und dies vom Zuletztgenannten angenommen. In diesem Zusammenhang versichert die Übergeberin, dass derzeit unerledigte Erschließungskostenbescheide nicht vorliegen.

X. Genehmigung nach § 2 GrdstVG

Der Übergeber versichert, dass er innerhalb der letzten drei Jahre – den gegenwärtigen Vertragsbesitz eingerechnet – zusammen nicht mehr als 2 ha land- bzw. forstwirtschaftlichen Grundbesitz genehmigungsfrei nach dem Grundstücksverkehrsgesetz veräußert hat. Eine entsprechende behördliche Genehmigung ist deshalb zu diesem Vertrag nicht erforderlich.

Jedoch beantragen die Beteiligten die Erteilung eines Negativzeugnisses durch die Genehmigungsbehörde.

XI. Kosten, Ausfertigungen

Die Kosten dieser Urkunde und des Vollzuges trägt der Erwerber, ebenso eine etwa anfallende Schenkungsteuer.

Von dieser Urkunde erhalten die Vertragsteile je eine Ausfertigung, das Grundbuchamt und das Zentralfinanzamt – Schenkungsteuerstelle – je eine beglaubigte Abschrift. Das Finanzamt – Grunderwerbsteuerstelle –, das Landratsamt München und Herr Steuerberater B erhalten je eine einfache Abschrift.

Vorgelesen vom Notar …

C. Erb-, Pflichtteils- und Zuwendungsverzicht gegen Entgelt

Literatur: *Crezelius* Erbschaftsteuerprobleme beim Pflichtteilsrecht, ZErb 2002, 142; *Frenz* Pflichtteilsverzichtsvereinbarungen, ZNotP 2001, 48; *Hartmann* Der Pflichtteilsverzicht des Erwerbers im Übertragungsvertrag, DNotZ 2007, 812; *Kuchinke* Zur Aufhebung eines Erbverzichts mit Drittwirkung, ZEV 2000, 169; *J. Mayer* Der beschränkte Pflichtteilsverzicht, ZEV 2000, 263; *ders.* Unliebsame Folgen des Pflichtteilsverzichts, ZEV 2007, 556; *ders.* Der beschränkte Pflichtteilsverzicht, ZEV 2000,

263; *Stahl* Pflichtteilsrechte im Erb- und Erbschaftsteuerrecht, KÖSDI 2001, 12740; *Weidlich* Ausgewählte Probleme bei erbrechtlichen Verzichtsverträgen, NotBZ 2009, 149; *ders.* Das Schicksal des Pflichtteilsverzichts bei der Rückforderung übertragener Grundstücke, FS für Spiegelberger (2009), 1104.

I. Gestaltungsvarianten

1. Erbverzicht

26 Gem. § 2346 Abs. 1 BGB können Verwandte sowie der Ehegatte des Erblassers durch Vertrag mit dem Erblasser auf ihr gesetzliches Erbrecht verzichten. Der Verzichtende ist von der gesetzlichen Erbfolge ausgeschlossen, wie wenn er z. Zt. des Erbfalls nicht mehr lebte; er hat auch kein Pflichtteilsrecht.

2. Pflichtteilsverzicht

27 Gem. § 2346 Abs. 2 BGB kann der Verzicht auf das Pflichtteilsrecht beschränkt werden. Sowohl der Erbverzicht als auch der Pflichtteilsverzicht bedürfen der notariellen Beurkundung gem. § 2348 BGB. Verzichtet ein Abkömmling oder ein Seitenverwandter des Erblassers auf das gesetzliche Erbrecht, so erstreckt sich die Wirksamkeit des Verzichts auf seine Abkömmlinge, sofern nicht ein anderes bestimmt wird.

3. Zuwendungsverzicht

Literatur: *Klinck* Der Zuwendungsverzicht zu lasten Dritter: Fortschritt durch das Gesetz zur Änderung des Erb- und Verjährungsrechts?, ZEV 2009, 533.

28 Wer durch Testament oder durch Erbvertrag als Erbe eingesetzt oder mit einem Vermächtnis bedacht ist, kann gem. § 2352 BGB durch Vertrag mit dem Erblasser auf die Zuwendung verzichten. Diese Bestimmung hat nur dann Bedeutung, wenn der Erblasser die Zuwendung nicht schlicht durch abweichende letztwillige Verfügung ändern kann, wenn er also an die fragliche Zuwendung z.B. gem. § 2271 BGB gebunden ist, also insbesondere wenn die Zuwendung in einem Ehegattentestament enthalten und der andere Ehegatte bereits verstorben ist, vgl. *Klinck* ZEV 2009, 533.

29 Bis zum Inkrafttreten der Erbrechtsreform zum 1. 1. 2010 hatte der Zuwendungsverzicht keine Wirkung für die Abkömmlinge des Zuwendungsverzichtenden, so dass bei dessen Vorversterben der Zuwendungsverzicht seine Wirkung verlor. Eine analoge Anwendung des § 2349 BGB kam nicht in Betracht, vgl. BayObLG NJW-RR 1997, 1027. Der Gesetzgeber der Erbrechtsreform lässt nunmehr den Verzicht mit Wirkung zu Lasten von Abkömmlingen zu, indem in § 2352 Satz 3 BGB n. F. auf § 2349 BGB verwiesen wird. Danach kann der durch Testament als Erbe Eingesetzte oder mit einem Vermächtnis Bedachte durch Vertrag mit dem Erblasser für sich und seine Abkömmlinge auf die Zuwendung verzichten.

II. Erbverzicht

31 Aufgrund der Vorversterbensfiktion des § 2346 Abs. 1 Satz 2 BGB ist der Verzichtende von der gesetzlichen Erbfolge ausgeschlossen, wie wenn er z.Zt. des Erbfalls nicht mehr gelebt hätte. Die gesetzliche Erbfolge ändert sich dergestalt, dass die Erbquote des Verzichtenden den übrigen gesetzlichen Erben

zugute kommt, der Erblasser selbst aber durch den Erbverzicht keine zusätzliche Verfügungsfreiheit erhält. Hingegen führt der Pflichtteilsverzicht nicht zu einer Erhöhung der Pflichtteilsquoten der übrigen Pflichtteilsberechtigten, da gem. § 2310 Satz 1 BGB der Verzichtende bzw. dessen Abkömmlinge weiterhin mitzuzählen sind, vgl. *Palandt/Edenhofer* § 2310 BGB Rn. 2. Aus diesem Grund wird der Erbverzicht nur ausnahmsweise in der notariellen Praxis gewählt. Die vorzugswürdige Gestaltungsalternative ist der Pflichtteilsverzicht, vgl. *Weidlich* NotBZ 2009, 155.

III. Pflichtteilsverzicht

Mit einem Pflichtteilsverzicht gem. § 2346 Abs. 2 BGB gewinnt der Erblasser einen erheblichen Handlungsspielraum, vgl. *J. Mayer* ZEV 2000, 263. 33

Für den Pflichtteilsverzicht kommen folgende Varianten in Betracht:

- **Genereller Pflichtteilsverzicht.**
- **beschränkter Pflichtteilsverzicht**, z.B. können bei einer Unternehmensübertragung die nicht zur Unternehmensnachfolge berufenen Kinder auf ihren Pflichtteil verzichten, soweit sich dieser auf das übertragene Betriebsvermögen beschränkt, so dass sie hinsichtlich des Privatvermögens des Erblassers weiterhin pflichtteilsberechtigt bleiben.
- **Pflichtteilsverzicht nach einem Elternteil**, so dass die Pflichtteilsrechte am Nachlass des überlebenden Elternteils in vollem Umfang gewahrt werden.
- Eine weitere Gestaltungsvariante besteht in der **Pflichtteilsstundung**, z.B. bis zum Ableben des überlebenden Elternteils, so dass betragsmäßig der Pflichtteil für beide Nachlassfälle gewahrt ist.

Zu weiteren Varianten des beschränkten Pflichtteilsverzichts vgl. *J. Mayer* ZEV 2000, 263.

IV. Inhaltskontrolle von Erb- und Pflichtteilsverzichten

Literatur: *Bengel* Die gerichtliche Kontrolle von Pflichtteilsverzichten, ZEV 2006, 192; *Muscheler* Inhaltskontrolle bei Erbverzichts- und Pflichtteilsverzichtsverträgen, FS für Spiegelberger (2009), 1079; *Wachter* Inhaltskontrolle von Pflichtteilsverzichtsverträgen, ZErb 2004, 238; *Wendt* Unverzichtbares bei erbrechtlichen Verzichten, ZNotP 2006, 2.

Bestritten ist, in welchem Umfang eine gerichtliche Inhaltskontrolle bei Erb- und Pflichtteilsverzichten stattfindet. Während die Rechtsprechung ehevertragliche Vereinbarungen einer besonderen gerichtlichen Inhaltskontrolle unterwirft, insbesondere wenn Ehegatten auf den nachehelichen Unterhalt verzichten, wird überwiegend eine entsprechende erweiterte Inhaltskontrolle bei Erb- und Pflichtteilsverzichten verneint, vgl. *J. Mayer* ZEV 2005, 439; *Staudinger/Haas* BGB Vorbem. zu §§ 2303ff. Rn. 18ff. Bei der Problematik muss berücksichtigt werden, dass das Pflichtteilsrecht durch den Erblasser bis auf Null Euro reduziert werden kann, wenn er „rechtzeitig" Vermögensgegenstände auf Dritte überträgt, also der Pflichtteilsergänzungsanspruch gem. § 2325 Abs. 3 Satz 1 BGB nach Ablauf von zehn Jahren erlischt. 35

Dies darf aber nicht darüber hinwegtäuschen, dass eine Kontrolle gem. § 138 BGB stattfindet, wenn z.B. die Unerfahrenheit eines 19-Jährigen durch die Abgabe eines Pflichtteilsverzichtes gegen geringes Entgelt beurkundet wird, vgl. OLG München ZEV 2006, 313 *(Wildmoser)*.

V. Erbschaftsteuer

Literatur: *Jülicher* Zahlungen auf Pflichtteilsergänzungsansprüche und ihre unterschiedliche Berücksichtigung im Erbschaftsteuerrecht, ZEV 2001, 428.

36 **Beispiel:** Vater V und Kinder S und T sind Gesellschafter einer GbR. S überträgt seinen GbR-Anteil auf T und erhält hierfür eine Bezahlung in Höhe von 90.000 DM. Gleichzeitig verzichtet T gegenüber der gemeinsamen Mutter auf ihr gesetzliches Pflichtteilsrecht. Das Finanzamt erfasst den Pflichtteilsverzicht mit 400.000 DM als Teil der Gegenleistung für die Anteilsveräußerung.

37 Nach Auffassung des BFH DStRE 2001, 1075 stellt ein Pflichtteilsverzicht ein unentgeltliches Rechtsgeschäft dar. Die Frage bedarf nach Auffassung des BFH keiner erneuten höchstrichterlichen Entscheidung. Gem. § 7 Abs. 1 Nr. 5 ErbStG gilt als Schenkung unter Lebenden, was als Abfindung für einen Erbverzicht (§§ 2346 und 2352 BGB) gewährt wird. Auf die Frage, ob ein Erbverzicht eine freigebige Zuwendung darstellt, kommt es nicht an, wenn der Tatbestand des § 7 Abs. 1 Nr. 5 ErbStG einschlägig ist. Auch wenn der Abfindungsbetrag von einem Dritten – also nicht dem zukünftigen Erblasser – stammt, sieht das Gesetz den Erwerb der Abfindungsleistung als Schenkung von Seiten des Erblassers an, vgl. BFH BStBl. 1977 II 733; *Crezelius* ZErb 2002, 147.

38 Maßgebend ist die Steuerklasse nach dem Verhältnis des Verzichtenden zum zukünftigen Erblasser. Schließen künftige gesetzliche Erben einen Vertrag gem. § 311 b Abs. 5 BGB (früher § 312 Abs. 2 BGB), wonach der eine auf seine künftigen Pflichtteils-(ergänzungs)ansprüche gegen Zahlung eines Geldbetrages verzichtet, stellt die Zahlung eine freigebige Zuwendung i. S. d. § 7 Abs. 1 Nr. 1 ErbStG dar. Die Steuerklasse richtet sich nach dem Verhältnis des Zuwendungsempfängers (Verzichtenden) zum künftigen Erblasser, vgl. BFH FR 2001, 553 m. Anm. *Kempermann*.

39 Haben Eheleute ihre Kinder im Wege eines Berliner Testaments zu Schlusserben eingesetzt und vereinbaren diese mit dem überlebenden Ehegatten, jeweils gegen Zahlung einer erst mit dem Tod fälligen Abfindung auf die Geltendmachung der Pflichtteile nach dem erstversterbenden Ehegatten zu verzichten, können die Kinder beim Tod des überlebenden Ehegatten keine Nachlassverbindlichkeiten i. S. d. § 10 Abs. 5 Nr. 1 ErbStG aus dieser Vereinbarung abziehen. Die Abfindungsverpflichtungen stellten für den überlebenden Ehegatten keine **wirtschaftliche Belastung** dar, vgl. BFH ZErb 2007, 469.

VI. Einkommensteuer

40 Erb- und Pflichtteilsverzichte werden nicht nur gegen eine Einmalleistung, sondern gelegentlich auch gegen Entrichtung **wiederkehrender Zahlungen** vereinbart. Da der Erb- und Pflichtteilsverzicht ein unentgeltliches Rechtsgeschäft darstellt, unterliegt das Einmalentgelt keiner Einkommensteuer. Verzichtet ein – zur gesetzlichen Erbfolge Berufener – auf seinen künftigen Erb- und Pflichtteil und erhält er hierfür an Stelle eines Einmalbetrages der Höhe

nach begrenzte wiederkehrende Zahlungen, sind diese bei ihm nicht als wiederkehrende Leistungen (§ 22 Nr. 1 Satz 1 EStG) steuerbar, vgl. BFH BStBl. 2000 II 82. Die abweichende Entscheidung des BFH BStBl. 1992 II 809 wurde ausdrücklich aufgegeben.

D. Versorgungsleistungen aufgrund letztwilliger Verfügungen

I. Leibrentenvermächtnis

Literatur: *Dhonau,* Die Beschlüsse des Großen Senats des BFH zur Vermögensübergabe gegen Versorgungsleistungen – Gefahrenpotential bei Versorgungsleistungen aufgrund letztwilliger Verfügungen, ZEV 2004, 22

Beispiel nach Dhonau ZEV 2004, 22: E ist verheiratet und hat einen Sohn S. 41 Das Gesamtvermögen des E beträgt 2 Mio. € und setzt sich zusammen aus einem gewerblichen Unternehmen (Jahresgewinn seit Jahren 100.000 €) mit einem Steuerwert von 1 Mio. €, einem selbstgenutzten Einfamilienhaus mit einem Steuerwert von 500.000 € und Sparguthaben sowie Wertpapieren in einem Wert von ebenfalls 500.000 €. E hat in seinem Testament bestimmt, dass seine Ehefrau F Alleinerbin wird. S erhält als Vermächtnis das gewerbliche Unternehmen mit der Verpflichtung, an F eine monatliche Rente i. H. von 5000 € zu zahlen.

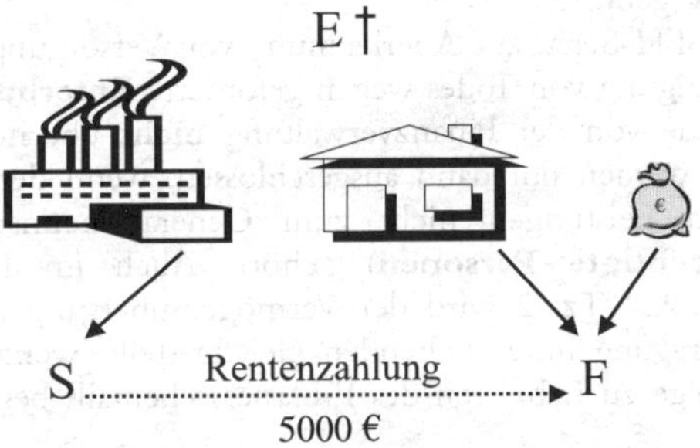

1. Entwicklung der Rechtsprechung

a) Rente statt Erbteil

Sofern der überlebende Ehegatte oder ein neben dem Übernehmer des 42 Vermögens erbberechtigter Abkömmling des Erblassers **statt** seines **gesetzlichen Erbteils** lediglich Versorgungsleistungen aus dem ihm an sich zustehenden Vermögen, sei es durch Erbeinsetzung oder durch Vermächtnis, erhält, sind diese nach einer Entscheidung des X. BFH-Senats BStBl. 1994 II 633 steuerlich anzuerkennen.

b) Rente mit Erbteil

Wenn jedoch der Berechtigte existenzsicherndes Vermögen aus der Erbmas- 43 se erhält, sei es aufgrund gesetzlicher Erbfolge, Erbeinsetzung oder Vermächtnisses, bestehe nach Auffassung des X. BFH-Senats kein Versorgungsbedürfnis, so dass die vermächtnisweise zugewendete Rente nicht als Sonderausgaben gem. § 10 Abs. 1 Nr. 1 a EStG geltend gemacht werden könne.

c) Änderung der Rechtsprechung

44 Der BFH BStBl. 2008 II 123 hat die vorbezeichnete Rechtsprechung ausdrücklich aufgegeben und entschieden, dass dem Abzug von Rentenzahlungen als dauernde Last nicht entgegenstehe, wenn der Begünstigte durch Erbeinsetzung oder Vermächtnis existenzsicherndes Vermögen aus der Erbmasse erhält.

2. Auffassung der Finanzverwaltung

45 Die Finanzverwaltung ist im II. Rentenerlass BStBl. 1996 I 1508 Tz. 29 der Rechtsprechung des BFH gefolgt, nicht mehr jedoch im III. Rentenerlass BStBl. 2004 I 922. Bei Versorgungsleistungen aufgrund einer Verfügung von Todes wegen hat der III. Rentenerlass die verschärfende Rechtsprechung des X. BFH-Senats nicht vollständig übernommen, vgl. Schwenke DStR 2004, 1679. Gem. Rz. 40 können Versorgungsleistungen ihren Entstehungsgrund auch in einer Verfügung von Todes wegen haben, wenn sie bei einer Vermögensübergabe im Wege der vorweggenommenen Erbfolge zu Lebzeiten des Erblassers als Versorgungsleistungen zu beurteilen wären. Hiervon ist insbesondere auszugehen, wenn das nach dem gesetzlichen Erbrecht an sich dem überlebenden Ehegatten zumindest zum Teil zustehende Vermögen auf den Übernehmer übergeht.

46 Die vom X. BFH-Senat zur Anerkennung von Versorgungsleistungen aufgrund einer Verfügung von Todes wegen geforderte **Enterbung** des Rentenempfängers wurde von der Finanzverwaltung **nicht** übernommen. Versorgungsleistungen werden nur dann ausgeschlossen, wenn der Empfänger der wiederkehrenden Leistungen nicht zum Generationennachfolge-Verbund (**pflichtteilsberechtigte Personen**) gehört. Auch im IV. Rentenerlass BStBl. I 2010 S. 227 Tz. 2 wird der Vermögensübergang im Erbwege der Vermögensübertragung unter Lebenden gleichgestellt, wenn die vorweggenommene Erbfolge zu Lebzeiten des Erblassers ebenfalls begünstigt gewesen wäre.

47 Als Empfänger der Bezüge kommen grundsätzlich nur gegenüber dem Erblasser pflichtteilsberechtigte Personen in Betracht, vgl. BFH BStBl. 2004 II 820. Eltern können Empfänger von Versorgungsleistungen sein, wenn das übergebene Vermögen von den Eltern im Wege der Vermögensübertragung im Zusammenhang mit Versorgungsleistungen übertragen wurde, vgl. IV. Rentenerlass BStBl. I 2010 S. 227 Tz. 50.

3. Jahressteuergesetz 2008

48 Den Formulierungen in § 10 Abs. 1 Nr. 1 a EStG „Übertragung" und in § 52 Abs. 23 e EStG „vereinbarte Vermögensübertragungen" könnte entnommen werden, dass Versorgungsleistungen aufgrund letztwilliger Verfügungen völlig aus dem Sonderausgabenabzug ausgeklammert wurden. Der Gesetzesbegründung kann dies nicht entnommen werden, so dass die bisherige Praxis, wie Tz. 2 IV. Rentenerlass BStBl. I 2010 S. 227 zeigt, unverändert bleibt, freilich mit der Einschränkung, dass der Nachlass aus dem in § 10 Abs. 1 Nr. 1 a EStG aufgeführten Betriebsvermögen und/oder qualifizierten GmbH-Anteilen bestehen muss, ebenso *Wälzholz* DStR 2008, 278. Damit

ergibt sich die Problematik der **anteiligen Kürzung**, wenn der zur Rentenzahlung Verpflichtete sowohl begünstigtes Unternehmensvermögen als auch private Immobilien im Erbweg erworben hat.

II. Nießbrauchvermächtnis

1. Ablösung eines Vermächtnisnießbrauches

Bei der Ablösung eines Vermächtnisnießbrauches gegen Leibrente versagt der X. BFH-Senat DB 1993, 665 den früher gestatteten Sonderausgabenabzug gem. § 10 Abs. 1 Nr. 1 a EStG mit der Begründung, dass im Wege der verfassungskonformen Auslegung „ein Sonderausgabenabzug, der als Ertragsanteil Entgelt für die Überlassung von Kapital sei, wegen seiner Rechtsnatur als private Schuldzinsen nicht in Betracht komme". Demnach bezieht der Empfänger einer **Leibrente** nicht mehr Einkünfte i. S. d. § 22 EStG, sondern den Ertragsanteil als Einnahme aus **Kapitalvermögen**. 51

2. Ertragsnießbrauchvermächtnis

Ein vermächtnisweise zugewendeter (Netto-)Ertragsnießbrauch erfüllt nicht die Voraussetzungen eines Einkünfteerzielungstatbestandes, vgl. BFH/NV 2001, 1242. 52

III. Abgeltung von Pflichtteilsansprüchen

Beispiel: Der verstorbene Textdichter A hatte seine zweite Ehefrau als Alleinerbin eingesetzt. Der Nachlass besteht im Wesentlichen aus Urheberrechten und sonstigem Vermögen. In einem Vergleich erhalten die Töchter zur Pflichtteilsabgeltung rückwirkend vom Zeitpunkt des Todes des Erblassers an 1/8 der jeweils um die Umsatzsteuer geminderten Tantiemeaufkommen. Gegenüber der GEMA blieb die Ehefrau die alleinige Anspruchsberechtigte. 53

Laufende Zahlungen zur Abgeltung von Pflichtteilsansprüchen sind steuerlich auch dann nicht absetzbar, wenn sie vereinbarungsgemäß aus laufenden Betriebseinnahmen erfolgen, vgl. BFH DStR 1995, 762; anders noch die Entscheidung des X. BFH-Senats BStBl. 1993 II 298. 54

Nach der nunmehrigen Rechtsprechung des BFH kann die Erbin die Zahlungen an die pflichtteilsberechtigten Töchter

- weder als Betriebsausgaben
- noch als Gewinnanteile einer Innengesellschaft
- noch als Sonderausgaben gem. § 10 Abs. 1 Nr. 1 a EStG

geltend machen.

Kempermann DStR 1995, 763 meint in einer Urteilsanmerkung, dass die sachgerechte Lösung nicht über das Steuerrecht, sondern über das Zivilrecht erreichbar gewesen wäre, nämlich in der Weise, dass der Anteil von 1/8 des Tantiemeaufkommens entsprechend zu mindern gewesen wäre, vgl. auch BGH NJW 1987, 1260; *Palandt/Edenhofer* § 2311 Rn. 4.

IV. Erbausschlagung unter Vorbehalt von Versorgungsleistungen

Literatur: *Zimmermann* Einkommensteuerliche Risiken aus der Erbschaftsausschlagung gegen Abfindung, ZEV 2001, 5; *Wachter* Erbschaftsausschlagung als steuerliches Gestaltungsmittel, ZNotP 2004, 176.

56 Auch Versorgungsleistungen aufgrund einer Erbausschlagung können nach Auffassung des X. Senats DB 1996, 1958 dem Typus der Vermögensübergabe gegen Versorgungsleistungen zuzuordnen sein. In dem entschiedenen Fall hatte die Enkelin Versorgungsleistungen in Form einer dauernden Last an ihre Großmutter mit Rücksicht darauf zu erbringen, dass sowohl diese als auch deren allein erbberechtigter Sohn – der Vater der Verpflichteten – die Erbschaft ausgeschlagen hatten, so dass die Enkelin Erbin nach ihrem Großvater wurde. Maßgebend sei nicht die spezifisch bürgerlich rechtliche Regelung, wonach beim Ausschlagenden gem. § 1953 Abs. 1 BGB ein Vermögensanfall nicht erfolgt. Unter wirtschaftlichen Gesichtspunkten und bei steuerrechtlicher Wertung sei dieser Vorgang eine Art vorweggenommener Erbfolgeregelung, so dass die Zahlungen als dauernde Last i. S. des § 10 Abs. 1 Nr. 1 a EStG anerkannt wurden.

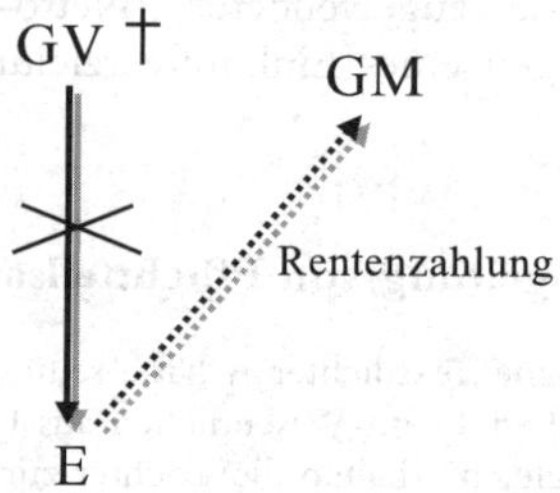

Aufgrund des Jahressteuergesetzes 2008 führen nur noch die in § 10 Abs. 1 Nr. 1 a Buchst. a–c EStG genannten Wirtschaftsgüter zum Sonderausgabenabzug.

57 Sind aufgrund eines Schenkungsversprechens von Todes wegen (§ 2301 Abs. 1 Satz 1 BGB) wiederkehrende Leistungen an einem vom Vermögensübergeber bestimmten Dritten zu erbringen, sind diese Leistungen erbrechtlichen Verpflichtungen gleichzustellen, deren Ablösung nicht zu steuerlich zu berücksichtigenden Anschaffungskosten führt. Die Leistungen zur Ablösung einer freiwillig begründeten Rentenverpflichtung sind keine Veräußerungskosten, vgl. BFH BStBl. 2008 II 99.

Geizhälse sind widerliche Zeitgenossen,
aber wunderbare Vorfahren.
Sprichwort

§ 10 Entgeltliche und teilentgeltliche Rechtsgeschäfte

Übersicht

A. Vollentgeltliche Rechtsgeschäfte

Literatur: *Günther* Sonderfälle bei der Besteuerung privater Veräußerungsgeschäfte, EStB 2009, 408; *Hipler* in: FS für Spiegelberger, Umsatzsteuerrechtliche Geschäftsveräußerung beim Grundstückskaufvertrag, S. 232; *Kirnberger/Werz* Einsatz von Darlehen zwischen Angehörigen in der Nachfolgeplanung, ErbStB 2005, 14; *Klein* Entgeltliche und unentgeltliche Vermögensübertragungen im steuerlichen Vergleich, ZEV 2004, 146; *Meyering* Die Rente als Variante der wiederkehrenden Zahlungen, StuB 17/2008, 675; *Schallmoser* Praxisprobleme im Rahmen der Aufteilung von Anschaffungskosten bei gemischt genutzten Grundstücken, DStR 2009, 1685; *Vollmer* Vertragsgestaltung bei Grundstückskaufvertrag, JuS 2006, 221

I. Überblick

1. Vermutung der Unentgeltlichkeit

Beispiel: Die 64-jährige M veräußert ihr Einfamilienhaus zu einem ortsüblichen Preis an ihren Sohn. Der Kaufpreis wird ohne Festlegung eines konkreten Zahlungstermins verzinslich gestundet und durch Eintragung einer Hypothek im Grundbuch abgesichert. Danach mietete die M die verkaufte Wohnung von ihrem Sohn für eine Dauer von dreißig Jahren unkündbar. 1

Hinweis: Der IX. Senat, AZ. IX R 51/94, sieht die Gestaltung nicht als rechtsmissbräuchlich an. Allerdings müssen die vertraglichen Modalitäten, wie etwa die Höhe der Zinsen und die Miete, wie unter fremden Dritten geregelt und tatsächlich eingehalten werden. 2

Bei Vermögensübertragungen unter Verwandten gilt grundsätzlich die Vermutung der Unentgeltlichkeit, vgl. BMF-Schreiben Vorweggenommene Erbfolge Tz. 5 BStBl. 1993 I S. 80. Die Beteiligten sind aber auch in der Lage, an Stelle einer Schenkung einen Kaufvertrag zu vereinbaren. Die Vermutung der unentgeltlichen Zuwendung muss ausdrücklich in der Weise widerlegt werden, dass die Abwägung von Leistung und Gegenleistung nicht aufgrund familiärer Rücksichtnahmen, sondern wie unter Kaufleuten erfolgt und Leistung und Gegenleistung einander entsprechen. 3

Gem. Tz. 2 BMF-Schreiben Vorweggenommene Erbfolge BStBl. 1993 I 80 ist im Gegensatz zum Vermögensübergang durch vorweggenommene Erbfolge ein Vermögensübergang durch **vollentgeltliches** Veräußerungsgeschäft anzunehmen, wenn die Werte der Leistung und Gegenleistung wie unter Fremden nach kaufmännischen Gesichtspunkten gegeneinander abgewogen sind. Trotz objektiver Ungleichwertigkeit von Leistung und Gegenleistung kann ein Veräußerungs-/Erwerbsgeschäft vorliegen, wenn die Beteiligten subjektiv von der Gleichwertigkeit ausgegangen sind, vgl. BFH BStBl. 1992 II 465; ErbStB 2004, 67. 4

Ein Kaufvertrag zwischen nahen Angehörigen ist im Rahmen des sog. „Fremdvergleichs“ hinsichtlich seiner Hauptpflichten zu überprüfen. Wird zur Finanzierung eines solchen Kaufvertrags ein Darlehensvertrag mit einer Bank abgeschlossen, sind die in diesem Vertrag getroffenen Vereinbarungen auch dann nicht in den Fremdvergleich einzubeziehen, wenn der Verkäufer zugleich Sicherungsgeber ist, vgl. BFH BStBl. 2003 II 243. 5

2. Private Veräußerungsgeschäfte

Die Veräußerung von Grundstücken des Privatvermögens unterliegt gem. § 23 Abs. 1 Nr. 1 Satz 1 EStG der Besteuerung, wenn der Zeitraum zwischen Anschaffung und Veräußerung nicht mehr als zehn Jahre beträgt, es sei denn, dass die Befreiung gem. § 23 Abs. 1 Nr. 1 Satz 3 EStG wegen der Nutzung zu eigenen Wohnzwecken in Betracht kommt. Erfasst werden auch fiktive Veräußerungsvorgänge, nämlich die Entnahme eines bislang zum Betriebsvermögen gehörenden Grundstücks und dessen Veräußerung innerhalb von zehn Jahren (§ 23 Abs. 1 Satz 2 EStG) sowie die Veräußerung aus einem Betriebsvermögen, wenn die Einlage innerhalb eines Zeitraumes von zehn Jahren erfolgt ist (§ 23 Abs. 1 Satz 5 Nr. 1 EStG). Erfasst werden auch ver- 6 äußerungsähnliche Rechtsgeschäfte, z. B. die offene oder verdeckte Sacheinlage in Kapitalgesellschaften, vgl. *Günther* EStB 2009, 409.

II. Kaufvertragsgestaltung

7 Kaufvertragskonstruktionen unter nahestehenden Personen werden oft in unzulässiger Weise mit Überlassungsvertragselementen vermengt. Wegen der Vermutung, dass bei Rechtsgeschäften zwischen nahestehenden Personen nicht kaufmännische, sondern familiäre Überlegungen im Vordergrund stehen, ist bei der Gestaltung des Kaufvertrages streng darauf zu achten, dass die unter fremden Dritten üblichen Regelungen eingehalten werden, da die Finanzverwaltung zur steuerlichen Anerkennung einen Fremdvergleich vornimmt. Insbesondere deuten Vereinbarungen, die typischerweise bei der Vereinbarung einer vorweggenommenen Erbfolge getroffen werden, z. B. Widerrufsrechte bei Insolvenz usw. oder Pflichtteilsanrechnung sowie Ausgleichungsanordnungen, darauf hin, dass tatsächlich kein vollentgeltliches Rechtsgeschäft vorliegt. Derartige Vereinbarungen könnten jedoch als teilentgeltliche Übertragung (vgl. Rn. 66 ff.) Bestand haben.

III. Stundung des Kaufpreises und Darlehensgewährung

Literatur: *Paus* Verschleierte Schenkung als Verdikt für Angehörigenverträge?, FR 2000, 1029

11 **Beispiel:** M verkauft an ihren Sohn eine Eigentumswohnung für 175.000DM. Gleichzeitig wird ein lebenslanger Mietvertrag zu Gunsten von M vereinbart. Im notariellen Kaufvertrag wird festgelegt, dass der Mutter zugleich ein Nießbrauch am verkauften Wohnungseigentum zustehen soll. In einem weiteren Vertrag gewährt die Mutter dem Sohn ein mit 6,5% zu verzinsendes und auf 10 Jahre unkündbares Darlehen in Höhe des vereinbarten Kaufpreises. Bei der Einkommensteuererklärung des S entsteht ein Werbungskostenüberschuss bei den Vermietungseinkünften.

1. Missbrauchgestaltung gem. § 42 AO

12 Der IX. Senat BStBl. 1998 II 539 verneint den Missbrauch von Gestaltungsmöglichkeiten i. S. d. § 42 AO. Die gleichzeitige Vereinbarung eines dinglichen Nutzungsrechtes und eines Mietvertrages ist jedenfalls dann kein Missbrauch, wenn das dingliche Nutzungsrecht lediglich zur Sicherung des Pacht- und Mietverhältnisses vereinbart wird. Die Finanzverwaltung meint, bei schenkweise begründeten Darlehensschulden der Eltern gegenüber ihren Kindern spreche bereits ein enger zeitlicher Zusammenhang zwischen der Schenkung einerseits und der Rückgewähr des geschenkten Betrages an den Schenker aufgrund des Darlehens andererseits gegen eine ernst gemeinte Übertragung einer Einkunftsquelle und damit gegen die einkommensteuerliche Anerkennung des Darlehensvertrages. Dabei sei es unerheblich, ob Schenkungs- und Darlehensvertrag in einer oder in mehreren Urkunden vereinbart werden, vgl. BMF BStBl. 1988 I 210.

13 Die dargelegten engen Anerkennungsvoraussetzungen gelten nicht, wenn Schenkung und Darlehensgewährung unabhängig voneinander erfolgen. Für den Fall, dass den Kindern steuerliches Privatvermögen zugeführt wird und diese – nach zwischenzeitlicher Anlage des Schenkungsbetrages auf Bankkonten – zwei Monate nach der Schenkung die Beträge durch Darlehensverein-

barung dem Betrieb des Schenkers zur Verfügung stellen und ein Unterhaltsanspruch der Kinder nicht bestand, hat der BFH das Darlehensverhältnis steuerlich sogar für den Fall anerkannt, dass keine dinglichen Sicherheiten bestellt wurden, vgl. BFH DB 1991, 1099.

Zur erforderlichen tatsächlichen Durchführung eines von einem Kind seinen Eltern gewährten Darlehens gehört es, dass die vereinbarten Zinsen tatsächlich an das Kind geleistet und anschließend weder für den Unterhalt des Kindes noch für die eigene Lebenshaltung verwendet werden, vgl. BFH BStBl. 1989 II 137. 14

Die Verbindung des Kaufvertrages mit Schenkungen, langfristigen Kaufpreisstundungen oder Darlehenskonstruktionen kann die steuerliche Anerkennung gefährden. Verkaufen Eltern ein Grundstück an ihr Kind und versprechen sie gleichzeitig, ihm einen bestimmten Geldbetrag zu schenken, so kann darin ein Missbrauch von Gestaltungsmöglichkeiten des Rechts i. S. des § 42 AO liegen, vgl. BFH BStBl. 1992 II 239. Der Kauf eines bebauten Grundstücks von der betagten Mutter unter Verrechnung des Kaufvertrages mit einem gleichzeitig von den Eltern gewährten Darlehen, dessen Rückzahlung auf 20 Jahre gestundet wird, kann ebenfalls ein Missbrauch von Gestaltungsmöglichkeiten gem. § 42 AO sein, vgl. BGH DB 1992, 872. 15

2. Darlehenssicherung

Bei langfristigen Darlehen ist auch unter nahen Angehörigen aufgrund des anzustellenden Fremdvergleiches eine dingliche Sicherung, z. B. durch Sicherungshypothek im Grundbuch, erforderlich, vgl. FG Münster EFG 1992, 513; BMF-Schreiben (Darlehenserlass) BStBl. 1993 I 729. Darlehensverträge zwischen nahen Angehörigen – im Entscheidungsfall partiarische Darlehen – können auch dann ertragsteuerrechtlich anzuerkennen sein, wenn das Vertragsverhältnis zwischen wirtschaftlich voneinander unabhängigen Angehörigen geschlossen und auf eine Besicherung verzichtet wird. Dies steht jedoch nicht nur unter dem Vorbehalt eines Missbrauchs rechtlicher Gestaltungsmöglichkeiten; darüber hinaus muss der Darlehensvertrag auch zweifelsfrei gegenüber einer verschleierten Schenkung abgrenzbar sein, vgl. BFH BStBl. 2000 II 393. 16

Die fehlende Besicherung von Anschaffungsdarlehen, die nach ihrem Anlass wie von einem Fremden gewährt werden, steht dann der Anerkennung des vertragsgemäß geleisteten Zins- oder Vergütungsaufwands als Betriebsausgaben oder Werbungskosten nicht entgegen, wenn das Rechtsgeschäft von Volljährigen und von einander insbesondere wirtschaftlich unabhängigen Verwandten geschlossen wird, vgl. BFH BStBl. 1991 II 838; BFH/NV 1994, 156. 17

IV. Veräußerungsrente

Literatur: *Amann* Durchsetzung der Reallast ohne Verlust der Reallast auch nach dem Beschluss des BGH v. 2. 10. 2003, DNotZ 2004, 599; *G. Kirchhoff* Das Verbot von Wertsicherungsklauseln im neuen Preisklauselgesetz, DNotZ 2007, 913; *Koehnen* Die Verrentung von Kaufpreisen, MittRhNotK 1994, 329; *Reul* Aufhebung der Genehmigungspflicht bei Wertsicherungsklauseln – das neue Preisklauselgesetz (PreisklauselG), MittBayNot 2007, 445

21 **Beispiel:** Der verwitwete Vater V, der in ein Seniorenheim umzieht, will zur Absicherung seiner wirtschaftlichen Selbständigkeit das bisher bewohnte Einfamilienhaus gegen Barzahlung in Höhe von 200.000 € und Zahlung einer lebenslangen Leibrente in Höhe von monatlich 1000 € an seine Tochter T verkaufen.

1. Formulierungsbeispiel: Barkaufpreis mit Verrentung des Restkaufpreises

22 Beurkundet am …

§ 1 Grundbuchstand

Laut Vortrag im Grundbuch des Amtsgerichts … für … Blatt … ist Herr … Eigentümer der nachstehend bezeichneten Grundstücke der

Gemarkung …

Flurstück Nr. …

Der Grundbesitz ist in Abteilung II und III des Grundbuches belastet wie folgt.

§ 2 Verkauf

Herr V

– nachstehend als „Verkäufer" bezeichnet –

verkauft hiermit

an

seine Tochter, Frau T

– nachstehend als „Käufer" bezeichnet –

– zu Alleineigentum –

den in Abschnitt § 1 dieser Urkunde näher bezeichneten Grundbesitz samt allen Rechten, Bestandteilen und dem gesetzlichen Zubehör.

§ 3 Kaufpreis

1. Trotz des bestehenden Verwandtschaftsverhältnisses wird der Vertragsgegenstand nicht im Wege der vorweggenommenen Erbfolge, sondern im Wege des Kaufvertrages übertragen. Der Kaufpreis wurde ohne familiäre Rücksichtnahme wie unter fremden Dritten unter Abwägung von Leistung und Gegenleistung ermittelt, so dass Leistung und Gegenleistung sich wertmäßig entsprechen.
2. Der Barkaufpreis beträgt 200.000 €
   – in Worten: zweihunderttausend Euro –
   und ist zur Zahlung fällig am …, nicht jedoch vor Absendung einer Bestätigung des amtierenden Notars, wonach
   a) die Auflassungsvormerkung zugunsten des Käufers rangrichtig im Grundbuch eingetragen wurde, und
   b) die Lastenfreistellung von allen nicht übernommenen Belastungen gesichert ist, also diesbezüglich dem Notar eine Löschungsbewilligung entweder zum bedingungslosen Gebrauch vorliegt oder gebunden lediglich an Zahlungsauflagen, die vollständig aus dem Kaufpreis abgedeckt werden können.
3. Der Notar wird beauftragt, den Beteiligten die Erfüllung vorstehender Fälligkeitsvoraussetzungen schriftlich anzuzeigen.
   Soweit seitens der Grundpfandrechtsgläubiger im Zuge der Lastenfreistellung Zahlungsauflagen gemacht werden, ist der Käufer berechtigt und verpflichtet, in Anrechnung auf den Kaufpreis Zahlungen unmittelbar an die bezeichneten Grundpfandrechtsgläubiger des Verkäufers zu leisten.
   Sofern im Zuge der Lastenfreistellung nicht anderweitige Zahlungsauflagen der Gläubiger ergehen, sind alle dem Verkäufer zu leistenden Beträge zu bezahlen auf das Konto des Verkäufers Nr. … (BLZ: …) bei der …
4. Neben dem Barkaufpreis wird als Restkaufpreis eine lebenslange Leibrente geschuldet. Danach hat der Käufer auf Lebenszeit des Verkäufers jeweils monatlich im Vor-

aus, erstmals für den auf diese Beurkundung folgenden Monatsersten, wiederkehrende Zahlungen in Höhe von 1000 €
– in Worten: eintausend Euro –
zu entrichten.
Der als Leibrente jeweils zu zahlende Betrag soll wertbeständig sein. Er erhöht oder vermindert sich in dem selben prozentualen Verhältnis, in dem sich der vom Statistischen Bundesamt in Wiesbaden für jeden Monat festgestellte und veröffentlichte Verbraucherpreisindex für Deutschland auf der Basis 2005 = 100 gegenüber dem für den ersten Fälligkeitsmonat festzustellenden Index erhöht oder vermindert. Eine Erhöhung oder Verminderung des jeweils zu zahlenden Betrages tritt jedoch erst dann ein, wenn die Indexveränderung zu einer Erhöhung oder Verminderung des jeweils zu zahlenden Betrages um mindestens 10% – zehn vom Hundert – führt.
Die aufgrund der Wertsicherungsklausel erhöhte oder ermäßigte Leibrente ist erstmals für den Monat zu entrichten, für den eine Indexänderung um mindestens 10% festgestellt wird, ohne dass es einer Aufforderung durch die begünstigte Vertragspartei bedarf. Differenzbeträge für die bis zur Indexveröffentlichung verstrichene Zeit sind unverzüglich nach Bekanntgabe des maßgeblichen Indexes ohne Beilage von Zinsen auszugleichen.

5. Zur Sicherung obiger Rentenzahlungsverpflichtung wird die Eintragung einer

Reallast

an Flurstück Nr.... Gemarkung ... zu Gunsten des Verkäufers in ihrer wertgesicherten Form bewilligt und beantragt mit dem Vermerk, dass zur Löschung der Nachweis des Todes des Berechtigten genügt.
Für den Inhalt der Reallast wird bestimmt:
a) Die Zahlungen aus der schuldrechtlichen Rentenverpflichtung und den dinglichen Ansprüchen aus der Reallast sind jeweils gegeneinander anzurechnen.
b) Die Reallast ist nicht vererblich.
c) Der Reallastberechtigte kann die Ablösung der Reallast durch Zahlung einer Ablösesumme verlangen, wenn der Reallastschuldner (Eigentümer) mit Leistungen aus der Reallast mit mindestens drei Monatsraten in Verzug gerät. Die Ablösesumme errechnet sich aus der versicherungsmathematischen Kapitalisierung der rückständigen und künftig fällig werdenden Reallastzahlungen unter Zugrundelegung eines Jahreszinses in Höhe von 3% p. a.

§ 4 Zwangsvollstreckungsunterwerfung

Der Käufer unterwirft sich hinsichtlich des geschuldeten Betrages in Höhe von 200.000 € samt etwaiger Zinsen sowie wegen der dinglichen und wegen der persönlichen Ansprüche aus der Reallast und wegen der persönlichen Leibrentenverpflichtung in Höhe des Ausgangsbetrages und in Höhe des wertgesicherten Erhöhungsbetrages der sofortigen Zwangsvollstreckung aus dieser Urkunde in sein gesamtes Vermögen. Die Wirksamkeit der Zwangsvollstreckungsunterwerfung hinsichtlich des Ausgangsbetrages ist unabhängig von der Unterwerfung hinsichtlich des Erhöhungsbetrages.

Vollstreckbare Ausfertigung darf ohne weitere Nachweise der Voraussetzungen der Zwangsvollstreckung erteilt werden, nachdem der Notar die vereinbarte Fälligkeitsbestätigung an den Käufer abgesandt hat.

§ 5 Erschließungskosten

Alle auf den Vertragsgegenstand entfallenden Erschließungskosten im weitesten Sinne einschließlich Anlieger- und Herstellungsbeiträge nach dem Baugesetzbuch und Kommunalabgabengesetz hat ausschließlich der Käufer zu tragen, es sei denn, dass hierüber bereits ein Bescheid dem Verkäufer zugegangen ist. Diese Vereinbarung gilt unabhängig davon, zu welchem Zeitpunkt in der Natur eine zugrundeliegende kostenpflichtige Maßnahme ausgeführt wurde.

Der Verkäufer versichert, dass unerledigte Erschließungskostenbescheide nicht vorliegen.

§ 6 Besitzübergang

Der Besitz, die Nutzungen und Lasten sowie die Gefahr des Untergangs und der Verschlechterung gehen mit Zahlung des in Abschnitt § 3 ausgewiesenen Barkaufpreises auf den Käufer über.

§ 7 Gewährleistung

1. Der Verkäufer haftet für ungehinderten Besitz- und Eigentumsübergang und für Freiheit des Grundbesitzes von Belastungen jeder Art, soweit sie nicht ausdrücklich übernommen werden.
2. Der Käufer hat den Vertragsgegenstand eingehend besichtigt und übernimmt ihn, wie er liegt und steht, also im derzeitigen Zustand. Jede Sachmängelhaftung des Verkäufers wird hiermit abweichend vom Gesetz im Wege einzeln und ausdrücklich unter den Beteiligten ausgehandelter Vereinbarungen ausgeschlossen.
3. Der Verkäufer versichert, dass ihm wesentliche, dem Käufer nicht erkennbare Mängel des Vertragsgegenstandes nicht bekannt sind. Zustandsveränderungen am Vertragsgegenstand bis zum Tage des vereinbarten Besitzüberganges hat der Verkäufer nur dann zu vertreten, wenn sie über das gewöhnliche Maß der Abnützung hinausgehen.
4. Die Vertragsteile verzichten übereinstimmend auf die Einholung eines versicherungsmathematischen Gutachtens über die Höhe des Rentenbarwerts, der sich aus der vereinbarten Leibrente ergibt.

§ 8 Notarermächtigung

Der Notar wird zur Erwirkung und Entgegennahme der erforderlichen Genehmigungen, zur Einholung der Stellungnahme hinsichtlich bestehender öffentlich-rechtlicher Vorkaufsrechte, sowie zur Abgabe von Erklärungen, Stellung, Änderung und Zurücknahme von Anträgen, die zum Vollzug des Vertrages erforderlich oder zweckdienlich sind, ermächtigt.

Alle noch ausstehenden Genehmigungen sollen mit dem Eingang beim Notar den Beteiligten gegenüber als mitgeteilt gelten und rechtswirksam sein.

§ 9 Hinweise

Die Beteiligten wurden vom Notar insbesondere hingewiesen auf

- den Zeitpunkt des Eigentumsüberganges und die Eintragungsvoraussetzungen;
- die gesamtschuldnerische Haftung der Beteiligten für Kosten und Steuern, sowie auf die Haftung des Grundbesitzes für Rückstände an öffentlichen Lasten und Abgaben und für Erschließungsbeiträge;
- darauf, dass private Veräußerungsgeschäfte gem. § 23 EStG einkommenssteuerpflichtig sein können.

Die Vertragsteile versichern, dass alle Vertragsabreden vollständig und richtig beurkundet wurden.

§ 10 Auflassung

Die Vertragsteile sind über den Eigentumsübergang einig und bewilligen und beantragen, den Käufer als Alleineigentümer an Flurstück Nr. … und … im Grundbuch einzutragen.

Der Notar wird beauftragt, die Eigentumsumschreibung erst zu beantragen, wenn die Zahlung des baren Kaufpreisteiles gem. Abschnitt § 3 Abs. 1 vom Verkäufer bestätigt oder vom Käufer nachgewiesen wurde und die Reallast Rang nach der Vormerkung erhalten hat. Der Käufer verzichtet auf sein eigenes Antragsrecht. Vollständige Abschriften mit Auflassung sind erst zu erteilen, wenn die vorstehend genannten Zahlungen nachgewiesen sind.

§ 11 Vormerkung gem. § 883 BGB

Zur Sicherung des Anspruchs auf Übertragung des Eigentums am Vertragsgegenstand bewilligen und beantragen die Beteiligten die Eintragung einer Vormerkung gem. § 883 BGB für den Käufer im angegebenen Berechtigungsverhältnis an erster Rangstelle im Grundbuch. Die Löschung dieser Vormerkung wird Zug um Zug gegen Eigentumsumschreibung im Grundbuch bewilligt und beantragt, vorausgesetzt, dass weder Zwischeneintragungen ohne Zustimmung des Käufers erfolgt sind noch deren Eintragung beantragt ist. Die Vormerkung kann an nächstoffener Rangstelle eingetragen werden, wenn der Notar dies ausdrücklich beantragt.

§ 12 Schlussbestimmungen

Die Kosten dieser Urkunde, etwaiger Genehmigungen und Zeugnisse, des Grundbuchvollzuges, der Katasterfortschreibung sowie die Grunderwerbsteuer trägt der Käufer. Befreiung von der Grunderwerbsteuer gem. § 3 Nr. 6 GrEStG wird beantragt.

Von dieser Urkunde erhalten:
Ausfertigungen: die Vertragsteile
beglaubigte Abschriften: das Grundbuchamt
einfache Abschriften: das Finanzamt (Grunderwerbsteuerstelle) und der Gutachterausschuss

Vorgelesen vom Notar …

2. Anmerkungen zum Kaufvertrag

a) Verrentung des Kaufpreises

Der Formulierungsvorschlag enthält nur die Angabe des Barkaufpreises 23
und die monatliche Rentenzahlung, nicht jedoch eine Bezifferung des „Gesamtkaufpreises". Bei der Vereinbarung eines „Gesamtkaufpreises" ist für die Verrentung des nach Abzug des Barkaufpreises zu zahlende Leibrente ein versicherungsmathematisches Gutachten erforderlich. Die Verrentung nach Anlage 9a des Bewertungsgesetzes geht von dem steuerlichen Rentenbarwert mit einem Jahreszins von 5,5% aus und kann von einer Verkehrswertberechnung abweichen. Wegen der ständig steigenden Lebenserwartung müssen jeweils die neuesten versicherungsmathematischen Tabellen zugrunde gelegt werden, wobei auch die vorschüssige oder nachschüssige monatliche Zahlung zu entsprechenden Veränderungen führt.

Sofern ein versicherungsmathematisches Gutachten nicht zeitnah zur Ver- 24
fügung steht, können Streitigkeiten zwischen den Parteien dadurch vermieden werden, dass von vornherein nicht eine Verrentung eines fiktiven Gesamtkaufpreises vereinbart wird, sondern nur die Zahlungsbeträge, die die Vertragsteile im Auge haben, in die Urkunde übernommen werden, also der zu entrichtende Barkaufpreis und die monatliche Rente. Vorsorglich sollte der beiderseitige Verzicht auf die Einholung eines versicherungsmathematischen Gutachtens ausdrücklich in der Urkunde erklärt werden.

b) Wertsicherungsklausel

Zur Zulässigkeit von Wertsicherungsklausel vgl. oben § 6 A I 5. 25

c) Anspruchsgrundlagen der Reallast

Die im Grundbuch gem. § 1105 BGB einzutragende Reallast bringt drei 26
Anspruchsgrundlagen mit sich:

- dinglicher Anspruch auf Entrichtung der wiederkehrenden Leistungen gem. § 1105 Abs. 1 Satz 1 BGB,
- der dem dinglichen Recht zugrundeliegende schuldrechtliche Anspruch gem. § 759 BGB und
- die persönliche Haftung des Eigentümers während der Dauer seines Eigentums gem. § 1108 BGB.

Es ist daher anzuraten, dass Zahlungen aus einem Rechtsgrund auf die anderen Anspruchsgrundlagen anzurechnen sind, vgl. *Münchener Vertragshandbuch/Langenfeld* Bd. 6 Form. I 10 Anm. 3 [3].

d) Verfallklausel

27 Eine Verfallklausel, nach der der Berechtigte unter bestimmten Voraussetzungen an Stelle wiederkehrender Leistungen die Ablösung durch eine einmalige Leistung verlangen kann, ist nach Auffassung des OLG Köln nicht Inhalt einer Reallast. Nach dem Wortlaut von § 1105 BGB seien nur **wiederkehrende** Leistungen Inhalt einer Reallast, nicht jedoch einmalige Leistungen, vgl. OLG Köln, DNotZ 1991, 807; a. A. MünchKommBGB/*Jost* § 1105 Rz. 12. *Staudinger/Amann* Einl. zu §§ 1105–1112 BGB Rz. 22 schlagen vor, ein Ablösungsrecht des Gläubigers in der Weise grundbuchmäßig zu sichern, dass im Rang vor der Reallast ein Grundpfandrecht in Höhe des zu vereinbarenden Ablösungsbetrages eingetragen wird. Eine weitere Beleihung des erworbenen Grundbesitzes ist mit einer derartigen Grundschuld i. d. R. ausgeschlossen, so dass ein Rangvorbehalt vorgesehen werden sollte, um dem Eigentümer z. B. auch die Finanzierung des Renovierungsaufwandes zu ermöglichen. Die Ablösbarkeit selbst kann wie eine auflösende Bedingung in das Grundbuch eingetragen werden, vgl. *Staudinger/Amann* a. a. O. § 1105 BGB Rz. 22.

e) Wohnungsrecht

28 Häufig werden Leibrentenkaufverträge auch mit einem **Wohnungsrecht** verbunden, wenn der Verkäufer weiterhin im verkauften Anwesen verbleiben will. Derartige Wohnungsrechte sollten durch Eintragung einer beschränkten persönlichen Dienstbarkeit gem. § 1093 BGB gesichert werden. Selbstverständlich ist bei der Bemessung der Gesamtleistungen der Wert des Wohnungsrechtes zu berücksichtigen.

f) Einkommensteuer

29 Der X. Senat BStBl. 1996 II 666 die **Rentenbesteuerung** bei der **entgeltlichen** Veräußerung eines privaten Wirtschaftsgutes gegen eine Leibrente **grundlegend geändert**. Das Urteil hat dem X. Senat den Vorwurf eingetragen, willkürlich gegen die Tatbestandsmäßigkeit der Besteuerung verstoßen zu haben, vgl. *Biergans/Koller* DStR 1993, 863. Der BFH differenziert in der Besteuerung der Beteiligten wie folgt:

30 *(1) Zahlender.* Beim Zahlenden führt die Leibrente **nicht** zum **Sonderausgabenabzug** gem. § 10 Abs. 1 Nr. 1 a Satz 2 i. V. m. § 22 Nr. 1 Satz 3 a) bb) EStG. Nach Auffassung des X. Senats sind Zinsen als Entgelt für die Überlassung von Kapital keine Aufwendungen. Es gebe, gemessen am all-

gemeinen Gleichheitsgrundsatz, keinen tragfähigen Grund dafür, den Zinsanteil von gleichbleibenden und abänderbaren Leistungen unterschiedlich zu behandeln.

Private Schuldzinsen sind generell **nicht abziehbar,** wenn sie nicht der 31
Erwerbs-, sondern der Privatsphäre zuzuordnen sind. Nach Streichung des privaten Schuldzinsenabzugs durch das Steueränderungsgesetz 1973 sei die Grundnorm entfallen, nach der in gleichbleibenden wiederkehrenden Leistungen enthaltener Zinsanteil – aus Gründen einer vereinfachten Handhabung – mit einem für die gesamte Laufzeit gleichbleibenden Zinsanteil beziffert werde. Diese gesetzliche Quantifizierung sei gegenstandslos geworden. Entgegen *Biergans/Koller* a. a. O. S. 864 werde durch die neue Rechtsprechung des X. Senats nicht § 10 Abs. 1 Nr. 1 a) Satz 2 EStG partiell abgeschafft; die Vorschrift sei vielmehr gegenstandslos, soweit pauschalierte private Schuldzinsen betroffen sind, vgl. Fischer, Wiederkehrende Bezüge und Leistungen Rn. 63 Fn. 87. Der X. Senat EStB 2002, 83 hat seine dargestellte Rechtsprechung nochmals bekräftigt und sich mit dieser Auffassung durchgesetzt.

(2) Bezieher. Die Besteuerung privater Zinserträge sei nicht entfallen, so 32
dass kein Anlass besteht, auf die Grundnorm des § 20 Abs. 1 Nr. 7 EStG zu verzichten. Der Verkäufer muss also den in der Rente enthaltenen **Zinsanteil ausnahmslos versteuern**, während der Käufer sich nicht auf den Sonderausgabenabzug gem. § 22 Nr. 1 Satz 3 a) bb) EStG berufen, sondern die gezahlten Zinsen nur als Werbungskosten oder Betriebsausgaben geltend machen kann, wenn er mit dem erworbenen Gegenstand entsprechende Einkünfte erzielt.

3. Zeitrente

Beispiel: V (70 Jahre alt) und M (60 Jahre alt) übertragen ihr Mehrfamilienhaus un- 33
ter Vereinbarung einer monatlichen Rente von 3750 DM auf die Dauer von zwanzig Jahren auf ihren Sohn S. Um bei einem frühzeitigen Versterben eine einseitige Begünstigung von S zu vermeiden, wird vereinbart, dass bei einem vorzeitigen Versterben der Eltern die Rente an die Geschwister, jedoch nur auf die Dauer von insgesamt dreizehn Jahren, weiter zu entrichten ist.

Nach *Fischer* S. 193 ist der Begriff „Zeitrente" eine ebenso überflüssige wie 34
verwirrende Bezeichnung für langfristige Kaufpreisraten, da ein „fester Kapitalbetrag abgetragen" wird. Danach hat eine Zeitrente grundsätzlich den Charakter einer Gegenleistung und stellt somit Kaufpreiszahlung dar. Nach Auffassung des X. BFH-Senats können Versorgungsleistungen nur auf die Lebenszeit des Empfängers vereinbart werden. Abgekürzte Leibrenten oder dauernde Lasten sind danach nach den Grundsätzen über wiederkehrende Leistungen im Austausch mit einer **Gegenleistung** zu behandeln, auch wenn sie nicht wie unter Fremden nach kaufmännischen Gesichtspunkten abgewogen sind, vgl. *Trompeter* DStR 1995, 973.

Nur dann, wenn die zeitliche Beschränkung dem etwaigen künftigen Weg- 35
fall der Versorgungsbedürftigkeit des Berechtigten Rechnung trägt, also eine **Versorgungslücke** geschlossen wird, soll eine Versorgungsrente vorliegen, vgl. BFH BStBl. 1994 II 633 und 1996 II 676. Allerdings scheint diese Differenzierung durch die Neufassung des § 10 Abs. 1 Nr. 1 a EStG überholt, da das Gesetz eine derartige Differenzierung nicht enthält.

36 Auch **verlängerte** Leibrenten oder dauernde Lasten werden als wiederkehrende Leistungen im Austausch mit einer Gegenleistung behandelt, ebenso Mindestzeitrenten, vgl. Tz. 56 IV. Rentenerlass BStBl. I 2010 S. 227 BStBl. I 2010 S. 227.

4. Dauernde Last als Veräußerungsentgelt

37 **Beispiel:** Vater V überträgt seine Beteiligung an der X-GmbH im Nominalwert von 9500 DM (= 47,5% des Gesellschaftskapitals) „im Wege der vorweggenommenen Erbfolge" auf seinen Sohn S, der die Verpflichtung übernahm, „V zu versorgen". Die wertgesicherte monatliche Versorgungsrente belief sich im Zeitpunkt des Vertragsabschlusses auf 2000 DM. Die Höhe der beiderseitigen Leistungen war nach kaufmännischen Gesichtspunkten gegeneinander abgewogen. Im Vertrag hieß es: „Diesem Versorgungsversprechen wird § 323 ZPO zugrunde gelegt." Das Finanzamt sah in den Zahlungen eine betriebliche Veräußerungsrente, deren Kapitalwert es auf ca. 180.000 DM bezifferte. Den nach Abzug des Nominalwerts sich ergebenden Betrag unterwarf es als Veräußerungsgewinn der Steuer. Zusätzlich erfasste es von den im Streitjahr dem Kläger zugeflossenen Zahlungen (18.000 DM) einen Ertragsanteil in Höhe von 3240 DM als sonstige Einkünfte (Leibrente i. S. v. § 22 Nr. 1 Satz 3 a) bb) EStG).

38 a) Nach Auffassung des BFH BStBl. 1993 II 15 war die Annahme einer Veräußerungsrente unausweichlich, weil das Finanzgericht ausdrücklich festgestellt hatte, dass die Höhe der wiederkehrenden Leistungen nach kaufmännischen Gesichtspunkten bemessen worden war. Der vertraglich erwähnte Versorgungszweck fällt dem gegenüber nicht mehr ins Gewicht, weil auch langfristige Kaufpreisraten zur Versorgung des Veräußerers bestimmt sein können, vgl. *Fischer* Rn. 242. Auch der IX. BFH-Senat BStBl. 1995 II 47 behandelt entgeltlich vereinbarte dauernde Lasten im Ergebnis wie eine Leibrente.

39 b) Bei einer Vermögensumschichtung ist bei der Berechnung des Veräußerungsgewinns dem Stundungsaspekt der Vereinbarung durch die Erfassung von **Zinsanteilen** Rechnung zu tragen, vgl. *Fischer* Rn. 244.

40 c) Bei der Berechnung des Barwerts ungleichmäßig wiederkehrender Leistungen (dauernde Lasten) ist als Jahreswert der Betrag zugrunde zu legen, der aus der Sicht des Anschaffungszeitpunkts in Zukunft im Durchschnitt der Jahre voraussichtlich erzielt wird, vgl. IV. Rentenerlass BStBl. I 2010 S. 227 Tz. 70; BFH BStBl. 1995 II 169.

41 d) Nach Auffassung des Bundesfinanzhofs ist bei jeder langfristig gestreckt gezahlten Gegenleistung die steuerlich nicht relevante Vermögensumschichtung (Tilgung) herauszurechnen und zusätzlich der Zinsanteil zu ermitteln, vgl. *Fischer* Rn. 148. Sofern die Summe aller wiederkehrenden Zahlungen samt Zinsanteil den Wert der Gegenleistung übersteigt, führt dies nicht zu einem Sonderausgabenabzug. In Höhe des Barwerts der dauernden Last liegen **Anschaffungskosten** vor, die nach Maßgabe des § 7 EStG im Wege der AfA anteilig auf die Gesamtnutzungsdauer zu verteilen sind, vgl. BFH BStBl. 1995 II 47.

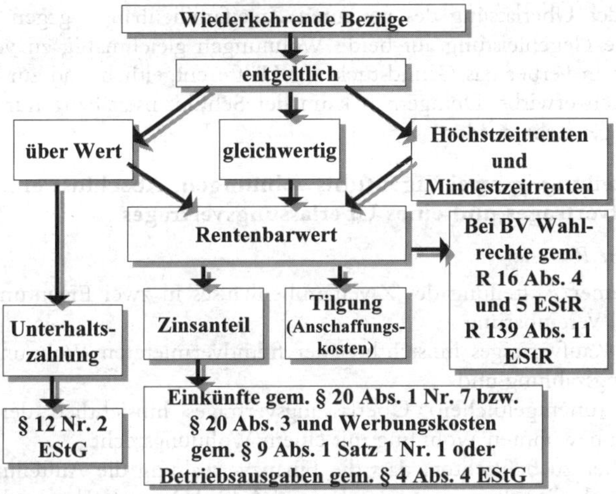

B. Spaltung in vollentgeltliche und unentgeltliche Rechtsgeschäfte

Beispiel: Eltern E wollen ihr aus zwei gleich großen Wohnungen bestehendes Zweifamilienhaus im Wert von 400.000 € auf ihren Sohn übertragen und sich an der Erdgeschosswohnung das Wohnungsrecht auf Lebensdauer vorbehalten. Die Obergeschosswohnung ist fremdvermietet. Der Erwerber will für die vereinbarte Abstandszahlung ein Darlehen in Höhe von 200.000 € aufnehmen und die Schuldzinsen als Werbungskosten geltend machen. 46

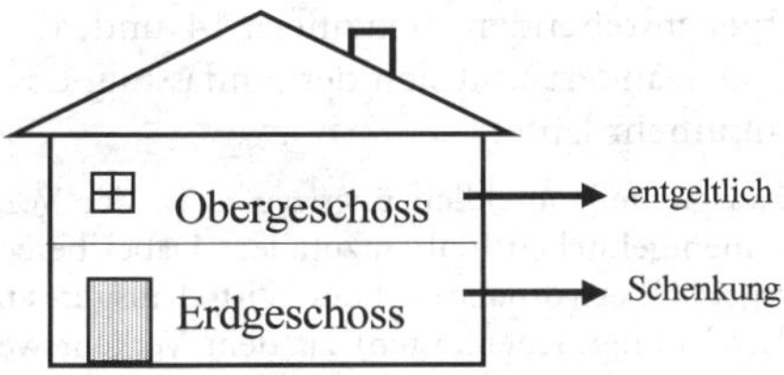

I. Gestaltungsalternativen

1. Überlassung des Zweifamilienhauses

Finanziert ein Steuerpflichtiger die Errichtung eines Gebäudes mit zwei Wohneinheiten (Eigentumswohnungen), das nicht nur dem Erzielen von Einkünften aus Vermietung und Verpachtung, sondern auch der (nicht steuerbaren) Selbstnutzung dient, mit Eigenmitteln und Darlehen und hatte er die Herstellungskosten einheitlich abgerechnet, ohne die auf den vermieteten Gebäudeteil entfallenden Kosten gesondert auszuweisen, sind die Darlehenszinsen **nur anteilig** als Werbungskosten abziehbar. Maßgebend ist das Verhältnis der selbstgenutzten Wohn-/Nutzflächen des Gebäudes zu denen, die der Einkünfteerzielung dienen, vgl. BFH BStBl. 1999 II 680. 47

Bei der Überlassung des gesamten Zweifamilienhauses gegen Abfindung wäre die Gegenleistung auf beide Wohnungen gleichmäßig zu verteilen, so dass der Erwerber das Grundstück zur Hälfte entgeltlich und zur Hälfte unentgeltlich erwirbt. Demgemäß kann der Schuldzinsenabzug nur zur Hälfte geltend gemacht werden.

2. Aufteilung in zwei Eigentumswohnungen; Abschluss eines Kaufvertrages und eines Überlassungsvertrages

a) Frühere Rechtslage

48 Bei einer Aufteilung des Zweifamilienhauses in zwei Eigentumswohnungen und Vereinbarung

- eines Kaufvertrages hinsichtlich der fremdvermieteten Wohnung mit Abfindungszahlung und
- eines (unentgeltlichen) Überlassungsvertrages hinsichtlich der von den Eltern bewohnten Wohnung mit einem Wohnungsrecht

war früher zu befürchten, dass die Finanzverwaltung die Aufteilung in zwei Verträge als Gestaltungsmissbrauch gem. § 42 AO ansah, da gleichzeitig verkauft und verschenkt wurde.

Die Gestaltung war früher nur empfehlenswert, wenn beide Rechtsgeschäfte mit einem deutlichen zeitlichen Abstand durchgeführt wurden, ohne dass irgend eine Vereinbarung hinsichtlich des zweiten Schrittes bestand.

b) Änderung der Rechtsprechung

49 Der BFH BStBl. 2006 II 9 hat entschieden, dass grundsätzlich die von Vertragsparteien vorgenommene Aufteilung des Kaufpreises auf einzelne Wirtschaftsgüter – auch im Falle der gemischten Schenkung – der Besteuerung zugrunde zu legen ist. Die Finanzverwaltung hat mit BMF-Schreiben BStBl. 2007 I 269 die entgegenstehenden Textziffern 14 und 47 des BMF-Schreibens BStBl. 1993 I 80 geändert und sich der Auffassung des BFH angeschlossen, so dass Tz. 14 nunmehr lautet:

„Wird ein Wirtschaftsgut teilentgeltlich übertragen, ist der Vorgang in einen entgeltlichen und einen unentgeltlichen Teil aufzuteilen. Dabei berechnen sich der entgeltlich und der unentgeltlich erworbene Teil des Wirtschaftsgutes nach dem Verhältnis des Entgelts (ohne Anschaffungsnebenkosten) zu dem Verkehrswert des Wirtschaftsguts. Werden mehrere Wirtschaftsgüter teilentgeltlich übertragen, ist eine von den Vertragsparteien vorgenommene Zuordnung der Anschaffungskosten auf die einzelnen Wirtschaftsgüter maßgeblich für die Besteuerung, wenn die Zuordnung nach außen hin erkennbar ist und die Aufteilung nicht zu einer nach § 42 AO unangemessenen wertmäßigen Berücksichtigung der einzelnen Wirtschaftsgüter führt."

Bei der Übertragung mehrerer Wirtschaftsgüter, in dem vorliegenden Fall der steuerlich getrennt zu beurteilenden beiden Wohnungen, ist entscheidend, dass die Zuordnung der Gegenleistung ausdrücklich auf den Vertragsgegenstand erfolgt, für den der Schuldzinsenabzug in Anspruch genommen werden soll.

c) Gebäudeherstellung

50 Auch in Herstellungsfällen kann **ohne Aufteilung** in Wohn- und Teileigentum der Steuerpflichtige für ein aufgenommenes Darlehen in vollem Umfang Werbungskosten geltend machen, wenn er das Darlehen zur Herstellung des der Einkünfteerzielung dienenden Gebäudeteiles verwendet. Der Werbungskostenabzug setzt zunächst voraus, dass die Herstellungskosten dem ein eigenständiges Wirtschaftsgut bildenden Gebäudeteil gesondert zugeordnet werden. Dabei sind die ausschließlich auf diesen entfallenden Kosten gesondert auszuweisen.

Die das Gesamtgebäude betreffenden Kosten sind anteilig zuzuordnen; das gleiche gilt, wenn der Steuerpflichtige die Kosten der Errichtung des gesamten Gebäudes einheitlich abgerechnet hat.

Des weiteren ist erforderlich, dass die dem ein eigenständiges Wirtschaftsgut bildenden Gebäudeteilen zugeordneten Herstellungskosten tatsächlich nur mit dem Darlehen gezahlt worden sind, dessen Zinsen als Werbungskosten geltend gemacht werden. Dies ist z.B. dann der Fall, wenn die Zahlungen (auch Abschlagzahlungen) zu Lasten eines Kontos geleistet worden sind, dessen Guthaben nur aus Darlehensmitteln besteht, vgl. BFH BStBl. 1999 II 676.

3. Aufteilung in zwei Eigentumswohnungen; Überlassungsvertrag und Erbvertrag

Trotz der dargelegten Änderung der Rechtsprechung und der Verwal- 51
tungsmeinung ist folgende Alternative erwägenswert:

a) Abschluss eines Kaufvertrages hinsichtlich der fremdvermieteten Wohnung gegen Kaufpreiszahlung und
b) erbvertragliches Vorausvermächtnis, wonach die vom Übergeber bewohnte Wohnung dem die Abfindung zahlenden Sohn als Vorausvermächtnis zufällt.

4. Kaufvertrag über einen Hälftemiteigentumsanteil mit Benützungsregelung gem. § 1010 BGB

In Betracht kommt auch ein Kaufvertrag über einen Miteigentumshälfte- 52
anteil gegen Zahlung von 200.000 €, wobei die Benutzung der beiden Wohnungen gem. § 1010 BGB geregelt wird und zwar in der Weise, dass die Eltern ihre Wohnung weiterhin allein nutzen, während die Nutzung der anderen Wohnung dem Sohn zusteht. Der Schuldzinsenabzug für den entgeltlich erworbenen Miteigentumshälfteanteil ist in voller Höhe zulässig.

5. Werbungskostenabzug

Literatur: *Mensch* Steuerrecht in der notariellen Praxis, ZNotP 2010, 96; *Schallmoser* Praxisprobleme im Rahmen der Aufteilung von Anschaffungskosten bei gemischt benutzten Grundstücken, DStR 2009, 1685.

In Anschaffungsfällen ist bereits im Rahmen der Kaufvertragsgestaltung 53
darauf zu achten, dass dem zur privaten Wohnungsnutzung und dem der Einkünfteerzielung dienenden Gebäudeteil jeweils ein gesonderter Kaufpreis zugewiesen wird. Zumindest sollte in einer Vorbemerkung zum notariell beurkundeten Kaufvertrag die beabsichtigte Nutzung der verschiedenen Wirtschaftsgüter schriftlich niedergelegt werden, vgl. *Spiegelberger/Spindler/Wälzholz* S. 674. Steuerlich interessant ist in diesem Zusammenhang, wenn die zur

Selbstnutzung vorgesehenen Wirtschaftsgüter un- oder teilentgeltlich übergehen sollen, während die zur Fremdvermietung vorgesehenen Wirtschaftsgüter zu Marktpreisen übertragen werden, vgl. *Schallmoser* DStR 2009, 1686; *Heuermann* DB 2009, 1558.

54 Darüber hinaus ist bei einer Finanzierung der Immobilie darauf zu achten, dass die dem jeweiligen Gebäudeteil zugeordneten Kosten auch ausschließlich dem jeweiligen Gebäudeteil zugeordnet und dass bei Finanzierung das aufgenommene Darlehen ***ausschließlich*** für den vermieteten Gebäudeteil verwendet wird. Dies geschieht entweder in der Weise, dass im Wege des abgekürzten Zahlungsweges von der darlehensgewährenden Bank direkt die Zahlungen an den Verkäufer erfolgen oder dass über ein Notaranderkonto auf das Konto des Verkäufers überwiesen wird.

55 Die vorstehenden Grundsätze sind auch auf Herstellungsfälle anwendbar, in dem der Bauunternehmer gesonderte Rechnungen erstellt oder aufgrund einer eigens gefertigten Aufstellung des Steuerpflichtigen (vgl. BFH BStBl. 2004, 348) dem jeweiligen Wirtschaftsgut zugeordnet werden und auf der zweiten Stufe direkt aus der zugeordneten Darlehensvaluta die jeweiligen Herstellungskosten beglichen werden, vgl. *Schallmoser* DStR 2009, 1687. Bei der vorstehend geschilderten Handhabung sind die Darlehenszinsen für den vermieteten Gebäudeteil sofort und in voller Höhe als Werbungskosten abziehbar.

II. Wohnungseigentümergemeinschaft

56 **Beispiel:** Eltern E haben zur Kapitalanlage ein Doppelhaus mit zwei getrennten Wohneinheiten erworben. Nunmehr soll im Wege der vorweggenommenen Erbfolge jedem Kind das Alleineigentum an einer Wohnung zugewiesen werden.

1. Aufteilung

a) Aufteilung gem. § 8 WEG

57 Der Eigentümer eines Grundstückes kann gem. § 8 WEG durch Erklärung gegenüber dem Grundbuchamt das Eigentum an seinem Grundstück in Miteigentumsanteile in der Weise aufteilen, dass mit jedem Miteigentumsanteil das Sondereigentum an einer bestimmten Wohnung oder an nicht zu Wohnzwecken dienenden Räumen in einem auf dem Grundstück errichteten oder zu errichtenden Gebäude verbunden ist.

b) Aufteilung gem. § 3 WEG

58 Miteigentümer an einem Grundstück können gem. § 3 WEG bebauten Grundbesitz auch in der Weise aufteilen, dass jedem Miteigentümer das Son-

dereigentum an einer bestimmten Wohnung oder an nicht zu Wohnzwecken dienenden bestimmten Räumen eingeräumt wird. Damit entsteht Alleineigentum des jeweiligen Miteigentümers an dem Sondereigentum.

2. Formulierungsbeispiel: Begründung von Wohnungs- und Teileigentum gemäß § 8 WEG an einem Doppelhaus

Beurkundet am … 59

I. Grundbuchstand

Laut Vortrag im Grundbuch des Amtsgerichtes für Band … Blatt … Eigentümer des Grundstückes der

Das Grundstück ist wie folgt belastet:

Abt. II: …

Abt. III: …

II. Teilung und Verbindung mit Sondereigentum

Der Grundstückseigentümer teilt hiermit das Eigentum an dem Grundstück Flst. Nr. Gemarkung gemäß § 8 WEG in Miteigentumsanteile in der Weise auf, dass mit jedem Miteigentumsanteil das Sondereigentum an sämtlichen Räumen eines freistehenden Hauses (Wohnungseigentum) oder an nicht zu Wohnzwecken dienenden Räumen (Teileigentum) verbunden ist. Unter Bezugnahme auf den einen wesentlichen Bestandteil dieser Urkunde bildenden beigefügten Aufteilungsplan und zugehöriger Abgeschlossenheitsbescheinigung des Landratsamtes … vom , AZ. wird hiermit folgendes Wohnungs- und Teileigentum gebildet:

a) Miteigentumsanteil zu $^1/_2$
am genannten Grundstück, verbunden mit dem Sondereigentum an der abgeschlossenen Wohnungs- und Teileigentumseinheit im Gebäude ,
im Aufteilungsplan mit der Nr. 1 bezeichnet.
Mit dieser Einheit verbunden ist das Sondernutzungsrecht an derjenigen Grundstücksfläche, welche im beigefügten Lageplan farblich (umrandet) eingezeichnet ist.

b) Miteigentumsanteil zu $^1/_2$
am genannten Grundstück, verbunden mit dem Sondereigentum an der abgeschlossenen Wohnungs- und Teileigentumseinheit im Gebäude ,
im Aufteilungsplan mit Nr. 2 bezeichnet.

Mit dieser Einheit verbunden ist das Sondernutzungsrecht an derjenigen Grundstücksfläche, welche im beigefügten Lageplan farblich (umrandet) eingezeichnet ist.

Jeder Miteigentumsanteil ist durch die Einräumung der zu den anderen Miteigentumsanteilen gehörenden Sondereigentumsrechte beschränkt.

Aufteilung, Lage und Größe der im Sondereigentum stehenden Räume und Gebäudeteile sind aus dem beigehefteten Aufteilungsplan ersichtlich.

III. Grundbucherklärungen

Der Grundstückseigentümer bewilligt und beantragt in das Grundbuch einzutragen

1. die Aufteilung und Verbindung mit Sondereigentum gemäß Abschnitt II. dieser Urkunde,
2. als Inhalt des Sondereigentums in Abweichung und Ergänzung von den Bestimmungen des WEG die in nachfolgender Ziffer IV. enthaltenen Bestimmungen.

Um Vollzugsnachricht zu Händen des amtierenden Notars wird ersucht.

IV. Gemeinschaftsordnung

Für das Verhältnis der Wohnungs- und Teileigentümer gelten die Bestimmungen des Wohnungseigentumsgesetzes in der jeweils gültigen Fassung. In Abweichung und Ergänzung dieser Vorschriften wird jedoch als Inhalt des Sondereigentums folgendes bestimmt:

1. Jeder Miteigentümer, welchem jeweils das Sondereigentum an den sämtlichen Räumen des jeweiligen Hauses zusteht, erhält auch das Sondernutzungsrecht an sämtlichen Bauteilen des jeweils betroffenen Gebäudes, soweit solche kraft Gesetzes im Gemeinschaftseigentum stehen. Der Sondernutzungsberechtigte hat die seinem Sondernutzungsrecht unterliegenden Bauteile allein instand zu halten und im Falle einer Zerstörung wieder entsprechend aufzubauen. Der Sondereigentümer trägt sämtliche Kosten, die durch die Bewirtschaftung, Instandhaltung und etwaige Erneuerungen des freistehenden Gebäudes, an dessen Räumlichkeiten ihm Sondereigentum zusteht, jeweils auch allein.
2. Den jeweiligen Eigentümern der Miteigentumsanteile, mit denen Sondereigentum verbunden ist, steht das ausschließliche Recht auf Nutzung der im räumlichen Bereich dieser Gebäude befindlichen Grundstücksteile, welche in dem dieser Urkunde als wesentlicher Bestandteil beigehefteten Lageplan jeweils zugehörig und farbig eingezeichnet sind, zu, wobei der zur Einheit Aufteilungsplan Nr. 1 gehörende Grundstücksteil umrandet und der zur Einheit Aufteilungsplan Nr. 2 gehörende Grundstücksteil umrandet angelegt ist.
   Diese Grundstücksteile sind vom jeweils Sondernutzungsberechtigten in ordnungsgemäßem Zustand zu erhalten.
3. Soweit durch den Besitz, die Bewirtschaftung, Instandhaltung oder Erneuerung des Grundstücks, der Gebäude oder von Gebäudeteilen Kosten anfallen, die nicht auf die einzelnen Gebäude oder die dem Sondernutzungsrecht der jeweiligen Miteigentümer unterliegenden Grundstücksflächen getrennt ausgeschieden werden können, sind diese Kosten unter sämtlichen Miteigentümern entsprechend der Größe ihrer Miteigentumsanteile am Grundstück zu verteilen.
   Dies gilt insbesondere für die Kosten der Unterhaltung der gemeinschaftlich genutzten Flächen (Zugang und Zufahrt).
4. Die jeweiligen Miteigentümer sind berechtigt, die ihrem Sondernutzungsrecht unterliegenden Grundstücksteile gegenüber den übrigen Grundstücksteilen durch Bepflanzung oder Zäune abzugrenzen, soweit dem öffentlich-rechtliche Vorschriften nicht entgegenstehen.
5. Bauliche Veränderungen an den, dem Sondereigentum und/oder Sondernutzungsrecht eines jeweiligen Miteigentümers unterliegenden Gebäuden bedürfen grundsätzlich nicht der Zustimmung der übrigen Miteigentümer. Der Charakter der gesamten Wohnanlage darf dadurch jedoch nicht beeinträchtigt werden. Baugenehmigungspflichtige Vorhaben dürfen im übrigen nur mit Zustimmung des/der unmittelbar angrenzenden Wohnungs- und Teileigentumseinheiten vorgenommen werden. Der Sondereigentümer hat außerdem bei baulichen Maßnahmen die nach § 14 Nr. 1 WEG gebotene Rücksicht zu nehmen.
6. Soweit in dieser Urkunde nichts anderes bestimmt ist, sollen die Miteigentümer untereinander und deren Rechte und Pflichten so zu behandeln sein, wie wenn es sich bei den, dem Sondernutzungsrecht und Sondereigentum unterliegenden Grundstücks- und Gebäudeteilen um im Alleineigentum des betreffenden Miteigentümers stehende selbständige Hausgrundstücke handeln würde.
7. Das Erfordernis jährlicher Eigentümerversammlungen wird abbedungen. Eigentümerversammlungen finden nur bei Bedarf statt. Jeder Sondereigentümer kann jedoch die Abhaltung einer Eigentümerversammlung verlangen, wenn hierfür ein stichhaltiger Grund besteht. Eine Vertretung bei den Versammlungen durch Dritte ist grundsätzlich möglich, jedoch beschränkt auf Verwandte bis zum dritten Grad der Seitenlinie und die jeweils zugehörigen Ehegatten.
8. Bestehende Ver- und Entsorgungseinrichtungen, Dachüberstände und sonstige bautechnische Gegebenheiten, welche dem alleinigen Gebrauchsrecht des Sondereigentums bzw. Sondernutzungsberechtigten entgegenstehen, sind weiterhin entschädigungslos zu dulden. Hierfür anfallende Kosten der Unterhaltung und ggf.

der Erneuerung gehen jeweils zu Lasten desjenigen Miteigentümers, zu dessen Gebäude solche Bauteile gehören und/oder allein benutzt werden. Soweit Ver- und Entsorgungseinrichtungen gemeinschaftlich benutzt werden, fallen die entsprechenden Kosten den Benutzern auch gemeinschaftlich zur Last.

9. Der nicht einem Sondereigentum oder Sondernutzungsrecht eines Miteigentümers unterliegende Grundstücksteil (im Lageplan angelegt) steht allen Miteigentümern gemeinschaftlich zur Nutzung zu.

10. Die im Gemeinschaftseigentum und nicht im Sondereigentum oder Sondernutzungsrecht eines Miteigentümers stehende Grundstücksflächen, sind auch gemeinsam zu pflegen und zu reinigen. Besteht hierüber nicht behebbare Uneinigkeit, so ist hierfür ein Hausmeister zu engagieren, in dessen Kosten sich die Miteigentümer teilen im Verhältnis der Miteigentumsanteile. Die Entscheidung darüber, ob und unter welchen Umständen ein Hausmeister anzustellen ist, trifft der Verwalter. Ein solcher wird jedoch heute nicht bestellt. Die Bestellung kann für einen Zeitraum von maximal drei Jahren ab heute noch der heutige Grundstückseigentümer ohne Eigentümerversammlung und Zustimmung der Miteigentümer vornehmen. Eine entsprechende Vollmacht ist in etwaige künftigen Erwerbsverträge aufzunehmen. Der Verwalter ist mit einer üblichen Verwaltervollmacht auszustatten.

V. Allgemeine Bestimmungen

1. Der amtierende Notar wird zur Abgabe von Erklärungen, Stellung, Änderung und Zurücknahme von Anträgen, die zum grundbuchamtlichen Vollzug dieser Urkunde notwendig oder zweckdienlich sind, ermächtigt.
2. Alle durch diese Beurkundung und den Vollzug erwachsenden Kosten tragen …
   Jeder Beteiligte erhält sofort eine beglaubigte Abschrift und nach grundbuchamtlichem Vollzug eine Ausfertigung;
   für das Grundbuchamt … und die Grundpfandrechtsgläubiger sind je beglaubigte Abschriften zu fertigen, für das Finanzamt (Bewertungsstelle) … eine einfache Abschrift, ebenso für die Grunderwerbsteuerstelle.
3. Soweit einzelne Bestimmungen dieser Urkunde unwirksam sein oder werden sollten, berührt dies nicht die Gültigkeit aller anderen Regelungen. Unwirksame Bestimmungen sind durch Abreden zu ersetzen, die dem beabsichtigten Zweck möglichst gleich oder nahe kommen.
4. Die derzeit bestehenden Belastungen bleiben an den begründeten Wohnungs- und Teileigentumsrechten zunächst unverändert bestehen. Die Beteiligten stimmen jedoch schon heute einer Freistellung der Einheit Aufteilungsplan Nr.… von den eingetragenen Grundschulden zu.

Vorgelesen vom Notar …

3. Hinweis

Gem. § 5 Abs. 2 WEG sind Teile des Gebäudes, die für dessen Bestand oder Sicherheit erforderlich sind sowie Anlagen und Einrichtungen, die dem gemeinschaftlichen Gebrauch der Wohnungseigentümer dienen, nicht Gegenstand des Sondereigentums, selbst wenn sie sich im Bereich der im Sondereigentum stehenden Räume befinden. Diese zwingenden Vorschriften des WEG können nicht derogiert werden. Den einzelnen Wohnungseigentümern können aber Sondernutzungsrechte am Gemeinschaftseigentum gem. § 15 WEG eingeräumt werden; schließlich ist es auch zulässig, schuldrechtlich die Erhaltung des Gemeinschaftseigentums dem Sondereigentümer aufzuerlegen, der das Gemeinschaftseigentum nutzt. Im Ergebnis kann somit eine wirtschaftliche Situation geschaffen werden, die sich der des Alleineigentümers nähert. 60

C. Teilentgeltliche Übertragungen bei Zeitrenten

Literatur: *Fleischer* Vermögensübergabe gegen (private) Versorgungsleistungen nach dem JStG 2008, ZEV 2007, 475; *Meyering* Die Rente als Variante der wiederkehrenden Zahlungen, StuB 2008, 675; *ders.* Systematisierung wiederkehrender Zahlungen nach dem wirtschaftlichen Zusammenhang und nach dem Rechtsgrund, StuB 2009, 28; *Risthaus* Ertragsteuerlich begünstigte Vermögensübergabe gegen Versorgungsleistungen soll im JStG 2008 auf Betriebsvermögen eingeschränkt werden, ZErb 2007, 314; *Röder* Das Rechtsinstitut der Vermögensübertragung gegen Versorgungsleistungen nach dem JStG 2008, DB 2008, 146; *Spiegelberger* Das Ende der privaten Versorgungsrente, DStR 2007, 1277; *ders.* Die Irrfahrt der privaten Versorgungsrente, DB 2008, 1063; *Wälzholz* Versorgungsleistungen nach dem Jahressteuergesetz 2008, DStR 2008, 275.

66 **Beispiel:** Der 70-jährige V und die 60-jährige M übertragen ihr Fünffamilienhaus auf ihren Sohn S, der sich verpflichtet, an die Eltern auf die Dauer von zwanzig Jahren wiederkehrende Leistungen in Höhe von monatlich 1000,– DM zu erbringen, mindestens jedoch auf die Dauer von dreizehn Jahren an seine Geschwister, wenn die Eltern vorversterben. Das Finanzamt sieht in der Leistung des S ein Entgelt und keine Versorgung. Der Grundbesitz wurde von drei Gutachtern mit einer Bandbreite von 320.000,– DM bis 450.000,– DM bewertet, das Wohnungsrecht mit 73.000,– DM, das Rentenrecht mit 450.000,– DM.

I. Rechtsprechung

67 Nach Auffassung des X. Senats DStR 1995, 408 können dem Vertragstyp der Vermögensübergabe gegen Versorgungsleistungen nur Vertragsgestaltungen zugeordnet werden, die wiederkehrende Leistungen auf die **Lebenszeit** des Versorgungsberechtigten voraussetzen. Ausnahmen hiervon könnten sich aus einer Änderung der Versorgungssituation ergeben, z.B. im Falle einer Wiederverheiratungsklausel oder etwa bei zeitlicher Begrenzung bis zum Eintritt des Versorgungsberechtigten in den Bezug einer Sozialversicherungsrente. Ein grundsätzlich anders geprägter Vertragstyp liege vor, wenn die Leistungen einen fest bestimmten Endpunkt hätten. In rechtlicher und wirtschaftlicher Hinsicht sei der Vergleich mit anlässlich einer vorweggenommenen Erbfolgeregelung vereinbarten Gleichstellungsgeldern oder mit Ausgleichszahlungen naheliegend. Der X. Senat wies den Fall zur weiteren Sachbehandlung an das FG zurück mit dem Auftrag zu prüfen, ob aus dem Wohngebäude Einkünfte aus Vermietung und Verpachtung erzielt würden. Der Barwert der wiederkehrenden Leistungen könne Bemessungsgrundlage der AfA gem. § 9 Abs. 1 Satz 3 Nr. 7 EStG sein. Dies gelte nur, soweit die zu erbringende Gegenleistung angemessen sei; eine unangemessene hohe Gegenleistung sei vorab nach den Grundsätzen für Verträge zwischen nahen Angehörigen am Maßstab des Fremdvergleichs zu korrigieren.

68 Übertragen Eltern einem Kind einen Vermögensgegenstand (hier: Erbanteil) gegen auf ihre Lebenszeit wiederkehrende Leistungen, die jedenfalls für eine bestimmte Mindestdauer zu zahlen sind (sog. **Mindestzeitrente** oder **verlängerte Leibrente**), handelt es sich auch dann nicht um eine Vermögensübergabe gegen Versorgungsleistungen, sondern um ein entgeltliches Veräußerungs-/Anschaffungsgeschäft, wenn die Mindestlaufzeit der wiederkehrenden Leistungen kürzer ist als die voraussichtliche durchschnittliche Le-

benserwartung der bezugsberechtigten Person, vgl. BFH BStBl. 2002 II 650.

In Tz. 56 IV. Nießbraucherlass werden Mindestzeitrenten, abgekürzte Leibrenten und verlängerte Leibrenten ohne jede Differenzierung als Gegenleistungsrenten behandelt. 69

II. Einkommensteuerliche Beurteilung von Leibrenten nach der BFH-Rechtsprechung

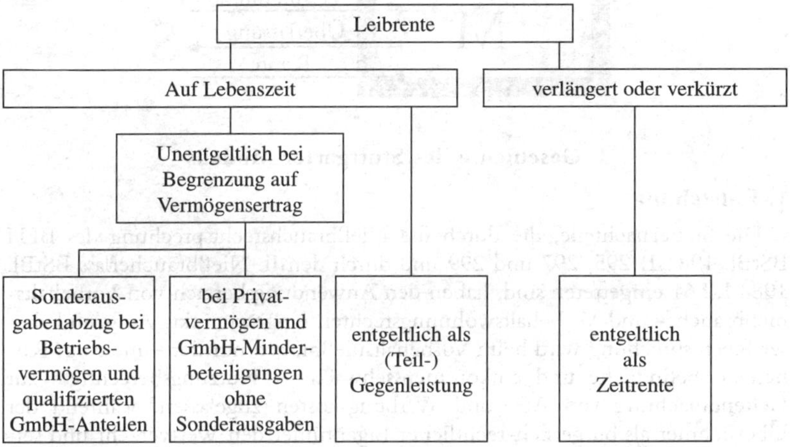

71

III. Einkommensteuerliche Beurteilung durch die Finanzverwaltung im IV. Rentenerlass BStBl. I 2010 S. 227

72

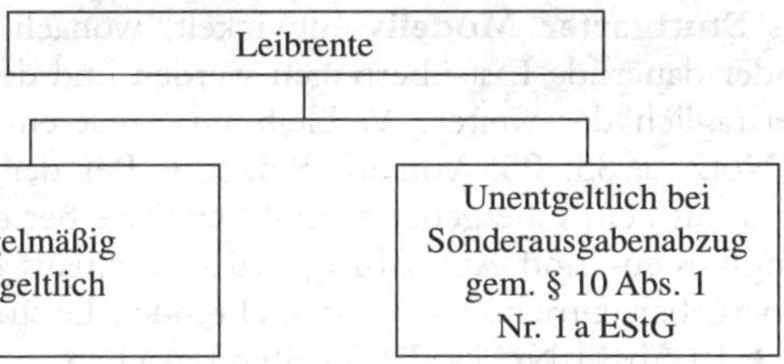

Hinweis: Schenkungsteuerlich mindert eine Leibrente immer die Bereicherung ist aber keine Gegenleistung.

D. Vom Stuttgarter zum Münchner Modell: Überlassung einer vom Übergeber selbst genutzten Wohnung mit Mietvertrag und Leibrente

Literatur: *Spiegelberger* in: Beck'sches Notarhandbuch A V Rn. 296 ff.

Beispiel: M, die Eigentümerin eines Zweifamilienhauses, teilt dieses in zwei Eigentumswohnungen auf und überträgt die von ihr genutzte Erdgeschosswohnung auf ih- 76 ren Sohn, der diese Wohnung an seine Mutter vermietet. Die Obergeschosswohnung bleibt im Eigentum von M und wird an den Sohn vermietet.

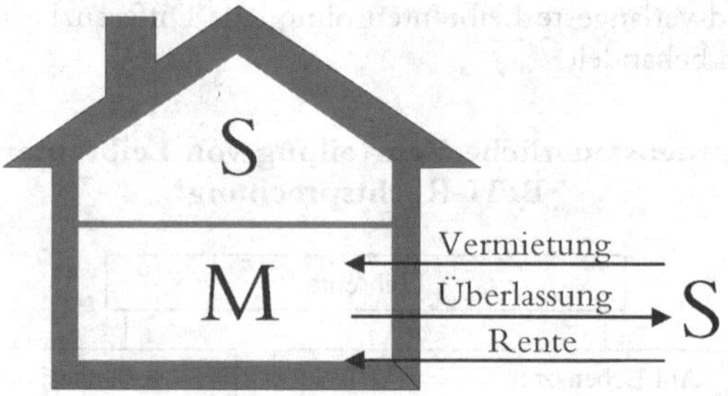

I. Geschichte des Stuttgarter Modells

1. Entstehung

77 Die Steuernachteile, die durch die Nießbrauchsrechtsprechung des BFH BStBl. 1981 II 295, 297 und 299 und durch den II. Nießbraucherlass BStBl. 1984 I, 561 eingetreten sind, haben den Anwendungsbereich von Vorbehaltsnießbrauchs- und Vorbehaltswohnungsrechten eingeschränkt. Aufgrund dieser Rechtsprechung wird beim Vorbehaltsnießbrauch nur der – meist im Ruhestand befindliche und einkommensschwache – Nutzungsberechtigte zur Geltendmachung von AfA und Werbungskosten zugelassen, während der Übernehmer als bürgerlich-rechtlicher Eigentümer den Wertverzehr und seine Instandhaltungsaufwendungen für die vom Nutzungsrecht erfassten Räume steuerlich nicht geltend machen kann.

78 Aufgrund dieser für die Erhaltung von Wohngebäuden ungünstigen Steuerfolgen haben Stuttgarter Notare und Steuerberater im Jahr 1984 im Einvernehmen mit dem Baden-Württembergischen Finanzministerium den Vertragstyp des **Stuttgarter Modells** entwickelt, wonach Grundstücke gegen Leibrente oder dauernde Last übertragen werden und dem Übergeber lediglich mietvertraglich der weitere Verbleib im Anwesen gesichert wird, vgl. *Bühler* BWNotZ 1985, 25; Voraufl. Rn. 139. Bei der Vereinbarung eines Mietvertrages mit dem Übergeber erlangt der Erwerber den uneingeschränkten Werbungskosten- und AfA-Abzug; darüber hinaus durfte der Erwerber die dem Übergeber entrichteten wiederkehrenden Leistungen als Sonderausgaben gem. § 10 Abs. 1 Nr. 1 a EStG geltend machen.

79 Im Gegensatz zum Zuwendungsnießbrauch, bei dem die Vermietung an den Eigentümer eine Rückgängigmachung des Nießbrauches oder einen Missbrauch von rechtlichen Gestaltungsmöglichkeiten darstellen kann, insbesondere, wenn das Nießbrauchsrecht mit einem unkündbaren Mietvertrag verbunden ist, vgl. Tz. 17 III. Nießbraucherlass BStBl. 1998 I 914, bestehen bei der **Rückvermietung** an den Eigentümer im Fall des Vorbehaltsnießbrauches keine Bedenken, vgl. BFH BStBl. 1976 II 537. Dies gilt auch bei der Übertragung eines Grundstückes gegen Leibrente oder dauernder Last mit Rückvermietung an den Übergeber auf dessen Lebensdauer, vgl. Schreiben des FinMin Baden-Württemberg an den Württ. Notarverein v. 26. 2. 1985 BWNotZ 1985, 25. Die in diesem Schreiben für den Fall der Nieß-

brauchsablösung geforderte getrennte Urkunde für den Mietvertrag ist für den Fall, dass das Mietverhältnis von vornherein bei der Übergabe vereinbart wurde, wegen der Formvorschrift des § 311 b Abs. 1 BGB (früher § 313 BGB) unzulässig. Die Finanzverwaltung hat das Erfordernis der Urkundentrennung fallen lassen, vgl. *Bühler* BWNotZ 1986, 13.

2. Entscheidung des IX. Senats DStRE 2004, 455

Selbst die vom Übergeber bewohnte Wohnung – eine vom Großen Senat nicht erwähnte Gestaltung – konnte im Wege der vorweggenommenen Erbfolge unter Vereinbarung von als Sonderausgaben abziehbaren Versorgungsleistungen übertragen werden, wenn mit dem Übergeber ein Mietvertrag vereinbart wurde und der Übergeber zur Entrichtung der Miete die vereinbarte dauernde Last (Leibrente) verwendete, so dass das seit 1984 praktizierte **Stuttgarter Modell,** vgl. Münchner Vertragshandbuch/*Spiegelberger* Bd. 6, S. 11 seine Bestätigung gefunden hat. Selbstverständlich musste beachtet werden, dass beim Stuttgarter Modell **zwei getrennte Rechtsverhältnisse** vorliegen, nämlich die Vermögensübergabe gegen Versorgungsleistungen einerseits und die entgeltliche Wohnungsnutzung durch den Übergeber andererseits, die völlig unabhängig voneinander ausgestaltet werden mussten. Der Abschluss eines Mietvertrages über die vom Übergeber bewohnte Wohnung wurde von einigen Finanzgerichten (FG Köln EFG 2001, 1139; Niedersächsisches FG EFG 1994, 1089; FG Düsseldorf EFG 2001, 548; FG Nürnberg EFG 1996, 279) als Gestaltungsmissbrauch beurteilt, während das Hessische FG (DStRE 2002, 955), das FG Münster (AZ. IX R 11/01 und 12/01) und das Thüringer FG (EFG 1999, 544) die Gestaltung als zulässig erachtet haben. **80**

Nach Auffassung des IX. BFH-Senats DB 1996, 74 liegt selbst dann kein Gestaltungsmissbrauch vor, wenn ein Zweifamilienhaus in zwei Eigentumswohnungen aufgeteilt wird und die Mutter die von ihr selbst bewohnte Eigentumswohnung im Wege der vorweggenommenen Erbfolge auf ihren Sohn überträgt, der diese Wohnung der Mutter wiederum vermietet, während die Mutter die von dem Sohn bewohnte Obergeschosswohnung weiterhin in ihrem Eigentum behält und an den Sohn vermietet. Die Vermietung ist auch dann eine angemessene Gestaltung, wenn die Vermietung an Angehörige erfolgt, selbst dann, wenn das mietende unterhaltsberechtigte Kind die Miete nur aus dem ihm gewährten Barunterhalt begleichen kann, vgl. BFH BStBl 2000 II 224. **81**

Keinesfalls besteht eine Verpflichtung, die Wohnungsnutzung einem Angehörigen durch ein in der Ausübung unentgeltliches Wohnungsrecht zu gewähren. Auch Angehörigen steht es frei, ihre Rechtsverhältnisse untereinander steuerlich möglichst günstig zu gestalten. **82**

Nach der Entscheidung des IX. BFH-Senats DStRE 2004, 455 stellt der Abschluss eines Mietvertrages unter Angehörigen nicht schon deshalb einen Gestaltungsmissbrauch i. S. von § 42 AO dar, weil der Mieter das Grundstück zuvor gegen wiederkehrende Leistungen auf den Vermieter übertragen hat. Der BFH betont zurecht, dass die Eigentumsübertragung einerseits und die anschließende Vermietung andererseits jeweils zivilrechtlich und wirtschaftlich getrennt und auch steuerrechtlich grundsätzlich unabhängig von einander zu beurteilen sind.

83 Selbst ein Nebeneinander von Wohnungsrecht und Mietvertrag ist sowohl zivilrechtlich zulässig als auch steuerrechtlich grundsätzlich nicht zu beanstanden, vgl. BFH BStBl. 1999 II 826. Zusammenfassend ist festzustellen, dass die vereinbarten Versorgungsleistungen nach den vom Großen Senat gefundenen Maßstäben zu bemessen waren und der gleichzeitig oder später vereinbarte Mietvertrag einem **Fremdvergleich** standhalten musste.

84 Der Vorwurf, das Stuttgarter Modell würde ein missbräuchliches Steuersparmodell darstellen, entbehrt jeder Grundlage. Selbst wenn kurz- oder mittelfristig ein Werbungskostenüberschuss eintritt, muss in der langfristigen Betrachtung die **Einkünfteerzielungsabsicht** dargelegt werden. Dabei hat der IX. Senat an die zu vereinbarende Miete höhere Anforderungen gestellt als dies selbst der Gesetzgeber in § 21 Abs. 2 EStG normiert hat, vgl. BFH DStR 2003, 73. *Rose/Glorius-Rose* DB 2000, 1633 und 2003, 413, die die Missbrauchrechtsprechung des BFH seit 1992 systematisch untersuchen, stellen fest, dass erfreulicherweise die einschlägigen Entscheidungen zu § 42 AO deutlich abgenommen haben und damit eine größere Rationalität und Ausgewogenheit der Rechtsprechung eingetreten ist.

3. Jahressteuergesetz 2008 und Münchner Modell

85 Ein Stuttgarter Modell kann in der bisherigen Form nicht mehr mit Sonderausgabenabzug vereinbart werden. Den Beteiligten steht es aber frei, wiederkehrende Zahlungen nicht als Versorgungsrente, sondern als **Veräußerungsrente** zu vereinbaren, so dass ein (teil-)entgeltlicher Erwerb vorliegt und aufgrund der Vermietung der Wohnräume an den Übergeber AfA und Schuldzinsenabzug zulässig sind.

86 Sofern die Höhe der Leibrente den Mietertrag der Immobilie übersteigt, liegt automatisch nach der Rechtsprechung des BFH BStBl. 2004 II 95 eine **entgeltliche** Rentenzahlung vor. Der Übergeber tätigt eine Vermögensumschichtung in eine Gegenleistungsrente, deren Zinsanteil der Übergeber als Einkünfte aus Kapitalvermögen versteuern muss. Die Schuldzinsen unterliegen – da ein Verwandtendarlehen zugrunde liegt – nicht der Abgeltungssteuer, vgl. § 32 d Abs. 2 Nr. 1 a EStG. Gegenüber einem herkömmlichen Stuttgarter Modell mit einer privaten Versorgungsrente hat die Entgeltlichkeitsvariante den Vorteil, dass dem Erwerber eine aus dem Rentenbarwert abgeleitete AfA zusteht.

87 Um eine steuerschädliche Typenvermischung zwischen Vorwegerbfolge und Kaufvertrag zu vermeiden, sollte vorsorglich statt der üblichen Widerrufsrechte, die für einen Kaufvertrag untypisch sind, ein **Wiederkaufsrecht** gem. § 456 BGB vereinbart werden, das ebenfalls durch eine Auflassungsvormerkung gem. § 883 BGB gesichert werden kann.

II. Entgeltliche Vermögensübertragung gegen wiederkehrende Leistungen gem. Tz. 66 ff. IV. Rentenerlass BStBl. I 2010 S. 227

91 Gem. Tz. 65 IV. Rentenerlass BStBl. I 2010 S. 227 enthalten wiederkehrende Leistungen im Austausch mit einer Gegenleistung bis zur Grenze der Angemessenheit eine nichtsteuerbare oder steuerbare Vermögensumschichtung in Höhe des Barwerts (Tilgungsanteil) und einen Zinsanteil.

Ist der Barwert (Tilgungsanteil) der wiederkehrenden Leistungen **höher** als der Wert des übertragenen Vermögens, ist Entgeltlichkeit in Höhe des angemessenen Kaufpreises anzunehmen. Der übersteigende Betrag ist eine Zuwendung i. S. d. § 12 Nr. 2 EStG. 92

Sofern der Barwert der wiederkehrenden Leistungen mehr als doppelt so hoch wie der Wert des übertragenen Vermögens ist, liegt gem. Tz. 66 IV. Rentenerlass BStBl. I 2010 S. 227 **insgesamt** eine Zuwendung i. S. d. § 12 Nr. 2 EStG vor; a. A. *Offerhaus* FR 1970, 346 und *Spiegelberger* in: FS für Offerhaus 1999, S. 549. 93

Wiederkehrende Leistungen werden **teilentgeltlich** erbracht, wenn der Wert des übertragenen Vermögens höher ist als der Barwert der wiederkehrenden Leistungen. 94

1. Übertragung von Betriebsvermögen

Bei der Veräußerung von Wirtschaftsgütern des Betriebsvermögens gegen Veräußerungsrenten oder Kaufpreisraten gelten gem. Tz. 67 IV. Rentenerlass BStBl. I 2010 S. 227 die allgemeinen Grundsätze. 95

Im Fall der Gewinnermittlung gem. § 4 Abs. 3 EStG ergeben sich die Anschaffungskosten für dieses Wirtschaftsgut aus dem Barwert der Rentenverpflichtung. Die einzelnen Rentenzahlungen sind in Höhe ihres Zinsanteiles Betriebsausgaben. Der Zinsanteil ergibt sich aus dem Unterschiedsbetrag zwischen den Rentenzahlungen einerseits und dem jährlichen Rückgang des Barwerts der Leibrentenverpflichtung andererseits, vgl. R 4.5 Abs. 4 EStR 2005; BStBl. 2005 Sonder-Nr. 1 S. 3.

Gem. R 16 Abs. 11 EStR 2005 hat der Steuerpflichtige ein **Wahlrecht**, wonach er den bei der Veräußerung entstandenen Gewinn sofort versteuern oder die Rentenzahlungen als nachträgliche Betriebseinnahmen i. S. d. § 15 i. V. m. § 24 Nr. 2 EStG behandeln kann. Im letzteren Fall entsteht ein Gewinn, wenn der Kapitalanteil der wiederkehrenden Leistungen das steuerliche Kapitalkonto des Veräußerers zuzüglich etwaiger Veräußerungskosten des Veräußerers übersteigt. 96

Der in den wiederkehrenden Leistungen enthaltene Zinsanteil ist bereits im Zeitpunkt des Zuflusses eine nachträgliche Betriebseinnahme.

2. Übertragung von Privatvermögen

a) Behandlung beim Verpflichteten

Werden die wiederkehrenden Leistungen für den Erwerb eines zur Einkünfteerzielung dienenden abnutzbaren Wirtschaftsgutes gezahlt, ist der Barwert der Rente oder der dauernden Last Bemessungsgrundlage für die Absetzungen für Abnutzung, erhöhte Absetzungen und Sonderabschreibungen, vgl. BFH BStBl. 1995 II 47. Der Zinsanteil von Veräußerungsleibrenten ist nach der Ertragsanteilstabelle des § 22 Nr. 1 Satz 3 Buchst. a, Doppelbuchst. bb EStG zu berechnen, kann aber auch nach finanzmathematischen Grundsätzen unter Verwendung eines Zinsfusses von 5,5% berechnet werden. Der Zinsanteil darf als Werbungskosten abgezogen werden, wenn das erworbene Wirtschaftsgut der Einkünfteerzielung dient und kein Werbungskostenabzugsver- 97 bot z. B. gem. § 20 Abs. 9 EStG greift, vgl. Tz. 72 IV. Rentenerlass BStBl. I 2010 S. 227.

b) Behandlung beim Berechtigten

98 Veräußerungspreis bei privaten Veräußerungsgeschäften gegen wiederkehrende Leistungen ist gem. Tz. 69 IV. Rentenerlass BStBl. I 2010 S. 227 der Unterschiedsbetrag zwischen der Summe der jährlichen Zahlungen und dem nach Tz. 71 zu ermittelnden Zinsanteil. Ein Gewinn aus privaten Veräußerungsgeschäften entsteht erstmals in dem Veranlagungszeitraum, in dem der in der Summe der jährlichen Zahlungen enthaltene Veräußerungspreis die ggf. um die Absetzung für Abnutzung, erhöhten Absetzungen oder Sonderabschreibungen verminderten Anschaffungs- oder Herstellungskosten sowie die zugehörigen Werbungskosten übersteigt. Der in den wiederkehrenden Leistungen enthaltene Zinsanteil ist Entgelt für die Stundung des Veräußerungspreises, das auf die Laufzeit der wiederkehrenden Leistungen zu verteilen ist.

99 **Beispiel Gem. Tz. 76 IV. Rentenerlass BStBl. I 2010 S. 227:** V überträgt seinem Sohn S im Wege der vorweggenommenen Erbfolge eine vermietete Eigentumswohnung mit einem Verkehrswert von 210.000 €. S verpflichtet sich, V eine an dessen Bedürfnissen orientierte lebenslängliche Rente von monatlich 2500 € (jährlich 30.000 €) zu zahlen. Der Barwert der wiederkehrenden Leistungen beträgt 350.000 €.

Lösung: S hat Anschaffungskosten in Höhe von 210.000 €, die – abzüglich des Anteils für den Grund und Boden – Bemessungsgrundlage für die Absetzungen für Abnutzung sind.

Der unangemessene Anteil der jährlichen Zahlung, also ein Betrag in Höhe von (40% von 30.000 € =) 12.000 €, ist als Zuwendung i. S. d. § 12 Nr. 2 EStG zu beurteilen. Der verbleibende Betrag von (30.000 € – 12.000 € =) 18.000 € ist in einen Tilgungs- und einen Zinsanteil zu zerlegen. Den nach der Ertragsanteilstabelle des § 22 Nr. 1 Satz 3 Buchst. a Doppelbuchst. bb EStG ermittelten Zinsanteil der Veräußerungsleibrente muss V als Berechtigter versteuern. Diesen kann er als Werbungskosten geltend machen, wenn er das erworbene Wirtschaftsgut zur Erzielung von Einkünften verwendet.

3. Übertragung gegen Zeitrente

100 Bei wiederkehrenden Leistungen auf bestimmte Zeit oder bei für eine Mindestlaufzeit zu erbringenden wiederkehrenden Leistungen liegen Anschaffungskosten in Höhe des nach § 13 Abs. 1 BewG zu ermittelnden Barwerts vor. Bei dem Zinsanteil soll gem. Tz. 78 IV. Rentenerlass BStBl. I 2010 S. 227 danach unterschieden werden, ob die laufenden Zahlungen mehr von den begrifflichen Merkmalen einer Leibrente oder mehr von denjenigen einer (Kaufpreis-)Rate geprägt werden. Wurde die durch die Lebensdauer des Berechtigten bestimmte Wagniskomponente nicht zu Gunsten eines voraus bestimmten Leistungsvolumens ausgeschaltet, dann ist der Ertragsanteil mittels der Ertragswerttabelle des § 22 Nr. 1 Satz 3 Buchst. a Doppelbuchst. bb Satz 4 EStG zu ermitteln, vgl. BFH DStRE 2009, 75.

Überwiegen hingegen die Gründe für die Annahme, bei den wiederkehrenden Leistungen handle es sich um (Kaufpreis-)Raten (z. B. bei einer Zeitrente, bei einer abgekürzten Leibrente oder bei einer Leibrente, bei der die

Mindestlaufzeit höher ist als die durchschnittliche Lebensdauer), ist der Zinsanteil dieser auf besonderen Verpflichtungsgründen beruhenden Renten bzw. dauernden Lasten der Unterschiedsbetrag zwischen der Summe der jährlichen Zahlungen und der jährlichen Minderung des Barwerts der wiederkehrenden Leistungen, vgl. Tz. 79 IV. Rentenerlass BStBl. I 2010 S. 227.

III. Veräußerungsrente (dauernde Last) und Mietvertrag

1. Beratungssituation

Die 65-jährigen Eheleute E wollen ihr stark renovierungsbedürftiges Einfamilienhaus ihrer Tochter T übertragen, weiterhin aber auf Lebensdauer das Einfamilienhaus bewohnen. Um die Kosten der Renovierung und Erhaltung als Werbungskosten geltend machen zu können, soll auf Anraten des Steuerberaters kein dingliches Nutzungsrecht, sondern ein Mietvertrag vereinbart werden. Die übrigen Geschwister wurden bereits durch Geldzuwendungen mit entsprechenden Pflichtteilsverzichten abgefunden. **101**

2. Formulierungsbeispiel: (Teil-)Entgeltliche Übertragung mit dauernder Last und Mietvertrag

Beurkundet am … **102**

I. Vertragsgegenstand

Laut Grundbuch des Amtsgerichts … sind die Ehegatten E je Hälftemiteigentümer des unbelastet vorgetragenen Grundstücks der Gemarkung …

Flst.Nr. …

II. Überlassung, Auflassung

Die Eheleute E

– im folgenden auch „Übergeber“ genannt –

überlassen hiermit den vorbezeichneten Vertragsgegenstand mit allen Rechten und Pflichten

ihrer Tochter T

– im folgenden auch „Erwerber“ genannt –

zum Alleineigentum.

Die Vertragsteile sind über den vereinbarten Eigentumsübergang einig und bewilligen und beantragen den Erwerber als Alleineigentümer im Grundbuch einzutragen.

III. Besitz, Übergang, Gewährleistung

Besitz, Nutzungen und Lasten gehen sofort auf den Erwerber über. Jegliche Rechts- und Sachmängelhaftung wird ausgeschlossen.

IV. Dauernde Last

Der Erwerber verpflichtet sich, an die Übergeber als Berechtigte gemäß § 428 BGB auf deren Lebenszeit und auf Lebenszeit des Längstlebenden als

dauernde Last

monatlich einen Betrag in Höhe von 500 €

– fünfhundert Euro –

im Voraus je bis zum 3. eines jeden Monats, erstmals für den auf die Beurkundung folgenden Monat, zu zahlen. Der Tod eines Übergebers führt zu keiner Verminderung der dauernden Last.

1. Anpassung

Sofern durch eine Änderung der wirtschaftlichen Verhältnisse der standesgemäße Unterhalt des Erwerbers oder der Übergeber nicht mehr gewährleistet ist, kann jeder eine Abänderung analog § 323 ZPO verlangen.

Eine Erhöhung kann insbesondere auch aus dem Mehrbedarf abgeleitet werden, der sich infolge dauernder Pflegebedürftigkeit eines Übergebers oder aufgrund der Aufnahme in ein Alters- oder Pflegeheim ergibt; das Ausmaß der Erhöhung richtet sich nach § 1601 BGB analog. In jedem Fall ist der Erwerber verpflichtet, seine Geschwister von einer Inanspruchnahme durch den Sozialhilfeträger freizustellen.

2. Wertsicherungsklausel

Die dauernde Last erhöht oder vermindert sich in dem selben prozentualen Verhältnis, in dem sich der vom Statistischen Bundesamt in Wiesbaden jeden Monat festgestellte und veröffentlichte Verbraucherpreisindex für Deutschland auf der Basis 2005 = 100 gegenüber dem für den Beurkundungsmonat festzustellenden Index erhöht oder vermindert. Eine Erhöhung oder Verminderung des jeweils zu zahlenden Betrages tritt jedoch erst dann ein, wenn die Indexveränderung zu einer Erhöhung oder Verminderung des jeweils zu zahlenden Betrages um mindestens 10% führt. Die aufgrund der Wertsicherungsklausel erhöhte oder ermäßigte dauernde Last ist erstmals ab dem auf das Änderungsverlangen folgenden Monat zu entrichten.

3. Reallast

Zur Sicherung aller Ansprüche auf Zahlung des vorstehend als dauernde Last monatlich wiederkehrend zu entrichtenden Ausgangsbetrages in der vereinbarten wertgesicherten Form – ohne Berücksichtigung der vereinbarten Anpassungsmöglichkeit gem. § 323 ZPO – bestellt der Erwerber zu Gunsten der Übergeber als Gesamtberechtigte gem. § 428 BGB eine **Reallast** am vertragsgegenständlichen Grundbesitz und bewilligt und beantragt die Eintragung im Grundbuch.

V. Mietvertrag

1. Der Erwerber vermietet an den Übergeber mit Wirkung von dem auf die Beurkundung folgenden Monatsersten an die im übergebenen Anwesen gelegene Wohnung, bestehend aus Wohnzimmer, Schlafzimmer, Küche, Bad/WC und Flur.
2. Das Mietverhältnis wird auf Lebenszeit des längstlebenden Übergeberteils geschlossen. Eine außerordentliche fristlose Kündigung aus wichtigem Grund gem. § 543 BGB ist dennoch zulässig. Der Übergeber kann das Mietverhältnis jederzeit unter Einhaltung einer Frist von zwei Monaten kündigen.
3. Der Mietzins beträgt monatlich 300 €
   – dreihundert Euro –
   Im Mietzins sind alle Nebenkosten mit Ausnahme der Kosten für Beheizung, Beleuchtung, Strom, Wasser und Müllabfuhr enthalten.
   Für die im Mietzins nicht enthaltenen Nebenkosten leistet der Übergeber eine monatliche Vorauszahlung, deren Höhe bis zum Ablauf des ersten Kalenderjahres auf 150 € monatlich festgelegt wird. Am Ende eines jeden Kalenderjahres erfolgt eine genaue Abrechnung der Nebenkosten. Aus dem festgestellten Jahresbetrag der Nebenkosten werden zugleich die Monatsvorauszahlungen für das folgende Jahr errechnet.
   Der Mietzins und die Nebenkosten sind spätestens am 5. eines jeden Monats im Voraus zur Zahlung fällig.
4. Im Übrigen gelten für das Mietverhältnis die gesetzlichen Bestimmungen, insbesondere für etwaige Mietzinserhöhungen.

VI. Wiederkaufsrecht

Für den Fall, dass

a) der Erwerber vor den Übergebern oder den längstlebenden Übergeberteil verstirbt oder
b) sich die Vermögensverhältnisse des Erwerbers oder des Rechtsnachfolgers in den Vertragsgegenstand wesentlich verschlechtern,

behält sich der Übergeber das Wiederkaufsrecht gem. §§ 456 BGB vor, das durch privatschriftliche Erklärung gegenüber dem Erwerber oder dessen Rechtsnachfolger ausgeübt werden kann.

Im Fall der Ausübung des Wiederkaufsrechtes hat der Übergeber die erhaltenen wiederkehrenden Zahlungen ohne Beilage von Zinsen Zug um Zug gegen die Rückauflassung des Vertragsgegenstandes zu erstatten. Im übrigen gelten die Vorschriften der §§ 457–462 BGB.

Zur Sicherung dieses bedingten Rückauflassungsanspruches bestellt der Erwerber zu Gunsten der Übergeber als Berechtigte gem. § 428 BGB im Rang nach der Reallast gem. Abschn. IV. 3. eine **Vormerkung gem. § 883 BGB** und bewilligt und beantragt die Eintragung im Grundbuch im Rang nach der Reallast gem. Abschn. IV. 3. Die Rechtswirkungen der Vormerkung sind auf die Lebenszeit der Berechtigten beschränkt.

VII. Pflichtteilsanrechnung

Soweit der Wert des Vertragsgegenstandes die erbrachten wiederkehrenden Leistungen übersteigt, ist der Mehrerhalt auf die gesetzlichen Pflichtteilsansprüche am Nachlass des erstversterbenden Übergeberteils und hinsichtlich des Restbetrages am Nachlass des längstlebenden Übergeberteils anzurechnen. Eine Ausgleichung gem. § 2050 BGB wird ausgeschlossen.

VIII. Schlussbestimmungen

Die Kosten dieser Urkunde und ihres Vollzugs trägt der Erwerber.

Die Beteiligten beantragen Befreiung von der Grunderwerbsteuer gem. § 3 Nr. 6 GrEStG.

Von dieser Urkunde erhalten:
Ausfertigungen:
die Beteiligten nach grundbuchamtlichem Vollzug,
beglaubigte Abschriften:
die Beteiligten sofort
das Grundbuchamt
einfache Abschriften:
das Finanzamt – Grunderwerbsteuerstelle –
das Finanzamt – Schenkungsteuerstelle –

Vorgelesen vom Notar ...

3. Erläuterungen

a) (Teil-)Entgeltliche Übertragungen

Durch das Jahressteuergesetz 2008 wurde § 10 I Nr. 1a EStG in der Weise geändert, dass nur noch betriebliche Übertragungen und GmbH-Anteilsübertragungen mit einer Beteiligungsquote von mindestens 50% dem Sonderausgabenabzug unterliegen. 103

Damit wurde der mit dem Stuttgarter Modell verbundene Sonderausgabenabzug für Immobilienübertragungen ab 1. 1. 2008 obsolet. Aus der Sicht des Vermögensübernehmers sind künftig entgeltliche und **teilentgeltliche** Gestaltungen vorteilhaft. Bei einer vollentgeltlichen Übertragung kann der Erwerber im Fall der Vermietung Abschreibungen vornehmen, deren Bemessungsgrundlage sich aus dem Rentenbarwert ergibt, wobei bezüglich des Zinsanteils auch der Schuldzinsenabzug zulässig ist. Bei einer teilentgeltlichen Übertragung gilt die AfA-Erhöhung für den entgeltlich erworbenen Teil, während hinsichtlich des unentgeltlich erworbenen Teils die AfA des Übergebers gem. § 11 d EStDV fortgeführt wird. 104

Für wiederkehrende Bezüge, die dem Sonderausgabenabzug unterliegen, ist die Differenzierung zwischen Renten und dauernde Lasten aus steuerli- 105 cher Sicht entfallen, da der Gesetzgeber nur noch den Begriff der „Versorgungsleistungen" verwendet und den vollen Abzug als Sonderausgabe gestattet. Dennoch ist jedenfalls aus zivilrechtlichen Gründen die Unterscheidung zwischen Leibrenten und dauernden Lasten wegen des Leistungsumfangs und der Anpassungsproblematik von Bedeutung.

b) Dauernde Last

106 Soweit keine gleichmäßigen Leistungen vereinbart werden, sondern sich die Leistungen zum Beispiel nach dem Umsatz oder dem Gewinn eines Unternehmens richten oder die jeweilige Höhe von den wirtschaftlichen Verhältnissen des Verpflichteten oder Berechtigten abhängig ist (vgl. *BFH* BStBl. 1965 III 166), im Übrigen aber der Charakter einer Leibrente gegeben wäre, handelt es sich um sonstige wiederkehrende Bezüge in der Form einer dauernden Last. Durch die analoge Anwendung der dem § 323 ZPO zugrunde liegenden Rechtsnorm ist zivilrechtlich die Anpassung an veränderte Lebensumstände gesichert.

c) Wiederkaufsrecht

Literatur: *Heinzmann* Die zeitlichen Schranken des aufschiebend bedingten Wiederkaufsrechts, BWNotZ 2003, 159

107 Um eine steuerschädliche Typenvermischung zwischen Vorwegerbfolge und Kaufvertrag zu vermeiden, sollte vorsorglich statt der üblichen Widerrufsrechte, die für einen Kaufvertrag untypisch sind, ein Wiederkaufsrecht gem. § 456 BGB vereinbart werden, das ebenfalls durch eine Auflassungsvormerkung gem. § 883 BGB gesichert werden kann, vgl. DNotI-Report 1996, 74; *Spiegelberger* DB 2008, 1068.

Das Wiederkaufsrecht kann sich der Verkäufer auch für einen bestimmten Dritten vorbehalten. Das Wiederkaufsrecht wird in diesem Fall durch einen Vertrag zu Gunsten Dritter gem. § 328 BGB mit der Folge begründet, dass der Dritte durch die Erklärung, er übe das Wiederkaufsrecht aus, ohne Weiteres Gläubiger der Forderung und Kaufpreisschuldner wird, vgl. Staudinger/*Mader* BGB § 497 Rn. 3.

d) Mietverträge zwischen Angehörigen

Literatur: *Fuhrmann* Verträge zwischen nahen Angehörigen – Grenzfälle der Gestaltungspraxis, KÖSDI 2005, 14784; *Hamdan/Hamdan* Die steuerrechtliche Anerkennung von Verträgen zwischen nahen Angehörigen, DStZ 2008, 113; *Heuermann* Vermieten als unangemessenes Gestalten durch gegenläufige Rechtsgeschäfte auf der Nutzungsebene, StuW 2004, 124; *Krüger* Typische Fehler in Mietverträgen mit nahen Angehörigen, StBp 2001, 97; *Paus* Verschleierte Schenkung als Verdikt für Angehörigenverträge?, FR 2000, 1029; *Pezzer* Steuerliche Gestaltungen und ihre Grenzen bei Vermietung und Verpachtung unter nahen Angehörigen, DStR 1995, 1853 und 1898; *Spindler* Neuere Tendenzen in der steuerrechtlichen Beurteilung von Mietverträgen zwischen nahen Angehörigen, DB 1997, 643; *Thürmer* Wohnungsvermietung an ein unterhaltsberechtigtes Kind, DB 2003, 1012; *Tiedtke/Möllmann* Zivilrechtliche Wirksamkeit als Voraussetzung der steuerlichen Anerkennung von Verträgen zwischen nahen Angehörigen, DStR 2007, 1940.

aa) Zulässigkeit

Mietverträge unter nahen Angehörigen werden wie Arbeits- oder Gesellschaftsverträge steuerrechtlich nur berücksichtigt, wenn sie 108
- zur Erzielung von Einkünften dienen (vgl. BFH/NV 1995, 11),
- bürgerlich-rechtlich wirksam vereinbart sind,
- die Gestaltung und Durchführung dem zwischen Fremden Üblichen entspricht (BFH BStBl. 1993 II 834) und
- kein Missbrauch von Gestaltungsmöglichkeiten i. S. des § 42 AO vorliegt, vgl. *BFH* BStBl. 1992 II 549.

(1) Fremdvergleich. Rechtsgrundlage für den Fremdvergleich ist das aus § 12 109
EStG abzuleitende Gebot der Abgrenzung zwischen Einkünfteerzielung und privater/familiärer Sphäre, vgl. *Pezzer* DStR 1995, 1899.

Ein Mietvertrag, der die **Hauptpflichten**
- hinsichtlich des Vertragsgegenstandes,
- (fehlender Hinweis auf die überlassene Möblierung, vgl. *BFH/NV* 1996, 29),
- der Höhe des Mietzinses, vgl. BFH/NV 1995, 964,
- der Art der Mietzinsentrichtung (BFH/NV 1993, 592) oder
- hinsichtlich der Nebenkostenregelung (BFH/NV 1994, 96)

nicht enthält, kann nicht der Besteuerung zugrunde gelegt werden.

Allerdings hat die Rechtsprechung aufgrund des Oder-Konten-Beschlusses des Bundesverfassungsgerichtes (DB 1995, 2572 mit Anmerkung *Spindler*) die Anforderungen an die steuerliche Anerkennung gelockert. Maßgebend für die Beurteilung ist die **Gesamtheit** der objektiven Gegebenheiten, so dass nicht jede Abweichung vom Üblichen steuerschädlich ist.

(2) Gestaltungsmissbrauch. Grundsätzlich steht es dem Steuerpflichtigen frei, 110
seine Rechtsverhältnisse steuerlich möglichst günstig zu gestalten, vgl. BFH BStBl. 1996 II 158 und 443. Nur eine unangemessene, das Steuergesetz umgehende Gestaltung, für die keine beachtlichen außersteuerlichen Gründe vorliegen, ist steuerschädlich, vgl. BFH BStBl. 1992 II 541.

Als rechtsmissbräuchlich wurde angesehen, wenn Eltern einer minderjährigen Tochter einen Geldbetrag schenken, die Tochter den Eltern anschließend in Höhe des geschenkten Betrages ein Darlehen gewährt und die Eltern – entsprechend ihrem Gesamtplan – mit dem Darlehen ein Hausgrundstück kaufen, um Werbungskosten (Zinsen) zu schaffen, vgl. BFH BStBl. 1996 II 443, oder wenn Eheleute die Einliegerwohnung in ihrem Zweifamilienhaus zur Betreuung ihres Kleinkindes an die Eltern der Ehefrau vermieten, die am selben Ort weiterhin über eine größere Wohnung verfügen, vgl. BFH BStBl. 1992 II 549.

Die frühere BFH-Rechtsprechung wurde zu Recht mit dem Hinweis auf Art. 6 Abs. 1 GG angegriffen, wonach der Anknüpfungspunkt für die Annahme eines Missbrauchs allein in der neben dem Mietverhältnis bestehenden Familienbeziehung bestehe, vgl. *Pezzer* DStR 1995, 1900. Der IX. Senat BStBl. 1996 II 59 sieht im Anschluss an die Rechtsprechung des X. Senats BStBl. 1994 II 694 keinen Gestaltungsmissbrauch, wenn Eltern ihrem unterhaltsberechtigten Kind eine ihnen gehörende Wohnung vermieten und das Kind neben den Unterhaltsleistungen aus einer Schenkung der Eltern über eigene Mittel verfügt, aus denen es die Miete zahlen kann. Ferner hat der IX. Senat DB 19961449 klargestellt, dass es grundsätzlich nicht rechtsmissbräuchlich ist, wenn ein unterhaltsverpflichteter Sohn seiner Mutter den Unterhalt in Geld auszahlt und wegen der Überlassung einer ihm gehörenden Wohnung einen Mietvertrag mit der Mutter abschließt.

111 *(3) Missbrauch wegen Rückvermietung?* In zahlreichen Entscheidungen hat der BFH zwischenzeitlich anerkannt, dass die Überlassung von Grundbesitz im Wege der vorweggenommenen Erbfolge oder der Verkauf unter Rückvermietung an den Übergeber steuerlich anzuerkennen ist, vgl. BFH/NV 1997, 404; *DB* 1998, 965. Dabei hat der BFH auch anerkannt, dass selbst ein **lebenslanger** Mietvertrag keinen Rechtsmissbrauch darstellt, vgl. BFH DStR 1998, 711.

bb) Verbilligter Mietzins

112 Gem. § 21 Abs. 2 EStG kann das Entgelt für die Überlassung einer Wohnung zu Wohnzwecken bis auf 56% der ortsüblichen Miete reduziert werden, ohne dass die Aufteilung der Nutzungsüberlassung in einen entgeltlichen und einen unentgeltlichen Teil vorzunehmen ist Insbesondere bei Vermietungen an Verwandte ist es eine gesetzgeberische Wohltat, nicht die Grenze der Marktmiete ausschöpfen zu müssen, um den Werbungskostenabzug ungeschmälert zu erhalten. Sofern allerdings die Miete weniger als 56% der ortsüblichen Marktmiete beträgt, ist die Nutzungsüberlassung im Verhältnis des Preisnachlasses zur Marktmiete als unentgeltlich einzustufen mit der Folge des anteiligen Werbungskostenverlustes.

113 Sofern ein **Werbungskostenüberschuss** erzielt wird, hat der BFH BStBl. 2003 II 646 zum Nachweis der Einkünfteerzielungsabsicht verlangt, dass die Miete nicht weniger als 75% der ortsüblichen Marktmiete beträgt.

cc) Mietnebenkosten

114 Eine besondere Gefahrenquelle für die Nichtanerkennung von Mietverträgen zwischen nahestehenden Personen sind die Abreden über die Nebenkosten und deren Durchführung, vgl. *Sterner* KÖSDI 1995, 10385. Unklarheiten gehen in der Regel zu Lasten des Steuerpflichtigen. Nach der Rechtsprechung BFH/NV 1994, 96 entspricht es nicht dem zwischen fremden Üblichen, wenn ein Nettomietzins ohne eine eindeutige und klare vertragliche Regelung über die Betriebs- und Nebenkosten vereinbart wird. Es ist aber zulässig, dass der Mieter unmittelbar Vereinbarungen mit den jeweiligen Versorgungsträgern abschließt, so dass eine Abrechnung über den Vermieter gegenstandslos wird.

dd) Mietverträge mit Unterhaltsberechtigten

115 Ein Mietvertrag, den die Eltern mit ihrem unterhaltsberechtigten Kind schließen, ist nicht deshalb i. S. v. § 42 AO rechtsmissbräuchlich, weil das Kind die Miete aus dem Barunterhalt der Eltern zahlt, vgl. *Spindler* ZfIR 2000, 150. Der IX. BFH-Senat hat diese Rechtsprechung BFH NV 2003, 750 bestätigt. Mietverträge im Zusammenhang mit Grundstücksübertragungen im Wege der vorweggenommenen Erbfolge sind bei *Spiegelberger/Spindler/Wälzholz* S. 717 ff. ausführlich dargestellt.

Die Familie ist ein steuerlich begünstigter
Kleinbetrieb zur Fertigung von Steuerzahlern.
Wolfram Weidner

Zweiter Teil. Vermögensverwaltende Personengesellschaften

§ 11 Gesellschaft bürgerlichen Rechts

Übersicht

Literatur: *Altmeppen* Delikthaftung in der Personengesellschaft, NJW 2003, 1553; *ders.* Verfassungswidrigkeit der akzessorischen Haftung in der GbR, NJW 2004, 1563; *Arnold/Dötsch* Persönliche Haftung für Altschulden beim Eintritt in eine GbR, DStR 2003, 1398; *Boehme* Neue Grundsätze zur Haftung des Beitretenden für alte GbR-Schulden, NZG 2003, 764; *Boeken* Die Immobilien-GbR – Aktuelle Rechtsprechung zur Gesellschafterhaftung und zu Fondsbeteiligungen, DStR 2004, 558; *Dümig* Die Beteiligung Minderjähriger an einer rechtsfähigen Gesellschaft bürgerlichen Rechts aus familien- bzw. vormundschaftsgerichtlicher Sicht, FamRZ 2003, 1; *Fleischer* Vermögensverwaltende Personengesellschaften: Steuerliche Realisierungstatbestände bei der Einbringung steuerverstrickten Privatvermögens, ZEV 2003, 190; *Hager* in: FS für Spiegelberger, Die Haftung des Mitglieds einer Wohnungseigentümergemeinschaft, S. 1213; *Hasenkamp* Die formularvertragliche Haftungsbeschränkung bei der Gesellschaft bürgerlichen Rechts, BB 2004, 230; *Hoppe* Haftungsfalle für Erben von GbR-

Anteilen, ZEV 2004, 226; *Krüger* Grundstücksschenkungen an Minderjährige, ZNotP 2006, 202; *Kirnberger* Vermögensnachfolge durch Familien-GbRs, ErbStB 2007, 56; *Langenfeld* Stufenweise vorweggenommene Erbfolge in ein Grundstück durch Gründung einer Familiengesellschaft bürgerlichen Rechts, ZEV 1995, 157; *ders.* in: FS für Spiegelberger, Der Gesetzgeber als Vertragsgestalter im Gesellschaftsrecht – eine Fehlbesetzung, S. 809; *Mock* Anwendbarkeit des § 139 HGB auf die GbR, NZG 2004, 118; *ders.* Ist der Beitritt zu einer GbR wegen einer auf das Gesamthandsvermögen bezogenen Grunderwerbsverpflichtung beurkundungsbedürftig?, FS Bezzenberger (2000), 529; *von Oertzen/Hermann* Vermögensverwaltende GbR vs. Vermögensverwaltende KG: Überblick über die zivil- und steuerrechtlichen Gemeinsamkeiten bzw. Unterschiede, ZEV 2003, 400; *Reiff* Die unbeschränkte Gesellschafterhaftung in der (Außen-)Gesellschaft bürgerlichen Rechts und ihre Ausnahmen, ZGR 2003, 550; *Roth* Zur Haftung des Scheingesellschafters einer GbR für Gesellschaftsschulden, DB 2007, 616; *C. Schäfer* Offene Fragen der Haftung des BGB-Gesellschafters, ZIP 2003, 1225; *Scherer/Feick* Die GbR als Erbin – Thesen und Gestaltungsmöglichkeiten, ZEV 2003, 341 ff.; *C. Schmidt/Bierly* Gesellschaft bürgerlichen Rechts als Gesellschafterin einer Personenhandelsgesellschaft, NJW 2004, 1210; *Schmidt K.* Analoge Anwendung von § 28 HGB auf die Sachgründung freiberuflicher und gewerbetreibender BGB-Gesellschaften, BB 2004, 785; *ders.* Die Gesellschafterhaftung bei der Gesellschaft bürgerlichen Rechts als gesetzliches Schuldverhältnis, NJW 2003, 1897; *Schöpflin* Entsprechende Anwendung des § 31 BGB und persönliche Haftung für gesetzliche Verbindlichkeiten bei der GbR, DStR 2003, 1349; *G. Söffing* Durchgriff durch die Personengesellschaft, Stbg 1996, 289; *Spiegelberger* Die vermögensverwaltende GbR bei der vorweggenommenen Erbfolge, Harzburger Steuerprotokoll 1996, Köln 1997, S. 131 ff.; *ders.* Anmerkung zu BayObLG, Beschl. v. 5. 3. 1997: Zum Prüfungsmaßstab der Gerichte bei vormundschaftsgerichtlicher Genehmigung eines Vertrags über die Gründung einer Familiengesellschaft bürgerlichen Rechts mit Haftungsbeschränkung, DNotZ 1998, 500; *Ulmer* Die Haftungsverfassung der BGB-Gesellschaft, ZIP 2003, 1113; *Waldner* Anwendung des § 31 BGB auf die GbR – der vorletzte Schritt auf dem Weg zur OHG, NZG 2003, 620; *Wälzholz* Die haftungsbeschränkte private Gesellschaft bürgerlichen Rechts – Phoenix aus der Asche?, MittBayNot 2003, 35; *Wälzholz/Scheel* Die Gesellschaft bürgerlichen Rechts in der Zwangsvollstreckung, NotBZ 2005, 121; *Weidenmann* Neuere Rechtsprechung des BGH zur Haftung und Vollstreckung bei der Gesellschaft bürgerlichen Rechts, BWNotZ 2004, 130; *Wertenbruch* Die Parteifähigkeit der GbR – die Änderungen für die Gerichts- und Vollstreckungspraxis, NJW 2002, 324; *Zacharias* Die neue BGH-Rechtsprechung zur Haftung neuer GbR-Gesellschafter für Altverbindlichkeiten – Existenzbedrohung für Freiberufler?, BB 2003, 1916.

A. Von der Bruchteilsgemeinschaft zur GbR

Literatur: *Herrler* Belastbarkeit eines Miteigentumsanteils mit einer Rückauflassungsvormerkung im Zuge der Überlassung dieses Anteils an einen anderen Miteigentümer?, ZNotP 2009, 188; *U. Mayer* Immobilienerwerb durch mehrere: „halbe/halbe“ oder „gemeinsam“?, BWNotZ 2002, 143; OFD Frankfurt am Main: Zurechnung von Einnahmen und Werbungskosten bei Grundstücksgemeinschaften, DB 2002, 869.

I. Rechtsgrundlagen

1. Notarielle Praxis

1 In der notariellen Praxis dominiert nach wie vor die Bruchteilsgemeinschaft, wenn Grundbesitz von mehreren Personen erworben wird. Die Ge-

meinschaft ist in §§ 740ff. BGB geregelt, die Möglichkeit der Eintragung im Grundbuch in den §§ 1008–1010 BGB. Die Rechtsform der Grundstücksgemeinschaft hat sich insbesondere bei großen Wohnanlagen, insbesondere bei Reihenhäusern bewährt, bei denen der jeweilige Erwerber Alleineigentum an seinem Wohngebäude erwirbt, die Zufahrten aber über gemeinsame Wegeflächen erfolgen. Um bei der Weiterveräußerung eines Wohnobjektes die Mitübertragung der Bruchteile an den Erschließungsanlagen zu sichern, kann im Grundbuch bei dem jeweiligen Alleineigentum der Bruchteil an den Gemeinschaftsanlagen im Bestandsverzeichnis des Grundbuchblattes vorgetragen werden. Die Grundstücksgemeinschaft für gemeinsame Anlagen erscheint in den geschilderten Fällen als adäquate Regelung.

Bruchteilseigentum kommt auch in Betracht, wenn für die Nutzung eines Wohnhauses durch mehrere Eigentümer die Möglichkeit der Aufteilung in Wohnungseigentum mangels Abgeschlossenheit i. S. d. § 7 Abs. 4 WEG nicht besteht und somit nicht einzelne Grundbuchblätter gebildet werden können. In derartigen Fällen kann eine Miteigentümervereinbarung getroffen und gem. § 1010 BGB im Grundbuch eingetragen werden.

Formulierungsbeispiel: 2

1. Es benutzen jeweils allein und ausschließlich
   a) die Eheleute ... und ihre Rechtsnachfolger im Eigentum ihres hälftigen Miteigentumsanteiles diejenigen Räumlichkeiten Erdgeschoss des Hauses nebst zugehörigem Keller, welche in dem in der Anlage beigefügten Lageplan mit Nr.... bezeichnet sind; und
   b) Herr ... und seine Rechtsnachfolger im Eigentum seines hälftigen Miteigentumsanteiles diejenigen Räumlichkeiten im Obergeschoss des Hauses nebst zugehörigem Keller, welche im beigefügten Lageplan mit der Nr.... bezeichnet sind, ferner die mit der gleichen Nummer bezeichnete ... Garage.
2. Jeder Miteigentümer hat für die Unterhaltung der seiner ausschließlichen Nutzung unterstehenden Teile des Hauses -soweit zutreffend nebst Garage- allein aufzukommen; dies gilt jeweils auch für ausschließlich (allein) benutzte Ver- und Entsorgungseinrichtungen bzw. Teile davon.
3. Alle übrigen Kosten der Gebäudeunterhaltung tragen die Miteigentümer nach dem Verhältnis ihrer Anteile.
4. Jeder Miteigentümer verwaltet die ihm in Teilziffer 1) a) und b) zur alleinigen Nutzung zugewiesenen Realteile selbst.
5. Die Verwaltung der gemeinschaftlich genutzten Realteile und Anlagen obliegt einem mit einfacher Stimmenmehrheit zu benennenden Verwalter. Solange dieser nicht benannt ist, erfolgt eine gemeinschaftliche Verwaltung durch die Eigentümer. Die Verwaltung umfasst im Bedarfsfalle insbesondere auch die zur Erhaltung des Gemeinschaftseigentums notwendigen Maßnahmen. Der Verwalter ist befugt, mit Wirkung für und gegen die Miteigentümer im Rahmen seiner Verwaltungsaufgaben Verträge abzuschließen und sonstige Rechtsgeschäfte vorzunehmen.
   Zur Eingehung von Zahlungsverpflichtungen über mehr als ... € im Einzelfall hat er jedoch einen Mehrheitsbeschluss der Miteigentümer einzuholen.
   Dies gilt nicht für den Einkauf von Heizöl und auch nicht für den Fall, dass Gefahr im Verzuge ist. Der Verwalter hat jeweils zum Jahresende des laufenden Kalenderjahres abzurechnen.
   Er erhält für seine Tätigkeit eine angemessene Vergütung.
   Die Verwalterberufung kann mit einfacher Stimmenmehrheit zum Ende eines Kalenderjahres, bei wichtigem Grund auch vorher, widerrufen werden.

Das Stimmverhältnis bestimmt sich nach den Größen der Miteigentumsanteile. Ist der Verwalter Miteigentümer, so hat er bei dieser Abstimmung gleichfalls Stimmrecht.

6. Für den Vertragsgegenstand sind Versicherungen gegen Brand- und Sturmschäden zum gleitenden Neuwert, eine Haushaftpflichtversicherung und eine Elementarschadensversicherung abzuschließen, darüber hinaus auch durch den einzelnen Miteigentümer eine Versicherung gegen Wasserschäden. Zur Auswahl der Versicherer für den Vertragsgegenstand und zum Abschluss der Verträge ist der Verwalter ermächtigt.
7. Das Recht, die Aufhebung der Gemeinschaft zu verlangen, wird hiermit für immer ausgeschlossen, wobei den Beteiligten bekannt ist, dass eine Aufhebung aus wichtigem Grund gemäß § 749 Abs. 2 Satz 1 BGB gleichwohl möglich ist.
8. Die Miteigentümer bewilligen und beantragen in das Grundbuch je zu Lasten ihrer Miteigentumsanteile und zu Gunsten des jeweiligen Eigentümers der anderen Miteigentumsanteile einzutragen
   a) die Benutzungs- und Verwaltungsregelung gemäß Teilziff. 1), 2), 4), 5) und 6);
   b) den Ausschluss des Rechts, die Aufhebung der Gemeinschaft zu verlangen gemäß Teilziffer 7)

   je im Gleichrange untereinander an … erster Rangstelle.

3 Allerdings ist der Inhalt einer derartigen Vereinbarung sehr begrenzt, insbesondere ist eine Verwalterbestellung mit Wirkung gegen Sonderrechtsnachfolger nicht möglich. Wenn Minderjährige an der Bruchteilsgemeinschaft beteiligt sind, bedarf der Ausschluss des Rechts der Auseinandersetzung der Miteigentümergemeinschaft nicht der vormundschaftsgerichtlichen Genehmigung, da diese Vereinbarung lediglich rechtlich vorteilhaft ist, vgl. LG Münster, DNotI-Report 1998, 243.

2. Vorweggenommene Erbfolge

4 Auch bei der Übertragung eines Grundstückes im Wege der vorweggenommenen Erbfolge auf mehrere Kinder wird in der Praxis regelmäßig die Vereinbarung einer Bruchteilsgemeinschaft bevorzugt. Bruchteilseigentum wird – mit wenigen Ausnahmen – wie gewöhnliches Grundstückseigentum behandelt. Somit ist der Bruchteilseigentümer zur **freien Verfügung** über seinen Miteigentumsbruchteil berechtigt, so dass eine dinglich wirkende Abtretungsbeschränkung nicht möglich ist. Allerdings kommt ein schuldrechtliches Veräußerungsverbot gem. § 137 Satz 2 BGB in Betracht, das aber den Bruchteilseigentümer nicht tatsächlich an einer Veräußerung hindert. In der Praxis werden daher regelmäßig gegenseitige dingliche Vorkaufsrechte gem. §§ 1094ff. BGB vereinbart, um eine Information über von anderen Miteigentümern vorgenommene Veräußerungen zu erhalten und ggf. zu den mit Dritten vereinbarten Bedingungen den Miteigentumsanteil zu übernehmen, wobei mehrere Berechtigte das Recht gemeinschaftlich gem. § 513 BGB ausüben können.

a) Gestaltungsprobleme

5 Folgende Probleme dürfen nicht übersehen werden:

- Die Miteigentümergemeinschaft weist von allen Gemeinschafts- und Gesellschaftsformen die geringste Stabilität auf. Selbst wenn gem. § 1010 BGB im Grundbuch eingetragen wird, dass die Aufhebung der Gesellschaft ausgeschlossen ist, bindet dies nicht den Insolvenzverwalter oder die finanzierende Bank. Soweit ein wichtiger Grund gegeben ist, kann auch – trotz gegenteiliger Eintragung im Grundbuch – jeder Miteigentümer die Aufhebung der Gemeinschaft durch Teilungsversteigerung verlangen, vgl. *Reithmann/Meichssner/von Heymann* Kauf vom Bauträger, E Rn. 13;

- eine von den Quoten des Miteigentums abweichende Lasten- und Kostentragung kann nicht in das Grundbuch eingetragen werden, vgl. MünchKomm/*Schmidt* § 1010 BGB Rn. 9; *Palandt/Bassenge* § 1010 BGB Rn. 2;
- die Verwaltung einer Miteigentümergemeinschaft ist wesentlich komplizierter als etwa die einer Gesellschaft, da bei der Veräußerung eines Miteigentumsanteiles der Rechtsnachfolger nur an die im Grundbuch eingetragenen Vereinbarungen der Vorgänger gebunden ist;
- schließlich sind alle Bruchteilsübertragungen grunderwerbsteuerpflichtig; die für die Gesellschaft bürgerlichen Rechts geltenden Grundsätze der – grunderwerbsteuerfreien – Übertragung von Gesellschaftsanteilen gelten nicht für Bruchteilseigentum.

Die §§ 741 ff. BGB ergeben keine ausreichende Grundlage für die Förderung des gemeinsamen Zwecks und insbesondere für die Erschaffung eines Geschäftsführungsorgans, so dass es sich regelmäßig empfiehlt, für die Verwaltung der Bruchteilsgemeinschaft eine Gesellschaft bürgerlichen Rechts zu bilden, vgl. *Marsch-Barner* in: Münchener Vertragshandbuch Bd. I S. 33. 6

Zur Bildung einer Grundstücksverwaltungs-GbR ist es nicht erforderlich, dass das Eigentum auf die GbR übertragen wird. Neben der Einbringung quoad dominum ist auch eine Einbringung dem Werte nach (quoad sortem) oder zur Benutzung (quoad usum) möglich, vgl. MünchKomm/*Ulmer* § 706 Rn. 12. Die Gründung einer Grundstücksverwaltungsgesellschaft ohne Eigentumsübertragung hindert den jeweiligen Gesellschafter nicht, vertragswidrig ein Teilungsversteigerungsverfahren gem. § 180 ZVG einzuleiten, vgl. *Zeller/Stöber* ZVG § 180 Rn. 97. 7

Somit empfiehlt sich in jedem Fall den vereinbarten Ausschluss der Auseinandersetzung im Grundbuch gem. § 1010 Abs. 1 BGB einzutragen. Aber auch diese Eintragung stellt keinen wirksamen Schutz dar, da einerseits die Auseinandersetzung aus wichtigem Grund gem. § 749 Abs. 3 BGB nicht wirksam ausgeschlossen werden kann und weil zudem die Gläubiger eines Gesellschafters, also dessen finanzierende Bank oder der Insolvenzverwalter, nicht an die Vereinbarung gebunden sind, § 751 Satz 2 BGB. 8

Die Übertragung eines Miteigentumsanteiles unter einer aufschiebenden Bedingung kann als Verfügungsbeschränkung in Abt. II des Grundbuches eingetragen werden, vgl. LG Zwickau, DNotZ 2003, 131.

b) Realteilungsvereinbarung

Sofern bei einem gemeinschaftlichen Erwerb als Bruchteilseigentümer eine Realteilung vereinbart wird, bedarf diese Verabredung wiederum der Form des § 311 b Abs. 1 Satz 1 BGB. Eine dieser Formvorschrift nicht genügende Vereinbarung zwischen künftigen Miteigentümern über die – von § 752 BGB abweichende – Realteilung eines gemeinschaftlich zu erwerbenden Grundstücks wird durch dessen Auflassung an sie und ihre Grundbucheintra- 9 gung als Miteigentümer nicht gem. § 311b Abs. 1 Satz 2 BGB geheilt, vgl. BGH DStR 2003, 342.

3. Rechtsformwahl

Literatur: *Kirchdörfer/Lorz* Familienvermögensgesellschaften als Organisationsmodelle im Rahmen der Familienstrategie und der Planung der Vermögensnachfolge, DB 2004, Beil. Nr. 3, 1; *Spiegelberger* Vermögensverwaltende Gesellschaften, LSWB 2001, 200; *ders.* Vermögensverwaltende oder gewerblich geprägte Personengesellschaft oder vermögensverwaltende GmbH?, 53. Steuerrechtliche Arbeitstagung 2002, 445.

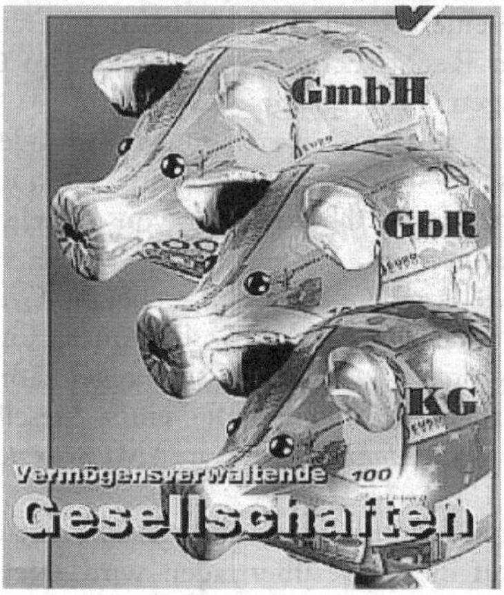

10 Bei der Rechtsformwahl für die vorweggenommene Erbfolge besteht eine große Auswahl an Gestaltungsmöglichkeiten. Primär sind die zivilrechtlichen Voraussetzungen zu beachten. Seit der Handelsrechtsreform vom 1. 7. 1998 kommt neben der GbR auch die Rechtsform der Kommanditgesellschaft und der GmbH & Co. KG für die Vermögensverwaltung in Betracht. Auch die GmbH stellt von jeher eine Rechtsformalternative dar.

B. Struktur der GbR

I. Anwendungsbereich

11 Die Gesellschaft bürgerlichen Rechts gem. §§ 705–740 BGB ist der Grundtyp der Personengesellschaft und wird von jeher sowohl bei der

- **Vermögensverwaltung** und als
- **Unternehmensträger**

verwendet.

Die unternehmenstragenden Varianten wurden im Band *Unternehmensnachfolge* § 10 Rn. 1 dargestellt, so dass sich die nachfolgenden Ausführungen auf die Vermögensverwaltung beschränken.

Die Nachteile der Rechtsform der Miteigentümergemeinschaft wurden zu A. dargestellt. Anders als bei einer Bruchteilsgemeinschaft gem. §§ 1008, 741 BGB weist die GbR eine gesamthänderische Bindung auf, die die Erhaltung und Verwaltung des Gesellschaftsvermögens erleichtert, vgl. *Langenfeld* ZEV 1995, 157; *Spiegelberger* Harzburger Steuerprotokoll 1996, 131.

Die unter dem Schlagwort „Familienpool“ vor dem 1. 7. 1998 gegründeten Familiengesellschaften wiesen regelmäßig die Rechtsform der GbR auf, wie die GbR überhaupt seit jeher für die vermögensrechtlichen Beziehungen, auch unter Ehegatten, eine Tradition aufweist. Selbst im Bereich der geschlossenen Immobilienfonds war die Rechtsform der BGB-Gesellschaft bevorzugt. Immobilienfonds werden auch als Instrument der vorweggenommenen Erbfolge angepriesen, vgl. *Koblenzer/Thonemann* Erbschaftsteuerberater 2003, 172.

II. Gemeinsamer Zweck gem. § 705 BGB

Nach Meinung des OLG Düsseldorf DNotZ 1973, 91 fehlt es an einem gemeinsamen Zweck i.S. des § 705 BGB, wenn eine Vereinbarung sich lediglich auf das Halten eines gemeinschaftlichen Gegenstandes richte. Der BGH NJW 1982, 170 hat das Halten, Verwalten und Bewohnen eines Familienheimes durch Ehegatten als gemeinsamen Zweck i.S. einer GbR anerkannt; ebenso *Flume* DB 1973, 2470; MünchKomm/*Ulmer* § 705 Rn. 112. Bei näherer Betrachtung ergibt sich, dass das langfristige Halten eines gemeinschaftlichen Gegenstandes nur in der Rechtsform der GbR verwirklicht werden kann, da die Bruchteilsgemeinschaft den geringsten Bestandsschutz aller Gemeinschafts- und Gesellschaftsverhältnisse aufweist: Ein vollstreckbarer Titel gegen einen Miteigentümer reicht aus, um die gesamte Bruchteilsgemeinschaft in eine Teilungsversteigerung zu stürzen. Zu den vergleichenden Vor- und Nachteilen s. nachstehende Übersicht: 12

Rechtsformvergleich	GbR	MEA*
Gutgläubiger Erwerb	x	x
Zwangsvollstreckungsschutz	x	
Verwaltungsregelung	x	
Veräußerungsbeschränkung	x	
Belastungsbeschränkung	x	
Grunderwerbsteuerbefreiung	x	

* MEA = Mitunternehmeranteil

Der Erwerb von im Grundbuch eingetragenen GbR-Anteilen genoss früher nicht den Schutz des § 891 BGB, vgl. BGH MittBayNot 1997, 171. Durch den mit Gesetz vom 18. 6. 2009 neu geschaffenen § 899a BGB gelten nunmehr §§ 892ff. BGB entsprechend und zwar auch rückwirkend für bestehende Eintragungen, vgl. Art. 229 § 20 EGBGB. 13

III. Abschluss des Gesellschaftsvertrages

1. Notarielle Beurkundung

Bei der Frage, ob die Vereinbarung einer Grundstücks-GbR der notariellen Beurkundung gem. § 311b Abs. 1 BGB bedarf, unterscheidet die h.M. 16

danach, ob allgemein eine Gesellschaft den Erwerb von Grundstücken anstrebt oder ob der Gesellschaftszweck auf den Erwerb eines bestimmten Grundstücks gerichtet ist. Bei einer generellen Zielsetzung auf Grundstückserwerb bedarf es keines besonderen Schutzes der Beteiligten, weil der künftige Erwerbsvertrag der notariellen Beurkundung unterliegt und damit einen Schutz vor voreiligen Dispositionen beinhaltet, vgl. *Ulmer/Löbbe* DNotZ 1998, 734.

17 Wenn sich die Erwerbsverpflichtung auf ein genau individualisiertes Grundstück konkretisiert, besteht der Formzwang gem. § 311b Abs. 1 BGB, so dass bei der Gründung einer Familiengrundstücks-GbR die Schenkungsabrede, die Grundstückseinbringung und der Gesellschaftsvertrag der notariellen Beurkundung bedürfen. Die – irritierende – Entscheidung des BGH DB 1996, 1033, wonach ein Gesellschaftsvertrag nicht der Beurkundung bedürfe, wenn er den Gegenstand mit „Verwaltung und Verwertung" beschreibe, einen Verkauf der Gesellschaftsgrundstücke aber nicht bindend festlege, ist schon deswegen unbeachtlich, weil bei der Einbringung eines Grundstückes in eine Gesellschaft die gesellschaftsvertraglichen Vereinbarungen Teil des Grundstücksgeschäftes sind und alle Teile der Beurkundung gem. § 311b Abs. 1 BGB bedürfen.

18 Nach der Eintragung der BGB-Gesellschaft im Grundbuch bedürfen Anteilsübertragungen nicht mehr der Form des § 311b Abs. 1 BGB. Allerdings stellt die unentgeltliche Anteilsübertragung ein Schenkungsversprechen dar, das gem. § 518 Abs. 1 BGB der Beurkundung bedarf; das OLG Frankfurt DB 1996, 1177 sieht im Schenkungsvollzug eine Heilung gem. § 518 Abs. 2 BGB.

19 *Karsten Schmidt* ZIP 1998, 6 hat zurecht darauf hingewiesen, dass bereits de lege lata bei Gesellschaften, deren einziger Zweck das Halten von Grundbesitz ist, § 313 BGB (nunmehr § 311b Abs. 1 BGB) anzuwenden sei mit der Maßgabe, dass erst die Eintragung im Grundbuch, nicht schon die Anteilsveräußerung den Mangel der notariellen Form des Verpflichtungsgeschäftes heilt, so auch *Heckschen* Die Formbedürftigkeit mittelbarer Grundstücksgeschäfte (1987), S. 163. Ohne eine derartige Publizitätskontrolle ist nämlich Manipulationen Tür und Tor geöffnet, insbesondere können durch rückdatierte privatschriftliche Anteilsabtretungen, die im Grundbuch – aufgrund der Manipulation – nicht registriert sind, die Gläubiger der Gesellschaft benachteiligt werden. Auch die Übertragung eines Grundstückes von einer BGB-Gesellschaft auf eine neue GbR bedarf der notariellen Beurkundung und der Auflassung gem. § 925 BGB, da neues Sondervermögen gebildet wird, vgl. DNotI-Report 2000, 151.

20 Strittig ist auch die Beurkundungspflicht für den Fall, dass ein Gesellschafter einer GbR beitritt, die ihrerseits eine Verpflichtung zum Grundstückserwerb eingegangen ist, ohne dass der Grundbuchvollzug dieser Erwerbsverpflichtung erfolgt wäre. Nach Auffassung des BGH NJW 1996, 1272 kann der Beitritt formfrei erklärt werden, wenn die Gesellschaft den Grundstückskaufvertrag abgeschlossen hat oder die Gesellschaft ein Ankaufsangebot abgegeben hat; zu Recht kritisch *Heckschen* in: Beck'sches Notarhandbuch A X Rn. 39 m. w. H.

2. Vertragsgestaltung

Bei Familiengesellschaften wird regelmäßig eine Beschränkung der Gesellschafterrechte der Abkömmlinge angestrebt, zum einen, damit die Erfahrung der älteren Generation in der Gesellschafterversammlung den Ausschlag gibt, zum anderen um dem persönlichen Sicherheitsbedürfnis der Eltern Rechnung zu tragen und schließlich, um jugendlicher Risikofreudigkeit vorzubeugen. 21

Bei Personengesellschaften sieht das Gesetz für den Abschluss und für Änderungen des Gesellschaftsvertrages grundsätzlich die Zustimmung *aller* Gesellschafter vor, so dass nach der gesetzlichen Regelung z.B. die Eltern der Zustimmung der bereits in die Gesellschaft aufgenommenen Kinder bedürfen, wenn weitere Kinder aufgenommen werden sollen. Es empfiehlt sich daher, Änderungen des Gesellschaftsvertrages durch einen eng gefasster **Katalog der Beschlussgegenstände** für Mehrheitsbeschlüsse vorzusehen, wobei die von der Rechtsprechung entwickelten Anforderungen an die Wirksamkeit von Mehrheitsbeschlüssen zu beachten sind, vgl. OLG Köln DStR 1994, 332. 22

IV. Rechts- und Parteifähigkeit

1. Rechtsprechungsänderung des BGH

Der BGH DStR 2001, 310 hat seine Rechtsprechung zur GbR grundlegend geändert und die Rechtsfähigkeit und Parteifähigkeit der (Außen-)Gesellschaft bürgerlichen Rechts bejaht. In den vom BGH entschiedenen Fällen MittBayNot 2001, 192 und DStR 2002, 686 („ARGE Weißes Ross I und II“) wurde die Prozessfähigkeit einer bauwirtschaftlich tätigen Arbeitsgemeinschaft in der Rechtsform bürgerlichen Rechts bejaht, wobei diese Arbeitsgemeinschaft einen Wechsel über 90.000 DM ausgestellt hatte. 26

Für eine **unternehmenstragende** GbR ist die vom BGH anerkannte weitgehende Gleichstellung mit einer OHG durchaus einleuchtend. Die Mitunternehmergesellschaft wurde auch von *Karsten Schmidt* Gesellschaftsrecht, S. 1805ff. von jeher anerkannt. In der Tat lassen sich mit der Rechts- und Parteifähigkeit der unternehmenstragenden GbR zahlreiche Rechtsfragen einfacher lösen, insbesondere dass ein Wechsel im Mitgliederbestand keinen Einfluss auf den Fortbestand der Gesellschaft hat und dass eine identitätswahrende Umwandlung von Gesellschaften bürgerlichen Rechts in andere Rechtsformen und aus anderen Rechtsformen einfacher zu erklären ist. Darüber hinaus hat der Gesetzgeber die Insolvenzfähigkeit der Gesellschaft bürgerlichen Rechts in § 11 Abs. 2 Nr. 1 InsO ausdrücklich anerkannt. 27

M.E. sind die Entscheidungen des BGH ARGE „Weißes Ross I und II“ noch kein Beleg dafür, dass auch eine **vermögensverwaltende** GbR, also z.B. ein Familienpool, einer OHG gleichzustellen ist. Ein Hinweis für eine Differenzierung ergibt sich aus § 714 BGB einerseits und § 126 HGB andererseits. Die Vertretungsmacht der OHG-Gesellschafter erstreckt sich auf alle gerichtlichen und außergerichtlichen Geschäfte. Gem. § 125 Abs. 1 ist jeder Gesellschafter einzelvertretungsberechtigt, wenn dies nicht ausdrücklich ausgeschlossen ist. § 709 i.V.m. § 714 BGB sehen nur eine gemeinschaftliche Geschäftsführung und Vertretung als Regelfall vor. 28

2. Erbfähigkeit der GbR

Literatur: *Scherer/Feick* Die GbR als Erbin – Thesen und Gestaltungsmöglichkeiten, ZEV 2003, 341.

29 Mit der Rechtsfähigkeit der „höherstufigen", über eigene Identitätsausstattung verfügende GbR ist nach Auffassung von *Ulmer* ZIP 2001, 596 das Dogma fehlender Erbfähigkeit der GbR überholt. Zwar bestünden wegen der strukturellen Kollision unterschiedlicher Gesamthandsgemeinschaften, nämlich der Erbengemeinschaft und der GbR, Probleme, die aber auch sich in ähnlicher Weise bei einer OHG oder KG als (Mit-)Erbe ergeben.

Die Erbfähigkeit der GbR wurde im bisherigen erbrechtlichen Schrifttum überwiegend verneint, vgl. MünchKomm/*Leipold* § 1923 Rz. 32; *Staudinger/Kessler* § 718 Rz. 6. Ein Teil der Literatur hatte sich schon bisher für die Erbfähigkeit ausgesprochen, vgl. MünchKomm/*Ulmer* § 718 Rz. 18; *Erman/H. P. Westermann* BGB § 718 Rz. 7.

3. Die Erbengemeinschaft als Gesellschafter einer Personengesellschaft?

Literatur: *Weipert* Die Mitgliedschaft zur gesamten Hand in Personengesellschaften – Abschied von der Sondererbfolge, in FS für Bezzenberger (2000), 439.

30 *Weipert* FS für Bezzenberger 2000, 439 ff. hat überzeugend dargelegt, dass die Mitgliedschaft in einer Personengesellschaft ungeteilt auf eine Erbengemeinschaft übergeht und von der Erbengemeinschaft als solcher ausgeübt werden kann. Alle Gesamthandsgemeinschaften sind danach fähig, Mitglieder von Personengesellschaften zu sein und die Mitgliedschaft in allen Personengesellschaften ist ein vom Gesellschaftsvermögen getrennt zu sehendes Recht, welches der Verfügung durch seinen Inhaber zugänglich ist, vgl. a. a. O. S. 446. Auch die Erbengemeinschaft wird als solche gesellschaftsrechtliche Nachfolgerin des Erblassers und dieser kann die Mitgliedschaftsrechte denjenigen zuweisen, die er sich als Nachfolger in der Gesellschaft wünscht oder nach dem Gesellschaftsvertrag vorsehen kann. Unabhängig von dem Theorienstreit kann eine familiengerechte Regelung für den Todesfall der Gesellschafter auch bei der Gesellschaft bürgerlichen Rechts getroffen werden, vgl. *Langenfeld* ZEV 1995, 159.

V. Vertretungsregelung

1. Rechtsentwicklung

36 Bei der vorweggenommenen Erbfolge wünschen die übergebenden Eltern regelmäßig, dass die Verwaltung des Grundbesitzes weitgehend in ihren Händen bleibt. Gem. § 709 Satz 1 BGB steht die Führung der Geschäfte der Gesellschaft allen Gesellschaftern gemeinsam zu, so dass die Gesellschafter grundsätzlich durch Selbsthandeln verpflichtet werden. Soweit einem Gesellschafter nach dem Gesellschaftsvertrag die Befugnis zur Geschäftsführung zusteht, ist er gem. § 714 BGB im Zweifel auch ermächtigt, die anderen Gesellschafter Dritten gegenüber zu vertreten. Einem Nichtgesellschafter kann keine Geschäftsführungsbefugnis erteilt werden, weil die Geschäftsführung Ausfluss der Mitgliedschaft ist, vgl. BGHZ 36, 293 (Grundsatz der **Selbstorganschaft**).

Nach dem Gesetzesverständnis der früher h. M. war im BGB eine gesetzliche oder organmäßige Vertretung nicht vorgesehen. Nach dieser Auffassung war daher nur die rechtsgeschäftliche Vertretung durch Vollmacht möglich, vgl. *Palandt/Sprau* § 714 BGB Anm. 1. Bei Unwiderruflichkeit (BGH LM BGB § 167 Nr. 18), bei zeitlich begrenzter Unwiderruflichkeit (BGH WM 1967, 1039) und bei Gebundenheit wie bei Unwiderruflichkeit (BGH WM 1974, 1230) war bei Grundstücksvollmachten die notarielle Beurkundung erforderlich. Soweit aus einer OHG oder KG formwechselnd eine BGB-Gesellschaft entstand, z. B. beim Absinken eines vollkaufmännischen Betriebes in einen minderkaufmännischen oder bei Aufgabe des Gewerbetriebs, z. B. durch Verpachtung des Unternehmens, vgl. BGH BB 1980, 651, galten die bisher vertretungsberechtigten Gesellschafter als rechtsgeschäftlich bevollmächtigt, die Gesellschaft weiterhin wie bisher zu vertreten, vgl. BGH WM 1976, 1053 und 1198. 37

2. Faktische Vertretungsbeschränkung

Die vom BGH nunmehr favorisierte Teilrechtsfähigkeit der GbR führt zur Vertretungsmacht der Gesellschafter mit **organschaftlichem** Charakter, vgl. BGH NJW 2002, 1194. Nach der gesetzlichen Regelung besteht Gesamtvertretungsbefugnis aller Gesellschafter gem. §§ 714, 709 BGB. 38

Die Gesellschafter sind dringend davor zu warnen, einzelnen Gesellschaftern Einzelvertretungsbefugnis einzuräumen, da damit jegliche Haftungsbeschränkung entfällt. *Ulmer* ZIP 2001, 590 empfiehlt, dem durch Flucht in die Rechtsform der KG Rechnung zu tragen. Die verbleibende Möglichkeit der Haftungsbeschränkung – insbesondere bei kleinen vermögensverwaltenden Gesellschaften – besteht darin, dass die Gesellschafter gesellschaftsvertraglich die gemeinschaftliche Führung der Geschäfte und den Ausschluss der Bestellung einzelner Geschäftsführer vereinbaren und das Auftreten einzelner Gesellschafter für die Gesellschaft ausdrücklich untersagen (Verhinderung einer Anscheinsvollmacht!). Danach kann ein Gesellschafter nur durch seine ausdrückliche Zustimmung zu einem Rechtsgeschäft verpflichtet werden. 39

Damit die Gesellschaft dennoch am Rechtsverkehr teilnehmen kann, empfiehlt sich die Erteilung gegenständlich beschränkter Vollmachten an **Dritte** im Rahmen eines Anstellungs- oder Auftragsverhältnisses. Immer bleibt die Befugnis des Dritten abgeleiteter Natur, kann also nach den allgemeinen Regeln der Vollmacht limitiert und insbesondere auf das Gesellschaftsvermögen beschränkt werden. Diese Vollmacht kann dem Dritten selbstverständlich auch ohne sein Zutun wieder entzogen werden, vgl. MünchKomm/*Ulmer* § 709 BGB Rn. 5. 40

Eine weitere **faktische Haftungsbeschränkung** kann durch einen engen Gesellschaftszweck erreicht werden. An Stelle der Formulierung „Gegenstand der Gesellschaft ist die Vermögensverwaltung" sollte ausdrücklich im Gesellschaftszweck der Vermögensgegenstand aufgeführt werden, dessen Verwaltung Zweck der Gesellschaft ist, also z. B. „Gesellschaftszweck ist die Verwaltung des Grundstückes Lindenstr. 1 in Adorf". Da der Gesellschaftsvertrag die Grundlage der Gesellschafterhaftung ist – es existiert kein öffentliches Register, dem eine Vertretungsbefugnis entnommen werden könnte (vgl. BGH NJW 2002, 1195) – ist Haftungsgrundlage ausschließlich der Gesellschaftsver- 41 trag. Sofern also ein Gesellschafter – über den Gesellschaftszweck hinaus – Vertretungshandlungen für die Gesellschaft vornimmt, handelt er als falsus procurator, so dass nur eine persönliche Haftung, aber nicht die der Gesellschaft begründet wird.

3. Vollmachtserteilung

42 Sofern ein Gesellschafter z.B. zur Verwaltung eines Miethauses zur Geschäftsführung berufen wird, ergibt sich das Erfordernis des Nachweises der Vertretungsberechtigung im täglichen Geschäftsverkehr. Um nicht jeweils den Gesellschaftsvertrag vorweisen zu müssen, wird in der Praxis dem vertretungsberechtigten Gesellschafter eine Vollmacht erteilt, wobei die Haftung wohl auf das Gesellschaftsvermögen eingeschränkt werden kann, solange und soweit der Gesellschafter nur im Rahmen und unter Berufung auf die Vollmacht handelt.

43 **Formulierungsvorschlag: Vollmacht**

Beurkundet am …

I.

Die Herren A, M und P sind Gesellschafter der Gesellschaft bürgerlichen Rechts mit dem Namen

„AMP GbR mit Sitz in X".

Diese Gesellschaft wurde gegründet mit Urkunde des Notars …

Die Gesellschaft ist Eigentümerin des Anwesens der
Gemarkung Y
Flst.Nr. … zu … ha
vorgetragen im Grundbuch des Amtsgerichts Z für die Gemarkung X Blatt …

II.

Die Gesellschaft
– nachstehend „Vollmachtgeber" genannt –
bevollmächtigt hiermit
den Gesellschafter A
– nachstehend „Bevollmächtigter" genannt –
sämtliche Erklärungen abzugeben, Anträge zu stellen und Handlungen vorzunehmen, die die unter Ziffer I. bezeichnete Gesellschaft bürgerlichen Rechts betreffen, jeweils beschränkt auf das Gesellschaftsvermögen.

Der Bevollmächtigte ist damit berechtigt, die Vollmachtgeber unter Beschränkung auf das Gesellschaftsvermögen gegenüber Behörden und sonstigen Dritten umfassend allein zu vertreten, insbesondere

a) zur Belastung und Veräußerung von Gesellschaftsvermögen, insbesondere Grundbesitz,
b) zur Baureifmachung des Grundbesitzes sämtliche Handlungen vorzunehmen und erforderliche Erklärungen abzugeben, einschließlich der Vereinbarung von Erschließungsverträgen, Bauplaneingaben und Stellung von Bau- und Vermessungsanträgen,
c) zum Abschluss, Änderung und Kündigung von Miet-/Pachtverträgen, und Durchführung der Betriebskostenabrechnung, zur Entgegennahme von Kündigungen von Miet-/Pachtverträgen,
d) zur Führung des erforderlichen Telefon- und Schriftverkehrs,
e) zur Vertretung bei anwaltlichen und gerichtlichen Auseinandersetzungen und Verfahren,
f) zur Erledigung sämtlicher Versicherungsangelegenheiten, insbesondere Abschluss und Kündigung von Versicherungsverträgen und Meldung von Schäden,

g) zum Abschluss von Wartungs-, Energielieferungs- und Werkverträgen sowie Organisation und Durchführung von baulichen Maßnahmen,
h) zum Abschluss von Verträgen mit Kreditinstituten über die Führung von Bankkonten, Depots sowie Anlage von Geldern.

Die vorstehende Aufstellung ist nur beispielhaft und nicht abschließend. Den Grundbuchämtern gegenüber ist die Vollmacht unbeschränkt.

Die Erteilung einer Untervollmacht ist zulässig. Von den Beschränkungen des § 181 BGB ist der Bevollmächtigte ausdrücklich befreit. Die Vollmacht soll durch den Tod eines Gesellschafters nicht erlöschen.

Bei sämtlichen Maßnahmen und Erklärungen, die der Bevollmächtigte in Ausübung der Vollmacht vornimmt, hat er darauf hinzuweisen, dass er die Gesellschaft und die Gesellschafter zur bis zur Höhe des Gesellschaftsvermögens verpflichten kann.

Zur Vertretung bei der Veräußerung von Gesellschaftsanteilen ist der Bevollmächtigte ausdrücklich nicht befugt.

Im Innenverhältnis, ausdrücklich ohne Beschränkung der Befugnisse im Außenverhältnis, ist der Bevollmächtigte zur Veräußerung und Belastung von Grundbesitz nur mit schriftlicher Zustimmung des sämtlicher Gesellschafter befugt.

Vorgelesen vom Notar . . .

Hinweis: Zur Verwendung von „Altvollmachten" vgl. OLG München MittBayNot 2010, 126.

VI. Haftung

Literatur: *Wälzholz* Die haftungsbeschränkte private Gesellschaft bürgerlichen Rechts – Phönix aus der Asche?, MittBayNot 2003, 35.

Die Haftungsrechtsprechung des BGH leidet seit langem an dem Umstand, dass es keine Einheits-GbR gibt. *Karsten Schmidt* JuS 1973, 85 hat schon frühzeitig darauf hingewiesen, dass zwischen der unternehmenstragenden und der schlicht zivilistischen GbR zu unterscheiden ist. Die unternehmenstragende, also die Mitunternehmer-BGB-Gesellschaft ist durch den handelsrechtlichen Unternehmensbegriff vorgegeben und ist damit der OHG stark angenähert. Es war daher nur folgerichtig, dass die Rechtsprechung der Oberlandesgerichte und daran anschließend der BGH DNotZ 2000, 135 die Haftungsgrundsätze der OHG auf die unternehmenstragende GbR übertragen haben. 46

Im Unterschied zur OHG betreibt die **vermögensverwaltende** GbR **keinen Geschäftsbetrieb**, so dass die Haftungsgrundsätze der OHG nicht auf vermögensverwaltende Strukturen übertragen werden können. Vor der BGH-Entscheidung DNotZ 2000, 135 wurde jahrzehntelang diesem Umstand durch die früher von der Rechtsprechung vertretene Theorie der Doppelverpflichtung Rechnung getragen. Danach konnten die Geschäftsführer beim Handeln für die Gesellschaft zugleich eine persönliche Haftung der Gesellschafter begründen, vgl. MünchKomm/*Ulmer* § 714 Rn. 20–28. Diese Doppelverpflichtung kam jedoch nur bei einer entsprechenden Willenserklärung zustande. Nach dieser Auffassung war aber die Vertretungsmacht beschränkbar, jedenfalls für rechtsgeschäftliche Verpflichtungen, z.B. durch mündliche Erklärung oder durch Aufdruck auf dem Briefpapier der Gesellschaft „Gesellschaft mit Haftungsbeschränkung", vgl. OLG Hamm NJW 1985, 1849. Nach überwiegender Meinung genügte es, wenn die Haftungsbeschränkung für den Gläubiger erkennbar war, vgl. BGH ZIP 1985, 99. 47

48 Im Gesellschaftsvertrag konnte auch die Vertretungsmacht der Geschäftsführer in der Weise eingeschränkt sein, dass diese nicht berechtigt waren, die Gesellschafter persönlich zu verpflichten, vgl. *Palandt/Sprau* § 714 Anm. 3c. Für unternehmenstragende GbRs konnte diese Haftungseinschränkung nicht akzeptiert werden, da die Geschäftspartner und Kunden einer derartigen GbR weder auf die persönliche Haftung der Gesellschafter noch auf eine Mindestkapitalgarantie wie bei einer GmbH zurückgreifen konnten. Bei Produktionsunternehmen, Handwerksbetrieben und freiberuflicher Tätigkeit muss ein Rückgriff bei mangelhafter Auftragsdurchführung möglich sein, so dass die Haftungsbegrenzung auf das Gesellschaftsvermögen nur für vermögensverwaltende Gesellschaften, insbesondere Grundstücksgesellschaften, sinnvoll ist.

49 Durch die BGH-Entscheidung DNotZ 2002, 805, wonach Immobilienfonds und Wohnungseigentümergemeinschaften nicht der verschärften Haftungsrechtsprechung unterliegen, sondern sich auf eine im Gesellschaftsvertrag vorgesehene Haftungsbeschränkung, die dem Vertragspartner erkennbar war, berufen können, ist die dargelegte Differenzierung zwischen unternehmenstragenden und vermögensverwaltenden Gesellschaften im Kern bereits eingeleitet. Allerdings kann dies nicht auf „Gründe des Vertrauensschutzes" gestützt werden, da der BGH die dargelegte Haftungsbeschränkung auch für künftig abzuschließende Gesellschaftsverträge gestattet. Die weitere Begründung, wegen der Eigenart derartiger Fonds als reine Kapitalanlagegesellschaften sei eine Haftungsbeschränkung geboten, rechtfertigt nicht sonstige vermögensverwaltende Gesellschaften aus der Haftungsbeschränkung auszuschließen. Auch der Familienpool ist eine Kapitalanlagegesellschaft.

50 *Wälzholz* MittBayNot 2003, 38 meint zu Recht, dass die einschränkende Rechtsprechung für Immobilienfonds und Bauherrengemeinschaften auch auf andere vermögensverwaltende Außen-GbRs wie vermögensverwaltende Familienpools zu übertragen sei; allerdings ist der Vorsitzende Richter des II. BFH-Senats *Goette* DStR 2002, 686 anderer Meinung, ohne dies begründen zu können. Es ist geradezu grotesk, dass Kapitalanleger ihre Haftung begrenzen können, Familienangehörige aber bei einem Familienpool einer unbeschränkbaren Sippenhaftung unterliegen sollen. So lange der BGH an seiner nicht nachvollziehbaren Differenzierung festhält, wonach Kapitalanleger und Wohnungseigentümer ihre Haftung beschränken können, während dies einer familiären Grundstücks-GbR versagt sein soll, muss auf haftungsbeschränkende Gestaltungen, wie oben zu V. 2. dargelegt, besonderer Wert gelegt werden.

VII. Anwachsung

Literatur: *Schiefer* Die Anwachsung bei der Gesellschaft bürgerlichen Rechts, DStR 1996, 788.

51 Eine weitere wesentliche Besserstellung der Gesamthand gegenüber einer Miteigentümergemeinschaft besteht darin, dass gem. § 738 Abs. 1 Satz 1 BGB beim Ausscheiden eines Gesellschafters aus der Gesellschaft dessen Anteil am Gesellschaftsvermögen den übrigen Gesellschaftern anwächst, während bei einer Miteigentümergemeinschaft eine derartige Regelung ausge-

schlossen ist. Eine GbR kann sich somit durch vertragliche Gestaltung von insolventen oder lästigen Gesellschaftern trennen, ohne – wie dies bei einer Miteigentümergemeinschaft der Fall ist – die Auflösung durch Teilungsversteigerung hinnehmen zu müssen. Hinzu kommt, dass gesellschaftsvertraglich die Abfindung beim Ausscheiden eines Gesellschafters reduziert werden kann und somit der Bestandsschutz der Gesellschaft bedeutend erhöht wird, während Gläubiger eines Miteigentümers nicht nur auf den Miteigentumsanteil des Schuldners einen Zugriff haben, sondern durch die Beendigung der Miteigentümergemeinschaft im Wege der Teilungsversteigerung das gesamte betroffene Grundstück an sich ziehen können.

Das Anwachsungsprinzip ist ein unübertroffener Vorteil der Gesamthand, 52 da die Gläubiger eines Gesellschafters – bei entsprechender Gestaltung des Gesellschaftsvertrages – nur auf den Gewinnanspruch oder auf das (reduzierte) Auseinandersetzungsguthaben zugreifen können, vgl. BGH BB 1984, 96. Scheidet bei einer zweigliedrigen GbR einer der Gesellschafter aus, kann der verbleibende Gesellschafter das Gesellschaftsvermögen ohne Liquidation mit Aktiven und Passiven durch eine rechtsgestaltende Übernahmeerklärung erwerben, es sei denn, dass der Gesellschaftsvertrag von vorne herein einen automatischen Übergang vorsieht, vgl. BGHZ 32, 315.

VIII. Abfindungsguthaben

Literatur: *Groß* Abfindungsregelungen im Rahmen der Gesellschafternachfolge, ErbStB 2004, 134; Mohr Abfindung an ausscheidende Gesellschafter – Die Abfindungsklausel auf dem erbschaft- und schenkungsteuerlichen Prüfstand, GmbH-Stb 2010, 73; *Iversen* Gesellschaftsvertragliche Abfindungsklauseln und pflichtteilsrechtliche Nachlassbewertung – Vorschläge für die Praxis, NJW 2010, 183; *Jorde/Stroot* Abfindungsregeln in Gesellschaftsstatuten von Familienunternehmen – zivil- und steuerrechtliche Aspekte, Ubg 2010, 45.

Sofern Miteigentümer eines Grundstückes Abfindungsbeschränkungen 56 z. B. für den Fall von Zwangsvollstreckungsmaßnahmen vereinbaren würden, wären die Gläubiger und die Sonderrechtsnachfolger in den Miteigentumsanteil nicht an diese Beschränkungen gebunden. Auch in das Grundbuch könnte eine derartige Beschränkung nicht eingetragen werden. Das von *Deckert* vorgeschlagene Bruchteilsmodell hat in der Praxis keine Bedeutung erlangt, vgl. *Pause* NJW 1990, 810; auch das Berliner Bruchteilsmodell ist obsolet geworden, vgl. *Reithmann/Meichssner/von Heymann* Kauf vom Bauträger, E Rn. 46.

1. Gesellschaftsvertragliche Reduzierung

Dagegen kann bei einer Gesellschaft bürgerlichen Rechts die Abfindung 57 unter den Gesellschaftern auch mit Wirkung gegenüber Dritten, insbesondere auch gegenüber Pfändungsgläubigern und Rechtsnachfolgern beschränkt werden. Bei einer Beschränkung des Abfindungsguthabens auf nur einen geringen Bruchteil des wahren Anteilswertes kann allerdings die Klausel wegen der damit verbundenen Einschränkung der Kündigungsmöglichkeit gem. § 723 Abs. 3 BGB nichtig sein, soweit nicht bereits ein Verstoß gegen die guten Sitten gem. § 138 BGB oder Rechtsmissbrauch gem. § 242 BGB vorliegt, vgl. MünchKomm/*Ulmer* § 738 Anm. 24 ff.

58 Nach BGH DStR 2006, 1005 kann die Vereinbarung einer Abfindung für den ausscheidenden BGB-Gesellschafter auf der Grundlage des Ertragswertes gem. § 723 Abs. 3 BGB unwirksam sein, wenn der **Liquidationswert** den Ertragswert erheblich übersteigt und deshalb ein vernünftiger Gesellschafter auf der Grundlage einer Abfindung nach dem Ertragswert von dem ihm an sich zustehenden Kündigungsrecht keinen Gebrauch machen würde. Bei einer Reduzierung auf die Hälfte des wahren Wertes ist noch kein die Wirksamkeit beeinträchtigendes Missverhältnis gegeben, vgl. *Kellermann* StbJb 1986, 87, 411 und *Dieter Mayer* MittBayNot 1992, 4.

59 Nach Auffassung des BGH GmbHR 1993, 806 wird eine gesellschaftsvertragliche Abfindungsklausel, die eine unter dem wirklichen Anteilswert liegende Abfindung vorsieht, nicht deswegen unwirksam, weil sie in Folge eines im Laufe der Zeit eingetretenen groben Missverhältnisses zum wirklichen Anteilswert geeignet ist, das Kündigungsrecht des Gesellschafters zu beeinträchtigen. Der Inhalt einer derartigen Abfindungsregelung ist jedoch nach den Grundsätzen von Treu und Glauben im Wege der ergänzenden Vertragsauslegung neu zu ermitteln, so dass der Abfindungsbetrag dem Verkehrswert angenähert werden kann.

2. Gesellschaftsvertraglicher Ausschluss einer Abfindung im Todesfall

60 Sieht der Gesellschaftsvertrag die Fortsetzung der Gesellschaft durch die bisherigen Gesellschafter unter Ausschluss von Abfindungsansprüchen der Erben eines verstorbenen Gesellschafters vor, so sieht die h. M. in einem für alle Gesellschafter gleichmäßig geltenden allseitigen Abfindungsausschluss einen entgeltlichen Vorgang (Wagnis), so dass auch Pflichtteils- und Pflichtteilsergänzungsansprüche nicht gegeben sind, vgl. BGH NJW 1970, 941 und 1638; dies gilt nicht, wenn die Altersstruktur der Gesellschafter eine einseitige Wirkung des Abfindungsausschlusses mit großer Wahrscheinlichkeit erwarten lässt, vgl. BGH NJW 1981, 1956.

Betrachtet man die Rechtsprechungslinie des BGH, der Freiräume zur Umgehung von Pflichtteilsergänzungsansprüchen konsequent ausschließt, also sowohl bei einer Schenkung unter vorbehaltenem Nießbrauch DNotZ 1994, 784, als auch bei der Dotierung von Stiftungen ZEV 2004, 115 (Dresdner Frauenkirche), Pflichtteilsergänzungsansprüche stets bejaht hat, ist *J. Mayer* Handbuch Pflichtteilsrecht § 8 Rn. 65 und MünchKomm/*Frank* BGB § 2325 Rn. 25 zuzustimmen, die eine Begrenzung von Pflichtteilsergänzungsansprüchen durch gesellschaftsvertraglichen Abfindungsausschluss ablehnen.

61 Im Übrigen darf nicht verkannt werden, dass der Gesellschaftsanteil selbst an dem im Gesellschaftsvertrag oder im Testament vorgesehenen Nachfolger weitergegeben wird, so dass das Problem der Abfindung für einen Gesellschaftsanteil nicht entsteht. Die Zuordnung des Gesellschaftsanteiles zu Gunsten eines konkreten Nachfolgers rechtfertigt einen Pflichtteilsergänzungsanspruch, ohne dass es auf einen „Abfindungsausschluss" ankommt.

62 Einseitige, d. h. nicht für alle Gesellschafter vereinbarte Ausschlüsse oder Beschränkungen der Abfindungsansprüche stellen unentgeltliche Zuwendungen dar, die Pflichtteils- und Pflichtteilsergänzungsansprüche auslösen, vgl.

Baumbach/Duden/Hopt § 138 Anm. 5 H; *Palandt/Edenhofer* § 2311 Anm. 3c; BGH NJW 1990, 229.

3. Erbschaftsteuer

Eine unter dem Verkehrswert liegende Abfindung löst eine erb- oder schenkungsteuerliche Belastung aus, weil die Differenz zwischen der geschuldeten Abfindung und dem Verkehrswert eine Zuwendung gem. § 3 Abs. 1 Nr. 2 oder § 7 Abs. 7 ErbStG darstellt. **63**

IX. Nachfolgeregelung

Literatur: *Gluth* Rechtsnachfolge bei Personengesellschaften, ErbStB 2003, 105 und 122.

1. Gesellschaftsvertragliche Nachfolge

Insbesondere beim Familienpool in der Rechtsform der GbR wird häufig bereits unmittelbar im Gesellschaftsvertrag die Nachfolge geregelt. Häufig wünschen die Eltern, dass im Falle ihres Versterbens ihr Gesellschaftsanteil nicht auf den überlebenden Ehegatten übergeht, um eine Kumulierung zu vermeiden, sondern unmittelbar die Abkömmlinge zu gleichen Anteilen nachfolgen. Diese Rechtsfolge kann in der Weise erreicht werden, dass als Vertrag unter Lebenden im Wege der aufschiebend auf den Todesfall vereinbarten Schenkung jeder Ehegatte seinen Anteil zu gleichen Teilen auf die Kinder, ersatzweise auf die Enkelkinder, überträgt. In diesem Fall fällt der Gesellschaftsanteil des Verstorbenen nicht in den Nachlass, so dass auch im Grundbuch nur durch Vorlage des Gesellschaftsvertrages und der jeweiligen Sterbeurkunde, ohne dass es eines Erbscheins bedarf, der Übergang eingetragen werden kann. **66**

Sofern der Gesellschaftsvertrag keine Regelung für den Fall des Versterbens eines Gesellschafters enthält, wird die Gesellschaft gem. § 727 Abs. 1 BGB aufgelöst.

2. Erbrechtliche Regelung

a) Nachfolgeklausel

Bei einem Familienpool enthält der Gesellschaftsvertrag regelmäßig eine erbrechtliche Nachfolgeklausel, wonach die Gesellschaft mit den Erben des verstorbenen Gesellschafters fortgeführt wird, soweit es sich um Mitgesellschafter oder Abkömmlinge des Verstorbenen handelt. Durch eine derartig Bestimmung sind von der Nachfolge nicht nur Dritte, sondern auch Schwiegerkinder ausgeschlossen, zu deren Gunsten ein Nießbrauchsrecht vorgesehen werden kann. Sofern der Verstorbene keine Abkömmlinge hinterlässt, führt die geschilderte Regelung zur Fortführung der Gesellschaft unter den verbleibenden Gesellschaftern mit der Wirkung der Anwachsung. **67**

b) Umwandlungsklausel

Sofern der verstorbene Gesellschafter minderjährige Abkömmlinge hinterlässt, würden diese der aus der Mitgliedschaft bei einer GbR resultierenden gesamtschuldnerischen Haftung unterliegen. § 139 Abs. 1 HGB, wonach je- **68** der Erbe sein Verbleiben in der Gesellschaft davon abhängig machen kann, dass ihm unter Belassung des bisherigen Gewinnanteils die Stellung eines Kommanditisten eingeräumt wird, ist nicht unmittelbar anwendbar; dessen analoge Anwendung kann aber gesellschaftsvertraglich vereinbart werden.

c) Vermächtnis

69 Im Falle der Zuwendung der Beteiligung im Wege des Vermächtnisses kommt ein derivativer Erwerb in der Weise in Betracht, dass die Beteiligung auf den Erben übergeht und dieser aufgrund der bestehenden Vermächtnisverpflichtung gem. § 2174 BGB den Gesellschaftsanteil auf den Vermächtnisnehmer überträgt, vgl. *Gluth* ErbStB 2003, 105, 107. Die Zustimmung der übrigen Gesellschafter gilt im Wege der ergänzenden Vertragsauslegung als erteilt, vgl. MünchKomm/*K. Schmidt* HGB, 2004, § 139 Rn. 15.

d) Eintrittsrecht

70 Es kommt aber auch bei einer einfachen erbrechtlichen Nachfolgeklausel ein originäres Eintrittsrecht des Vermächtnisnehmers in Betracht, vgl. DNotI-Gutachten v. 15. 6. 2005 Dokumenten-Nr. 12124 II 1 b) cc). Bei einer qualifizierten Nachfolgeklausel kommt ein unmittelbarer Übergang auf die nachfolgeberechtigte Person nur in Betracht, wenn diese (Mit-)Erbe des Gesellschaftererblassers wird. Ist keine der nachfolgeberechtigten Personen (Mit-)-Erbe, ist ein Eintrittsrecht erforderlich, vgl. *K. Schmidt* in: MünchKomm § 139 Rn. 22.

X. Minderjährige Gesellschafter

Literatur: *Damrau* Den Elternstreit bei der Verwaltung von geschenktem Kindsvermögen vermeiden, ZEV 2001, 176; *Dümig* Die Beteiligung Minderjähriger an einer rechtsfähigen Gesellschaft bürgerlichen Rechts aus familien- bzw. vormundschaftsgerichtlicher Sicht, FamRZ 2003, 1; *Ivo* Die Beteiligung Minderjähriger an Personengesellschaften, NWB Fach 18 S. 4497 (Stand August 2007); *ders.* Der minderjährige Gesellschafter, ZNotP 2007, 210; *Krüger* Grundstücksschenkungen am Minderjährige, ZNotP 2006, 202; *Lautner* Gerichtliche Kontrolle der Beteiligung Minderjähriger an Grundstücksverwaltungsgesellschaften bürgerlichen Rechts, MittBayNot 2002, 256; *Lohse/Triebel* Vermögensverwaltende Gesellschaften bürgerlichen Rechts mit minderjährigen Gesellschaftern und gerichtliche Genehmigungspraxis, ZEV 2000, 337; *Rust* Die Beteiligung von Minderjährigen im Gesellschaftsrecht, DStR 2005, 1942 und 1992; *Thonemann* Ergänzungspflegschaft und familien/vormundschaftsgerichtliche Genehmigung bei vorweggenommener Erbfolge, ErbStB 2007, 390 und 2008, 29; *Wälzholz* Die Beteiligung Minderjähriger im Gesellschaftsrecht, INF 2007, 231

1. Gesetzliche Vertretungsregelung

Literatur: *Wilhelm* Das Merkmal „lediglich rechtlich vorteilhaft" bei Verfügungen über Grundstücksrechte, NJW 2006, 2353.

76 Beim Abschluss eines Gesellschaftsvertrages mit ihren minderjährigen Kindern sind die Eltern gem. § 1795 Abs. 1 Nr. 1 BGB von der Vertretung ausgeschlossen. Für jeden Minderjährigen ist ein gesonderter Ergänzungspfleger zu bestellen, da auch dieser den Beschränkungen des § 181 BGB unterliegt, vgl. MünchKomm/*Schwab* § 1909 BGB Rn. 53. Auch die schenkweise Übertragung eines Gesellschaftsanteiles kann als „nachteiliger" Vorgang zu bewerten sein, so dass die Eltern wiederum von der Vertretung ausgeschlossen sind. Nur dann, wenn der Abschluss eines Gesellschaftsvertrages für den Minderjährigen lediglich vorteilhaft i. S. d. § 107 BGB ist, sind die Eltern vertretungsberechtigt, ohne dass es eines Ergänzungspflegers bedarf, vgl. *Palandt/Diederichsen* BGB § 1795 Rn. 11. Gem. § 107 BGB kann ein Minderjähriger, der das 7. Lebensjahr vollendet hat, auch bei lediglich rechtlich vorteilhaften Geschäften allein ohne Mitwirkung seiner Eltern handeln.

Bei der Abwägung, ob ein Rechtsgeschäft lediglich rechtlich vorteilhaft ist, **77**
betrachtet die Rechtsprechung nicht die wirtschaftliche Seite des Rechtsgeschäftes, sondern urteilt danach, ob für den Minderjährigen persönliche Verpflichtungen entstehen. Die teleologische Reduktion des § 1795 BGB, wonach Eltern bei den Rechtsgeschäften mit dem Minderjährigen vertretungsberechtigt sind, die nur einen lediglich rechtlichen Vorteil darstellen, führt zu grotesken Ergebnissen. Die Übertragung eines vermieteten oder verpachteten Grundstücks ist nach Auffassung des BGH DNotZ 2005, 625 nicht lediglich rechtlich vorteilhaft, weil der Minderjährige in Rechte und Pflichten aus dem bestehenden Miet- oder Pachtvertrag eintritt. Lediglich rechtlich vorteilhaft soll hingegen die Übereignung eines nicht vermieteten Grundstücks sein, auch wenn der Übertragungsgegenstand mit öffentlichen Lasten wie Steuern, Abgaben und Gebühren, mit Grundpfandrechten oder mit einem Nießbrauch belastet ist; bei letzterem jedenfalls dann, wenn der Nießbraucher auch die Kosten außergewöhnlicher Ausbesserungen und Erneuerungen sowie außergewöhnliche Grundstückslasten zu tragen hat, vgl. BGH NJW 2005, 415; *Thonemann* ErbStB 2007, 391. Jeder Grundstückssachverständige weiß, dass ein unvermietetes oder gar unvermietbares Grundstück zum wirtschaftlichen Ruin führen kann, während bei einem vermieteten Objekt in aller Regel mindestens die Grundstückslasten durch die Miete gedeckt sind.

Ein weiteres Beispiel für ein unsinniges Ergebnis: Die vorbezeichnete Grundstücksübertragung unter Vorbehaltsnießbrauch, die den Minderjährigen von jeglichem Grundstücksertrag ausschließt, soll lediglich rechtlich vorteilhaft sein, während ein Zuwendungsnießbrauch, der dem Minderjährigen die Erträge des Grundbesitzes vermittelt, als nicht lediglich rechtlich vorteilhaft gilt, vgl. BFH NJW 1991, 147; NJW-RR 90, 1035.

Die Rechtsprechung hat die Unsinnigkeit der bisherigen Abgrenzung of- **78**
fensichtlich erkannt und hält Nachteile mit einem typischerweise ganz geringfügigen Gefährdungspotential, z. B. wegen möglicher Rückgewährpflichten, für unschädlich, vgl. BGH NJW 2005, 415. *Fembacher* DNotZ 2005, 630 hält die Nachteilsabwägung des BGH zurecht für nicht überzeugend. Dies gilt um so mehr, als der BGH bei der Abwägung, ob ein Rechtsgeschäft familiengerichtlich zu genehmigen sei, eine **Gesamtschau** der Vor- und Nachteile vornimmt und rechtliche Nachteile in Kauf nimmt, wenn die Vorteile überwiegen, vgl. LG München, ZEV 2000, 370. Die Genehmigung darf nicht versagt werden, wenn nur einzelne Punkte dem Minderjährigen nachteilig sind, vgl. OLG Hamm, OLGZ 1987, 162. Wenn somit die familiengerichtliche Genehmigung bei einem Rechtsgeschäft durch das Familiengericht zu erteilen wäre, leuchtet es nicht ein, dass die Eltern bei der Vornahme dieses Geschäftes selbst ausgeschlossen sein sollen.

2. Familiengerichtliche Genehmigung

Literatur: *Damrau* Kein Erfordernis der gerichtlichen Genehmigung bei Schenkungen von Gesellschaftsbeteiligungen an Minderjährige, ZEV 2000, 209; DNotI-Report 2003, 25: Zuständigkeit des Vormundschaftsgerichts oder Familiengerichts für Genehmigungserteilung und Bestellung eines Ergänzungspflegers.

a) Erwerbsgeschäft

79 Gem. § 1822 Nr. 3 BGB ist die familiengerichtliche Genehmigung zu einem Vertrag erforderlich, der auf den entgeltlichen Erwerb oder die Veräußerung eines Erwerbsgeschäfts gerichtet ist sowie zu einem Gesellschaftsvertrag, der zum Betrieb eines Erwerbsgeschäftes eingegangen wird. Bei einer Gesellschaft bürgerlichen Rechts, die auf lange Dauer errichtet wird, um gewerblich nutzbare Immobilien von erheblichem Wert zu verwalten, zu vermieten und zu verwerten, hat bereits das BayObLGZ 1995, 234 einen Gesellschaftsvertrag i. S. des § 1822 Nr. 3 BGB, der zum Betrieb eines Erwerbsgeschäftes eingegangen wird, angenommen. Das BayObLG DNotZ 1998, 494 sieht auch in einem Gesellschaftsvertrag zur Verwaltung eines Wohnhausgrundstücks mit Tiefgarage und Garten sowie von drei Eigentumswohnungen ein Erwerbsgeschäft i. S. d. § 1822 Nr. 3.

80 Auch die Einbeziehung Minderjähriger als Gesellschafter einer GbR durch unentgeltliche Übertragung im Wege der vorweggenommenen Erbfolge unterliegt der Genehmigungspflicht gem. § 1822 Nr. 3 BGB, vgl. OLG Braunschweig ZEV 2001, 75; ebenso OLG Hamm NJW-RR 2001, 1086; hingegen bedarf die Bestellung einer Grundschuld am Grundstück einer gewerblich tätigen Gesellschaft bürgerlichen Rechts durch einen zur Geschäftsführung bestellten Gesellschafter nicht der familiengerichtlichen Genehmigung, wenn an der Gesellschaft ein Minderjähriger beteiligt ist, vgl. OLG Schleswig-Holstein MittBayNot 2002, 294.

81 Die Entscheidung über die familiengerichtliche Genehmigung setzt eine Gesamtschau der Vor- und Nachteile für die Minderjährigen voraus, vgl. LG München ZEV 2000, 370. Folgende vertragliche Regelungen wurden von der Rechtsprechung bisher als **nachteilig** angesehen:

- Gesellschaftsvertrag für lange Dauer mit unkündbarer Bindung wegen Verstoßes gegen das allgemeine Persönlichkeitsrecht des Minderjährigen, BayObLG DNotZ 1998, 494 m. Anm. Spiegelberger,
- Haftungsrisiken bei Beteiligung an einer OHG oder GbR, wobei nach *Klüsener* Rpfleger 1990, 330 aus diesem Grund eine Genehmigung des Vormundschaftsgerichtes von vorne herein ausgeschlossen sein soll;
- Entnahmemöglichkeit durch die übrigen Gesellschafter, ohne dass die Minderjährigen dies verhindern können, vgl. OLG Hamm BB 1983, 792;
- Fortführung der Gesellschaft nach dem Ableben des beherrschenden Gesellschafters mit dessen Erben, vgl. OLG Hamm BB 1983, 792;
- Anrechnung auf den Pflichtteil, vgl. *Lohse/Triebel* ZEV 2000, 344; a. A. zurecht OLG Dresden, MittBayNot 1996, 288; *Weigl* MittBayNot 2008, 275;
- Leichter Widerruf durch den Schenker, vgl. BayObLG FamRZ 1990, 209.

b) Schuldübernahme

Im Fall der Schuldübernahme bei Belastung des eingebrachten Grundbesitzes mit Grundpfandrechten ergibt sich eine weitere **Genehmigungspflicht** gem. § 1822 Nr. 10 BGB. Die Rechtsprechung verlangt eine Prognose, bei der unternehmerische und wirtschaftliche Risiken zu bewerten sind, vgl. BayObLG NJW-RR 1997, 1163. Bei dieser Abwägung berücksichtigen die Vormundschaftsgerichte häufig nicht den Wert des Grundbesitzes, der den Belastungen gegenübersteht. Auch die steuerlichen Auswirkungen, wonach bei einer Schuldübernahme durch die Gesellschaft der Schuldzinsenabzug erhalten bleibt, während er andernfalls verloren geht, fallen in die Waagschale. 82

Die wirtschaftlichen Chancen, die für den Minderjährigen durch den frühzeitigen Miterwerb an Grundbesitz – mit der Folge des erbschaftsteuerfreien Anfalls des Vermögens und dem steuerfreien Anwachsen stiller Reserven – sollte das Vormundschaftsgericht berücksichtigen, vgl. *Spiegelberger* Harzburger Steuerprotokoll 1996, 141, ferner auch die häufig in Gesellschaftsverträgen im Innenverhältnis getroffene Haftungsbeschränkung, wonach die Eltern die minderjährigen Kinder von Belastungen freistellen. Hingegen bedürfen Grundschuldbestellungen, die die Mittel für die Kaufpreisfinanzierung und für andere Zwecke sichern, keiner familiengerichtlichen Genehmigung, da § 1821 Abs. 1 Nr. 1 BGB nur bereits vorhandenes Grundvermögen schützt und auf Belastungen im Zusammenhang mit dem Grundstückserwerb keine Anwendung findet, vgl. BGH DStR 1998, 176.

c) Anspruch auf Erteilung der familiengerichtlichen Genehmigung

Während früher angenommen wurde, dass der Vormundschaftsrichter seine Entscheidung über die Genehmigung nach freiem Ermessen treffe (BGH VersR 1974, 359), hat nach nunmehr h. M. der Richter nach pflichtgemäßem Ermessen zu urteilen, vgl. BGH NJW 1986, 2830; BayObLG Rpfleger 1989, 455. Nach zutreffender Auffassung besteht ein Rechtsanspruch auf die familiengerichtliche Genehmigung, wenn die Voraussetzungen dieses unbestimmten Rechtsbegriffs erfüllt sind, vgl. *Soergel/Damrau* BGB § 1828 Rz. 18; MünchKomm/*Schwab* BGB § 1828 Rz. 15; *Jörg Mayer* FamRZ 1994, 1007. 83

d) Genehmigungspraxis

Die deutschen Familiengerichte sind m. E. mit den zu berücksichtigenden wirtschaftlichen Faktoren nicht immer genügend vertraut. Einem Beschluss des Landgerichts München I v. 25. 7. 1994, AZ. 75 VIII 54 95/93, lag folgender Sachverhalt zugrunde: 84

Die Großmutter und Mutter der Betroffenen brachten in eine Grundstücksgesellschaft mit den minderjährigen Kindern bzw. Enkelkindern Grundstücke im Wert von ca. 9,5 Mio. ein. Der Grundbesitz war mit ca. 2,3 Mio. belastet.

Die vormundschaftsgerichtliche Genehmigung wurde mit folgender Begründung versagt:

Die beiden Geschäftsführerinnen sind Hausfrauen, wobei eine bereits 65 Jahre alt sei. Die Eignung der beiden Mitgesellschafterinnen zur Führung der BGB-Gesellschaft wecke Bedenken. Denn zur Führung einer Grundstücksverwaltungsgesellschaft seien nach Auffassung der Kammer umfassende Kenntnisse im Immobilienrecht und Mietrecht erforderlich. Beide Gesellschafterinnen seien – abgesehen von dem eingebrachten

Grundbesitz – ohne nennenswertes Vermögen. Das Risiko einer persönlichen Haftungsinanspruchnahme der Betroffenen erscheine daher nicht eingrenzbar.

85 Es trifft sicher zu, dass das Vormundschaftsgericht dafür Sorge tragen muss, dass die Minderjährigen bei Eintritt der Volljährigkeit nicht überschuldet sind. Es dient aber nicht dem Wohl des Minderjährigen, wenn eindeutige Vermögensmehrungen verhindert werden. Das Oberlandesgericht München hat auf die weitere Beschwerde den Beschluss des Landgerichtes München I aufgehoben und die Sache durch Beschluss vom 6. 7. 1995, AZ. 1 Z BR 157/94, an das Landgericht zur weiteren Entscheidung zurückgewiesen.

e) Wirksamwerden der familiengerichtlichen Genehmigung

86 Das Familiengericht kann die Genehmigung zu einem Rechtsgeschäft nur dem Vormund gegenüber gem. § 1828 BGB erklären. Rechtsmittel gegen die erteilte Genehmigung bestehen nicht.

Um die familiengerichtliche Genehmigung möglichst rasch wirksam werden zu lassen, empfiehlt sich eine sog. „**Doppelvollmacht**“ für den Notar zur Entgegennahme und Mitteilung einer familiengerichtlichen Genehmigung, vgl. BayObLG MittBayNot 1998, 107.

Da der Vormund und der Ergänzungspfleger in der Lage sind, die ihnen erteilte familiengerichtliche Genehmigung nicht weiterzugeben und damit die Wirksamkeit des Vertrages zu blockieren, will die Steuerechtsprechung – abweichend von der zivilrechtlichen Rückwirkung – das Rechtsgeschäft erst ab der Mitteilung gem. § 1828 BGB steuerlich anerkennen, vgl. *Spiegelberger* in: Beck'sches Notarhandbuch E 233.

3. Das Minderjährigenhaftungsbegrenzungsgesetz

a) Gesetzgebung

87 Das Bundesverfassungsgericht hat mit Beschluss vom 13. 5. 1986 FamRZ 1986, 769 entschieden, dass § 1629 Abs. 1 i. V. m. § 1643 Abs. 1 BGB insoweit mit dem allgemeinen Persönlichkeitsrecht Minderjähriger nicht vereinbar sei, als danach Eltern ihre Kinder bei Fortführung eines ererbten Handelsgeschäftes in geteilter Erbengemeinschaft finanziell unbegrenzt verpflichten können. Der Gesetzgeber wurde beauftragt, zum Schutze der Minderjährigen Regelungen zu treffen, die es verhindern, dass der Minderjährige als Folge der gesetzlichen Vertretungsmacht seiner Eltern mit erheblichen Schulden in die Volljährigkeit entlassen wird.

Durch das nach langen Beratungen am 1. 1. 1999 in Kraft getretene Gesetz zur Beschränkung der Haftung Minderjähriger vom 25. 8. 1998 BGBl. I 2487 (MHbeG) wurde u. a. § 723 Abs. 1 BGB um einen Satz 3 Nr. 2 ergänzt, wonach ein Gesellschafter, der das 18. Lebensjahr vollendet hat, die Gesellschaft aus wichtigem Grund kündigen kann. Darüber hinaus beschränkt sich gem. § 1629 a Abs. 1 Satz 1 BGB die Haftung eines Minderjährigen für Verbindlichkeiten, die die Eltern im Rahmen ihrer gesetzlichen Vertretungsmacht oder sonstige vertretungsberechtigte Personen im Rahmen ihrer Vertretungsmacht durch Rechtsgeschäft oder eine sonstige Handlung mit Wirkung für das Kind begründet haben oder die aufgrund eines während der Minderjährigkeit erfolgten Erwerbs von Todes wegen entstanden sind, auf den Bestand des bei Eintritt der Volljährigkeit vorhandenen Vermögens des Kindes.

b) Außerordentliche Kündigung

Die Bestimmung des § 723 Abs. 1 Satz 3 Nr. 2 BGB gilt nicht nur für die Gesellschaft bürgerlichen Rechts, sondern auch für die Beteiligung an einer OHG oder als Komplementär an einer Kommanditgesellschaft, während die Bestimmung keine Anwendung findet auf Kommanditisten, vgl. *Reimann* DNotZ 1999, 179; *Klöckner* ZEV 2001, 48; *Habersack* FamRZ 1999, 2; *Grunewald* ZIP 1999, 597; *Lohse/Triebel* ZEV 2000, 342. **88**

Nach Auffassung des LG München I ZEV 2000, 370 können sich die Regelungen des Minderjährigenhaftungsbeschränkungsgesetzes zu Gunsten der familiengerichtlichen Genehmigung auswirken, jedenfalls dann, wenn die Minderjährigen – angesichts der Kündigungsfrist für den Gesellschaftsvertrag – frühestmöglich nach Erreichen der Volljährigkeit in die Lage versetzt werden, das Für und Wider eines Verbleibs in der Gesellschaft abzuwägen. *Lohse/Triebel* ZEV 2000, 345 verbanden mit dieser Entscheidung die Hoffnung auf eine Lockerung der familiengerichtlichen Genehmigungspraxis.

Tatsächlich bedeutet das Minderjährigenhaftungsbegrenzungsgesetz praktisch das Ende der GbR mit Minderjährigen. Vorsichtige Eltern werden das Risiko der Kündigung der GbR bei Eintritt der Volljährigkeit der minderjährigen Kinder nicht auf sich nehmen. Die gesamte kautelarjuristische Praxis beruht auf der Erfahrung, dass 18-Jährige in der Vermögensverwaltung noch keine ausreichende Erfahrung besitzen, um ihnen größere Vermögenswerte ohne weitere Kautelen an die Hand zu geben. Die Befürchtung, dass ein soeben volljährig gewordener Gesellschafter die generationsübergreifende Vermögensvorsorge der Eltern nicht akzeptiert, sondern die Beteiligung an einer Grundstücksgesellschaft sofort in Geld umsetzt, um jugendliche Freizeitträume zu finanzieren, ist nach der Lebenserfahrung in jedem Fall begründet. **89**

Auch eine Widerrufs- oder Rücktrittsklausel, wonach die Einräumung eines Gesellschaftsanteils widerrufen und die unentgeltliche Rückübertragung von den Eltern verlangt werden kann, wenn ein volljährig Gewordener von seinem Kündigungsrecht Gebrauch macht, ist nicht zielführend, da eine derartige mittelbare Einschränkung der Kündigungsmöglichkeiten gegen § 723 Abs. 3 BGB verstoßen könnte. **90**

c) Haftungsverschärfung

Darüber hinaus hat der BGH DNotZ 2000, 135 durch die Haftungsverschärfung bei der GbR auch die Minderjährigen einer unbegrenzten persönlichen Haftung ausgesetzt, die nicht mehr wie bisher gesellschaftsvertraglich begrenzt werden kann. Das Argument, dass der Minderjährige diese Haftung über § 1629a BGB auf den Bestand seines Vermögens bei Erlangung der Volljährigkeit begrenzen kann, zieht nicht, da tatsächlich aufgrund einer GbR-Beteiligung das übrige Vermögen des Minderjährigen bei Erlangung der Volljährigkeit haftet, also die GbR-Beteiligung sonstige Vermögenswerte verschlingen kann. Die gesamte kautelarjuristische Praxis hat sich darauf eingestellt, dass die Familiengerichte Gesellschaften bürgerlichen Rechts unter Beteiligung Minderjähriger nur noch in seltenen Ausnahmefällen genehmi- **91** gen und dass darüber hinaus die GbR für eine langdauernde Vermögensverwaltung nicht mehr geeignet erscheint.

XI. Rücktritt, Widerruf, außerordentliche Kündigung und Ausschließung

Literatur: *Klumpp* Die Schenkung von Gesellschaftsanteilen und deren Widerruf, ZEV 1995, 385; *Wälzholz* Rückforderungsrechte bei Gesellschaftsanteilen nach vorweggenommener Erbfolge, GmbHR 2007, 1177; *ders.* Rückforderungsrechte an Gesellschaftsanteilen für den Fall von Insolvenz und Zwangsvollstreckung, GmbHR 2007, 1319.

1. Gestaltungsmöglichkeiten

96 Über die gesetzlichen Bestimmungen der §§ 527, 528 und 530 BGB hinaus besteht im Fall der vorweggenommenen Erbfolge ein anerkennenswertes Bedürfnis des Schenkers, die Erhaltung des Schenkungsgegenstandes im Familienvermögen durch besondere Auflagen abzusichern, vgl. *Karsten Schmidt* BB 1990, 1992. Bei der Schenkung eines Personengesellschaftsanteils kommt neben der

- Rückgängigmachung der Schenkungsvereinbarung durch Rücktritt oder Widerruf (BGH DNotZ 1991, 819 „Benteler") zusätzlich eine
- Beendigung der Gesellschafterstellung aufgrund gesellschaftsrechtlicher Maßnahmen in Betracht, nämlich durch außerordentliche Hinauskündigung oder Ausschließung.

97 Der Unterschied in der Rechtsfolge besteht darin, dass der Wegfall der Schenkungsabrede grundsätzlich zu einer unentgeltlichen Rückübertragung führt, während gesellschaftsrechtliche Maßnahmen regelmäßig einen Abfindungsanspruch auslösen.

Die Rückgängigmachung der Schenkungsvereinbarung durch Rücktritt oder Widerruf wurde bei § 2 bereits dargelegt.

2. Gesellschaftsrechtliche Regelungen

a) Ausschluss

98 Nach der Rechtsprechung des BGH DB 1977, 1132; 1981, 1974; BB 1985, 1558 ist eine auf das freie Ermessen abstellende Ausschlussklausel nichtig, soweit nicht eine solche Regelung wegen außergewöhnlicher Umstände sachlich gerechtfertigt ist, ebenso *Ulmer* NJW 1979, 81; a. A. *Flume* NJW 1979, 902; *Esch* NJW 1979, 1390; differenzierend *Hennerkes/Binz* NJW 1983, 73. Hingegen ist es im Anschluss an § 736 BGB zulässig, das Ausscheiden eines Gesellschafters bei dessen Insolvenz und aus sonstigen wichtigen Gründen vorzusehen, vgl. § 737 i. V. m. § 723 Abs. 1 Satz 2 BGB.

b) Hinauskündigung

99 Bei einer von vorne herein befristeten Beteiligung besteht nach der BFH-Rechtsprechung BStBl. 1976 II 324 keine Mitunternehmerschaft. Anders beurteilt der BFH MittBayNot 1977, 81 den Sachverhalt, wenn der Vater als Komplementär ein Kündigungsrecht hat, das er in Verbindung mit einer Vertragsbestimmung ausüben kann, wonach der abzufindende Gesellschafter

nicht an den stillen Reserven und an einem Firmenwert beteiligt ist, vgl. BFH BStBl. 1976 II 374. In dem entschiedenen Fall konnte der Vater das Kündigungsrecht nur zum Ende des Jahres nach Erreichen der Volljährigkeit ausüben. Dafür sprechen nach Auffassung des BFH vernünftige Gründe: Der Vater wollte nicht gezwungen sein, die Gesellschaft mit einem Kinde fortzuführen, das aufgrund seiner Entwicklung für das Unternehmen ungeeignet erschien. Die geschilderte BFH-Entscheidung implementiert die zivilrechtliche Gültigkeit einer derartigen Vertragsklausel, da zivilrechtlich unwirksame Verträge unter nahen Angehörigen von vorne herein steuerlich nicht anerkannt werden, vgl. *Tiedtke/Möllmann* DStR 2007, 1940. Hinauskündigungsklauseln sind somit grundsätzlich anzuerkennen, vgl. BGH GmbHR 2007, 644.

XII. Nießbrauchbestellung

Literatur: *Frank* Der Nießbrauch an Gesellschaftsanteilen, MittBayNot 2010, 96; *Haas* Nießbrauch an Gewinnanteilen an Personengesellschaften, FS für Ludwig Schmidt (1993), 315; *Schön* Nießbrauch am Gesellschaftsanteil im Gesellschafts- und Steuerrecht, StbJb 1996/97, 45; *Schulze zur Wiesche* Der Nießbrauch am Gesellschaftsanteil einer Personengesellschaft, DStR 1995, 318.

Fraglich ist, ob der von den Eltern gewünschte Nießbrauch
- an den eingebrachten Grundstücken oder
- an den übertragenen Gesellschaftsanteilen

bestellt werden soll.

1. Grundstücksnießbrauch

Grundbuchtechnisch kann das Nießbrauchsrecht an dem überlassenen Grundstück zu Gunsten des Übergebers eingetragen werden, so dass die Gesellschaft ein vom Nießbrauchsrecht erfasstes Grundstück erwirbt. Danach hat die Gesellschaft nur den Ertrag, der nach Berücksichtigung des dinglichen Nutzungsrechtes der Gesellschaft verbleibt. 101

Da bei vermögensverwaltenden Gesellschaften – anders als bei Handelsgesellschaften – im Allgemeinen nicht zwischen dem tatsächlichen und dem entnahmefähigen Ertrag differenziert wird, verbleibt bei einem Totalnießbrauch der Gesellschaft keinerlei Ertrag. Die AfA-Berechtigung stünde bei dieser Gestaltung in jedem Fall weiterhin dem bisherigen Eigentümer zu.

2. Zwischengeschaltete Miteigentümergemeinschaft

Sofern auch der Ehegatte, der nicht Grundstückseigentümer ist, nießbrauchsberechtigt sein soll, kommt eine Zwischenschenkung an den Ehegatten in Betracht. Wird durch die anschließende Gesellschaftsgründung das Miteigentum aufgegeben, enthält § 1066 Abs. 3 BGB eine Surrogationsvorschrift. Wird nämlich die Gemeinschaft aufgehoben, so gebührt dem Nießbraucher der Nießbrauch an den Gegenständen, welche an die Stelle des Anteils treten. An die Stelle eines Nießbrauchs an einem Miteigentumsanteil tritt demnach der Nießbrauch am Gesellschaftsanteil. 102

Die **Zwischeneintragung** einer Miteigentümergemeinschaft löst zusätzliche Grundbuchgebühren aus. Die in der Vorauflage Rn. 213ff. empfohlene Zwischenschaltung einer Miteigentümergemeinschaft aus schenkungsteuerli- 103 chen Gründen ist nicht mehr erforderlich. Der BFH hat seine Entscheidung BStBl. 1989 II 237 aufgegeben, wonach bei einer unmittelbaren Grundstücksübertragung auf eine Gesamthand nicht das persönliche Verwandtschaftsverhältnis maßgebend sein soll. Die Rechtsprechungsänderung erfolgte durch die Entscheidung BStBl. 1995 II 81.

3. Nießbrauch am Gesellschaftsanteil

104 Sofern das Nießbrauchsrecht nicht am Grundstück, sondern am Gesellschaftsanteil eingeräumt wird, ermittelt die Gesellschaft als solche unter Ansatz der AfA gem. § 180 Abs. 1 Nr. 2a AO die Einkünfte und verteilt diese entsprechend der Nießbrauchsregelung auf die Gesellschafter.

4. Nießbrauch am Grundstück und am Gesellschaftsanteil (Doppelnießbrauch)

a) Nießbrauch bei Anteilsvereinigung

105 Sofern ein Nießbrauchsrecht nur an den Gesellschaftsanteilen eingeräumt wird, besteht die Gefahr des Untergangs des Nießbrauches, wenn sich alle Gesellschaftsanteile in einer Person vereinigen.

106 **Beispiel:** Brüder B 1 und B 2 sind Gesellschafter bürgerlichen Rechts verschiedener Grundstücke. Zunächst schenkt der eine Bruder, drei Jahre später auch der andere Bruder seinen Gesellschaftsanteil einer Nichte, jeweils unter Vorbehalt des lebenslangen Nießbrauchs.

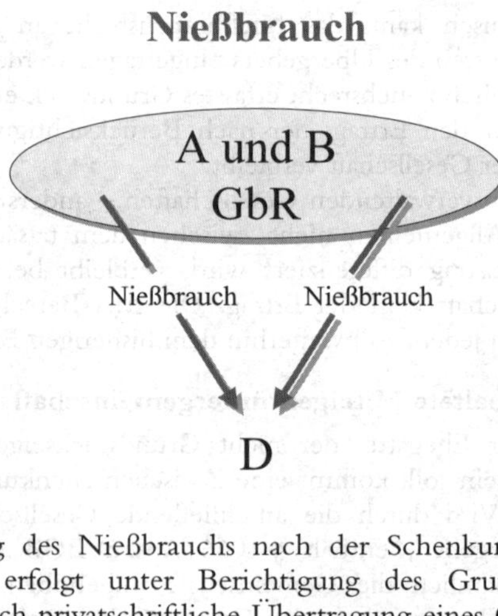

107 Die Eintragung des Nießbrauchs nach der Schenkung des ersten Gesellschaftsanteiles erfolgt unter Berichtigung des Grundbuches, da der Rechtserwerb durch privatschriftliche Übertragung eines Gesellschaftsanteiles außerhalb des Grundbuches wirksam wird und der Nießbrauch als Verfügungsbeschränkung im Grundbuch einzutragen ist. Bei der Übertragung des weiteren Gesellschaftsanteiles wird die Erwerberin Alleineigentümerin aller Grundstücke. Nach der Entscheidung des OLG Düsseldorf DNotI-Report 1998, 210 (ebenso Schleswig-Holsteinisches OLG, Beschl. v. 2. 12. 2005 – 2

W 141/05) erlischt mit der Gesellschaft auch der Nießbrauch, nach Auffassung des OLG Düsseldorf sogar an dem drei Jahre vorher übertragenen Gesellschaftsanteil.

Eine Umdeutung der Nießbrauchsbestellung am Gesellschaftsanteil in eine Nießbrauchsbestellung an Grundstücksbruchteilen in entsprechender Anwendung des § 1066 Abs. 3 BGB erwog das OLG Düsseldorf nicht; die vom Gesetzgeber in § 1066 Abs. 3 BGB angeordnete Surrogation bei Grundstücksbruchteilen muss auch auf die Vereinigung von Gesellschaftsanteilen angewendet werden. Das Landgericht Hamburg, ZEV 2007, 43 hat zutreffend darauf hingewiesen, dass ausnahmsweise Gesellschaftsanteile, die in der Hand eines Mitgesellschafters zusammengefallen sind, dann selbständig erhalten bleiben, wenn trotz des Zusammentreffens eine unterschiedliche Zuordnung geboten ist, vgl. MünchKomm/*K. Schmidt* HGB § 5 Rn. 78; MünchKomm/*Ulmer* BGB § 705 Rn. 63; *Kanzleiter* DNotZ 1999, 442. 108

Solange keine verbindliche Rechtsprechung des BGH zu der Streitfrage vorliegt, kann dem Verlust des Nießbrauches durch die Bestellung eines Doppelnießbrauches, also sowohl am Grundbesitz als auch an dem Gesellschaftsanteil, vorgebeugt werden.

b) Stimmrechtsausübung

Während die Bestellung eines Nießbrauches am Gesellschaftsanteil als beschränktes dingliches Recht an der Mitgliedschaft weitgehend Anerkennung gefunden hat, so dass die Alternativkonstruktionen (Treuhandlösung oder Nießbrauch am Gewinnstammrecht) praktisch gegenstandslos geworden sind, ist die **Stimmberechtigung** außerordentlich strittig. Das OLG Koblenz NJW 1992, 2163 hält noch ein eigenes Stimmrecht des Nießbrauchers für unzulässig. Nach BGH DNotZ 1999, 607 wird dem Gesellschafter die Kompetenz, bei Beschlüssen, welche die Grundlagen der Gesellschaft betreffen, selber abzustimmen, durch die Einräumung eines Nießbrauchs an seinem Gesellschaftsanteil grundsätzlich nicht genommen. 109

Andere, insbesondere *Schön* StbJ 1996/97 S. 55, befürworten eine prinzipielle **Vergemeinschaftung des Stimmrechts** mit der Folge, dass sich Nießbraucher und Gesellschafter zur wirksamen Ausübung des Stimmrechts einigen müssen. Kautelarjuristisch ist diese Auffassung vorzuziehen, da eine Aufteilung des Stimmrechts nach Beschlussgegenständen immer zu Streit führen wird, während bei einem gemeinsamen Stimmrecht ein Zwang zur Einigung besteht. Die steuerliche Anerkennung für ein gemeinsames Stimmrecht steht allerdings noch aus. In der Literatur wollen einige das Stimmrecht zwischen dem Nießbraucher und dem Eigentümer (Gesellschafter) danach aufteilen, ob der Gegenstand der Beschlussfassung eher die „Nutzung" oder eher die „Substanz" der Gesellschaft betrifft. *Wiedemann* Die Übertragung und Vererbung von Mitgliedschaftsrechten bei Handelsgesellschaften, S. 411; *Flume* in: FS für Larenz, (1973) S. 789; MünchKomm/*Ulmer* § 705 BGB Rz. 82; *Schön* ZHR 1994, 255 und *Söring*. Die Zulässigkeit der Mehrfachbeteiligung an einer Personengesellschaft (1997) S. 30 sehen in der Verteilung der Verwaltungsbefugnisse auf Nießbraucher und Nießbrauchbesteller keinen Verstoß gegen das Abspaltungsverbot, da nicht die Mitgliedschaft aufgeteilt, sondern als Ganzes belastet werde und die Ausübung der Verwaltungsbefug- 110 nisse einheitlich der nach den §§ 1068 ff. BGB gegebenen Rechtsgemeinschaft zugeordnet werde.

111 Die Kombination eines Nießbrauchsrechtes der Eltern an dem eingebrachten Grundbesitz sowie an den Gesellschaftsanteilen, die den Kindern eingeräumt wurden, ergibt einerseits die Sicherheit, dass durch Anwachsung des Gesellschaftsvermögens bei einem Kind lediglich der Nießbrauch an den untergehenden Gesellschaftsanteilen, nicht aber an dem Grundstück selbst erlischt, andererseits ergibt ein Nießbrauchsrecht an den Gesellschaftsanteilen der Kinder mit alleiniger Stimmrechtsausübung durch die Eltern diesen das Recht, in der Gesellschafterversammlung alle gewünschten Maßnahmen bis hin zur Veräußerung des Grundbesitzes durchzusetzen.

5. GbR als Nießbrauchsinhaberin

112 Teilweise wird in der Rechtslehre geltend gemacht, die Bestellung und Eintragung eines Nießbrauches zugunsten einer GbR sei wegen des geltenden Lebenszeitprinzips nicht zulässig, vgl. *Wegmann* in: Bauer/von Oefele, GBO, 47 Rn. 88, 91 ff. Dem ist jedoch mit guten Gründen bereits *Lautner* entgegengetreten, vgl. MittBayNot 2001, 425, 437. Die Bestellung von Nießbrauchsrechten für juristische Personen und rechtsfähige Personengesellschaften ist in § 1059 a BGB ausdrücklich geregelt. Bisher war zweifelhaft, ob auch eine GbR als rechtsfähig anzusehen sei. Dies ist nunmehr durch die BGH-Entscheidungen „Weißes Ross I und II" evident. Die vorstehenden Überlegungen treffen auch für andere Dienstbarkeiten zu.

113 Die Übertragung von Gesellschaftsanteilen an einer GbR ist grundbuchrechtlich zulässig, lässt das daran haftende Nießbrauchsrecht unberührt bestehen und führt zur Grundbuchberichtigung. §§ 1059, 1092 BGB (Unübertragbarkeit) stehen dem nicht entgegen, vgl. *Schöner/Stöber* Grundbuchrecht, Rn. 1197.

XIII. Die GbR im Grundbuch

Literatur: *Lautner* Alles wieder beim Alten? – Die gesetzliche Neuregelung zur Teilnahme der Gesellschaft bürgerlichen Rechts am Grundstücksverkehr, DNotZ 2009, 650; *Ruhwinkel* Gesetzliche Neuregelung der Behandlung von Gesellschaften bürgerlichen Rechts im Immobiliarverkehr, MittBayNot 2009, 421; *Steffek* Die Gesellschaft bürgerlichen Rechts im Grundbuch, ZIP 2009, 1445.

1. Rechtsentwicklung

116 Die Grundbuchfähigkeit der GbR wurde von der Rechtsprechung lange Zeit einheitlich abgelehnt. Insbesondere nach Meinung des BayObLG DNotZ 2003, 52 konnte eine GbR nicht unter ihrem Namen als Eigentümerin eines Grundstücks oder als Berechtigte eines beschränkten dinglichen Rechts in das Grundbuch eingetragen werden. Gegen Grundbuchfähigkeit sind *K. Schmidt* NJW 2002, 993, 1002; *Meikel/Böhringer* GBO, § 47 Rn. 182 b; *Schöner/Stöber* Grundbuchrecht, Rn. 241 a. Die Instanzgerichte hielten auch nach der Rechtsprechungsänderung des BGH zur Rechts- und Parteifähigkeit der GbR MittBayNot 2001, 192 daran fest, dass die GbR als solche nicht im Grundbuch eingetreten werden könne. Das OLG München MittBayNot 2006, 496 entschied, dass der Grundsatz der Voreintragung auch

bei einer Berichtigung des Grundbuchs nach mehrfacher Abtretung eines Anteils an einer Gesellschaft bürgerlichen Rechts gelte. Nach Auffassung des OLG Frankfurt a. M. MittBayNot 2006, 334 kann das Grundbuchamt die Umschreibung von der Vorlage der steuerlichen Unbedenklichkeitsbescheinigung abhängig machen, wenn im Grundbuch ein Gesellschafterwechsel bei einer als Eigentümerin eingetragenen GbR berichtigend eingetragen werden soll.

Dem gegenüber entschied der BGH ZEV 2009, 91:

1. Die Gesellschaft bürgerlichen Rechts (GbR) kann unter der Bezeichnung in das Grundbuch eingetragen werden, die ihre Gesellschafter im Gesellschaftsvertrag für sie vorgesehen haben.
2. Sieht der Gesellschaftsvertrag keine Bezeichnung der GbR vor, wird die GbR als „Gesellschaft bürgerlichen Rechts, bestehend aus …" und den Namen ihrer Gesellschafter eingetragen.
3. Leitet die GbR ihr Recht aus einer Gerichtsentscheidung ab, genügt deren Rubrum als Nachweis ihrer Identität und der Vertretungsbefugnis des handelnden Gesellschafters. Zusätzliche Nachweise können nur verlangt werden, wenn konkrete tatsächliche Anhaltspunkte dafür vorliegen, dass sich nach Erlass der Gerichtsentscheidung Veränderungen bei Namen, Gesellschafterbestand oder Vertretungsbefugnissen ergeben haben; der bloße Zeitablauf genügt als Anhaltspunkt nicht.

2. Gesetzesänderung

Die vorstehend zitierte Entscheidung des BGH, wonach eine GbR auch ohne ihre Gesellschafter im Grundbuch eingetragen werden könne, führte für den Fall von GbR-Anteilsübertragungen zu einer Grundbuchsperre, vgl. *Schubert* ZNotP 2009, 178, und rief den Gesetzgeber auf den Plan. Entsprechend der Regelung in § 162 Abs. 1 Satz 2 HGB wurde in § 47 Abs. 2 GBO verankert, dass deren Gesellschafter einzeln im Grundbuch einzutragen sind, vgl. DNotI-Report 2009, 112. Gem. § 899 a Satz 2 BGB wurde der Gut-Glaubens-Schutz auf die Eintragung der Gesellschafter erstreckt. Die Wirkung des § 899 a Satz 1 BGB, wonach, wenn eine GbR im Grundbuch eingetragen ist, in Ansehung des eingetragenen Rechts auch vermutet wird, dass diejenigen Personen Gesellschafter sind, die nach § 47 Abs. 2 Satz 1 GBO im Grundbuch eingetragen sind und dass darüber hinaus keine weiteren Gesellschafter vorhanden sind, erstreckt sich auch auf Eintragungen aus der Zeit vor Inkrafttreten des ERVGBG am 18. 8. 2009, sofern die Eintragung die Gesellschafter ausweist. Durch diese Eintragung wird verlautbart, dass die GbR Rechtsträgerin ist, vgl. OLG München, DStR 2010, 614. **117**

Bei einer namenstragenden GbR ist fakultativ neben den Gesellschaftern der Name und der Sitz der Gesellschaft gem. § 15 Abs. 1 c letzter Halbs. GBV vorgesehen.

XIV. Notar- und Grundbuchgebühren

Literatur: *Tiedtke* Gründung einer Gesellschaft bürgerlichen Rechts, ZNotP 1999, 295; *ders.* Kostenrechtliche Behandlung von vermögensverwaltenden Gesellschaften (GbR und KG) in: FS für Spiegelberger, S. 1517.

1. Notargebühren

121 Der Vertrag über die Gründung einer BGB-Gesellschaft ist ein Vertrag über die Vereinigung von Leistungen i. S. des § 39 Abs. 1 KostO. Werterhöhend kommt hinzu, dass die unentgeltliche Aufnahme von Gesellschaftern eine Schenkungsvereinbarung beinhaltet, die den Geschäftswert entsprechend erhöht. Aus dem ermittelten Wert ist eine doppelte Gebühr gem. § 36 Abs. 2 KostO zu erheben. Zur Wertermittlung bei Gründung einer Gesellschaft bürgerlichen Rechts vgl. *Tiedtke* ZNotP 1999, 295. Sofern der Notar bei einer Vereinbarung über einen Gesellschafterwechsel einen Beurkundungsentwurf erstellt und den Beteiligten aushändigt, liegt auch dann keine unrichtige Sachbehandlung vor, wenn begründete Zweifel bestehen, ob die Vereinbarung in privatschriftlicher Form hätte wirksam abgeschlossen werden können, vgl. OLG Hamm DNotZ 2000, 384.

2. Grundbuchgebühren

122 Für die Eigentumsumschreibung erhebt das Grundbuchamt eine Gebühr gem. § 60 Abs. 1 KostO; die Eintragung des Ausscheidens eines Gesellschafters rechtfertigt auch dann keine Eigentumsumschreibungsgebühr nach § 16 Abs. 1 KostO, wenn das Grundbuchamt die Namen der erwerbenden Gesellschafter zur Klarstellung in Spalte 2 noch einmal einträgt; es fällt vielmehr eine $^1/_4$-Gebühr für eine sonstige Eintragung nach § 67 KostO an. Im Fall des Ausscheidens eines Gesellschafters bemisst der nach § 30 Abs. 1 KostO zu ermittelnde Geschäftswert sich nach einem Bruchteil des Wertes des ideellen Anteils des Ausscheidenden zur Zeit der Eintragung, vgl. BayObLG DStR 1994, 295.

Gem. § 60 Abs. 2 KostO ermäßigt sich die Gebühr auf die Hälfte bei der Eintragung von Abkömmlingen des eingetragenen Eigentümers. Diese Befreiungsvorschrift findet nach allgemeiner Ansicht auch bei der Einbringung von Grundeigentum in eine Gesellschaft bürgerlichen Rechts, an der Abkömmlinge des Alteigentümers beteiligt sind, Anwendung.

XV. Gesellschafterwechsel

125 Schon bisher wurde durch einen Gesellschafterwechsel die Identität der GbR nicht berührt. An einer Veräußerung i. S. des § 566 BGB fehlt es, wenn ein weiterer Gesellschafter zu einer BGB-Gesellschaft hinzutritt, deren bisherige Mitglieder im Grundbuch als Eigentümer des von ihnen vermieteten Grundstücks mit dem Zusatz „in Gesellschaft bürgerlichen Rechts“ oder ähnlich eingetragen sind, vgl. OLG Düsseldorf DNotZ 1994, 100. Ein Mietvertrag über ein Grundstück, den eine Gesellschaft bürgerlichen Rechts als Vermieterin abgeschlossen hat, wird nach einem Gesellschafterwechsel jedenfalls dann ohne weiteres mit der Gesellschaft in der neuen personellen Zusammensetzung fortgeführt, wenn die ursprünglichen Gesellschafter mit einem ihre gesamthänderische Bindung bezeichnenden Vermerk (§ 47 GBO) als Eigentümer oder Erbbauberechtigte im Grundbuch eingetragen sind, vgl. BGH MittBayNot 1998, 249. Nunmehr ist aufgrund der Rechts- und Parteifähigkeit der GbR der Erhalt der Identität bei einem Gesellschafterwechsel evident.

1. Abtretung eines GbR-Anteils

Materiellrechtlich ist geklärt, dass ein eintretender Gesellschafter einer GbR auch für die bereits im Eintrittszeitpunkt bestehenden Verbindlichkeiten der Gesellschaft unbeschränkt akzessorisch haftet, § 128 HGB analog. Dennoch liegt insoweit keine Gesamt- oder Sonderrechtsnachfolge vor, vgl. *Zöller/Stöber* 24. Auflage 2004, § 736 ZPO Rn. 5. **126**

2. Gesellschafterbeitritt

Handelt es sich um einen Gesellschafterbeitritt anstelle einer Anteilsabtretung, so wird der Beitretende ebenfalls persönlich haftender Gesellschafter, so dass eine etwa bestehende Vollstreckungsklausel in der Weise anzupassen ist, dass auch der Beitretende Gesamtschuldner ist. **127**

3. Ausscheiden aus der GbR

Die Haftung des ausscheidenden Gesellschafters erlischt nicht durch sein Ausscheiden; die Nachhaftung erlischt nach Ablauf von fünf Jahren, vgl. *Palandt/Sprau* § 736 BGB Rn. 11; die bisherigen Gesellschafter haften unverändert fort, vgl. *Kremer* RNotZ 2004, 239, 249. Dies gilt auch für den Fall des Ausscheidens des letzten Mitgesellschafters einer zweigliedrigen GbR. **128**

C. Steuerrecht

I. Die GbR als Steuersubjekt

Materiellrechtlich steht bei der Steuerpflicht nicht die Gesellschaft, sondern der Gesellschafter im Vordergrund. Lediglich bei der Umsatzsteuer ist die Gesellschaft und nicht etwa der einzelne Gesellschafter steuerpflichtig. Davon zu trennen ist die verfahrensrechtliche Situation. Die Personengesellschaft, auch die Gesellschaft bürgerlichen Rechts, ist verfahrensrechtlich weitgehend verselbständigt. Obwohl eine Personengesellschaft nicht einkommensteuerpflichtig ist – die Steuerpflicht trifft die einzelnen Gesellschafter – kommt der Gesellschaft verfahrensrechtlich Rechtsfähigkeit zu: Sie ist Subjekt der Einkunftserzielung und der Einkünfteermittlung, vgl. BFH BStBl. 1984 II 751 und 1995 II 617; *Wohlschlegel* ZEV 1996, 256. **131**

Eine GbR kann Arbeitgeber im lohnsteuerlichen Sinn sein, vgl. BFH DStR. 1995, 764. Die verfahrensrechtliche Verselbständigung der GbR hat durch das Urteil des II. Zivilsenats des BGH DNotZ 2001, 234 einen neuen Auftrieb bekommen. Wenn die GbR im Zivilprozess parteifähig ist, muss dies grundsätzlich auch für das finanzgerichtliche Verfahren bejaht werden. Demgemäß ist die GbR handlungsfähig i. S. des § 79 Abs. 1 Nr. 3 AO; Verwaltungsakte können ihr unmittelbar gem. § 122 Abs. 1 AO bekannt gegeben werden. Die GbR ist somit auch in der Lage, als solche einen Einspruch einzulegen und Klagen zu erheben, vgl. *Boin* GmbHR 2001, 514. Die nunmehrige zivilrechtliche Rechts- und Prozessfähigkeit gilt auch für das Steuerrecht. **132**

II. Grunderwerbsteuer

Literatur: *Viskorf* Die Gesamthandsgemeinschaft als grunderwerbsteuerrechtlich vorteilhaftes Instrument der Mobilisierung von Grundstücken, DStR 1994, 6.

1. Grundsatz: Steuerfreie Anteilsübertragung

133 Nach der Systematik des Grunderwerbsteuergesetzes ist der Grundstücksumsatz Besteuerungsgegenstand. Die Beteiligung an einer grundbesitzenden Gesellschaft ist somit kein grunderwerbsteuerbarer Vorgang, ebenso nicht der Wechsel im Personenstand der Gesellschafter oder eine Änderung der Beteiligungsverhältnisse, vgl. BFH BStBl. 1990 II 446. *Viskorf* DStR 1994, 6 nennt die Gesamthandsgemeinschaft zu Recht ein grunderwerbsteuerrechtlich vorteilhaftes Instrument zur Mobilisierung von Grundstücken. Die Gesamthand ist Träger der Grunderwerbsteuer, vgl. *Viskorf* DStR 1994, 7. Im Grunderwerbsteuerbescheid sind aber alle Gesellschafter namentlich zu bezeichnen, vgl. *Fischer* in: Boruttau, GrESt Vorbem. 292 vor § 1.

2. Gesellschafterwechsel von mindestens 95%

134 Der Gesetzgeber hat durch die Einfügung des § 1 Abs. 2a GrEStG die Steuerfreiheit jedoch eingeschränkt. Danach ist der Übergang von mindestens 95% der Anteile einer Personengesellschaft auf neue Gesellschafter ein auf die Übereignung eines Grundstückes auf eine neue Personengesellschaft gerichtetes Rechtsgeschäft.

Bei der Übertragung von Grundstücken auf eine mit den Abkömmlingen gebildete GbR besteht Grunderwerbsteuerfreiheit gem. § 3 Nr. 6 GrEStG, soweit die Übertragung nicht bereits gem. § 5 grunderwerbsteuerfrei ist, da personenbezogene Befreiungstatbestände auch bei einer Gesamthandsgemeinschaft durchgreifen, vgl. *Fischer* in: Boruttau GrEStG § 3 Rn. 31 ff. und *Viskorf* in Boruttau § 5 Rn. 88; *Gottwald* GrESt D I 6.

3. Nacherhebung gem. § 5 Abs. 3 GrEStG

135 Im Wege einer teleologischen Reduktion sind Schenkungen eines Personengesellschaftsanteils aus dem Anwendungsbereich des § 5 Abs. 3 GrEStG auszuscheiden, vgl. BFH DStR 2009, 2534 und oben § 2 D 4.

III. Umsatzsteuer

Literatur: *Küffner/Zugmaier* Gesellschaften und Gesellschafter im Umsatzsteuerrecht, DStR 2007, 472.

1. GbR als Unternehmer

136 Die BGB-Gesellschaft ist Unternehmer i. S. § 2 Abs. 1 UStG, so dass nur die Gesellschaft, nicht der einzelne Gesellschafter den Vorsteuerabzug gem. § 15 UStG geltend machen kann, vgl. BFH DB 1984, 968. Eine Lieferung oder sonstige Leistung wird grundsätzlich an diejenige Person i. S. des § 15 Abs. 1 Nr. 1 UStG ausgeführt, die aus dem schuldrechtlichen Vertragsverhältnis, welches dem Leistungsaustausch zugrunde liegt, berechtigt und verpflichtet ist, vgl. BFH BStBl. 1985 II 21.

137 Gem. § 4 Nr. 9a UStG sind Umsätze, die unter das Grunderwerbsteuergesetz fallen, von der Umsatzsteuer befreit, so dass Grundstücksübertragungen für die Umsatzsteuer regelmäßig nur relevant sind, wenn gem. § 9 Abs. 1 UStG auf die Steuerbefreiung verzichtet wurde. Dann könnte die unentgeltliche Übertragung von Grundstücken gem. § 3 Abs. 1b UStG steuerpflichtig sein oder die **Vorsteuerberichtigung** gem. § 15a EStG auslösen. Dies wird

in jedem Fall vermieden, wenn als Gegenleistung Schulden übernommen werden. Die unmittelbare Einbringung in eine Gesellschaft bürgerlichen Rechts ist darüber hinaus nicht unentgeltlich, wenn als Gegenleistung Gesellschaftsanteile gewährt werden.

Gem. § 9 Abs. 3 Satz 2 UStG kann der Verzicht auf Steuerbefreiung nach Abs. 1 nur in dem gem. § 311 b Abs. 1 BGB notariell zu beurkundenden Vertrag erklärt werden! Steuerschuldner ist gem. § 13b Abs. 1 Satz 1 Nr. 3 UStG der Leistungsempfänger, also der Käufer, so dass die früher übliche Abtretung des Vorsteuerguthabens gem. § 46 Abs. 3 AO entfallen ist. 138

2. Geschäftsveräußerung im Ganzen

Sofern der eingebrachte Grundbesitz ein umsatzsteuerliches Unternehmen darstellt, liegt eine nach § 1 Abs. 1 a UStG nicht steuerbare Geschäftsveräußerung im Ganzen vor, so dass auch eine Vorsteuerberichtigung gem. § 15 a Abs. 6 a UStG ausscheidet. Dieselben Grundsätze gelten, wenn der eingebrachte Grundbesitz einen in der Gliederung eines Unternehmens gesondert geführten Betrieb im Ganzen darstellt. Der eingebrachte Grundbesitz muss einen für sich lebensfähigen Organismus gebildet haben, der unabhängig von den anderen Geschäften des Unternehmens nach Art eines selbständigen Unternehmens betrieben worden und nach außen hin ein selbständiges, in sich geschlossenes Wirtschaftsgebilde gewesen ist, vgl. BFH BStBl. 1967 III 161. 139

Umsatzsteuerpflichtig vermietetes Grundvermögen, auch Teileigentum, ist regelmäßig ein gesondert geführter umsatzsteuerlicher Betrieb, so dass eine Option gem. § 9 Abs. 1 UStG ausscheidet. Nach BFH BStBl. 2004 II 802 ist es nicht zweifelhaft, dass bei Übertragung vermieteter/verpachteter (Gewerbe)Immobilien unter Fortführung des Pacht-/Mietvertrags durch den Erwerber eine nicht steuerbare Geschäftsveräußerung i. S. d. § 1 Abs. 1 a UStG vorliegt. Diesen Leitsatz hat der BFH BStBl. 2007 II 61 in der Weise eingeschränkt, dass eine nicht steuerbare Geschäftsveräußerung im Ganzen i. S. d. § 1 Abs. 1 a UStG voraussetzt, dass der Erwerber die wirtschaftliche Tätigkeit des Veräußerers fortführen kann, vgl. *Spiegelberger/Spindler/Wälzholz* Die Immobilie im Zivil- und Steuerrecht, Kap. II Rn. 383. 140

3. Nießbrauchsvorbehalt

Sofern ein zu Gunsten des Schenkers vereinbarter Nießbrauch nicht am Gesellschaftsanteil, sondern an dem übertragenen Grundbesitz bestellt wird, erfolgt ebenfalls keine Vorsteuerberichtigung, da der Einbringende das Gebäude weiterhin für sein Unternehmen nutzt, vgl. BFH BStBl. 1996 II 248; FinMin Thüringen DStR 1996, 1328 und oben § 4 B XII. 141

IV. Schenkungsteuer

Literatur: *Leitzen* Abfindungsklauseln bei Personengesellschaften und GmbHs – Aktuelle Entwicklungen und Auswirkungen der Erbschaftsteuerreform, RNotZ 2009, 315.

Das am 1. 1. 2009 in Kraft getretene Erbschaftsteuerreformgesetz BStBl. 2009 I 140 hat insbesondere bei der Bewertung von Grundbesitz und von Unternehmen Veränderungen mit sich gebracht. 143

1. Steuerpflicht

144 Die unentgeltliche Übertragung eines Personengesellschaftsanteils unterliegt der Steuerpflicht gem. § 1 Abs. 1 Nr. 2 ErbStG, auch wenn sich durch den Eintritt in die Gesellschaft eine persönliche Haftung des Eintretenden ergibt. Die teilweise vertretene, auf der BGH-Rechtsprechung BGH BB 1959, 574 und 1965, 472 beruhende Auffassung, dass der Eintritt als persönlich haftender Gesellschafter keine Schenkung beinhalte, da aufgrund der Haftungsübernahme keine Bereicherung vorliege, ist bereits im zivilrechtlichen Ansatzpunkt unrichtig.

Auch die Schenkung eines Einzelunternehmens ist mit Haftung und Risiken verbunden, ohne dass man deshalb an einer Schenkung zweifeln könnte. Latente Haftungsrisiken bestehen immer und können steuerlich nicht berücksichtigt werden. Risiken sind – bereicherungsmindernd – zu berücksichtigen, soweit hierfür Rückstellungen zulässig sind. Entscheidend ist wohl, ob dem Eintretenden ein positives, über seine Einlage hinausgehendes Kapitalkonto zuwächst, vgl. *Troll* DStR 1971, 80; differenzierend *Viskorf/Klier/Hübner/Knobel/Schuck* Erbschaftsteuer- und Schenkungsteuergesetz, Bewertungsgesetz § 7 ErbStG Rn. 176.

2. Umfang der Bereicherung

145 Gem. § 10 Abs. 1 Satz 4 ErbStG gilt der unmittelbare oder mittelbare Erwerb einer Beteiligung an einer Personengesellschaft, die nicht unter § 97 Abs. 1 Satz 1 Nr. 5 BewG fällt, also **nicht** wie **Betriebsvermögen** zu bewerten ist, als Erwerb der anteiligen Wirtschaftsgüter; die dabei übergehenden Schulden und Lasten der Gesellschaft sind bei der Ermittlung der Bereicherung des Erwerbers wie eine Gegenleistung zu behandeln. Mit dieser Bestimmung hat der Gesetzgeber die von der Finanzverwaltung schon immer bei der unentgeltlichen Übertragung von Anteilen an vermögensverwaltenden Gesellschaften vertretene Auffassung bestätigt, dass die für gemischte Schenkungen geltenden Grundsätze anzuwenden sind.

3. Schenkungsteuerlicher Vollzug

146 Widerrufs- und Rücktrittsrechte könnten Zweifel an dem schenkungsteuerlichen Vollzug aufkommen lassen. Während – im Bereich des steuerlichen Privatvermögens – bei Grundstücksschenkungen selbst ein freies Widerrufsrecht den Schenkungssteuervollzug nicht beeinträchtigt (vgl. BFH BStBl. 1983 II 179 und 1989 II 1034), muss bei der Einräumung von Gesellschaftsanteilen vor einem freien Widerrufsrecht dringend gewarnt werden. Nach BGH DB 1981, 1974 und BB 1985, 1558 ist eine auf das freie Ermessen abstellende Ausschlussklausel nichtig, soweit nicht eine solche Regelung wegen außerordentlicher Umstände sachlich gerechtfertigt ist. Hingegen sind enumerative Widerrufs- und Rücktrittsvorbehalte, die die Sicherung des Familienvermögens im Auge haben, sowie der Vorbehalt des Nießbrauchs unschädlich, vgl. *Meyding* ZEV 1995, 397; *Jütte* ZEV 1995, 403; *Spiegelberger* DStR 1995, 1702.

4. Steuerklasse

147 Da der BFH BStBl. 1989 II 237 nicht die jeweiligen Gesellschafter, sondern die Gesellschaft zur gesamten Hand als Beschenkte ansah, so dass regel-

mäßig, selbst innerhalb der Familie, die Steuerklasse IV Anwendung fand, waren früher Ausweichgestaltungen erforderlich. Insbesondere wurde früher eine Miteigentümergemeinschaft zwischengeschaltet, um den Schenkungsvorgang in die Steuerklasse I zu verlagern.

Nach Maßgabe des Urteils des BFH BStBl. 1995 II 81 sind für die Erbschaft- und Schenkungsteuer die Gesamthänder als vermögensmäßig bereichert anzusehen, wenn einer Gesamthandsgemeinschaft durch Erbanfall oder Schenkung Vermögen zufällt, unabhängig von der Frage, ob zivilrechtlich ggf. die Gesamthand Erbin oder Beschenkte ist. Erwerber und damit Steuerschuldner i.S.v. § 20 ErbStG sind in einem solchen Fall nicht die Gesamthand, sondern die Gesamthänder. Die entgegenstehende Rechtsprechung BStBl. 1989 II 237 wurde ausdrücklich aufgegeben.

5. Bewertung

Zur Bewertung der Schenkung wird auf § 2 C III verwiesen. 148

V. Einkommensteuer

Literatur: *Loschelder* Kindergeld und Freibeträge für erwerbstätige Kinder, EStB 2009, 249.

1. Vermögensverwaltende Gesellschaften

a) Besteuerungsgrundsätze

Bei der Vermietung und Verpachtung ihrer Grundstücke werden von den 151
Gesellschaftern der vermögensverwaltenden Gesellschaft Einkünfte aus Vermietung und Verpachtung gem. § 21 Abs. 1 Nr. 1 EStG erzielt. Zur Einkommensbesteuerung erfolgt eine einheitliche und gesonderte Gewinnfeststellung gem. § 180 Abs. 1 Nr. 2a AO; das Betriebsfinanzamt stellt dabei verbindlich die Einkünfte für alle Gesellschafter für das jeweilige Wohnsitzfinanzamt fest, so dass auch Sonderwerbungskosten im Rahmen der einheitlichen und gesonderten Gewinnfeststellung zu erfassen sind. Sofern sich jedoch die Eltern den Nießbrauch an dem eingebrachten Grundbesitz vorbehalten, erzielt die GbR keine eigenen Einkünfte, so dass eine Gewinnfeststellung gem. § 180 Abs. 1 Nr. 2a AO entfällt.

Die Vorschrift des § 15a Abs. 1 EStG, wonach der einem Kommanditisten 152
zuzurechnende Anteil am Verlust der Kommanditgesellschaft weder mit anderen Einkünften aus Gewerbebetrieb noch mit Einkünften aus anderen Einkunftsarten ausgeglichen werden darf, soweit dadurch ein negatives Kapitalkonto des Kommanditisten entsteht oder sich erhöht, ist gem. Abs. 5 Nr. 2 dieser Bestimmung auch auf Gesellschafter einer BGB-Gesellschaft mit Einkünften aus Vermietung und Verpachtung anwendbar.

Aufgrund der haftungsverschärfenden Rechtsprechung des BGH DNotZ 153
2000, 135, der die GbR haftungsmäßig weitgehend der OHG gleichstellt, wird § 15a Abs. 1 EStG künftig nur in Ausnahmefällen Bedeutung haben, wenn z.B. eine Haftungsfreistellung (Begrenzung auf das Gesellschaftsvermögen) vereinbart wird. § 15a Abs. 5 Nr. 2 EStG läuft damit regelmäßig ins Leere, vgl. *Kempermann* FR 2001, 1107.

b) Disquotale Gewinnverteilung?

Literatur: *Hübner* Vermögensübertragung durch disquotale Gesellschafterleistungen? – Schenkung- und Ertragsteuerliche Gestaltungsaspekte, ZEV 1998, 83; *Werz/Sager* Disquotales Gewinnbezugsrecht versus Vorbehaltsnießbrauch, ErbStB 2010, 73.

154 *Dehmer/Schmitt* INF 1993, 538 (ähnlich *Langenfeld*, ZEV 1995, 157) empfehlen eine Familienpool-Gestaltung, wonach die Kinder z.B. vermögensmäßig mit 96%, die Eltern mit 4% beteiligt, die Stimmrechte und die Gewinnbeteiligung jedoch reziprok eingeräumt werden, und zwar beispielsweise so, dass die Eltern Stimmrechte und eine Gewinnbeteiligung von 96%, und die Kinder von nur 4% erhalten.

Diese Gestaltung ist im Ergebnis möglich, wenn bei der Anteilsübertragung **Nießbrauchsrechte** zugunsten der Eltern bestellt werden. Entgegengesetzte Vermögens- und Ertragsbeteiligungen im Gesellschaftsvertrag entsprechen nicht dem Regelstatut von Personengesellschaften, das die BFH-Rechtssprechung grundsätzlich für die Anerkennung von Familiengesellschaften (vgl. BFH BStBl. 1979 II 405 und 670) und darüber hinaus generell auch für Vereinbarungen mit dritten Personen verlangt, vgl. BFH BStBl. 1989 II 758; kritisch auch Felix INF 1995, 432.

155 Ferner hat der BFH BStBl. 1992 II 890 im Anschluss an BStBl. 1987 II 323 entschieden, dass eine von dem zivilrechtlichen Beteiligungsverhältnis abweichende Verteilung der Einnahmen und Ausgaben von **Miteigentümern** eines Wohngrundstücks mit steuerlicher Wirkung nur getroffen werden könne, wenn sie in Gestaltung und Durchführung dem zwischen fremden Personen Üblichen entspricht. Somit wäre es zum Beispiel zulässig, für die Verwaltung der Eltern eine übliche Hausverwaltungsvergütung zu vereinbaren. Vor Extremgestaltungen ist zu warnen, so dass der Gestaltung von *Dehmer/Schmitt* nicht zugestimmt werden kann.

c) Veräußerungsgeschäft gem. § 23 EStG?

156 Die beteiligungsidentische Einbringung eines im steuerlichen Privatvermögen stehenden Grundstückes durch die Miteigentümer in eine Gesellschaft stellt wegen § 39 Abs. 1 AO keinen Veräußerungsvorgang dar, vgl. BFH BStBl. 2005 II 324. Sofern jedoch die Eltern mehrere Grundstücke, an denen sie mit unterschiedlichen Quoten beteiligt sind, in eine GbR einbringen, liegt hinsichtlich der von der eingeräumten Gesellschaftsbeteiligung abweichenden Quote eine Veräußerung vor. Dann ist für die Prüfung, ob die Rechtsfolgen des § 23 EStG eintreten, entscheidend, ob der Grundbesitz entgeltlich oder unentgeltlich übertragen wird.

aa) Bruchteilsbetrachtung

157 Nach der herrschenden Bruchteilsbetrachtung kommt es insoweit nicht zur Realisation eines Veräußerungsgewinns, als dem Steuerpflichtigen die eingebrachten Wirtschaftsgüter nach Maßgabe seiner Beteiligungsquote nach wie vor zuzurechnen sind.

Beispiel: Alleineigentümer V bringt ein Grundstück in eine vermögensverwaltende GbR ein, an der er zu 50%, seine Ehefrau zu 30% und seine beiden Kinder K 1 und K 2 zu je 10% beteiligt sind.

50% sind V weiterhin zuzurechnen, so dass insoweit keine steuerpflichtige Veräußerung erfolgt, wenn die Einbringung innerhalb der Zehn-Jahres-Frist des § 23 Abs. 1 Satz 1 Nr. 1 EStG stattfindet.

(1) Soweit V Gesellschaftsanteile **unentgeltlich** auf seine Kinder überträgt, kommt es insoweit ebenfalls nicht zu einer Realisation des Tatbestandes des § 23 Abs. 1 Satz 1 EStG, da die begünstigten Gesellschafter keine Gegenleistung entrichten.

(2) Sofern V ein mit Verbindlichkeiten belastetes Grundstück in eine vermögensverwaltende GbR einbringt, so dass die Verbindlichkeiten nach der Bruchteilsbetrachtung auch den übrigen Gesellschaftern zuzurechnen sind, liegt eine **teilentgeltliche** Übertragung vor, die insoweit nach der Trennungstheorie in einen entgeltlichen und einen unentgeltlichen Teil aufzuspalten ist, vgl. BMF BStBl. 2000 I 1383 Tz. 30. Die relative Höhe des entgeltlichen Teils bestimmt sich nach dem Verhältnis, in dem das tatsächlich erzielte Veräußerungsentgelt (übernommene Verbindlichkeiten) zum Verkehrswert des Wirtschaftsgutes im Zeitpunkt der Übertragung steht. Unter Zugrundelegung der so ermittelten Quote sind dem Veräußerungsentgelt die Anschaffungskosten anteilig gegenüber zu stellen, vgl. *Strahl* KÖSDI 2001, 12806.

bb) Vermeidung der Schuldübernahme

Hingegen verbleibt es bei der Unentgeltlichkeit wenn V das Grundstück unter Nießbrauchsvorbehalt in die Gesellschaft einbringt und weiterhin alleiniger Schuldner bleibt. Die Übernahme der nur dinglichen Haftung ist dabei unbeachtlich, so lange die Gesellschaft hierfür nicht in Anspruch genommen wird. **158**

cc) Ausweichgestaltung

Sofern beide Elternteile steuerverstrickte Grundstücke in eine vermögensverwaltende GbR einbringen, realisieren sowohl der Einbringende als auch die übrigen Gesellschafter steuerpflichtige Veräußerungsgeschäfte. Dies kann vermieden werden, wenn jeder Eheteil für die steuerverstrickten Grundstücke eine GbR unter unentgeltlicher Beteiligung der Kinder errichtet und der einbringende Elternteil sich wiederum den Nießbrauch vorbehält und alleiniger Schuldner der Verbindlichkeiten bleibt. **159**

dd) Nachträgliche Veränderungen

Auch spätere Änderungen der Gesellschafterstruktur sind steuerrechtlich relevant, wenn sie sich innerhalb des jeweils maßgeblichen Zeitraums für private Veräußerungsgeschäfte vollziehen, wobei nach einem teilentgeltlichen Erwerb zwei Fristen maßgeblich sind: Hinsichtlich des unentgeltlichen Teils ist gem. § 23 Abs. 1 Satz 3 EStG auf die Anschaffung durch den Rechtsvorgänger abzustellen, während der entgeltliche Teilerwerb den Lauf einer eigenen Zehn-Jahres-Frist auslöst, vgl. *Strahl* KÖSDI 2001, 12807. **160**

d) Gewerblicher Grundstückshandel

Die Einbringung mehrerer Immobilien in einem Zeitraum von fünf Jahren kann einkommensteuerfrei sein, wenn sich der Vorgang als Beendigung einer langjährigen Vermögensverwaltung darstellt, ist aber als gewerblicher Grund- **161** stückshandel gem. § 15 Abs. 2 EStG steuerpflichtig, wenn eine selbständige nachhaltige Betätigung, die mit der Absicht, Gewinn zu erzielen, gegeben ist, die sich als Beteiligung am allgemeinen wirtschaftlichen Verkehr darstellt, vgl. *Spiegelberger/Spindler/Wälzholz* Die Immobilie im Zivil- und Steuerrecht Kap. 2 Rn. 91 und Kap. 16.

e) Kosten des Gesellschaftsvertrages

Literatur: *Götz* Steuerliche Berücksichtigung von Beratungs-/Notarkosten bei vorweggenommenen Erbfolgeregelungen betreffend Personengesellschaften, DStR 2006, 545.

aa) Einbringungskosten

162 Gemäß BMF-Schreiben Vorweggenommene Erbfolge BStBl. 1993 I 80 Tz. 13 Satz 2 sind die Notar- und Grundbuchamtsgebühren nicht als Werbungskosten ansetzbar, soweit die Übertragung unentgeltlich erfolgt. Im Rahmen eines teilentgeltlichen Erwerbs aufgewandte Anschaffungsnebenkosten, z.B. Notar- und Gerichtsgebühren, werden in voller Höhe den Anschaffungskosten zugerechnet, vgl. BFH BStBl. 1992 II 239.

bb) Kosten des Gesellschaftsvertrages

163 Darüber hinaus fallen bei der Beurkundung der vorweggenommenen Erbfolge Kosten für die Errichtung des Gesellschaftsvertrages an, die in keinem Bezug zur Schenkung des Vertragsgegenstandes stehen. Da die neu gegründete Gesellschaft Einkünfte aus Vermietung und Verpachtung erzielt, sind die für die Errichtung des Gesellschaftsvertrages angefallenen Kosten sowohl dem Vermögensbereich als auch der Erzielung von steuerpflichtigen Einnahmen zuzuordnen. Wenn Aufwendungen sowohl dem Vermögensbereich als auch der Erzielung von steuerpflichtigen Einnahmen dienen, sind die Aufwendungen nach der Rechtsprechung des BFH BStBl. 1993 II 832 im vollen Umfang Werbungskosten. Darüber hinaus hat der BFH BStBl. 1994 II 323 im Zusammenhang mit dem Erwerb eines Betriebes entstandene Anwaltsberatungskosten als Betriebsausgaben anerkannt, ebenso *Schmidt/Heinicke* EStG § 4 Rn. 520 „Rechtsverfolgung“. Für eine vermögensverwaltende Familiengesellschaft hat das FG Köln EFG 2005, 433 sowohl die Beratungs-/Notarkosten im Zusammenhang mit der Gründung der Gesellschaft als auch für die Übertragung von Anteilen den Werbungskostenabzug abgelehnt.

2. Gewerblich tätige Gesellschaft

a) Steuerpflicht

164 Gem. § 15 Abs. 1 Nr. 2 EStG sind die Gewinnanteile der Gesellschafter einer OHG, einer KG oder einer anderen Gesellschaft, bei der der Gesellschafter als Unternehmer (Mitunternehmer) des Betriebs anzusehen ist, Einkünfte aus Gewerbebetrieb.

b) Gewerbliche Infizierung

165 Ungewollte einkommensteuerliche Auswirkungen ergeben sich, wenn eine vermögensverwaltende Gesellschaft gemäß § 15 Abs. 3 Nr. 1 EStG **infiziert**

wird. Sofern die vermögensverwaltende Gesellschaft also auch nur geringfügig gewerbliche Tätigkeiten ausübt oder sich die Familien-GbR an einer gewerblich tätigen Gesellschaft beteiligt, wird die Tätigkeit der GbR gemäß § 15 Abs. 3 Nr. 1 EStG insgesamt gewerblich, vgl. BFH DStR 1995, 638. Somit ist auf strenge Trennung zwischen gewerblichen und vermögensverwaltenden Gesellschaften zu achten.

Gegebenenfalls kann eine zweite beteiligungskonforme gewerblich tätige 166
GbR errichtet werden, um die vermögensverwaltende GbR nicht zu infizieren. Die Abfärberegelung ist auf eine nur vermögensverwaltende Personengesellschaft nicht anzuwenden, wenn die Beteiligung an der gewerblich tätigen Gesellschaft

- von einem, mehreren oder allen Gesellschaftern der ansonsten nicht gewerblich tätigen Gesellschaft persönlich oder
- von einer Schwestergesellschaft gehalten wird,

vgl. BMF-Schreiben v. 13. 5. 1996 DStR 1996, 869.

Für den Fall, dass nur ein äußerst geringer Umsatzanteil originär gewerblicher Tätigkeit besteht (im Entscheidungsfall 1,25%) tritt nach dem Verhältnismäßigkeitsgrundsatz keine umqualifizierende Wirkung i. S. des § 15 Abs. 3 Nr. 1 EStG ein, vgl. BGH DStR 1999, 1688. Die Entscheidung des BFH/NV 2005, 129, wonach durch gewerbliche Beteiligungseinkünfte einer vermögensverwaltenden KG keine Abfärbung eintritt, ist durch die Änderung des § 15 Abs. 3 Nr. 1 EStG obsolet geworden.

c) Zebra-Gesellschaften

Sofern an einer vermögensverwaltenden Personengesellschaft ein Gesell- 167
schafter beteiligt ist, der aufgrund seiner Rechtsform von vorne herein gewerbliche Einkünfte bezieht, z. B. wenn eine GmbH oder GmbH & Co. KG an einer vermögensverwaltenden GbR beteiligt ist, erfolgt keine Infizierung. Jedoch sind die auf den betriebliche Einkünfte erzielenden Gesellschafter entfallenden Ertragsanteile an der vermögensverwaltenden GbR in gewerbliche Einkünfte umzuqualifizieren.

Diese Umqualifizierung war nach Auffassung des BFH DStR 1996, 1682 grundsätzlich innerhalb der gesonderten Feststellung der Einkünfte der Gesellschaft vorzunehmen. Aufgrund der Entscheidung des Großen Senats GrS 2/02 BStBl. 2005 II 679 hat die verbindliche Entscheidung über die Einkünfte eines betrieblich an einer vermögensverwaltenden Gesellschaft beteiligten Gesellschafters sowohl ihrer Art nach als auch ihrer Höhe nach das für die persönliche Besteuerung dieses Gesellschafters zuständige (Wohnsitz)Finanzamt zu treffen.

D. Urkundengestaltung: Vermögensverwaltende GbR

I. Urkunde

Beispiel: Bauunternehmer Sing hat in einem Berliner Testament seine Ehefrau zum 171
Alleinerben eingesetzt. Da durch die Vermögenskumulierung erhebliche Erbschaftsteuern entstehen, rät Steuerberater S den im Nachlass befindlichen Grundbesitz auf die pflichtteilsberechtigten Kinder der Ehegatten Sing unter Anrechnung auf die entstandenen Pflichtteilsansprüche zu überlassen, um durch diese Gegenleistung die

Erbschaftsteuerschuld zu mindern. Im übrigen will Frau Sing eine vorweggenommene Erbfolge einleiten.

172 Beurkundet am . . .

§ 1 Sachstand

Im Grundbuch des Amtsgerichtes Adorf für Adorf Band . . . Blatt . . .
ist Frau Christine Sing als Alleineigentümerin des vorgetragenen Grundbesitzes der

Gemarkung Adorf

Flst.Nr. 1	Hauptstr. 1, Wohnhaus, Hofraum, Garten, zu	0,1000 ha

eingetragen.

Der Grundbesitz ist belastet wie folgt:

Abt. II:

Geh- und Fahrtrecht für Flst.Nr. 2;

Abt. III:

frei.

§ 2 Einbringung

Frau Christine Sing
– im folgenden auch „Übergeber" genannt –
errichtet hiermit mit ihren Töchtern
Eva, Maria und Magdalena Sind
– im folgenden auch „Erwerber" genannt –
eine Gesellschaft bürgerlichen Rechts und bringt ihr vorbezeichnetes Grundstück in eine Gesellschaft bürgerlichen Rechts ein, für die die Bestimmungen des als Anlage beigefügten Gesellschaftsvertrages gelten.

Die Vertragsteile sind darüber einig, dass das Eigentum an dem in § 1 aufgeführten Grundstück auf die aus den Beteiligten bestehende Gesellschaft bürgerlichen Rechts übergeht und bewilligen und beantragen die Eintragung im Grundbuch.

§ 3 Nießbrauch

1. Frau Christine Sing behält sich an dem eingebrachten Grundstück Flst.Nr. 1 Gemarkung Adorf den lebenslangen Nießbrauch vor. Abweichend von der gesetzlichen Regelung hat der Nießbraucher auch die nach der gesetzlichen Lastenverteilungsregelung dem Eigentümer obliegenden Lasten zu tragen, insbesondere die außergewöhnlichen Ausbesserungen und Erneuerungen sowie sonstige außerordentliche Lasten. Darüber hinaus hat der Nießbraucher dem Erwerber alle Aufwendungen und Steuerzahlungen unverzüglich zu ersetzen, die dieser aufgrund der Beteiligung an der Gesellschaft aufzubringen hat. Die Eintragung dieses Nießbrauchsrechtes zu Gunsten von Frau Christine Sing im Grundbuch wird bewilligt und beantragt.
2. Ferner wird Frau Christine Sing das lebenslange Nießbrauchsrecht an den Gesellschaftsanteilen der Erwerber eingeräumt. Für die Ausübung des Stimmrechts in der Gesellschafterversammlung gelten die gesetzlichen Bestimmungen.

(**alt.:** Das Stimmrecht in der Gesellschafterversammlung wird ausschließlich vom Nießbraucher ausgeübt)

§ 4 Rücktritt

1. Der Übergeber ist über die gesetzlichen Widerrufsgründe hinaus berechtigt, die dieser Urkunde zugrundeliegende Schenkungen zu widerrufen und die unentgeltliche Übertragung des überlassenen Geschäftsanteiles von dem betroffenen Erwerbern zu verlangen, wenn
   a) der Erwerber seinen Gesellschaftsanteil ohne Zustimmung des Übergebers belastet oder verpfändet,
   b) der Erwerber vor dem Übergeber verstirbt, ohne dass der Gesellschaftsanteil ausschließlich auf leibliche Abkömmlinge des Übergebers übergeht,

c) eine wesentliche Verschlechterung in den Vermögensverhältnissen des Erwerbers eintritt oder
d) die Zwangsvollstreckung in den Gesellschaftsanteil betrieben wird, ohne dass der Erwerber die Zwangsvollstreckungsmaßnahme innerhalb von drei Monaten abwendet oder über das Vermögen des Erwerbers das Insolvenzverfahren eröffnet oder mangels Masse eingestellt wird, oder
e) der Erwerber mit seinem (künftigen) Ehegatten nicht Gütertrennung oder modifizierte Zugewinngemeinschaft mit dem Inhalt vereinbart, dass der Gesellschaftsanteil im Falle der Scheidung der Ehe aus dem Zugewinnausgleich und im Falle des Versterbens aufgrund eines beschränkten Pflichtteilsverzichtes aus dem Ehegattenpflichtteilsrecht ausscheidet, wobei das Rücktrittsrecht bereits ausgeübt werden kann, wenn der Erwerber auf Verlangen nicht innerhalb eines Monats eine beglaubigte notarielle Urkunde mit dem geforderten Inhalt beibringt.

2. Der Widerruf kann nur durch notarielle Beurkundung oder schriftliche Erklärung gegenüber dem Erwerber oder dessen Gesamtrechtsnachfolger ausgeübt werden. Das Widerrufsrecht ist weder vererblich noch übertragbar, es sei denn, dass es zu Lebzeiten des Übergebers ausgeübt würde.
3. Erbrachte Aufwendungen werden dem Erwerber nur insoweit ohne Beilage von Zinsen erstattet, als diese den Wert des Gesellschaftsanteiles nachhaltig erhöht haben und nicht aus den Erträgen des Gesellschaftsvermögens stammen.
4. Die durch die Rückübertragung entstehenden Kosten hat der den Rücktrittsgrund verursachende Erwerber zu tragen.

§ 5 Besitz, Nutzungen und Lasten

Der mittelbare Besitz und die Gefahr des zufälligen Untergangs und der zufälligen Verschlechterung gehen mit sofortiger Wirkung auf die GbR über, der unmittelbare Besitz, die Nutzungen und die Lasten mit Beendigung des bestellten Grundstücksnießbrauchs.

§ 6 Gewährleistung

Der Übergeber schließt jegliche Haftung, insbesondere für Sachmängel jeder Art, für Flächenmaß, Beschaffenheit und Verwertbarkeit des Vertragsgegenstandes aus. Der Vertragsbesitz ist dem Erwerber bekannt und wird im derzeitigen Zustand übernommen.

Alle im Grundbuch eingetragenen, in § 1 aufgeführten Belastungen sowie die in dieser Urkunde bestellten Rechte werden zur weiteren Duldung und Erfüllung übernommen.

§ 7 Pflichtteilsanrechnung und Pflichtteilsabgeltung

Die Überlassung erfolgt unentgeltlich im Wege der vorweggenommenen Erbfolge. Jeder Erwerber hat sich den Verkehrswert des Gesellschaftsanteiles abzüglich des Wertes des Nießbrauches auf das gesetzliche Pflichtteilsrecht am Nachlass des Übergebers anrechnen zu lassen, wobei der Nießbrauch nach den steuerlichen Vorschriften des Bewertungsgesetzes zu kapitalisieren ist. Sofern der Vertragsgegenstand z. Zt. des Erbfalls einen geringeren Wert aufweist, ist dieser anzusetzen.

Ferner sind durch die Überlassung die Pflichtteilsansprüche am Nachlass des verstorbenen Vaters der Erwerber, Herrn Sing, vollständig abgegolten.

§ 8 Hinweise

Die Vertragsteile wurden vom Notar hingewiesen auf
- den Zeitpunkt und die Voraussetzungen des Eigentumsüberganges,
- das Erfordernis der vollständigen Beurkundung der getroffenen Vereinbarungen,
- die Schenkungsteuerpflicht gem. § 7 ErbStG,
- die erforderliche Unbedenklichkeitsbescheinigung gem. § 22 GrEStG,
- die Haftung des Grundbesitzes für öffentliche Lasten und Abgaben und
- die gesamtschuldnerische Haftung der Beteiligten für Kosten und Steuern, unbeschadet der im Innenverhältnis getroffenen Vereinbarungen.

§ 9 Schlussbestimmungen

...

Anlage: Gesellschaftsvertrag

§ 1 Name, Sitz

1. Der Name der Gesellschaft lautet:
   Christine, Eva, Maria und Magdalena Sing
   Gesellschaft bürgerlichen Rechts.
2. Der Sitz der Gesellschaft ist Adorf.

§ 2 Zweck der Gesellschaft

Zweck der Gesellschaft ist die Verwaltung des Grundstückes Hauptstr. 1 in A-dorf.

§ 3 Dauer der Gesellschaft

1. Die Dauer der Gesellschaft ist unbestimmt.
2. Die Kündigung der Gesellschaft kann mit einer Frist von einem halben Jahr zum darauf folgenden Jahresende erfolgen, frühestens zum 31.12.2040.

§ 4 Gesellschafter

1. Gesellschafter der Gesellschaft bürgerlichen Rechts sind
   a) Frau Christine Sing zu 10%,
   b) Frau Eva Sing zu 30%,
   c) Frau Maria Sing zu 30%,
   d) Magdalena Sing zu 30%.
2. Die Gesellschaftsanteile sind unveränderlich, so dass sich der Anteil eines jeden Gesellschafters insbesondere nicht durch Gewinne oder Verluste, Einlagen oder Entnahmen verändert.

§ 5 Geschäftsführung und Vertretung

1. Die Bestellung eines Geschäftsführers wird gesellschaftsvertraglich ausgeschlossen, so dass die Gesellschaft gem. § 709 Abs. 1 BGB nur durch die gemeinschaftliche Zustimmung aller Gesellschafter verpflichtet werden kann. Eine organschaftliche Vertretung ist damit ausgeschlossen.
2. Nach den allgemeinen Vorschriften kann dritten Personen eine Vollmacht erteilt werden, durch die das Gesellschaftsvermögen nur bis zu 10.000 € im Einzelfall verpflichtet werden kann.

§ 6 Gesellschafterbeschlüsse

1. Die Gesellschafter entscheiden über die ihnen nach dem Gesetz oder diesem Gesellschaftsvertrag zugewiesenen Angelegenheiten durch Beschluss.
2. Das Stimmrecht eines jeden Gesellschafters richtet sich nach der Höhe seines Gesellschaftsanteiles.
3. Bei nießbrauchbelasteten Gesellschaftsanteilen wird das Stimmrecht bei Gesellschafterbeschlüssen ausschließlich vom Nießbraucher ausgeübt.

§ 7 Überschussrechnung

1. Die Ermittlung der Einkünfte der Gesellschaft erfolgt durch Einnahme-/Werbungskosten-/Überschussrechnung.
2. Zur Erhaltung des Grundbesitzes sind angemessene Rücklagen zu bilden.
3. Der Nießbraucher ist verpflichtet, dem Gesellschafter alle auf die Beteiligung entfallenden Kosten und Steuern zu ersetzen.

§ 8 Ausscheiden eines Gesellschafters

1. Bei Kündigung der Gesellschaft sowie bei Ausschließung oder Insolvenz eines Gesellschafters wird die Gesellschaft nicht aufgelöst, sondern – nach Ausscheiden des betroffenen Gesellschafters – von den übrigen Gesellschaftern fortgesetzt.
2. Besteht die Gesellschaft nur aus zwei Gesellschaftern und scheidet einer von ihnen aus oder scheiden gleichzeitig mehrere Gesellschafter aus, so dass nur ein Gesellschafter übrig bleibt, so steht dem verbleibenden Gesellschafter ein Übernahmerecht

zu, das gegenüber dem ausscheidenden Gesellschafter durch rechtsgestaltende Willenserklärung auszuüben ist. Macht er von seinem Übernahmerecht Gebrauch, so wächst das Gesellschaftsvermögen dem Übernehmenden ohne Einzelübertragung an, der Ausscheidende ist abzufinden.

§ 9 Ausschließung

1. Wird über das Vermögen eines Gesellschafters das Insolvenzverfahren eröffnet oder wird die Zwangsvollstreckung in sein Auseinandersetzungsguthaben oder ein sonstiges Gesellschafterrecht betrieben, so können die übrigen Gesellschafter seinen Ausschluss beschließen.
2. Sofern ein Gesellschafter bei Eingehung der Ehe mit seinem Ehegatten nicht Gütertrennung nach Maßgabe der Bestimmungen des BGB oder modifizierte Zugewinngemeinschaft mit dem Inhalt vereinbart, dass der Gesellschaftsanteil aus einem Zugewinnausgleich im Falle der Scheidung der Ehe und im Falle des Versterbens aufgrund eines beschränkten Pflichtteilsverzichtes aus dem Ehegattenpflichtteilsrecht ausscheidet, kann die Gesellschaft nach vorheriger fruchtloser Fristsetzung zur Nachholung die Ausschließung des betroffenen Gesellschafters beschließen.
3. Der Ausschluss wird mit der Bekanntgabe des Beschlusses, im Falle der Einzelzwangsvollstreckung jedoch erst drei Monate nach Bekanntgabe des Beschlusses wirksam, es sei denn, dass der getroffene Gesellschafter bis dahin die eingeleiteten Vollstreckungsmaßnahmen abgewendet hat.

§ 10 Abfindung

1. Wenn ein Gesellschafter die Gesellschaft kündigt oder sonst gemäß § 8 oder § 9 dieses Vertrages ausscheidet, erhält er eine Abfindung, die von dem für die Gesellschaft tätigen Steuerberater als Schiedsgutachter gemäß § 317 BGB auf den Tag des Ausscheidens ermittelt wird. Zur Erhaltung des Grundbesitzes als Familienvermögen wird der vom Schiedsgutachter ermittelte Verkehrswert nur zu 60% für die Ermittlung der Abfindung angesetzt. Gebildete Rücklagen bleiben unberücksichtigt. Aus dem so ermittelten Gesellschaftsvermögen erhält der ausscheidende Gesellschafter eine seinem Gesellschaftsanteil entsprechende Abfindung.
2. Im Fall der Ausschließung gem. § 9 werden von dem Verkehrswert zur Ermittlung des Abfindungsguthabens nur 50% angesetzt.
3. Das Abfindungsguthaben ist in fünf gleichen, unmittelbar aufeinander folgenden Jahresraten auszuzahlen und jeweils mit dem Basiszinssatz gem. § 247 BGB zu verzinsen. Sicherheitsleistung kann nicht gefordert werden.

§ 11 Abtretung und Belastung

1. Zur Abtretung oder Belastung eines Gesellschaftsanteiles ist die Zustimmung aller übrigen Gesellschafter erforderlich.
2. Jeder Gesellschafter ist jedoch berechtigt, ohne Zustimmung der übrigen Gesellschafter Gesellschaftsanteile auf Abkömmlinge zu übertragen oder Ehegatten oder Abkömmlingen Nießbrauchsrechte an dem Gesellschaftsanteil mit dem Recht zu bestellen, dass diese auch das Stimmrecht ausüben dürfen.

§ 12 Versterben eines Gesellschafters

1. Bei dem Versterben eines Gesellschafters wird die Gesellschaft mit dessen Erben oder Vermächtnisnehmern fortgesetzt, sofern es sich um Mitgesellschafter oder leibliche Abkömmlinge des Verstorbenen handelt oder die Beteiligung innerhalb eines Jahres seit dem Ableben des Gesellschafters auf nachfolgeberechtigte Personen übertragen wird. Andernfalls wird die Gesellschaft mit den verbleibenden Gesellschaftern unter Ausscheiden des Verstorbenen fortgesetzt.
2. Jeder Gesellschafter ist berechtigt, aufgrund der vorstehenden Bestimmungen nicht zur Gesellschafternachfolge zugelassenen Erben, Pflichtteilsberechtigten oder Vermächtnisnehmern den lebenslangen Nießbrauch an seinem Gesellschaftsanteil zuzuwenden, auch mit dem Recht der Stimmrechtsausübung.

3. Solange Frau Christine Sing ihre Nießbrauchsrechte ausübt, ruhen alle anderen Nießbrauchsrechte.
4. Die Anordnung der Dauertestamentsvollstreckung über den GbR-Anteil mit der Rechtsfolge, dass der Testamentsvollstrecker auch das Stimmrecht ausüben darf, ist bis zur Vollendung des 27. Lebensjahres des nachrückenden Gesellschafters zulässig.

§ 13 Salvatorische Klausel

1. Soweit in diesem Gesellschaftsvertrag keine besondere Regelung getroffen ist, gelten die gesetzlichen Bestimmungen.
2. Etwaige Nichtigkeit einzelner Bestimmungen berühren die Wirksamkeit des Gesellschaftsvertrages im übrigen nicht. Die Beteiligten sind verpflichtet, an Stelle der unwirksamen Bestimmungen eine dem Vertragsgedanken entsprechende Neuregelung zu treffen. Sofern eine Neuregelung nicht erfolgt, gelten die für die entsprechende Regelungslücke bestehenden gesetzlichen Bestimmungen.

§ 14 Mediation

Bei Streitigkeiten in Zusammenhang mit dieser Urkunde ist jeder Gesellschafter erst zur Klageerhebung berechtigt, wenn zuvor ein Konfliktvermittlungsverfahren (Mediation) durchgeführt wurde. Der Streitschlichter wird vom Präsidenten des Bayerischen Notarvereins bestimmt, wenn sich die Beteiligten nicht innerhalb von vier Wochen nach schriftlicher Geltendmachung von Ansprüchen aus diesem Gesellschaftsvertrag auf eine Person einvernehmlich einigen. Der Bayerische Notarverein bestimmt auch das Verfahren und die Gebühren des Mediators. Jeder Gesellschafter ist berechtigt, das Konfliktvermittlungsverfahren nicht mehr weiter zu betreiben, wenn der von ihm geltend gemachte Anspruch in den nächsten drei Monaten zu verjähren droht und die übrigen Beteiligten nicht bereit sind, für die Dauer eines Jahres auf die Einrede der Verjährung zu verzichten.

II. Anmerkungen zur Vertragsgestaltung

1. Gestaltungsalternativen

173 Ein Berliner Testament führt häufig zu unerwünschten Vermögenskumulierungen mit der Folge hoher Erbschaftsteuern. Die im Beispielsfall vorgeschlagene Grundstücksverwaltungs-GbR unter Einbeziehung der pflichtteilsberechtigten Kinder ist die naheliegendste Gestaltung. In Betracht kommen jedoch auch folgende Alternativen:

- Ausschlagung durch den überlebenden Ehegatten gegen Abfindungszahlung seitens der durch die Ausschlagung begünstigten Kinder, vgl. *Wachter* ZNotP 2004, 126;
- Ausschlagung gegen Nießbrauchsvorbehalt, wobei der Nießbrauch als Vorbehaltsnießbrauch anerkannt, also mit keinem AfA-Verlust verbunden ist;
- Ausschlagung gegen Leibrente, die von den nachrückenden Erben aufgrund des durch das Jahressteuergesetz 2008 geänderten § 10 Abs. 1 Nr. 1a nicht mehr als Sonderausgabe geltend gemacht werden kann, somit entweder eine einkommensteuerlich irrelevante Unterhaltszahlung gem. § 12 Nr. 2 EStG oder eine Veräußerungsrente darstellt, vgl. oben § 6;
- Errichtung einer gemeinnützigen Stiftung mit entsprechenden Versorgungsrechten aller Familienangehörigen, da in diesem Fall gem. § 29 Abs. 1 Nr. 4 ErbStG die innerhalb von zwei Jahren nach dem Tod des Erblassers in die Stiftung eingebrachten Vermögensgegenstände erbschaftsteuerfrei bleiben, vgl. § 17.

Zur Erbschaftsteuerberechnung beim Berliner Testament vgl. BFH/NV 2009, 1994.

Optionen beim Berliner Testament

- Ausschlagung mit Abfindung
- Ausschlagung mit Leibrente
- Ausschlagung mit Vorbehaltsnießbrauch
- Gründung eines Familienpools
- Errichtung einer gemeinnützigen Stiftung

2. Vorteile des Familienpools

Eine Familiengrundstücksgesellschaft erlaubt in besonderer Weise generationsübergreifend den Erhalt von Familienvermögen, ohne dass die mit einer Familienstiftung verbundenen Nachteile eintreten würden. Durch die Bildung einer Gesamthand kann gem. § 719 BGB kein Gesellschafter über seinen Anteil am Gesellschaftsvermögen und an den einzelnen dazugehörenden Gegenständen verfügen; er ist auch nicht berechtigt, Teilung zu verlangen. 174

Scheidungsrisiken mit Zugewinnausgleichs- und Unterhaltsansprüchen können durch eine entsprechende Verpflichtung zu Güterstandsvereinbarungen mit beschränkten Pflichtteilsverzichten ausgeschlossen werden, wobei eine Absicherung dieser Klauseln mit Widerrufs- oder Ausschlussrechten zu empfehlen ist.

3. Grundstücksnießbrauch

Die Rechtsform der GbR mit einem **Nießbrauchsvorbehalt** des Übergebers **am** übergebenen **Grundbesitz** wird als Sicherungskonzept für die Erhaltung des Familienvermögens verwendet, ohne dass diese Gesellschaft zunächst einkommensteuerliche Bedeutung erlangt, so dass insbesondere auch eine einheitliche und gesonderte Gewinnfeststellung gem. § 180 AO nicht stattfindet und nicht einmal eine eigene Steuernummer für die Gesellschaft erforderlich ist. Während der Dauer des Grundstücksnießbrauches der Eltern erzielt nämlich die Gesellschaft selbst keinerlei Einkünfte; vielmehr entstehen alle Einnahmen und Ausgaben unmittelbar in der Person der Nießbrauchsberechtigten, denen auch die Verwaltung des Grundbesitzes in vollem Umfang zusteht. 175

4. Doppelnießbrauch

Die Bestellung eines Doppelnießbrauchs, also sowohl am eingebrachten Grundbesitz als Sachnießbrauch gem. § 1030ff. BGB, als auch an den überlassenen Gesellschaftsanteilen als **Rechtsnießbrauch** gem. § 1068ff. BGB, ergibt eine ideale Sicherung der Übergeber und zugleich eine erhebliche Erleichterung in der steuerlichen Abwicklung. Auch eine gesonderte Buchführung für die GbR ist nicht erforderlich, da alle Gewinne von den einbringenden Nießbrauchsberechtigten absorbiert werden. Sofern für die Stimmrechtsausübung an den nießbrauchbelasteten Gesellschaftsanteilen die gesetzlichen Bestimmungen gelten sollen, übt der Nießbraucher das Stimmrecht bei Beschlüssen über die laufenden Angelegenheiten der Gesellschaft aus, während bei außerordentlichen Angelegenheiten das Stimmrecht dem 176

Gesellschafter gebührt. Damit wären die Gesellschafter in der Lage, mehrheitlich die Veräußerung des Grundbesitzes zu beschließen.

177 Aus diesem Grund wird in der Praxis bevorzugt, das **Stimmrecht** im ganzen Umfang dem **Nießbraucher zuzuordnen**. Im Bereich des steuerlichen Privatvermögens bestehen gegen diese Vereinbarung keine Bedenken, da die Einkünfte ohnehin dem Nießbraucher zugerechnet werden und die Verstärkung dieser Rechtsstellung unschädlich ist. Bei Betriebsvermögen ist von einer Änderung der gesetzlichen Stimmrechtsverteilung abzuraten, da der BFH mit Urt. v. 10. 12. 2008 – II R 34/07 – die Mitunternehmereigenschaft des Gesellschafters in Frage stellt.

5. Pflichtteilsanrechnung und Pflichtteilsabgeltung

178 Die Vertragsgestaltung ist insbesondere auch zu empfehlen, wenn durch ein Berliner Testament eine Vermögenskumulierung bei dem überlebenden Elternteil eingetreten ist, die zur Erbschaftsteuerpflicht führt. Durch die einverständliche Geltendmachung des Pflichtteils seitens der Kinder oder durch die Beteiligung der Kinder an der Gesellschaft als Gegenleistung für das Unterlassen eines Pflichtteilsanspruches wird die Bereicherung des überlebenden Elternteils entsprechend gemindert, so dass auch die Erbschaftsteuerschuld sich entsprechend verringert und die Kinder ihrerseits ihre Erbschaftsteuerfreibeträge in Höhe von je 400.000 € nutzen können. Der überlebende Ehegatte kann sofort eine vorweggenommene Erbfolge einleiten, so dass in dem Ausgangsfall insgesamt ein Freibetragsvolumen von 6 × 400.000 € = 2.400.000 € entsteht. Der Pflichtteil, der erst nach seiner Verjährung geltend gemacht wird, ist trotzdem bei der Festsetzung der Erbschaftsteuer zu berücksichtigen, da der Erbe auf die Verjährungseinrede verzichten kann, vgl. Troll/*Gebel*/*Jülicher* § 3 ErbStG Rn. 232; *Kapp-Ebeling* § 3 ErbStG Rn. 213.3. Durch den Vorbehalt des Nießbrauches erhöht sich nochmals der steuerfrei zu übertragende Gesellschaftsanteil, vgl. § 4 B X.

6. Verpflichtung zum Ehevertrag mit beschränktem Pflichtteilsverzicht

179 Für den Fall, dass ein in die Gesellschaft aufgenommenes Kind vorverstirbt, würde der Erb- oder Pflichtteil des Ehegatten des verstorbenen Kindes auch den eingeräumten Gesellschaftsanteil erfassen, so dass dadurch wiederum die Familiengesellschaft gefährdet wäre. Die Eltern wünschen daher regelmäßig einen beschränkten, also auf den Gesellschaftsanteil bezogenen Pflichtteilsverzicht der Schwiegerkinder. Im Endergebnis soll damit das Familiengut gesichert werden. Quasi als Gegenleistung für den Pflichtteilsverzicht kann der vorversterbende Gesellschafter seinem Ehegatten ein Nießbrauchsrecht einräumen.

7. Abfindungsregelung

180 Im Formulierungsvorschlag ist eine weit unter dem anteiligen Verkehrswert liegende Bewertung vorgesehen. Diese Reduzierung ist bei einer Familiengesellschaft, die generationsübergreifend erhalten werden soll, erwünscht und notwendig, da im Allgemeinen die finanzierenden Banken bei dem Aus-

scheiden eines Gesellschafters nicht den gesamten Abfindungsbetrag finanzieren, sondern nur etwa 50–60% des Schätzwertes. Mit dem Vorschlag wird auch der Rechtsprechung des BGH Rechnung getragen, wonach keine unangemessen geringe Abfindung vereinbart werden kann, vgl. BFH GmbHR 1993, 806.

8. Vertretungsregelung

Die in § 5 des Gesellschaftsvertrages getroffene Vertretungsregelung soll die ausufernde Haftungsrechtsprechung des BGH neutralisieren. Bei allen vermögensverwaltenden Gesellschaften, nicht nur bei geschlossenen Immobilienfonds und bei Wohnungseigentümergemeinschaften, besteht ein legitimes Bedürfnis, die Haftung der Gesellschafter auf das Gesellschaftsvermögen zu beschränken. Dies kann nur in der Weise erfolgen, dass eine organschaftliche Vertretung ausgeschlossen wird, so dass es bei der gesetzlichen Regelung des § 709 Abs. 1 BGB verbleibt, wonach Gesellschafter nur durch Selbsthandeln verpflichtet werden können. Selbstverständlich bleibt es den Beteiligten unbenommen, einem fremden Dritten nach den allgemeinen Grundsätzen der Vollmachtserteilung auf eine bestimmte Art von Geschäften oder auf einen Gegenstandswert beschränkte Vollmacht zu erteilen. 181

9. Nachfolgeregelung

Die Erhaltung des Vermögens als Familienvermögen wird durch eine Nachfolgeregelung gewährleistet, wonach nur Mitgesellschafter und leibliche Abkömmlinge der Eltern nachfolgen können, so dass der überlebende Elternteil und dessen Abkömmlinge im Erbfall nachrücken können. Sofern als Gesellschafter aufgenommene Kinder ihrerseits kinderlos bleiben, sind nur die Geschwister und deren Abkömmlinge nachfolgeberechtigt, so dass eine Nachfolge durch ein Schwiegerkind ausgeschlossen ist. Als Ausgleich hierfür eröffnet sich für kinderlose Gesellschafter die Möglichkeit, dem Ehegatten ein Nießbrauchsrecht an dem Gesellschaftsanteil letztwillig zuzuwenden. 182

Es darf nicht übersehen werden, dass den Ehegatten der Kinder ein Pflichtteilsrecht gem. § 2303 Abs. 2 BGB zusteht, das nur durch einen beschränkten Pflichtteilsverzicht, der eine Eintrittsvoraussetzung für den betroffenen Gesellschafter ist, ausgeschlossen werden kann.

10. Rücktrittsrecht

Aufgrund des in § 4 des Formulierungsvorschlages vorgesehenen Rücktrittsrechtes hat der Übergeber einen aufschiebend bedingten Anspruch auf Rückübertragung des Gesellschaftsanteiles, der nicht durch Grundbucheintragung gesichert werden kann, da der Anspruch den Gesellschaftsanteil und nicht das Grundstück betrifft. Legt der Übergeber auf eine Grundbuchsicherung Wert, sollte der überlassene Gesellschaftsanteil aufschiebend bedingt für den Fall des Eintritts einer Rücktrittsvoraussetzung auf den Übergeber zurückübertragen werden 183

Die durch die aufschiebend bedingte Rückabtretung bewirkte **Verfügungsbeschränkung** des Geschäftsanteilserwerbers kann in Abt. II des Grundbuches eingetragen werden, vgl. LG Zwickau DNotZ 2003, 131 m. Anm. *Demharter*. Dieser weist zutreffend darauf hin, dass ein derartiger 184

Schutz grundsätzlich nicht erforderlich ist, weil der Übergeber bei einer Verfügung über das Grundstück als Gesellschafter ohnehin mitwirken müsste.

11. Testamentsvollstreckung

185 Die Testamentsvollstreckung an einem ererbten Anteil an einer BGB-Gesellschaft ist nicht schlechthin ausgeschlossen, vgl. BGH ZEV 1996, 110. Der BGH NJW 1986, 2431 hat bei einem OHG-Anteil die Testamentsvollstreckung an der „Außenseite" eines OHG-Anteiles bejaht. Keinerlei Bedenken bestehen, wenn die Testamentsvollstreckung ausdrücklich durch Gesellschaftsvertrag zugelassen ist. Um zu verhindern, dass jahrzehntelang fremde Dritte bei den Angelegenheiten einer Familiengesellschaft mitwirken, sind gewisse zeitliche und evt. personelle Beschränkungen sinnvoll.

III. Checkliste

186 **a) Zivilrecht**

- Nießbrauch am Grundstück und/oder an den Gesellschaftanteilen
- Haftungsbegrenzung durch Ausschluss der organschaftlichen Vertretung
- Einschränkung der Vererbung durch Sondererbfolge
- Ausschluss der Übertragbarkeit
- gesellschaftsvertragliche Verpflichtung zur modifizierten Zugewinngemeinschaft
- Begrenzung des Abfindungsguthabens
- langfristiger Kündigungsausschluss

b) Einkommensteuer

- die Gesellschafter, bei einem Vorbehaltsnießbrauch die Nießbraucher, beziehen Einkünfte aus Vermietung und Verpachtung
- beim Vorbehaltsnießbrauch am Grundstück bleibt AfA-Berechtigung beim Übergeber; anders bei der bloßen Einräumung des Nießbrauches am Gesellschaftsanteil
- Schuldübernahme führt zu Anschaffungskosten (nach Beendigung des Nießbrauches)

c) Schenkungsteuer

- Steuerklasse richtet sich nach dem jeweiligen persönlichen Verwandtschaftsverhältnis
- Schuldübernahme führt zur Minderung der Bemessungsgrundlage
- Nießbrauchsvorbehalt führt zur Steuerreduzierung

d) Grunderwerbsteuer

- Befreiung gemäß § 3 Nr. 6 und Steuerfreiheit gemäß § 5 Abs. 2 GrEStG

Leicht ist es ein Reich, aber
schwer eine Familie zu regieren.
Chinesisches Sprichwort

§ 12 Vermögensverwaltende Familien-Kommanditgesellschaft

Übersicht

Literatur: *Damrau* Kein Erfordernis der gerichtlichen Genehmigung bei Schenkung von Gesellschaftsbeteiligungen an Minderjährige, ZEV 2000, 209; *Fichtelmann,* Gewinnverteilung bei Familiengesellschaften, EStB 2002, 398; *Fleischer,* Vermögensverwaltende Personengesellschaften: Steuerliche Realisierungstatbestände bei der Einbringung steuerverstrickten Privatvermögens, ZEV 2003, 190; *Fuhrmann/Demuth,* Vermögensverwaltende Personengesellschaft als Mittel der Nachfolgeplanung ErbStB 2006, 127; *Geck,* Familienpool zur Vermögenssicherung und -bindung, KÖSDI 2008, 16016; *Hübner,* Nachfolge, Familienpool, in: Gosch/Schwedhelm/Spiegelberger, GmbH-Beratung (2006) N 29; *ders.* Vermögensübertragung durch disquotale Gesellschafterleistungen? – Schenkung- und ertragsteuerliche Gestaltungsaspekte, ZEV 1998, 83; *Ivo* Die Übertragung von Kommanditanteilen an minderjährnge Kinder, ZEV 2005, 193; *ders.,* Die Beteiligung Minderjähriger an Personengesellschaften, NWB Fach 18 S. 4497 (Stand August 2007); *ders.,* Der minderjährige Gesellschafter, ZNotP 2007, 210; *Kirchdörfer/Lorz,* Familienvermögensgesellschaften als Organisationsmodelle im Rahmen der Familienstrategie und der Planung der Vermögensnachfolge, BB Beil. Nr. 3/2004; *Köhler* in: FS für Spiegelberger, Die Kommanditistenhaftung in der zweigliedrigen Kommanditgesellschaft nach Ausscheiden des Komplementärs, S. 791; *Langenfeld,* Die grundstücksverwaltende Personengesellschaft als Instrument der Vermögensnachfolge, FS 50 Jahre Deutsches Anwaltsinstitut e. V. (2003), 395; *Maier-Reimer/Marx,* Die Vertretung Minderjähriger beim Erwerb von Gesellschaftsbeteiligungen, NJW 2005, 3025; *v. Oertzen/Hermann,* Vermögensverwaltende GbR, vs. vermögensverwaltende KG: Überblick über die zivil- und steuerrechtlichen Gemeinsamkeiten und Unterschiede, ZEV 2003, 400; *Riedel* in: FS für Spiegelberger, Hinauskündigungsklausel – Neue Gestaltungsoptionen für Familienunternehmen, S. 899; *Schön,* Die vermögensverwaltende Personenhandelsgesellschaft – ein Kind der HGB-Reform, DB 1998, 1169; *ders.,* Nießbrauch am Gesellschaftsanteil im Gesellschafts- und Steuerrecht, StbJb 1996/97, 45; *Söffing/Thoma* Der Familienpool in der Nachfolgeplanung, ErbStB 22003, 399; *Spiegelberger* Vermögensverwaltende Personengesellschaften, LSWB 2001, 200; *ders.* Die vermögensverwaltende GbR bei der vorweggenommenen Erbfolge, Harzburger Steuerprotokoll 1996, Köln 1997, S. 131 ff.; *ders.,* Anmerkung zu BayObLG, Beschl. v. 5. 3. 1997: Zum Prüfungsmaßstab der Gerichte bei vormundschaftsgerichtlicher Genehmigung eines Vertrags über die Gründung einer Familiengesellschaft bürgerlichen Rechts mit Haftungsbeschränkung, DNotZ 1998, 500; *Steiner,* Stimmrechtsregelungen in der Familien-KG, ErbStB 2005, 279; *ders.,* Familiengesellschaften mit Immobiliarvermögen, ErbStB 2006, 31; *Strahl,* Vermögensverwaltende Personengesellschaften im Ertragsteuerrecht, KÖSDI 2001, 12802; *Thonemann,* Ergänzungspflegschaft und familien-/vormundschaftsgerichtliche Genehmigung bei vorweggenommener Erbfolge, ErbStB 2007, 390; *Tiedtke* in: FS für Spiegelberger, Kostenrechtliche Behandlung von vermögensverwaltenden Gesellschaften (GbR und KG), S. 1517; *Wälzholz,* Rückforderungsrechte bei Gesellschaftsanteilen nach vorweggenommener Erbfolge; Zulässigkeit, Abfindung und Vertragsgestaltung, GmbHR 2007, 1177; *ders.,* Rückforderungsrechte an Gesellschaftsanteilen für den Fall von Insolvenz und Zwangsvollstreckung, GmbHR 2007, 1319.

A. Gesellschaftsgründung

Beispiel: Die Ehegatten E sind teils gemeinsam, teils jeweils allein Eigentümer von 1
Grundbesitz. Zur langfristigen Erhaltung ihrer Immobilien als Familienvermögen soll eine Familien-Kommanditgesellschaft unter Beteiligung der gemeinsamen Kinder errichtet werden, wobei sich die Ehegatten E den Nießbrauch auf Lebensdauer vorbehalten wollen.

2 **Hinweis:** Sofern keine einheitlichen Beteiligungsverhältnisse bei dem einzubringenden Grundbesitz bestehen und/oder der Grundbesitz unterschiedlich belastet ist, muss auf folgende Gefahrenquellen geachtet werden:

- Die Einbringung mit Schuldübernahme führt nach BMF-Schreiben BStBl. 2000 I 1883 Tz. 8 zu einem teilentgeltlichen, tauschähnlichen Rechtsgeschäft, so dass ein privates Veräußerungsgeschäft gem. § 23 EStG vorliegt, wenn die eingebrachten Grundstücke innerhalb der letzten zehn Jahre von den Einbringenden erworben wurden.
- Jeder Ehegatte sollte sich den Nießbrauch an den von ihm eingebrachten Grundbesitz vorbehalten, so dass für jeden einbringenden Gesellschafter ein Vorbehaltsnießbrauch entsteht. Die – aufschiebend bedingte – Nießbraucheinräumung zu Gunsten des anderen Ehegatten führt bei Eintritt der Bedingung zu einem Zuwendungsnießbrauch mit AfA-Verlust.

I. Anwendungsbereich

1. Rechtsentwicklung

3 Durch die am 1. 7. 1998 in Kraft getretene Handelsrechtsreform, wonach gem. § 105 Abs. 2 HGB n. F. auch vermögensverwaltende Gesellschaften als Kommanditgesellschaften im Handelsregister eingetragen werden können, hat sich der Anwendungsbereich der KG erheblich erweitert. Zwar wurde vereinzelt auch schon bisher unter Umgehung registerrechtlicher Bestimmungen versucht, z. B. Immobilienfonds, die Vermögensverwaltung betreiben, im Handelsregister als Kommanditgesellschaft einzutragen. Zahlreichen eingetragenen Gesellschaften drohte die Zwangslöschung als Schein-KG. In vielen Fällen wurde auch ungewollt einkommensteuerliches Betriebsvermögen begründet, obwohl an sich Vermögensverwaltung gewollt war.

4 Das nunmehr registerrechtlich sanktionierte Institut der vermögensverwaltenden KG ist um so bedeutender, als vermögensverwaltende Gesellschaften bürgerlichen Rechts unter Beteiligung **Minderjähriger** von den Familiengerichten kaum mehr genehmigt werden. Die Familiengerichte sehen in der unbeschränkbaren gesamtschuldnerischen Haftung Minderjähriger bei BGB-Gesellschaften einen Grund, die familiengerichtliche Genehmigung abzulehnen. Hinzu kommt die Problematik des Minderjährigenhaftungsbegrenzungsgesetzes, das eine vertragliche Bindung Minderjähriger faktisch bis zur Erlangung der Volljährigkeit begrenzt. § 723 Abs. 1 Satz 3 Nr. 2 BGB gilt nicht für Kommanditisten, soweit die Einlage erbracht ist.

2. Gesetzliche Regelung

5 Aufgrund der Verweisung in § 161 Abs. 2 HGB finden auch die Vorschriften der OHG und der Gesellschaft bürgerlichen Rechts Anwendung. Gem. § 105 Abs. 2 HGB kann eine Gesellschaft, die nur eigenes Vermögen verwaltet, in das Handelsregister als offene Handelsgesellschaft oder als Kommanditgesellschaft eingetragen werden.

Der wesentlichste Unterschied gegenüber der GbR besteht darin, dass die persönliche Haftung der Kommanditisten auf die Einlage gem. § 172 Abs. 1 HGB begrenzt ist, während die Komplementäre unbegrenzt haften. Der Kommanditist ist nicht verpflichtet, den bezogenen Gewinn wegen späterer Verluste zurückzuzahlen, es sei denn, dass Gewinnanteile entnommen werden, während sein Kapitalanteil durch Verlust unter den Betrag der geleisteten Einlage herabgemindert ist, vgl. § 171 Abs. 4 Satz 2 HGB. Gem. § 177 HGB ist der Kommanditanteil vererblich.

II. Bilanzierungspflicht

Literatur: *Demuth/Klingbeil* Bilanzierungspflicht von vermögensverwaltenden Personenhandelsgesellschaften, DStR 2009, 2537.

1. Grundzüge

6 Bedenken gegen die Rechtsform der KG könnten sich ergeben, wenn die Eintragung im Handelsregister dazu führen würde, dass Buchführungs- und Bilanzierungspflichten wie bei einem Gewerbebetrieb entstünden. Die jährliche Erstellung einer Handelsbilanz mit einer entsprechenden Buchführung würde zu erheblichen Kosten führen, die die Rechtsform der KG für einfache vermögensverwaltende Gesellschaften wieder in Frage stellen könnte.

a) Bilanzierungspflicht der Kaufleute

7 Kaufleute und Handelsgesellschaften sind gem. § 6 i. V. m. § 238 HGB verpflichtet, Bücher zu führen und in diesen die Handelsgeschäfte und die Lage des Vermögens nach den Grundsätzen ordnungsmäßiger Buchführung ersichtlich zu machen. Die Buchführung muss so beschaffen sein, dass sie einem sachverständigen Dritten innerhalb angemessener Zeit einen Überblick über die Geschäftsvorfälle und über die Lage des Unternehmens vermitteln kann. Die Geschäftsvorfälle müssen sich in ihrer Entstehung und Abwicklung verfolgen lassen. Jeder Kaufmann hat zu Beginn seines Handelsgewerbes seine Grundstücke, seine Forderungen und Schulden, den Betrag seines baren Geldes und seine sonstigen Vermögensgegenstände genau zu verzeichnen und dabei den Wert der einzelnen Vermögensgegenstände und Schulden anzugeben. Auch für den Schluss eines jeden Geschäftsjahres ist ein solches Inventar aufzustellen.

8 Bei ordnungsgemäßer Führung der Handelsbücher kann sich der Kommanditist auf seine Haftungsbegrenzung berufen. Das Zusammenspiel von Buchführungspflicht, Gewinnzuordnung (§§ 167–169 HGB) und Haftung für Einlagenrückgewähr gem. § 172 Abs. 4 und 5 HGB ergibt eine wirksame Sicherung der Haftungsmasse.

b) Vermögensverwaltende Handelsgesellschaften

9 Trotz der Eintragung einer vermögensverwaltenden Gesellschaft als Kommanditgesellschaft im Handelsregister bestehen gegenüber einer unternehmenstragenden Handelsgesellschaft große Unterschiede. Es darf nicht übersehen werden, dass die im Handelsregister eingetragene vermögensverwaltende KG **keinen Gewerbebetrieb** führt, sondern lediglich Vermögensverwaltung betreibt. *Schön* DB 1998, 1169 weist zurecht darauf hin, dass trotz der Regelung in § 105 Abs. 2 HGB weiterhin die Differenzierung zwischen gewerblicher und bloß vermögensverwaltender Tätigkeit von Bedeutung bleibt. Im Anschluss an *Wieland* Handelsrecht (1921) § 10 IV 3, S. 95 und *Müller-Erzbach* Deutsches Handelsrecht (1928) Kap. 11 S. 52 differenziert *Schön* zwischen einem gewöhnlichen Gewerbebetrieb und der Vermögensverwaltung aufgrund der unterschiedlichen Risikostruktur. Während Gewerbetreibende ihre Produktionsfaktoren vollständig aufs Spiel setzen, um einen höheren Gewinn zu erlangen, geht der einfache Kapitalanleger von vorne herein ein geringeres Risiko ein. Diese niedrigere Risikoanfälligkeit senkt wiederum die Ansprüche an die Kalkulation und Kontrolle der Erwerbstätigkeit. Damit erweist sich der Blick auf die Risikostruktur nicht nur als trennscharfe Trennung von Gewerbe- und Vermögensverwaltung, sondern zugleich als teleologisch stimmige Einschränkung des Anwendungsbereichs handelsrechtlicher Normen.

Der *österreichische* Gesetzgeber hat diese Differenzierung aufgegriffen und in § 189 Abs. 4 UGB geregelt, dass bei Steuerpflichtigen, die den Überschuss der Einnahmen über die Werbungskosten ermitteln, das dritte Buch mit den Vorschriften über die Rechnungslegung nicht anwendbar ist. Die deutsche Bundesregierung hat die im Entwurf des Bilanzrechtsmodernisierungsgesetzes ursprünglich vorgesehene Befreiung der Einzelkaufleute von der Buchführungs- und Bilanzierungspflicht auf kleine Personenhandelsgesellschaften auszudehnen, abgelehnt, vgl. GmbH-Report 2008, 18 R 277.

10 Selbst wenn man die Auffassung vertreten würde, dass grundsätzlich eine handelsrechtliche Bilanzierungspflicht auch bei vermögensverwaltenden Handelsgesellschaften besteht, geht diese Auffassung faktisch ins Leere, da niemand diese Bilanz erzwingen kann. Aus steuerlichen Gründen ist sie jedenfalls nicht erforderlich. Gem. § 140 AO sind Buchführungs- und Aufzeichnungspflichten nach anderen Gesetzen als den Steuergesetzen für steuerliche Zwecke nur zu führen, wenn sie für die Besteuerung von Bedeutung sind.

11 Da steuerlich nur eine **Überschussrechnung** verlangt wird, können also aus § 140 AO keine steuerlichen Bilanzierungspflichten abgeleitet werden. *v. Oertzen/Hermann,* ZEV 2003, 401 weisen zurecht darauf hin, dass bei Nichtbeachtung einer etwaigen Bilanzierungspflicht keine Sanktionen bestehen, da § 335 b HGB nur für Kommanditgesellschaften gilt, die keine natürliche Person als Komplementär haben. Die nachträgliche Erstellung von Büchern kann auch nicht erzwungen werden, vgl. *Kruse/Drüen* in: Tipke/Kruse AO § 140 Rz. 22; ebenso *Ebenroth/Boujong/Joost* § 238 HGB Rn. 36.

Auch für einen Scheinkaufmann wird die Buchführungspflicht verneint, vgl. *Baumbach/Hopt/Merkt* HGB § 238 Rn. 7. *Stork* NWB Fach 18 S. 821

(Stand Januar 2001) entnimmt zurecht dem Sinn und Zweck der Buchführungspflichten, dass diese um so eher eingreifen, je umfangreicher und detaillierter eine gedachte Bilanz wie Gewinn- und Verlustrechnung wären. *Demuth/Klingbeil* DStR 2009 haben überzeugend dargelegt, dass es sich bei der vermögensverwaltenden Kommanditgesellschaft um einen fiktiven Gewerbebetrieb handelt, auf den § 238 HGB nicht zwingend Anwendung findet; gegen eine Bilanzierungspflicht auch *Langenfeld* in: FS 50 Jahre Deutsches Anwaltsinstitut e.V., S. 395, 410; *v. Oertzen/Hermann* ZEV 2003, 401. Wenn eine Gesellschaft aufgrund vorbehaltener Nießbrauchsrechte von vorne herein keine Einnahmen erzielt, sind auch Bilanzierungspflichten zu verneinen.

2. Haftungsbeschränkung ohne Handelsbilanz?

M.E. wäre es unangemessen, einem Kommanditisten einer vermögensverwaltenden Gesellschaft nur deswegen die Berufung auf die Haftungsbegrenzung des § 171 BGB zu versagen, weil keine Handelsbücher geführt und keine handelsrechtlichen Bilanzen gem. §§ 238ff. HGB erstellt wurden. Wenn sogar der Steuergesetzgeber, der wesentlich schärfere Anforderungen an die Gewinnermittlung stellt, als dies die Vorschriften für die Handelsbilanz ergeben, auf eine Bilanzierung verzichtet und nur eine Einnahmen-/Werbungskosten-/Überschussrechnung verlangt, muss der Formalismus von Bilanzen – mit dem damit verbundenen erheblichen Kostenaufwand – nicht dazu missbraucht werden, dem Kommanditisten bei einem Fehlen derartiger Unterlagen die Haftungsbegrenzung zu versagen. 12

Bestünde man auf einer handelsrechtlichen Bilanzierung für vermögensverwaltende Gesellschaften, würde dies zugleich wieder in den meisten Fällen die vom Gesetzgeber gewollte Wohltat von vorne herein ausschließen. Einem Kommanditisten, der nachweislich seine Einlage erbracht hat und dessen Entnahmen seine Gewinnanteile nicht übersteigen, kann die Haftungsbegrenzung auf die Einlage gem. § 171 Abs. 1 HGB nicht verwehrt werden.

Nach etwaigen Verlustjahren ist den Beteiligten jedoch anzuraten, Aufzeichnungen darüber zu führen, dass Entnahmen erst nach Wiederauffüllung der Kommanditeinlage vorgenommen wurden, um der Haftungsgefahr des § 172 Abs. 4 Satz 2 HGB zu entgehen.

III. Keine IHK-Mitgliedschaft

Erfreulicherweise besteht bei einer vermögensverwaltenden KG keine Zwangsmitgliedschaft bei den Industrie- und Handelskammern, so dass die Gesellschaft von der Beitragspflicht freigestellt ist. Die **Gewerbesteuerpflicht** ist die entscheidende gesetzliche Voraussetzung für die Zugehörigkeit zur Industrie- und Handelskammer, so dass nicht gewerbesteuerpflichtige Personenhandelsgesellschaften auch nicht kammerzugehörig sind. Die Entscheidung über die Kammerzugehörigkeit wird auf steuerlicher Ebene getroffen. Einzelne Industrie- und Handelskammern verlangen von vermögensverwaltenden Gesellschaften zur Freistellung von der Beitragspflicht eine Bestätigung des zuständigen Finanzamtes, dass das Unternehmen objektiv nicht gewerbesteuerpflichtig sei. Dieses Verlangen stellt eine unzulässige Beweislastumkehr dar, da die Industrie- und Handelskammer ihrerseits ihre Zuständigkeit nachweisen muss. 15

16 Das Merkmal „zur Gewerbesteuer veranlagt" wird aber auch dann erfüllt, wenn Gewerbeertrag und Gewerbekapital eines Unternehmens innerhalb der Freigrenzen liegen und daher der Gewerbesteuermessbetrag auf Null festgesetzt wird. Es kommt also im Ergebnis darauf an, das die – ausschließliche – Vermögensverwaltung eindeutig nachgewiesen werden kann. Da einzelne Industrie- und Handelskammern, insbesondere die Industrie- und Handelskammer für München und Oberbayern, alle im Handelsregister eingetragenen Kommanditgesellschaften, also auch die vermögensverwaltenden, automatisch als Kammermitglieder behandeln, sollte dem in der Gründungsurkunde der KG widersprochen werden. Zusätzlich empfiehlt sich folgende Datensperrung:

17 **Formulierungsvorschlag:**

„Wir widersprechen der Übermittlung unserer Daten nach § 9 Abs. 4 Satz 2 IHKG an nicht-öffentliche Stellen.

Wir widersprechen der Speicherung unserer oben aufgeführten Unternehmensgrunddaten in der zentralen Firmendatenbank der Industrie- und Handelskammer und damit auch der Veröffentlichung dieser Daten im Internet."

IV. Keine Anwendung der Gewerbeordnung

18 Da die vermögensverwaltende Kommanditgesellschaft nicht gewerblich tätig wird, findet die Gewerbeordnung keine Anwendung. Somit ist auch eine Anmeldung beim Gewerbeamt der Sitzgemeinde nicht veranlasst. Bei der routinemäßigen Versendung der Anmeldebögen ist die Sitzgemeinde entsprechend zu unterrichten.

V. Geschäftsführung und Vertretung

19 Auch der Vertretungsnachweis, der bei BGB-Gesellschaften nur durch Zustimmung aller Gesellschafter oder durch zeitnahe und lückenlose beglaubigte Vollmachten in Verbindung mit dem Gesellschaftsvertrag geführt werden kann, verursacht bei einer KG keine Probleme. Durch den beglaubigten **Handelsregisterauszug** kann überall die Vertretungsberechtigung nachgewiesen werden. Schließlich ist der Vertretungsumfang normiert und führt im Geschäftsverkehr zu Klarheit. Mit dem Handelsregisterauszug kann jeder Komplementär seine Vertretungsberechtigung belegen, ohne dass die Zustimmung oder Mitwirkung eines Kommanditisten erforderlich wäre. Für Familienvermögen ist die Grundstücksverwaltungs-KG maßgeschneidert, da die Eltern als Komplementäre eine Geschäftsführungs- und Vertretungsmacht genießen, die ihnen in aller Regel die Beteiligung ihrer Kinder als Kommanditisten erleichtert.

20 In dem Gesellschaftsvertrag kann auch geregelt werden, dass die Komplementäre im Falle der Auflösung der Gesellschaft als Liquidatoren fungieren, so dass für den Fall der Familiengesellschaft die Eltern bei der Auflösung der Gesellschaft in der Lage wären, den Grundbesitz der Gesellschaft auf die einzelnen Gesellschafter nach Maßgabe des Liquidationsbeschlusses zu verteilen. An Stelle eines Liquidationsbeschlusses kann der Komplementär im Gesellschaftsvertrag zur **Realteilung** oder **Abfindung** einzelner Gesellschafter durch Auflassung von Grundstücken zum Alleineigentum ausscheidender Gesellschafter ermächtigt werden.

Im Außenverhältnis – also Dritten gegenüber – sind die Komplementäre auch in der Lage, den Grundbesitz der Gesellschaft zu veräußern oder mit Grundpfandrechten zu belasten. Im Innenverhältnis besteht für diese Fälle ein **Widerspruchsrecht** der Kommanditisten gem. § 164 HGB, da diese Maßnahmen über den gewöhnlichen Betrieb des „Handelsgewerbes" der Gesellschaft hinausgehen. 21

VI. Versorgung der Übergeber

1. Geschäftsführungs- und Haftungsvergütung

Die Übergeber, die sich regelmäßig die Komplementärfunktion und damit die Geschäftsführung vorbehalten, können für ihre Geschäftsführungstätigkeit und für die Übernahme der Haftung – ähnlich wie dies bei einem GmbH-Geschäftsführer der Fall ist – eine angemessene Vergütung ausbedingen. Für die Höhe dieser Vergütung enthält das HGB keine Regelung, so dass die gesellschaftsvertragliche Regelung grundsätzlich keinen Beschränkungen unterliegt. Einen gewissen Hinweis gibt jedoch § 168 Abs. 2 HGB, wonach ein den Umständen nach angemessenes Verhältnis der Gewinnanteile als bedungen gilt, wenn nichts anderes vereinbart ist. Dennoch sollten die Beteiligten aus einkommensteuerlichen Gründen die Kirche im Dorf lassen. 26

Für die ertragsteuerliche Anerkennung verlangt die Rechtsprechung, dass sowohl die Gestaltung als auch die Durchführung des Vereinbarten dem zwischen Fremden Üblichen entspricht, vgl. BFH/NV 1987159; BStBl. 1988 II 877. Die Finanzrechtsprechung nimmt somit einen **Fremdvergleich** vor. Bei einer Miteigentümergemeinschaft wurde den übertragenden Eltern für ihre Verwaltungstätigkeit eine angemessene Tätigkeitsvergütung zuerkannt, vgl. BFH BStBl. 1992 II 890. Für von den Eltern geschenkte KG-Anteile hat die BFH-Rechtsprechung eine Höchstrendite von 15% des wahren Wertes der Beteiligung festgelegt, vgl. BFH BStBl. 1973 II 5.

2. Reziproke Gewinnverteilung

Literatur: *Mutter,* Der reziproke Familienpool verdient endlich die volle ertragsteuerliche Anerkennung durch die Finanzverwaltung, ZEV 2007, 512.

Die ertragsteuerlichen Bedenken gegen den reziproken Familienpool wurden bereits oben zu § 11 C V 1b dargelegt. Die Erfahrung lehrt, dass zwar die Stimm- und Gewinnbezugsrechte erheblich von den Anteilsquoten abweichen können. Reziproke Gewinnverteilungen, wonach – wie in der Literatur diskutiert – auf einen 2%-igen Gesellschaftsanteil ein 98%-iger Gewinnanspruch entfällt, sind aber unter fremden Dritten absolut unüblich und daher auch für Familiengesellschaften keine Richtschnur, a. A. *Mutter* ZEV 2007, 512. 28

3. Versorgungsrente

Durch das Jahressteuergesetz 2008 wurde der Sonderausgabenabzug gem. § 10 Abs. 1 Nr. 1a EStG für Privatvermögen eliminiert und nur noch für Betriebsvermögen und GmbH-Anteilsübertragungen von mindestens 50% zugelassen. Den Beteiligten bleibt es dennoch unbenommen, Versorgungsrenten zu vereinbaren, auch wenn für diese kein Sonderausgabenabzug mehr ge- 29 währt wird. Allerdings ist die einkommensteuerliche Beurteilung strittig. Während *Risthaus* ZErb 2007, 317 derartige Renten in Zukunft als Veräußerungsrenten behandeln will, betrachtet *Fleischer* ZEV 2007, 475 unter Bezugnahme auf die jahrzehntelange BFH-Rechtsprechung zu Versorgungsleistungen derartige Renten weiterhin als unentgeltlich, soweit die Rente aus dem Ertrag des überlassenen Anteils finanziert werden kann, so dass im Endergebnis steuerlich **irrelevante Unterhaltszahlungen** gem. § 12 Nr. 2 EStG vorliegen, ebenso *Spiegelberger,* DB 2008, 1063, 1068 und oben § 6 Rn. 48ff..

4. Nießbrauch am KG-Anteil

Literatur: *Schön,* Nießbrauch am Gesellschaftsanteil im Gesellschafts- und Steuerrecht, StbJb 1996/97, 45.

30 Das älteste Versorgungsinstitut ist der Vorbehalt des Nießbrauches bei der Vermögensübergabe, wie dies bereits 300 v. Chr. im römischen Recht praktiziert wurde, vgl. *Kaser/Knütel* § 29 Rn. 2. Nach h. M. kann ein Gesellschaftsanteil an einer Personengesellschaft auch nach sachenrechtlichen Grundsätzen mit einem Nießbrauch belastet werden, vgl. *Petzoldt* DStR 1992, 1171; BGHZ 58, 318; BFH NJW 1995, 1918. Entscheidend ist, dass sämtliche Mitgesellschafter ihre Zustimmung zur Nießbrauchsbestellung erklären oder dass diese im Gesellschaftsvertrag zugelassen ist, vgl. *Heymann/Emmerich* HGB § 105 Rn. 65.

Strittig ist, ob auch eine Eintragung im Handelsregister erfolgen kann. Nach *Staub/Ulmer* HGB § 105 Rn. 128 dient dies der Publizität der Rechtsverhältnisse im Interesse der Gesellschaftsgläubiger und des Rechtsverkehrs. Im DNotI-Report 1999, 195 wird empfohlen, den Nießbrauch zur Eintragung in das Handelsregister anzumelden, um den Nießbraucher für den Fall einer Außenhaftung das Haftungsprivileg der §§ 171, 172 HGB zu verschaffen. Wenn der Nießbrauch lediglich ein Gewinnteilhaberecht ohne Stimmrecht in der Gesellschafterversammlung (reiner Ertragsnießbrauch) vermittelt, ist in jedem Fall eine Eintragung im Handelsregister ausgeschlossen.

31 Der in der Hand eines Gesellschafters befindliche Anteil ist keiner Aufspaltung zugänglich. Die Selbständigkeit bleibt auch bei der Übertragung eines mit einem Nießbrauch oder einem Pfandrecht belasteten Anteils an Mitgesellschafter erhalten, vgl. E/B/J-*Boujong* HGB § 105 Rn. 34.

5. Grundstücksnießbrauch

32 Die einfachste Regelung zur Versorgung der Übergeber besteht darin, dass sich diese den Nießbrauch an dem eingebrachten Grundbesitz auf Lebensdauer vorbehalten. Aus einkommensteuerlichen Gründen sollten dabei bei vermieteten Objekten auch die außerordentlichen öffentlichen Lasten und die außergewöhnlichen Ausbesserungen und Erneuerungen dem Nießbraucher auferlegt werden, da nur dieser zum Werbungskostenabzug zugelassen wird und damit kein Werbungskostenleerlauf entsteht. Sofern zugleich der Nießbrauch an den überlassenen Gesellschaftsanteilen vereinbart wird, entsteht ein **Doppelnießbrauch**, der nach den gesetzlichen Vorschriften dem Übergeber auch Stimmrechte in der Gesellschafterversammlung gewährt, vgl. § 11 Rz. 109f.

6. Quotennießbrauch?

Bei der Einräumung von Nießbrauchsrechten an mitunternehmerischen Beteiligungen wird die Vereinbarung eines Quotennießbrauches favorisiert, um eine totale Gewinnabsaugung durch den Nießbraucher zu vermeiden, vgl. *Spiegelberger* Unternehmensnachfolge § 12 Rn. 49. Diese Vorsorgemaßnahme ist bei steuerlichem Privatvermögen – auch in der Rechtsform einer vermögensverwaltenden Kommanditgesellschaft – nicht erforderlich, da bei dieser Rechtsform keine Mitunternehmerschaft im steuerlichen Sinne besteht. Darüber hinaus hat der BFH BStBl. 1995 II 241 selbst bei der Bestellung eines Totalnießbrauchs an einem Mitunternehmeranteil sowohl dem Nießbraucher als auch dem Gesellschafter die Mitunternehmerfunktion zuerkannt. Der Nießbrauchsverpflichtete (Gesellschafter) ist Mitunternehmer, da dieser einen hinreichenden Bestand an vermögensrechtlicher Substanz des nießbrauchsbelasteten Gesellschaftsanteils und einen hinreichenden Bestand an gesellschaftsrechtlichen Mitwirkungsrechten zurückbehält, vgl. nur *Gschwendtner* NJW 1995, 1876. 33

Auch schenkungsteuerliche Bedenken bestehen nicht, da eine unter Vorbehalt des Nießbrauches durchgeführte Schenkung selbst dann vollzogen ist, wenn der Übergeber wirtschaftlicher Eigentümer bleibt, vgl. BFH BStBl. 1983 II 179; 1989 II 1034 und 2007 II 669, 672.

VII. Pflichtteilsergänzung

Literatur: *Wälzholz,* Reduzierung von Pflichtteilsansprüchen durch gesellschaftsrechtliche Gestaltungen, NWB Fach 19 S. 3971 (Stand November 2008).

1. Vorbehaltsnießbrauch

Nach der Rechtsprechung des BGH DNotZ 1994, 784 ist bei der Vermögensübertragung unter Vorbehalt des Nießbrauches oder schuldrechtlicher Nutzungsrechte keine Schenkung i. S. d. § 2325 Abs. 3 BGB zu sehen, so dass die dort vorgesehene Zehn-Jahres-Frist für den Ausschluss von Pflichtteilsergänzungsansprüchen nicht zu laufen beginnt. 36

Sofern Grundbesitz in eine Familien-KG eingebracht wird, wobei die Eltern als Komplementäre fungieren, **ohne** dass an den Kommanditanteilen **Nutzungsrechte** oder Widerrufsrechte bestehen, beginnt m. E. hinsichtlich der Kommanditanteile die Zehn-Jahres-Frist des § 2325 Abs. 3 BGB in jedem Fall zu laufen, da die von den Eltern vorbehaltene Geschäftsführungs- und Vertretungsbefugnis nicht im eigenen Namen ausgeübt wird, sondern Fremdverwaltung darstellt und eine wirtschaftliche Ausgliederung stattfindet. Hinsichtlich der zurückbehaltenen Komplementäranteile bestehen freilich nach der Rechtsprechung des BGHZ 125, 395 Pflichtteilsrechte beim Ableben der Eltern. Die Familien-KG ist danach eine erwägenswerte Gestaltungsempfehlung zur Erhaltung von Familienvermögen mit Reduzierung der Pflichtteilsergänzungsansprüche der nicht in die Gesellschaft aufgenommenen Kinder. 37

2. Abfindungsausschluss

Im Anschluss an die Entscheidung des BGH NJW 1981, 1956 wird in der Literatur überwiegend die Auffassung vertreten, dass in den Gesellschaftsver- 38 trag eine Fortsetzungsklausel mit dem Ausschluss von Abfindungsansprüchen vereinbart werden könne, so dass Pflichtteilsberechtigte keinen Pflichtteilsergänzungsanspruch geltend machen könnten, vgl. *Wälzholz* NWB Fach 19 S. 3974 (Stand November 2008). In der Literatur wird diese Rechtsprechung zurecht kritisiert, vgl. MünchKomm/*Ulmer* § 738 BGB Rn. 61; MünchKomm/*Frank* § 2325 BGB Rn. 16; *Mayer/Süß/Tanck/Bittler/Wälzholz* § 8 Rn. 65. Der BGH NWB Fach 19 S. 3978 hat einen derartigen Streitfall an das OLG zurückverwiesen; die Entscheidung des BGH lässt erkennen, dass er zur Bejahung von Pflichtteilsergänzungsansprüchen neigt.

VIII. Stimmrechtsregelung

39 Die Rechtsform der Kommanditgesellschaft ist für die Familiengesellschaft besonders geeignet, weil die gesetzliche Regelung dem Komplementär, im Regelfall also den Eltern, die Geschäftsführung und Vertretung zuweist und dem Kommanditisten, also regelmäßig den in die Gesellschaft aufgenommenen Kindern, nur ein Widerspruchsrecht für ungewöhnliche Geschäfte einräumt. In der Rechtsform der Kommanditgesellschaft haben also die Eltern die Möglichkeit, die Vermögensverwaltung nahezu unverändert fortzuführen. Sofern die Eltern wünschen, auch bei einer Minderheitsbeteiligung in der Gesellschafterversammlung nicht überstimmt zu werden, kann auch einer Minderheitsbeteiligung ein überquotales Stimmrecht zugeordnet werden. Allerdings sollten Extremgestaltungen vermieden werden, vgl. oben § 11 C V 1b. Wenn sich die Eltern den Nießbrauch an den auf die Abkömmlinge übertragenen Gesellschaftsanteil vorbehalten, steht ihnen ohnehin das Stimmrecht bei den laufenden Angelegenheiten der Gesellschaft zu. Diese Stimmrechtsberechtigung könnte – anders als bei den mitunternehmerischen Beteiligungen – sogar auch auf die außergewöhnlichen Rechtsgeschäfte ausgedehnt werden, so dass den Eltern sogar das wirtschaftliche Eigentum an dem Gesellschaftsanteil zukommen könnte, ohne dass die schenkungsteuerliche Anerkennung der Anteilsübertragung gefährdet wäre, vgl. BFH BStBl. 1983 II 179; 1989 II 1034. Nur dann, wenn sich die Eltern sogar das Recht vorbehalten würden, den Gesellschaftsvertrag beliebig zu ändern und auch in den Kernbereich der Gesellschafterstellung einzugreifen, wäre der zivilrechtliche Bestimmtheitsgrundsatz mit der Folge der Unwirksamkeit des Gesellschaftsvertrages verletzt, vgl. BGH NJW 1995, 194; *Steiner* ErbStB 2005, 280.

IX. Haftungsbeschränkung vor Eintragung der KG im Handelsregister

Literatur: *K. Schmidt*, Was wird aus der unbeschränkten Kommanditistenhaftung nach § 176 HGB?, GmbHR 2002, 341.

41 Vor der Eintragung einer vermögensverwaltenden KG im Handelsregister besteht diese in der Rechtsform der GbR. Fraglich ist der Umfang der Haftung der Kommanditisten einer vermögensverwaltenden KG vor Eintragung im Handelsregister. Der BGH DB 1973, 1643 und 1977, 1643 hat sich mit dieser Haftungsproblematik bei einer sollkaufmännischen KG nach § 2 HGB a. F. befasst und eine beschränkte Haftung des „Kommanditisten“ auf seine Einlage angenommen. Die beschränkte Haftung nach KG-Recht begründet der Bundesgerichtshof damit, dass die Rechtscheinshaftung nicht weitergehen könne als die echte Kommanditistenhaftung.

Die beschränkte Haftung nach GbR-Recht hat der Bundesgerichtshof bisher darauf gestützt, dass in der Vereinbarung einer Kommanditistenstellung zugleich eine Beschränkung der Vertretungsmacht der geschäftsführenden Gesellschafter auf die bedungene Einlage liege und diese Beschränkung durch schlüssige Erklärung erkennbar war. Da eine Haftungsbeschränkung nach der Rechtsprechung des Bundesgerichtshofs BGH DNotZ 2000, 135 nicht mehr durch Bezugnahme auf den Gesellschaftsvertrag, sondern nur durch individuelle Haftungsbegrenzungsvereinbarung möglich ist, könnte eine unbeschränkte Haftung für Verbindlichkeiten, die vor der Registereintragung entstehen, in Betracht kommen.

Der Gesetzgeber hat aber die Problematik erkannt und in § 176 Abs. 1 42
Satz 2 HGB angeordnet, dass die Haftung vor Eintragung gem. § 176 Abs. 1 Satz 1 nicht zur Anwendung komme, soweit sich aus § 2 oder § 105 Abs. 2 HGB ein anderes ergibt. Nach der Begründung zum Referentenentwurf (ZIP 1996, 1490) ist die Haftung der Kommanditisten von Kleingewerbe-KGs für die vor der Eintragung begründeten Gesellschaftsverbindlichkeiten nach § 176 Abs. 1 HGB ausgeschlossen, ebenso *Schön* DB 1998, 1176 für die vermögensverwaltende Personenhandelsgesellschaft; siehe auch Rn. 91 f..

X. Handelsregistervollmacht

Zur Beschleunigung von Registereintragungen ist es sinnvoll, sowohl in 43
den Gesellschaftsvertrag als auch in die jeweilige Registeranmeldung eine Vollmacht (vgl. § 12 Abs. 2 Satz 1 HGB) zu Gunsten der Komplementäre für künftige Handelsregisteranmeldungen aufzunehmen. Bei künftigen Eintragungen kann dann jeweils für bereits eingetragene Kommanditisten auf die dem Registergericht vorliegende Vollmacht in den früheren Registeranmeldungen Bezug genommen werden.

Hinweis: Bei Neueintragung von Gesellschaften im Handelsregister ist ein systema- 44
tischer Betrug durch raffinierte Geschäftemacher zu beobachten. Den Gesellschaftern wird nach der Handelsregistereintragung von betrügerischen Firmen eine „Kostenrechnung" zugesandt, die den Anschein erweckt, die Rechnung für die Handelsregistereintragung durch das Registergericht darzustellen. Tatsächlich wird erst bei genauer Durchsicht des Kleingedruckten erkenntlich, dass die – völlig nutzlose – Eintragung in irgendwelche Branchenregister angeboten wird. Die Beteiligten sollten vor der Bezahlung solcher Rechnungen durch die Berater gewarnt werden.

XI. Grundbucheintragung

1. Kostenerhebung

Für die erstmalige Eintragung der KG im Grundbuch wird eine volle Ge- 46
bühr gem. § 60 KostO erhoben; die erfolgte Eintragung führt zu dem für die Beteiligten erfreulichen Ergebnis, dass spätere Änderungen im Gesellschafterbestand keiner Eintragung mehr bedürfen, da die KG als solche unter ihrer Firma im Grundbuch eingetragen ist. Lediglich Firmenänderungen machen eine Grundbuchberichtigung erforderlich.

Sofern eine GbR durch einen **identitätswahrenden Formwechsel** in 47
eine vermögensverwaltende KG umgewandelt wird, stellt dies keine Neuein-

tragung, sondern nur eine andere Bezeichnung des bisherigen Eigentümers dar, so dass nur 1/4 der vollen Gebühr gem. § 67 KostO erhoben werden darf, wobei für die stattfindende Grundbuchberichtigung nicht der volle Wert des Gesellschaftsanteiles, sondern nur ein Beziehungswert von etwa 10% gem. § 30 KostO zugrunde gelegt werden darf. Dies gilt selbst dann, wenn gleichzeitig ein neuer persönlich haftender Gesellschafter eintritt, vgl. BayObLG MittBayNot 2002, 309.

48 Da bei der Gesellschaft bürgerlichen Rechts nach wie vor alle Gesellschafter im Grundbuch eingetragen werden müssen und somit bei jedem Gesellschafterwechsel Grundbuchgebühren entstehen, die sich gegenstandsbezogen aus dem Grundstückswert ergeben, erscheint die Kommanditgesellschaft im Endergebnis als die kostengünstigere Variante. Nach Eintragung der KG finden alle weiteren Änderungen im Gesellschafterbestand lediglich im Handelsregister statt, wobei nur die verhältnismäßig geringen Handelsregistergebühren erhoben werden.

2. Eintragung von Sicherungsrechten?

Literatur: *Wälzholz,* Rückforderungsrechte an Gesellschaftsanteilen für den Fall von Insolvenz und Zwangsvollstreckung, GmbHR 2007, 1319.

a) Grundbucheintragung?

49 Bei der Einbringung von Grundbesitz in einen Familienpool behalten sich die Eltern regelmäßig Rechte vor, die ihrer Versorgung dienen (vgl. oben Abschn. VI) oder den Anspruch auf Rückübertragung des Gesellschaftsanteiles – z. B. bei Insolvenz eines Kindes – begründen, um das Gesellschaftsvermögen zu Lebzeiten der Eltern zu sichern. Sofern sich die Ansprüche der einbringenden Eltern ausschließlich auf überlassene KG-Anteile beziehen, ist eine Eintragung von Sicherungsrechten im Grundbuch nicht möglich. Die Kommanditisten können auch nicht über den Grundbesitz verfügen, so dass eine grundbuchmäßige Sicherung durch Rückauflassungsvormerkung nicht erforderlich wäre.

50 Möglich, aber regelmäßig unerwünscht wäre eine Vereinbarung, wonach die einbringenden Eltern den eingebrachten Grundbesitz zurückverlangen können, wenn nur gegenüber einem der in die Gesellschaft aufgenommenen Gesellschafter ein Rückübertragungsrecht entsteht. Mit dieser Vereinbarung würden auch unbetroffene Gesellschafter benachteiligt werden.

b) Insolvenzsicherung

51 Welche Maßnahmen sind zur Insolvenzsicherung erforderlich? Gem. § 103 Abs. 2 InsO kann bei einem gegenseitigen Vertrag der Insolvenzverwalter die Erfüllung ablehnen, so dass der andere Teil eine Forderung wegen der Nichterfüllung nur als Insolvenzgläubiger geltend machen kann. Gem. § 119 InsO sind Vereinbarungen, durch die im Voraus die Anwendung der §§ 103–118 InsO ausgeschlossen oder beschränkt wird, unwirksam. Strittig ist, ob bedingte Rückforderungsrechte als insolvenzrechtlich unzulässige Lösungsklauseln anzusehen sind, vgl. *Wälzholz* GmbHR 2007, 1321 m. N. Daher wurde vorgeschlagen, den bedingten Rückübertragungsanspruch entweder durch eine auflösend bedingte Übertragung zu sichern oder die aufschiebend bedingte

Rückübertragung bereits in die Überlassungsurkunde aufzunehmen, vgl. *Hermanns* MittRhNotK 1997, 163; *Wälzholz* GmbHR 2007, 1323.

Um insolvenzrechtliche Diskussionen von vorne herein auszuschließen, 52
wurde vorgeschlagen, bereits bei einer wesentlichen Verschlechterung in den Vermögensverhältnissen der in die Gesellschaft schenkweise aufgenommenen Gesellschafter ein Rücktritts- oder Widerrufsrecht zu verankern, vgl. *Spiegelberger* MittBayNot 2000, 1, 11.

Es empfiehlt sich daher für den Fall der berechtigten Ausübung des Rückforderungsrechtes bereits in der Übertragungsurkunde den zugewandten Gesellschaftsanteil unter der Bedingung der berechtigten schriftlichen Ausübung des Rückforderungsrechtes an den einbringenden Grundstückseigentümer zurück zu übertragen. Gem. § 161 Abs. 1 Satz 1 BGB ist jede weitere Verfügung, die während der Schwebezeit über den Gesellschaftsanteil getroffen wird, im Falle des Eintritts der Bedingung insoweit unwirksam, als sie die von der Bedingung abhängige Wirkung vereiteln oder beeinträchtigen würde.

XII. Einkommensteuer

Literatur: *Strahl,* Vermögensverwaltende Personengesellschaften im Ertragsteuerrecht, KÖSDI 2001, 12802.

1. Steuerrechtssubjekt

Eine Personengesellschaft ist insoweit Steuerrechtssubjekt, als sie in der 56
Einheit ihrer Gesellschafter Merkmale eines Besteuerungstatbestandes verwirklicht, welche den Gesellschaftern für deren Besteuerung zuzurechnen sind, vgl. GrS BFH BStBl. 1984 II 761.

2. Abgrenzung zur gewerblichen Tätigkeit

Literatur: BMF-Schreiben: Abgrenzung von vermögensverwaltender und gewerblicher Tätigkeit BStBl. 2009 II 289.

Die Vermietung von Immobilien ist i. a. R. private Vermögensverwaltung. 57
Die Absicht, gewerbliche Gewinne zu erzielen, muss durch eine Tätigkeit verfolgt werden, die nach allgemeiner Auffassung als unternehmerisch (händlertypisch) gewertet wird. Als Zweck der Gesellschaft sollte vorsorglich nur die Vermietung und nicht der Erwerb und die Veräußerung von Immobilien im Gesellschaftsvertrag ausgewiesen werden. Dies schließt nicht aus, dass die Gesellschaft Immobilien erwirbt und im Rahmen ihrer Vermögensverwaltung auch private Veräußerungsgeschäfte tätigt. Selbstverständlich sollte die Zehn-Jahres-Frist des § 23 EStG und die Rechtsprechung zum gewerblichen Grundstückshandel Beachtung finden, vgl. Rn. 60ff.

3. Vorbehaltsnießbrauch

Wenn die Kommanditgesellschaft nur vermögensverwaltend tätig wird, er- 58
zielt sie nicht Einkünfte aus Gewerbebetrieb, sondern Einkünfte aus Vermietung und Verpachtung. Der Grundbesitz bleibt steuerliches Privatvermögen. Soweit sich die Einbringenden den Nießbrauch am Grundbesitz vorbehalten, erzielen sie selbst und nicht die Gesellschaft Einkünfte aus Vermietung und Verpachtung, so dass die übrigen Gesellschafter zwar vermögensbeteiligt sind,

aber keine Einkünfte beziehen. Auch die AfA gebührt aufgrund des Vorbehaltsnießbrauches den Einbringenden.

4. Begrenzter Verlustausgleich gem. § 15 a EStG

59 Bei einem unentgeltlichen Erwerb eines Kommanditanteiles an einer vermögensverwaltenden KG hat der Erwerber – im Hinblick auf § 15 a EStG – das dem Rechtsvorgänger im Zeitpunkt seines Ausscheidens zuzurechnende Ausgleichsvolumen fortzuführen, vgl. OFD Berlin GmbHR 1998, 955. Dienstleistungsentgelte, die als Gewinn vorab zu qualifizieren sind, müssen den Beteiligungsgewinnen zugerechnet werden, so dass eine Minderung der verrechenbaren Verluste gem. § 15 a Abs. 2 EStG eintritt, vgl. BFH DStRE 2001, 646.

5. Einbringung als Veräußerungsgeschäft?

60 **Beispiel:** V und M haben ihr Miethaus unter Aufnahme eines Darlehens über 500.000 € renoviert und hierfür eine Grundschuld im Grundbuch bestellt. Sie errichten mit ihren beiden Kindern eine vermögensverwaltende KG, an der jeder zu $^1/_4$ beteiligt ist. Die KG übernimmt die dingliche Haftung für das Grundpfandrecht; V und M bleiben aber alleinige Schuldner. Das Finanzamt will ein Veräußerungsgeschäft gem. § 23 EStG annehmen. Mit Recht?

Bei der Einbringung von Grundstücken in eine Personengesellschaft stellt sich die Frage, ob dies ein Veräußerungsgeschäft i. S. des § 23 EStG darstellen kann. Entscheidend ist, ob das Grundstück entgeltlich oder unentgeltlich übertragen wird.

a) Entgeltliche Einbringung

61 Bringen Miteigentümer ihre Miteigentumsanteile in eine Personengesellschaft mit Vermietungseinkünften ein, sind keine Anschaffungsvorgänge gegeben, soweit die den Gesellschaftern nach der Übertragung ihrer Miteigentumsanteile nach § 39 Abs. 2 Nr. 2 AO zuzurechnenden Anteile an dem Grundbesitz ihre bisherigen Miteigentumsanteile nicht übersteigen. Anschaffungsvorgänge liegen nur insoweit vor, als sich die Anteile der Gesellschafter an dem Grundbesitz gegenüber den bisherigen Beteiligungsquoten erhöht haben, vgl. BFH BStBl. 2005 II 324; *Strahl* KÖSDI 2001, 12805; *Wacker* BB 2000, 1980.

62 Die Übernahme von Schulden führt zu einer teilentgeltlichen Einbringung, so dass zur Vermeidung eines Veräußerungsgeschäftes eine **aufschiebend** bedingte Schuldübernahme (z. B. zum Zeitpunkt des Erlöschens des Nießbrauchsrechtes) sinnvoll ist. Tz. 8 BMF-Schreiben BStBl. 2000 I 1883 spricht die Fälle der entgeltlichen Übertragung, nämlich gegen Ausgleichszahlung oder Schuldübernahme, an. Wenn die Kommanditgesellschaft nur die **dingliche Haftung**, nicht jedoch die zugrunde liegenden Verbindlichkeiten übernimmt, ist der Erwerb unentgeltlich.

Sofern im Einzelfall Anschaffungsvorgänge gegeben sind, erhöht sich die AfA-Bemessungsgrundlage entsprechend. Die Anschaffungskosten bemessen sich nach dem gemeinen Wert des hingegebenen Gebäudeanteils, vgl. BFH BStBl. 1984 II 422.

b) Unentgeltliche Beteiligung

Da sich im vorstehenden Beispiel die Beteiligungsquoten der Eltern verringern, scheidet ein Anschaffungsgeschäft von vorne herein aus. Die beiden Kinder erwerben unentgeltlich Gesellschaftsanteile an der KG, so dass wiederum keine Veräußerung i. S. des § 23 EStG vorliegt, vgl. OFD München MittBayNot 2001, 138. **63**

c) Notar- und Beratungskosten

Literatur: *Götz* Steuerliche Berücksichtigung von Beratungs-/Notarkosten bei vorweggenommenen Erbfolgeregelungen betreffend Personengesellschaften, DStR 2006, 545.

Nach Auffassung von *Götz* DStR 2006, 546 sind Beratungs-/Notarkosten im Zusammenhang mit der Gründung und Übertragung von Anteilen an einer vermögensverwaltenden Familiengesellschaft Werbungskosten. Hingegen lehnt das FG Köln EFG 2005, 433 den Werbungskostenabzug ab, ebenso Tz. 13 BMF-Schreiben Vorweggenommene Erbfolge BStBl. 1993 I 80. **64**

Neben den Kosten für die Anteilsübertragung entstehen Notargebühren für die Errichtung des Gesellschaftsvertrages. Der Gesellschaftsvertrag ist nicht notwendiger Bestandteil einer Anteilsübertragung, die auch durch Einräumung eines Miteigentumsanteiles erfolgen könnte. Die Besonderheit der Gesellschaftsgründung besteht darin, langfristig, ja generationsübergreifend, die Einkünfteerzielung zu sichern. Für die Abzugsfähigkeit als Werbungskosten ist entscheidend, dass zwischen den Aufwendungen und der Einnahmeerzielung ein objektiv (wirtschaftlich) kausaler Zusammenhang besteht, vgl. *Schmidt/Drenseck* § 9 EStG Rn. 7. Somit kommt für den Abschluss des Gesellschaftsvertrages der Werbungskostenabzug in Betracht. **1**

XIII. Verkehrssteuern

Hinsichtlich aller Verkehrssteuern, nämlich **66**
- Erbschaftsteuer
- Grunderwerbsteuer und
- Umsatzsteuer

gelten die Ausführungen oben zu § 11 Rn. 133 ff. entsprechend.

XIV. Gesellschaftsvertrag

Beispiel: Die Ehegatten E sind Eigentümer mehrerer Grundstücke, die sie teils als Alleineigentümer, teils gemeinschaftlich besitzen. Sie wollen ihre beiden Kinder S und T im Wege der vorweggenommenen Erbfolge an diesem Grundbesitz beteiligen und eine vermögensverwaltende KG errichten. **67**

1. Urkundengestaltung

URNr. **68**

Vermögensverwaltende Kommanditgesellschaft

Beurkundet am …

Auf Ansuchen beurkunde ich nach Grundbucheinsicht und bei gleichzeitiger Anwesenheit der Erschienenen ihren vor mir abgegebenen Erklärungen gemäß was folgt:

I. Sachstand

Die Ehegatten E sind Eigentümer des in der Anlage I aufgeführten Grundbesitzes in dem dort angegebenen Beteiligungsverhältnis.

II. Einbringung; Überlassung

Die Ehegatten E

– im folgenden kurz „Übergeber" –

bringen hiermit den in Abschnitt I dieser Urkunde bezeichneten Grundbesitz samt allen Rechten, Bestandteilen und dem gesetzlichen Zubehör in eine Kommanditgesellschaft ein, die nach Maßgabe des dieser Urkunde als Anlage II beigefügten Gesellschaftsvertrages errichtet wird, der vom Notar verlesen wurde und einen wesentlichen Bestandteil dieser Urkunde bildet.

III. Auflassung

Die Vertragsteile sind sich darüber einig, dass das Eigentum an dem in Anlage I aufgeführten Grundbesitz auf die Kommanditgesellschaft als Alleineigentümerin übergeht und bewilligen und beantragen die Eintragung der Rechtsänderung im Grundbuch.

IV. Nießbrauchsrechte

1. Jeder Ehegatte behält sich an dem von ihm eingebrachten Grundbesitz den lebenslangen Nießbrauch vor, für den die gesetzlichen Bestimmungen gelten, jedoch mit der Abweichung, dass der Nießbraucher auch die außerordentlichen Lasten und die dem Eigentümer obliegenden Aufwendungen, insbesondere auch die außergewöhnlichen Ausbesserungen und Erneuerungen, zu tragen hat. Die Eintragung dieser Nießbrauchsrechte an dem von dem jeweiligen Nießbraucher eingebrachten Grundbesitz wird bewilligt und beantragt. Aufschiebend bedingt zum Zeitpunkt des eigenen Ablebens räumt jeder Ehegatte an dem von ihm eingebrachten Grundbesitz dem überlebenden Ehegatten auf dessen Lebensdauer ein inhaltsgleiches Nießbrauchsrecht ein und bewilligt die Eintragung im Grundbuch. Für diese aufschiebend bedingte Nießbrauchsrechte wird derzeit kein Eintragungsantrag gestellt.
2. Ferner behalten sich die Übergeber auf Lebensdauer des Längstlebenden als Gesamtberechtigte gem. § 428 BGB das Nießbrauchsrecht an den ihren Kindern eingeräumten Kommanditanteilen vor. Für diese Nießbrauchsrechte gelten die Vorschriften der §§ 1068 ff. BGB (**alternativ:** mit der Einschränkung, dass alle Stimmrechte in der Gesellschaft von den Nießbrauchern allein ausgeübt werden).

V. Besitz, Nutzungen, Lasten

Der mittelbare Besitz, die Gefahr des zufälligen Untergangs und der zufälligen Verschlechterung gehen sofort auf die KG über, der unmittelbare Besitz, die Nutzungen und die übrigen Lasten mit Beendigung der vorbestellten Nießbrauchsrechte.

VI. Gewährleistung

In Abt. II eingetragene Rechte werden zur weiteren Duldung übernommen. Im übrigen wird jede Sach- und Rechtsmängelhaftung ausgeschlossen.

VII. Aufschiebend bedingte Schuldübernahme

Hinsichtlich der Belastungen in Abt. III des Grundbuches wird auf die dieser Urkunde beigefügte Anlage I Bezug genommen. Die Kommanditgesellschaft übernimmt diese Belastungen samt den dinglichen Unterwerfungsklauseln in dinglicher Haftung. Sie übernimmt auch die diesen zugrunde liegenden Verbindlichkeiten und die sonstigen Verpflichtungen aus den Darlehensverhältnissen **aufschiebend bedingt** zum Zeitpunkt des Erlöschens der in Abschn. IV. bestellten Nießbrauchsrechte mit dem zu diesem Zeitpunkt gegebenen Stand der Verbindlichkeiten im Wege der befreienden Schuldübernahme.

Die Übergeber sind zur weiteren Valutierung des von ihnen eingebrachten Grundbesitzes befugt (**alternativ:** nicht mehr befugt).

Die Kommanditgesellschaft übernimmt zum Zwecke der künftigen Neuvalutierung für den Eingang des jeweiligen nominellen Grundpfandrechtsbetrages samt Zinsen ab

Eintragung im Grundbuch die persönliche Haftung gem. § 780 BGB. Wegen dieser Schuldverpflichtung in Haupt- und Nebensache unterwirft sich die Kommanditgesellschaft der sofortigen Zwangsvollstreckung aus dieser Urkunde. Vollstreckbare Ausfertigungen können ohne Nachweis der die Vollstreckbarkeit begründenden Umstände jederzeit erteilt werden.

Jeder Übergeber tritt an die Kommanditgesellschaft zum Zeitpunkt des Erlöschens aller Nießbrauchsrechte gem. Abschn. IV. die ihm hinsichtlich des jeweils übernommenen Grundpfandrechtes zustehenden Ansprüche auf Löschung, Rückübertragung oder Verzicht sowie sämtliche Eigentümerrechte ab und bewilligt die entsprechende Umschreibung im Grundbuch.

VIII. Zugewinnausgleich

Soweit ein Ehegatte durch die Grundbesitzeinbringung überquotal erwirbt, erfolgt dies in Anrechnung auf künftige Zugewinnausgleichsansprüche.

IX. Pflichtteilsanrechnung und Erbausgleichung

Die Überlassung von Kommanditanteilen an die Kinder der Übergeber erfolgt unentgeltlich im Wege der vorweggenommenen Erbfolge unter Anrechnung auf die Pflichtteilsansprüche des jeweils erwerbenden Gesellschafters am künftigen Nachlass der Übergeber. Sofern der Gesellschaftsanteil zum Zeitpunkt des Erbfalls einen geringeren Wert darstellt, ist dieser Wert für die Pflichtteilsanrechnung maßgebend. Eine Erbausgleichung gem. § 2050 BGB wird ausgeschlossen.

Im Falle der Ausübung des Rücktrittes gem. Abschn. X. entfällt die Pflichtteilsanrechnung.

X. Rücktritt

1. Die Übergeber sind berechtigt, von dem schuldrechtlichen Teil dieses Vertrages zurückzutreten und die unentgeltliche Rückübertragung der ihren Kindern – nachfolgend „Erwerber" genannt – eingeräumten Gesellschaftsanteile zu verlangen, wenn
   - der Erwerber den Vertragsgegenstand ohne schriftliche Zustimmung des Übergebers veräußert, belastet oder eine Unterbeteiligung bestellt,
   - der Erwerber vor dem Übergeber verstirbt, ohne dass das Eigentum an dem Vertragsgegenstand ausschließlich auf leibliche Abkömmlinge des Erwerbers übergeht,
   - eine wesentliche Verschlechterung in den Vermögensverhältnissen des Erwerbers eintritt oder die Zwangsvollstreckung in den Vertragsgegenstand betrieben wird, ohne dass der Erwerber die Maßnahme innerhalb von drei Monaten abwendet,
   - im Falle des Getrenntlebens oder der Ehescheidung von dem Erwerber aus dem Gesellschaftsanteil Zugewinnausgleich- oder Unterhaltszahlungen verlangt werden,
   - der Erwerber sich einer in einem Sektenbericht des Bundes, eines Bundeslandes oder einer öffentlich-rechtlichen Religionskörperschaft aufgeführten Sekte anschließt oder
   - aufgrund dieser Urkunde Erbschaftsteuer anfällt.
2. Jeder Erwerber überträgt hiermit dinglich seinen heute erworbenen Gesellschaftsanteil unter der Bedingung der berechtigten schriftlichen Ausübung des Rücktrittsrechtes auf die Übergeber als Gesamtberechtigte gem. § 428 BGB zum Zeitpunkt der Eintragung der Übergeber als Sonderrechtsnachfolger im Handelsregister zurück.
3. Gezogene Nutzungen und erbrachte Aufwendungen sind nicht zu ersetzen. Im übrigen gelten die gesetzlichen Rücktrittsbestimmungen der §§ 346 ff. BGB. Die durch die Rückübertragung entstehenden Kosten hat der den Rücktritt verursachende Erwerber zu tragen.
4. Das Rücktrittsrecht ist nicht übertragbar und vererblich, so dass es mit dem Ableben des Längstlebenden der Übergeber erlischt.

XI. Einkommensteuerliche Erklärungen

Die Kommanditgesellschaft ist ausschließlich vermögensverwaltend tätig. Aufgrund der vorstehend für die Übergeber bestellten Nießbrauchsrechte am eingebrachten

Grundbesitz hat die Gesellschaft auf Lebensdauer der Nießbraucher keine eigenen Einkünfte. Es wird daher beantragt, unveränderte Gewinne ausschließlich bei den Nießbrauchern festzustellen, keine gesonderte Gewinnfeststellung gem. § 180 AO durchzuführen und der Gesellschaft eine Einkommensteuernummer erst zuzuteilen, wenn die bestellten Nießbrauchsrechte erloschen sind.

XII. Datensperre

Die Beteiligten beauftragen den Notar, eine Abschrift dieser Urkunde der Industrie- und Handelskammer zum Nachweis dafür zu übersenden, dass aufgrund der reinen privaten Vermögensverwaltung keine Mitgliedschaft bei der IHK besteht, so dass auch keine Beitragsbescheide ergehen dürfen. Die Beteiligten widersprechen der Übermittlung der Daten nach § 9 Abs. 4 Satz 2 IHKG an nicht-öffentliche Stellen.

Die Beteiligten widersprechen der Speicherung der oben aufgeführten Unternehmensgrunddaten in der zentralen Firmendatenbank der Industrie- und Handelskammer und damit auch der Veröffentlichung dieser Daten im Internet.

XIII. Hinweis

Die Beteiligten wurden vor betrügerischen Kostenrechnungen für unbestellte Eintragungen in private Verzeichnisse und Register gewarnt.

XIV. Schlussbestimmungen

Die Kosten dieser Urkunde und des Vollzuges trägt die Kommanditgesellschaft. Eine etwa entstehende Erbschaftsteuer hat der jeweilige Erwerber zu tragen.

Von dieser Urkunde erhalten:

Ausfertigungen

die Beteiligten,

beglaubigte Abschriften

die zuständigen Grundbuchämter,

einfache Abschriften

das Zentralfinanzamt – Schenkungsteuerstelle –;
das Belegenheitsfinanzamt – Grunderwerbsteuerstelle –;
das Finanzamt am Sitz der Gesellschaft;
die Industrie- und Handelskammer.

Samt Anlagen I und II vorgelesen vom Notar ...

Anlage I
Grundbesitz

Flst.Nr. ... der Gemarkung ...
vorgetragen im Grundbuch des Amtsgerichts ...

Anlage II
Gesellschaftsvertrag

§ 1 Firma, Sitz

Die Firma der Gesellschaft lautet:

E Immo KG

Sitz der Gesellschaft ist Adorf.

§ 2 Zweck der Gesellschaft

Zweck der Gesellschaft ist die Verwaltung von eigenem Grundbesitz.

§ 3 Dauer der Gesellschaft

Die Dauer der Gesellschaft ist unbestimmt.

Jeder Gesellschafter kann die Gesellschaft mit einer Frist von einem halben Jahr zum darauf folgenden Jahresende kündigen, frühestens zum 31. 12. 2040.

§ 4 Gesellschafter

1. Persönlich haftende Gesellschafter (Komplementäre) sind die Ehegatten E mit einem Gesellschaftsanteil in Höhe von je ein Viertel.

2. Kommanditisten sind deren Kinder S und T mit einer Kommanditeinlage in Höhe von je 1000 €, die einer Beteiligung von je ein Viertel entspricht.
3. Die Einlagen sind durch die Einbringung des Grundbesitzes der Ehegatten E in die Gesellschaft erbracht.
4. Die Gesellschaftsanteile sind unveränderlich, so dass sich der Anteil eines jeden Gesellschafters insbesondere nicht durch Gewinne oder Verluste, Einlagen oder Entnahmen verändert.

§ 5 Vertretung und Geschäftsführung

1. Die Gesellschaft wird kraft Gesetzes von die Komplementäre, die Ehegatten E, vertreten. Jeder Komplementär ist befugt, Rechtsgeschäfte mit sich selbst im eigenen Namen oder als Vertreter eines Dritten vorzunehmen. Jeder Komplementär vertritt die Gesellschaft einzeln.
2. Bei der Auflösung der Gesellschaft sind die zu diesem Zeitpunkt vorhandenen Komplementäre als Liquidatoren berufen, mehrere als Gesamtvertretungsberechtigte.
3. Jeder Komplementär wird unwiderruflich bevollmächtigt, Anmeldungen zum Handelsregister jeder Art auch für die Kommanditisten vorzunehmen und in diesem Zusammenhang sämtliche Erklärungen abzugeben und entgegenzunehmen, befreit von den Beschränkungen des § 181 BGB. Die Vollmacht erlischt nicht durch das Ableben des jeweiligen Vollmachtgebers.

§ 6 Gewinn- und Verlustverteilung

1. Es werden nur die zur Erfüllung der steuerlichen Pflichten erforderlichen Konten geführt.
2. Die Gewinn- und Verlustverteilung erfolgt im Verhältnis der Beteiligungsquoten.

§ 7 Gesellschafterbeschlüsse

Die Gesellschafter entscheiden über die ihnen nach dem Gesetz oder diesem Gesellschaftsvertrag zugewiesenen Angelegenheiten durch einstimmigen Beschluss.

§ 8 Überschussrechnung

Die Ermittlung der Einkünfte der Gesellschaft erfolgt durch Einnahme-/Werbungskosten-/Überschussrechnung.

§ 9 Ausscheiden eines Gesellschafters

1. Bei Kündigung der Gesellschaft sowie bei Ausschließung oder Insolvenz eines Gesellschafters wird die Gesellschaft nicht aufgelöst, sondern – nach Ausscheiden des betroffenen Gesellschafters – von den übrigen Gesellschaftern fortgesetzt.
2. Besteht die Gesellschaft nur aus zwei Gesellschaftern und scheidet einer von ihnen aus oder scheiden gleichzeitig mehrere Gesellschafter aus, so dass nur ein Gesellschafter übrig bleibt, so steht dem verbleibenden Gesellschafter ein Übernahmerecht zu, das gegenüber den Ausscheidenden durch rechtsgestaltende Willenserklärung auszuüben ist. Macht der verbleibende Gesellschafter von seinem Übernahmerecht Gebrauch, so wächst das Gesellschaftsvermögen dem Übernehmenden ohne Einzelübertragung an; die Ausscheidenden sind gem. § 11 abzufinden.

§ 10 Ausschließung

1. Wird über das Vermögen eines Gesellschafters das Insolvenzverfahren eröffnet oder wird die Zwangsvollstreckung in sein Auseinandersetzungsguthaben oder ein sonstiges Gesellschafterrecht betrieben, so können die übrigen Gesellschafter seinen Ausschluss aus der Gesellschaft beschließen. Der Ausschluss wird mit der Bekanntgabe des Beschlusses, im Falle der Einzelzwangsvollstreckung jedoch erst drei Monate nach Bekanntgabe des Beschlusses wirksam, es sei denn, dass der betroffene Gesellschafter bis dahin die eingeleiteten Vollstreckungsmaßnahmen abgewendet hat.
2. Sofern ein Gesellschafter mit seinem (künftigen) Ehegatten nicht Gütertrennung nach Maßgabe der Bestimmungen des BGB oder modifizierte Zugewinngemeinschaft nicht mit dem Inhalt vereinbart, dass der Gesellschaftsanteil aus einem Zuge-

winnausgleich im Fall des Güterstandswechsels, insbesondere der Scheidung der Ehe und aufgrund eines gesonderten Pflichtteilsverzichtes aus dem Pflichtteilsrecht des überlebenden Ehegatten ausgenommen wird, kann die Gesellschaft ebenfalls nach vorheriger fruchtloser Fristsetzung mit einer Frist von einem Monat zur Nachholung dieser Vereinbarungen die Ausschließung des betroffenen Gesellschafters verlangen.

3. Im übrigen kann ein Gesellschafter ausgeschlossen werden, wenn hierzu ein wichtiger Grund vorliegt, d. h. wenn der Gesellschafter durch sein Verhalten die Gesellschaftsinteressen schädigt oder wenn aufgrund seines Verhaltens den übrigen Gesellschaftern die Fortsetzung der Gesellschaft mit ihm nicht mehr zugemutet werden kann.

§ 11 Abfindung

1. Wenn ein Gesellschafter die Gesellschaft kündigt erhält er eine Abfindung.
2. Der Abfindungsbetrag wird von dem für die Gesellschaft tätigen Steuerberater als Schiedsgutachter gemäß § 317 Abs. 1 BGB auf den Tag des Ausscheidens ermittelt. Zur Erhaltung des Vermögens der Gesellschaft als Familiengut werden für die Bemessung der Abfindung nur 60% des Verkehrswertes zugrunde gelegt. Im Streitfall entscheidet ein von dem Steuerberater der Gesellschaft zu benennender vereidigter Sachverständiger für das Grundstückswesen als Schiedsgutachter gem. § 317 Abs. 1 BGB verbindlich. Gebildete Rücklagen bleiben unberücksichtigt. Aus dem so ermittelten Gesellschaftsvermögen erhält der ausscheidende Gesellschafter eine seinem Gesellschaftsanteil entsprechende Abfindung. Im Falle der Ausschließung gem. § 10 dieses Vertrages werden für die Berechnung der Abfindung nur 50% des Verkehrswertes der Gesellschaft zugrunde gelegt.
3. Das Abfindungsguthaben ist in drei gleichen, unmittelbar aufeinander folgenden Jahresraten auszuzahlen. Die erste Rate ist ein Jahr nach dem Ausscheidungsstichtag zur Zahlung fällig und ab dem Ausscheidungsstichtag mit dem Basiszinssatz gem. § 247 BGB zu verzinsen. Zinsen sind jeweils mit den Jahresraten zu entrichten. Sicherheitsleistung kann nicht gefordert werden.
4. Die Gesellschaft ist auch berechtigt, dem ausscheidenden Gesellschafter in Anrechnung auf die Barabfindung eine Immobilie aus dem Gesellschaftsvermögen zu Eigentum zu übertragen.

§ 12 Verfügung über Gesellschaftsanteile

1. Jeder Gesellschafter kann seinen Gesellschaftsanteil ganz oder teilweise auf leibliche Abkömmlinge im Wege der vorweggenommenen Erbfolge übertragen.
2. Alle übrigen Verfügungen über einen Gesellschaftsanteil bedürfen zu ihrer Wirksamkeit der vorherigen schriftlichen Zustimmung des Komplementärs.

§ 13 Ableben eines Gesellschafters

1. Bei Ableben eines Gesellschafters wird die Gesellschaft mit dessen Erben oder den Vermächtnisnehmern fortgesetzt, sofern es sich hierbei um Mitgesellschafter oder Abkömmlinge der Gründungsgesellschafter Eheleute E handelt oder innerhalb eines Jahres nach dem Versterben des Gesellschafters der Gesellschaftsanteil auf vorstehende Personen übertragen wird. Andernfalls scheidet der verstorbene Gesellschafter aus und wird die Gesellschaft von den verbleibenden Gesellschaftern fortgesetzt.
2. Für den Fall des Ablebens eines Gesellschafters kann dessen Ehegatten ein Nießbrauchsrecht für die Zeit nach dem Ableben der Ehegatten E bestellt werden.
3. Bei Ableben des letzten verbliebenen Komplementärs wird die Gesellschaft – wenn nicht die Gesellschafter die Auflösung mit Stimmenmehrheit beschließen – nicht aufgelöst, sondern von den Kommanditisten als Gesellschafter bürgerlichen Rechts fortgesetzt mit der Maßgabe, dass die Gesellschafter die Geschäfte der Gesellschaft dann gemeinschaftlich führen und die Gesellschaft gemeinschaftlich vertreten. Sind minderjährige Kommanditisten vorhanden, so bleibt die Gesellschaft Kommanditge-

sellschaft; die Stellung der volljährigen Kommanditisten wandelt sich in diejenige von persönlich haftenden Gesellschaftern mit gemeinschaftlicher Geschäftsführungs- und Vertretungsbefugnis um.

4. Die Anordnung der Testamentsvollstreckung über einen Gesellschaftsanteil ist zulässig.

§ 14 Liquidation

Im Falle der Auflösung der Gesellschaft sind die Liquidatoren berechtigt, den Grundbesitz der Gesellschaft im Wege der Realteilung nach ihrer Entscheidung den einzelnen Gesellschaftern zuzuweisen und Wertdifferenzen aus dem Gesellschaftsvermögen in bar auszugleichen.

§ 15 Schlussbestimmungen

1. Soweit in diesem Gesellschaftsvertrag keine besondere Regelung getroffen ist, gelten die gesetzlichen Bestimmungen.
2. Die etwaige Nichtigkeit einzelner Bestimmungen berührt die Wirksamkeit des Gesellschaftsvertrages im übrigen nicht. Die Beteiligten sind verpflichtet, an Stelle der unwirksamen Bestimmungen eine dem Vertragsgedanken entsprechende Neuregelung zu treffen.

§ 16 Mediation

Bei Streitigkeiten im Zusammenhang mit dieser Urkunde ist jeder Gesellschafter erst zur Klageerhebung berechtigt, wenn zuvor ein Konfliktvermittlungsverfahren (Mediation) durchgeführt wurde. Der Streitschlichter wird vom Präsidenten des Bayerischen Notarvereins bestimmt, wenn sich die Beteiligten nicht innerhalb eines Monats seit Geltendmachung von Ansprüchen auf eine Person einvernehmlich einigen. Der Bayerische Notarverein bestimmt auch das Verfahren und die Gebühren des Mediators. Jeder Gesellschafter ist berechtigt, das Konfliktvermittlungsverfahren nicht mehr weiter zu betreiben, wenn der von ihm geltend gemachte Anspruch in den nächsten drei Monaten zu verjähren droht und die übrigen Beteiligten nicht bereit sind, für die Dauer eines Jahres auf die Einrede der Verjährung zu verzichten.

2. Anmerkungen zum Gesellschaftsvertrag

a) Gründungsvarianten

Sofern bereits eine BGB-Gesellschaft besteht, ist nicht die Neugründung einer KG erforderlich; vielmehr ist eine identitätswahrende Umwandlung in eine Personenhandelsgesellschaft möglich, vgl. LG München MittBayNot 2001, 482. 69

b) Grundpfandrechte

Soweit Grundpfandrechte noch valutiert sind, empfiehlt sich – neben der erforderlichen Übernahme der dinglichen Haftung – auch eine **aufschiebend bedingte** Schuldübernahme durch die Kommanditgesellschaft. Insgesamt sind folgende Gesichtspunkte abzuwägen: 70

- Vermögen und darauf ruhende Belastungen sollten nicht ohne wichtige Gründe getrennt werden, da andernfalls die Schulden in den Nachlass fallen, das Vermögen aber bereits zu Lebzeiten übertragen wurde;
- eine sofortige Schuldübernahme stellt ein teilentgeltliches Rechtsgeschäft dar mit der Folge, dass die Einbringung als privates Veräußerungsgeschäft gem. § 23 EStG beurteilt wird;
- der Schuldzinsenabzug bleibt im Allgemeinen nur erhalten, wenn der Vermögenserwerber auch die Verbindlichkeiten übernimmt (Grundsatz des Fi-

nanzierungszusammenhangs); bei einem Nießbrauchsvorbehalt ergibt sich aus § 1047 BGB die Besonderheit, dass der Vorbehaltsnießbraucher auch die Zinszahlung schuldet, so dass also die Schuld bei dem Übergeber verbleiben könnte, der aufgrund der Einnahmen aus dem Nießbrauch auch die Schuldentilgung vornehmen kann;

- die Schuldübernahme mindert die Bereicherung des Erwerbers; eine Schuldübernahme mit der Vereinbarung, dass der Übergeber weiterhin die Tilgungen trägt, stellt schenkungsteuerlich keine Schuldübernahme dar, vgl. BFH/NV 2000, 954.

c) Ehegattenzwischenerwerb

71 Soweit ein Ehegatte durch die Einbringung des Grundbesitzes seitens des anderen Ehegatten bereichert wird, ist von einer sofortigen Weiterübertragung auf die gemeinsamen Kinder abzuraten, da ein derartiger Sukzessiverwerb als unmittelbare Schenkung des einbringenden Ehegatten an die Kinder angesehen wird, vgl. § 7 Rn. 31 f.

d) Nießbrauchvarianten

72 Wegen der Nießbrauchvarianten wird auf § 7 Rn. 8 ff. Bezug genommen. Die vorgeschlagene Alternative, dass die Eltern als Nießbraucher alle Stimmrechte in der Gesellschaft ausüben, beruht auf der Überlegung, dass andernfalls die aufgenommenen Kinder mehrheitlich gegen den Willen der Eltern die Veräußerung von Grundbesitz beschließen könnten.

e) Mediationsabrede

Literatur: *Schwartz/Thomas* Vereinbarungen zur Einleitung und Durchführung einer Mediation, DStR 2009, 2338; *Walz* Mediative Vertragsgestaltung durch Notare DNotZ 2003, 164.

73 Alternative Konfliktlösungsmöglichkeiten haben gegenüber Gerichtsverfahren den Vorteil, den Interessen aller Beteiligten gerecht werden zu können, durch den stärkeren Einfluss der Beteiligten auf das Verhandlungsergebnis eine höhere Befriedungswirkung zu erzielen sowie an Stelle eines Nullsummenspieles mit Gewinnern und Verlierern Vereinbarungen zu ermöglichen, in denen jeder Beteiligte ohne Ansehensverlust aus dem Konflikt herausgehen kann. Grundlegend ist die Erkenntnis, dass jede Kommunikation in die sachliche Informationsebene und die Beziehungsebene aufzuspalten ist und dass letztere als wesentlichen Kommunikationsfaktor die Selbstdarstellung enthält.

f) Liquidation

74 Übernimmt im Rahmen der Liquidation einer vermögensverwaltenden Personengesellschaft ein Gesellschafter das weitgehend aus einem einzigen Wirtschaftsgut bestehende Gesellschaftsvermögen im Wege der Übertragung von Aktiva und Passiva, liegt hierin keine Übernahme eines Unternehmens, sondern eine Gesamtrechtsnachfolge des verbleibenden Gesellschafters in das Gesellschaftsvermögen der Gesellschaft, vgl. BFH BStBl. 2002 II 756.

Vermögensverwaltende KG: Gestaltungsprinzipien

- Grundsätzlich Normalstatut 75
- Gesellschaftsbeginn mit Handelsregistereintragung
- Regelmäßig keine Bilanzierung erforderlich
- Reduzierte Abfindung
- Dauertestamentsvollstreckung zulässig
- Keine Mitgliedschaft bei IHK
- Ergänzungspfleger für jeden Minderjährigen
- Einkommensteuer
  - Kein Betriebsvermögen
  - Keine Gewinnfeststellung gem. § 180 AO bei Nießbrauch am Grundbesitz
  - Entgeltlichkeit bei Schuldübernahme
  - Begrenzter Verlustausgleich gem. § 15 a EStG
- keine Gewerbesteuer
- Schenkungsteuer
  - Bemessungsgrundlage: Grundbesitz

B. Abtretung eines Kommanditanteils

Literatur: BMF-Schreiben: Abgrenzung von vermögensverwaltender und gewerblicher Tätigkeit, BStBl. 2009 I 515; *Damrau* Kein Erfordernis der gerichtlichen Genehmigung bei Schenkung von Gesellschaftsbeteiligungen an Minderjährige, ZEV 2000, 209; *Ivo* Die Übertragung von Kommanditanteilen an minderjährige Kinder, ZEV 2005, 193; *Maier-Reimer/Marx* Die Vertretung Minderjähriger beim Erwerb von Gesellschaftsbeteiligungen, NJW 2005, 3025; *Reiff/Nannt* Die Anteilsübertragung in der Personengesellschaft – dogmatische Grundlagen, Voraussetzungen und Rechtsfolgen, DStR 2009, 2376; *Rust* Die Beteiligung von Minderjährigen im Gesellschaftsrecht, DStR 2005, 1942 und 1992; *Terbrack* Neuere Entwicklungen bei der registergerichtlichen Behandlung von Kommanditanteilsübertragungen, DStR 2004, 1964; *Wälzholz* Die Beteiligung Minderjähriger an Personengesellschaften, INF 2007, 231; *ders.* Rückforderungsrechte bei Gesellschaftsanteilen nach vorweggenommener Erbfolge, GmbHR 2007, 1177; *Weigl* Pflichtteilsanrechnung gegenüber Minderjährigen, MittBayNot 2008, 275.

Beispiel: Nach langjähriger Zugewinngemeinschaft vereinbaren die Ehegatten E Gütertrennung. Zum Zugewinnausgleich überträgt der Ehemann den Miteigentumsanteil an seinem Grundbesitz auf seine Ehefrau. Anschließend errichten die Ehegatten E eine Grundstücksverwaltungs KG. Nunmehr will die Ehefrau ihre beiden Kinder, nämlich ihren volljährigen Sohn S und ihre minderjährige Tochter T als Kommanditisten beteiligen. 81

Hinweis: Die Einräumung eines Grundstücksanteils erfolgte im Wege des Zugewinnausgleichs, also **entgeltlich.** Die Ehefrau kann den soeben erworbenen Kommanditanteil ganz oder teilweise an ihre Kinder weitergeben, ohne eine Kettenschenkung befürchten zu müssen, also ohne die steuerliche Fiktion, dass der Grundbesitz als unmittelbar vom Vater an die Kinder zugewendet gilt, vgl. § 7 Rn. 41 ff. 82

I. Übertragungsvarianten

Da der Gesellschaftsanteil an einer Personengesellschaft nur übertragen 83
werden kann, wenn der Gesellschaftsvertrag dies abweichend von der gesetz-

lichen Regelung ausdrücklich erlaubt, wurde früher angenommen, dass sich die Nachfolge in der Weise vollzieht, dass die Beteiligung des ausscheidenden Gesellschafters den übrigen Gesellschaftern anwächst und diese anschließend im Wege der Abschmelzung dem neu Eintretenden wieder eine Beteiligung einräumen. Würde der ausscheidende Gesellschafter von der Gesellschaft eine Abfindung erhalten, wäre dies die Rückgewähr der Einlage, die gem. § 172 Abs. 4 Satz 1 HGB zum Wiederaufleben der Haftung des Ausscheidenden führt.

Ähnlich wie bei einer GmbH-Anteilsabtretung wird daher die Gestaltung bevorzugt, dass der ausscheidende Gesellschafter aufgrund der Regelung im Gesellschaftsvertrag oder unter Zustimmung der Mitgesellschafter seinen Gesellschaftsanteil unmittelbar auf den Nachfolger überträgt, der auch eine etwaige Vergütung unmittelbar dem ausscheidenden Gesellschafter gewährt.

84 Der Gesellschaftsanteil geht in diesem Falle im Wege der **Sonderrechtsnachfolge** auf den Eintretenden über, ohne dass die Haftung des ausgeschiedenen Kommanditisten wieder auflebt. Der Erwerber kann sich auf die haftungsbefreiende Einlage, die sein Rechtsvorgänger erbracht und nicht zurückerhalten hat, berufen, vgl. BGH NJW 1982, 2747; WM 1986, 1280. Der auf die Sonderrechtsnachfolge hinweisende Vermerk ist im Handelsregister einzutragen, vgl. *Riegger* in: Münchener Vertragshandbuch Bd. 1, Form. III 20 Anm. 2; *Piehler* in: MünchHdb. KG § 33 Rn. 39.

II. Beteiligung Minderjähriger

Literatur: *Führ/Nikoleyczik* Vertretung und Genehmigungspflicht bei schenkweiser Übertragung von Kommanditanteilen auf Minderjährige, BB 2009, 2105; *Hohaus/Eickmann* Die Beteiligung Minderjähriger an vermögensverwaltenden Familien-Kommanditgesellschaften – Anforderungen für die steuerliche Anerkennung, BB 2004, 1707.

86 In der Regel wollen Eltern ihre Kinder gleichmäßig beteiligten, so dass häufig neben den volljährigen Geschwistern auch Minderjährige in die Gesellschaft aufgenommen werden. Erfolgt die Beteiligung Minderjähriger unmittelbar bei der Gründung der Kommanditgesellschaft, nimmt die h.M. eine Genehmigungspflicht des Rechtsgeschäfts gem. § 1822 Nr. 3 BGB an. Danach ist zu einem Vertrag, der auf den entgeltlichen Erwerb oder die Veräußerung eines Erwerbsgeschäftes gerichtet ist sowie zu einem Gesellschaftsvertrag, der zum Betrieb eines Erwerbsgeschäftes eingegangen wird, die familiengerichtliche Genehmigung erforderlich. Ferner sind die Eltern, sofern das Rechtsgeschäft nicht einen lediglich rechtlichen Vorteil darstellt, gem. § 1795 Abs. 1 Nr. 1 BGB von der Vertretung des Minderjährigen ausgeschlossen.

87 Familiengerichtliche Verfahren sind außerordentlich zeitaufwändig und verursachen, insbesondere bei der Bestellung von Ergänzungs- und Verfahrenspflegern, erhebliche Kosten. Häufig mangelt es auch – wie bereits zu § 11 Rn. 84) dargelegt – an dem notwendigen wirtschaftlichen Verständnis. Immer wieder begegnet der Praktiker dem Einwand des Rechtspflegers, die Eltern würden bei der vorweggenommenen Erbfolge eigene (!) wirtschaftliche und steuerliche Vorteile anstreben. Die Vermeidung der familiengerichtlichen Genehmigung und auch der Bestellung von Ergänzungspflegern – für jeden

einzelnen Minderjährigen – ist somit ein verständlicher Wunsch der Beteiligten.

1. Vermögensverwaltende Gesellschaft als Erwerbsgeschäft?

a) Widersprüchliche Rechtsprechung

Der Gesetzgeber verwendet in § 1822 Nr. 3 BGB den nicht näher definierten Begriff des „Erwerbsgeschäfts". Einleuchtend wäre eine Auslegung, wonach gewerblich tätige oder unternehmenstragende Gesellschaften Erwerbsgeschäfte darstellen. Zutreffend sieht das LG Münster FamRZ 1997, 842 allein in der Tatsache, dass Mieteinkünfte von 16 Wohnungen in zwei Häusern erwirtschaftet werden, Mietverträge geschlossen, überwacht und evt. gekündigt werden müssen und dass die Erhaltung der beiden Häuser u. U. einen gewissen Arbeitsaufwand erfordern könnte, noch nicht eine berufsmäßig ausgeübte, auf selbständigen Erwerb gerichtete Tätigkeit, ebenso LG Traunstein Beschl. v. 22. 12. 2004 AZ. 4 T 4576/04. 88

Hingegen hat das BayObLG DNotZ 1998, 495 eine Gesellschaft, deren Eigentum aus einem Wohnhausgrundstück mit Tiefgarage und drei Eigentumswohnungen bestand, als Erwerbsgeschäft qualifiziert. Demgegenüber hat das OLG München ZEV 2008, 609 den unentgeltlichen Erwerb eines Kommanditanteils durch einen Minderjährigen an einer KG, deren Tätigkeit sich auf die Verwaltung des von den Gesellschaftern selbst genutzten Wohnhauses beschränkt, nicht der familiengerichtlichen Genehmigung nach § 1822 Nr. 3 BGB unterworfen. Die Verwaltung eines selbst genutzten Wohnhauses erfordert keine regelmäßig ausgeübte, auf Gewinnerzielung gerichtete Tätigkeit und stellt folglich kein Erwerbsgeschäft dar, so auch *Wertenbruch* FamRZ 2003, 1716.

Dagegen bleibt das OLG München bei der Auffassung (II 2c der Entscheidungsgründe), dass eine umfangreiche Vermögensverwaltung auf den Betrieb eines Erwerbsgeschäftes gerichtet sei.

Das OLG Frankfurt ZEV 2008, 607 hält eine familiengerichtliche Genehmigung bei dem Erwerb eines Kommanditanteils immer für erforderlich, weil für den Minderjährigen mit dem Erwerb der Kommanditistenstellung auch Pflichten verbunden seien. Als Beispiele verweist das Gericht auf die gesellschaftsrechtliche Treuepflicht sowie auf das Wiederaufleben der persönlichen Haftung im Falle der Rückzahlung der Einlage gem. § 172 Abs. 4 Satz 1 BGB.

b) Treuepflichten als rechtlicher Nachteil?

Grunsky ZEV 2008, 611 weist zu Recht darauf hin, dass gesellschaftsrechtliche Treuepflichten keinen rechtlichen Nachteil zu Lasten der Minderjährigen begründen. Auch bei der Schenkung von Wohnungseigentum ist es anerkannt, dass Pflichten aus der Gemeinschaftsordnung, aus der sich auch Treuepflichten ergeben, keinen rechtlichen Nachteil begründen, vgl. *Schmidt* in: MünchKomm-BGB § 107 Rn. 47. Auch bei der Schenkung von Grundeigentum kommt niemand auf den Gedanken, darin einen rechtlichen Nachteil zu sehen, dass der Minderjährige aufgrund des nachbarlichen Gemeinschaftsverhältnisses gehalten ist, auf die Nachbarn Rücksicht zu nehmen. 89

Auch das Wiederaufleben der persönlichen Haftung ist kein zulässiger Anknüpfungspunkt für eine familienrechtliche Genehmigungspflicht. Vermögen ist immer auch mit Verpflichtungen verbunden. Ein Familiengericht, das dem Vermögenserwerb durch Minderjährige misstraut, verkennt, dass Armut nicht die erstrebenswertere Variante für den Minderjährigen ist. Die Verhinderung einer unentgeltlichen Vermögensmehrung zugunsten des Minderjährigen kann für den die Genehmigung versagenden Rechtspfleger sogar zur Haftung führen, wenn der zuwendende Vater verstirbt und die zum Alleinerben berufene Ehefrau aus zweiter Ehe (Stiefmutter) das objektiv genehmigungsfähige Rechtsgeschäft nicht mehr erfüllen will.

2. Derivativer Erwerb

a) Lediglich rechtlicher Vorteil?

90 Nach zutreffender Auffassung des OLG Bremen ZEV 2008, 608 ist die schenkweise Übertragung eines voll eingezahlten Kommanditanteils an einen Minderjährigen lediglich rechtlich vorteilhaft i. S. d. § 107 BGB. Die Vertretungsbeschränkungen der §§ 1629 Abs. 2, 1795 BGB greifen nicht; ebenso *Führ/Nikoleyczik* BB 2009, 2105. Im Entscheidungsfall war Gegenstand der Kommanditgesellschaft die Beteiligung an anderen Unternehmen, insbesondere an einer Unternehmensgruppe sowie die nicht gewerbliche Verwaltung dieser Beteiligungen. Entscheidend ist, dass die persönliche Haftung des Kindes und sein Verlustrisiko auf die bereits erbrachte Kommanditeinlage beschränkt sind. Die mit der Beteiligung verbundenen allgemeinen Treuepflichten beziehen sich auf die Wahrnehmung von Gesellschafterrechten, die nur mittelbar nachteilige Folgen darstellen können, vgl. *Maier-Reimer/Marx* NJW 2005, 3026; *Knothe* in: Staudinger BGB § 107 Rn. 29; *Palandt/Heinrichs* § 107 BGB Rn. 4; *Werner* GmbHR 2008, 1267; *Esch/Baumann/Schulze zur Wiesche* I 1278.

Diese Auffassung kann im übrigen auch aus der Entscheidung des BGH GmbHR 1989, 327 abgeleitet werden. Nach dieser Entscheidung bedarf die schenkungsweise Übertragung eines GmbH-Anteils an einen Minderjährigen nicht der Genehmigungspflicht nach § 1822 Nr. 3 BGB. Die Übertragung eines GmbH-Geschäftsanteiles vollzieht sich nach dem gesetzlichen Leitbild des § 15 Abs. 5 GmbHG allein zwischen dem übertragenden und dem übernehmenden Gesellschafter. Nichts anderes ist bei einem Kommanditgesellschaftsanteil der Fall, wenn die Übertragung eines Gesellschaftsanteils nach dem Inhalt des Gesellschaftsvertrages zulässig ist. Die Rechtsähnlichkeit ergibt sich auch aus § 177 HGB, wonach ein KG-Anteil wie ein GmbH-Anteil vererblich ist, wenn der Gesellschaftsvertrag der KG keine andere Regelung enthält. Die Auffassung des OLG Frankfurt a. M. GmbHR 2008, 1262, wonach sich die Übertragung eines KG-Anteils nicht nach dem gesetzlichen Leitbild des § 15 Abs. 5 GmbHG vollziehe, ist demnach unzutreffend.

Jedenfalls ist die unentgeltliche Übertragung eines Kommanditanteils an einer vermögensverwaltenden Familienkommanditgesellschaft auf einen Minderjährigen lediglich rechtlich vorteilhaft, da die mit einem Erwerbsgeschäft üblicherweise verbundenen Risiken nicht bei einem voll einbezahlten Kommanditanteil an einer vermögensverwaltenden Kommanditgesellschaft bestehen.

b) Haftung gem. § 176 Abs. 2 HGB

Strittig ist, ob § 176 Abs. 2 HGB überhaupt auf den derivativen Erwerb anwendbar ist, vgl. *Maier-Reimer/Marx* NJW 2005, 3026 m. w. N. Nach richtiger Auffassung greift die Haftung des § 176 Abs. 1 Satz 1 HGB nur für den Fall, dass ein Kommanditist einer im Handelsregister nicht eingetragenen Kommanditgesellschaft in der Gründungsphase beitritt. 91

Sofern sich die Übertragung eines Kommanditanteils nicht durch den Beitritt zu einer KG, sondern im Wege der **Sonderrechtsnachfolge** durch die Übernahme des KG-Anteiles eines ausscheidenden Kommanditisten vollzieht, wenn also nach dem Inhalt des Rechtsgeschäftes und der Handelsregistereintragung aus dem Gesellschaftsvermögen keine Leistungen gewährt oder versprochen wurden, wird das Gesellschaftsvermögen nicht tangiert, so dass auch Gläubigeransprüche nicht berührt werden. 92

Darüber hinaus besteht bei einer **vermögensverwaltenden** KG von vorne herein keine Haftung gem. § 176 Abs. 1 Satz 2 HGB, vgl. Rn. 41 ff.

Will man den Haftungsausschluss doppelt sichern, kann es sich empfehlen, den Eintritt in die Gesellschaft nur **aufschiebend bedingt** zum Zeitpunkt der Eintragung in das Handelsregister zu vereinbaren. Damit wird jegliche Haftung des Minderjährigen bis zum Zeitpunkt der Eintragung in das Handelsregister von vorne herein ausgeschlossen. 93

Vorsorglich – u. U. auch zum Nachweis für das Registergericht – ist es sinnvoll, ein **Negativattest** des Familiengerichts einzuholen, dass die KG-Anteilsübertragung weder der Bestellung eines Ergänzungspflegers noch der familiengerichtlichen Genehmigung bedarf. Diese Bescheinigung steht der Erteilung einer vormundschaftsgerichtlichen Genehmigung gleich. Wird die Bescheinigung verweigert, muss eine Rechtsbehelfsbelehrung gem. § 39 FamFG der Entscheidung beigefügt sein. Gem. § 58 Abs. 1 FamFG ist die Beschwerde zulässig.

3. Sonstige Verpflichtungen

a) Verpflichtung zum Abschluss eines Ehevertrages

In dem vom OLG Bremen ZEV 2008, 608 entschiedenen Fall enthielt der Gesellschaftsvertrag die Verpflichtung zur Vereinbarung von Gütertrennung. Diese weitere Verpflichtung wurde für den Minderjährigen nur in der Weise vereinbart, dass er nach Eintritt seiner Volljährigkeit durch ausdrückliche Erklärung dieser Verpflichtung beitritt, zustimmend *Grunsky* ZEV 2008, 611. 94

b) Pflichtteilsanrechnung

Die Übertragung im Wege der vorweggenommenen Erbfolge enthält regelmäßig die Anrechnung der Schenkung auf den gesetzlichen Pflichtteil. Unterbliebe eine derartige Vereinbarung, wäre das empfangende Kind gegenüber seinen Geschwistern bevorzugt, so dass auch eine Gestaltung, bei den volljährigen Geschwistern die Anrechnung vorzunehmen und bei minderjährigen Kindern davon Abstand zu nehmen, ausscheidet. Nach Auffassung des OLG München ZNotP 2007, 421 erlangen Kinder durch die Übertragung der Immobilie im Wege der vorweggenommenen Erbfolge einen Vermögenszuwachs, dessen Anrechnung auf den Pflichtteil üblich und sinnvoll ist. Wann 95 der künftige Erbfall eintritt und welches Vermögen dann vorhanden ist, ist völlig ungewiss. Ohne die Übertragung erhielten die Kinder derzeit nichts, ihre Vermögenssituation würde sich aktuell nicht verbessern. Hinzu können erhebliche steuerliche Vorteile kommen, die auch den Kindern zugute kommen und deren Inanspruchnahme durchaus legitim ist.

96 Gem. § 2315 Abs. 2 Satz 2 BGB bestimmt sich der Wert der Zuwendung nach dem Niederstwertprinzip. Das kann sich für den bedachten Minderjährigen nachteilig auswirken, wenn der Gegenstand der Zuwendung bis zur Entstehung des Pflichtteilsanspruchs einen Wertverlust erleidet. *Fembacher* MittBayNot 2004, 26 hat vorgeschlagen, dieses Risiko dadurch auszuschließen, dass zwar die Anrechnung grundsätzlich zu dem Wert im Zeitpunkt der Zuwendung erfolgt, höchstens aber jedoch zu dem Wert, den der zugewendete Gegenstand zum Zeitpunkt des Todes des Übergebers noch hat. Durch diese Gestaltung ist die Pflichtteilsanrechnung nicht mehr rechtlich nachteilig, so dass insgesamt die Schenkung des KG-Anteiles auch unter dieser – eingeschränkten – Pflichtteilsanrechnung lediglich rechtlich vorteilhaft i. S. d. § 107 BGB bleibt, vgl. OLG München MittBayNot 2008, 301.

c) Rückübertragungsverpflichtung

97 Hinsichtlich der in den Überlassungsverträgen regelmäßig enthaltenen Pflicht zur Rückübertragung, z. B. im Fall der Insolvenz des Erwerbers, muss berücksichtigt werden, dass der Minderjährige den Gesellschaftsanteil nur mit dem Wert zurückzugeben hat, den der Anteil im Zeitpunkt der Rückübertragung tatsächlich hat. Investitionsrisiken sind mit einem Gesellschaftsanteil regelmäßig nicht verbunden.

III. Urkundengestaltung: Übertragung eines Kommanditanteils

98 **Beispiel:** M und F haben eine vermögensverwaltende Kommanditgesellschaft errichtet, an der F mit einer Kommanditeinlage in Höhe von 5000 € beteiligt ist, die einer Beteiligungsquote von 50% entspricht. Sie überträgt auf ihren Sohn S und auf ihre Tochter T je eine Kommanditeinlage in Höhe von 2400 €, so dass sie mit 200 € als Kommanditistin beteiligt bleibt. Diese Kommanditeinlage entspricht einer Beteiligung von 2%. Beide Kinder sind minderjährig und werden von Ergänzungspflegern vertreten.

99 Beurkundet am …

I. Sachstand

1. Die Ehegatten M und F haben die Firma M Immo KG mit dem Sitz in Adorf errichtet. Die Gesellschaft wurde am … im Handelsregister eingetragen. Die Eintragung im Grundbuch erfolgte am … Der Gesellschaftsvertrag lag während der Beurkundung in Urschrift vor. Die Beteiligten erklären, dass sie genaue Kenntnis von dem Inhalt dieses Gesellschaftsvertrages haben und verzichten gem. § 13 a BeurkG auf das nochmalige Verlesen und auf das Beifügen zu dieser Urkunde.
2. An der vorbezeichneten Kommanditgesellschaft ist Herr E als Komplementär mit einem Gesellschaftsanteil von 50% und Frau E mit einem Kommanditanteil von 5000 €, der einem Gesellschaftsanteil von ebenfalls 50% entspricht, beteiligt:

II. Übertragung

1. Frau F
   – im folgenden auch Übergeber genannt–
   überträgt hiermit unentgeltlich

a) an ihren Sohn S, vertreten durch den Ergänzungspfleger X,
– im folgenden auch „Erwerber" genannt –
von ihrer vorbezeichneten Kommanditeinlage einen Teil in Höhe von 2400 € und

b) an ihre Tochter T, vertreten durch die Ergänzungspflegerin Y,
– im folgenden ebenfalls „Erwerber" genannt –
einen weiteren Teil ihrer Kommanditeinlage in Höhe von 2400 €, so dass beide Kinder mit Kommanditanteilen in Höhe von je 2400 € an der Kommanditgesellschaft beteiligt sind und Frau F ein Kommanditanteil in Höhe von 200 € verbleibt, der einer Beteiligung von 2% entspricht.

2. Die Übertragung erfolgt mit dinglicher Wirkung zum Zeitpunkt der Eintragung im Handelsregister.

III. Gewährleistung

Der Übergeber versichert, dass die übertragenen Gesellschaftsanteile voll erbracht und durch Entnahmen und Verluste nicht gemindert sind. Eine weitergehende Gewährleistung wird ausgeschlossen.

IV. Widerruf der Schenkung

Neben den gesetzlichen Widerrufsrechten ist der Übergeber berechtigt, die der Anteilsübertragung zugrundeliegende Schenkung zu widerrufen und die unentgeltliche Rückübertragung des Kommanditanteils samt etwaigen Guthaben auf Gesellschafterkonten zu verlangen, wenn

- der Erwerber vor dem Übergeber verstirbt, ohne dass der Anteil auf leibliche Abkömmlinge übergeht oder
- eine wesentliche Verschlechterung in den Vermögensverhältnissen des Erwerbers eintritt oder die Zwangsvollstreckung in den Gesellschaftsanteil betrieben wird, ohne dass diese Maßnahmen innerhalb von drei Monaten wieder aufgehoben werden oder
- aufgrund dieser Urkunde Schenkungsteuer anfällt.

Der Widerruf erfolgt durch schriftliche Erklärung gegenüber dem Erwerber.

Zur Sicherung des vorstehend vereinbarten Rückübertragungsanspruches überträgt hiermit jeder Erwerber aufschiebend bedingt für den Fall der berechtigten Ausübung des Widerrufs seinen erworbenen Gesellschaftsanteil auf den Übergeber. Die Beteiligten sind über diese Abtretung einig.

V. Nießbrauch

1. Frau F behält sich auf ihre Lebensdauer an den übertragenen KG-Anteilen das Nießbrauchsrecht mit dem Inhalt vor, so dass ihr sowohl die entnahmefähigen als auch die nicht entnahmefähigen Gewinne gebühren. Entsprechend hat sie auch alle auf den nießbrauchbelasteten Kommanditanteil entfallenden Verluste zu tragen.
Der Übergeber übt hinsichtlich des nießbrauchbelasteten Kommanditanteils allein das Stimmrecht in der Gesellschafterversammlung aus.
2. Nach dem Ableben von Frau F steht deren Ehemann ein inhaltsgleiches Nießbrauchsrecht auf dessen Lebensdauer zu.
3. Die vorstehenden Nießbrauchsabreden gelten ab dem Zeitpunkt der Eintragung der Kommanditanteilsabtretung im Handelsregister.

VI. Pflichtteilsanrechnung

Die Überlassung der Kommanditanteile erfolgt unentgeltlich im Wege der vorweggenommenen Erbfolge unter Anrechnung des Wertes der Kommanditanteile abzüglich der kapitalisierten Nießbrauchsrechte auf die Pflichtteilsrechte des Erwerbers am künftigen Nachlass des Übergebers. Sofern sich der Wert des Kommanditanteiles bis zum Erbfall mindert, kommt er mit dem geminderten Wert zur Anrechnung.

VII. Kosten und Steuern

Die Kosten dieser Urkunde sowie die anfallende Schenkungssteuer tragen die Eheleute M und F.

VIII. Negativattest

Da die Gesellschaft keinen Gewerbebetrieb führt, sondern nur die private Vermögensverwaltung bezweckt, bedarf die unentgeltliche Übertragung eines Kommanditanteiles nicht der familiengerichtlichen Genehmigung, vgl. OLG Bremen ZEV 2008, 608. Der Notar wird beauftragt, eine Negativbescheinigung des Familiengerichtes einzuholen.

IX. Registervollmacht

Die Erwerber bevollmächtigen den jeweiligen Komplementär der Gesellschaft für sie Anmeldungen zum Handelsregister jeder Art vorzunehmen und alle Erklärungen abzugeben, die zum Vollzug im Handelsregister erforderlich oder zweckdienlich sind. Befreiung von den Beschränkungen des § 181 BGB wird erteilt. Die Vollmacht erlischt nicht durch das Ableben des Vollmachtgebers.

X. Ausfertigungen und Abschriften

Von dieser Urkunde erhalten:
Ausfertigungen:
die Beteiligungen;
beglaubigte Abschriften:
das Registergericht
das Zentralfinanzamt – Schenkungssteuerstelle –
einfache Abschriften:
die Gesellschaft,
der Steuerberater der Beteiligten.

Vorgelesen vom Notar …

1. Bestellung von Ergänzungspflegern

100 Das Erfordernis der Bestellung von **mehreren** Ergänzungspflegern wird bei dem unentgeltlichen derivativen Erwerb eines KG-Anteiles zurecht in Frage gestellt, vgl. *Ivo* ZEV 2005, 193; *Rust* DStR 2005, 1942, 1950; a. A. OLG Zweibrücken NJW-RR 1999, 1174. Aus den zu II. 1. dargelegten Gründen ist eine familiengerichtliche Genehmigung nicht erforderlich. Aus Sicherheitsgründen, insbesondere auch für den registermäßigen Vollzug ist die Beantragung eines **Negativattestes** durch das Familiengericht zu empfehlen.

2. Wirtschaftliche Ausgliederung

101 Nach der Rechtsprechung des BGH DNotZ 1994, 784 ist bei der Vermögensübertragung unter Vorbehalt des Nießbrauches oder schuldrechtlicher Nutzungsrechte keine Schenkung i. S. d. § 2325 Abs. 3 BGB zu sehen, so dass die dort vorgesehene Zehn-Jahres-Frist für den Ausschluss von Pflichtteilsergänzungsansprüchen nicht zu laufen beginnt.

102 Sofern Grundbesitz in eine Familien-KG eingebracht wird, wobei die Eltern als Komplementäre fungieren, **ohne** dass an den Kommanditanteilen **Nutzungsrechte** oder **Widerrufsrechte** bestehen, beginnt hinsichtlich der Kommanditanteile die Zehn-Jahres-Frist des § 2325 Abs. 3 BGB zu laufen, da die von den Eltern vorbehaltene Geschäftsführungs- und Vertretungsbefugnis nicht im eigenen Namen ausgeübt wird, sondern Fremdverwaltung darstellt, so dass eine wirtschaftliche Ausgliederung stattfindet.

3. Nießbrauch am KG-Anteil

a) Zulässigkeit

Nach h.M. kann ein Gesellschaftsanteil an einer Personengesellschaft auch nach sachenrechtlichen Grundsätzen mit einem Nießbrauch belastet werden, vgl. *Petzold* DStR 1992, 1171; BGHZ 58, 318; BFH NJW 1995, 1918. Entscheidend ist, dass sämtliche Mitgesellschafter ihre Zustimmung zur Nießbrauchsbestellung erklären oder dass diese im Gesellschaftsvertrag zugelassen ist, vgl. *Heymann/Emmerich* HGB § 105 Rn. 65. 103

b) Handelsregistereintragung

Strittig ist, ob auch eine Eintragung im Handelsregister erfolgen kann. Nach Staub/Ulmer HGB (Stand 1988) § 105 Rn. 128 diene dies der Publizität der Rechtsverhältnisse im Interesse der Gesellschaftsgläubiger und des Rechtsverkehrs. Zugleich werde dadurch dem Nießbraucher an einem Kommanditanteil das Haftungsprivileg gem. §§ 171, 172 HGB verschafft, vgl. Rn. 30f. 104

4. Einkommensteuer

a) Private Veräußerungsgeschäfte

Gem. Tz. 8 BMF-Schreiben Private Veräußerungsgeschäfte BStBl. 2000 I 1383 stellt der Erwerb eines Gesellschaftsanteiles gegen Schuldübernahme einen entgeltlichen Erwerb i.S. des § 23 EStG dar. Dies gilt nicht, wenn die Gesellschaftsanteile unentgeltlich erworben werden, vgl. OFD München MittBayNot 2001, 338; ebenso *Risthaus* DB Beil. 13/2000, S. 6. 105

b) Verwendung der Gewinnanteile der Kinder zu deren Unterhalt

Nach der ursprünglichen Auffassung des Bundesfinanzhofs BStBl. 1980 II 449 lagen ernst gemeinte Vereinbarungen nicht vor, wenn z.B. die den Kindern überlassenen Mieten zu einem erheblichen Teil mit Unterhaltszahlungen des Nießbrauchsbestellers verrechnet bzw. von vornherein zum Unterhalt der Kinder verwendet wurden. Auch in der Literatur wurde von zahlreichen Autoren angenommen, dass der Zuwendungsnießbrauch unter das Abzugsverbot des § 12 Nr. 2 EStG falle, vgl. *Schellenberger* FR 1980, 28; *Bartels* DB 1980, 181; *Plückebaum* FR 1981, 181. Diese Betrachtung widerspricht jedoch der Regelung des § 1602 Abs. 2 BGB, wonach ein minderjähriges Kind von seinen Eltern die Gewährung des Unterhalts nur insoweit verlangen kann, als die Einkünfte seines Vermögens zum Unterhalt nicht ausreichen. Die Finanzverwaltung steht im Hinblick auf die Vorschrift des § 12 EStG Rechtsgeschäften zwischen einander unterhaltsverpflichteten Personen kritisch gegenüber, vgl. BMF-Schreiben BStBl. 1998 I 914 Tz. 17, wonach ein auf die Dauer der Unterhaltsbedürftigkeit des Nießbrauchers zeitlich begrenzter Nießbrauch steuerlichen Bedenken begegnen soll. 106

5. Vorbehaltsnießbrauch

a) Einkünfteerzielung

Da die Kommanditgesellschaft nur vermögensverwaltend tätig wird, erzielt sie nicht Einkünfte aus Gewerbebetrieb, sondern Einkünfte aus Vermietung 107 und Verpachtung. Der Grundbesitz bleibt steuerliches Privatvermögen. Soweit sich die Einbringenden den Nießbrauch am Grundbesitz vorbehalten, erzielen sie selbst und nicht die Gesellschaft Einkünfte aus Vermietung und Verpachtung, so dass die übrigen Gesellschafter zwar vermögensbeteiligt sind, aber keine Einkünfte beziehen. Auch die AfA gebührt aufgrund des Vorbehaltsnießbrauches den Einbringenden.

b) Stimmrechtsausübung

108 Bei einer rein vermögensverwaltenden Gesellschaft, für die es das Kriterium der Mitunternehmerinitiative und des Mitunternehmerrisikos nicht gibt, können die Beteiligten die Zuordnung des Stimmrechts beliebig gestalten. Die Verstärkung der Rechte des Nießbrauchers, dem ohnehin die Einkünfte zugerechnet werden, führt u. U. so weit, dass diesem das wirtschaftliche Eigentum an dem Gesellschaftsanteil zuzuerkennen ist. Daraus ergeben sich aber weder einkommensteuerliche noch schenkungsteuerliche Konsequenzen, da auch bei der Zurückbehaltung des wirtschaftlichen Eigentums der schenkungsteuerliche Vollzug nicht in Frage gestellt ist, vgl. BFH BStBl. 1983 II 179 und 1989 II 1034 sowie § 11 Rn. 146.

IV. Registeranmeldung

Beispiel: In der oben zu Rn. 98 geschilderten Abtretung von KG-Anteilen einer vermögensverwaltenden Kommanditgesellschaft, bei der die Kinder als Kommanditisten aufgenommen werden, lautet die Registeranmeldung wie folgt:

111 **1. Textfassung**

An das
Amtsgericht – Registergericht –

Abtretung von KG-Anteilen an der M Immo KG
HRA …
Geschäftsadresse: …

Zur Eintragung in das Handelsregister wird angemeldet:
Die oben genannte Adresse der Gesellschaft ist unverändert.

Die Kommanditistin F hat im Wege der Sonderrechtsnachfolge von ihrem Kommanditanteil in Höhe von 5000 € an
a) ihren Sohn S, geb. am . . ., wohnhaft . . . einen Anteil in Höhe von 2400 € und
b) an ihre Tochter T, geb. am …, wohnhaft … einen Anteil in Höhe von 2400 €
übertragen, so dass die Einlage der Kommanditistin F auf 200 € herabgesetzt wurde. Herr S ist als Kommanditist mit einer Kommanditeinlage in Höhe von 2400 €, Frau T ist ebenfalls mit einer Kommanditeinlage in Höhe von 2400 € in die Gesellschaft eingetreten.

Es wird versichert, dass der Kommanditistin F für die von ihr übertragenen Rechte keine Abfindung von der Gesellschaft oder aus dem Gesellschaftsvermögen gewährt oder versprochen wurde.

Jeder Kommanditist bevollmächtigt unwiderruflich den jeweiligen Komplementär – bei mehreren jeden einzelnen von ihnen –, Anmeldungen zum Handelsregister jeder Art vorzunehmen und in diesem Zusammenhang sämtliche Erklärungen abzugeben und entgegenzunehmen, befreit von den Beschränkungen des § 181 BGB. Die Vollmacht erlischt nicht durch das Ableben des jeweiligen Vollmachtgebers. Gegenüber dem Handelsregister ist die Vollmacht unbeschränkt.

2. Anmerkung zur Registeranmeldung

a) Vollmacht

Zur Beschleunigung späterer Registeranmeldungen empfiehlt es sich, den Komplementären bereits bei der Gründung eine Registervollmacht für spätere Eintragungen zu erteilen. 112

b) Sonderrechtsnachfolge

Sofern ein Kommanditist (teilweise) Sonderrechtsnachfolger eines persönlich haftenden Gesellschafters wird, ist ein Vermerk hierüber im Handelsregister ausgeschlossen, vgl. *Keidel/Krafka/Willer* Registerrecht 6. Aufl. 2003 Rn. 742. Die mit der Übertragung des Gesellschaftsanteiles verbundene Erhöhung der Beteiligung wird durch Erhöhung der Kommanditeinlage im Handelsregister kundgemacht; zur Frage der Haftsummenerhöhung im Fall der Anwachsung vgl. DNotI-Report 2010, 23. 113

c) Haftung

Durch die Bestellung eines Nießbrauchs an einer Kommanditbeteiligung haftet nach h.M. der Nießbraucher nicht gegenüber Dritten, vgl. *Baumbach/Hopt* HGB § 105 Rz. 44; *Boujong* in: Ebenroth/Boujong/Joost HGB § 105 Rz. 118; *Emmerich* in: Heymann HGB § 105 Rz. 68; a.A. *Koller/Roth/Morck* HGB § 105 Rz. 22. 114

Gegen die Eintragung des Nießbrauchs im Handelsregister vgl. *Keiel/Krafka/Willer* Registerrecht Rn. 770; *Boujong* in: Ebenroth/Boujong/Joost HGB § 105 Rz. 118; *Baumbach/Hopt* HGB § 105 Rz. 44; *Emmerich* in: Heymann HGB § 105 Rz. 68; MünchKommHGB/*Karsten Schmidt* vor § 230 Rz. 16.

C. Gestaltungsempfehlung

Bei der Errichtung einer Kommanditgesellschaft mit volljährigen Gesellschaftern ist die unmittelbare Beteiligung der Kommanditisten, aufschiebend bedingt zum Zeitpunkt der Eintragung im Handelsregister, die übliche Gestaltung. 116

Sofern Minderjährige als Kommanditisten beteiligt werden sollen, empfiehlt sich die Gründung ohne Beteiligung der Minderjährigen. Nach Eintragung im Handelsregister kann der Elternteil, der bei der Gründung als Kommanditist beteiligt wurde, seine Kommanditbeteiligung ganz oder teilweise ohne familiengerichtliche Genehmigung auf die Minderjährigen übertragen.

Insgesamt ergeben sich bei einer vermögensverwaltenden KG folgende Vorteile:

Zusammenfassung: Vorteile der vermögensverwaltenden Familien-KG 117

Uneingeschränkte Geschäftsführung
unentziehbare Vertretungsmacht
Zurückbehaltung des Stimmrechts bei Nießbrauchsvorbehalt
Umschichtungs- und Realteilungsrecht
Haftungsbeschränkung für Kommanditisten

Beteiligung Minderjähriger
Vermeidbarkeit der familiengerichtlichen Genehmigung
30-jähriger Kündigungsausschluss auch bei Erlangung der Volljährigkeit
Ausschluss des Erbrechts von Schwiegerkindern
Anwachsung innerhalb der Familie bei Erbfall
Reduzierte Abfindung
Einsparung von Grundbuchgebühren
Grunderwerbsteuerfreiheit bei Anteilsübertragung

Fliegen Sei Business Class,
sonst fliegen Ihre Erben First Class.

§ 13 Vermögensverwaltende GmbH & Co. KG

Übersicht

A. Überblick

Literatur: *Bordewin* Besonderheiten der Ertragbesteuerung bei Familienpersonengesellschaften, DB 1996, 1359; *Geck* Familienpool zur Vermögenssicherung und -bindung, KÖSDI 2008, 16016; *Fuhrmann/Demuth* Vermögensverwaltende Personengesellschaft als Mittel der Nachfolgeplanung, ErbStB 2006, 127; *Geck* Familienpool zur Vermögenssicherung und -bindung, KÖSDI 2008, 16016; *Kirchdörfer/Lorz* Familienvermögensgesellschaften als Organisationsmodelle im Rahmen der Familienstrategie und der Planung der Vermögensnachfolge, DB 2004 Beil. Nr. 3, 1; *Kuntze-Kaufhold* Jahresabschluss-Publizität nach dem EHUG – Gift oder Medizin?, GmbHR 2009, 73; *Meining/Kruschke* Die Besteuerung der „ausländischen Kapitalgesellschaft & Co. KG" bei ausschließlich grundstücksverwaltender Tätigkeit im Inland, GmbHR 2008, 91; *Paus* Überführung von Wirtschaftsgütern aus dem Privatvermögen in das Gesamthandsvermögen einer Personengesellschaft, FR 2005, 736; *Schön* Nießbrauch am Gesellschaftsanteil im Gesellschafts- und Steuerrecht, StbJb 1996/97, 45; *Spiegelberger* Die Familien-GmbH & Co. KG, ZEV 2003, 391; *Strahl* Vermögensverwaltende Personengesellschaften im Ertragsteuerrecht, KÖSDI 2001, 12802; *Wälzholz* Vorweggenommene Erbfolge: Die richtige Gestaltung des Familienpools, BBEV 2007, 171 und 207.

1 **Beispiel:** Gesetzliche Erben des verstorbenen G sind dessen Witwe Maria G und seine Kinder Franz und Georg G mit Erbanteilen von je $1/3$. Die Erben wollen ihren umfangreichen Grundbesitz von einem professionellen, angestellten Geschäftsführer verwalten lassen. Die Beteiligten erkundigen sich nach der günstigsten Rechtsform.

2 Die Rechtsform der GmbH & Co. KG ist die variantenreichste Erscheinungsform im Gesellschaftsrecht. Sie ist nicht nur die beliebteste Unternehmensform bei den gewerblichen Personenhandelsgesellschaften, sondern wird auch häufig als steuerliches Gestaltungsmittel verwendet, vgl. Bd. Unternehmensnachfolge § 15 A. Darüber hinaus ist diese Rechtsform auch für die **Vermögensverwaltung** geeignet, wobei zwei unterschiedliche Varianten zu unterscheiden sind, nämlich

- die gewerblich geprägte GmbH & Co. KG mit Betriebsvermögen und
- die vermögensverwaltende GmbH & Co. KG mit steuerlichem Privatvermögen.

B. Gewerblich geprägte GmbH & Co. KG

Literatur: BMF-Schreiben BStBl. 2000 I 462: Behandlung der Einbringung einzelner zum Privatvermögen gehörender Wirtschaftsgüter in das betriebliche Gesamthandsvermögen einer Personengesellschaft als tauschähnlicher Vorgang; BMF-Schreiben BStBl. 2004 I 1190: Behandlung der Einbringung zum Privatvermögen gehörender Wirtschaftsgüter in das betriebliche Gesamthandsvermögen einer Personengesellschaft; *T. Carlé* Einlage von steuerverstricktem Privatvermögen in Personengesellschaften, ErbStB 2006, 46; *Ettinger/Eberl* Die vorweggenommene Erbfolge unter Verwendung einer gewerblich geprägten GmbH & Co. KG, GmbHR 2004, 548; *Geck* Familienpool zur Vermögens-Sicherung- und -Bindung, KÖSDI 2008, 16016; *ders.* Die unentgeltliche lebzeitige Übertragung von Anteilen an gewerblich geprägten Personengesellschaften nach der Erbschaftsteuerreform, ZEV 2009, 601; *Hochheim/Wagenmann* Der Vorbehalsnießbrauch am Kommanditanteil und die Mitunternehmerschaft, ZEV 2010, 109; *Kirchdörfer/Lorz* Familienvermögensgesellschaften als Organisationsmodelle im Rahmen der Familienstrategie und der Planung der Vermögensnachfolge, BB 2004, Beil. Nr. 3; *Koblenzer/Groß* Schiffs- und Medienfonds als Instrumente der vorweggenommenen Erbfolge, ErbStB 2005, 192; *Lothmann* Aktienanlage in der gewerblich geprägten thesaurierenden Personengesellschaft als Alternative zur Abgeltungsteuer?, DStR 2008, 945; *Müller* Die gewerbliche Familien-KG als Schenkungsinstrument, ErbStB 2003, 127; *Mutscher* Risiko der Entgeltlichkeit bei der Übertragung von Wirtschaftsgütern auf eine Personengesellschaft im Wege der Einlage, DStR 2009, 1625; *Reiß* Einbringung von Wirtschaftsgütern des Privatvermögens in das Betriebsvermögen einer Mitunternehmerschaft, DB 2005, 358; *Röhrig* Einbringung von WG des PV in eine gewerbliche Personengesellschaft, EStB 2008, 216; *Schäfers* Gestaltungen zur Sicherstellung des Verlustausgleichs, GmbH-StbB 2010, 15; *Schön* Nießbrauch am Gesellschaftsanteil im Gesellschafts- und Steuerrecht, StbJb 1996/97, 45; *Schulze zur Wiesche* Die Erbschaftsteuerrechtliche Behandlung einer Anteilsschenkung unter Nießbrauchsvorbehalt, DB online db 0338596; *Wälzholz* Vorweggenommene Erbfolge: Die richtige Gestaltung des Familienpools, BBEV 2007, 171 und 207.

I. Anwendungsbereich

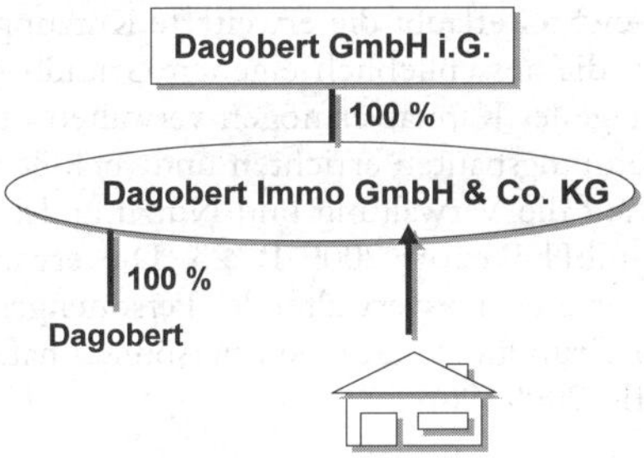

1. Gewerbliche Prägung

In der klassischen Gestaltung, wonach die Geschäftsführung ausschließlich von der Komplementär-GmbH wahrgenommen wird und die Kommanditisten als natürliche Personen weder Vertretungs- noch Geschäftsführungsbefugnisse ausüben, wird diese Gestaltung steuerlich gem. § 15 Abs. 3 Nr. 2 EStG als **Gewerbebetrieb fingiert**, auch wenn bürgerlich-rechtlich nur Vermögensverwaltung wahrgenommen wird. Die vermögensverwaltende, aber gewerblich geprägte GmbH & Co. KG wurde im Band Unternehmensnachfolge § 15 Rn. 141 ff. behandelt, so dass der Anwendungsbereich dieser Gestaltung nachfolgend nur im Überblick dargestellt wird. 3

2. Fremdorganschaft

4 Von allen Personengesellschaften weist die GmbH & Co. KG die Besonderheit auf, dass alle Gesellschafter nur beschränkt mit ihren Einlagen haften. Sofern sich also kein Gesellschafter bereit findet, die unbeschränkte persönliche Haftung einzugehen, verbleibt nur die Rechtsform der GmbH & Co. KG. Bei dieser übernimmt in der Regel die Geschäftsführung allein die Komplementär-GmbH. Geschäftsführer können sowohl Gesellschafter als auch fremde Dritte sein. Die Fremdorganschaft ist gerade das Charakteristikum der GmbH & Co. KG. Die Gesellschafter sind damit nicht gezwungen, aus ihrem eigenen Kreis einen Geschäftsführer zu stellen.

3. Einbringung als tauschähnlicher Umsatz

5 Die Einbringung von Wirtschaftsgütern des Privatvermögens in eine gewerbliche Personengesellschaft gegen Gewährung von Mitunternehmeranteilen begründet keine Einlage i. S. v. § 7 Abs. 1 Satz 5 EStG und zwar auch dann, wenn der Wert des Wirtschaftsguts nicht nur dem Kapitalkonto I, sondern auch anderen Kapitalunterkonten gutgeschrieben wird, vgl. BFH GmbHR 2008, 548. Der Bundesfinanzhof sieht in der Einbringung gegen Gewährung von Gesellschaftsrechten einen tauschähnlichen Umsatz, der zum Ansatz des Verkehrswertes in der Eröffnungsbilanz der GmbH & Co. KG führt.

Die Variante der gewerblichen Prägung wird daher in der Praxis gewählt, um durch die Qualifizierung als Betriebsvermögen zu einem **step up** zu führen, also eine **Erhöhung** der **AfA-Basis** auf den Verkehrswert zu ermöglichen, vgl. Bd. Unternehmensnachfolge § 15 Rn. 151.

4. Erweiterte Gewerbesteuerkürzung

6 § 9 Nr. 1 Satz 2 GewStG erlaubt die erweiterte Kürzung der Gewerbesteuer bei Unternehmen, die ausschließlich eigenen Grundbesitz oder neben eigenem Grundbesitz eigenes Kapitalvermögen verwalten und nutzen oder daneben bestimmte Wohnungsbauten errichten und veräußern, um den Teil des Gewerbeertrags, der auf die Verwaltung und Nutzung des eigenen Grundbesitzes entfällt, vgl. GmbH-Report 2009 R 23. Die erweiterte Kürzung des Gewerbeertrags für grundstücksverwaltende Personengesellschaften entfällt bei Verpachtung von Grundbesitz an einen persönlich haftenden Gesellschafter, vgl. BFH GmbHR 2009, 96.

5. Grunderwerbsteuerfreie Anteilsübertragung

7 Nach § 1 Abs. 2a GrEStG steuerbare Änderungen im Gesellschafterbestand einer grundbesitzenden Personengesellschaft sind insoweit nach § 3 Nr. 2 GrEStG steuerfrei, als sie auf einer schenkweisen Anteilsübertragung beruhen, so dass auch die Anteilsübertragung auf Neffen und Nichten grunderwerbsteuerfrei bleibt, vgl. BFH BStBl. 2007 II 409.

II. Gestaltungsvarianten

1. Personengleiche GmbH & Co. KG

11 Die erstmals mit Entscheidung des BayObLG v. 16. 2. 1912 BayObLGZ Bd. 13, 69 höchstrichterlich sanktionierte GmbH & Co. KG wurde lange

Zeit personengleich in der Weise konzipiert, dass sämtliche Kommanditisten mit beteiligungsgleichen Stammeinlagen Gesellschafter der Komplementär-GmbH wurden. Besondere Bedeutung kommt bei dieser Gestaltung der **Verzahnung** der Beteiligungen zu. Da aber eine lückenlose Verzahnung nicht gelingen kann und die nicht personenidentische Rechtsnachfolge erhebliche einkommensteuerliche Gefahren, insbesondere der Entnahme der GmbH-Anteile aus dem Sonderbetriebsvermögen, mit sich bringt, wird in neuerer Zeit der Einheits-GmbH & Co. KG eindeutig der Vorrang eingeräumt.

2. Einheits-GmbH & Co. KG

Literatur: *K. Schmidt* in: FS für Westermann Zur Einheits-GmbH & Co. KG, 2008, S. 1425; *Spiegelberger* Der Siegeszug der Einheits-GmbH & Co. KG, Liber amicorum für Klaus Mock, 2009, S. 303.

Auch die vermögensverwaltende, aber gewerblich geprägte GmbH & Co. KG kann in der Rechtsform der Einheits-GmbH & Co. KG konzipiert werden.

Bei dieser Gestaltung übertragen die GmbH-Gesellschafter ihre GmbH- 12
Anteile auf die Kommanditgesellschaft, so dass diese die Alleingesellschafterin der Komplementär-GmbH wird. Die Verzahnung ist auf diese einfache Weise optimal gesichert. Aufgrund der Bestimmung des § 47 Abs. 4 GmbHG, wonach ein Gesellschafter, welcher durch die Beschlussfassung entlastet oder von einer Verbindlichkeit befreit werden soll, hierbei kein Stimmrecht hat und ein solches auch nicht für andere ausüben darf, nimmt die h. M. ein Stimmrechtsverbot auch für den Fall an, dass in der Gesellschafterversammlung einer Einheits-GmbH & Co. KG der Geschäftsführer für die GmbH als Vertretungsorgan tätig wird. Die Praxis behilft sich in der Weise, dass den Kommanditisten für diesen Fall Stimmrechtsvollmacht erteilt wird. *Binz/Sorg* Die GmbH & Co. KG, § 8 Nr. 23 sehen in der Bestimmung des Gesellschaftsvertrages, die den Kommanditisten die Kompetenz zur Stimmrechtsausübung bei der Komplementär-GmbH zuschreibt, keine rechtsgeschäftliche Vollmacht, sondern eine „gesellschaftsrechtlichen Akt sui generis". *K. Schmidt* in: FS Westermann, S. 1425 schlägt einen organisationsrechtlichen Durchgriff in der Weise vor, dass durch Vertrags- und Satzungsgestaltung eine De facto-Einheitsversammlung geschaffen wird.

Die Ausübung des Stimmrechts durch die Kommanditisten beseitigt nicht 13
die gewerbliche Prägung. Nur **organschaftlich** begründete Geschäftsführungsbefugnisse der Kommanditisten sind prägeschädlich. Die Stimmrechtsausübung ist keine Geschäftsführung, sondern Bestandteil des Mitgliedschaftsrechtes, vgl. Band Unternehmensnachfolge § 15 Rn. 16 m. w. N.; *D. und T. Carlé* GmbHR 2001, 100. Die Finanzverwaltung BStBl. 2008 I 1017 Abschn. 52 hat die Einheits-GmbH & Co. KG zwischenzeitlich ebenfalls anerkannt und in den EStR 2005 bei R 15.8 Abs. 6 folgenden Satz 5 angefügt:

„Die Übertragung aller Gesellschaftsanteile an der Komplementär-GmbH in das Gesamthandsvermögen einer nicht gewerblich tätigen Kommanditgesellschaft, bei der die GmbH alleinige Komplementärin ist, führt allein nicht zum Wegfall der gewerblichen Prägung."

Die Vorsichtsmaßnahme, an Stelle einer Vollmacht für die Kommanditisten einen Beirat für die Stimmrechtsausübung zu bestellen, ist daher nicht mehr erforderlich.

III. Schenkung eines KG-Anteils mit Nießbrauchsvorbehalt

16 **Beispiel:** V überträgt seinen Kommanditanteil an der X Immo GmbH & Co. KG auf seine Tochter T unter Vorbehalt des Nießbrauches und einer umfangreichen Stimmrechtsvollmacht.

1. Versorgung des Übergebers

17 Der im Zuge des Jahressteuergesetzes 2008 neu gefasste § 10 Abs. 1 Nr. 1a Buchst. a EStG erlaubt als sonderausgabenabzugsfähige Versorgungsleistungen nur im Zusammenhang mit der Übertragung eines Mitunternehmeranteils an einer Personengesellschaft, die eine Tätigkeit i. S. d. § 13 Abs. 1 Satz 1 Nr. 1 oder des § 18 Abs. 1 EStG ausübt. Gewerblich geprägte Gesellschaften sind damit vom Sonderausgabenabzug ausgeschlossen. Wegen der einkommensteuerlichen Beurteilung vgl. oben § 6 B I 5. Die Finanzverwaltung behandelt im IV. Rentenerlass BStBl. I 2010 S. 227 Tz. 20 – im Widerspruch zur jahrzehntelangen BFH-Rechtsprechung – Versorgungsleistungen, die nicht gem. § 10 Abs. 1 Nr. 1a Satz 2 EStG zum Sonderausgabenabzug berechtigen, als **Gegenleistung**, so dass die Übertragung von Minderheitsbeteiligungen gegen Leibrente immer gem. § 17 EStG einkommensteuerpflichtig wird.

2. Nießbrauch mit Stimmrechtsvollmacht für Übergeber

18 Der Erbschaft- und Schenkungsteuersenat des BFH ZEV 2009, 149 musste in erbschaftsteuerlicher Hinsicht die Gestaltung überprüfen, dass eine KG-Anteilsübertragung unter Vorbehalt des Nießbrauches mit einer umfangreichen Stimmrechtsvollmacht für den Nießbraucher erfolgte. Bei der Übertragung eines gewerblich geprägten KG-Anteiles ist diese Entscheidung für die erbschaft- und schenkungsteuerliche Vergünstigung des § 13a ErbStG dann gem. § 13b Abs. 2 Nr. 3 ErbStG einschlägig, wenn die GmbH & Co. KG einen mindestens 25%-igen GmbH-Anteil hält. Nach Auffassung des BFH ZEV 2009, 149 kann bei der Übertragung eines Mitunternehmeranteils unter Vorbehalt des Nießbrauches die Mitunternehmerinitiative und das Mitunternehmerrisiko vollständig beim Übertragenden verbleiben. Dies ist der Fall, wenn zusätzlich zum vorbehaltenen Nießbrauch durch Vollmachten alle Mitunternehmerrechte beim Übergeber bleiben.

Der Leitsatz dieser Entscheidung lautet:

„Wenden Eltern Teile ihrer Beteiligung an einer gewerblich geprägten Personengesellschaft unentgeltlich ihren Kindern zu und behalten sich dabei den lebenslänglichen Nießbrauch vor, fehlt es den Kindern an der für die Anwendung des § 13a ErbStG erforderlichen Mitunternehmerinitiative, wenn vereinbart ist, dass die Nießbraucher die Gesellschafterrechte der Kinder wahrnehmen und die Kinder den Eltern ‚vorsorglich' Stimmrechtsvollmacht erteilen."

19 Vor der **zusätzlichen** Vollmacht über die vorbehaltenen Nießbrauchsrechte hinaus ist somit dringend zu warnen. Nach der Rechtsprechung des BFH BStBl. 1995 II 241 bleibt der Nießbrauchsverpflichtete Mitunternehmer, da dieser einen hinreichenden Bestand an vermögensrechtlicher Sub-

stanz des nießbrauchbelasteten Gesellschaftsanteils und einen hinreichenden Bestand an gesellschaftsrechtlichen Mitwirkungsrechten zurückbehält, vgl. nur *Gschwendtner* NJW 1995, 1876. Als eine zusätzliche Vorsichtsmaßnahme zur Unterstreichung der Mitunternehmerschaft des Nießbrauchers empfiehlt sich statt eines Totalnießbrauches ein **Quotennießbrauch**, wonach z.B. der Übergeber sich nur 95% der entnahmefähigen Gewinne vorbehält. Um die Mitunternehmerstellung sowohl dem Nießbraucher als auch dem betroffenen Gesellschafter zu vermitteln, empfiehlt sich im Falle eines Quotennießbrauches folgende **Formulierung**:

a) Ertragsbeteiligung

„Der Übergeber behält sich den **Quotennießbrauch** an dem übertragenen Gesellschaftsanteil auf seine Lebensdauer mit der Folge vor, dass 95% aller entnahmefähigen Gewinne dem Nießbraucher zustehen, während auf den Erwerber 5% der entnahmefähigen Gewinne entfallen. Dagegen gebühren außerordentliche Erträge in vollem Umfang dem Erwerber, so dass der Nießbraucher daran nicht beteiligt ist. Soweit den Beteiligten aus ihren Rechten an der Gesellschaft steuerliche Belastungen erwachsen, sind diese berechtigt, insoweit die Zahlung der Steuern aus dem Gesellschaftsvermögen zu verlangen. Im Falle der Veräußerung des nießbrauchbelasteten Gesellschaftsanteiles oder von wesentlichen Betriebsgrundlagen der Gesellschaft setzt sich der Nießbrauch an dem Surrogat auf Lebensdauer des Nießbrauchers fort.“ 20

b) Stimmrechte

„Für die Stimmrechte an dem nießbrauchbelasteten Gesellschaftsanteil gelten die gesetzlichen Bestimmungen. Danach übt der Nießbraucher das Stimmrecht bei Beschlüssen über die laufenden Angelegenheiten der Gesellschaft und die zur Sicherung seines Fruchtziehungsrechtes notwendigen Kontroll- und Informationsrechte aus. Bei außerordentlichen Angelegenheiten gebührt das Stimmrecht allein dem Gesellschafter. Darüber hinaus stehen dem Gesellschafter alle gesetzlichen Kontroll- und Informationsrechte zu.“ 21

IV. Beendigung der gewerblichen Prägung

Der Umstand, dass der Grundbesitz der gewerblich geprägten GmbH & Co. KG Betriebsvermögen darstellt, wird – unter langfristiger Betrachtung – steuerlich als nachteilig empfunden, da die im Lauf der Jahre eintretende Wertsteigerung des Grundbesitzes im Falle der Veräußerung zu einem steuerpflichtigen Veräußerungsgewinn führt. Sobald die gewerbliche Prägung durch den erwünschten step up ihre Dienste geleistet hat, wird daher – unter Fortführung der erhöhten AfA-Basis – die Rückkehr ins steuerliche Privatvermögen gewünscht. 22

Um dem Einwand der Missbrauchgestaltung gem. § 42 AO vorzubeugen, ist den Gesellschaftern ein mehrjähriges Verbleiben in der Rechtsform der gewerblich geprägten GmbH & Co. KG anzuraten. Nach dieser Frist kann aber die Betriebsvermögenseigenschaft dadurch beseitigt werden, dass entweder Kommanditisten neben der Komplementär-GmbH die Geschäftsführung übernehmen oder überhaupt die Komplementär-GmbH aus der Gesellschaft ausscheidet, um identitätswahrend und beteiligungsidentisch die Gesellschaft als KG, OHG oder GbR fortzuführen.

Die während der Gründung und Beendigung der gewerblichen Prägung entstandenen stillen Reserven sind aufzudecken und zu versteuern. Nach weiteren zehn Jahren kann der Grundbesitz der Gesellschaft steuerfrei veräußert werden, da § 23 EStG nicht mehr eingreift.

C. Privatvermögen verwaltende GmbH & Co. KG

I. Rechtsnatur

26 In der selben Rechtsform als GmbH & Co. KG, nur mit geringfügigen Änderungen, nämlich mit Geschäftsführungsbefugnis eines Kommanditisten oder durch Eintritt einer natürlichen Person als weiteren Komplementär, wird diese Gesellschaftsform verwendet, um private Vermögensverwaltung durchzuführen. In dieser Gestaltungsvariante hat die GmbH & Co. KG nur **steuerliches Privatvermögen** inne.

Lediglich die Komplementär-GmbH hat aufgrund ihrer Rechtsform als Kapitalgesellschaft ausnahmslos Gewerbebetriebscharakter. Bei der geschilderten Gestaltungsvariante der GmbH & Co. KG hat diese kein Betriebsvermögen.

II. Anwendungsbereich

27 Sofern bei der Errichtung einer Kommanditgesellschaft kein Gesellschafter bereit ist, die unbeschränkte Komplementär-Haftung zu übernehmen, kommt die Rechtsform der GmbH & Co. KG für die Vermögensverwaltung in Betracht. Durch die konkrete Vertragsgestaltung werden zugleich die steuerlichen Folgen implementiert. Um die gewerbliche Prägung gem. § 15 Abs. 3 Nr. 2 EStG zu verhindern, muss mindestens einer natürlichen Person die Geschäftsführung für die KG eingeräumt werden. Neben der Komplementär-GmbH gibt es danach mindestens einen geschäftsführungsberechtigten Kommanditisten.

§ 170 HGB steht nicht entgegen, da für Kommanditisten nur die Vertretung der Gesellschaft ausgeschlossen ist.

28 Beachtet werden muss folgende weitere **Differenzierung:**

- Die Komplementär-GmbH ist kraft Rechtsform als Kapitalgesellschaft gem. § 2 Abs. 2 Satz 1 GewStG immer Gewerbebetrieb, damit kraft Rechtsform auch buchführungs- und bilanzierungspflichtig. Ihr Vermögen ist immer Betriebsvermögen.
- Auch die Privatvermögen verwaltende GmbH & Co. KG unterliegt dem Kapitalgesellschaft & Co.-Richtlinien-Gesetz und ist damit gem. § 325 HGB zur Offenlegung ihres Jahresabschlusses verpflichtet. Gem. § 335 b HGB gelten die Straf- und Bußgeld- sowie die Ordnungsgeldvorschriften, die für Kapitalgesellschaften bestehen, entsprechend.

29 Die **Publizitätspflicht** könnte nur vermieden werden, wenn sich ein Kommanditist entschließen würde, neben der Komplementär-GmbH zusätzlich als persönlich haftender Gesellschafter zu fungieren. Auch die Privatvermögen verwaltende GmbH & Co. KG ist damit teilweise den Kapitalgesellschaften angenähert und verursacht einen entsprechenden Bilanzierungs- und Verwaltungskostenaufwand, wenn keine natürliche Person haftet.

III. Steuerrecht

1. Komplementär-GmbH

Die Komplementär-GmbH ist kraft Rechtsform gem. § 2 Abs. 2 Satz 1 GewStG immer Gewerbebetrieb. Eine Ausnahme besteht lediglich dann, wenn es sich um eine gemeinnützige GmbH handelt, vgl. § 17 B V. 31

Die GmbH ist buchführungs- und bilanzierungspflichtig. Sie unterliegt gem. § 1 Abs. 1 Nr. 1 KStG der Körperschaftsteuer und gem. § 2 Abs. 2 Satz 1 GewStG der Gewerbesteuer.

2. Kommanditgesellschaft

a) Einkommensteuer

Die Privatvermögen verwaltende Kommanditgesellschaft, die also nicht die gewerbliche Prägung gem. § 15 Abs. 3 Nr. 2 EStG erleidet, hat steuerliches Privatvermögen inne. Es muss streng darauf geachtet werden, dass nicht durch eine partielle gewerbliche Tätigkeit eine **Infizierung** gem. § 15 Abs. 3 Nr. 1 EStG eintritt, die wiederum zu einer gewerblichen Prägung führen würde. 32

Das Einbringen von privatem Vermögen in eine nicht gewerblich geprägte Vermögensverwaltungsgesellschaft gegen Gewährung von Gesellschaftsrechten stellt nach Auffassung der Finanzverwaltung **keinen Veräußerungstatbestand** dar, ebenso Fleischer, ZEV 2003, 190. Das BMF BStBl. 2000 I 1383 stellt hierzu fest: 33

„Die Übertragung eines Grundstücks auf eine Personengesellschaft oder -gemeinschaft ohne Betriebsvermögen gegen Entgelt oder gegen Gewährung von Gesellschaftsrechten ist insoweit nicht als Veräußerung anzusehen, als der bisherige Eigentümer nach der Übertragung am Vermögen der Gesellschaft oder Gemeinschaft beteiligt ist. Entsprechendes gilt, wenn das Grundstück von der Personengesellschaft oder -gemeinschaft auf einen Gesellschafter oder ein Mitglied der Gemeinschaft übertragen wird."

b) Gewerbesteuer

Eine vermögensverwaltende Grundstücks-GmbH & Co. KG erzielt Einkünfte aus Vermietung und Verpachtung und nicht aus Gewerbebetrieb, so dass es auf die Kürzungsvorschrift des § 9 Nr. 1 Satz 2 GrEStG nicht ankommt. Gewerbesteuer wird somit nicht erhoben. 34

c) Grunderwerbsteuer

Die beteiligungskonforme Einbringung von Grundbesitz ist gem. § 5 Abs. 1 und 2 GrEStG von der Grunderwerbsteuer befreit. Sofern sich die Beteiligungsverhältnisse innerhalb von fünf Jahren verändern, erfolgt eine Nacherhebung gem. § 5 Abs. 3 GrEStG, es sei denn, dass auf Ehegatten oder Verwandte in gerader Linie übertragen wird, vgl. *Boruttau/Viskorf* § 5 Rn. 43 ff. Auch bei einer unentgeltlichen Anteilsübertragung auf Dritte wird die Grunderwerbsteuer nach §§ 5 Abs. 1 und 2 GrEStG nicht nacherhoben, da diese Vorschrift die objektive Möglichkeit einer Steuerumgehung voraussetzt und diese bei einer Anteilsschenkung ausscheidet, vgl. BFH DStR 2009, 2534. 35

IV. Urkundengestaltung: Errichtung einer Privatvermögen verwaltenden GmbH & Co. KG

36 **Beispiel:** Frau Maria G ist Hälftemiteigentümerin des Grundstückes Flst.Nr. … Gemarkung … Hinsichtlich des restlichen Miteigentumsanteils von $^1/_2$ ist Frau Maria G mit ihren Söhnen Franz und Georg G in Erbengemeinschaft Eigentümer. Dieser Grundbesitz soll künftig durch eine GmbH & Co. KG verwaltet werden, aber Privatvermögen der Gesellschafter bleiben.

1. Errichtung einer Gesellschaft mit beschränkter Haftung

37 Beurkundet am …

1. Frau Maria G
2. deren Söhne:

a) Herr Franz G
b) Herr Georg G

Auf Ansuchen der Erschienenen beurkunde ich den bei gleichzeitiger Anwesenheit vor mir abgegebenen Erklärungen gemäß was folgt:

I. Errichtung

Herr Frau Maria G, Herr Franz G und Herr Georg G
– nachfolgend kurz: „Gesellschafter" –
errichten hiermit eine Gesellschaft mit beschränkter Haftung
unter der Firma

G-Verwaltungs GmbH
mit dem Sitz in Adorf.

Der Gesellschafter legt für diese Gesellschaft die in der Anlage zu dieser Urkunde niedergelegte Satzung fest.

Die Anlage wurde mitverlesen. Sie ist wesentlicher Bestandteil und somit Inhalt und Gegenstand dieser Urkunde.

II. Beschlüsse des Gesellschafters

Die Gesellschafter beschließen einstimmig was folgt:

Herr Immobilienwirt I wird zum Geschäftsführer der Gesellschaft bestellt. Er vertritt die Gesellschaft gem. § 5 der Satzung.

Alle Geschäfte, die vom heutigen Tag an bis zur Eintragung der Gesellschaft in das Handelsregister getätigt werden bzw. wurden, gelten als für Rechnung der neu gegründeten Gesellschaft abgeschlossen.

Weitere Beschlüsse werden heute nicht gefasst.

III. Hinweise

Die Beteiligten wurden auf die Grundsätze der Kapitalaufbringung und -erhaltung hingewiesen, insbesondere auf die persönliche Haftung für

- vor der Handelsregistereintragung getätigte Rechtsgeschäfte,
- den Verbrauch des Stammkapitals vor der Handelsregistereintragung (Unterbilanzhaftung),
- Rückzahlungen,

Ferner hat der Notar über die

- erforderlichen Angaben auf Geschäftsbriefen,
- Strafbarkeit für falsche Angaben gem. § 82 GmbHG

belehrt.

Die Gesellschafter wurden vom Notar vor der Begleichung von Rechnungen für unbestellte Eintragungen in private Verzeichnisse und Register gewarnt.

IV. Schlussbestimmungen

Von dieser Urkunde erhält jeder Gesellschafter eine Ausfertigung.
Ferner erhalten:
BEGLAUBIGTE ABSCHRIFTEN
die Gesellschaft – drei –
das Registergericht – elektronisch
EINFACHE ABSCHRIFTEN
die Industrie- und Handelskammer
das Finanzamt – Körperschaftssteuerstelle –
der Steuerberater der Gesellschaft

Vorgelesen vom Notar,
von den Beteiligten genehmigt
und eigenhändig unterschrieben wie folgt:

Anlage
Satzung

§ 1 Firma, Sitz 38

Die Firma der Gesellschaft lautet:

G-Verwaltungs GmbH.

Sitz der Gesellschaft ist . . .

§ 2 Gegenstand des Unternehmens

Gegenstand des Unternehmens ist die Übernahme der Geschäftsführung bei der G GmbH & Co. KG.

§ 3 Geschäftsjahr

Geschäftsjahr ist das Kalenderjahr.

§ 4 Stammkapital, Stammeinlagen

1. Das Stammkapital der Gesellschaft beträgt 27.000 €
– fünfundzwanzigtausend Euro –.
2. Vom Stammkapital übernehmen:
a) Frau Maria G
eine Stammeinlage in Höhe von 9.000 €,
b) Herr Franz G
eine Stammeinlage in Höhe von 9.000 €,
c) Herr Georg G
eine Stammeinlage in Höhe von 9.000 €.

Die Stammeinlagen sind sofort zur Hälfte zur Einzahlung fällig, im übrigen auf jederzeit mögliche Anforderung der Geschäftsführung.

§ 5 Vertretung der Gesellschaft

1. Die Gesellschaft hat einen oder mehrere Geschäftsführer.
2. Sofern nur ein Geschäftsführer bestellt ist, wird die Gesellschaft von diesem alleine vertreten.
3. Sind mehrere Geschäftsführer bestellt, wird die Gesellschaft durch zwei Geschäftsführer gemeinsam oder durch einen Geschäftsführer gemeinsam mit einem Prokuristen vertreten.
4. Die Gesellschafterversammlung kann jedem Geschäftsführer auch für den Fall Einzelvertretungsbefugnis erteilen, dass weitere Geschäftsführer bestellt sind.
5. Die Gesellschafterversammlung kann durch Gesellschafterbeschluss einzelne oder alle Geschäftsführer von den Beschränkungen des § 181 BGB (Verbot des Selbstkontrahierens und der Doppelvertretung) befreien.

§ 6 Gründungskosten

Die im Zusammenhang mit der Gründung anfallenden Notarkosten, die Kosten der Bekanntmachung, der Anmeldung der Gesellschaft und ihrer Eintragung im Handelsregister und die Kosten der Gründungsberatung trägt die Gesellschaft bis zu einem Höchstbetrag von 1250,– Euro; darüber hinausgehende Gründungskosten trägt der Gründer.

2. GmbH-Geschäftsanteilsabtretung

39 Beurkundet am ... Es erscheinen

1. Frau Maria G
2. Herr Franz G
3. Herr Georg G, handelnd im eigenen Namen und als vertretungsberechtigter Geschäftsführer der GmbH

Auf Ansuchen der Erschienenen beurkunde ich den vor mir abgegebenen Erklärungen gemäß, was folgt:

I. Vorbemerkungen

Frau Maria G, Herr Franz G und Herr Georg G sind alleinige Gesellschafter der Gesellschaft mit beschränkter Haftung in Firma

G GmbH i. G.
mit dem Sitz in Adorf

Das Stammkapital der Gesellschaft beträgt 27.000 €.

Von diesem Stammkapital halten:

a) Herr Franz G eine Stammeinlage in Höhe von	9.000 € (Anteil Nr. 1)
b) Frau Maria G eine Stammeinlage in Höhe von	9.000 € (Anteil Nr. 2)
c) Herr Georg G eine Stammeinlage in Höhe von	9.000 € (Anteil Nr. 3).

Jeder Geschäftsanteil ist nach Angabe zur Hälfte einbezahlt.

II. Abtretung

Frau Maria G, Herr Franz G und Herr Georg G
treten hiermit ihre vorbezeichneten Geschäftsanteile in Höhe von je 9.000 €

an

die Firma G GmbH & Co. KG
mit dem Sitz in Adorf

ab, die diese Abtretung annimmt.

Die Übertragung und Abtretung erfolgt mit dinglicher Wirkung vom Tag der Eintragung der GmbH im Handelsregister.

III. Gegenleistung

Die Übertragung erfolgt unentgeltlich, die G GmbH & Co. KG verpflichtet sich, die Abtretenden von der restlichen Einlageverpflichtung freizustellen.

IV. Gewährleistung

Jeder Abtretende haftet dafür, dass der vertragsgegenständliche Geschäftsanteil nicht mit Rechten Dritter belastet ist.

Im übrigen wird jede Sach- und Rechtsmängelhaftung ausgeschlossen.

V. Zustimmung

Die Zustimmung der Gesellschaft zur Anteilsübertragung ist nicht erforderlich.

VI. Belehrungen, Hinweise

Der Notar hat über folgendes belehrt:

- Die mit dem Geschäftsanteil verbundene gesetzliche Haftung geht auf den Erwerber über.
- Für nicht erbrachte Geldeinlagen haftet jeder Erwerber unbeschränkt.

VII. Schlussbestimmungen

Die Kosten dieser Urkunde trägt jeder Beteiligte zu 1/3.

Von dieser Urkunde erhalten:

Ausfertigungen:
jeder Beteiligte sofort eine
beglaubigte Abschriften:
die Gesellschaft eine
einfache Abschriften:
das Finanzamt –Körperschaftsteuerstelle –
das zuständige Registergericht zur Anzeige gem. § 40 GmbHG
der Steuerberater der Gesellschaft.

Vorgelesen vom Notar …

3. Privatvermögen vermögensverwaltende GmbH & Co. KG

Beurkundet am … 40

1. Frau Maria G
2. Herr Franz G
3. Herr Georg G
4. Herr Immobilienwirt I

hier handelnd nicht im eigenen Namen, sondern für die Firma
G GmbH i. G.
mit dem Sitz in Adorf
als deren einzelvertretungsberechtigter Geschäftsführer.

Die Feststellung der Vertretungsbefugnis erfolgt nach Eintragung der GmbH im Handelsregister.

Nach Grundbucheinsicht beurkunde ich auf Ansuchen und bei gleichzeitiger Anwesenheit der Erschienenen den abgegebenen Erklärungen gemäß was folgt:

I. Sachstand

Laut Vortrag im Grundbuch des Amtsgerichtes Rosenheim für … Bl. … sind Eigentümer des dort unbelastet vorgetragenen Grundstücks der

Gemarkung …

Flst.Nr. 4470/5 zu	1,8500 ha:
a) Frau Maria G	zu 1/2 Anteil,
b) Herr Franz G, Frau Maria G, wie vor, und Herr Georg G, in Erbengemeinschaft	zu 1/2 Anteil.

II. Einbringung

Herr Franz G, Frau Maria G und Herr Georg G
– nachfolgend auch „Gesellschafter" genannt –
bringen hiermit ihr vorbezeichnetes Grundstück Flst.Nr. 4470/5 samt dem darauf errichteten Gebäude in eine GmbH & Co. KG ein, die nach Maßgabe des dieser Urkunde als Anlage beigefügten Gesellschaftsvertrages errichtet wird.

III. Auflassung

Die Vertragsteile sind darüber einig, dass das Eigentum an dem in Ziffer I. aufgeführten Grundstück Flst.Nr. 4470/5 auf die aus den Beteiligten bestehende G GmbH & Co. KG übergeht und bewilligen und beantragen die Eintragung im Grundbuch.

Die Bestellung einer Auflassungsvormerkung wird nicht gewünscht.

IV. Besitz, Nutzungen, Lasten

Besitz; Nutzen, Lasten und die Gefahr des zufälligen Untergangs und der zufälligen Verschlechterung gehen mit Wirkung vom … über.

V. Gewährleistung

Jegliche Haftung für Sachmängel, insbesondere für Flächenmaß, Beschaffenheit und Verwertbarkeit des Vertragsgegenstandes wird ausgeschlossen. Der Vertragsbesitz wird im derzeitigen Zustand übernommen.

VI. Pflichtteilsanrechnung

Die Anteilserhöhung der Herren Franz und Georg G erfolgt im Wege der vorweggenommenen Erbfolge unter Anrechnung auf deren Pflichtteilsansprüche am künftigen Nachlass ihrer Mutter Frau Maria G.

VII. Hinweise

Die Vertragsteile wurden vom Notar hingewiesen auf
- den Zeitpunkt und die Voraussetzungen des Eigentumsüberganges,
- das Erfordernis der vollständigen Beurkundung der getroffenen Vereinbarungen,
- die Haftung des Grundbesitzes für öffentliche Lasten und Abgaben,
- die gesamtschuldnerische Haftung der Beteiligten für Kosten und Steuern, unbeschadet der im Innenverhältnis getroffenen Vereinbarungen.

VIII. Kosten, Ausfertigungen

Die Kosten dieser Urkunde und des Vollzuges trägt die G GmbH & Co. KG.

Von dieser Urkunde erhalten die Vertragsteile je eine Ausfertigung,
das Grundbuchamt eine beglaubigte Abschrift.

Das Finanzamt – Grunderwerbsteuerstelle, Kapitalgesellschaften und Personengesellschaften
sowie Herr Steuerberater S
erhalten je eine einfache Abschrift.

Samt Anlage vorgelesen vom Notar …

Anlage I
Gesellschaftsvertrag

§ 1 Firma, Sitz

Die Firma der Gesellschaft lautet:
G GmbH & Co. KG.
Die Gesellschaft hat ihren Sitz in Adorf.

§ 2 Gegenstand des Unternehmens

Gegenstand des Unternehmens ist die Verwaltung des eigenen Grundbesitzes.

§ 3 Dauer der Gesellschaft, Geschäftsjahr

1. Die Gesellschaft beginnt mit ihrer Eintragung im Handelsregister.
2. Das Geschäftsjahr ist das Kalenderjahr.

§ 4 Gesellschafter, Einlagen

1. Persönlich haftende Gesellschafterin ist die G-Verwaltungs GmbH mit dem Sitz in Adorf. Sie erbringt nur Dienstleistungen. Zur Leistung einer Kapitaleinlage ist sie weder berechtigt noch verpflichtet.
2. Kommanditisten sind:
   a) Frau Maria G mit einer Kommanditeinlage in Höhe von 1000 €,
   b) Herr Franz G mit einer Kommanditeinlage in Höhe von 1000 €,
   c) Herr Georg G mit einer Kommanditeinlage in Höhe von 1000 €.
3. Die Kommanditeinlagen sind durch die Einbringung des Grundstückes Flst.Nr. 4470/5 erbracht.
4. Nach den in Abs. 2 festgelegten Anteilen der Gesellschafter am Gesellschaftsvermögen richten sich, sofern in diesem Vertrag nichts Abweichendes bestimmt ist, die Rechte der Gesellschafter, so vor allem die Beteiligung am Unternehmen, die Gewinnbeteiligung und das Stimmrecht.

§ 5 Geschäftsführung, Vertretung

1. Zur Vertretung ist allein die G-Verwaltungs GmbH berufen, die als Gesellschaft mit beschränkter Haftung durch ihre satzungsgemäß berufenen, im Handelsregister eingetragenen Organe handelt. Die persönlich haftende Gesellschaft und ihre Organe sind von den Beschränkungen des § 181 BGB befreit.
2. Abweichend von der gesetzlichen Regelung obliegt die **Geschäftsführung** nicht der Komplementär-GmbH, die nur Vertretungsorgan ist, sondern **allen Kommanditisten gemeinsam**, so dass die G GmbH & Co. KG nicht als gewerblich geprägte Gesellschaft i. S. d. § 15 Abs. 3 Nr. 2 EStG, sondern vielmehr als rein vermögensverwaltende Gesellschaft tätig wird. Im Innenverhältnis können die Kommanditisten einen Kommanditisten allein zur Geschäftsführung ermächtigen.

Solange die G GmbH & Co. KG alleinige Gesellschafterin der G-Verwaltungs GmbH ist, sind die Kommanditisten bevollmächtigt, in der Gesellschafterversammlung der GmbH das Stimmrecht im Verhältnis ihrer KG-Beteiligung auszuüben.

§ 6 Informations- und Kontrollrecht

Den Kommanditisten steht das Recht zu, eine abschriftliche Mitteilung der Jahresüberschussrechnung von der Geschäftsführung zu verlangen. Sie haben weiterhin das Recht, dessen Richtigkeit durch Einsicht der Bücher und Papiere zu prüfen.

§ 7 Gesellschafterbeschlüsse

1. Gesellschafterbeschlüsse sind herbeizuführen, wenn dies gesetzlich vorgeschrieben oder in diesem Vertrag vorgesehen ist.
2. Gesellschafterbeschlüsse erfolgen mit einfacher Mehrheit der abgegebenen Stimmen, soweit nicht dieser Vertrag oder das Gesetz eine andere Mehrheit vorschreiben.
3. Je 100 € Kommanditanteil ergeben eine Stimme. Die persönlich haftende Gesellschafterin ist nicht stimmberechtigt.
4. Gesellschafterbeschlüsse können innerhalb einer Frist von einem Monat nach Zugang des Gesellschafterversammlungsprotokolls angefochten werden.
5. Zur Änderung dieses Gesellschaftsvertrages ist die Zustimmung aller Gesellschafter erforderlich.

§ 8 Gesellschafterversammlung

1. Die Beschlüsse der Gesellschafter werden in Gesellschafterversammlungen gefasst. Die Beschlüsse können auch schriftlich, telegrafisch oder durch Faxschreiben gefasst werden, wenn sich alle Gesellschafter an der Beschlussfassung beteiligen.
2. Jeder Gesellschafter kann sich durch einen anderen Gesellschafter oder einen zur Berufsverschwiegenheit verpflichteten Dritten in der Gesellschafterversammlung vertreten und/oder beraten lassen. Vollmachten sind in schriftlicher Form der Gesellschaft zu übergeben.
3. Die Gesellschafterversammlung ist beschlussfähig, wenn mindestens $^{3}/_{4}$ aller Stimmen anwesend oder vertreten sind. Wird diese Mehrheit nicht erreicht, so ist eine erneute Gesellschafterversammlung mit der gleichen Tagesordnung einzuberufen, die aber nicht vor 14 Tagen, gerechnet vom Tage der Absendung der erneuten Einladung, und nicht später als einen Monat, gerechnet vom Tage der ersten Gesellschafterversammlung, stattfinden darf. Diese Gesellschafterversammlung ist unabhängig von den vertretenden Stimmen stets beschlussfähig, wenn in der Einladung auf diese Rechtsfolge ausdrücklich hingewiesen worden ist.
4. Die ordentliche Gesellschafterversammlung findet alljährlich innerhalb der ersten elf Monate nach Ende des Geschäftsjahres statt.
5. Die Einberufung der Gesellschafterversammlung erfolgt durch die persönlich haftende Gesellschafterin durch eingeschriebenen Brief oder schriftlich gegen Empfangsbekenntnis. Die Ladung hat mit einer Frist von 14 Tagen zu erfolgen, wobei der Tag der Ladung und der Tag der Versammlung nicht mitzurechnen sind. Tagungsort, Tagungszeit und Tagesordnung sind in der Ladung mitzuteilen.

§ 9 Kostenersatz, Vergütung

1. Die persönlich haftende Gesellschafterin erhält alle Kosten, die durch die Geschäftsführung und Vertretung für diese Gesellschaft unmittelbar oder mittelbar entstehen, sowie alle von ihr im Interesse der Gesellschaft gemachten Aufwendungen ersetzt. Die steuerlich nicht abzugsfähigen Kosten der persönlich haftenden Gesellschafterin, wie z. B. Körperschaftsteuer, werden nicht vergütet.
2. Der Kostenersatz nach Abs. 1 gilt im Verhältnis zu den Gesellschaftern untereinander als Kosten der Gesellschaft und ist auch in Verlustjahren zu leisten.
3. Die persönlich haftende Gesellschafterin kann zur Deckung der ihr entstehenden und zu erstattenden Kosten monatlich entsprechende Entnahmen tätigen.

§ 10 Jahresabschluss

Die Jahresabschluss ist von der persönlich haftenden Gesellschafterin innerhalb der gesetzlichen Frist des § 264 HGB nach Ablauf eines jeden Geschäftsjahres zu erstellen.

§ 11 Gewinn- und Verlustbeteiligung

1. Die persönlich haftende Gesellschafterin erhält für die Übernahme der persönlichen Haftung einen Gewinnanteil von 5% ihres Stammkapitals.
2. Der verbleibende Jahresüberschuss entfällt auf die übrigen Gesellschafter im Verhältnis ihrer Kommanditeinlagen.
3. Ein eventueller Jahresfehlbetrag wird unter den Gesellschaftern wie folgt aufgeteilt: Die persönlich haftende Gesellschafterin nimmt am Verlust nicht teil, ohne dass hierdurch die Haftung der Gesellschafter erweitert oder eine Nachschusspflicht begründet wird. Der auf die Gesellschafter entfallende Verlustanteil wird im Verhältnis der Festeinlagen verteilt.

§ 12 Gesellschafterkonten

1. Für die persönlich haftende Gesellschafterin wird nur ein Verrechnungskonto geführt.
2. Für die Kommanditisten werden folgende Konten geführt:
   – Kapitalkonto I,
   – Kapitalkonto II,
   – Verlustvortragskonto,
   – Privatkonto.
3. Auf das Kapitalkonto I sind die Beträge der Kommanditeinlagen zu verbuchen. Sie sind Festeinlagen i. S. dieses Vertrages.
4. Auf das Kapitalkonto II werden die nichtentnahmefähigen Gewinnanteile gutgeschrieben. Das Kapitalkonto II hat den Charakter einer Pflichteinlage. Der das Kapitalkonto I übersteigende Wert des eingebrachten Grundbesitzes wird auf Kapitalkonto II im Beteiligungsverhältnis gebucht.
5. Auf dem Privatkonto sind alle übrigen Gutschriften und Belastungen vorzunehmen, soweit letztere nicht dem Verlustvortragskonto zugeschrieben werden. Guthaben auf Privatkonten sind als Darlehensforderung und Schuldsalden als Verbindlichkeiten gegenüber der Gesellschaft anzusehen. Sowohl ein Soll- als auch ein Habensaldo werden verzinst; Sollsalden mit 5 Prozentpunkten und Habensalden mit 2 Prozentpunkten über dem Basiszinssatz der Europäischen Zentralbank. Zur Vereinfachung der Rechnung gelten für die Verzinsung Gutschriften und Lastschriften als zum Ende des Monats erfolgt. Die Zinsen werden auf dem Privatkonto am Jahresende verbucht. Guthaben sind entnahmefähig.
6. Verluste werden den Gesellschaftern anteilig auf das Verlustvortragskonto zugewiesen. Solange der Wert der Kommanditeinlage durch Verluste der Vorjahre gemindert ist, sind Jahresüberschüsse der folgenden Geschäftsjahre zum Ausgleich des Verlustvortragskontos zu verwenden.

§ 13 Entnahmen

1. Guthaben auf Privatkonten sind uneingeschränkt entnahmefähig.
2. Darüber hinaus sind Entnahmen nur aufgrund eines einstimmen Gesellschafterbeschlusses zulässig.
3. Eine Entnahme ist solange und soweit ausgeschlossen, als die Einlage des Kapitalkontos I durch Verlust gemindert ist.

§ 14 Verfügungen über den Gesellschaftsanteil

1. Verfügungen jeder Art über den Gesellschaftsanteil (z. B. Abtretung, Verpfändung und Nießbrauchbestellung) bedürfen der Genehmigung durch die Gesellschafterversammlung.
2. Der vorstehenden Genehmigung bedarf es nicht bei Übertragung des Geschäftsanteils an Abkömmlinge.

§ 15 Vererbung von Gesellschaftsanteilen

Im Falle des Todes eines Gesellschafters wird die Gesellschaft nicht aufgelöst, sondern mit den Erben des verstorbenen Gesellschafters fortgesetzt., soweit es sich hierbei um Ehegatten, Abkömmlinge oder Mitgesellschafter handelt. Andernfalls wird die Gesellschaft unter den verbleibenden Gesellschaftern fortgeführt.

§ 16 Kündigung der Gesellschaft

Die Gesellschaft ist mit einer Frist von sechs Monaten erstmals zum 31. 12. 2040, kündbar. Wird sie nicht gekündigt, so verlängert sie sich jeweils um ein Jahr. Die hierbei einzuhaltende Kündigungsfrist beträgt ebenfalls 6 Monate zum Ende des Geschäftsjahres. Die Kündigung hat durch einen eingeschriebenen Brief an die Gesellschaft zu Händen der Geschäftsführung zu erfolgen.

§ 17 Abfindung

1. Sofern sich die Gesellschafter über eine nach diesem Vertrag zu gewährende Abfindung nicht innerhalb eines Monats nach dem Ausscheidungsstichtag einigen, entscheidet über die Abfindung ein von der Industrie- und Handelskammer zu benennender vereidigter Sachverständiger für das Grundstückswesen als Schiedsgutachter gem. § 317 BGB.
2. Die Abfindung beträgt 80% – achtzig vom Hundert – des Verkehrswertes des Grundbesitzes abzüglich der Verbindlichkeiten der Gesellschaft.
3. Das Abfindungsguthaben wird mit dem Basiszinssatz gem. § 247 BGB verzinst.
4. Mit dem nach steuerlichen Grundsätzen zu ermittelnden Abfindungsguthaben sind sämtliche Forderungen des ausscheidenden Gesellschafters gegen die Gesellschaft abgegolten mit Ausnahme eventueller Salden auf dem Privatkonto.
5. Das gesamte Abfindungsguthaben wird in drei Jahresraten, beginnend ein Jahr nach dem Ausscheidungsstichtag, mit den jeweiligen Jahreszinsen entrichtet.

§ 18 Ausschluss eines Gesellschafters

1. Ein Gesellschafter kann aus der Gesellschaft ausgeschlossen werden, wenn dies im Vertrag vorgesehen ist oder aber, wenn er wesentliche Gesellschafterpflichten vorsätzlich oder grob fahrlässig verletzt. Das gleiche gilt bei Vorliegen eines wichtigen Grundes, der immer anzunehmen ist, wenn über das Vermögen des Gesellschafters das Insolvenzverfahren rechtskräftig eröffnet oder mangels Masse abgelehnt wird, ein Gesellschafter eine eidesstattliche Versicherung nach § 807 ZPO abgibt oder die Zwangsvollstreckung durch die Gläubiger des Gesellschafters aufgrund eines nicht nur vorläufig vollstreckbaren Titels in den Geschäftsanteil betrieben wird und es dem Gesellschafter nicht gelingt, die vorgenannten Maßnahmen innerhalb von 3 Monaten rückgängig zu machen.
2. Im Falle der Pfändung durch einen Gläubiger steht den übrigen Gesellschaftern das Recht zu, den die Zwangsvollstreckung betreibenden Gläubiger nach Maßgabe dieses Vertrages abzufinden und den betroffenen Gesellschafter gemäß Abs. 1 aus der Gesellschaft auszuschließen, es sei denn, dass dem betroffenen Gesellschafter inner-

halb der in Abs. 1 genannten Frist die Rückgängigmachung der Vollstreckungsmaßnahmen gelingt.
3. Die Ausschließung erfolgt gegen Entgelt in Höhe von 60% – sechzig vom Hundert – des gem. § 17 Abs. 2 zu ermittelnden Abfindungsguthabens.
4. Die Ausschließung erfolgt durch Gesellschafterbeschluss. Der betroffene Gesellschafter hat hierbei kein Stimmrecht. Die Gesellschafterrechte ruhen ab dem Zeitpunkt der Beschlussfassung unabhängig von der Ermittlung und Zahlung des Abfindungsguthabens.
5. Das gesamte Abfindungsguthaben ist sofort fällig, wenn der Abfindungsschuldner mit einer Abfindung länger als 3 Monate in Verzug gerät. Sicherheiten bezüglich der Abfindung kann der ausgeschiedene Gesellschafter nicht verlangen.

§ 19 Ausscheiden eines Gesellschafters

1. Scheidet ein Gesellschafter, gleich aus welchem Grund, aus der Gesellschaft aus, so wird die Gesellschaft nicht aufgelöst, sondern von den übrigen Gesellschaftern fortgesetzt. Das gleiche gilt, wenn ein persönlich haftender Gesellschafter ausscheidet und ein weiterer persönlich haftender Gesellschafter vorhanden ist.
2. Scheidet der alleinige persönlich haftende Gesellschafter aus, wird die Gesellschaft aufgelöst, es sei denn, dass die Gesellschafter mit Stimmenmehrheit sich bis zum Auflösungszeitpunkt für einen neuen persönlich haftenden Gesellschafter entschieden haben und die Fortsetzung der Gesellschaft beschließen. Das gleiche gilt bei Auflösung des persönlich haftenden Gesellschafters.

§ 20 Auflösung der Gesellschaft

1. Die Auflösung der Gesellschaft kann unbeschadet des § 19 nur mit 75% aller vorhandenen Stimmen beschlossen werden.
2. Die Liquidation wird durch den persönlich haftenden Gesellschafter durchgeführt.

§ 21 Schlussbestimmungen

1. Sollten einzelne Bestimmungen dieses Vertrages oder Teile von Bestimmungen nichtig oder unwirksam sein oder werden, so wird die Gültigkeit der übrigen Bestimmungen oder des Teils der Bestimmungen hiervon nicht berührt. Die ungültige Bestimmung bzw. der ungültige Teil der Bestimmung ist dann so umzudeuten oder zu ergänzen, dass der mit der unwirksamen Bestimmung beabsichtigte wirtschaftliche oder rechtliche Zweck im Rahmen des rechtlich Zulässigen erreicht wird. Dasselbe gilt, wenn bei Durchführung des Gesellschaftervertrages eine ergänzungsbedürftige Vertragslücke offenbar wird.
2. Die Kosten dieses Vertrages werden von der Gesellschaft getragen.

D. Übertragung von Gesellschaftsanteilen

Literatur: *Müller* Die gewerbliche Familien-KG als Schenkungsinstrument, ErbStB 2003, 127.

I. Zivilrecht

1. Beteiligungserwerb

46 Jahrzehntelang wurde angenommen, dass sich der Beteiligungserwerb an einer Kommanditgesellschaft ausschließlich im Wege der An- und Abwachsung vollziehe. Mit dieser Auffassung war die Vorstellung verbunden, dass bei dem ausscheidenden Kommanditisten, der hierfür eine Abfindung von der Gesellschaft erhielt, die Haftung gegenüber den Gesellschaftsgläubigern gem. § 172 Abs. 4 Satz 1 HGB wieder auflebt und auch der noch nicht im Han-

delsregister eingetragene eintretende Kommanditist der Haftung gem. § 176 Abs. 2 HGB unterliegt.

Dem gegenüber hat sich die an der GmbH-Anteilsübertragung orientierte Auffassung durchgesetzt, dass der ausscheidende Kommanditist seinen Gesellschaftsanteil ohne An- und Abwachsungsvorgang bei der Gesellschaft unmittelbar im Wege der **Sonderrechtsnachfolge** auf den eintretenden Gesellschafter übertragen kann und der Leistungsaustausch ausschließlich zwischen diesen beiden Gesellschaftern erfolgt, so dass das Gesellschaftsvermögen und damit die Haftungsmasse für die Gesellschaftsgläubiger in keiner Weise berührt wird. Der Umstand, dass die Gesellschaft bei dem Ausscheiden eines Kommanditisten diesem keine Leistung versprochen oder gewährt hat, die Übertragung somit im Wege der Sonderrechtsnachfolge stattfindet, ist dem Registergericht gegenüber zu versichern, vgl. *Piehler* in: MünchHdb.KG § 33 Rn. 39. 47

2. Haftungsfragen

a) Originärer Erwerb

Die in § 176 Abs. 2 HGB angeordnete Haftung, wonach ein Kommanditist für die in der Zeit zwischen seinem Eintritt und dessen Eintragung in das Handelsregister begründeten Verbindlichkeiten der Gesellschaft persönlich unbeschränkt haftet, ist die konsequente Reaktion des Gesetzgebers darauf, dass die Hafteinlage eines originären Anteilserwerbers im Handelsregister nirgendwo ersichtlich ist. Da eine nicht publizierte Haftungsbeschränkung Dritten gegenüber nicht wirken kann, ist die unbeschränkte Haftung des originären Anteilserwerbers unumgänglich. 48

b) Derivativer Erwerb

Im Fall des derivativen Anteilserwerbs – durch Anteilsübertragung im Wege der **Sonderrechtsnachfolge** – verfängt diese Argumentation nicht. Bei einem derivativen Erwerb ist die Höhe der Hafteinlage bereits durch die Handelsregistereintragung des Rechtsvorgängers publiziert. Es ist nicht ersichtlich, mit welcher Begründung der Rechtsverkehr davon ausgehen könnte, dass der Rechtsnachfolger eines Kommanditisten seinerseits nicht ebenfalls beschränkt haftet. Aus diesem Grund wird die Entscheidung des BGH NJW 1983, 2258, wonach § 176 Abs. 2 HGB auch für den derivativen Erwerb gelten soll, in der Literatur überwiegend abgelehnt, vgl. *Baumbach/Hopt* HGB § 176 Rn. 11; *Ebenroth/Boujong/Joost/Strohn* HGB § 176 Rn. 25 ff.; *K. Schmidt* GmbHR 2002, 347. 49

Eine Haftung gem. § 176 Abs. 2 HGB im Falle des derivativen Anteilserwerbs ist ein nicht gerechtfertigtes Haftungsgeschenk für Gesellschaftsgläubiger. Selbst wenn man die Haftung nach § 176 Abs. 2 HGB als Sanktion wegen eines Verstoßes gegen die Eintragungspflicht bejaht, geht sie jedoch weit über das Maß dessen hinaus, was im Rahmen des § 15 HGB anerkannt ist. Selbst im Rahmen der dort vertretenen sog. „Rosinentheorie" kann der Rechtsverkehr sich lediglich entscheiden, ob er sich hinsichtlich einer eintragungspflichtigen Tatsache auf den Registerinhalt oder auf die tatsächliche Rechtslage berufen möchte. 50

51 Solange die Rechtsnachfolge nicht eingetragen ist, kann ein Dritter sich also aussuchen, ob er die Rechtsnachfolge gegen sich gelten lässt oder nicht. Ein guter Glaube daran, dass der Rechtsnachfolger gleichzeitig in die Komplementärstellung gewechselt ist, ist danach jedoch nicht geschützt.

c) Keine Anwendung des § 176 Abs. 2 HGB bei GmbH & Co. KG

52 Darüber hinaus hat der BGH in dem Urt. v. 31. 3. 1983 darauf hingewiesen, dass seit dem Inkrafttreten des § 19 Abs. 5 HGB (nunmehr § 19 Abs. 2 HGB) zum 1. 1. 1981 niemand mehr damit rechnen kann, dass für die Verbindlichkeiten einer als GmbH & Co. KG firmierenden Gesellschaft eine natürliche Person unbeschränkt hafte. Der Rechtsverkehr geht ohne weiteres davon aus, dass im Verhältnis zu Dritten, also insbesondere in Haftungsfragen, die GmbH & Co. KG nicht anders zu behandeln ist als eine GmbH. Daraus ist zu schließen, dass das Vertrauen eines Dritten, hinter einer GmbH & Co. KG eine vollhaftende natürliche Person vorzufinden, in keiner Weise gesetzlich geschützt ist. Diese Auffassung ist ohne Weiteres mit dem Wortlaut des § 176 HGB vereinbar, denn dieser sieht in seinem Abs. 1 Satz 1 a. E. eine Ausnahme von der unbeschränkten Haftung für den Fall vor, dass dem Gläubiger die Kommanditistenstellung des Gesellschafters bekannt ist. Die Erwartung des Rechtsverkehrs, bei Auftreten einer GmbH & Co. KG mit keiner vollhaftenden natürlichen Person rechnen zu können, ist derart verfestigt, dass sie einer positiven Kenntnis i. S. dieser Norm gleichgestellt werden kann, vgl. *Ebenroth/Boujong/Joost/Strohn* HGB § 176 Rn. 22 m. w. N.

53 Nach der zutreffenden Auffassung des OLG Frankfurt GmbHR 2007, 1326 ist die Firmierung als GmbH & Co. KG ausreichend, um die Haftung des Kommanditisten gleich einem persönlich haftenden Gesellschafter vor Eintragung der KG nach § 176 Abs. 1 Satz 1 HGB auszuschließen. Die Entscheidung des BGH NJW 1980, 54 ist durch die Neuregelung des Firmenrechts der Handelsgesellschaften überholt.

Die vom Bundesgerichtshof in seinem obiter dictum von 1983 angedeutete Rechtsauffassung hat sich inzwischen in der Literatur und in der Praxis so durchgesetzt, dass auch für die Vertragsgestaltung die Ausschaltung des § 176 Abs. 2 HGB etwa durch Vereinbarung einer aufschiebenden Bedingung bei der Abtretung, nicht mehr empfohlen wird, vgl. *Binz/Sorg* Die GmbH & Co. KG Rn. 46.

3. IHK-Kammerzugehörigkeit

54 Die lediglich Privatvermögen verwaltende GmbH & Co. KG unterliegt, da sie keinen Gewerbebetrieb führt, sondern nur Vermögensverwaltung wahrnimmt, a priori nicht der Gewerbesteuer, so dass es auf die Kürzungsvorschrift des § 9 Nr. 1 Satz 2 GewStG nicht ankommt. Damit scheidet die Zwangsmitgliedschaft bei der Industrie- und Handelskammer aus. Lediglich die Komplementär-GmbH stellt gem. § 2 GewStG stets einen Gewerbebetrieb dar und ist damit Kammermitglied, es sei denn, dass ausnahmsweise die GmbH den Gemeinnützigkeitsstatus aufweist.

4. Publizitätspflicht

Literatur: *Kuntze-Kaufhold* Jahresabschluss-Publizität nach dem EHUG – Gift oder Medizin?, GmbHR 2009, 73.

Obwohl die Privatvermögen verwaltende GmbH & Co. KG nur Einkünfte aus Vermietung und Verpachtung oder Kapitalvermögen bezieht, also keinen Gewerbebetrieb unterhält, ist sie gem. § 325 HGB zur Offenlegung ihres Jahresabschlusses verpflichtet. Diese Verpflichtung kann derzeit nur umgangen werden, wenn eine natürliche Person der Gesellschaft als persönlich haftender Gesellschafter beitritt. 55

II. Einkommensteuer

1. Sonderausgabenabzug

Durch das Jahressteuergesetz 2008 wurde § 10 Abs. 1 Nr. 1 a EStG in der Weise geändert, dass eine bei der Übertragung von steuerlichem Privatvermögen vereinbarte Versorgungsrente nicht mehr dem Sonderausgabenabzug unterliegt. Nach der in § 6 Rn. 68f. vertretenen Auffassung besteht ein Gestaltungswahlrecht, wonach je nach der Höhe einer vereinbarten Versorgungsrente und der Laufzeit eine Qualifizierung als unentgeltliche oder entgeltliche Gegenleistung in Betracht kommt. 61

Die Finanzverwaltung folgt im IV. Rentenerlass BStBl. I 2010 S. 227 Tz. 20 dieser Auffassung nicht und behandelt auch Versorgungsrenten – entgegen der ständigen Rechtsprechung des BFH – als entgeltlich, wenn die Voraussetzungen des Sonderausgabenabzugs gem. § 10 Abs. 1 Nr. 1 a EStG nicht vorliegen, so dass Übertragungen gegen Leibrente ohne Sonderausgabenabzug der Besteuerung gem. § 17 und § 23 EStG unterliegen.

2. Nießbrauch

Der vom Gesetzgeber verfügte Ausschluss vom Sonderausgabenabzug bei Versorgungsrenten führt zu einer Renaissance des Nießbrauchs, der bei einer vermögensverwaltenden GmbH & Co. KG als **„Doppelnießbrauch"** in der Weise in Betracht kommt, dass sich die Eltern den Nießbrauch bei der Errichtung einer GmbH & Co. KG nicht nur an den von ihnen eingebrachten Immobilien, sondern darüber hinaus auch an den KG-Anteilen, die sie auf ihre Kinder übertragen, vorbehalten. Die Rechtswirkungen dieses Doppelnießbrauchs wurden oben in § 11 D II bereits dargestellt. 62

III. Vertragsgestaltung

1. Übertragung von Gesellschaftsanteilen an einer Privatvermögen verwaltenden GmbH & Co. KG

Beurkundet am … 66

I. Sachstand

1. Im Handelsregister des Amtsgerichts … ist unter HR A … die Gesellschaft in Firma Dagobert GmbH & Co. KG mit dem Sitz in Adorf eingetragen.
Persönlich haftende Gesellschafterin ist die im Handelsregister des Amtsgerichts … unter HR B … eingetragene Firma Dagobert Verwaltungs GmbH mit dem Sitz in Adorf ohne Einlage.

Kommanditist ist Herr Dagobert mit einer Kommanditeinlage in Höhe von 100.000 €.
2. Die Kommanditgesellschaft hat Grundbesitz.
3. Die Gesellschaft hat nur steuerliches Privatvermögen, da der Kommanditist geschäftsführungsberechtigt ist.

II. Überlassung

Herr Dagobert
– im folgenden auch „Übergeber" genannt –
überlässt
von seiner Kommanditeinlage in Höhe von 100.000 € hiermit an
a) seine Nichte Iris 20.000 € und
b) seine Nichte Annette 20.000 €
– im folgenden auch „Erwerber" genannt –.

Nach vorbezeichneter Überlassung beschreiben sich somit die Anteilsverhältnisse sämtlicher Kommanditisten wie folgt:
a) Herr Dagobert mit einer Beteiligung von 60.000 €
b) Frau Iris ... mit einer Beteiligung von 20.000 € und
c) Frau Annette ... mit einer Beteiligung von 20.000 €

Die Überlassung erfolgt im Wege der vorweggenommenen Erbfolge.

III. Abtretung

Die Vertragsteile sind darüber einig, dass der jeweils in Abschnitt II bezeichnete Kommanditanteil auf den jeweiligen Erwerber im vorgenannten Berechtigungsverhältnis zum ... übergeht.

IV. Gewinn und Verlust

An dem Gewinn und Verlust der Gesellschaft sind während der Dauer des Nießbrauchs die Beteiligten in dem in Abschnitt VI. bezeichneten Verhältnis beteiligt.

V. Haftung

Der Übergeber garantiert, dass die übertragenen Gesellschaftsanteile lastenfrei übergehen.

Jegliche weitergehende Rechts- und Sachmängelhaftung wird ausgeschlossen.

Der Inhalt des Gesellschaftsvertrages der Dagobert GmbH & Co. KG ist den Erwerbern bekannt. Diese treten in alle Rechte und Pflichten aus diesem Gesellschaftsvertrag ein.

VI. Quotennießbrauch

Der Übergeber behält sich auf seine Lebensdauer den
Quotennießbrauch zu 95%
an den übergebenen Gesellschaftsanteilen vor.

Somit stehen für die Dauer des Nießbrauchs 95% aller entnahmefähigen, auf den nießbrauchsbelasteten Gesellschaftsanteil entfallenden Gewinne dem Nießbraucher zu, der im selben Umfang an etwaigen Verlusten beteiligt ist.

Außerordentliche Erträge gebühren im vollen Umfang dem Gesellschafter, so dass der Nießbraucher an außerordentlichen Erträgen nicht beteiligt ist.

Soweit dem Gesellschafter aus den Gesellschaftsanteilen steuerliche Belastungen erwachsen, insbesondere eine Einkommensteuerschuld, ist der Gesellschafter gegenüber dem Nießbraucher berechtigt, insoweit die Steuern aus dem Gesellschaftsvermögen zu entnehmen.

Für die Stimmrechte an den nießbrauchsbelasteten Gesellschaftsanteilen gelten die gesetzlichen Bestimmungen. Danach übt der Nießbraucher das Stimmrecht bei Beschlüssen über die laufenden Angelegenheiten der Gesellschaft und die zur Sicherung seines Fruchtziehungsrechtes notwendigen Kontroll- und Informationsrechte aus. Bei außerordentlichen Angelegenheiten gebührt das Stimmrecht allein dem Gesellschafter. Darüber hinaus stehen dem Gesellschafter alle gesetzlichen Kontroll- und Informationsrechte zu.

Im Falle der Veräußerung von Grundstücken steht dem Nießbraucher das Nießbrauchsrecht an dem Surrogat zu.

VII. Widerruf der Schenkung

Hinsichtlich der geschenkten Gesellschaftsanteile wird folgendes vereinbart:

Neben den gesetzlichen Rückübertragungsfällen ist der Übergeber berechtigt, die der jeweiligen Anteilsübertragung zugrundeliegende Schenkung ganz oder teilweise zu widerrufen und die unentgeltliche Rückübertragung des jeweiligen Anteils zu verlangen, wenn

a) der Erwerber seinen Gesellschaftsanteil ohne Zustimmung des Übergebers veräußert, belastet, verpfändet oder einem Dritten eine Unterbeteiligung einräumt,
b) der Erwerber vor dem Übergeber verstirbt, ohne dass der Gesellschaftsanteil ausschließlich auf leibliche Abkömmlinge des Verstorbenen übergeht,
c) der Erwerber die Gesellschaft vertragswidrig kündigt,
d) eine wesentliche Verschlechterung in den Vermögensverhältnissen des Erwerbers eintritt oder die Eröffnung eines Insolvenzverfahrens über das Vermögen des Erwerbers droht oder die Zwangsvollstreckung in den Vertragsgegenstand betrieben wird, ohne dass der Erwerber die Maßnahme innerhalb von drei Monaten abwendet,
e) der Erwerber mit seinem (künftigen) Ehegatten nicht Gütertrennung oder modifizierte Zugewinngemeinschaft mit dem Inhalt vereinbart, dass der Vertragsgegenstand im Falle der Scheidung der Ehe aus dem Zugewinnausgleich und im Falle des Versterbens auf Grund eines beschränkten Pflichtteilsverzichts aus dem Ehegattenpflichtteilsrecht ausscheidet, wobei das Rücktrittsrecht bereits ausgeübt werden kann, wenn der Erwerber auf Verlangen nicht innerhalb eines Monats eine beglaubigte notarielle Urkunde mit diesem Inhalt beibringt,
f) die Voraussetzungen für die Entziehung des Pflichtteils eintreten, oder bei grobem Undank des Erwerbers gegenüber dem Anspruchsberechtigten.
g) der Erwerber der Spiel-, Drogen- oder Alkoholsucht verfällt oder
h) der Erwerber sich einer im Sektenbericht der Bundesregierung aufgeführten Sekte oder einer unter Beobachtung des Verfassungsschutzes stehenden Vereinigung anschließt oder
i) durch die Übertragung Schenkungsteuer anfällt, wobei der Rücktritt auch teilweise, also hinsichtlich des Teils eines übertragenen Gesellschaftsanteils ausgeübt werden kann.

Der Widerruf erfolgt durch schriftliche Erklärung gegenüber dem Erwerber.

Das Widerrufsrecht ist nicht vererblich oder übertragbar, es sei denn dass es bereits zu Lebzeiten ausgeübt wurde.

Dieser Anspruch auf Rückübertragung ist weder vererblich noch übertragbar.

VIII. Zustimmung

Gemäß § ... des Gesellschaftsvertrages ist zur Abtretung von Gesellschaftsanteilen an leibliche Abkömmlinge eines Gesellschafters die Zustimmung der übrigen Gesellschafter nicht erforderlich.

Der Übergeber stimmt der Abtretung auch namens der Komplementär-GmbH zu.

IX. Hinweise

Die Vertragsteile wurden vom Notar hingewiesen auf

a) das Erfordernis der vollständigen Beurkundung aller Vereinbarungen,
b) die mögliche Schenkungsteuerpflicht gemäß § 7 ErbStG.

X. Kosten, Ausfertigungen

Die Kosten dieser Urkunde und des Vollzuges trägt die Gesellschaft, eine etwa anfallende Schenkungsteuer trägt der Erwerber.

Von dieser Urkunde erhalten:
einfache Abschriften:
die Vertragsteile
das Finanzamt Kaufbeuren – Schenkungsteuerstelle –
das Finanzamt Traunstein – Grunderwerbsteuerstelle –
der Steuerberater der Gesellschaft.
Vorgelesen vom Notar …

2. Anmerkungen

a) Vorbehaltsnießbrauch

67 In VI. des Formulierungsvorschlages ist ein Quotennießbrauch in Höhe von 95% vorgesehen. Diese Gestaltung erfordert eine einheitliche und gesonderte Gewinnfeststellung gem. § 180 AO, um die auf den Gesellschafter und auf den Nießbraucher entfallenden Erträge durch das „Betriebsfinanzamt" für das Wohnsitzfinanzamt feststellen zu lassen. Möglich wäre auch die unmittelbare Einräumung eines Nießbrauches an dem Grundbesitz zu Gunsten des Übergebers, wie dies in dem Gestaltungsvorschlag zu § 11 D II vorgeschlagen wurde. Wegen der notwendigen Bilanzierung (und Publizierung im Internet, vgl. oben B. I.) würden durch die Erfassung des Nießbrauches in der Bilanz der Gesellschaft schwierige Bilanzierungsfragen entstehen, nämlich ob der Nießbrauch als Wertminderung auf der Aktivseite oder als Verbindlichkeiten auf der Passivseite auszuweisen ist.

An Stelle des Quotennießbrauches ist auch ein Totalnießbrauch möglich, da der schenkungsteuerliche Vollzug selbst bei der Zurückbehaltung von wirtschaftlichem Eigentum nicht gehindert ist, vgl. BFH BStBl. 1983 II 179 und 1989 II 1034.

b) Versorgungsrente

68 Die Vereinbarung einer Versorgungsrente mit Sonderausgabenabzug scheidet aus, da § 10 Abs. 1 Nr. 1a Buchst. a) EStG nur Mitunternehmeranteile erfasst.

c) Grunderwerbsteuer

69 Die Übertragung ist grunderwerbsteuerfrei. Sofern die Gesamthand noch keine 5 Jahre bestanden hat, wird bei der entgeltlichen Übertragung an fremde Dritte gem. § 5 Abs. 3 GrEStG Grunderwerbsteuer nacherhoben.

Der Hang zum Steuersparen übertrifft in Deutschland den Sexualtrieb bei weitem.

§ 14 Sparschwein-GmbH

Übersicht

Literatur: *Apel* Steueroptimale Übertragung von Vermögen auf Kinder, StuB 2005, 1045; *Bauschatz* in: FS für Spiegelberger, Übertragung von Anteilen an Kapitalgesellschaften gegen Versorgungsleistungen, S. 3; *Bornheim* Die Kapitalgesellschaft als Instrument der privaten Vermögensverwaltung, DStR 2001, 1950 und 1990; *Elser* Warum die GmbH nur selten als Spardose taugt, BB 2001, 805; *Horn* Gründung einer vermögensverwaltenden GmbH, GmbHR 2001, 386; *Kirchdörfer/Lorz* Familienvermögensgesellschaften als Organisationsmodelle im Rahmen der Familienstrategie und der Planung der Vermögensnachfolge, DB 2004, Beil. Nr. 3, 1; *Knebel/Seltenreich* Ende der vermögensverwaltenden Kapitalgesellschaft?, Stbg 2003, 63; *Lechner* Die Kapitalgesellschaft als Steuersparmodell, Stbg 2001, 201; *Mohr* Kapitalaufbringung und Kapitalerhaltung nach dem MoMiG, GmbH-StB 2008, 339; OFD Düsseldorf: Vermögensverwaltungsgebühren als Werbungskosten bei den Einkünften aus Kapitalvermögen und aus privaten Veräußerungsgeschäften, DStR 2005, 329; *Onderka/Lasa* Neue Gestaltungsmöglichkeiten bei der Übertragung von Kleinanteilen an Familienkapitalgesellschaften nach dem neuen Erbschaftsteuergesetz, Ubg 2009, 309; *Piltz* Nießbrauch an Aktien und GmbH-Anteilen bei vorweggenommener und letztwilliger Erbfolge, ZEV 1995, 59; *Reichert/Schlitt* Nießbrauch an GmbH-Geschäftsanteilen, Festschrift für Hans Flick 1997; *Reimann* Unternehmenssteuerreform und die Nachfolgeregelung in Gesellschaftsverträgen, ZEV 2002, 47; *Scheffel* Die Immobilien AG: Neues Steuersparmodell oder Instrument zur renditeorientierten Kapitalanlage?, DStZ 2002, 216; *Schiffers* Eignung einer GmbH oder GmbH & Co. KG zur Verwaltung größeren privaten Kapitalvermögens („Spardosen-GmbH"), DStZ 2007, 744; *Tröder* in: FS für Spiegelberger, Beteiligungen als Sacheinlage – ein Beitrag zum Grundsatz der realen Kapitalaufbringung im Gesellschaftsrecht, S. 936; *Watrin* Die vermögensverwaltende GmbH im Steuerrecht, GmbHR 2001, 853; *Wehrheim/Steinhoff* Die vermögensverwaltende GmbH nach Einführung der Unternehmenssteuerreform bei Veräußerungsgewinnen, DStR 2008, 989; *Worgulla* Die Unterbeteiligung an Kapitalgesellschaften im System der Abgeltungssteuer, DB 2009, 1146

A. Zivilrecht

I. Anwendungsbereich

1. Thesaurierung

1 Die vermögensverwaltende GmbH wird in der Literatur vorwiegend aus steuerlichen Gründen empfohlen, wobei nur die thesaurierende GmbH von

Bedeutung ist. Sofern nämlich eine GmbH ihre Gewinne ausschüttet, ist dieser Gewinn vorab schon mit Körperschaftsteuer und regelmäßig mit Gewerbesteuer belastet, so dass in der Addition der von der GmbH und dem Gesellschafter entrichteten Ertragsteuern eine Kumulierung gegenüber der Ertragsteuerbelastung bei Personenunternehmen eintritt.

Eine vermögensverwaltende GmbH kommt somit grundsätzlich nur in Betracht, wenn die Gesellschafter genügend restliches Privatvermögen besitzen, um ihren Lebensunterhalt zu bestreiten und nicht auf das Vermögen oder auf Ausschüttungen aus der GmbH angewiesen sind, vgl. *Wehrheim/Steinhoff* DStR 2008, 989. Gegenüber der Vermögensverwaltung im Privatvermögen ist eine vermögensverwaltende GmbH somit nur vorzuziehen, wenn die Ausschüttungen langfristig thesauriert werden. Eine tabellarische Übersicht findet sich bei *Wehrheim/Steinhoff* DStR 2008, 989.

2. Vorteilsabwägung

Aber selbst im Falle der Thesaurierung wird vor der vermögensverwaltenden Kapitalgesellschaft gewarnt, vgl. *Elser* BB 2001, 805 und zwar aus folgenden Gründen: Kapitalgesellschaften, also auch eine GmbH, unterliegen gem. § 1 Abs. 1 Nr. 1 KStG der unbeschränkten Körperschaftsteuerpflicht und sind ausnahmslos Inhaber von **Betriebsvermögen**. Bei der Veräußerung von Grundbesitz oder bei der Liquidation der GmbH werden die entstandenen stillen Reserven versteuert. Im Privatvermögen gehaltener Grundbesitz kann außerhalb der Zehn-Jahres-Frist des § 23 Abs. 1 Nr. 1 EStG steuerfrei veräußert werden, während der von einer GmbH gehaltene Grundbesitz sogar hinsichtlich der nur inflationsbedingt eintretenden Wertsteigerung der Veräußerungssteuer unterliegt. 2

Hinzu kommt, dass sowohl die Einbringung von Grundbesitz in eine GmbH, als auch die Veräußerung aus der GmbH der Grunderwerbsteuer unterliegen. Sofern im Einzelfall eine gewerbliche Prägung erwünscht ist, also z. B. zur Erhöhung der AfA-Bemessungsgrundlage, ist die Rechtsform der GmbH & Co. KG günstiger, da sowohl die Gründung, als auch die Beendigung grunderwerbsteuerfrei gestaltet werden kann, vgl. § 13 Rn. 35 und 69. 3

Durch die Absenkung des Körperschaftsteuersatzes auf 15% weist allerdings eine nur grundbesitzhaltende GmbH die niedrigste Ertragsteuerbelastung, nämlich mit 15% auf, so dass im Falle der Thesaurierung unbestritten eine Ertragsteuerreduzierung entsteht, die im Wesentlichen einen Stundungsvorteil darstellt, da bei der Liquidation der GmbH wiederum alle Wertzuwächse der Körperschaftsteuer unterliegen und zusätzlich im Teileinkünfteverfahren bei der Einkommensteuer des Gesellschafters erfasst werden. Zudem muss in jedem Fall berücksichtigt werden, dass die Rechtsform der GmbH wegen der Buchführungs- und Bilanzierungspflicht wesentlich kostenintensiver ist als die Vermögensverwaltung im Privatvermögensbereich. Allerdings ist nicht zu bestreiten, dass insbesondere bei der Errichtung einer thesaurierenden Grundstücks-GmbH zur Altersvorsorge die unterbliebenen Steuerabflüsse vermögensbildend wirken, vgl. *Keuler* GStB 2009, 12. Zur Wertpapierverwaltungs-GmbH vgl. Rn 36 ff. 4

3. Fiktive Veräußerung bei nicht qualifizierten GmbH-Anteilen

5 Für GmbH-Anteile enthält der IV. Rentenerlass BStBl. I 2010 S. 227 Tz. 15 ff. erhebliche Verschärfungen. Nur noch qualifizierte GmbH-Anteile, nämlich eine Beteiligung von mindestens 50% mit Übernahme der Geschäftsführung durch den Erwerber können nach Auffassung der Finanzverwaltung unentgeltlich übertragen werden, wenn der Übergeber eine Versorgungsrente erhält. Sofern somit der Sonderausgabenabzug gem. § 10 Abs. 1 Nr. 1 a EStG nicht gewährt wird, sind wiederkehrende Leistungen im Austausch mit einer **Gegenleistung** zu behandeln.

6 Tz. 20 **IV. Rentenerlass** BStBl. I 2010 S. 227 enthält folgendes Beispiel:

Beispiel: V ist zu 80% an der X-GmbH beteiligt. Er ist außerdem Geschäftsführer der Gesellschaft. V überträgt seine GmbH-Beteiligung auf seine drei Söhne S, T und U. S erhält einen 15% betragenden Anteil an der GmbH und verpflichtet sich, seinem Vater V wiederkehrende Leistungen i. H. v. 300 € monatlich zu zahlen. V überträgt dem Sohn T ebenfalls eine 15% betragenden Anteil an der GmbH und die Geschäftsführung im Bereich der Produktionsplanung. T verpflichtet sich, V wiederkehrende Leistungen i. H. v. 800 € monatlich zu zahlen. U erhält von V einen 50% betragenden Anteil an der GmbH und übernimmt die Geschäftsführung für den finanziellen Bereich der Gesellschaft von V. Er verpflichtet sich, V wiederkehrende Leistungen i. H. v. 2000 € monatlich zu zahlen. V hat die Geschäftsführertätigkeit insgesamt aufgegeben.

Lösung: Die Übertragungen der Anteile an S und T stellen keine begünstigten Übertragungen von Vermögen i. S. d. § 10 Abs. 1 Nr. 1 a Satz 2 EStG dar, da in beiden Fällen nicht mindestens ein 50% betragender Anteil übertragen wurde. An diesem Ergebnis ändert im Fall des T auch die Übertragung der Geschäftsführertätigkeit im Bereich der Produktionsplanung nichts, da die Voraussetzungen der Anteilshöhe und der Übernahme der Geschäftsführung gemeinsam erfüllt sein müssen. Die monatlichen Zahlungen der Söhne S und T sind somit nach den Grundsätzen über die einkommensteuerrechtliche Behandlung wiederkehrender Leistungen im Austausch mit einer Gegenleistung zu behandeln. Lediglich die Übertragung auf den Sohn U ist begünstigt nach § 10 Abs. 1 Nr. 1 a EStG.

II. Satzungsgestaltung

Literatur: *Binnewies* Familienrechtliche Gestaltungen rund um die GmbH-Beteiligung, GmbH-StB 2005, 274; *Dahlbender/Wicht* Die Erbfallklausel als Nachfolgeregelung für GmbH-Anteile, GmbH-StB 2008, 151; *Ivo* Die Vererbung von GmbH-Geschäftsanteilen, ZEV 2006, 252; *Langner/Heydel* Vererbung von GmbH-Geschäftsanteilen – Sicherstellung einer familieninternen Nachfolge, GmbHR 2005, 377; *dies.* Nachfolgeklauseln im GmbH-Gesellschaftsvertrag, GmbHR 2006, 291; *Wachter* Güterstandsklauseln in GmbH-Satzungen, GmbH-StB 2006, 234

8 Die Rechtsform der GmbH eignet sich nur für Familiengesellschaften, wenn die Satzung personalistisch gestaltet wird. Die im allgemeinen Geschäftsverkehr verwendeten Satzungen scheiden somit für eine Familien-Spargesellschaft aus. Im Wesentlichen sind die nachfolgend aufgeführten Vorsorgegestaltungen erforderlich.

1. Vinkulierung

9 Gem. § 15 Abs. 1 GmbHG sind Geschäftsanteile veräußerlich und vererblich. Gem. § 15 Abs. 5 GmbHG kann die Abtretung an weitere Voraussets-

zungen geknüpft, insbesondere von der Genehmigung der Gesellschaft abhängig gemacht werden. Damit werden unerwünschte Personen von vorne herein ausgeschlossen.

2. Übergang im Todesfall

10 Hingegen kann die Vererblichkeit des GmbH Anteils nicht satzungsmäßig ausgeschlossen werden, so dass bei einer entsprechenden Verfügung von Todes wegen auch familienfremde Personen zunächst als Gesellschafter nachrücken. Eine Sonderrechtsnachfolge wie bei Personengesellschaftsanteilen findet nicht statt, vgl. *Roth/Altmeppen* § 15 GmbHG Rn. 28. Allerdings kann in die Satzung die Bestimmung aufgenommen werden, dass bei dem Nachrücken familienfremder Personen entweder der betreffende Gesellschaftsanteil eingezogen wird oder – meistens günstiger – der nachrückende Gesellschafter verpflichtet ist, den Gesellschaftsanteil an von der GmbH bestimmte Dritte abzutreten.

3. Gesellschaftsrechtliches Sonderrecht auf alleinige Geschäftsführung und Einzelvertretungsbefugnis

11 Zur Sicherung der Eltern, die ihre Abkömmlinge bereits zu Lebzeiten an einer vermögensverwaltenden GmbH beteiligen, muss bedacht werden, dass durch Mehrheitsbeschlüsse die Eltern aus der Geschäftsführung und Vertretung verdrängt werden könnten. Aus diesem Grund wird regelmäßig ein gesellschaftsrechtliches Sonderrecht auf alleinige Geschäftsführung und Einzelvertretung zu Gunsten der Elternteile in die Satzung aufgenommen. In diesem Fall ist eine Abberufung als Geschäftsführer nur aus wichtigem Grund zulässig.

4. Abfindungsreduzierung

12 Zur Erhaltung des Gesellschaftsvermögens als Familiengut wird im Allgemeinen eine Abfindungsreduzierung in der Satzung vorgesehen. Sofern der Gesellschaftsvertrag keine Abfindungsregelung enthält, ist nach der Rechtsprechung (BGH DB 1967, 854) nicht der Zerschlagungswert, sondern der sich bei der Fortführung der Gesellschaft ergebende Anteilswert maßgebend, so dass grundsätzlich der Ertragswert, mindestens jedoch der Liquidationswert maßgebend ist, vgl. § 11 Rn. 16ff. „Unternehmensnachfolge".

Im Allgemeinen bestehen bei einer Reduzierung auf die Hälfte des wahren Wertes des Gesellschaftsanteiles keine Bedenken, vgl. *Kellermann* StbJb 1986/87, 411; MünchKomm/*Ulmer* § 738 Rn. 33a; *D. Mayer* DB 1990, 1320; *Mecklenbrauck* BB 2000, 2006.

5. Widerrufliche Anteilsgewährung

13 Nicht als Inhalt der Satzung, sondern der Anteilsübertragung sollten die üblichen Widerrufsrechte, wie in § 2 A VI dargestellt, vorgesehen werden. Die widerrufliche Anteilsgewährung hat den Vorteil, dass die Rückübertragung unentgeltlich erfolgt, während der Ausschluss aus der Gesellschaft nur gegen Gewährung einer Abfindung zulässig ist.

B. Die Grundstücks-GmbH

Literatur: *Ostermayer/Riedel* Die GmbH als erbschaftsteuerliche Gestaltungsalternative bei selbstgenutzten Immobilien, BB 2004, 1197.

I. Errichtung

16 Die GmbH kann durch Sachgründung oder Bargründung mit anschließender Kapitalerhöhung mittels Einbringung des Grundbesitzes errichtet werden. Die Grundstücksübertragung auf die GmbH erfolgt durch Auflassung gem. § 925 BGB. Sofern der einzubringende Grundbesitz von den einbringenden Gesellschaftern als Gesellschaft bürgerlichen Rechts gehalten wird, ist die kurzfristige Umwandlung in eine OHG durch Eintragung der Gesellschaft im Handelsregister und anschließendem Formwechsel in eine GmbH möglich. Durch diese Gestaltung kann der Anfall von Grunderwerbsteuer vermieden werden, vgl. Rn. 21 ff.

II. Besteuerung

1. Ertragsteuern

17 Die Grundstücks-GmbH als Objektgesellschaft hat aufgrund der Unternehmenssteuerreform 2008 erheblich an Bedeutung gewonnen. Neben der erweiterten Gewerbesteuerkürzung gem. § 9 Nr. 1 Satz 2 GewStG für grundbesitzhaltende Gesellschaften wird auch die definitive Körperschaftsteuerbelastung mit 15% für Gesellschafter, die keine Ausschüttungen anstreben, von Interesse sein. Hinzu kommt, dass bei der Einbringung von privaten Grundstücken in eine Kapitalgesellschaft gegen Gewährung von Gesellschaftsrechten ein tauschähnlicher Umsatz vorliegt, der zum Ansatz des **gemeinen Wertes** führt, so dass für ältere Immobilien eine **höhere AfA-Bemessungsgrundlage** gewonnen wird, da die Kürzung der Anschaffungs- und Herstellungskosten gem. § 7 Abs. 1 Nr. 5 Satz 2 EStG nur für Einlagen, nicht für Anschaffungsgeschäfte gilt, vgl. *Spiegelberger* ZEV 2003, 391; BFH GmbHR 2008, 548.

18 Schließlich können Tochterobjektgesellschaften körperschaftsteuerfrei gem. § 8b Abs. 2 KStG veräußert werden, wobei allerdings gem. § 8 Abs. 3 Satz 1 KStG fiktive 5% als nicht abziehbare Betriebsausgaben angesetzt werden.

2. Gewerbesteuer

19 Unternehmen, die ausschließlich eigenen Grundbesitz oder neben eigenem Grundbesitz eigenes Kapitalvermögen verwalten und nutzen, wird die Kürzung um den Teil des Gewerbebetrags auf Antrag gestattet, der auf die Verwaltung und Nutzung des eigenen Grundbesitzes entfällt. Der BFH GmbHR 2004, 1603 hat einem grundstücksverwaltenden Unternehmen die erweiterte Kürzung gem. § 9 Nr. 1 Satz 2 GewStG auch dann gewährt, wenn der Grundbesitz um 23.59 Uhr eines Jahres veräußert wurde, also der Grundbesitz nicht während des **gesamten** Erhebungszeitraums im Eigentum der GmbH stand.

20 Das Halten einer Beteiligung als persönlich haftender Gesellschafter an einer grundstücksverwaltenden Personengesellschaft verstößt unabhängig

von dem Umfang der Beteiligung und der daraus erzielten Einkünfte gegen das Ausschließlichkeitsgebot des § 9 Nr. 1 Satz 2 GewStG, vgl. BFH EStB 2003, 8.

3. Grunderwerbsteuer

Literatur: FinMin Baden Württemberg: Anwendung der §§ 3 und 6 GrEStG in Fällen der Anteilsvereinigung nach § 1 Abs. 3 GrEStG, DStR 2010, 114.

Die Einbringung eines Grundstückes in eine GmbH unterliegt der Grunderwerbsteuer gem. § 1 Abs. 1 Nr. 1 GrEStG. Bei Einbringungen gem. § 1 Abs. 1 Nr. 1 GrEStG besteht insoweit eine Steuervergünstigung, als gem. § 8 Abs. 2 Nr. 2 GrEStG nur der **Grundbesitzwert** als Bemessungsgrundlage zugrunde gelegt wird. 21

a) Formwechsel

Nur dann, wenn eine formwechselnde Umwandlung gem. § 190 UmwG möglich ist, kann die Grunderwerbsteuer vermieden werden, vgl. BFH BStBl. 1997 II 661; Koordinierte Ländererlasse DB 1997, 202 und DStR 1997, 1576; FinMin Baden-Württemberg DStR 1998, 82. Als Ausgangsgesellschaften kommen alle im Handelsregister eingetragenen Personengesellschaften in Betracht, also vermögensverwaltende Gesellschaften in der Rechtsform der OHG, KG, GmbH & Co. KG sowie als PartG. Da Gesellschaften bürgerlichen Rechts nicht als Ausgangsrechtsträger gem. § 191 Abs. 1 in Betracht kommen, muss vorher eine identitätswahrende Umformung in eine Personenhandelsgesellschaft vorgenommen werden, wobei im Endergebnis nur eine zusätzliche Registeranmeldung erforderlich ist. 22

Allerdings beinhaltet der Formwechsel folgende **Steuerfalle**: Sofern die Personengesellschaft innerhalb von fünf Jahren vor dem Formwechsel errichtet wurde, entfallen die gewährten Grunderwerbsteuerbefreiungen gem. § 5 Abs. 1 und 2 GrEStG rückwirkend! Der Grund hierfür liegt darin, dass nach Auffassung der Literatur (vgl. *Gottwald* NotBZ 2001, 285; *Boruttau/Viskorf* GrEStG § 5 Rn. 85 c) durch den Formwechsel die gesamthänderische Beteiligung des übertragenden Gesellschafters entfällt. 23

b) Anteilsvereinigung gem. § 1 Abs. 3 GrEStG

Die Finanzverwaltung DStR 2010, 114 differenziert bei der Anwendbarkeit personenbezogener Befreiungstatbestände zwischen den einzelnen Alternativen in § 1 Abs. 3 GrEStG: Bei einer Anteilsvereinigung gem. § 1 Abs. 3 Nr. 1 und Nr. 2 GrEStG wird ein Grundstückserwerb von der Gesellschaft fingiert, so dass selbst bei einer Anteilsvereinigung innerhalb einer Familie die Befreiungstatbestände des § 3 Nr. 4–6 GrEStG keine Anwendung finden; kritisch hierzu zurecht *Teiche* BB 2008, 196; *v. Proff zu Irnich* DB 2007, 2616. Bei Anteilsübertragungen gem. § 1 Abs. 3 Nr. 3 und 4 wird ein Grundstückserwerb von dem jeweiligen Gesellschafter angenommen, so dass die personenbezogenen Befreiungstatbestände greifen, vgl. übersichtlich und kritisch *Gottwald* GrESt Rn. 347 ff. 24

25 Bei **Personengesellschaften** finden seit der Entscheidung des BFH BStBl. 1995 II 736 die personenbezogenen Befreiungsvorschriften Anwendung, während die zu Kapitalgesellschaften ergangenen Entscheidungen BStBl. 1982 II 424 und 1988 II 785 immer noch die nicht nachvollziehbare Fiktion des Erwerbs von einer Kapitalgesellschaft unterstellt wird, selbst wenn die Beteiligten Ehegatten oder Verwandte in gerader Linie sind.

4. Zusammenfassung: Vorzüge der Immobilienkapitalgesellschaft

26
- Niedrigste Ertragsteuerbelastung mit 15%
- Erhöhung der AfA-Bemessungsgrundlage
- Gewerbesteuerfreiheit gem. § 9 Nr. 1 Satz 2 GewStG
- Steuerfreiheit bei der Veräußerung von Töchter-Kapitalgesellschaften (aber 5% nicht abziehbare Betriebsausgaben)
- Grunderwerbsteuerfreiheit bei Formwechsel

5. Holding-Konzeptionen

27 **Beispiel:** Die Ehegatten K 1 und K 2 sind alleinige Gesellschafter einer Immobilien GmbH, auf deren Grundstücke sie mehrere Einfamilienhäuser errichten. Für jedes zu errichtende Einfamilienhaus mit Grundstücksparzelle wird eine eigene Tochter-GmbH gegründet. Die Geschäftsanteile an der Haus I GmbH, auf dessen Parzelle ein Einfamilienhaus errichtet wurde, erwerben die Ehegatten K 1 und K 2 für eigene Wohnzwecke. Den Geschäftsanteil an der Haus II GmbH mit dem auf deren Parzelle errichteten Einfamilienhaus wird an einen Kapitalanleger veräußert.

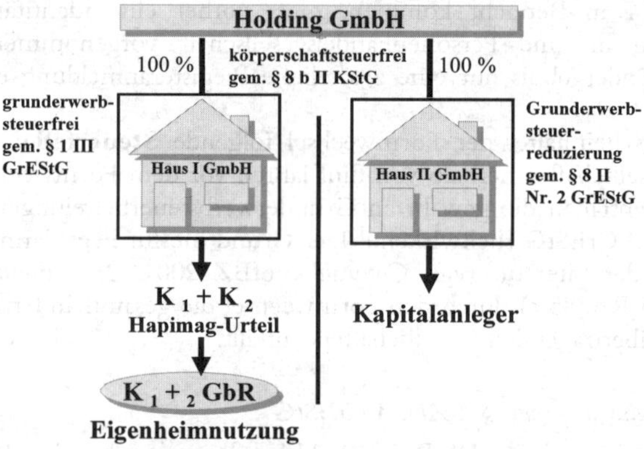

28 Die Ehegatten können die GmbH-Anteile an der Haus I GmbH körperschaftsteuerfrei gem. § 8b Abs. 2 KStG (mit Ausnahme der fiktiven nicht abzugsfähigen 5%-igen Betriebsausgaben) und auch grunderwerbsteuerfrei gem. § 1 Abs. 3 GrEStG übertragen, wenn kein Erwerber eine Beteiligung von 95% oder mehr erwirbt. Mit der GmbH können die Erwerber einen Mietvertrag mit einer angemessenen Miete abschließen. Bei unentgeltlicher oder verbilligter Nutzung liegt eine verdeckte Gewinnausschüttung vor, vgl. *Gosch* KStG (2005) § 8 Rn. 750.

29 Auch die grunderwerbsteuerfreie formwechselnde Umwandlung der Haus I GmbH in eine GbR ist möglich. Allerdings muss bei dem Übergang

des Immobilieneigentums der GmbH in das steuerliche Privatvermögen der Ehegatten K gem. § 8 UmwStG der Übertragungsgewinn versteuert werden, vgl. *Buyer/Klein/Müller* S. 157. Die Anteile an der Haus II GmbH können grunderwerbsteuerreduziert gem. § 8 Abs. 2 Nr. 3 GrEStG auf den Kapitalanleger übertragen werden.

Sofern mehrere Kapitalanleger, z.B. ein Ehepaar, die Geschäftsanteile erwerben, so dass keine Anteilsvereinigung gem. § 1 Abs. 3 GrEStG eintritt, bleibt der Erwerb grunderwerbsteuerfrei. Für die Körperschaftsteuer gilt wieder § 8 b Abs. 2 und Abs. 3 Satz 1 KStG. Da die Gesellschaft ausschließlich Immobilien zu Wohnzwecken vermietet, sind Vergünstigungen nach § 13a ErbStG nicht erreichbar. 30

C. Wertpapierverwaltungs-GmbH mit Thesaurierung

Literatur: *Horn* Die kapitalvermögensverwaltende GmbH, GmbHR 2000, 1194; *Keuler* Die Sparschwein-GmbH als Gestaltungsmittel nutzen, GStB 2009, 12; *Koblenzer* Das Wertpapierdepot in der Nachfolgeplanung, ErbStB 2005, 158; *Lohr* Aktuelles Beratungs-Know-how: Besteuerung von Kapitalvermögen, DStR 2003, 1240; *Lothmann* Aktienanlage in der gewerblich geprägten thesaurierenden Personengesellschaft als Alternative zur Abgeltungssteuer?, DStR 2008, 945; *Maute* Wertpapiere im Betriebsvermögen, EStB 2007, 338; *Mutter* Die Holdinggesellschaft als reziproker Familienpool – Pflichten nach WpHG und WpÜG, DStR 2007, 2013; *Knebel/Seltenreich* Ende der vermögensverwaltenden Kapitalgesellschaft?, StB 2003, 63; *v. Oertzen/Reich* Ertragsteuerliche Aspekte der Schenkung von Wertpapieren nach dem Unternehmensteuerreformgesetz 2008, DStR 2009, 1842; *R. Schulze zur Wiesch* Abgeltungssteuer – unvorhergesehene Probleme in der Familiengesellschaft oder bei einem Gemeinschaftsdepot?, DStR 2009, 309; *Schultze* Abgeltungssteuer und Vermögensanlage bei Kindern, BBEV 2008, 1; Stollenwerk, Kapitalertragsteuer-Befreiungen für vermögensverwaltende GmbH, GmbH-StB 2005, 205

Ausgangsfall

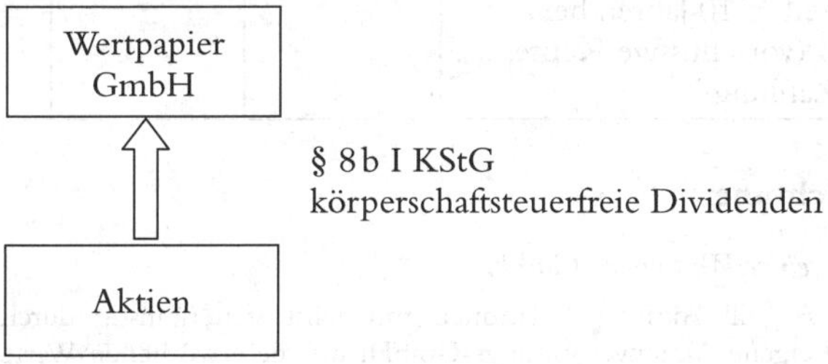

1. Thesaurierung

Ertragsteuerliche Vorteile können sich bei langfristiger Thesaurierung ergeben. Die Dividenden bleiben gem. § 8b Abs. 1 KStG körperschaftsteuerfrei; die Einschränkung, wonach diese Befreiungsvorschrift gem. § 8b Abs. 7 KStG nicht bei Kredit- und Finanzierungsdienstleistungsinstituten gilt, ist für den privaten Anleger nicht einschlägig. Allerdings darf nicht ein kurzfristiger Eigenhandelserfolg beabsichtigt sein, vgl. FG Hamburg, EFG 2008, 1142. 36

37 Gem. § 8 Nr. 5 GewStG unterliegt **Streubesitz**, d.h. Beteiligungen von weniger als 10% der Gewerbesteuerpflicht aufgrund der durch das UntStFG eingetretenen Änderung. *Keuler* GStB 2009, 14 stellt die Steuerbelastung für den Fall, dass Aktien im steuerlichen Privatvermögen oder alternativ in einer Sparschwein-GmbH gehalten werden, wie folgt gegenüber:

Steuerbelastung bei mittlerem Einkommen in €			
	Einnahmen	stpfl. Einkommen	ESt
Aktienerträge x 28%	30.000		8.400
Vermietungseinkünfte	30.000	30.000	
Renteneinkünfte zu 50% stpfl.	30.000	15.000	
Steuersatz Grundtabelle ca. 28%		45.000	12.600
Steuerbelastung gesamt			21.000

Steuerbelastung SPARSCHWEIN-GMBH			
	Einnahmen	stpfl. Einkommen	ESt
Aktienerträge	30.000		
GewSt 3,5% x 4,00			4.200
KSt 15,83% von 5%			200
Mieteinkünfte x 15,83% KSt	30.000		4.700
Renteneinkünfte: Versteuerung im Privatvermögen; Grundtabelle		15.000	1.500
Steuerbelastung			10.600
Steuervorteil (gerundet) p. a.			10.000
Steuervorteil in 10 Jahren bei 5% Zinsen (vorschüssige Rente, jährliche Zahlung)			130.000

2. Umschichtung

a) Gründung einer Wertpapier-GmbH

38 **Beispiel:** A will Aktienspekulationen möglichst steuergünstig durchführen. Er gründet eine eigene Aktienverwaltungs-GmbH, die die erworbenen Wertpapiere veräußert. Alternativ überlegt sich A, die erworbenen Wertpapiere oder seine Anteile an der Aktienverwaltungs-GmbH seinen Kindern im Wege der vorweggenommenen Erbfolge zu übertragen.

39 Sofern die Spekulationszwecken dienenden Aktien unmittelbar von der Aktienverwaltungs-GmbH erworben und veräußert werden, bleibt der Veräußerungsgewinn gem. § 8b Abs. 2 KStG körperschaftsteuerfrei, so dass nur die fiktiven nicht abzugsfähigen Betriebsausgaben in Höhe von 5% der Besteuerung unterliegen. Der übrige Gewinn unterliegt erst bei Ausschüttungen

seitens der Aktienverwaltungs-GmbH oder bei deren Liquidation der Körperschaftsteuer.

Für nach dem 31. 12. 2008 angeschaffte Aktien gilt gem. § 32d Abs. 1 EStG die **Abgeltungssteuer**, die unter Einbeziehung des Solidaritätszuschlags einschließlich Kirchensteuer 28,5% beträgt. Sofern der individuelle Steuersatz niedriger ist, ist dieser auf Antrag anzuwenden. Der Abgeltungssteuer unterliegen auch realisierte Kursgewinne unabhängig von der Haltedauer. Verluste aus der Veräußerung von Aktien dürfen nur mit Gewinnen, die aus der Veräußerung von Aktien entstehen, ausgeglichen werden. Der Werbungskostenpauschbetrag beträgt 801 €, bei Zusammenveranlagung 1602 €; der Abzug der tatsächlichen Werbungskosten ist ausgeschlossen, vgl. § 20 Abs. 9 EStG. 40

b) Errichtung einer Wertpapier GmbH & Co. KG

Literatur: *Crezelius* in: FS für Spiegelberger, Personengesellschaftsverträge und Thesaurierungsbegünstigung, S. 65.

Lothmann DStR 2008, 945 hat darauf hingewiesen, dass Aktien im gewerblichen **Betriebsvermögen** eines Einzelunternehmers oder einer Personengesellschaft bei Thesaurierung niedriger besteuert werden. 41

Sofern Aktien im gewerblichen Betriebsvermögen eines Einzelunternehmers oder einer Personengesellschaft gehalten werden, findet die Abgeltungssteuer keine Anwendung. Für Dividenden und Kursgewinne gilt das sog. Teileinkünfteverfahren, wonach 60% der Dividenden bzw. realisierten Kursgewinne die steuerliche Bemessungsgrundlage darstellen, die nach den allgemeinen steuerlichen Grundsätzen der Gewerbesteuer und Einkommensteuer zu unterwerfen ist.

Ab Veranlagungszeitraum 2008 gilt für Personengesellschaften ein besonderer Steuersatz für thesaurierte Gewinne gem. § 34a Abs. 1 EStG in Höhe von 28,5% zzgl. Solidaritätszuschlag (insgesamt also 29,8% zzgl. Kirchensteuer). Spätere Entnahmen des begünstigt besteuerten Betrags sind gem. § 34a Abs. 4 EStG mit 25% zzgl. des darauf entfallenden Solidaritätszuschlags, also mit 26,37% zzgl. Kirchensteuer, zu versteuern.

Da bei der Abgeltungssteuer die Kursgewinne in vollem Umfange erfasst werden, bei der Besteuerung im Teileinkünfteverfahren aber Kursgewinne nur zu 60% erfasst und die Ausschüttungen thesauriert werden, ergibt sich insoweit ein **Vorteil** für das Halten von Aktien durch **betriebliche Personengesellschaften**. Dabei muss berücksichtigt werden, dass auch bei der Thesaurierung gem. § 34a Abs. 1 EStG der Anteil des Kursgewinnes, der nicht versteuert wird, also 40%, entnommen werden darf, ohne dass eine Entnahmebesteuerung stattfindet. *Lothmann* kommt daher zu dem Ergebnis, dass Aktien von gewerblich geprägten Personengesellschaften gehalten werden sollten, um realisierte Kursgewinne günstiger zu vereinnahmen. 42

Gegenüber der Besteuerung der Dividenden unterscheidet sich die Besteuerung darin, dass die Steuerfreiheit bei der Einkommensteuer in Höhe von 40% der erzielten Kursgewinne auch bei der Gewerbesteuer erhalten bleibt. Es kommt nicht zu einer Hinzurechnung nach § 8 Nr. 5 GewStG. Im Thesaurierungsfall ergibt sich bezogen auf den erzielten Kursgewinn eine Steuerbelastung von 19,08% gegenüber 26,37% Abgeltungssteuer. Die Differenz beträgt somit 7,29 Prozentpunkte.

D. Satzung einer Sparschwein-GmbH

46 **§ 1 Firma, Sitz**

1. Die Firma der Gesellschaft lautet:
2. Sitz der Gesellschaft ist …

§ 2 Gegenstand des Unternehmens

Gegenstand des Unternehmens ist die Vermögensverwaltung.

§ 3 Geschäftsjahr

Geschäftsjahr ist das Kalenderjahr.

§ 4 Stammkapital

1. Das Stammkapital der Gesellschaft beträgt …
2. Vom Stammkapital übernehmen
   a) … (Anteil 1)
   b) … (Anteil 2)
3. Die Stammeinlagen sind sofort zur Hälfte in bar zu erbringen. Die Einzahlung des Restbetrages erfolgt nach Aufforderung durch die Geschäftsführung.

§ 5 Vertretung der Gesellschaft

1. Die Gesellschaft hat einen oder mehrere Geschäftsführer.
2. Sofern nur ein Geschäftsführer bestellt ist, wird die Gesellschaft von diesem alleine vertreten.
3. Sind mehrere Geschäftsführer bestellt, wird die Gesellschaft durch zwei Geschäftsführer gemeinsam oder durch einen Geschäftsführer gemeinsam mit einem Prokuristen vertreten.
4. Die Gesellschafterversammlung kann einzelnen Geschäftsführern und den Liquidatoren Einzelvertretungsbefugnis und/oder Befreiung von den Beschränkungen des § 181 BGB (Verbot des Selbstkontrahierens und der Doppelvertretung) erteilen.
5. Dem Gesellschafter A wird als gesellschaftsvertragliches Sonderrecht die alleinige Geschäftsführung und Vertretung der Gesellschaft auf Lebensdauer eingeräumt. Die Bestellung weiterer Geschäftsführer, denen nur Gesamtvertretungsbefugnis eingeräumt werden kann, bedarf seiner Zustimmung. A kann nur aus wichtigem Grund als Geschäftsführer abberufen werden.

Nach dem Ableben von A gehen die selben Befugnisse auf den Gesellschafter B auf dessen Lebensdauer über.

§ 6 Wettbewerbsverbot

Die gegenwärtigen und künftigen Gesellschafter und Gesellschafter-Geschäftsführer werden von jeglichen gesetzlichen Wettbewerbsverboten generell befreit.

§ 7 Jahresabschluss

1. Die Geschäftsführung hat innerhalb der in § 264 HGB genannten Frist den Jahresabschluss aufzustellen und anschließend der Gesellschafterversammlung zur Beschlussfassung vorzulegen.
2. Über die Verwendung des Jahresüberschusses entscheidet die Gesellschafterversammlung. Ein Anspruch auf Teil- oder Vollausschüttung besteht nur insoweit, als nicht die Gesellschafterversammlung einstimmig beschließt, Beträge in Gewinnrücklagen einzustellen oder als Gewinn vorzutragen.
3. Der auszuschüttende Jahresüberschuss ist im Verhältnis der Geschäftsanteile unter den Gesellschaftern zu verteilen.

4. Vorabausschüttungen sind zulässig, wenn ein entsprechender Jahresüberschuss mit Sicherheit vorhanden ist.

§ 8 Gesellschafterversammlung

1. Die Einberufung der Gesellschafterversammlung erfolgt durch die Geschäftsführung mittels Einschreibebriefes an jeden Gesellschafter unter Angabe der Tagesordnung mit einer Ladungsfrist von 14 Tagen. Der Lauf der Frist beginnt mit dem der Aufgabe zur Post folgenden Tag. Der Tag der Versammlung wird bei der Berechnung der Frist nicht mitgezählt.
2. Eine Gesellschafterversammlung ist nur beschlussfähig, wenn mindestens 75% des Stammkapitals vertreten sind. Wenn weniger als 75% des Stammkapitals vertreten sind, ist unter Beachtung der vorstehenden Ladungsvorschriften eine neue Gesellschafterversammlung einzuberufen, die ohne Rücksicht auf das vertretene Stammkapital beschlussfähig ist. Hierauf ist in der Einberufung hinzuweisen.
3. Die Gesellschafterbeschlüsse werden mit Mehrheit der abgegebenen Stimmen gefasst, soweit das Gesetz oder der Gesellschaftsvertrag nicht eine größere Mehrheit vorsehen. Je 1 € eines Geschäftsanteiles gewährt eine Stimme. Stimmenthaltungen zählen als Nein-Stimmen.
4. Gesellschafterbeschlüsse können außerhalb von Gesellschafterversammlungen gefasst werden, wenn keine zwingenden Formvorschriften bestehen und sämtliche Gesellschafter mit der mündlichen, telefonischen, elektronischen oder schriftlichen Abstimmung einverstanden sind.

§ 9 Abtretung und Verpfändung

Zur Verfügung über Geschäftsanteile, insbesondere zur Veräußerung und Verpfändung von Geschäftsanteilen sowie Teilen von Geschäftsanteilen, ist die Genehmigung aller Gesellschafter erforderlich. Ohne Zustimmung kann ein Nießbrauchsrecht an einem Gesellschaftsanteil zu Gunsten eines Ehegatten oder von Abkömmlingen bestellt werden.

§ 10 Einziehung von Geschäftsanteilen

1. Die Einziehung eines Geschäftsanteiles kann ohne Zustimmung des betreffenden Gesellschafters auf Beschluss der Gesellschafterversammlung erfolgen
   - bei Zwangsvollstreckung in den Geschäftsanteil des Gesellschafters, wenn die Zwangsvollstreckungsmaßnahme nicht innerhalb von drei Monaten seit Beginn der Zwangsvollstreckung aufgehoben wird
   - bei Einleitung eines Insolvenzverfahrens über das Vermögen des Gesellschafters
   - zum Zwecke des Ausschlusses des Gesellschafters, wenn in dessen Person ein wichtiger Grund vorliegt, d. h. wenn der Gesellschafter durch sein Verhalten die Gesellschaftsinteressen schädigt oder wenn aufgrund seines Verhaltens den übrigen Gesellschaftern die Fortsetzung der Gesellschaft nicht mehr zugemutet werden kann, oder
   - wenn bei dem Versterben eines Gesellschafters dessen Gesellschaftsanteil auf andere Personen als den Ehegatten, die Abkömmlinge und/oder Mitgesellschafter übergeht und der Anteil nicht innerhalb eines halben Jahres seit Aufforderung durch die Gesellschaft auf die genannten Personen übertragen wird.
2. Statt der Einziehung des Geschäftsanteiles kann die Gesellschafterversammlung beschließen, dass der Geschäftsanteil auf die Gesellschaft oder auf eine von der Gesellschafterversammlung benannte dritte Personen übertragen wird.
3. Der betroffene Gesellschafter hat bei den Beschlüssen nach vorstehenden Ziffern 1. und 2. kein Stimmrecht. Mit Beschlussfassung ruhen alle Gesellschafterrechte.
4. Der betroffene Gesellschafter erhält eine Abfindung in Höhe von 60% – sechzig vom Hundert – des Abfindungsguthabens gemäß § 11 dieses Vertrages. Für die Berechnung und Auszahlung des Abfindungsguthabens gilt diese Bestimmung ebenfalls entsprechend.

§ 11 Ermittlung des Abfindungsguthabens

1. Die Ermittlung des Wertes eines Geschäftsanteiles erfolgt nach dem von der Finanzverwaltung angewendeten Verfahren gem. § 12 ErbStG i. V. m. §§ 199 ff. BewG, wobei als Bewertungszeitpunkt der mit dem Ausscheiden zusammenfallende Bilanzstichtag, andernfalls der vorausgehende Bilanzstichtag maßgebend ist.
2. Zur Erhaltung des Vermögens der Gesellschaft als Familiengut werden nur 60% des gem. Abs. 1. ermittelten Wertes des Geschäftsanteils als Abfindung vergütet.
3. Das Abfindungsguthaben ist in drei gleichen, unmittelbar aufeinander folgenden Jahresraten auszuzahlen. Die erste Rate ist ein Jahr nach dem Ausscheidungsstichtag zur Zahlung fällig. Ab dem Ausscheiden ist das Abfindungsguthaben mit dem Basiszinssatz gem. § 247 BGB zu verzinsen. Die Zinsen sind jeweils mit den Jahresraten zu entrichten. Sicherheitsleistung kann nicht verlangt werden.
4. Die Höhe des zu leistenden Abfindungsguthabens wird durch den im Zeitpunkt des Ausscheidens des betreffenden Gesellschafters für die Gesellschaft tätigen Steuerberater als Schiedsgutachter ermittelt.
5. Änderungen der Bilanzen, die sich nach dem Ausscheiden des betreffenden Gesellschafters, insbesondere aufgrund einer Buch- oder Betriebsprüfung, ergeben, bleiben ohne Einfluss auf die Höhe des Abfindungsguthabens.

§ 12 Bekanntmachungen

Sämtliche Bekanntmachungen der Gesellschaft erfolgen nur im elektronischen Bundesanzeiger.

§ 13 Schlussbestimmungen

1. Soweit in diesem Gesellschaftsvertrag keine besondere Regelung erfolgt ist, gelten die gesetzlichen Bestimmungen.
2. Die etwaige Nichtigkeit einzelner Bestimmungen berührt nicht die Wirksamkeit des Gesellschaftsvertrages im übrigen. Die Gesellschafter sind verpflichtet, an Stelle der unwirksamen Bestimmungen eine dem Vertragsgedanken entsprechende Neuregelung zu treffen. Sofern eine Neuregelung auch nach Anrufung des Schiedsgerichts nicht erfolgt, gelten die für die entsprechende Regelungslücke bestehenden gesetzlichen Bestimmungen.
3. Die Gesellschaft übernimmt die Gründungskosten (Notar- und Registergerichtsgebühren, Kosten der Veröffentlichung und die Kosten der Gründungsberatung) bis zur Höhe von 1500 €.
4. Für den Fall von Streitigkeiten vereinbaren die Gesellschafter die in der Anlage enthaltene Schiedsgerichtsvereinbarung

Anlage
Schiedsgerichtsvereinbarung

1. Über alle Streitigkeiten zwischen der Gesellschaft und den Gesellschaftern oder zwischen den Gesellschaftern aus dem Gesellschaftsverhältnis entscheidet unter Ausschluss des ordentlichen Rechtsweges ein Schiedsgericht.
2. Dieses besteht aus zwei Schiedsrichtern und einem Obmann. Jede Partei benennt einen Schiedsrichter. Erfolgt die Benennung jeweils innerhalb von zwei Wochen seit Aufforderung nicht, so nimmt sie die für den Sitz der Gesellschaft zuständige Industrie- und Handelskammer wahr. Diese bestimmt auch den Vorsitzenden des Schiedsgerichts. Der Obmann muss die Befähigung zum Richteramt haben.
3. Das Schiedsgericht bestimmt sein Verfahren selbst. Es kann Beweise erheben. Der Schiedsspruch ist schriftlich abzusetzen. Für Zustellung und Niederlegung gelten die Vorschriften der ZPO, die auch im übrigen anzuwenden sind.

E. GmbH-Anteilsabtretung

Literatur: *Bieling/Liem* Übertragung von Kapitalanlagen im Lichte der Abgeltungsteuer, ErbStB 2009, 21; *Dahlbender* Gewinnbezug nach Kauf eines GmbH-Anteils, GmbH-StB 2004, 379; *Fricke* Der Nießbrauch an einem GmbH-Geschäftsanteil, GmbHR 2008, 739; *Heckschen* Auswirkungen des MoMiG auf die Übertragung von GmbH-Anteilen von Todes wegen und im Wege der vorweggenommenen Erbfolge, ZErb 2008, 246; *Heinrichshofen* in: FS für Spiegelberger, Notwendigkeit von Umsatzsteuerklauseln bei Verträgen über die Ausgabe, Abtretung u. a. von Geschäftsanteilen, S. 198; *Ivo* Die Vererbung von GmbH-Geschäftsanteilen nach Inkrafttreten des MoMiG, ZEV 2009, 333; *Jacobsen* Die grunderwerbsteuerliche Gestaltung von Umstrukturierungen mit GmbH-Anteilen, GmbHR 2009, 690; *Klümpen/Neusel* GmbH-Anteilsnachfolge, GmbH-Steuerpraxis 2009, 133; *S. Mayer* Übergang des wirtschaftlichen Eigentums an Kapitalgesellschaftsanteilen, DStR 2009, 674; *Milatz* Steuerfreiheit von Anteilsveräußerungen durch vermögensverwaltende Beteiligungsgesellschaften, BB 2001, 1066; *Onderka/Lasa* Neue Gestaltungsmöglichkeiten bei der Übertragung von Kleinanteilen an Familienkapitalgesellschaften nach dem neuen Erbschaftsteuergesetz, Ubg 2009, 309; *Schultes-Schnitzlein/Keese* Übertragung von Kapitalgesellschaftanteilen unter Familienangehörigen, NWB 2009, 64; *Schulze zur Wiesche* Erbschaftsteuerliche Folgen bei Vererbung und Schenkung von GmbH-Anteilen, GmbHR 2009, 854; *Stollenwerk/Kühnemund* Geglückte oder verunglückte Verwaltung von Finanzvermögen in der GmbH, GmbH-Stb 2009, 336 und 2010, 11; *Wachter* GmbH-Reform: Auswirkungen auf die Übertragung von GmbH-Geschäftsanteilen, ZNotP 2008, 378; *Watermeyer* Steuerbefreiung für GmbH-Anteilsveräußerungen, GmbH-StB 2001, 166.

I. Zivilrecht

Die GmbH-Anteilsübertragung bedarf gem. § 15 Abs. 3 GmbHG der **notariellen Beurkundung**. Selbst dann, wenn keine Anteilsübertragung stattfindet, sondern nur ein Zuwendungsnießbrauch an einem Gesellschaftsanteil bestellt wird, ist hierfür die notarielle Beurkundung erforderlich, da gem. § 1069 BGB auch für die Bestellung eines Nießbrauches die für die Abtretung bestehenden Vorschriften gelten. 51

Die Finanzverwaltung verlangt für den Fall der Bestellung eines Zuwendungsnießbrauches durch die Eltern zugunsten minderjähriger Kinder sogar die Bestellung eines **Ergänzungspflegers**, weil nach h. M. die Bestellung eines Zuwendungsnießbrauches nicht lediglich rechtlich vorteilhaft sein soll, vgl. BFH BStBl. 1981 II 297; III. Nießbraucherlass BStBl. 1998 I 914 Tz. 4.

Bei der Übertragung von GmbH-Geschäftsanteilen auf Minderjährige können die Eltern das Schenkungsversprechen und den Vollzug der Schenkung unmittelbar ohne Pflegerbestellung abwickeln, wenn das Kind mindestens 7 Jahre alt ist und die Schenkung bei der gebotenen Gesamtbetrachtung (BGH NJW 1981, 109) nur rechtlich vorteilhaft ist. Die §§ 107, 1629 Abs. 2 und 1795 Abs. 1 Nr. 1 BGB stehen in diesem Fall nicht entgegen. Dies muss in jedem Fall gelten, wenn die Eltern den GmbH-Vertrag ohne Beteiligung des Minderjährigen vereinbaren, die Stammeinlage in voller Höhe rechtswirksam erbringen und anschließend im Wege des derivativen Erwerbs einen GmbH-Anteil auf das minderjährige Kind übertragen, vgl. BGH GmbHR 1989, 327. 52

II. GmbH-Anteilsübertragung auf Angehörige

53 **Beispiel:** Vater V ist an der X-GmbH zu 90%, sein Sohn S zu 10% beteiligt. Die Gesellschaft hat Grundbesitz. V überträgt seinen 90%-igen GmbH-Anteil an seinen Sohn S

1. unter Vereinbarung einer Leibrente in Höhe von 1000 €, die aufgrund der bisherigen wirtschaftlichen Situation aus den Gewinnausschüttungen entrichtet werden kann,
2. gegen Vereinbarung einer Leibrente auf die Dauer von 15 Jahren,
3. unter Vorbehalt eines Quotennießbrauches in Höhe von 80%.

1. Übertragung gegen Versorgungsrente

Literatur: *Bauschatz* in: FS für Spiegelberger, Übertragung von Anteilen an Kapitalgesellschaften gegen Versorgungsleistungen, S. 3; *Fleischer* in: FS für Spiegelberger, Vermögensübergabe gegen private Versorgungsleistungen: Steuersystem, steuerliche Änderung und Steuerplanungssicherheit, S. 120; *Spiegelberger* Die Irrfahrt der privaten Versorgungsrente, DB 2008, 1063.

a) Einkommensteuer

54 **Ausgangsfall**

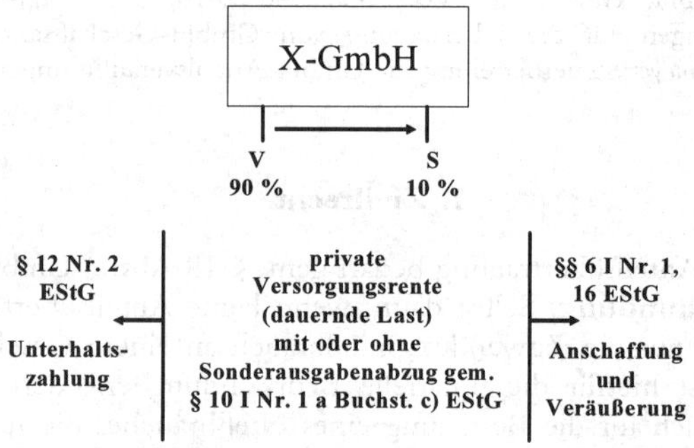

Überträgt ein Vemögensinhaber der Einkünfteerzielung dienendes Privatvermögen im Wege der vorweggenommenen Erbfolge, so stellen vom Vermögensübernehmer zugesagte Versorgungsleistungen weder Veräußerungsentgelt noch Anschaffungskosten dar, vgl. GrS 4–6/89 BStBl. 1990 II 847.

aa) Definition der Versorgungsleistung

55 Gem. § 10 Abs. 1 Nr. 1 a Buchst. c können Versorgungsleistungen im Zusammenhang mit der Übertragung eines mindestens 50% betragenden Anteils an einer Gesellschaft mit beschränkter Haftung als Sonderausgabe abgezogen werden, wenn der Übergeber als Geschäftsführer tätig war und der Übernehmer diese Tätigkeit nach der Übertragung übernimmt. Die bisherige Unterscheidung zwischen Rente und dauernder Last ist entfallen. Versorgungsleistungen gem. § 10 Abs. 1 Nr. 1 Satz 2 EStG sind immer im vollen Umfang steuerlich als Sonderausgaben abzugsfähig.

56 Der Begriff der Versorgungsleistungen ist gesetzlich nicht definiert. Der Große Senat des BFH GrS 1/00 BStBl. 2004 II 95 definiert diese wie folgt:

Die im Zusammenhang mit einer Vermögensübergabe übernommenen Versorgungsleistungen sind nicht abziehbar, soweit sie bei überschlägiger Berechnung im Zeitpunkt des Vertragsabschlusses zukünftig nicht aus den erzielbaren laufenden Nettoerträgen gezahlt werden können.

Bei der Bemessung der Versorgungsleistungen ist für die Ermittlung des erzielbaren Nettoertrags auf die mögliche Gewinnausschüttung, also auf das Jahresergebnis der Gesellschaft abzustellen und nicht auf die getätigten Gewinnausschüttungen, vgl. BFH BStBl. 2005 II 133.

bb) Jahressteuergesetz 2008

Durch das Jahressteuergesetz 2008 wurde die Abzugsfähigkeit von Versor- 57
gungsrenten erheblich eingeschränkt. Gem. § 10 Abs. 1 Nr. 1a Buchst. c) sind Versorgungsleistungen nur noch im Zusammenhang mit der Übertragung eines mindestens 50% betragenden Anteils an einer Gesellschaft mit beschränkter Haftung als Sonderausgaben abziehbar, wenn der Übergeber als Geschäftsführer tätig war und der Übernehmer diese Tätigkeit nach der Übertragung übernimmt. Soweit sich GmbH-Anteile in einem Betriebsvermögen befinden, ist für die steuerliche Beurteilung § 10 Abs. 1 Nr. 1a Satz 2 Buchst. a) und b) maßgebend, vgl. *Wälzholz* DStR 2008, 276; *Bauschatz* in: FS für Spiegelberger, S. 4 und 6.

Aufgrund der geschilderten Änderung durch das Jahressteuergesetz 2008 58
scheiden viele Inhaber von Familienkapitalgesellschaften in der zweiten und dritten Generation mit mehreren Gesellschaftern aus dem Anwendungsbereich des § 10 Abs. 1 Nr. 1a EStG aus. Die Regelung weist einen **Wertungswiderspruch** zu § 17 EStG und § 13a ErbStG auf und wird in der Literatur scharf kritisiert, vgl. *Wälzholz* GmbH-StB 2008, 210; *Schmidt/Schwind* NWB Fach 3, 14890; *Spiegelberger* DB 2008, 1064; *Bauschatz* in: FS für Spiegelberger, S. 14.

Ein weiterer Wertungswiderspruch besteht darin, dass durch eine Personengesellschaft gewerblich geprägtes Privatvermögen gem. § 10 Abs. 1 Nr. 1a Buchst. a EStG aus dem Sonderausgabenabzug eliminiert wurde, während dies bei vermögensverwaltenden GmbHs nicht der Fall ist, vgl. *Wälzholz* GmbH-StB 2008, 211.

Auch der generelle Ausschluss von mittelständischen, nicht börsennotierten Aktiengesellschaften aus dem Sonderausgabenabzug bei der Vermögensnachfolge ist mit rechtsstaatlichen Grundsätzen nicht vereinbar. Wegen der eklatanten Verfassungswidrigkeit der gesetzlichen Neufassung des § 10 Abs. 1 Nr. 1a EStG ist in allen Versagungsfällen die Einlegung von Rechtsmitteln zu empfehlen.

cc) Sonderausgabenabzug

Im Einleitungsbeispiel kommt wegen der Übertragung eines 90%-igen 59
GmbH-Anteils der Sonderausgabenabzug in Betracht. Die von der X-GmbH ausgeschütteten Dividenden unterliegen außerhalb des Veranlagungsverfahrens der Abgeltungssteuer gem. § 43 Abs. 1, Abs. 5 Satz 1 EStG. Es kann gem. §§ 43 Abs. 5 Satz 2, 32d Abs. 2 Nr. 3 EStG die besondere Veranlagungsbesteuerung der von der X-GmbH ausgeschütteten Dividenden im Teileinkünfteverfahren beantragt werden, vgl. *Röder* DB 2008, 146, 149. Danach

ist der Sonderausgabenabzug von S auf 60% der Zahlungen beschränkt, da die Dividenden im Rahmen des Teileinkünfteverfahrens nach § 3 Nr. 40 Buchst. d EStG zu 40% steuerfrei sind.

60 Gegenüber der früheren Regelung sind Einschränkungen bei den vereinbarten Versorgungsleistungen unschädlich. Während vor der Neufassung des § 10 Abs. 1 Nr. 1a EStG durch das Jahressteuergesetz 2008 die Vereinbarung einer Mindestleistung oder der Ausschluss von Pflegegeldzahlungen die Anerkennung einer dauernden Last gefährdete, ist nunmehr jede private Versorgungsrente, wenn sie auf Lebenszeit gewährt wird und präsumtiv aus dem Ertrag des übergebenen Vermögens finanziert werden kann, als Sonderausgabe abzugsfähig, vgl. *Spiegelberger* DB 2008, 1067.

dd) Geschäftsführung

61 Weitere Voraussetzung der Begünstigung ist, dass V die Geschäftsführung niederlegt und S die Geschäftsführung übernimmt. Auch diese Voraussetzung des Sonderausgabenabzugs hat in der Literatur Kritik ausgelöst, vgl. *Spiegelberger* Unternehmensnachfolge § 13 Rn. 130. Die gleitende Erbfolge wird dadurch eliminiert. Die Niederlegung der Geschäftsführung zum Tatbestandsmerkmal des Sonderausgabenabzugs zu erheben, ist eine unerklärliche Diskriminierung der mittelständischen GmbH gegenüber einer Mitunternehmerschaft.

ee) Anschaffungskosten

62 S führt die Anschaffungskosten des V für die Kapitalanteile gem. § 17 Abs. 2 Satz 5 EStG fort.

ff) Weiterveräußerung

63 Überträgt der Vermögensübernehmer das begünstigt übernommene Vermögen auf einen Dritten und erwirbt mit dem Erlös zeitnah anderes Vermögen i.S.d. § 10 Abs. 1 Nr. 1a Satz 2 EStG, sind gem. Tz. 41 IV. Rentenerlass BStBl. I 2010 S. 227 die nach der Übertragung an den Übergeber entrichteten wiederkehrenden Leistungen weiterhin Versorgungsleistungen. Die Finanzverwaltung überprüft, ob die Erträge ab dem Zeitpunkt der Umschichtung ausreichen, um die wiederkehrenden Leistungen zu erbringen. Die Veranlagungen werden im Jahr der Umschichtung und in den beiden Folgejahren vorläufig gem. § 165 AO vorgenommen.

gg) Einkünftezurechnung beim Übergeber

64 V erzielt in der Höhe, in der S Sonderausgaben abziehen kann, sonstige Einkünfte nach § 22 Nr. 1b EStG in Höhe von 600 € monatlich, wenn der Empfänger unbeschränkt einkommensteuerpflichtig ist. Der Empfang der darüber hinaus gehenden 400 € monatlich sind bei V nicht steuerbare Einkünfte.

b) Schenkungsteuer

Literatur: *Klose* Die schenkungsteuerliche Behandlung der Einziehung und Zwangsabtretung von GmbH-Geschäftsanteilen beim Erwerber, GmbHR 2010, 300;

Schiffers Bewertung von GmbH-Beteiligungen für Zwecke der Erbschaft-/Schenkungsteuer, GmbH-StB 2010, 36.

Schenkungsteuerlich ist der Wert des übertragenen GmbH-Anteils gem. §§ 199ff. BewG im vereinfachten Ertragswertverfahren zu ermitteln. Wertmindernd ist der durch Kapitalisierung zu ermittelnde Rentenbarwert als Gegenleistung in Abzug zu bringen. Da ein über 25%-iger GmbH-Anteil übergeht, sind die Vergünstigungen der §§ 13a und b, 19a ErbStG anzuwenden. 65

Eine steuerunschädliche Weiterübertragung des erworbenen GmbH-Anteils muss unter Berücksichtigung der Behaltensvorschrift des § 13a Abs. 5 Satz 1 oder Abs. 8 Nr. 2 ErbStG erfolgen. Bei einer Verschonung in Höhe von 85% beträgt der Behaltenszeitraum fünf Jahre, bei einer Verschonung zu 100% ist die Mindestbehaltensfrist sieben Jahre.

Der Verschonungsabschlag und der Abzugsbetrag fallen **zeitanteilig** im Verhältnis der im Zeitpunkt der schädlichen Verfügung verbleibenden Behaltensfrist einschließlich des Jahres, in dem die Verfügung erfolgt, zur gesamten Behaltensfrist weg, es sei denn, dass der Veräußerungserlös wieder in begünstigtem Vermögen besteht oder der Veräußerungserlös innerhalb von sechs Monaten in entsprechendes Vermögen investiert wird. 66

Der **totale Wegfall** des Verschonungsabschlages tritt ein, wenn innerhalb der Behaltensfrist eine **Überentnahme** gem. § 13a Abs. 5 Satz 1 Nr. 3 ErbStG erfolgt. 67

c) Grunderwerbsteuer

Literatur: FinMin. Baden-Württemberg Erl. v. 18. 12. 2009: Anwendung der §§ 3 und 6 GrEStG in Fällen der Anteilsvereinigung nach § 1 Abs. 3 GrEStG, DStR 2010, 114; *Halaczinsky* Ist eine Doppelbelastung mit Erbschaft- und Grunderwerbsteuer möglich?, ZEV 2003, 97.

Gem. § 1 Abs. 3 Nr. 1 GrEStG tritt eine **Anteilsvereinigung** ein, die grunderwerbsteuerpflichtig ist. Strittig ist, ob die Befreiung gem. § 3 Nr. 6 GrEStG für Abkömmlinge des Schenkers zur Anwendung kommt. Der BFH BStBl. 1982 II 42 hat bei einer Anteilsvereinigung die Befreiung für Verwandte nach § 3 Nr. 6 GrEStG abgelehnt; ebenso *Schultes-Schnitzlein/Keese* NWB 2009, 11; a.A. *Moench* BB 1982, 1607; *Binz/Freudenberg/Sorg* DStR 1990, 753. Der BFH begründet seine Meinung mit der Betrachtung, dass für die Anwendung des § 3 Nr. 6 GrEStG das Verhältnis des Erwerbers zur Kapitalgesellschaft maßgeblich sei. Da diese nicht mit ihm verwandt, verschwägert oder verheiratet sein kann, scheide eine Anwendung der entsprechenden Befreiungsvorschriften aus. 68

Der BFH BStBl. 1989 II 237 hat diese Auffassung ursprünglich auch für die Gesamthand vertreten, mit Entscheidung BStBl. 1995 II 81 aber aufgegeben und betont, dass die Gesamthänder als vermögensmäßig bereichert anzusehen seien. Da bürgerlich-rechtlich bei einer GmbH-Anteilsübertragung die Gesellschaft selbst nicht betroffen ist, erscheint die erneute Befassung des BFH mit dieser Rechtsfrage nicht aussichtslos. Zivilrechtlich liegt eindeutig eine Gesellschaftsanteilsübertragung und keine Grundstücksübertragung vor; zur Rechtsprechungskritik vgl. auch Rn. 24f.

2. Übertragung gegen Zeitrente

a) Einkommensteuer

69 Der Sonderausgabenabzug gem. § 10 Abs. 1 Nr. 1a EStG kann nur bei der Vereinbarung von Versorgungsleistungen geltend gemacht werden. Zu den Versorgungsleistungen gehören alle vereinbarten wiederkehrenden Geld- und Sachleistungen. Voraussetzung für eine Versorgungsleistung ist nach dem Gesetzeswortlaut die **lebenslange** Versorgung des Übergebers. Zeitrenten sind Veräußerungsrenten, vgl. *Risthaus* DB 2007, 240; *Spiegelberger* DB 2008, 1068. Eine **Zeitrente** stellt unbestritten einkommensteuerlich eine Gegenleistung dar, so dass ein Veräußerungstatbestand gem. § 17 Abs. 1 Satz 1 EStG vorliegt.

70 *(1) Veräußerungsgewinn.* Der Veräußerungsgewinn errechnet sich aus der Differenz des Kapitalwerts der Raten und der Anschaffungs- sowie Veräußerungskosten.

71 *(2) Sofort- oder Zuflussbesteuerung.* Hinsichtlich des Veräußerungsgewinns kann bei einer Ratenzahlung während eines Zeitraums von mehr als zehn Jahren der Veräußerer nach Auffassung der Finanzverwaltung zwischen der **Sofortversteuerung und der Zuflussbesteuerung** wählen, wenn ein Versorgungsinteresse des Veräußerers bei der Veräußerung erkennbar ist, vgl. R 16 Abs. 11, R 17 Abs. 7 Satz 2 EStR 2005. Der Veräußerungsgewinn ist zu 40% gem. § 3 Nr. 40 Buchst. c EStG steuerfrei.

Wählt der Veräußerer die **Zuflussversteuerung**, unterliegt der steuerpflichtige Gewinn über die Gesamtperiode der Besteuerung. Dies bedeutet, dass jede Ratenzahlung ihrerseits in einen Tilgungs- und Zinsanteil unterteilt wird. Der Tilgungsanteil der jeweiligen Rate wird unter Zugrundelegung von Tabelle 9a zu § 13 BewG durch Gegenüberstellung des Kapitalwerts der Gesamtzahlungen vor und nach Zahlung der betreffenden Rate ermittelt, vgl. BMF-Schreiben BStBl. 2004 I 1187.

Die Steuer auf den Veräußerungsgewinn ist erst zu zahlen, wenn die Summe der Tilgungsanteile aus den entrichteten Raten die Anschaffungskosten übersteigt, wobei ein Anteil von 40% gem. § 3 Nr. 40 Buchst. c, 3c Abs. 2 EStG steuerfrei bleibt.

72 *(3) Abgeltungssteuer?* Der **Kapitalertrag** ist im Jahr des Zuflusses gem. § 20 Abs. 1 Nr. 7 EStG zu versteuern. Ob der Abgeltungssteuersatz in Höhe von 25% gem. § 32d Abs. 1 Satz 1 EStG Anwendung findet, ist strittig; zustimmend *Fischer* DStR 2007, 1899; *Schulz/Vogt* DStR 2008, 2191; nach *Schmidt/Weber-Grellet* § 32d EStG Rn. 8 verbleibt es wegen des Verwandtschaftsverhältnisses bei der Tarifbesteuerung gem. § 32a EStG. Der Erwerber hat Anschaffungskosten in Höhe des Kapitalwerts seiner Leistungen zzgl. Anschaffungsnebenkosten. Die in den Kaufpreisraten enthaltenen Zinsanteile sind zu 60% Werbungskosten. Der Werbungskostenabzug setzt allerdings voraus, dass der Erwerber die Abgeltungssteuer mittels Antrag abwählt, § 32d Abs. 2 Nr. 3 EStG, vgl. *Schultes-Schnitzlein/Keese* NWB 2009, 64.

b) Schenkung- und Grunderwerbsteuer

73 Schenkung- und grunderwerbsteuerlich gelten die vorstehenden Ausführungen entsprechend.

3. Nießbrauch an Kapitalgesellschaftsanteilen

Literatur: *Fricke* Der Nießbrauch an einem GmbH-Geschäftsanteil – Zivil- und Steuerrecht, GmbHR 2008, 739; *Heckschen,* Auswirkungen des MoMiG auf die Übertragung von GmbH-Anteilen von Todes wegen und im Wege der vorweggenommenen Erbfolge, ZErb 2008, 246; *von Oertzen/Helios* Der bewertungsrechtliche Kapitalwert des Nießbrauchs an Kapitalgesellschaftsanteilen, ZEV 2004, 485; *Paus* Übertragen einer wesentlichen Beteiligung unter Nießbrauchsvorbehalt und spätere Ablösung, DStZ 2006, 112; Schön Nießbrauch am Gesellschaftsanteil im Gesellschafts- und Steuerrecht, StbJb 1996/97, 45; *Stollenwerk* Schenkung-/Erbschaftsteuer bei Nießbrauch an GmbH-Anteilen, GmbH-StB 2001, 198; *Wachter,* GmbH-Reform: Auswirkungen auf die Übertragung von GmbH-Geschäftsanteilen, ZNotP 2008, 378.

a) Stimmrecht

Der Nießbrauch an Kapitalgesellschaftsanteilen wirft zivil- und handels- **74**
rechtliche sowie einkommensteuer- und schenkungsteuerliche Probleme auf. Zunächst ist bestritten, wer bei einer Nießbrauchbestellung an einem Kapitalgesellschaftsanteil das Stimmrecht ausübt. Während die zivilrechtliche Literatur (*Palandt/Bassenge* § 1068 BGB Rn. 5; MünchKomm/*Hohlmann* § 1068 BGB Rn. 81) dem Nießbraucher das Stimmrecht zuweist, will die im Vordringen befindliche handelsrechtliche Literatur das Stimmrecht aufteilen, wonach der Nießbraucher das Stimmrecht für sein Nutzungsrecht und der Gesellschafter sein Stimmrecht für die Substanz der Mitgliedschaft ausübt, vgl. *K. Schmidt* Gesellschaftsrecht S. 1825; *Gschwendtner* NJW 1995, 1876. Nach Auffassung des BGH DStR 1999, 246 wird dem Gesellschafter die Kompetenz, bei Beschlüssen, welche die Grundlagen der Gesellschaft betreffen, selber abzustimmen, nicht durch die Einräumung eines Nießbrauchs an seinem Gesellschaftsanteil genommen. *Schön* ZHR 158 (1994), 260 plädiert für die gemeinschaftliche Ausübung des Stimmrechts.

Die Belastung eines GmbH-Geschäftsanteils mit einem Nießbrauchrecht ist in der Gesellschafterliste eintragungsfähig, vgl. LG Aachen ZEV 2009, 637; ob das Nießbrauchsrecht auch eintragungspflichtig ist, hat das Landgericht Aachen offen gelassen.

b) Einkommensteuer

Auch die einkommensteuerliche Zurechnung ist strittig. Die Finanzverwal- **75**
tung stützt sich immer noch auf Tz. 55ff. I. Nießbraucherlass BStBl. 1983 I 508, wonach nur der **Vorbehaltsnießbrauch** einkommensteuerlich mit der Folge anerkannt wird, dass der Übergeber weiterhin die Einkünfte zu versteuern hat.

Bei einem unentgeltlichen **Zuwendungsnießbrauch** versagt die Finanz- **76**
verwaltung die steuerliche Anerkennung. In der Literatur (*Schmidt/Weber-Grellet* § 20 EStG Rn. 212) wird zurecht danach differenziert, ob der Nießbraucher nur die Einnahmen bezieht oder ob er Marktchancen nutzt, das Vermögen verwaltet und die mit dem Kapitalgesellschaftsanteil verbundenen Stimm-, Anfechtungs- und Mitgliedschaftsrechte ausübt; ebenso FG Rheinland-Pfalz EFG 1986, 570; FG Münster EFG 2003, 690.

Zur **einkommensteuerlichen Anerkennung** ist außer der rechtswirk- **77**
samen GmbH-Anteilsübertragung auch eine klare Trennung zwischen dem

Vermögen der Eltern und des begünstigten Kindes erforderlich. Legen Eltern bisher eigenes Kapitalvermögen für ihre Kinder an, sind ihnen die Erträge hieraus trotz zivilrechtlich wirksamer Übertragung des Vermögens auch weiterhin als eigene Einkünfte zuzurechnen, wenn sie die Erträge nicht für jedes Kind entsprechend seinen Einkünften verwenden, vgl. BGH ZEV 1999, 456. In dem entschiedenen Fall wurde den Eltern trotz einer 4-jährigen getrennten Verwaltung der einzelnen Sparbücher der Kinder die Erträge zugerechnet, weil sie bei einer Anschaffung für ein Kind auch die angesparten Mittel des anderen Kindes verwendeten. Dieses Verhalten sei typisch für eine gemeinsame Lebensführung aus einer Kasse.

78 Die weitere Rechtsfrage, ob gem. § 1649 Abs. 1 Satz 1 BGB die Eltern berechtigt sind, Zinsen für den Unterhalt der Kinder zu verwenden, hat der BFH ausdrücklich offen gelassen. Das Erfordernis der Vermögenstrennung hat der BFH GmbH-StB 2003, 39 nochmals bestätigt. Nach einer (wirksamen) Schenkung von GmbH-Anteilen durch einen Vater an seine Kinder können Gewinnausschüttungen, die auf die geschenkten Anteile entfallen, den Kindern nicht als Einnahmen steuerlich zugerechnet werden, wenn insoweit keine klare Trennung zwischen Vermögen des Vaters und der Kinder erfolgt ist.

c) Schenkungsteuer

Literatur: *Hübner* Disquotale Gewinnausschüttungen und Einlagen im Schenkungsteuerrecht – eine unendliche Geschichte, DStR 2008, 1357; *Riedel* Segen oder Fluch? – Das BFH-Urt. v. 7. 11. 2007, II R 28/06, ZErb 2008, 227; *Wälzholz* Schenkungsteuerliche Behandlung von Vermögenstransfers zwischen der GmbH und ihren Gesellschaftern, ZEV 2008, 273.

79 Die erbschaftsteuerliche Vergünstigung des § 13a kommt nur in Betracht, wenn die GmbH den Verwaltungsvermögenstest besteht.

Die **schenkungsteuerliche Behandlung** war strittig. Die neuere Finanzgerichtsrechtsprechung (FG Düsseldorf EFG 2003, 1259; FG Baden-Württemberg ErbStB 2003, 281) will beim vorbehaltenen Nießbrauch an Aktien unter entsprechender Anwendung von § 10 Abs. 6 Satz 5 ErbStG die Nießbrauchslast nicht voll zum Abzug zulassen, sondern nur mit dem **quotalen Betrag**, der dem Verhältnis des nach Anwendung des § 13a ErbStG anzusetzenden Wertes dieses Vermögens zu dem Wert vor Anwendung des § 13a ErbStG entspricht.

80 Während Schulden und Lasten, die mit dem nach § 13a ErbStG befreiten Betriebsvermögen in wirtschaftlichem Zusammenhang stehen, nach altem Recht in vollem Umfange abzugsfähig waren, ordnet nunmehr § 10 Abs. 6 Satz 4 ErbStG an, dass Schulden und Lasten, die mit nach § 13a befreitem Vermögen in wirtschaftlichem Zusammenhang stehen, nur mit dem Betrag abzugsfähig sind, der dem Verhältnis des nach Anwendung des § 13a anzusetzenden Werts des Vermögens zu dem Wert vor Anwendung des § 13a ErbStG entspricht.

Das FG Baden-Württemberg hat seine Entscheidung mit dem Hinweis auf § 25 ErbStG begründet, wonach bei Zuwendung von Vermögen unter Nießbrauchsvorbehalt der Erwerb ohne Berücksichtigung dieser „Belastung“ erfolge. Diese Begründung ist mit Wegfall des § 25 ErbStG durch die Erbschaftsteuerreform 2009 entfallen. Der vorbehaltene Nießbrauch führt bereits auf der Bewertungsebene zu einer entsprechenden Minderung der Schenkung, so dass es auf eine direkte oder analoge Anwendung des § 10 Abs. 6 Satz 5 bzw. Satz 4 ErbStG ausgeschlossen ist. Dies ergibt sich auch im Rückschluss aus Satz 6 dieser Bestimmung, wonach Nutzungsrechte, die sich bei der Ermittlung des gemeinen Werts einer wirtschaftlichen Einheit ausgewirkt haben, zu keinem Abzug bei der Erbschaftsteuer führen, so dass der **doppelte** Abzug von Nutzungsrechten ausgeschlossen ist, da diese bereits bei der Bemessungsgrundlage berücksichtigt wurden. Auch *Geck* DStR 2009, 1007 teilt die Auffassung, dass die Nießbrauchslast als Nutzungsauflage den steuerpflichtigen Erwerb in vollem Umfang mindert; ebenso wohl *Jülicher* DStR 2008, 2240. Hingegen meinen *Korn/D. Carlé* KÖSDI 2009, 16514, dass sich die Vorteile des weggefallenen Abzugsverbots mindern, weil nach § 10 Abs. 6 ErbStG Schulden und Lasten nur abzugsfähig sind, soweit sie nicht nur mit dem steuerfreien Teil der Vermögensübertragung zusammenhängen. *Wälzholz* ZEV 2009, 438 ist der Auffassung, dass bei dem Übergang eines Betriebs der Nießbrauch nur anteilig, also grundsätzlich nur zu 15% des eigentlichen Wertes berücksichtigt werden kann und empfiehlt an Stelle des Nießbrauches Versorgungsleistungen zu vereinbaren.

Die Finanzverwaltung hat sich zu dieser schenkungsteuerlichen Problematik bisher nicht geäußert, aber darauf hingewiesen, dass der kapitalisierte Nießbrauch der Grunderwerbsteuer unterliegt. Dies spricht wiederum dafür, dass wegen des Verbots der Doppelbelastung mit Grunderwerbsteuer und Schenkungsteuer der kapitalisierte Nießbrauch in vollem Umfang die Bemessungsgrundlage für die Schenkungsteuer mindert. 81

III. Formulierungsvorschlag: GmbH-Geschäftsanteilsabtretung mit Vorbehaltsnießbrauch

1. Vertragsmuster

GmbH-Geschäftsanteilsabtretung 86

Beurkundet am …

I. Vorbemerkungen

Herr V ist Gesellschafter der

Gesellschaft mit beschränkter Haftung

in Firma

V GmbH

mit dem Sitz in …,

eingetragen im Handelsregister des Amtsgerichts … unter HR B …

Das Stammkapital der Gesellschaft beträgt 25.000 €.

Von diesem Stammkapital hält der vorgenannte Gesellschafter einen Geschäftsanteil in Höhe von 22.500 € (Anteil Nr. 1).

Der Geschäftsanteil ist nach Angabe voll einbezahlt.

Herr V versichert hiermit, dass

- der auf den vorbezeichneten Geschäftsanteil geschuldete Betrag zur freien Verfügung der Geschäftsführung einbezahlt wurde und dass eine unberechtigte Rückgewähr von Stammeinlagen nicht erfolgt ist;

- sein Geschäftsanteil weder gepfändet, verpfändet, abgetreten oder mit sonstigen Rechten anderer Personen belastet sind und ihm damit ausschließlich selbst zur Verfügung steht.

Die Beteiligten und der Notar haben die im Handelsregister eingestellte Gesellschafterliste zur Kenntnis genommen. Diese besteht seit ... unverändert; ein Widerspruch ist der Liste oder dem Eintrag des abtretenden Gesellschafters nicht zugeordnet. Der Notar hat auf Möglichkeiten und Grenzen des gutgläubigen Erwerbs von Geschäftsanteilen hingewiesen, insbesondere dass der Erwerb nicht bestehender Geschäftsanteile und der gutgläubige Wegerwerb von Belastungen nicht möglich sind.

II. Überlassung, Abtretung

Herr V

– nachfolgend kurz: „der Abtretende" –

veräußert hiermit den vorbezeichneten Geschäftsanteil in Höhe von

22.500 € (Anteil Nr. 1)

an

seinen Sohn, Herrn S

– nachfolgend kurz: „der Erwerber" –.

Der Abtretende tritt den vertragsgegenständlichen Geschäftsanteil an den Erwerber ab.

Der Erwerber nimmt die Übertragung und Abtretung hiermit ausdrücklich an.

Die Übertragung und Abtretung erfolgen mit sofortiger dinglicher Wirkung und mit dem Gewinnbezugsrecht ab ... und zwar einschließlich aller etwa unter die Gesellschafter noch nicht verteilter Gewinne vorangegangener Geschäftsjahre.

III. Gewährleistung

Der Abtretende haftet dafür, dass

– die in Abschnitt I. dieser Urkunde gemachten Angaben richtig sind,
– der vertragsgegenständliche Geschäftsanteil nicht mit Rechten Dritter belastet ist,
– er über den vertragsgegenständlichen Geschäftsanteil – vorbehaltlich einer etwaigen Zustimmung gemäß nachfolgendem Abschnitt VII. – frei verfügen kann,
– die Satzung der Gesellschaft in der dem Erwerber bekannten Fassung unverändert fortbesteht.

Im übrigen wird jede Sach- und Rechtsmängelhaftung ausgeschlossen.

Die GmbH hat keinen Grundbesitz und war auch in den vergangenen fünf Jahren nicht unmittelbar oder mittelbar an einer anderen Grundbesitz haltenden Kapital- oder Personengesellschaft beteiligt. Bei der Gesellschaft oder deren Tochtergesellschaften bestehen keine körperschaftsteuerlichen oder gewerbesteuerlichen Verlustvorträge.

IV. Nießbrauch

Der Übergeber behält sich auf seine Lebensdauer den

Quotennießbrauch zu 90%

an den Gesellschaftsanteilen vor, den er auf seinen Sohn S überträgt.

Nach dem Ableben des Nießbrauchers steht das Nießbrauchsrecht im gleichen Umfang der Ehefrau, Frau E, auf deren Lebensdauer zu.

Somit stehen für die Dauer des Nießbrauchs 90% aller entnahmefähigen, auf den nießbrauchsbelasteten Gesellschaftsanteil entfallenden Gewinne dem Nießbraucher zu.

Außerordentliche Erträge gebühren im vollen Umfang dem Gesellschafter, so dass der Nießbraucher an außerordentlichen Erträgen nicht beteiligt ist.

Soweit dem Gesellschafter aus den Gesellschaftsanteilen steuerliche Belastungen erwachsen, insbesondere eine Einkommensteuerschuld, ist der Gesellschafter gegenüber dem Nießbraucher berechtigt, insoweit die Steuern aus dem Gesellschaftsvermögen zu entnehmen.

Für die Stimmrechte an den nießbrauchsbelasteten Gesellschaftsanteilen gelten die gesetzlichen Bestimmungen. Danach übt der Nießbraucher das Stimmrecht bei Beschlüssen über die laufenden Angelegenheiten der Gesellschaft und die zur Sicherung seines Fruchtziehungsrechtes notwendigen Kontroll- und Informationsrechte aus. Bei außerordentlichen Angelegenheiten gebührt das Stimmrecht allein dem Gesellschafter. Darüber hinaus stehen dem Gesellschafter alle gesetzlichen Kontroll- und Informationsrechte zu.

Im Falle der Veräußerung von nicht geringwertigen Gegenständen des Anlagevermögens erstreckt sich der Nießbrauch auf das Surrogat.

Nach dem Ableben von Herrn V steht das vorbezeichnete Nießbrauchsrecht mit dem angegebenen Inhalt seiner Ehefrau, Frau E, zu.

V. Gegenleistung

Die Übertragung erfolgt unentgeltlich im Wege der vorweggenommenen Erbfolge.

VI. Rücktritt

Der Übergeber ist berechtigt, von dem schuldrechtlichen Teil dieses Vertrages zurückzutreten und die unentgeltliche Rückübertragung des dem Erwerber eingeräumten Gesellschaftsanteils zu verlangen, wenn

a) der Erwerber den Vertragsgegenstand ohne schriftliche Zustimmung des Übergebers veräußert oder belastet,
b) der Erwerber zu Lebzeiten des Übergebers die Gesellschaft kündigt,
c) der Erwerber vor dem Übergeber verstirbt, ohne dass der Vertragsgegenstand ausschließlich auf Abkömmlinge des Übergebers übergeht,
d) eine wesentliche Verschlechterung in den Vermögensverhältnissen des Erwerbers eintritt oder die Zwangsvollstreckung in den Vertragsgegenstand betrieben wird, ohne dass der Erwerber die Maßnahme innerhalb von drei Monaten abwendet,
e) die (ggf. künftige) Ehe des Erwerbers geschieden wird und der Ehegatte Ausgleichsansprüche bezüglich des Vertragsgegenstandes geltend macht.

Die durch die Rückübertragung entstehenden Kosten hat der betreffende Erwerber zu tragen. Im übrigen gelten die gesetzlichen Rücktrittsbestimmungen.

Der Rücktritt kann nur durch schriftliche Erklärung gegenüber dem jeweiligen Erwerber oder dessen Gesamtrechtsnachfolger ausgeübt werden.

Nach dem Ableben des Übergebers steht das Rücktrittsrecht im selben Umfang dessen Ehefrau, Frau E, zu. Im übrigen ist das Rücktrittsrecht weder vererblich noch übertragbar, es sei denn, dass es zu Lebzeiten eines Berechtigten ausgeübt wurde.

VII. Zustimmung

Die Zustimmung der Gesellschaft zur Anteilsübertragung ist erforderlich.

Herr V erteilt in seiner Eigenschaft als Geschäftsführer der Gesellschaft hiermit die Zustimmung zu der vereinbarten Anteilsübertragung.

VIII. Belehrungen, Hinweise

Der Notar hat über folgendes belehrt:

– Die mit dem Geschäftsanteil verbundene gesetzliche Haftung geht auf den Erwerber über.
– Für etwaige nicht erbrachte Geldeinlagen und für etwaige Fehlbeträge nicht vollwertig geleisteter Sacheinlagen des Abtretenden und aller anderen Gesellschafter haftet der Erwerber unbeschränkt.

IX. Schlussbestimmungen

Die Beteiligten ermächtigen den Notar unter Befreiung von § 181 BGB, sie im Handelsregisterverfahren uneingeschränkt zu vertreten sowie alle zur Wirksamkeit und zum Vollzug zweckdienlichen Erklärungen abzugeben, einzuholen (auch unter Übersendung von Entwürfen) und entgegenzunehmen, gegenseitig mitzuteilen und dies festzustellen. Genehmigungen sollen mit ihrem Eingang beim amtierenden Notar allen Beteiligten gegenüber als zugegangen gelten und rechtswirksam sein. Bei Genehmigungen ohne Einschränkungen wird auf Rechtsmittel verzichtet; andere Bescheide sind den Beteiligten selbst zuzustellen.

Die Kosten dieser Urkunde trägt der Erwerber.

Von dieser Urkunde erhalten:
Beglaubigte Abschriften:
die Gesellschaft eine
Einfache Abschriften:
der Veräußerer und der Erwerber sofort je eine
das Finanzamt – Körperschaftsteuerstelle –
der Steuerberater der Gesellschaft
das zuständige Registergericht erhält lediglich eine berichtigte Gesellschafterliste.

Vorgelesen vom Notar ...

2. Anmerkungen

a) Nießbrauch am Surrogat

87 Da das BGB für den Nießbrauch keine allgemeine Surrogationsregelung enthält, ist sowohl aus zivilrechtlichen als auch aus steuerlichen Gründen erforderlich, den Fortbestand des Nießbrauches im Fall der Veräußerung des GmbH-Anteiles ausdrücklich zu vereinbaren. Die steuerliche Notwendigkeit ergibt sich daraus, dass andernfalls die ohne diese Verpflichtung eingeräumte Nießbrauchsberechtigung an dem Surrogat steuerlich als Zuwendungsnießbrauch beurteilt werden könnte, so dass unter Berufung auf den I. Nießbraucherlass BStBl. 1983 I 508 Tz. 55 die Zurechnung beim Nießbrauchberechtigten gefährdet wäre, vgl. *Binninger* DStR 1995, 1050.

b) Stimmrecht

88 Zur einkommensteuerlichen Anerkennung sollte die Stimmrechtsausübung ausdrücklich geregelt werden. Danach gebührt das Stimmrecht für die laufenden Angelegenheiten und die Gewinnausschüttung dem Nießbraucher, während der nießbrauchbelastete Anteilsinhaber das Stimmrecht bei den Kernbereichen, insbesondere bei der Veräußerung des GmbH-Anteiles, ausübt.

Nutzlose Streithähne sollten
gemeinsam Harakiri begehen.
Yoshizo Shimano

Dritter Teil. Sonstiger unentgeltlicher Erwerb

§ 15 Erbauseinandersetzung

Übersicht

A. Erbrechtsreform

Literatur: *Arlt* Internationale Nachfolgeplanung deutscher Erblasser, ErbStB 2005, 291; *Brüggemann* Nachfolgeregelungen beim Erwerb eines Einzelunternehmens von Todes wegen, ErbBstg 2009, 247; *Kanzleiter* Die Erstreckung der Wirkungen eines Zuwendungsverzichts auf die Abkömmlinge des Verzichtenden – ein Missgriff des Gesetzgebers!, DNotZ 2009, 805; *Keim* Neues Recht in niedriger Dosierung: Das Gesetz zur Änderung des Erb- und Verjährungsrechts und seine Bedeutung für den Notar, MittBayNot 2010, 85; *Kroiss* Einführung in das Internationale Erbrecht, ErbR 2006, 1; *ders.* Die Rechtsmittel im nachlassgerichtlichen Verfahren nach dem FamFG, ZEV 2009, 224; *Lange* Das Gesetz zur Reform des Erb- und Verjährungsrechts, DNotZ 2009, 732; *J. Mayer* Die Auswirkungen der Erbrechtsreform auf die Kautelarpraxis, ZEV 2010, 2; *Wälzholz* Die Reform des Erb- und Pflichtteilsrechts zum 1. 1. 2010, DStR 2009, 2104.

1 Zum 1. 1. 2010 ist das Gesetz zur Reform des Erb- und Verjährungsrechts BGBl. 2009 I 700 in Kraft getreten. Auslöser für das Gesetzgebungsverfahren war die Entscheidung des Bundesverfassungsgerichts ZEV 2005, 301, wonach die grundsätzlich unentziehbare und bedarfsunabhängige wirtschaftliche Mindestbeteiligung der Kinder des Erblassers an dessen Nachlass durch die Erbrechtsgarantie des Art. 14 Abs. 1 Satz 1 i. V. m. Art. 6 Abs. 1 GG gewährleistet ist. Im Zentrum der Reform steht der Pflichtteilsanspruch, der in mehrfacher Hinsicht modifiziert wurde. Insgesamt stellt das Gesetz die größte Reform des Erbrechts seit dem Inkrafttreten des BGB dar.

I. Gesetzliche Neufassung der §§ 2306 und 2305 BGB

2 § 2305 BGB wurde um die Regelung ergänzt, dass bei der Berechnung des Wertes des Nachlasses Beschränkungen und Beschwerungen i. S. d. § 2306 BGB außer Betracht bleiben. § 2306 Abs. 1 BGB erhielt folgenden Wortlaut:

„Ist ein als Erbe berufener Pflichtteilsberechtigter durch die Einsetzung eines Nacherben, die Ernennung eines Testamentsvollstreckers oder eine Teilungsanordnung beschränkt oder ist er mit einem Vermächtnis oder einer Auflage beschwert, so kann er den Pflichtteil verlangen, wenn er den Erbteil ausschlägt; die Ausschlagungsfrist beginnt erst, wenn der Pflichtteilsberechtigte von der Beschränkung oder der Beschwerung Kenntnis erlangt."

3 Die Neuregelung dient der Rechtsklarheit und erweitert auch die letztwilligen Verfügungsmöglichkeiten des Erblassers. Ein pflichtteilsberechtigter Erbe muss sich nunmehr genau überlegen, ob er das Erbe antreten will und einen Zusatzpflichtteil gem. § 2305 BGB beansprucht oder bei Beschwerungen lieber ausschlägt und den vollständigen, ungekürzten Pflichtteil verlangt. Sofern der Pflichtteilsberechtigte eine Erbquote in Höhe seines Pflichtteils erhält und der Pflichtteil als Rente ausbezahlt wird, muss der Pflichtteilsberechtigte diese Anordnung des Erblassers tolerieren. Würde er bei dieser Fallgestaltung ausschlagen, würde nicht nur der Erbteil entfallen, sondern auch das Pflichtteilsrecht. Eine Beschwerung i. S. d. § 2306 Abs. 1 BGB liegt nämlich bei dieser Fallgestaltung nicht vor.

4 Bisher richtig gestaltete **Behinderten-** oder Überschuldeten**testamente** können im Hinblick auf die Anpassung des § 2306 BGB unverändert bestehen bleiben, vgl. vgl. *Wälzholz* DStR 2009, 2105.

II. Die Abschmelzung des Pflichtteilsergänzungsanspruches gem. § 2325 Abs. 3 BGB

6 § 2325 Abs. 3 BGB wurde wie folgt neu gefasst:

„Die Schenkung wird innerhalb des ersten Jahres vor dem Erbfall in vollem Umfang, innerhalb jedes weiteren Jahres vor dem Erbfall um jeweils 1/10 weniger berücksichtigt. Sind zehn Jahre seit der Leistung des geschenkten Gegenstands verstrichen, bleibt die Schenkung unberücksichtigt. Ist die Schenkung an den Ehegatten erfolgt, so beginnt die Frist nicht vor Auflösung der Ehe."

7 Diese Regelung gilt auch für die Haftung eines Beschenkten gem. § 2329 BGB. Trotz der Reform des Rechts der Pflichtteilsergänzung wird aufgrund der bisherigen Rechtsprechung BGH DNotZ 1988, 441 der Anlauf der Zehn-Jahres-Frist erst beginnen, wenn der Schenkungsgegenstand aus dem Vermögen des Schenkers vollständig ausgegliedert wurde. Dies ist insbesondere bei Teilflächenüberlassungen zu beachten, so dass auf die rasche Vermessung und Eintragung im Grundbuch geachtet werden muss.

8 Weite Teile der Literatur meinen, dass der Nießbrauchvorbehalt aufgrund der Rechtsprechung des BGH Bd. 125, 395 dem Anlauf der Zehn-Jahres-Frist des § 2325 Abs. 3 BGB entgegensteht, da der Gesetzgeber keine ausdrückliche Regelung getroffen habe, vgl. *Bonefeld* ZErb 2008, 74; *Schaal/Grigas* BWNotZ 2008, 13; *Keim* ZEV 2008, 166; *Wälzholz* DStR 2009, 2106. Oben zu § 4 B IX wurde die weit verbreitete Kritik an dieser Entscheidung des BGH zitiert. Der ratio legis der Erbrechtsreform, die eine Abschmelzung des Pflichtteilsergänzungsanspruches innerhalb der Zehn-Jahres-Frist bis zu Null vorsieht, würde geradezu konterkariert werden, wenn bei einem Vorbehaltsnießbrauch die Zehn-Jahres-Frist des § 2325 Abs. 3 BGB nie zu laufen beginnen würde, also das Verjährungsrecht und die Abschmelzung des Pflichtteilsergänzungsanspruchs ad absurdum geführt würde.

III. Stundung des Pflichtteilsanspruches gem. § 2331 a BGB

9 Die Anforderungen an die Stundungsmöglichkeiten des Pflichtteilsanspruches wurden gesenkt. Nunmehr ist eine Pflichtteilsstundung auch dann möglich, wenn die sofortige Erfüllung des gesamten Pflichtteilsanspruchs eine unbillige Härte darstellen würde. Allerdings bleibt weiterhin der Zwang zur Veräußerung eines Wirtschaftsgutes, das für den Erben und seine Familie die wirtschaftliche Lebensgrundlage bilden würde; ferner ist auch das Eigenvermögen des Erben anzusetzen. Während bisher die Stundung dem Pflichtteilsberechtigten zumutbar gewesen sein musste, ordnet der Gesetzgeber nunmehr lediglich an, dass die Interessen des Pflichtteilsberechtigten angemessen zu berücksichtigen sind.

IV. Neuregelung der Pflichtteilsentziehung gem. §§ 2323 ff. BGB

11 Weggefallen sind die Tatbestände der Pflichtteilsentziehung wegen einer vorsätzlichen körperlichen Misshandlung oder wegen eines ehrlosen und unsittlichen Lebenswandels gem. § 2333 Nr. 5 BGB a. F. Diesbezüglich ist die Regelung in Nr. 2 ausreichend. Danach kann der Pflichtteil entzogen werden, wenn der Pflichtteilsberechtigte sich eines Verbrechens oder eines schweren vorsätzlichen Vergehens gegen den Erblasser, den Ehegatten, andere Abkömmlinge oder eine dem Erblasser nahestehende Person schuldig macht.

Gem. Nr. 4 kann der Pflichtteil entzogen werden, wenn der Pflichtteilsberechtigte wegen einer vorsätzlichen Straftat zu einer Freiheitsstrafe von mindestens einem Jahr ohne Bewährung rechtskräftig verurteilt wurde und die Teilhabe des Abkömmlings am Nachlass deshalb für den Erblasser unzumutbar ist. Gleiches gilt, wenn die Unterbringung des Abkömmlings in einem psychiatrischen Krankenhaus oder in einer Entziehungsanstalt wegen einer ähnlich schwerwiegenden vorsätzlichen Tat rechtskräftig angeordnet wurde.

12 Die formellen Anforderungen für die Pflichtteilsentziehung gem. § 2336 BGB bestehen fort. Die Unzumutbarkeit des Pflichtteilsrechts muss in der Verfügung von Todes wegen ausdrücklich begründet werden, vgl. BR-Drs. 96/08, S. 54.

V. Erweiterung des Zuwendungsverzichtes gem. § 2352 Satz 3, § 2349 BGB

13 Bei einem Erbverzicht erstrecken sich gem. § 2349 BGB die Wirkungen des Verzichts auch auf die Abkömmlinge des Verzichtenden, sofern nicht ein Anderes bestimmt wird. Diese Rechtsfolge wurde nunmehr in § 2352 Satz 3 BGB aufgenommen, um auch bei einem Zuwendungsverzicht nach Eintritt der erbvertraglichen Bindungswirkung Abkömmlinge des Verzichtenden einbeziehen zu können. Von *Kanzleiter* DNotZ 2009, 805 wird die Erstreckung der Wirkung des Zuwendungsverzichtes auf die Abkömmlinge des Verzichtenden als Missgriff des Gesetzgebers kritisiert.

VI. Reform des Verjährungsrechtes

14 Bisher unterlagen gem. § 197 Abs. 1 Nr. 2 BGB familien- und erbrechtliche Ansprüche grundsätzlich einer Verjährungsfrist von dreißig Jahren. Dieser unbefriedigende Zustand wurde durch die Erbrechtsreform beseitigt, vgl.

BR-Drs. 96/08, S. 19. Die Bestimmung des § 197 Abs. 1 Nr. 2 wurde aufgehoben, so dass die erbrechtlichen Verjährungsregeln den allgemeinen Verjährungsbestimmungen der §§ 195 ff. BGB unterliegen, grundsätzlich also einer **dreijährigen** Verjährungsfrist, beginnend mit dem Jahresende ab Entstehung und Kenntnis des Anspruchs oder grob fahrlässiger Unkenntnis.

§ 199 BGB wurde durch folgenden Abs. 3 a ergänzt:

„Ansprüche, die auf einem Erbfall beruhen oder deren Geltendmachung die Kenntnis einer Verfügung von Todes wegen voraussetzt, verjähren ohne Rücksicht auf die Kenntnis oder grob fahrlässige Unkenntnis in dreißig Jahren von der Entstehung des Anspruchs an."

Hinsichtlich von Pflichtteilsansprüchen verbleibt es bei der schon bisherigen dreijährigen Verjährungsfrist. Nunmehr beginnt die dreijährige Verjährungsfrist erst am Schluss des Kalenderjahrs, in welchem der Pflichtteilsanspruch entstanden ist (Todesfall) und Kenntnis oder grob fahrlässige Unkenntnis eingetreten ist.

In § 2332 Abs. 1 BGB wurde angeordnet, dass der Pflichtteilsergänzungsanspruch gegen den Beschenkten gem. § 2329 BGB in drei Jahren ab dem Erbfall verjährt; gleiches gilt für den Anspruch nach § 2287 Abs. 2 BGB. Ferner schließt § 2332 Abs. 2 BGB aus, dass durch eine Ausschlagung von erbrechtlichen Rechten die Verjährung gehemmt wird.

VII. Pflegeleistungen gem. § 2057 a BGB

15 Aufgrund des neu formulierten § 2057 a Abs. 1 Satz 2 BGB kommt es nunmehr nicht mehr darauf an, ob das pflegende Kind „unter Verzicht auf berufliches Einkommen" gepflegt hat. Der pflegende Abkömmling ist wegen der Doppelbelastung besonders begünstigungswürdig, vgl. BT-Drs. 16/13543, S. 20.

VIII. Übergangsbestimmungen

16 Das neue Erb- und Pflichtteilsrecht findet gem. Art. 2 § 21 Abs. 4 EGBGB auf alle Todesfälle ab dem 1. 1. 2010 Anwendung.

Das neue Verjährungsrecht gilt für alle Ansprüche, die ab dem 1. 1. 2010 entstehen. Soweit ein Anspruch vor dem 1. 1. 2010 entstanden ist, findet die kürzere Frist (altes bzw. neues Recht) Anwendung.

B. Formen der Erbauseinandersetzung

Literatur: *Ann* in: FS für Spiegelberger, Der Konzeptionsmangel der Erbengemeinschaft gezeigt an Problemen der Nachlassverwaltung durch Miterben, S. 953; *Brandt* Mediation in der Erbauseinandersetzung, ZEV 2010, 133; *Cornelius/Müller* Auseinandersetzung der Erbengemeinschaft, Erbteilsübertragung oder Abschichtung?, ErbStB 2006, 263; *Grube* Zum einkommensteuerlichen Abzug der Kosten von Erbauseinandersetzung und Nachlassverwaltung, insb. bei Testamentsvollstreckung – Folgerungen aus der neueren BFH-Rechtsprechung, DB 2003, 2300; *Hannes* Ertragsteuerliche Behandlung der Erbengemeinschaft und ihrer Auseinandersetzung – Anm. zu BMF-Schreiben v. 14. 3. 2006, ZEV 2006, 164; *Lange* Dürfen Grundbuchamt und/oder Handelsregister trotz Vorliegens einer notariellen Verfügung von Todes wegen einen Erbschein verlangen?, ZEV 2009, 371; *Muscheler* Verfügung über den Erbteil, ZErb

2010, 40; *Pöting* Die Erbauseinandersetzung in der notariellen Vertragsgestaltung, MittBayNot 2007, 273 und 376; *Reimann* Erbauseinandersetzung durch Abschichtung, ZEV 1998, 213; *ders.* in: FS für Spiegelberger, Hohenzollern und kein Ende: Wie das ehemalige Kaiserhaus zur Rechtsfortbildung in Deutschland beiträgt, S. 1095; *Storz* Befugnis des Testamentsvollstreckers zur authentischen Interpretation und klarer erbrechtlicher Verfügungen, ZEV 2009, 265; *Schütze* Erbengemeinschaft und Erbauseinandersetzung, StB 2006, 287; *D. Schulze zur Wiesche* Die Vererbung eines Gesellschaftsanteils an einer Personengesellschaft, Ubg 2009, 318; *Selbherr* Der erbrechtliche Auslegungsvertrag in der zivilrechtlichen und erbschaftsteuerrechtlichen Gestaltungspraxis, ZErb 2005, 10; *Steiner* Finanzierung von Nachlassverbindlichkeiten, ErbStB 2005, 189; *ders.* Die ertragsteuerliche Behandlung der Erbengemeinschaft und ihrer Auseinandersetzung, ErbStB 2006, 124; *Tiedtke/Peterek* Zurechnung von Einkünftigen, die zwischen Erbfall und Vermächtniserfüllung anfallen, ZEV 2007, 349; *Wälzholz* Erbauseinandersetzung und Teilungsanordnung nach der Erbschaftsteuerreform, ZEV 2009, 113; *ders.* Neuregelung der Erbauseinandersetzung in der Gestaltungspraxis, NWB 2009, 2803; *Wesser/Saalfrank* Formfreier Grundstückserwerb durch Miterben, NJW 2003, 2937; *Winkler* Verhältnis von Erbteilsübertragung und Erbauseinandersetzung, ZEV 2001, 435; *W. Zimmermann* Das neue Nachlassverfahren nach dem FamFG, ZEV 2009, 53

I. Haftung für Nachlassverbindlichkeiten

Beispiel: S und T sind gesetzliche Erben zu je ½. Einverständlich will S den wertvolleren Betrieb übernehmen und T das Einfamilienhaus. Sie bitten um Beratung, wie die Übertragung möglichst steuerschonend erfolgen kann. 21

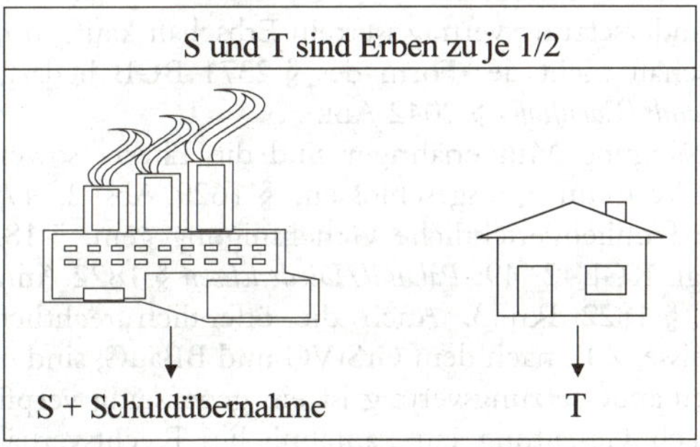

Aufgrund der Gesamtrechtsnachfolge gem. § 1922 BGB gehen nicht nur die Vermögensgegenstände des Erblassers, sondern auch die Verbindlichkeiten auf den Gesamtrechtsnachfolger über, so dass mehrere Miterben gem. § 1967 BGB für die Nachlassverbindlichkeiten gesamtschuldnerisch haften. Sie können aber ihre Haftung auf den Nachlass beschränken, indem sie eine Nachlassverwaltung oder ein Nachlassinsolvenzverfahren beantragen, vgl. §§ 1975 BGB, 115 InsO. Ist der Nachlass geringfügig, so dass Nachlassverwaltung und Nachlassinsolvenzverfahren wegen der Kosten nicht tunlich sind, kann der Erbe dennoch die Befriedigung des Nachlassgläubigers insoweit verweigern, als der Nachlass nicht ausreicht, wenn ein Nachlassinventar gem. § 1993 BGB ordnungsgemäß errichtet wurde. Für Einkommensteuern, die aus der Veräußerung des Nachlasses entstehen, haften die Erben auch dann, wenn Nachlassverwaltung angeordnet wurde, vgl. BFH BStBl. 1992 II 781. 22

23 Aus dem Nachlass werden zunächst die Nachlassverbindlichkeiten berichtigt. Ferner haben die Erben die Erbfallschulden, d.h. die durch den Erbfall selbst entstehenden Verbindlichkeiten zu erfüllen. Somit sind insbesondere die Pflichtteilsberechtigten, etwaige Erbersatzanspruchsberechtigte (nichteheliche Kinder) und die Vermächtnisnehmer zu befriedigen. Für die Verteilung des verbleibenden, gesamthänderisch verbundenen Vermögens gibt es die nachfolgend aufgeführten Möglichkeiten der Auseinandersetzung.

24 Grabpflegekosten sind nach Auffassung des Schleswig-Holsteinischen Oberlandesgerichts ZErb 2010, 90 keine Beerdigungskosten i.S.d. § 1968 BGB, so dass sie bei der Ermittlung des Nachlasswertes für die Berechnung eines Pflichtteilsanspruchs nicht als Nachlassverbindlichkeiten vom Aktivnachlass abziehbar sind; zum Abzug als dauernde Last vgl. oben § 5 III 5.

II. Auseinandersetzungsvertrag

Literatur: *Pöting* Die Erbauseinandersetzung in der notariellen Vertragsgestaltung, MittBayNot 2007, 273 und 376.

26 Der Regelfall ist die Auseinandersetzung durch Vertrag, entweder durch Aufhebung der Erbengemeinschaft insgesamt oder schrittweise durch Teilauseinandersetzungen. Der Auseinandersetzungsvertrag unterliegt den allgemeinen rechtlichen Vorschriften, d.h. Formvorschriften sind nur insoweit einzuhalten, als solche für die einzelnen Nachlassgegenstände bestehen, also bei Grundstücksübertragungen § 311b Abs. 1 BGB, bei Geschäftsanteilsabtretungen § 15 Abs. 3 GmbHG.

27 Der Auseinandersetzungsvertrag ist kein Erbschaftskauf, so dass das schuldrechtliche Geschäft nicht der Form des § 2371 BGB bedarf, vgl. *Zunft* JZ 1956, 553; *Palandt/Edenhofer* § 2042 Anm. 3.

28 Bei der Beteiligung Minderjähriger sind die Eltern, soweit sie Miterben sind, von der Vertretung ausgeschlossen, § 1629 Abs. 2, 1795, 181 BGB. Zudem ist die familiengerichtliche Genehmigung gem. § 1822 Nr. 2 BGB erforderlich, vgl. KGJ 42, 49; *Palandt/Diederichsen* § 1822 Anm. 3g; MünchKomm/*Zagast* § 1822 Rn. 3. Auch die öffentlich rechtlichen Genehmigungserfordernisse, z.B. nach dem GrStVG und BBauG, sind einzuhalten.

29 Der Erbauseinandersetzungsvertrag ist ein gegenseitig verpflichtender Vertrag, der je nach Gestaltung ein kaufähnliches Rechtsverhältnis oder aber Vergleich i.S. von § 779 BGB ist, vgl. *Märkle* BB Beilage 10/1984 zu Heft 18, S. 11; *Soergel/Wolf* § 2042 Rn. 15. Der Abschluss eines Auseinandersetzungsvertrages wird dem Nachlassgericht gem. § 2384 BGB angezeigt.

III. Teilungsplan des Testamentsvollstreckers

Literatur: *Kirnberger* in: FS für Spiegelberger, Steuerliche Aspekte der Testamentsvollstreckervergütung, S. 270; *Zimmermann* in: FS für Spiegelberger, Testamentsvollstreckungen in unserer Zeit: Die Nachlässe Axel Springer, Hohenzollern, Tengelmann, Versandhausinhaber Baur, S. 1143.

31 Sofern der Erblasser Testamentsvollstreckung angeordnet hat, erfolgt die Nachlassteilung durch den Testamentsvollstrecker. Dieser hat gem. § 2204 Abs. 2 BGB einen **Auseinandersetzungsplan** aufzustellen und die Erben vor der Ausführung zu hören. Der Vollzug der Auseinandersetzung erfolgt

unter Einhaltung der allgemeinen Formvorschriften (§ 311b Abs. 1 BGB, § 15 Abs. 3 GmbHG).

IV. Vermittlung der Auseinandersetzung durch das Nachlassgericht oder den Notar

Literatur: *Bracker* Die amtliche Vermittlung der Nachlassauseinandersetzung MittBayNot 1984, 117; *W. Zimmermann* Vermittlung der Erbauseinandersetzung durch das Nachlassgericht, ZEV 2009, 374.

Die Verfahrensvorschriften in Teilungssachen, bisher in §§ 86ff. FGG geregelt, wurden weitgehend unverändert in den §§ 363ff. FamFG übernommen, vgl. BT-Drucks. 16/6308, S. 170. 32

1. Landesrechtliche Vorschriften

- *Baden-Württemberg:* In Baden-Württemberg ist das Notariat Nachlassgericht und somit gem. § 38 BaWüLFGG für Teilungssachen zuständig. Nach § 43 BaWüLFGG finden auf Teilungssachen die §§ 40 Abs. 3–6, 41 Abs. 4 und 5 sowie § 42 entsprechende Anwendung, so dass die Erbenermittlungspflicht und die Aufgaben der Gemeinden auch bei Teilungssachen bestehen, vgl. *Zimmermann* ZEV 2009, 374. 33
- *Bayern:* In Bayern ist den Notaren das Vermittlungsverfahren zur Erledigung zugewiesen, vgl. Art. 38 BayAGGVG. Das Teilungsverfahren ist vollständig dem Notar übertragen; er hat die Aufgaben nach §§ 363ff. FamFG und handelt als unparteiisches Gericht, nicht als Notar, vgl. *Zimmermann* ZEV 2009, 375. Sofern sich die im Verhandlungstermin erschienenen Beteiligten auf eine bestimmte Form der Auseinandersetzung einigen, ist diese Vereinbarung für alle, auch für die Nichterschienenen, verbindlich, wenn sie vom Notar bestätigt wird; die Vereinbarung stellt einen Vollstreckungstitel dar, vgl. *Bracker* MittBayNot 1984, 117.
- *Hessen:* Der Vermittlungsantrag kann bei Gericht oder bei einem Notar gem. Art. 24 Abs. 1 HessFGG gestellt werden.
- *Niedersachsen:* Der Vermittlungsantrag kann beim Nachlassgericht oder bei einem Notar gem. Art. 14 NdsFGG gestellt werden. Für wichtigere Handlungen und Entscheidungen bleibt das Nachlassgericht zuständig.
- *Nordrhein-Westfalen, Berlin, Schleswig-Holstein:* Im Geltungsbereich des PrFGG kann der Vermittlungsantrag nur beim Amtsgericht gestellt werden. Dieses kann aber auf Antrag eines Beteiligten die Vermittlung der Auseinandersetzung einem Notar überweisen. Zeugen und Sachverständige darf der Notar nur vernehmen, wenn die erschienenen Beteiligten damit einverstanden sind, vgl. Art. 23 Abs. 2 PrFGG.

2. Vermittlungsverfahren

Antragsberechtigt ist jeder Miterbe ohne Mitwirkung oder Zustimmung der anderen Miterben, § 363 Abs. 2 FamFG. Die Zurückweisung des Antrags erfolgt durch Beschluss gem. § 38 FamFG. Zulässig ist die befristete Beschwerde nach § 58 FamFG; Beschwerdegericht ist das Oberlandesgericht. Nach h. M. erfolgt die Beurkundung der Teilungsvereinbarung unter Berücksichtigung der §§ 1 Abs. 2, 6–16, 22–26 BeurkG, vgl. *Bassenge/Roth* § 91 34

FGG Rn. 3, jedenfalls dann, wenn die Vermittlung der Auseinandersetzung durch den Notar erfolgt. Wenn das Nachlassgericht die Vereinbarung beurkundet, sind die Vorschriften des Beurkundungsgesetzes nicht anzuwenden, vgl. *Keidel/Winkler* BeurkG § 1 Rn. 31. Für die Auseinandersetzung wird gem. § 116 KostO die vierfache Gebühr erhoben. Kostenschuldner sind alle Antragsberechtigten als Gesamtschuldner gem. § 116 Abs. 6 KostO. Das Vermittlungsverfahren stellt ein probates Mittel dar, um eine Erbauseinandersetzung auf kostengünstigem Weg zu bewerkstelligen, vgl. *Heinemann* DNotZ 2009, 29.

V. Erbteilsabtretung

35 Ein Miterbe kann auch dadurch aus der Erbengemeinschaft ausscheiden, dass er seinen Anteil gem. § 2033 Abs. 1 BGB veräußert. Zulässig ist es auch, über einen Bruchteil des Erbanteils zu verfügen, vgl. *Palandt/Edenhofer* § 2033 Rn. 2; BFH NJW 1975, 2119. Der Vertrag bedarf der notariellen Beurkundung gem. § 2033 Abs. 1 Satz 2 BGB, den übrigen Miterben steht ein Vorkaufsrecht gem. § 2034 Abs. 1 BGB zu. Zur Ausübung eines Vorkaufsrechtes eines Erbteilserwerbers, der seinen Erbteil im Wege der vorweggenommenen Erbfolge erhielt, vgl. DNotI-Report 2009, 59.

VI. Austritt eines Miterben

Literatur: *Reimann* Erbauseinandersetzung durch Abschichtung, ZEV 1998, 213; *K. Schmidt* Erbteilsabtretung, Miterbenabfindung und Anwachsung bei der Erbengemeinschaft, AcP 205 (2005), S. 305; *Wesser/Saalfrank* Formfreier Grundstückserwerb durch Miterben, NJW 2003, 2937.

36 An Stelle der Erbteilsübertragung auf Dritte oder auf Miterben kann eine partielle Auseinandersetzung auch in der Weise erfolgen, dass der Miterbe aus der Erbengemeinschaft formfrei ausscheidet. Ähnlich wie bei einem Ausscheiden gemäß § 738 BGB aus einer Gesellschaft bürgerlichen Rechts wächst der Anteil des Ausscheidenden am Nachlass den übrigen Miterben an, vgl. KG OLGZ 1965, 244; BGH ZEV 1998, 141 und NJW 2005, 284; BFH GrS 2/89, BStBl. 1990 II 837. An die Stelle der gesamthänderischen Beteiligung tritt der Anspruch auf Gewährung der vereinbarten Abfindung. In der Literatur wird die Möglichkeit, formfrei aus der Erbengemeinschaft auszuscheiden, teilweise bestritten, vgl. *Rieger* DNotZ 1999, 77. *Steuerlich* wird die Anwachsung wie die Übertragung eines Erbteils beurteilt, vgl. *Söffing* DB 1991, 828.

VII. Teilauseinandersetzung

37 Grundsätzlich besteht ein Anspruch der Miterben gegeneinander auf Auseinandersetzung des gesamten Nachlasses. Daher kann in der Regel keine Teilauseinandersetzung verlangt werden, vgl. MünchKomm/*Heldrich* § 2042 Rn. 18; BGH NJW 1985, 51. Im Einzelfall, wenn dies zur ordnungsgemäßen Verwaltung des Nachlasses erforderlich ist, kann jedoch die Zustimmung der Miterben zur Teilauseinandersetzung verlangt werden, vgl. BGH DNotZ 1965, 694. In jedem Fall ist eine Teilerbauseinandersetzung bei Zustimmung aller Miterben möglich. Bis zur vollständigen Nachlassteilung haften die Miterben gemäß § 2058 BGB als Gesamtschuldner.

VIII. Veräußerung des Nachlasses

38 Gem. § 753 BGB kann die Teilung auch durch Verkauf der Nachlassgegenstände erfolgen. Gem. § 2046 BGB werden zunächst die Nachlassverbindlichkeiten berichtigt. Der Überschuss wird gemäß § 2047 BGB nach dem Verhältnis der Erbteile verteilt.

IX. Erfüllung von Vermächtnissen, Vorausvermächtnissen und Teilungsanordnungen

Literatur: *Burandt* in: FS für Spiegelberger, Teilungsanordnung und Vorausvermächtnis, S. 978; *Wälzholz* Neuregelung der Erbauseinandersetzung in der Gestaltungspraxis, NWB 2009, 2803.

1. Schuldrechtliche Ansprüche

41 Der Erblasser kann gemäß § 2048 BGB Anordnungen für die Auseinandersetzung treffen oder zu Gunsten Dritter Vermächtnisse anordnen, die gem. § 2174 BGB einen schuldrechtlichen Anspruch auf Leistung des vermachten Gegenstandes begründen. Miterben zugewendete Vermächtnisse sind als Vorausvermächtnisse Zuwendungen an einen Erben über seinen Erbteil hinaus und begünstigen diesen vor den übrigen Miterben, vgl. KG OLGZ 77, 461.

42 Wird einem Miterben ein Gegenstand zugewendet, so stellt sich die Frage, ob ein Übernahmerecht, eine Teilungsanordnung oder ein Vorausvermächtnis vom Erblasser gewollt ist. Die Rechtsprechung sieht als wesentliches Abgrenzungskriterium den Begünstigungswillen des Erblassers an, vgl. BayObLG MittBayNot 1982, 188; MünchKomm/*Skibbe* § 2150 Rn. 7. Soll der Erbe einen Vermögensvorteil gegenüber den anderen Miterben bekommen, so liegt ein Vorausvermächtnis vor. Ist hingegen die Begünstigung eines Miterben durch die Zuweisung eines den Wert des Erbteils übersteigenden Gegenstands nicht gewollt, so hat dieser den Mehrwert gegenüber den anderen Miterben auszugleichen, vgl. BGH NJW 1985, 52; *MünchKomm/Heldrich* § 2048 Rn. 16.

43 Insgesamt wird bei der Erfüllung von Vermächtnissen und von Teilungsanordnungen der Erblasserwille vollzogen, so dass bei systematischer Betrachtung die Übertragung der Nachlassgegenstände aus dem Gesamthandsvermögen der Erbengemeinschaft in das Alleineigentum der Begünstigten nicht eine Erbauseinandersetzung, sondern die Erfüllung bestehender schuldrechtlicher Ansprüche darstellt. Versagen einzelne Miterben ihre Zustimmung, wird nicht die Teilungsversteigerung beantragt, sondern Leistungsklage erhoben.

2. Minderjährige Erben

44 **Beispiel:** Großvater GV hat seine Ehefrau zur Alleinerbin eingesetzt, den minderjährigen Enkelkindern hat er mehrere Wohnungs- und Teileigentumseinheiten vermacht. Das Grundbuchamt hält zur Vermächtniserfüllung die Bestellung von Ergänzungspflegern für erforderlich.

45 Die bisherige Rechtsprechung vertrat die Auffassung, dass der Eintritt von Minderjährigen in den Verwaltervertrag nicht lediglich rechtlich vorteilhaft ist, so dass eine Pflegerbestellung erforderlich war, vgl. BayObLG DNotZ 2004, 378. Wegen der WEG-Novelle, wonach die Wohnungseigentümerge-

meinschaft teilrechtsfähig ist, wird nicht mehr der einzelne Wohnungseigentümer, sondern die Wohnungseigentümergemeinschaft als solche Vertragspartei, so dass nach DNotI-Report 2008, 133 die Eltern ihre minderjährigen Kinder bei der Vermächtniserfüllung vertreten können. Auch nach der Entscheidung des BayObLG DNotZ 2004, 925 ist eine Pflegerbestellung nicht erforderlich, da die Eltern in Erfüllung einer Verbindlichkeit handeln, vgl. § 1795 Abs. 1 Nr. 1 BGB.

3. Früchte und Nutzungen

Literatur: *Tiedtke/Peterek* Zurechnung von Einkünften, die zwischen Erbfall und Vermächtniserfüllung anfallen, ZEV 2007, 349.

46 Die zivilrechtlichen Ansprüche des Vermächtnisnehmers für die Zeit zwischen Erbfall und Vermächtniserfüllung sind in § 2184 f BGB geregelt. Danach kann der Vermächtnisnehmer auch die seit dem Anfall des Vermächtnisses gezogenen Früchte sowie das sonst aufgrund des vermachten Rechts Erlangte verlangen. Sofern ein Vermächtnisnehmer die Geschäftsanteile des Verstorbenen an einer GmbH vermächtnisweise hält, ist der auszuschüttende Gewinn gem. § 101 BGB zeitanteilig zwischen dem Erben und dem Vermächtnisnehmer aufzuteilen, vgl. DNotI-Report 2002, 132.

4. Anschaffungskosten

47 Wird eine Erbengemeinschaft vor dem in der Teilungsanordnung festgelegten Termin durch Realteilung aufgelöst und übernimmt ein Miterbe Schulden, die auf einem für einen anderen Miterben bestimmten Grundstück lasten, so bildet eine solche Schuldübernahme Anschaffungskosten, wenn sie eine Gegenleistung dafür ist, dass der übernehmende Miterbe den ihm erst zu einem späteren Zeitpunkt zugedachten Grundbesitz vorzeitig aus dem Gesamthandsvermögen der Erbengemeinschaft in sein eigenes Vermögen überführen kann, vgl. BFH DStR 2007, 668.

X. Auseinandersetzungsklage

48 Auseinandersetzungsklage, d. h. Klage auf Zustimmung zu einem Teilungsplan setzt eine Anordnung des Erblassers in der letztwilligen Verfügung voraus, vgl. OLG Frankfurt NJW 1977, 253; sie kann nur erhoben werden, wenn der Nachlass teilungsreif ist, vgl. *Palandt/Edenhofer* § 2042 BGB Rn. 16. Der auf Nachlassauseinandersetzung klagende Miterbe muss bestimmte Anträge stellen und dazu einen detaillierten **Teilungsplan** vorlegen. Dieser muss das Ergebnis der vorzunehmenden Auseinandersetzung zutreffend wiedergeben. Andernfalls ist die Auseinandersetzungsklage abzuweisen, vgl. Thüringer OLG ZErb 2009, 133. Soweit in der letztwilligen Verfügung des Erblassers eine Vermächtnis- oder Teilungsanordnung enthalten ist, kann der Begünstigte unmittelbar auf Leistung statt auf Auseinandersetzung klagen, RG SeuffA 77, 149; OLG Frankfurt NJW 1977, 253.

XI. Teilungsversteigerung

49 Jeder Miterbe ist auch berechtigt, ohne vorherige Antragstellung auf Vermittlung der Auseinandersetzung die Teilung des Nachlasses durch Antrag auf

Teilungsversteigerung gem. §§ 2042, 753 Abs. 1 BGB zu betreiben. Die Teilung erfolgt durch Verkauf der gemeinschaftlichen Gegenstände nach den Vorschriften über den Pfandverkauf, bei Grundstücken durch Zwangsversteigerung. Für den Antrag auf Zwangsversteigerung ist gem. § 181 Abs. 1 ZVG kein Titel erforderlich, falls der Antragsteller als Eigentümer (in Gesamthand) im Grundbuch eingetragen ist, vgl. *Palandt/Sprau* § 749 BGB Rn. 2.

XII. Erbvergleich

Literatur: *Storz* Rechtsnatur des erbrechtlichen Auslegungsvertrags, ZEV 2008, 308; *Thonemann* Voraussetzungen und Anerkennung des Erbvergleichs, NotBZ 2006, 268.

Bei fehlerhaften und häufig auch formunwirksamen Testamenten entsteht 51 Streit unter den Erben und Vermächtnisnehmern über den Vollzug. Insbesondere entsteht auch die Problematik, dass bei einer Abweichung von der zivilrechtlichen Rechtslage die Finanzverwaltung eine doppelte unentgeltliche Zuwendung annimmt, nämlich einerseits den Erbfall und darüber hinaus eine freigebige Zuwendung an den materiell-rechtlich nicht berechtigten Empfänger von Nachlassgegenständen. In diesen Fällen bietet sich ein Erbvergleich i. S. d. § 779 BGB an. Wenn diese Einigung ihren letzten Rechtsgrund in dem Erbrecht hat, ist nach der vom Reichsfinanzhof begründeten und vom Bundesfinanzhof fortgeführten Rechtsprechung auch die steuerliche Anerkennung möglich, vgl. BFH BStBl. 1957 III 447; 1961 III 133; BFH/NV 2001, 163; vgl. auch Bd. Unternehmensnachfolge § 2 Rn. 12f. und *Fischer/Jüptner/Pahlke* ErbStG § 3 Rn. 59.

XIII. Einkommensteuer bei einem Mischnachlass

Literatur: BMF-Schreiben: Ertragsteuerliche Behandlung der Erbengemeinschaft und ihrer Auseinandersetzung BStBl. 2006 I 253; BMF-Schreiben (Nichtanwendungserlass), DStR 2006, 652; *Gragert* Ertragsteuerliche Behandlung der Erbauseinandersetzung NWB Fach 3 S. 13937 (Stand April 2006); *Grube* Zum einkommensteuerlichen Abzug der Kosten von Erbauseinandersetzung und Nachlassverwaltung, insbes. bei Testamentsvollstreckung, DB 2003, 2300; *Hallerbach* Ertragsteuerliche Behandlung der Erbengemeinschaft und ihre Auseinandersetzung, StuB 2006, 572; *Röhrig/Doege* Ausgewählte Aspekte der ertragsteuerlichen Behandlung der Erbengemeinschaft und Erbauseinandersetzung, DStR 2006, 969; *Schoor* Der neue Erlass zur Erbauseinandersetzung, INF 2006, 669ff. und 708ff.; *Schulze zur Wiesche* Die ertragsteuerliche Behandlung der Erbengemeinschaft und ihrer Auseinandersetzung nach dem BMF-Schreiben vom 14. 3. 2006, StBp 2006, 260; *Steiner* Finanzierung von Nachlassverbindlichkeiten, ErbStB 2005, 189; *ders.* Die ertragsteuerliche Behandlung der Erbengemeinschaft und ihrer Auseinandersetzung, ErbStB 2006, 124; *Zimmermann* Verbindlichkeiten als Anschaffungskosten bei der Erbauseinandersetzung?, DB 2006, 1392.

Nach dem Beschluss des Großen Senats GrS 2/89 BStBl. 1990 II 847 hatte 52 die Finanzverwaltung die sich daraus ergebenden Konsequenzen übersichtlich im Schreiben BStBl. 1993 I 62 zusammengestellt. Seit diesem Zeitpunkt gab es erhebliche Änderungen, insbesondere durch die gesetzlich angeordnete Buchwertfortführung in §§ 16 Abs. 3 Satz 2 EStG und durch die Aufgabe der sog. Sekundärfolgenrechtsprechung, die es ermöglicht hatte, Aufwendungen für die Finanzierung von Erbfallschulden als Betriebsausgaben oder Werbungskosten abzuziehen, vgl. *Steiner* ErbStB 2005, 189. Die Finanzverwaltung hat das vorbezeichnete Schreiben neu gefasst, das für alle noch offenen Steuerfälle anzuwenden ist, ausgenommen lediglich Erbauseinandersetzungen aus der Zeit vor dem 1. 1. 2001, siehe BStBl. 2006 I 253.

1. Vermächtnisse

53 Besteht das Vermächtnis in einem privaten Wirtschaftsgut, ist der Vermächtnisnehmer gem. § 11 d Abs. 1 EStDV an die bisher für den Alleinerben oder die Erbengemeinschaft maßgebenden Steuerwerte gebunden. Betrifft das Sachvermächtnis dagegen einen ganzen Betrieb, erzielt die Erbengemeinschaft (oder der Alleinerbe) keinen Veräußerungs- oder Aufgabegewinn. Der Vermächtnisnehmer führt nach § 6 Abs. 3 EStG die Buchwerte der Erbengemeinschaft fort. Geht ein Betrieb durch Erbeinsetzung mit der Verpflichtung über, dass der Erbe oder die Erbengemeinschaft ein Wirtschaftsgut des Betriebsvermögens an einen Vermächtnisnehmer herausgeben muss, führt dies zur Entnahme des Wirtschaftsgutes, vgl. Tz. 60–62 Erbauseinandersetzungserlass BStBl. 2006 I 253.

54 Ein formunwirksames Vermächtnis kann der Besteuerung dann zugrunde gelegt werden, wenn feststeht, dass – vom Formmangel abgesehen – eine Anordnung des Erblassers von Todes wegen vorliegt und der Beschwerte dem Begünstigten das diesem zugedachte Vermögen überträgt, um dadurch den Willen des Erblassers zu vollziehen, vgl. BFH BStBl. 2009 II 957.

2. Teilung ohne Abfindungszahlungen

a) Betriebsfortführung

55 Mit dem Tod des Erblassers geht der gesamte Nachlass unentgeltlich im Weg der Gesamtrechtsnachfolge (§ 1922 BGB) auf den Alleinerben oder die Erbengemeinschaft über. Die Erbengemeinschaft wird bis zu ihrer Auseinandersetzung (§ 2042 BGB) steuerlich bei den Überschusseinkünften wie eine Bruchteilsgemeinschaft (§ 39 Abs. 2 Nr. 2 AO) und bei den Gewinneinkünften als Mitunternehmerschaft behandelt. Gehört zum Nachlass neben einem Gewerbebetrieb ein der selbständigen Arbeit dienendes Betriebsvermögen, ein land- und forstwirtschaftlicher Betrieb oder Privatvermögen, findet die Abfärberegelung des § 15 Abs. 3 Nr. 1 EStG keine Anwendung. War der Erblasser selbständig i. S. d. § 18 Abs. 1 Nr. 1 EStG tätig, erzielt die Erbengemeinschaft Einkünfte aus Gewerbebetrieb, wenn auch nur ein Miterbe berufsfremd ist, vgl. Tz. 5 BMF-Schreiben Erbauseinandersetzung BStBl. 2006 I 253.

56 Einkommensteuerrechtlich ist die Realteilung ohne Abfindungszahlung ein **unentgeltlicher** Vorgang, auch unter Berücksichtigung des Umstandes, dass – bei bürgerlichrechtlicher Betrachtung – der Miterbe seine Mitberechtigung an den den übrigen Miterben zugeteilten Nachlassgegenständen aufgibt. Diese Beurteilung beruht auf dem Umstand, dass auch die Mitberechtigung an den weggegebenen Nachlassgegenständen unentgeltlich durch den Erbgang erworben wurde. Die Übernahme von Verbindlichkeiten über die Erbquote hinaus soll nach Maßgabe von Tz. 18 und 23 BMF-Schreiben Erbauseinandersetzung nicht zu Anschaffungskosten führen. Diese Auffassung

widerspricht der Entscheidung des BFH BStBl. 2006 II 296, die aufgrund des BMF-Schreibens BStBl. 2006 I 306 über den entschiedenen Einzelfall hinaus nicht angewendet wird.

b) Betriebsaufgabe

Gem. Tz. 11 BMF-Schreiben Erbauseinandersetzung ist die Aufteilung eines Betriebsvermögens der Erbengemeinschaft ohne Betriebsfortführung eine Betriebsaufgabe, durch die ein – ggf. begünstigter – Aufgabegewinn (§ 16 Abs. 3 Satz 1, § 34 EStG) entsteht, es sei denn, dass ein Fall der Realteilung i. S. d. § 16 Abs. 3 Satz 2–4 EStG oder der Buchwertfortführung nach § 6 Abs. 5 EStG vorliegt. 57

Ein **Entnahmegewinn** ist allen Miterben nach ihrer Erbquote zuzurechnen, es sei denn, dass der Gewinn nach den von den Miterben **schriftlich** getroffenen Vereinbarungen über die Erbauseinandersetzung dem entnehmenden Miterben zuzurechnen ist, vgl. Tz. 13 BMF-Schreiben Erbauseinandersetzung. 58

Beispiel: S und T sind Miterben zu je 1/2. Der Nachlass besteht aus einem Einzelunternehmen im Verkehrswert von 1 Mio. €, einem Einfamilienhaus im Wert von 400.000 €, Schmuck im Wert von 200.000 € und betrieblichen Verbindlichkeiten in Höhe von 400.000 €. Im Wege der Erbauseinandersetzung erhält S das Einzelunternehmen und übernimmt die Schulden. T übernimmt das Einfamilienhaus und den Schmuck. 59

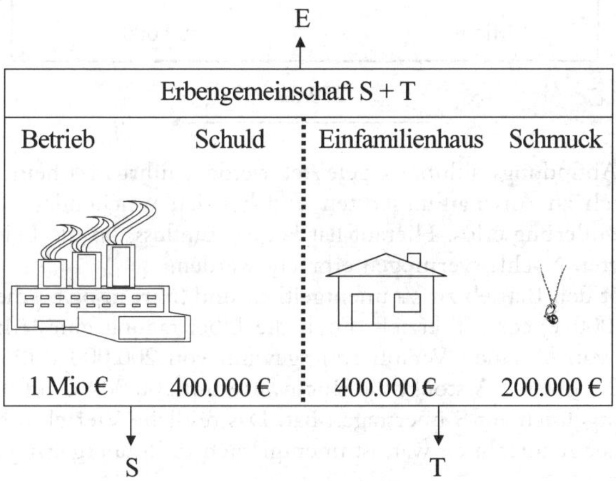

Die Auseinandersetzung erfolgt im Wege der Realteilung ohne Abfindungszahlung. S führt gem. § 6 Abs. 3 EStG die Buchwerte des Erblassers, T setzt die Abschreibungen gem. § 11 d EStDV des Erblassers fort. S hat keine Anschaffungskosten. Der Schuldzinsenabzug ist gegeben.

c) Nebenkosten

Nach Auffassung von *Grube* DB 2003, 2306 können in einer Testamentsvollstreckervergütung – je nach Einzelfall – teilweise Betriebsausgaben oder Werbungskosten oder Anschaffungs- und Veräußerungsnebenkosten enthalten sein. 60

3. Teilung mit Abfindungszahlung

a) Betriebsfortführung durch einen Miterben

61 **Beispiel (Tz. 36 Erbauseinandersetzungserlass):** S und T sind Miterben zu je $^1/_2$. Zum Nachlass gehört ein Einzelunternehmen mit einem Verkehrswert von 1 Million € und einem Buchwert in Höhe von 200.000 €. Der restliche Nachlass besteht aus einem Privatgrundstück im Wert von 500.000 €. Die Erben setzen sich in der Weise auseinander, dass S den Betrieb und T das Privatgrundstück sowie eine Abfindung in Höhe von 250.000 € erhält

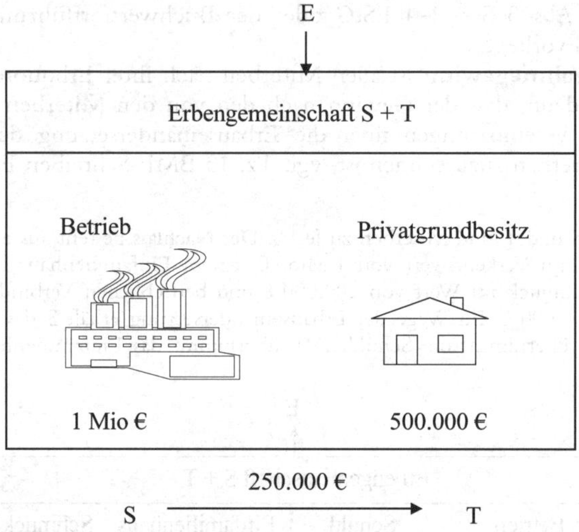

62 Soweit Abfindungszahlungen geleistet werden, führt dies beim Leistenden grundsätzlich zu Anschaffungskosten und bei den weichenden Miterben zu einem Veräußerungserlös. Hierauf hat keinen Einfluss, ob die Leistungen aus dem erlangten Nachlassvermögen erbracht werden.

S erwirbt den Betrieb zu $^3/_4$ unentgeltlich und führt insoweit die Buchwerte (= 150.000 €) fort. T erzielt durch die Übertragung eines Mitunternehmeranteils von $^1/_4$ einen Veräußerungsgewinn von 200.000 € (250.000 € ./. 50.000 € Buchwert). A stockt die Buchwerte um 200.000 € auf, da T $^1/_4$ des Betriebs entgeltlich auf S übertragen hat. Das restliche Viertel, das T als Mitunternehmer zuzurechnen war, ist unentgeltlich auf S übergegangen.

b) Rückwirkende Erbauseinandersetzung

63 Gem. Tz. 8 BMF-Schreiben Erbauseinandersetzung wird bei einer Auseinandersetzungsvereinbarung i. d. R. eine rückwirkende Zurechnung laufender Einkünfte für sechs Monate seit dem Erbfall anerkannt. Liegt eine **Teilungsanordnung** (§ 2048 BGB) des Erblassers vor und verhalten sich die Miterben tatsächlich bereits vor der Auseinandersetzung entsprechend dieser Anordnung, in dem den das Unternehmen fortführenden Miterben die Einkünfte zugeordnet werden, ist eine rückwirkende Zurechnung laufender Einkünfte auch über einen längeren Zeitraum, der sich an den Umständen des Einzelfalles zu orientieren hat, vorzunehmen.

c) Betriebsfortführung zur Vermeidung einer Abfindungszahlung

Liquiditätsmehrungen, um den Spitzenausgleich zu umgehen, also z.B. die Fortführung eines Einzelunternehmens unter laufender Kreditaufnahme, bis genügend Barmittel für die aus dem Betrieb ausscheidenden Miterben vorhanden sind (*Söffing*-Modell), werden in der Regel nicht zu beanstanden sein. Sofern jedoch durch die Entnahme liquider Mittel mit der Auseinandersetzung ein enger zeitlicher Zusammenhang besteht, um insoweit eine gewinnneutrale Teilung zu ermöglichen, soll diese Gestaltung unter Anwendung des § 42 AO gem. Tz. 33 BMF-Schreiben Erbauseinandersetzung nicht anerkannt werden. 64

4. Sonstiges Ausscheiden aus der Erbengemeinschaft

a) Verwaltungsauffassung

Im Interesse der steuerlichen Gleichbehandlung werden im BMF-Schreiben Erbauseinandersetzung – im folgenden nur noch nach Textziffern zitiert – auch die übrigen Fälle des Ausscheidens aus einer Erbengemeinschaft, den Realteilungsfällen gleichgestellt, insbesondere 65

- Erwerb durch Teilungsversteigerung, vgl. BFH DB 1992, 1605; vgl. Tz. 26;
- Ausschlagung gegen Entgelt, vgl. Tz. 37;
- Erbteilsübertragung, vgl. Tz. 37–47;
- Austritt, vgl. Tz. 48–52;
- Veräußerung des Nachlasses, vgl. Tz. 53–55;
- Teilerbauseinandersetzung, vgl. Tz. 56–59;
- Teilungsanordnung und Vermächtnisse, vgl. Tz. 60–68;
- Gesellschaftsrechtliche Nachfolgeregelungen, vgl. Tz. 69–74;
- Land- und Forstwirtschaft, vgl. Tz. 75–82.

b) Kritik

Über zahlreiche der im BMF-Schreiben Erbauseinandersetzung erfassten Sachverhalte hat der Große Senat GrS 2/89 nicht entschieden, so dass die auf früheren Entscheidungen und vermeintlichen allgemeinen Grundsätzen gestützten Ausführungen im BMF-Schreiben Erbauseinandersetzung Bedenken begegnen. Dies gilt insbesondere für die Regelungen, die die Finanzverwaltung abweichend von der bürgerlich-rechtlichen Beurteilung trifft, namentlich für die Vermächtniserfüllung und Teilungsanordnung. 66

aa) Beschwerte Vermächtnisse

Tz. 63 BMF-Schreiben Erbauseinandersetzung nimmt bei einem sog. beschwerten Vermächtnis, bei dem der Vermächtnisnehmer für den Erwerb des vermachten Gegenstandes eine Gegenleistung zu erbringen hat, einen **Veräußerungserlös** an. Da die Zahlung aber auf dem Willen des Erblassers beruht und nur einen Vollzug der letztwilligen Anordnung darstellt, besteht für die Annahme eines Veräußerungs- oder Anschaffungsgeschäftes kein Raum. 67

bb) Teilungsanordnungen

Das gleiche gilt für eine Teilungsanordnung, bei der der Miterbe zur Durchführung der vom Erblasser angeordneten Teilungsanordnung eine Ab- 68 findungszahlung zu erbringen hat, so auch BFH/NV 1994, 847. Die erbschaftsteuerliche Beurteilung, wonach in diesen Fällen nur eine **Minderung der Bereicherung** eintritt, gilt auch für die einkommensteuerliche Beurteilung: Der Miterbe, der für die Übernahme eines Nachlassgegenstandes im Wert von 100.000 € an die übrigen Miterben eine Abfindungszahlung aufgrund der **Anordnung des Erblassers** durch die Teilungsanordnung zu entrichten hat, tätigt keine Aufwendungen, sondern erwirbt solange unentgeltlich, also unter Buchwertfortführung, als seine Aufwendungen hinter dem Wert des Nachlassgegenstandes zurückbleiben, vgl. *Spiegelberger* DStR 1992, 584, 588; unentschieden *Schmidt/Wacker* EStG § 16 Rn. 611.

5. Erbteilsverkauf und Nachlassveräußerung

69 Entgeltliche Gestaltungen wie unter fremden Dritten, nämlich Erbteilsverkauf und die Nachlassveräußerung, stellen einkommensteuerlich keine Auseinandersetzung dar, sondern werden nach den allgemeinen Grundsätzen für Veräußerungsgeschäfte beurteilt. Demnach wird bei der entgeltlichen Veräußerung des gesamten Betriebsvermögens der erzielte Veräußerungsgewinn – begünstigt – gem. §§ 16, 34 EStG versteuert, vgl. Tz. 54 BMF-Schreiben Erbauseinandersetzung. Dasselbe gilt für den Verkauf eines Erbteils, vgl. Tz. 39 BMF-Schreiben Erbauseinandersetzung.

Wird dagegen zwischen den Erben eine Erbauseinandersetzung vereinbart und dem weichenden Miterben eine Abfindung gewährt, wird die Tarifbegünstigung konsequent versagt, vgl. Tz. 36 BMF-Schreiben Erbauseinandersetzung; kritisch hierzu *Steiner* ErbStB 2006, 126.

6. Abfindung von Pflichtteilsberechtigten

70 Die Begleichung von Erbfallschulden (z. B. Pflichtteils- und Erbersatzansprüche) führt nicht zu Anschaffungskosten. Die Aufwendungen für die Finanzierung von Pflichtteils- und Ersatzansprüchen dürfen nicht als Betriebsausgaben oder Werbungskosten abgezogen werden, vgl. BFH BStBl. 1994 II 619, 623 und 625; Tz. 35 BMF-Schreiben Erbauseinandersetzung. Dies gilt auch für die Aufwendungen zur Finanzierung von Vermächtnissen.

71 Wird ein Pflichtteilsberechtigter nicht in bar abgefunden, sondern mit einem Einzelwirtschaftsgut des Betriebsvermögens, so wird der laufende gewerbliche Gewinn nicht beim Pflichtteilsberechtigten, sondern beim Erben erfasst, vgl. BFH BStBl. 1981 II 19; Heinemann KÖSDI 1984, 5513. Der Pflichtteilsberechtigte hat Anschaffungskosten für das erhaltene Vermögen in Höhe seines Pflichtteilsanspruchs, vgl. BFH BStBl. 2005 II 554, Tz. 35 BMF-Schreiben Erbauseinandersetzung.

7. Teilerbauseinandersetzung

72 **Beispiel:** S und T sind Miterben zu je $1/2$. Der Nachlass besteht aus einem Betrieb mit Grundstücken im Verkehrswert von 1 Million € und einem Grundstück im Privatvermögen im Wert von ebenfalls 1 Million €. Im Jahr 1992 erhält S den Betrieb gegen Zahlung einer Abfindung an T in Höhe von 500.000 €. Drei (sechs) Jahre später übernimmt T das Grundstück im Privatvermögen ebenfalls gegen Zahlung einer Abfindung in Höhe von 500.000 €.

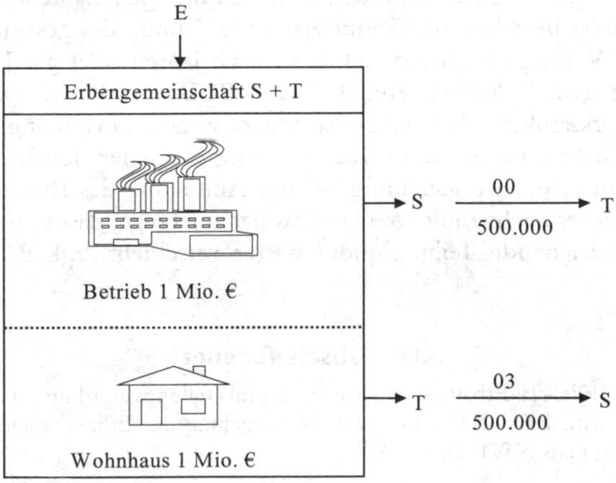

Hinweis: Nach der Auffassung des Großen Senats GrS 2/89 BStBl. 1990 I 837 tritt eine Minderung der Anschaffungskosten nur dann ein, wenn die Miterben bei der ersten Auseinandersetzung die spätere Auseinandersetzung mit umgekehrter Abfindung bereits „im Auge“ hatten. 73

a) Anschaffungskosten

Die Teilerbauseinandersetzung ist von jeher ein beliebtes Gestaltungsmittel, 74 um einzelne Miterben mit Nachlassgegenständen abzufinden. Durch eine Erbauseinandersetzung in mehreren rechtlich und zeitlich getrennten Schritten führen die jeweiligen Abfindungszahlungen zu Anschaffungskosten mit Erhöhung des AfA-Volumens und auch mit einem Veräußerungsgewinn im betrieblichen Bereich; vgl. Tz. 56–59 BMF-Schreiben Erbauseinandersetzung. Allerdings müssen die einzelnen Teilauseinandersetzungen mehr als fünf Jahre auseinander liegen. Andernfalls tritt eine **rückwirkende** Verminderung der aufgrund Teilauseinandersetzung geltend gemachten Anschaffungskosten ein.

Wird eine Erbengemeinschaft vor dem in der Teilungsanordnung festgeleg- 75 ten Termin durch Realteilung aufgelöst und übernimmt ein Miterbe Schulden, die auf einem für einen anderen Miterben bestimmten Grundstück lasten, so bildet eine solche Schuldübernahme Anschaffungskosten, wenn sie eine Gegenleistung dafür ist, dass der übernehmende Miterbe den ihm erst zu einem späteren Zeitpunkt zugedachten Grundbesitz vorzeitig aus dem Gesamthandsvermögen der Erbengemeinschaft in sein eigenes Vermögen überführen kann, vgl. BFH DStR 2007, 668.

b) Zivilrechtliche Gefahren

Es lauern jedoch zivilrechtliche Gefahren: Sofern durch die Teilerbausei- 76 nandersetzung nicht der gesamte Grundbesitz der Erbengemeinschaft erfasst ist, sollte in die Urkunde über die Teilerbauseinandersetzung ein Vermerk aufgenommen werden, wonach die Beteiligten versichern, dass weitere Nebenabreden nicht bestehen. Bestünden solche Vereinbarungen, würde trotz Vollzug der Teilerbauseinandersetzung im Grundbuch **keine Heilung** gemäß

§ 311 b Abs. 1 Satz 2 BGB eintreten, weil sich die Nebenabreden auf weiteren Grundbesitz beziehen und somit erst nach Teilung des gesamten Grundbesitzes und Vollzug im Grundbuch (also nach Jahren oder gar Jahrzehnten) die Heilung gemäß § 311 b Abs. 1 Satz 2 BGB einträte; zwischenzeitlich würde Unwirksamkeit aller Vereinbarungen wegen Formmangels gegeben sein. Unterbleibt eine gebotene Ausgleichung bei einer Teilauseinandersetzung, dann muss die Ausgleichung bei der Aufteilung des Restes des ungeteilten Nachlasses nachgeholt werden. Das hat zur Folge, dass sich die von der Erbquote abweichende Teilungsquote weiter verschiebt, vgl. BGH DNotZ 1993, 169.

XIV. Erbschaftsteuer

Literatur: *Wälzholz* Erbauseinandersetzung und Teilungsanordnung nach der Erbschaftsteuerreform, ZEV 2009, 113; *ders.* Neuregelung der Erbauseinandersetzung in der Gestaltungspraxis NWB 2009, 2803.

81 Die allgemeinen Grundsätze der Erbschaftsteuer wurden oben zu § 2 C. dargestellt. Für die Erbauseinandersetzung gelten die nachfolgend dargestellten Besonderheiten. Vorschenkungen fallen nicht mehr in den Nachlass, vgl. FG Münster, ZErb 2007, 389.

1. Vermächtniserfüllung

82 Der schuldrechtliche Vermächtnisanspruch gem. § 2174 BGB führt zu einer entsprechenden Bereicherung des Vermächtnisnehmers, die dieser zu versteuern hat. Der Erbe ist nur mit dem ihm verbleibenden Rest erbschaftsteuerlich belastet.

2. Teilungsanordnung

83 Die Rechtsprechung des BFH BStBl. 1983 II 329 misst der Teilungsanordnung keine erbschaftsteuerliche Bedeutung bei, so dass die Miterben entsprechend ihrer Erbquote besteuert werden, ohne Rücksicht darauf, welchen Nachlassgegenstand sie aufgrund der Teilungsanordnung tatsächlich erhalten.

84 Diese Betrachtungsweise gilt aufgrund gesetzlicher Regelung für Erbfälle ab dem 1. 1. 2009 nicht mehr für **Betriebsvermögen**. Das Erbschaftsteuergesetz enthält hierzu folgende Regelungen:

§ 13 a Abs. 3 ErbStG: „Ein Erwerber kann den Verschonungsabschlag (Abs. 1) und den Abzugsbetrag (Abs. 2) nicht in Anspruch nehmen, soweit er Vermögen i. S. d. § 13 b Abs. 1 aufgrund einer letztwilligen Verfügung des Erblassers oder einer rechtsgeschäftlichen Verfügung des Erblassers oder Schenkers auf einen Dritten übertragen muss. Gleiches gilt, wenn ein Erbe im Rahmen der Teilung des Nachlasses Vermögen i. S. d. § 13 b Abs. 1 auf einen Miterben überträgt."

§ 13 b Abs. 3 Satz 1 ErbStG enthält hierzu folgenden Wortlaut: „Überträgt ein Erbe erworbenes begünstigtes Vermögen im Rahmen der Teilung des Nachlasses auf einen Dritten und gibt der Dritte dabei diesem Erwerber nicht begünstigtes Vermögen hin, das er vom Erblasser erworben hat, erhöht sich insoweit der Wert des begünstigten Vermögens des Dritten um den Wert des hingegebenen Vermögens, höchstens jedoch um den Wert des übertragenen Vermögens."

Mit dieser Regelung verfolgt der Gesetzgeber das Ziel, dass der das Unternehmen fortführende Erbe so gestellt wird, als habe er das übernommene Betriebsvermögen von Anfang an allein erworben, vgl. *Wälzholz* ZEV 2009, 115. Nach Ansicht von *Hübner* ErbStR 2009, S. 444 gilt diese Regelung auch für den Fall der Ausschlagung gegen Abfindung gem. § 3 Abs. 2 Nr. 4 ErbStG. 85

a) Auseinandersetzung ohne Abfindungszahlung

Beispiel: T 1 und T 2 sind gesetzliche Erben zu je 1/2. Den Nachlass in Höhe von 2 Mio. € setzen diese in der Weise auseinander, dass T 1 das Mietwohngrundstück mit einem gemeinen Wert von 1 Mio. € übernimmt, während T 2 den im Nachlass vorhandenen Betrieb ebenfalls mit einem gemeinen Wert von 1 Mio. € fortführt. 86

Gem. § 13a Abs. 3 Satz 1 ErbStG bleibt die den Betrieb fortführende T 2 wegen der 85%-igen Befreiung und dem Abzugsbetrag in Höhe von 150.000 € steuerfrei, während T 1 für das übernommene Mietwohngrundstück lediglich den 10%-igen Bewertungsabschlag gem. § 13c Abs. 2 Sätze 2 und 3 ErbStG geltend machen kann. T 2 unterliegt selbstverständlich der Nachversteuerung gem. § 13a Abs. 5 ErbStG, wenn sie gegen die 5- oder 7-jährige Behaltefrist verstößt, vgl. *Wachter* in: Fischer/Jüptner/Pahlke, ErbStG § 13a Rn. 200ff.

Die aufgezeigten Rechtsfolgen gelten nicht nur für den Fall der Befolgung einer Teilungsanordnung, sondern generell auch bei einer Nachlassteilung ohne Erblasseranordnung (so auch *Riedl* ZErb 2009, 8; *Landsittel* ZErb 2009, 15) und selbst dann, wenn die entsprechende Nachlassteilung gegen die Anordnungen des Erblassers stattfindet.

b) Auseinandersetzung mit Abfindungszahlung

1. Beispiel: T 1 und T 2 sind gesetzliche Erben zu 1/2. Im Nachlass ist nur der Betrieb im Wert von 2 Mio. € enthalten. T 2 übernimmt den Betrieb und findet ihre Schwester T 1 mit eigenem Privatvermögen in Höhe von 1 Mio. € ab. 87

Ertragsteuerlich führt diese Nachlassteilung zur Gewinnrealisierung, vgl. BMF-Schreiben BStBl. 2006 I 253 Tz. 14ff. Erbschaftsteuerlich erwirbt T 2 nur ihre Erbquote von 1/2 unmittelbar vom Erblasser. Hinsichtlich des weiteren Anteils von 1/2, den sie von ihrer Schwester übernimmt, wendet sie nicht Nachlassmittel, sondern eigenes Vermögen auf, so dass die Vergünstigung des § 13a Abs. 3 Satz 1 ErbStG nicht eingreift. Die Begünstigung nach §§ 13a, b, 19a ErbStG für den entgeltlich erworbenen Hälfteanteil geht vollständig verloren, vgl. *Wälzholz* ZEV 2009, 116; a.A. *Troll/Gebel/Jülicher* ErbStG § 13a Rn. 61.

2. Beispiel: Die Nachlassteilung findet erst nach Ablauf von sieben Jahren statt. Die Erbengemeinschaft hat in dieser Zeit 1 Mio. € Gewinn erwirtschaftet, den T 1 als Barabfindung für die Betriebsübertragung an T 2 erhält (sog. Söffing-Modell). 88

Da § 13a Abs. 3 ErbStG keine zeitliche Begrenzung enthält, sind T 1 und T 2 gleichmäßig als Miterben begünstigt und können die Steuerermäßigung gem. §§ 13a, b und 19 ErbStG in vollem Umfang in Anspruch nehmen, vgl. *Wälzholz* ZEV 2009, 116.

Verfahrensrechtlich stellt die Erbauseinandersetzung mit privilegiertem Vermögen ein rückwirkendes Ereignis i.S.d. § 175 Abs. 1 Nr. 2 AO dar, das zu einer Neuaufrollung des ursprünglichen Erbschaftsteuervorgangs führt, vgl. *Pach-Hanssenheimb* DStR 2008, 961.

3. Nachlassteilung ohne Teilungsanordnung

89 Während die Erbfolge ein unentgeltlicher Rechtsvorgang ist und somit Erbschaftsteuer auslöst, ist der Auseinandersetzungsvertrag bürgerlich-rechtlich ein kaufähnliches Rechtsverhältnis und somit regelmäßig ohne schenkung- oder erbschaftsteuerliche Auswirkungen. Selbst dann, wenn bei der Auseinandersetzung von den Erbquoten wertmäßig abgewichen und einzelnen Miterben überproportional Nachlassvermögen ohne entsprechende Abfindungszahlungen zugeteilt wird, kann nicht ohne weiteres von einer Schenkung ausgegangen werden, da es häufig an einer Vereinbarung über die Unentgeltlichkeit mangelt, vgl. *Lange/Kuchinke* Lehrbuch des Erbrechts § 46 III 3. In der Tat gleichen Miterben anlässlich der Erbauseinandersetzung die von den Eltern unterschiedlich gewährten Vorempfänge und eigene Arbeitsleistungen, die ohne ausreichendes Entgelt für den Verstorbenen erbracht wurden, aus.

Bei einer Nachlassteilung mit Betriebsvermögen wird der Verschonungsabschlag und der Abzugsbetrag gem. § 13a Abs. 3 Satz 2 ErbStG auch dem Miterben gewährt, der im Rahmen der Teilung des Nachlasses begünstigtes Betriebsvermögen erhält. Das Gesetz enthält keine zeitliche Grenze für die Durchführung der Nachlassteilung, so dass jedenfalls bis zur Rechtskraft der Erbanfallbesteuerung die bis dahin durchgeführte Nachlassteilung erbschaftsteuerlich zu berücksichtigen ist.

4. Qualifizierte Nachfolgeklausel im Personengesellschaftsrecht

90 § 13b Abs. 3 ErbStG findet für Erbfälle ab dem 1. 1. 2009 auch für die qualifizierte Nachfolgeklausel Anwendung. Wenn also aufgrund Sondererbfolge der Gesellschaftsanteil auf einen Miterben automatisch mit dem Erbfall übergeht, genießt dieser allein die Vergünstigung des § 13b Abs. 3 ErbStG, vgl. *Wälzholz* ZEV 2009, 119.

Gem. BFH BStBl. 1994 II 625 und Finanzverwaltung BStBl. 1993 I 62 Tz. 83ff. erwirbt der qualifizierte Nachfolger unentgeltlich, also unter Buchwertfortführung gem. § 6 Abs. 3 EStG.

XV. Grunderwerbsteuer

Literatur: Vorkaufsrecht eines Erbteilserwerbers, der seinen Erbteil im Wege der vorweggenommenen Erbfolge erhielt, DNotI-Report 2009, 59.

91 **Beispiel:** Tante T will ihre Nichten N 1 und N 2 zu ihren Erben berufen, der Nichte N 1 aber das Recht einräumen, das von T bewohnte Einfamilienhaus als Alleineigentümerin zu erwerben. T erkundigt sich, ob ein Kaufrechtsvermächtnis oder ein dingliches Vorkaufsrecht zu Gunsten von N 1 die steuerlich günstigere Lösung darstelle.

1. Besteuerungsgrundsätze

92 Gem. § 3 Nr. 2 Satz 1 GrEStG sind der Grundstückserwerb von Todes wegen und Grundstücksschenkungen unter Lebenden i. S. d. Erbschaftsteuer- und Schenkungsteuergesetzes von der Besteuerung ausgenommen. Nach

Satz 2 dieser Bestimmung unterliegen Schenkungen unter einer Auflage der Besteuerung jedoch hinsichtlich des Wertes solcher Auflagen, die bei der Schenkungsteuer abziehbar sind. Die zur Vermeidung einer doppelten Belastung mit Grunderwerbsteuer und Erbschaftsteuer notwendige verfassungskonforme einschränkende Auslegung führte bei Erwerben bis zum 31. 12. 2008 dazu, dass Grundstücksschenkungen unter der Auflage einer Nießbrauchbestellung zu Gunsten des Schenkers gem. § 3 Nr. 2 Satz 1 GrEStG vollständig von der Besteuerung ausgenommen waren, vgl. BFH DStR 1992, 540. Da die Nießbrauchauflage seit 1. 1. 2009 wegen des Wegfalls von § 25 ErbStG zur Minderung der Erbschaft- oder Schenkungsteuer führt, ist nunmehr Grunderwerbsteuer zu erheben.

Gem. § 3 Nr. 3 GrEStG ist der Erwerb eines zum Nachlass gehörigen Grundstücks durch Miterben zur Teilung des Nachlasses steuerbefreit. Dies gilt auch, wenn der Erbteil auf einen Miterben übertragen wird, während die Erbteilsübertragung auf sonstige Dritte der Grunderwerbsteuer unterliegt, vgl. BFH MittBayNot 1976, 99.

Gestaltungen, wonach die Erbengemeinschaft in eine beteiligungsgleiche 93
Miteigentümergemeinschaft umgewandelt wird, sind gem. § 3 Nr. 3 GrEStG von der Grunderwerbsteuer frei, aber dennoch wenig zweckmäßig, da die künftige Auseinandersetzung der Miteigentümergemeinschaft grunderwerbsteuerpflichtig wird.

2. Kaufrechtsvermächtnisse

Erwerbsgegenstand eines grundstücksbezogenen Kaufrechtsvermächtnisses 94
ist die aufschiebend bedingte Forderung des Vermächtnisnehmers gem. § 2174 BGB gegen den Beschwerten auf Übertragung des betroffenen Grundstücks, vgl. BFH BStBl. 1993 II 765. Übt hingegen ein Vorkaufsberechtigter sein Recht aus, so ist der dadurch zustande gekommene Erwerbsvorgang weder nach § 3 Nr. 2 GrEStG noch nach Nr. 3 der Vorschrift grunderwerbsteuerfrei, vgl. BFH BStBl. 2009 II 245.

Wird durch Vermächtnis das Recht eingeräumt, aus dem Nachlass ein be- 95
stimmtes Grundstück zu einem unter dem Verkehrswert liegenden Preis zu erwerben, so ist der aufgrund dieses Rechts erfolgende Grundstückserwerb von der Grunderwerbsteuer befreit, vgl. BFH BStBl. 1993 II 765.

XVI. Umsatzsteuer

Der Erbe erfüllt nur den Unternehmerbegriff des § 2 Abs. 1 UStG, wenn 96
er selbst nachhaltig eine gewerbliche oder berufliche Tätigkeit selbständig ausübt. Entscheidend kommt es danach darauf an, ob nur eine kurzfristige Fortführung zur Stilllegung oder Weiterveräußerung erfolgt oder ob der Erbe längerfristig tätig wird. Überführt somit der Erbe das betriebliche Vermögen sofort in das Privatvermögen, fällt keine Umsatzsteuer an, vgl. *Neufang* DStPr Gruppe 3 E 86 S. 125.

Auch die Erbauseinandersetzung führt nicht zu einem Leistungsaustausch. Sie ist ein reiner Verteilungsvorgang zwischen den Erben. Jeder Erbteil ist von vorne herein mit dem Recht der Miterben auf Auseinandersetzung belastet. Daher kommt auch bei einer Erbauseinandersetzung lange Zeit nach dem Erbfall kein Leistungsaustausch zustande, vgl. *Bunjes/Geist* UStG § 1 Rn. 12.

C. Urkundengestaltung

I. Erbauseinandersetzungs- und Überlassungsvertrag

101 Beurkundet am …

§ 1 Grundbuchstand

1. Laut Vortrag im Grundbuch des Amtsgerichtes Rosenheim für … Band … Blatt … ist Herr A zu 1/2 und derselbe zusammen mit seiner Tochter B in Erbengemeinschaft zur weiteren Hälfte Eigentümer des nachstehend bezeichneten Grundstückes der
   Gemarkung Rosenheim
   Flst. Nr.
   Der Grundbesitz ist in Abteilung II und III des Grundbuches unbelastet.
2. Die Erbengemeinschaft unter den Erschienenen ist entstanden durch das Ableben der am … verstorbenen F
   Diese ist beerbt worden lt. Erbschein des Amtsgerichtes Rosenheim vom … AZ … von ihrem Witwer A zu $^1/_2$ und ihrer Tochter B zu $^1/_2$.

§ 2 Erbauseinandersetzung

Die Vertragsteile heben hiermit die unter ihnen bestehende Erbengemeinschaft nach der am … verstorbenen F auf und setzen sich bezüglich des erbengemeinschaftlichen Miteigentumshälfteanteiles an dem in § 1 dieser Urkunde näher beschriebenen Grundbesitzes samt Rechten, Bestandteilen und gesetzlichen Zugehörungen in der Weise auseinander, dass diesen
Frau B
– zum Alleineigentum –
erwirbt.

§ 3 Überlassung

Zugleich übergibt hiermit Herr A seinen bisherigen Miteigentumshälfteanteil an dem in § 1 bezeichneten Grundbesitz samt Rechten, Bestandteilen und gesetzlichen Zugehörungen
an
seine Tochter B
– zum Alleineigentum –

§ 4 Auflagen

1. Der Übergeber A erhält mit Wirkung von heute an auf seine Lebensdauer den vollständigen und uneingeschränkten
   Nießbrauch
   am gesamten in § 1 aufgeführten Grundbesitz. Für diesen Nießbrauch gelten die gesetzlichen Bestimmungen des BGB ohne Einschränkungen. Danach ist der Nießbraucher insbesondere berechtigt, sämtliche Nutzungen aus dem Vertragsgegenstand zu ziehen und verpflichtet, sämtliche darauf ruhenden privaten und öffentlichen Lasten sowie die zur gewöhnlichen Unterhaltung der Sache gehörenden Ausbesserungen und Erneuerungen zu tragen. Die Überlassung der Ausübung des Nießbrauches an Dritte ist zulässig.
2. Hinauszahlungen an Dritte sind nicht zu erbringen. Frau B hat sich den Vertragsgegenstand auf ihre künftigen gesetzlichen Erb- und Pflichtteilsrechte ihrem Vater A gegenüber anrechnen zu lassen.
3. Miet-, Pacht- oder sonstige Nutzungsvereinbarungen mit Dritten zu Lasten des Vertragsgegenstandes bestehen nicht.
4. Die Übernehmerin unterliegt in der freien Verfügung über den Vertragsgegenstand keinerlei Beschränkungen.

§ 5 Gewährleistung

Der Übergeber haftet nur für ungehinderten Besitz- und Eigentumsübergang und für Lastenfreistellung von nicht übernommenen Rechten Dritter, jedoch nicht für Flächenmaß und Beschaffenheit sowie für Freiheit von Sachmängeln aller Art, mögen sie offen oder verborgen sein.

§ 6 Erschließungskosten

...

§ 7 Abgeltungsklausel

1. Durch vorstehenden Vertrag sind alle gegenseitigen Ansprüche der Beteiligten hinsichtlich des heute auseinander gesetzten bzw. übertragenen Grundbesitzes – insbesondere hinsichtlich der bisher jeweils ausgeübten Nutzung und etwaiger zwischenzeitlich geleisteter Investitionen – vollständig abgegolten.
2. Die Vertragsteile erklären, dass mit Durchführung dieses Vertrages unverteilter Nachlass der am ... verstorbenen F nicht mehr besteht.

§ 8 Grundbucherklärungen

Aufgrund des vorstehenden Vertrages erklären die Beteiligten über den Eigentumsübergang auf Frau B einig zu sein und bewilligen und beantragen zur Eintragung in das Grundbuch:

a) die Auflassung;
b) den Nießbrauch für den Übergeber mit der Bestimmung, dass zur Löschung des Rechtes der Nachweis des Ablebens des Berechtigten genügen soll.

Auf Eintragung einer Auflassungsvormerkung wird verzichtet.
Um Vollzugsnachricht zu Händen des amtierenden Notars wird ersucht.

§ 9 Hinweise

...

§ 10 Schlussbestimmungen

...

II. Anmerkungen zum Auseinandersetzungsvertrag

1. Rechtsnatur

Seiner Rechtsnatur nach ist der Auseinandersetzungsvertrag ein kaufähnli- 102
ches Rechtsverhältnis, der ohne Einhaltung von Formvorschriften abgeschlossen werden kann, es sei denn, dass Grundstücke oder GmbH-Anteile zum Nachlass zählen.

2. Gestaltungsfreiheit

Die Vertragsteile sind nicht an die Teilungsvorschriften der §§ 2042 ff. BGB 103
gebunden, so dass volle Gestaltungsfreiheit gegeben ist, vgl. Münchener Vertragshandbuch/*Nieder* Bd. 6 S. 1160. Soweit der Auseinandersetzungsvertrag von den Verfügungen des Erblassers abweicht, kommt ihm konstitutive Wirkung zu, vgl. *Staudinger/Werner* § 2042 Rn. 22 ff. Auch bei einer Mehrzuteilung im Rahmen eines Erbauseinandersetzungsvertrages wird eine Schenkung regelmäßig nicht gegeben sein, da es an einer Einigung über die Unentgeltlichkeit mangelt, vgl. *Lange/Kuchinke* Lehrbuch des Erbrechts § 46 III 3.

3. Gewährleistungsausschluss

Die gesetzlich gemäß §§ 2042, 757 BGB vorgesehene Sachmängelhaftung 104
bedarf regelmäßig der Korrektur durch Vereinbarung eines Gewährleistungsausschlusses, vgl. *Lange/Kuchinke* § 46 IV 5 a.

4. Gegenseitiger Verzicht

105 Mit dem Auseinandersetzungsvertrag wird regelmäßig eine endgültige Regelung im Wege des Vergleiches angestrebt, so dass eine generelle Verzichtsklausel sinnvoll erscheint. Eine allgemeine Verzichtserklärung erstreckt sich jedoch nicht auf Ansprüche, die auf arglistig verschwiegenem strafbaren Verhalten des Vertragspartners beruhen, vgl. MünchKomm/*Pecher* § 779 Rn. 31.

D. Veräußerung des Nachlasses

I. Gesetzliche Regelung

111 Der Erbschaftskauf i. S. der §§ 2371–2384 BGB erfasst den Verkauf ganzer Erbschaften, Erbteile, Bruchteile ganzer Erbschaften oder Erbteile und Vor- und Nacherbschaften, vgl. Münchener Vertragshandbuch/*Nieder* Bd. 6 S. 1172. Der schuldrechtliche Vertrag bedarf gemäß § 2371 BGB der notariellen Beurkundung zum Schutz des Verkäufers und zur Legitimation des Käufers gegenüber Dritten, vgl. Prot. 2, 114. Die Erfüllung erfolgt beim Verkauf einer Alleinerbschaft durch die für die betreffenden einzelnen Nachlassgegenstände vorgeschriebenen Übertragungsakte, beim Verkauf eines Miterbenanteils durch Erbteilsabtretung gemäß § 2033 BGB, vgl. *Staudinger/Olshausen* Einl. zu §§ 2371 ff. Rn. 58 ff.

II. Einkommensteuer

112 In dem Beschluss des Großen Senats GrS 2/89 BStBl. 1990 II 837 wird unter C II 1 c der Fall angesprochen, dass „die Erbauseinandersetzung gem. §§ 2046 ff. BGB in der Weise erfolgt, dass alle Wirtschaftsgüter des Nachlasses veräußert werden", ebenso Tz. 53 BMF-Schreiben Erbauseinandersetzung. In Wirklichkeit regeln die §§ 2046 ff. BGB die Berichtigung der Nachlassverbindlichkeiten und die Verteilung des Überschusses. Tatsächlich sind §§ 2042, 753 BGB einschlägig. Für die steuerliche Beurteilung ist es aber unerheblich, auf welche Bestimmung die Veräußerung des Gesamtnachlasses gestützt wird.

1. Privatvermögen

113 Die Veräußerung von steuerlichem Privatvermögen ist einkommensteuerlich nur zu erfassen, wenn die §§ 17, 23 EStG oder § 22 UmwStG zur Anwendung kommen, vgl. Tz. 55 BMF-Schreiben Erbauseinandersetzung.

2. Betriebsvermögen

114 Wird ein zum Nachlass gehörender Betrieb im Ganzen veräußert, ist der Veräußerungsgewinn für die Miterben tarifbegünstigt gem. §§ 16, 34 EStG. Bei einer sonstigen Betriebsbeendigung ist die Abgrenzung des Aufgabengewinn vom laufenden Gewinn zu beachten, vgl. Tz. 57 BMF-Schreiben Erbauseinandersetzung.

E. Ausscheiden aus der Miterbengemeinschaft

121 Eine partielle oder völlige Erbauseinandersetzung kann sich auch aus dem Ausscheiden eines Miterben aus der Miterbengemeinschaft ergeben. Besteht

eine Erbengemeinschaft aus den Brüdern A und B, bieten sich folgende Möglichkeiten:

- A veräußert seinen Anteil an C, so dass die Gesamthandsgemeinschaft zwischen B und C fortbesteht;
- A veräußert seinen Erbteil an B, so dass die Erbengemeinschaft durch Anwachsung beendet und B Alleineigentümer und Alleinberechtigter hinsichtlich sämtlicher Nachlassgegenstände ist;
- A scheidet durch Vereinbarung mit B ***ohne*** Erbteilsübertragung aus, so dass ebenfalls Anwachsung bei B eintritt;
- A schlägt innerhalb der sechswöchigen Ausschlagungsfrist die Erbschaft mit oder ohne Entgeltsvereinbarung mit B aus, so dass B – mangels Vorhandenseins anderer Erben – Alleinerbe und damit Alleineigentümer und Alleinberechtigter hinsichtlich sämtlicher Nachlassgegenstände ist.

I. Veräußerung eines Erbteils

1. Gesetzliche Regelung

Beispiel: Der Beschluss des Großen Senats vom 5. 7. 1990 GrS 2/89 BStBl. 1990 II 122
837 betrifft ein Bestattungsunternehmen, dessen Inhaber kraft Gesetzes von der Witwe und den beiden Töchtern beerbt wurde. Die beiden Töchter haben ihre Erbanteile an einen Dritten veräußert; daraufhin übte die Witwe ihr gesetzliches Vorkaufsrecht aus. Streitig war mit dem Finanzamt, ob die aufgrund der Ausübung des Vorkaufsrechtes getätigten Kaufpreis-Zahlungen Anschaffungskosten darstellten.

a) Formvorschriften

Gemäß § 2033 Abs. 1 Satz 1 BGB kann der Erbteil an einen Dritten ver- 123
äußert werden. Die schuldrechtliche Veräußerungsvereinbarung bedarf gem. § 2371 BGB, der dingliche Vollzugsakt gem. § 2033 Abs. 1 Satz 2 BGB der notariellen Beurkundung. Bei einem Formverstoß besteht keine gesetzliche Heilungsvorschrift; insbesondere ist § 313 Satz 2 BGB nicht analog anwendbar. Bei einer Veräußerung an Miterben kommt allerdings eine Umdeutung in eine – formlos wirksame – Ausscheidungsvereinbarung aus der Erbengemeinschaft in Betracht, vgl. unten II.

b) Genehmigungen

Eine Genehmigung gem. § 2 Abs. 2 Nr. 2 GrStVG ist erforderlich, wenn 124
der Nachlass im wesentlichen aus einem land- oder forstwirtschaftlichen Betrieb besteht. Hingegen bedarf es nicht der Verwalterzustimmung gem. § 12 WEG, wenn zum Nachlass eine Eigentumswohnung gehört.

c) Haftung

Die Erbteilungsübertragung kann sowohl für den Erwerber als auch für 125
den Veräußerer Risiken mit sich bringen, so dass eine entsprechende Belehrung durch den Notar angezeigt ist, vgl. die Belehrungshinweise gem. § 4 des Gestaltungsvorschlages. Insbesondere haftet der Erwerber – neben dem Veräußerer – für alle Nachlassverbindlichkeiten.

d) Grundbuchvollzug

Bei einer unbedingten Erbteilsveräußerung geht der Erbteil mit der dingli- 126
chen Einigung auf den Erwerber über, auch dann, wenn die Gegenleistung

noch nicht entrichtet ist; zur Sicherung des Austauschverhältnisses vgl. Münchener Vertragshandbuch/*Nieder* Bd. 6 S. 1175.

Zur Sicherung empfiehlt sich die Eintragung einer Verfügungsbeschränkung gem. § 161 Abs. 1 BGB in Abt. II des Grundbuches, da eine Auflassungsvormerkung gem. § 883 BGB nicht im Grundbuch eingetragen werden kann; Gegenstand des Vertrages ist nämlich nicht eine Grundstücksübertragung, sondern eine gesamthänderische Mitberechtigung. Der Anteilserwerb vollzieht sich außerhalb des Grundbuches, so dass der Erwerber im Wege der Berichtigung im Grundbuch einzutragen ist.

e) Vorkaufsrecht

127 Verkauft ein Miterbe seinen Anteil an einen Dritten, sind die übrigen Miterben gem. § 2034 Abs. 1 zum Vorkauf berechtigt; hingegen löst der Verkauf eines Erbteils an einen Miterben kein Vorkaufsrecht der übrigen Miterben aus, da das Vorkaufsrecht nur das Eindringen in eine Erbengemeinschaft verhindern soll. Ein Miterbe, der seinen Erbteil an einen Dritten veräußert hat, zählt damit nicht mehr zu den „übrigen Miterben" i. S. dieser Vorschrift, vgl. BGH MittBayNot 1993, 88.

2. Urkundengestaltung: Erbteilsveräußerung und -übertragung

128 Beurkundet am …

§ 1 Vorbemerkungen

1. Erbfolge

Die Erblasserin ist am … in … verstorben und wurde aufgrund Gesetzes beerbt von:

zu je …

Eine Ausfertigung des Erbscheines vom … hat bei der Beurkundung vorgelegen.

2. Grundbesitz

Zum ungeteilten Nachlass gehört folgender Grundbesitz:
Gemarkung …
Flurstück …
Der Grundbesitz ist derzeit im Grundbuch wie folgt belastet:
in Abteilung II:
…
in Abteilung III:
…
Das Grundbuch ist (noch nicht) berichtigt.

§ 2 Erbteilsveräußerung

…

– nachfolgend kurz „der Veräußerer" genannt –

veräußert (überlässt) hiermit den vorbezeichneten Erbteil mit allen Rechten und Pflichten

an

…

– nachfolgend kurz „der Erwerber" genannt –

zur alleinigen Berechtigung.

Für die Erbteilsveräußerung gelten folgende Vereinbarungen:

1. Gegenleistung

Der vereinbarte Kaufpreis von … ist zur Zahlung fällig am …, nicht jedoch vor dem Zugang einer Notarbestätigung beim Käufer, wonach die in dieser Urkunde beantragte Grundbuchberichtigung dem Grundbuchamt zum Vollzug vorgelegt wurde, die Verzichtserklärungen aller Miterben auf ihr gesetzliches Vorkaufsrecht vorliegen oder die Frist zur Ausübung des Vorkaufsrechtes verstrichen ist.

Der Kaufpreis ist zu entrichten auf das Konto des Verkäufers ... bei der ... BLZ ...

2. Nutzungen, Lasten, Gefahrenübergang

Die Nutzungen und Lasten sowie die Gefahren eines zufälligen Unterganges oder einer zufälligen Verschlechterung der Erbschaftsgegenstände gehen am Tag der vollständigen Kaufpreiszahlung auf den Erwerber über.

Der Veräußerer verzichtet auf Ersatz aller von ihm auf die Erbschaft gemachten Aufwendungen, erfüllten Verbindlichkeiten, Abgaben und außerordentlichen Lasten.

3. Gewährleistung, Mängelhaftung

Der Veräußerer sichert dem Erwerber zu,

- dass der vorgenannte Grundbesitz zur Erbschaft gehört,
- dass keine Nachlassverbindlichkeiten bestehen, soweit in dieser Urkunde nichts anderes bestimmt ist,
- dass eine etwa anfallende Erbschaftssteuer bezahlt ist,
- dass der vertragsgegenständliche Erbteil nicht anderweitig veräußert oder verpfändet wurde und auch nicht gepfändet oder mit sonstigen Rechten Dritter belastet ist und
- dass zwischen den Erben auch schuldrechtlich kein Auseinandersetzungsvertrag abgeschlossen wurde.

Darüber hinaus beschränkt sich die Haftung des Veräußerers für Rechtsmängel darauf,

- dass ihm das Erbrecht zusteht,
- dass das Erbrecht nicht durch das Recht eines Nacherben oder durch die Ernennung eines Testamentsvollstreckers beschränkt ist,
- dass nicht Vermächtnisse, Auflagen, Pflichtteilslasten, Ausgleichspflichten und Teilungsanordnungen bestehen.

Mängel der zur Erbschaft gehörenden Sachen hat der Veräußerer nicht zu vertreten. Bestimmte Eigenschaften, insbesondere hinsichtlich des Zustandes und der Lastenfreiheit der zur Erbschaft gehörenden Sachen, werden nicht zugesichert.

Der Veräußerer ist nicht verpflichtet, das, was er vor der Veräußerung eines zur Erbschaft gehörenden Rechtes oder als Ersatz die Zerstörung, Beschädigung oder Entziehung eines Erbschaftsgegenstandes oder durch ein Rechtsgeschäft, das sich auf die Erbschaft bezog, erlangt hat, auf den Erwerber mit zu übertragen.

Soweit Erbschaftsgegenstände in der Zeit bis zur Veräußerung verbraucht, unentgeltlich veräußert oder unentgeltlich belastet wurden, ist der Veräußerer nicht verpflichtet, entsprechend Wertersatz zu leisten.

§ 3 Dingliche Übertragung, Grundbuchberichtigung

1. Übertragung

Der Veräußerer überträgt hiermit den veräußerten Erbteil mit sofortiger dinglicher Wirkung an den Erwerber.

Der Erwerber nimmt die Übertragung des Erbteils hiermit an.

2. Verfügungsbeschränkung

Die Sicherung des Austauschverhältnisses von Kaufpreis und Erbteil erfolgt in der Weise, dass die erklärte dingliche Übertragung unter der auflösenden Bedingung des Rücktritts des Verkäufers vom Kaufvertrag wegen Zahlungsverzugs des Käufers erfolgt, diese Verfügungsbeschränkung des Erbteilskäufers im Grundbuch eingetragen wird und der Notar die ihm zu treuen Händen überlassene öffentlich-beglaubigte Löschungsbewilligung des Verkäufers bezüglich dieser Verfügungsbeschränkung erst dann beim Grundbuchamt einreichen und den Löschungsantrag stellen darf, wenn ihm der Verkäufer die vollständige Zahlung des Kaufpreises schriftlich angezeigt oder die Kaufpreiszahlung in sonstiger Weise zur Überzeugung des Notars nachgewiesen ist.

3. Grundbuchberichtigung

Durch die vorbezeichnete Erbteilsübertragung ist das Grundbuch unrichtig geworden. Die Vertragsteile bewilligen und beantragen hiermit die Berichtigung des Grundbuches hinsichtlich der vorbezeichneten Erbteilsübertragung sowie die in der auflösenden Bedingung der Erbteilsübertragung liegende Verfügungsbeschränkung des Erwerbers. Die Beteiligten beantragen Vollzugsmitteilung an den beurkundenden Notar.

§ 4 Hinweise, Belehrungen

Die Vertragsteile wurden vom Notar insbesondere auf Folgendes hingewiesen:

1. Sämtliche im Zusammenhang der Erbteilsveräußerung getroffenen Vereinbarungen müssen notariell beurkundet sein, da sie ansonsten wegen Formmangels nichtig sind und die Nichtigkeit des gesamten Vertrages zur Folge haben können.
2. Der Erwerber wird in seinem Vertrauen auf die unbeschränkte und unbelastete Erbenstellung des Veräußerers und die Zugehörigkeit des genannten Grundbesitzes zur Erbschaft nicht geschützt und ist insoweit auf die Richtigkeit der Angaben des Veräußerers angewiesen.
3. Mit der dinglichen Übertragung des Erbteiles gehen alle (noch) im ungeteilten Nachlass befindlichen Vermögensgegenstände auf den Erwerber (als Gesamthandsberechtigten) über.
4. Der Erwerber haftet – unbeschadet der Vereinbarungen in diesem Vertrag – den Nachlassgläubigern ab sofort neben dem weiterhin haftenden Veräußerer für alle etwaigen Nachlassverbindlichkeiten.
5. Beide Vertragsteile haften – unbeschadet der Vereinbarungen in diesem Vertrag – gesamtschuldnerisch für die Vertragskosten und die Grunderwerbsteuer.
6. Die Veräußerung des Erbteiles und der Name des Erwerbers sind nach § 2384 Abs. 1 BGB unverzüglich dem Nachlassgericht anzuzeigen.
7. Für die beantragte Grundbuchberichtigung kann die Unbedenklichkeitsbescheinigung des Finanzamtes wegen der Grunderwerbsteuer erforderlich sein.
8. Gem. § 2034 Abs. 1 BGB steht bei dem Verkauf eines Erbteils den übrigen Miterben ein Vorkaufsrecht zu.

§ 5 Schlussbestimmungen

1. Vollzugsauftrag

Der beurkundende Notar wird beauftragt, dem Nachlassgericht die Veräußerung gemäß § 2384 BGB durch Übersendung einer beglaubigten Abschrift dieser Urkunde mitzuteilen.

2. Kosten

Die Kosten dieser Urkunde, des grundbuchamtlichen Vollzuges sowie die Kosten der erforderlichen Genehmigungen und Erklärungen und die anfallende Grunderwerbsteuer trägt der Erwerber.

3. Ausfertigungen und Abschriften

Von dieser Urkunde erhalten:
Ausfertigungen:
jeder Vertragsteil nach grundbuchamtlichem Vollzug der Grundbuchberichtigung
Abschriften:
jeder Vertragsteil sofort eine beglaubigte
das Nachlassgericht eine beglaubigte
das Amtsgericht – Grundbuchamt – eine beglaubigte
das Finanzamt – Grunderwerbsteuerstelle – eine einfache

3. Einkommensteuer

129 Nach Auffassung des Großen Senats GrS 2/89 sind die Rechtsfolgen einer Übertragung eines Erbanteils oder des Ausscheidens eines Miterben aus der

Erbengemeinschaft nach dem Vorbild entsprechender Vorgänge in einer Personengesellschaft zu beurteilen. Danach errechnen sich Anschaffungskosten und Veräußerungsgewinn wie bei der Übertragung eines Gesellschaftsanteiles, vgl. BFH BStBl. 1981 II 86; 1986 II 54.

Wird die Abfindung nicht in Geld, sondern in Sachwerten geleistet, kann sich auch für die verbliebenen Miterben im Hinblick auf ihren Anteil an den stillen Reserven der hingegebenen Wirtschaftsgüter ein Veräußerungsgewinn ergeben, vgl. BFH BStBl. 1973 II 655. Gelangt die Sachwertabfindung beim Gesellschafter in ein Betriebsvermögen, können nach dem BMF-Schreiben Erbauseinandersetzung Tz. 52 die Buchwerte der Gesellschaft fortgeführt werden; gleiches gelte auch für Miterben. 130

a) Privatvermögen

Sofern bei einer Erbengemeinschaft, die nur über steuerliches Privatvermögen verfügt, ein Miterbe die Erbanteile aller übrigen Miterben erwirbt, entstehen ihm Anschaffungskosten; die weichenden Miterben erzielen einen Veräußerungsgewinn, der jedoch nur steuerbar ist, soweit er auf eine im Nachlass vorhandene steuerpflichtige Kapitalbeteiligung gem. § 17 EStG oder § 22 UmwStG entfällt oder ein privates Veräußerungsgeschäft gem. § 23 EStG darstellt, vgl. BMF-Schreiben Erbauseinandersetzung Tz. 55. Wenn ein Miterbe alle übrigen Erbanteile erwirbt oder alle übrigen Miterben aus der Erbengemeinschaft ausscheiden, so dass der verbliebene Gesellschafter durch Anwachsung Gesamtrechtsnachfolger der Erbengemeinschaft wird (vgl. RGZ 88, 116; OLG Düsseldorf NJW 1977, 1828), kommt es zur Beendigung der Erbengemeinschaft, die, soweit die Nachlassgegenstände nicht versilbert werden, nach Realteilungsgrundsätzen erfolgt. 131

b) Betriebsvermögen

Beispiel (nach Tz. 51 BMF-Schreiben Erbauseinandersetzung): A, B und C sind Miterben zu je 1/3. Der Nachlass besteht nur aus einem Betriebsvermögen. Der Wert des Betriebsvermögens beträgt 3 Mio. €, der Buchwert 300.000 €. Die Bilanz des Unternehmens sieht wie folgt aus: 132

Aktiva			Passiva
Wirtschaftsgut 1	100.000 €	KapKto A	100.000 €
	(TW: 1 Mio. €)	KapKto B	100.000 €
Wirtschaftsgut 2	200.000 €	KapKto C	100.000 €
	(TW: 2 Mio. €)		
	300.000 €		300.000 €

C scheidet gegen eine Abfindung von 1 Moi. € aus dem Unternehmen aus. Nach dem Ausscheiden des C hat die Bilanz folgendes Bild:

Aktiva			Passiva
Wirtschaftsgut 1	100.000 €	KapKto A	100.000 €
+ 300.000 €	= 400.000 €	KapKto B	100.000 €
Wirtschaftsgut 2	200.000 €	Anspruch C	1.000.000 €
+ 600.000 €	= 800.000 €		
	1.200.000 €		1.200.000 €

Für C ist ein tarifbegünstigter Veräußerungsgewinn von 900.000 € (1.000.000 € ./. 100.000 €) entstanden. A und B müssen die Buchwerte der Wirtschaftsgüter 1 und 2 entsprechend aufstocken. Da die Wirtschaftsgüter zu $^1/_3$ entgeltlich erworben wurden, erhöht sich die AfA-Bemessungsgrundlage um 900.000 € (Anschaffungskosten 1 Mio. €./. Buchwert 100.000 €). Wenn C das Wirtschafsgut 1 (Buchwert nunmehr 400.000 €) zur Tilgung seiner Ausgleichsforderung von 1 Mio. € erhält, müssen A und B dieses Wirtschaftsgut aus dem Betrieb entnehmen. Da das Wirtschaftsgut 1 Mio. € wert ist, entsteht dadurch ein Veräußerungsgewinn i. H. v. 600.000 €, den A und B je zur Hälfte als laufenden Gewinn versteuern müssen. Ein Veräußerungsgewinn – und kein Entnahmegewinn – entsteht deshalb, weil die Hingabe des Sachwerts zum Wegfall der Schuld führt. Darin ist keine Entnahme, sondern eine Veräußerung, verbunden mit einer Gewinnrealisierung hinsichtlich des den Buchwert des Wirtschaftsguts übersteigenden Schuldenteils (Ausgleichsanspruch des C), zu sehen.

4. Grunderwerbsteuer

133 Trotz des bei Personengesellschaften geltenden Grundsatzes, dass der Wechsel im Personenstand der Gesellschaft nicht grunderwerbsteuerbar ist, da eine Veränderung der Anteilsverhältnisse keinen Grundstücksumsatz darstellt, sieht der BFH BStBl. 1976 II 159 die Übertragung eines Erbanteiles an einem Nachlass, zu dem ein Grundstück zählt, als grunderwerbsteuerpflichtig an. Lediglich die Übertragung an einen Miterben ist gem. § 3 Nr. 3 GrEStG befreit.

Sofern sich durch Erbauseinandersetzung oder Erbanteilsübertragung eine 95%-ige oder darüber hinaus gehende Beteiligung an einer Kapitalgesellschaft in der Hand eines Erben unmittelbar oder mittelbar vereinigt, liegt Grunderwerbsteuerpflicht gem. § 1 Abs. 3 GrEStG vor. Personenbezogene Befreiungsvorschriften und auch die Befreiungsvorschrift des § 6 Abs. 2 GrEStG kommen nicht zur Anwendung, vgl. BFH BStBl. 1982 II 424; *Martin* BB 1980, 410; vgl. aber oben § 14 B II 3.

5. Umsatzsteuer

134 Erhalten die Erben des durch Tod ausgeschiedenen Gesellschafters als Abfindung Wirtschaftsgüter des Betriebsvermögens, so ist die Gesellschaft hierfür zur Umsatzsteuer heranzuziehen. Gem. Abschn. 24a UStR 2005 BStBl. 2004 Teil 1 Sondernr. 1–3, 3 werden unentgeltliche Wertabgaben aus dem Unternehmen, soweit sie in der Abgabe von Gegenständen bestehen, nach § 3 Abs. 1b UStG den entgeltlichen Lieferungen und, soweit sie in der Abgabe oder Ausführung von sonstigen Leistungen bestehen, nach § 3 Abs. 9a UStG den entgeltlichen sonstigen Leistungen gleichgestellt. Sie umfassen im Wesentlichen die Tatbestände, die bis zum 31. 3. 1999 als Eigenverbrauch nach § 1 Abs. 1 Nr. 2 Buchst. a und b UStG a. F. als sog. Gesellschaftsverbrauch nach § 1 Abs. 1 Nr. 3 UStG a. F. unterlagen.

135 Ist die Übertragung der Wirtschaftsgüter von der Umsatzsteuer befreit, muss die Gefahr einer Vorsteuerberichtigung gem. § 15a UStG beachtet werden, vgl. Arbeitskreis Unternehmensnachfolge Rn. 542. Sofern die wesentlichen Grundlagen eines Unternehmens oder eines gesondert geführten Be-

triebs an einen Unternehmer für dessen Unternehmen übertragen werden, liegt eine nicht steuerbare Geschäftsveräußerung i. S. d. § 1 Abs. 1 a UStG vor. Voraussetzung ist, dass eine organische Zusammenfassung von Sachen und Rechten übertragen wird, die dem Erwerber die Fortführung des Unternehmens oder des in der Gliederung gesondert geführten Teils ohne großen finanziellen Aufwand ermöglicht, vgl. BFH BStBl. 2004 II 664; UStR 2005 Abschn. 5 Abs. 1.

6. Erbschaftsteuer

Für die Erbschaftsteuer gelten die oben bei B III dargestellten Grundsätze. 136 Überträgt der Nacherbe nach Eintritt des (Vor-)Erbfalles, aber vor Eintritt der Nacherbfolge sein Nacherbenanwartschaftsrecht unentgeltlich auf einen Dritten, so unterliegt der Erwerb des Dritten bei Eintritt des Nacherbfalles gem. § 1 Abs. 1 Nr. 1 und § 3 Abs. 1 Nr. 1, 1. Alt. ErbStG i. V. mit den §§ 1922, 2139 BGB der Erbschaftsteuer.

Steuerklasse, Steuersatz und Höhe des persönlichen Freibetrages nach § 16 137 ErbStG richten sich in diesem Fall nach dem Verhältnis des **Erwerbers** zum Vorerben (§ 6 Abs. 2 Satz 1 ErbStG) bzw. zum Erblasser (§ 6 Abs. 2 Satz 2 ErbStG), nicht hingegen nach dem Verhältnis des Nacherben zu den genannten Personen, vgl. BFH BStBl. 1993 II 158.

II. Ausscheiden eines Miterben

1. Zivilrecht

Die Rechtslage ist mit dem Ausscheiden eines Gesellschafters aus einer 141 Personengesellschaft vergleichbar: Der Personenstand einer Gesamthand wird durch das Ausscheiden von Gesellschaftern geändert, ohne dass die Identität der Gesellschaft berührt wird, vgl. *K. Schmidt* Gesellschaftsrecht § 45 II 4. Die Besonderheit der Gesamthand besteht darin, dass durch das Ausscheiden eines Mitglieds eine Anwachsung bei den übrigen gemäß § 738 Abs. 1 Satz 1 BGB eintritt; der Anteil des Ausscheidenden am Nachlass wächst somit den übrigen Miterben an, vgl. KG OLGZ 1965, 244.

Das Ausscheiden setzt einen Vertrag aller Miterben voraus. Für die Verein- 142 barung besteht keinerlei Formpflicht, auch dann nicht, wenn Grundstücke oder GmbH-Anteile zu dem Nachlass zählen. Eine Übertragungshandlung ist nicht nötig, insbesondere keine Auflassung. Der Ausscheidende hat der Berichtigung des Grundbuchs gemäß § 894 BGB zuzustimmen. Sofern die Erbengemeinschaft alle Nachlassgegenstände einzeln im Wege der Singularsukzession auf einen Miterben überträgt, müssten die für den Auseinandersetzungsvertrag geltenden Vorschriften eingehalten werden.

2. Einkommensteuer

Nach Beurteilung des Großen Senats GrS 2/89 BStBl. 1990 II 837 ist – im 143 Hinblick auf das Einkommensteuerrecht – die Anwachsung wie die Übertragung eines Erbteils zu behandeln. Damit gelten die oben zu I. 3 dargelegten Grundsätze entsprechend. Sofern durch das Ausscheiden eines oder mehrerer Miterben nur noch ein Miterbe übrig bleibt, der im Wege der Anwachsung das Alleineigentum und die alleinige Berechtigung an allen Nachlassgegenständen erwirbt, veräußern die weichenden Miterben entgeltlich ihre Mitunternehmeranteile mit der Rechtsfolge des § 16 Abs. 1 Satz 1 Nr. 2 EStG, vgl. *Schmidt/Wacker* § 16 EStG Rn. 610.

144 Sofern ein Nachlass wertgleich sowohl aus Betriebs- als auch aus Privatvermögen besteht (Mischnachlass), muss der ausscheidende Miterbe B, der als Sachabfindung das Privatvermögen erhält, die AfA des Erblassers gem. § 11d EStG fortführen, während der Miterbe A gem. § 6 Abs. 3 EStG an die Buchwerte der Erbengemeinschaft gebunden ist, vgl. BMF-Schreiben Erbauseinandersetzung Tz. 52.

III. Erbausschlagung

Literatur: *Wachter* Erbausausschlagung als steuerliches Gestaltungsmittel, ZNotP 2004, 176.

1. Gesetzliche Regelung

146 Sofern ein Erbe oder Vermächtnisnehmer die Erbschaft oder Zuwendung nicht annehmen will, weil z. B. die Gefahr der Überschuldung des Nachlasses besteht oder der Berufene einen anderen Nachfolgeberechtigten begünstigen will, kann der Erbe oder Vermächtnisnehmer die Erbschaft oder das Vermächtnis gem. §§ 1946, 2180 BGB ausschlagen. Damit fällt die Erbschaft oder das Vermächtnis den übrigen nachfolgeberechtigten Personen zu. Ist ein Erbe durch Verfügung von Todes wegen berufen, beginnt die sechswöchige Ausschlagungsfrist nicht vor der Verkündung der Verfügung, vgl. § 1944 Abs. 2 Satz 2 BGB.

147 Wer als gesetzlicher Erbe zugleich durch Verfügung von Todes wegen als Erbe berufen ist, kann gem. § 1948 Abs. 1 BGB die Erbschaft als eingesetzter Erbe ausschlagen und als gesetzlicher Erbe annehmen.

148 Ein Pflichtteilsberechtigter kann gem. § 2306 Abs. 1 BGB den hinterlassenen Erbteil, der mit Beschränkungen und Beschwerungen versehen ist, ausschlagen und den Pflichtteil verlangen. Ebenso kann ein Pflichtteilsberechtigter, der mit einem Vermächtnis bedacht ist, gem. § 2307 Abs. 1 Satz 1 BGB den Pflichtteil verlangen, wenn er das Vermächtnis ausschlägt.

149 Außer den genannten gesetzlichen Regelungen kann durch vertragliche Vereinbarung mit demjenigen, den aufgrund einer Ausschlagung die Erbschaft zufällt, ein entsprechendes Entgelt vereinbart werden. Dass das erwartete Entgelt nicht bezahlt wird, hindert die Wirksamkeit der Ausschlagung nicht, vgl. *Palandt/Edenhofer* BGB § 1947 Anm. 2.

150 Die Ausschlagung gegen Entgelt hat eine besondere Aktualität erlangt, weil Tz. 37 Satz 4 BMF-Schreiben Erbauseinandersetzung anordnet, dass die Ausschlagung der Erbschaft gegen eine Abfindung der entgeltlichen Veräußerung eines Erbteils gleichsteht.

2. Einkommensteuer

151 Wird die Erbschaft ausgeschlagen, so gilt zivilrechtlich der Anfall an den Ausschlagenden gem. § 1953 BGB als nicht erfolgt. Die Erbschaft fällt demjenigen an, welcher berufen sein würde, wenn der Ausschlagende z. Zt. des

Erbfalls nicht gelebt hätte; der Anfall gilt rückwirkend als mit dem Erbfall erfolgt. Allerdings betont der Große Senat GrS 2/89 BStBl. 1990 II 837 unter C I 2b der Entscheidungsgründe, dass es für die Annahme der einkommensteuerlichen (Mit-)Unternehmerschaft nur darauf ankomme, dass das Unternehmen ab dem Erbfall auf eigene Rechnung und Gefahr geführt wird, nicht auf die Länge des Zeitraums, in dem die Erbengemeinschaft (= der Erbe) das Unternehmen fortführt. Auch dann, wenn die Erben das Unternehmen alsbald nach dem Erbfall abwickeln und einstellen oder es auf einen anderen übertragen, haben sie zunächst die Eigenschaft von (Mit-)Unternehmern erlangt und bis zur Auseinandersetzung behalten. Sie beziehen ihre Einkünfte nicht aus einer ehemaligen Tätigkeit des Erblassers i. S. v. § 24 Nr. 2 EStG, sondern kraft vollständiger Verwirklichung des Einkünftetatbestandes; ebenso *Schmidt/Wacker* EStG § 16 Rz. 591; *Crezelius* Unternehmenserbrecht Rn. 175.

Die Finanzverwaltung übersieht, dass die Fiktion der Betriebsfortführung **152**
durch den Ausschlagenden in den meisten Fällen zu einem dann anzuerkennenden Verlust aus Gewerbebetrieb führt, wenn nämlich die Ausschlagung ohne Entgelt oder mit einem Niedrigentgelt unter dem Wert des Kapitalkontos erfolgt. Tz. 37 Satz 4 BMF-Schreiben Erbauseinandersetzung hat auch Auswirkungen für das steuerliche Privatvermögen, wenn zum Nachlass Grundstücke zählen, deren Anschaffung i. S. d. § 23 Abs. 1 EStG weniger als zehn Jahre zurückliegt oder Kapitalbeteiligungen i. S. d. § 17 EStG oder § 22 UmwStG vorhanden sind.

3. Erbschaftsteuer

Ist die Ausschlagung Teil einer Entgeltsvereinbarung, so stellt das Entgelt **153**
eine Bereicherung des Ausschlagenden gem. § 3 Abs. 2 Nr. 4 ErbStG dar. Soweit der Erwerb zugleich mit Einkommensteuer belastet ist, greift die Steuerermäßigung gem. § 35b EStG ein, soweit eine Veräußerung innerhalb von fünf Jahren seit dem Erbfall erfolgt.

Ich bin eine wunderbare Haushälterin. Immer wenn ich einen Mann verlasse, behalte ich sein Haus.
Zsa Gabor,
in 9. Ehe verheiratet

§ 16 Erwerb vom Ehegatten

Übersicht

A. Überblick

Literatur: *Bergschneider* Formelle Vorkehrungen gegen die Beanstandung von Eheverträgen, Scheidungsvereinbarungen usw., FS für Spiegelberger (2009), 971; *Berringer/Menzel* Das neue Unterhaltsrecht – Folgerungen für die notarielle Praxis, MittBayNot 2008, 165; *Grziwotz* Das innere Maß des Scheidungsfolgenrechts – Teilhabegerechtigkeit in der Ehe, DNotZ 2006, 32; *Langenfeld* Die Ehevertragsgestaltung auf dem Prüfstand der richterlichen Inhaltskontrolle, ZEV 2004, 311; *Münch* Inhaltskontrolle von Eheverträgen, DNotZ 2005, 819; *Schulenburg* Steuer- und zivilrechtliche Fragen bei der Scheidung von Ehegatten, FR 2007, 127; *Viefhues* Güterrechtsreform, ZNotP 2009, 413; *Wälzholz* Der Versorgungsausgleich nach der Versorgungsausgleichsreform 2009, DStR 2010, 383; *ders.* Versorgungsausgleich im Steuerrecht nach der Versorgungsausgleichsreform 2009, DStR 2010, 465.

I. Gesetzliche Güterstände nach BGB

Der Vermögenstransfer unter Ehegatten beruht teils auf dem Güterstand, 1
der kraft Gesetzes oder durch Ehevertrag begründet wird, teils auf Vereinbarungen während der Ehe und häufig auch ohne ausdrückliche Vereinbarung, so dass im Streitfall der Richter nachträglich die causa der Zuwendung feststellen muss. Gem. § 1408 Abs. 1 BGB können die Ehegatten ihre güterrechtlichen Verhältnisse durch Ehevertrag regeln, insbesondere auch nach Eingehung der Ehe den Güterstand aufheben oder ändern. Der Ehevertrag wird gem. § 1410 BGB bei gleichzeitiger Anwesenheit der Vertragsteile vor einem Notar geschlossen. Von den gesetzlichen Bestimmungen abweichende individuelle Regelungen sind bis zur Grenze der Sittenwidrigkeit möglich. Nicht zulässig ist gem. 1409 BGB die Verweisung auf nicht mehr geltendes oder ausländisches Recht.

Die **Ehevertragsfreiheit** und die einzelnen ehelichen Güterstände, näm- 2
lich

- Gütertrennung gem. § 1414 BGB,
- Zugewinngemeinschaft gem. §§ 1363ff. BGB,
- modifizierte Zugewinngemeinschaft aufgrund vom gesetzlichen Güterstand abweichender Vereinbarungen und

- Gütergemeinschaft gem. §§ 1415ff. BGB

wurden im Band Unternehmensnachfolge § 3 erörtert.

II. Auslandsberührung

3 Sofern beide Ehegatten oder ein Ehegatte Ausländer sind, können sie gem. Art. 15 EGBGB für die güterrechtlichen Wirkungen ihrer Ehe wählen:

- das Recht des Staates, dem einer von ihnen angehört,
- das Recht des Staates, in dem einer von ihnen seinen gewöhnlichen Aufenthalt hat oder
- für unbewegliches Vermögen das Recht des Lageortes, so dass insbesondere bei Kaufverträgen über ein inländisches Grundstück regelmäßig ein inländischer Güterstand gewählt wird.

Um die Wirksamkeit und Anerkennung eines Ehevertrages mit einem ausländischen Ehegatten sicher zu stellen, ist wegen Art. 16 EGBGB die Eintragung im Güterrechtsregister dringend anzuraten, vgl. *Lichtenberger* DNotZ 1986, 677.

4 Bei der Wahl eines inländischen Güterstandes mit einem **ausländischen Ehegatten** ist darauf hinzuweisen, dass die Anerkennung im Ausland nicht gesichert ist. So sieht z.B. das Recht des Staates Florida einen Ehevertrag mit Gütertrennung oder modifizierter Zugewinngemeinschaft als „criminal act" an, so dass bei einem Gerichtsstand im Staat Florida ein deutscher Ehevertrag keine Anerkennung findet und Vollstreckungshandlungen aus einem derartigen Urteil auch mit Hilfe des ordre public selbst im Inland nicht abgewehrt werden können. Boris Becker war mit seinem deutschen Ehevertrag Leidtragender dieser Erkenntnis.

5 Auch das **islamische Recht**, das nach wie vor auf dem Koran, den Äußerungen der Propheten und der übereinstimmenden Ansicht der Rechtsgelehrten beruht, kennt nur in sehr begrenztem Umfang ehevertragliche Regelungen an. Nach islamischem Recht hat die Frau das Sorgerecht für Knaben bis zu sieben Jahren, für Mädchen bis zu neun Jahren. Die ausländische Frau hat jedoch keine Möglichkeit, mit den Kindern auszureisen. Die ausländische Frau muss damit rechnen, bei Scheidungen im Heimatland ihres Mannes ihre Kinder sofort und endgültig zu verlieren, vgl. *Langenfeld* FamRZ 1994, 206.

B. Vermögensübergang aufgrund Eherechts

Literatur: *N. Mayer* in: FS für Spiegelberger, Ehevertragliche Gestaltungsmöglichkeiten im Hinblick auf § 5 ErbStG, S. 1064; *Langenfeld* Ehebezogene Zuwendungen an Schwiegerkinder, ZEV 1995, 289; *Mellinghoff* Steuerrechtliche Probleme bei Trennung und Scheidung von Ehegatten, Stbg 1999, 60; *Reimann* Hohenzollern und kein Ende: Wie das ehemalige Kaiserhaus zur Rechtsfortbildung in Deutschland beiträgt, FS für Spiegelberger (2009), 1095; Schlüter Beendigung der Ehe aus zivilrechtlicher Sicht, Stbg 1999, 114.

I. Gütertrennung

6 Die Vereinbarung der Gütertrennung gem. § 1414 BGB bezweckt die getrennte Vermögensverwaltung unter Ausschluss von Vermögensansprüchen des Ehegatten. Insbesondere bei Kaufleuten, Fabrikanten und selbständig Tä-

tigen sowie bei Ehegatten mit erheblichen Vermögensunterschieden ist die Gütertrennung ein häufig gewählter Güterstand, der Ausgleichsansprüche bei Beendigung der Ehe grundsätzlich ausschließt. Die von Mandanten häufig geäußerte Meinung, die Gütertrennung bringe haftungsrechtliche Vorteile mit sich, ist grundsätzlich unzutreffend, da auch beim gesetzlichen Güterstand der Zugewinngemeinschaft jeder Ehegatte nur für die von ihm selbst eingegangenen oder übernommenen Schulden haftet. *Langenfeld* Sonderheft DNotZ 1985, 140 meint daher, der Güterstand der Gütertrennung sei als obsolet anzusehen, da den Interessen der Ehegatten durch eine modifizierte Zugewinngemeinschaft besser gedient sei. Diese Auffassung geht aber an der Lebenswirklichkeit vorbei. Tatsächlich bestehen Ehepartner, die befürchten, für Ansprüche des anderen Ehegatten haften zu müssen, auf der Gütertrennung, da bei Pfändungen die Ernsthaftigkeit des Vermögenstrennungswillens besonders unterstrichen wird, vgl. *S. Zimmermann* Eheverträge, Scheidungs- und Unterhaltsvereinbarungen S. 24. Darüber hinaus kann Banken gegenüber die alleinige Haftung eines Ehegatten bei dem Güterstand der Gütertrennung besser durchgesetzt werden.

Da güterrechtliche Ausgleichsansprüche beim Güterstand der Gütertren- 7
nung fehlen, sollte in jedem Fall die vermögensrechtliche Situation für den Fall der Ehescheidung erörtert werden. Auch ohne ausdrückliche Regelung kann ausnahmsweise ein Vermögensausgleich stattfinden, wenn stillschweigend eine **Innengesellschaft** errichtet wurde und § 730 BGB Anwendung findet oder gem. § 313 BGB eine Störung der Geschäftsgrundlage eingetreten ist, sich also die Verhältnisse so schwerwiegend geändert haben, dass ein Festhalten an den Grundsätzen der Gütertrennung nicht zugemutet werden kann. In Fällen, in denen die Ehegatten über Jahre hinweg planvoll und zielstrebig gemeinsam am Aufbau eines Vermögens (z.B. einer Immobilie) mitgearbeitet haben, um – auch im Alter – aus dessen Erträgen zu leben und daraus auch weiteres Vermögen zu bilden, liegt die Annahme eines gesellschaftsrechtlichen Verhältnisses zwischen den Ehegatten nahe, vgl. BGH DNotZ 2000, 515.

Das gesetzliche Erbrecht ist in § 1931 Abs. 4 BGB geregelt. Bestand beim 8
Erbfall Gütertrennung und sind als gesetzliche Erben neben dem überlebenden Ehegatten ein oder zwei Kinder des Erblassers berufen, so erben der überlebende Ehegatte und jedes Kind zu gleichen Teilen.

II. Zugewinngemeinschaft

Literatur: *Billig* Gestaltungsmöglichkeiten im Rahmen der Zugewinngemeinschaft, UVR 2008, 252; *Brambring* Abschied von der „ehebedingten Zuwendung“ außerhalb des Scheidungsfalls und neue Lösungswege, ZEV 1996, 248; *D. Carlé* Zugewinngemeinschaft im Zivil- und Steuerrecht – Probleme und Gestaltungsmöglichkeiten, KÖSDI 2006, 15136; FinMin Schleswig-Holstein Erl. v. 19. 2. 2010: Gesetz zur Änderung des Zugewinnausgleichs- und Vormundschaftsrechts v. 6. 7. 2009, BGBl. I 2009, 1696, DStR 2010, 491; *Holler/Schmidt* in: FS für Spiegelberger, Die doppelte Güterstandsschaukel – Gestaltungsmissbrauch oder erbschaftsteuerlicher Rettungsanker bei Gütertrennung?, S. 239; *Jülicher* Chancen und Risiken beim Zugewinnausgleich im Zivil- und Erbschaftsteuerrecht, ZErb 2002, 245; *Kesseler* in: FS für Spiegelberger, Die Beschränkung der Steuerwirksamkeit der fiktiven Zugewinnausgleichsforderung, S. 258; *Kogel* Nießbrauch, Altenteil und Leibrente im Zugewinn, FamRZ 2006, 451;

Lipp Ehegattenzuwendungen und Zugewinnausgleich, JuS 1993, 89; *Münch* in: FS für Spiegelberger, Zugewinnausgleich bei „deplazierter" Altersversorgung? Ein Beitrag zur Inhaltskontrolle von Eheverträgen, S. 1069; *Zypries* Mehr Gerechtigkeit beim Vermögensausgleich nach Scheidung, Pressemitteilung des BMJ, Anlage 2 zum Rundschreiben 2009/4.

1. Rechtsfolgen der Zugewinngemeinschaft

11 Nach Auffassung des BGH MittBayNot 1997, 231 ist der gesetzliche Güterstand der Zugewinngemeinschaft für die überwiegende Zahl der Ehen, in denen sich der Vermögenserwerb typischerweise innerhalb der Dimension der familiären Lebensgemeinschaft vollziehe, ohne weiteres als sachrichtiger Güterstand anzunehmen, z.B. bei abhängig Erwerbstätigen und Inhabern kleiner Betriebe. Dem gegenüber meint *Grziwotz* DNotZ 2000, 486, dass die gesetzlichen Güterstände als Gerechtigkeitsmodelle weitgehend ausgedient haben.

12 Trotz des oft missverstandenen Begriffs der Zugewinngemeinschaft bleibt **jeder Ehegatte Alleineigentümer** des in die Ehe eingebrachten sowie des während der Ehe erworbenen Vermögens, vgl. § 1363 Abs. 2 Satz 1 BGB. Lediglich der Zugewinn, den die Ehegatten während der Dauer der Ehe erzielen, wird bei Beendigung der Ehe ausgeglichen, d.h. der Ehegatte mit dem höheren Zugewinn (Differenz zwischen Anfangs- und Endvermögen eines jeden Ehegatten gem. §§ 1373ff. BGB) hat die Hälfte der Differenz dem anderen auszuzahlen, wobei die scheinbare Wertmehrung durch Kaufkraftschwund während der Ehe bereinigt wird, also nur der inflationsbereinigte Wertzuwachs der Ausgleichung unterliegt, vgl. BGH DB 1974, 280.

13 Die **Varianten des Ausgleichs,** nämlich

- erbrechtlicher Ausgleich gem. § 1371 Abs. 1 BGB durch Erhöhung des gesetzlichen Erbteils des überlebenden Ehegatten um ¼
- güterrechtlicher Ausgleich gem. § 1371 Abs. 2 BGB nach den Vorschriften der §§ 1373–1383, 1390 BGB und Gewährung des nicht erhöhten gesetzlichen Erbteils des Ehegatten und
- Gewährung des Pflichtteils bei Ausschlagung gem. § 1371 Abs. 3 BGB neben dem Ausgleich des Zugewinns

wurden im Band Unternehmensnachfolge § 3 dargestellt.

14 Bei einem erheblichen **Vermögenszuwachs** während der Dauer der Ehe sind von dem „erfolgreichen" Ehegatten hohe Ausgleichszahlungen auch dann zu entrichten, wenn der Ausgleichsverpflichtete das Scheitern der Ehe nicht verursacht hat. Die familienrechtliche Tätigkeit des Notars besteht heute hauptsächlich darin, Zugewinnausgleichsansprüche auszuschließen oder zu modifizieren. Der berechtigte Kern des Zugewinnausgleichs besteht darin, dass die durch die Kindererziehung gehandicapte Mutter vom Vermögenszuwachs der Familie nicht ausgeschlossen werden darf.

Andererseits ist es bei einer Unternehmerehe nicht einzusehen, dass die Zugewinnausgleichsansprüche der Ehefrau das Unternehmen des Ehemannes ruinieren, wie dies z.B. bei einer Scheidung eines im gesetzlichen Güterstand lebenden Steuerberaters oder Wirtschaftsprüfers der Fall sein kann. Dies gilt selbstverständlich auch umgekehrt für den Fall, dass die Ehefrau als Unternehmerin oder Freiberuflerin tätig ist und von dem Ehemann bei der

Scheidung zur Kasse gebeten wird, kritisch auch BGH MittBayNot 1997, 231.

Bisherige Ungerechtigkeiten im Zugewinnausgleich, insbesondere bei negativen Anfangsvermögen eines Ehegatten, wurden durch das Gesetz zur Änderung des Zugewinnausgleichs- und Vormundschaftsrechts v. 6. 7. 2009 BGBl. I 2009, 1696 beseitigt. 15

16

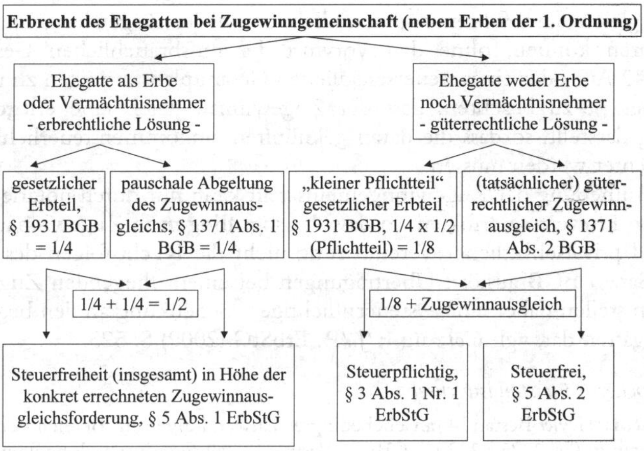

2. Vorzeitiger Zugewinnausgleich

Literatur: *Bonefeld* Vereinbarte Gegenleistungen für Schenkungen und Zugewinn – Auswirkungen im Erbrecht, ZErb 2006, 220; *Gluth* Erbschaftsteuerliche Aspekte des Zugewinnausgleichs, ErbStB 2006, 319; *Hüttemann* Zwischenzeitlicher Zugewinnausgleich bei fortgesetzter Zugewinngemeinschaft und § 5 Abs. 2 ErbStG, DB 1999, 248; *Jebens* Die Ausnutzung der schenkungsteuerlichen Freibeträge unter Einsatz der Zugewinngemeinschaft, DStZ 2009, 519; *Kusterer* Folgen bei Beendigung des Güterstands, ErbStB 2007, 343; *Lehnen/Hanau* Optimale Nutzung der Schenkungsteuerfreibeträge: Beendigung des gesetzlichen Güterstands als Alternative zur Kettenschenkung, ZErb 2006, 149; *Menhorn* Zivilrechtliche und steuerrechtliche Risiken beim vorzeitigen Zugewinnausgleich, DStR 2006, 1073; *Paus* Vorgezogener Zugewinnausgleich als Gestaltungsmittel, NWB Fach 10 S. 1656 (Stand Oktober 2008); *Scherer/Kirchhain* Der vorzeitige Zugewinnausgleich – wirksames Instrument zum Vermögensschutz vor Gläubigerforderungen?, ZErb 2006, 106; *Zugmaier/Wälzholz* Freigebige Zuwendung durch Zugewinnausgleichsforderung, NWB Fach 10 S. 1521 (Stand Dezember 2005).

a) Zivilrechtliche Zulässigkeit

Beispiel: Nach langjähriger Ehe verlässt A seine Ehefrau und lebt in eheähnlicher Lebensgemeinschaft mit B. Im Fall der Scheidung, die von der Ehefrau A jedoch nicht angestrebt wird, stünde ihr ein erheblicher Zugewinnausgleichsanspruch zu, den sie gerne für ihre Kinder sichern möchte. 17

aa) Vereinbarung von Gütertrennung

Im Falle des Vorversterbens von Frau A ohne vorherige Erhebung der Scheidungsklage würde der bisherige latente Zugewinnausgleichsanspruch endgültig verloren gehen, da der Zugewinnausgleichsanspruch erst mit der 18

Beendigung des Güterstandes gem. § 1378 Abs. 3 Satz 1 BGB entsteht und erst von diesem Zeitpunkt an vererblich und übertragbar ist. Vor Beendigung des Güterstandes kann gem. § 1378 Abs. 3 Satz 3 BGB kein Ehegatte über die Ausgleichsforderung verfügen.

19 Mit Zustimmung ist die Entscheidung des BFH BStBl. 2005 II 843 aufgenommen worden, wonach die Ehegatten ohne weiteres die Zugewinngemeinschaft durch Vereinbarung von **Gütertrennung** aufheben, den Zugewinnausgleich durchführen und anschließend wieder Zugewinngemeinschaft vereinbaren können, ohne den Vorwurf der missbräuchlichen Gestaltung gem. § 42 AO oder eines steuerschädlichen Gesamtplans erwarten zu müssen. Allerdings ist zu beachten, dass der Zugewinnausgleich eine **entgeltliche** Leistung darstellt, so dass die daran geknüpften einkommensteuerlichen Folgen beachtet werden müssen.

20 Die Aufhebung der Zugewinngemeinschaft kann nur durch notariell beurkundeten Ehevertrag erfolgen, so dass der sog. **fliegende** Zugewinnausgleich aufgrund privatschriftlicher Vereinbarung nicht die Rechtsfolgen des § 1378 Abs. 3 Satz 3 BGB auslöst. Übertragungen bei einem fliegenden Zugewinnausgleich stellen daher eine – steuerpflichtige – Schenkung an den begünstigten Ehegatten dar, vgl. *Götz* in: F./J./P., ErbStG (2009) S. 523.

bb) Doppelter Güterstandswechsel

Literatur: *Hayler* Bestandskraft ehebedingter Zuwendungen im Bereich der Pflichtteilsergänzung (§§ 2325, 2329 BGB) – Vertragsgestaltung durch doppelten Güterstandswechsel?, DNotZ 2000, 681; *Schlünder/Geißler* Güterrechtlicher Neustart um Mitternacht und der schenkungsteuerliche Reiz der „Güterstandschaukel", NJW 2007, 482.

21 Der vorzeitige Zugewinnausgleich durch Vereinbarung von Gütertrennung erfolgt regelmäßig mit der Absicht, nach dem Ausgleich des Zugewinns die Zugewinngemeinschaft wieder herzustellen. Der Bundesfinanzhof BStBl. 2005 II 843 hat diese Gestaltung bei schenkungsteuerlicher Würdigung selbst dann als nicht missbräuchlich gem. § 42 AO angesehen, wenn die Aufhebung der Zugewinngemeinschaft durch Gütertrennung und die Wiederherstellung der Zugewinngemeinschaft in einer Urkunde erfolgt.

22 Fraglich ist, ob auch in zivilrechtlicher Betrachtung eine derartige **„Güterstandsschaukel"** unbedenklich ist. Ehegatten dürfen das Recht zum Abschluss von Eheverträgen nicht missbrauchen, insbesondere auch nicht dazu, um Pflichtteilsergänzungen gem. § 2325 Abs. 1 BGB zu vermeiden oder zu minimieren. Insbesondere ist es missbräuchlich, wenn z. B. kurz vor dem Tod eines Ehegatten Gütergemeinschaft vereinbart wird, um Pflichtteilsansprüche zu schmälern, vgl. BGHZ 116, 178; *J. Mayer* in: Handbuch Pflichtteilsrecht § 11 Rz. 78 ff.

23 Im Unterschied zur Vereinbarung einer Gütergemeinschaft, die zivilrechtlich keine Schenkung, aber eine unentgeltliche Vermögenszuwendung darstellt, liegt dem Zugewinnausgleich ein **vermögensrechtlicher Anspruch** zugrunde, der auch schenkungsteuerlich keine unentgeltliche Zuwendung darstellt. *Hayler* DNotZ 2000, 689 kommt somit zurecht zu dem Ergebnis, dass die Vereinbarung von Gütertrennung mit der Absicht der sofortigen Rückkehr zur Zugewinngemeinschaft, eine zulässige Vertragsgestaltung, auch zum Schutz vor unangemessenen Pflichtteilsergänzungsansprüchen darstellt; ebenso *Brambring* ZEV 1996, 252; *MünchKomm/Frank* § 2325 BGB Rz. 13; *Wegmann* ZEV 1996, 201. Die Einhaltung einer „Schamfrist" zur Wiederherstellung der Zugewinngemeinschaft ist daher nicht erforderlich, könnte im übrigen bei dem plötzlichen Versterben eines Ehegatten zu erhöhten Erb- und Pflichtteilsrechten der Abkömmlinge führen.

b) Schenkungsteuerliches Freibetragspotential

(1) Aufhebung des Güterstandes. Die Aufhebung des Güterstandes der Zugewinngemeinschaft durch Vereinbarung von Gütertrennung kann außerhalb eines Scheidungsverfahrens gem. § 5 Abs. 2 ErbStG von Interesse sein, wenn sich das Vermögen eines Ehegatten in längjähriger Ehe überproportional vermehrt hat und das erbschaftsteuerliche Freibetragspotential gem. § 14 i. V. m. § 16 Abs. 1 Nr. 1 ErbStG ausgeschöpft werden soll. **26**

Im Wege des Zugewinnausgleichs können Wirtschaftsgüter des **Privatvermögens** unter Anrechnung auf die Ausgleichsforderung auf den anderen Ehegatten übertragen werden, so dass **neues AfA-Volumen** entsteht. Die Übertragung von Betriebsvermögen zum Zugewinnausgleich führt zur Gewinnrealisierung.

(2) Weiterleitung. Sofern der durch den Zugewinnausgleich „bereicherte" Ehegatte sofort den soeben erhaltenen Zugewinn an die Abkömmlinge weitergibt, könnte der Einwand missbräuchlicher Rechtsgestaltung gem. § 42 AO in Frage kommen. Die Rechtsprechung des Bundesfinanzhofs zur **Kettenschenkung** kann jedoch keine Anwendung finden, da der weiterübertragende Ehegatte nicht über einen soeben geschenkten Vermögensgegenstand verfügt, sondern nur über den „verdienten" und durch Aufhebung des Güterstandes realisierten Zugewinnausgleichsanspruch, vgl. *Götz* DStR 2001, 417. **27**

Verpflichtet sich die Ehefrau als Gläubigerin eines Zugewinnausgleichsanspruchs gegenüber ihrem Ehemann, im Falle seines Todes diesen Anspruch unentgeltlich auf die Kinder zu übertragen, wird die Zugewinnausgleichsforderung beim Tod des Ehemannes den Kindern nicht vom Vater (Erblasser), sondern von der Mutter unter Lebenden schenkweise zugewandt, vgl. BFH ZEV 1999, 73.

(3) Rückwirkende Aufhebung. Die Aufhebung der Zugewinngemeinschaft unter Lebenden gem. § 5 Abs. 2 ErbStG ist auch deswegen von Interesse, weil der Gesetzgeber bei der Ausgestaltung des Ehevertrages den Beteiligten einen größeren Spielraum eingeräumt hat. Die Sätze 2–4 des § 5 Abs. 1 ErbStG gelten bei der Anwendung des § 5 Abs. 2 ErbStG nicht. Demnach können die Ehegatten – auch mit schenkungsteuerlicher Wirkung – vom gesetzlichen Ausgleichsmodell abweichen und auch eine rückwirkende Ausgleichungsvereinbarung treffen. Die in den Erbschaftsteuerrichtlinien angeordnete Gleichbehandlung des § 5 Abs. 1 mit Abs. 2 ErbStG hat keine gesetzliche Grundlage, vgl. *Götz* in: F./J./P., Erbschaftsteuergesetz (2009) § 5 Rn. 77; *Jebens* DStZ 2009, 522. **28**

(4) Verzicht. Der Verzicht auf eine erst künftig entstehende Zugewinnausgleichsforderung stellt keinen in Geld bewertbaren Vermögensvorteil dar, **29**

sondern allenfalls eine bloße Erwerbschance, die nicht in Geld veranschlagt werden kann und daher nach § 7 Abs. 3 ErbStG nicht als Gegenleistung anzusehen ist, vgl. *Münch* DStR 2008, 26. Einen Ausgleich für diesen Verzicht will der BFH DStRE 2007, 1516 der Schenkungsteuer unterwerfen.

(5) Escape-Wirkung

Literatur: *Götz* Lebzeitige Beendigung der Zugewinngemeinschaft als Gestaltungsmittel zur Erlangung rückwirkender Steuer- und Straffreiheit bei unbenannten Zuwendungen, DStR 2001, 417.

30 Sofern durch Schenkungen über den Freibetragsbereich hinaus eine Schenkungsteuerpflicht entstanden ist, stellt die Vereinbarung von Gütertrennung eine Escape-Klausel dar, da gem. § 29 Abs. 1 Nr. 3 EStG die Erbschaftsteuer mit Wirkung für die **Vergangenheit** erlischt, soweit in den Fällen des § 5 Abs. 2 ErbStG unentgeltliche Zuwendungen auf die Ausgleichsforderung gem. § 1380 Abs. 1 BGB angerechnet wurden, vgl. *Spiegelberger* Bd. Unternehmensnachfolge § 3 Rn. 59.

c) Einkommensteuer

31 Auch die im Rahmen des Zugewinnausgleichs vorgenommene Übertragung eines Grundstückes innerhalb der Zehn-Jahres-Frist des § 23 EStG kann ein privates Veräußerungsgeschäft darstellen. Wird **Betriebsvermögen** im Wege des Zugewinnausgleichs übertragen und z.B. dem Ehegatten eine Beteiligung an dem Unternehmen des Ehegatten als Zugewinnausgleich eingeräumt, so liegt darin ein einkommensteuerpflichtiges Veräußerungsgeschäft, vgl. *Zugmaier/Wälzholz* NWB Fach 10 S. 1521 (Stand Dezember 2005).

32 Soweit der übertragende Ehegatte einen hohen **Verlustabzug gem. § 10 d EStG** vor sich her schiebt, kann der im Erbfall eintretende Verlust durch den entgeltlichen vorzeitigen Zugewinnausgleich vermieden werden, vgl. *Paus* NWB Fach 10, S. 1661 (Stand Oktober 2008).

Eine Nutzungsüberlassung zum Ausgleich von Zugewinn führt zu Einnahmen i. S. d. § 21 EStG, vgl. BFH ErbStB 2006, 175.

III. Modifizierte Zugewinngemeinschaft

Literatur: *Grund* Erbschaftsteuerliche Grenzen der Modifizierung der Zugewinngemeinschaft – Wegfall der steuerlichen Vergünstigung nach § 5 Abs. 1 ErbStG bei umfassendem Ausschluss des Zugewinnausgleichs im Ehevertrag?, MittBayNot 2008, 19; *N. Mayer* Herausnahme von einzelnen Gegenständen bzw. Wirtschaftseinheiten aus dem Zugewinnausgleich – eine optimale Gestaltungsvariante im privaten und unternehmerischen Bereich?, DStR 1993, 991; *ders.* Ehevertragliche Gestaltungsmöglichkeiten im Hinblick auf § 5 ErbStG, FS für Spiegelberger (2009), 1064

36 **Beispiel:** Unternehmer U hat in dem Ehevertrag mit seiner Ehefrau vereinbart, dass das gesamte Betriebsvermögen aus dem Zugewinnausgleich im Falle der Scheidung ausscheidet. Kurz vor dem Scheidungsantrag seiner Ehefrau gründet Unternehmer U zwei weitere Zweigbetriebe und investiert sein gesamtes Privatvermögen unter Aufnahme erheblicher Kredite, so dass der Ehefrau keine Ausgleichsforderung zusteht, vgl. BGH NJW 1997, 2239.

37 Wenn die im gesetzlichen Güterstand lebenden Ehegatten den Ausgleich des Zugewinns ausschließen, tritt gem. § 1414 Satz 2, 1. Alt. BGB Güter-

trennung ein, falls sich aus dem Ehevertrag nichts Anderes ergibt. Die Varianten der Modifizierung des gesetzlichen Güterstandes sind aufgrund der Vertragsfreiheit weitgehend. In Betracht kommt sogar der generelle Ausschluss des Zugewinnes im Scheidungsfall oder – die häufigere Regelung – die Herausnahme einzelner Vermögensgegenstände, insbesondere des von den Eltern erhaltenen oder erwarteten Vermögens oder z. B. des Betriebsvermögens. Um Streitigkeiten bei der Ehescheidung auszuschließen, ist eine detaillierte Einzelregelung unter Einbeziehung von Schulden, Erträgen, Verwendungen und Surrogaten erforderlich, vgl. *N. Mayer* DStR 1993, 991.

Im Band Unternehmensnachfolge § 3 Rn. 58 ist insbesondere das **Manipulationspotential** näher dargelegt, das *N. Mayer* a. a. O. zurecht beklagt. In der notariellen Praxis werden regelmäßig für den mit der modifizierten Zugewinngemeinschaft verbundenen partiellen Verzicht auf Zugewinnausgleich Ausgleichsleistungen diskutiert, wobei insbesondere in Betracht kommen: 38

- pauschalierte Abfindung mit – je nach den Vermögensverhältnissen der Beteiligten – der Verpflichtung zur lastenfreien Übertragung einer Immobilie, z. B. der gemeinsam bewohnten Eigentumswohnung oder des Einfamilienhauses,
- Abschluss einer Lebensversicherung zu Gunsten des verzichtenden Ehegatten mit der Verpflichtung, die Prämien für einen Mindestzeitraum zu entrichten,
- Rosenheimer Modell, wonach der „vermögenslose", auf den Zugewinnausgleich verzichtende Ehegatte eine Geldabfindung erhält, die sich an der Zahl der Ehejahre bis zur Stellung des Scheidungsantrags orientiert, z. B. je nach den Vermögensverhältnissen 5.000 € für jedes volle Ehejahr, wertgesichert, vgl. hierzu unten IV 3.

IV. Gütergemeinschaft

Literatur: *von Oertzen/Cornelius* Güterstandsschaukeln, zivil- und steuerrechtliche Bausteine der Vermögensnachfolgeplanung, ErbStB 2005, 349.

1. Anwendungsbereich

a) Gesetzliche Regelung

Langenfeld FamRZ 1987, 13 meint, dass die Nachteile der Gütergemeinschaft, insbesondere die gesamtschuldnerische Haftung der Ehegatten, so sehr überwiegen würden, dass sie kaum noch empfohlen werden könne. Es darf aber nicht übersehen werden, dass die Gütergemeinschaft gerade als Güterstand des Landwirts in verschiedenen Gegenden Deutschlands weit verbreitet ist. Dies beruht darauf, dass in der Landwirtschaft beide Ehegatten in besonderem Maße zum betrieblichen Gelingen beitragen, der Ausschluss eines Ehegatten von der Mitbeteiligung willkürlich und ungerecht erscheint, so dass die Beteiligten für das landwirtschaftliche Betriebsvermögen mit guten Gründen Gesamtgut gem. § 1416 BGB bilden. 41

Sofern neben der Landwirtschaft von einem Ehegatten eine weitere betriebliche Tätigkeit ausgeübt wird, kann hierfür **Vorbehaltsgut** entweder durch ehevertragliche Vereinbarung gem. § 1418 Abs. 2 Nr. 1 BGB oder 42 durch eine entsprechende Bestimmung des Erblassers oder Schenkers gem. § 1418 Abs. 2 Nr. 2 BGB gebildet werden.

43 Zum **Sondergut** eines jeden Ehegatten gehören gem. § 1417 Abs. 2 BGB diejenigen Gegenstände, die nicht durch Rechtsgeschäft übertragen werden können. Hierzu zählen insbesondere nicht übertragbare Anteile an Personengesellschaften aufgrund § 719 Abs. 1 BGB, vgl. *Palandt/Diederichsen* § 1417 Anm. 2.

b) Pflichtteilsminderung

44 Die Vereinbarung der Gütergemeinschaft kann generell auch zur Vermögensübertragung als Gestaltungsmittel eingesetzt werden, vgl. OLG Stuttgart MittBayNot 90, 313. Insbesondere kann ein vermögender Ehegatte durch Vereinbarung der Gütergemeinschaft die Pflichtteile der Abkömmlinge durch den 50%-igen Vermögenszuwachs bei dem anderen Ehegatten mindern, ohne dass diese Bereicherung zu einer Pflichtteilsergänzung führt. Die Vereinbarung der Gütergemeinschaft stellt nämlich nach h. M. zivilrechtlich keine Schenkung dar, so dass auch eine Pflichtteilsergänzung gem. § 2325 Abs. 1 BGB ausscheidet.

45 Zu vermeiden ist allerdings eine **Güterstandsschaukel**. Wenn die Ehegatten das Recht zum Abschluss von Eheverträgen missbrauchen, sich über eine Schenkung einig waren und die Vereinbarung der Gütergemeinschaft nicht auf eine der Verwirklichung der Ehe dienenden Ordnung der Vermögensverhältnisse gerichtet war, oder wenn die Gütergemeinschaft z. B. kurz vor dem Tod eines Ehegatten vereinbart wird, bestehen dennoch die ungeschmälerten Pflichtteilsansprüche der Abkömmlinge, vgl. BGHZ 116, 178; *J. Mayer* in: Handbuch Pflichtteilsrecht § 11 Rz. 78 ff. Eine Güterstandsschaukel ist insbesondere anzunehmen, wenn kurze Zeit nach der Vereinbarung der Gütergemeinschaft diese wieder durch einen anderen Güterstand aufgehoben wird.

c) Schenkungsteuer

46 Aufgrund der Fiktion des § 7 Abs. 1 Nr. 4 ErbStG stellt die Bereicherung, die ein Ehegatte bei Vereinbarung der Gütergemeinschaft gem. § 1415 BGB erfährt, eine steuerpflichtige Schenkung unter Lebenden dar.

d) Einkommensteuer

47 Wird durch die Vereinbarung der Gütergemeinschaft ein Gewerbebetrieb oder ein landwirtschaftliches Anwesen zum Gesamtgut, so sind beide Ehegatten – auch ohne zivilrechtliches Gesellschaftsverhältnis – als Mitunternehmer anzusehen, vgl. BFH-Gutachten BStBl. 1959 III 265; *Schmidt/Wacker* EStG § 15 Rn. 376. Der Erwerb des Mitunternehmeranteils durch den erwerbenden Ehegatten erfolgt unentgeltlich unter Buchwertfortführung gem. § 6 Abs. 3 EStG, vgl. BMF-Schreiben DB 1972, 2330.

48 Schließt ein an einer KG als Mitunternehmer beteiligter Steuerpflichtiger mit seiner Ehefrau einen Ehevertrag ab, worin der Güterstand der Gütergemeinschaft vereinbart wird, so wird die an der KG nicht beteiligte Ehefrau dadurch nicht automatisch Mitgesellschafterin. Die im Eigentum des Steuerpflichtigen stehende und infolge betrieblicher Nutzung durch die KG zu seinem Sonderbetriebsvermögen gehörenden Grundstücke fallen mit Abschluss

des Ehevertrages in das Gesamtgut der Eheleute und sind damit zur Hälfte aus dem Sonderbetriebsvermögen des Steuerpflichtigen **entnommen**, vgl. FG Düsseldorf, EFG 1986, 11; BFH BStBl. 1981 II 68.

2. Beendigung der Gütergemeinschaft

Literatur: *Thoma* Steuerprobleme bei Aufhebung der Gütergemeinschaft, DStR 1980, 279.

a) Gesetzliche Regelung

Das Gesamtgut kann nicht identitätswahrend in eine Gesellschaft bürgerlichen Rechts transformiert werden. Vielmehr ist eine Eigentumsübertragung erforderlich, bei Grundstücken also die Auflassung gem. § 925 BGB. Personengesellschaftsanteile, die nicht übertragbar oder nur mit Zustimmung der Gesellschaft übertragbar sind, stellen Sondergut dar, vgl. *Kanzleiter* in: MünchKomm BGB § 1416 Rn. 9. Die höchstrichterliche Rechtsprechung verneint die Gesamtgutsfähigkeit von Kommanditanteilen, vgl. BayObLG ZIP 2003, 480. Konsequenz ist, bei der Vertragsgestaltung von Sondergut auszugehen, vgl. *Apfelbaum* MittBayNot 2006, 188. Vinkulierte Kapitalgesellschaftsanteile fallen ebenfalls ins Sondergut; a. A. *Scholz/Winter* § 18 GmbHG Rn. 11. 49

Im Fall der Scheidung kann jeder Ehegatte gem. § 1478 Abs. 1 BGB verlangen, dass der Wert dessen erstattet wird, was er in die Gütergemeinschaft eingebracht hat. Damit wird vermieden, dass sich die Ehescheidung wegen der hälftigen Teilung des Vermögens für den einen Ehegatten als „Geschäft“ darstellt, vgl. *Kanzleiter* in: MünchKomm BGB § 1478 Rn. 1.

b) Schenkungsteuer

Die bei der Scheidung auf den Wertersatz gerichtete Leistung des nach § 1478 BGB verpflichteten Ehegatten hat ihren Rechtsgrund im vereinbarten Güterstand der Gütergemeinschaft und erfolgt somit nicht freigebig i. S. v. § 7 Abs. 1 Nr. 1 ErbStG. Wirtschaftlich wird damit die gem. § 7 Abs. 1 Nr. 4 ErbStG fingierte Bereicherung wieder rückgängig gemacht, so dass in der Literatur einhellig angenommen wird, die Rückgängigmachung der Bereicherung analog § 29 Abs. 1 Nr. 3 ErbStG zu behandeln, vgl. *Moench* DStR 1989, 344; *Meincke* ErbStG § 29 Rn. 9; *Kapp/Ebeling* ErbStG § 7 Rz. 111.1; *Fischer* in: F/J/P ErbStG § 7 Rn. 410 a. E. 50

c) Einkommensteuer

Vereinbaren die Ehegatten die Aufhebung und Auseinandersetzung der Gütergemeinschaft oder die Vereinbarung von Vorbehaltsgut für das Betriebsvermögen, droht die Gewinnrealisierung, wenn für den hingegebenen Mitunternehmeranteil eine den Buchwert übersteigende Gegenleistung, z. B. durch Zuteilung des Alleineigentums an wertentsprechenden Gegenständen des bisherigen gemeinschaftlichen Privatvermögens vereinbart wird, vgl. *Thoma* DStR 1980, 279. 51

Eine Gewinnrealisierung kann nur durch die **unentgeltliche** Übertragung in das Vorbehaltsgut eines Ehegatten oder bei Aufhebung der Gütergemeinschaft in das Alleineigentum eines Ehegatten ohne über das Kapitalkonto hin- 52 ausgehende Gegenleistung erreicht werden. Der Gewinnrealisierung könnte man somit nur entgehen, wenn zunächst nur das Betriebsvermögen auf einen Ehegatten unentgeltlich übertragen und erst nach einer erheblichen zeitlichen Distanz das übrige im Gesamtgut befindliche Vermögen verteilt wird. Für die Zwischenzeit kann der benachteiligte Ehegatte durch eine erbvertragliche Regelung abgesichert werden. Für Wirtschaftsgüter des Privatvermögens gelten die Bestimmungen der §§ 17 und 23 EStG.

3. Formulierungsvorschlag für eine Abfindungsvereinbarung (Rosenheimer Modell)

53 Die Folgen einer Ehescheidung in vermögensrechtlicher Hinsicht wurde mit den Beteiligten besprochen und dabei insbesondere auf die gesetzliche Regelung der §§ 1477, 1478 BGB hingewiesen.

Hierzu vereinbaren wir ausdrücklich abweichend von der gesetzlichen Regelung für den Fall der Eheauflösung durch Scheidung was folgt:

1. Das landwirtschaftliche Anwesen in (Gemarkung ...) samt dem gesamten dazugehörigen Grundbesitz ist eingebrachtes Gut des Ehemannes.
   Dieser ist im Fall der Ehescheidung berechtigt, den gesamten Anwesensbesitz samt Rechten, Bestandteilen, gesetzlichen Zugehörungen und den üblicherweise zur Landwirtschaft gehörenden beweglichen Gegenständen zu Alleineigentum zurückzuverlangen, und zwar ohne jeglichen Wertausgleich.
   Hinsichtlich unseres sonstigen, also nicht zur Landwirtschaft gehörenden Vermögens, vereinbaren wir, dass jeder Ehegatte berechtigt ist, von ihm eingebrachte Sachen zu übernehmen.
   Ausgleichspflichtig ist lediglich der Mehrwert des eingebrachten Privatvermögens mit Ausnahme des landwirtschaftlichen Betriebsvermögens.
2. Die Ehefrau erhält im Ehescheidungsfalle für jeden vollen Monat der Ehedauer zwischen den Beteiligten als Entschädigung 600 €, gerechnet von der Eheschließung bis zum Ablauf des Monats, der dem Ehescheidungsantrag folgt.
   Der zu errechnende Betrag ist zur Hälfte einen Monat nach Stellung des Scheidungsantrages durch einen Vertragsteil und zur anderen Hälfte einen Monat nach Ergehen des Scheidungsurteils zuzüglich 4% Zinsen seit Stellung des Scheidungsantrages zur Zahlung fällig.
3. Wertsicherungsklausel ...
4. Zwangsvollstreckungsunterwerfung ...

C. Übertragungen während der Ehe

Literatur: *Albrecht* Erbschaftsteuerliche Probleme bei Ehegattenzuwendungen, ZErb 2002, 238; *Berringer* Die Pfändbarkeit von Rückforderungsrechten bei Zuwendungen unter Ehegatten, DNotZ 2004, 245; *Bonefeld* Vereinbarte Gegenleistungen für Schenkungen und Zugewinn – Auswirkungen im Erbrecht, ZErb 2006, 220; *Braun* Vermögenstransaktionen unter Ehegatten, NWB Fach 10 S. 1633 (Stand Februar 2008); *Brey/Merz/Neufang* Können Immobilien steuerfrei übertragen werden?, BB 2009, 132; *Th. Carlé* Vermögensverschiebungen unter Ehegatten, ErbStB 2008, 209; *Hayler* Die Drittwirkung ehebedingter Zuwendungen im Rahmen der §§ 2287, 2288 II 2, 2325, 2329 BGB – Problemlösung durch Rückgriff auf Wertungen des Güterrechts?, MittBayNot 2000, 290; *Kleinle* Die Ehegattenzuwendung und ihre Rückabwicklung bei Scheitern der Ehe, FamRZ 1997, 1383; *Krug* Die unbenannte Zuwendung und der bereicherungsrechtliche Durchgriff gem. § 822 BGB nach Rückforderung einer Schenkung; *Langenfeld* Ehebedingte Zuwendungen unter dem

Gesichtspunkt der Gläubigeranfechtung unter Pfändung von Rückforderungsansprüchen, ZEV 2000, 391; *Münch* Kompensation ist keine Schenkung!, DStR 2008, 26.

I. Überblick

Beispiel: Ehemann E hat vor Beginn der Ehe von seinen Eltern eine Eigentumswohnung unentgeltlich erworben. Nach langjähriger Ehe überträgt E einen Miteigentumsanteil von 1/2 unentgeltlich auf seine Ehefrau. Während der Ehe wird von keinem Eheteil ein Zugewinn erzielt. 56

Ehegattenzuwendungen können auf unterschiedlichen Motivationen beruhen. Leben die Ehegatten im Güterstand der Zugewinngemeinschaft, vermutet die Rechtsprechung eine ehebedingte Zuwendung, die zivilrechtlich keine Schenkung darstellt. In der Praxis wird zu wenig beachtet, dass Zuwendungen unter Ehegatten entweder eine Schenkung gem. §§ 516ff. BGB oder aber eine ehebedingte Zuwendung darstellen können. Auch im Güterstand der Zugewinngemeinschaft kann als causa Schenkungsrecht vereinbart werden. Schließlich erfolgen Übertragungen unter Ehegatten auch zur Haftungsbegrenzung und zur Vermeidung des Entstehens von Betriebsvermögen, so dass diese Übertragungen treuhänderisch erfolgen, weil der übertragende Ehegatte sein Eigentum nicht endgültig aufgeben will. 57

Ehegattenzuwendungen: 58
- Ehebedingte Zuwendungen
- Ehegattenschenkung
- zur Haftungsbegrenzung
- treuhänderisch

II. Ehebedingte Zuwendung

Literatur: *Bruch* Zuwendungen unter Ehegatten – ein Überblick über Abgrenzungsfragen und Gestaltungsmöglichkeiten, MittBayNot 2008, 177; *Friedrich* Rückabwicklung der Schenkungen und Zuwendungen unter Ehegatten nach der Scheidung, JR 1986, 1; *Grziwotz* Die zweite Spur – ein (neuer) Weg zur Gerechtigkeit zwischen Ehegatten, DNotZ 2000, 486; *Krug* Die unbenannte Zuwendung und der bereicherungsrechtliche Durchgriff gem. § 822 BGB nach Rückforderung einer Schenkung, ZErb 2000, 213.

1. Abgrenzung

Von den Ehegattenschenkungen sind abzugrenzen Zuwendungen matrimonii causa, die einen eigenen familienrechtlichen Vertragstyp darstellen und sich nicht unter dem Begriff der Schenkung einordnen lassen, vgl. BGH NJW 1982, 2286; *Langenfeld/Günther* Kap. 8 Rn. 16f.; *Lipp* JuS 1993, 93. Ehebedingte Zuwendungen – vom BGH NJW 1982, 1093 auch als „unbenannte" Zuwendungen bezeichnet – dienen der Verwirklichung der ehelichen Lebensgemeinschaft und beschränken sich nicht auf Familienheime, sondern können auch die sonstige Vermögensbildung und die Alterssicherung betreffen, vgl. BGH FamRZ 1989, 599. Die Ehe ist nicht die causa, sondern die Geschäftsgrundlage der Zuwendung. Mit der Ehescheidung entfällt die Geschäftsgrundlage. Leben die Ehegatten im gesetzlichen Güter- 61 stand, stellen die Regeln des Zugewinnausgleichs eine spezialgesetzliche Regelung für den Wegfall der Geschäftsgrundlage dar. Bei dem Güterstand der Gütertrennung verbleibt es grundsätzlich bei der durch die Zuwendung geschaffenen Zuordnung, so dass eine Korrektur nur über § 242 BGB möglich ist.

Der BGH ZEV 2006, 319 hat nochmals betont, dass eine Zuwendung unter Ehegatten nicht schenkung- sondern ehebezogene Zuwendung sei, wenn ein Ehegatte dem anderen einen Vermögenswert um der Ehe willen und als Beitrag zur Verwirklichung und Ausgestaltung, Erhaltung und Sicherung der ehelichen Lebensgemeinschaft zukommen lässt, wobei er die Vorstellung und Erwartung hegt, dass die eheliche Lebensgemeinschaft Bestand haben und er innerhalb dieser Gemeinschaft am Vermögenswert und dessen Früchten weiter teilhaben werde. Dass die Zuwendung in diesem Sinne der ehelichen Lebensgemeinschaft dienen sollte, bedarf der tatrichterlichen Feststellung.

62 Auch Zuwendungen von **Schwiegereltern** an den Ehepartner des leiblichen Kindes zum Zwecke der Begünstigung des ehelichen Lebens sind regelmäßig ein Rechtsverhältnis eigener Art, das mit den ehebezogenen Zuwendungen unter Ehegatten vergleichbar ist, vgl. BGH NJW 1998, 2600; ZEV 2006, 268.

2. Zugewinnausgleich

63 Im Beispielsfall wurde während der Ehe kein Zugewinn erzielt, so dass die Ehefrau ohne die ehebedingte Schenkung vermögenslos geblieben wäre. Aufgrund der Schenkung aus dem Anfangsvermögen verbleibt ihr die Hälfte des geschenkten Gegenstandes, so dass generell Schenkungen aus dem Anfangsvermögen zu einer Bereicherung des beschenkten Ehegatten zur Hälfte des Schenkungsgegenstandes führen, auch wenn kein Zugewinn erzielt wurde. Eine Korrektur dieses Ergebnisses ist nach der Rechtsprechung des BGH ausgeschlossen. § 1380 Abs. 2 BGB, wonach der Wert der Zuwendung bei der Berechnung der Ausgleichsforderung dem Zugewinn des Ehegatten hinzugerechnet wird, der die Zuwendung gemacht hat, findet gem. BGHZ 82, 227 keine Anwendung, da § 1380 BGB voraussetzt, dass der zugewinnausgleichsberechtigte Ehegatte eine Vorausleistung erhalten hat, während in dem geschilderten Fall der zugewinnausgleichsverpflichtete Ehegatte Empfänger der Vorausleistung ist; a. A. *Lipp* JuS 1993, 96.

64 In der notariellen Praxis zeigt sich, dass die Beteiligten bei Hinweis auf das unterschiedliche Ergebnis bei Zurechnungen aus dem Anfangsvermögen in aller Regel eine **Widerrufsklausel** für den Fall der Scheidung vereinbaren. Nach Auffassung des OLG Koblenz DNotI-Report 1998, 140 sprechen gute Gründe dafür, eine Belehrungspflicht des Notars bei der Beurkundung einer ehebedingten Zuwendung über die Möglichkeit einer Rückforderungsklausel für den Scheidungsfall durch einen kurzen Hinweis zu bejahen; a. A. OLG Düsseldorf MittRhNotK 1996, 361, wonach ein derartiger Hinweis nicht mehr zur Rechtsbelehrung i. S. d. § 17 BeurkG gehöre.

3. Kritik

65 Die Behandlung ehebedingter Zuwendungen bei der Vermögensauseinandersetzung nach Scheidung durch den BGH ist auf Kritik gestoßen.

Sofern ein Ehegatte dem anderen eine Zuwendung aus seinem nicht ausgleichspflichtigen **Anfangsvermögen** macht, steht dem Leistenden selbst im Fall des groben Undanks kein Rückforderungsrecht gem. § 530 BGB zu, da Schenkungsrecht keine Anwendung findet. Die Ausgleichung der empfangenen Bereicherung erfolgt lediglich nach den güterrechtlichen Bestimmungen, so dass der Zuwendende bei der Scheidung der Ehe nur die Hälfte des Wertes der Zuwendung zurückverlangen kann. Dieser Einbeziehung in das „pauschalierende Rechenwerk des Zugewinnausgleiches" wird von Langenfeld, Handbuch der Eheverträge und Scheidungsvereinbarungen Rn. 277 zugestimmt, kritisch zu Recht MünchKomm/*Gernhuber* Rn. 21 vor § 1363 BGB; *Staudinger/Thiele* § 1363 BGB Rn. 14; *Brambring* ZEV 1996, 248.

4. Pflichtteilsergänzung

66 Aufgrund des Umstandes, dass ehebedingte Zuwendungen keine Schenkung sind, wurde versucht, auch außerhalb des Eherechtes aus dieser Qualifizierung Vorteile zu erzielen. Der BGH ist dem entgegengetreten. Bestimmungen, die dem Schutz der Pflichtteilsberechtigten dienen, insbesondere § 2325 BGB, finden dennoch Anwendung, vgl. BGH DNotZ 1992, 513. Die ehebedingte Zuwendung eignet sich nicht als „familienrechtlicher Schleichweg am Erbrecht vorbei", vgl. *Schmidt-Kessel* DNotZ-Sonderheft 1989, 162.

5. Gläubigeranfechtung

67 Zum Schutz Dritter hat der BGH ferner entschieden, dass die ehebedingte Zuwendung als **unentgeltliche** Verfügung i. S. d. § 32 Nr. 2 KO (nunmehr § 134 InsO) und § 4 Abs. 1 AnfG anzusehen ist, vgl. BGH NJW 1978, 1326 und 1991, 1610. Die ehebedingte Zuwendung ist auch eine unentgeltliche Verfügung i. S. d. § 822 BGB, so dass bei Weitergabe des vom Ehegatten erhaltenen Gegenstandes an Dritte (im Entscheidungsfall an die Schwiegermutter) der Sozialhilfeträger gem. § 528 BGB den bereicherungsrechtlichen Durchgriff erzielen konnte, vgl. BGH NJW 2000, 134. *Langenfeld* ZEV 2000, 391 hat sich mit seiner Auffassung, ehebedingte Zuwendungen seien unter dem Gesichtspunkt der Gläubigeranfechtung und der Pfändung von Rückforderungsansprüchen als „entgeltliche" Verfügungen anzusehen, nicht durchsetzen können.

6. Schenkungsteuer

Literatur: *Jülicher* Die schenkungsteuerfreie Zuwendung eines Familienwohnheims unter Lebenden nach § 13 Abs. 1 Nr. 4 a ErbStG als Gestaltungsmittel zur Steuerminderung beim Ehegattenerwerb, ZErb 2001, 189; *N. Mayer* Neuregelung der Steuerbefreiung für das Familienheim durch die Erbschaftsteuerreform – Auswirkungen auf die Vertragsgestaltung, ZEV 2009, 439; *Piltz* Erbschaftsteuernachteil eines Ehegatten durch Schenkung des anderen, ZEV 1995, 139.

a) Familienwohnheime

68 Ehebedingte Zuwendungen wurden ursprünglich nicht als Schenkung i. S. d. § 7 ErbStG angesehen. Für Familienheime (Eigentumswohnungen)

wurde dies von der Finanzverwaltung bereits durch BMF-Schreiben BStBl. 1988 I 513 anerkannt. Der BFH BStBl. 1994 II 366 hat unter Aufgabe seiner früheren Rechtsprechung entschieden, dass ehebedingte Zuwendungen von der Schenkungsteuer nicht ausgenommen sind. Der Gesetzgeber hat daraufhin in § 13 Abs. 1 Nr. 4a ErbStG Zuwendungen unter Lebenden, mit denen ein Ehegatte dem anderen Ehegatten Eigentum oder Miteigentum an einem im Inland (ab 1. 1. 2009 auch in einem Mitgliedstaat der Europäischen Union oder des europäischen Wirtschaftsraums) gelegenen, zu eigenen Wohnzwecken genutzten bebauten Grundstück (Familienheim) verschafft, oder den anderen Ehegatten von eingegangenen Verpflichtungen im Zusammenhang mit der Anschaffung oder Herstellung des Familienheimes freistellt, eine ausdrückliche Steuerbefreiung angeordnet, so dass neben dem großzügigen Steuerfreibetrag in Höhe von 500.000 € gem. § 16 Abs. 1 Nr. 1 ErbStG auch selbst bewohnte luxuriöse Familienheime unter Lebenden steuerfrei übertragen werden können. Die Großzügigkeit des Gesetzgebers beruht auch darauf, dass bei einer schenkungsteuerlichen Erfassung aller ehebedingten Zuwendungen die Finanzverwaltung ohne Zweifel überfordert wäre. Auch im Scheidungsrecht wird die ehebedingte Zuwendung grundsätzlich beibehalten werden müssen, wenngleich die Einbeziehung von Anfangsvermögen nicht einleuchtet, weil die Ehegatten insgesamt insoweit keinen Zugewinn erzielen.

b) Erbschaftsteuerreform

69 Nach der Neufassung durch das Erbschaftsteuerreformgesetz sind auch solche Immobilien begünstigt, die nur **teilweise** für eigene Wohnzwecke genutzt werden. Allerdings ist die Begünstigung auf den zu eigenen Wohnzwecken genutzten Teil beschränkt, vgl. *Schumann* DStR 2009, 198. Es bleibt auch dabei, dass keine zahlenmäßige Begrenzung der Objekte besteht. Auch eine Wertobergrenze ist nicht gegeben. Für den Fall, dass der beschenkte Ehegatte vorverstirbt oder die Scheidung beantragt, kann der steuerfreie Rückfall gem. § 29 Abs. 1 Nr. 1 ErbStG vereinbart werden.

70 Schon bisher wurde von der Finanzverwaltung gefordert, dass die Begünstigung nur gewährt wird für Objekte, in denen sich „der **Mittelpunkt** des familiären Lebens“ befindet, vgl. R 43 Abs. 1 Satz 1 ErbStR 2003. Da in der neu geschaffenen Vorschrift des § 13 Abs. 1 Nr. 4b EStG ausdrücklich gefordert wird, dass das Familienheim den Lebensmittelpunkt bilden muss, ist auch nach neuem Recht anzunehmen, dass Zweit-, Wochenend- und Ferienwohnungen nicht mehr steuerfrei übertragen werden können, vgl. *Schumann* DStR 2009, 197, 198.

71 Die Begünstigung des Ehegatten gem. § 13 Abs. 1 Nr. 4b ErbStG und die Begünstigung der Kinder/Enkel gem. § 13 Abs. 1 Nr. 4c ErbStG mit der komplizierten Nutzungsauflage nach dem Tod des Erblassers ist kein Grund, die sofortige Übertragung gem. § 13 Abs. 1 Nr. 4a ErbStG auf den Ehegatten mit der längeren Lebenserwartung zu unterlassen.

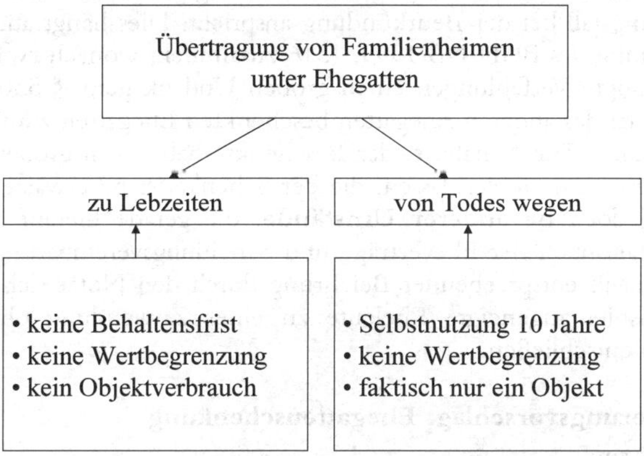

III. Ehegattenschenkungen

1. Gesetzliche Regelung

Trotz des Instituts der ehebedingten Zuwendung bleibt es den Ehegatten 76
unbenommen, bei einer unentgeltlichen Übertragung ausdrücklich die Anwendung von Schenkungsrecht zu vereinbaren. Allerdings ist die Abgrenzung von der ehebedingten Zuwendung und von einer Innengesellschaft im Falle des Güterstandes der Gütertrennung nicht einfach. Der BGH will der Bezeichnung des Rechtsgeschäfts in der Notarurkunde als „Schenkung" nicht automatisch entnehmen, dass die Parteien wirklich eine Schenkung gewollt und vereinbart haben.

Nach der höchstrichterlichen **Rechtsprechung** sind Zuwendungen unter 77
Ehegatten in der Regel nicht als Schenkung i. S. d. §§ 516 ff. BGB zu qualifizieren, weil sie zumeist der ehelichen Lebensgemeinschaft dienen, vgl. BGH FamRZ 1983, 668 m. A. *Seutemann* S. 990. Unentgeltlich i. S. d. zivilrechtlichen Schenkungsbegriffes sei eine Zuwendung nur, wenn sie nach dem Inhalt des Rechtsgeschäfts von keiner Gegenleistung abhängig sei. Die Unentgeltlichkeit fehle dann, wenn die Zuwendung rechtlich die Geschäftsgrundlage habe, dass dafür eine Verpflichtung eingegangen oder eine Leistung bewirkt werde. Dabei brauche diese Leistung nicht geldwerter oder vermögensrechtlicher Art zu sein; sie könne auch immateriellen Charakter haben. Hieraus ergebe sich, dass die unentgeltliche Übertragung als Beitrag zur Verwirklichung oder Ausgestaltung, Erhaltung oder Sicherung der ehelichen Lebensgemeinschaft erbracht werde und darin ihre Geschäftsgrundlage habe, vgl. BGH FamRZ 1988, 482.

2. Scheidungsklausel

Sofern die Rückübertragungspflicht im Falle der Ehescheidung ausdrück- 78
lich Urkundeninhalt ist, bestehen m. E. an der Qualifizierung der Zuwendung als „Schenkung" i. S. d. §§ 516 ff. BGB keine Zweifel. Nach meiner Erfahrung wird in der Regel bei unentgeltlichen Ehegattenzuwendungen eine

Rückgabevereinbarung für den Fall der Scheidung getroffen, wenn der Notar den Scheidungsfall bei der Beurkundung anspricht. Dies hängt auch mit der Rechtsprechung des BGH DB 1999, 1316 zusammen, wonach zwar eheliche oder ehebedingte Verfehlungen einen groben Undank gem. § 530 BGB des von den Eltern des anderen Ehegatten beschenkten Ehegatten zum Ausdruck bringen können. Zur Annahme, der Beschenkte habe es in grober Weise an der Rücksichtnahme fehlen lassen, die der Schenker habe erwarten können, bedürfe es jedoch **besonderer Umstände**, die gerade hierauf hindeuten. *Langenfeld* Handbuch der Eheverträge und Scheidungsvereinbarungen S. 263 meint, dass nach entsprechender Belehrung durch den Notar sich nur noch dem Glücksspiel zugeneigte Eheleute zu einer Zuwendung ohne Scheidungsklausel entschließen.

3. Formulierungsvorschlag: Ehegattenschenkung

79 Beurkundet am ...

I. Grundbuchstand

Laut Vortrag im Grundbuch des Amtsgerichts ... für ... Blatt ... ist ... Alleineigentümer des dort lastenfrei vorgetragenen Grundbesitzes der

Gemarkung ... Flst.Nr. ...

II. Ehegattenschenkung

...

– im folgenden „der Übergeber" genannt –

wendet hiermit als Ehegattenschenkung das vorbezeichnete Grundstück (Miteigentumsanteil) Flst. Nr. ... der Gemarkung ...

seiner Ehefrau ...

– im folgenden „Erwerber" genannt –

zu mit allen Rechten und Pflichten, den wesentlichen Bestandteilen und dem gesetzlichen Zubehör.

Die Beteiligten erklären, dass der vertragsgegenständliche Grundbesitz das von ihnen als Ehewohnung selbst genutzte Familienheim ist und beantragen, den Erwerb gemäß § 13 Abs. 1 Nr. 4a ErbStG schenkungsteuerfrei zu belassen.

III. Besitz, Nutzungen, Lasten

Der unmittelbare Besitz, die Nutzungen und Lasten sowie die Gefahr des zufälligen Untergangs und der zufälligen Verschlechterung gehen sofort auf den Erwerber über.

IV. Gewährleistung

Der Übergeber haftet dafür, dass der Vertragsgegenstand lastenfrei mit Ausnahme der nachfolgend ausdrücklich übernommenen oder bestellten Rechte auf den Erwerber übergeht. Im übrigen wird jegliche Sach- und Rechtsmängelhaftung ausgeschlossen.

V. Auflassung

Die Vertragsteile sind über den Eigentumsübergang einig. Sie bewilligen und beantragen die Auflassung in das Grundbuch einzutragen. Auf die Bestellung einer Auflassungsvormerkung zugunsten des Erwerbers wird verzichtet.

Um Vollzugsnachricht wird ersucht.

VI. Duldung

Die in Abt. II des Grundbuches eingetragenen Rechte werden zur weiteren Duldung übernommen.

Die in Abt. III eingetragenen Grundpfandrechte gelangen zur Löschung, der unter Vollzugsantrag zugestimmt wird.

VII. Gemeinsame Wohnungsbenützung

Der Übergeber behält sich auf seine Lebensdauer die Mitbenützung des gesamten Anwesen vor.

Danach werden sämtliche Räume des Anwesens von den Beteiligten gemeinsam genutzt.

Die Eintragung eines Wohnungsmitbenützungsrechtes gemäß § 1090 BGB zugunsten des Ehemannes an Flst.Nr. ... im Grundbuch wird hiermit bewilligt und beantragt.

VIII. Auflösende Bedingung

Der schuldrechtliche Überlassungsvertrag wird unter der Bedingung geschlossen, dass die Ehefrau den Ehemann überlebt und kein Vertragsteil die Scheidung der Ehe beantragt.

Sofern von einem Vertragsteil die Scheidung der Ehe beantragt wird ist der Ehemann berechtigt, die unentgeltliche Rückübertragung zu verlangen.

Im Falle des Vorversterbens der Ehefrau entfällt der schuldrechtliche Überlassungsvertrag rückwirkend, so dass das überlassene Grundstück (der überlassene Miteigentumsanteil) erbschaftsteuerfrei gemäß § 29 Abs. 1 Nr. 1 ErbStG aufgrund des entfallenen Schuldgrundes zurück zu übertragen ist, ohne dass es einer Rücktrittserklärung bedarf.

Zur Sicherung der vorbezeichneten bedingten Rückübertragungsansprüche wird die Eintragung einer

Auflassungsvormerkung gem. § 883 BGB

an dem Vertragsgegenstand im Grundbuch zu Gunsten des Ehemannes bewilligt und beantragt.

Die Vormerkung erhält Rang nach der in Abschn. VII. bestellten Dienstbarkeit.

IX. Hinweise

Die Vertragsteile wurden vom Notar hingewiesen auf

- den Zeitpunkt und die Voraussetzungen des Eigentumsüberganges,
- das Erfordernis der vollständigen Beurkundung der getroffenen Vereinbarungen,
- die einschlägigen gesetzlichen Bestimmungen des Erbschafts- und Schenkungsteuergesetzes.

X. Kosten, Ausfertigungen

Die Kosten dieser Urkunde und des Vollzuges trägt der Erwerber.

Von dieser Urkunde erhalten die Vertragsteile je eine Ausfertigung, das Grundbuchamt und das Finanzamt ... – Schenkungsteuerstelle – je eine beglaubigte Abschrift.

Das Finanzamt – Grunderwerbsteuerstelle – erhält eine einfache Abschrift.

4. Rückforderungsrecht

In der Regel wird in der notariellen Praxis nicht nur ein Rückforderungsrecht für den Fall der Scheidung, sondern auch für den Fall des Vorversterbens des beschenkten Ehegatten vereinbart, um den Überlebenden vor einer erbschaftsteuerlichen Belastung oder vor Pflichtteilsansprüchen der Kinder zu sichern. 80

Dieses Rückforderungsrecht bedarf der **kautelarjuristischen Gestaltung** für den Fall, dass der überlebende **Ehegatte Alleinerbe** des verstrobenen Ehegatten wird. Ein Gestaltungsrecht, wonach der Überlebende den Widerruf der Schenkung erklären kann, setzt eine zweite Person als Erklärungsempfänger voraus. Durch den Tod des erstversterbenden Ehegatten, der den Längstlebenden zu seinem Erben beruft, erlischt diese Möglichkeit unwiderruflich. 81

82 Zivilrechtlich, aber nicht schenkungsteuerlich, erlischt bei einer Konfusion, also der Vereinigung der Gläubiger- und Schuldnerposition in einer Person, der Anspruch. Es ist daher die Vereinbarung erforderlich, dass die causa des Rückfalls nicht das Erbrecht des überlebenden Ehegatten, sondern der Rückfallanspruch ist, wonach mit dem Vorversterben des Beschenkten **automatisch** der Schuldgrund der damaligen Schenkung entfällt. In diesem Fall ist auch § 10 Abs. 3 ErbStG anwendbar, wonach die infolge des Anfalls durch Vereinigung von Recht und Verbindlichkeit erloschenen Rechtsverhältnisse als nicht erloschen gelten, so dass gem. § 29 Abs. 1 Nr. 1 ErbStG der **schenkungsteuerfreie** Rückfall eintritt.

5. Pfändbarkeit des Rückübertragungsanspruchs

83 Der BGH DNotZ 2004, 298 hat bestätigt, dass bei vereinbarten Rückforderungsrechten sowohl der Rückübertragungsanspruch als auch durch gesonderte Antragstellung das zugrundeliegende Gestaltungsrecht gepfändet werden könne. Will man dies verhindern, kommt die von *Wegmann* Grundstücksüberlassung Rn. 186 vorgeschlagene Gestaltung in Betracht, wonach der Beschenkte den Vermögensgegenstand nach seiner Wahl nicht nur an den Zuwendenden, sondern auch an andere Personen, z.B. die gemeinsamen Kinder, übertragen kann. *Berringer* DNotZ 2004, 249 betont zurecht, dass ein „Mitspracherecht" des Schuldners gegenüber dem Pfändungsgläubiger nur greife, wenn der Schuldner ein schutzwürdiges Interesse an der Empfangszuständigkeit des Dritten hat, vgl. BGH DNotZ 2001, 852. Ein weiterer Schutz gegen Pfändungsgläubiger besteht darin, dass der Rückübertragungsanspruch auflösend bedingt für den Fall der Insolvenz des Rückforderungsberechtigten vereinbart wird. Darüber hinaus wird in der Literatur zutreffend angenommen, dass ein Rückforderungsrecht des übertragenden Ehegatten für den Fall der Scheidung oder des Todes des Empfängers durch § 852 ZPO analog geschützt ist, vgl. *Berringer* a.a.O. S. 258.

IV. Haftungsbegrenzende Gestaltungen

86 **Beispiel:** Ehemann M betreibt ein Fuhrunternehmen; er überträgt seiner Ehefrau F sein Einfamilienhaus und ein weiteres Grundstück, auf dem er das Betriebsgebäude errichtet, um haftungsfreies Vermögen zu schaffen. Nach einigen Jahren wird auf Scheidungsantrag der Ehefrau die Ehe geschieden; diese weigert sich, das Einfamilienhaus zurück zu übertragen. Mit Recht?

87 Sofern die Ehegatten im gesetzlichen Güterstand leben, finden nach Auffassung der Rechtsprechung allein die güterrechtlichen Bestimmungen Anwendung, die keine Rückgewähr, sondern nur Zugewinnausgleich vorsehen, vgl. § 1380 BGB. Schenkungsrecht kommt nur zur Anwendung, wenn dies ausdrücklich vereinbart wurde, vgl. BGH ZEV 2006, 319. Im Eingangsbeispiel hat Ehemann M einen entsprechenden Zugewinnausgleichsanspruch, vgl. *Jerschke* Mein und Dein in der Ehe S. 143; vgl. auch BGH NJW 1987, 2814. Rückübereignung kann unter dem Gesichtspunkt des Wegfalls der Geschäftsgrundlage nur verlangt werden, wenn dem Ehegatten die Aufrechterhaltung des bestehenden Zustandes schlechthin unzumutbar ist, vgl. BGH NJW 1982, 1093; BGH FamRZ 1983, 993; *Langenfeld* Handbuch der Ehe-

verträge und Scheidungsvereinbarungen S. 265. Bereicherungsansprüche sind ausgeschlossen, vgl. BGH DNotZ 1983, 177.

Sofern ausdrücklich eine Ehegattenschenkung vereinbart war, kommt grundsätzlich ein Widerruf gem. § 530 BGB in Betracht, vgl. BGH DNotZ 1983, 103 und 690, jedoch nur bei exzessivem ehelichem Fehlverhalten, vgl. *Bosch* in: FS für Beitzke S. 139. Sofern die Ehegatten in Gütertrennung leben, können sich Ausgleichsansprüche nur nach den Regeln über den Wegfall der Geschäftsgrundlage oder gem. § 242 BGB ergeben, vgl. BGH DNotZ 1989, 704. Die Besonderheit des geschilderten Rechtsverhältnisses besteht darin, dass die Fortsetzung der beruflichen Tätigkeit des Ehemannes auf dem Betriebsgrundstück auch für den Fall der Scheidung Geschäftsgrundlage ist. In der Grundstücksübertragung kann ein Treuhandverhältnis gesehen werden, das aber gerade nicht zu dem erwünschten Erfolg der Unpfändbarkeit durch Gläubiger des Ehemannes führt. Eine befriedigende Lösung kann nur durch eine entsprechende kautelarjuristische Gestaltung bei der Übertragung des Grundbesitzes gefunden werden. 88

V. Oder-Konten

Literatur: *Braun* Vermögenstransaktionen unter Ehegatten, NWB Fach 10 S. 1633 (Stand Februar 2008); *T. Carlé* Vermögensverschiebungen unter Ehegatten, ErbStB 2008, 209; *von Oertzen/Straub* Oderkonten in der Abwehrberatung – steuerbare Vermögensübertragung zwischen Ehegatten?, BB 2007, 1473.

Von Oertzen/Straub BB 2007, 1473 weisen darauf hin, dass im Rahmen von Betriebsprüfungen oder Außenprüfungen vermehrt Vermögensverschiebungen aufgegriffen werden, die durch Ehegatten-Oderkonten entstanden sind. Gem. § 7 Abs. 1 Nr. 1 ErbStG unterliegen freigebige Zuwendungen zwischen Ehegatten der Schenkungsteuer. Diese Schenkungsteuerpflicht kann der Finanzverwaltung gegenüber nur in Frage gestellt werden, wenn der begünstigte Ehegatte nachweist, dass er von der konkreten Existenz der Konten nichts gewusst und von der Höhe der jeweiligen Kontenstände keine Kenntnis gehabt habe. Dem Urteil des FG Düsseldorf vom 27. 7. 2005 lag der Sachverhalt zugrunde, dass zwischen der Klägerin (Ehefrau) und deren – in Geldangelegenheiten „absolut dominant" gewesenen – Ehemann über die Konten bzw. deren Salden niemals gesprochen worden sei. Gelingt dieser Nachweis, kann **die aufgedrängte Bereicherung** der Ehefrau nicht als Schenkung qualifiziert werden. 91

Ein weiterer Einwand könnte darin bestehen, dass nach der Rechtsprechung der Finanzgerichte der objektive Tatbestand einer freigebigen Zuwendung i. S. d. § 7 Abs. 1 Nr. 1 ErbStG nur gegeben ist, wenn der aufgrund der Mitinhaberschaft am Oder-Konto verfügungsberechtigte Ehepartner auch im Innenverhältnis zum anderen verfügungsberechtigten Ehegatten über das Vermögen tatsächlich und rechtlich frei verfügen kann und es endgültig behalten darf. Nur in diesem Fall kann von einer Bereicherung auf Kosten des (etwa alleinverdienenden) Ehemannes ausgegangen werden. *Moench/Kien-Hümbert/Weinmann* § 7 ErbStG Rn. 137 meinen, dass durch ein kontinuierliches Ausschöpfen von Unterhaltsansprüchen auch als Altersversorgung erhebliche Werte schenkungsteuerfrei übertragen werden können. *Gebel* BB 2000,

2018 wendet dagegen ein, dass bei Vorausleistungen eines Ehegatten auf den Familienunterhalt kein Rechtsanspruch zugrunde liege, selbst wenn die überlassenen Mittel später tatsächlich zum Unterhalt verwendet werden.

92 Bei im gesetzlichen Güterstand lebenden Ehegatten kommt – wie oben B. II. 2) b) ausgeführt – die vorzeitige Beendigung der Zugewinngemeinschaft durch Vereinbarung von Gütertrennung in Betracht, um gem. § 29 Abs. 1 Nr. 3 EStG mit Wirkung für die Vergangenheit eine Ausgleichsforderung gem. § 1380 Abs. 1 BGB zu erlangen.

D. Eingetragene Lebenspartnerschaften

Literatur: *Billig* Lebenspartner nach dem Erbschaftsteuerreformgesetz, UVR 2009, 183; *Bonefeld* „Eingetragene Lebenspartnerschaft" und Erbrecht, ZErb 2001, 1; *Grziwotz* Beratungshandbuch Lebenspartnerschaft, 2003; Landesnotarkammer Bayern: Begründung einer eingetragenen Lebenspartnerschaft – Merkblatt – www.notare.bayern.de; *Wenzel* Die eingetragene Lebenspartnerschaft im Steuerrecht, DStR 2009, 2403.

I. Zivilrecht

96 Gem. § 1 Lebenspartnerschaftsgesetz – LPartG – können zwei Personen gleichen Geschlechts eine Lebenspartnerschaft begründen, wenn sie vor der zuständigen Behörde erklären, miteinander eine Partnerschaft auf Lebenszeit führen zu wollen. Gem. § 6 LPartG leben die Lebenspartner im Güterstand der Zugewinngemeinschaft. Gem. § 7 LPartG können die Lebenspartner in einem Lebenspartnerschaftsvertrag ihre Vermögensverhältnisse durch notariell zu beurkundende Erklärung regeln, also z. B. durch **Vermögenstrennung**.

97 Der eingetragene Lebenspartner wird auch erbrechtlich wie ein Ehegatte behandelt und hat somit gem. § 10 Abs. 1 LPartG ein **gesetzliches Erbrecht**, das nach Verwandten der ersten Ordnung eine Quote von ein Viertel und neben Verwandten der zweiten Ordnung und Großeltern eine Erbquote von ein Halb beinhaltet.

II. Erbschaftsteuerreform 2009

98 Durch das am 1. 1. 2009 in Kraft getretene Erbschaftsteuerreformgesetz werden Lebenspartnern erhebliche Erbschaft- und Schenkungsteuervergünstigungen eingeräumt. Zwar bleibt es dabei, dass eingetragene Lebenspartner – im Unterschied zu Ehegatten – weiterhin der Steuerklasse III angehören. Im übrigen wurden die Lebenspartner aber erbschaftsteuer- und schenkungsteuerlich den Ehegatten weitgehend angenähert, insbesondere hinsichtlich folgender Freibeträge:

- Hausrat i. S. d. § 13 Abs. 1 Satz 1 Nr. 1 Buchst. a ErbStG
- Familienheim gem. § 13 Abs. 1 Nr. 4 a–c ErbStG
- Freibetrag gem. § 16 Abs. 1 Nr. 6 ErbStG in Höhe von 500.000 €.

Durch die Erbschaftsteuerreform 2009 wurde die eingetragene Lebenspartnerschaft auch der Ehe bei der Ermittlung des steuerfreien Zugewinnausgleichs gleichgestellt.

III. Einkommensteuer

1. Zusammenveranlagung und Splittingtarif

Nach der langjährigen Rechtsprechung des Bundesfinanzhofs, zuletzt BStBl. 2006 II 515, haben Partner einer eingetragenen Lebenspartnerschaft keinen Anspruch auf Durchführung einer Zusammenveranlagung zur Einkommensteuer unter Anwendung des Splittingtarifs, da eine eingetragene Lebenspartnerschaft nicht einer Ehe gleichsteht. Nach Auffassung von *Wenzel* DStR 2009, 2404 bestehen ernsthafte Zweifel, ob die Rechtsprechung des BFH bei der unter dem Aktenzeichen 2 BvR 909/06 beim Bundesverfassungsgericht anhängigen Verfahren Bestand hat. **101**

2. Unterhaltsleistungen

Unterhaltsaufwendungen i. S. d. § 33a EStG gegenüber einem eingetragenen Lebenspartner können geltend gemacht werden, weil die Lebenspartner nach § 5 Satz 1 LPartG einander zu angemessenem Unterhalt verpflichtet sind. Unterhaltsleistungen bis 8400 € je unterhaltsberechtigte Person und Kalenderjahr können vom Gesamtbetrag der Einkünfte abgezogen werden. Eigene Einkünfte und Bezüge der unterhaltenen Person mindern den Betrag von 8004 € soweit diese Einkünfte oder Bezüge den Betrag von 624 € übersteigen. Der Höchstbetrag von 8400 € wurde ab 1. 1. 2010 um die im Veranlagungszeitraum geleisteten Beiträge zur Kranken- und Pflegeversicherung nach § 10 Abs. 1 Nr. 3 EStG für unterhaltsberechtigte Personen erhöht. Dies gilt nicht für Beträge, die nach § 10 Abs. 1 Nr. 3 Satz 1 EStG bereits als Sonderausgaben abzusetzen sind, vgl. *Wenzel* DStR 2009, 2405. **102**

E. Leistungen zu Gunsten von Lebensgefährten

Literatur: *v. Proff zu Irnich* Die nichteheliche Lebensgemeinschaft in der Kautelarpraxis, RNotZ 2008, 313; *Holland* Das Rückforderungsrecht des Alleinerben aus erbschaftsteuerlicher Sicht, ZEV 2000, 356; *N. Mayer* Hausbau durch nichteheliche Lebenspartner auf dem Grundstück eines Partners – ein Grundfall der Vertragsgestaltung, ZEV 1999, 384; *Sauren* Steueroptimale Übertragung von Immobilienvermögen zwischen nichtehelichen Lebenspartnern, ZErb 2001, 129.

I. Zivilrechtlicher Ausgleich

Nach Auffassung des BGH stehen bei einer nichtehelichen Lebensgemeinschaft die persönlichen Beziehungen der Partner derart im Vordergrund, dass sie auch das die Gemeinschaft betreffende vermögensmäßige Handeln der Partner bestimmen und daher nicht nur in persönlicher, sondern auch in wirtschaftlicher Hinsicht keine Rechtsgemeinschaft besteht. Mangels anderweitiger Regelungen werden persönliche und wirtschaftliche Leistungen nicht gegeneinander aufgerechnet, vgl. BGH NJW 1996, 2727. Auch größere Einmalzahlungen an den nichtehelichen Partner, die aber gemeinschaftsbezogen sind, kann vom zuwendenden Partner oder dessen Erben nicht zurückgefordert werden, vgl. BGH DNotI-Report 2008, 14. In dem Entscheidungsfall hatte der krebskranke Erblasser ein halbes Jahr vor seinem Tod seiner Lebensgefährtin einen Betrag in Höhe von knapp 80.000 DM als **106**

„Umbuchung" überwiesen. Die Klage des Erben auf Rückzahlung wurde abgewiesen.

1. Ausgleichsansprüche

107 Ein Ausgleichsanspruch nach den Vorschriften über die BGB-Gesellschaft kann bestehen, wenn die Partner ausdrücklich oder durch schlüssiges Verhalten einen entsprechenden **Gesellschaftsvertrag** geschlossen haben. Aber auch wenn ein derartiger Gesellschaftsvertrag nicht vorliegt, können nach der Auffassung des BGH u. U. gesellschaftsrechtliche Grundsätze zur Anwendung kommen für den Fall, dass beide Partner durch gemeinsame Leistung zur Schaffung eines Vermögenswertes von erheblicher wirtschaftlicher Bedeutung, insbesondere zum Bau und zur Erhaltung eines zwar auf den Namen eines der Partner eingetragenen, aber als gemeinsames Vermögen betrachteten Anwesens, beigetragen haben, vgl. BGH DStR 1992, 475; NJW-RR 1993, 774.

108 Ansprüche nach den Regeln über den **Wegfall der Geschäftsgrundlage** kommen nur dann in Betracht, wenn das Risiko des Scheiterns der Lebensgemeinschaft bewusst in Kauf genommen worden sei, vgl. BGHZ 112, 261. Es bleibe bei dem Grundsatz, dass Leistungen der Partner nicht gegeneinander abgerechnet werden könnten, wenn die nichteheliche Lebensgemeinschaft zerbreche und kein Ausnahmefall im vorstehenden Sinne vorliege, vgl. BGH DStR 1996, 1741. Ein Rückforderungsanspruch kommt gem. § 530 BGB bei grobem Undank in Betracht. Dies wäre z. B. der Fall, wenn die Beschenkte den Schenker bei der Polizei oder dem Arbeitgeber anzeigt, ohne damit eigene Interessen wahrzunehmen, sondern nur allgemeine, z. B. staatsbürgerliche Rechte verfolgt, vgl. BGHZ 112, 259.

Das OLG Stuttgart NJW-RR 1993, 1475 meint, dass beim Hausbau auf einem im Alleineigentum des Partners befindlichen Grundstück ein bereicherungsrechtlicher Anspruch wegen Zweckverfehlung gem. § 812 Abs. 1 Satz 2, 2. Alt. BGB anzunehmen sei.

2. Vertragliche Regelung

109 Gerade bei nichtehelichen Lebensgemeinschaften ist daher eine vertragliche Regelung zwingend erforderlich, wobei in aller Regel eine Ehegatteninnengesellschaft gem. §§ 705 ff. BGB empfohlen werden kann. Kautelarjuristisch kommt in der Praxis auch die Vereinbarung eines Darlehensvertrages in Betracht, wonach der Geldgeber den Betrag des Darlehens zuzüglich etwaiger (Niedrig-)Zinsen zurückverlangen kann. Die Zinszahlung unterliegt der Einkommensteuer.

II. Schenkungsteuer

Literatur: *Schlünder/Geißler* Schenkungsteuer bei der Immobilienfinanzierung durch nichteheliche Lebenspartner?, ZEV 2007, 64.

111 **Beispiel:** In einer nichtehelichen Lebensgemeinschaft beteiligt sich der männliche Partner finanziell an der Errichtung eines Gebäudes auf dem Grundstück der Partnerin. Entsteht Grunderwerbsteuer oder Schenkungsteuer, wenn diese dem Partner einen ideellen Miteigentumsanteil von $^1/_2$ an dem Grundstück einräumt?

Fraglich ist, ob dem Partner ein zivilrechtlicher Anspruch wegen seiner Verwendungen zusteht. Nach der Rechtsprechung des BGH setzt dies voraus, dass der Partner eine über die gemeinsame Lebensführung hinausgehende Absicht verfolgt hat. Sofern zur Abgeltung des finanziellen Aufwands ein Miteigentumsanteil übertragen wird, fällt Grunderwerbsteuer an, bei einer gemischten Schenkung auch Schenkungsteuer aus dem unentgeltlich übertragenen Anteil am Grundbesitz. Die steuergünstigste Gestaltung besteht wohl in dem Abschluss eines Darlehensvertrages mit einem Angebot auf Übertragung eines wertentsprechenden Miteigentumsanteiles für den Fall des Verzichts auf den Darlehensanspruch. Diese aufschiebend bedingte Berechtigung unterliegt erst bei Annahme des Angebots und Einräumung eines Miteigentumsanteiles der Grunderwerbsteuer. Die Übernahme von Zins- und Tilgungsleistungen ist steuerbar. Die Steuerpflicht entfällt nicht wegen eines möglichen Ausgleichsanspruches, vgl. *Schlünder/Geißler* ZEV 2007, 65. 112

Gem. § 13 Abs. 1 Nr. 12 ErbStG sind Zuwendungen unter Lebenden zum Zwecke des angemessenen **Unterhalts** steuerfrei. Privilegiert sind nur laufende Zuwendungen. *Biltmann* StuW 2004, 138 betont zurecht, dass der wirtschaftlich Stärkere seinem Lebenspartner angemessene Unterhaltszuwendungen erbringen kann, die Mittel für eine eigene Alterssicherung beinhalten. Eine steuerpflichtige Schenkung liegt hierin nicht. 113

Wer möchte, dass die Hinterbliebenen trauern,
darf ihnen nichts hinterlassen.
Martial

§ 17 Stiftung als Instrument der Vermögensnachfolge

Übersicht

Monographien: *Andrick/Suerbaum* Stiftung und Aufsichtsrat, München 2001; *Anheier* Handbuch Stiftungen, hrsg. von der Bertelsmann Stiftung, 2. Aufl., Wiesbaden 2003; *Berndt* Stiftung und Unternehmen, 7. Aufl. 2003; Bundesverband Deutscher Stiftungen e. V., Verzeichnis Deutscher Stiftungen, 5. Aufl., Darmstadt 2005; *Buchna* Gemeinnützigkeit und Steuerrecht, 9. Aufl. 2008; *Burgard* Gestaltungsfreiheit im Steuerrecht, Magdeburg 2006; *Burhenne/Neuhoff* Recht der gemeinnützigen Organisationen und Einrichtungen, 2. Aufl., Berlin/Bielefeld/München 2000; *v. Campenhausen* Stiftungsrechts-Handbuch 3. Aufl. 2009; *Fiedler* Grenzen der Instrumentalisierung von Stiftungen, hrsg. von Christoph Mecking u. a., Tübingen 2003, S. 71 ff.; *Fries* Stiftungsrecht in Europa, hrsg. von Klaus J. Hopt u. a., Köln 2001, S. 371 ff.; *Hennerkes/Schiffer* Stiftungsrecht, 3. Aufl., Frankfurt a. M. 2001; *von Holt/Koch* Stiftungssatzung, München 2004; *Hoppe* Die unabhängige Stiftung, Berlin 2004; *Hopt/Reuter* (Hrsg.), Stiftungsrecht in Europa, 2001; *Hüttemann* Gemeinnützigkeits- und Spendenrecht, 2008; *Hunnis* Die Vorstiftung, Diss. Jena 1999; Kolb, Die unterfränkischen Stiftungen, Würzburg 2000; *Koss* Rechnungslegung von Stiftungen, Düsseldorf 2003; *Lutter* Die Verbrauchsstiftung – Stiftung auf Zeit, in: Non Profit Law Yearbook 2004, hrsg. von W. Rainer Walz u. a., Köln 2005; *Meyn/Richter* Die Stiftung, Freiburg 2004; *Pues* Stiftungen, Vermögen übertragen und verwalten, Stuttgart 1999; *Pues/Scheerbardh* Gemeinnützige Stiftungen im Zivil- und Steuerrechte, München 2001; *Reuter* Die Stiftung zwischen Verwaltungs- und Treuhandmodell: FS für Walther Hadding, Berlin 2004; *Richter/Wachter* Handbuch des internationalen Stiftungsrechts, 2007; *Schauhoff* (Hrsg.) Handbuch der Gemeinnützigkeit, München 2000; *Schiffer* Die Stiftung in der anwaltlichen Praxis, 2003; *Schindler/Steinsdörfer* Treuhänderische Stiftungen, 7. Aufl. 2002; *Seifart/v. Campenhausen* Handbuch des Stiftungsrechts, 2. Aufl. 1999; *Troll/Wallenhorst/Malaczinsky* Die Besteuerung gemeinnütziger Vereine und Stiftungen, 4. Aufl. München 2000; *Wachter* Stiftungen, Zivil- und Steuerrecht in der Praxis 2001; *Almuth Werner* Die Zustiftung, Baden-Baden 2003; *Werner/Saenger* (Hrsg.) Die Stiftung, Recht, Steuern, Wirtschaft – Stiftungsrecht, 2008

Aufsätze: *Andrick* Änderungen im Stiftungsprivatrecht, ZAP 2003, S. 469ff.; *Backert* Anforderungen an die Vermögensausstattung rechtsfähiger Stiftungen bürgerlichen Rechts, ZSt 2003, S. 129ff.; *Blisse* Anlagemöglichkeiten in der Stiftung – Ein kurzer Überblick, ZSt 2005, S. 140ff.; *Carlé/Strahl* Stiftungen bei der Erbfolgegestaltung, KÖSDI 2002, 13471; *Dehesselles* in: FS für Spiegelberger, Insolvenz, Liquidation und Gemeinnützigkeit, 2009, 1255; *Doppstadt* in: FS für Spiegelberger, Das Stiftungswesen in Deutschland – eine Erfolgsgeschichte, 2009, 1264; *Eversberg* in: FS für Spiegelberger, Gemeinnützigkeit und Vermögensverwaltung: Abgrenzungsfragen und Problembereiche, 2009, 1272; *Herfurth* in: FS für Spiegelberger, Zuwendungen von Todes wegen an eine gemeinnützige Körperschaft – Erbschaftsteuerbegünstigung versus Sonderausgabenabzug?, 2009, 1285; *Hüttemann,* Das Gesetz zur weiteren steuerlichen Förderung von Stiftungen, DB 2000, S. 1584ff.; *ders.* Das Gesetz zur Modernisierung des Stiftungsrechts, ZHR 167 (2003), S. 35ff.; *IDW Prüfungsstandard:* Prüfung von Stiftungen (IDW PS 740), Stand: 25. 2. 2000, WPg 2000, S. 385ff.; *Kirnberger* Betriebsvermögen in gemeinnützigen Körperschaften, ErbStB 2005, 154; *Jochen Maier* Die Besteuerung der Stiftung nach der Reform, BB 2001, S. 494ff.; *Mattheus* Eckpfeiler einer stiftungsrechtlichen Publizität, DStR 2003, S. 254ff.; *Muscheler* Die Rechtsstellung der Stiftungsdestinäre, WM 2003, S. 2213ff.; *ders.* Stiftung und Schenkung – Zum Kausalverhältnis in den Beziehungen zwischen Stifter, Stiftung, Destinären, Anfallberechtigten – AcP 203 (2003), S. 469ff.; *ders.* Das vertragliche Stiftungsgeschäft, ZEV 2003, S. 41ff:, *ders.* § 84 BGB und die lebzeitige Stiftungsgründung, DNotZ 2003, 661; *ders.* Nachträgliche Änderung der Stiftungssatzung, ZErb 2005, 4; *Peters/Herm* Die Fusion bürgerlich-rechtlicher Stiftungen, ZSt 2004, S. 323ff.; *Richter* Aktuelle Änderungen in den Landesstiftungsgesetzen, ZEV 2005, S. 517ff.; *Schick* in: FS für Spiegelberger, Die gemeinnützige Stiftung als Holding im Gesundheits- und Sozialwesen, 2009, 1351; *Schiffer/Kotz* Die Stiftung in der Erb- und Nachfolgeregelung, ZErb 2004, 115; *A. Söffing/Thoma* Einbindung einer gemeinnützigen Stiftung in die Nachfolgeplanung, ErbStB 2005, 212; *Steiner* Der Sponsor in der Schenkungsteuerfalle, ErbStB 2007, 204; *Wachter* Steuerliche Behandlung von Stiftungen zwischen Errichtung und Anerkennung, ZEV 2003, S. 445ff.; *Olaf Werner* Perpetuierung einer GmbH durch Stiftungsträgerschaft, GmbHR 2003, S. 331ff.; *Werner* Stiftungen als Instrument der Unternehmens- und Vermögensnachfolge, ZEV 2006, 539.

A. Einführung in das Stiftungsrecht

I. Überblick

1. Der Trend zur Stiftung

1 Aus verschiedenen Gründen erfreut sich die Rechtsform der Stiftung, insbesondere als gemeinnützige Stiftung, in den letzten Jahren der zunehmenden Beliebtheit. Witwen, Witwer und kinderlose Ehepaare entscheiden sich in steigendem Maße wesentliche Teile ihres Vermögens nicht (entfernten) Verwandten zukommen zu lassen, sondern eine gemeinnützige Stiftung zu grün-

den. Da die Grenzen der durch öffentliche Mittel finanzierten sozialen Sicherungssysteme erreicht sind und auch Kunst, Wissenschaft und Forschung vermehrt privater Initiativen bedürfen, ist die Hinwendung zu gemeinnützigen Organisationen zu begrüßen, zumal gegenüber anderen Nationen, z.B. den USA, ein Nachholbedarf besteht.

Während in früherer Zeit wohl das eigene Seelenheil im Vordergrund stand, ist – neben allen ethischen Motiven – auch die Reputation des Stifters ein bedeutender Faktor. Bei namhaften Stiftungsbeträgen sind die Gemeinden häufig bereit, dem Stifter Straßen und Plätze zu widmen. Dem Wunsch, das Angedenken an die eigene Person zu verewigen, verdankt manche Stiftung ihre Existenz.

Stiftungserrichtungen 1990–2008 in Deutschland
(rechtsfähige Stiftungen des bürgerlichen Rechts)

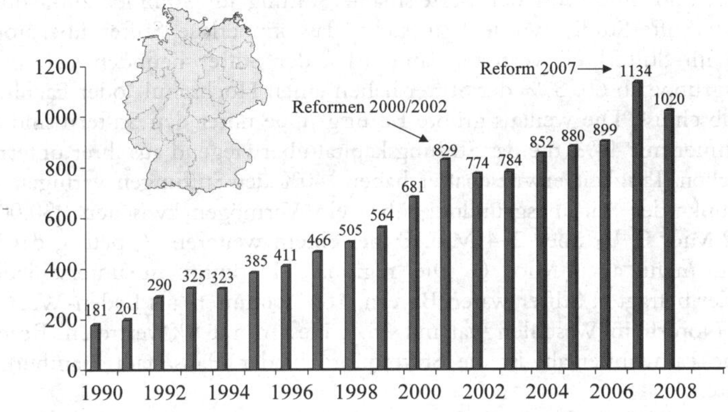

Quelle: Bundesverband Deutscher Stiftungen (2009)

2. Unternehmer als Stifter

Aber nicht nur Privatleute, die ihr Vermögen gemeinnützigen Zwecken 2
widmen wollen, sind an einer Stiftung interessiert. Insbesondere der Unternehmer, der sein Unternehmen am Markt besser platzieren und Sympathiewerbung betreiben will, stellt gerne schon zu Lebzeiten einen Fundus an Geldmitteln für eine Stiftung zur Verfügung. Die gemeinnützige, von einem Unternehmen getragene Stiftung, vermittelt eine Publizität, die sympathischer und publikumswirksamer mit anderen Werbemitteln nicht erreicht werden kann. Daneben spielt die unternehmerische Familienstiftung eine zunehmende Rolle. Der Unternehmer, der keinen Unternehmensnachfolger hat oder seine Abkömmlinge nicht für die Unternehmensführung für geeignet hält und auch eine Börseneinführung nicht ins Auge fasst, wird sich mit dem Gedanken der Stiftung beschäftigen.

Typische Ziele der Vermögensnachfolge, nämlich einerseits die **generationsübergreifende Vermögensperpetuierung**, andererseits die **Versorgung** des bisherigen Vermögensträgers und seiner Familie können in besonderer Weise durch eine Stiftung erreicht werden.

3. Das Profil deutscher Stifter

Literatur: *Borgolte* Stiftungen und Stiftungswirklichkeiten. Vom Mittelalter bis zur Gegenwart (2000); *Frey* Macht und Moral des Schenkers (1999); *Timmer* in: Richter/Wachter, Handbuch des internationalen Stiftungsrechts, § 1.

3 Der Stiftungsgedanke ist bei der deutschen Bevölkerung leider nicht verwurzelt. Nach einer im Jahr 2004 durchgeführten repräsentativen Bevölkerungsumfrage konnten 50% aller Deutschen bei spontaner Nachfrage keine Stiftung nennen. 29% der Bevölkerung sind der Meinung, dass Stifter vor allem Steuern sparen möchten und ein Viertel der Deutschen sieht in Stiftungen ein „Spielzeug der Reichen". Nur 31% der Bevölkerung teilen die Überzeugung „es sollte noch mehr Stiftungen geben". Das Lager derer, die sich dieser Aussage nicht anschließen möchten, ist mit 37% deutlich größer, vgl. *Timmer* S. 2.

Aufgrund einer von der Bertelsmann Stiftung im Sommer 2003 durchführten StifterStudie wurde festgestellt, dass kinderlose Stifter überproportional im Stifterkreis vertreten sind. 61% der Stifter befinden sich in der Altersgruppe ab 60. 37% der Stifter haben einen Hochschul- oder Fachhochschulabschluss. Die weitaus größte Berufsgruppe unter den Stiftern sind Unternehmer mit 44%, die das Stiftungskapital überwiegend aus ihrer unternehmerischen Tätigkeit erwirtschaftet haben. 40% der Stiftungen verfügen zum Zeitpunkt der Stiftungsgründung über ein Vermögen zwischen 250.000 € und 2 Mio. €, $^1/_5$ über 2–4 Mio. €; bei einem weiteren $^1/_5$ betrug das Vermögen mehr als 4 Mio. €. Die regionale Herkunft ist unterschiedlich. 29% der befragten Stifter waren Bayern, 18% stammten aus Baden-Württemberg, Nordrhein-Westfalen war mit 15%, Hessen mit 8% vertreten. Bezogen auf die Einwohnerzahl ist die Stifterquote in der Hansestadt Hamburg am höchsten.

Charakteristisch für die Stifter ist eine hohe Wertschätzung von Leistung einerseits und Phantasie und Kreativität andererseits. Als wichtig erachteten es die meisten Stifter, sozial Benachteiligten zu helfen. Während in der Bevölkerung der Anteil der religiösen Menschen immer weiter zurückgeht, bezeichneten sich $^2/_3$ der befragten Stifter selbst als religiös.

II. Berühmte Stiftungen

Literatur: *von Campenhausen* Geschichte und Reform in: Stiftungsrechts-Hdb. § 5.

4 Gaius Maecenas, der Förderer der römischen Dichter Horaz und Vergil, hat seinen Namen den modernen Stiftern, den Mäzenen, verliehen. Selbständige Stiftungen entwickelten sich zuerst im römischen Recht der christlichen Zeit als Stiftungen für milde Zwecke (pia corpora), die dem Kirchenrecht zugeordnet waren. Daneben entwickelte sich ein weltliches Stiftungswesen für andere gemeinnützige Zwecke und namentlich auch für Familienzwecke.

In Deutschland kannte bereits das ältere gemeine Recht auf der Grundlage des von ihm rezipierten römischen und kanonischen Rechts die „piae causae", bei denen es sich um Zuwendungen für kirchlich-religiöse und soziale Zwecke handelte, vgl. *Coing* in: Seifart, Handbuch des Stiftungsrechts, § 5

Rn. 13. Die älteste noch existierende deutsche Stiftung in Wemding bei Nördlichen stammt aus der Zeit Karl des Großen. Mittelalterliche Stiftungen sind die Fuggerei in Augsburg. 1521 hat Jakob Fugger der Reiche eine Wohnsiedlung für Arme errichtet; die Jahreskaltmiete für eine Wohnung beträgt noch heute den Gegenwert eines Rheinischen Guldens = 88 Cent; hinzu kommen drei Gebete für den Stifter und seine Familie. Bekannt ist auch das Bürgerspital in Würzburg.

Ein interessantes historisches Beispiel ist auch die Permoser'sche Schulstiftung vom Jahr 1692. Permoser, geboren in dem Dorf Kammer bei Traunstein, war ein berühmter Barockbildhauer, dessen Werke im Dresdner Zwinger, in Wien und Florenz bewundert werden können. Um den Dorfkindern von Kammer eine Schulbildung zu ermöglichen, finanzierte er die Errichtung einer Schule in Kammer und die Bezahlung der Lehrer. Im Pfarrarchiv Otting kann die Anerkennungsurkunde vom 28. 10. 1710 eingesehen werden, deren Regest lautet:

„Das Konsistorium von Salzburg ratifiziert eine Stiftung des in Kammer geborenen königlich-polnischen und chursächsischen Hofbildhauers Balthasar Permoser. Permoser hat bereits 1692 der Kirchenkasse Otting 1000 fl übergeben, die zur >Auferziehung und Unterweisung der Jugend< dienen sollen. Die jährlichen Zinsen dieses Kapitals werden halbiert. Die eine Hälfte, 25 fl, erhält der Deutsche Schulhalter als Besoldung, der im neu gebauten Schulhaus Otting umsonst wohnt. Die andere Hälfte wird gespart und dem Permoser, falls er sich >wider Verhoffen mit seiner Kunst nicht mehr erhalten< könnte, zum Lebensunterhalt ausbezahlt. Nach seinem Tod erhält die Kirche Otting auch diese angesparten Zinsen zum Unterhalt des auf Permosers Kosten gebauten Schulhauses."

Die Permoser'sche Schulstiftung hat über 200 Jahre bestanden und wurde im 19. Jahrhundert mit dem gemeindlichen Schulfonds zusammengelegt.

Den Verfassern des BGB waren die römisch-rechtlichen Wurzeln der piae causae bewusst. Die Denkschrift zum BGB (zitiert nach Goerdeler/Ulmer, Der Stiftungszweck in der Reform des Stiftungsrechts, AG 1963, 295) enthält folgenden Hinweis:

„Wenn die Rechtsordnung dem einzelnen die außerordentliche Machtvollkommenheit beilegt, eine Vermögensmasse auf unbeschränkte Zeit einem bestimmten Zweck zu widmen, so geschieht dies, um Zwecke, welche dem Gemeinwohle dienen, dadurch zu fördern."

Blättert man im Verzeichnis der Deutschen Stiftungen, stößt man auf folgende bekannte Namen:

Carl-Zeiss Stiftung, die man aufgrund ihrer Gründung im Jahre 1889 als wegweisend bezeichnen kann;

Bertelsmann Stiftung, deren Gesamtaufwand im Geschäftsjahr 2008 77,5 Mio. € betrug;

Robert Bosch Stiftung GmbH, die 92% des Stammkapitals der Robert Bosch GmbH hält. Aus dieser Beteiligung floss der Stiftung im Jahr 2008 eine Dividende in Höhe von 64,3 Mio. € zu;

Fazit Stiftung gemeinnützige Verlags GmbH, die unmittelbar 56,3% an der Frankfurter Allgemeine Zeitung GmbH hält;

Hertie Stiftung (gemeinnützig), 30%-ige Aktionärin der Karstadt AG;

Dietmar Hopp; der SAP-Gründer zählt mit seiner 4,3-Milliarden-Stiftung zu den größten privatrechtlichen Stiftungen Europas;

Axel Springer Stiftung, zur Förderung und Unterstützung der Zeitungswissenschaften sowie des journalistischen und verlegerischen Nachwuchses;

Alfred Toepfer Stiftung FVS, alleinige Gesellschafterin der Alfred C. Toepfer Verwaltungs GmbH, Hamburg; sein Leitspruch war: „Erben macht schlapp“;

Stiftung Volkswagenwerk, gemeinnützige Stiftung, die Einrichtungen der Wissenschaft und Forschung fördert; das Stiftungskapital wurde bei der Privatisierung der Volkswagenwerke im Jahr 1981 aufgebracht; die Fördermittel betragen jährlich etwa 100 Mio. €;

Reinhold Würth, fünf Familienstiftungen.

III. Neuere Stiftungen

5 Auch in neuerer Zeit sind zahlreiche Zeitgenossen mit spektakulären Stiftungsgründungen hervorgetreten, an erster Stelle Bill Gates mit einem Stiftungskapital von über 30 Milliarden Dollar, der sich nach Presseberichten Warren Buffett angeschlossen hat. Der Leitspruch von Warren Buffett lautet:

„Kinder durch Erben nicht verderben.“

Insbesondere Kunstmäzene sind mit Stiftungen hervorgetreten:

- Sammlung Frieder Burda, Baden-Baden,
- Sammlung Boros, Berlin,
- Udo und Anette Brandhorst-Sammlung, München,
- Buchheim Stiftung, Starnberg,
- Industrie-Kultur-Meile Faber-Castell, Nürnberg,
- Collection Friedrich Christian Flick, Museum für Gegenwart Berlin,
- Museum Gunzenhauser, Chemnitz,
- Internationales Schifffahrts- und Meeresmuseum Peter Tamm, Hamburg,
- Barockmuseum Schuhbeck, Kurhaus Waging.

Auch bekannte Sportgrößen, wie z. B. Franz Beckenbauer, haben gemeinnützige Stiftungen errichtet, die mit erheblichen Beträgen soziale Zwecke fördern.

IV. Definition

6 Die Enzyklopädie der Rechtswissenschaft (1904), S. 472 definiert die privatrechtliche Stiftung als „durch private Willenstat geschaffene Anstalt mit eigener Persönlichkeit“. Heute versteht man unter einer Stiftung ein rechtlich verselbständigtes Sondervermögen, welches einem bestimmten Zweck dient und diesem Zweck durch den Willen des Stifters gewidmet ist. Der jeweils angestrebte Stiftungszweck, den Privatpersonen, Organisationen oder Unternehmen verfolgen, kann durch die unterschiedlichsten Rechtskonstruktionen erreicht werden.

V. Wirtschaftliche Bedeutung

7 Mehr als 100.000 Beschäftigte sollen im Stiftungswesen tätig sein, vgl. Süddeutsche Zeitung vom 24. 2. 2006, S. 21.

Stiftungen in Zahlen, Stand Februar 2010

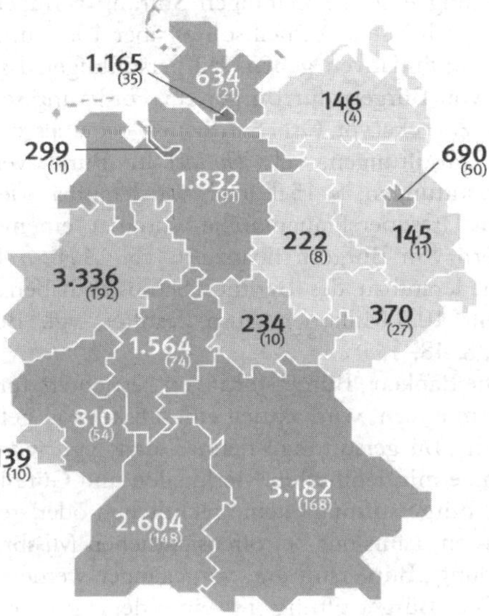

Zu Beginn des 20. Jahrhunderts hatte Deutschland über 100.000 Stiftungen, von denen durch die zwei Weltkriege und die Inflationen nur wenige Tausend übrig geblieben sind. Aufgrund der Stiftungsreformen aus jüngerer Zeit hat sich die Zahl wieder eindrucksvoll erhöht. Im Februar 2010 bestanden in Deutschland 17.372 rechtsfähige Stiftungen, die jährlich etwa 10 Milliarden Euro ausschütten. Hinzu kommen ca. 20.000 unselbständige Stiftungen, die nicht amtlich registriert werden. Die Zahl der kommunalen Stiftungen wird auf ca. 2000 geschätzt. Die Zahl der Familienstiftungen belief sich im Jahr 2002 auf bescheidene ca. 550. Auch hier ist ein starker Anstieg zu bemerken, da seit 2002 ein Rechtsanspruch auf Anerkennung besteht, während bis dahin z.B. in Nordrhein-Westfalen und in Brandenburg Familienstiftungen verboten waren und auch durch die von Willi Brandt 1974 eingeführte periodische Erbersatzsteuer kurz gehalten wurden. *Zum Vergleich:* Die jährlichen Ausschüttungen der amerikanischen Stiftungen übersteigen das gesamte deutsche Stiftungskapital!

VI. Bürgerstiftungen

Beispiel: Bürgerstiftung Hamburg. Prof. Dr. Christian Pfeiffer gab im Frühjahr 8
1998 bei einem Vortrag im privaten Kreise einen Anstoß für die Errichtung einer Bürgerstiftung. Die Eheleute Drs. Rollin stellten einen Initiativkreis mit zwanzig Personen zusammen, der um die Jahreswende 1998/1999 das Mindestkapital von 100.000 DM aufbrachte. Zweck der Stiftung ist die Förderung von

- Jugend- und Altenhilfe
- Erziehung und Bildung
- Wissenschaft und Forschung
- Kunst und Kultur
- Umwelt und Naturschutz.

In vielen Städten haben sich Bürger, die nicht über ein ausreichendes Vermögen zur Errichtung einer selbständigen Stiftung verfügen, zu Bürgerstiftungen zusammengeschlossen. Aktuell soll es über 100 Bürgerstiftungen und zahlreiche Gründungsinitiativen geben. Bürgerstiftungen lassen sich definieren als Stiftungen von Bürgern für Bürger zur Förderung sozialer, kultureller oder ökologischer Zwecke vor Ort. Sie dienen dabei als ein Sammelbecken für Spenden und Zustiftungen, vgl. *Thurner* in: Bundesverband Deutscher Stiftungen, Bürgerstiftungen, S. 15ff. Der Wiederaufbau der Ende Oktober 2005 eingeweihten Dresdner Frauenkirche wurde zu einem erheblichen Teil mit Spendengeldern von Bürgern finanziert, vgl. *Augsten/Wolf* ZErb 2006, 155. Für den Wiederaufbau des Berliner Schlosses haben Bürger bis zum Januar 2009 bereits 10,3 Millionen Euro gestiftet, vgl. Berliner Extrablatt Nr. 2, März 2009, S. 48.

Da auch deutsche Banken „Bürgerstiftungen“ errichten, um Ihre Kunden zu Zustiftungen zu ermuntern, wird aktuell eine Diskussion geführt, welche Art von Stiftungen sich „Bürgerstiftung“ nennen darf, vgl. www.die-deutschen-buerger-stiftungen.de mit definierten Merkmalen und Gütesiegel. Da sich aus der Bezeichnung „Bürgerstiftung“ keine rechtlichen oder steuerlichen Folgerungen ableiten lassen, kann nur bei offensichtlichen Missbrauchgestaltungen gegen die Verwendung „Bürgerstiftung“ vorgegangen werden.

Bewertung: Die Bürgerstiftung ist eine dem gemeinnützigen Verein angenäherte Organisationsform, die aber ohne Mitgliedschaftsrechte fungiert.

VII. Beraterinitiative

9 Berater sollten ihre Mandanten zur Stiftungsgründung ermuntern. Jede gemeinnützige Stiftung ist ein Beitrag, das Spannungsfeld zwischen Kapital und sozialer Verpflichtung zu entschärfen.

Insbesondere ältere kinderlose Mandanten können mit einer gemeinnützigen Stiftung wesentlich mehr erreichen als bei der Erbeinsetzung von Geschwistern oder Neffen und Nichten. Wegen der extremen Erbschaftsteuerbelastung in der Steuerklasse III mit einem Eingangssteuersatz von 30% sind gemeinnützige Stiftungen zu bevorzugen, bei denen durch Nießbrauchbestellung zu Gunsten von Verwandten das gesamte Vermögen steuerfrei erhalten wird und die Verwandten durch Nießbrauchsrechte lebenslang abgesichert sind.

Die für die nießbrauchsberechtigten Verwandten anfallenden Erbschaftsteuerbeträge können ***jährlich*** entrichtet werden, so dass kapitalisierte Erbschaftsteuerbelastungen vermieden werden.

Beispiel: Der 83-jährige unverheiratete und kinderlose Herr B will seine 84- und 85-jährigen Schwestern als Erben berufen. Herr B ist Eigentümer eines großen Mietwohngrundstückes in München.

Bei den eintretenden Erbfällen in der Steuerklasse II würden die jeweiligen Erbschaftsteuerbelastungen den Grundbesitz weitgehend auffressen. Nach Beratung ist Herr B damit einverstanden, eine gemeinnützige Stiftung zu errichten und den $^1/_3$-Ertrag gem. § 58 Nr. 5 AO den Schwestern zuzuwenden, u. U. ergänzt mit einem Quotennießbrauch.

B. Gemeinnützige Stiftungen

I. Rechtsfähige Stiftung des bürgerlichen Rechts, §§ 80–88 BGB

1. Gesetzliche Regelung

Die für die rechtsfähige Stiftung des Privatrechts geltenden Vorschriften der §§ 80–88 BGB sind die Rechtsgrundlage für das gesamte Stiftungsrecht und für alle Stiftungsvarianten. Durch das Gesetz zur Modernisierung des Stiftungsrechts vom 15. 7. 2002 BGBl. I S. 2634 wurde eine **bundeseinheitliche Regelung** für die Errichtung einer rechtsfähigen Stiftung des Privatrechts geschaffen, so dass landesrechtliche Bestimmungen, die dem Bundesrecht widersprechen, außer Kraft getreten sind. Zur Entstehung einer rechtsfähigen Stiftung des Privatrechts ist unverändert ein Stiftungsgeschäft und ein – als Anerkennung bezeichneter – staatlicher Verwaltungsakt der jeweiligen Landesbehörde erforderlich. 11

In der amtlichen Gesetzesbegründung (BR-Drucks. 108/02 vom 8. 2. 2002, S. 13) wird hierzu folgendes ausgeführt:

„Wenn die gesetzlichen Satzungsanforderungen erfüllt sind, kann die Anerkennung der Stiftung als rechtsfähig nicht verweigert werden, selbst wenn die zuständige Behörde für die entstehende Stiftung weitere Regelungen für zweckmäßig halten würde. Diese können dem Stifter empfohlen werden, jedoch kann davon nicht die Anerkennung der Rechtsfähigkeit abhängig gemacht werden.“

Der Gesetzgeber hat es beim Modell der **gemeinwohlkonformen Allzweck-Stiftung** belassen. Nur dann, wenn eine Gemeinwohlgefährdung vorliegt, ist die Anerkennung ausgeschlossen, also wenn z. B. durch eine Stiftung Verfassungsrechtsgüter beeinträchtigt würden, vgl. BVerwGE 106, 177 (Republikanerstiftung Franz Schönhuber). Das Gesetz sieht nunmehr ein subjektiv-öffentliches Recht des Stifters auf Anerkennung der Stiftung vor, vgl. § 80 Abs. 2 BGB. 12

2. Satzungsinhalt

Der früheren Genehmigungspraxis, wonach die Stiftungsaufsicht die Satzungsanforderungen bis ins Detail vorschrieb, so dass ohne Verwendung der jeweiligen Mustersatzung eine Genehmigung kaum erreichbar war, ist der Gesetzgeber entgegentreten. Der Gesetzgeber verlangt lediglich einen **Mindestinhalt** der Stiftungssatzung, nämlich Regelungen über 13

- den Namen der Stiftung,
- den Sitz der Stiftung,
- den Zweck der Stiftung,
- das Vermögen der Stiftung und
- die Bildung des Vorstands der Stiftung.

3. Formfragen

Gem. § 81 Abs. 1 Satz 1 BGB bedarf das Stiftungsgeschäft unter Lebenden der schriftlichen Form. Sofern zum Stiftungsvermögen Grundbesitz gehört 14 oder GmbH-Geschäftsanteile zu übertragen sind, ist nach überwiegender Auffassung die notarielle Beurkundung erforderlich, vgl. *Wachter* Stiftungen B Rn. 12. Sofern die errichtete Stiftung unentgeltliche Leistungen erbringt oder verspricht, handelt es sich nach Auffassung des BGH ErbStB 2010, 39 um keine formbedürftigen Schenkungen. Rechtsgrund derartiger Leistungen sei vielmehr allein der Stiftungszweck.

4. Anerkennung

15 Zur Entstehung einer rechtsfähigen Stiftung des Privatrechts ist unverändert ein Stiftungsgeschäft und ein – als **Anerkennung** bezeichneter – staatlicher Verwaltungsakt der jeweiligen Landesbehörde erforderlich, vgl. § 80 Abs. 1 BGB.

5. Zulässige Stiftungszwecke

16 Der Gesetzgeber hat es beim Modell der **gemeinwohlkonformen Allzweckstiftung** belassen. Nur dann, wenn eine Gemeinwohlgefährdung vorliegt, ist die Anerkennung ausgeschlossen, also Verfolgung von Stiftungszwecken zur Beeinträchtigung von Verfassungsrechtsgütern, vgl. BVerwGE 106, 177. Die republikanische Schönhuber-Stiftung wurde mit dieser Begründung abgelehnt. Umgekehrt bedeutet die vom Gesetzgeber vorgenommene Abgrenzung, dass z. B. gegen

- Familienstiftungen oder
- unternehmensverbundene Stiftungen

keinerlei Einwendungen mehr bestehen. Die von *Rawert* Non Profit Law Yearbook 2003, 9 ff. gegen Unternehmensstiftungen vorgebrachten Bedenken wurden von *Muscheler* ErbR 2008, 134, 174, 180 überzeugend zurückgewiesen.

17 **Landesrechtliche Bestimmungen,** z. B. der Länder Brandenburg und Nordrhein-Westfalen, die die Genehmigung dieser Stiftungen verboten, sind obsolet geworden. Das Gesetz sieht nunmehr ein subjektiv-öffentliches Recht des Stifters auf „Stiftung" bzw. einen Rechtsanspruch auf „Anerkennung der Stiftung" als rechtsfähig vor.

Der Gesetzesvorschlag von Bündnis 90/Die Grünen „zur Vermeidung feudalistischer Eigentumsverhältnisse" Familienstiftungen nach Ablauf von dreißig Jahren ab Eintragung in das Stiftungsregister als erloschen zu bewerten, sofern nicht vorher ihr Zweck geändert wird oder die Destinatäre und Anfallsberechtigten ihrer Fortsetzung für einen weiteren Zeitraum von längstens dreißig Jahren zustimmen (vgl. BT-Drs. 13/9320), wurde abgelehnt.

Auch „Stiftungen auf Zeit" oder „Verbrauchsstiftungen" sind zulässig; bestritten, vgl. zum Streitstand *Lex* ZEV 2002, 407. Z. B. müsste eine „Verbrauchsstiftung" zur Förderung der Olympischen Spiele 2018 in München anerkannt werden.

6. Stiftungsaufsicht

a) Anerkennung gem. § 80 Abs. 1 BGB

Alle selbständigen Stiftungen bürgerlichen Rechts unterliegen der Stiftungsaufsicht durch die landesrechtlich bestimmten Aufsichtsbehörden. Nach der Intention des Gesetzgebers soll der Bestand des Stiftungsvermögens durch die Stiftungsaufsicht zeitlich unbegrenzt gesichert werden, zumal eine Kontrolle durch Gesellschafter oder Mitglieder nicht besteht und Stiftungen auch der Gefahr unterliegen, durch die Stiftungsorgane ausgebeutet zu werden. Bei gemeinnützigen Stiftungen erfolgt eine zusätzliche Kontrolle durch die Finanzverwaltung. Die Stiftungsaufsicht wacht darüber, dass 18

- der Stiftungszweck verwirklicht wird,
- das Stiftungsvermögen ungeschmälert erhalten bleibt,
- die Erträge dem satzungsgemäßen Stiftungszweck zugeführt und
- die Bestimmungen der Stiftungssatzung eingehalten werden,

vgl. *Wachter* Stiftungen S. 65.

Die Kehrseite der Stiftungsaufsicht besteht darin, dass insbesondere für die Anerkennung der Stiftung regelmäßig ein langer Zeitraum verstreicht. *Wochner* BB 1999, 1441 geht von einem durchschnittlichen Zeitraum von neun Monaten aus! Trotz der Stiftungsreform durch das Gesetz zur Modernisierung des Stiftungsrechts vom 15. 7. 2002 BGBl. I S. 2634 haben sich die Bearbeitungszeiten bei den Aufsichtsbehörden nicht verkürzt. Auch die jährliche und oft als lästig empfundene Überprüfung des Jahresabschlusses durch die Stiftungsaufsicht erfolgt nicht immer zeitnah. Nur wenn der Jahresabschluss mit dem – kostspieligen – Testat eines Wirtschaftsprüfers versehen ist, kann mit einer raschen Zustimmung der Stiftungsaufsicht gerechnet werden. 19

b) Vertretungsbescheinigung

Bei Rechtsgeschäften einer Stiftung erteilt die zuständige Aufsichtsbehörde eine Vertretungsbescheinigung. Das angestrebte Stiftungsregister wurde wegen des damit verbundenen bürokratischen Mehraufwandes nicht geschaffen. Auch eine Verpflichtung, unabhängig von der Größe Jahresabschlüsse nach dem HGB zu erstellen, lehnte die Bund-/Länder-Arbeitsgruppe ab. Bei Familienstiftungen sehen die landesrechtlichen Bestimmungen häufig eine Befreiung von der Stiftungsaufsicht vor, vgl. § 13 Abs. 2 Stiftungsgesetz für Baden-Württemberg (StiftG) und gem. Art. 34 BayStG. 20

7. Stiftungserrichtung durch Rechtsgeschäft unter Lebenden oder von Todes wegen?

Literatur: *Herfurth* in: FS für Spiegelberger, Zuwendungen von Todes wegen an eine gemeinnützige Körperschaft – Erbschaftsteuerbegünstigung versus Sonderausgabenabzug?, S. 1285.

Beispiel: Erblasserin E beruft mit handschriftlichem Testament eine gemeinnützige Stiftung zur Alleinerbin. Die Stiftung sollte von dem Testamentsvollstrecker gemäß der dem Testament anliegenden Stiftungssatzung nach bürgerlichem Recht gegründet werden. Die Satzung war als Anlage in maschinenschriftlicher Form dem Testament beigefügt und von E unterzeichnet. 21

22 **Hinweis:** Nach der Entscheidung des LG Berlin ZEV 2001, 17 entspricht das Testament nicht den Formvorschriften des § 2247 I BGB, so dass das Testament der E vom LG als formnichtig angesehen wurde.

23 *Ebeling* ZEV 1998, 93 weist zurecht darauf hin, dass der Stifter gut beraten ist, wenn er die Stiftung zu Lebzeiten errichtet **(„Anstiftung")** und der wirksam entstandenen Stiftung das ihr zugedachte Vermögen von Todes wegen zuwendet **(Zustiftung)**. Die Stiftungserrichtung unter Lebenden bringt zudem den einkommensteuerlichen Vorteil mit sich, dass der Stifter das aufgebrachte Grundstockvermögen als Sonderausgabe geltend machen kann, während Aufwendungen der Erben zur Erfüllung von Vermächtniszuwendungen an gemeinnützige Einrichtungen weder beim Erblasser noch beim Erben als Sonderausgabenabzug geltend gemacht werden können, vgl. BFH BStBl. 1997 II 239. Menschen, die eine Stiftung ins Leben rufen, wollen etwas bewegen. Stifter sind Menschen mit Visionen. Stiften macht Spaß. Allen Stiftern ist zu raten, zu Lebzeiten selbst die Stiftung zu gründen und zu führen. Aufgabe des Testamentsvollstreckers kann es dann sein, das restliche Vermögen des Stifters nach dessen Ableben der Stiftung zuzuführen. Nach der von *Timmer* S. 12 erwähnten StifterStudie wollen 44% aller Stifter das Stiftungskapital testamentarisch aufstocken.

8. Die Vorstiftung als Rechtsträger

Literatur: *Hüttemann* in: FS für Spiegelberger, Die Vorstiftung – ein zivil- und steuerrechtliches Phantom, S. 1292; *Hunnius* Die Vorstiftung, Diss. Jena 1999, 141; *Thole* Die Stiftung in Gründung, Diss. Bonn 2008.

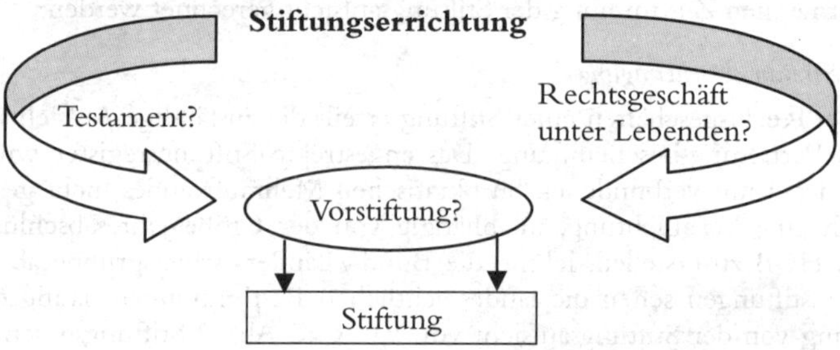

a) Dogmatische Einordnung

24 Streitig diskutiert wird die Behandlung des Zeitraums zwischen der Errichtung einer rechtsfähigen Stiftung durch Stiftungsgeschäft und die Anerkennung der Stiftungsbehörde. Schon bei einer Stiftungserrichtung zu Lebzeiten des Stifters kann ein Zeitraum von mehr als einem Jahr verstreichen, bis die Anerkennung der Stiftung erreicht wird. Sofern die Stiftung von Todes wegen errichtet wird, sind noch längere Zeiträume zu überbrücken.

Der Entscheidung des BFH BStBl. 1996 II 99 liegt ein Sachverhalt zugrunde, wonach ein Fabrikantenehepaar eine nach dem Ableben des Längstlebenden von Testamentsvollstreckern zu errichtende Stiftung testamentarisch als Alleinerbin eingesetzt hatte. Wegen der Unzulänglichkeit des Testaments kam es zu langjährigen Verhandlungen zwischen den Testamentsvollstreckern und der Finanzverwaltung über die Anerkennung der zu errichtenden Stiftung als gemeinnützig, die erst nach viereinhalb Jahren zu einer Genehmigung als nicht gemeinnützige Mitarbeiterstiftung führten. Die in diesem Zeitraum erwirtschafteten Gewinne in zweistelliger Millionenhöhe wurden zusätzlich zu dem Stiftungserwerb von Todes wegen der Erbschaftsbesteuerung unterworfen, so dass der Vermögenszuwachs zwischen dem Todestag und der Stiftungsgenehmigung mit einem Gesamtsteuersatz von mehr als 85% (Körperschaftsteuer, Gewerbesteuer und Erbschaftsteuer) belastet wurde, vgl. *Ebeling* ZEV 1998, 93.

O. Schmidt Die Errichtung von Unternehmensträgerstiftungen durch Verfügung von Todes wegen, 1997 S. 103 meint, dass kein Bedürfnis nach Anerkennung einer Vorstiftung bestehe. Die Einwirkungsmöglichkeiten des Stifters würden nach § 81 Abs. 1 Satz 1 BGB erst im Zeitpunkt der Genehmigung enden, so dass vorher eine rechtlich verselbständigte und vor dem Zugriff des Stifters geschützte Organisation nicht in Betracht kommen könne. Zum Schutz einer Stiftung als künftiger juristischen Person könne bei Bedarf ein Pfleger gem. §§ 1912, 1913 und 1960 BGB bestellt werden. Die Literatur vertritt ebenfalls überwiegend diesen Standpunkt, vgl. *Staudinger/Rawert* § 80 Rn. 42.

Nach der im Vordringen befindlichen Mindermeinung finden die Grundsätze, die im Bereich von Vereinen, Genossenschaften, Gesellschaften mit beschränkter Haftung und Aktiengesellschaften für das Gründungs- und Errichtungsstadium gelten, auch auf die noch nicht genehmigte Stiftung Anwendung, vgl. *Delp* Die Stiftung & Co. KG 1991, S. 29; *Fritz/Bünger/Weger* Praxis Handbuch Erbrecht 1994, 7/6.3; *Hennerkes/Binz/Sorg* DB 1986, 2270; *Schick/Rüd* Stiftung und Verein als Unternehmensträger, 1998 S. 17; *Schwinge* BB 1978, 528; Palandt/*Heinrichs* § 80 Rn. 2, § 21 Rn. 9; *Hunnius* Die Vorstiftung, Diss. Jena 1999, 141; *Wachter* ZEV 2003, 446; *Erman/Werner* Vor § 80 BGB Rn. 22. Das Reichsgericht RGZ 25 hat die Rechtsstellung der werdenden Stiftung treffend mit der eines nasciturus verglichen.

Auch die Gründer von Vereinen, Kapitalgesellschaften oder Genossenschaften können nach dem Gründungsakt vor der Eintragung in das staatliche Register die Gründungsabsicht aufgeben, ohne dass die Existenz von Vorgesellschaften bestritten würde. Bei der Anerkennung der Vorstiftung als Rechtsträger könnten die **Erfüllungsgeschäfte** bereits bei dem Errichtungsakt durchgeführt werden, so dass eine wesentliche Vereinfachung in der Gründungsprozedur erzielt würde. **25**

Zutreffend weist *Burgard* S. 88 darauf hin, dass der Stifter durch Vertrag zu Gunsten Dritter Rechte für die künftig Stiftung begründen kann, vgl. BGHZ 129, 305. Soweit künftige Stiftungsorgane bei der Vermögensübertragung auftreten, sind die eingegangenen Rechtsgeschäfte bis zur Anerkennung der Stiftung schwebend unwirksam.

b) Steuerliche Anerkennung

Erfreulicherweise hat das Finanzgericht Düsseldorf ZEV 2003, 259 die Rückwirkung einer testamentarisch angeordneten gemeinnützigen Stiftung **26** auf den Todestag der Stifterin anerkannt. In dem entschiedenen Fall war im privatschriftlichen Testament der 1994 verstorbenen Erblasserin die Errichtung einer gemeinnützigen Stiftung angeordnet, die erst vier Jahre später 1998 durch die Bezirksregierung genehmigt wurde. Das Finanzamt unterwarf die Erträge des für die Stiftung vorgesehenen Vermögens der Körperschaftsteuer.

Nach Auffassung des FG Düsseldorf erstreckt sich die Steuerbefreiung gem. § 5 I Nr. 9 KStG i.V.m. §§ 51ff. AO auch auf Einkünfte, die bei einer Errichtung der Stiftung durch Verfügung von Todes wegen im Zeitraum zwischen dem Todestag des Stifters und der Erstellung der Stiftungsurkunde erzielt werden, wenn bereits z. Zt. des Erbfalls eine Vermögensbindung besteht, die durch eine entsprechende Vermögensverwendung nach Errichtung der Stiftung nur noch ausgefüllt werden muss.

Der Bundesfinanzhof BStBl. 2005 II 149 ist ebenfalls der Auffassung, dass eine von Todes wegen errichtete Stiftung des Privatrechts im Falle ihrer Genehmigung aufgrund der in § 84 BGB angeordneten Rückwirkung bereits ab dem Zeitpunkt des Vermögensanfalls nach § 1 Abs. 1 Nr. 4 KStG subjektiv körperschaftsteuerpflichtig ist. Die in § 84 BGB angeordnete **Rückwirkung** soll sich aber **nicht** auf die in § 5 Abs. 1 Nr. 9 KStG angeordnete Körperschaftsteuerbefreiung auswirken. Diese Rückwirkungsfiktion komme nur bei einer steuerrechtlich angeordneten Rückwirkung in Betracht, a.A. zurecht *Schauhoff* Handbuch der Gemeinnützigkeit § 3 Rz. 39; *Hüttemann* Gemeinnützigkeits- und Spendenrecht § 2 Rz. 56.

Nach Auffassung des Schleswig-Holsteinischen FG DStRE 2009, 1386 ist eine in Gründung befindliche rechtsfähige Stiftung des privaten Rechts (§ 80 BGB) kein begünstigter Zuwendungsempfänger i.S.d. § 1 Abs. 1 Nr. 4 i.V.m. § 9 Abs. 1 Nr. 2 KStG. Die Grundsätze der Vorgesellschaft seien nicht entsprechend anwendbar. Das bis zur staatlichen Genehmigung gem. § 81 Abs. 2 Satz 1 BGB bestehende Widerrufsrecht des Stifters stehe einer Rückwirkungsfiktion entgegen. Das FG Hamburg ErbStB 2010, 33 hat entschieden, dass die Erbeinsetzung gemeinnütziger Vereine oder Stiftungen beim Erblasser im Todesjahr nicht zum Sonderausgabenabzug hinsichtlich der Zuwendung infolge des Erbfalls gem. § 10b EStG führt. Dies gilt auch bei Errichtung einer Stiftung von Todes wegen.

Nach Auffassung der Finanzverwaltung (*Jost* in: Dötsch/Jost/Pung/Witt § 5 Abs. 1 Nr. 9 KStG Rn. 5) kann mit steuerlicher Rückwirkung die spätere Stiftungsentstehung anerkannt werden, wenn

- das Stiftungsgeschäft mit einer steuerlich ausreichenden Satzung abgeschlossen ist,
- das Stiftungsvermögen auf ein Sonderkonto eingezahlt wurde, über das der Stiftungsvorstand verfügen kann,
- der Stifter auf sein Widerrufsrecht nach § 81 BGB gegenüber der Genehmigungsbehörde verzichtet hat und
- die Stiftung später anerkannt wird,

zustimmend *Buchna* a.a.O. S. 29. *Hüttemann* in: FS für Spiegelberger, S. 1299 sieht in der vorbezeichneten Praktikerlösung einen zutreffenden Kern, um über die Errichtung einer steuerlich selbständigen nicht rechtsfähigen Stiftung eine Vorverlagerung der Stiftungserrichtung zu erreichen.

9. Stiftung und Pflichtteilsergänzung

Literatur: *Damrau* Vor-Stiftung und Pflichtteilsanspruch sowie dessen Verjährung, ZEV 2010, 12; *Lange* in: FS für Spiegelberger, Zur Pflichtteilsfestigkeit von Zuwendungen an Stiftungen, S. 1321; *Matschke,* Pflichtteilsergänzungsanspruch und gemeinnützige Stiftung, ZSt 2004, S. 263 ff.; *Röthel* Pflichtteil und Stiftungen: Generationengerechtigkeit versus Gemeinwohl? ZEV 2006, 8; *Scherer/Pawlytta* in: Jubiläumsschrift 10 Jahre DVEV 1995–2005, 127: Der Beginn der Zehn-Jahres-Frist gem. § 2325 Abs. 3 BGB bei Zuwendungen an Stiftungen – zugleich eine Kritik an der BGH-Rechtsprechung zum Leistungsbegriff in § 2325 Abs. 3 BGB; *Werner* Stiftungen als Instrument der Pflichtteilsvermeidung, ZEV 2007, 560.

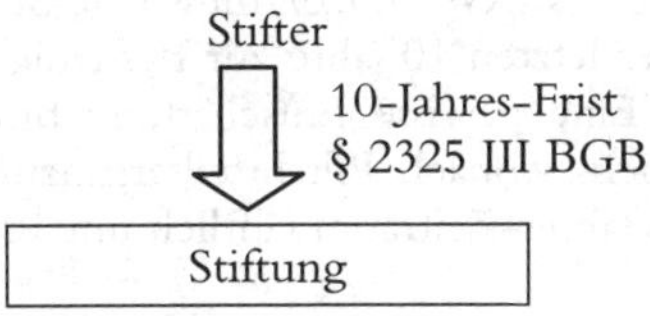

Von großer praktischer Bedeutung ist die Frage, ob im Falle einer Stif- 27
tungserrichtung Pflichtteilsergänzungsansprüche gem. § 2325 BGB bestehen. Da eine Stiftung ein unentgeltliches Rechtsgeschäft, aber keine Schenkung darstellt, ist § 2325 BGB unmittelbar nicht anwendbar. Der historische Gesetzgeber, der diese Regelungslücke gekannt hat (vgl. *Mugdan* V S. 796–798), hat es Wissenschaft und Praxis überlassen, eine analoge Anwendung vorzunehmen, wenn hierfür eine Notwendigkeit bestünde. Der Bundesgerichtshof BGHZ 116, 167 hat zum Schutz des Pflichtteilsrechts andere unentgeltliche Zuwendungen, nämlich ehebedingte Zuwendungen, der Regelung des § 2325 BGB unterstellt, so dass die Anwendung dieser Vorschrift auf die Errichtung einer Stiftung vorauszusehen war, vgl. MünchKomm/*Frank* § 2325 Rn. 13.

Gem. § 2327 BGB sind vom Erblasser erhaltene Geschenke auf den Pflichtteilsanspruch anzurechnen; nach *Rawert/Katschinski* ZEV 1996, 166 kommt eine analoge Anwendung von § 2327 BGB lediglich für solche Stiftungsleistungen in Betracht, die ein pflichtteilsberechtigter Destinatär aufgrund eines satzungsrechtlich verankerten klagbaren Anspruchs zu Lebzeiten des Stifters von der Stiftung erwirbt. Leistungen der Stiftung, die nicht auf klagbaren Ansprüchen beruhen oder erst nach dem Tod des Stifters (Erblassers) anfallen, sollen den Pflichtteilsergänzungsanspruch nicht mindern. Es stünde im Widerspruch zu den in § 2313 BGB im Interesse der Rechtssicherheit getroffenen Wertungen, wonach aufschiebend bedingte, ungewisse und unsichere Rechte sowie zweifelhafte Verbindlichkeiten für die Feststellung des Nachlasswertes im Rahmen der Pflichtteilsberechnung außer Betracht zu bleiben haben.

Das OLG Dresden ZErb 2002, 290 hat die Pflichtteilsergänzungsklage einer Pflichtteilsberechtigten mit der Begründung abgewiesen, dass die Überweisung von Beträgen über insgesamt 4,7 Mio. DM an eine gemeinnützige Stiftung, die den Wiederaufbau und den Erhalt der Dresdner Frauenkirche als Stiftungszweck erfüllt, kein Geschenk i. S. des § 2329 BGB darstelle. Darüber hinaus stelle diese Überweisung nur treuhänderisches Vermögen dar, das als

Durchgangsvermögen nicht zu einer Bereicherung i. S. des § 516 I BGB geführt habe.

Nach BGH ZEV 2004, 115 sind unentgeltliche Zuwendungen an Stiftungen in Form von Zustiftungen oder freien oder gebundenen Spenden pflichtteilsergänzungspflichtige Schenkungen i. S. der §§ 2325, 2329 BGB. Die Stiftung sei auch noch in Gestalt der mit den Spendenmitteln errichteten Bausubstanz bereichert, auch wenn die Umsetzung des Kirchenbauwerks in Geld nicht möglich sei; a. A. *Kollhosser* ZEV 2004, 118, wonach die Kirche als „res sacra" unveräußerlich sei, so dass sich ein Veräußerungswert nicht feststellen lasse.

Folgt man der Rechtsprechung des BGH a. a. O. muss jede Stiftung Rückstellungen bilden für Spenden der letzten 10 Jahre zur Befriedigung etwaiger Pflichtteilsergänzungsansprüche. Eine gewisse Entschärfung bringt die Reform des Pflichtteilsrechts mit sich, wonach Pflichtteilsergänzungsansprüche gem. § 2325 BGB in dem Zehn-Jahres-Zeitraum jährlich um 10% abschmelzen.

10. Nachträgliche Änderung der Stiftungssatzung

Literatur: *Burgard* Gestaltungsfreiheit im Stiftungsrecht, Magdeburg 2006; *Muscheler* Nachträgliche Änderung der Stiftungssatzung, ZErb 2005, 4; *Muscheler/Gantenbrink* Der Fall Beisheim – rechtliche Überlegungen zur Prof. Dr. Otto Beisheim-Stiftung Tegernsee, ZErb 2007, 211.

28 **Beispiel:** Die Firma Gebr. Riedl OHG hat Anfang des 20. Jahrhunderts eine gemeinnützige Stiftung zur Versorgung von Witwen von Bauarbeitern errichtet, die bei ihrer betrieblichen Tätigkeit tödlich verunglückten. Aufgrund der gesetzlichen Versorgung dieser Personen erfolgten jahrzehntelang keine Versorgungszahlungen mehr. Kann die Stiftung gem. § 87 BGB aufgehoben werden?

29 § 16 Abs. 1 der Satzung der von der Bundesrepublik Deutschland gegründeten privatrechtlichen „Stiftung Warentest" lautet:

„Die Satzung kann durch Beschluss des Verwaltungsrates mit Zustimmung der Stifterin geändert werden. Satzungsändernde Beschlüsse bedürfen einer Mehrheit von zwei Dritteln der Stimmen der Verwaltungsratsmitglieder. Eine Änderung des Stiftungszweckes (§ 2) kann nur beschlossen werden, wenn es wegen wesentlicher Änderung der Verhältnisse angezeigt erscheint."

30 Nach § 17 Abs. 1 dieser Satzung kann die Stiftung, falls die Stifterin nicht binnen einer bestimmten Frist widerspricht, durch übereinstimmende Beschlüsse von Verwaltungsrat und Kuratorium mit einer Mehrheit von jeweils zwei Dritteln der Stimmen aufgehoben werden.

Nach Auffassung von *Muscheler* ZErb 2005, 4, 10 ist der zitierte § 17 I der Satzung auf jeden Fall unwirksam, weil er eine Aufhebung der Stiftung ermöglicht, ohne dafür auch nur die geringste sachliche Voraussetzung aufzustellen.

31 Gem. § 87 Abs. 1 BGB kann die Stiftungsaufsichtsbehörde der Stiftung eine andere Zweckbestimmung geben oder sie aufheben, wenn die Erfüllung des Stiftungszwecks unmöglich geworden ist oder sie das Gemeinwohl gefährdet. Nach Abs. 2 dieser Bestimmung soll bei der Umwandlung des

Zwecks der Wille des Stifters berücksichtigt werden, insbesondere soll dafür gesorgt werden, dass die Erträge des Stiftungsvermögens dem Personenkreis, dem sie zustatten kommen sollten, im Sinne des Stifters erhalten bleiben.

Nach der Auffassung von *Burgard* a. a. O. S. 719 ist es ein Kennzeichen einer korporativen Strukturierung, dass den Stiftungsorganen ein weiter Handlungs- und Entscheidungsfreiraum eingeräumt ist. Der Grundsatz der Maßgeblichkeit des Stifterwillens wurde dadurch nicht berührt.

11. Gemeinnützige Stiftung mit Quotennießbrauch für Erben: GmbH & Co. KG statt Vor- und Nacherbfolge

Literatur: *Schiffer/Kotz* Die Stiftung in der Erb- und Nachfolgeregelung, ZErb 2004, 115

32 **Beispiel:** Der erfolgreiche Architekt B wendet eine vorbildlich konzipierte Wohnanlage seinen fünf Kindern als Vorerben und seinen bei seinem Ableben vorhandenen oder gezeugten Abkömmlingen (einschließlich Enkel) als Nacherben zu mit der Maßgabe, nach dem Versterben aller Vorerben und Nacherben 50% des Mietertrags seinen Abkömmlingen (Urenkel und allen weiteren Abkömmlingen) auszuzahlen.

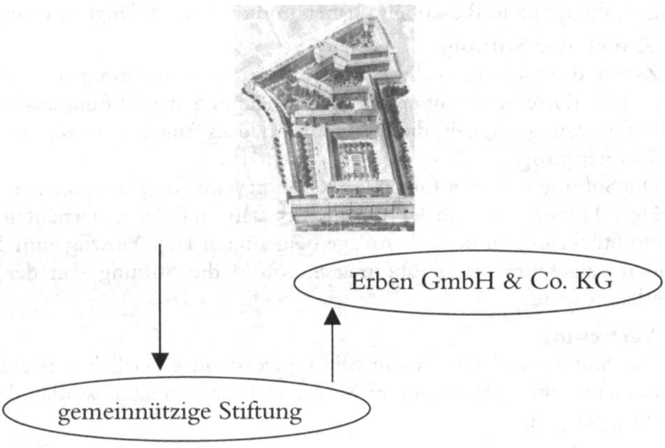

33 Vor- und Nacherbfolge ist erbschaftsteuerlich immer ungünstig und führt bei einer gestuften Vor- und Nacherbfolge mit zahlreichen Nacherben u. U. zur Aufsaugung des gesamten Vermögens durch Erbschaftsteuer. Empfehlenswert ist daher die Erbeinsetzung einer gemeinnützigen Stiftung mit einem Quotennießbrauch für eine Erben-GmbH & Co. KG. Dieses Nießbrauchsrecht kann im Grundbuch eingetragen werden und bleibt generationsübergreifend bestehen.

12. Urkundengestaltung

Literatur: *Fischer/Ihle* Satzungsgestaltung bei gemeinnützigen Stiftungen, DStR 2008, 1692.

34 **Beispiel:** Der verwitwete Herr Lorenz Tiefenthaler will die sozialen Verhältnisse in der Weise fördern, dass mit den Erträgen seines Wertpapierdepots andere mildtätige Organisationen mit Mitteln versorgt und zudem besondere Maßnahmen in seiner Heimatstadt durchgeführt werden können. Darüber hinaus soll ein Drittel der Erträge seinen Kindern zufließen, die versorgt sind und Pflichtteilsverzichte erklärt haben. Darüber hinaus will Herr Lorenz Tiefenthaler das Stiftungsvermögen nachhaltig dadurch stärken, dass er die Stiftung testamentarisch zu seinem Alleinerben beruft.

35 **URNr. ... Errichtung einer Stiftung**

Beurkundet am ...
anwesend:
Herr Lorenz Tiefenthaler ...

Auf Ersuchen des Erschienenen beurkunde ich dessen Erklärungen gemäß was folgt:

A. Stiftungserrichtung

1. Gründung

Im Andenken an meine verstorbene Ehefrau Waltraud Tiefenthaler errichte ich hiermit eine rechtsfähige Stiftung gem. §§ 80ff. BGB, die gemeinnützigen Zwecken i. S. des §§ 51 ff. AO dienen soll.

Die Stiftung soll den Namen
„Waltraud und Lorenz Tiefenthaler-Stiftung"
tragen, ihren Sitz in Rosenheim haben und die Rechtsfähigkeit erlangen.

2. Zweck der Stiftung

Zweck der Stiftung ist die Förderung sozialer Einrichtungen und bedürftiger Personen. Die Einzelheiten über die Verwirklichung des Stiftungszwecks werden in der Stiftungssatzung geregelt, die dieser Urkunde als Anlage beigefügt ist.

3. Einbringung

Die Stiftung wird mit folgendem Grundstockvermögen ausgestattet:

Herr Lorenz Tiefenthaler verpflichtet sich, auf die neuerrichtete Stiftung Aktien, deren Stückelung in dem als Anlage beigefügten Depotauszug zum 31. 12. 00 im einzelnen aufgeführt ist, zu übertragen, sobald die Stiftung von der Aufsichtsbehörde anerkannt wurde.

4. Vertretung

Die Stiftung soll von einem Stiftungsvorstand gesetzlich vertreten und zusammen mit einem Stiftungsrat verwaltet werden. Die Einzelheiten werden durch die Stiftungssatzung geregelt.

5. Versorgung Familienangehöriger

Ein Drittel des Einkommens der Stiftung, die gem. § 58 Nr. 5 AO dazu verwendet werden dürfen, um in angemessener Weise den Stifter und seine nächsten Angehörigen zu unterhalten, ihre Gräber zu pflegen und ihr Andenken zu ehren, sollen anteilig die Kinder der Ehegatten Waltraud und Lorenz Tiefenthaler, nämlich

a) Waltraud,
b) Elisabeth,
c) Christine und
d) Georg,

bei dem Versterben eines Berechtigten jeweils dessen Abkömmlinge zu gleichen Stammanteilen,
erhalten.

Sofern ein Abkömmling ohne Hinterlassung von Abkömmlingen verstirbt, fällt der Anteil des entfallenden Geschwisterstammes den übrigen Stämmen zu gleichen Anteilen zu.

6. Kosten

Die Kosten der Stiftungserrichtung trägt der Stifter.

Samt Anlage vorgelesen ...:

B. Satzung der Waltraud und Lorenz Tiefenthaler-Stiftung

§ 1 Name und Sitz

Die Stiftung führt den Namen:

Waltraud und Lorenz Tiefenthaler-Stiftung.

Sie ist eine rechtsfähige öffentliche Stiftung des bürgerlichen Rechts mit dem Sitz in Rosenheim.

§ 2 Stiftungszweck

1. Die Stiftung verfolgt ausschließlich und unmittelbar gemeinnützige Zwecke i. S. d. Abschnitts „Steuerbegünstigte Zwecke" der Abgabenordnung.
2. Zweck der Stiftung ist die Förderung bedürftiger Personen i. S. des § 53 AO und die Förderung sozialer Einrichtungen, die ihrerseits als Körperschaften anerkannt sind und ausschließlich und unmittelbar steuerbegünstigte Zwecke i. S. des § 51 AO verfolgen sowie die Förderung von Körperschaften des öffentlichen Rechts, die diese Stiftungsmittel ausschließlich und unmittelbar zu steuerbegünstigten Zwecken i. S. des § 51 AO verwenden.
3. Der Satzungszweck wird verwirklicht durch
   - Fürsorgemaßnahmen
   - Betreuung geistig und körperlich Behinderter
   - Gründung und Unterstützung von Jugend- und Behindertenbetreuungsorganisationen.
4. Der Stiftungsvorstand darf auch andere geeignete Maßnahmen treffen, die dem Stiftungszweck dienen.
5. Auf die Dauer von vierzig Jahren, gerechnet ab 1. 1. 1999, werden 80% der der Stiftung für gemeinnützige Zwecke verbleibenden Erträge an folgende Organisationen ausgeschüttet, wobei den Anteil der einzelnen Organisationen jeweils der Stiftungsvorstand bestimmt:
   a) SOS Kinderdorf e. V. in 80639 München,
   b) Weißer Ring – Gemeinnütziger Verein zur Unterstützung von Kriminalitätsopfern und zur Verhütung von Straftaten e. V., Mainz,
   c) Orthopädische Klinik Aschau in 83229 Aschau,
   d) Heilpädagogisches Zentrum in 83024 Rosenheim.
6. Sofern eine der vorgenannten Empfängerorganisationen innerhalb des Begünstigungszeitraums von vierzig Jahren wegfällt, hat der Stiftungsvorstand für die restliche Laufzeit der vierzig Jahre eine Ersatzorganisation auszuwählen, die den Zielen der weggefallenen Organisation möglichst nahe kommt.
7. Die nach Ausschüttung der in Ziff. 5) genannten Beträge verbleibenden Erlöse sollen für andere soziale Zwecke gem. Abs. 2. dieser Bestimmung verwendet werden.

§ 3 Einschränkungen

1. Die Stiftung ist selbstlos tätig. Sie verfolgt nicht in erster Linie eigenwirtschaftliche Zwecke. Sie darf keine juristische oder natürliche Person durch Ausgaben, die dem Zweck der Stiftung fremd sind, oder durch unverhältnismäßig hohe Unterstützungen, Zuwendungen oder Vergütungen begünstigen.
2. Ein Rechtsanspruch auf Gewährung des jederzeit widerruflichen Stiftungsgenusses besteht nicht.

§ 4 Grundstockvermögen

1. Das Grundstockvermögen besteht aus Aktien der Heidelberger Zement AG. Die Stückelung der Aktien ergibt sich aus dem Depotauszug zum 31. 12. 00, der als Anlage beigefügt wird.

2. Umschichtungen des Grundstockvermögens sind zulässig.
3. Das Grundstockvermögen der Stiftung ist in seinem Bestand dauernd und ungeschmälert zu erhalten. Die Stiftung ist jedoch berechtigt, die vorbezeichneten Aktien zu veräußern. Der Veräußerungserlös ist jeweils dem Grundstockvermögen zuzuführen.
4. Zustiftungen sind zulässig.

§ 5 Stiftungsmittel

1. Die Stiftung erfüllt ihre Aufgaben
   a) aus den Erträgen des Stiftungsvermögens,
   b) aus Zuwendungen, soweit sie vom Zuwendenden nicht zur Stärkung des Grundstockvermögens bestimmt sind.
2. Sämtliche Mittel dürfen nur für die satzungsgemäßen Zwecke verwendet werden.

§ 6 Stiftungsorgane

1. Organe der Stiftung sind
   a) der Stiftungsvorstand,
   b) der Stiftungsrat.
2. Die Tätigkeit in den Stiftungsorganen ist ehrenamtlich. Anfallende Auslagen werden ersetzt.
3. Für den Sach- und Zeitaufwand der Mitglieder des Stiftungsvorstands kann der Stiftungsrat eine in ihrer Höhe angemessene Pauschale beschließen.

§ 7 Stiftungsvorstand

1. Der Stiftungsvorstand besteht aus dem Vorsitzenden und zwei Stellvertretern.
   Als Vorsitzender des Stiftungsvorstandes wird auf Lebensdauer Herr Lorenz Tiefenthaler berufen. Zum ersten Stellvertreter wird dessen Tochter, Frau Waltraud H. . . . , zum zweiten Stellvertreter dessen Tochter, Frau Elisabeth T. . . ., berufen.
   Nach dem Ausscheiden von Herrn Lorenz Tiefenthaler ist dessen Nachfolger als Vorsitzender des Stiftungsvorstandes seine Tochter, Frau Waltraud H., nach deren Ausscheiden die weitere Tochter des Stifters, Frau Elisabeth T.
   Als Mitglieder des Vorstandes werden auch in der Folgezeit nur Abkömmlinge der Ehegatten Waltraud und Lorenz Tiefenthaler ernannt, wobei hierfür der Stiftungsrat zuständig ist. Sofern diese Ämter nicht mehr durch Abkömmlinge der Stifter besetzt werden können, soll der Stiftungsrat andere geeignete Personen benennen. Wiederholte Benennung ist zulässig.
2. Jedes Vorstandsmitglied bleibt so lange im Amt, bis ein Nachfolger bestimmt wurde. Die Amtsdauer von Mitgliedern des Stiftungsvorstandes, die durch den Stiftungsrat benannt werden, beläuft sich jeweils auf fünf Jahre.
3. Der Stiftungsvorstand vertritt die Stiftung gerichtlich und außergerichtlich. Jedes Mitglied des Stiftungsvorstandes ist einzelvertretungsberechtigt. Die stellvertretenden Vorsitzenden des Stiftungsvorstandes sollen die Stiftung nur vertreten im Falle der Verhinderung des Vorsitzenden, ohne dass dadurch die Vertretungsmacht nach außen eingeschränkt ist.
4. Der Stiftungsvorstand führt entsprechend den Richtlinien und Beschlüssen des Stiftungsrates die Geschäfte der laufenden Verwaltung.
   Der Stiftungsvorstand ist befugt, an Stelle des Stiftungsrates dringliche Anordnungen zu treffen und unaufschiebbare Geschäfte zu besorgen. Hiervon hat er dem Stiftungsrat spätestens in der nächsten Sitzung Kenntnis zu geben.
5. Der Stiftungsvorstand entscheidet über den Haushaltsvoranschlag und die Jahres- und die Vermögensrechnung, die Verwendung der Stiftungsmittel, über Rechtsgeschäfte, die einer stiftungsaufsichtlichen Genehmigung bedürfen sowie über die Änderung der Stiftungssatzung und über Anträge auf Umwandlung oder Aufhebung der Stiftung, solange dem Stiftungsvorstand Mitglieder der Stiftungsfamilie angehören.

§ 8 Stiftungsrat

1. Der Stiftungsrat besteht aus zwei Mitgliedern, nämlich dem Vorsitzenden des Stiftungsrates und dem Stellvertreter. Als erster Vorsitzender des Stiftungsrates wird Herr Michael M. ..., ernannt. Als Stellvertreter wird Herr Diplom-Kaufmann Ludwig N. ..., ernannt.
2. Die Berufung erfolgt jeweils auf die Dauer von fünf Jahren.
3. Ausscheidende Mitglieder bleiben bis zur Wahl ihrer jeweiligen Nachfolger im Amt. Wiederwahl ist zulässig. Mitglieder des Stiftungsrats dürfen nicht zugleich dem Stiftungsvorstand angehören.
4. Die Mitglieder des Stiftungsrates werden jeweils vom ersten Vorsitzenden des Stiftungsvorstandes bestellt, solange dem Vorstand ein Mitglied der Stifterfamilie angehört.
5. Sofern dem Stiftungsvorstand keine Mitglieder der Familie Tiefenthaler mehr angehören, erfolgt die Benennung des Stiftungsrates durch den Landkreis Rosenheim. Der so bestellte Stiftungsrat bestimmt auch die Mitglieder des Stiftungsvorstandes.
6. Der Stiftungsrat wählt einen Vorsitzenden und seinen Stellvertreter, der den Vorsitzenden in allen Angelegenheiten bei Verhinderung vertritt.
7. Bei Stimmengleichheit gibt die Stimme des Vorsitzenden den Ausschlag.

§ 9 Zuständigkeit des Stiftungsrates

1. Der Stiftungsrat entscheidet in allen grundsätzlichen Angelegenheiten und berät und unterstützt den Stiftungsvorstand bei seiner Tätigkeit.
2. Sofern dem Stiftungsvorstand kein Mitglied der Stifterfamilie mehr angehört, beschließt der Stiftungsrat über
   – den Haushaltsvoranschlag und die Jahres- und Vermögensrechnung,
   – die Verwendung der Stiftungsmittel,
   – die Entlastung des Stiftungsvorstands und
   – Änderungen der Stiftungssatzung und Anträge auf Umwandlung der Stiftung.
3. Der Vorsitzende des Stiftungsrates vertritt die Stiftung bei Rechtsgeschäften mit dem Stiftungsvorstand oder einzelnen Mitgliedern des Stiftungsvorstandes.

§ 10 Geschäftsgang des Stiftungsrats

1. Der Stiftungsrat wird vom Vorsitzenden nach Bedarf, mindestens jedoch einmal jährlich unter Angabe der Tagesordnung und Einhaltung einer Frist von vierzehn Tagen zu einer Sitzung einberufen. Sitzungen sind ferner einzuberufen, wenn ein Mitglied des Stiftungsrats dies verlangt.
2. Der Stiftungsrat ist beschlussfähig, wenn ordnungsgemäß geladen wurde. Ladungsfehler gelten als geheilt, wenn alle Mitglieder anwesend sind und von ihnen kein Widerspruch erfolgt.
3. Solange ein Mitglied der Stifterfamilie Mitglied des Stiftungsrats ist, können Beschlüsse nicht gegen seine Stimme gefasst werden.
4. Wenn kein Mitglied widerspricht, können Beschlüsse im schriftlichen Umlaufverfahren gefasst werden. Dies gilt nicht für Entscheidungen gem. § 11 dieser Satzung.
5. Über die Sitzungen des Stiftungsrats sind Niederschriften zu fertigen und vom Vorsitzenden und dem Stellvertreter zu unterzeichnen. Diese Niederschriften sind der Stiftungsaufsicht in Abschrift zu übersenden.

§ 11 Satzungsänderungen, Umwandlung und Aufhebung der Stiftung

1. Beschlüsse über Änderungen der Satzung und Anträge auf Umwandlung (Änderung des Stiftungszwecks) der Stiftung bedürfen der Zustimmung aller Mitglieder des Stiftungsvorstandes und des Stiftungsrates. Sie dürfen die Steuerbegünstigung der Stiftung nicht beeinträchtigen oder aufheben. Sie sind mit einer Stellungnahme der zuständigen Finanzbehörde der Stiftungsaufsichtsbehörde (§ 13) zuzuleiten.

2. Eine Aufhebung der Stiftung ist nur unter den Voraussetzungen des § 87 Abs. 1 BGB zulässig.

§ 12 Vermögensanfall

Bei Aufhebung oder Auflösung der Stiftung fällt das Restvermögen dem Landkreis Rosenheim zu.

Dieser hat es unter Beachtung des Stiftungszwecks unmittelbar und ausschließlich für gemeinnützige Zwecke zu verwenden.

§ 13 Stiftungsaufsicht

Die Stiftung untersteht der Aufsicht der Stiftungsaufsicht.

§ 14 Inkrafttreten

Die Stiftungssatzung tritt mit der Anerkennung durch die Stiftungsaufsichtsbehörde in Kraft.

13. Bewertung

37 Die selbständige gemeinnützige Stiftung des Privatrechts eignet sich für vermögende Bürger, die eine eigene Stiftungsorganisation wünschen und mit einer Stiftungsaufsicht durch den Staat einverstanden sind. Die selbständige Stiftung bürgerlichen Rechts ist kein Steuersparmodell, sondern am Gemeinwohl orientiert.

II. Öffentlich-rechtliche und kirchliche Stiftungen

41 **Beispiel:** Die an Krebs erkrankte kinderlose Journalistin E. K. will ihrer Heimatstadt ihr Haus mit der Auflage zuwenden, dieses zu veräußern und die Erträge der Stiftung an die örtlichen Träger der freien Wohlfahrtspflege weiter zu geben.

Öffentlich-rechtliche und kirchliche Stiftung analog §§ 80–88 BGB

1. Öffentliche Stiftungen

42 Der übergeordnete Begriff der öffentlichen Stiftungen umfasst die rechtsfähigen Stiftungen des bürgerlichen Rechts mit Ausnahme der privatnützigen und der Familienstiftungen. Alle öffentlichen Stiftungen beruhen unmittelbar oder mittelbar auf den Bestimmungen der §§ 80ff. BGB, da das öffentliche Recht selbst keine Rechtsgrundlage enthält.

2. Stiftungen des öffentlichen Rechts

43 Stiftungen des öffentlichen Rechts sind Stiftungen, die ausschließlich **öffentliche Zwecke** verfolgen und mit dem Staat, einer Gemeinde, einem Gemeindeverband oder einer sonstigen Körperschaft oder Anstalt des öffentlichen Rechts in einem **organischen Zusammenhang** stehen, der die Stiftung selbst zu einer öffentlichen Einrichtung macht, vgl. Art. 1 Abs. 2 Bayerisches Stiftungsgesetz.

Stiftungen des öffentlichen Rechts haben den großen Vorteil, dass Stiftungsorgane nicht notwendig bestellt und unterhalten werden müssen, so dass bei unselbständigen Stiftungen sich die Stiftungssatzung im Wesentlichen im Stiftungszweck und in den Stiftungsmitteln erschöpft. Selbstverständlich sind immer die Vorschriften der Abgabenordnung einzuhalten, wenn die Anerkennung der Gemeinnützigkeit erreicht werden soll, so dass Betriebe gewerblicher Art aus dem Bereich der Gemeinnützigkeit ausgeklammert sind. Sofern die ausgewählte Kommune für ihre Tätigkeit keine Verwaltungsgebühren erhebt, ist die öffentlich-rechtliche Stiftung der Idealfall.

Bewertung: Stiftungen des öffentlichen Rechts stehen auch Privatpersonen 44
zur Verfügung, die mit der Verwaltung durch eine kommunale oder staatliche Organisation einverstanden sind. Die Gründungsformalitäten sind besonders einfach, weil keine eigenen Stiftungsorgane bestellt werden müssen.

3. Errichtung einer öffentlich-rechtlichen Stiftung

a) Formulierungsvorschlag

Beurkundet am … 45

I. Stiftungserrichtung

Hiermit errichten wir eine selbständige öffentliche Stiftung des öffentlichen Rechts gemäß Art. 4 BayStG, die gemeinnützigen und mildtätigen Zwecken i. S. der §§ 51 ff. AO dienen soll.

Die Stiftung soll den Namen … tragen, ihren Sitz in … haben und die Rechtsfähigkeit erlangen.

Die Geschäftsräume der Stiftung befinden sich in …

II. Zweck der Stiftung

1. Zweck der Stiftung ist die Förderung der Gesundheitspflege und der Wohlfahrtspflege sowie gemeinnütziger Organisationen und von Personen in der Stadt und im Landkreis …, die i. S. d. § 53 Nr. 1 AO infolge ihres körperlichen, geistigen oder seelischen Zustands auf die Hilfe anderer angewiesen sind. Bei gleicher Bedürftigkeit sind Bürger aus dem Stadtgebiet … gegenüber Bürgern aus dem Landkreis vorrangig zu berücksichtigen.
2. Die Einzelheiten über die Verwirklichung des Stiftungszwecks werden in der Stiftungssatzung geregelt.

III. Einbringung

Die Stiftung wird mit dem Miethausgrundstück in R. Fl.Nr. … als Grundstockvermögen ausgestattet (s. Anlage I).

Die Ehegatten … verpflichten sich unverzüglich nach Anerkennung der Stiftung durch die Stiftungsaufsichtsbehörde die Auflassung zu erklären.

Darüber hinaus wird die Stiftung von Todes wegen mit Vermögenswerten seitens der Stifter ausgestattet werden.

IV. Vertretung

Die Stiftung wird von den Organen der Stadt R gesetzlich vertreten und verwaltet.

V. Grabpflege

Das Familiengrab der Stifter ist in angemessener Weise zu pflegen.

VI. Satzung

Für die Stiftung gilt die anliegende Satzung, die wesentlicher Bestandteil dieses Stiftungsgeschäfts ist.

VII. Kosten

Die Kosten der Stiftungserrichtung und der Erfüllung der Einbringungsverpflichtung tragen die Stifter.

Anfallende Verwaltungskosten im Zusammenhang mit der Zuführung weiterer Vermögenswerte dürfen in vertretbarer Höhe erhoben werden.

Samt Anlage I vorgelesen vom Notar …

46 **Anlage**
Satzung
der ... Stiftung

§ 1 Name, Rechtsstellung, Sitz

Die Stiftung führt den Namen

...

Sie ist eine rechtsfähige öffentliche Stiftung des öffentlichen Rechts mit Sitz in ...

§ 2 Stiftungszweck

1. Zweck der Stiftung ist die Förderung der Gesundheitspflege und der Wohlfahrtspflege sowie gemeinnütziger Organisationen und von Personen in der Stadt und im Landkreis ..., die i. S. d. § 53 Nr. 1 AO infolge ihres körperlichen, geistigen oder seelischen Zustands auf die Hilfe anderer angewiesen sind. Bei gleicher Bedürftigkeit sind Bürger aus dem Stadtgebiet ... gegenüber Bürgern aus dem Landkreis vorrangig zu berücksichtigen.
2. Der Satzungszweck wird verwirklicht insbesondere durch Gewährung periodischer oder einmaliger Geld- oder Sachleistungen, jeweils etwa zur Hälfte, an
   a) ... und
   b) ...
3. Die Stiftung verfolgt damit ausschließlich und unmittelbar gemeinnützige und mildtätige Zwecke im Sinn des Abschnitts „Steuerbegünstigte Zwecke" der Abgabenordnung.
4. Die Stiftung kann auch anderen, ebenfalls steuerbegünstigten Körperschaften, Anstalten und Stiftungen oder einer geeigneten öffentlichen Behörde finanzielle oder sachliche Mittel zur Verfügung stellen, wenn diese mit den Mitteln Maßnahmen nach Absatz 2 fördern und die vorbezeichneten Organisationen nicht mehr bestehen.

§ 3 Einschränkungen

1. Die Stiftung ist selbstlos tätig. Sie verfolgt nicht in erster Linie eigenwirtschaftliche Zwecke. Sie darf keine juristische oder natürliche Person durch Ausgaben, die dem Zweck der Stiftung fremd sind, oder durch unverhältnismäßig hohe Unterstützungen, Zuwendungen oder Vergütungen begünstigen.
2. Ein Rechtsanspruch auf Leistungen der Stiftung steht den durch die Stiftung Begünstigten aufgrund dieser Satzung nicht zu.

§ 4 Stiftungsvermögen

1. Das Stiftungsvermögen besteht aus dem Miethausgrundstück in R. Fl.Nr. ... im Wert von 1 Mio.
2. Das Stiftungsvermögen ist in seinem Bestand dauernd und ungeschmälert zu erhalten; Umschichtungen sind zulässig.
3. Zustiftungen (Zuwendungen zum Stiftungsvermögen) sind zulässig. Zuwendungen ohne Zweckbestimmung aufgrund einer Verfügung von Todes wegen können dem Stiftungsvermögen zugeführt werden.

§ 5 Stiftungsmittel

1. Die Stiftung erfüllt ihre Aufgaben
   a) aus den Erträgen des Stiftungsvermögens,
   b) aus Zuwendungen, soweit sie vom Zuwendenden nicht zur Aufstockung des Stiftungsvermögens bestimmt sind; § 4 Abs. 3 Satz 2 bleibt unberührt.
2. Sämtliche Mittel dürfen nur für die satzungsgemäßen Zwecke verwendet werden.
3. Es dürfen die steuerrechtlich zulässigen Rücklagen gebildet werden.
4. Die Stiftung hat das Familiengrab der Stifter im Rahmen des § 58 Nr. 5 AO angemessen zu pflegen.

§ 6 Stiftungsorgane

Die Stiftung wird von den Organen der Stadt R gesetzlich vertreten und verwaltet.

§ 7 Satzungsänderungen

Satzungsänderungen der Stiftung sind zulässig, soweit sie zur Anpassung an veränderte Verhältnisse geboten erscheinen. Sie dürfen die Steuerbegünstigung der Stiftung nicht beeinträchtigen oder aufheben. Soweit sie sich auf die Steuerbegünstigung der Stiftung auswirken können, sind sie der zuständigen Finanzbehörde zur Stellungnahme vorzulegen.

§ 8 Vermögensanfall

Bei Aufhebung oder Auflösung der Stiftung oder bei Wegfall ihrer steuerbegünstigten Zwecke fällt das Restvermögen an ... sowie an ... je zur Hälfte, ersatzweise an die Stadt .... Diese haben das Vermögen unter Beachtung des Stiftungszwecks unmittelbar und ausschließlich für gemeinnützige und mildtätige Zwecke zu verwenden.

§ 9 Inkrafttreten

Die Stiftungssatzung tritt mit der Anerkennung durch die Stiftungsaufsichtsbehörde in Kraft.

b) Kosten der Stiftungserrichtung

Schenkungsvertrag und Feststellung der Stiftungssatzung sind gegenstandsgleiche Rechtsverhältnisse gem. § 44 Abs. 1 KostO. Zu erheben ist aus dem geschenkten Betrag in Höhe von 1 Mio. € eine $^{20}/_{10}$ Gebühr nach § 36 Abs. 2 KostO. 47

Im Innenverhältnis sind die Stifterin und die Stadt R je zur Hälfte zur Zahlung der Kosten verpflichtet. Da es sich nicht um einen Vorgang handelt, der ein wirtschaftliches Unternehmen der Stadt betrifft, muss damit der auf die Stadt R entfallende Hälfteanteil an den Gebühren nach § 144 Abs. 1 KostO ermäßigt werden.

Berechnung:

$^{20}/_{10}$ Gebühr aus 1 Mio. € = 3220 €

hiervon entfallen

a) auf die Stifterin $^{1}/_{2}$, nicht ermäßigt	1610 €
b) auf die Stadt R, ermäßigt um 50%	805 €
Gebühr insgesamt	2415 €

4. Kirchliche Stiftungen

Kirchliche Zwecke verfolgt eine Körperschaft, deren Tätigkeit auf die Förderung einer Religionsgemeinschaft gerichtet ist, die Körperschaft des öffentlichen Rechts ist, vgl. Art. 140 GG und 136 ff. WRV. Die Förderung anderer Religionsgemeinschaften kann als „Förderung der Religion" gemeinnützig sein, vgl. BFH BStBl. 1951 III 148. Die Förderung „religiöser Zwecke" muss allerdings zugleich gemeinnützig sein, nicht dagegen die Förderung kirchlicher Zwecke, vgl. *Pöllath* in: Seifart, Handbuch des Stiftungsrechts § 43 Rn. 40. 48

Kirchliche Stiftungen sind solche Stiftungen i. S. d. jeweiligen Stiftungsgesetzes, deren Zweck es ist, ausschließlich oder überwiegend kirchlichen Aufgaben zu dienen, und die eine besondere organisatorische Verbindung zu einer Kirche aufweisen. Dabei werden auch die Gründung der Stiftung durch eine Kirche, die satzungsmäßige Unterstellung der Stiftung unter kirchliche 49

Aufsicht oder eine Zwecksetzung, die sinnvoll nur in Verbindung mit einer Kirche erfüllt werden kann, als gesetzliches Kriterium aufgezählt, vgl. Frhr. v. *Campenhausen* in: Seifart, Handbuch des Stiftungsrechts § 23 Rn. 1.

Bewertung: Die kirchliche Stiftung hat eine Jahrhunderte alte Tradition und kann religiös empfindenden Menschen uneingeschränkt empfohlen werden.

III. Unselbständige Stiftung

Literatur: *Augsten/Wolf* Rechtliche und steuerliche Aspekte der unselbständigen Stiftung – unter Berücksichtigung erbrechtlicher Regelungen –, ZErb 2006, 155; *Hüttemann* Steuerfragen bei gemeinnützigen nichtrechtsfähigen Stiftungen, DB 2004, 1001; *Werner* Die unselbständige Stiftung, Stiftung & Sponsoring 1999 Heft 4.

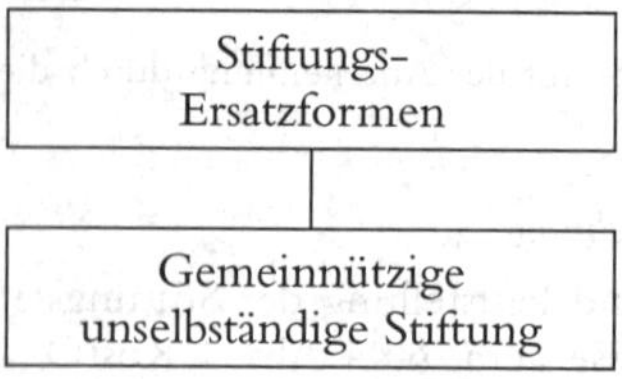

51 Eine unselbständige Stiftung entsteht, wenn Vermögensgegenstände auf einen bereits vorhandenen privatrechtlichen oder öffentlich-rechtlichen Rechtsträger übertragen werden. Eine **staatliche Genehmigung** oder **Aufsicht** ist **nicht vorgesehen**, vgl. Münchener Vertragshandbuch/*Neuhoff* Bd. 6, S. 1100. Die Genehmigungsbehörden drängen regelmäßig die Beteiligten, sich einer bestehenden Stiftung durch Zustiftung oder durch eine unselbständige Stiftung anzuschließen, da die Stiftungsorganisation insgesamt vereinfacht und eine Vielzahl unterkapitalisierter Stiftungen vermieden wird. Bei einem Stiftungskapital von weniger als 50.000 € empfiehlt sich die unselbständige Stiftung, zumal die Anerkennung einer rechtsfähigen Stiftung bei einem derartigen geringen Kapital kaum zu erreichen ist, wobei jedoch in den einzelnen Bundesländern unterschiedliche Auffassungen bestehen.

1. Treuhandvariante

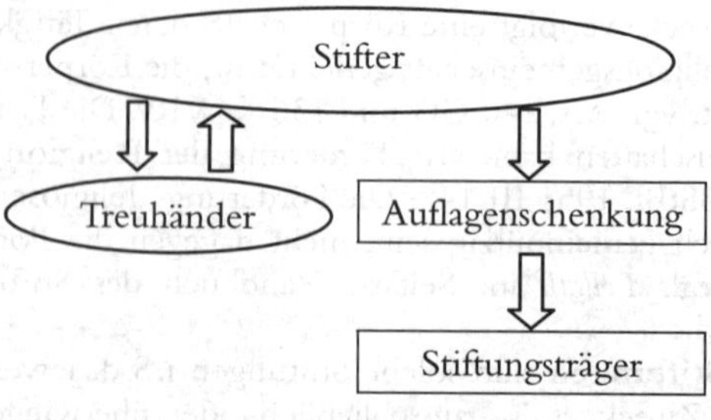

a) Vertragsgestaltung

52 Da die unselbständige Stiftung nicht selbst Träger eines verselbständigten Vermögens sein kann, kann dieses treuhänderisch durch einen anderen gehal-

ten werden, vgl. *Wochner* MittRhNotK 1994, 105. Das Treuhandverhältnis beruht auf einem **Geschäftsbesorgungsvertrag.** Mit dem Tod des Auftraggebers erlischt der Auftrag im Zweifel nicht, so dass die Verpflichtungen aus dem Geschäftsbesorgungsvertrag auf die Erben übergehen, vgl. MünchKomm/*Reuter* Rn. 41 vor § 80 BGB. Da somit sowohl gegenüber dem Stifter als auch seinem Erben ein pfändbarer Anspruch auf Herausgabe des Treugutes zusteht, der insbesondere auch bei Insolvenz des Treugebers vom Insolvenzverwalter geltend gemacht werden kann, ist bei der Treuhandvariante der unselbständigen Stiftung eine echte Loslösung vom Vermögen des Stifters nicht gegeben.

Die Regelung der Stiftungsverwaltung erfolgt durch eine **Treuhandvereinbarung**, die nicht den Charakter einer Korporationsverfassung hat. Dennoch wird diese Vereinbarung jedenfalls unter steuerlichen Gesichtspunkten als Satzung verstanden. 53

Wochner MittRhNotK 1994, 105 empfiehlt zur Sicherstellung der Erfüllung des Stiftungszweckes durch den Träger die Einsetzung eines Aufsichtsorgans (Beirat oder Kuratorium), dessen Mitglieder vom Stifter oder von Dritten entsandt werden oder durch Kooptation hinzutreten.

b) Der Trust

Literatur: *Birnbaum/Lohbeck/Pöllath,* Die Verselbständigung von Nachlassvermögen: Stiftung, Trust und andere Gestaltungen im Vergleich, FR 2007, 376 ff. und 479 ff.; *Jorde/Götz* in: FS für Spiegelberger, Ausländische Familienstiftungen und Trusts in der Gestaltungsberatung, S. 1301; *Jülicher,* Ausländische Familienstiftungen und Trusts – Chancen und Risiken durch die neue BFH-Rechtsprechung, ZErb 2007, 361; *Mutter* in: FS für Spiegelberger, Steuerliche Gesichtspunkte bei Vermögensübertragungen mittels ausländischen Trusts und Stiftungen – ein chronologischer Überblick, S. 1330

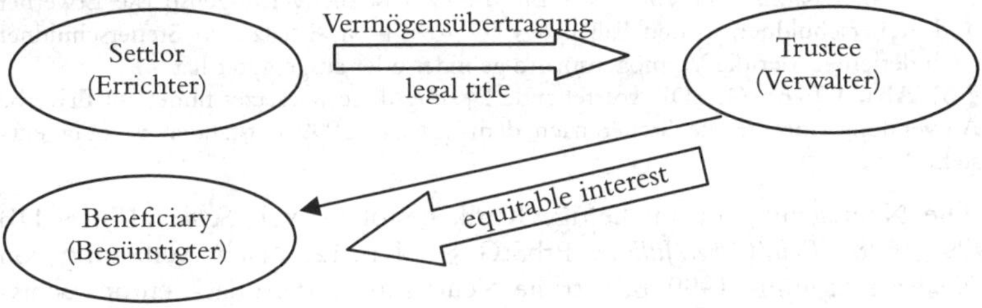

aa) Rechtsnatur

Der amerikanische trust ist der fiduziarischen Treuhand bei der unselbständigen Stiftung am ehesten vergleichbar, vgl. *Siemers* ZEV 1998, 206. Der Trustee hat eine fiduziarische Stellung und ist damit verpflichtet, das Trustvermögen von seinen eigenen Vermögen getrennt zu halten. Im Allgemeinen hat der Trustee die Rechtsstellung eines Treuhänders. 54

Die Errichtung eines Trusts nach angelsächsischem Recht ist mit der Errichtung einer Stiftung nach deutschem Recht nicht vergleichbar.

Aufgrund der unterschiedlichen Rechtsordnungen verbleiben aus der Sicht des deutschen internationalen Privatrechts für deutsche Staatsangehörige nur zwei Anwendungsbereiche, nämlich

- der Nachlasstrust über Auslandsvermögen im Common-Law-Rechtskreis, auf das Belegenheitsrecht anwendbar ist und
- der Inter-Vivos-Trust über Auslandsvermögen.

bb) Schenkungsbesteuerung

55 Die deutsche Erbschaftsteuer trat in der Vergangenheit erst mit der Verteilung des Vermögens durch den Trustee ein, vgl. BFH BStBl. 1957 III 250 und 1979 II 438. Durch das Steuerentlastungsgesetz 1999/2000/2002 hat der Gesetzgeber versucht, durch folgende Gesetzesänderungen die steuerliche Erfassung vorzuverlegen:

Der Steuerpflicht unterliegt:

- **§ 3 Abs. 2 Nr. 1 ErbStG:** „Der Übergang von Vermögen auf eine vom Erblasser angeordnete Stiftung. Dem steht gleich die vom Erblasser angeordnete Bildung oder Ausstattung einer Vermögensmasse ausländischen Rechts, deren Zweck auf die Bindung von Vermögen gerichtet ist;"
- **§ 7 Abs. 1 Nr. 8 ErbStG:** „der Übergang von Vermögen auf Grund eines Stiftungsgeschäfts unter Lebenden. Dem steht gleich die Bildung oder Ausstattung einer Vermögensmasse ausländischen Rechts, deren Zweck auf die Bindung von Vermögen gerichtet ist."
- **§ 7 Abs. 1 Nr. 9 ErbStG:** „was bei Aufhebung einer Stiftung oder bei Auflösung eines Vereins, dessen Zweck auf die Bindung von Vermögen gerichtet ist, erworben wird. Dem steht gleich die Bildung oder Ausstattung einer Vermögensmasse ausländischen Rechts, deren Zweck auf die Bindung von Vermögen gerichtet ist, sowie der Erwerb durch Zwischenberechtigte während des Bestehens der Vermögensmasse."
- **§ 20 Abs. 1 ErbStG:** „Steuerschuldner ist der Erwerber, bei einer Schenkung auch der Schenker, bei einer Zweckzuwendung der mit der Ausführung Beschwerte und in den Fällen des § 1 Abs. 1 Nr. 4 die Stiftung oder der Verein. In den Fällen des § 3 Abs. 2 Nr. 1 Satz 2 und § 7 Abs. 1 Nr. 8 Satz 2 ist die Vermögensmasse Erwerber und Steuerschuldner, in den Fällen des § 7 Abs. 1 Nr. 8 Satz 2 ist Steuerschuldner auch derjenige, der die Vermögensmasse gebildet oder ausgestattet hat."
- **§ 37 Abs. 1 ErbStG:** „Die vorstehende Fassung dieses Gesetzes findet auf Erwerbe Anwendung, für die die Steuer nach dem 4. März 1999 entstanden ist oder entsteht."

Die Neuregelung ist auf heftige Kritik gestoßen, vgl. *Söffing/Kirsten* DB 1999, 1628; *Troll/Gebel/Jülicher* ErbStG § 2 Rn. 12. Nach Auffassung von *Schindhelm/Stein* FR 1999, 881 ist die Neufassung verfassungs-, europarechts- und völkerrechtswidrig.

c) Ausländische Stiftungen

Literatur: Macheiner in: FS für Spiegelberger, Die österreichische Privatstiftung, S. 1618; *Siegler* in: FS für Spiegelberger, Die österreichische Privatstiftung – wirtschaftliche Attraktivität im Spannungsfeld der generellen Abschaffung der Erbschafts- und Schenkungssteuer in Österreich, S. 1647.

aa) Schenkungsteuer

56 In der Praxis unterschätzen die Beteiligten regelmäßig die steuerlichen Problempunkte im Zusammenhang mit ausländischen (Familien-)Stiftungen, auf die Vermögen übertragen wird, vgl. *Schiffer* in: Stiftung & Sponsoring,

05/1998, 22; *Raupach/Pohl* Stiftung & Sponsoring, 05/1999, 38. Die Übertragung von Vermögen auf die im Ausland befindliche Familienstiftung beinhaltet regelmäßig eine steuerpflichtige unentgeltliche Vermögensübertragung, so dass die unbeschränkte Steuerpflicht in der Steuerklasse III für die übertragenen Vermögenswerte eintritt, wenn der Stifter Inländer ist, vgl. § 2 Abs. 1 Nr. 1 ErbStG. Ist der Stifter im erbschaftsteuerlichen Sinne kein Inländer, kommt beschränkte Steuerpflicht nach § 2 Abs. 1 Nr. 3 ErbStG in Betracht. Ist der Stifter mit deutscher Staatsangehörigkeit seit dem Wegzug aus Deutschland noch keine fünf Jahre im Ausland ansässig, fällt die Errichtung der Stiftung unter die sog. erweiterte unbeschränkte Steuerpflicht gem. § 2 Abs. 1 Nr. 1 Buchst. b) ErbStG. Der deutsche Staatsangehörige unterliegt noch für fünf Jahre der Steuerpflicht.

bb) Vermögenszurechnung

Fraglich kann sein, ob durch die Stiftungserrichtung das Vermögen bereits 57
auf die Stiftung übergegangen ist. Das OLG Stuttgart ErbStB 2010, 12 hatte über die Klage eines Testamentsvollstreckers zu entscheiden, ob ein bei der UBS AG in Basel verwahrtes Wertpapierdepot zum Nachlass gehörte. Die Erblasserin hatte in 1999 in Vaduz eine B-Stiftung errichtet, die Inhaberin eines Depots war. Aufgrund der nachfolgend dargestellten Besonderheiten des Liechtensteinischen Rechts kam das OLG Stuttgart zu dem Ergebnis, dass das Wertpapierdepot nicht der B-Stiftung gehöre, sondern in den Nachlass falle.

cc) Liechtensteinische Stiftung

Literatur: *Jülicher* Ausländische Familienstiftungen und Trusts – Chancen und Risiken durch die neue BFH-Rechtsprechung, ZErb 2007, 361; *Lennert/Blum* Das neue Liechtensteinische Stiftungsrecht: Zivil- und steuerrechtliche Einordnung nach der Stiftungsreform, ZEV 2009, 171.

Nach der Entscheidung des BFH BStBl. 2007 II 669 unterliegt die 58
Übertragung von Vermögen auf eine Liechtensteinische Stiftung nicht der Schenkungsteuer, wenn die Stiftung nach den getroffenen Vereinbarungen und Regelungen über das Vermögen im Verhältnis zum Stifter nicht tatsächlich und rechtlich frei verfügen kann. Durch die am 1. 4. 2009 in Kraft getretene Liechtensteinische Stiftungsreform wurde das Widerrufsrecht des Stifters nicht eingeschränkt. Damit behält die Liechtensteinische Stiftung ihre Sonderstellung im internationalen Vergleich, vgl. *Lennert/Blum* ZEV 2009, 177.

Nach Auffassung von *Jülicher* ZErb 2007, 361, 364 wird durch diese Entscheidung des BFH der Besteuerungszeitpunkt bei Errichtung oder jeder späteren Dotierung nach hinten verschoben, nämlich hin zu dem Zeitpunkt, in dem die Sonderrechte des Stifters erlöschen. Das ist dann vorteilhaft, wenn der Stifter bis dahin – ggf. seit mehr als fünf Jahren – weggezogen ist oder wenn die Stiftung bzw. ihre Dotierung zu einem späteren Zeitpunkt vor diesem Erlöschen wieder rückgängig gemacht wird; denn wenn der Zeitpunkt vor dem Erlöschen liegt, entsteht niemals Steuer.

Die getroffene Gestaltung, wonach ein mit eingeschränkten Befugnissen ausgestatteter Berufstreuhänder eingeschaltet wurde, war dadurch gekennzeichnet, dass der Stifter zu seinen Lebzeiten **umfassende Herrschaftsbefugnisse** über die Stiftung und deren Vermögen zurückbehielt, insbesondere jederzeit die teilweise oder vollständige Rückübertragung des Vermögens auf sich persönlich verlangen konnte. Diese beherrschende Stellung des Stifters gegenüber dem Treuhänder kann nach Auffassung des BFH nicht mit einem bloßen freien Widerrufsvorbehalt bei einer Schenkung gleichgestellt werden, der einer Besteuerung gem. § 7 Abs. 1 Nr. 1 ErbStG nicht entgegensteht, vgl. BFH BStBl. 1989, 1034. Ein solcher ohne weitere schuldrechtliche Absprachen vereinbarter Widerrufsvorbehalt hindert den Bedachten nicht an der freien Verfügung über das auf ihn schenkweise übertragene Vermögen. Erst die Ausübung des Widerrufsrechtes und die Herausgabe des Geschenks führen in einem solchen Fall nach § 29 Abs. 1 Nr. 1 ErbStG zum Erlöschen der Steuer mit Wirkung für die Vergangenheit. Bei einer Liechtensteinischen Stiftung durch Einschaltung eines Treuhänders mit den angegebenen Herrschaftsbefugnissen des Stifters findet nach Auffassung des BFH ein Übergang von Vermögen aufgrund des Stiftungsgeschäftes nicht statt.

2. Schenkung unter Auflage

a) Rechtsfolgen

aa) Errichtung

59 Aufgrund der geschilderten Haftungsproblematik ist eine Schenkung unter Auflage zu bevorzugen. In diesem Fall könnten die Gläubiger des Stifters nur noch innerhalb der Fristen des Gläubigeranfechtungsgesetzes auf das Stiftungsvermögen zugreifen. Die zweckentsprechende Verwendung des übertragenen Vermögens durch den Rechtsträger der Stiftung ist aufgrund der Bestimmung des § 527 BGB geschützt. Die Errichtung der Stiftung kann durch Schenkung unter Lebenden oder durch Verfügung von Todes wegen erfolgen. Der Umstand, dass der Beschenkte die Erträge zur Erfüllung des Stiftungszweckes verwenden muss, steht einer Schenkung nicht im Wege, da der Stiftungsträger mit dem übertragenen Vermögen bereichert wird. Das Schenkungsversprechen bedarf gem. § 518 BGB der notariellen Form, wenn die Schenkung nicht sofort vollzogen wird.

bb) Stiftungssatzung

60 Die Ausgestaltung der Stiftungssatzung erfolgt durch den Stifter gemeinsam mit dem Verwalter, so dass auch im Unterschied zu einer rechtsfähigen Stiftung nachträgliche Änderungen des Stiftungszweckes zwischen dem Stifter und dem Verwalter vereinbart werden können. Hinsichtlich der Rechtstellung der Begünstigten sollte eine klare Regelung erfolgen, ob diese ein eigenes Forderungsrecht gem. § 328 BGB als Vertrag zu Gunsten Dritter erhalten. Die Bestimmung der Drittbegünstigten kann aber auch dem Verwalter als Versprechensempfänger überlassen werden, vgl. BGH NJW 1983, 1543.

cc) Beendigung

Bei Beendigung der unselbständigen Stiftung fällt das Vermögen der Stiftung an den Stifter bzw. dessen Rechtsnachfolger zurück, vgl. RGZ 105, 307. Zur Erhaltung der steuerrechtlichen Gemeinnützigkeit ist jedoch für die Fälle der Auflösung und Zweckänderung eine steuerliche Vermögensbindung zu Gunsten anderer steuerbegünstigter Körperschaften erforderlich, vgl. § 61 Abs. 1 AO. 61

b) Urkundengestaltung: Unselbständige Stiftung

Beurkundet am … 62

I. Stiftungserrichtung

Hiermit errichten wir eine unselbständige Stiftung, die gemeinnützigen und mildtätigen Zwecken i. S. d. §§ 51 ff. AO dienen soll.

Die Stiftung soll den Namen H. und G. W. Stiftung tragen, ihren Sitz in R haben und die Rechtsfähigkeit erlangen.

Die Geschäftsräume der Stiftung befinden sich in R …

II. Zweck der Stiftung

1. Zweck der Stiftung ist die Förderung der Gesundheitspflege und der Wohlfahrtspflege sowie gemeinnütziger Organisationen und von Personen in der Stadt und im Landkreis R, die i. S. d. § 53 Nr. 1 AO infolge ihres körperlichen, geistigen oder seelischen Zustands auf die Hilfe anderer angewiesen sind. Bei gleicher Bedürftigkeit sind Bürger aus dem Stadtgebiet … gegenüber Bürgern aus dem Landkreis vorrangig zu berücksichtigen.
2. Die Einzelheiten über die Verwirklichung des Stiftungszwecks werden in der Stiftungssatzung geregelt.

III. Einbringung

Die Stiftung wird mit folgendem Stiftungsvermögen ausgestattet:

– Geldbetrag in Höhe von 75.000 €.

Die Ehegatten H. und G. W. verpflichten sich den baren Geldbetrag von 75.000 € unverzüglich auf ein noch zu errichtendes Konto des Stiftungsträgers einzuzahlen.

Darüber hinaus wird die Stiftung von Todes wegen mit Vermögenswerten seitens der Stifter ausgestattet werden.

IV. Vertretung

Die Stiftung wird von dem Jakobus-Hospiz-Verein für Stadt und Landkreis R als Stiftungsträger verwaltet.

V. Grabpflege

Das Familiengrab der Stifter ist in angemessener Weise zu pflegen.

VI. Satzung

Für die Stiftung gilt die anliegende Satzung, die wesentlicher Bestandteil dieses Stiftungsgeschäfts ist.

VII. Kosten

Die Kosten der Stiftungserrichtung und der Erfüllung der Einbringungsverpflichtung tragen die Stifter.

Anfallende Verwaltungskosten im Zusammenhang mit der Zuführung weiterer Vermögenswerte dürfen in vertretbarer Höhe erhoben werden.

Samt Anlage I vorgelesen vom Notar …

63 **Anlage**
Satzung
der . . . Stiftung

§ 1 Name, Rechtsstellung, Sitz

Die Stiftung führt den Namen
H. und G. W. Stiftung.
Sie ist eine unselbständige Stiftung mit Sitz in R.

§ 2 Stiftungszweck

1. Zweck der Stiftung ist die Förderung der Gesundheitspflege und der Wohlfahrtspflege sowie gemeinnütziger Organisationen und von Personen in der Stadt und im Landkreis . . ., die i. S. d. § 53 Nr. 1 AO infolge ihres körperlichen, geistigen oder seelischen Zustands auf die Hilfe anderer angewiesen sind. Bei gleicher Bedürftigkeit sind Bürger aus dem Stadtgebiet . . . gegenüber Bürgern aus dem Landkreis vorrangig zu berücksichtigen.
2. Der Satzungszweck wird verwirklicht insbesondere durch Gewährung periodischer oder einmaliger Geld- oder Sachleistungen an Bedürftige.
3. Die Stiftung verfolgt damit ausschließlich und unmittelbar gemeinnützige und mildtätige Zwecke im Sinn des Abschnitts „Steuerbegünstigte Zwecke" der Abgabenordnung.
4. Die Stiftung kann auch anderen, ebenfalls steuerbegünstigten Körperschaften, Anstalten und Stiftungen oder einer geeigneten öffentlichen Behörde finanzielle oder sachliche Mittel zur Verfügung stellen, wenn diese mit den Mitteln Maßnahmen nach Absatz 2 fördern und die vorbezeichneten Organisationen nicht mehr bestehen.

§ 3 Einschränkungen

1. Die Stiftung ist selbstlos tätig. Sie verfolgt nicht in erster Linie eigenwirtschaftliche Zwecke. Sie darf keine juristische oder natürliche Person durch Ausgaben, die dem Zweck der Stiftung fremd sind, oder durch unverhältnismäßig hohe Unterstützungen, Zuwendungen oder Vergütungen begünstigen.
2. Ein Rechtsanspruch auf Leistungen der Stiftung steht den durch die Stiftung Begünstigten aufgrund dieser Satzung nicht zu.

§ 4 Stiftungsvermögen

1. Das Stiftungsvermögen besteht aus einem Geldbetrag von 75.000 €.
2. Das Stiftungsvermögen ist in seinem Bestand dauernd und ungeschmälert zu erhalten. Umschichtungen sind zulässig.
3. Zustiftungen (Zuwendungen zum Stiftungsvermögen) sind zulässig. Zuwendungen ohne Zweckbestimmung aufgrund einer Verfügung von Todes wegen können dem Stiftungsvermögen zugeführt werden.

§ 5 Stiftungsmittel

1. Die Stiftung erfüllt ihre Aufgaben
   a) aus den Erträgen des Stiftungsvermögens,
   b) aus Zuwendungen, soweit sie vom Zuwendenden nicht zur Aufstockung des Stiftungsvermögens bestimmt sind; § 4 Abs. 3 Satz 2 bleibt unberührt.
2. Sämtliche Mittel dürfen nur für die satzungsgemäßen Zwecke verwendet werden.
3. Es dürfen die steuerrechtlich zulässigen Rücklagen gebildet werden.
4. Die Stiftung hat das Familiengrab der Stifter im Rahmen des § 58 Nr. 5 AO angemessen zu pflegen.

§ 6 Stiftungsorgane

Die Stiftung wird von dem Jakobus-Hospiz-Verein in R vertreten und verwaltet.

§ 7 Satzungsänderungen, Umwandlung und Aufhebung der Stiftung

1. Satzungsänderungen der Stiftung sind zulässig, soweit sie zur Anpassung an veränderte Verhältnisse geboten erscheinen. Sie dürfen die Steuerbegünstigung der Stif-

tung nicht beeinträchtigen oder aufheben. Soweit sie sich auf die Steuerbegünstigung der Stiftung auswirken können, sind sie der zuständigen Finanzbehörde zur Stellungnahme vorzulegen.
2. Änderungen des Stiftungszwecks sind nur zulässig, wenn seine Erfüllung unmöglich wird oder sich die Verhältnisse derart ändern, dass sie in der satzungsgemäßen Form nicht mehr sinnvoll erscheint, Umwandlung und Aufhebung der Stiftung richten sich im übrigen nach den gesetzlichen Vorschriften.

§ 8 Vermögensanfall
Bei Aufhebung oder Auflösung der Stiftung oder bei Wegfall ihrer steuerbegünstigten Zwecke fällt das Restvermögen an die Stadt R. Diese hat das Vermögen unter Beachtung des Stiftungszwecks unmittelbar und ausschließlich für gemeinnützige und mildtätige Zwecke zu verwenden.

3. Bewertung

Die gemeinnützige unselbständige Stiftung ist die Idealform für den Durchschnittsbürger, der keine eigene Stiftungsorganisation wünscht, sondern mit der Trägerschaft durch eine vorhandene gemeinnützige Organisation einverstanden ist. Die unselbständige Stiftung ist die kostengünstigste Variante und unterliegt keiner gesonderten Stiftungsaufsicht, sondern lediglich der Prüfung durch die Finanzverwaltung, da der Stiftungsträger der Stiftungsaufsicht unterliegt. 64

IV. Zustiftung

Literatur: *Werner* Die Zustiftung, 2003

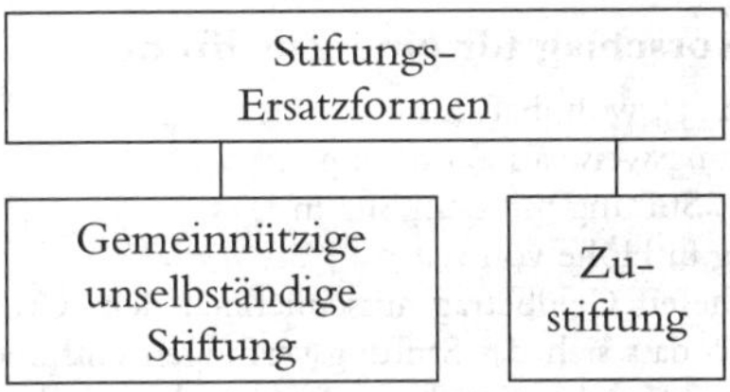

1. Definition

Die **unselbständige Stiftung** ist von der **Zustiftung** zu unterscheiden, die ihrer Rechtsnatur nach angesiedelt ist zwischen einer bloßen Spende und einer unselbständigen Stiftung. Bei einer Zustiftung wird keine eigene Stiftungssatzung errichtet. Zustiftungen sind vom Zuwendenden ausdrücklich als solche zu bezeichnen. 65

Zuwendungen von Todes wegen, bei denen der Erblasser keine Verwendung für den laufenden Aufwand der Körperschaft vorgeschrieben hat, dürfen gem. § 58 Nr. 11a AO dem Grundstockvermögen zugeführt werden. Hingegen unterliegen **Spenden** dem Gebot der zeitnahen Mittelverwendung gem. § 55 I Nr. 5 AO, vgl. *Wachter* Stiftungen, B Rn. 117. Durch die Steuerreform, wonach auch Zustiftungen gem. § 10b Abs. 1a EStG begünstigt sind, wird die Bedeutung der selbständigen Stiftung geschmälert, da alle Steuervorteile auch mit einer Zustiftung erreicht werden können.

Gemeinnützige Stiftungsträger, z. B. auch von Bankinstituten gegründete gemeinnützige Bürgerstiftungen halten unselbständige **Stiftungsfonds** vorrätig, um den Bankkunden im Wege der Zustiftung ohne weiter Formalitäten ein gemeinnütziges Stiftungsengagement zu ermöglichen. Der mit einer Zustiftung versehene Stiftungsfonds ist auch in der Lage, dem Zustifter zinsgünstige Darlehen zu gewähren. Da die Darlehenszinsen für gemeinnützige Zwecke verwendet werden, ist die Gestaltung – angemessene Zinssätze vorausgesetzt – nicht zu beanstanden. Dem Bankkunden verbleibt der wirtschaftliche Vorteil der Steuervergünstigung gem. § 10 b Abs. 1 a EStG.

2. Vergleich: Zustiftung, Spenden und unselbständige Stiftung

66

Zustiftung	Spende	Unselbständige Stiftung
Charakteristikum	20 % des Gesamtbetrags der Einkünfte oder 4 ‰ der Summe der gesamten Umsätze und der im Kalenderjahr aufgewendeten Löhne und Gehälter als Sonderausgabe gem. § 10 b Abs. 1 EStG	Charakteristikum
freigebige Zuwendung für das Grundstockvermögen der Stiftung		Mindeststiftungskapital, Satzung, Übergang des Vermögens auf Stiftungsträger, keine eigene Rechtspersönlichkeit
	Sonderausgabenhöchstbetrag in Höhe bis zu 1 Mio. € (pro Ehegatte), verteilbar auf zehn Veranlagungszeiträume gem. § 10 b Abs. 1 a	

Vorhandene Stiftung

3. Formulierungsvorschlag für eine Zustiftung

67 Ich, E. H., geboren am …, wohnhaft …
wende hiermit schenkungsweise als Zustiftung
der gemeinnützigen … Stiftung mit dem Sitz in …
einen baren Geldbetrag in Höhe von …
mit der Auflage zu, diesen Geldbetrag ausschließlich dem Grundstockvermögen der Stiftung zuzuführen, so dass sich das Stiftungsvermögen entsprechend um den Betrag dieser Zuwendung erhöht und lediglich die Erträge des erhöhten Stiftungsvermögens zeitnah verwendet werden.

…, den

(Unterschrift)

4. Zustiftung mit Vorbehaltsnießbrauch

68 **Beispiel:** Aufgrund einer Bürgerinitiative wird die gemeinnützige Stiftung Seniorenhaus Grafing gegründet, der von der Stadt Grafing ein Erbbaurecht an einem städtischen Grundstück eingeräumt wird. Durch Spenden wird ein großer Teil der Bausumme aufgebracht. Zweck der Stiftung ist die Errichtung von Altenwohnungen mit einer angeschlossenen Pflegeabteilung. Die einzelnen Altenwohnungen werden in Wohnungseigentum aufgeteilt. Einzelne Bürger sind bereit, Eigentumswohnungen zum Verkehrswert zu erwerben und der Stiftung unter Einräumung eines Vorbehaltsnießbrauches unentgeltlich zu überlassen. Der Verkehrswert einer Eigentumswohnung beträgt 100.000 €, die Jahresnettomiete 5500 €. Der Zustifter S ist 76 Jahre alt, so dass der Bewertungsfaktor gem. BStBl. 2009 I 272 für das Kalenderjahr 2009 sich auf 7,544 beläuft.

Finanzierung des Pflegebereichs

Die Kosten des Pflegebereichs im SeniorenHaus Grafing addieren sich einschließlich Einrichtung und Anlaufkosten auf ca. 3,5 Mio €. Die Grafik zeigt, wie sich die Finanzierung zusammensetzt.

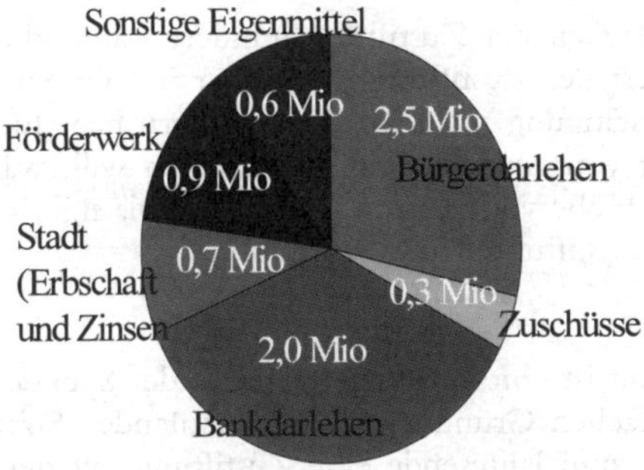

69 § 58 Nr. 5 AO (Verwendung von $^{1}/_{3}$ des Einkommens für den Stifter oder dessen Angehörige) ist nicht verletzt durch Verbindlichkeiten, die in Ausführung des Stiftungsgeschäftes auf die Stiftung übergehen. Verbindlichkeiten, Leibrenten und Vorbehaltsnießbrauch mindern von vorne herein das der Stiftung zugewendete Vermögen. Die Erfüllung dieser Ansprüche ist kein Verstoß gegen die Gebote der Selbstlosigkeit und Ausschließlichkeit, vgl. BFH BStBl. 1998 II 758. Diese Entscheidung wird von der Finanzverwaltung insoweit nicht angewendet, als der BFH auch die Belastung mit Leibrenten gestattet, die über § 58 Nr. 5 AO hinausgehen. Nießbrauchsrechte, die über die Belastungswirkung des § 58 Nr. 5 AO hinausgehen, werden hingegen von der Finanzverwaltung anerkannt.

a) Zuwendungsbescheinigung

70 Gem. § 16 BewG kann der Jahreswert der Nutzungen höchstens den Wert betragen, der sich ergibt, wenn der für das genutzte Wirtschaftsgut nach den Vorschriften des Bewertungsgesetzes anzusetzende Wert durch 18,6 geteilt wird.

Verkehrswert		100.000 €
Jahreswert des Nießbrauches gem. § 16 BewG		
100.000 : 18,6 =	5.376 €	
Kapitalisierter **Höchstwert** des Nießbrauches für Stifter S		
5.376 € × 7,544 =		40.556 €
Schenkungsanteil		59.444 €

Die Zuwendungsbescheinigung beläuft sich auf 59.444 €.

b) Einkünfte aus Vermietung und Verpachtung

71 Darüber hinaus kann der Spender auf die Dauer des Vorbehaltsnießbrauches die AfA gem. § 7 Abs. 4 oder Abs. 5 EStG geltend machen, wenn er die Eigentumswohnung (an die Stiftung) vermietet.

c) Ertraglosigkeit der Zustiftung?

72 Die Ertraglosigkeit der Zustiftung mindert während der Lebensdauer des Stifters den Wert der Zustiftung, steht aber im übrigen der Erteilung einer Zuwendungsbestätigung nicht im Wege. Sofern man Einwendungen der Finanzverwaltung von vorne herein ausschließen will, wäre ein Quotennießbrauch, z.B. in Höhe von 90%, in jedem Fall zulässig, da bereits zu Lebzeiten des Zustifters der Stiftung Erträge zufließen.

d) Bewertung

73 Die Zustiftung ist eine qualifizierte Form der Spende mit Dauerwirkung. Wegen der einfachen Gründung und der fehlenden Staatsaufsicht kann auch kurzfristig, z.B. zum Jahresende eine Zustiftung mit dem hohen Sonderausgabenabzug (ein bis zwei Millionen €!) errichtet werden.

5. Urkundengestaltung: Zustiftung

74 **Beispiel:** Die Landwirtin K bringt ein landwirtschaftliches Grundstück als Zustiftung in die gemeinnützige Albert Schweitzer Familienwerk-Stiftung ein. Diese errichtet auf dem Grundstück ein Kinderhaus, das künftig den Namen „Kinderhaus Kerb" führt.

75 Beurkundet am …

I. Sachstand

Laut Vortrag im Grundbuch des Amtsgerichts … von …… ist … Alleineigentümerin des dort vorgetragenen Grundbesitzes der Gemarkung … Flst.Nr. …

Dieser Grundbesitz ist im Grundbuch lastenfrei vorgetragen.

II. Einbringung

Frau …
– nachfolgend „Übergeber" genannt –
bringt hiermit ihren in Abschnitt I dieser Urkunde näher bezeichneten Grundbesitz mit allen Rechten und Pflichten, den Bestandteilen und dem gesetzlichen Zubehör ein in die
gemeinnützige „Albert Schweitzer Familienwerk-Stiftung"
- im folgenden auch „Erwerber" genannt -
als Zustiftung ein.
Diese verwaltet die Zustiftung unter dem Namen „Kinderhaus Kerb".

III. Auflassung

Die Vertragsteile sind darüber einig, dass das Eigentum an dem vorgenannten Grundbesitz auf den Erwerber übergeht und bewilligen und beantragen im Grundbuch die Eintragung der gemeinnützigen Stiftung … mit Sitz in … als Alleineigentümerin.

IV. Allgemeine Bestimmungen

1. Besitz, Nutzen und Lasten an dem Vertragsbesitz sowie die Gefahr des zufälligen Untergangs und der Verschlechterung gehen mit sofortiger Wirkung auf den Erwerber über.

2. Der Übergeber schließt jegliche Haftung, insbesondere für Sachmängel jeder Art, für Flächenmaß, Beschaffenheit und Verwertbarkeit des Vertragsgegenstandes aus. Der Vertragsbesitz ist dem Erwerber bekannt und wird im derzeitigen Zustand übernommen.

V Beerdigung und Grabpflege

Der Erwerber ist zur Übernahme der Kosten der Beerdigung des Übergebers sowie der Grabpflege des bestehenden Familiengrabes nach Brauch und Herkommen verpflichtet.

VI. Hinweise

Die Vertragsteile wurden vom Notar hingewiesen auf
– den Zeitpunkt und die Voraussetzungen des Eigentumsüberganges,
– das Erfordernis der vollständigen Beurkundung der getroffenen Vereinbarungen,
– die mögliche Schenkungsteuerpflicht gem. § 7 ErbStG.

VII. Schlussbestimmungen

Die Kosten dieser Urkunde und des Vollzuges, einschließlich der Lastenfreistellung des Vertragsgegenstandes sowie eine etwa anfallende Schenkungsteuer trägt der Erwerber.

Von dieser Urkunde erhalten
AUSFERTIGUNG:
die Vertragsteile,
BEGLAUBIGTE ABSCHRIFT:
das Grundbuchamt Rosenheim,
EINFACHE ABSCHRIFT:
das Zentralfinanzamt – Schenkungsteuerstelle – sowie
das Finanzamt – Grunderwerbsteuerstelle –.

Vorgelesen vom Notar …

V. Stiftungskapitalgesellschaft

Literatur: *Engelsing/Rohde* Die gemeinnützige GmbH im Steuerrecht, NWB Fach 4 S. 4965 (März 2005); *Kirnberger* Betriebsvermögen in gemeinnützigen Körperschaften, ErbStB 2005, 154; *Müller* Satzungsgestaltung der gemeinnützigen GmbH, ErbStB 2005, 165; *Paulick* Das Ende der „gGmbH" im Gemeinnützigkeitsrecht?, DNotZ 2008, 167; *Priester* Non-Profit-GmbH – Satzungsgestaltung und Satzungsvollzug, GmbHR 1999, 149; *Schröder* Die steuerpflichtige und steuerbegünstigte GmbH im Gemeinnützigkeitsrecht, DStR 2008, 1069; *Wilde* GmbH und Stiftung – ein Vergleich von Äpfel und Birnen?, GmbHR 2007, R 273

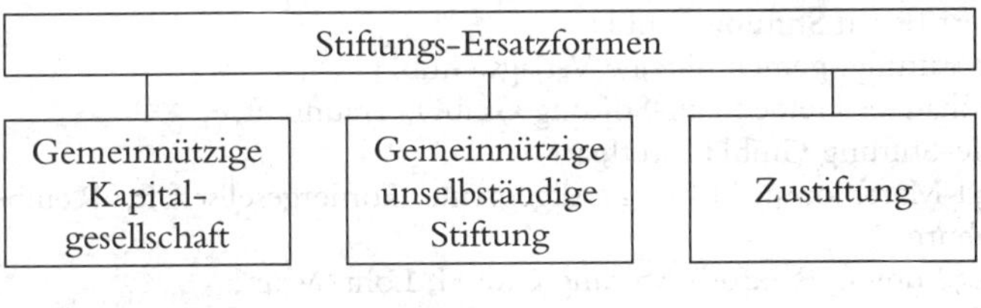

1. GmbH

a) GmbH als Nonprofit-Organisation

Auch in einer Stiftungs-Kapitalgesellschaft kann der Wille des Stifters 81
zur dauernden Zweckwidmung eines Vermögens umgesetzt werden, vgl. MünchKomm/*Reuter* Vorbem. 38 zu § 80 BGB. Der Staat bedient sich der

Rechtsform der GmbH bei von ihm initiierten Sozialbetrieben, z. B. für Beschäftigungs- und Strukturentwicklungsprogramme, vgl. *Grabau* DStR 1994, 1032; einschränkend für Beschäftigungsgesellschaften FinMin Schleswig-Holstein DStR 1992, 616.

Die Praxis weicht auch auf die Rechtsform der Stiftungs-GmbH aus, die keine Stiftung i. S. d. §§ 80ff. BGB darstellt und nicht der Stiftungsaufsicht unterliegt, aber dennoch die Bezeichnung „Stiftung" führen darf und damit den Anschein einer Stiftung erweckt. In der Tat ist die Rechtsform der GmbH ebenfalls für eine Vermögensperpetuierung besonders geeignet. Da das GmbH-Gesetz kein Kündigungsrecht enthält und die Rechtsprechung bei der Konzeption als ideelle Gesellschaft den Ausschluss von Abfindungen sowie die unentgeltliche Einziehung der GmbH-Anteile erlaubt (vgl. MünchKomm/*Reuter* Vorbem. 40 zu § 80 BGB), kann mit der Rechtsform der GmbH eine besondere Vermögensbindung erreicht werden. Besondere Berühmtheit hat die Robert Bosch Stiftung GmbH erlangt sowie die Fazit Stiftung gemeinnützige Verlagsgesellschaft GmbH, Frankfurt, die die Publizierung der Frankfurter Allgemeine Zeitung betreibt.

Folgende Argumente sprechen für die GmbH als Rechtsform gemeinnütziger Unternehmen, vgl. *Hüttche* GmbHR 1997, 1095:

Die GmbH
- ist im Vergleich zu Verein und Stiftung gesellschaftsrechtlich weitgehend ausgeformt
- organisatorisch vorstrukturiert
- flexibel und
- verfügt über eine auf Grundbedürfnisse der wirtschaftlichen Betriebsführung zugeschnittene Rechnungslegung, vgl. *Merl* in: IDW, Stiftungen – Rechnungslegung, Kapitalerhaltung, Prüfung und Besteuerung (1997), S. 101.

82 Soweit **Hoheitsaufgaben** wahrgenommen werden, also z. B. eine privatwirtschaftliche GmbH, die durch eine Gemeinde zur Erfüllung der Pflichtaufgaben im Bereich der Müll- und Abwasserbeseitigung errichtet wurde, fehlt das Merkmal der Selbstlosigkeit, da diese Kapitalgesellschaft eigennützige Zwecke verfolgt, vgl. BMF BStBl. 1985 I 583.

b) Bekannte Stiftungen in der Rechtsform der GmbH

83
- Robert Bosch Stiftung GmbH
- Fazit Stiftung, gemeinnützige Verlags GmbH
- Dr. Johannes Heidenhain-Stiftung GmbH, Traunreut,
- Mahle-Stiftung GmbH, Stuttgart,
- Alfred-Marchionini-Stiftung Allgemeine Fördergesellschaft, Reinbek bei Hamburg,
- Georg Ludwig Rexroth-Stiftung GmbH, Lohr/Main,
- Dr. Otto Röhm Gedächtnisstiftung GmbH zur Förderung von Wissenschaft und beruflicher Bildung, Darmstadt,
- Stiftung I. u. W. Tausend für Politik, Wissenschaft und soziale Marktwirtschaft GmbH, München,
- Dr. Karl Wamsler Stiftung GmbH zur Förderung des internationalen Studentenaustausches, München.

System FAZ
Die Besitz- und Beteiligungsverhältnisse des Frankfurter Verlagshauses

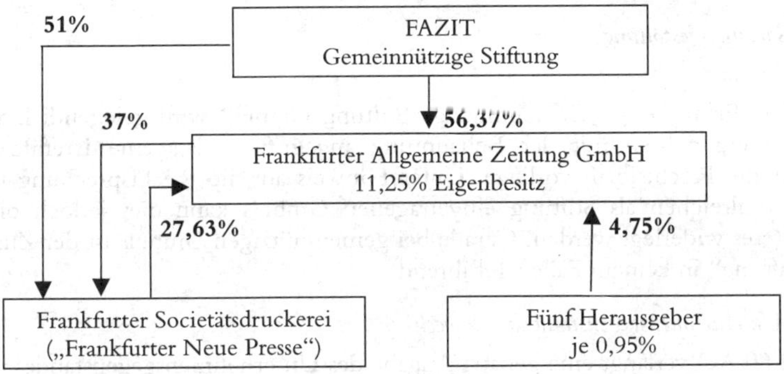

c) Vorzüge der gemeinnützigen GmbH

Die gemeinnützige Stiftungs-GmbH ist auch für Privatpersonen und Unternehmer aus drei Gründen von ganz besonderem Interesse.

aa) Keine Stiftungsaufsicht

Sie unterliegt keiner Stiftungsaufsicht, so dass weder bei der Errichtung 84
noch bei dem Jahresabschluss irgendwelche Mitwirkungsrechte zu befürchten sind. Lediglich die Anerkennung als steuerbefreite Körperschaft durch das Finanzamt muss mit großer Vor- und Umsicht aufrecht erhalten werden, zumal bei einer nachträglichen Änderung der Bestimmungen über die Vermögensbindung mit dem Wegfall der Gemeinnützigkeit gem. § 61 Abs. 3 AO alle Steuervorteile über § 175 Abs. 1 Satz 1 Nr. 2 AO rückwirkend für zehn Jahre entfallen, auch wenn unanfechtbare Steuerbescheide vorliegen. Für die Steuernachzahlung haften die gesetzlichen Vertreter persönlich.

bb) Rückholung des Stiftungskapitals

Der weitere Vorteil der gemeinnützigen GmbH besteht darin, dass das Stif- 85
tungskapital nicht irreversibel aus der Hand gegeben wird, sondern dass vielmehr bei Auflösung oder Aufhebung oder bei Wegfall des bisherigen Zweckes nur das Vermögen, soweit es die eingezahlten Kapitalanteile oder den gemeinen Wert der Sacheinlagen übersteigt, für steuerbegünstigte Zwecke verwendet werden muss (Grundsatz der Vermögensbindung, vgl. § 55 Abs. 1 Nr. 4 AO), während im übrigen das eingezahlte Stammkapital an die Gesellschafter steuerunschädlich ausgeschüttet werden darf, vgl. § 61 Abs. 3 AO. Sofern die Stiftungs-GmbH für die übernommenen Stammeinlagen Zuwendungsbescheinigungen erteilen soll, muss überhaupt jegliche Rückgewähr eingezahlter Stammeinlagen ausgeschlossen sein.

cc) Stiftung als public-relation-Organisation

Auch als PR-Organisation ist die Stiftungs-GmbH für ein Unternehmen 86
von großem Interesse, da die jährliche Gewinnverwendung von der Lokalpresse mit großer Aufmachung dargestellt wird, ohne dass irgendwelche An-

zeigenkosten entstehen. Die Sympathiewerbung für ein Unternehmen kann nicht geschickter inszeniert werden.

d) Satzungsgestaltung

aa) Firma

87 Die Firmierung „Gemeinnützige Stiftung GmbH" wird gelegentlich von Registergerichten mit der Behauptung angegriffen, dass eine Irreführung über die Rechtsform vorliege. Unter Hinweis auf die Rechtsprechung und die zahlreichen als Stiftung eingetragenen GmbHs kann dies jedoch ohne weiteres widerlegt werden. Gerade bei gemeinnützigen GmbHs ist der Zusatz „Stiftung" in keinem Falle irreführend.

bb) Unternehmensgegenstand und Zweck

88 § 60 AO verlangt eine genaue Angabe des Unternehmensgegenstandes und auch des Zwecks der Gesellschaft.

cc) Kapitalaufbringung

89 Unproblematisch ist die Gründung mit Barkapital.

Die Einbringung von Wirtschaftsgütern in eine gemeinnützige GmbH kann in der Regel nicht unter Buchwertfortführung erfolgen. § 20 Abs. 1 UmwStG gilt nur für die Einbringung in eine unbeschränkt steuerpflichtige Kapitalgesellschaft. Auch § 6 Abs. 1 Nr. 4 Satz 5 EStG ist nur einschlägig, wenn die Einbringung unentgeltlich erfolgt, so dass nur eine schlichte Übertragung als verdeckte Einlage in Betracht kommt. Angesichts der Unwägbarkeiten empfiehlt Kirnberger, ErbStB 2005, 156 zurecht eine vorherige verbindliche Auskunft der Finanzverwaltung.

dd) Mitgliedschaftsrechte

90 Hinsichtlich der Verwaltungsrechte, des Stimmrechtes und des Informationsrechtes bestehen keine Besonderheiten, vgl. *Priester* GmbHR 1999, 153. Die Mitgliedschaftsrechte sind vererblich, um eine „Kein-Personen-GmbH" zu vermeiden.

ee) Gewinnverwendung

91 Um den Gemeinnützigkeitsstatus zu sichern ist vorzusehen, dass die Gesellschafter gem. § 55 Abs. 1 Nr. 1 AO keine Gewinnanteile und keine sonstigen Zuwendungen erhalten dürfen, vgl. *Wachter* GmbH-StB 2000, 192.

ff) Liquidationsguthaben

92 Im Falle des Ausscheidens oder der Auflösung der GmbH dürfen die Gesellschafter nicht mehr als ihre eingezahlten Kapitalanteile und den gemeinen Wert ihrer geleisteten Sacheinlagen erhalten. Mit Rücksicht auf das Steuerrecht muss die Satzung in jedem Fall die Regelung enthalten, dass das übrige Liquidationsvermögen einem bestimmten steuerbegünstigten Empfänger zufällt, vgl. § 61 Abs. 1 i. V. m. § 55 Abs. 1 Nr. 4 AO. Wenn dem Anteilseigner ein Anspruch auf Rückfall seiner Stammeinlage zusteht, kann auch eine Zuwendungsbescheinigung für diesen Betrag nicht erteilt werden.

gg) Ausschluss von Gesellschaftern

Um die Gesellschafter einer Stiftungs-Kapitalgesellschaft zu einer nicht vermögensrechtlichen Mitgliedschaft zu zwingen und die Stiftung möglichst vor Abflüssen zu sichern, kann die unentgeltliche Einziehung des GmbH-Anteils (MünchKomm/*Reuter* Vorbem. 40 zu § 80 BGB) oder ein Ausschluss ohne jede Abfindung vorgesehen werden, vgl. *Ulmer* NJW 1979, 84 Mit dieser Maßnahme kann die Gleichstellung mit dem Stiftungsverein erreicht werden. 93

e) Satzung einer gemeinnützigen Stiftungs GmbH

Beispiel: Der wissenschaftlich besonders interessierte Dr. habil. V.B., der als Augenarzt in einer Großstadt tätig ist, will die Augenheilkunde in besonderer Weise fördern. Er errichtet hierzu eine gemeinnützige Stiftungs GmbH.

I. Firma, Sitz 94

1. Die Firma der Gesellschaft lautet: V.B. ophtalmologische Stiftung GmbH.
2. Sitz der Gesellschaft ist Adorf.

II. Gegenstand des Unternehmens

Gegenstand des Unternehmens ist die Förderung ophtalmologischer Forschung, insbesondere in den Bereichen Augenchirurgie, Qualitätssicherung von Augenoperationen, Patientenzufriedenheit und Lebensqualität nach Augenoperationen.

Die Stiftung verfolgt weiterhin die Förderung ophtalmologischer Fortbildung. Gefördert werden Fortbildungsveranstaltungen für Ärzte und ärztliches Hilfspersonal über Fragen der Augenchirurgie und allgemeinen Augenheilkunde, ferner Informationsveranstaltungen und die Gesundheitsaufklärung für Patientinnen/Patienten und medizinisch interessierte Bürgerinnen/Bürger zu allen Fragen im Zusammenhang mit Augenkrankheiten und Augengesundheit.

III. Gemeinnützigkeit

1. Die Gesellschaft verfolgt ausschließlich und unmittelbar gemeinnützige Zwecke im Sinne des Abschnitts „steuerbegünstigte Zwecke" der Abgabenordnung.
2. Die Gesellschaft ist selbstlos tätig; sie verfolgt nicht in erster Linie eigenwirtschaftliche Zwecke.
3. Mittel der Gesellschaft dürfen nur für die satzungsmäßigen Zwecke verwendet werden.
4. Die Gesellschafter dürfen keine Gewinnanteile und in ihrer Eigenschaft als Gesellschafter keine sonstigen Zuwendungen aus Mitteln der Gesellschaft erhalten, sofern sie nicht ihrerseits steuerbegünstigte Körperschaften im Sinne der §§ 51 ff. AO sind.
5. Die Gesellschafter erhalten bei ihrem Ausscheiden oder bei Auflösung der Gesellschaft nicht mehr als ihre eingezahlten Kapitalanteile und den gemeinen Wert ihrer geleisteten Sacheinlagen zurück
6. Die Gesellschaft darf keine Personen durch Ausgaben, die dem Zweck der Gesellschaft fremd sind, oder durch unverhältnismäßig hohe Vergütungen begünstigen.
7. Bei Auflösung der Gesellschaft oder bei Wegfall ihres bisherigen Zweckes fällt das Gesellschaftsvermögen, soweit es die eingezahlten Kapitalanteile der Gesellschafter und den gemeinen Wert der von den Gesellschaftern geleisteten Sacheinlagen übersteigt, an eine Körperschaft des öffentlichen Rechts oder eine andere steuerbegünstigte Körperschaft zwecks Verwendung für die Förderung von Maßnahmen der beruflichen Aus- und Weiterbildung im Sinne der vorgenannten Bestimmungen. Beschlüsse über die künftigen Verwendungen des Vermögens dürfen erst nach Einwilligung des Finanzamtes ausgeführt werden.

8. Bei der Ermittlung des gemeinen Wertes nach den vorstehenden Bestimmungen kommt es auf die Verhältnisse zu dem Zeitpunkt an, in dem die Sacheinlagen geleistet worden sind.

IV. Geschäftsjahr

Geschäftsjahr ist das Kalenderjahr.

V. Stammkapital, Stammeinlagen

1. Das Stammkapital der Gesellschaft beträgt 50.000 €
– fünfzigtausend Euro –
2. Vom Stammkapital übernimmt
Herr Dr. V. B.
eine Stammeinlage in Höhe von 50.000 € (Anteil Nr. 1)
– fünfzigtausend Euro –,
die sofort in bar zu erbringen ist.

VI. Vertretung der Gesellschaft

1. Die Gesellschaft hat einen oder mehrere Geschäftsführer.
2. Sofern nur ein Geschäftsführer bestellt ist, wird die Gesellschaft von diesem alleine vertreten.
3. Sind mehrere Geschäftsführer bestellt, wird die Gesellschaft durch zwei Geschäftsführer gemeinsam oder durch einen Geschäftsführer gemeinsam mit einem Prokuristen vertreten.
4. Die Gesellschafterversammlung kann jedem Geschäftsführer auch für den Fall Einzelvertretungsbefugnis erteilen, dass weitere Geschäftsführer bestellt sind.
5. Die Gesellschafterversammlung kann durch Gesellschafterbeschluss einzelne oder alle Geschäftsführer von den Beschränkungen des § 181 BGB (Verbot des Selbstkontrahierens und der Doppelvertretung) befreien.

VII. Gesellschafterversammlung

1. Die Einberufung der Gesellschafterversammlung erfolgt durch die Geschäftsführung mittels Einschreibebriefes an jeden Gesellschafter unter Angabe der Tagesordnung mit einer Ladungsfrist von 14 Tagen. Der Lauf der Frist beginnt mit dem der Aufgabe zur Post folgenden Tag. Der Tag der Versammlung wird bei der Berechnung der Frist nicht mitgezählt.
2. Eine Gesellschafterversammlung ist nur beschlussfähig, wenn mindestens 75% des Stammkapitals vertreten sind. Wenn weniger als 75% des Stammkapitals vertreten sind, ist unter Beachtung der vorstehenden Ladungsvorschriften eine neue Gesellschafterversammlung einzuberufen, die ohne Rücksicht auf das vertretene Stammkapital beschlussfähig ist. Hierauf ist in der Einberufung hinzuweisen.
3. Die Gesellschafterbeschlüsse werden mit Mehrheit der abgegebenen Stimmen gefasst, soweit das Gesetz oder der Gesellschaftsvertrag nicht eine größere Mehrheit vorsehen. Je 1 Euro eines Geschäftsanteiles gewährt eine Stimme. Stimmenthaltungen zählen als Nein-Stimmen.
4. Gesellschafterbeschlüsse können außerhalb von Gesellschafterversammlungen gefasst werden, wenn keine zwingenden Formvorschriften bestehen und sämtliche Gesellschafter mit der mündlichen, telefonischen, telegrafischen oder schriftlichen Abstimmung einverstanden sind.

VIII. Bekanntmachungen

Bekanntmachungen der Gesellschaft erfolgen im elektronischen Bundesanzeiger.

IX. Gründungskosten

Die im Zusammenhang mit der Gründung anfallenden Notarkosten, die Kosten der Bekanntmachung, der Anmeldung der Gesellschaft und ihrer Eintragung im Handelsregister und die Kosten der Gründungsberatung trägt die Gesellschaft bis zu einem Höchstbetrag von 2500 Euro, darüber hinausgehende Gründungskosten trägt der Gründer.

X. Schlussbestimmungen

1. Soweit in diesem Gesellschaftsvertrag keine besondere Regelung erfolgt ist, gelten die gesetzlichen Bestimmungen.
2. Die etwaige Nichtigkeit einzelner Bestimmungen berührt nicht die Wirksamkeit des Gesellschaftsvertrages im übrigen. Die Gesellschafter sind verpflichtet, an Stelle der unwirksamen Bestimmungen eine dem Vertragsgedanken entsprechende Neuregelung zu treffen.

Sofern eine Neuregelung nicht erfolgt, gelten die für die entsprechende Regelungslücke bestehenden gesetzlichen Bestimmungen.

2. Bewertung

Die gemeinnützige GmbH ist eine bewährte Gestaltungsform mit besonders großen Gestaltungsspielräumen. Sie unterliegt keiner Stiftungsaufsicht und ermöglicht der Stifterfamilie generationsübergreifend den Einfluss. Bedeutende Unternehmerfamilien, z.B. Familie Bosch, haben unter der Leitung einer gemeinnützigen GmbH ein Weltimperium geschaffen, das Heuschrecken-resistent, also geschützt vor feindlichen Übernahmen, ist. 95

3. Die gemeinnützige Unternehmergesellschaft (haftungsbegrenzt)

Literatur: *Bayer/Hoffmann* Erste gemeinnützige Unternehmergesellschaften (haftungsbeschränkt), GmbHReport 2009, R 102; Bayerisches Landesamt für Steuern, Verfügung vom 31. 3. 2009, DStR 2009, 1150; *Oberbeck/Winheller* Die gemeinnützige Unternehmergesellschaft, die Pflichtrücklage nach § 5 a Abs. 3 GmbHG als Stolperstein?, DStR 2009, 516.

Auch haftungsbegrenzte Unternehmergesellschaften gem. § 5 a GmbHG kommen als Stiftungsträger in Betracht. Das Bayerische Landesamt für Steuern vertritt als Ergebnis der Erörterung der Obersten Finanzbehörden des Bundes und der Länder DStR 2009, 1150 die Auffassung, dass die gesetzlich vorgeschriebene Rücklagenbildung bis zum Erreichen des Stammkapitals von 25.000 € nicht gegen den Grundsatz der zeitnahen Mittelverwendung gem. §§ 55 i. V. m. 58 AO verstößt. Das Stammkapital der Gesellschaft unterliegt nicht der zeitnahen Mittelverwendungspflicht. Ob die in Berlin gegründete „Bildungsspender“ gemeinnützige Unternehmergesellschaft (haftungsbeschränkt) mit einem Stammkapital von 1 €, eingetragen im Handelsregister Berlin HRB 117628 b (vgl. *Bayer/Hoffmann* GmbHReport 2009, R 102) den Registeraufwand rechtfertigt, darf bezweifelt werden. 96

VI. Stiftungsverein

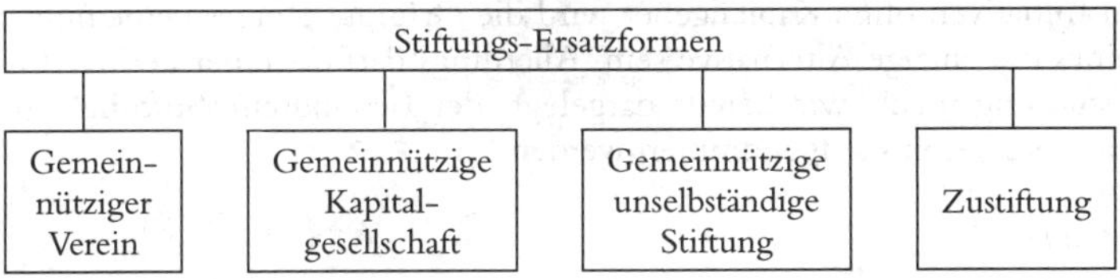

1. Zulässigkeit

Als Ersatzform der Stiftung kommt ein eingetragener Verein in Betracht, dessen Gründung als Idealverein allgemein anerkannt wird, vgl. MünchKomm/*Reuter* Vorbem. 39 zu § 80 BGB. 101

a) Name

102 Die Bezeichnung eines Vereins als „Stiftung" ist jedoch irreführend, wenn er weder über eine kapitalartige Vermögensausstattung noch über eine gesicherte Anwartschaft auf eine solche Dotierung verfügt, durch die eine dem Wesen einer Stiftung entsprechende Aufgabenerfüllung jedenfalls für einen gewissen Zeitraum gewährleistet ist, vgl. OLG Köln MittRhNotK 1997, 233.

In dem entschiedenen Fall wollte der Verein die kapitalartige Vermögensausstattung erst durch den Verkauf von Anstecknadeln und durch die Erhebung von Verleihungsgebühren erwerben.

b) Zweck

103 Der Verein kann nur als rechtsfähiger Verein im Vereinsregister eingetragen werden, wenn er ideelle, d. h. nicht wirtschaftliche Zwecke verfolgt, vgl. § 21 BGB. Allerdings begründet die wirtschaftliche Betätigung eines Vereins nicht immer einen wirtschaftlichen Verein, wenn diese lediglich Nebenzweck der Vereinstätigkeit darstellt und hinter die Verfolgung der ideellen Vereinszwecke zurücktritt, vgl. MünchKomm/*Reuter* §§ 21, 22 BGB Rn. 8.

c) Gemeinnützigkeit

104 Die Förderung der Allgemeinheit ist eine Voraussetzung für die steuerliche Anerkennung der Gemeinnützigkeit des Vereins. Das Schleswig-Holsteinische FG hat in einer Entscheidung vom 15. 12. 1995, AZ. I 541/93, die Gemeinnützigkeit eines Vereins mit der Begründung verneint, die Satzung enthalte keine klaren und eindeutigen Kriterien, von denen der Verein die Aufnahme eines Bewerbers als Mitglied abhängig machen wolle. Auch seien die entscheidungsbefugten Personen laut Satzung nicht verpflichtet, über eine Ablehnung ein Protokoll zu fertigen, damit später festgestellt werden könne, dass die tatsächliche Geschäftsführung den Satzungsbestimmungen entspricht. Damit habe der Verein zumindest die theoretische Möglichkeit, die Allgemeinheit (§ 52 AO) auszuschließen. Diese Entscheidung ist in der Literatur auf Ablehnung gestoßen, vgl. *Gast-de Haan* DStR 1996, 405.

d) Vermögensausstattung

105 Der große Vorzug des gemeinnützigen Vereins besteht darin, dass kein bestimmtes Mindestkapital erforderlich ist. Ein Verein erhebt Mitgliedsbeiträge, mit denen der Vereinszweck schlecht und recht erfüllt wird. Bei gemeinnützigen Initiativen ohne Kapitalgeber wird die Gründung eines gemeinnützigen Vereines die einzige Alternative sein. Allerdings darf bei einer geringen Kapitalausstattung nicht, wie bereits dargelegt, der Bestandteil „Stiftung" in den Namen des Vereins aufgenommen werden.

e) Satzung

106 Zur Gründung eines Vereins sind mindestens sieben Personen erforderlich. Diese errichten die Vereinssatzung. Um den mit der Vereinsgründung verfolgten Zweck langfristig zu sichern, geht der Wille der Gründer regelmäßig dahin, die Befugnis der Satzungsänderung weitestmöglich zu beschränken, vgl. *Soergel/Neuhoff* § 80 Rn. 39. Satzungsänderungen bedürfen gem. § 33

Abs. 1 Satz 1 BGB einer 3/4-Mehrheit der in der Versammlung erschienenen Mitglieder. Die Änderung des Vereinszwecks bedarf eines einstimmigen Beschlusses aller Vereinsmitglieder gem. § 33 Abs. 1 Satz 2 BGB. Bestritten ist, ob die Befugnis zur Satzungsänderung in der Weise eingeschränkt werden kann, dass auch die Zustimmung außenstehender Dritter erforderlich ist. Die Bedenken von *Flume* in: FS Coing II (1997), 103 werden von der Mehrheit in der Literatur nicht geteilt. Unzulässig ist nur, dass der Verein von Dritten beherrscht wird.

Bei einem gemeinnützigen Verein ist darauf zu achten, dass eine Vermögensbindung i. S. d. § 55 Abs. 1 Nr. 4 AO vorliegt. Der BFH GmbHReport 2009 R 328 hat die Erfüllung der formellen Satzungsanforderungen verneint, wenn die gem. § 61 Abs. 1 AO vorgeschriebene Vermögensbindung für den Fall der Auflösung und der Aufhebung der Körperschaft oder bei Wegfall ihres bisherigen Zwecks nicht gesichert ist. Die Satzung muss so genau bestimmt sein, dass geprüft werden kann, ob der Verwendungszweck steuerbegünstigt ist.

f) Aufwandersatz

Der Stiftungsverein ist auch in der Lage, den angemessenen Aufwand der Vorstandsmitglieder zu ersetzen, ohne gegen das Mittelverwendungsgebot des § 55 Abs. 1 Nr. 1 AO zu verstoßen, vgl. BFH BStBl. 1997 II 474. In dem entschiedenen Fall hatte der Verein für Fahrten mit dem eigenen PKW den Vorstandsmitgliedern 0,42 € pro Kilometer ersetzt. Die Vorstandsmitglieder haben dem Verein eine Durchlaufspende in der selben Höhe gewährt. **107**

g) Beispiele für Stiftungsvereine

- Hanns-Seidel-Stiftung e. V., München **108**
- Stifterverband für die Deutsche Wissenschaft e. V., Essen-Bredeney
- Studienstiftung des deutschen Volkes e. V., Bonn
- Stiftung Mensch und Arbeit e. V., Stuttgart
- Stiftung Jugend forscht e. V., Hamburg
- Stiftung Deutsche Jugendmarke e. V., Bonn
- C. Rudolf Poensgen-Stiftung e. V. zur Förderung von Führungskräften in der Wirtschaft, Düsseldorf
- Wilhelm-Leuze-Stiftung für Begabtenförderung, Neheim-Hüsten,
- Karl-Hermann-Flach-Stiftung e. V., Wiesbaden
- Ludwig-Erhard-Stiftung e. V., Bonn
- Hermann-Ehlers-Stiftung e. V., Kiel
- Friedrich Ebert Stiftung e. V., Bonn
- Konrad-Adenauer-Stiftung e. V., Bonn
  (zitiert nach *Brandmüller* a. a. O. S. 47).

h) Bewertung

Stiftungsvereine sind gemeinnützige Vereine mit einer besonderen Kapitalausstattung. Insbesondere ideologisch geprägte Organisationen (Parteien oder weltanschaulich orientierte Gruppen) errichten gemeinnützige Stiftungsvereine. **109**

2. Vereinssatzung

110 **Beispiel:** Bei der Beerdigung des Malers Robert Höfling bildet sich ein Initiativkreis, der das Andenken des Malers erhalten und die hinterlassenen Werke der Öffentlichkeit präsentieren will. Zur Erlangung der Gemeinnützigkeit soll generell die Förderung der Kunst und von Künstlern und Kunststudenten verfolgt werden. Da Geldmittel nicht vorhanden sind, wird die Gründung eines gemeinnützigen Vereins angeregt.

111 **Satzung**

§ 1 Name und Sitz

1. Der Verein trägt den Namen: Robert Höfling Kunststiftung e. V.
2. Der Verein hat seinen Sitz in Elfershausen.
3. Der Verein soll in das Vereinsregister beim Amtsgericht Schweinfurt eingetragen werden.

§ 2 Zweck des Vereins

Im Gedenken an den Kunstmaler Robert Höfling bezweckt der Verein die Förderung bedürftiger Künstler und Kunststudenten. Der Satzungszweck wird insbesondere verwirklicht durch die Veranstaltung von Ausstellungen und Konzerten, den Ankauf von Kunstwerken und die Vergabe von Stipendien.

§ 3 Gewinnverwendung

1. Der Verein ist selbstlos tätig; er verfolgt ausschließlich und unmittelbar mildtätige Zwecke i. S. d. Abgabenordnung.
2. Mittel des Vereins dürfen nur für satzungsmäßige Zwecke verwendet werden. Die Mitglieder erhalten keine Zuwendungen aus Mitteln des Vereins.
3. Es darf keine Person durch Ausgaben, die dem Zweck des Vereins fremd sind, oder durch unverhältnismäßig hohe Vergütungen begünstigt werden.

§ 4 Mitgliedschaft

1. Mitglied des Vereins kann jede natürliche und juristische Person werden. Der Vorstand entscheidet über die Aufnahme in den Verein.
2. Der Mitgliedsbeitrag wird durch die Mitgliederversammlung festgesetzt.
3. Die Mitgliedschaft endet
   – durch Tod oder – bei juristischen Personen – durch Auflösung,
   – durch Austritt oder
   – durch Ausschluss.

Der Austritt aus dem Verein erfolgt schriftlich gegenüber dem Vorstand und ist jederzeit möglich. Ein bereits entrichteter Mitgliedsbeitrag wird nicht erstattet. Der Ausschluss „aus wichtigem Grund" ist durch Beschluss des Vorstands möglich. Gegen diesen Beschluss kann binnen einer Frist von einem Monat nach Zugang der Ausschlusserklärung Einspruch bei der Mitgliederversammlung eingelegt werden. Bis zur Entscheidung der Mitgliederversammlung ruhen die Rechte und Pflichten des Mitglieds.

§ 5 Organe des Vereins

Organe des Vereins sind
– die Mitgliederversammlung und
– der Vorstand.

§ 6 Mitgliederversammlung

1. Die Mitgliederversammlung besteht aus den Vereinsmitgliedern.
2. Eine ordentliche Mitgliederversammlung findet jährlich statt.
3. Eine außerordentliche Mitgliederversammlung ist einzuberufen, wenn es
   – der Vorstand beschließt oder
   – ein Viertel der stimmberechtigten Mitglieder dies beim Vorstand schriftlich beantragt hat.

4. Die Aufgaben der Mitgliederversammlung sind:
   - Wahl des Vorstandes,
   - Entscheidung über den Einspruch eines ausgeschlossenen Mitglieds,
   - Entgegennahme der Jahresberichte und der Jahresrechnung, Entlastung des Vorstands,
   - Wahl der Rechnungsprüfer,
   - Änderung der Satzung und
   - Auflösung des Vereins.
5. Die Einberufung der Mitgliederversammlung erfolgt durch den Vorstand durch Veröffentlichung in der örtlichen Presse (Tageszeitung) und im Amtsblatt der Gemeinde unter Angabe der Tagesordnung. Zwischen der Einladung und dem Termin der Versammlung muss eine Frist von drei Wochen liegen. Jedes Mitglied kann bis eine Woche vor der Mitgliederversammlung Anträge zur Tagesordnung stellen. Die Tagesordnung kann durch Mehrheitsbeschluss der Mitgliederversammlung in der Sitzung ergänzt oder geändert werden; dies gilt nicht für Satzungsänderungen.
6. Der Vorsitzende oder sein Stellvertreter leiten die Versammlung. Bei Abwesenheit wählen die Vereinsmitglieder aus ihrer Mitte einen Versammlungsleiter.
7. Die Mitgliederversammlung ist ohne Rücksicht auf die Zahl der erschienenen Mitglieder beschlussfähig.
8. Die Beschlüsse der Mitgliederversammlung werden mit einfacher Mehrheit der anwesenden stimmberechtigten Mitglieder gefasst. Bei Stimmengleichheit gilt der Antrag als abgelehnt. Auf Antrag der Mitgliederversammlung sind die Abstimmungen geheim durchzuführen. Satzungsänderungen und die Auflösung des Vereins können nur mit einer Mehrheit von $^2/_3$ der erschienenen stimmberechtigten Mitglieder beschlossen werden.
9. Stimmberechtigt sind alle Mitglieder vom vollendeten Lebensjahr an. Jüngere Mitglieder können an der Mitgliederversammlung teilnehmen. Juristische Personen sind durch ihren gesetzlichen Vertreter stimmberechtigt. Das Stimmrecht kann nicht auf andere Personen übertragen werden.
10. Über die Beschlüsse der Mitgliederversammlung ist ein Protokoll anzufertigen, das vom Sitzungsleiter und von einem anderen Vorstandsmitglied gegenzuzeichnen ist.

§ 7 Vorstand

1. Als Vorstandsmitglied sind Mitglieder vom vollendeten 18. Lebensjahr an wählbar.
2. Der Vorstand besteht aus
   - dem 1. Vorsitzenden,
   - dem 2. Vorsitzenden,
   - dem Schatzmeister,
   - dem Schriftführer.

   Der Vorstand wird auf zwei Jahre gewählt. Es muss über jeden Kandidaten einzeln abgestimmt werden. Bei Ausscheiden eines Vorstandsmitglieds ist der Gesamtvorstand berechtigt, ein neues Mitglied kommissarisch bis zur nächsten Mitgliederversammlung zu berufen. Zur Vorstandswahl wählt die Mitgliederversammlung einen aus drei Personen bestehenden Wahlausschuss.
3. Vorstand i. S. d. § 26 BGB sind der 1. Vorsitzende und der 2. Vorsitzende. Sie vertreten den Verein gerichtlich und außergerichtlich. Jeder von ihnen ist allein vertretungsberechtigt.
4. Der Vorstand entscheidet mit einfacher Stimmenmehrheit. Bei Stimmengleichheit gibt die Stimme des 1. Vorsitzenden den Ausschlag. Zur Beschlussfähigkeit des Vorstandes ist die Anwesenheit des 1. Vorsitzenden oder des Stellvertreters erforderlich.

5. Der Vorsitzende ruft bei Bedarf, oder wenn zwei Vorstandsmitglieder es begehren, eine Vorstandssitzung unter Angabe der Tagesordnung ein. Er leitet die Vorstandssitzung. Über die Vorstandssitzungen ist ein Protokoll durch den Schriftführer anzufertigen und von ihm und dem Vorsitzenden zu unterschreiben.

§ 8 Geschäftsjahr

Das Geschäftsjahr des Vereins ist das Kalenderjahr.

§ 9 Kassenprüfung

Die Kasse des Vereins wird in jedem Jahr durch zwei von der Mitgliederversammlung des Vereins gewählte Kassenprüfer geprüft. Die Kassenprüfer erstatten der Mitgliederversammlung einen Prüfungsbericht und beantragen bei ordnungsgemäßer Führung der Kassengeschäfte die Entlastung des Schatzmeisters.

§ 10 Besonderer Vertreter nach § 30 BGB

Der Vorstand ist berechtigt, einen Manager zu bestellen, der für die Organisation und Betreuung der zuständig ist. Seine Aufgabe ist es:

– über den Erwerb von Bildern zu verhandeln. Ein diesbezüglicher Vertragsabschluss ist aber allein Angelegenheit des Vorstands;
– die finanziellen Vergütungen auszuzahlen, genau aufzuschreiben und monatlich mit dem Vorstand abzurechnen.

§ 11 Auflösung des Vereins

1. Die Auflösung des Vereins kann nur in einer zu diesem Zweck einberufenen außerordentlichen Mitgliederversammlung beschlossen werden.
2. Die Einberufung einer solchen Versammlung darf nur erfolgen, wenn es
   – der Vorstand mit einer Mehrheit von $^3/_4$ aller seiner Mitglieder beschlossen hat oder
   – von $^2/_3$ der stimmberechtigten Mitglieder des Vereins schriftlich gefordert wird.
3. Die Versammlung ist beschlussfähig, wenn mindestens 50% der stimmberechtigten Mitglieder anwesend sind. Die Auflösung kann nur mit einer Mehrheit von $^2/_3$ der erschienenen stimmberechtigten Mitglieder beschlossen werden. Die Abstimmung ist geheim durchzuführen.
   Sollten bei der ersten Versammlung weniger als 50% der stimmberechtigten Mitglieder anwesend sein, ist binnen eines Monats eine zweite Versammlung einzuberufen, die dann mit einer Mehrheit von zwei Dritteln der anwesenden stimmberechtigten Mitglieder die Auflösung beschließen kann.
4. Bei Auflösung des Vereins oder bei Wegfall steuerbegünstigter Zwecke ist das Vermögen des Vereins zu steuerbegünstigten Zwecken zu verwenden. Beschlüsse über die künftige Verwendung des Vermögens dürfen erst nach Einwilligung des Finanzamts ausgeführt werden.

Die vorstehende Satzung wurde in der Gründungsversammlung vom … errichtet.

Mustersatzung 112
für einen Verein
Anlage 1 zu § 60 BGB (BGBl. I 2008 S. 213)

(nur aus steuerlichen Gründen notwendige Bestimmungen ohne Berücksichtigung der vereinsrechtlichen Vorschriften des BGB)

§ 1

Der .... (e. V.)
mit Sitz in ....
verfolgt ausschließlich und unmittelbar – gemeinnützige – mildtätige – kirchliche – Zwecke (nicht verfolgte Zwecke streichen) i. S. d. Abschnitts „Steuerbegünstigte Zwecke" der Abgabenordnung.
Zweck des Vereins ist ....
....
....
(z. B. die Förderung von Wissenschaft und Forschung, Bildung und Erziehung, Kunst und Kultur, des Umwelt-, Landschafts- und Denkmalschutzes, der Jugend- und Altenhilfe, des öffentlichen Gesundheitswesens, des Sports, Unterstützung hilfsbedürftiger Personen).

Der Satzungszweck wird verwirklicht insbesondere durch ....
....
(z. B. Durchführung wissenschaftlicher Veranstaltungen und Forschungsvorhaben, Vergabe von Forschungsaufträgen, Unterhaltung einer Schule, einer Erziehungsberatungsstelle, Pflege von Kunstsammlungen, Pflege des Liedgutes und des Chorgesanges, Errichtung von Naturschutzgebieten, Unterhaltung eines Kindergartens, Kinder-, Jugendheimes, Unterhaltung eines Altenheimes, eines Erholungsheimes, Bekämpfung des Drogenmissbrauchs, des Lärms, Errichtung von Sportanlagen, Förderung sportlicher Übungen und Leistungen).

§ 2

Der Verein ist selbstlos tätig; er verfolgt nicht in erster Linie eigenwirtschaftliche Zwecke.

§ 3

Mittel des Vereins dürfen nur für die satzungsmäßigen Zwecke verwendet werden. Die Mitglieder erhalten keine Zuwendungen aus Mitteln des Vereins.

§ 4

Es darf keine Person durch Ausgaben, die dem Zweck der Körperschaft fremd sind, oder durch unverhältnismäßig hohe Vergütungen begünstigt werden.

§ 5

Bei Auflösung des Vereins oder bei Wegfall steuerbegünstigter Zwecke fällt das Vermögen des Vereins

a) an – den – die – das – ....
....
(Bezeichnung einer juristischen Person des öffentlichen Rechts oder einer anderen steuerbegünstigten Körperschaft) – der – die – das – es unmittelbar und ausschließlich für gemeinnützige, mildtätige oder kirchliche Zwecke zu verwenden hat.

oder

b) an eine juristische Person des öffentlichen Rechts oder eine andere steuerbegünstigte Körperschaft
zwecks Verwendung für ....
....
....
(Angabe eines bestimmten gemeinnützigen, mildtätigen oder kirchenlichen Zwecks, z. B. Förderung von Wissenschaft und Forschung, Bildung und Erziehung, der Unterstützung von Personen, die i. S. d. § 53 AO wegen
....
bedürftig sind, Unterhaltung des Gotteshauses in
....).

Alternative zu § 5

Kann aus zwingenden Gründen der künftige Verwendungszweck jetzt noch nicht angegeben werden (§ 61 Abs. 2 AO), so kommt folgende Bestimmung über die Vermögensbindung in Betracht:
„Bei Auflösung des Vereins oder bei Wegfall steuerbegünstigter Zwecke ist das Vermögen zu steuerbegünstigten Zwecken zu verwenden.
Beschlüsse über die künftige Verwendung des Vermögens dürfen erst nach Einwilligung des Finanzamts ausgeführt werden."

VII. Gesellschaft bürgerlichen Rechts mit ideellem Zweck

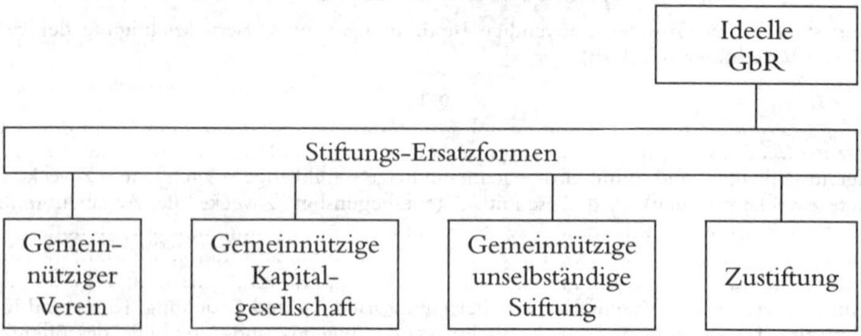

1. Anwendungsbereich

116 Überraschend erscheint die Erkenntnis, dass selbst eine Gesellschaft bürgerlichen Rechts mit ideellem Zweck stiftungsähnliche Strukturen aufweisen kann.

117 **Beispiel:** Die X-GbR wurde im Rahmen eines baulichen Selbsthilfeprogramms des B-Senats gegründet. Ziele dieses Programms waren:
- die behutsame Stadterneuerung,
- die Bindung aktiver Bevölkerungsgruppen an die Stadt,
- die Entwicklung neuer Formen gemeinschaftlichen Zusammenlebens,
- die soziale Stabilisierung in Altbaugebieten und
- die Integration unterschiedlicher Gruppen in die Gesellschaft.

Die Gesellschafter erwarben das teilweise unbewohnte Anwesen R.-Str. 16 in B für einen Kaufpreis in Höhe von 170.000 DM. Die Baukosten in Höhe von 1.803.000 DM wurden zum wesentlichen Teil durch Fördermittel aufgebracht. Der Gesellschaftsvertrag legt fest, dass es nicht Zweck der Gesellschaft sei, Gewinn zu erzielen, sondern den Gesellschaftern und ihren Kindern bessere Lebensverhältnisse zu schaffen. Jeder Gesellschafter hatte bei Eintritt in die Gesellschaft 6000 DM als Einlage zu zahlen. Jeder ausscheidende Gesellschafter erhält eine Abfindung in Höhe seiner Einlage; er verzichtet zu Gunsten der Gesellschaft auf evtl. Mehransprüche, die sich aus dem Wert seines Gesellschaftsanteils ergeben können. Zum Zeitpunkt des Ausscheidens des Klägers wird der Wert des Anwesens auf 3 Mio. DM geschätzt. Dieser beantragt festzustellen, dass die in dem Gesellschaftsvertrag vereinbarte Buchwertklausel unwirksam sei.

2. Gesellschaftsvertrag

a) Beschränkung der Abfindung

118 Der II. Senat des BGH DNotI-Report 1997, 197 führt aus, dass er nur in eng begrenzten Ausnahmefällen den gesellschaftsvertraglichen Ausschluss des Abfindungsguthabens oder dessen erhebliche vertragliche Beschränkung zulasse, vgl. BGHZ 22, 194ff.; WM 1966, 368. Eine Ausnahme von der Gewährung einer angemessenen Abfindung liege auch dann vor, wenn die Gesellschaft bürgerlichen Rechts nach ihrem Gesellschaftsvertrag einen rein ideellen Zweck verfolge. Die Gesellschafter haben der Sache nach die Stel-

lung von Treuhändern, die zur uneigennützigen Verwendung des ideellen Zwecks gewidmeten Gesamthandsvermögens berufen sind. Für den Fall, dass ein Alleingesellschafter verbleibe, dem das gesamte Gesellschaftsvermögen von beträchtlichem Wert zufalle, müsse aber eine ergänzende vertragliche Regelung getroffen werden, die auch schon ausgeschiedene Gesellschafter angemessen berücksichtige.

b) Keine Gemeinnützigkeit

Der Gemeinnützigkeitsstatus wird nur Körperschaften verliehen. Eine BGB-Gesellschaft kommt daher als Träger einer gemeinnützigen Organisation nicht in Betracht. 119

c) Bewertung

Gesellschaften bürgerlichen Rechts mit ideellem Zweck sind nur stiftungsähnliche Organisationen, bei denen die Gesellschafterrechte fast auf Null reduziert werden können. Steuervorteile sind mit dieser Gestaltung nicht verbunden. 120

VIII. Die Besteuerung gemeinnütziger Körperschaften

Literatur: *Biber* Neuregelung beim Spendenabzug, EStB 2008, 75; BMF-Schreiben: Steuerbegünstigte Zwecke (§ 10b EStG); Gesetz zur weiteren Stärkung des bürgerschaftlichen Engagements v. 10. 10. 2007; Anwendungsschreiben zu § 10b EStG, BStBl. 2009 I 16; *Fischer/Ihle* Satzungsgestaltung bei gemeinnützigen Stiftungen, DStR 2008, 1692; *Funke-Lachotzki* Steuerliche Neuerungen im Stiftungs- und Spendenrecht, EStB 2009, 75; *Kirchhain* Ist die ertragsfinanzierte Versorgung der Stifterfamilie durch eine gemeinnützige Stiftung über die Ein-Drittel-Grenze des § 58 Nr. 5 AO hinaus unschädlich?, ZEV 2006, 534; *Melchior* Änderungen durch das Gesetz zur weiteren Stärkung des bürgerschaftlichen Engagements, DStR 2007, 1745; *OFD Chemnitz,* Kapitalausstattung bei Gemeinnützigkeit, GmbH-Stb 2005, 76; *Schauhoff/Kirchhain* Das Gesetz zur weiteren Stärkung des bürgerschaftlichen Engagements, DStR 2007, 1985; *Schiffer* Aktuelles Beratungs-Know-how Gemeinnützigkeits- und Stiftungsrecht, DStR 2005, 508; *Wallenhorst* Gemeinnützigkeit: Ist die Geprägetheorie überholt?, DStR 2009, 717.

Körperschaften, wie sie Stiftungen darstellen, unterliegen grundsätzlich allen steuerlichen Belastungen. Um der Besteuerung zu entgehen, streben Stiftungen in der Regel – Familienstiftungen ausgenommen – den Gemeinnützigkeitsstatus an. Die mit der Anerkennung der Gemeinnützigkeit gem. § 51 ff. AO verbundenen Steuervorteile setzen voraus, dass eine Stiftung nach ihrer Satzung und tatsächlichen Geschäftsführung ausschließlich und unmittelbar gemeinnützige, mildtätige oder kirchliche Zwecke verfolgt. Gemeinnützige Zwecke verfolgt sie, wenn ihre Tätigkeit darauf gerichtet ist, die Allgemeinheit auf materiellem, geistigem oder sittlichem Gebiet selbstlos zu fördern. Eine Förderung der Allgemeinheit ist nicht mehr zu bejahen, wenn der Kreis der Personen, denen die Förderung durch die Stiftung zu Gute kommt, geschlossen ist, wenn also z.B. die Belegschaft eines Unternehmens oder Familienmitglieder begünstigt werden sollen. 126

Beispiel: Der pensionierte BMW-Vorstand M will eine Förderstiftung zur Hilfeleistung Not leidender BMW-Mitarbeiter errichten. 127

128 **Hinweis:** Stiftungen zur Förderung der Belegschaft von BMW dienen nicht der Allgemeinheit, so dass Gemeinnützigkeitsstatus nicht zu erreichen ist. Ein Ausweg zur Anerkennung der Gemeinnützigkeit besteht darin, allen Not leidenden Belegschaftsmitglieder von Automobilherstellern im Raum München die Förderung zukommen zu lassen.

1. Tatbestandsmerkmale

129 Eine Körperschaft wird gem. § 51 AO steuerbegünstigt, wenn sie ausschließlich und unmittelbar gemeinnützige, mildtätige oder kirchliche Zwecke verfolgt.

a) Gemeinnützige Zwecke

130 Gem. § 52 Abs. 1 AO verfolgt eine Körperschaft gemeinnützige Zwecke, wenn ihre Tätigkeit darauf gerichtet ist, die Allgemeinheit auf materiellem, geistigem oder sittlichem Gebiet selbstlos zu fördern. Als gemeinnützig sind gem. § 52 Abs. 2 AO:

1. die Förderung von Wissenschaft und Forschung;
2. die Förderung der Religion;
3. die Förderung des öffentlichen Gesundheitswesens und der öffentlichen Gesundheitspflege, insbesondere die Verhütung und Bekämpfung von übertragbaren Krankheiten, auch durch Krankenhäuser im Sinne des § 67, und von Tierseuchen;
4. die Förderung der Jugend- und Altenhilfe;
5. die Förderung von Kunst und Kultur;
6. die Förderung des Denkmalschutzes und der Denkmalpflege;
7. die Förderung der Erziehung, Volks- und Berufsbildung einschließlich der Studentenhilfe;
8. die Förderung des Naturschutzes und der Landschaftspflege im Sinne des Bundesnaturschutzgesetzes und der Naturschutzgesetze der Länder, des Umweltschutzes, des Küstenschutzes und des Hochwasserschutzes;
9. die Förderung des Wohlfahrtswesens, insbesondere der Zwecke der amtlich anerkannten Verbände der freien Wohlfahrtspflege (§ 23 der Umsatzsteuer-Durchführungsverordnung), ihrer Unterverbände und ihrer angeschlossenen Einrichtungen und Anstalten;
10. die Förderung der Hilfe für politisch, rassisch oder religiös Verfolgte, für Flüchtlinge, Vertriebene, Aussiedler, Spätaussiedler, Kriegsopfer, Kriegshinterbliebene, Kriegsbeschädigte und Kriegsgefangene, Zivilbeschädigte und Behinderte sowie Hilfe für Opfer von Straftaten; Förderung des Andenkens an Verfolgte, Kriegs- und Katastrophenopfer; Förderung des Suchdienstes für Vermisste;
11. die Förderung der Rettung aus Lebensgefahr;
12. die Förderung des Feuer-, Arbeits-, Katastrophen- und Zivilschutzes sowie der Unfallverhütung;
13. die Förderung internationaler Gesinnung, der Toleranz auf allen Gebieten der Kultur und des Völkerverständigungsgedankens;
14. die Förderung des Tierschutzes;
15. die Förderung der Entwicklungszusammenarbeit;
16. die Förderung von Verbraucherberatung und Verbraucherschutz;
17. die Förderung der Fürsorge für Strafgefangene und ehemalige Strafgefangene;
18. die Förderung der Gleichberechtigung von Frauen und Männern;
19. die Förderung des Schutzes von Ehe und Familie;
20. die Förderung der Kriminalprävention;
21. die Förderung des Sports (Schach gilt als Sport);
22. die Förderung der Heimatpflege und Heimatkunde;

23. die Förderung der Tierzucht, der Pflanzenzucht, der Kleingärtnerei, des traditionellen Brauchtums einschließlich des Karnevals, der Fastnacht und des Faschings, der Soldaten- und Reservistenbetreuung, des Amateurfunkens, des Modellflugs und des Hundesports;
24. die allgemeine Förderung des demokratischen Staatswesens im Geltungsbereich dieses Gesetzes; hierzu gehören nicht Bestrebungen, die nur bestimmte Einzelinteressen staatsbürgerlicher Art verfolgen oder die auf den kommunalpolitischen Bereich beschränkt sind;
25. die Förderung des bürgerschaftlichen Engagements zugunsten gemeinnütziger, mildtätiger und kirchlicher Zwecke

Sofern der von der Körperschaft verfolgte Zweck nicht unter Satz 1 fällt, 131
aber die Allgemeinheit auf materiellem, geistigem oder sittlichem Gebiet entsprechend selbstlos gefördert wird, kann dieser Zweck für gemeinnützig erklärt werden. Die Obersten Finanzbehörden der Länder haben jeweils eine Finanzbehörde i. S. d. Finanzverwaltungsgesetzes zu bestimmen, die für Entscheidungen nach Satz 2 zuständig ist.

b) Mildtätige Zwecke

Mildtätige Zwecke werden verfolgt, wenn die Tätigkeit darauf gerichtet ist, 132
Personen selbstlos zu unterstützen

- die infolge ihres körperlichen, geistigen oder seelischen Zustandes auf die Hilfe anderer angewiesen sind oder
- deren Bezüge nicht höher sind als das Vierfache bzw. Fünffache des Regelsatzes der Sozialhilfe.

c) Die Sphären einer gemeinnützigen Körperschaft

Als Finanzierungsquelle für das gemeinnützige Handeln üben zahlreiche 133
gemeinnützige Körperschaften eigene wirtschaftliche Tätigkeiten aus. Insgesamt werden folgende **vier Tätigkeitsbereiche** gemeinnütziger Körperschaften unterschieden:

- ideeller Bereich, in dem die Körperschaft auf nicht wirtschaftliche Weise ihre Satzungszwecke erfüllt und Mitgliedsbeiträge erzielt,
- Vermögensverwaltung, mit der die Körperschaft Einkünfte aus Kapitalvermögen oder aus Vermietung und Verpachtung erwirtschaftet,
- Zweckbetriebe, die als wirtschaftliche Geschäftsbetriebe gleichwohl steuerbefreit sind, weil sie zur Erfüllung der steuerbegünstigten satzungsmäßigen Zwecke notwendig sind (sog. Zweckverwirklichungsbetriebe) und
- wirtschaftliche Geschäftsbetriebe, die als bloße sog. Mittelbeschaffungsbetriebe steuerpflichtig sind.

Beispiel für vier Sphären einer gemeinnützigen Körperschaft: Erhaltung eines Museums 134

Ideeller Bereich Mittelbeschaffung für Museum: Beiträge und Spenden	Zweckbetrieb Museum
Vermögensverwaltung Erträge des Stiftungsvermögens	Wirtschaftlicher Geschäftsbetrieb Betrieb eines Museumscafes

Die Steuerbefreiung gilt somit nur für den ideellen Bereich, für Vermögensverwaltung und für den Zweckbetrieb, so dass die allgemeine Steuerpflicht für den wirtschaftlichen Geschäftsbetrieb bestehen bleibt, vgl. *Orth* FR 1995, 256.

135 Ein steuerbegünstigter **Zweckbetrieb** liegt nur vor, wenn
- die satzungsmäßigen Zwecke und der Geschäftsbetrieb gleichsam eine Einheit bilden,
- die satzungsmäßigen Zwecke nur durch den Geschäftsbetrieb erreicht werden können und
- ein Wettbewerb durch den wirtschaftlichen Geschäftsbetrieb mit anderen Unternehmen unvermeidbar ist.

Ein Zweckbetrieb gem. § 65 AO erfordert
- unmittelbare Verfolgung satzungsmäßiger Zwecke,
- Notwendigkeit des Zweckbetriebs,
- Unvermeidbarkeit des Wettbewerbs

Im Ergebnis müssen die Allgemeinwohlvorteile aus der gemeinnützigen Zweckverfolgung die Beeinträchtigung des Wettbewerbs überwiegen, vgl. *Hüttemann* Wirtschaftliche Betätigung und steuerliche Gemeinnützigkeit, S. 184ff.

d) Satzungserfordernisse

Die Satzungserfordernisse sind in §§ 55ff. AO geregelt.

aa) Genaue Umschreibung der Satzungszwecke

136 Die genaue Umschreibung der Satzungszwecke erfordert auch die Angabe konkreter Maßnahmen, also die Art und Weise, wie die Satzungszwecke erfüllt werden sollen, z.B.
- Zuwendung von Geldmitteln,
- Betreuung geistig und körperlich Behinderter
- Veranstaltung von Konzerten und Dichterlesungen.

Dabei muss beachtet werden, dass die jährlich zur Verfügung stehenden Ausschüttungen (ausgenommen das Grundstockvermögen!) ausreichen, um die angegebenen Zwecke erfüllen zu können. Je größer der Maßnahmenkatalog, um so umfangreicher muss das Stiftungsvermögen sein. Insbesondere reiten die staatlichen Aufsichtsbehörden nach wie vor darauf herum, dass „die dauernde und nachhaltige Erfüllung des Stiftungszwecks gesichert erscheint", vgl. § 80 Abs. 2 BGB.

Es reicht somit nicht aus, die Gemälde für eine Kunstgalerie zu stiften; vielmehr muss die Stiftung auch in der Lage sein, **dauerhaft** aus sonstigen Erträgen die Präsentation der Gemälde, die Bezahlung der Aufsichtspersonen, die Aufbringung der Versicherungsprämien usw. zu gewährleisten.

bb) Verbot der eigenwirtschaftlichen Zweckverfolgung

137 Das Gebot der Selbstlosigkeit gem. § 55 AO ist zu der Formel erstarrt, dass die Förderung selbstlos geschieht und nicht in erster Linie eigenwirtschaftliche Zwecke verfolgt werden. Selbst dann, wenn ausschließlich gemeinnützige Zwecke verfolgt werden und kein wirtschaftlicher Geschäftsbetrieb beabsichtigt ist, muss die Formulierung in die Satzung aufgenommen werden, weil

andernfalls die Finanzverwaltung die Anerkennung der Gemeinnützigkeit verweigert.

cc) Gebot satzungsmäßiger Mittelverwendung

§ 58 Nr. 5 AO lässt abweichend von § 55 Abs. 1 Nr. 1 AO Unterhaltsleistungen an den Stifter und seine nächsten Angehörigen zu. Diese Regelung gilt nicht für Stiftungsvereine oder Stiftungs-Kapitalgesellschaften. Nächste Angehörige sind nur die Familie im engeren Sinn, z. B. nicht mehr Urenkel. Die Regelung in § 58 Nr. 5 AO wird derart kleinlich ausgelegt, dass dringend zusätzlich ein Quotennießbrauch für die Stifterfamilie zu empfehlen ist. Angemessen ist eine Versorgung nur, wenn die Familie auf die Mittel aus der Stiftung nicht angewiesen ist, wobei auch die Höhe der möglichen monatlichen Zahlungen begrenzt ist! 138

Gemeinnützige Stiftungen müssen die ihnen zufließenden Mittel zeitnah für ihre Satzungszwecke ausgeben, vgl. § 55 Abs. 1 Nr. 5 AO. Die gesetzlichen Vorschriften über die Rücklagenbildung gem. § 58 Nr. 6 und 7 AO sind nur vor diesem Hintergrund verständlich, vgl. BFH BStBl. 1990 II 89. Die Verwendung bis zum Ablauf des folgenden Jahres ist durch eine Nebenrechnung (Mittelverwendungsrechnung) nachzuweisen, vgl. AEAO zu § 55 Nr. 10.

Hat die Körperschaft Mittel angesammelt, ohne dass die Voraussetzungen des § 58 Nr. 6 und 7 vorliegen, kann die Finanzverwaltung gem. § 63 Abs. 4 eine Frist für die Verwendung der Mittel setzen. Die tatsächliche Geschäftsführung gilt als ordnungsgemäß, wenn die Körperschaft die Mittel innerhalb der Frist für steuerbegünstigte Zwecke verwendet.

Ein anderer Ausweg besteht darin, dass bei der Ansammlung von Mitteln über die Voraussetzungen des § 58 Nr. 6 und 7 hinaus die Körperschaft einen Beschluss fasst, eine Großmaßnahme zu verwirklichen, z. B. die Errichtung eines Altenheimes. In diesem Fall dürfen für diese Großmaßnahme über § 58 Nr. 6 und 7 hinaus Mittel gebunden werden.

dd) Verbot der Rückzahlung von Stiftungskapital

Gem. § 55 Abs. 1 Nr. 4 AO ist bei der Auflösung oder Aufhebung der Körperschaft oder bei Wegfall ihres bisherigen Zwecks die Rückgabe des eingebrachten Kapitalanteils der Mitglieder unschädlich, so dass nur die übrigen Mittel für steuerbegünstigte Zwecke verwendet werden müssen. Allerdings kann bei dem Vorbehalt der Rückzahlung des eingebrachten Kapitals keine Zuwendungsbescheinigung für diesen Betrag erteilt werden. 139

ee) Begünstigungsverbot

Die gemeinnützige Stiftung unterliegt einem Begünstigungsverbot. Sie muss alle Mittel für ihre satzungsmäßigen Zwecke verwenden und sparsam mit ihren Mitteln umgehen. Das Gebot der Sparsamkeit gilt auch für Vergütungen im Rahmen eines wirtschaftlichen Geschäftsbetriebes (Werbeprämien des Bayerischen Roten Kreuzes in Höhe des ersten Mitgliedbeitrages sind unzulässig!) und bei der Vermögensverwaltung. 140

§ 4 der Mustersatzung lautet demgemäß:

„Es darf keine Person durch Ausgaben, die dem Zweck der Gesellschaft fremd sind, oder durch unverhältnismäßig hohe Vergütungen begünstigt werden."

Selbstverständlich sind Vergütungen und Kostenersatz für Dienstleistungen, die der Stifter und seine Erben erbringen, keine Zuwendungen und unschädlich, soweit sie inhaltlich klar im Voraus vereinbart und tatsächlich durchgeführt werden. Die Vergütungen müssen angemessen sein und dürfen das ortsübliche Entgelt nicht überschreiten.

ff) Satzungsmäßige Vermögensbindung

141 Gem. § 55 Abs. 1 Nr. 4 AO darf das von der Stiftung steuerbegünstigt gebildete Vermögen nur zu steuerbegünstigten Zwecken verwendet werden. Dies muss gem. § 61 Abs. 1 AO ausdrücklich in der Satzung der Stiftung geregelt sein. Wenn keine ausdrückliche Rückgewähr des Stiftungskapitals gem. § 55 Abs. 4 AO vereinbart ist, muss die Satzung vorsehen, dass bei Auflösung oder Aufhebung der Stiftung sowie bei Wegfall des gemeinnützigen Zweckes das Vermögen satzungsgemäß, also gemeinnützig, zu verwenden ist.

142

Mustersatzung
für andere Körperschaften
(Betriebe gewerblicher Art von juristischen Personen des öffentlichen Rechts, Stiftungen, geistliche Genossenschaften und Kapitalgesellschaften)
Anlage 2 zu § 60 BGB (BGBl. I 2008 S. 215)

Das Muster nach Anlage 1 ist unter entsprechenden Änderungen auch für andere Körperschaften verwendbar:

a) Bei Betrieben gewerblicher Art von juristischen Personen des öffentlichen Rechts, bei staatlich beaufsichtigten Stiftungen, bei den von einer juristischen Person des öffentlichen Rechts verwalteten unselbständigen Stiftungen und bei geistlichen Genossenschaften (Orden, Kongregationen)
   – braucht die Vermögensbindung in der Satzung nicht festgelegt zu werden. Damit kann § 5 des Musters entfallen.
   Außerdem ist folgende Bestimmung aufzunehmen:
   – § 3 Abs. 2:
   „Der – die – das – ....
   enthält bei Auflösung oder Aufhebung der Körperschaft oder bei Wegfall steuerbegünstigter Zwecke nicht mehr als – seine – ihre – eingezahlten Kapitalanteile und den gemeinen Wert – seiner – ihrer – geleisteten Sacheinlage zurück."
   Bei Stiftungen ist diese Bestimmung nur erforderlich, wenn die Satzung dem Stifter einen Anspruch auf Rückgewähr von Vermögen einräumt (vgl. zu § 55, Nr. 31 Sätze 2 und 3). Fehlt die Regelung, wird das eingebrachte Vermögen wie das übrige Vermögen behandelt.

b) Bei Kapitalgesellschaften sind folgende ergänzende Bestimmungen in die Satzung aufzunehmen
   – § 3 Abs. 1 Satz 2:
   „Die Gesellschafter dürfen keine Gewinnanteile und in ihrer Eigenschaft als Gesellschafter auch keine sonstigen Zuwendungen aus Mitteln der Körperschaft erhalten."
   – § 3 Abs. 2:
   „Sie erhalten bei ihrem Ausscheiden oder bei Auflösung der Körperschaft oder bei Wegfall steuerbegünstigter Zwecke nicht mehr als ihre eingezahlten Kapitalanteile und den gemeinen Wert ihrer geleisteten Sacheinlagen zurück."
   – § 5:
   „Bei Auflösung der Körperschaft oder bei Wegfall steuerbegünstigter Zwecke fällt das Vermögen der Körperschaft, soweit es die eingezahlten Kapitalanteile der Gesellschafter und den gemeinen Wert der von den Gesellschaftern geleisteten Sacheinlagen übersteigt, ..."
   – Alternative zu § 5 unter den Voraussetzungen des § 61 Abs. 2 AO:
   „Bei Auflösung der Körperschaft ist das Vermögen, soweit es die eingezahlten Kapitalanteile der Gesellschafter und den gemeinen Wert der von den Gesellschaftern geleisteten Sacheinlagen übersteigt, zu steuerbegünstigten Zwecken zu verwenden.
   Beschlüsse über die künftige Verwendung des Vermögens dürfen erst nach Einwilligung des Finanzamts ausgeführt werden."

   § 3 Abs. 2 und der Satzteil, „soweit es die eingezahlten Kapitalanteile der Gesellschafter und den gemeinen Wert der von den Gesellschaftern geleisteten Sacheinlagen übersteigt", in § 5 sind nur erforderlich, wenn die Satzung einen Anspruch auf Rückgewähr von Vermögen einräumt (vgl. zu § 55, Nr. 23 Satz 4).

2. Steuerfolgen der Gemeinnützigkeit

a) Erbschaft- und Schenkungsteuer

Literatur: *Gluth* Steuervorteile durch Weitergabe von Vermögen an gemeinnützige Stiftungen, ErbStB 2009, 225; *Penner/Ravenstein* Erbschaftsteuerliches Stundungsmodell bei verfügungsbeschränktem Nachlassvermogen, ZEV 2008, 589.

aa) Gründung

Gemeinnützige Körperschaften sind gem. § 13 Abs. 1 Nr. 16b ErbStG von der Erbschaftsteuer befreit. 143

bb) Rückwirkende Steuerbefreiung

Sofern innerhalb von vierundzwanzig Monaten nach einem Erbfall Vermögensgegenstände in eine gemeinnützige Stiftung eingebracht werden, entfällt rückwirkend gem. § 29 Abs. 1 Nr. 4 ErbStG die Erbschaftsteuer. 144

b) Ertragsteuern

Der Ausschluss der Steuerbefreiung einer gemeinnützigen beschränkt steuerpflichtigen ausländischen Stiftung ist gem. Art. 73b EG-Vertrag i. V. m. Art. 73d EG-Vertrag gemeinschaftswidrig, vgl. EUGH DStR 2006, 1736 (centro di Musicologia). Durch diese Entscheidung sah sich der Gesetzgeber veranlasst, dem deutschen Gemeinnützigkeitsrecht – und damit auch dem Spendenabzugsrecht – eine strukturelle Inlandsbezogenheit zu geben. Nach Auffassung von *Seidel* ErbStB 2009, 190 verbleiben verfassungsrechtliche und gemeinschaftsrechtliche Zweifel. Durch das Gesetz zur weiteren Stärkung des bürgerschaftlichen Engagements BGBl. 2007 I 2332 wurden folgende Gesetzesänderungen durchgeführt: 145

aa) Übungsleiterpauschale

Einnahmen aus nebenberuflicher Tätigkeit als Übungsleiter sind bis zur Höhe von insgesamt 2.100 € im Jahr einkommensteuerfrei. 146

bb) Höchstgrenzen für den Spendenabzug

Gem. § 10b Abs. 1 Satz 1 Nr. 1 und 2 EStG sowie gem. § 9 Abs. 1 Nr. 2 KStG und § 9 Nr. 5 GewStG wurden die Höchstgrenzen für den Spendenabzug auf 20% aller förderungswürdigen Zwecke angehoben. 147

cc) Spendenvortrag

Zuwendungen, die die Höchstbeträge überschreiten oder im Veranlagungszeitraum der Zuwendung nicht berücksichtigt werden können, sind nach § 10d EStG zeitlich unbegrenzt vortragbar. Ein Spendenrücktrag ist allerdings nicht mehr möglich. 148

dd) Spenden in den Vermögensstock einer Stiftung

Der Höchstbetrag für Spenden in den Vermögensstock einer öffentlichen oder einer steuerbefreiten Stiftung des privaten Rechts wurde auf 1 Mio. € angehoben; dies gilt auch für die Gewerbesteuer gem. § 9 Nr. 5 GewStG. 149

150 **Beispiel:** Steuerberater S war bisher Alleineigentümer aller Immobilien. Um den Sonderausgabenabzug gem. § 10b Abs. 1a EStG zu optimieren, überträgt er als Ehegattenschenkung eine Immobilie im Wert von 500.000 € auf seine Ehefrau, die diese nach einer kurzen Schamfrist in die vom Ehemann gegründete gemeinnützige Stiftung einbringt.

151 Unklar ist bei Zusammenveranlagung von Ehegatten, ob grundsätzlich eine Verdoppelung des Höchstbetrages in Betracht kommt, wenn die zusätzlichen Mittel nicht von beiden Ehegatten aufgebracht werden. Nach BFH BStBl. 2006 II 121 ist es bei Zusammenveranlagung unerheblich, von welchem Ehegatten das Vermögen kommt, ebenso BFH/NV 2006, 267. Nach Auffassung der Bayerischen Finanzverwaltung verdoppelt sich der Abzugshöchstbetrag bei zusammen veranlagten Ehegatten, wenn jeder der Ehegatten eine „maßgebliche Zuwendung" geleistet hat, vgl. BayLfSt v. 19. 6. 2006, S 2223–15 St 32/St33; *Schauhoff/Kirchhain* DStR 2007, 1985, 1988. Da der BFH DStRE 2009, 339 die Möglichkeit des Vortrags von Großspenden gem. § 10b Abs. 1 Satz 2 EStG nur dem Spender aber nicht dem Erben gewährt, ist fraglich, ob dies auch für Spenden gem. § 10b Abs. 1a EStG gilt.

ee) Spendenhaftung

152 Der Haftungssatz für unrichtig ausgestellte Zuwendungsbestätigungen und fehlerhaft verwendete Zuwendungen wurde gem. § 10b Abs. 4 Satz 3 EStG und § 9 Abs. 3 Satz 3 KStG von 40% auf 30% abgesenkt.

ff) Nebenberufliche Tätigkeiten im gemeinnützigen Bereich

153 Für Zuwendungen im Zusammenhang mit nebenberuflichen Tätigkeiten im Dienst oder Auftrag einer öffentlich-rechtlichen oder gemeinnützigen Körperschaft wurde gem. § 3 Nr. 26a EStG ein Freibetrag in Höhe von 500 € eingeführt.

gg) Besteuerungsgrenzen für wirtschaftliche Geschäftsbetriebe

154 Übersteigen die Einnahmen einschließlich Umsatzsteuer aus wirtschaftlichen Geschäftsbetrieben, die keine Zweckbetriebe sind, insgesamt nicht 35.000 € im Jahr, so unterliegen gem. § 64 Abs. 3 EStG die diesen Geschäftsbetrieben zugeordneten Besteuerungsgrundlagen nicht der Körperschaftsteuer und Gewerbesteuer; dies gilt gem. § 67 Abs. 1 AO auch für sportliche Veranstaltungen.

c) Umsatzsteuer

155 Gem. § 12 Abs. 2 Nr. 8a UStG beträgt die Umsatzsteuer für Leistungen der Körperschaften, die ausschließlich und unmittelbar gemeinnützige, mildtätige oder kirchliche Zwecke verfolgen, nur 7%, wobei jedoch der volle Vorsteuerabzug gewährt wird.

3. Zuwendung von Betriebsvermögen

Literatur: *Kirnberger* Betriebsvermögen in gemeinnützigen Körperschaften, ErbStB 2005, 154; *Seer* Entnahme zum Buchwert bei unentgeltlicher Übertragung von Wirtschaftsgütern auf eine gemeinnützige GmbH oder Stiftung, GmbHR 2008, 785; *Seidel* Gemeinnützigkeits- und Stiftungsrecht, ErbStB 2009, 187.

Beispiel: Der unverheiratete und kinderlose Privatier P ist an einer Verlags GmbH & Co. KG als Kommanditist beteiligt. Der Verkehrswert der Beteiligung beträgt 30 Mio. €, das buchmäßige Kapital 10 Mio. €. Er überträgt die KG-Beteiligung auf eine von ihm errichtete gemeinnützige Stiftung und wandelt mit Zustimmung der Kommanditgesellschaft die Beteiligung in eine typische stille Beteiligung um, so dass die stillen Reserven auf das Konto der gemeinnützigen Stiftung überwiesen werden. Greifen § 6 Abs. 1 Nr. 4 Satz 5 EStG oder § 13 Abs. 4 Satz 1 KStG, die den Ansatz des Buchwertes vorsehen (vgl. BFH BStBl. 2003 II 237)? 156

a) Ertragsteuer

aa) Buchwertfortführung

Die Übertragung einzelner Wirtschaftsgüter auf die Stiftung erfolgt unter Buchwertfortführung gem. § 6 Abs. 1 Nr. 4 Satz 5 EStG und § 13 Abs. 4 Satz 1 KStG. 157

bb) Mitunternehmeranteile

Mitunternehmeranteile führen zu einem wirtschaftlichen Geschäftsbetrieb, der nur durch Umwandlung der Mitunternehmerschaft in 158
- eine typisch stille Beteiligung oder
- einen Kapitalgesellschaftsanteil

verhindert werden kann, vgl. *Roolf* DB 1985, 1156.

Hinweis: In dem Einleitungsbeispiel soll es nach Auffassung der Finanzverwaltung BStBl. 2002 I 221 darauf ankommen, ob für eine Körperschaft, auf die Wirtschaftsgüter i. S. d. § 5 Abs. 1 Nr. 9 KStG übertragen werden, die Steuerbefreiung zu diesem Zeitpunkt beginnt; in diesem Fall sind die Wirtschaftsgüter mit den Buchwerten anzusetzen. Dagegen soll eine Buchwertfortführung nicht in Betracht kommen, wenn eine Körperschaft i. S. d. § 13 Abs. 4 Satz 1 KStG einen bisher steuerpflichtigen wirtschaftlichen Geschäftsbetrieb durch Aufgabe oder Verpachtung des Betriebs beendet. 159

cc) Kapitalgesellschaftsanteile

Die Verwaltung von Kapitalgesellschaftsanteilen gefährdet die Gemeinnützigkeit nicht und führt auch nicht zu einem wirtschaftlichen Geschäftsbetrieb, es sei denn, dass die gemeinnützige Stiftung Einfluss auf die Geschäftsführung ausübt, z. B. durch Identität des Vorstandes der Kapitalgesellschaft und der gemeinnützigen Stiftung. 160

b) Grunderwerbsteuer

Eine Grunderwerbsteuerbefreiung besteht bei gemeinnützigen Körperschaften nicht, so dass nur bei unentgeltlichen Übertragungen oder durch letztwillige Zuwendung gem. § 3 Nr. 2 GrEStG nach den allgemeinen Bestimmungen Grunderwerbsteuerbefreiung eintritt. 161

c) Bewertung

Bei einem Vergleich der verschiedenen Anlageformen schneidet die gemeinnützige Stiftung immer mit großem Abstand als beste Anlageform ab. Die Vermögenserhaltung wird durch das Gemeinnützigkeitsstatut am besten geschützt. 162

4. Spendenrecht

Literatur: *Hüttemann* Gesetz zur weiteren Stärkung des bürgerschaftlichen Engagements und seine Auswirkungen auf das Gemeinnützigkeits- und Spendenrecht, DB 2007, 2053; *Schauhoff/Kirchhain* Das Gesetz zur weiteren Stärkung des bürgerschaftlichen Engagements, DStR 2007, 1985.

a) Spendenbegriff

Beispiel: Bauunternehmer U stiftet im zeitlichen Zusammenhang mit einem Baugenehmigungsantrag der zuständigen Stadt 50.000 €.

163 Nach Auffassung des FG Düsseldorf DStR 2000, 630 darf keine Zuwendungsbestätigung im geschilderten Fall erteilt werden, da ein wirtschaftlicher Zusammenhang mit Leistungen des Empfängers vorliegt. Der Spendenabzug wird nur für freiwillige, unentgeltliche Zuwendungen ohne wirtschaftlichen Zusammenhang mit Leistungen des Empfängers gewährt. Auch bei einer geringen Gegenleistung ist die Spendenerteilung ausgeschlossen, so dass z. B. dem Besucher eines Benefizkonzertes für die Eintrittskarte auch kein anteiliger Spendenabzug gewährt werden kann. Unrichtig erteilte Spendenquittungen berechtigen dennoch zum Spendenabzug. Der Vorstand der gemeinnützigen Körperschaft hat aber eine Einkommensteuer in Höhe von 30% der zu Unrecht erteilten Zuwendungsbescheinigungen zu entrichten, vgl. § 10b Abs. 4 Satz 3 EStG.

b) Durchlaufspendenverfahren

164 Die gemeinnützige Körperschaft kann selbst die Zuwendungsbestätigung erteilen. Darüber hinaus kann bei Verzicht auf Aufwendungsersatz eine Aufwandsspende anerkannt werden. Auch Mitgliedsbeiträge für gemeinnützige Körperschaften sind spendenfähig, wenn kein Ausschluss gem. § 10b Abs. 1 Nr. 2 EStG besteht. Für Spenden ab 200 € ist zum Spendenabzug eine schriftliche Zuwendungsbescheinigung Voraussetzung.

c) Unschädliche Zuführung zum Vermögensstock

165 Das Gebot der zeitnahen Mittelverwendung gem. § 55 Abs. 1 Nr. 5 AO gilt nicht in folgenden Fällen:

- Zuwendung von Todes wegen,
- Erklärung des Zuwendenden, dass die Zuwendung für den Vermögensstock erfolgt,
- Zuwendungen durch Spendenaufruf,
- entsprechend Rechtsnatur der Sachzuwendung, z. B. Mietwohngrundstück.

5. Sponsoring

Literatur: *Säcker* Gesetzliche und satzungsmäßige Grenzen für Spenden und Sponsoringmaßnahmen in der Kapitalgesellschaft, BB 2009, 282; *Steiner* Der Sponsor in der Schenkungsteuerfalle?, ErbStB 2007, 204 („Kölner Fall"!).

166 Vom Spendenabzug ist das Sponsoring zu unterscheiden. Nach dem BMF-Schreiben BStBl. 1998 I 212: Ertragsteuerliche Behandlung des Sponsoring sowie der Änderung des Anwendungserlasses zur Abgabenordnung (AEAO) zu § 64 Abs. 1 AO Nr. 7, BStBl. 2002, 867 kommt – an Stelle eines Spen-

denabzugs – ein Betriebsausgabenabzug in Betracht, wenn der Sponsor wirtschaftliche Vorteile für sein Unternehmen durch Hinweise des Empfängers auf Plakaten, Veranstaltungshinweisen, Ausstellungskatalogen, Fahrzeugen oder anderen Gegenständen erhält. Für den gemeinnützigen Empfänger entsteht ein wirtschaftlicher Geschäftsbetrieb nur dann, wenn dieser bei Werbemaßnahmen mitwirkt.

Außerordentliche (d. h. nicht satzungsmäßig oder allen Vereinsmitgliedern 167
durch entsprechenden Beschluss auferlegte) Leistungen des Förderers eines Vereins an einen Sportverein unterliegen als freigebige Zuwendungen der Schenkungsteuer, soweit ihnen keine Gegenleistung des Vereins gegenübersteht, vgl. BFH BStBl. 2007 II 472. Somit ist eine nicht als Sponsoring zu beurteilende Leistung schenkungsteuerpflichtig.

Der einem Arbeitnehmer von einem Dritten verliehene Nachwuchsförde- 168
rungspreis führt zu Arbeitslohn, wenn die Preisverleihung nicht vor allem eine Ehrung der Persönlichkeit des Preisträgers darstellt, sondern wirtschaftlich den Charakter eines leistungsbezogenen Entgelts hat, vgl. BFH BStBl. 2009 II 668.

IX. Besteuerung der Stifterfamilie und sonstiger Begünstigter

Literatur: *Kirchhain* Ist die ertragsfinanzierte Versorgung der Stifterfamilie durch eine gemeinnützige Stiftung über die Ein-Drittel-Grenze des § 58 Nr. 5 AO hinaus unschädlich?, ZEV 2006, 534.

1. Einkommensteuer

a) Gesetzliche Regelung

Die Bezüge aus einer gemeinnützigen Stiftung unterliegen der Einkom- 169
menbesteuerung nach folgenden Vorschriften:

- Gem. § 22 Nr. 1 a) EStG Bezüge, die von einer von der Körperschaftsteuer befreiten Körperschaft außerhalb der Erfüllung steuerbegünstigter Zwecke i. S. d. §§ 52–54 AO gewährt werden.
- Gem. § 22 Nr. 1 Satz 2 EStG Bezüge, soweit kein Rechtsanspruch auf Leistung besteht, vgl. *Orth* DStR 2001, 333.

Unterhaltsleistungen an den Stifter und seine nächsten Angehörigen 170
gem. § 58 Nr. 5 AO sind beim Empfänger im vollen Umfang als sonstige Einkünfte gem. § 22 Nr. 1 Satz 2 EStG steuerpflichtig, vgl. BT-Drs. 8/3165. Bei der leistenden Stiftung unterliegen die Bezüge keiner steuerlichen Vorbelastung, vgl. *Orth* DStR 2001, 336.

b) BFH-Rechtsprechung

Die Attraktivität einer gemeinnützigen Stiftung wurde durch die Entschei- 171
dung des BFH BStBl. 1998 II 758 erheblich verstärkt. Die Regelung des § 58 Nr. 5 AO, wonach die Stiftung ein Drittel ihres Einkommens dazu verwenden darf, in angemessener Weise den Stifter und seine nächsten Angehörigen zu unterhalten, wurde von der Rechtsprechung dahin erweitert, dass der Stifter der Stiftung weitergehende Verbindlichkeiten auferlegen kann. Nach Auffassung des Bundesfinanzhofs mindern Verbindlichkeiten, die in Ausführung des Stiftungsgeschäfts auf die Stiftung übergehen, von vorne herein das der

Stiftung zugewendete Vermögen; der zur Erfüllung derartiger Ansprüche notwendige Teil des Stiftungsvermögens steht den satzungsmäßigen Zwecken der Stiftung von Anfang an nicht zur Verfügung. Die Erfüllung derartiger Ansprüche stellt keinen Verstoß gegen die Gebote der Selbstlosigkeit und Ausschließlichkeit dar; für die Anwendung des § 58 Nr. 5 AO ist insoweit kein Raum.

Der Bundesfinanzhof weist zurecht darauf hin, dass steuerschädlich nur solche Zahlungen sein können, die die Körperschaft aus ihren eigenen Mitteln, d.h. das dem satzungsgemäßen Zweck zur Verfügung stehende Vermögen und die Erträge hieraus für nicht satzungsmäßige Zwecke verwendet. Aufwendungen einer Stiftung, die dem Erwerb, der Sicherung und Verwaltung eines Vermögens dienen, können aber schon deshalb nicht als schädlich angesehen werden, weil diese – soweit sie sich in angemessener Höhe bewegen – von vorn herein für satzungsmäßige Zwecke nicht zur Verfügung stehen. Das selbe gilt in den Fällen, in denen in Ausführung des Stiftungsgeschäfts neben positiven Vermögensgegenständen auch negative Vermögenswerte, z.B. Verbindlichkeiten gegenüber Dritten, auf die Stiftung übergehen.

Kirchhain ZEV 2006, 534, 539 vertritt die überzeugende Auffassung, dass die Übertragung von Vermögenswerten mit dinglichen oder obligatorischen Nutzungsrechten die Gemeinnützigkeit nicht beeinträchtigt, weil die Erträge hieraus originär dem Nutzungsberechtigten zugerechnet werden; ebenso *Hüttemann* Gemeinnützigkeits- und Spendenrecht § 4 Rn. 21; Schauhoff DB 1996, 1693f.

172 Bei der Belastung des Stiftungsvermögens mit einer Leibrente werden die Erträge originär der Stiftung und nicht dem Nutzungsberechtigten zugerechnet, so dass diese Belastung dem Ausschließlichkeitsgebot widerspricht; die Finanzverwaltung hält insoweit an ihrem Nichtanwendungserlass BStBl. 1998 I 1446 fest. Soweit die Stifterfamilie aufgrund eines vorbehaltenen Nießbrauches Einkünfte bezieht, sind diese nach den allgemeinen Vorschriften als Einkünfte aus Vermietung und Verpachtung oder Kapitalvermögen zu besteuern.

2. Schenkungsteuer

173 Die Stiftung hat den Ertrag ihres Vermögens satzungsgemäß zu verwenden. Daran ist aber weder eine auf der Zuwendung liegende Last noch eine Auflage zu erblicken. Dem gemäß kann auch bei der Ermittlung des steuerlichen Werts des übergehenden Stiftungsvermögens hierfür keine besondere Verbindlichkeit berücksichtigt werden. Die Stiftung erbringt die Leistungen nicht freiwillig, sondern aufgrund der Satzung. Somit bleibt nicht nur der einzelne Erwerb durch den Destinatär unberücksichtigt, sondern auch der Übergang des Bezugsrechts von dem einen Berechtigten auf einen anderen, gleichgültig ob dieser Übergang unter Lebenden oder von Todes wegen eintritt, vgl. *Troll/Gebel/Jülicher* ErbStG § 7 Rn. 334.

C. Familienstiftung

Monographien: *Brandmüller/Lindner,* Gewerbliche Stiftungen, 3. Aufl., Berlin 2004; *Burgard* Gestaltungsfreiheit im Stiftungsrecht (2006); *Heuel,* Die Entwicklung der Unternehmensträgerstiftung in Deutschland, Baden-Baden 2001; *Lindner,* Die Umwandlung einer Stiftung in eine Aktiengesellschaft am Fallbeispiel der Carl-Zeiss-Stiftung, Berlin 2004; *von Löwe,* Familienstiftung und Nachfolgegestaltung, Düsseldorf 1999; *Rasteiger,* Die nachträgliche Anpassung von Privatstiftungen, Wien 2004; *Rawert,* Stiftung und Unternehmen in: Non Profit Law Yearbook 2003, hrsg. von Hein Kötz u.a., Köln 2004, S. 1ff.; *Karsten Schmidt,* Unternehmen als Stifter und Spender in: Non Profit Law Yearbook 2001; *Schurr,* Die Stiftung mit unternehmerischer Verantwortung, Baden-Baden 1998.

Aufsätze: *Feick,* Die Stiftung als Instrument der Unternehmensnachfolge, BB 2006, Beil. z. Heft 34, 13; *Freundl,* Die Stiftung – das Gestaltungsinstrument der Unternehmensnachfolge, DStR 2004, 1509; *Jorde/Götz* in: FS für Spiegelberger, Ausländische Familienstiftungen und Trusts in der Gestaltungsberatung, S. 1301; *Götz,* Steuerliche Besonderheiten bei unternehmensverbundenen Stiftungen, NWB Fach 2, 7533 (Stand Januar 2001); *ders.,* Die Familienstiftung als Instrument der Unternehmensnachfolge, NWB 2005, Fach 2, 8797 (Stand August 2005); *Haas,* Die Stiftung – ein interessantes Modell zur Unternehmensnachfolge, Berater-Brief Vermögen 12/2005, 29; *Mainzcyk,* Die Stiftung als Gestaltungsmöglichkeit im Rahmen der Unternehmensnachfolge, Stbg 2002, 76; *Muscheler* § 84 BGB und die lebzeitige Stiftungsgründung, DNotZ 2003, 661; *ders.* Nachträgliche Änderung der Stiftungssatzung, ZErb 2005, 4; *Neuhoff,* Grundsätzliches zur Anfechtung einer Statutenänderung bei der Carl-Zeiss-Stiftung, ZSt 2003, 56ff.; *Nietzer/Stadie,* Die Familienstiftung & Co. KG – eine Alternative für die Nachfolgeregelung bei Familienunternehmen, NJW 2000, S. 3457ff.; *Pauli* Die Doppelstiftung als Unternehmensträger einer KGaA, ZErb 2010, 66; *Richter/Sturm,* Die Unternehmensstiftung nach der Stiftungsrechtsreform, ZErb 2006, 75; *Schauhoff* in: FS für Spiegelberger, Unternehmensnachfolge mit Stiftungen, 2009, 1341; *Schiffer* in: FS für Spiegelberger, Stiftungen und Familien: Anmerkungen zu „Familienstiftungen", 2009, 1358; *Schiffer* in: FS für Spiegelberger, Stiftungen und Familie: Anmerkungen zu „Familienstiftungen", S. 1358; *Schiffer/Fries,* Ersatzerbschaftsteuer und sale and lease back – eine Skizze zu aktuellen Fragen der Familienstiftung, ZErb 2006, 115; *Schiffer/Kotz* Die Stiftung in der Erb- und Nachfolgeregelung, ZErb 2004, 115; *Schiffer/Schubert,* Stiftung und Unternehmensnachfolge: Verständnis und Missverständnis, BB 2002, S. 256ff.; *Schnitger* Die Gestaltungsform der Doppelstiftung und ihre Probleme, ZEV 2001, 104; *Schwarz,* Die Stiftung als Instrument für die mittelständische Unternehmensnachfolge, BB 2001, S. 2381ff.; *Spiegelberger,* Die Familienstiftung – ein neuer Star, ErbStB 2005, 43; *von Löwe* in: FS für Spiegelberger, Die steuerliche Behandlung der Familienstiftung, 2009, 1370; *von Oertzen* in: FS für Spiegelberger, Aktuelle Besteuerungsfragen inländischer Familienstiftungen, 2009, 1390.

I. Abgrenzung zu gemeinnützigen Stiftungen

Rechtsfähige Stiftungen des bürgerlichen Rechts gem. §§ 80ff. BGB sind regelmäßig Nonprofit-Organisationen, die gemeinnützige Zwecke verfolgen, vgl. *Orth* in: FS Rädler 1999, 457 (458). Familienstiftungen hingegen dienen dem Interesse von Familien, sei es durch Gewährung von Zuwendungen (Kapitalstiftung), sei es durch die Aufrechterhaltung einer Vermögensgesamtheit, z.B. eines Museums oder eines Unternehmens (Anstaltsstiftung). 181

Gemeinnützige Stiftungen eignen sich nicht für die Steuerung eines Unternehmens, da die Steuerfreiheit der Stiftung nur gewährleistet ist, wenn diese keinen maßgeblichen Einfluss auf die Geschäftsführung einer Kapitalgesellschaft ausübt. Eine Unternehmensstrategie lässt sich daher mittels einer gemeinnützigen Stiftung nicht durchsetzen, vgl. *Goerdeler* in: FS für Heinsius, S. 180. Auch als Gesellschafter einer Personengesellschaft kommt eine ge- 182 meinnützige Stiftung nicht in Betracht, da eine derartige Beteiligung einen wirtschaftlichen Geschäftsbetrieb darstellt, der keinerlei Steuervergünstigungen genießt.

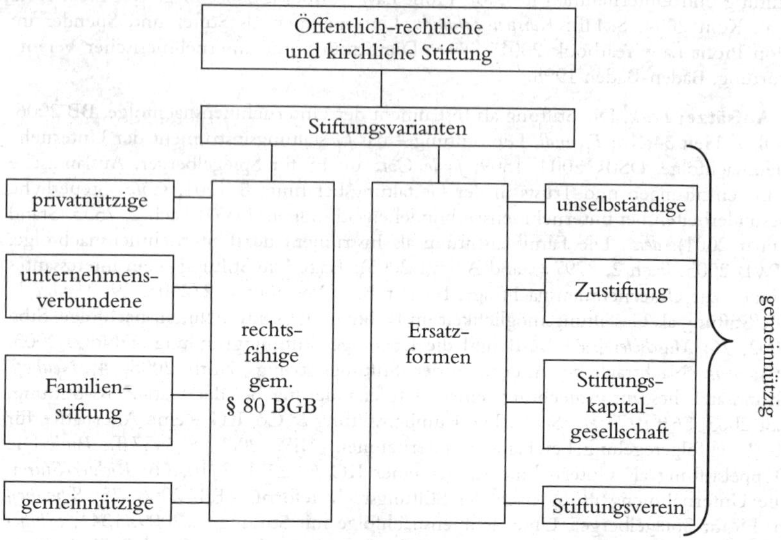

II. Familienstiftung zur Unternehmensnachfolge

Literatur: *Feick* Die Stiftung als Instrument der Unternehmensnachfolge, BB 2006, Beil. z. Heft 34, 13; *Freundl* Die Stiftung – das Gestaltungsinstrument der Unternehmensnachfolge, DStR 2004, 1509; *Götz* Steuerliche Besonderheiten bei unternehmensverbundenen Stiftungen, NWB Fach 2, 7533 (Stand Januar 2001); *ders.* Die Familienstiftung als Instrument der Unternehmensnachfolge, NWB 2005, Fach 2, 8797 (Stand August 2005); *Haas* Die Stiftung – ein interessantes Modell zur Unternehmensnachfolge, Berater-Brief Vermögen 12/2005, 29; *Kirnberger* Betriebsvermögen in gemeinnützigen Körperschaften, ErbStB 2005, 154; *Mainzcyk* Die Stiftung als Gestaltungsmöglichkeit im Rahmen der Unternehmensnachfolge, Stbg 2002, 76; *Richter/Sturm* Die Unternehmensstiftung nach der Stiftungsrechtsreform, ZErb 2006, 75; *Werner* Stiftungen als Instrument der Unternehmens- und Vermögensnachfolge, ZEV 2006, 539.

183 Für den erfolgreichen Unternehmer war die Familienstiftung von jeher eine interessante Gestaltungsmöglichkeit. Bei einer unternehmensverbundenen Stiftung handelt es sich um eine Stiftung, die entweder selbst im Handelsregister als **Einzelkaufmann** eingetragen ist (Unternehmensstiftung) **oder** die als **Gesellschafter** einer Personen- oder Kapitalgesellschaft (Beteiligungsträgerstiftung) mittels ihres Stimmrechts oder – als geborenes Mitglied – Vorstands- oder Geschäftsführungstätigkeiten ausüben und als Kontrollorgan tätig werden kann, vgl. *Flämig,* DB 1978 Beil. Nr. 22, 6.

Als weitere Funktion einer unternehmensverbundenen Stiftung kommen regelmäßige freiwillige Zuwendungen an eine gemeinnützige Stiftung in Betracht. Familienstiftungen im weiteren Sinn sind damit auch Unternehmen, die in rechtlich geregelter Weise aus ihren Mitteln laufend eine Stiftung speisen, vgl. *Berndt* Stiftung und Unternehmen Rn. 1.

Mittels einer unternehmensverbundenen Familienstiftung gelingt es, Pflichtteils- und Zugewinnausgleichsansprüche abzuwehren sowie wirtschaftliche Störfaktoren zu minimieren, insbesondere hinsichtlich der Mitbestimmung und der Gefahr der feindlichen Unternehmensübernahme. Darüber hinaus kann aber auch Fremdmanagement für die Erhaltung des Familienbetriebes gewonnen werden. *Fischer* in: Brandmüller, Gewerbliche Stiftungen, 7 betont zu Recht, dass eine Familienstiftung nicht nur Nachfolgeprobleme lösen und Haftungsrisiken minimieren könne, sondern darüber hinaus auch im Familienbereich allein oder zusammen mit anderen Rechtsformen maßgeschneiderte gesellschafts- und steuerrechtliche Organisationsformen anbiete.

III. Die „private" Familienstiftung

Literatur: *Spiegelberger* Die Familienstiftung – ein neuer Star, ErbStB 2005, 43.

Die private Familienstiftung, die nur steuerliches Privatvermögen verwaltet und im Interesse einer oder mehrerer Familien tätig wird, hat ihren Durchbruch erst mit der zum 1. 9. 2002 in Kraft getretenen Stiftungszivilrechtsreform erreicht. 184

Der nunmehr normierte Grundsatz der **gemeinwohlkonformen Allzweckstiftung** bestätigt die Zulässigkeit der unternehmensverbundenen Stiftung als auch der privaten Familienstiftung. Da gem. § 80 Abs. 2 BGB nunmehr ein **Rechtsanspruch auf Anerkennung** einer Stiftung besteht, sind die früheren Zulassungsschranken und Ermessensvorbehalte beseitigt, vgl. *Muscheler* ZEV 2003, 49.

1. Anerkennungsverfahren

Auch die private Familienstiftung bedarf der Anerkennung durch die landesrechtlich bestimmte Aufsichtsbehörde. Während die gemeinnützige Stiftung einer ständigen Stiftungsaufsicht unterliegt, befreien mehrere landesrechtliche Stiftungsgesetze die Familienstiftung von einer ständigen Beaufsichtigung. 185

Für die Erteilung der Anerkennung wird in der Regel eine Gebühr erhoben, während gemeinnützige Stiftungen gebührenfrei anerkannt werden.

2. Rechtsfolgen der Familienstiftung

Die allgemeinen zivilrechtlichen Rechtsfolgen einer Familienstiftung und zwar sowohl der unternehmensverbundenen als auch der privaten, wurden im Band *Unternehmensnachfolge* § 17 A I und II dargestellt. Im Wesentlichen ergeben sich aus Familienstiftungen folgende Rechtsfolgen: 186

- lebenslange Geschäftsführung und Versorgung des Stifters und seiner Familie,
- mittelbare Insolvenzsicherung wegen der Verpflichtung zur Erhaltung des Grundstockvermögens,
- Pflichtteilskürzung und nach Ablauf der Zehn-Jahres-Frist des § 2325 Abs. 3 BGB Wegfall aller Pflichtteilsrechte,
- Wegfall von Zugewinnausgleichsansprüchen nach Ablauf von zehn Jahren gem. § 1375 Abs. 3 BGB,
- Vermeidung des latenten Erbrechts geschiedener Ehegatten und

- generationsübergreifende Ausbildungs- und Unterhaltssicherung für alle Abkömmlinge.

3. Schenkungsteuer

Literatur: *Grziwotz* Nachträgliche Zuwendung an die Stiftung als Schenkung, ZErb 2009, 218; *von Löwe* in: FS für Spiegelberger, Die steuerliche Behandlung der Familienstiftung, S. 1370; *von Oertzen* in: FS für Spiegelberger, Aktuelle Besteuerungsfragen inländischer Familienstiftungen, S. 1390; *Wassermeyer* Anwendung des § 20 Abs. 1 Nr. 9 EStG auf Auskehrungen von Stiftungen, DStR 2006, 1733.

a) Stiftungserrichtung

187 Die Errichtung einer Familienstiftung von Todes wegen ist gem. § 3 Abs. 2 Nr. 1 ErbStG und unter Lebenden gem. § 7 Abs. 1 Nr. 8 ErbStG steuerpflichtig. Die Steuerklasse richtet sich nach § 15 Abs. 2 Satz 1 ErbStG nach dem entferntest Berechtigten. Sofern nach der Stiftungssatzung nur Kinder sowie Kinder vorverstorbener Kinder bezugsberechtigt sind, wirkt sich das Steuerklassenprivileg gem. § 15 Abs. 2 Satz 1 ErbStG auf die Bestimmung des Steuersatzes sowie auf den Ansatz des persönlichen Freibetrages aus, vgl. *von Löwe* in: FS für Spiegelberger, S. 1377, so dass für jedes Kind ein Freibetrag in Höhe von 400.000 € gewährt wird. Der Versorgungsfreibetrag i. S. d. § 17 ErbStG wird für die Familienstiftung als Erwerber nicht gewährt, vgl. *Meincke* ErbStG § 15 Rn. 20.

Die Erbschaftsteuerschuld kann auf 30 Jahre gem. § 24 ErbStG verrentet werden. Die in den Verrentungsraten gem. § 24 ErbStG enthaltenen Zinsanteile sind bei der Körperschaftsteuer abziehbar.

b) Zustiftung

188 Zustiftungen werden in der Steuerklasse III erfasst, so dass die geplante Aufstockung einer Familienstiftung bereits in der Gründungsurkunde als Einbringungsverpflichtung erfasst sein sollte. Andernfalls ist die Gründung einer weiteren Familienstiftung mit dem Zustiftungsvermögen zu empfehlen, wobei eine spätere organisatorische Zusammenlegung der beiden Stiftungen in Betracht kommt. Diese sollte aber vorsorglich nur mit vorheriger Zustimmung der Finanzverwaltung durchgeführt werden, so zurecht *von Löwe* in: FS für Spiegelberger, S. 1382. Die Zustiftung zugunsten einer (Familien-)Stiftung ist auch dann gem. § 7 Abs. 1 Nr. 1 ErbStG nach der Steuerklasse III steuerpflichtig, wenn der Zuwendende zugleich der einzige Begünstigte der Stiftung ist, vgl. BFH DStR 2010, 484.

c) Mittelbare Vermögensmehrung

189 Übernimmt eine (mittelbar) zum Vermögen einer rechtsfähigen Stiftung gehörende GmbH im Zuge einer Kapitalerhöhung bei einer anderen Gesellschaft den neuen Geschäftsanteil zu einer Einlage weit unter Wert, liegen darin keine freigebigen Zuwendungen an die Begünstigten der Stiftung, vgl. BFH ZEV 2010, 103.

d) Erbersatzsteuer

Literatur: *Schiffer/Fries* Ersatzerbschaftsteuer und „sale and lease back" – eine Skizze zu aktuellen Fragen der Familienstiftung, ZErb 2006, 115.

Durch das Gesetz zur Reform des Erbschaftsteuer- und Schenkungsteuerrechts vom 17. 4. 1974 BGBl. I S. 933 wurde eine Ersatzsteuer gem. § 1 Abs. 1 Nr. 4 ErbStG eingeführt, wonach das Vermögen einer Stiftung, sofern sie wesentlich im Interesse einer Familie oder bestimmter Familien errichtet ist und eines Vereins, dessen Zweck wesentlich im Interesse einer Familie oder bestimmter Familien auf die Bindung von Vermögen gerichtet ist, in Zeitabständen von je 30 Jahren der Schenkungsteuer unterliegt, sofern die Stiftung und der Verein die Geschäftsleitung oder den Sitz im Inland haben, vgl. § 2 Abs. 1 Nr. 2 ErbStG. § 16 Abs. 2 Satz 3 ErbStG enthält eine Vergünstigung in der Weise, dass der doppelte Freibetrag gem. § 16 Abs. 1 Nr. 2 gewährt wird; die Steuer ist nach dem Prozentsatz der Steuerklasse I zu berechnen, der für die Hälfte des steuerpflichtigen Vermögens gelten würde. 190

e) Auflösung der Familienstiftung

Die Vermögensauskehrung anlässlich der Stiftungsaufhebung ist nach § 7 Abs. 1 Nr. 9 ErbStG schenkungsteuerpflichtig. Unbedeutend ist dabei, ob sich die Anfallsberechtigung unmittelbar aus der Satzung, dem Stiftungsgeschäft oder auf Anordnung der Organe ergibt, vgl. *Jülicher* in: Troll/Gebel/Jülicher ErbStG § 7 Rn. 337. Zuwendungen von Vermögensteilen, die den Charakter der Familienstiftung nicht verändern und die Familienstiftung fortbestehen lassen, bewirken keine Aufhebung und fallen deshalb nicht unter § 7 Abs. 1 Nr. 9 ErbStG, vgl. *Kapp/Ebeling* ErbStG § 7 Rn. 150. 191

Bei Auflösung einer von mehreren Stiftern errichteten Stiftung ist bei der Steuerberechnung gem. § 15 Abs. 2 Satz 2 ErbStG für die Bestimmung der Steuerklasse auf das jeweilige Verhältnis des Anfallberechtigten zu den Stiftern abzustellen, vgl. BFH BStBl. 2010 II 237.

4. Grunderwerbsteuer

Für die Grunderwerbsteuer gelten die allgemeinen Bestimmungen. Grundstücksschenkungen sind gem. § 3 Nr. 2 GrEStG grunderwerbsteuerfrei. Sofern die Stiftung valutierte Grundpfandrechte übernimmt, entsteht Grunderwerbsteuer, deren Bemessungsgrundlage die übernommenen Verbindlichkeiten sind. 192

5. Ertragsteuern

Soweit die Familienstiftung im Privatvermögen einzelne Wirtschaftsgüter unentgeltlich erwirbt, bemessen sich die Abschreibungen nach den Anschaffungs- und Herstellungskosten des Rechtsvorgängers gem. § 11 d EStDV. Es wird weder ein Veräußerungsgewinn gem. § 17 EStG noch gem. § 23 EStG begründet, vgl. *Berndt* Stiftung und Unternehmen Rn. 673. Die Familienstiftung ist gem. § 1 Abs. 1 Nr. 4 KStG unbeschränkt steuerpflichtig mit dem Körperschaftsteuersatz in Höhe von 15%. Aufwendungen für die Erfüllung von Zwecken, die durch Stiftungsgeschäft oder Satzung vorgeschrieben sind, können gem. § 10 Nr. 1 KStG nicht abgezogen werden. 193

Die Familienstiftung gilt nicht als Gewerbebetrieb kraft Rechtsform. Sie ist somit nur gewerbesteuerpflichtig soweit ein Gewerbebetrieb oder ein wirtschaftlicher Geschäftsbetrieb unterhalten wird oder Buchführungspflicht besteht, vgl. § 8 Abs. 2 KStG, vgl. *von Löwe* in: FS für Spiegelberger, S. 1379. 194

Sofern die Familienstiftung Gesellschafterin einer Tochterkapitalgesellschaft ist, genießt sie die Vergünstigungen des § 8 b Abs. 1 und 2 KStG.

6. Besteuerung der begünstigten Familienangehörigen

195 Da die Familienstiftung als Kapitalgesellschaft steuerpflichtig ist, sind nur 60% der Ausschüttungen steuerpflichtig. In der Literatur wird überzeugend die Auffassung vertreten, dass die Abgeltungssteuer vom Gesetzgeber für die Familienstiftung nicht gewollt ist, so zutreffend *Richter/Eichler/Fischer* Stiftung & Sponsoring, rote Seiten 2/2008, 12; *von Löwe* in: FS für Spiegelberger S. 1381.

IV. Vertragsgestaltung: Errichtung der Dr. S Familienstiftung

196 Beurkundet am …

I. Stiftungserrichtung

Hiermit errichten wir im Interesse unserer Familie eine Familienstiftung des privaten Rechts.

Die Stiftung soll den Namen

Dr. S. Familienstiftung

tragen, ihren Sitz in … haben und die Rechtsfähigkeit erlangen.

II. Zweck der Stiftung

1. Zweck der Stiftung ist
   a) die finanzielle Unterstützung der Stifter und der adoptierten Kinder von Dr. S. sowie der Abkömmlinge verstorbener Begünstigter, insbesondere auch um den jeweils Begünstigten die Förderung der universitären und sonstigen beruflichen Ausbildung ihrer Abkömmlinge zu gewährleisten und
   b) die Unterhaltung und Pflege der Familiengrabstätten in angemessenem Umfang.
2. Adoptierte Kinder gelten als Abkömmlinge, wenn sie bis zu ihrem dritten Lebensjahr von Abkömmlingen i. S. d. Abs. 1 a) adoptiert wurden, oder dies einer der Stifter, oder nach dessen Ableben der Familienrat, bestimmt.

III. Einbringung

1. Das Stiftungsvermögen besteht im Zeitpunkt der Errichtung aus dem Grundstück, vorgetragen im Grundbuch des Amtsgerichts … von …, näher bezeichnet in der Anlage II. Die Anlage II ist wesentlicher Bestandteil dieser Urkunde und wurde vom Notar mitverlesen.
2. Die Stifter und deren Gesamtrechtsnachfolger sind verpflichtet, mit Anerkennung der Stiftungssatzung durch die Stiftungsaufsicht, den vorstehend eingebrachten Grundbesitz an die Stiftung aufzulassen und die Eigentumsumschreibung zu bewilligen und zu beantragen.

IV. Organe der Stiftung

Die Stiftung soll von einem Stiftungsvorstand gesetzlich vertreten und nach dem Ausscheiden beider Stifter aus dem Stiftungsvorstand zusammen mit einem Familienrat verwaltet werden. Die Einzelheiten werden durch die Stiftungssatzung geregelt.

V. Satzung

Für die Stiftung gilt die anliegende Satzung, die wesentlicher Bestandteil dieses Stiftungsgeschäfts ist.

VI. Kosten

Die Kosten der Stiftungserrichtung und der Erfüllung der Einbringungsverpflichtung tragen die Stifter.

Samt Anlage I, II und III vorgelesen vom Notar, von den Beteiligten genehmigt und eigenhändig unterschrieben wie folgt:

197

Anlage I:
Satzung der Dr. S. Familienstiftung

§ 1 Name, Rechtsstellung, Sitz

1. Die Stiftung führt den Namen: **Dr. S. Familienstiftung.**
2. Sie hat ihren Sitz in …
3. Die Stiftung ist eine rechtsfähige, nicht öffentliche Stiftung des bürgerlichen Rechts.
4. Geschäftsjahr ist das Kalenderjahr.

§ 2 Stiftungszweck

1. Zweck der Stiftung ist
   a) die finanzielle Unterstützung der Stifter und der adoptierten Kinder von Dr. S., sowie der Abkömmlinge verstorbener Begünstigter, insbesondere auch um den jeweils Begünstigten die Förderung der universitären und sonstigen beruflichen Ausbildung ihrer Abkömmlinge zu gewährleisten und
   b) die Unterhaltung und Pflege der Familiengrabstätten in angemessenem Umfang.
2. Adoptierte Kinder gelten als Abkömmlinge, wenn sie bis zu ihrem dritten Lebensjahr von Abkömmlingen i. S. d. Abs. 1 a) adoptiert wurden, oder dies der Stifter, oder nach dessen Ableben der Familienrat, bestimmt.

§ 3 Stiftungsvermögen

1. Das Stiftungsvermögen besteht im Zeitpunkt der Errichtung aus dem Grundbesitz, vorgetragen im Grundbuch des Amtsgerichts … von …, näher bezeichnet in der Anlage II. Solange das Anwesen von einem der Stifter selbst genutzt wird, sind sämtliche erforderlichen Instandhaltungs- und Instandsetzungsmaßnahmen auf dessen Kosten durchzuführen.
2. Das Stiftungsvermögen ist in seinem Bestand dauernd und ungeschmälert zu erhalten. Die Stiftung ist jedoch berechtigt, den vorbezeichneten Grundbesitz jederzeit zu veräußern, sofern der Veräußerungserlös wieder dem Stiftungsvermögen zugeführt wird. Daneben ist jeder Stifter einzeln bis zu seinem jeweiligen Ausscheiden aus dem Stiftungsorgan berechtigt, das genannte Anwesen dem Neffen Herrn Dr. N. zu 2/3 des Verkehrswertes zu übertragen, ohne jedoch hierzu verpflichtet zu sein. Im Streitfall entscheidet über den Verkehrswert des Anwesens der Gutachterausschuss beim Landratsamt … als Schiedsgutachter gem. § 317 BGB.
3. Zustiftungen der Stifter oder Dritter wachsen dem Stiftungsvermögen an, soweit der Zuwendende keine abweichende Anordnung trifft.

§ 4 Erträge des Stiftungsvermögens

1. Die Erträge aus dem Stiftungsvermögen sind zur Verwirklichung des Stiftungszwecks einzusetzen.
2. Die Stiftung soll Erträge in Rücklagen einstellen oder dem Stiftungsvermögen zuführen, soweit dies erforderlich ist, um den satzungsgemäßen Zweck nachhaltig erfüllen zu können. Die als Anlage III beigefügten Richtlinien müssen dabei beachtet werden.

§ 5 Begünstigte

1. Begünstigte der Stiftung sind die Stifter und nach dem Versterben beider Stifter, die adoptierten Kinder und Abkömmlinge von Herrn Dr. S. i. S. d. § 2 dieser Satzung und alle nachfolgenden Enkelgenerationen.
2. Ansprüche auf Stiftungsleistungen bestehen nicht und werden auch durch die wiederholte Gewährung von Leistungen nicht begründet.

§ 6 Organe

1. Organe der Stiftung sind
   a) der Stiftungsvorstand und
   b) nach dem Ausscheiden beider Stifter aus dem Stiftungsvorstand zusätzlich ein Familienrat.
2. Nach dem Ausscheiden der Stifter aus dem Stiftungsvorstand haben die Mitglieder des Vorstands und des Familienrats, soweit diese nicht begünstigt sind, Anspruch auf

eine angemessene Vergütung und Ersatz der tatsächlich entstandenen Auslagen. Als angemessen für Vorstand und Familienrat gemeinsam gilt eine Vergütung in Höhe von 10% – zehn Prozent – der jährlichen Reinerträge des Stiftungsvermögens vor Rücklagenzuführung.

3. Die Mitglieder der Stiftungsorgane haben im Verhältnis zur Stiftung nur Vorsatz und grobe Fahrlässigkeit zu vertreten.
4. Die Organe können sich im gegenseitigen Einvernehmen jeweils eine Geschäftsordnung geben.

§ 7 Organisation des Vorstands

1. Der Vorstand besteht aus mindestens zwei und höchstens fünf Mitgliedern. Vorsitzender des Vorstands ist zu seinen Lebzeiten Herr Dr. S., nach dessen Ableben auf Lebenszeit dessen Ehefrau, Frau S., die bis zu diesem Zeitpunkt die Stellvertretung des Vorstandsvorsitzenden ausübt. Dem Stifterehepaar wird jeweils Einzelvertretungsbefugnis eingeräumt. Weiteres einzelvertretungsberechtigtes Vorstandsmitglied ist Herr Dr. F., geb. am …, wohnhaft …. Dessen Amtszeit ist ebenfalls nicht befristet, sofern keiner der Stifter eine Kündigung ausspricht.
2. Vorbehaltlich des Absatz 1. sind die Stifter berechtigt, ihre jeweiligen Nachfolger im Amt des Vorsitzenden und des stellvertretenden Vorsitzenden im Vorstand mit befristeter oder unbefristeter Amtszeit zu benennen. Im übrigen werden die späteren Mitglieder des Stiftungsvorstandes und in diesem Zusammenhang auch der Vorsitzende und dessen jeweiliger Stellvertreter vom Familienrat mit einer Mehrheit von $^2/_3$ seiner Mitglieder auf die Dauer von fünf Jahren gewählt. Eine Wiederwahl ist zulässig.
   Ausscheidende Mitglieder bleiben bis zur Wahl ihrer jeweiligen Nachfolger im Amt.
3. Die Mitgliedschaft im Stiftungsvorstand endet
   a) durch Tod,
   b) durch die Abberufung durch den Familienrat, oder
   c) durch Niederlegung, die jederzeit möglich ist.
4. Mitglieder des Familienrats dürfen nicht zugleich dem Stiftungsvorstand angehören.
5. Der Familienrat kann ein von ihm bestelltes Mitglied des Vorstands einstimmig aus wichtigem Grund vorzeitig abberufen. Dem betroffenen Mitglied des Vorstands ist zuvor Gelegenheit zur Stellungnahme zu geben.

§ 8 Aufgaben des Vorstands

1. Wenn der Familienrat eingerichtet ist, verwaltet der Vorstand die Stiftung nach Maßgabe der gesetzlichen und satzungsgemäßen Bestimmungen unter besonderer Berücksichtigung des Willens der Stifter.
2. Wenn der Familienrat eingerichtet ist, führt der Vorstand die Geschäfte der Stiftung, sofern sie nicht ausdrücklich dem Familienrat zugewiesen sind. Er kann auch für verschiedene Aufgaben einen Geschäftsführer benennen.
3. Wenn ein Familienrat eingerichtet ist, gehört zu den Aufgaben des Stiftungsvorstands insbesondere
   a) die gewissenhafte Verwaltung des Stiftungsvermögens und der sonstigen Mittel,
   b) die jährliche Aufstellung eines Wirtschaftsplans,
   c) die Beschlussfassung über die Verwendung der Erträge des Stiftungsvermögens und der sonstigen Zuwendungen,
   d) die Aufstellung einer Jahresrechnung und einer jährlichen Vermögensübersicht,
   e) die jährliche Erstellung eines ausführlichen Berichts über die Erfüllung des Stiftungszwecks.
4. Die Stiftung wird durch zwei Vorstandsmitglieder gemeinschaftlich vertreten, sofern die Stifter oder der Familienrat einem der Vorstandsmitglieder bei seiner Bestellung nicht Einzelvertretungsbefugnis eingeräumt haben.

5. Der Vorstand fasst seine Beschlüsse mit einfacher Mehrheit der Mitglieder. Bei Stimmengleichheit gibt die Stimme des Vorsitzenden, bei dessen Verhinderung die des stellvertretenden Vorsitzenden den Ausschlag.
   Beschlüsse können auch schriftlich im Umlaufverfahren gefasst werden, wenn kein Mitglied widerspricht. Beschlüsse des Vorstands sind im Wortlaut festzuhalten.
6. Solange einer der Stifter Mitglied des Stiftungsvorstands ist, werden die Aufgaben des Familienrats gem. näherer Bezeichnung unter § 10 vom Stiftungsvorstand übernommen.

§ 9 Organisation des Familienrats

1. Nach dem Ausscheiden beider Stifter aus dem Stiftungsvorstand wird ein Familienrat eingerichtet.
2. Der Familienrat besteht aus mindestens zwei und höchstens fünf Personen.
3. Alle Abkömmlinge der Stifter i. S. v. § 2 dieser Satzung können Mitglied sein. Unter den Mitgliedern des Familienrates soll mindestens ein Angehöriger der rechts- und steuerberatenden Berufe sein.
4. Zu den ersten Mitgliedern des Familienrates werden berufen:
   a) die Adoptivtochter der Stifter, Frau S.,
   b) der Adoptivsohn der Stifter, Herr S.,
   c) Frau K.
5. Die späteren Mitglieder des Familienrats werden durch Wahl des Familienrats berufen. Wahlberechtigt sind alle volljährigen Abkömmlinge der Stifter i. S. v. § 2 dieser Satzung.
6. Die Amtszeit der Mitglieder beträgt fünf Jahre. Die wiederholte Berufung ist zulässig.
7. Der Familienrat wählt aus seiner Mitte einen Vorsitzenden und einen stellvertretenden Vorsitzenden.
8. Der Familienrat fasst seine Beschlüsse mit einfacher Mehrheit der Anwesenden. Bei Stimmengleichheit gibt die Stimme des Vorsitzenden, bei dessen Verhinderung die des stellvertretenden Vorsitzenden den Ausschlag. Abkömmlinge der Stifter i. S. v. § 2 dieser Satzung haben ein bedingtes Vetorecht, das bei einer Wiederholung für den gleichen Fall an einem anderen Tag nicht mehr ausgeübt werden kann.
9. Die Mitglieder des Familienrats können vom Vorstand jederzeit Auskunft über alle Vorgänge der Stiftung verlangen und Einsicht in die Unterlagen der Stiftung nehmen.

§ 10 Aufgaben des Familienrats

1. Der Familienrat berät, unterstützt und überwacht den Vorstand bei seiner Tätigkeit.
2. Zu den Aufgaben des Familienrats gehört insbesondere
   a) die Berufung und Abberufung der Vorstandsmitglieder,
   b) die Genehmigung des jährlich vom Vorstand zu erstellenden Wirtschaftsplans,
   c) die Genehmigung der Jahresrechnung, der Vermögensübersicht und des Berichts des Vorstands über die Erfüllung des Stiftungszwecks,
   d) die Beschlussfassung über Fragen, die der Vorstand vorlegt,
   e) die Berufung eines Geschäftsführers (§ 8 Abs. 2), der mit den betrieblichen Aufgaben betraut werden kann.

§ 11 Satzungsänderung

1. Der Stiftungsvorstand kann im Einvernehmen mit dem Familienrat (gem. Abs. 3) eine Änderung der Satzung beschließen, wenn er dies aufgrund veränderter Verhältnisse für notwendig erachtet. Dabei soll der Stiftungszweck in seinem Wesen nicht geändert werden.
2. Sofern das den Stiftern verbleibende Vermögen aufgrund deren langjähriger Pflege aufgebraucht sein sollte, darf das Stiftungsvermögen auch zur Finanzierung der Pflege der Stifter verwendet werden, wobei der häuslichen Pflege der Vorzug zu geben ist.

3. Der Beschluss über die Satzungsänderung bedarf der Zustimmung aller Mitglieder des Stiftungsvorstands und einer Mehrheit von 2/3 der Mitglieder des Familienrats.
4. Der Vorstand hat den Beschluss dem zuständigen Finanzamt anzuzeigen.

§ 12 Auflösung

1. Wird die Erfüllung des Stiftungszwecks unmöglich oder ändern sich die Verhältnisse derart, dass die Erfüllung des Stiftungszwecks nicht mehr sinnvoll erscheint, können Stiftungsvorstand und Familienrat gemeinsam die Auflösung der Stiftung beschließen.
2. Der Beschluss bedarf der Mehrheit aller Mitglieder des Vorstands und von 2/3 des Familienrates.
3. Es ist der Wunsch der Stifter, dass bei eventueller Auflösung der Stiftung das Stiftungsvermögen an die Abkömmlinge i. S. d. § 2 dieser Satzung von Herrn Dr. S. nach Maßgabe der Beschlussfassung von Vorstand und Familienrat fällt. Sind keinerlei Abkömmlinge i. S. d. § 2 der Satzung mehr vorhanden, fällt das Stiftungsvermögen zur Hälfte an die Abkömmlinge von Dr. F., zu einem Drittel an die Abkömmlinge von Frau F. und der Rest an die rechtswissenschaftliche Fakultät der Universität L mit der Bestimmung, die Erträge jährlich für die drei besten Promotionen zu verwenden.

§ 13 Inkrafttreten

Die Satzung tritt mit Anerkennung der Stiftung durch die Stiftungsaufsichtsbehörde in Kraft.

Anlage II:

Grundbesitz der Dr. S. Familienstiftung

Die Ehegatten Dr. S. sind laut Vortrag im Grundbuch des Amtsgerichts ... von ... Miteigentümer je zur Hälfte des dort vorgetragenen Grundbesitzes der
Gemarkung ...
Flst. 1..., zu ...

Anlage III:

Anlagerichtlinien für den Stiftungsvorstand

Das Vermögen der Stiftung ist zumindest überwiegend in Aktien oder ausschüttenden Aktien- und Investmentfonds anzulegen, die zum amtlichen Handel zugelassen sind. Soweit die Anlage in thesaurierenden und damit nicht ausschüttenden Aktien- oder Investmentfonds erfolgt, können – im Durchschnitt der Jahre – bis zu 3% p. a. des jeweiligen Nettovermögens nach entsprechendem Anteilsverkauf ausgeschüttet werden.

Bis zu 40% des Stiftungsvermögens kann in börsennotierten offenen Immobilienfonds und/oder in solchen gemischten Investmentfonds angelegt werden, die nach ihren Statuten berechtigt sind, das Fondsvermögen wahlweise in Aktien oder in festverzinslichen Wertpapieren oder gemischt anzulegen.

Bei Anlage- und Ausschüttungsentscheidungen soll die ertragsteuerliche Situation der Begünstigten bzw. der Mehrheit der Begünstigten berücksichtigt werden.

Darüber hinaus soll bei der Anlage des Stiftungsvermögens die nach gegenwärtiger Rechtslage alle 30 Jahre fällig werdende Erbersatzsteuer berücksichtigt werden.

Die Anlagerichtlinien können durch Beschluss des Stiftungsvorstands geändert oder aufgehoben werden.

Ein entsprechender Beschluss des Stiftungsvorstands bedarf zu seiner Wirksamkeit der Herstellung des Einvernehmens mit dem Familienrat und, sollte die Verwaltung des Stiftungsvermögens an einen Dritten übertragen worden sein (Kreditinstitut oder professioneller zugelassener Vermögensverwalter), so zusätzlich der Herstellung des Einvernehmens mit diesem.

Ein entsprechender Beschluss ist schriftlich abzufassen und zu begründen und von den Mitwirkenden zu unterzeichnen.

Stichwortverzeichnis

Die fettgedruckten Zahlen bezeichnen die Paragraphen, die mageren Zahlen beziehen sich auf die Randziffern

Stichwortverzeichnis

Fette Zahlen = §§